Historische Grundlagen der Moderne
Historische Demokratieforschung

Herausgegeben von

Eckart Conze
Philipp Gassert
Peter Steinbach
Sybille Steinbacher
Benedikt Stuchtey
Andreas Wirsching

Christian Pöpken

Vergangenheitspolitik durch Strafrecht

Der Oberste Gerichtshof der Britischen Zone und die Ahndung von Verbrechen gegen die Menschlichkeit

Gedruckt mit freundlicher Unterstützung der Geschwister Boehringer Ingelheim Stiftung für Geisteswissenschaften in Ingelheim am Rhein und des Fördervereins des Internationalen Forschungs- und Dokumentationszentrums Kriegsverbrecherprozesse in Marburg.

Titelbild: © AA+W – stock.adobe.com

Für Lena und Johann

Die Deutsche Nationalbibliothek verzeichnet diese Publikation in der Deutschen Nationalbibliografie; detaillierte bibliografische Daten sind im Internet über http://dnb.d-nb.de abrufbar.

Zugl.: Marburg, Univ., Diss., 2016

ISBN 978-3-8487-4741-2 (Print)
ISBN 978-3-8452-9007-2 (ePDF)

Onlineversion
Nomos eLibrary

1. Auflage 2021
© Nomos Verlagsgesellschaft, Baden-Baden 2021. Gesamtverantwortung für Druck und Herstellung bei der Nomos Verlagsgesellschaft mbH & Co. KG. Alle Rechte, auch die des Nachdrucks von Auszügen, der fotomechanischen Wiedergabe und der Übersetzung, vorbehalten. Gedruckt auf alterungsbeständigem Papier.

Inhaltsverzeichnis

Abkürzungen   13

I   *Einleitung*

1   Annäherungen   21

2   Gegenstand und Fragestellung   29

3   Forschungslage   33

4   Theorierahmen und Forschungskontext   37
    4.1   Vergangenheitsbewältigung, Aufarbeitung und Transitional Justice   37
    4.2   Vergangenheitspolitik durch Strafrecht   39
    4.3   Geschichte als Argument: Geschichtsbilder   44
    4.4   Geschichtswissenschaft und Recht   48

5   Aufbau und Vorgehen   51

II   *Die Alliierten und die Verfolgung von NS-Völkerrechtsverbrechen*

1   Pläne zur Bestrafung von NS-Kriegsverbrechen (1942–1945)   59
    1.1   Vorgeschichte und Anfänge des Völkerstrafrechts   59
    1.2   Großbritannien, die Exilregierungen und die Erklärung von St. James   62
    1.3   Hauptkriegsverbrecherfrage und UNWCC   63
    1.4   Moskauer Deklaration und Klärung der Hauptkriegsverbrecherfrage   65

Inhaltsverzeichnis

2	Das Konzept von ‚Verbrechen gegen die Menschlichkeit' (1942–1945)		69
	2.1	Diskussion um NS-Verbrechen an Achsenmachtangehörigen im Foreign Office	69
	2.2	Foreign Office, UNWCC und ‚Verbrechen gegen die Menschlichkeit'	71
	2.3	Verfolgung von Kriegsverbrechen nach dem Royal Warrant und Verankerung von ‚Verbrechen gegen die Menschlichkeit' im Londoner Statut	74
	2.4	Internationales Militärtribunal zur Aburteilung der Hauptkriegsverbrecher	75
	2.5	Kontrollratsgesetz Nr. 10	77
3	Verfolgung von NS-Verbrechen durch alliierte und deutsche Gerichte in der US-, Sowjetischen und Französischen Zone (1943–1954)		81
	3.1	US-Besatzungszone	81
	3.2	Sowjetische Besatzungszone (SBZ)	84
	3.3	Französische Besatzungszone (FBZ)	85

III *Der Wiederaufbau der Justiz in der Britischen Zone*

1	Alliierte Besetzung und britische Besatzung (1944/45)	91
2	Stunde der OLG-Präsidenten und Entnazifizierung der Justiz (1945–1949)	99
3	Zentral-Justizamt, Landesjustizverwaltungen und Spruchgerichte (1946–1950)	109

IV *Die britische Strategie zur Ahndung von NS-Verbrechen gegen die Menschlichkeit*

1	Großbritannien und das Problem der Verbrechen gegen die Menschlichkeit (1945/46)	123

2	NS-Verbrechen gegen die Menschlichkeit vor britischen Gerichten (1946–1949)	125
	2.1 Musterverfahren für die deutsche Justiz	126
	2.2 Verfahren wegen Verbrechen mit alliierten Opfern	134
3	Anfänge der deutschen Gerichtsbarkeit zu NS-Verbrechen gegen die Menschlichkeit mit deutschen oder staatenlosen Opfern (1946/47)	137
	3.1 Generalermächtigung	141
	3.2 Ermächtigung zur Verfolgung von Gräueln an Lager- und Gefängnisinsassen	141
	3.3 Ermächtigung zur Verfolgung von Denunziationen und Beginn der KRG-10-Debatte	143
	3.4 Ermächtigung zur Verfolgung von rassisch motivierten Verbrechen	149

V Die Debatte um die Anwendung von Kontrollratsgesetz Nr. 10

1	Radbruchs Lehre vom ‚übergesetzlichen Recht' (1946)	155
2	Auseinandersetzung um das Rückwirkungsverbot (1946/47)	163
	2.1 Verbrechen gegen die Menschlichkeit, deutsche Justiz und ‚nullum crimen, nulla poena sine lege'	163
	2.2 KRG-10-Gegner und -Befürworter im Herbst 1946	165
	2.2.1 OLG-Präsident Hodenberg und die ‚politischen' Generalstaatsanwälte	165
	2.2.2 Paukenschlag und Offensive der KRG-10-Gegner	171
	2.3 Debatte um die Rückwirkung von KRG 10 seit Frühjahr 1947	179
	2.3.1 Sonderausgabe der ‚Süddeutschen Juristenzeitung'	179
	2.3.2 Vertiefte Auseinandersetzung und britisches Eingreifen	186
3	Kontrollratsgesetz Nr. 10 und deutsches Strafrecht	201

Inhaltsverzeichnis

VI Menschlichkeitsverbrechen vor deutschen Gerichten der Britischen Zone

1	Rahmenbedingungen	209
	1.1 Referenzverfahren: Die Entscheidungen gegen Tillessen und Schwärzel	209
	1.2 Erste Ermittlungen und Verfahren auf Basis des StGB	210
	1.3 (Teilweise) Verjährungsaussetzung bei deutschrechtlichen Tatbeständen	211
	1.4 Zur Auswahl der Tatkomplexe	213
2	Ausgewählte Tatkomplexe und Strafverfahren unter besonderer Berücksichtigung des OLG-Bezirks Braunschweig	217
	2.1 Denunziation	217
	2.2 Gewaltverbrechen im Zeichen der NS-‚Machtergreifung'	225
	2.3 Synagogenbrandstiftung und antisemitische Gewalt im November 1938	230
	2.4 Justizverbrechen	234
	2.5 NS-Anstaltsmorde (‚Euthanasie')	241
	2.6 Zwangssterilisierungen von ‚Erbkranken' und ‚rassisch Unerwünschten'	245
	2.7 Deportation von Juden sowie Sinti und Roma	247
3	Quantitativer Überblick	251
4	Stockende Verfahren, britische Kritik und Anpassungen	255

VII Der Oberste Gerichtshof für die Britische Zone

1	Vorgeschichte, Einrichtung und Zuständigkeit	267
	1.1 Wege zu einem zonalen Obergericht (1946/47)	267
	1.2 Organisationsfragen (1947/48)	275
	1.2.1 Militärregierungsverordnung Nr. 98 und die offene Präsidentenfrage	275

	1.2.2	Gerichtssitz und die Durchführungsverordnung des Zentral-Justizamts	279
	1.2.3	Rekrutierung der Richter und Staatsanwälte	285
1.3		Späte Eröffnung und Präsidentenernennung	291
1.4		Ernennung weiterer Richter und Staatsanwälte	297
2		Präsident, Richter am Strafsenat und Generalstaatsanwalt – biographische Skizzen	303
2.1		Gerichtspräsident Ernst Wolff – der jüdische Remigrant	303
2.2		Strafsenatspräsident Curt Staff – der NS-verfolgte Sozialdemokrat	318
	2.2.1	Aufstieg zum ‚sozialdemokratischen Starjuristen' (1901 bis 1933)	318
	2.2.2	NS-Verfolgung und Abrechnung mit dem ‚Dritten Reich' (1933 bis 1945)	328
	2.2.3	Führender Strafrechtler der Britischen Zone (1945 bis 1950)	344
	2.2.4	Höchster Richter Hessens und linker Sozialdemokrat (1950 bis 1976)	362
	2.2.5	Zusammenfassung	374
2.3		Strafsenatsvizepräsident August Wimmer – der NS-verfolgte Katholik	375
	2.3.1	Rechtswissenschaftler, Richter und NS-Verfolgter (1899 bis 1945)	375
	2.3.2	Vom OLG Köln zum OGH und zurück zum OLG Köln (1945 bis 1988)	390
	2.3.3	Zusammenfassung	400
2.4		Richter Friedrich-Wilhelm Geier – Talent und Anpassungsfähigkeit	401
2.5		Richter Heinrich Jagusch – ein NS-Aufsteiger auf dem Karrieresprungbrett	424
2.6		Generalstaatsanwalt Karl Schneidewin – vom Reichsgericht zum OGH	441
3		Entwicklung, Arbeit und Grundsatzpositionen im Straf- und Zivilrecht	453

Inhaltsverzeichnis

VIII Die Rechtsprechung des OGH zu Verbrechen gegen die Menschlichkeit

1	Grundsatzentscheidungen zu Kontrollratsgesetz Nr. 10	471
2	Ausgewählte Entscheidungen	499
	2.1 Denunziation	500
	2.2 NS-‚Machtergreifung' 1933	510
	2.3 Synagogenbrandstiftung und antisemitische Gewalt im November 1938	518
	2.4 Antisemitische Hetzpropaganda und Beleidigung – der Fall Harlan	527
	2.5 Freiheitsberaubung, Körperverletzung und Mord	541
	2.5.1 Misshandlung von Juden: Der Weller-Fall	541
	2.5.2 NS-Gewalt an politischen Gegnern – ‚Gestapo-Verfahren' in Hamburg	546
	2.5.3 NS-Anstaltsmorde (‚Euthanasie')	550
	2.5.4 Deportation – Gewalt an Sinti und Roma	563
	2.6 Justizverbrechen – „...eine der gefährlichsten und unerträglichsten Formen dieser Verbrechensart"	569

IX Die Rezeption der Rechtsprechung des OGH zu KRG 10 und die ‚vergangenheitspolitische Wende'

1	Akzeptanz und Ablehnung bei den Instanzgerichten: Ausgewählte Strafsachen	609
2	Politik, Strafrechtswissenschaft und OGH: Reaktionen und Interdependenzen	623
	2.1 Politik – Britische Militärregierung und deutsche Justizverwaltung	623
	2.2 Weitere politische Öffentlichkeit – Parteien, Verfolgtenverbände, Presse	628
	2.3 Strafrechtswissenschaft	630

3		Die strafrechtliche Vergangenheitspolitik der Bundesrepublik und die Abwicklung des OGH und seiner Rechtsprechung	643
	3.1	Das Bundesamnestiegesetz vom 31. Dezember 1949 und der OGH	643
	3.2	Die Abwicklung des OGH und die Einrichtung des Bundesgerichtshofes	650
	3.3	Die Einstellung der Verfolgung von Menschlichkeitsverbrechen	655

X Schlussbetrachtung

1	Ein Rückblick aus dem Jahr 1975: ‚Vergangenheitspolitik durch Strafrecht'	667
2	Der geschichtswissenschaftliche Blick auf ein Problem der ‚Juristischen Zeitgeschichte'	669
3	Zusammenfassung	671
4	Richter als Historiographen der NS-Herrschaft	683
5	Ausblick	685
Quellen- und Literaturverzeichnis		691
Personenregister		737
Dank		745

Abkürzungen

Abs. =	Absatz
Abt. =	Abteilung
a. D. =	außer Dienst
AdsD =	Archiv der sozialen Demokratie
a. F. =	alte Fassung
APO =	Außerparlamentarische Opposition
Art. =	Artikel
BArch =	Bundesarchiv
BDC =	Berlin Document Center
BGB =	Bürgerliches Gesetzbuch
BGBl. =	Bundesgesetzblatt
BGH =	Bundesgerichtshof
BGH StS =	Entscheidungen des Bundesgerichtshofs in Strafsachen
BJM oder BJMin. =	Bundesjustizminister
BNSDJ =	Bund Nationalsozialistischer Deutscher Juristen
BRD =	Bundesrepublik Deutschland
BSLRU =	British Special Legal Research Unit
BStU =	Bundesbeauftragter für die Unterlagen des Staatssicherheitsdienstes der ehemaligen Deutschen Demokratischen Republik
BVerfG =	Bundesverfassungsgericht
CCC =	Control Commission Court
CCS =	Combined Chiefs of Staff
CDU =	Christlich Demokratische Union Deutschlands
COGA =	Control Office for Germany and Austria
CSU =	Christlich Soziale Union
DAF =	Deutsche Arbeitsfront
DDP =	Deutsche Demokratische Partei
DDR =	Deutsche Demokratische Republik
DM =	Deutsche Mark
DNVP =	Deutschnationale Volkspartei

Abkürzungen

DOG =	Deutsches Obergericht für das Vereinigte Wirtschaftsgebiet
DP =	Deutsche Partei
d. R. =	der Reserve
DVP =	Deutsche Volkspartei
FBZ =	Französische Besatzungszone
FDP =	Freie Demokratische Partei
GeschO =	Geschäftsordnung
Gestapo =	Geheime Staatspolizei
GG =	Grundgesetz
GmbH =	Gesellschaft mit beschränkter Haftung
GStA =	Generalstaatsanwalt/Generalstaatsanwaltschaft
GVG =	Gerichtsverfassungsgesetz
HHStAW =	Hessisches Hauptstaatsarchiv Wiesbaden
HLA =	Hessisches Landesarchiv
HOLG =	Hanseatisches Oberlandesgericht
ICTY =	International Criminal Tribunal for the former Yugoslavia (bzw. Internationaler Strafgerichtshof für das ehemalige Jugoslawien)
ICWC =	International Research and Documentation Centre for War Crimes Trials (bzw. Internationales Forschungs- und Dokumentationszentrum für Kriegsverbrecherprozesse)
IfZ =	Institut für Zeitgeschichte
IISG =	Internationales Institut für Sozialgeschichte
IJB =	Internationaler Jugend-Bund
IMT =	Internationales Militärtribunal
IStGH =	Internationaler Strafgerichtshof
ITS =	International Tracing Service (bzw. Internationaler Suchdienst)
JCS =	Joint Chiefs of Staff
jun. =	junior
JZ =	Juristische Zeitschrift
KG =	Kontrollratsgesetz
KGB =	Komitet gossudarstwennoi besopasnosti pri Sowjete Ministrow SSSR (bzw. Komitee für Staatssicherheit beim Ministerrat der Sowjetunion)
KPD =	Kommunistische Partei Deutschlands

KRG =	Kontrollratsgesetz
KRG 10 =	Kontrollratsgesetz Nr. 10
Kripo =	Kriminalpolizei
KSSVO =	Kriegssonderstrafrechts-Verordnung
KZ =	Konzentrationslager
LA =	Landesarchiv
LA NRW, Abt. R, DU =	Landesarchiv Nordrhein-Westfalen, Abteilung Rheinland, Duisburg
LG =	Landgericht
MfS =	Ministerium für Staatssicherheit (der DDR)
MGC =	Military Government Court
MilReg =	Militärregierung
MRVO =	Militärregierungsverordnung
MRVO 47 =	Militärregierungsverordnung Nr. 47
MStGB =	Militärstrafgesetzbuch
MV =	Menschlichkeitsverbrecher
NJW =	Neue Juristische Wochenschrift
NLA, HA =	Niedersächsisches Landesarchiv – Standort Hannover
NLA, WO =	Niedersächsisches Landesarchiv – Standort Wolfenbüttel
NRW =	Nordrhein-Westfalen
NS =	Nationalsozialismus/nationalsozialistisch
NSBO =	Nationalsozialistische Betriebszellenorganisation
NSDAP =	Nationalsozialistische Deutsche Arbeiterpartei
NSKK =	Nationalsozialistisches Kraftfahrerkorps
NSRB =	Nationalsozialistischer Rechtswahrerbund
NSV =	Nationalsozialistische Volkswohlfahrt
OGH =	Oberster Gerichtshof für die Britische Zone
OGH StS =	Entscheidungen des Obersten Gerichtshofes für die Britische Zone in Strafsachen
o. J. =	ohne Jahr
OKW =	Oberkommando der Wehrmacht
OLG =	Oberlandesgericht
o. O. =	ohne Ort
OStA =	Oberstaatsanwalt
o. V.	ohne Vornamen

Abkürzungen

Pg. =	Parteigenosse
RG =	Reichsgericht
RGBl. =	Reichsgesetzblatt
RHF =	Rassenhygienische und bevölkerungsbiologische Forschungsstelle
RLB =	Reichsluftschutzbund
RM =	Reichsmark
RSHA =	Reichssicherheitshauptamt
RuSHA =	Rasse- und Siedlungshauptamt
SA =	Sturmabteilung
SBZ =	Sowjetische Besatzungszone
SD =	Sicherheitsdienst
SDS =	Sozialistischer Deutscher Studentenbund
SED =	Sozialistische Einheitspartei Deutschlands
SFG =	Sozialistische Förderergesellschaft
SJZ =	Süddeutsche Juristenzeitung
SLAB =	Special Legal Advice Bureau
SMAD =	Sowjetische Militärverwaltung in Deutschland
SPD =	Sozialdemokratische Partei Deutschlands
SS =	Schutzstaffel
StGB =	Strafgesetzbuch
StPO =	Strafprozessordnung
StR =	Revisionen in Strafsachen (= Aktenzeichen)
StS =	Strafsenat/Strafsachen
TJ =	Transitional Justice
TNA =	The National Archives (in Kew/London)
UA =	Universitätsarchiv
U-Haft =	Untersuchungshaft
UNWCC =	United Nations War Crimes Commission
USA =	United States of America
VDA =	Volksbund für das Deutschtum im Ausland
VEB =	Volkseigener Betrieb
Vf. =	Verfasser
VGH =	Volksgerichtshof
VoMi =	Volksdeutsche Mittelstelle
VStGB =	Völkerstrafgesetzbuch

Abkürzungen

VV =	Versailler Vertrag
VVN =	Vereinigung der Verfolgten des NS-Regimes
ZdA =	Zentralverband der Angestellten
ZJA =	Zentral-Justizamt
ZJBl. =	Zentral-Justizblatt
ZS =	Zivilsachen

I Einleitung

1 Annäherungen

a) Völkerstrafrecht und Tatbestand ‚Verbrechen gegen die Menschlichkeit': Anfänge

Das Ausmaß der durch den Nationalsozialismus (NS) im Zweiten Weltkrieg verübten Verbrechen – der Völkermord an den Juden wie auch Sinti und Roma, der rassistische Vernichtungskrieg gegen osteuropäische Bevölkerungen, die Ermordung von Behinderten und Kranken sowie die Ausbeutung von Zwangsarbeitern – übersteigt die menschliche Vorstellungskraft. Der Anspruch, solche Menschheitsverbrechen zu sühnen und den Opfern Gerechtigkeit widerfahren zu lassen, erscheint illusorisch, war das Unrecht doch nicht wiedergutzumachen, die Millionen Opfer von Krieg und NS-Terror nicht wieder zum Leben zu erwecken. Das Geschehene stellte in der Tat den Strafzweck eines zumindest ansatzweisen ‚Ausgleichs' der Schuld der Täter in Frage. Nichtsdestoweniger erheischten Gräuel mit derartigem Unrechtsgehalt Verfolgung und Strafe, sei es durch alliierte oder deutsche Gerichte. An eine Rückkehr Deutschlands zur ‚Normalität' war ohne die vorherige Bestrafung der Schuldigen, ohne Entnazifizierung und Demokratisierung nicht zu denken.

Das zweifellos bekannteste Kapitel in der Geschichte der strafrechtlichen Aufarbeitung von NS-Verbrechen stellte das Verfahren gegen die 24 Hauptkriegsverbrecher aus Politik, Militär und Wirtschaft vor dem Internationalen Militärtribunal (IMT) dar, das vom 20. November 1945 bis zum 1. Oktober 1946 in Nürnberg stattfand. Die Anklage lautete auf Verschwörung zum Angriffskrieg, Verbrechen gegen den Frieden, Kriegs- und Menschlichkeitsverbrechen. Rechtsgrundlage war das am 8. August 1945 in London unterzeichnete IMT-Statut, das als „Geburtsurkunde des Völkerstrafrechts"[1] gilt, da es erstmals völkerrechtliche Straftatbestände definierte, individuelle Verantwortlichkeit für Völkerrechtsverbrechen festschrieb und letztere mit Strafen bedrohte, die ein internationales Gericht, das IMT, verhängen sollte. Neben der Verfolgung der im Zweiten Weltkrieg begangenen NS-Menschheitsverbrechen sollte das IMT die Initial-

---

1 *Werle*, Gerhard: Völkerstrafrecht. 3., überarb. u. aktualisierte Aufl. Unter Mitarbeit v. Boris Burghardt u. a., Tübingen 2012, S. 8, § 15.

1 Annäherungen

zündung für ein international anerkanntes Strafrechtssystem geben[2]. Dass der Startschuss aber fast folgenlos verklang und das Völkerstrafrecht erst mit der Errichtung des Internationalen Strafgerichtshofs für das ehemalige Jugoslawien (ICTY) 1993 wieder Tritt fasste, war eine Folge des sich zum Kalten Krieg verschärfenden Ost-West-Konflikts. Dieser schob auch weiteren NS-Verfahren vor internationalen Gerichten einen Riegel vor.

Stattdessen verfolgten die Siegermächte deutsche Völkerrechtsverbrechen in Eigenregie, und zwar innerhalb der ihnen auf der Potsdamer Konferenz 1945 zugewiesenen Besatzungszonen, wobei sie allerdings auf gemeinsame Rechtsgrundlagen zurückgriffen. An erster Stelle ist das alliierte Kontrollratsgesetz Nr. 10 (KRG 10) vom 20. Dezember 1945[3] zu nennen, das „die Bestrafung von Personen [vorsah], die sich Kriegsverbrechen, Verbrechen gegen den Frieden oder gegen die Menschlichkeit schuldig gemacht haben"[4]. Auf seiner Grundlage führten die Amerikaner von Dezember 1946 bis Mitte 1949 die zwölf ‚Nürnberger Nachfolgeprozesse' gegen ausgewählte Vertreter der NS-Funktionseliten aus Politik, Militär, Wirtschaft, Justiz und Medizin durch. Weniger bekannt war lange Zeit, dass während der Besatzungsherrschaft und in den ersten Jahren der Bundesrepublik (BRD) neben den Militärgerichtshöfen von Nürnberg auch andere alliierte und deutsche Gerichte die Bestrafung von NS-Unrecht verfolgt hatten. Einem dieser Teilgebiete wendet sich die vorliegende Arbeit zu: der Strafverfolgung von NS-Menschlichkeitsverbrechen mit deutschen oder staatenlosen Opfern vor deutschen Gerichten in der Britischen Zone auf Grundlage von KRG 10.

Vor dieser Folie stellt sich zunächst die Frage nach der rechtlichen Eigenart von ‚Verbrechen gegen die Menschlichkeit'. Das Statut des Internationalen Strafgerichtshofes (IStGH) vom 17. Juli 1998[5] definiert diesen völkerrechtlichen Tatbestand nach Artikel 7 Absatz 1 als „jede der folgenden

---

2 Vgl. *Satzger*, Helmut: Internationales und Europäisches Strafrecht. 5. Aufl., Baden-Baden 2011, S. 247, § 13, Abs. 12.
3 Kontrollratsgesetz Nr. 10 vom 20. Dezember 1945 ist veröffentlicht in: Amtsblatt der Militärregierung Deutschland. Britisches Kontrollgebiet, Nr. 5, S. 46–49 (= KRG 10). Der deutsche Text ist abgedruckt in: Ueberschär, Gerd R. (Hrsg.): Der Nationalsozialismus vor Gericht. Die alliierten Prozesse gegen Kriegsverbrecher und Soldaten 1943–1952. 2. Aufl., Frankfurt a. M. 2000, S. 295–301.
4 KRG 10, S. 46.
5 Das Römische Statut des Internationalen Strafgerichtshofes vom 17. Juli 1998 ist abgedruckt in: *Dokumente zum humanitären Völkerrecht*. Eine gemeinsame Veröffentlichung des Auswärtigen Amts, des Deutschen Roten Kreuzes und des Bundesministeriums der Verteidigung, Sankt Augustin 2006, S. 911–1013 (= IStGH-Statut).

1 Annäherungen

Handlungen, die im Rahmen eines ausgedehnten oder systematischen Angriffs gegen die Zivilbevölkerung und in Kenntnis des Angriffs begangen wird"[6], und nennt dann vorsätzliche Tötung, Ausrottung, Versklavung und weitere grausame Verbrechen. Angelehnt daran verortet das Völkerstrafgesetzbuch (VStGB) vom 26. Juni 2002[7] Verbrechen, die den Tatbestand verwirklichen, in § 7 Absatz 1 „im Rahmen eines ausgedehnten oder systematischen Angriffs gegen eine Zivilbevölkerung"[8].

Dagegen fasste das alliierte KRG 10 vom 20. Dezember 1945 den damals taufrischen internationalrechtlichen Straftatbestand in Artikel II 1c noch recht offen und ohne Hinweis auf einen systematischen Angriff als „Gewalttaten und Vergehen, einschließlich der folgenden, den obigen Tatbestand jedoch nicht erschöpfenden Beispiele: Mord, Ausrottung, Versklavung, Zwangsverschleppung, Freiheitsberaubung, Folterung, Vergewaltigung oder andere an der Zivilbevölkerung begangene unmenschliche Handlungen; Verfolgung aus politischen, rassischen oder religiösen Gründen ohne Rücksicht darauf, ob sie das nationale Recht des Landes, in welchem die Handlung begangen worden ist, verletzen"[9]. Im Anschluss daran bewegte der Anspruch der Alliierten, aber auch von Teilen der deutschen Justiz, solches Unrecht abzuurteilen und mit Strafe zu belegen, die Gemüter. Die Reaktionen reichten von vollständiger Ablehnung bis zu einer zwischen Pragmatismus und Überzeugung pendelnden Zustimmung. Für erstere steht der NS-belastete Rechtsgelehrte Carl Schmitt[10], der am 6. Mai 1948 in seinem ‚Glossarium' polemisch vermerkte:

> „Was bleibt als das Spezifische übrig, wenn man von den Verbrechen gegen die Menschlichkeit die alten bekannten kriminellen Tatbestände Mord, Raub, Vergewaltigung usw. abzieht? Verbrechen, die 'einen krassen Vernichtungswillen' erkennen lassen, also Verbrechen, zu denen auf der subjektiven Seite noch etwas Besonderes, das Gegen-Menschliche nämlich, hinzukommt. Was kommt hinzu? Kein Realus, sondern nur ein Animus. Gesinnungs-Verbrechen von der negativen Seite. Sie mußten mit dialektischer Notwendigkeit kommen[,] nachdem aus Humanität die Gesinnungs-Verbrechen aus guter Gesinnung

---

6 *Ebd.*, S. 917.
7 Das Gesetz zur Einführung des Völkerstrafgesetzbuches vom 26. Juni 2002 ist veröffentlicht in: BGBl. 2002, Teil 1, Nr. 42, S. 2254–2258.
8 *Ebd.*, S. 2254.
9 KRG 10, S. 46.
10 Zu Schmitt (1888–1985) vgl. *Mehring*, Reinhard: Carl Schmitt. Aufstieg und Fall. Eine Biographie, München 2009.

entdeckt worden waren. Mit anderen Worten: es sind die aus menschenfeindlicher Gesinnung entstandenen und von solcher Gesinnung zeugenden Taten, also: das, was der zum Feind der Menschheit Erklärte tut. Politisch im extremsten und intensivsten Sinne des Wortes. 'Verbrechen gegen die Menschlichkeit' ist nur die generellste aller Generalklauseln zur Vernichtung des Feindes"[11].

Entgegen diesem Vorwurf, bei der rückwirkenden alliierten und auch von alliierten Gerichten angewandten Norm aus dem KRG 10 handele es sich um ein Element reiner ‚Siegerjustiz', die ungeeignet sei, Frieden zu schaffen, bemühten sich die Befürworter des alliierten Gesetzes darum, dem dort nur vage umrissenen ‚Verbrechen gegen die Menschlichkeit' Kontur zu verleihen und es für die deutsche Rechtspraxis handhabbar zu machen. Einen beachtlichen, in mancher Hinsicht zukunftsweisenden Versuch unternahm der Erste Strafsenat des Obersten Gerichtshofes für die Britische Zone (OGH), der einem seiner ersten Urteile aus dem Mai 1948 den folgenden Leitsatz beifügte:

„Wenn im Zusammenhang mit dem System der Gewalt- und Willkürherrschaft, wie sie in nationalsozialistischer Zeit bestanden hat, Menschen, Menschengüter und Menschenwerte angegriffen und geschädigt wurden in einer Weise, die eine Für-Nichts-Achtung des ideellen Menschenwerts mit Wirkung für die Menschheit ausdrückte, so ist wegen Unmenschlichkeitsverbrechen zu bestrafen, wer dies durch ein bewußtes und gewolltes Angriffsverhalten verursacht hat, sofern ihm dies zum Vorwurf gereicht"[12].

Die hier nur anhand zweier Zitate angedeuteten gegensätzlichen Haltungen zu KRG 10 und ‚Verbrechen gegen die Menschlichkeit' bilden mit ihren Motiven, Zielen, Protagonisten sowie Kämpfen um strafrechtspolitischen Einfluss und Deutungshoheit den im Weiteren zu verfolgenden roten Faden.

---

11 *Schmitt*, Carl: Glossarium. Aufzeichnungen der Jahre 1947 bis 1958. Erw., berichtigte u. kommentierte Neuausg., hrsg. v. Gerd Giesler u. Martin Tielke, Berlin 2015, S. 110. Nochmals zugespitzt formuliert Schmitt am 6. Dezember 1949: „Es gibt Verbrechen gegen und Verbrechen für die Menschlichkeit. Die Verbrechen gegen die Menschlichkeit werden von Deutschen begangen. Die Verbrechen für die Menschlichkeit werden an Deutschen begangen" (*ebd.*, S. 214).
12 *Mitglieder des Gerichtshofes und der Staatsanwaltschaft beim Obersten Gerichtshof* (Hrsg.): Entscheidungen des Obersten Gerichtshofes für die Britische Zone in Strafsachen. 3 Bde., Berlin/Hamburg 1949f. (= OGH StS), hier: Bd. 1, S. 11.

b) Juristische Aufarbeitung der NS-Herrschaft vor deutschen Gerichten

Die Strafverfolgung von NS-Verbrechen dauert seit mehr als 70 Jahren an und wird wegen des Ablebens der letzten Täter und Zeugen bald unweigerlich enden. Gleichwohl erfahren die wenigen noch verhandelten Fälle eine lange nicht gekannte mediale Aufmerksamkeit. So die zwischen 2009 und 2016 geführten Prozesse gegen John Demjanjuk, Oskar Gröning und Reinhold Hanning. Verfahrensgegenstand waren jeweils die im Zweiten Weltkrieg in den SS-Vernichtungslagern Osteuropas an Millionen von jüdischen Frauen, Männern und Kindern begangenen Morde. Bemerkenswert ist aber, dass sich der Fokus des öffentlichen Interesses zuletzt verschoben hat. Denn die intensive Erforschung des Holocaust und die in früheren NS-Verfahren wie dem Auschwitz-Prozess (1963–1965) betriebene Aufklärung bewirkten wohl, dass die Erwartung der Gewinnung neuer Fakten zunehmend der Neugier nach der juristischen (Neu-)Bewertung von Schuld und Täterschaft wich. Gewiss sind der Nutzen und die Rechtfertigung der heutigen gerichtlichen Untersuchungen umstritten, denn nach dem Verstreichen von mehr als sieben Jahrzehnten befinden sich die Angeklagten wegen ihres hohen Alters in der Regel in keinem guten Gesundheitszustand. Auch nehmen Beweisschwierigkeiten stetig zu. Hinzu kommt, dass der Anklageerhebung gegen einzelne ehemalige Angehörige des SS-Wachpersonals in Auschwitz, Treblinka und andernorts ein gerüttelt Maß an Willkür innewohnt, weil die Mehrzahl der Täter zeitlebens unbehelligt geblieben und nicht zur Rechenschaft gezogen worden war. Demgegenüber wird meist das Recht der ebenfalls hochbetagten Nebenkläger betont, ‚ihre Geschichte' im Kontext des Tatgeschehens darzulegen. Zudem verjährt Mord nicht. Weithin wird daher anerkannt, dass jene NS-Verfahren ein zwar äußerst später, trotzdem nötiger Versuch sind, schweres Unrecht mit den beschränkten Mitteln des Strafrechts, wenn nicht ‚wiedergutzumachen', so doch aufzuarbeiten[13]. Eine Besonderheit, auf die zum Schluss eingegangen wird (vgl. X.5), sind die in den Fällen Demjanjuk, Gröning und Hanning ergangenen Schuldsprüche.

---

13 Die Grenzen des Strafrechts waren und sind sowohl praktisch als auch rechtsstaatlich bedingt, insofern eine konsequente Ahndung hinreichender Ressourcen bedarf und die Zuerkennung von Strafe des zweifelsfreien Nachweises von Schuld. Die Folgen personeller Engpässe zeigten sich indes in der frühen Nachkriegszeit, als sich die durch die Entnazifizierung ohnehin dezimierte Strafrechtspflege mit der Herausforderung konfrontiert sah, neben NS-Strafsachen auch eine Vielzahl an Wirtschaftsvergehen verfolgen zu müssen.

1 Annäherungen

Dass die Prozesse noch notwendig erscheinen, hängt mit den Fehlern und Versäumnissen der juristischen Ahndung von NS-Verbrechen vor deutschen Gerichten bzw. mit dem wechselhaften politischen und gesellschaftlichen Umgang mit der NS-Vergangenheit in Nachkriegsdeutschland zusammen. So hatte die in der Bevölkerung verbreitete Sehnsucht nach einem ‚Schlussstrich' unter die Zeit des Nationalsozialismus seit Ende der vierziger Jahre sowohl in der Politik als auch in der Justiz tiefe Spuren hinterlassen und Ergebnisse gezeitigt, die vielfach als problematisch wahrgenommen werden. Folgerichtig wandte sich die publizistische und wissenschaftliche Debatte vor längerer Zeit verstärkt der Frage nach Richtung und Erfolg oder Scheitern der als gesamtgesellschaftliches Phänomen rezipierten ‚Vergangenheitsbewältigung' zu. Der Philosoph Hermann Lübbe widersprach Anfang der achtziger Jahre der These, Unrecht wie auch Schande des ‚Dritten Reiches' seien verdrängt worden, indem er von einer Praxis ‚kollektiven Beschweigens' ausging, die sich für die Entstehung einer demokratischen Gesellschaft und Staatlichkeit als sowohl heilsamer wie grundlegender Ausgangspunkt erwiesen hätte[14]. Demgegenüber sprach der Schriftsteller Ralph Giordano von der ‚zweiten Schuld', als er auf vierzig Jahre Umgang mit dem Erbe der NS-Herrschaft in Westdeutschland zurückblickte und auf einen großen Unwillen zur politischen, juristischen und gesellschaftlichen Aufarbeitung aufmerksam machte[15].

Die vorliegende Abhandlung versteht sich als Beitrag zur Erforschung der strafrechtlichen Auseinandersetzung mit der NS-Vergangenheit. Damit ist ein Forschungszweig umrissen, der seit Jahren wichtige Studien zu Einzelprozessen, Verfahrensgruppen und umfassende Synthesen hervorbringt. Sie lenkt den Blick aber auch auf ein Kapitel, dessen Untersuchung eine zwiespältige Entwicklung in ihrer historischen Bedingtheit um einen Erklärungsansatz bereichern kann. Rückblickend wird, so eine These Ulrike Homanns, das für geschichtsbewusste Beobachter nicht sehr Überraschende klar: Eine ‚Alternative' wäre möglich gewesen[16]. Denn die Definition von juristischer Schuld und die Bestrafung der Täter bildeten das Objekt

---

14 Vgl. *Lübbe*, Hermann: Der Nationalsozialismus im deutschen Nachkriegsbewußtsein, in: Historische Zeitschrift 236 (1983), S. 579–599.
15 Vgl. *Giordano*, Ralph: Die zweite Schuld oder von der Last Deutscher zu sein, Hamburg u. a. 1987.
16 Vgl. *Homann*, Ulrike: Die verleugnete Alternative – der Oberste Gerichtshof für die Britische Zone, in: Recht und Politik 37 (2001), H. 4, S. 210–218. Der Artikel ist in überarbeiteter Form neu erschienen als *dies.*: Gesetzliches Unrecht – der Oberste Gerichtshof für die Britische Zone, in: Sonja Begalke, Claudia Fröhlich u. Stephan Alexander Glienke (Hrsg.): Der halbierte Rechtsstaat. Demokratie

eines strafrechtspolitischen sowie gesellschaftlichen Tauziehens, das in einem Prozess der Demokratie- und Staatswerdung stattfand. Die Kräfteverhältnisse unterlagen dem Wandel, und am Ende gewann eine Konfliktpartei die Oberhand und setzte ihre ‚Vergangenheitspolitik' durch. Hiermit verbindet sich nun aber die Frage, worin der konkrete Gegenstand unserer Studie besteht.

---

und Recht in der frühen Bundesrepublik und die Integration von NS-Funktionseliten, Baden-Baden 2015, S. 43–58.

2 Gegenstand und Fragestellung

Der Oberste Gerichtshof für die Britische Zone mit Sitz in Köln wurde auf Grundlage der britischen Militärregierungsverordnung (MRVO) Nr. 98 vom 1. September 1947 errichtet und am 29. Mai 1948 eröffnet. Schon am 30. September 1950 stellte er seine Arbeit wieder ein. Nur kurze Zeit und regional auf Nordrhein-Westfalen, Niedersachen, Hamburg sowie Schleswig-Holstein beschränkt trat er also in die Fußstapfen des Reichsgerichts, das bereits 1945 geschlossen worden war. Am Ende räumte er das Feld für den Bundesgerichtshof (BGH), dessen Zuständigkeit sich aber auf die ganze Bundesrepublik erstreckte. Wegen der Kürze des Bestehens und räumlichen Zuständigkeitsbegrenzung verwundert es nicht, dass die späterhin untersuchte Revisionsrechtsprechung des OGH in NS-Strafsachen weder eine längerfristige juristische Tradition begründete, noch spürbare Resonanz in der rechts- sowie geschichtswissenschaftlichen Forschung fand. Letzteres hat sich aber gewandelt, seit die Juristische Zeitgeschichte die Ausnahmestellung registrierte, die dem Obersten Gerichtshof in der Rechtspflege der frühen Nachkriegszeit zukommt. So war er das einzige deutsche Obergericht der ordentlichen Gerichtsbarkeit mit Zuständigkeit für eine ganze Besatzungszone. Weiterhin galt für ihn die Maxime, dass frühere NSDAP-Mitglieder oder anderweitig NS-belastete Juristen nicht zu Richtern oder Staatsanwälten ernannt werden sollten. Zu guter Letzt leistete er mit seiner konsequenten Anwendung des umstrittenen alliierten KRG 10 einen wichtigen Beitrag zur juristischen Aufarbeitung der NS-Vergangenheit[17]. Zu Recht weist der Strafrechtslehrer Hinrich Rüping darauf hin, dass seine Rechtsprechung zu Verbrechen gegen die Menschlichkeit aus zeithistorischem Blickwinkel „eine bedeutende, wenn nicht die bedeutendste Aufgabe und Leistung des OGH"[18] bildete. Hieran knüpfen wir an, wenn die 583 von Mai 1948 bis September 1950 gefällten OGH-Entschei-

---

17 Vgl. *Form*, Wolfgang/*Pöpken*, Christian/*Wogersien*, Maik: Einleitung, in: Justizministerium des Landes NRW (Hrsg.): Verbrechen gegen die Menschlichkeit – Der Oberste Gerichtshof der Britischen Zone, Düsseldorf 2012 (Juristische Zeitgeschichte NRW, Bd. 19), S. 1–7, hier: S. 1.

18 *Rüping*, Hinrich: „Hüter des Rechts und der Rechtseinheit" – Zur Bedeutung des Obersten Gerichtshofs in der Britischen Zone für die Rechtspflege, in: Jahrbuch der Juristischen Zeitgeschichte, Bd. 1 (1999/2000), Baden-Baden 2000, S. 88–122 (= Rüping 2000: Hüter), hier: S. 109f.

2 Gegenstand und Fragestellung

dungen zu KRG 10[19] als Fluchtpunkt für ein Narrativ gewählt werden, das den strafrechtlichen Umgang mit der NS-Vergangenheit als einen zwischen diversen alliierten und deutschen Akteuren und Institutionen ausgetragenen Kampf um Deutungshoheit und Interessendurchsetzung begreift. Als heuristische Kategorie dient die unten näher erläuterte ‚Vergangenheitspolitik durch Strafrecht'. Im Kern geht es um die Frage, bis zu welchem Grad NS-Unrecht geahndet oder straflos gelassen werden sollte. Anders formuliert: Wie tief sollte die Justiz durch Bestrafung von Tätern in die Nachkriegsgesellschaft eingreifen? Der Konflikt begann aber schon auf einer vorgelagerten Ebene, da unter den Protagonisten streitig war, welche Taten überhaupt Verbrechen darstellten und strafwürdig waren. Wie verhielt es sich etwa mit auf wahren Aussagen beruhenden Anzeigen bei der Gestapo, die im Sinne der NS-Gesetzgebung rechtens waren und vom Staat explizit gefordert wurden, für das Opfer wegen der Geringfügigkeit seines ‚Vergehens' aber unverhältnismäßig harte Strafen zeitigen konnten?

Als roter Faden durch die folgenden Kapitel dienen die Nachzeichnung und Untersuchung der Auseinandersetzungen um den strafrechtlichen Umgang mit der NS-Vergangenheit, konkret: mit Blick auf die Ahndung von NS-Verbrechen unter KRG 10 vor deutschen Gerichten der Britischen Zone. Ausgehend von der Entscheidung der Briten, letzteren die Befugnis zur Strafverfolgung von Verbrechen gegen die Menschlichkeit mit deutschen oder staatenlosen Opfern zu übertragen, werden die im Weiteren aktiv werdenden britischen und deutschen Institutionen wie auch Personen in Bezug auf ‚vergangenheitspolitische' Motive, Ziele und Handlungsspielräume analysiert. Das Hauptaugenmerk liegt gewiss auf jenen Strukturen und Männern, die auf die Einrichtung und spezifische KRG-10-Rechtsprechung des OGH Einfluss nahmen – ob sie in der britischen Rechtsabteilung (Legal Division), im deutschen Zentral-Justizamt (ZJA), am Gericht selbst oder anderswo tätig waren. Zugleich will die Studie ein Forschungsdesiderat schließen, indem sie es als erste unternimmt, den OGH und seine Rechtsprechung zu NS-Straftaten aus geschichtswissenschaftlicher Perspektive umfassend darzustellen. Dabei folgt sie der Frage, was das Gericht befähigte, zeithistorisch bedeutsame Urteile (Rüping) zu sprechen. Zur Beantwortung werden neben institutionellen Rahmenbedingungen die biographischen und rechtsphilosophischen Hintergründe der beteiligten Jus-

---

19 Vgl. *Form*, Wolfgang: Der Oberste Gerichtshof für die Britische Zone: Gründung, Besetzung und Rechtsprechung in Strafsachen wegen Verbrechen gegen die Menschlichkeit, in: Justizministerium des Landes NRW (Hrsg.) 2012, S. 8–63, hier: S. 54.

tizjuristen betrachtet und in Beziehung zu Urteilen des OGH zu Tatkomplexen von NS-Menschlichkeitsverbrechen gesetzt. Die Gerichtsgründung und Besetzung der Planstellen mit politisch Unbelasteten sind als Maßnahmen einer von Legal Division und deutscher Justizverwaltung ausgehandelten Strafrechtspolitik leicht begreifbar. Erklärungsbedürftig erscheint dagegen die Anwendung der Kategorie ‚politisch' auf die KRG-10-Spruchpraxis. Gleichwohl wird hier die These aufgestellt und im Weiteren gezeigt, dass der OGH mit seinen Richtern Akteur einer ‚Vergangenheitspolitik durch Strafrecht' war. Dies Konstrukt erfordert selbst eine nähere Erläuterung (s. u.).

3 Forschungslage

Erste Schneisen zur Erforschung des OGH und seiner KRG-10-Rechtspraxis schlugen die Aufsätze zweier Juristen. Während Rüping einen konzisen Überblick über Vorgeschichte, Aufbau, Zuständigkeit, Personal, Rechtsprechung und Selbstverständnis des Gerichtshofs bietet, betrachtet Pauli Merkmale der Urteilsbegründungen und würdigt eine die historisch-politische Gesamtlage zur Tatbegehungszeit reflektierende ‚Entscheidungskultur'[20]. Einen richtungsweisenden Artikel steuerte auch Homann bei, die ausgewählte OGH- und BGH-Urteile zur juristischen Aufarbeitung der NS-Vergangenheit, nicht zuletzt zum Tatkomplex Justizunrecht, auswertete. Sie attestiert den Kölner Richtern, einen „wirklichen Neubeginn gegenüber dem pervertierten Rechtssystem des Nationalsozialismus"[21] gemacht zu haben. In der menschenrechtsorientierten Normauslegung sei ihnen der BGH aber jahrzehntelang nicht gefolgt. In einem jüngeren zeitgeschichtlichen Beitrag setzt sich Form mit dem OGH und seiner Arbeit zu NS-Verbrechen gegen die Menschlichkeit auseinander. Hierin liefert er eine Auswertung der KRG-10-Entscheidungen, die mit einer Datenbank am Forschungs- und Dokumentationszentrum Kriegsverbrecherprozesse (ICWC) der Philipps-Universität Marburg durchgeführt wurde. Erstmals werden valide Daten zur Zahl der Revisionssachen (539), zu den zugehörigen Urteilen wie Beschlüssen (583) und Angeklagten (978) präsentiert. Ferner wird transparent, wie sich die Gerichtsentscheidungen auf unterschiedliche Tatkomplexe, Verfahrensausgänge und beteiligte Richter verteilen[22]. Der Text leitet einen Sammelband mit weiteren Aufsätzen ein, in denen Juristen und Historiker verschiedene Teilaspekte der Aburteilung von NS-

---

20 Vgl. *Pauli*, Gerhard: Ein hohes Gericht – Der Oberste Gerichtshof für die Britische Zone und seine Rechtsprechung zu Straftaten im Dritten Reich, in: Justizministerium des Landes NRW (Hrsg.): 50 Jahre Justiz in NRW, Düsseldorf 1996 (Juristische Zeitgeschichte, Bd. 5), S. 95–120; *Rüping*, Hinrich: Das „kleine Reichsgericht". Der Oberste Gerichtshof für die Britische Zone als Symbol der Rechtseinheit, in: Neue Zeitschrift für Strafrecht 20 (2000), H. 7, S. 355–359 (= Rüping 2000: Reichsgericht); sowie *ders.* 2000: Hüter.
21 *Homann* 2001, S. 210.
22 *Form* 2012.

3 Forschungslage

Unrecht am Kölner Revisionsgericht behandeln[23]. Zum 65. Jahrestag der Schließung des OGH gab das Oberlandesgericht Köln 2015 ein kleines Buch heraus. Hervorgehoben sei daraus die biographische Skizze von Daubach über den OGH-Richter August Wimmer, weil dessen bemerkenswerter Lebensweg erstmals eine eingehende Untersuchung im Licht der Personalakten erfährt[24].

Es gibt einige ältere instruktive Untersuchungen, die den Gegenstand aus unterschiedlichen Perspektiven berühren. So brachte Storz mit seiner

---

23 Vgl. *Justizministerium des Landes NRW* (Hrsg.): Verbrechen gegen die Menschlichkeit – Der Oberste Gerichtshof der Britischen Zone, Düsseldorf 2012 (Juristische Zeitgeschichte NRW, Bd. 19). Neben *Form* 2012 enthält der Band folgende Studien: *Pauli*, Gerhard: Der Konflikt zwischen dem Obersten Gerichtshof für die Britische Zone und seinen Untergerichten bei der Anwendung des Kontrollratsgesetzes Nr. 10, in: Justizministerium des Landes NRW (Hrsg.) 2012, S. 64–79; *Irmen*, Helmut: Der Oberste Gerichtshof für die Britische Zone und der Umgang mit NS-Juristen, in: Justizministerium des Landes NRW (Hrsg.) 2012, S. 80–113; *Bryant*, Michael S.: Ein Verbrechen oder viele? Die deutsche Konkurrenzlehre in der Rechtsprechung des Obersten Gerichtshofs für die Britische Zone am Beispiel der „Reichskristallnachts"-Prozesse in Nordrhein-Westfalen, in: Justizministerium des Landes NRW (Hrsg.) 2012, S. 114–123; *Radtke*, Henning: Befehlsnotstand, Handeln auf Befehl und übergesetzlicher Notstand in der Rechtsprechung des Obersten Gerichtshofs für die Britische Zone (OGH-BZ) und deren Bedeutung für das aktuelle Völkerstrafrecht, in: Justizministerium des Landes NRW (Hrsg.) 2012, S. 124–136; *Bahlmann*, Peter: Der Oberste Gerichtshof und die materielle Rechtsprechung im OLG-Bezirk Oldenburg, in: Justizministerium des Landes NRW (Hrsg.) 2012, S. 137–179 (= Bahlmann 2012: OGH). Schließlich bietet der Band neben einem umfangreichen Anhang noch einen biographischen Beitrag zu den am OGH tätig gewesenen Justizjuristen: *Irmen*, Helmut/*Pöpken*, Christian: Die Richter und Staatsanwälte am Obersten Gerichtshof für die Britische Zone – Kurzbiographien, in: Justizministerium des Landes NRW (Hrsg.) 2012, S. 180–192.
24 Vgl. *Der Präsident des Oberlandesgerichts Köln* (Hrsg.): Das Wirken des Obersten Gerichtshofs für die Britische Zone. Betrachtungen aus Anlass des 65. Jahrestages nach Abschluss seiner Tätigkeit, Köln 2015. Darin finden sich folgende drei Beiträge: *Daubach*, Helia-Verena: „Kein bequemer Mentor und Vorgesetzter, aber ein eindrucksvoller und prägender, bei manchen Kanten gütiger Mensch...". Dr. iur. et phil. August Wimmer. Richter beim Obersten Gerichtshof für die Britische Zone – eine biographische Skizze, in: Der Präsident des Oberlandesgerichts Köln (Hrsg.), S. 9–35; *Wimmer*, Raimund: Mein Vater August Wimmer – Ein Richter des Obersten Gerichtshofs für die Britische Zone, in: Der Präsident des Oberlandesgerichts Köln (Hrsg.), S. 37–43; *Grieß*, Martin: Das provisorische Höchstgericht – Ein Porträt des Obersten Gerichtshofs für die Britische Zone als Höchstgericht in Zivilsachen anhand dreier Entscheidungen, in: Der Präsident des Oberlandesgerichts Köln (Hrsg.), S. 45–65 (= Grieß 2015: Provisorisches Höchstgericht).

Dissertation 1969 eine erste juristische Arbeit zur Strafrechtspraxis des OGH heraus[25]. Bezeichnenderweise liegt ihr Interesse aber nicht auf ‚Menschlichkeitsverbrechen', sondern auf dem tagesrechtspolitisch für relevanter erachteten Beitrag zur Entwicklung von Strafgesetzbuch (StGB) und Strafprozessordnung (StPO); sie erfasst nur Urteile, die in der Amtlichen Sammlung enthalten sind. Genannt sei auch Vultejus, der die KRG-10-Rechtsprechung des Revisionsgerichts zur Behandlung des Rückwirkungsverbots und einzelner Tatbestände analysiert, um aufzuzeigen, dass das im Kontext des SED-Regimes in der DDR begangene Unrecht nicht verjährt war, sondern nach dem Beitritt zur BRD von deutschen Gerichten abgeurteilt werden konnte[26].

Kreß wie auch Pöpken betrachten die Judikatur des Revisionsgerichts zu KRG 10 in ihren Artikeln aus einer völkerstrafrechtsgeschichtlichen Warte. Hierbei geht letzterer der Frage nach, warum und inwiefern die Tatbestandsauslegung des OGH in den 1990ern als ‚Case Law' Einfluss auf die Rechtsprechung des ICTY nahm[27]. Grundstein für solche Analysen sind ältere Forschungen der Völkerstrafrechtswissenschaft wie die Habilitationsschrift von Ambos, die der KRG-10-Rechtspraxis des OGH einen 20-seitigen Abschnitt widmet, und die Bücher des Ex-ICTY-Präsidenten Cassese[28].

---

25 Vgl. *Storz*, Karl-Alfred: Die Rechtsprechung des Obersten Gerichtshofs der Britischen Zone in Strafsachen, Tübingen 1969.
26 Vgl. *Vultejus*, Ulrich: Verbrechen gegen die Menschlichkeit, in: Strafverteidiger 12 (1992), H. 12, S. 602–607.
27 Vgl. *Kreß*, Claus: Der Oberste Gerichtshof für die Britische Zone im hundertjährigen Prozess der Reflexion über den Völkerstraftatbestand der Verbrechen gegen die Menschlichkeit, in: Juristenzeitung 71 (2016), H. 19, S. 948–952; *Pöpken*, Christian: Towards the Domestic Prosecution of Nazi Crimes against Humanity. The British, Control Council Law No. 10 and the German Supreme Court for the British Zone of Occupation (1947–1950), in: Morten Bergsmo, CHEAH Wui Ling u. YI Ping (Hrsg.): Historical Origins of International Criminal Law. Bd. 2, Brüssel 2014 (FICHL Publication Series, No. 21), S. 427–470.
28 Vgl. *Ambos*, Kai: Der Allgemeine Teil des Völkerstrafrechts. Ansätze einer Dogmatisierung. 2., unveränd. Aufl., Berlin 2004 (Strafrecht und Kriminologie, Bd. 16), S. 163–182; sowie *Cassese*, Antonio: International Criminal Law. 3. Aufl., überarb. v. Antonio Cassese, Paola Gaeta, Laurel Baig, Mary Fan, Christopher Gosnell u. Alex Whiting, Oxford 2013, worin knapp 30 OGH-Entscheidungen zitiert werden, und ders. (Hrsg.): The Oxford Companion of International Criminal Justice, Oxford 2009 – eine Enzyklopädie, die in 20 Beiträgen Urteile des Kölner Revisionsgerichts behandelt.

3 Forschungslage

Die Arbeit der Zivilsenate untersuchte zum ersten Mal Zimmermann[29]. Einer umfassenden Analyse unterzog sie Grieß in einer Doktorarbeit von 2015, worin er die Geschichte des OGH als ‚Höchstgericht in Zivilsachen zwischen Tradition und Neuordnung' schreibt und dabei auch die rechtlichen Grundlagen und das Richterpersonal am Zivilsenat in den Blick nimmt[30]. Derselbe Autor verdichtete den aktuellen Wissensstand kürzlich in einem Lexikonartikel[31]. Ebenfalls jüngeren Datums ist das Nachschlagewerk von Schubert, das nach einer Einleitung Zentralinhalte und Rechtspositionen der Spruchtätigkeit wiedergibt – grob gegliedert nach Zivil- und Strafsachen und feiner nach den jeweiligen gesetzlichen Grundlagen[32].

Während der Vorbereitung der Drucklegung des vorliegenden Textes erschien mit der Dissertation von Ohlenroth eine rechtswissenschaftliche Studie, die die Judikatur des OGH zu NS-Unrecht unter dem Blickwinkel ihres Beitrags zur Entwicklung der Strafrechtsdogmatik beleuchtet[33].

---

29 Vgl. *Zimmermann*, Reinhard: Der oberste Gerichtshof für die Britische Zone (1948–1950) und die Fortbildung des Bürgerlichen Rechts, in: Zeitschrift für neuere Rechtsgeschichte 3 (1981), Nr. 3/4, S. 158–183.
30 Vgl. *Grieß*, Martin: Im Namen des Rechts. Der Oberste Gerichtshof für die Britische Zone als Höchstgericht in Zivilsachen zwischen Tradition und Neuordnung, Tübingen 2015 (Beiträge zur Rechtsgeschichte des 20. Jahrhunderts, Bd. 86) (= Grieß 2015: Im Namen des Rechts).
31 Vgl. *ders.*: Oberster Gerichtshof für die Britische Zone, in: Albrecht Cordes u. a. (Hrsg.): Handwörterbuch zur deutschen Rechtsgeschichte. 2. Aufl. 2004ff. Bd. IV. 25. Lieferung, Sp. 67f. Online-Ressource: https://www.hrgdigital.de/HRG.oberster_gerichtshof_fuer_die_britische_Zone (letzter Zugriff: 8.9.2020).
32 Vgl. *Schubert*, Werner: Oberster Gerichtshof für die Britische Zone (1948–1950). Nachschlagewerk Strafsachen – Nachschlagewerk Zivilsachen. Präjudizienbuch der Zivilsenate, Frankfurt a. M. u. a. 2010 (Rechtshistorische Reihe, Bd. 402).
33 Vgl. *Ohlenroth*, Juliane: Der Oberste Gerichtshof für die Britische Zone und die Aufarbeitung von NS-Unrecht. Unter besonderer Berücksichtigung der Bedeutung für die Entwicklung der Strafrechtsdogmatik, Tübingen 2020 (Beiträge zur Rechtsgeschichte des 20. Jahrhunderts, Bd. 112).

4 Theorierahmen und Forschungskontext

4.1 Vergangenheitsbewältigung, Aufarbeitung und Transitional Justice

Der historische Gegenstand, das auf dem Gebiet des Strafrechts zwischen britischen und deutschen Akteuren aus Politik, Verwaltung sowie Rechtspflege ausgetragene Ringen um den Umgang mit der NS-Vergangenheit und die Frage nach der Bestrafung der Täter, bedarf der Erörterung des begrifflichen Instrumentariums, das ihn fassen und erklären soll. Zunächst drängt sich das in der zivilgesellschaftlichen Debatte wirkmächtige Bild der ‚Vergangenheitsbewältigung' auf. Da es sich hierbei aber um einen aus der Psychoanalyse entlehnten Begriff handelt, der die Vorstellung enthält, zu bewältigendes Schlimmes könne endgültig abgeschlossen werden, birgt es die Gefahr der Unschärfe und Annahme eines heftig umstrittenen Ziels, des Vorrangs des Vergessens vor der Erinnerung. Deshalb nennt Kißener ‚Vergangenheitsbewältigung' „eine reichlich unglückliche, in sich widersprüchliche Wortschöpfung"[34]. Neben der ‚Bewältigung' fand auch das Wort von der ‚Aufarbeitung' des Nationalsozialismus früh Verbreitung, wie ein Text von Theodor W. Adorno aus dem Jahr 1959 beweist. Dieser übte Kritik an der Auslegung des Begriffs bzw. der damit bezeichneten gesellschaftlichen Praxis: „Mit Aufarbeitung der Vergangenheit ist in jenem Sprachgebrauch nicht gemeint, daß man das Vergangene im Ernst verarbeite, seinen Bann breche durch helles Bewußtsein. Sondern man will einen Schlußstrich darunter ziehen und womöglich es selbst aus der Erinnerung wegwischen. Der Gestus, es solle alles vergessen und vergeben sein, der demjenigen anstünde, dem Unrecht widerfuhr, wird von den Parteigängern derer praktiziert, die es begingen"[35]. ‚Aufarbeitung' erlaubt allerdings auch eine andere, nicht auf Schlussstrich und Vergessen ausgerichtete Deutung. Darauf weist auch Adorno hin, wenn er ‚Aufarbeitung der Vergangenheit' mit der Aufklärung und Wappnung des Subjekts gegen die Anfechtungen des Rassevorurteils sowie der Beseitigung der tieferlie-

---

34 *Kißener*, Michael: Das Dritte Reich, Darmstadt 2005 (Kontroversen um die Geschichte), S. 103.
35 *Adorno*, Theodor W.: Was bedeutet: Aufarbeitung der Vergangenheit, in: Ders.: Kulturkritik und Gesellschaft II. Eingriffe. Stichworte. Anhang, Frankfurt a. M. 1977 (Gesammelte Schriften, Bd. 102), S. 555–572, hier: S. 555.

4 Theorierahmen und Forschungskontext

genden Ursachen des Vergangenen assoziiert[36]. Soweit im Folgenden von ‚strafrechtlicher Aufarbeitung' die Rede ist, meint dies stets eine ernsthafte Auseinandersetzung mit der NS-Vergangenheit mit dem Ziel, die Würde der Opfer durch konsequente Bestrafung der Schuldigen wiederherzustellen.

Des Weiteren verdient ein den Sozialwissenschaften entnommenes Konzept Erwähnung, weil es Berührungspunkte mit unserem Gegenstand aufweist, die sogenannte Transitional Justice (TJ). TJ ist ein seit den neunziger Jahren benutzter Begriff, der die Übergangsphase von einer gewaltvollen zu einer friedlichen Gesellschaftsform markiert, und zwar in enger Verknüpfung mit dem Streben nach Gerechtigkeit. Diese ‚Gerechtigkeit' schließt im Sinne des englischen ‚Justice' eine strafrechtliche Dimension ein, geht aber auch darüber hinaus. Zu den Zielen zählen die Aufdeckung der Wahrheit über Verbrechen, die Identifizierung und Bestrafung der Täter, die Wiederherstellung der Würde der Opfer, nicht zuletzt durch Traumaarbeit, Rehabilitierung und Reparationen, die Ermunterung zu Aussöhnung und die Vorbeugung von Straftaten. So blickt TJ nicht nur nach hinten – auf die Aufarbeitung der in gewaltsamen Konflikten und Diktaturen verübten Grausamkeiten –, sondern auch nach vorne, nämlich auf Frieden und Sicherheit[37]. Sicher kann der juristischen Aufarbeitung von NS-Unrecht unter dem Blickwinkel und mit dem theoretischen Instrumentarium der TJ zu Leibe gerückt werden. So können Pläne und Initiativen der Briten zur Demokratisierung, Entnazifizierung und strafrechtlichen Verfolgung von NS-Straftaten als Elemente eines auf Sicherheit und Frieden zielenden, normativen Programms aufgefasst werden. Auch können die für strikte Ahndung jener Verbrechen eintretenden Akteure auf deutscher Seite, wie sie etwa am OGH begegnen, als TJ-Beteiligte betrachtet werden. Nutzbar gemacht wurde das Konzept z. B. bereits mit Blick auf die Erforschung der ‚Nürnberger Nachfolgeprozesse'[38]. Die Leitfrage nach der ge-

---

36 Vgl. *ebd.*, S. 571f.
37 Vgl. *Buckley-Zistel*, Susanne: Vergangenes Unrecht aufarbeiten. Eine globale Perspektive, in: Aus Politik und Zeitgeschichte 63/2013, S. 31–36.
38 Vgl. *Priemel*, Kim Christian/*Stiller*, Alexa: Introduction: Nuremberg's Narratives – Revising the Legacy of the „Subsequent Trials", in: Dies. (Hrsg.): Reassessing the Nuremberg Military Tribunals. Transitional Justice, Trial Narratives and Historiography, New York 2012, S. 1–21, hier: S. 3–5. Zum Verhältnis zwischen ‚Transitional Justice' und juristischer Aufarbeitung von Systemunrecht erschien kürzlich: Justizministerium des Landes NRW (Hrsg.): Transitional Justice. 25 Jahre Dokumentations- und Forschungsstelle „Justiz und Nationalsozialismus" NRW, Düsseldorf 2016 (Juristische Zeitgeschichte NRW, Bd. 21).

schichtlichen Verortung der OGH-Rechtsprechung zu KRG 10 im Konflikt um den richtigen Umgang mit der NS-Vergangenheit, bei dem gegensätzliche Wahrnehmungen davon, was Frieden und Sicherheit schafft, aufeinanderstießen, verlangt jedoch nach einem adäquateren Interpretationsmuster.

4.2 Vergangenheitspolitik durch Strafrecht

Angesichts des inhaltlich-methodischen Zugangs der vorliegenden Studie bildet der 1996 von Norbert Frei eingeführte Begriff der ‚Vergangenheitspolitik' eine Analysekategorie, welche die Annahme rechtfertigt, Antworten für die gestellten Fragen und Belege für die formulierten Thesen finden zu können. Aufgrund ihrer Dichte sei die von Frei geprägte, auf eine bestimmte historische Gesamtlage zu Beginn der BRD gemünzte Definition ausführlich wiedergegeben:

> „Vergangenheitspolitik bezeichnet (...) einen politischen Prozeß, der sich ungefähr über eine halbe Dekade erstreckte und durch hohe gesellschaftliche Akzeptanz gekennzeichnet war, ja geradezu kollektiv erwartet wurde. In erster Linie ging es dabei um Strafaufhebungen und Integrationsleistungen zugunsten eines Millionenheers ehemaliger Parteigenossen, die fast ausnahmslos in ihren sozialen, beruflichen und staatsbürgerlichen – nicht jedoch politischen – Status quo ante versetzt wurden, den sie im Zuge der Entnazifizierung, Internierung oder der Ahndung ‚politischer' Straftaten verloren hatten. In zweiter Linie, gewissermaßen flankierend, ging es um die politische und justitielle Grenzziehung gegenüber den ideologischen Restgruppen des Nationalsozialismus; dem jeweiligen Bedarf entsprechend, wurde der anti-nationalsozialistische Gründungskonsens der Nachkriegsdemokratie dabei punktuell neu kodifiziert. Was als Vergangenheitspolitik verstanden und untersucht werden soll, konstituiert sich somit aus den Elementen Amnestie, Integration und Abgrenzung"[39].

In der Folge wurde ‚Vergangenheitspolitik' des Öfteren ertragreich auf verschiedene andere geschichtliche Konstellationen angewandt. Hierbei ging es stets um den politischen Umgang mit gewalttätiger Vergangenheit, wie er etwa nach dem Sturz von Diktaturen oder dem Ende von Bürgerkriegen

---

39 *Frei*, Norbert: Vergangenheitspolitik. Die Anfänge der Bundesrepublik Deutschland und die NS-Vergangenheit. 2. Aufl., München 2003, S. 13f.

immer wieder auf der Tagesordnung steht. Als Beispiele für die diesbezügliche geistes- und sozialwissenschaftliche Forschung dient der kurze Hinweis auf Studien zur BRD in den frühen fünfziger und sechziger Jahren, zur DDR und mit Blick auf Uruguay und Argentinien[40]. Anknüpfungspunkte für die vorliegende Arbeit bietet das Buch von Miquel, weil es die ‚Vergangenheitspolitik' der BRD in den sechziger Jahren als „das politische Handeln gegenüber den Tätern"[41] beschreibt und justizpolitische Akteure, Entscheidungsprozesse und Maßnahmen behandelt.

Unser Ansatz legt den Schwerpunkt auf die Frage nach dem strafrechtspolitischen sowie strafrechtlichen Umgang mit der NS-Vergangenheit zwischen 1945 und 1950. Dabei wird von einem Neben- und Gegeneinander zweier ‚Vergangenheitspolitiken' ausgegangen. Während die Protagonisten der einen die Verfolgung von NS-Unrecht durch rückwirkende Anwendung von KRG 10 vorantreiben wollten, weil dieses Gesetz die dafür besten Voraussetzungen zu bieten schien, lehnten diejenigen der anderen den alliierten Tatbestand ‚Verbrechen gegen die Menschlichkeit' ab. Letztere trugen am Ende des Untersuchungszeitraumes den Sieg davon. Ihre Position gliederte sich als strafrechtlicher Baustein in die von Frei durchleuchtete, gesellschaftlich geforderte und von der Bundesregierung wie Opposition getragene ‚Vergangenheitspolitik' (Amnestie, Integration und Abgrenzung) ein. Dass diese Entwicklung, die in Miquels Arbeit für das nächste Jahrzehnt weiterverfolgt wird, nicht unausweichlich, sondern das Resultat eines politischen Aushandlungsprozesses war, ist eine Grundannahme dieser Abhandlung.

Hier wird ein weit gefasster ‚Politik'-Begriff zugrunde gelegt, wie ihn die kulturalistisch geprägte ‚Neue Politikgeschichte' kennt. Aus deren Warte ist das ‚Politische' ‚kein eigenes Sachgebiet' (Carl Schmitt), vielmehr bildet es „einen Kommunikationsraum (...), dessen Themen, Akteu-

---

40 Vgl. *Lingen*, Kerstin von: Kesselrings letzte Schlacht. Kriegsverbrecherprozesse, Vergangenheitspolitik und Wiederbewaffnung: Der Fall Kesselring, Paderborn 2004 (Krieg in der Geschichte, Bd. 20); *Miquel*, Marc von: Ahnden oder Amnestieren? Westdeutsche Justiz und Vergangenheitspolitik in den sechziger Jahren, Göttingen 2004 (Beiträge zur Geschichte des 20. Jahrhunderts, Bd. 1); *Leide*, Henry: NS-Verbrecher und Staatssicherheit. Die geheime Vergangenheitspolitik der DDR. 3. Aufl., Göttingen 2007; *Fuchs*, Ruth: Umkämpfte Geschichte. Vergangenheitspolitik in Argentinien und Uruguay, Berlin 2010 (Hamburger Lateinamerikastudien, Bd. 2).
41 *Miquel* 2004, S. 11.

re und Medien historisch variabel sind"[42]. Wandel- und verhandelbar sind so auch die Grenzen des Politischen, „die Definition dessen, was Politik und politikfähig sei (...). Sie ist darüber hinaus aber auch ein Machtphänomen"[43]. Aus dieser Warte werden die Auseinandersetzungen um die Ahndung von NS-Menschlichkeitsverbrechen in der frühen Nachkriegszeit als Teil eines in politischer Arena ausgetragenen Kampfes betrachtet. Hierbei treten v. a. Berufspolitiker, Juristen und Verwaltungsbeamte als Akteure auf, die ihren unterschiedlich gelagerten Motiven und Möglichkeiten gemäß Einfluss auf die Ausgestaltung und Anwendung des Strafrechts (Medium) nehmen, um den Umgang der Nachkriegsgesellschaft mit der NS-Vergangenheit (Thema) in eine Richtung zu lenken, die ihren Zielen (z. B. Aufarbeitung, Beschweigen, Amnestieren) entspricht. Sie alle betreiben insofern ‚Vergangenheitspolitik'.

Die Grenzen dieses Politikfeldes schließen nicht nur die strafrechtspolitischen Beschlüsse von Politik und Justizverwaltung ein, wie sie von Seiten der Legal Division, dem ZJA und deutschen Regierungen getroffen wurden. Sie umfassen auch den Meinungsaustausch von juristischen Experten in Fachzeitschriften sowie auf Konferenzen und reichen bis in die gerichtliche Spruchpraxis, manchmal sogar bis zu Urteilsverkündungen, wie ein Beispiel aus Düsseldorf beweist (vgl. *VIII.2.6*). Denn Richter fällten bewusste Entscheidungen über die Anwendung und Auslegung von KRG 10, durch die sie sich oft als diesem oder jenem Lager zugehörig zu erkennen gaben. Die Offenheit der oft vorgeschobenen Frage, ob man mit dem Naturrecht für die Rückwirkung des Gesetzes oder rechtspositivistisch dagegen votieren sollte, belegt ihre Politikfähigkeit. So hatte der Gesetzgeber Lücken gelassen, die (vergangenheitspolitisch) auszufüllen sowohl Rechtswissenschaftler als auch Gerichte sich anschickten. Schließlich war der Tatbestand ‚Menschlichkeitsverbrechen' gesetzlich nur sehr vage bestimmt, sein Verstoß gegen das Rückwirkungsverbot evident, und die britische Verordnung zur Übertragung der KRG-10-Gerichtsbarkeit auf deutsche Gerichte bot viel Interpretationsspielraum. Auch stand den Richtern die vergangenheitspolitische Dimension ihrer Spruchtätigkeit klar vor Augen, übersahen sie doch nicht, dass das alliierte Gesetz darauf abzielte, vor 1945 nicht strafbare Handlungen verfolgbar zu machen, dieserart den Täterkreis

---

42 *Frevert*, Ute: Neue Politikgeschichte. Konzepte und Herausforderungen, in: Dies. u. Heinz-Gerhard Haupt (Hrsg.): Neue Politikgeschichte. Perspektiven einer historischen Politikforschung, Frankfurt a. M./New York 2005 (Historische Politikforschung, Bd. 1), S. 7–26, hier: S. 26.
43 *Ebd.*, S. 14.

4 Theorierahmen und Forschungskontext

zu erweitern und den Weg für härtere Bestrafungen zu ebnen. Belastete Juristen fühlten sich durch den Anspruch des alliierten Kontrollratsgesetzes getroffen, rückwirkend zu ahnden, was sie selbst im ‚Dritten Reich' – denn die Kontinuität im Justizdienst war ja groß – für nicht strafbar befunden hatten. Neben der Aburteilung von NS-Denunziationen rückte damit sogar die Verfolgung von Justizunrecht in den Bereich des Möglichen. Der neuartige Tatbestand rüttelte daher an den Grundfesten des Selbstverständnisses von Richtern, welche sich allzu gern ein Bild von der Rolle des eigenen Berufsstandes unter der NS-Herrschaft zurechtlegten, das nach 1945 vorzeigbar war. Obwohl sich im Schrifttum kaum Äußerungen finden, die ‚Menschlichkeitsverbrechen' wie Schmitt offen als Element einer ‚Siegerjustiz' verurteilten, schwang dieser Gedanke, der bereits auf eine Politisierung des Gegenstandes hinweist, zweifelsohne bei vielen Juristen mit. Entgegen dem Ansinnen der KRG-10-Befürworter, Verbrechen konsequent zu sühnen, engagierten sich die Gegner für eine Engerziehung des Täterkreises, die auch sie selbst entlastete. In der Konsequenz reproduzierten oder legitimierten sie hiermit vielfach staatliches Handeln und gerichtliche Verdikte der NS-Zeit – zum abermaligen Nachteil der Opfer von Denunziationen und einer unmenschlich harten Strafjustiz. Gelegentlich wirkten hohe Juristen in inoffiziellen Zirkeln gar daran mit, Forderungen nach Straflosigkeit und Amnestie gegenüber der Politik Gehör zu verschaffen (vgl. *V.2.2*). Zu den Verfechtern der Anwendung des alliierten Gesetzes, die nicht nur in der Militärregierung, sondern auch in der deutschen Justizverwaltung und als Minderheit unter Richtern und Staatsanwälten anzutreffen waren, bleibt zu bemerken, dass sie angesichts der Besetzung Deutschlands und des Plans der Alliierten, NS-Täter abzuurteilen, ursprünglich das Heft des Handelns in der Hand hielten.

Ein Blick auf Funktion und Aufgaben des Obersten Gerichtshofs verdeutlicht, warum es naheliegend ist, ihn und seine Strafrichter als Akteure einer ‚Vergangenheitspolitik durch Strafrecht' zu begreifen. Als zonalem Höchstgericht und Revisionsinstanz oblag ihm von Anfang an die Wahrung der Rechtseinheit, v. a. bezüglich KRG-10-Strafsachen, mithin die Entscheidung von Grundsatzfragen der rückwirkenden Anwendung sowie Auslegung von ‚Verbrechen gegen die Menschlichkeit'. Gericht und Richter standen damit vor der für alle an den Auseinandersetzungen im strafrechtlich-vergangenheitspolitischen Feld beteiligten Akteure zentralen politischen sowie wertbezogenen Frage, ob sie der Rechtssicherheit für die Täter (Rechtspositivismus) oder der Gerechtigkeit für die Opfer (Naturrecht) Vorrang einräumten. Entsprechend fiel ihre Auslegung des Straftatbestandes entweder weiter oder enger aus. Eine derartige Zuspitzung schärft den Blick dafür, warum den Lebenswegen und rechtsphilosophischen Prägungen der Akteure, nicht zuletzt des Justizpersonals am OGH, im Rahmen dieser Arbeit eine so große Bedeutung beigemessen wird[44]. So ist unbegrenzte Objektivität wohl niemandem gegeben und eine Identifizierung entweder mit den Opfern oder den Tätern umso wahrscheinlicher, als der Nationalsozialismus jeder Person eine ‚Freund-Feind-Positionierung' geradezu aufzwang. Freilich wurde schon erwähnt, dass sich der Erste OGH-Strafsenat auf eine weite, die strikte Strafverfolgung von NS-Unrecht erlaubende Lesart von KRG 10 Art. II 1c festlegte. Eine Ablehnung der rückwirkenden Gesetzesanwendung durch den OGH hätte aber wohl auch keine Option dargestellt, u. a., weil sie von der Legal Division nicht geduldet worden wäre.

Wie Freis Forschung zielt die Behandlung der ‚Vergangenheitspolitik durch Strafrecht' auf die Analyse von Entscheidungsprozessen, die Herausarbeitung von Einflussstrukturen und das Aufzeigen von Diskussionszusammenhängen[45]. Hierbei wird gelegentlich der an Pierre Bourdieus Theorie angelehnte Begriff ‚vergangenheitspolitisches Feld' verwendet[46]. Damit ist eine dynamisch-konflikttheoretische räumliche Bestimmung des Politischen verbunden, die für die historische Politikforschung durchaus anschlussfähig ist[47]. Weinke beweist dies, indem sie Bourdieus Begriff ‚juridisches Feld' für die Juristische Zeitgeschichte fruchtbar macht[48]. Die vorliegende Studie sieht aber von einer Auslotung des ‚vergangenheitspolitischen Feldes' ab. Auch erfolgt keine Erörterung der anknüpfenden Konstrukte wie z. B. der ‚Kräfteverhältnisse'. Dem sozialwissenschaftlichen Deutungsrahmen wird, um Abwege zu vermeiden, die geschichtswissenschaftliche ‚Vergangenheitspolitik' vorgezogen.

Die Frage, inwiefern der OGH als Akteur einer Vergangenheitspolitik durch Strafrecht in Erscheinung trat, bildet den Hauptgegenstand dieses Buches. Hierbei führt die Suche nach Antworten zu den Hintergründen

---

44 Zur Bedeutung biographischer Hintergründe einiger maßgeblicher Völkerrechtsexperten für die Entstehung und Umsetzung des ‚Nuremberg trial program' vgl. *Priemel/Stiller*, S. 7f.
45 Vgl. *Frei*, S. 12.
46 Vgl. *Bourdieu*, Pierre: Das politische Feld, in: Ders.: Politik. Schriften zur Politischen Ökonomie 2, Berlin 2013 (Schriften, Bd. 7), S. 97–112.
47 Vgl. *Haupt*, Heinz-Gerhard: Historische Politikforschung: Praxis und Probleme, in: Ute Frevert u. Heinz-Gerhard Haupt (Hrsg.), S. 304–313, hier: S. 308f.
48 Vgl. *Weinke*, Annette: Von „Gentlemen lawyers" und „barfüßigen Richtern". Zum Einfluss juridischer Felder auf Menschenrechtsdiskurse und -praktiken seit 1945, in: Geschichte in Wissenschaft und Unterricht 66 (2015), H. 1/2, S. 25–45.

4 Theorierahmen und Forschungskontext

der Einrichtung und personellen Besetzung des OGH, zu seiner Auslegung von ‚Menschlichkeitsverbrechen' sowie zu der mit Geschichtsbildern der NS-Diktatur aufwartenden Argumentation und dem Resultat seiner Revisionstätigkeit, nämlich zur Aufhebung oder Bestätigung von Entscheidungen (nicht zuletzt Freisprüchen), zu den Rückverweisungen an (benachbarte) Instanzgerichte oder Strafzumessungseingriffen. Zur Abrundung des Bildes wird untersucht, wie die ebenfalls im vergangenheitspolitischen Feld agierenden Schwurgerichte die Rechtspraxis des OGH rezipierten, ob sie ihre Haltung zu Belangen von Tatbestand, Täterschaft und Schuld änderten und welche Auswirkungen das auf das jeweils zuerkannte Strafmaß hatte.

4.3 Geschichte als Argument: Geschichtsbilder

Als Kategorie zur Analyse der OGH-Rechtspraxis zu NS-Menschlichkeitsverbrechen dient auch das ‚Geschichtsbild'. Der Begriff ist eine „Metapher für gefestigte Vorstellungen und Deutungen der Vergangenheit mit tiefem zeitlichen Horizont"[49]. Geschichtsbilder erlauben Menschen die Selbstverortung und Orientierung im historischen Prozess, sie helfen bei der Einordnung geschichtlicher Ereignisse und Abläufe und begründen Optionen auf Zukunft. Diesbezüglich zeigt Schneider, dass das Konzept nicht auf langfristig wirksame kollektive Deutungsmuster beschränkt ist, sondern auch solche einbezieht, die einem kurzfristigeren, zeitbedingten Wandel unterliegen. So „entstehen [Geschichtsbilder] als individuelle und Kollektivvorstellungen ständig neu, zum Beispiel als historisch begründete Feindbilder, als Selbstbestätigung einer Gruppe, und werden politisch wirksam"[50]. Meist seien sie geprägt von Aus- und Weglassungen sowie Umdeutungen und Glättungen des Geschichtsablaufs. Inner- und intergesellschaftlich gebe es verschiedene konkurrierende Geschichtsbilder.

Ein solches Begriffsverständnis bietet gute Anknüpfungspunkte für den Ansatz der von widerstreitenden Akteuren, Interessen und Konjunkturwechseln bestimmten strafrechtlichen Vergangenheitspolitik. Das belegen neue Forschungen zu den Kriegsverbrecherprogrammen der Alliierten.

---

49 *Jeismann*, Karl-Ernst: Geschichtsbilder: Zeitdeutung und Zukunftsperspektive, in: Aus Politik und Zeitgeschichte 51 – 52/2002, S. 13–22, hier: S. 13.
50 *Schneider*, Gerhard: Geschichtsbild, in: Klaus Bergmann, Klaus Fröhlich u. Annette Kuhn (Hrsg.): Handbuch der Geschichtsdidaktik, Seelze-Verber 1997, S. 290–293, hier: S. 290.

4.3 Geschichte als Argument: Geschichtsbilder

Denn diese illustrieren, dass in den Strafverfahren, beginnend mit dem IMT-Prozess und „zum Teil in konkurrierender Dynamik, Geschichtsbilder und Vorstellungen der nationalsozialistischen Herrschaft [sich herauskristallisierten], die zwangsläufig auch politisch und moralisch aufgeladen waren"[51]. Priemel und Stiller veranschaulichen, wie die Nürnberger Prozesse im Vorfeld, Verlauf und Nachgang die Herausbildung wirkmächtiger historischer Narrative vom Nationalsozialismus und seinen Verbrechen beförderten: Auf US-Seite trug ein Expertennetzwerk mit der Interpretation des ‚Dritten Reiches' als einer Herrschaft, die in autoritär-militaristischen, antiliberalen und rassistischen Traditionen wurzelte, zur völkerstrafrechtlichen Normbildung sowie Entwicklung der Anklagestrategie bei[52]. Die Gegenseite war nicht untätig; vielmehr nutzte die Verteidigung der NS-Funktionäre den Gerichtssaal zur Präsentation von Geschichtsbildern, die die Angeklagten entlasteten. Sie stilisierte Industrielle, die von NS-Nähe und Kriegspolitik profitiert hatten, zu ‚Totalitarismus'-Opfern und konstruierte das Bild von der ‚sauberen Wehrmacht', die im Gegensatz zur SS angeblich keine Verantwortung für den Holocaust trug, um Generäle zu exkulpieren[53]. Das zweite Beispiel unterstreicht die Wirkungsmacht solcher Konstrukte eindrücklich, war der Mythos der ‚sauberen Wehrmacht' doch mehr als 50 Jahre prägend für die BRD-Nachkriegsgesellschaft[54]. Tatsächlich fiel er in den 1950er Jahren angesichts einer gegen das alliierte Kriegsverbrecherprogramm gerichteten Protestbewegung selbst in Großbritannien auf fruchtbaren Boden[55]. Bloxham konstatiert, diverse europäische Staaten hätten seit 1945 verzerrte Geschichtsbilder der jeweiligen Kriegsvergangenheiten gepflegt, da die sinngebenden historischen Deutungen zeitbe-

---

51 *Conze*, Eckart: „Verbrecherische Organisation". Genese, Anwendung und Reichweite einer Rechtsfigur, in: Johannes Hürter u. Michael Mayer (Hrsg.): Das Auswärtige Amt in der NS-Diktatur, Berlin/München/Boston 2014, S. 219–238, hier: S. 221.
52 Vgl. *Priemel/Stiller*, S. 6–8.
53 Vgl. *ebd.*, S. 10–13. Zur Bedeutung des diskursiven Charakters des Strafprozesses für die Konstruktion sowie Dekonstruktion der Narrative von Anklage und Verteidigung, besonders unter den Vorzeichen des in Nürnberg angewandten anglo-amerikanischen adversatorischen Verfahrensmodells, vgl. *ebd.*, S. 4f.
54 Vgl. *Knäpple*, Lena: VI.A1 Wehrmachtsausstellung, in: Torben Fischer u. Matthias N. Lorenz (Hrsg.): Lexikon der „Vergangenheitsbewältigung" in Deutschland. Debatten- und Diskursgeschichte des Nationalsozialismus nach 1945. 2., unveränderte Aufl., Bielefeld 2009, S. 288–290.
55 Vgl. *Bloxham*, Donald: Großbritannien, in: Norbert Frei (Hrsg.): Transnationale Vergangenheitspolitik. Der Umgang mit deutschen Kriegsverbrechen in Europa nach dem Zweiten Weltkrieg, Göttingen 2006, S. 140–179, hier: S. 170f.

dingten politischen und soziokulturellen Faktoren gefolgt wären. Während in den einst NS-besetzten Ländern die Tendenz bestand, Opferstatus und Widerstandsrolle zu überhöhen, behauptete man in den Tätergesellschaften eine in der Schärfe inexistente Trennlinie zwischen ‚Deutschen' und ‚Nationalsozialisten'[56].

Für den Untersuchungszeitraum – die Jahre 1945 bis 1950 – gilt, dass die geschichtlichen Hintergründe der NS-Herrschaft sowie das Ausmaß der Verstrickung der Funktionseliten in deren Verbrechen noch nicht hinreichend bekannt waren. So nahm sich die Geschichtswissenschaft des Themas erst mehrere Jahre später an. Dieser Umstand ließ Raum für zweifelhafte, gleichwohl für bestimmte Personengruppen Identifikation und Sinn stiftende Geschichtsbilder. Davon zeugen die erst spät revidierten Legenden der ‚sauberen Wehrmacht' oder der angeblich verschwindend geringen Verwicklung der Ärzteschaft in NS-Verbrechen[57]. Der Zweck bestand stets darin, die eigene Rolle im Nationalsozialismus vor sich selbst und den Außenstehenden in ein besseres Licht zu rücken. Dazu verständigte man sich auf eine Deutung, die den eigenen Berufsstand weitgehend von Schuld entlastete. Für die Justizjuristen brachte 1947 Nordrhein-Westfalens Justizminister Artur Sträter ein solches subjektives Identifikationsangebot auf den Punkt, als er postulierte: „Der deutsche Richter in seiner Gesamtheit ist im Dritten Reich intakt geblieben, er hat nicht vor Hitler kapituliert"[58] (vgl. *VI.2.4*). Der OGH setzte mit seiner Rechtsprechung zu KRG 10 dazu einen Kontrapunkt, indem er in Strafverfahren wegen NS-Justizverbrechen „die klarsten Worte für die Verstrickung der Justiz in den Nazi-Terror findet, die von einem deutschen Obergericht in Strafsachen je geschrieben wurden"[59]. Dabei entwirft er ein Geschichtsbild der Richterschaft und Rechtsprechung im ‚Dritten Reich', das deutlich differenzierter und kritischer ausfällt als dasjenige Sträters. Dadurch war es aber auch weniger konsensfähig. Das Gros der Rechtspraktiker wollte sich nicht an eine ‚nazistisch gelenkte Terrorjustiz' oder daran erinnern lassen, dass ‚der Volksgerichtshof und viele Sondergerichte' das Recht derartig gehandhabt hatten, dass es zu einem ‚Mittel der terroristischen Unterdrückung und

---

56 Vgl. *ebd.*, S. 176–178.
57 Vgl. *Freimüller*, Tobias: Mediziner. Operation Volkskörper, in: Norbert Frei (Hrsg.): Hitlers Eliten nach 1945. 3. Aufl., München 2007, S. 13–65, hier: S. 17–28.
58 *Militärregierung des Französischen Besatzungsgebietes in Deutschland, Generaljustizdirektion* (Hrsg.): Der Konstanzer Juristentag (2.–5. Juni 1947). Ansprachen, Vorträge, Diskussionsreden, Tübingen 1947, S. 203.
59 *Pauli* 1996, S. 113.

Ausmerzung ganzer Bevölkerungsgruppen' geworden war (vgl. *VIII.2.6*). Dieses Beispiel zeigt, wie partikulare Interpretamente der NS-Vergangenheit um Hegemonie rangen. NS-Geschichtsbilder dienten aber auch als argumentative Waffe im vergangenheitspolitischen Streit gegen das je andere Lager und seine politischen Vorstellungen. Deshalb knüpfte sich daran auf dem Gebiet des Strafrechts wenigstens mittelbar die Frage nach der Strafbarkeit und dem Unrechtsgehalt von unverhältnismäßig hart erscheinenden NS-Todesurteilen bzw. nach dem Platz belasteter Richter in der Nachkriegsgesellschaft – die Frage danach, ob sie auf dem Richterstuhl, im Wartestand oder Gefängnis landeten.

Die Analyse der Spruchpraxis des OGH zu NS-Menschlichkeitsverbrechen fördert darüber hinaus weitere Facetten seines NS-Geschichtsbildes zutage, welche mit den Lebenswegen eines Teils der Kölner Richter erklärend in Verbindung gebracht werden können. Für den Historiker knüpft sich hieran aber auch die Frage, warum das Revisionsgericht entgegen seinem Metier und Auftrag, Urteile knapp und beschränkt auf den juristischen Sachverhalt abzufassen (vgl. *VII.3*), umfassende geschichtliche Abrisse bot – etwa die Entwicklung der Judenverfolgung im ‚Dritten Reich' betreffend. Außerdem fällt bei der Lektüre der OGH-Urteile zu KRG 10 ins Auge, dass das Gericht Instanzgerichte dafür kritisierte, historische Fakten missachtet zu haben. So lautet einer der Leitsätze, die die Richter den Gründen für ihren Revisionsspruch im Harlan-Verfahren (vgl. *VIII.2.4*) für die Veröffentlichung in der Entscheidungssammlung beifügten: „Die unzureichende Berücksichtigung geschichtlicher Tatsachen und der Erfahrung bei der rechtlichen Würdigung ist ein Rechtsverstoß"[60]. Pauli bemerkt dazu, die Untergerichte hätten den zeitbedingten Hintergrund von NS-Verbrechen weitgehend ausgeblendet, wodurch sie zu Entscheidungen gelangten, die juristisch zwar vertretbar, aber doch unbefriedigend waren[61]. Der Einsatz von Geschichte als Argument und der Entwurf von Geschichtsbildern am OGH werfen die Frage auf, was die Interpretamente insgesamt kennzeichnete, welche Bedeutung ihnen in der Argumentation der Urteile zukam und warum Geschichte für die Ahndung von Verbrechen nach KRG 10 wichtig war.

Betätigten sich die OGH-Richter daher nicht nur als Akteure einer ‚Vergangenheitspolitik durch Strafrecht', sondern auch noch als Historiker? Das wäre gewiss eine Übertreibung – für den Fall, dass man unter Historikern Menschen versteht, die geschichtswissenschaftlich arbeiten. Diesen

---

60 OGH StS 2, S. 291.
61 Vgl. *Pauli* 1996, S. 114.

4 Theorierahmen und Forschungskontext

Anspruch erhoben die Revisionsrichter nicht. Dennoch geht Stolleis nicht fehl, wenn er zum Ergebnis kommt, dass häufig Historiker richten und Richter Geschichte schreiben. So stellt der Sachverhalt die ‚Geschichtserzählung' des Richters dar, der sich erforderlichenfalls aber des Sachverstandes von Experten, z. B. Historikern, bedient. Die Aufgaben von Justiz, Politik sowie Geschichtswissenschaft seien jedoch strikt zu trennen[62]. Dieser Forderung kam der OGH, wie angedeutet wurde und auszuführen ist, nicht nach, da er auch politisch wirkte und historisch argumentierte, was einen Gutteil der Kritik erklären dürfte, die er sich zuzog. Bedingt waren diese Rechtsprechungsmerkmale dadurch, dass die Richter mit ihrer KRG-10-Anwendung Neuland betraten. So wagte sich das Gericht weit in die Gefilde der Geschichtswissenschaft vor, indem es seiner Arbeit – der Überprüfung von Urteilen auf Rechtsfehler – eine ‚historische Wahrheit' zugrunde legte, die es für evident und verbindlich erachtete. Tatsächlich beruhte sie aber auf Anschauung und Erfahrungen einiger weniger, allerdings sachkundiger und klarsichtiger Richter.

4.4 Geschichtswissenschaft und Recht

Wissenschaftlich verortet sich die Arbeit mit der Fragestellung zur ‚Vergangenheitspolitik durch Strafrecht' nicht nur in der Neuen Politikgeschichte, sondern auch in der Juristischen Zeitgeschichte[63] und Völkerstrafrechtsgeschichte[64]. Die letztgenannten Forschungszweige tragen die Verbindung von Geschichte und Recht im Namen und sind seit mehreren Jahren Felder fruchtbarer Interdisziplinarität. In der Geschichtswissenschaft verbindet sich damit die historische Perspektivierung von Rechtsfragen sowie die Analyse historischer Prozesse im Hinblick auf juristische Bezüge. Beide Zugriffe finden im Kontext der Erforschung von ‚Verrechtlichung' als einer für moderne Gesellschaften formativen Tendenz Verwendung. Exemplarisch sei auf einen Beitrag Conzes zur Geschichte der internationalen Beziehungen hingewiesen, der die Völkerstrafrechtsentwick-

---

62 Vgl. *Stolleis*, Michael: Der Historiker als Richter – der Richter als Historiker, in: Norbert Frei, Dirk van Laak u. Michael Stolleis (Hrsg.): Geschichte vor Gericht. Richter und die Suche nach Gerechtigkeit, München 2000, S. 173–182, hier: S. 174f., 177 u. 179f.
63 Vgl. *Justizministerium des Landes NRW* (Hrsg.): Perspektiven und Projekte, [Düsseldorf] 1994 (Juristische Zeitgeschichte, Bd. 2).
64 Vgl. *Bergsmo*, Morten u. a. (Hrsg.): Historical Origins of International Criminal Law. 5 Bde., Brüssel 2014–2017.

lung ab der zweiten Hälfte des 19. Jahrhunderts als kontingenten Verrechtlichungsprozess beschreibt, der das Ziel der Gewährleistung von Frieden und Sicherheit verfolgt[65]. Insofern die vorliegende Studie die KRG-10-Anwendung problematisiert, ist sie völkerstrafrechtsgeschichtlich ausgerichtet. Insofern sie die juristische Aufarbeitung von NS-Unrecht als ‚Vergangenheitspolitik durch Strafrecht' auffasst, hat sie Anteil an der Juristischen Zeitgeschichte. Für letztere war die Auseinandersetzung mit dem ‚Dritten Reich' und dessen Wirkungsgeschichte konstitutiv.

---

65 Vgl. *Conze*, Eckart: Frieden durch Recht, in: Christoph Safferling u. Stefan Kirsch (Hrsg.): Völkerstrafrechtspolitik. Praxis des Völkerstrafrechts, Berlin/Heidelberg 2014, S. 9–26. Das anregende Potenzial der Interdisziplinarität verdeutlichte zuletzt eine Studie Kerstin von Lingens, deren Erträge zur Ideengeschichte von ‚Crimes against Humanity' für das vorliegende Buch aber nicht mehr herangezogen werden konnten, vgl. *Lingen*, Kerstin von: „Crimes against Humanity". Eine Ideengeschichte der Zivilisierung von Kriegsgewalt 1864–1945, Paderborn 2018 (Krieg in der Geschichte, Bd. 102).

5 Aufbau und Vorgehen

Die *Kapitel II* und *III* bieten eine Schilderung der Ausgangslage, auf deren Fundament sich ‚Vergangenheitspolitik durch Strafrecht' herausbildete. Dabei wird die Fragestellung in der Völkerstrafrechtsgeschichte sowie der Geschichte des Wiederaufbaus der deutschen Justiz ab 1945 verortet. Die Alliierten traten als Initiatoren strafrechtlicher Vergangenheitspolitik in Erscheinung, als sie sich mit der Frage der Bestrafung von NS-Kriegsverbrechen auseinandersetzten und Grausamkeiten an Zivilisten, v. a. an deutschen Juden, zum Anlass für die Entwicklung des Konzepts ‚Verbrechen gegen die Menschlichkeit' nahmen. Zur Einordnung und Bewertung der britischen und deutschen Ahndung von ‚atrocities other than war crimes' verschafft *Kapitel II* einen Überblick über die Ahndung von NS-Völkerrechtsverbrechen in der US-Zone wie auch in der Sowjetischen und Französischen Zone. Hierfür wird KRG 10 erstmals als Rechtsgrundlage für NS-Verfahren ins Blickfeld gerückt. *Kapitel III* lenkt das Augenmerk auf die Britische Zone und den dortigen Wiederaufbau der deutschen Justiz. Hier werden Aufbau, Organe, Personen, Ziele und Mittel der britischen Besatzungsherrschaft vorgestellt. In der Militärregierung war es die Legal Division, die mit ihrer Ministry of Justice Branch die Rekonstruktion der deutschen Justiz steuerte. Sie war weisungsbefugter Widerpart, später aber zunehmend Partner der deutschen Justizverwaltung, die zur Zeit der Neueröffnung der Gerichte (Herbst 1945) in die Hände der Oberlandesgerichtspräsidenten gelegt wurde, im Herbst 1946 an das Zentral-Justizamt überging und später den Landesjustizministerien oblag. Auf britischer wie deutscher Seite wirkten diese Institutionen und ihr Führungspersonal als justizpolitische Akteure des Wiederaufbaus. Da Beteiligte in der Legal Division, im ZJA und an einigen OLG Einfluss auf die Debatte um die rückwirkende Anwendung von KRG 10 ausübten, verdienen diese Zusammenhänge gesteigertes Interesse. Hierbei erweist sich die personelle Kontinuität in der Justiz als zentraler Faktor, denn viele ehemalige NSDAP-Mitglieder kehrten durch die in der Britischen Zone im Vergleich zur US-Zone recht milde Entnazifizierung rasch auf ihre alten Posten zurück.

Kapitel IV beleuchtet die britische Ahndungsstrategie hinsichtlich nationalsozialistischer ‚atrocities other than war crimes'. Hierbei wird aufgezeigt, wie sich der Plan entwickelte, Musterverfahren wegen NS-Grausamkeiten auf KRG-10-Basis vor Militärregierungs- und Kontrollkommissions-

5 Aufbau und Vorgehen

gerichten durchzuführen. Deren Zweck war, der deutschen Justiz als Vorbild für die Aburteilung von Menschlichkeitsverbrechen zu dienen, die von Deutschen an Deutschen oder Staatenlosen verübt worden waren. Damit wird der in *Kapitel II* begonnene Erzählstrang wiederaufgenommen: der britische Wille zur Bestrafung von NS-Verbrechen an deutschen Zivilisten. Zugleich berührt die Arbeit ein Desiderat, hat sich die Forschung der Ahndung von Kriegsverbrechen und Verbrechen gegen Menschlichkeit vor britischen Gerichten unter KRG 10 doch noch nicht angenommen. So wird der Versuch gemacht, auf Grundlage des Forschungsstandes und unter Hinzuziehung unerschlossener Akten aus den National Archives, London, einen Überblick über diesen Verfahrenskomplex zu bieten und Beobachtungen festzuhalten, die erste Einsichten vermitteln. Wegen Überlieferungslücken sind der Aufarbeitung enge Grenzen gesetzt.

Mit *Kapitel V* erfolgt der Übergang zur Analyse der Verfolgung von Verbrechen gegen die Menschlichkeit vor deutschen Strafgerichten. Nachdem die Alliierten mit KRG 10 und die britische, französische und sowjetische Militärregierung auf dem Weg von Verordnungen die vergangenheitspolitische Normsetzung zur Bestrafung von NS-Tätern ins Werk gesetzt hatten, betraten jetzt deutsche Akteure das Politikfeld. Hierbei steht die in Juristenkreisen geführte und von der Legal Division teils argwöhnisch beobachtete rechtswissenschaftliche Debatte über KRG 10 im Mittelpunkt. ‚Vergangenheitspolitik durch Strafrecht' äußert sich in diesem Kontext als Auseinandersetzung um die Rückwirkung bzw. Anwendbarkeit des Gesetzes vor deutschen Gerichten. Der Chronologie folgend werden die zentralen Diskurse aufgezeigt sowie die wichtigsten Akteure und Beiträge untersucht. Nach einem Blick auf den einflussreichen Aufsatz Gustav Radbruchs ‚Gesetzliches Unrecht und übergesetzliches Recht' wird die v. a. von Oktober 1946 bis September 1947 geführte Diskussion um das strafrechtliche Rückwirkungsverbot und seine Auswirkung auf die Anwendung von KRG 10 behandelt. Als wichtigster Vertreter der Gegner dieser Gerichtsbarkeit wird der OLG-Präsident von Celle Hodo von Hodenberg vorgestellt. Als seine vergangenheitspolitischen Kontrahenten kommen neben anderen auch Curt Staff und August Wimmer zu Wort, zwei spätere OGH-Strafrichter. Beachtung finden schließlich auch die Reaktionen der Briten auf die Argumente und das Vorgehen der KRG-10-Gegner sowie der Meinungsstreit um die Frage, in welchem Verhältnis das alliierte Gesetz zum deutschen Recht steht.

Kapitel VI analysiert die in der Britischen Zone seit dem Herbst 1946 vor Landgerichten verhandelten KRG-10-Verfahren. Nach einem Überblick über die Rahmenbedingungen der Strafverfolgung folgt eine qualitative

Untersuchung von ausgewählten Tatkomplexen, z. B. Denunziation, ‚Machtergreifung', Reichspogromnacht oder Justizverbrechen. Wegen der guten Überlieferungslage und Involvierung des späteren OGH-Strafsenatsvorsitzenden Staff werden diesbezüglich besonders vor dem Schwur- und Oberlandesgericht Braunschweig verhandelte Strafsachen herangezogen. Danach zeigt die Arbeit, vom Forschungsstand ausgehend, die quantitativen Ergebnisse der Gerichtsbarkeit zu NS-Menschlichkeitsverbrechen in Westdeutschland und nicht zuletzt in der Britischen Zone auf. Bei der Betrachtung des Gegenstandes fällt auf, dass die Verfahren häufig verschleppt wurden und die Richter des Öfteren unangemessen erscheinende Milde mit NS-Tätern bewiesen. Letztere rief in der Öffentlichkeit zuweilen massiven Protest hervor. Die Anwendung von KRG 10 verlief alles andere als reibungslos und einheitlich, was in der Militärregierung auf Kritik stieß. So erörterte die Legal Division mit dem ZJA die auch aus der Perspektive strafrechtlicher Vergangenheitspolitik interessanten Hintergründe und leitete entsprechende Gegenmaßnahmen an.

Kapitel VII wendet sich dem OGH, seinen Richtern und Staatsanwälten sowie den Grundzügen seiner Arbeit bzw. Rechtspositionen zu. Am Anfang steht ein organisationsgeschichtlicher Abriss; darin werden die Vorgeschichte, Einrichtung sowie Eröffnung des Revisionsgerichts nachgezeichnet. Neben Rechtsgrundlagen und Zuständigkeiten werden Zusammenhänge um die Berufung des juristischen Personals und die Hintergründe der lange Zeit ungeklärten Frage beleuchtet, wer dem Gericht als Präsident vorstehen sollte. Danach folgen biographische Annäherungen an Justizjuristen[66], denen zentrale Bedeutung für die KRG-10-Spruchpraxis des OGH zukommt. Neben Präsident Ernst Wolff werden mit Curt Staff, August Wimmer, Friedrich-Wilhelm Geier und Heinrich Jagusch jene Richter in den Fokus gerückt, die als ‚Stammbesetzung' des Ersten Strafsenats die Auslegung des Tatbestands des Verbrechens gegen die Menschlichkeit entscheidend prägen sollten. Ihren Lebensläufen und Karrieren gilt angesichts unserer These, dass der OGH als Akteur einer ‚Vergangenheitspolitik durch Strafrecht' auftrat, besonderes Augenmerk. Aufschlussreich für die am OGH vertretenen Rechtsstandpunkte, gefällten Entscheidungen und

---

66 Der ‚Boom' des Genres der geschichtswissenschaftlichen Biographie schließt auch zahlreiche bekannte Juristen der Nachkriegszeit ein, die als Figuren der Zeitgeschichte gelten können. So wurden u. a. die folgenden, im Zuge dieser Arbeit Beachtung findenden Personen mit Monographien bedacht: Fritz Bauer, Karl Geiler, Max Güde, Herbert Ruscheweyh, Eberhard Schmidt, Carl Schmitt und Hermann Weinkauff. Die zugehörigen bibliographischen Angaben finden sich im Text an entsprechender Stelle.

5 Aufbau und Vorgehen

verwendeten Geschichtsbilder dürfte die Prüfung der Frage sein, welche Haltung diese Richter zur NS-Herrschaft bezogen und welches persönliche und berufliche Schicksal ihnen unter ihr zuteil wurde. Obwohl zu allen vier Juristen schon mehr oder weniger eingehende biographische Skizzen erschienen sind, kann diese Arbeit aufgrund der Auswertung von umfangreichen archivalischen Beständen – auch von Personalakten – für sich in Anspruch nehmen, neue Einsichten und Blickwinkel zu präsentieren. Hierbei wird der Versuch unternommen, darzustellen, wie die Lebenswege der Richter Staff, Wimmer, Geier und Jagusch eng mit den oft krisenhaften Entwicklungen in Deutschland im 20. Jahrhundert verwoben waren. Sie dienen daher auch „als Sonde, um Zeitumstände, ideologische Denkmuster und die Funktionsweise von Herrschaftsstrukturen näher zu erforschen"[67]. Das letzte OGH-Juristenporträt behandelt Generalstaatsanwalt Karl Schneidewin, der als früherer Reichsanwalt am meisten für die Kontinuität höchstgerichtlicher deutscher Rechtsprechung steht. Am Ende des Kapitels werden allgemeine Tendenzen der Entwicklung und Tätigkeiten des Gerichts aufgezeigt.

Kapitel VIII nimmt die Rechtsprechung des OGH zu Menschlichkeitsverbrechen unter die Lupe – zuerst anhand von vier Grundsatzentscheidungen vom Mai und Juni 1948, dann anhand von ausgewählten Urteilen zu den Tatkomplexen Denunziation, ,Machtergreifung', Reichspogromnacht, Euthanasie und Justizverbrechen. Jeweils ein Unterkapitel wird dem Fall Harlan (antisemitische Hetzpropaganda) als bekanntestem vor dem OGH verhandelten Verfahren und dem Komplex ,Freiheitsberaubung, Körperverletzung und Mord' gewidmet, der verschiedene politisch, rassisch oder religiös motivierte NS-Gewaltverbrechen umfasst. Bei der Auswahl erfuhren besonders Strafsachen Berücksichtigung, denen verschiedentlich schon Bedeutung zuerkannt wurde: entweder vom OGH oder ZJA – durch Publikation von Entscheidungen in der amtlichen Urteilssammlung oder im Zentral-Justizblatt – oder durch die Juristische Zeitgeschichte bzw. Völkerstrafrechtsgeschichte. Inhaltlich liegt der Fokus auf den Charakteristika der OGH-Spruchpraxis zu ,Verbrechen gegen die Menschlichkeit'. Daran wird die Behandlung einer Reihe von Fragen geknüpft: Wie legte das Gericht den in KRG 10 Art. II 1c vage definierten

---

67 *Gallus*, Alexander: Biographik und Zeitgeschichte, in: Aus Politik und Zeitgeschichte 1 – 2/2005, S. 40–46, hier: S. 42. Der Autor bezieht sich hier auf die vom Freiburger Historiker Ulrich Herbert in seinem Buch über Werner Best (1903–1989), Stellvertreter Heydrichs bei der Gestapo, angewandte biographische Methodik.

Tatbestand aus? Konkreter gefragt: Welches Rechtsgut schützte das Gesetz, und wie sahen der objektive und subjektive Tatbestand aus? (Diese Frage wurde schon mit einem Zitat beantwortet, aber noch nicht kontextualisiert.) Welche Auswirkungen hatte dies auf die Revisionsrechtsprechung, bzw. inwiefern bestätigten die Richter Urteile der Tatgerichte oder fanden darin derartig schwerwiegende Rechtsfehler, dass eine Aufhebung und Zurückverweisung geboten schien? Welche Geschichtsbilder der NS-Herrschaft entwickelten die OGH-Strafsenate, und welche Funktion kam ihnen für die Entscheidungen zu? Inwiefern können trotz des Beratungsgeheimnisses Rückschlüsse auf den Beitrag einzelner Richter zu Urteilen, Textpassagen oder Geschichtsbildern gezogen werden? Die Analyse der Verfahrensakten zu einigen bedeutsamen Fällen, v. a. zu den vier grundlegenden KRG-10-Entscheidungen, erbringt neue Erkenntnisse und zeigt den beachtlichen Einfluss der Rechtsmeinung von Generalstaatsanwalt Schneidewin. Wo Landgerichtsurteile skizziert werden, die zur Revision führten oder einer Entscheidung des OGH folgten, wird das Wechselspiel von Tat- und Revisionsgericht verdeutlicht. Meist kommen Meinungsverschiedenheiten und Spannungen zum Vorschein, die verschiedene Positionierungen der Richter-Akteure im vergangenheitspolitischen Feld erkennen lassen. Die Frage, durch welches Handeln NS-Täter strafrechtliche Schuld auf sich geladen hatten, wurde des Öfteren sehr unterschiedlich beurteilt.

Im Fokus von *Kapitel IX* steht die Rezeption der OGH-Rechtsprechung zu Verbrechen gegen die Menschlichkeit. Hier wird gefragt: Wie nahmen die Tatgerichte, Politik und Jurisprudenz die höchstrichterliche KRG-10-Spruchpraxis wahr? Dabei beschränkt sich die Darstellung der Aufnahme durch die Schwurgerichte auf die qualitative Analyse einiger Urteile, die von einer ausgeprägten vergangenheitspolitischen Gegnerschaft zum OGH zeugen und von dessen Seite auch als Provokation verstanden wurden. Der Abschnitt verdeutlicht des Weiteren, dass eine ‚vergangenheitspolitische Wende' in Richtung der Forderung nach einem Schlussstrich unter die NS-Vergangenheit 1949 schon im vollen Gange war. Auf strafrechtlichem Gebiet bildeten die OGH-Schließung im Herbst 1950, die Nichtberufung von Staff an den BGH und dessen Nichtbearbeitung von KRG-10-Strafsachen bis zur Aufhebung der deutschen Gerichtsbarkeit über Menschlichkeitsverbrechen im August 1951 logische Konsequenzen dieser Entwicklung. Hierher gehört das damalige Eintreten der Bundesregierung für die Rücknahme der alliierten Ermächtigungen zur Anwendung des Kontrollratsgesetzes. Dass die Rechtspraxis des OGH zu Verbrechen gegen die Menschlichkeit schnell in Vergessenheit geriet, ist v. a. dem Erfolg der von einem breiten gesellschaftspolitischen Konsens getragenen Vergangenheitspolitik der frühen Kanzlerschaft Adenauers geschuldet.

Mit der in *Kapitel X* angestellten Schlussbetrachtung wagt die Abhandlung einen knappen Ausblick auf die Entwicklung der Rechtsprechung des BGH zu NS-Verbrechen, die ja nur noch auf Basis der Strafvorschriften des StGB voranschreiten konnte. Aber auch hier kam es zu Wendungen, die in aller Kürze beschrieben werden sollen. Davon ausgehend wird an Homanns These von der im OGH manifestierten Alternative zu dem Weg angeknüpft, den Justizpolitik und Strafrechtspflege in den fünfziger und sechziger Jahren einschlugen. Die Frage nach der Chance einer abweichenden, konsequenteren juristischen Aufarbeitung der NS-Vergangenheit, die den Verdacht der ‚zweiten Schuld' vermieden hätte, wird im Licht der gewonnenen Erkenntnisse geprüft.

Die Arbeit profitiert von der am ICWC geleisteten Sammlung und digitalen Auswertung von OGH-Verfahrensakten zu KRG-10-Fällen und Generalakten des ZJA aus dem Bundesarchiv (Standort Koblenz) wie von Verfahrens- und Generalakten der Legal Division aus den National Archives in London[68]. Auf breiter Quellenbasis wird somit das Ziel verfolgt, den OGH und seine Rechtsprechung zu NS-Menschlichkeitsverbrechen unter einer geschichtswissenschaftlichen Perspektive zu untersuchen, wobei die Frage im Fokus steht, inwiefern er Handlungssubjekt einer ‚Vergangenheitspolitik durch Strafrecht' war.

---

68 Vgl. Bundesarchiv (BArch), Z 38 (Urteile des OGH in Strafsachen) und Z 21 (Zentral-Justizamt), sowie The National Archives (TNA), Public Record Office (PRO), Foreign Office (FO) 1060 (= Control Commission for Germany, Legal Division).

II Die Alliierten und die Verfolgung von NS-Völkerrechtsverbrechen

1 Pläne zur Bestrafung von NS-Kriegsverbrechen (1942–1945)

Die NS-Massenverbrechen des Zweiten Weltkriegs, insbesondere der Völkermord an den Juden und die als Vernichtungskrieg geführten Feldzüge gegen slawische Bevölkerungen, bestärkten die Alliierten lange Zeit vor der bedingungslosen Kapitulation des Deutschen Reiches in dem Willen, die Verantwortlichen zur Rechenschaft zu ziehen. Das Problem des Umgangs mit diesen Gräueln wurde heiß diskutiert. Mancher alliierte Politiker favorisierte eine politische Lösung – das heißt die Erschießung einer Anzahl von NS-Haupttätern –, andere verfolgten das Ziel einer juristischen Lösung, sprich: Sie wollten Strafprozesse.

1.1 Vorgeschichte und Anfänge des Völkerstrafrechts

Straflosigkeit stellte 1945 keine Option mehr dar. Dabei hatte Jahrhunderte lang gegolten, was der Historiker Christian Meier 2010 in einem viel beachteten Buch feststellte: „Nach Kriegen, Bürgerkriegen, Revolutionen ist in der Geschichte bis 1918 und zum Teil darüber hinaus (…) ziemlich regelmäßig beschlossen worden, das Geschehene zu vergessen. Während die Straflosigkeit in der Regel durchgesetzt werden konnte, verhielt es sich mit dem Vergessen schwieriger"[69]. In der ersten Hälfte des 20. Jahrhunderts kam jedoch eine Tendenz zum Durchbruch, die sich seit Längerem abzeichnete: nämlich der Versuch zur Regulierung des Krieges durch die völkerrechtliche Kodifizierung gewohnheitsrechtlich anerkannter Kriegsgebräuche (ius in bello). Der Startschuss fiel 1899/1907 mit den Haager Friedenskonferenzen, v. a. der Annahme der Haager Landkriegsordnung[70]. Aber obwohl fast alle Staaten den Abkommen beitraten, fehlte es ihnen an

---

69 *Meier*, Christian: Das Gebot zu vergessen und die Unabweisbarkeit des Erinnerns. Vom öffentlichen Umgang mit schlimmer Vergangenheit, München 2010, S. 44.
70 Für einen kurzen Überblick über die kriegsrechtlichen Beschlüsse auf den Haager Konferenzen siehe *Fenrick*, William: Hague Conventions on the Laws of Warfare, in: Cassese (Hrsg.), S. 340. Die Erklärungen betreffend das Verbot der Verwendung von Giftgasen und Dum-Dum-Geschossen vom 29. Juli 1899 sind abgedruckt in: *Dokumente zum humanitären Völkerrecht*, S. 21–24. Die Haager Abkommen vom 18. Oktober 1907 sind abgedruckt in: *ebd.*, S. 25–79, darunter auch die Haager Landkriegsordnung (*ebd.*, S. 27–42), deren Text auch in der Datenbank

1 Pläne zur Bestrafung von NS-Kriegsverbrechen (1942–1945)

Durchsetzungskraft, gab es doch keine anerkannte supranationale Instanz, die ihre Einhaltung unter Androhung von Sanktionen hätte gewährleisten können. Zudem beschnitten die Haager Konventionen den Staaten nicht das Kriegsrecht (ius ad bellum)[71]. Nichtsdestoweniger wurde kurz darauf der Erste Weltkrieg mit Gewaltexzessen auch an Zivilbevölkerungen zum Geburtshelfer einer neuen Epoche des Völkerrechts. Der an den Armeniern verübte Völkermord veranlasste Großbritannien, Frankreich und Russland dazu, am 28. Mai 1915 in einer Erklärung das Osmanische Reich der Begehung von Verbrechen gegen die Menschlichkeit – in einem (noch) nicht technischen Sinn – anzuklagen, womit erstmals ein völkerstrafrechtliches Deliktfeld „inhumane Handlungen einer Regierung gegen die eigene Bevölkerung"[72] eröffnet wurde[73].

Wie Meier bemerkt, war es aber das Jahr 1918, das für die Ahndung schwerer Verbrechen in internationalen Konflikten Zäsurcharakter hatte. Denn im Versailler Friedensvertrag[74] erhoben 1919 erstmals in der Völkerrechtsgeschichte Siegermächte Anspruch darauf, dass ihnen Kriegsverbrecher der Gegenseite zur Aburteilung vor eigenen Gerichten ausgeliefert wurden[75]. Persönlich verantwortliche Individuen wurden nun Rechtssubjekte eines Völkerstrafrechts. So sollte nicht nur der besiegte deutsche Kriegsherr, Kaiser Wilhelm II. (1859–1942), „wegen schwerster Verletzung des internationalen Sittengesetzes und der Heiligkeit der Verträge unter öf-

---

des IStGH ‚Legal Tools' einsehbar ist: https://www.legal-tools.org/doc/fa0161/ (letzter Zugriff: 8.9.2020).
71 Vgl. *Hassel*, Katrin: Kriegsverbrechen vor Gericht. Die Kriegsverbrecherprozesse vor Militärgerichten in der britischen Besatzungszone unter dem Royal Warrant vom 18. Juni 1945 (1945–1949), Baden-Baden 2009, S. 14f.
72 *Form*, Wolfgang: Justizpolitische Aspekte west-alliierter Kriegsverbrecherprozesse 1942–1950, in: Ludwig Eiber u. Robert Sigel (Hrsg.): Dachauer Prozesse. NS-Verbrechen vor amerikanischen Militärgerichten in Dachau 1945–1948. Verfahren, Ergebnisse, Nachwirkungen, Göttingen 2007 (Dachauer Symposion zur Zeitgeschichte, Bd. 7), S. 41–66, hier: S. 42 (im Original kursiv; zudem *Kochavi*, Arieh J.: The Response to Nazi Germany's Crimes Against Axis Nationals: The American and British Positions, in: Diplomacy & Statecraft 5 (1994), H. 2, S. 334–357, hier: S. 335.
73 Zu den Massenverbrechen an den Armeniern vgl. *Cassese*, Antonio: Armenians (Massacres of), in: Ders. (Hrsg.), S. 248–250.
74 Der Versailler Friedensvertrag wurde veröffentlicht in: Reichsgesetzblatt (= RGBl.) 1919, Nr. 140, S. 687–1349 (= Versailler Friedensvertrag).
75 Vgl. *Hassel*, S. 18 u. 25f.

fentliche Anklage"[76] (Art. 227) und vor ein internationales Gericht gestellt werden, sondern es sollten auch andere Personen, die im Verdacht standen, gegen die Gesetze und Gebräuche des Krieges verstoßen zu haben, vor den Militärgerichten alliierter und assoziierter Mächte abgeurteilt werden (Art. 228–230).

Nachdem das jetzt demokratisch-republikanische Deutsche Reich am 18. Dezember 1919 ein Gesetz zur Verfolgung von Kriegsverbrechen und Kriegsvergehen verabschiedet[77] und damit die Existenz von Völkerrechtsverbrechen sowie einseitige Eingriffe der Alliierten in die deutsche Souveränität anerkannt hatte, kamen ihm die Alliierten 1920 entgegen, indem sie unter bestimmten Bedingungen der Durchführung der Prozesse vor deutschen Gerichten zustimmten[78]. Der Grund dafür war, dass es ihnen nicht gelungen war, sich auf Maßnahmen zur Umsetzung der Strafbestimmungen zu einigen[79]. Die Zuständigkeit lag nun erst- und letztinstanzlich beim Reichsgericht in Leipzig, weshalb die 1.625 Verfahren, die ab 1921 wegen deutscher Kriegsverbrechen an alliierten Staatsangehörigen stattfanden, in der Literatur als Leipziger Prozesse firmieren[80]. Ihr Resultat war enttäuschend: Bis 1933 wurden lediglich acht Urteile rechtskräftig und blieben rechtsbeständig; nur vier Personen wurden letztlich als Kriegsverbrecher verurteilt und völkerstrafrechtliche Fragen so gut wie gar nicht behandelt[81]. Hieraus zogen die Alliierten von 1945 ihre Lehre, als sie mit dem IMT die Aburteilung der NS-Hauptkriegsverbrecher nicht dem ver-

---

76 Versailler Friedensvertrag, S. 981. Zur Frage der Strafbarkeit Wilhelms II auf Grundlage von Art. 227 des Versailler Vertrags vgl. die ablehnende Haltung bei *Schmitt*, Carl: Das internationalrechtliche Verbrechen des Angriffskrieges und der Grundsatz „Nullum crimen, nulla poena sine lege", hrsg., mit Anmerkungen und einem Nachwort versehen v. Helmut Quaritsch, Berlin 1994, S. 24–29. Ihm zufolge weist „Art. 227 (…) das Odium eines allzu persönlichen Ausnahmerechts" (*ebd.*, S. 25) auf.
77 Das Reichsgesetz zur Verfolgung von Kriegsverbrechen und Kriegsvergehen vom 18. Dezember 1919 ist abgedruckt in: RGBl. 1919, Nr. 247, S. 2125f.
78 Vgl. *Hassel*, S. 26–30.
79 Vgl. *Segesser*, Daniel Marc: Recht statt Rache oder Rache durch Recht? Die Ahndung von Kriegsverbrechen in der internationalen wissenschaftlichen Debatte 1872–1945, Paderborn 2010 (Krieg in der Geschichte, Bd. 38), S. 326.
80 Zu den Leipziger Prozessen vgl. *Hankel*, Gerd: Die Leipziger Prozesse. Deutsche Kriegsverbrechen und ihre strafrechtliche Verfolgung nach dem Ersten Weltkrieg, Hamburg 2003; ferner *Wiggenhorn*, Harald: Verliererjustiz – Die Leipziger Kriegsverbrecherprozesse nach dem Ersten Weltkrieg, Baden-Baden 2005 (Studien zur Geschichte des Völkerrechts, Bd. 10).
81 Vgl. *Hassel*, S. 55.

1 Pläne zur Bestrafung von NS-Kriegsverbrechen (1942–1945)

meintlich guten Willen der Besiegten überließen, sondern sie in die eigene Hand nahmen.

1.2 Großbritannien, die Exilregierungen und die Erklärung von St. James

Die im Namen des Deutschen Reichs begangenen Völkerrechtsverbrechen ließen lange vor dem Ende des Krieges den Ruf nach Sühne und strafrechtlicher Aufarbeitung laut werden. Jedoch erwies sich die Kriegsverbrecherpolitik der Alliierten als inkonsistent. Zu ihren „tragischen Aspekten" zählte die ambivalente Haltung Londons, dessen Politik eine „große Diskrepanz zwischen öffentlichen Ankündigungen und tatsächlichen Maßnahmen"[82] auszeichnete. So fiel dem Vereinigten Königreich als Gastgeber der Exilregierungen die Hauptzuständigkeit für die Behandlung der Kriegsverbrecherfrage zu – aufgrund seiner negativen Erfahrungen nach dem Ersten Weltkrieg tat es sich aber schwer, diese Rolle auszufüllen. Hier bewirkten der unerquickliche Ausgang der Leipziger Prozesse und die ab 1918/19 „in Großbritannien einsetzende Kritik an der schamlosen Greuelpropaganda"[83] Widerstand gegen die britische Verwicklung in einen neuen „war crimes morass"[84]. Skeptisch wurde die Glaubwürdigkeit von Berichten über deutsche Bestialitäten in Osteuropa hinterfragt[85]. Die entfernte Lage der Kriegsschauplätze und eine „vergleichsweise konventionelle Kriegführung in Frankreich und Nordafrika"[86] taten ein Übriges, dass der Ausnahmecharakter der NS-Kriegsverbrechen verkannt wurde.

Als letztes europäisches Land, das sich Ende 1940 noch im Krieg mit NS-Deutschland befand, „repräsentierte und organisierte Großbritannien [zwar] den Widerstand der westlichen Demokratien gegen die ‚Neuordnung Europas' unter dem Hakenkreuz". In der Tat benannte Premierminister Churchill die Aburteilung von NS-Kriegsverbrechen früh als wichtiges Kriegsziel – und zwar in Stellungnahmen vom Juni sowie vom 25. Oktober 1941, indem er sich einer scharfen Erklärung von US-Präsident Roosevelt gegen deutsche Geiselerschießungen in Frankreich anschloss[87].

---

82 *Weinke*, Annette: Die Nürnberger Prozesse, München 2006, S. 10.
83 *Kettenacker*, Lothar: Die Behandlung der Kriegsverbrecher als anglo-amerikanisches Rechtsproblem, in: Ueberschär (Hrsg.), S. 17–31, hier: S. 17.
84 *Jones*, Priscilla Dale: British Policy towards German Crimes against German Jews, 1939–1945, in: Leo Baeck Institute Yearbook 36 (1991), S. 339–366, hier: S. 364.
85 Vgl. *ebd.*, S. 340 u. 343f.
86 Hier und im Folgenden *Kettenacker* 2000, S. 17.
87 Vgl. *Jones*, S. 346; ferner *Kettenacker* 2000, S. 18.

Gleichwohl überließ es das Foreign Office den Exilregierungen der besetzten europäischen Staaten, mit ihrer ‚Lobbypolitik' auf eine Sensibilisierung der Öffentlichkeit bezüglich der im Zuge der deutschen Eroberungspolitik verübten Kriegsverbrechen hinzuwirken und deren Ahndung einzufordern. So erhob die aus neun Exilregierungen bestehende Inter-Allied Conference on the Punishment of War Crimes in ihrer Erklärung von St. James bereits am 13. Januar 1942 die Forderung nach der juristischen Strafverfolgung von Kriegsverbrechen: „Les coupables et responsables, à quelque nationalité qu'ils apartiennent, soient recherchés, livrés à la justice; les sentences prononcés soient executés"[88]. Damit war die (allerdings erfolglose) Ermahnung des Deutschen Reiches verbunden, sich an die Vorschriften der Haager Landkriegsordnung zu halten. Die kriegführenden Großmächte der Alliierten schickten Vertreter in den St. James-Palast, schlossen sich der Erklärung aber mangels gegenseitiger Vereinbarungen nicht an[89]. Erst nachdem der Druck durch Exilregierungen und eine nun auch im Parlament ausgetragene öffentliche Debatte wuchs, unternahm das Außenministerium Schritte zur Formulierung einer britischen Kriegsverbrecherpolitik. So datiert vom 15. April 1942 ein Memorandum, das die Strafverfolgung von Kriegsverbrechen sowie von Gräueltaten an Alliierten vor britischen Militärgerichten entsprechend internationalem Recht forderte[90].

1.3 Hauptkriegsverbrecherfrage und UNWCC

Im Fokus der alliierten Überlegungen stand aber zunächst die Behandlung der sogenannten NS-Hauptkriegsverbrecher. Großbritannien favorisierte diesbezüglich lange eine politische Lösung. So unterstrich Außenminister Anthony Eden in seinem Memorandum ‚Treatment of War Criminals' vom 22. Juni 1942: „[T]he guilt of such individuals is so black that they fall outside and go beyond the scope of any judicial process"[91]. Wenig später,

---

88 Zit. n. *ebd.*; sowie *Segesser*, S. 315.
89 Vgl. *Form* 2007, S. 43. Eine völkerrechtliche Einordnung der Erklärung von St. James bietet *Arnoneanu*, Eugene: Das Verbrechen gegen die Menschlichkeit, Baden-Baden 1947 (Auszug aus der ‚Nouvelle Revue de Droit International Privé' No. 2, 1946), S. 9–11.
90 Vgl. *Jones*, S. 347.
91 Zit. n. *Kochavi*, Arieh J.: Prelude to Nuremberg. Allied War Crimes Policy and the Question of Punishment, Chapel Hill, N.C./London 1998, S. 29. Zu Edens Erklärung weiterhin *Segesser*, S. 327f.

am 6. Juli 1942, legten die Kronjuristen dem Kabinett eine Denkschrift vor, in der sie Edens Meinung beitraten. Sie „wollten nicht denen, die das Völkerrecht in so eklatanter Weise mißachtet hatten, jetzt den Status von Rechtssubjekten zuerkennen und rieten zu einer politischen Entscheidung, die bisheriges Recht nicht kompromittieren"[92] und den Vorwurf einer ‚Siegerjustiz' abwehren würde. Die Vereinten Nationen sollten bestimmen, wie mit den deutschen Verantwortlichen für Kriegsverbrechen zu verfahren war. Dies war „bis Kriegsende die Mehrheitsmeinung der britischen Entscheidungselite". Churchill nahm die Schrift zum Anlass, eine Kabinettskommission mit der Hauptkriegsverbrecherfrage zu betrauen. Deren Abschlussbericht schlug die Einrichtung einer Untersuchungskommission unter Beteiligung der Exilregierungen sowie die Auslieferung von Kriegsverbrechern als Bedingung für einen Waffenstillstand vor. Auf einen internationalen Strafgerichtshof zielte sie nicht ab[93]. So zeitigte der stete Druck der Exilregierungen auf Großbritannien und die USA letztlich Wirkung. Sowohl Roosevelt als auch Churchill wirkten nun mit Nachdruck auf Maßnahmen zur Aufklärung und Ahndung von NS-Kriegsverbrechen hin[94].

Folgerichtig verkündeten beide Regierungen am 7. Oktober 1942 die Gründung der United Nations War Crimes Commission (UNWCC)[95]. Die Kommission ging aus der Inter-Allied Conference hervor, tagte in London und hatte die Aufgabe, zeitnah Beweismaterialien über jene Kriegsverbrechen zu dokumentieren, die in den unter deutscher Besatzungsherrschaft stehenden Ländern begangen wurden[96]. Zu den 17 Gründungsmitgliedern gehörten Polen, Frankreich, die Niederlande, USA, Großbritannien, Kanada, China und Australien. Bis die UNWCC am 20. Oktober 1943 die Arbeit aufnehmen konnte, verging allerdings noch ein Jahr[97]. Die Tatsache, dass die Sowjetunion mit Blick auf die Gründung der Kommission nicht zu Rate gezogen worden war, sorgte zwischen London und Moskau für

---

92 Hier und im Folgenden *Kettenacker* 2000, S. 19.
93 Vgl. *Segesser*, S. 328; ebenso *Kochavi* 1998, S. 30–32; *Kettenacker* 2000, S. 19f.
94 Vgl. *Form* 2007, S. 43f.
95 Vgl. *Kettenacker* 2000, S. 20. Zur UNWCC vgl. *History of the United Nations War Crimes Commission and the Development of the Laws of War*, compiled by The United Nations War Crimes Commission, London 1948 (= History of the UNWCC); sowie JIA, Bing Bing: United Nations War Crimes Commission, in: Cassese (Hrsg.), S. 554f.; *Segesser*, S. 350–361.
96 Vgl. *Weinke* 2006, S. 10; sowie *Form* 2007, S. 48.
97 Vgl. *Segesser*, S. 350f.; weiter *Form* 2007, S. 47f.

1.4 Moskauer Deklaration und Klärung der Hauptkriegsverbrecherfrage

Spannung[98]. In der konstituierenden Sitzung am 11. Januar 1944 wurde der britische Vertreter Cecil B. Hurst[99] zum Vorsitzenden gewählt[100], und schon im Februar wurde eine erste Übersicht von Beweisen für deutsche Kriegsverbrechen vorgestellt[101]. In drei Komitees leistete die UNWCC Ermittlungsarbeit, erstellte Listen mit mutmaßlichen Kriegsverbrechern, bereitete deren Aburteilung organisatorisch vor und klärte rechtliche Belange[102]. Ihrem Beitrag zur Tatbestandsprägung von ‚Verbrechen gegen die Menschlichkeit' spürt *Abschnitt 2.2* nach. Indem sie Forum für die Austragung von Differenzen zwischen dem angloamerikanischen und kontinentaleuropäischen Rechtsdenken war, wirkte sie auch als „Meinungsbildnerin in Fragen der Gestaltung gemeinsamer völkerstrafrechtlicher Regelungen"[103].

1.4 Moskauer Deklaration und Klärung der Hauptkriegsverbrecherfrage

Vor dem Hintergrund der Hauptkriegsverbrecherfrage und der Einrichtung der UNWCC entwickelte sich ein weiterer Themenkomplex zu einem wichtigen Arbeitsgebiet alliierter Rechtsexperten: nämlich die Strafverfolgung der Verantwortlichen für Kriegsverbrechen, deren Durchführung an bestimmte Orte und Räume gebunden war. Hierzu verabschiedeten die ‚Großen Drei' (Roosevelt, Stalin und Churchill) auf Anregung des Premierministers am 30. Oktober 1943 in Moskau eine Erklärung[104]. Angesichts der v. a. auf sowjetischem Gebiet verübten und mit dem deut-

---

98 Vgl. *Segesser*, S. 329.
99 Zu Hurst (1870–1963) vgl. *Visscher*, Charles de/*Carpmael*, Kenneth/*Colombos*, C. John: Sir Cecil Hurst: Two Tributes, in: International and Comparative Law Quarterly 13 (1964), H. 1, S. 1–5. Zur Rolle Hursts bei der Definition von ‚Verbrechen gegen die Menschlichkeit' in der UNWCC vgl. *Aroneanu*, S. 12–14.
100 Vgl. *Hassel*, S. 61; wie *Kochavi* 1994, S. 336. Das Protokoll der UNWCC-Sitzung vom 11. Januar 1944 ist in der Datenbank ‚Legal Tools' abrufbar unter: https://www.legal-tools.org/doc/862cda/ (letzter Zugriff: 8.9.2020).
101 Vgl. *Form* 2007, S. 48; das Protokoll der entsprechenden Sitzung vom 22. Februar 1944 ist online einzusehen unter: https://www.legal-tools.org/doc/497f83/ (letzter Zugriff: 8.9.2020).
102 Vgl. *Hassel*, S. 61f.
103 *Form* 2007, S. 48.
104 Vgl. *Kettenacker* 2000, S. 22. Die Moskauer Erklärung ist abgedruckt in: *Ueberschär* (Hrsg.), S. 285–288 (= Moskauer Erklärung vom 30. Oktober 1943), und abrufbar unter: https://www.legal-tools.org/doc/3c6e23/ (letzter Zugriff: 8.9.2020).

schen Rückzug verstärkten Grausamkeiten der feindlichen Kriegspartei beschlossen die Alliierten:

„At the time of the granting of any armistice to any government which may be set up in Germany, those German officers and men and members of the Nazi Party who have been responsible for, or have taken a consenting part in the above atrocities, massacres and executions, will be sent back to the countries in which their abominable deeds were done in order that they will be judged and punished according to the laws of these liberated countries and of the free governments which will be created therein"[105].

Als Hauptbetroffene deutscher Kriegsverbrechen war es von den Unterzeichnerstaaten die Sowjetunion, die frühzeitig auf die Bestrafung solcher zumeist auf Veranlassung weniger prominenter NS-Politiker und -Generäle verübten Taten gedrängt hatte. So hatte Moskau schon in einer Note vom Oktober 1942 gefordert, dass diese geographisch zuzuordnenden Grausamkeiten vor nationalen Gerichten zur Anklage kommen sollten. Die USA zogen spätestens im Sommer 1943 nach[106]. Mit Ukas 43 hatte ihr alliiertes Gegenüber aber schon am 19. April 1943[107] eine Rechtsbasis für die Aburteilung deutscher Kriegsverbrechen an Sowjetbürgern geschaffen. So fand kurz nach der Moskauer Erklärung, Mitte Dezember 1943, vor einem sowjetischen Militärgericht in Charkow ein Musterprozess statt, der mit Todesurteilen für vier Wehrmachtssoldaten und SS-Angehörige endete[108].

Gleichwohl kamen die USA, Großbritannien und die Sowjetunion am Ende der Erklärung auf die Frage der Hauptkriegsverbrecher zurück, indem sie konstatierten: „The above declaration is without prejudice to the case of the major criminals, whose offences have no particular geographical localisation and who will be punished by the joint decision of the Governments of the Allies"[109]. Dabei ließ die Formulierung ‚joint decision'

---

105 Zit. n. Moskauer Erklärung vom 30. Oktober 1943, S. 287.
106 Vgl. *Form* 2007, S. 44f.
107 Der sowjetische Ukas 43 ist abgedruckt in: *Ueberschär* (Hrsg.), S. 279–284.
108 Vgl. *Ueberschär*, Gerd R.: Die sowjetischen Prozesse gegen deutsche Kriegsgefangene 1943–1952, in: Ders. (Hrsg.), S. 240–261, hier: S. 243f.; sowie *Strippoli*, Alfredo: Retzlaff and Others (Case of Nazi Atrocities in Kharkov and the Kharkov Region), in: Cassese (Hrsg.), S. 885f.
109 Zit. n. Moskauer Erklärung vom 30. Oktober 1943, S. 288.

1.4 Moskauer Deklaration und Klärung der Hauptkriegsverbrecherfrage

vorerst offen, ob die Bestrafung der Täter Resultat eines Gerichtsverfahrens oder einer politischen Entscheidung sein sollte[110].

Als vorentscheidend stellte sich der Ausgang einer in der US-Regierung geführten Debatte heraus. Das US-Militär und Kriegsminister Henry Stimson verfolgten einen pragmatischen Kurs, der die Internierung und strafrechtliche Verfolgung der für schwere NS-Verbrechen Verantwortlichen vorsah. Massive Vergeltungsmaßnahmen am deutschen Volk wie z. B. Hinrichtungen gefährdeten aus ihrer Sicht das Ziel der Vorbereitung des Kriegsendes und nachhaltiger Friedenssicherung. Diese Linie prägte auch die militärische Praxis. So waren General Eisenhower, Oberbefehlshaber der alliierten Streitkräfte in Europa, mit Direktive 551 der Combined Chiefs of Staff vom 17. April 1944 Richtlinien an die Hand gegeben, die den Umgang mit mutmaßlichen Kriegsverbrechern in demselben Sinne regelten[111]. Die Gegenposition vertrat US-Finanzminister Henry Morgenthau, der die Haltung des Militärs zu NS-Tätern als zu rücksichtsvoll ablehnte – nicht zuletzt angesichts des Bekanntwerdens von Berichten über deutsche Vernichtungslager in Polen. Sein Konzept sah neben der De-Industrialisierung und Re-Agrarisierung Deutschlands Massenverhaftungen, Arbeitslager sowie Exekutionen von NS-Verbrechern ohne Gerichtsverfahren vor. Vom Morgenthau-Plan nahm Präsident Roosevelt Abstand, als sich Kritik daran entzündete und gleichzeitig neue Rechtsinstrumente vorgestellt wurden, die eine adäquate Aburteilung schwerster NS-Vergehen vor einem internationalen Gericht zu gewährleisten versprachen. Hierbei handelte es sich um ‚Verschwörung' zu Gewaltverbrechen an friedlichen Bevölkerungen (Murray C. Bernays) und um die systematische Vorbereitung eines Angriffskriegs (William C. Chandler)[112]. So teilte Roosevelt Außenminister Stettinius am 3. Januar 1945 mit: „The charges against the top Nazis should include an indictment for waging aggressive and unprovoked warfare, in violation of the Kellogg Pact"[113]. Kurz darauf, am 22. Januar, vermerkte das u. a. von Stettinius und Stimson gezeichnete Memorandum ‚Trial and Punishment of Nazi War Criminals', dass statt der Durchführung von Hinrichtungen ohne Anhörung und Verfahren ein internationaler Gerichtshof eingerichtet werden sollte[114]. Hiermit war der Weg frei für das Londoner Viermächteabkommen und das Statut für das

---

110 Vgl. *Hassel*, S. 59.
111 Vgl. *Kettenacker* 2000, S. 23–26; wie auch *Form* 2007, S. 46.
112 Vgl. *Kettenacker* 2000, S. 24–27.
113 Zit. n. *ebd.*, S. 27.
114 Vgl. *ebd.*

1 Pläne zur Bestrafung von NS-Kriegsverbrechen (1942–1945)

IMT vom 8. August 1945[115]. Auf dessen Grundlage wurde vom 14. November 1945 bis zum 1. Oktober 1946 in Nürnberg gegen 24 führende Nationalsozialisten aus Politik, Militär und Wirtschaft wegen Völkerrechtsverbrechen (Verschwörung zum Angriffskrieg, Verbrechen gegen den Frieden, Kriegsverbrechen und Verbrechen gegen die Menschlichkeit) verhandelt[116]. Die britische Regierung schwenkte im Übrigen erst wenige Tage vor der deutschen Kapitulation auf diese Linie ein[117].

---

115 Das Londoner Viermächteabkommen ist abgedruckt in: *Ueberschär* (Hrsg.), S. 289–291, und abrufbar unter: https://www.legal-tools.org/doc/844f64/ (letzter Zugriff: 8.9.2020). Das IMT-Statut ist abgedruckt in: *Ruhm von Oppen*, Beate (Hrsg.): Documents on Germany under Occupation 1945–1954, London u. a. 1955, S. 52–58, und findet sich in der Legal-Tools-Datenbank unter: https://www.legal-tools.org/doc/64ffdd/ (= Londoner Statut) (letzter Zugriff: 8.9.2020).
116 Zum Verfahren gegen die NS-Hauptkriegsverbrecher vor dem IMT in Nürnberg vgl. *Weinke* 2006, S. 17–58; weiterhin; *Kastner*, Klaus: Die Völker klagen an. Der Nürnberger Prozess 1945–1946, Darmstadt 2005. Das Urteil ist dokumentiert in: *Das Urteil von Nürnberg*. Mit einem Vorwort v. Jörg Friedrich. 6. Aufl., München 2005, und online einzusehen unter: https://www.legal-tools.org/doc/45f18e/ (letzter Zugriff: 8.9.2020).
117 Vgl. *Kettenacker* 2000, S. 29.

2 Das Konzept von ‚Verbrechen gegen die Menschlichkeit' (1942–1945)

2.1 Diskussion um NS-Verbrechen an Achsenmachtangehörigen im Foreign Office

Die Behandlung der von Deutschen während der NS-Herrschaft an anderen Deutschen, darunter Juden, begangenen politisch, rassisch oder religiös motivierten Verbrechen war in der Moskauer Deklaration ausgespart worden[118], avancierte in den letzten Kriegsmonaten auf alliierter Seite aber zu einem heftig diskutierten Thema. Den Anstoß gab die Frage nach der Bestrafung von NS-Gewaltverbrechen an Juden, die im Vereinigten Königreich noch zwischen 1941 und 1943 „nur sehr am Rande thematisiert"[119] worden war.

Mit Blick auf die Verfolgung von NS-Verbrechen mit deutschen oder staatenlosen Opfern war die britische Zurückhaltung noch größer als bezüglich der Hauptkriegsverbrecher oder der an Alliierten verübten Gräueltaten (vgl. *Abschnitt 1*). Einerseits fehlte ein Präzedenzfall, der einen Eingriff in die strafrechtliche Handhabung nationaler (hier: deutscher) Belange hätte legitimieren können[120]. Nichtintervention in innere Angelegenheiten anderer Staaten galt als Grundprinzip des Völkerrechts; Souveränität waren nach innen kaum Grenzen gesetzt. Andererseits erschien Selbstbeschränkung als ein Gebot des Pragmatismus. Denn eine Flut an Verfahren und langwierige Diskussionen um Rechtsgrundlagen ließen sich vermeiden, wenn man die alliierten Prozesse auf Fälle beschränkte, bei denen bestehendes Völkerrecht anwendbar war. Dies traf auf Fälle zu, bei denen die Taten entweder auf alliiertem Gebiet begangen worden und/oder die Opfer Alliierte waren. Der zügige Abschluss der Verfahren stellte somit

---

118 Vgl. *Form* 2007, S. 45.
119 *Segesser*, S. 326. Allerdings hatte London kurz nach der Kriegserklärung gegenüber Deutschland 1939 ein Weißbuch vorgelegt, das Beweise für NS-Gewalttaten an deutschen Staatsbürgern aus den Jahren 1938/39 dokumentierte. „Much of the official correspondence annexed to the report dealt with the persecution of Jews, particularly the treatment of Jewish prisoners in Dachau concentration camp, and included statements of former prisoners about conditions at Buchenwald concentration camp" (*Jones*, S. 344).
120 Vgl. *ebd.*, S. 342f.

den raschen Übergang zu einer stabilen Friedensordnung in Aussicht[121]. Das Außenministerium vertrat die begründbare Position, NS-Verbrechen an Staatsangehörigen der Achsenmächte seien keine Kriegsverbrechen im engeren Sinne. Hieraus folgerte es, sie seien vor alliierten Gerichten nicht verfolgbar. Gleichwohl entließ die öffentliche Meinung die Regierung nicht aus der Verantwortung. Das beweist die Bitte Leon Rosengartens vom Jüdischen Komitee für Emigration vom 9. Oktober 1942 um Stellungnahme zum Umgang mit NS-Unrecht an staatenlos gewordenen österreichischen, deutschen und rumänischen Juden. Erwartungen an die Politik weckte auch eine wenig später im Unterhaus verlesene Erklärung der Regierungen Großbritanniens, der Sowjetunion sowie der USA, in der die kaltblütige NS-Vernichtungspolitik gegenüber den europäischen Juden im schärfsten Ton verurteilt und der feierliche Beschluss gefasst wurde, sicherzustellen, dass die Schuldigen der gerechten Strafe nicht entgingen[122].

Für das Foreign Office blieb die Frage der Bestrafung von NS-Verbrechen an Deutschen oder Staatenlosen heikel. So riet Dennis Allen vom Central Department am 17. Juli 1944 zum Protest gegen Pläne der UNWCC, die eigene Zuständigkeit auf die Erforschung von NS-Grausamkeiten an Zivilisten auf feindlichem Territorium auszudehnen. Er war sich der Fallstricke einer entsprechend erweiterten alliierten Gerichtsbarkeit bewusst: „[The Allies] could not take responsibility for enforcing ‚universal retrospective justice' in Germany. Any attempt to deal with these offences would raise difficult practical questions of how far back to go – since there was no essential difference between crimes against Jews before the war and those committed in its course – and what type of crime should be punished"[123]. Zugleich hob er aber hervor, die Alliierten müssten gegenüber den Nachkriegsregierungen der Feindstaaten auf die Ahndung von solchen rassisch, religiös oder politisch motivierten Verfolgungstaten drängen. Zumal Zweifel an einem diesbezüglichen Bestrafungswillen der Deutschen bestanden. Weiterhin prägend war allerdings die Unterscheidung zwischen NS-Gräueltaten mit alliierten Opfern oder auf alliiertem Gebiet und solchen mit Opfern der Achsenmächte[124]. Geteilt wurden die Bedenken etwa auch von Gerald Gray Fitzmaurice, Rechtsberater des Foreign Office, der in einem Vermerk vom November 1944 ausführte, ein der Miss-

---

121 Vgl. *Kochavi* 1994, S. 343f.
122 Vgl. *Jones*, S. 347–349; sowie *Baker*, Leonard: Brahmin in revolt: A biography of Herbert C. Pell, Garden City/N.Y. 1972, S. 288.
123 *Jones*, S. 353; sowie *Kochavi* 1994, S. 342.
124 Vgl. *Jones*, S. 354.

handlung von Juden angeklagter Kommandant eines NS-Konzentrationslagers „could not be indicted for having done anything illegal in the technical sense. If therefore it is a German court of law which is to try him, it will be necessary to cause the German authorities to introduce retrospective legislation which would make all these actions ex post facto illegal"[125]. Hiermit umriss Fitzmaurice das Problem rückwirkender Bestrafung von NS-Verbrechen an Deutschen, mit dem sich die Alliierten ab 1945 konfrontiert sahen, und für das sie mit einer Klausel im KRG 10 einen Ausweg zu beschreiten hofften.

2.2 Foreign Office, UNWCC und ‚Verbrechen gegen die Menschlichkeit'

Derweil hatte das Rechtskomitee der UNWCC am 29. Mai 1944 einen Resolutionsentwurf ausgearbeitet, der eine Erweiterung des Ermittlungs- und Verfolgungsmandats um solches NS-Unrecht vorsah, das später in ähnlicher Form als Verbrechen gegen die Menschlichkeit Eingang in das IMT-Statut finden sollte. Es ging um „crimes committed against any person without regard to nationality, stateless persons included, because of race, nationality, religious or political belief, irrespective of where they have been committed"[126]. Obwohl das Foreign Office diesem Ansinnen – wie dargelegt – reserviert begegnete, gelang es der UNWCC, seine Haltung zu erschüttern. So machte ihr Vorsitzender Hurst Außenminister Eden am 31. Mai auf Verbrechen der Achsenmächte auf eigenem Territorium aufmerksam, die Vergeltung forderten. Damit verband sich die Frage, ob sich die Kommission weiterhin auf Kriegsverbrechen stricto sensu beschränken sollte. In ihrer späten Antwort vom 9. November 1944 pochte die Regierung zwar darauf, dass ein Begriff von Kriegsverbrechen, der um die fraglichen Grausamkeiten auf Feindterritorium erweitert wäre, nur Gewaltakte mit alliierten Opfern einschließen könne[127]. Das war schon als ein Zugeständnis zu werten. Freilich gingen die Forderungen Hursts und seines US-Kollegen Herbert C. Pell[128] deutlich darüber hinaus: Sie setzten sich dafür ein, alle seit 1933 unter dem NS-Regime begangenen politisch, rassisch oder religiös motivierten Gewaltakte als Kriegsverbrechen im Sinne des

---

125 Zit. n. *ebd.*, S. 355.
126 Zit. n. *History of the UNWCC*, S. 176; hierzu auch *Baker*, S. 296.
127 Vgl. *Kochavi* 1994, S. 341f. u. 346.
128 Zu Pell (1884–1961) vgl. *Baker*.

2 Das Konzept von ‚Verbrechen gegen die Menschlichkeit' (1942–1945)

UNWCC-Mandats zu betrachten[129]. Der US-Amerikaner setzte sich beharrlich dafür ein, die eigene Zuständigkeit auf Fälle auszuweiten, bei denen Katholiken, Juden, Protestanten, Polen oder Tschechen Opfer von NS-Unrecht geworden waren. Bereits im März 1944 hatte er diesbezüglich den Begriff ‚crimes against humanity' in die Debatte eingebracht[130]. Hier handelte es sich um „crimes against the foundations of civilization"[131], die unabhängig von Ort, Zeit und einer gleichzeitigen Tatbestandsmäßigkeit als Kriegsverbrechen waren. Und in der Tat kam London der UNWCC in der Erwiderung auf Hursts Anfrage einen weiteren Schritt entgegen, und zwar mit dem Zugeständnis, all das Belastungsmaterial sammeln zu können, dessen sie habhaft werden konnte – auch Beweise, die NS-Verbrechen an Deutschen oder Staatenlosen betrafen[132].

Indessen ließ der zunehmende Druck jüdischer Interessenverbände und die Evidenz von NS-Massenverbrechen an Juden in Osteuropa auch in den USA das Bewusstsein entstehen, dass an der Aburteilung von NS-Verbrechen an deutschen oder staatenlosen Opfern kein Weg vorbeiführte. Die Intervention in nationale Belange Deutschlands erschien dafür nach Kriegsende nicht nur vertretbar, sondern unerlässlich. Diese Haltung schlug sich auch im oben beschriebenen interministeriellen Memo vom 22. Januar 1945 nieder (vgl. *1.4*)[133]. Hier wurden „prewar atrocities and those committed against own nationals, neutrals, and stateless persons"[134] als Teil eines NS-Gesamtplans bezeichnet, den die USA als ‚criminal enterprise' vor dem IMT zur Anklage bringen wollten.

Anfang 1945 bezog endlich auch London Position. Vorausgegangen war der Vorstoß des Abgeordneten George R. Strauss, der angesichts der Meldung, dass 7.000 deutsche NS-Gegner im KZ Buchenwald getötet worden seien, im November 1944 dafür plädierte, die Opfernationalität hintan und diese inhumanen Taten als ‚Kriegsverbrechen' vor Gericht zu stellen[135]. Als Strauss am 31. Januar 1945 nachhakte, erwiderte ihm der Minister of State, Richard Law, Außenminister Eden sei der Ansicht: „[C]rimes committed by Germans against Germans are in a different category from war crimes and cannot be dealt with under the same procedure. But in spite of this, I can assure my hon. Friend that H. M. G. will do their ut-

---

129 Vgl. *Kochavi* 1994, S. 335.
130 Vgl. *ebd.*, S. 339; weiterhin *Baker*, S. 290–293.
131 *Ebd.*, S. 292f.
132 Vgl. *History of the UNWCC*, S. 176; zudem *Kochavi* 1994, S. 346.
133 Vgl. *ebd.*, S. 344–346.
134 Zit. n. *ebd.*, S. 348.
135 Vgl. *Jones*, S. 356.

most to ensure that these crimes do not go unpunished. It is the desire of H. M. G. that the authorities in post-war Germany shall mete out to the perpetrators of these crimes the punishments which they deserve"[136]. Die Regierung war nunmehr entschlossen, die Ahndung dieser Kategorie von Verbrechen durchzusetzen – wobei Laws Formulierung einen Interpretationsspielraum mit Blick auf die Frage zuließ, ob dies unter britischer oder deutscher Autorität geschehen sollte. Justizminister Viscount John Simon konkretisierte die Äußerung des Kollegen am 20. März 1945 in einer Debatte im House of Lords, indem er hervorhob, dass die Alliierten für die Einrichtung jener Gerichte Sorge trügen, die nach der deutschen Niederlage für die Aburteilung jener Taten zuständig sein würden. Ungeklärt blieb allerdings, auf welcher Rechtsgrundlage welche Tatkomplexe vor wessen Gerichten verfolgt werden sollten – und welchen Zeitraum die Gerichtsbarkeit abdecken sollte. Sollte lediglich Unrecht verfolgt werden, das seit Kriegsbeginn 1939 begangen worden war, oder musste bis zur Reichspogromnacht 1938 oder NS-Machtübernahme 1933 zurückgegangen werden? Wie groß die Vorbehalte gegenüber einer deutschen Nachkriegsjustiz und deren Fähigkeit zur gerechten Aburteilung jener schweren Straftaten waren, zeigt indes die Forderung des Rechtsberaters im Foreign Office William Malkin, britische Instanzen sollten berechtigt sein, zugehörige an alliierten Militärgerichten hinlänglich vorbereitete Verfahren selbst vor Ort durchzuführen[137].

Nach dem Tod von US-Präsident Roosevelt griff dessen Nachfolger Harry S. Truman die Empfehlungen aus der Denkschrift ‚Trial and Punishment of Nazi War Criminals' auf (vgl. *1.4*). So ließ er auf der UNO-Gründungskonferenz von San Francisco (25. April bis 26. Juni 1945) den Richter Samuel I. Rosenman ein Memo an die britische und sowjetische Delegation weiterleiten, in dem die Verfolgung von NS-Kriegsverbrechen gefordert wurde –„not only 1. of those offenses committed within and outside Germany, during the war or against the citizens of the United Nations, but also 2. of those atrocities, both before and after 1939, committed against members of Axis minorities"[138].

---

136 TNA, PRO, FO 371, Nr. 46795, Bl. 24 (Draft Reply). Hierzu auch *Jones*, S. 356f.; *Form* 2007, S. 52.
137 Vgl. *Jones*, S. 357–361.
138 Zit. n. *Kochavi* 1994, S. 350.

2.3 Verfolgung von Kriegsverbrechen nach dem Royal Warrant und Verankerung von ‚Verbrechen gegen die Menschlichkeit' im Londoner Statut

Nach Deutschlands Besetzung durch alliierte Truppen wurden auf Grundlage des ‚Royal Warrant' vom 14. Juni 1945 britische Militärgerichte eröffnet, deren Zuständigkeit sich auf die Aburteilung von NS-Verbrechen an Briten und Alliierten beschränkte[139]. Die Anklage lautete auf „violation of the laws and usages of war committed during any war in which His Majesty has been or may be engaged at any time since the 2nd September, 1939"[140]. Von September 1945 bis Dezember 1949 fanden in der Britischen Zone 329 entsprechende Verfahren mit 964 Angeklagten wegen Kriegsverbrechen statt[141]. Obwohl in einzelnen der verhandelten Fälle auch Deutsche unter den Opfern waren, z. B. im Bergen-Belsen-Prozess wegen KZ-Verbrechen[142], urteilten die Militärgerichte nur über an Alliierten verübte NS-Straftaten. Grausamkeiten an Deutschen, u. a. jüdischer Herkunft, sogenannte „crimes of violence other than war crimes"[143], harrten Mitte 1945 noch einer Gerichtsbarkeit.

Damals, wenige Wochen nach der bedingungslosen Kapitulation des Deutschen Reiches, etablierte sich mit ‚Verbrechen gegen die Menschlichkeit' eine neue bahnbrechende Norm des Völkerstrafrechts, die der Verfolgung von NS-Unrecht an Zivilisten Abhilfe schaffen sollte. Nach der noch untechnischen Verwendung des Konzepts in der Armenier-Erklärung von 1915 und seiner Schärfung während der UNWCC-Arbeit erlebte es auf der Londoner Konferenz der Alliierten (26. Juni bis 8. August 1945) einen

---

139 Zur britischen Rechtsprechung unter dem Royal Warrant vgl. *Hassel*; außerdem *Beßmann*, Alyn/*Möller*, Reimer/*Lölke*, Janna/*Rescher*, Stefanie (Hrsg.): Die Hamburger Curiohaus-Prozesse. NS-Kriegsverbrechen vor britischen Militärgerichten. Texte, Fotos und Dokumente, Hamburg 2017; *Bloxham*, Donald: British War Crimes Policy 1945–1957 between Realpolitik, Culture and National Identity, in: Kerstin von Lingen (Hrsg.): Kriegserfahrung und nationale Identität in Europa nach 1945. Erinnerung, Säuberungsprozesse und nationales Gedächtnis, Paderborn 2009 (Krieg in der Geschichte, Bd. 49), S. 111–130. Der Text des Erlasses ist abrufbar unter: https://www.legal-tools.org/doc/386f77/ (letzter Zugriff: 8.9.2020).
140 Zit. n. *History of the UNWCC*, S. 216.
141 Vgl. *Hassel*, S. 151–155.
142 Zum Bergen-Belsen-Prozess vgl. *Cramer*, John: Belsen Trial 1945. Der Lüneburger Prozess gegen Wachpersonal der Konzentrationslager Auschwitz und Bergen-Belsen, Göttingen 2011.
143 Zit. n. *Jones*, S. 362.

Durchbruch. Hier war es US-Repräsentant Robert H. Jackson[144], der – beraten von dem auch als Ideengeber wirkenden Völkerrechtler Hersch Lauterpacht[145] – ‚Verbrechen gegen die Menschlichkeit' im Statut des IMT verankerte. Dessen Artikel 6c normierte den Tatbestand erstmals völkerrechtlich, und zwar als: „Crimes against Humanity: namely, murder, extermination, enslavement, deportation, and other inhumane acts committed against any civilian population, before or during the war; or persecutions on political, racial or religious grounds in execution of or in connection with any crime within the jurisdiction of the Tribunal, whether or not in violation of the domestic law of the country where perpetrated"[146]. Diese Definition unterschied zwischen Verbrechen, die einen mörderischen Charakter hatten (‚namely murder [...]'), und solchen, die ein Verbrechen der Verfolgung bildeten (‚or persecutions [...]'). Ferner erstreckte sich die Norm ausschließlich auf Grausamkeiten, deren Begehung im Kontext mit einem anderen Delikt stand, über welches das Tribunal Gerichtsbarkeit ausübte. Mithin galt der Tatbestand nur als erfüllt, wenn das Verbrechen unmittelbar mit einem Kriegsverbrechen oder einem Verbrechen gegen den Frieden (Angriffskrieg) verbunden war.

2.4 Internationales Militärtribunal zur Aburteilung der Hauptkriegsverbrecher

Aufgrund dieser Kopplung war das Statut von London keine adäquate Rechtsgrundlage für die Ahndung von NS-Verbrechen mit deutschen oder staatenlosen Opfern. Denn viele der Taten waren lange vor Ausbruch des Krieges geschehen und standen mit diesem in keinem kausalen Zusammenhang. So blieb das fragliche NS-Unrecht zum größten Teil außerhalb des IMT-Fokus. Dabei hatte die Anklageschrift, übergeben am 18. Oktober 1945[147], in der Tat den Vorwurf formuliert, die Angeklagten hätten sich sowohl vor dem Krieg als auch in dessen Verlauf der Begehung von Menschlichkeitsverbrechen schuldig gemacht[148]. Auch konstatierten die Richter, politische Gegner des ‚Dritten Reichs' und Juden seien schon vor

---

144 Zu Jackson (1892–1954) vgl. *Solis*, Gary D.: Jackson, Robert, in: Cassese (Hrsg.), S. 389f.; ferner *Kastner*, S. 23–29.
145 Zu Lauterpacht (1897–1960) vgl. *Koskenniemi*, Martti: Hersch Lauterpacht and the Development of International Criminal Law, in: Journal of International Criminal Justice 2 (2004), H. 3, S. 810–825.
146 Londoner Statut.
147 Vgl. *Weinke* 2006, S. 36f.
148 Vgl. *Aroneanu*, S. 7.

2 Das Konzept von ‚Verbrechen gegen die Menschlichkeit' (1942–1945)

1939 Opfer schwerer Verbrechen wie Mord oder Folter in Konzentrationslagern geworden. Sie hielten aber für unzureichend belegt, dass dieses Unrecht im Kontext eines der anderen Tatbestände im IMT-Statut begangen wurde. Deshalb läge gemäß dieser Rechtsgrundlage ein Verbrechen gegen die Menschlichkeit nicht vor[149].

„[D]och wurden vom Beginn des Krieges an Verbrechen in großem Maßstabe begangen, die zugleich Verbrechen gegen die Menschlichkeit waren; und insoweit als die in der Anklage zur Last gelegten unmenschlichen Handlungen, die nach Kriegsbeginn begangen wurden, keine Kriegsverbrechen darstellen, wurden sie doch alle in Ausführung eines Angriffskrieges oder im Zusammenhang mit einem Angriffskrieg begangen und stellen deshalb Verbrechen gegen die Menschlichkeit dar"[150].

Statt auf Kriegs- und Menschlichkeitsverbrechen hoben die Anklage und das Tribunal auf die Tatbestände ‚Verbrechen gegen den Frieden' und ‚Verschwörung' ab. So bezeichnete das Urteil des IMT „die Entfesselung eines Angriffskrieges" als „das größte internationale Verbrechen, das sich von anderen Kriegsverbrechen nur dadurch unterscheidet, daß es in sich alle Schrecken vereinigt und anhäuft"[151]. Dagegen hatte das Konzept ‚Verschwörung', wie es von Bernays erdacht war, zunächst auch auf die Verfolgung von NS-Verbrechen an deutschen, österreichischen wie tschechoslowakischen Staatsbürgern in der Vorkriegszeit gezielt. In das IMT-Statut fand der v. a. unter europäisch-kontinentalen Juristen umstrittene Tatbestand jedoch nur als ‚Verschwörung zum Angriffskrieg' Eingang. Die Gründe dafür werden kontrovers diskutiert[152]. Klar war indes die Folge: Vor 1939 verübtes NS-Unrecht an Deutschen oder Staatenlosen stellte kein Handeln dar, zu dessen Ahndung sich das IMT ermächtigt erachtete. Cassese betont dazu, die Alliierten hätten es 1945 noch nicht gewagt, den tau-

---

149 Vgl. *Das Urteil von Nürnberg*, S. 135; sowie *Weinke* 2006, S. 51; *Cassese* 2013, S. 87f.
150 *Das Urteil von Nürnberg*, S. 135. Statt ‚Verbrechen in großem Maßstabe begangen' müsste die genaue Übersetzung aus dem Englischen lauten: ‚Kriegsverbrechen in ungeheurem Ausmaß begangen'.
151 *Ebd.*, S. 39.
152 Während *Weinke* 2006, S. 23, eine bewusste Entscheidung auf Basis eines Kompromisses konstatiert, führt *Burchard*, Christoph: Göring and Others, in: Cassese (Hrsg.), S. 696–702, hier: S. 700, die auf die oben beschriebene Weise eingeschränkte Normierung von ‚Verschwörung' auf eine Gesetzeslücke zurück, deren Ursache in einer editorischen Nachlässigkeit zu suchen sei.

frischen völkerstrafrechtlichen Tatbestand für einen Eingriff in die strafrechtliche Souveränität eines anderen Staates zu benutzen[153].
Das IMT befand 16 der 22 NS-Angeklagten, über die es am 30. September und 1. Oktober 1946 das Urteil fällte, für schuldig, Verbrechen gegen die Menschlichkeit verübt zu haben. Dies täuscht jedoch darüber hinweg, wie schwer sich die Richter mit der neuen Strafnorm taten. So wichen sie der Frage aus, ob es sich bei ihr um Kodifizierung bestehenden oder Schaffung neuen Rechts handelte und unterließen eine Schärfung des Tatbestandsprofils. Weil in den meisten Fällen eine Verurteilung wegen einer Gemengelage von miteinander verflochtenen Kriegs- und Menschlichkeitsverbrechen feststand, meinte man wohl, von der Herausarbeitung der Unterschiede der beiden Verbrechensformen absehen zu können[154].

2.5 Kontrollratsgesetz Nr. 10

Bald nach Verabschiedung des IMT-Statuts nahm der Alliierte Kontrollrat die Frage nach dem weiteren Vorgehen die Aburteilung deutscher Kriegsverbrechen betreffend in Angriff. Regelungsbedarf wurde besonders bei den von Deutschen an Deutschen oder Staatenlosen verübten NS-Verbrechen sowie bei der Bestrafung sogenannter ‚Organisationsverbrechen' gesehen. Dass die diesbezüglichen Vorstellungen divergierten, deutete sich Ende Oktober 1945 im Rechtsdirektorium an. Hier hatte der sowjetische Vertreter mit Zustimmung des britischen Kollegen die zeitliche Begrenzung eines alliierten Gesetzes für die Ahndung der im IMT-Statut genannten Verbrechen auf ein Jahr vorgebracht. Der US-Delegierte lehnte diesen Vorschlag, ‚kurzen Prozess' zu machen, ab und konnte das Gremium auf seine Seite ziehen[155]. Immerhin reichten die Gemeinsamkeiten so weit, dass die Siegermächte am 20. Dezember 1945 mit KRG 10 eine einheitliche Rechtsbasis für die Bestrafung von Personen beschlossen, die sich Kriegsverbrechen, Verbrechen gegen die Menschlichkeit oder gegen den Frieden schuldig gemacht hatten. In Artikel II 1c definierte das Gesetz den

---

153 Vgl. *Cassese* 2013, S. 86.
154 Vgl. *ebd.*, S. 87f. Ausnahmen bildeten die Fälle der Angeklagten Julius Streicher und Baldur von Schirach, die als einzige nur wegen Verbrechen gegen die Menschlichkeit verurteilt wurden.
155 Vgl. *Broszat*, Martin: Siegerjustiz oder strafrechtliche „Selbstreinigung". Aspekte der Vergangenheitsbewältigung der deutschen Justiz während der Besatzungszeit 1945–1949, in: Vierteljahreshefte für Zeitgeschichte 29 (1981), Nr. 4, S. 477–544, hier: S. 485.

2 Das Konzept von ‚Verbrechen gegen die Menschlichkeit' (1942–1945)

Tatbestand Menschlichkeitsverbrechen als "[a]trocities and offenses, including but not limited to murder, extermination, enslavement, deportation, imprisonment, torture, rape or other inhuman acts committed against any civilian population, or persecutions on political, racial or religious grounds whether or not in violation of the domestic laws of the country where perpetrated"[156].

In Weiterentwicklung des IMT-Statuts wurde der Kriegsnexus aufgegeben[157] und damit die Eigenständigkeit des Tatbestands begründet. ‚Verbrechen gegen die Menschlichkeit' nahm nun erstmals auch NS-Verbrechen in den Blick, die in der Vorkriegszeit begangen worden waren und deren Bezug zum Zweiten Weltkrieg nicht evident war. Für deren Bestrafung bot KRG 10 günstige Voraussetzungen. Abgesehen von der weiten Tatbestandsfassung sah das Gesetz einen weiten Strafrahmen vor, der von Geldstrafen bis zur Todesstrafe reichte (Art. II 3). Ihm zufolge konnten nicht nur Täter im engeren Sinne, sondern auch Beihelfer, Anstifter und Teilnehmer (durch Zustimmung) schuldig sein (Art. II 2). Weder sollte eine amtliche Stellung oder Handeln auf Befehl von strafrechtlicher Verantwortung entbinden (Art. II 4) noch sollten Immunitäten, Begnadigungen oder Amnestien aus der NS-Zeit vor Strafe schützen. Zudem räumte KRG 10 den Militärregierungen unabhängig voneinander das Recht ein, deutsche Gerichte mit der Aburteilung von NS-Menschlichkeitsverbrechen an Deutschen oder Staatenlosen zu betrauen (Art. III 1d)[158]. Inwieweit sich die Alliierten der Tragweite dieser Option für die Justiz des unterlegenen Kriegsgegners bewusst waren, bleibt unklar. Broszat vermutet, ihre Rechtsexperten hätten den Zündstoff unterschätzt, den die rückwirkende Anwendung von Besatzungsrecht für deutsche Richter und Staatsanwälte bereithielt[159]. Dem lässt sich aber entgegnen, dass britischerseits schon gegen Kriegsende ein Bewusstsein dafür bestand, deutsche Gerichte zur rückwirkenden Be-

---

156 KRG 10, S. 46.
157 KRG 10 enthielt keinen Passus, der Menschlichkeitsverbrechen an Kriegs- oder Aggressionsverbrechen knüpfte (‚in execution of or in connection with any crime within the jurisdiction of the Tribunal' [Londoner Statut]).
158 Laut KRG 10 Art. III 1d besaß jede Besatzungsmacht in ihrer Zone das Recht, „die in Haft genommenen und unter Anklage gestellten Personen zur Verhandlung vor ein dafür geeignetes Gericht zu bringen, soweit nicht ihre Auslieferung an eine andere Behörde nach Maßgabe dieses Gesetzes oder ihre Freilassung erfolgt ist. Für die Aburteilung von Verbrechen, die deutsche Staatsbürger oder Staatsangehörige gegen andere deutsche Staatsbürger oder Staatsangehörige oder gegen Staatenlose begangen haben, können die Besatzungsbehörden deutsche Gerichte für zuständig erklären" (KRG 10, S. 47).
159 Vgl. *Broszat* 1981, S. 486.

strafung von NS-Unrecht anhalten zu müssen. Zumal unter Londons juristischen Beratern viele Exilanten waren, die mit dem deutschen Rechtspositivismus bestens vertraut waren.

3 Verfolgung von NS-Verbrechen durch alliierte und deutsche Gerichte in der US-, Sowjetischen und Französischen Zone (1943–1954)

Alliierterseits kam KRG 10 vor US- wie auch sowjetischen Militärgerichten, französischen Militärregierungsgerichten und vor britischen Military Government Courts (MGC) bzw. Control Commission Courts (CCC) zur Anwendung. Bekanntheit und Beachtung durch die Forschung erlangten v. a. die zwölf amerikanischen Nürnberger ‚Nachfolgeprozesse'. Im Gegensatz zu den Amerikanern machten die Sowjets, Briten und Franzosen aber auch von der Option Gebrauch, die Gerichtsbarkeit über Verbrechen gegen die Menschlichkeit mit deutschen oder staatenlosen Opfern an deutsche Gerichte zu übertragen. So fanden in ihren Besatzungszonen vor deutschen Gerichten ab 1946 Verfahren unter Anwendung von KRG 10 Art. II 1c statt. Im Folgenden wird auf die amerikanische, sowjetische und französische Rechtspraxis eingegangen, während die Ahndungsstrategie der Briten Gegenstand von *Kapitel IV.1* und *2* ist.

3.1 US-Besatzungszone

Anstatt deutsche Gerichte mit der Strafverfolgung von NS-Verbrechen nach KRG 10 zu betrauen, ließen die Amerikaner die deutschen Landesregierungen ihrer Zone äquivalente Gesetze verabschieden[160]. Das groß-hessische ‚Gesetz zur Ahndung nationalsozialistischer Straftaten' vom 29. Mai 1946 etwa diente als Grundlage für mehr als 200 Verfahren wegen Gewaltakten im Zuge der ‚Reichspogromnacht' vom November 1938[161] sowie für die vor dem Landgericht Frankfurt verhandelten Euthanasieprozesse[162].

---

160 Vgl. *ebd.*, S. 496; zur Diskussion um KRG 10 in der US-Zone vgl. *Raim*, Edith: Justiz zwischen Diktatur und Demokratie. Wiederaufbau und Ahndung von NS-Verbrechen in Westdeutschland 1945–1949, München 2013 (Quellen und Darstellungen zur Zeitgeschichte, Bd. 96), S. 555–579.
161 Vgl. ‚Gesetz zur Ahndung nationalsozialistischer Straftaten, 29. Mai 1946', in: Zeitgeschichte in Hessen ,https://www.lagis-hessen.de/de/subjects/idrec/sn/edb/id/3577' (Stand: 8.9.2020).
162 Vgl. *Broszat* 1981, S. 500–502.

3 Verfolgung von NS-Verbrechen durch alliierte und deutsche Gerichte

KRG 10 wendeten die Amerikaner im Rahmen der zwölf Nürnberger ‚Nachfolgeprozesse' (1946–1949) gegen 185 Angehörige der NS-Funktionseliten an – darunter Ärzte, Juristen, Diplomaten, Generäle, hohe SS-Offiziere sowie Politiker und Industrielle[163]. Zwar erlaubte Art. II 1c, auch NS-Grausamkeiten als Menschlichkeitsverbrechen abzuurteilen, die keinen direkten Bezug zum Zweiten Weltkrieg und seiner Planung aufwiesen. Die US-Ankläger machten hiervon aber nur wenig und die Richter praktisch keinen Gebrauch. So enthielten die Anklageschriften in den Fällen 1 (Ärzteprozess)[164], 3 (Juristenprozess)[165], 5 (Prozess gegen Friedrich Flick u. a.)[166] und 11 (Wilhelmstraßen-Prozess)[167] Punkte, bei denen sich der Vorwurf der Begehung von Menschlichkeitsverbrechen auch auf Taten vor 1939, sprich mit deutschen Opfern, bezog[168]. Die Militärrichter erteilten diesem Ansatz jedoch eine Absage, indem sie ihre Zuständigkeit sowie die

---

163 Zu den ‚Nachfolgeprozessen' vgl. *Priemel*, Kim Christian/*Stiller*, Alexa (Hrsg.): NMT. Die Nürnberger Militärtribunale zwischen Geschichte, Gerechtigkeit und Rechtschöpfung, Hamburg 2013; *Dies.* (Hrsg.): Reassessing the Nuremberg Military Tribunals. Transitional Justice, Trial Narratives and Historiography, New York 2012; *Weinke* 2006, S. 59–98; *Ueberschär* (Hrsg.), S. 69–212.
164 Zum Ärzteprozess vgl. *Weindling*, Paul: Der Nürnberger Ärzte-Prozess: Entstehungsgeschichte, Verlauf, Nachwirkungen, in: Priemel/Stiller (Hrsg.) 2013, S. 158–193; *Weinke* 2006, S. 63–68; *Eckart*, Wolfgang U.: *Fall 1*: Der Nürnberger Ärzteprozeß, in: Ueberschär (Hrsg.), S. 73–85.
165 Der Text des Urteils findet sich nebst abweichender Stellungnahme und beigefügtem Strafausspruch bei *Peschel-Gutzeit*, Lore Maria (Hrsg.): Das Nürnberger Juristen-Urteil von 1947. Historischer Zusammenhang und aktuelle Bezüge, Baden-Baden 1996, S. 37–247. Ferner zum Juristenprozess *Wilke*, Christiane: Fall 3: Juristen vor Gericht, Recht auf dem Prüfstand und das Erbe der «Zivilisation», in: Priemel/Stiller (Hrsg.) 2013, S. 288–319; *Weinke* 2006, S. 68–72; *Wassermann*, Rudolf: *Fall 3*: Der Nürnberger Juristenprozeß, in: Ueberschär (Hrsg.), S. 99–109; *Bundesministerium der Justiz* (Hrsg.): Im Namen des deutschen Volkes. Justiz und Nationalsozialismus. Katalog zur Ausstellung des Bundesministers der Justiz. 5. Aufl., Köln 1998, S. 331–345; *Miquel*, Marc von: Juristen: Richter in eigener Sache, in: Frei (Hrsg.) 2007, S. 165–214, hier: S. 172–176.
166 Zum Prozess gegen Friedrich Flick u. a. vgl. *Weinke* 2006, S. 85f.; sowie *Drobisch*, Klaus: *Fall 5*: Der Prozeß gegen Industrielle (gegen Friedrich Flick und andere), in: Ueberschär (Hrsg.), S. 121–132.
167 Zum Wilhelmstraßenprozess vgl. *Conze*, Eckart/*Frei*, Norbert/*Hayes*, Peter/*Zimmermann*, Moshe: Das Amt und die Vergangenheit. Deutsche Diplomaten im Dritten Reich und in der Bundesrepublik. Unter Mitarbeit von Annette Weinke u. Andrea Wiegeshoff. 3. Aufl., München 2010, S. 380–401; ferner *Weinke* 2006, S. 91–98; *Blasius*, Rainer A.: *Fall 11*: Der Wilhelmstraßen-Prozeß gegen das Auswärtige Amt und andere Ministerien, in: Ueberschär (Hrsg.), S. 187–198.
168 Dazu *Weinke* 2006, S. 64 (Ärzteprozess), 69 (Juristenprozess), 85 (Flick-Prozess) u. 93 (Wilhelmstraßen-Prozess).

Tatbestandsauslegung restriktiv handhaben. So lehnten sie es im Flick-Prozess ab, vor dem Krieg durchgeführte ‚Arisierungen' jüdischer Unternehmen unter KRG 10 Art. II 1c abzuurteilen[169]. Bezüglich des Juristenprozesses wiederum hält Douglas treffend fest: „*In principle if not practice, the Tribunal (...) claimed an authority never embraced by the IMT, namely, the right to try and condemn judicial officials from a distinct national legal system, acting in compliance with then operative domestic law, for alleged peacetime crimes carried out against their own citizens*"[170]. Für die in Nürnberg angeklagten NS-Juristen blieb dieser Anspruch folgenlos; sie wurden aufgrund von Verbrechen im Kriegskontext (meist an Nichtdeutschen) verurteilt[171]. Zusammenfassend ist zu konstatieren, dass bei den ‚Nachfolgeprozessen' das Augenmerk den im Krieg an Alliierten und europäischen Juden verübten Gräueln galt; dagegen wurde NS-Unrecht an Deutschen, auch deutschen Juden vor 1939, kaum berücksichtigt. Von den ‚Nachfolgeprozessen' abgesehen fanden vor US-Militärgerichten ungefähr 500 Verfahren wegen Kriegsverbrechen statt – die sogenannten Dachau Trials (1945–1949)[172]. Juristische Basis war die alliierte MRVO Nr. 2 vom

---

169 Vgl. *ebd.*, S. 86.
170 *Douglas*, Lawrence: Was damals Recht war ... Nulla Poena and the Prosecution of Crimes against Humanity in Occupied Germany, in: Larry May u. Elizabeth Edenberg (Hrsg.): Jus Post Bellum and Transitional Justice, Cambridge 2013, S. 44–73, hier: S. 53 (Hervorhebung C. P.).
171 Die Ausführungen der US-Richter zur rückwirkenden Bestrafung ihrer deutschen Berufskollegen hätten der deutschen Strafverfolgung von NS-Justizverbrechen – oder zumindest jenen, freilich nicht zahlreichen Juristen, die sich hierfür einsetzten – als Fingerzeig und Ermutigung dienen und das notwendige juristisch-argumentative Rüstzeug an die Hand geben können. Allerdings wurde der Plan einer deutschen Übersetzung des Urteils damals u. a. aus Kostengründen fallen gelassen, vgl. *ebd.*, S. 59f.
172 Zu den Dachau-Verfahren vgl. *Eiber, Ludwig/Sigel, Robert* (Hrsg.): Dachauer Prozesse. NS-Verbrechen vor amerikanischen Militärgerichten in Dachau 1945-1948, Göttingen 2007 (Dachauer Symposien zur Zeitgeschichte, Bd. 7); sowie *Stiepani*, Ute: Die Dachauer Prozesse und ihre Bedeutung im Rahmen der alliierten Strafverfolgung von NS-Verbrechen, in: Ueberschär (Hrsg.), S. 227–239. Bezüglich des größten dieser Verfahren mit 73 Angeklagten (Malmedy-Fall) vgl. *ebd.*, S. 229f.

3 Verfolgung von NS-Verbrechen durch alliierte und deutsche Gerichte

September 1944[173] in Verbindung mit der Direktive 1023/10 der Joint Chiefs of Staff (JCS)[174].

3.2 Sowjetische Besatzungszone (SBZ)

Wie die Amerikaner brachte die Sowjetische Militäradministration in Deutschland (SMAD) Personen vor Gericht, die verdächtigt wurden, Kriegsverbrechen begangen zu haben. Für diese Verfahren gab es unterschiedliche Strafnormen. Denn neben KRG 10 kam auch Ukas 43 vom 19. April 1943 zum Einsatz. So bildete das alliierte Gesetz z. B. die Grundlage für das im Oktober 1947 durchgeführte Sachsenhausen-Verfahren gegen frühere Funktionäre des bei Berlin gelegenen KZ[175]. Indes regelte der sowjetische Befehl die Bestrafung von NS-Grausamkeiten, die auf sowjetischem Gebiet stattgefunden hatten. Mit der Unterschrift unter die Moskauer Erklärung hatten die Sowjets ihre Zuständigkeit für deren Aburteilung bekräftigt. Umgesetzt wurde dieser Anspruch nicht nur vor Gerichten der Sowjetunion[176], sondern auch vor solchen in der SBZ. Insgesamt zeichnete sich die sowjetische Praxis der Kriegsverbrecherstrafverfolgung in Deutschland – unabhängig von der Rechtsbasis – durch mangelnde Rechtsstaatlichkeit aus, was sich in der teilweise brutalen Behandlung der Angeklagten und in unfairen Verfahren niederschlug[177].

---

173 Verordnung Nr. 2 der alliierten Militärregierung (Gerichte der Militärregierung) mit Wirkung vom 18. September 1944 ist abgedruckt in: Amtsblatt der Militärregierung Deutschland. Kontrollgebiet der Zwölften Armeegruppe, S. 7–9 (= Verordnung Nr. 2 der alliierten Militärregierung).
174 Die JCS-Direktive 1023/10 ist in Auszügen wiedergegeben und kommentiert in: *Niehuss*, Merith/*Lindner*, Ulrike (Hrsg.): Besatzungszeit, Bundesrepublik und DDR 1945–1969, Stuttgart 2009 (Deutsche Geschichte in Quellen und Darstellung, Bd. 10), S. 40–46.
175 Zur Rechtspraxis sowjetischer Militärgerichte in KRG-10-Sachen in der SBZ vgl. *Wentker*, Hermann: Die juristische Ahndung von NS-Verbrechen in der Sowjetischen Besatzungszone und in der DDR, in: Kritische Justiz 35 (2002), S. 60–78, hier: S. 62f. Zum Sachsenhausen-Verfahren vgl. *Meyer*, Winfried: Stalinistischer Schauprozess gegen NS-Verbrecher? Der Berliner Sachsenhausen-Prozeß vom Oktober 1947, in: Dachauer Hefte. Studien und Dokumente zur Geschichte der nationalsozialistischen Konzentrationslager 13 (1997), S. 153–180.
176 Hinsichtlich der in der Sowjetunion durchgeführten Ukas-43-Verfahren vgl. *Ueberschär*. Mit Blick auf das Charkow-Verfahren, das als Präzedenzfall fungieren sollte, vgl. *II.1.4*.
177 Vgl. *Wentker*, S. 62; weiterhin *Weinke* 2006, S. 114; *Eiber*, Ludwig: Nach Nürnberg. Alliierte Prozesse in den Besatzungszonen, in: Jürgen Finger, Sven Keller

Daneben ermächtigte die SMAD deutsche Gerichte zunächst nur fallweise zur Aburteilung von Menschlichkeitsverbrechen[178] – abgesehen von den Gerichten im Land Brandenburg, die früh die volle Verantwortlichkeit für die Ahndung von Denunziationsfällen erhielten[179]. So dauerte es bis zur Verabschiedung von SMAD-Befehl Nr. 201 am 16. August 1947, bis die juristische Verfolgung von NS-Verbrechen in der SBZ auf Rechtsbasis von KRG 10 vereinheitlicht wurde. Jedoch geschah dieser Schritt unter neuartigen Vorzeichen, nämlich durch eine Kopplung mit Direktive Nr. 38 des Kontrollrats vom 12. Oktober 1946, die das Entnazifizierungsverfahren regelte. Als Folge wurde über Menschlichkeitsverbrechen nicht mehr vor ordentlichen Gerichten, sondern vor speziellen Strafkammern verhandelt, die auf Grundlage von Befehl Nr. 201 eingerichtet worden waren[180]. Anklagen beruhten auf KRG 10 in Kombination mit der Kontrollratsdirektive. Wie stark kontrollierend die SMAD und die Sozialistische Einheitspartei Deutschlands (SED) auf diese deutschen Strafverfahren einwirkten, zeigt das Beispiel der Waldheim-Verfahren[181].

3.3 Französische Besatzungszone (FBZ)

Auch die Franzosen verfolgten beide Ahndungsansätze: einerseits Ermächtigung deutscher Gerichte zur Anwendung von KRG 10 und andererseits Aburteilung von Kriegsverbrechen und Verbrechen gegen die Menschlichkeit mit alliierten Opfern vor eigenen Gerichten[182]. Im Gegensatz zur SBZ

---

u. Andreas Wirsching (Hrsg.): Vom Recht zur Geschichte. Akten aus NS-Prozessen als Quellen der Zeitgeschichte, Göttingen 2009, S. 38–51, hier: S. 47.
178 Vgl. *Broszat* 1981, S. 489. Zu den deutschen KRG-10-Verfahren in der SBZ im Allgemeinen vgl. *Meyer-Seitz*, Christian: Die Verfolgung von NS-Straftaten in der Sowjetischen Besatzungszone, Berlin 1998 (Schriftenreihe Justizforschung und Rechtssoziologie, Bd. 3), v. a. S. 43–84, 89–123, 211–234 u. 310–313; ferner *Wentker*, S. 64–66.
179 Vgl. *ebd.*, S. 64; wie auch *Meyer-Seitz*, S. 44.
180 Vgl. *ebd.*, S. 211–214.
181 Bezüglich der Waldheim-Verfahren vgl. *ebd.*, S. 232–234; sowie *Werkentin*, Falco: Recht und Justiz im SED-Staat. 2. durchges. Aufl., Bonn 2000, S. 12–17; *Miquel* 2007, S. 171f.
182 Mit Blick auf die französische Strafverfolgungspolitik gegenüber Kriegs- und Menschlichkeitsverbrechen vgl. *Moisel*, Claudia: Frankreich und die deutschen Kriegsverbrecher. Politik und Praxis der Strafverfolgung nach dem Zweiten Weltkrieg, Göttingen 2004 (Beiträge zur Geschichte des 20. Jahrhunderts, Bd. 2).

erhielten in der FBZ ordentliche deutsche Gerichte nach KRG 10 volle Gerichtsbarkeit über NS-Menschlichkeitsverbrechen mit deutschen oder staatenlosen Opfern[183]. Jedoch blieb die Rechtslage lange uneinheitlich. Während die Zuständigkeit der deutschen Justiz im südlichen Baden schon am 2. Mai 1946 übertragen worden war, erging eine zonenweite Ermächtigung erst am 1. Juni 1950. Raim erklärt dies und die damit einhergehenden Unsicherheiten mit dem Fehlen einer von der Militärregierung geförderten Koordination der deutschen Justizverwaltungen sowie eines gemeinsamen Gesetzes- und Verordnungsblattes für die Besatzungszone[184]. Die deutsche KRG-10-Rechtspraxis in der FBZ betreffend ist Forschung noch Mangelware. Bisher wurden erst wenige prominente Fälle aufgearbeitet. Hierzu zählt der Prozess gegen den rechtsextremen Aktivisten Heinrich Tillessen, der 1921 Reichsfinanzminister Erzberger ermordet hatte und unter der NS-Herrschaft 1933 straffrei gestellt worden war. Erst das Ende der Diktatur ermöglichte es, den Fall neu aufzurollen und den Täter vor Gericht zu stellen. So erging am 29. November 1946 vor dem Landgericht Offenburg ein Urteil, das Aufsehen erregte, weil es den Angeklagten ohne Rückgriff auf KRG 10 freisprach und die Militärregierung zu einem Machtwort veranlasste. Der vorsitzende Richter wurde entlassen und das Verfahren an das höchste Militärgericht, das Tribunal Général in Rastatt, übertragen. Dessen Richter hoben am 6. Januar 1947 die Offenburger Entscheidung auf, wobei sie klarstellten, dass deutsche Gerichte zur Anwendung der alliierten Norm verpflichtet seien. Das Verfahren wurde an das Landgericht Konstanz verwiesen, das Tillessen am 28. Februar 1947 nach KRG 10 und wegen Mordes zu einer Zuchthausstrafe von 15 Jahren verurteilte[185].

Dies war eine Ausnahme, denn die Zuständigkeit des Tribunal Général beschränkte sich in Bezug auf NS-Kriegsverbrechen und Verbrechen gegen

---

183 Zur deutschen Verfolgung von NS-Menschlichkeitsverbrechen mit deutschen oder staatenlosen Opfern in der Französischen und Britischen Zone vgl. *Raim*, S. 550–555.
184 Vgl. *ebd.*, S. 550f.
185 Vgl. *Gebhardt*, Cord: Der Fall des Erzberger-Mörders Heinrich Tillessen. Ein Beitrag zur Justizgeschichte nach 1945, Tübingen 1995 (Beiträge zur Rechtsgeschichte des 20. Jahrhunderts, Bd. 14); ferner *Laage*, Clea: Gesetzliches Unrecht: Bedeutung des Begriffs für die Aufarbeitung von NS-Verbrechen. Die Rezeption der Radbruchschen Formel in Rechtsprechung und Rechtslehre nach 1945, Frankfurt a. M. u. a. 2014 (Beiträge zur Aufarbeitung der NS-Herrschaft, Bd. 2), S. 75–82; *Broszat* 1981, S. 495–500. Die Begründung des Urteils des Landgerichts Konstanz vom 28. Februar 1947 ist abgedruckt in: Süddeutsche Juristenzeitung 2 (1947), Nr. 6, Sp. 337–343.

3.3 Französische Besatzungszone (FBZ)

die Menschlichkeit auf Straftaten mit alliierten Opfern[186]. Wie die deutsche fand die äquivalente Spruchpraxis französischer Militärgerichte noch kaum Widerhall in der Geschichtswissenschaft – wohl, da der Zugang zu den Verfahrensakten lange Zeit erschwert war. Im ersten dieser Verfahren standen 1946 32 Funktionsträger des früheren Gestapo-Lagers Neue Bremm vor Gericht[187]. Bekanntheit erlangte auch der Prozess gegen den Stahlmagnaten Hermann Röchling, der 1949 wegen Menschlichkeitsverbrechen an ausländischen Zwangsarbeitern mit einer zehnjährigen Zuchthausstrafe belegt wurde[188].

Wie die Sowjetunion – wenngleich in geringerem Ausmaß – hatte auch Frankreich unter der brutalen deutschen Kriegsführung und Besatzungsherrschaft gelitten. Deshalb machte es ebenfalls von der Option der Moskauer Erklärung Gebrauch, NS-Kriegsverbrechern in Frankreich den Prozess zu machen. So saßen französische Richter auch in Frankreich über Kriegsverbrechen zu Gericht. Im Unterschied zu den Prozessen vor Militärgerichten in der FBZ handelte es sich hierbei um Verfahren wegen Grausamkeiten an der französischen Zivilbevölkerung, die auf Grundlage französischer Gesetze durchgeführt wurden[189].

---

186 Zur Strafverfolgung von NS-Verbrechen nach KRG 10 vor französischen Militärgerichten vgl. *Pendaries*, Yveline: Les procès de Rastatt (1946–1954): Le jugement des crimes de guerre en zone française d'occupation en Allemagne, Bern u. a. 1995 (Contacts: Série II, Gallo-germanica, Bd. 16).
187 Vgl. *Thalhofer*, Elisabeth: Dachau in Rastatt. Der Prozess gegen das Personal des Gestapo-Lagers Neue Bremm vor dem Tribunal Général de la Zone Française in Rastatt, in: Eiber/Sigel (Hrsg.), S. 192–209.
188 Mit Bezug auf das Röchling-Verfahren vgl. *Bonnard*, Daniel: Kriegsprofiteure vor Gericht: Der Fall Röchling, in: Kerstin von Lingen u. Klaus Gestwa (Hrsg.): Zwangsarbeit als Kriegsressource in Europa und Asien, Paderborn u. a. 2014 (Krieg in der Geschichte, Bd. 77), S. 391–408; außerdem *Berger*, Françoise/*Joly*, Hervé: Fall 13: Das Rastatter Röchling-Verfahren, in: Priemel/Stiller (Hrsg.) 2013, S. 464–490; *Nilsson*, Jonas: Röchling and Others, in: Cassese (Hrsg.), S. 886f.; zu Röchling (1872–1955) vgl. *Klee*, Ernst: Das Personenlexikon zum Dritten Reich. Wer war was vor und nach 1945? Aktualisierte Ausg., Frankfurt a. M. 2005, S. 502.
189 Vgl. *Form* 2007, S. 58.

III *Der Wiederaufbau der Justiz in der Britischen Zone*

1 Alliierte Besetzung und britische Besatzung (1944/45)

Die Besetzung NS-Deutschlands wurde vom gemeinsamen amerikanischen und britischen Operations- und Planungsstab (Combined Chiefs of Staff [CCS]) vorbereitet. Schon am 17. April 1944 erließ er seine Directive for Military Government in Germany prior to Defeat or Surrender – bekannt als CCS 551. Hierin steckten Amerikaner und Briten ihre Ziele als Besatzungsmächte ab. Neben der Beseitigung des NS-Regimes und der Wiederherstellung von Recht und Gesetz fanden auch die Internierung von NS-Haupttätern aus Politik und Wirtschaft wie die gegen sie einzuleitenden Ermittlungen Erwähnung. Die westalliierte Besatzungspolitik folgte der von US-Kriegsminister Stimson vertretenen moderat-pragmatischen Linie. Ihr zufolge galt die dem Kriegsende folgende Zeit als notwendige ‚cooling-off period' vor dem angestrebten Friedensvertrag[190]. Kurz nach der Kapitulation der Wehrmacht[191] gaben am 5. Juni 1945 die USA, Sowjetunion, Großbritannien und Frankreich in Berlin eine Erklärung ab, worin sie die Bildung eines Alliierten Kontrollrates sowie von vier Besatzungszonen verkündeten[192]. Das Potsdamer Abkommen vom 2. August 1945[193] besiegelte die deutsche Kriegsniederlage. Neben der De-facto-Anerkennung der Abtretung der deutschen Ostgebiete an Polen, die Sowjetunion und Tschechoslowakei, Reparationen und Regelungen zur Behandlung von Kriegsverbrechern schrieb der Vertrag fest, dass die höchste Regierungsgewalt in den Zonen beim jeweiligen alliierten Oberbefehlshaber, für Deutschland als Ganzes aber beim Kontrollrat lag[194]. Als Ziele der Be-

---

190 Vgl. *Kettenacker* 2000, S. 24f.
191 Die vom Oberkommando der Wehrmacht (OKW) unterzeichnete militärische Kapitulationsurkunde vom 8. Mai 1945 ist abgedruckt in: Amtsblatt des Kontrollrats in Deutschland. Ergänzungsblatt Nr. 1. Sammlung von Urkunden, betreffend die Errichtung der Alliierten Kontrollbehörde, S. 6.
192 Vgl. *Benz*, Wolfgang: Auftrag Demokratie. Die Gründungsgeschichte der Bundesrepublik und die Entstehung der DDR 1945–1949, Bonn 2010, S. 35f. Die Berliner Erklärung vom 5. Juni 1945 ist abgedruckt in: Amtsblatt der Militärregierung. Britisches Kontrollgebiet, Nr. 5, S. 22–26.
193 Das Potsdamer Abkommen ist auszugsweise abgedruckt in: *Ruhm von Oppen* (Hrsg.), S. 40–50, sowie *Niehuss/Lindner* (Hrsg.), S. 31–39.
194 Vgl. *Benz*, S. 37–46; sowie *Conze*, Eckart: Die Suche nach Sicherheit. Eine Geschichte der Bundesrepublik Deutschland von 1949 bis in die Gegenwart, München 2009, S. 27f.

satzungsherrschaft beschrieben die Alliierten die Demilitarisierung, Denazifizierung, Dekartellisierung und Demokratisierung des Landes. Wegen der abweichenden, teils gegenläufigen politischen und weltanschaulichen Vorstellungen, v. a. der Westalliierten einerseits und der Sowjetunion andererseits, taugten die ‚vier D' freilich nicht als gemeinsames Programm[195].

Welche Bedeutung die Alliierten der deutschen Justiz, ihrem Versagen im ‚Dritten Reich' und ihrem Wiederaufbau unter rechtsstaatlichen und demokratischen Prämissen beimaßen, zeigen ihre ersten justizpolitischen Schritte. Zuerst trat MRVO Nr. 2 in Kraft, welche eine umfassende Neuregelung der Gerichtsbarkeit in Deutschland vorsah. Sie verfügte die Aufhebung der NS-Sonder- und Parteigerichte sowie die Schließung der ordentlichen Gerichtsbarkeit. Damit trat im besetzten Deutschland ein Stillstand der Rechtspflege ein[196]. Auch wurden in den Zonen Militärregierungsgerichte, die erwähnten MGC, geschaffen. Ihre Zuständigkeit umfasste die Ahndung von Verstößen gegen Kriegsrecht und Kriegsgebräuche, Vorschriften der alliierten Streitkräfte und Militärregierungen sowie im besetzten Gebiet geltenden deutschen Rechtssätzen[197]. Sie gliederten sich aufsteigend in Summary, Intermediate und General Courts und erhielten eigene Gerichtsverfassungen, Verfahrensordnungen wie Instanzenzüge[198]. MGC befanden sich außerhalb des deutschen Rechtssystems, trotzdem wandten sie teils deutsche Gesetze an; und obwohl die Errichtung von Zivilgerichten geplant war, blieben sie in der Britischen Zone „eine reine Strafjustiz, deren primärer Zweck es war, die Interessen der Streitkräfte sicherzustellen"[199]. MRVO Nr. 2 gab den Alliierten die Möglichkeit zu einem tiefen Eingriff in die Unabhängigkeit der deutschen Justiz, gestand sie ihnen doch das Recht zu, Verfahren auf dem Verwaltungsweg an sich zu ziehen. Hiervon machten die Briten jedoch genauso sparsamen Gebrauch wie von der späteren Option, deutsche Urteile aufzuheben oder abzuändern. Diese Zurückhaltung liegt wohl darin begründet, dass die MGC den deutschen Gerichten als Vorbild in Sachen Rechtsstaatlichkeit dienen sollten[200].

---

195 Vgl. *ebd.*, S. 28.
196 Vgl. *Wenzlau*, Joachim Reinhold: Der Wiederaufbau der Justiz in Nordwestdeutschland 1945 bis 1949, Königstein/Ts. 1979 (Justiz und Gesellschaft, Bd. 8), S. 64.
197 Vgl. *Form* 2007, S. 46f.; des Weiteren *Hassel*, S. 88.
198 Vgl. *Wenzlau*, S. 65–67.
199 *Ebd.*, S. 67.
200 Vgl. *ebd.*, S. 68.

Es folgten weitere vergangenheitspolitische Maßnahmen. Mit Militärregierungsgesetz Nr. 1[201] führten die Briten das nach 1933 ausgehebelte strafrechtliche Rückwirkungsverbot mit dem Grundsatz ‚nullum crimen, nulla poena sine lege' (vgl. V.2) wieder ein: „Anklagen dürfen nur erhoben, Urteile nur erlassen und Strafen nur verhängt werden, falls ein zur Zeit der Begehung der Handlung in Kraft befindliches Gesetz diese Handlung ausdrücklich für strafbar erklärt. Bestrafung von Taten unter Anwendung von Analogie oder nach angeblichem ‚gesundem Volksempfinden' ist verboten"[202]. Am 20. September 1945 gaben die Siegermächte mit Kontrollratsgesetz Nr. 1[203] die Aufhebung etlicher NS-Gesetze – etwa der gegen die deutschen Juden gerichteten Nürnberger Rassegesetze von 1935[204] – bekannt. Bald darauf stellte Kontrollratsgesetz Nr. 4 über die ‚Umgestaltung des Deutschen Gerichtswesens' vom 30. Oktober 1945[205] die deutsche Rechtspflege nach dem Gerichtsverfassungsgesetz in der Fassung vom 22. März 1924 wieder her; allerdings nur dreigliedrig (mit Amts-, Land- sowie Oberlandesgerichten, aber ohne Nachfolger für das Reichsgericht) und mit teils verändertem Zuschnitt der jeweiligen Zuständigkeiten. Zudem schränkte das Gesetz die deutsche Justiz ein, indem es ihr die Gerichtsbarkeit über solche Straftaten verwehrte, die „von Nazis oder von anderen Personen begangen wurden und die sich gegen Staatsangehörige Alliierter Nationen oder deren Eigentum richten"[206]. Diese Verfahren blieben britischen MGC oder Military Courts vorbehalten.

---

201 Militärregierungsgesetz Nr. 1 ist abgedruckt in: Amtsblatt der Militärregierung Deutschland. Kontroll-Gebiet der einundzwanzigsten Armeegruppe, Nr. 3, S. 1–3. Es enthält kein Datum, dafür aber den Passus, es trete „am Tage seiner ersten Verkündung in Kraft" (*ebd.*, S. 3). Verkündet wurde es mit dem alliierten Einmarsch in Deutschland nach dem 18. September 1944.
202 *Ebd.*, S. 2.
203 Kontrollratsgesetz Nr. 1 vom 20. September 1945 ist abgedruckt in: Amtsblatt der Militärregierung Deutschland. Britisches Kontrollgebiet, Nr. 5, S. 35–37.
204 Vgl. hierzu *Etzel*, Matthias: Die Aufhebung von nationalsozialistischen Gesetzen durch den Alliierten Kontrollrat (1945–1948), Tübingen 1992 (Beiträge zur Rechtsgeschichte des 20. Jahrhunderts, Bd. 7).
205 Kontrollratsgesetz Nr. 4 vom 30. Oktober 1945 ist abgedruckt in: Amtsblatt der Militärregierung Deutschland. Britisches Kontrollgebiet, Nr. 5, S. 39f. (= Kontrollratsgesetz Nr. 4 vom 30. Oktober 1945).
206 *Ebd.*, S. 39.

1 Alliierte Besetzung und britische Besatzung (1944/45)

Die britische Besatzungspolitik war von 1945 bis 1949 von einigen grundlegenden Fragen und Entwicklungen geprägt[207]. Hierzu gehörten die Auseinandersetzungen um die Dauer und Intensität der Besatzungsherrschaft. Waren die britischen Stellen zuerst von einer recht kurzen Zeitspanne ausgegangen, sahen sie sich seitens der eigenen Bürokratie doch recht bald mit erheblichen Beharrungskräften konfrontiert, die trotz des Aufbaus demokratischer Strukturen noch Bedarf nach einer Fortsetzung der Arbeit sahen. Ähnliche Spannungen lassen sich mit Blick auf die besatzungspolitische Durchdringung der Zone konstatieren. Jedoch behielt im britischen Zweig der Kontrollkommission (Control Commission [British Element]) trotz zeitweise starker Präsenz radikaler ‚Reformer' die moderate Linie des ‚indirect rule'-Prinzips die Oberhand[208].

In London war die Zuständigkeit für die Besatzungspolitik in Deutschland zunächst unklar. Kriegs- und Außenministerium rangen um Einfluss. Am Ende gewann das Foreign Office die Oberhand und wies auch das im Herbst 1945 gebildete Control Office for Germany and Austria (COGA) in die Schranken[209]. Jenseits des Ärmelkanals fanden Außenministerium und COGA ihr Pendant in der britischen Militärregierung in Berlin, i. e. der Control Commission (British Element)[210]. Als erster Militärgouverneur und Oberbefehlshaber wirkte Bernard Montgomery, der zugleich Mitglied im Alliierten Kontrollrat war. Ab März 1947 versah General Brian Robert-

---

207 Vgl. *Birke*, Adolf M./Mayring, Eva A. (Hrsg.): Britische Besatzung in Deutschland. Aktenerschließung und Forschungsfelder, London 1992; sowie *Turner*, Ian D. (Hrsg.): Reconstruction in Post-War Germany. British Occupation Policy and the Western Zones, 1945–1955, Oxford u. a. 1989; *Foschepoth*, Josef/*Steininger*, Rolf (Hrsg.): Die britische Deutschland- und Besatzungspolitik 1945–1949. Eine Veröffentlichung des Deutschen Historischen Instituts London, Paderborn 1985.
208 Vgl. *Reusch*, Ulrich: Der Verwaltungsaufbau der britischen Kontrollbehörden in London und der Militärregierung in der britischen Besatzungszone, in: Birke/Mayring (Hrsg.), S. 35–59, hier: S. 38f.
209 Vgl. *ebd.*, S. 41 u. 43.
210 Für einen Überblick zur Struktur der britischen Militärregierung vgl. *Vogel*, Walter: Westdeutschland 1945–1950. Der Aufbau von Verfassungs- und Verwaltungseinrichtungen über den Ländern der drei westlichen Besatzungszonen. Teil III – Einzelne Verwaltungszweige: Finanzen; Post und Verkehr; Arbeit und Soziales; Flüchtlinge, Suchdienst und Kriegsgefangene; Justiz; Inneres, Boppard am Rhein 1983 (Schriften des Bundesarchivs, Bd. 32), S. 14; vgl. auch die Abbildung ‚Organisation der britischen Militärregierung (30.9.1946)' in: *Reusch* 1992, S. 49.

son[211] diese Positionen. Er war „ein politisch begabter, administrativ erfahrener Militärtechnokrat, der, immer Stabsoffizier, nie selbst ein Kommando geführt"[212], die Schlüsselposition des Vize-Militärgouverneurs innegehabt und als solcher dem Koordinierungskomitee des Kontrollrats angehört hatte. Analog zu den Kontrollratsdirektoraten gliederte sich die Militärregierung in Abteilungen („divisions'), die sich in Unterabteilungen („branches') verzweigten. Über den Abteilungen wurde eine Ebene mit ‚sub-committees' eingezogen, die aber nicht durchgehend war, so dass etwa die Rechtsabteilung (Legal Division) direkt einer höheren Ebene unterstand[213]. Die britische Kontrollkommission verfügte über eine dezentrale Zonenregierung, das Zonal Executive Office in Lübbecke bei Minden, das im Juli 1946 nach Herford umzog[214]. Ferner unterhielt sie Dependancen mit einem zivilen Regional Commissioner an der Spitze. Deren Aufbau („branches') spiegelte die Struktur der Zentrale. Die Aufgabe dieser regionalen Militärregierungen bestand im Aufbau deutscher Länder mit staatlichem Charakter sowie in der Kontrolle der deutschen Institutionen[215].

Mit der Zeit nahm in den Besatzungsbehörden der Anteil der Zivilisten zu, und nach der Gründung der Indischen Union (1947) kamen vermehrt ehemalige Kolonialbeamte nach Deutschland[216]. Im Herbst 1946 erreichte die Militärregierung mit 25.000 Beschäftigten den Höchststand. Als Dauerproblem erwies sich die Personalfluktuation, die mit der Demobilisierung Anfang 1946 begonnen hatte. Weil der Dienst als Besatzungsoffizier v. a. Nachteile mit sich zu bringen schien, war ein ‚brain drain' zu beklagen[217]. Im Lauf der Zeit verbesserten sich indes die Beziehungen zwischen Besatzern und Besetzten, was damit zu tun hatte, dass ‚indirect rule' für die deutschen Stellen die Rückgewinnung weitreichender Befugnisse bedeutete. Im Herbst 1946 begann eine ‚devolution of powers' zugunsten der deutschen Kommunal- und Landesverwaltung, und bis 1949 zogen sich die Briten verstärkt aus dem politischen Geschäft auf die Rolle des Beobachters und Beraters zurück. Diesen Funktionswandel der Kontrollbehörden begleitete eine Entwicklung in Richtung normaler zwischenstaatlicher

---

211 Zu Robertson (1896–1974) vgl. *ders.*: Sir Brian Robertson (1896–1974), in: Geschichte im Westen 5 (1990), S. 69–80.
212 *Ders.* 1992, S. 51.
213 Vgl. *ebd.*, S. 47–49. Der Zuschnitt der Kontrollratsdirektorate orientierte sich an den alten Reichsministerien.
214 Vgl. *Broszat* 1981, S. 505.
215 Vgl. *Reusch* 1992, S. 40f. u. 52.
216 Vgl. *Wenzlau*, S. 77.
217 Vgl. *Reusch* 1992, S. 51f.

1 Alliierte Besetzung und britische Besatzung (1944/45)

Beziehungen[218]. So nahm die britische Militärregierung „[i]m Ergebnis einen stärkeren und konstruktiveren Einfluß auf die Entstehung demokratischer Kultur in Deutschland als jede andere Besatzungsmacht"[219]. Wie die im Folgenden neben der Praxis der Justiz dargestellte Strafrechtspolitik in der Britischen Zone zeigt, traten die prägenden Faktoren des bilateralen Verhältnisses auch auf diesem vergangenheitspolitischen Feld klar in Erscheinung.

Justizfragen der Besatzungszone oblagen der Legal Division[220]. Deren Einrichtung war im Zuge der Planungen und Vorbereitungen der Westalliierten für die Besatzungsherrschaft erfolgt. So wies die Rechtsabteilung schon im Herbst 1944 fünf Unterabteilungen auf[221], darunter die Ministry of Justice Branch, die seit 1945 besondere Bedeutung gewann. Die Auswahl des Führungspersonals oblag Sir Alfred Brown, einem Rechtsberater des Foreign Office[222], der zudem das rückwärtige Hauptquartier (,Rear HQ') in London leitete. Seiner Dienststelle als Beratungsgremium zugeordnet war die British Special Legal Research Unit (BSLRU), deren Expertise sich auch daraus speiste, dass vier ihrer Mitglieder emigrierte deutsche Juristen waren[223].

Im Spätsommer 1945 wurde die Legal Division in Deutschland mit ca. 100 Offizieren und einigen Zivilbeamten eröffnet[224]. Ihr Hauptquartier befand sich in Berlin-Wilmersdorf. An dessen Spitze stand mit Nicholas Lechmere Cunningham Macaskie[225] ein ,Kingsbarrister', Mitglied der höchsten Stufe der englischen Anwaltschaft[226]. Als Chef der Rechtsabteilung hatte der Ziviljurist einen Sitz im Legal Directorate des Kontrollrats[227]. Das Amt unterhielt eine Zweigstelle beim Zonal Executive Office in Lübbecke (später in Herford). Hier versah ab September 1945 Oberst John Francis Warre Rathbone[228] seinen Dienst als Leiter der für den Wiederaufbau der Justiz zuständigen Ministry of Justice Branch[229]. Daneben

---

218 Vgl. *ebd.*, S. 39f. u. 45.
219 *Ebd.*, S. 53.
220 Vgl. *Wenzlau*, S. 75.
221 Vgl. *Broszat* 1981, S. 504.
222 Vgl. *Wenzlau*, S. 75f.
223 Vgl. *Broszat* 1981, S. 505f.; sowie *Wenzlau*, S. 42.
224 Vgl. *Broszat* 1981, S. 504.
225 Zu Macaskie, Jahrgang 1881, vgl. *ebd.*, S. 505.
226 Vgl. *Wenzlau*, S. 75.
227 Vgl. *Broszat* 1981, S. 505.
228 Zu Rathbone (1909–1995) vgl. *Raim*, S. 28f.
229 Vgl. *Wenzlau*, S. 76f.

richtete die britische Zonenregierung Ende des Jahres das Special Legal Advice Bureau (SLAB) als eine Beratungsagentur aus angeworbenen deutschen Juristen ein[230]. Der Rechtsabteilung oblagen „die Kontrolle der Militärgerichte (Control Commission Courts) ebenso wie die Kontrolle der deutschen Justizverwaltung und des Zentral-Justizamts, außerdem die Überwachung der ca. 350 bis 400 Gefängnisse in der Britischen Zone und der zuletzt sechs Internierungslager, ferner der Entwurf und die Verkündung aller Verordnungen und die Beratung für die Militärregierungen der Länder"[231].

In Analogie zum (ehemaligen) Reichsjustizministerium entsprachen die Funktionen von Macaskie und Rathbone jenen von Justizminister und Staatssekretär[232]. Rathbone blieb bis Anfang 1949 im Amt und war „der wohl wichtigste Kontrahent für die deutsche Justiz in der britischen Zone"[233]. In den fünf Militärverwaltungsbezirken unterstanden ihm jeweilige Ministry of Justice Control Branches[234]. Wie auf anderen Gebieten verfolgten die Briten hier das Ziel, das wiederherzustellende deutsche Beamtentum, das bis 1945 einen elitären Habitus gepflegt hatte, zu demokratischem Bewusstsein zu erziehen. Die Legal Division regiere nach dem ‚indirect rule'-Prinzip, indem sie den Beamten Weisungen erteilte, deren Umsetzung ein Kontrollapparat überwachte. Dafür erfolgte Anfang 1946 die Einrichtung des German Courts Inspectorate, dessen Inspektoren ohne Vorankündigung Amts- und Landgerichte aufsuchten, um deren Arbeit unter formellen Aspekten zu überprüfen. Jedoch beschränkte sich ihre Befugnis darauf, Gerichtsakten, die Unregelmäßigkeiten aufwiesen, zu Kontrollzwecken sicherzustellen und die jeweiligen Behördenleiter zur Stellungnahme aufzufordern. Tatsächlich sollte diese Dienststelle den Gerichten auch Hilfestellung leisten, wodurch sie eine Bindegliedfunktion ausfüllte, die ein Vertrauensverhältnis begründete[235]. Mit Major Harold Percy Romberg war außerdem im August 1945 ein Verbindungsoffizier eingestellt worden, der zwischen der Rechtsabteilung und deutschen Stellen vermittelte[236].

---

230 Vgl. *Broszat* 1981, S. 506.
231 *Raim*, S. 29.
232 Vgl. *Wenzlau*, S. 76f.
233 *Broszat* 1981, S. 507.
234 Vgl. *ebd.*, S. 505.
235 Vgl. *Wenzlau*, S. 80f. u. 170–172.
236 Vgl. *ebd.*, S. 76. Zu Romberg (1913–1992) vgl. *Romberg*, Harold Percy: Die Richter Ihrer Majestät. Porträt der englischen Justiz, Stuttgart u. a. 1965, Angaben zum Autor (Buchrücken).

1 Alliierte Besetzung und britische Besatzung (1944/45)

Wie die britische Kontrollkommission im Allgemeinen sah sich die Legal Division mit dem Problem eines chronischen Mangels an qualifiziertem Personal konfrontiert[237]. Strittig blieb dennoch lange die Frage, ob Emigranten der Weg in die Rechtsabteilung offenstehen sollte; die Befürchtung negativer Folgen erwies sich aber als unbegründet[238]. Dennoch urteilt Broszat: „Der Apparat der Legal Division [war] zu eigenständiger Justizpolitik in der britischen Zone kaum in der Lage, vielmehr sehr bald wieder auf den deutschen Justizapparat angewiesen"[239].

---

237 Vgl. *Broszat* 1981, S. 506f.
238 Vgl. *Wenzlau*, S. 79.
239 *Broszat* 1981, S. 508.

2 Stunde der OLG-Präsidenten und Entnazifizierung der Justiz (1945–1949)

Der Wiederaufbau der deutschen Justiz begann im Sommer 1945 und vollzog sich von unten nach oben. Zuerst wurden die Amts- und Landgerichte, dann die Oberlandesgerichte (OLG) wiedereröffnet[240]. Provisorische Maßnahmen schienen hier unumgänglich. So wich man anfangs von der Leitlinie des Militärregierungsgesetzes Nr. 2 ab, das Personal vor der Neuzulassung zu entnazifizieren. Stattdessen gestatteten die Besatzungsoffiziere, Juristen auf Basis von Hörensagen und persönlichem Eindruck zu rekrutieren, was sich in einigen Fällen als nützlich, in anderen aber als problematisch herausstellte[241]. Immerhin gelang so bis Ende August 1945 die Wiedereröffnung von 85 Amtsgerichten, 14 Landgerichten und einem OLG[242].

Kurz nach Kriegsende hatten die Briten die neu ernannten Ober- und Ministerpräsidenten sowie die Bürgermeister von Hamburg und Bremen weitestgehend mit jenen Befugnissen ausgestattet, die bis 1945 der Reichsjustizminister innegehabt hatte. Hierdurch ergab sich eine enge Verquickung von Justiz und Verwaltung, die gerade in Juristenkreisen Argwohn hervorrief[243]. Das Bild änderte sich Ende September 1945, als die Besatzungsmacht an die Berufung der OLG-Präsidenten ging und dieselben gemäß der ‚Allgemeinen Anweisung an die Oberlandesgerichtspräsidenten Nr. 1'[244] mit erheblichen Kompetenzen versah. Denn indem sie diese acht Männer mit der Justizverwaltung beauftragte, schrieb sie die Teilung von juristischer und exekutiver Gewalt fest[245]. Die OLG-Präsidenten waren der Militärregierung gegenüber weisungsgebunden, davon abgesehen aber „zum Erlaß von Vorschriften für den inneren Geschäftsbereich, zur Bildung von Anwalts- und Notarkammern, von Disziplinargerichten und zur

---

240 Vgl. *ebd.*, S. 509f.
241 Vgl. *Wenzlau*, S. 69f.
242 Vgl. *Donnison*, Frank S. V.: Civil Affairs and Military Government North-West Europe 1944–1946, London 1961, S. 390.
243 Vgl. *Wenzlau*, S. 83f.
244 Zentrale Inhalte der ‚Allgemeinen Anweisung an die Oberlandesgerichtspräsidenten Nr. 1' vom 10. September 1945 sind u. a. abgedruckt in: Justizblatt für den OLG-Bezirk Köln 1 (1946), S. 11. Hierzu auch *Wenzlau*, S. 158–160.
245 Vgl. *ebd.*, S. 87.

Herausgabe eines Justizblattes [berechtigt] sowie gemeinsam mit den juristischen Fakultäten mit der Justizausbildung betraut"[246]. Soweit sie die durch die Entnazifizierung gesetzten Grenzen beachteten, hatten sie das Recht zur Ernennung, Beförderung, Versetzung und Pensionierung von Richtern sowie zur Zulassung von Anwälten und zur Ernennung von Notaren. Ihnen unterstanden die Generalstaatsanwälte, und auch für die Gesetzgebung im Zivil-, Straf- und Prozessrecht besaßen sie ein Vorschlagsrecht[247].

Der Berufung der OLG-Präsidenten und Generalstaatsanwälte kam aus der Perspektive der Militärregierung zentrale Bedeutung zu, weil sie den Wiederaufbau der Justiz maßgeblich mitgestalten und die Abkehr vom Nationalsozialismus glaubhaft verkörpern sollten. Daher legte sie Wert darauf, dass diese Amtsinhaber weder durch ihre Position noch durch ihr Handeln in der NS-Zeit kompromittiert waren. Da ein großer Prozentsatz der Justizjuristen wenigstens formell der NSDAP angehört hatte, erweiterte man den Kandidatenkreis auf Rechtsanwälte. Mit Wilhelm Kiesselbach[248] (Hamburg), Hodo von Hodenberg[249] (Celle) und Ekhard Koch[250] (Oldenburg) waren drei von acht OLG-Präsidenten frühere Anwälte. Wie in der Politik (Adenauer, Schumacher, Heuss) sah sich auch im Rechtswesen die ältere Generation in der Pflicht, den Wiederaufbau in die Hände zu nehmen. Sieht man von Koch ab, gehörten alle Chefpräsidenten den älteren Jahrgängen 1867 bis 1887 an[251].

In ihrer zweiten Anweisung an die Justizspitzen vom 22. Oktober 1945 kündigte die Legal Division die Eröffnung der OLG an und regelte deren

---

246 *Ebd.*, S. 158.
247 Vgl. *ebd.*, S. 158f.
248 Zu Kiesselbach (1867–1960) vgl. *Kurland*, Hans-Joachim: Wilhelm Kiesselbach – der hanseatische Präsident, in dunklen Tagen der Justiz und Deutschlands zu Ehren, in: Jan Albers u. a. (Hrsg.): Recht und Juristen in Hamburg. Bd. 2, Köln u. a. 1999, S. 435–449.
249 Zu Hodenberg (1887–1962) vgl. *Simon*, Barbara: Abgeordnete in Niedersachsen 1946–1994. Biographisches Handbuch, hrsg. v. Präsidenten des Niedersächsischen Landtages, Hannover 1996, S. 166f.; ferner die essayistische Skizze von *Brand*, Hans Joachim: Vergangenes heute. Historisches und Persönliches aus der Rechtsanwaltskammer Celle, Celle 2000, S. 24–28; zu Hodenbergs Rolle in der Justizpolitik im OLG-Bezirk Celle in der Besatzungszeit siehe *Rüping*, Hinrich: Justizpolitik in Celle unter britischer Besatzung, in: Peter Götz von Olenhusen (Hrsg.): 300 Jahre Oberlandesgericht Celle. Festschrift zum 300jährigen Jubiläum am 14. Oktober 2011, Göttingen 2011, S. 99–110.
250 Zu Koch (1902–2000) vgl. *Wenzlau*, S. 107.
251 Vgl. *ebd.*

Zuständigkeit[252]. Bald darauf sollte die justizpolitische Bedeutung der Gerichtspräsidenten den Höhepunkt erreichen. Denn am 5. Dezember beauftragten die Briten sie damit, einen Juristischen Zentralausschuss sowie einen Rechtsunterausschuss zu bilden[253]. Ersterer bestand aus den OLG-Präsidenten und hielt seine Treffen in Bad Pyrmont ab. Letzterer wurde mit Delegierten der OLG-Bezirke beschickt, war ein „Dauerorgan der Rechtspflege"[254] und bereitete die Zentralausschuss-Sitzungen vor. Gemeinsam firmierten beide Gremien als Central Legal Advisory Committee, das der Legal Division beratend und bei Entwürfen für zonenweit geltende Verordnungen zur Seite stehen sollte[255]. Eine Bestätigung ihrer Machtposition erfuhren die Chefpräsidenten mit der Festschreibung ihrer legislativen Kompetenzen in der Zonenpolitischen Anweisung Nr. 14 der Militärregierung vom 14. März 1946[256]. Die US-Zone ging indes einen anderen Weg, wurde ihre Justizverwaltung doch im Herbst 1945 in die Hände der Justizminister der neu gebildeten Länder gelegt[257] – ein Schritt, der in der Britischen Zone mit Verspätung erfolgte.

Als Generalstaatsanwälte sollten nach dem Willen der Besatzungsmacht ebenfalls politisch unbelastete Personen wirken. In der Tat waren unter ihnen zwei NS-Verfolgte, die für die strafrechtliche Vergangenheitspolitik in der Britischen Zone Bedeutung erlangen sollten: Friedrich Meyer-Abich (Oldenburg)[258] und Curt Staff (Braunschweig)[259]. Aufgrund ihrer Gegnerschaft zum Nationalsozialismus war 1933 ersterem die Anwaltszulassung entzogen und letzterer als Landgerichtsrat entlassen worden. Nach der Verhaftung 1935 verbrachte Staff, der SPD-Mitglied gewesen war, 15 Monate als ‚Schutzhäftling' in Dachau. Später fanden beide ihr Auskommen in der Privatwirtschaft, bis sie nach Kriegsende in wichtige juristische Äm-

---

252 Vgl. *ebd.*, S. 160f.
253 Dies geschah gemäß der Anweisung Nr. 4 an die OLG-Präsidenten vom 5. Dezember 1945. Sie ist abgedruckt in: Justizblatt für Westfalen und Lippe 2 (1946), Nr. 6, S. 38.
254 Zit. n. *Wenzlau*, S. 167.
255 Vgl. *ebd.*, S. 167f.
256 Vgl. *ebd.*, S. 165. Die ‚Zonenpolitische Anweisung Nr. 14' ist abgedruckt in: Hannoversche Rechtspflege 2 (1946), H. 5, S. 39.
257 Vgl. *Wenzlau*, S. 155.
258 Zu Meyer-Abich (1895–1972) vgl. *Bahlmann*, Peter: Meyer-Abich, Friedrich Karl Andreas, in: Martin Tielke (Hrsg.): Biographisches Lexikon für Ostfriesland. Bd. 4, Aurich 2007, S. 312–314.
259 Zu Curt Staff (1901–1976) vgl. VII.2.2; einführend *Henne*, Thomas: Curt Staff zum 100. Geburtstag, in: Neue Juristische Wochenschrift 54 (2001), H. 41, S. 3030f.

ter berufen wurden. Mit ihrem Hamburger Kollegen Walter Klaas[260] waren Meyer-Abich und Staff unter den Generalstaatsanwälten der Britischen Zone „die politisch Engagierten"[261], was sich im Engagement für die Ahndung von NS-Unrecht niederschlug. Darüber hinaus beschäftigte die Ankläger eine Vielzahl von Nachkriegsvergehen, die der Zusammenbruchssituation geschuldet waren. So berichtete Staff der Legal Division Ende Januar 1946, dass eine Verbrechensflut mit Raub und Mord über das Land hinwegziehe. Angesichts einer allgemein gesunkenen Moral hielt man die schnelle Durchführung der Strafverfahren für angezeigt. Anders stellte sich der Umgang mit kleineren, aus der Not geborenen Wirtschaftsvergehen dar, für deren Straflosigkeit Staff am 27. Dezember 1946 gegenüber dem zum Präsidenten des Zentral-Justizamtes ernannten Wilhelm Kiesselbach um Verständnis warb[262].

Weiter erstreckte sich die Zuständigkeit der Generalstaatsanwälte auf den Strafvollzug und seine Kontrolle. Sie hatten gegenüber den Briten ein Vorschlagsrecht in staatsanwaltlichen Personalfragen und übten in Absprache mit ihnen das Gnadenrecht aus. Wie die OLG-Präsidenten hielten auch sie ab Herbst 1945 gemeinsame Sitzungen ab – anfangs sechsmal, später dreimal jährlich –, in denen Probleme wie die Gefahr der Rechtszersplitterung auf der Tagesordnung standen. Indem die Militärregierung mit der Technical Instruction No. 26 vom Juli 1946 den Strafvollzug aus der Innenverwaltung in die Legal Division verlegte, befreite sie die Justiz von Verwaltungseinflüssen. Für die Generalstaatsanwälte kam damit ein Emanzipationsprozess zum Abschluss[263].

Eines der drängendsten Probleme auf der Tagesordnung der deutschen wie britischen Seite war die Entnazifizierung der Justiz[264]. Kontrollratsgesetz Nr. 4 vom Herbst 1945 beschrieb sie so: „Zwecks Durchführung der

---

260 Zu Klaas (1895–1978) vgl. *Stolleis*, Michael: Geschichte des öffentlichen Rechts in Deutschland. 4 Bde., München 1988–2012, hier: Bd. 4: Staats- und Verwaltungsrechtswissenschaft in West und Ost, 1945–1990, München 2012, S. 151.
261 Broszat 1981, S. 519.
262 Vgl. *Raim*, S. 206.
263 Vgl. *Wenzlau*, S. 159f. (Vorschlags- und Gnadenrecht), 166 (Sitzungen) u. 170 (Technical Instruction No. 26).
264 Zur Entnazifizierung der Justiz in der Britischen Zone vgl. *Raim*, S. 340–361 (Personalsituation) u. 362–395 (Entnazifizierung der höheren Justizangehörigen); ferner *Wenzlau*, S. 119–142; Broszat 1981, S. 508–516; regionale und lokale Studien wurden vorgelegt von *Godau-Schüttke*, Klaus-Detlev: Ich habe nur dem Recht gedient. Die „Renazifizierung" der Schleswig-Holsteinischen Justiz nach 1945, Baden-Baden 1993, S. 13–25 (Schleswig-Holstein); *Drecktrah*, Volker Friedrich: Die Aufarbeitung der nationalsozialistischen Justiz in Niedersachsen, in:

2 Stunde der OLG-Präsidenten und Entnazifizierung der Justiz (1945–1949)

Umgestaltung des deutschen Gerichtswesens müssen alle früheren Mitglieder der Nazi-Partei, die sich aktiv für deren Tätigkeit eingesetzt haben[,] und alle anderen Personen, die an den Strafmethoden des Hitler-Regimes direkten Anteil hatten, ihres Amtes als Richter und Staatsanwalt enthoben werden und dürfen nicht zu solchen Ämtern zugelassen werden"[265]. Welch hohen Anspruch dieses Programm hatte, zeigt die Tatsache, dass die überwiegende Mehrheit der deutschen Juristen der Nazipartei angehört hatte. So wurde im Sommer 1948 für Westfalen festgestellt, dass 93 Prozent der Justizangehörigen der NSDAP oder einer ihrer Gliederungen angehört hatten[266]; im OLG-Bezirk Braunschweig waren 84 Prozent der Richter Mitglied der NSDAP, SA oder SS gewesen[267]. Angesichts dieser Zahlen und des gleichzeitigen Mangels an (unbelasteten) Experten standen die Briten wie die anderen Alliierten vor einer großen Herausforderung. Wie ließ sich der „Zielkonflikt zwischen ‚positivem' Wiederaufbau und ‚negativer' Entnazifizierung"[268] lösen? Dies war in der Tat nur auf dem Kompromisswege möglich[269], wobei letztlich „eine[r] schnelle[n] Wiedererlangung der Effizienz"[270] Priorität eingeräumt wurde.

Eva Schumann (Hrsg.): Kontinuitäten und Zäsuren. Rechtswissenschaft und Justiz im „Dritten Reich" und in der Nachkriegszeit, Göttingen 2008, S. 271–299, hier: S. 286–299 (Niedersachsen); *Niermann*, Hans-Eckard: Zwischen Amnestie und Anpassung. Die Entnazifizierung der Richter und Staatsanwälte des Oberlandesgerichtsbezirks Hamm 1945–1950, in: Justizministerium des Landes NRW (Hrsg.) 1996, S. 61–94 (Hamm); *Müller*, Friedrich-Wilhelm: Entnazifizierung der Richter in kirchlichen Ämtern der Braunschweigischen Landeskirche, in: Klaus Erich Pollmann (Hrsg.): Der schwierige Weg in die Nachkriegszeit. Die Evangelisch-lutherische Landeskirche in Braunschweig 1945–1950, hrsg. im Auftrag der Kommission der Evangelisch-lutherischen Landeskirche in Braunschweig für Braunschweiger kirchliche Zeitgeschichte, Göttingen 1995 (Studien zur Kirchengeschichte Niedersachsens, Bd. 34), S. 291–307 (Braunschweig); *Bahlmann*, Peter: Verbrechen gegen die Menschlichkeit? Wiederaufbau der Justiz und frühe NS-Prozesse im Oberlandesgerichtsbezirk Oldenburg. Teil 1, in: Emder Jahrbuch für historische Landeskunde Ostfrieslands 91 (2011), S. 105–163, hier: S. 122–126 (Aurich).

265 Kontrollratsgesetz Nr. 4 vom 30. Oktober 1945, S. 40.
266 Vgl. *Wenzlau*, S. 103.
267 Vgl. *Müller*, Friedrich Wilhelm, 1995, S. 293.
268 Vgl. *Broszat* 1981, S. 510.
269 Vgl. *Conze* 2009, S. 31.
270 *Wenzlau*, S. 98.

2 Stunde der OLG-Präsidenten und Entnazifizierung der Justiz (1945–1949)

Obwohl der Alliierte Kontrollrat mit den Direktiven Nr. 24 vom 12. Januar und Nr. 38 vom 12. Oktober 1946[271] gemeinsame Entnazifizierungsrichtlinien verabschiedete, unterschied sich die Praxis in den Besatzungszonen teils erheblich[272]. Allgemein verfolgte die britische Militärregierung in der Frage der politischen Säuberung des öffentlichen Lebens einen im Vergleich mit der amerikanischen[273] und insbesondere der sowjetischen moderaten sowie pragmatischen Kurs[274].

Dies traf nicht zuletzt auf die Justiz zu. So fielen bis Juli 1946 nur 30 Prozent der im Jahr 1940 bestehenden Richterstellen der Entnazifizierung zum Opfer; in der US-Zone waren es dagegen 66 Prozent[275]. Allerdings hatten auch die britischen Besatzer zunächst strengere Maßstäbe angelegt, aufgrund deren die höheren Justizjuristen interniert und entlassen oder des Amtes enthoben worden waren und die Ernennungen aller Richter und Staatsanwälte vom britischen Hauptquartier in Lübbecke bestätigt werden mussten[276]. Aber bereits im Herbst 1945 gaben die Briten dem Drängen der deutschen Justiz nach einer Lockerung der Zulassungspraxis nach und etablierten eine ‚Huckepack'-Regel[277]. Hierbei handelte es sich um eine 50-Prozent-Klausel, der zufolge mit jedem politisch unbelasteten Justizjuristen ein Richter oder Staatsanwalt mit nomineller Mitgliedschaft in der NSDAP eingestellt werden konnte. Hinreichend Abhilfe schuf die von den Alliierten als weitreichendes Zugeständnis betrachtete Maßnahme allerdings nicht. Noch im November 1945 überstieg die Nachfrage nach juristischen Fachkräften das Angebot an Nichtparteimitgliedern um das Dreifache[278]. Im Dezember wurde ermittelt, dass nur 91 von 212 höheren Justizbeamten in Hamburg – i. e. fast 43 Prozent – nicht der NSDAP ange-

---

271 Kontrollratsdirektive Nr. 24 vom 12. Januar 1946 ist abgedruckt in: Amtsblatt des Kontrollrats in Deutschland, Nr. 5 (31. März 1946), S. 98–115, und Kontrollratsdirektive Nr. 38 vom 12. Oktober 1946 in: *ebd.*, Nr. 11 (31. Oktober 1946), S. 184–211.
272 Vgl. *Broszat* 1981, S. 483.
273 Zur Entnazifizierung in der US-Zone vgl. *Niehuss/Lindner* (Hrsg.), S. 137–144; außerdem *Benz*, S. 59–62; *Hoffmann*, Dierk: Nachkriegszeit. Deutschland 1945 – 1949, Darmstadt 2011, S. 28f.; mit Blick auf Bayern *Niethammer*, Lutz: Die Mitläuferfabrik. Die Entnazifizierung am Beispiel Bayerns, Berlin/Bonn 1982.
274 Vgl. *Hoffmann*, S. 29; hierzu auch *Benz*, S. 55.
275 Vgl. *Broszat* 1981, S. 508.
276 Vgl. *Wenzlau*, S. 99f. (Amtsenthebung) u. 103 (Ernennungen).
277 Vgl. *Broszat* 1981, S. 509; weiterhin *Wenzlau*, S. 130; *Raim*, S. 383.
278 Vgl. *Wenzlau*, S. 131.

hört hatten²⁷⁹. So bewog der anhaltende Druck aus dem deutschen Rechtswesen die Militärregierung im späten Frühjahr 1946 dazu, ihre Entnazifizierungsvorgaben aufzuweichen. Die ‚Huckepack'-Regel wurde aufgehoben und für qualifizierte Richter und Staatsanwälte, die Mitglied der Hitler-Partei gewesen waren, aber nun als ‚tragbar' galten, die Quotierung fallen gelassen²⁸⁰.

Mit Kontrollratsdirektive Nr. 24 war nunmehr eine zweite Phase der politischen Säuberung eingeläutet worden. Künftig sollten deutsche Ausschüsse und Berufungskammern an der „Entfernung von Nationalsozialisten (...) aus Ämtern und verantwortlichen Stellen"²⁸¹ beteiligt sein. Im Gegensatz zur amerikanischen Zone, wo am 5. März 1946 das ‚Gesetz zur Befreiung von Nationalsozialismus und Militarismus' in Kraft trat²⁸², brachte die britische Militärregierung keine entsprechende zonale Gesetzgebung auf den Weg. Freilich kam auch hier die Entnazifizierung vor mit Laien besetzten Spruchkammern in Gang. Eine Systematisierung ließ allerdings auf sich warten. So verfügten die Spruchkammern erst mit Kontrollratsdirektive Nr. 38 vom Herbst 1946 über ein taugliches Bewertungsschema, das Sanktionen an die Einstufung als Hauptschuldige, Belastete, Minderbelastete, Mitläufer und Entlastete koppelte²⁸³.

In jedem OLG-Bezirk der Besatzungszone eröffnete auch eine Entnazifizierungskammer für den Justizdienst. So lag die politische Säuberung etwa in Braunschweig seit dem 4. Juli 1946 in den Händen des nach seinem Vorsitzenden, dem Rechtsanwalt Friedrich Wilhelm Holland²⁸⁴, benannten ‚Holland-Ausschusses'. Dieses aus drei integren juristischen Persönlichkeiten gebildete Gremium gab mit Blick auf die Weiterbeschäftigung der in Frage stehenden Juristen eine Empfehlung ab, die die Militärregierung

---

279 Vgl. *Raim*, S. 385. Freilich ist hierbei in Rechnung zu stellen, dass die Zahlen bei Kriegsende noch weit düsterer aussahen, als von 312 Richtern lediglich 28 keine Parteimitglieder gewesen waren.
280 Vgl. *Broszat* 1981, S. 509f.
281 Zit. n. *ebd.*, S. 509.
282 Zum ‚Befreiungsgesetz' vgl. „Gesetz zur Befreiung von Nationalsozialismus und Militarismus, 5. März 1946", in: Zeitgeschichte in Hessen ‚https://www.lagis-hessen.de/de/subjects/idrec/sn/edb/id/135' (Stand: 8.9.2020).
283 Vgl. *Broszat* 1981, S. 510.
284 Zu Friedrich Wilhelm Holland (1903–1979) vgl. *Miosge*, Dieter: Dr. Friedrich Wilhelm Holland (1903–1979). Landgerichtspräsident von 1950 bis 1955. Oberlandesgerichtspräsident von 1955 bis 1968, in: Edgar Isermann u. Michael Schlüter (Hrsg.): Justiz und Anwaltschaft in Braunschweig 1879–2004. 125 Jahre Oberlandesgericht und Rechtsanwaltskammer Braunschweig, Braunschweig 2004, S. 146f. (= Miosge 2004: Holland).

zur Basis ihrer endgültigen Entscheidung machte. Tatsächlich verdankt ihm jedoch auch eine Vielzahl von teils stark belasteten Richtern und Staatsanwälten die Rückkehr in den Justizdienst, denn diese wurden oft äußerst nachsichtig als Mitläufer und Entlastete eingestuft; „die berüchtigte ‚Mitläuferfabrik' kam auch in Braunschweig in Gang"[285]. Allgemein machte sich damals eine Solidarisierung der Legal Division mit der deutschen Justiz bemerkbar. So sprach sich Oberst Rathbone gegen eine Überprüfung des bereits eingestellten Personals aus, wobei er sich auf die Unabhängigkeit der Justiz berief[286]. Für ihn befand sich das Rechtswesen in einer prekären Lage, wie er am 12. Oktober 1946 vermerkte:

> „Unless the legal civil service is given some security and the denazification of the German legal profession is brought to a speedy and just conclusion, the administration of justice in the British Zone is likely to break down entirely ... This Division is reliably informed, that in certain areas judges are now reluctant to give impartial judgements in cases in which influential politicians or ardent denazifiers are involved ... This position is cleary untenable"[287].

Für die Legal Division stellte die Entnazifizierung inzwischen „eine eher leidige politische Angelegenheit"[288] dar. In dem Maße, wie die Militärregierung die deutsche Verantwortung in diesem Bereich ausweitete, nahm auch ihr Interesse am Thema ab, so dass sie seit 1947 auch bei der Besetzung juristischer Spitzenpositionen (z. B. an den OLG) Nachsicht walten ließ, bei denen sie zuvor auf der politischen Integrität der Kandidaten beharrt hatte. Zudem ebnete die sehr liberale Spruchpraxis der deutschen Entnazifizierungsausschüsse selbst ehemaligen Sondergerichts- und SA-Mitgliedern die Rückkehr in den Justizdienst. Diese Entwicklung beunruhigte Ende 1948 sogar die OLG-Präsidenten und Generalstaatsanwälte, die sich mit Wiedereinstellungsansprüchen solcherart belasteter Justizjuristen konfrontiert sahen. Deshalb forderten die Justizminister eine Handhabe zur bedarfsweisen Versetzung von Richtern in den Wartestand, in ein anderes Amt oder an einen anderen Dienstort. Ein Vorschlag, der von Rathbone unterstützt wurde. Tatsächlich erließ das Zentral-Justizamt am 4. Januar 1949 eine Verordnung, die ihm und den Landesjustizministerien er-

---

285 *Wojak*, Irmtrud: Fritz Bauer (1903–1968). Eine Biographie, München 2011, S. 229.
286 Vgl. *Broszat* 1981, S. 510f.
287 Zit. n. *ebd.*, S. 511.
288 *Ebd.*

laubte, stark belastete Justizjuristen zu versetzen. Allerdings zogen sich die Briten im Frühjahr des gleichen Jahres endgültig aus der Entnazifizierung zurück, und bald darauf wurde auch die genannte Verordnung des ZJA durch die bundesdeutsche Gesetzgebung hinfällig[289].

---

289 Vgl. *ebd.*, S. 513–516.

3 Zentral-Justizamt, Landesjustizverwaltungen und Spruchgerichte (1946–1950)

Im Frühjahr 1946 kam den Chefpräsidenten sowie dem Juristischen Unterausschuss für die Britische Zone zentrale justizpolitische Bedeutung zu. Das sollte sich aber nun ändern. Seit April nahmen Pläne der Briten zur Schaffung eines Zentral-Justizamts Gestalt an[290]. Hiermit verfolgten sie das Ziel, die Justizverwaltung effizienter zu machen sowie der zonenweiten Rechtszersplitterung Einhalt zu gebieten. Zugleich begegneten sie der Forderung der sich bildenden Länder Nordrhein-Westfalen, Niedersachsen, Schleswig-Holstein und Hamburg, den Chefpräsidenten die gesetzgeberischen Befugnisse zu entziehen[291].

Im Übrigen erwog die Militärregierung damals die Aufhebung einiger Landgerichte sowie der Oberlandesgerichte Köln, Braunschweig und Oldenburg, um die freiwerdenden Richter im ZJA einzusetzen. Unter Hinweis auf teils jahrhundertealte Gerichtstraditionen und mit dem Argument, dass die Effekte den Aufwand der Maßnahme nicht rechtfertigten, wurde die Besatzungsmacht von diesen Schließungsplänen abgebracht[292]. Zugleich beratschlagten deutsche Akteure über Struktur und Personalbe-

---

[290] Zum Zentral-Justizamt in der Britischen Zone (1946–1949/50) vgl. *Raim*, S. 129–137; ferner *Wenzlau*, S. 193–285; *Romberg*, Harold Percy: The Central Legal Office for the British Zone of Germany, in: Journal of Comparative Legislation and International Law. Third Series 32 (1950), S. 6–9.

[291] Vgl. *Wenzlau*, S. 194.

[292] Vgl. *Raim*, S. 129f.; *Wenzlau*, S. 198f.; des Weiteren mit Schwerpunkt auf je einem der drei genannten OLG-Bezirke *Wassermann*, Rudolf: Zur Geschichte des Oberlandesgerichts Braunschweig, in: Ders. (Hrsg.): Justiz im Wandel der Zeit. Festschrift des Oberlandesgerichts Braunschweig, Braunschweig 1989, S. 11–110, hier: S. 88; *Klein*, Adolf: Die rheinische Justiz und der rechtsstaatliche Gedanke in Deutschland. Zur Geschichte des Oberlandesgerichts Köln und der Gerichtsbarkeit in seinem Bezirk, in: Josef Wolffram u. Adolf Klein (Hrsg. u. Bearb.): Recht und Rechtspflege in den Rheinlanden. Festschrift zum 150jährigen Bestehen des Oberlandesgerichts Köln, Köln 1969, S. 113–264, hier: S. 248f.; *Jannsen*, Günther: Der Neuanfang. Wiederaufbau der Justiz, Entnazifizierung der Richterschaft und Strafverfahren gegen Richter wegen ihrer Tätigkeit im NS-Staat, in: 175 Jahre Oberlandesgericht Oldenburg. 1814 Oberappellationsgericht, Oberlandesgericht 1989. Festschrift, Köln u. a. 1989, S. 337–371, hier: S. 345.

3 Zentral-Justizamt, Landesjustizverwaltungen und Spruchgerichte (1946–1950)

stand eines zonalen Justizministeriums. So sahen Pläne von Ende April 1946 vor, dass das ZJA neben den Stellen eines Präsidenten und Vizepräsidenten mit drei Abteilungsleitern ausgestattet sein sollte, denen wiederum je fünf Referenten zugeordnet waren[293].

Am 27. Mai 1946 legten Ekhard Koch und Herbert Ruscheweyh[294], Vizepräsident am OLG in Hamburg, einen Entwurf für die Organisation eines ZJA für die Britische Zone vor. Ihm zufolge waren Präsident und Stellvertreter der britischen Rechtsabteilung verantwortlich. Ersterer sollte die Funktionen des früheren Reichsjustizministers ausfüllen, was den Erlass einer Geschäftsordnung, die Überwachung richterlicher Unabhängigkeit, weitreichende Befugnisse bei der Richternennung und in Gesetzgebungsfragen die Wahrnehmung einer Mittlerrolle zwischen Legal Division und Zonenbeirat bzw. Chefpräsidenten einschloss. In der Justiz war man sich einig, dass das Justizamt der Wiederherstellung der Rechtseinheit nicht im Weg stehen durfte. Folgerichtig deutet vieles darauf hin, dass hier ein Provisorium konzipiert wurde – etwa der einfache und bewegliche Aufbau, der einen überschaubaren Personalbedarf implizierte[295]. Einer weitergehenden Föderalisierung durch die damals auf Länderebene angestrebte Schaffung von Justizministerien begegneten viele Juristen indes misstrauisch[296]; u. a. mit Verweis auf eine Gefährdung der Rechtseinheit. Diese Meinung vertraten die beiden Braunschweiger Spitzenjuristen, OLG-Präsident Wilhelm Mansfeld[297] und Generalstaatsanwalt Staff, in ihrem Brief an die Rechtsabteilung vom 12. Juni 1946. Darin befürworteten sie ein zonenweites Justizministerium[298]. Zudem bestand die Sorge, dass eine Ministerzuständigkeit für die Personalverwaltung unsachlichen Entscheidungen und politischer Einflussnahme Tür und Tor öffnete[299]. Trotzdem stellte das Hauptquartier der Briten die Weichen anders, so dass das gerade gegründete Nordrhein-Westfalen am 29. August 1946 erstmals einen Justiz-

---

293 Vgl. *Wenzlau*, S. 201.
294 Zu Ruscheweyh (1892–1965) vgl. *Ihonor*, Daniel: Herbert Ruscheweyh. Verantwortung in schwierigen Zeiten, Baden-Baden 2006.
295 Vgl. *Wenzlau*, S. 200–203.
296 Zur Bildung von Landesjustizministerien in der Britischen Zone und der meist ablehnenden Haltung deutscher Justizjuristen vgl. *Raim*, S. 124–129.
297 Zu Mansfeld (1875–1955) vgl. *Miosge*, Dieter: Wilhelm Mansfeld d. J. (1875–1955). Oberlandesgerichtspräsident von 1945 bis 1948, in: Isermann/Schlüter (Hrsg.), S. 145f.; ferner *Derda*, Hans-Jürgen: Mansfeld, Wilhelm [jun.], in: Horst Rüdiger Jarck u. Günter Scheel (Hrsg.): Braunschweigisches Biographisches Lexikon. 19. und 20. Jahrhundert, Hannover 1996, S. 402f.
298 Vgl. *Raim*, S. 125.
299 Vgl. *Wenzlau*, S. 201.

3 Zentral-Justizamt, Landesjustizverwaltungen und Spruchgerichte (1946–1950)

minister berief[300]. Der entscheidende Schritt folgte aber erst, als die Militärregierung im Dezember 1946 mit Verordnung Nr. 67 die ‚Übertragung von Befugnissen auf die Justizminister der Länder der britischen Zone'[301] (mit Ausnahme Hamburgs[302]) verfügte. Jetzt wurde auch deutlich, dass das nunmehr bestehende ZJA doch nicht jener Kern eines Zonenjustizministeriums sein würde, als der es gedacht war[303]. Die „‚Initial-Verantwortlichkeit' in Sachen Justizverwaltung"[304] ging vielmehr von den OLG-Präsidenten auf die Landesjustizministerien über.

Nach einer offiziellen Ankündigung am 25. August 1946 war es gleichwohl am 1. Oktober soweit gewesen: MRVO Nr. 41[305] gab die Gründung des ZJA bekannt[306]. Gemäß früheren Entwürfen erhielt das in Hamburg beheimatete Justizamt legislative wie personalpolitische Kompetenzen, die früher beim Reichsjustizministerium gelegen hatten. Seine Einrichtung bezweckte die Vereinheitlichung und Selbständigwerdung des deutschen Rechtswesens[307]. Chef wurde Wilhelm Kiesselbach, damals Präsident des Hanseatischen Oberlandesgerichts (HOLG) in Hamburg, der schon auf eine beeindruckende Laufbahn als Anwalt und Richter zurückblickte[308]. Als Stellvertreter kürte man seinen Oldenburger Amtskollegen Koch und

---

300 Vgl. *Dästner*, Christian/*Wogersien*, Maik: Die Justizministerinnen und Justizminister des Landes Nordrhein-Westfalen und die Grundzüge ihres politischen Wirkens, in: Justizministerium des Landes NRW (Hrsg.): 60 Jahre Justizministerium Nordrhein-Westfalen Martin-Luther-Platz 40, Düsseldorf 2010 (Juristische Zeitgeschichte NRW, Bd. 18), S. 28–110, hier: S. 32.
301 MRVO Nr. 67 vom 1. Dezember 1946 ist abgedruckt in: Amtsblatt der Militärregierung Deutschland. Britisches Kontrollgebiet, Nr. 15, S. 362f.
302 Vgl. *Wenzlau*, S. 278–281; sowie *Raim*, S. 126. Für Hamburg erlangte erst MR-VO Nr. 100 vom 1. September 1947 Gültigkeit, die den Senat mit der Bildung einer ‚Senatskommission für die Justizverwaltung' beauftragte. Ab 1951 firmierte diese Kommission als Landesjustizverwaltung.
303 Vgl. *Wenzlau*, S. 207f.
304 *Ebd.*, S. 218.
305 MRVO Nr. 41 ist abgedruckt in: Amtsblatt der Militärregierung Deutschland. Britisches Kontrollgebiet, Nr. 13, S. 299–301.
306 Vgl. *Wenzlau*, S. 208.
307 Vgl. *Broszat* 1981, S. 510.
308 Kiesselbach, Jahrgang 1867, ab 1895 Anwalt in Hamburg, war Mitinhaber einer angesehenen Sozietät und nach 1911 Vorstandsmitglied der Hanseatischen Anwaltskammer. Nach dem Ersten Weltkrieg erwarb er sich große Anerkennung als Mitglied einer amerikanisch-deutschen ‚Gemischten Kommission', die von 1923 bis 1930 in schiedsgerichtlicher Funktion die kriegsbedingten staatlichen und privaten Schadensersatzansprüche festlegte. 1928 wurde er Präsident des HOLG in Hamburg und hiermit das Haupt der Rechtspflege der Freien Hansestädte Hamburg, Bremen und Lübeck. Infolge der Herabsetzung der Altersgren-

3 Zentral-Justizamt, Landesjustizverwaltungen und Spruchgerichte (1946–1950)

als Strafrechtsabteilungsleiter den Braunschweigischen Generalstaatsanwalt sowie späteren OGH-Senatspräsidenten Staff[309]. Dessen Nachfolge trat im Februar 1947 Walter Klaas, bis dato Generalstaatsanwalt in Hamburg, an. Gegliedert war das Amt in drei Abteilungen: die Präsidial-, die Zivilrechtsrechts- und die Strafrechtsabteilung[310]. Die Tätigkeit der letzteren beschrieb der britische Verbindungsoffizier Major Romberg 1950 folgendermaßen:

> „This Department was responsible for the initiation and promulgation of criminal law and criminal procedure and juvenile law. In the field of criminal law the German lawyers were faced with problems more difficult than any problem which had to be solved by any previous generation. For instance, the German criminal code and all other laws had to be purged of all vestiges of the Nazi regime, but it was, of course, sometimes very difficult to decide in a particular case whether the law was tainted by Nazi ideology or not. Many difficult problems were created by Control Council Law No. 10, which made ‚crimes against humanity' punishable"[311].

Bei der Gründung beschäftigte das ZJA über 40 und im Sommer 1947 ca. 90 Mitarbeiter. Im März 1949 erreichte es mit knapp 100 Mitarbeitern einen Höchststand[312]. Geographisch bedingt zeigte die Justizbehörde eine „gewisse Überrepräsentation des Nordens" und „eine anwaltsfreundliche Haltung"[313], was aufgrund der Besetzung vieler Leitungsposten mit Ex-Anwälten (Kiesselbach, Koch, Klaas) nicht verwundern. Die Verhältnisse ähnelten insofern den in der Justiz generell beobachtbaren, als die Einstellung früherer (formeller) NSDAP-Mitglieder unvermeidbar schien. Von den ZJA-Mitarbeitern hatte im Mai 1947 jeder Dritte der Nazipartei angehört, im höheren Dienst jeder Vierte[314]. Damit korrespondiert, was über den Standpunkt Kiesselbachs zur Entnazifizierung der Rechtspflege be-

---

ze für Richter von 70 auf 65 Jahre wurde Kiesselbach 1933 pensioniert. Dem NS-Regime stand er ablehnend gegenüber; so soll im Winter 1944/45 gegen ihn ein Gestapo-Schutzhaftbefehl erlassen worden sein, der wegen der Kriegswirren aber keine Folgen zeitigte (vgl. *Kurland*, S. 437–442). Nach der deutschen Kapitulation kehrte er 1945 an die Spitze des HOLG zurück.
309 Vgl. *Raim*, S. 133.
310 Zu Aufgaben und Tätigkeitsfeldern der ZJA-Abteilungen vgl. *Romberg* 1950, S. 8, sowie *Raim*, S. 133.
311 *Romberg* 1950, S. 8.
312 Vgl. *Wenzlau*, S. 210–212; detailliertere Zahlen bietet dagegen *Raim*, S. 132.
313 *Wenzlau*, S. 212.
314 Vgl. *ebd.*, S. 204.

kannt ist. So hatte der damals als geschäftsführender HOLG-Präsident Tätige im Juni 1945 ein Memorandum vorgelegt, das wegen der Tendenz zur Entschuldigung und Verharmlosung der Anpassung und Anbiederung von Amtsträgern an das ‚Dritte Reich' unter Justizakteuren wie später in der Forschung kontrovers diskutiert wurde[315]. Er verstand sich als Anwalt seiner Richter, verwahrte sich vor äußeren Eingriffen in seine personalpolitischen Befugnisse und suchte unvermeidbare Entlassungen durch Wiedereinstellungen oder wenigstens Pensionierungen abzufedern[316]. Der in der Chefrichterrolle durchschimmernde antiliberale und reaktionäre Wesenszug kam in Kiesselbachs Amtsführung als ZJA-Präsident indes kaum zum Tragen. Vielmehr ist evident, dass er 1947 nicht im Lager der zumeist konservativen Gegner von KRG 10 stand, sondern auf Seiten der Befürworter in die Debatte um seine rückwirkende Anwendung vor deutschen Gerichten eingriff. Freilich hatte er schon 1945 keinen Zweifel daran gelassen, dass NS-Täter, die gegen das Völker- und Landesrecht verstoßen haben, „unerbittlich zur Verantwortung gezogen"[317] werden müssten.

In der Britischen Zone verkörperte das ZJA die ‚Reichshoheit' und fungierte als Garant der Rechtseinheit. Dies schloss das Streben nach zonenübergreifender Rechtsangleichung ein, die als umso dringlicher erachtet wurde, als das vom Kontrollrat gesetzte Einheitsrecht in jeder Besatzungszone unterschiedlich in Kraft gesetzt und angewandt wurde. Beispielhaft sei an die Übertragung der Gerichtsbarkeit zu NS-Verbrechen gegen die Menschlichkeit an die deutschen Gerichte nach KRG 10 Art. III 1d erinnert. Die Justizbehörde übernahm den Schriftwechsel mit der Legal Division und die Ausarbeitung legislativer Entwürfe, die den Briten zur Begutachtung und Genehmigung vorzulegen waren. Hierdurch machte sie den Juristischen Zentralausschuss und dessen Unterausschuss überflüssig. Bis

---

315 Kiesselbachs Memorandum zur politischen Säuberung der Justiz vom Juni 1945 ist dokumentiert in: Demokratie und Recht 13 (1985), H. 2, S. 238–243 (= Memorandum Kiesselbachs vom Juni 1945). Kritisch äußern sich insbesondere *Breuer*, Jacques/*Hund*, Wulf D./*Seegert*, Christian: Konservatives Faschismusbild und Entnazifizierung 1945. Das Memorandum Wilhelm Kiesselbachs zur Entnazifizierung der Justiz, in: Demokratie und Recht 13 (1985), H. 2, S. 140–152. Die Autoren unterstellen dem hanseatischen Juristen ein ‚konservatives Faschismusbild', das sich durch eine „andauernde antiliberale Grundhaltung" (S. 151) sowie „Typologie apologetischer Faschismusanalyse" (S. 148) auszeichnet. Die bewusste, affirmative Verwendung von NS-ideologischen Topoi wie ‚legale Revolution' und ‚Führerdemokratie' mutet in der Tat unkritisch und leichtfertig gegenüber der NS-Propaganda an.
316 Vgl. *ebd.*, S. 146f.
317 Memorandum Kiesselbachs vom Juni 1945, S. 243.

3 Zentral-Justizamt, Landesjustizverwaltungen und Spruchgerichte (1946–1950)

Ende März 1949 erließ das ZJA zahlreiche Verordnungen und Anweisungen, etwa zur Aufhebung von NS-Rechtsnormen und -Justizunrecht[318]. Es fungierte als justizpolitischer Koordinator, indem es den Gerichten britische Anordnungen mitteilte, mit einheitlichen Verfügungen in die Justizverwaltungen der Länder hineinwirkte[319], Gnadensachen für die Entscheidung durch die Rechtsabteilung vorbereitete oder den Generalstaatsanwälten Instruktionen erteilte, bis diese Aufgabe von den Landesjustizministerien erledigt wurde[320]. Schließlich besorgte das Amt auch die Herausgabe eines Zentral-Justizblatts sowie eines Verordnungsblattes[321].

Im Hinblick auf den legislativen Output des Zentral-Justizamtes kam der ‚Verordnung zur Beseitigung nationalsozialistischer Eingriffe in die Strafrechtspflege'[322] vom 23. Mai 1947 für die strafrechtliche Vergangenheitspolitik große Bedeutung zu. Einerseits, weil sie den Streit um KRG 10 entschärfte, indem sie einige seiner zentralen Vorschriften in deutsches Recht überführte und damit die Ahndung von NS-Verbrechen erleichterte[323]. So konnte die Strafverfolgung von NS-Unrecht, die aus politischen Gründen vor 1945 unterblieben war, nachgeholt werden (§ 1). Weder schützten vom ‚Dritten Reich' zugestandene Amnestien, Begnadigungen, Immunitäten, Niederschlagungen sowie Strafvollstreckungsaussetzungen länger vor Strafe, noch entband Handeln auf Befehl von strafrechtlicher Verantwortung; als Strafmilderungsgrund blieb es aber relevant. Andererseits war die nachholende Ahndung nach § 1 Abs. 2 auf Verbrechen beschränkt, die Vergehen gleichstanden, die „zur Zeit ihrer Begehung mit einer Höchststrafe von mehr als drei Jahren Gefängnis bedroht waren"[324]. Die tiefgreifenden Folgen davon betont Bahlmann mit Hinweis auf eine Vielzahl von NS-Vergehen wie leichte Körperverletzung und einfache Freiheitsberaubung, die in der Folge nicht mehr verfolgbar war. Hiermit verringerte sich die Zahl der Ermittlungsverfahren; es erfolgte eine Konzentration auf schwerwiegendere Straftaten[325].

---

318 Vgl. *Wenzlau*, S. 214–216; weiter zur gesetzgeberischen Arbeit des ZJA *Romberg* 1950, S. 9.
319 Vgl. *Wenzlau*, S. 219.
320 Vgl. *Raim*, S. 131.
321 Vgl. *Romberg* 1950, S. 7; ferner *Wenzlau*, S. 213.
322 Die ‚Verordnung zur Beseitigung nationalsozialistischer Eingriffe in die Strafrechtspflege' vom 23. Mai 1947 ist abgedruckt in: Verordnungsblatt für die Britische Zone 1947, Nr. 6, S. 65f. (= Verordnung des ZJA vom 23. Mai 1947).
323 Vgl. *Bahlmann* 2012: OGH, S. 161.
324 Verordnung des ZJA vom 23. Mai 1947, S. 65.
325 Vgl. *Bahlmann* 2012: OGH, S. 161.

3 Zentral-Justizamt, Landesjustizverwaltungen und Spruchgerichte (1946–1950)

Personalpolitisch war das ZJA zuständig für Ernennungen, Beförderungen, Versetzungen, Beurlaubungen und Pensionierungen der leitenden Justizbeamten. Wichtige Fragen – wie bei Kompetenzabgrenzungen – waren aber in „Rücksprache mit den zuständigen deutschen Beratungsstellen oder Behörden"[326] zu klären. Dabei gestaltete sich die Kooperation mit den Landesjustizministerien unproblematisch. So gab Hamburg den Personalvorschlägen der Länder meist statt; Ausnahmen bestätigten die Regel[327]. Unterstellt waren die leitenden Justizjuristen als Landesbeamte den Länderjustizministerien. Indessen bewirkten das Fortschreiten der Entnazifizierung und der Zustrom von ‚Flüchtlingsjuristen' aus den einstigen Ostgebieten eine Entspannung der Personalsituation. In der Tat war der Bedarf an Richtern bis Mitte 1948 gedeckt[328], wobei Kiesselbach im November skeptisch bemerkte, „daß die Justiz im wesentlichen mit demselben Personalbestand wiederhergestellt würde, wie er zu Ende der Nazizeit bestanden hat"[329].

Einen großen Komplex der Arbeit des Zentral-Justizamts bildete ein Themenfeld, welches das deutsche Rechtswesen schon seit Jahrzehnten beschäftigte: die Auseinandersetzung um eine große Justizreform. Die hierbei erörterten Gegenstände seien nur kursorisch erwähnt: Vereinfachungen der Instanzenzüge sowie Gerichtsstrukturen und Verbesserung des Status von Richtern. Hier zielten die Impulse etwa auf die Ausrichtung der Richterausbildung am englischen Vorbild, Einführung eines Gesetzes gegen die Beeinflussung der Rechtspflege (‚Contempt of Court') und Offenlegung abweichender Voten bei Gerichtsentscheidungen (‚Dissenting Opinion')[330]. Jedoch stellte sich heraus, dass das Gros der Initiativen während der Besatzungszeit kaum Erfolgsaussichten hatte. Vielmehr herrschte ein eher konservativ geprägtes Rechtseinheitsstreben vor, das Reformen des Strafrechts entgegenstand[331].

---

326 Zit. n. *Wenzlau*, S. 217.
327 1948 setzte ZJA-Präsident Kiesselbach gegen den Widerstand des nordrheinwestfälischen Justizministers einen eigenen Kandidaten für das Amt des OLG-Präsidenten von Düsseldorf durch, vgl. *Raim*, S. 135.
328 Vgl. *Wenzlau*, S. 218 (Länderjustizministerien) u. 228–230 (Personalsituation).
329 Zit. n. *Friedrich*, Jörg: Freispruch für die Nazi-Justiz. Die Urteile gegen NS-Richter seit 1948. Eine Dokumentation. Überarb. u. erg. Ausg., Berlin 1998, S. 145.
330 Zur Frage der Rolle des ZJA als ‚Reformamt' vgl. *Wenzlau*, S. 219–245.
331 Vgl. *ebd.*, S. 213f.

Eine Ausnahme hiervon bildete die ‚Wiedereinführung von Schöffen und Geschworenen in der Strafrechtspflege'[332] durch eine ZJA-Verordnung vom 22. August 1947. Anregungen dazu hatte es schon früh gegeben. So hob eine in Düsseldorf entstandene Denkschrift vom 21. November 1945 die Vorzüge einer Neubelebung des Laienelements hervor: Durch die Mitwirkung von Laienrichtern erlange die Strafjustiz ein höheres Maß an Lebensnähe, und es werde eine verantwortliche Teilhabe an der Aufarbeitung von Straffällen etabliert, „bei denen die Öffentlichkeit ein besonderes Bedürfnis nach Einsicht- und Einflußnahme zeigt. So soll der Laienrichter Garant des Volksvertrauens sein und zugleich die volkserziehende Wirkung der Strafjustiz verbreitern und vertiefen"[333]. Zur Wiedereinführung von Laien riet auch der liberale Präsident der Deutschen Zentralverwaltung der Justiz in der Sowjetischen Zone und Ex-Reichsjustizminister Eugen Schiffer[334]. In ihrer Anweisung Nr. 1 an das ZJA trat die britische Rechtsabteilung seinem Vorschlag bei, um das ‚demokratische Prinzip' durchzusetzen und die Richter an Zivil- und Strafgerichten zu entlasten[335]. Jedoch dauerte es nach Erlass der zugehörigen ZJA-Verordnung im August 1947 noch geraume Zeit, bis die Schwurgerichte ihre Tätigkeit aufnahmen: So eröffneten sie in Hamburg am 1. März, in Niedersachsen (mit Ausnahme des Landgerichtsbezirks Stade) am 15. Mai, in Schleswig-Holstein am 22. August und in Nordrhein-Westfalen am 30. September 1948[336]. Verdienst und Nutzen blieben in der Folge umstritten, was auch ein Blick auf ihre Rechtsprechung zu NS-Menschlichkeitsverbrechen und deren Rezeption in Justiz und Öffentlichkeit belegt.

Obwohl das ZJA im Gegensatz zu den Institutionen der US-Zone keine parlamentarische Verankerung hatte, kam ihm in bizonalen Angelegenheiten – besonders dort, wo es um die Rechtsangleichung von britischer und amerikanischer Zone ging – zentrale Bedeutung zu. Denn es pflegte Informationsaustausch und enge Zusammenarbeit mit den Ämtern der US-Zone[337] wie mit den nach Gründung der Bizone 1947 errichteten zonenübergreifenden Dienststellen in Frankfurt. Damit folgte das Amt dem ihm in

---

332 Die ZJA-Verordnung vom 22. August 1947 ‚Wiedereinführung von Schöffen und Geschworenen in der Strafrechtspflege' ist abgedruckt in: Verordnungsblatt für die Britische Zone 1947, Nr. 16, S. 115–122.
333 Zit. n. *Raim*, S. 140.
334 Zu Schiffer (1860–1954) vgl. *Ramm*, Thilo (Hrsg.): Eugen Schiffer. Ein nationalliberaler Jurist und Staatsmann 1860–1954, Baden-Baden 2006.
335 Vgl. *Wenzlau*, S. 227.
336 Vgl. *Raim*, S. 138.
337 Vgl. *Wenzlau*, S. 214.

MRVO Nr. 41 gegebenen Auftrag zur „Zusammenarbeit mit führenden Juristen der anderen deutschen Besatzungszonen"[338]. In der Britischen Zone wurde 1946/47 eine deutsche Spruchgerichtsbarkeit zur Aburteilung von NS-‚Organisationsverbrechen' eingerichtet[339]. KRG 10 Art. II 1d definierte letztere als „Zugehörigkeit zu gewissen Kategorien von Verbrechensvereinigungen oder Organisationen, deren verbrecherischer Charakter vom Internationalen Militärgerichtshof festgestellt worden ist"[340]. Das IMT wiederum hatte im Urteil vom 30. September und 1. Oktober 1946 das Korps der Politischen Leiter der NSDAP, die Geheime Staatspolizei (Gestapo), den Sicherheitsdienst (SD) der Schutzstaffeln (SS) und die SS mitsamt Waffen-SS für verbrecherisch erklärt[341]. Unter Bezugnahme auf Artikel 10 des Londoner Statuts[342] übertrug die britische Militärregierung mit Verordnung Nr. 69 vom 31. Dezember 1946[343] deutschen Gerichten die Bestrafung von ‚Organisationsverbrechen'. Für die Briten besaß ‚Operation Old Lace' – Codename der Aburteilung der ca. 27.000 in Internierungslagern festgehaltenen Mitglieder der kriminalisierten Organisationen – absolute Priorität, weil die Bedeutung dieser Verfahren für die Bevölkerung der Besatzungszone als besonders hoch eingeschätzt wurde[344]. Mit dem Aufbau der Gerichtsbarkeit wurde das ZJA beauftragt. Ihm oblag laut MRVO Nr. 69 die Aufgabe, die Zahl der erstinstanzlichen Spruchgerichte und dortigen -kammern sowie der ‚Spruchse-

---

338 Zit. n. *ebd.*, S. 216; außerdem *Romberg* 1950, S. 9.
339 Zur Aburteilung von ‚Organisationsverbrechen' in der Britischen Zone vgl. *Römer*, Sebastian: Mitglieder verbrecherischer Organisationen nach 1945. Die Ahndung des Organisationsverbrechens in der britischen Zone durch die Spruchgerichte, Frankfurt a. M. 2005; weiterhin *Wember*, Heiner: Umerziehung im Lager. Internierung und Bestrafung von Nationalsozialisten in der britischen Besatzungszone Deutschlands. 3. Aufl., Essen 2007, S. 276–357.
340 KRG 10, S. 46.
341 Vgl. *Das Urteil von Nürnberg*, S. 136–171, hier v. a. die Schlussfolgerungen bezüglich des Korps der Politischen Leiter der Nazi-Partei (S. 145f.), Gestapo und SD (S. 154f.) und der SS (S. 162f.).
342 Art. 10 hat den Wortlaut: „In cases where a group or organization is declared criminal by the Tribunal, the competent national authority of any Signatory shall have the right to bring individual to trial for membership therein before national, military or occupation courts. In any such case the criminal nature of the group or organization is considered proved and shall not be questioned", Londoner Statut.
343 MRVO Nr. 69 vom 31. Dezember 1946 ist abgedruckt in: Amtsblatt der Militärregierung Deutschland. Britisches Kontrollgebiet, Nr. 16, S. 405–407 (= MRVO Nr. 69 vom 31. Dezember 1946).
344 Vgl. *Wember*, S. 276.

nate' am obersten Spruchgericht festzulegen, der als Revisionsinstanz diente. Die Behörde ernannte „im Einvernehmen mit der obersten Justizverwaltung jedes Landes die Vorsitzenden der Spruchkammern und alle Mitglieder der Spruchsenate" und war für die Vorbereitung und Durchführung der Strafverfolgung zuständig. Anklagen zielten darauf, „daß der Angeklagte Mitglied einer verbrecherischen Organisation gewesen ist, in Kenntnis, daß diese für Handlungen verwendet wurde, die gemäß Art. 6 des Statuts des Internationalen Militärgerichtshofes als verbrecherisch erklärt worden sind"[345]. Schuldsprüche zogen als Strafen Vermögenseinziehungen, Geld- oder Gefängnisstrafen bis zu zehn Jahren nach sich.

An der Spitze der Gerichtsbarkeit zu ‚Organisationsverbrechen' stand in der Britischen Zone ein Generalinspekteur für die Spruchgerichte. Dieses Amt übernahm der bisherige Oldenburger Generalstaatsanwalt Friedrich Meyer-Abich, der in seiner neuen Funktion dem ZJA-Präsidenten direkt unterstellt war. Als Generalinspekteur war er weisungsbefugt gegenüber den Staatsanwälten, hatte aber freilich keinen Einfluss auf die Rechtspraxis der Spruchgerichte[346]. Wegen der exponierten Stellung und als Vertreter einer strafrechtlichen Vergangenheitspolitik war er auch „mehrfach Ziel von Beleidigungen oder Angriffen der konservativen Presse"[347]. Jene Spruchgerichtsbarkeit bildete insofern eine Ausnahme, als ‚Organisationsverbrechen' in der US-Zone und FBZ von deutschen Entnazifizierungsausschüssen bearbeitet wurden[348]. Obwohl es sich um justizförmige Verfahren handelte, waren sie nicht Teil der ordentlichen, im Gerichtsverfassungsgesetz verankerten Strafrechtspflege und standen im Ruf, eher eine politische Maßnahme (zur Entnazifizierung) zu sein, als eine juristische Aufarbeitung und Bewertung zu bezwecken. Zumal hier ‚nur' die Mitgliedschaft in einer bestimmten NS-Organisation bei gleichzeitig vorhandenem Bewusstsein ihres verbrecherischen Charakters justiziabel war, während die aktive Begehung von NS-Verbrechen vor ordentlichen Gerichten verhandelt wurde. Wie beim Tatbestand des ebenso im KRG 10 definierten Verbrechens gegen die Menschlichkeit entzündete sich auch beim ‚Organisationsverbrechen' unter deutschen Juristen eine hitzige Debatte um die Anwendbarkeit einer Strafnorm, die sich rückwirkend auf

---

345 MRVO Nr. 69 vom 31. Dezember 1946, S. 405f.
346 Vgl. *Wember*, S. 281.
347 *Bahlmann* 2007, S. 313f. Zur Rolle des Generalinspekteurs der Spruchgerichte vgl. auch *Wenzlau*, S. 246.
348 Vgl. *ebd.*; aufschlussreich zur Entwicklung des amerikanischen Standpunktes *Wember*, S. 278.

3 Zentral-Justizamt, Landesjustizverwaltungen und Spruchgerichte (1946–1950)

ein Handeln (oder Unterlassen) bezog, das zum Tatbegehungszeitpunkt nicht strafbar war[349]. Tatsächlich gelang es, die Prozesse an den sechs Spruchgerichten in Hamburg-Bergedorf, Bielefeld, Hiddesen bei Detmold, Benefeld-Bomlitz, Recklinghausen und Stade sowie dem Obersten Spruchgerichtshof in Hamm in recht kurzer Zeit abzuwickeln. So wurde das erste Urteil im Juni 1947 gefällt, und schon ein Jahr später galten 18.380 Verfahren als erledigt; sei es durch Urteil, Strafbescheid oder materielle Einstellungsverfügung. Hierbei profitierten mehr als 10.000 Internierte von einer Überprüfung, die dem Verfahren vorgeschaltet war, sowie von zwei britischen Amnestien; sie wurden auf freien Fuß gesetzt. Ende Juni 1948 waren nur noch 368 Personen interniert[350]. Seit August konnten auch Nichtinternierte wegen ‚Organisationsverbrechen' angeklagt werden – insgesamt nahm das Pensum der Spruchgerichte aber merklich ab, so dass die Dienststelle des Generalinspekteurs im März 1949 geschlossen werden konnte. Im Frühjahr 1950 gingen die dem ZJA mit Verordnung Nr. 69 erteilten Befugnisse auf eine britische Anweisung hin auf die Landesjustizminister über. Aufgehoben wurde die Verordnung erst 1956[351]. Bis Ende 1949 belief sich die Zahl der vor Spruchgerichten durchgeführten Verfahren auf rund 24.000, wobei zwei Drittel der Angeklagten für schuldig befunden wurden[352].

Die Briten waren mit den Resultaten zufrieden. So ordnete sie der Lordkanzler im Februar 1949 gegenüber Außenminister Bevin ein als „most remarkable achievement in the whole of my legal experience"[353]. Die Bedeutung der Spruchgerichtsverfahren liegt für Wenzlau darin, den Landesjustizverwaltungen und der ordentlichen Gerichtsbarkeit eine heikle Aufgabe abgenommen zu haben, „die bei aller juristischen Argumentation eminent politisch war, auch wenn diese ‚Entsühnung von einem Unrecht' in einem justizmäßigen, ordentlichen Gerichtsverfahren vollzogen wurde"[354].

Raim bestätigt die Kritik manch eines Zeitgenossen, dass dem Zentral-Justizamt der ‚große gesetzgeberische Wurf' nicht gelungen sei, relativiert das Manko aber, indem sie auf die erschwerten äußeren Bedingungen für den Wiederaufbau der Justiz hinweist. Auch betont sie die Zurückhaltung

---

349 Vgl. *Wenzlau*, S. 245–249. Mit Blick auf die in den Spruchgerichtsverfahren seitens der Prozessparteien und Gerichte vorgebrachten Argumente für und wider die Anwendung des Tatbestandes vgl. *Wember*, S. 299.
350 Vgl. *Wenzlau*, S. 250.
351 Vgl. *ebd.*, S. 252f.; sowie *Wember*, S. 355 u. 294.
352 Vgl. *ebd.*, S. 318; außerdem *Frei*, S. 34.
353 Zit. n. *Romberg* 1950, S. 8.
354 *Wenzlau*, S. 253.

3 Zentral-Justizamt, Landesjustizverwaltungen und Spruchgerichte (1946–1950)

der Briten und des ZJA; beide Seiten hätten sich „als Verwalter des Kommenden" betrachtet und wären dem Motto gefolgt: „behutsame Anpassungen von Gesetzen ja, größere Eingriffe und Veränderungen nein"[355]. Rückblickend auf die Arbeit des ZJA zog der Zeitgenosse Romberg positiv Bilanz. Einerseits würdigte er Kiesselbachs Verdienste um eine fruchtbare Kooperation mit den Justizministern, andererseits pflichtete er dem britischen Hohen Kommissar General Robertson bei, welcher den ZJA-Beitrag zur Herausbildung einer leistungsfähigen und unabhängigen Justiz unterstrichen hatte, die ein Meilenstein für den Aufbau eines demokratischen Staatswesens sei[356]. Zentrale Bedeutung hatte das Zentral-Justizamt auch für die Einrichtung des Obersten Gerichtshofes (vgl. *VII.1*).

---

355 *Raim*, S. 136.
356 Vgl. *Romberg* 1950, S. 8f.

IV Die britische Strategie zur Ahndung von NS-Verbrechen gegen die Menschlichkeit

1 Großbritannien und das Problem der Verbrechen gegen die Menschlichkeit (1945/46)

Hier knüpfen wir an die britische Debatte um die Ahndung von NS-Unrecht mit deutschen und staatlosen Opfern an, die nach *Kapitel II.2* verlassen wurde, um einen Ausblick auf die Strafverfolgung von NS-Grausamkeiten in den anderen Besatzungszonen zu geben und den Wiederaufbau der deutschen Justiz in der Britischen Zone in den Grundzügen darzustellen. Nach der Entwicklung des neuartigen internationalen Tatbestandes ‚Verbrechen gegen die Menschlichkeit' vom Londoner Statut zu KRG 10 rückt nun also die Genese der britischen Strategie zur Bestrafung der an der eigenen Bevölkerung verübten nationalsozialistischen Gewalttaten in das Blickfeld.

Seit Kriegsende hatte sich in London der Konsens gebildet, dass Strafverfahren wegen von Deutschen an Deutschen oder Staatenlosen begangenen NS-Straftaten zuerst vor britischen Gerichten durchzuführen waren. Sobald allerdings Präzedenzurteile ergangen sein würden, konnte diese Gerichtsbarkeit der deutschen Justiz überantwortet werden[357]. Diese Position enthielt schon zentrale Elemente der späteren Ahndungsstrategie und fand im Herbst 1945 Niederschlag in einigen Denkschriften der Regierung. So informierte Kriegsminister Jack Lawson Außenminister Ernest Bevin am 17. Oktober 1945 über einen Vorschlag, dem zufolge bestimmte, seit 1933 begangene NS-Gräuel wie Mord, Folter oder Misshandlungen nach deutschem Recht vor britischen Militärgerichten abgeurteilt werden sollten[358]. Dabei war Lawson sich des Widerspruchs bewusst, faire Verfahren gegen NS-Täter in Aussicht zu stellen und zu wissen, dass wegen Einsparungen die Anzahl der Rechtsoffiziere gekürzt werden sollte. Um der Gefahr des Scheiterns und der Selbstdiskreditierung zu begegnen, schlug er vor, nur wenige, dafür herausgehobene Prozesse vor Militärregierungsgerichten verhandeln zu lassen. Dabei sollte je einer der im IMT-Statut genannten Tatkomplexe von Menschlichkeitsverbrechen im Fokus stehen: „one for inhumane acts, one for persecution on political, racial and religious

---

357 Vgl. *Jones*, S. 366.
358 Vgl. TNA, PRO, FO 371, Nr. 46797, Bl. 119.

grounds respectively"[359]. Danach wären solche Verfahren möglichst deutschen Gerichten zu übertragen. Dieses Strafverfolgungskonzept blieb für die Briten bis 1948 bestimmend[360].

Am 5. November 1945 kamen Vertreter Großbritanniens und der USA darin überein, jene Verfahren in Ausnahmefällen vor britischen Gerichten durchzuführen: „[C]rimes against humanity, i.e. crimes committed by Germans against Germans or against stateless persons mostly before the war, would be dealt with, in the first place, in the most notorious cases before British Military Government Courts". Hiermit verbunden war die Hoffnung, dass Musterfälle deutsche Gerichte zur Aburteilung derartiger Verbrechen befähigten – „with or without, a British observer"[361]. Seitens der Legal Division war unstreitig, dass vor eigenen Gerichten verhandelte Prozesse gewissenhaftester Vorbereitung bedurften, um als Vorbild zu taugen[362]. Immerhin: Mit KRG 10 verfügten die Briten Anfang 1946 über eine adäquate Rechtsbasis für die Verfolgung von NS-Unrecht mit deutschen oder staatenlosen Opfern.

---

359 *Ebd.*, Bl. 122; ferner *Pendas*, Devin O.: Retroactive Law and Proactive Justice: Debating Crimes against Humanity in Germany, 1945–1950, in: Central European History 43 (2010), Nr. 3, S. 428–463, hier: S. 437.
360 Vgl. *Jones*, S. 366.
361 Zit. n. *ebd.*, S. 362f.
362 Vgl. TNA, PRO, FO 1060, Nr. 747, Bl. 28 (i. e. Direktor der Military Government Courts Branch am 29. Dezember 1945 an D/Chief, Legal Division, Advance HQ.).

2 NS-Verbrechen gegen die Menschlichkeit vor britischen Gerichten (1946–1949)

Wie die anderen Besatzungsmächte führte die britische auf KRG-10-Grundlage Verfahren gegen NS-Täter durch. Zuständig waren zuerst Military Government Courts, seit 1947 in der Nachfolge Control Commission Courts[363]. Von 1946 bis 1949 verfolgten die Gerichte neben anderen Vergehen Menschlichkeits- und Kriegsverbrechen, obwohl letztere ab 1945 auch unter dem Royal Warrant vor Kriegsgerichten abgeurteilt wurden. Die von den Briten verantwortete Gerichtsbarkeit zu KRG 10 bildet bis heute ein Desiderat der Zeitgeschichte. Zwar sind einzelne Verfahren erforscht – besonders der Fall Willi Herold. Auch wurden acht Urteile des CCC-Berufungsgerichts in Herford mit Bezug zum alliierten Gesetz in der Entscheidungssammlung publiziert[364] und ab den neunziger Jahren vom Völkerstrafrecht als ‚Case Law' rezipiert, was etwa auf die Fälle Hinselmann[365] und Neddermeier[366] zutrifft. Dennoch fehlen eine umfassende juristische Analyse sowie historische Einordnung dieser Verfahren[367]. Auch hier kann nur ein Überblick geboten werden; wobei eine Periodisierung

---

363 Vgl. MRVO Nr. 68 (Gerichte der Kontrollkommission) vom 1. Januar 1947, abgedruckt in: Amtsblatt der Militärregierung. Britisches Kontrollgebiet, Nr. 15, S. 363–370, hier: S. 363f.

364 Insgesamt befasst sich das Gericht hier in zwölf Entscheidungen mit KRG 10. Jedoch berühren nur acht davon im engeren Sinn Fragen der Tatbestandsauslegung von Kriegs- und Menschlichkeitsverbrechen.

365 Die Entscheidung des Berufungsgerichts im Fall Hinselmann u. a. ist abgedruckt in: *Control Commission of Germany, Control Commission Courts*: Court of Appeal Reports – Criminal Cases, 1947, S. 52–61 (= Entscheidung des Berufungsgerichts im Fall Hinselmann); dazu auch *Byron*, Christine: Hinselmann and Others, in: Cassese (Hrsg.), S. 725f.; *Cassese* 2013, S. 54f.

366 Die Entscheidung des Berufungsgerichts im Fall Neddermeier ist abgedruckt in: *Control Commission of Germany, Control Commission Courts*, 1949, Nr. 1, S. 58–61 (= Entscheidung des Berufungsgerichts im Fall Neddermeier); auch *Haslam*, Emily: Neddermeier, in: Cassese (Hrsg.), S. 840; *Cassese* 2013, S. 103.

367 Eine erste Vermessung des Themenfelds bietet *Pöpken*, Christian: Im Schatten der Royal Warrant Courts. Verfolgung von NS-Verbrechen gegen die Menschlichkeit vor Military Government Courts und Control Commission Courts der britischen Zone (1946–1949), in: KZ-Gedenkstätte Neuengamme (Hrsg.): Alliierte Prozesse und NS-Verbrechen, Bremen 2020 (Beiträge zur Geschichte der nationalsozialistischen Verfolgung in Norddeutschland, H. 19), S. 65–77 – unter

2 NS-Verbrechen gegen die Menschlichkeit vor britischen Gerichten (1946–1949)

der Ahndungspraxis vorgestellt und der Schwerpunkt auf die frühen KRG-10-Verfahren gelegt wird. Denn diese waren ein integraler Bestandteil der britischen Ahndungsstrategie bezüglich des von Deutschen an Deutschen oder Staatenlosen begangenen NS-Unrechts.

Laut einer Aufstellung des Assistant Director of Prosecutions vom 17. Januar 1949 hatten bis 30. Juni 1947 vor MGC und CCC vier Verfahren mit 36 Angeklagten wegen Kriegs- und Menschlichkeitsverbrechen stattgefunden. „These were important cases selected to be examples to German Courts"[368]. Im Folgezeitraum bis zum 1. Januar 1949 hätten sich in 50 Prozessen 110 Personen wegen im KRG 10 kriminalisierter Taten vor CCC verantworten müssen. Diese in den Quellen nicht näher erläuterte Unterteilung in eine Periode vor und nach dem 30. Juni 1947 erscheint zweckmäßig. Der Schlüssel zum Verständnis, worin der Unterschied zwischen vorher und nachher bestand, liegt in der zitierten Bemerkung zu den frühen Verfahren: ‚These were important cases selected to be examples to German Courts'. Das traf auf die spätere KRG-10-Rechtsprechung nicht mehr zu, da die deutschen Gerichte in der Britischen Zone, wie im Folgekapitel aufgezeigt wird, seit Mitte 1947 kein Vorbild mehr benötigten. Sie waren berechtigt, alle von Deutschen an Deutschen oder Staatenlosen verübten NS-Straftaten mit Hilfe von KRG 10 abzuurteilen.

2.1 Musterverfahren für die deutsche Justiz[369]

Am 16. Oktober 1946 informierte Oberst Rathbone von der Legal Division die UNWCC über die verschiedenen deutschen und britischen Gerichtsbarkeiten in der Britischen Zone. Mit Blick auf die Ahndung von Menschlichkeitsverbrechen vor MGC fasste er sich laut Protokoll kurz: „Crimes against humanity would be dealt with finally, provided they were crimes committed by Germans against Germans, or against stateless persons, as provided by Control Council Law No. 10"[370]. NS-Grausamkeiten an alli-

---

Verwendung einiger der im Folgenden dargelegten Erkenntnisse zur KRG-10-Rechtsprechung der MGC und CCC.
368 TNA, PRO, FO 1060, Nr. 4, Bl. 57; hierzu ferner *Form* 2012, S. 23f.
369 Zu den britischen Musterverfahren wegen NS-Menschlichkeitsverbrechen vgl. *Raim*, S. 526–532; wie *Form* 2007, S. 57f. u. 65.
370 *United Nations War Crimes Commission*: Minutes of Meeting held on 16th October 1946 (Meeting Nr. 114), abrufbar unter: https://www.legal-tools.org/doc/3ebb79/, S. 2 (letzter Zugriff: 8.9.2020).

ierten Opfern standen also zunächst nicht im Fokus der MGC-Rechtsprechung.

Der Hauptzweck der von August 1946 bis Juni 1947 vor MGC sowie CCC stattfindenden KRG-10-Prozesse lag in ihrer Vorbildfunktion. So verweisen die im Zuge der sukzessiven Ausweitung der Zuständigkeit deutscher Gerichte publizierten Durchführungserlasse (dazu *IV.3*) in drei Fällen auf britische Verfahren zu NS-Verbrechen gegen die Menschlichkeit. Dabei ging es darum zu zeigen, welche Tatkomplexe geahndet werden sollten und welches Strafmaß angemessen erschien. Was fehlte, waren Hinweise für die deutschen Juristen zur Auslegung des neuen Tatbestands. Hier versäumten es die Briten, der in der Rechtspflege verbreiteten Ablehnung der alliierten Rechtsnorm (vgl. *V.2* und *V.3*) mit klaren Richtlinien entgegenzutreten. Neben den in Militärregierungserlassen mitgeteilten Entscheidungen – es handelte sich um die Fälle Herold, Hinselmann und Zenner (s. u.) – führten die Briten in diesem Zeitraum jedoch noch zwei weitere KRG-10-Prozesse durch. Auch diese waren als Musterverfahren geplant gewesen, erwiesen sich aber als ungeeignet oder überflüssig, so dass später kaum Bezug auf sie genommen wurde.

Das erste MGC-Urteil, das Verbrechen gegen die Menschlichkeit auf Rechtsgrundlage von KRG 10 behandelte, erging am 29. August 1946 in Oldenburg. Hier standen 14 Angeklagte wegen eines NS-Gewaltexzesses der Kriegsendphase vor Gericht: eines Massenmordes an 172 Strafgefangenen der Emslandlager und der danach in Leer erfolgten Tötung von fünf arretierten Niederländern im April 1945[371]. Aufsehen erregte der Fall des zum Tatzeitpunkt 19-jährigen Gefreiten Willi Herold, welcher das Lager in

---

371 Zum Fall Herold vgl. TNA, PRO, FO 1060, Nr. 1674; aufschlussreiche Dokumente enthält *Kosthorst*, Erich/*Walter*, Bernd: Konzentrations- und Strafgefangenenlager im Dritten Reich. Beispiel Emsland. Zusatzteil Kriegsgefangenenlager. Dokumentation und Analyse zum Verhältnis von NS-Regime und Justiz. Mit historisch-kritischen Einführungstexten sowie statistisch-quantitativen Erhebungen und Auswertungen zum Strafvollzug in Arbeitslagern. 3 Bde., Düsseldorf 1983, hier: Bd. 3, S. 3087–3300 (= Teil C V: Massentötung von Gefangenen im Lager Aschendorfermoor (II) im April 1945 – Der Fall Herold); wichtig bleibt die Studie des mit dem Fall befassten britischen Vernehmungsoffiziers Major *Pantcheff*, T. X. H.: Der Henker vom Emsland. Dokumentation einer Barbarei am Ende des Krieges 1945. 2. Aufl., Leer 1995; ferner *Meyer*, Paul: „Die Gleichschaltung kann weitergehen!" Das Kriegsende in den nördlichen Emslandlagern und der falsche Hauptmann Willi Herold im Spiegel britischer und deutscher Gerichts- und Ermittlungsakten, in: KZ-Gedenkstätte Neuengamme (Hrsg.): Die frühen Nachkriegsprozesse, Bremen 1997 (Beiträge zur Geschichte der nationalsozialistischen Verfolgung in Norddeutschland, H. 3), S. 209–213. Zur Ge-

der widerrechtlich angeeigneten Uniform eines Hauptmanns betreten und die Erschießung von Lagerinsassen angeordnet hatte, ohne auf nennenswerten Widerstand zu stoßen. Ende 1945 wurde eine achtköpfige britische Sonderabteilung damit beauftragt, die Umstände des Verbrechens aufzuklären – gemäß Diktion von Kriegsminister Lawson handelte es sich um einen Fall von ‚inhumane acts'. Herold war der einzige Angeklagte, dem nicht nur Mord nach § 211 StGB, sondern auch Menschlichkeitsverbrechen zur Last gelegt wurden. Dieser Anklagepunkt war aber auf seinen Beitrag zur Ermordung der niederländischen Häftlinge beschränkt[372]. Durch den Schuldspruch in diesem Punkt war er der erste Angeklagte, der in der Britischen Zone auf Basis von KRG 10 verurteilt wurde. Das Gericht verhängte die Todesstrafe. Allerdings war dieser Fall als Präzedens eigentlich ungeeignet, da die deutsche KRG-10-Gerichtsbarkeit auf Strafsachen mit deutschen oder staatenlosen Opfern begrenzt sein sollte, während hier Angehörige der Vereinten Nationen betroffen waren. Der Einwand fiel allerdings nicht ins Gewicht, da der britische Durchführungserlass zur Erweiterung der Befugnisse deutscher Gerichte vom 10. September 1946 nicht vermerkt, dass die Opfer Nichtdeutsche waren[373]. Nachdem das Urteil bestätigt worden war, wurde Herold am 14. November 1946 im Gefängnis Wolfenbüttel hingerichtet[374].

Das zweite Musterverfahren, auf das in einer britischen Durchführungsverordnung Bezug genommen wurde, endete am 7. Dezember 1946 vor dem MGC in Hamburg. Hier hatten sieben Personen – fünf Ärzte und zwei Polizisten – unter Anklage gestanden, im Winter 1944/45 an der Zwangssterilisierung von mindestens acht Roma beteiligt gewesen zu sein und hiermit ein Verbrechen gegen die Menschlichkeit begangen zu haben. Darunter waren der berühmte Hamburger Gynäkologe und Klinikdirektor

---

schichte der Emslandlager vgl. *Faulenbach*, Bernd/*Kaltofen*, Andrea (Hrsg.): Hölle im Moor. Die Emslandlager 1933–1945, Göttingen 2017; einen Überblick zur Aburteilung von NS-Emslandlagerverbrechen vor britischen und deutschen Gerichten ab 1945 bieten *Form*, Wolfgang/*Pöpken*, Christian: Der Umgang mit den Tätern. Die strafrechtliche Aufarbeitung, in: Faulenbach/Kaltofen (Hrsg.), S. 263–275.

372 Vgl. *Pantcheff*, S. 11–67, 75 u. 130.
373 Vgl. Erlass der Militärregierung – Legal Division – zur Ausführung der Militärregierungsverordnung Nr. 47 vom 10. September 1946, in: Hannoversche Rechtspflege 2 (1946), H. 12, S. 142 (= Erlass vom 10. September 1946): „Der erste vor einem Militärregierungs-Gericht verhandelte Fall wurde nunmehr in Oldenburg abgeschlossen. Er betraf Gewaltverbrechen, die von Gefangenenwärtern gegen die Insassen eines Konzentrationslagers begangen worden waren".
374 Vgl. *Pantcheff*, S. 221–233.

Hans Hinselmann[375] sowie sein Assistent Helmuth Wirths. Ersterer wurde zu einer dreijährigen Haft- und einer Geldstrafe von 100.000 Reichsmark (RM), letzterer zu einer zweijährigen Haftstrafe verurteilt[376]. In einem Schreiben vom 16. Dezember 1946 stellte die britische Rechtsabteilung fest, es hätte sich um einen Fall rechtswidriger, rassisch motivierter Operationen gehandelt[377]. Insofern war der Prozess ein Musterverfahren hinsichtlich Grausamkeiten, die rassisch begründet waren. Eine Einschränkung machte die Legal Division jedoch in ihrer Durchführungsverordnung vom 20. Dezember: NS-Unrecht an deutschen Juden deckte der Fall nicht ab. „Der Grund für diese Ausnahme (...) liegt darin, daß demnächst ein Verfahren wegen Judenverfolgung vor einem Militärgericht in Aachen stattfinden soll"[378]. In jener Verordnung machten die Briten zudem Angaben zur Funktion sowie zum Tatbeitrag der einzelnen Angeklagten und teilten jeweils Schuldspruch und Strafmaß mit[379].

Der letzte ‚Parent Case' bezog sich auf die NS-Verfolgung von Juden und fand vor einem CCC in Aachen statt[380]. Gegenstand war die Zerstörung der städtischen Synagoge während der ‚Reichspogromnacht' im November 1938. Angeklagt waren acht Personen. Das Urteil erging am 12. Juni 1947. Unter den Verurteilten waren Ex-Polizeichef Carl Zenner[381] und der örtliche Kreisleiter Eduard Schmeer. Beide wurden zu fünf Jahren

---

375 Zu Hinselmann (1884–1959) vgl. *Klee* 2005, S. 257.
376 Vgl. Erlaß der Militärregierung – Legal Division – zur Ausführung der Militärregierungs-Verordnung Nr. 47 vom 20. Dezember 1946, abgedruckt in: Hannoversche Rechtspflege 3 (1947), H. 1, S. 5f. (= Erlass vom 20. Dezember 1946), hier: S. 5; ferner War Crimes News Digest, Nr. XXII, 31. Dezember 1946, abrufbar unter: https://www.legal-tools.org/doc/164c42/, S. 10 (letzter Zugriff: 8.9.2020); *Byron*, S. 726.
377 Vgl. TNA, PRO, FO 1060, Nr. 1061, Bl. 121.
378 Erlass vom 20. Dezember 1946, S. 6.
379 Vgl. *ebd.*, S. 5. Am 24. März 1947 wies der Court of Appeal in Herford die Rechtsmittel einer Reihe von Angeklagten zurück, wobei er die gegen Hinselmann verhängte Strafe bestätigte. Indes änderte das Gericht den Schuldspruch gegen einen anderen Angeklagten, indem es nun auf Körperverletzung nach § 230 StGB erkannte, weil sein Verhalten zwar als fahrlässig, jedoch nicht als grob fahrlässig einzustufen sei, was die Voraussetzung für eine Verurteilung nach KRG 10 dargestellt hätte, vgl. Entscheidung des Berufungsgerichts im Fall Hinselmann, S. 58–61; ferner *Cassese* 2013, S. 54f.; *Byron*, S. 725f.
380 Zum Fall Zenner vgl. *Boberach*, Heinz: Kein „ganz normaler Mann" – der Polizeipräsident und SS-Brigadeführer Carl Zenner, in: Zeitschrift des Aachener Geschichtsvereins 102 (1999/2000), S. 473–490, hier: S. 487f.; ferner *Raim*, S. 527f. u. 530.
381 Zu Zenner (1899–1969) vgl. *Boberach* 1999/2000; sowie *Klee* 2005, S. 692.

Gefängnis und einer Geldstrafe in Höhe von 5.000 RM verurteilt[382]. Im Gegensatz zum Erlass nach dem Hinselmann-Verfahren nannte die Militärregierung in der zugehörigen Verordnung vom 5. Juli 1947 die Namen der Angeklagten. Ferner gab sie die Schuldsprüche sowie verhängten Strafen an und verkündete, dass Urteilskopien ausgehändigt würden. Jedoch räumten die Briten später ein, dass die Verteilung von Abschriften der frühen KRG-10-Urteile von MGC und CCC an die deutschen Justizbehörden nicht wie geplant vonstatten ging. Laut einem Brief der Militärregierung in Nordrhein-Westfalen an das dortige Justizministerium vom 4. März 1948 waren Kopien nur in den Fällen Hinselmann sowie Esterwegen (s. u.) erstellt und versandt worden. Dagegen hieß es bezüglich des Herold-Verfahrens, Aachener Synagogenbrandprozesses und ‚Flensburg Death Ship Trial' (s. u.): „No written judgments suitable for distribution are in existence"[383]. Dies erklärt das Unwissen in der Rechtspflege. Rückblickend verwundert aber die Inkonsequenz der Legal Division: Warum strengte sie kostspielige und langwierige Verfahren an, wenn sie deren ‚Parent Case'-Funktion für die Aburteilung von NS-Menschlichkeitsverbrechen aushöhlte, indem sie die Entscheidungen nicht weithin publik machte? Tatsächlich war die Anfertigung schriftlicher Urteilsgründe für britische Militärgerichte eher unüblich[384]. Umso beachtlicher ist es deshalb, wenn CCC ihre Entscheidungen mit rechtsdogmatischen Erörterungen versahen, wie es etwa das Berufungsgericht im Hinselmann-Verfahren tat.

Die Vorbildlichkeit der Präzedenzfälle beschränkte sich faktisch darauf, die Verfolgbarkeit von Verbrechenskomplexen unter KRG 10 zu betonen und Fingerzeige für das Strafmaß zu geben. Letzteres wurde in einem Erlass explizit hervorgehoben[385]. Aber dieser Ansatz bot deutschen Juristen insofern kein Konzept für die Rechtsanwendung, als unklar blieb, wie mit KRG 10 dogmatisch umzugehen sei. So mangelte es an der ständigen Rechtsprechung eines höchsten Gerichts, welches das alliierte Gesetz für

---

382 Vgl. Zuständigkeit der ordentlichen Gerichte für Verbrechen gegen die Menschlichkeit – Judenverfolgungen – Anordnung der Legal Division vom 5. Juli 1947, abgedruckt in: Zentral-Justizblatt 1 (1947), Nr. 2, S. 43 (= Anordnung vom 5. Juli 1947).
383 Zit. n. *Raim*, S. 531f.
384 Vgl. *Form*, Wolfgang: Quellen und deren Erschließung am Forschungs- und Dokumentationszentrum für Kriegsverbrecherprozesse (ICWC), in: Finger/Keller/Wirsching (Hrsg.), S. 243–249, hier: S. 248; zudem *Cramer*, S. 249f.
385 Vgl. Erlass vom 10. September 1946, in dem der Zweck der Musterverfahren damit beschrieben wird, dass „die erkannten Strafen als Präzedenzurteile zur Verfügung stehen".

die Praxis systematisch auslegte. Diese Lücke schloss erst der OGH. Mit Blick auf die britischen Musterverfahren legt Raim überzeugend dar, dass neben den Tatbeständen, die eine große Bandbreite abdecken sollten (Verbrechen der Endphase, Zwangssterilisierung und Pogrom), der regionalen Verteilung der Prozesse Bedeutung zukam. Mit Oldenburg, Hamburg und Aachen wurde nämlich in immerhin drei der vier Länder der Britischen Zone je ein ‚Parent Case' verhandelt[386].

Unterdessen lohnt ein Blick auf jene britischen KRG-10-Prozesse, die als Musterverfahren geplant wurden, als solche aber nicht zum Tragen kamen. In diese Kategorie fällt etwa ein KRG-10-Verfahren, das schon im Herbst 1946 vor dem MGC in Flensburg zum Abschluss kam. In der Forschung hat es noch fast keine Beachtung gefunden[387]. Der Grund liegt wohl darin, dass der Prozess innerhalb der in mehreren Studien behandelten Ahndungsstrategie der Briten keine Wirkung zeitigte, obgleich er als (etwaiger) ‚Parent Case' auf den Weg gebracht worden war. Inhaltlich ging es um die grausame Behandlung von KZ-Häftlingen bei der Evakuierung aus Stutthof bei Danzig auf dem Seeweg nach Schleswig-Holstein im Frühjahr 1945. Seit dem 25. September 1946 wurde elf Angeklagten wegen der Begehung von NS-Verbrechen auf Basis von KRG 10 der Prozess gemacht. Am 23. Oktober erging das Urteil, in dem gegen drei Männer (Otto Wilhelm Wippermann, Herbert Karl Holz und Bruno Karl Walbrecht) die Todesstrafe verhängt wurde. Sie hatten nicht zuletzt die Tötung einer unbekannten Zahl weiblicher jüdischer Gefangener zu verantworten. Während ein vierter Angeklagter eine Freiheitsstrafe erhielt, wurden sieben Personen freigesprochen[388]. Die Frage, warum das im War Crimes News Digest der UNWCC ‚Flensburg Death Ship Trial' genannte Verfahren als ‚Parent Case' ohne Resonanz blieb, ist nicht geklärt. Grund könnte sein, dass mit dem Herold-Fall schon ein Musterverfahren mit Blick auf ‚inhumane acts' bzw. Endphaseverbrechen beendet war und der Flensburger Prozess als Vorbild für die Ahndung rassisch motivierter NS-Gräuel ungeeignet erschien.

---

386 Vgl. *Raim*, S. 531.
387 Eine Ausnahme ist *Form* 2007, S. 57 u. 65. Zum ‚Flensburg Death Ship Trial' vgl. TNA, PRO, FO 1060, Nr. 1840–1842.
388 Vgl. *ebd.*, Nr. 939 – ohne Foliierung, Legal Division, Zonal Executive Offices, Herford, Report vom Dezember 1946 to the Commander-in-Chief upon the Proceedings of a Military Government Court (13-seitig); ferner War Crimes News Digest, Nr. XX, 15. November 1946, abrufbar unter: https://www.legal-tools.org/doc/bd4c46/, S. 5 (letzter Zugriff: 8.9.2020).

Ein weiteres frühes KRG-10-Verfahren stand insofern in Zusammenhang mit dem Herold-Prozess, als es dabei ebenfalls um Emslandlagerverbrechen aus der Endphase des ‚Dritten Reiches' ging. Konkret wurde ermittelt wegen Tötungen und Misshandlungen belgischer und französischer Gefangener im Strafgefangenenlager Esterwegen[389]. Die Täter gehörten den Wachmannschaften an; die Opfer waren als NS-Gegner auf Grundlage des ‚Nacht- und Nebel-Erlasses' vom 7. Dezember 1941 ins Deutsche Reich verschleppt worden, um dort vor Sondergerichten abgeurteilt und in Konzentrationslagern inhaftiert zu werden. Hierbei hatte die britische Sonderabteilung ihre Untersuchungen seit Ende 1945 zuerst auf beide Tatkomplexe erstreckt, den Herold- und den ‚Nacht-und-Nebel-Fall'. Weil die Vorbereitungen im ersten Fall aber weiter gediehen waren, wurde er dem Gesamtkomplex entnommen und als erster vor Gericht gebracht[390]. Die Anklageschrift im ‚Esterwegen-Prozess' legte zwölf Personen die Begehung von Kriegsverbrechen entsprechend KRG 10 Art. II 1b zur Last[391]. Nachdem mehrere Angeklagte von Verfahrenseinstellungen und vorzeitigen Freisprüchen profitiert hatten[392], richtete sich das Urteil vom 22. März 1947 noch an sechs Angeklagte. Davon wurden vier zu zeitigen Freiheitsstrafen und zwei zum Tode verurteilt (Karl Nadler sowie Willy Schäfer)[393]. Ursprünglich als Einheit mit dem im Herold-Prozess behandelten Sachverhalt betrachtet, kam das ‚Nacht-und-Nebel-Verfahren' infolge der Aufspaltung als ‚Parent Case' nicht mehr zum Zuge. Hauptgrund dafür: Das Gericht verhandelte über NS-Grausamkeiten, deren Opfer Nichtdeutsche bzw. ausländische Gefangene waren. Einerseits zog die Anklage hieraus die Konsequenz, Kriegsverbrechen zu verfolgen; dadurch entfiel der Vorbildcharakter für deutsche Verfahren wegen Verbrechen gegen die

---

389 Nach *Meyer*, Paul, S. 213, ist nur ein geringer Teil der Prozessakten überliefert. Zentrale Dokumente (die Anklageschrift, das Resümee des Gerichtsvorsitzenden u. a.) finden sich jedoch in *Kosthorst/Walter* (Hrsg.). Bd. 3, S. 2982–3019.
390 Vgl. *Pantcheff*, S. 118f.
391 Vgl. *Kosthorst/Walter* (Hrsg.). Bd. 3, S. 2986f. Einer Übersicht der UNWCC vom 3. Dezember 1946 zufolge sollte es in dem Verfahren um die Aufarbeitung von "[c]ruelties in connection with the Emsland Penal Camps, particularly in respect of French and Belgium internees known as Nacht and Nebel prisoners" gehen, so das UNWCC-Dokument A 28 (War Crimes – Crimes against Humanity – British Zone, Germany), abrufbar unter: https://www.legal-tools.org/doc/c78097/ (letzter Zugriff: 8.9.2020).
392 Vgl. *Kosthorst/Walter* (Hrsg.). Bd. 3, S. 2999 u. 3001; sowie TNA, PRO, FO 1060, Nr. 2023, Bl. 1.
393 Vgl. *Kosthorst/Walter* (Hrsg.). Bd. 3, S. 3008–3010; hierzu auch *Meyer*, Paul, S. 210.

Menschlichkeit. Andererseits lag mit dem Herold Case bereits ein Präzedenzfall für die Ahndung von NS-Grausamkeiten in Lagern oder Gefängnissen vor[394].

Die Briten schickten sich Ende 1946 an, weitere ‚Parent Cases' durchzuführen. Dies ist einem Schreiben des Hauptquartiers der Militärregierung von Nordrhein-Westfalen vom 19. Dezember 1946 zu entnehmen: „It is hoped by the end of the year that the following classes of cases will also have been tried in Mil Gov Courts: (a) Crimes involving persecution of the Jews, (b) a political murder case, (c) a sterilisation case, (d) a euthanasia case"[395]. Während die Verfahren gegen Zenner (a) und Hinselmann (c) abgeurteilt wurden, hat es den Anschein, dass die Briten weder vor einem MGC noch vor einem CCC einen Euthanasieprozess (d) durchführten. Gleichwohl ermächtigte die Legal Division, wie noch zu zeigen ist, deutsche Gerichte zur Aburteilung von Anstaltsmorden. Politischer Mord (b) bildete hingegen durchaus den Gegenstand einer Verhandlung wegen Vergehen nach KRG 10 Art. II 1c. Allerdings erging das Urteil des Duisburger CCC gegen sieben Angeklagte wegen Tötung mehrerer Gewerkschaftsmitglieder im Frühjahr 1933 erst am 12. August 1947[396] und damit erst zu einem Zeitpunkt, als die deutsche Justiz keiner Musterverfahren mehr bedurfte. Das Gericht verhängte ein Todesurteil und zwei zeitige Haftstrafen[397].

---

394 Der Court of Appeal befasste sich am 4. und 5. Juni 1947 mit den Rechtsmitteln der zwei zum Tode und eines zu 15-jähriger Haft verurteilten Angeklagten. Im Urteil vom 12. Juni hielten die Richter die Todesstrafe gegen Nadler aufrecht, während sie Schäfers Strafe auf 20 Jahre Gefängnis reduzierten. Die Entscheidung des Berufungsgerichts im Fall Nadler u. a. ist abgedruckt in: *Control Commission of Germany, Control Commission Courts*, 1947, S. 130–137; sowie in *Kosthorst/Walter* (Hrsg.). Bd. 3, S. 3017–3019.
395 Zit. n. *Raim*, S. 531. Eine instruktive statistische Momentaufnahme der KRG-10-Rechtspraxis britischer MGC vom 3. Dezember 1946 enthält auch das UNWCC-Dokument A 28 (War Crimes – Crimes against Humanity – British Zone, Germany), abrufbar unter: https://www.legal-tools.org/doc/c78097/ (letzter Zugriff: 8.9.2020).
396 Zum Duisburger CCC-Verfahren mit Urteil vom 12. August 1947 vgl. TNA, PRO, FO 1060, Nr. 1970.
397 Das Todesurteil wurde am 17. September im Revisionsverfahren bestätigt.

2.2 Verfahren wegen Verbrechen mit alliierten Opfern

Die oben zitierte Statistik bezifferte die Anzahl der vom 30. Juni 1947 bis zum 1. Januar 1949 vor CCC durchgeführten KRG-10-Verfahren auf 50. Seinerzeit hätten 110 Personen wegen Kriegs- und Menschlichkeitsverbrechen vor den Justizschranken gestanden. Addiert man die Zahlen hinzu, die die Briten zu den dargestellten frühen Völkerstrafrechtprozessen gesammelt hatten, so mussten sich bis Ende 1948 146 Personen in 54 Strafsachen wegen NS-Verbrechen vor MGC und CCC verantworten[398]. Ergänzend sind Daten heranzuziehen, die der Unterstaatssekretär im Foreign Office Ende März 1949 auf Anfrage des Parlaments vorlegte. Demnach wurden bis dahin vor britischen Gerichten wegen Verbrechen gegen die Menschlichkeit mit alliierten Opfern insgesamt 148 Angeklagte abgeurteilt. Davon seien 88 freigesprochen und zehn zum Tode verurteilt worden, 50 hätten zeitige, aber keiner eine lebenslängliche Freiheitsstrafe erhalten[399]. Tatsächlich machten solche Verfahren, d. h. mit Anklagepunkt KRG 10 Art. II 1c und alliierten Opfern als Gegenstand, den Löwenanteil der CCC-Rechtsprechung zu NS-Verbrechen aus. Denn einerseits lag ja die Verantwortung für die Aburteilung von NS-Unrecht an Deutschen oder Staatenlosen nach dem Abschluss weniger Musterverfahren bzw. seit Anfang Juli 1947 bei deutschen Gerichten. Andererseits erweckt eine Korrelierung der oben genannten Zahlen der Militärregierung den Eindruck, dass Fälle mit alliierten Opfern weit öfter als Menschlichkeits- denn als Kriegsverbrechen behandelt wurden[400]. Der Grund liegt darin, dass für letztere die unter dem Royal Warrant wirkenden Military Courts zuständig waren und deren Befugnisse zu wesentlichen Teilen erst infolge einer Entscheidung des Overseas Reconstruction Committee des Kabinetts in London vom 12. April 1948 an die Legal Division und ihre CCC übergin-

---

398 Vgl. *ebd.*, Nr. 4, Bl. 57.
399 Vgl. *ebd.*, FO 370, Nr. 2899, ohne Foliierung – Appendix D: Figures of people tried in Germany for war crimes, given by the Under Secretary of State for Foreign Affairs on March 28 1949 in reply to a Parliamentary question.
400 So bildeten 148 Personen, die bis zum 28. März 1949 wegen Menschlichkeitsverbrechen an Alliierten vor Gericht standen, angesichts der noch am 1. Januar mit nur 146 bezifferten Summe der wegen Kriegs- *und* Menschlichkeitsverbrechen mit deutschen, staatenlosen und alliierten Opfern Angeklagten gewiss die Mehrheit. Zumal man mit Blick auf diese Gesamtzahl der britischen KRG-10-Verfahren die Personen abziehen muss, die im Rahmen von Verfahren wegen Vergehen nach KRG 10 Art. II 1c an Deutschen und Staatenlosen angeklagt worden waren (,Parent Cases').

2.2 Verfahren wegen Verbrechen mit alliierten Opfern

gen. Letzteres „betraf a) Kriegsverbrechen mit alliierten Opfern, sofern sie keine Briten oder Angehörige der Commonwealth-Staaten waren, b) Verbrechen gegen die Menschlichkeit mit alliierten Zivilopfern und c) Fälle, bei denen die Briten die von anderen Staaten beantragte Auslieferung von Verdächtigen verweigert hatten"[401].

Die stichprobenartige Durchsicht von Verfahrensakten der CCC erhärtet das Bild, dass der unter b) vorgestellte Tatkomplex dominierte, wobei insbesondere Zwangsarbeiter als Opfer betroffen waren[402]. Daneben begegnen späterhin aber auch Strafsachen gemäß Typ a), bei denen als Kriegsgefangene misshandelte, getötete und anderweitig verfolgte nichtbritische alliierte Soldaten betroffen waren. Diese Opfergruppe warf bei den britischen Richtern die Frage auf, ob auch militärische Personen Opfer von Verbrechen gegen die Menschlichkeit sein können – eine Frage, die auch den OGH beschäftigte (vgl. den Fall Holzwig/Petersen in *VIII.2.6*). So pochte der Court of Appeal im Fall Neddermeier Ende September 1948 etwa darauf, dass die Opfer – polnische Kriegsgefangene, die unter Zwang deutsche Arbeitsverträge unterschrieben hatten und als Zwangsarbeiter misshandelt worden waren – entgegen dem erstinstanzlichen Urteil als Soldaten zählten. Angesichts dessen wandelte er die Verurteilung von einem Schuldspruch wegen Verbrechens gegen die Menschlichkeit zu einem solchen wegen Kriegsverbrechens um[403]. Anders lag der Fall offenbar im Verfahren gegen den Leiter der Gestapo-Außenstelle Oldenburg, Friedrich Wilhelm Theilengerdes[404]. Denn im Mai 1949 befand der Oldenburger CCC den Ex-SS-Obersturmführer für schuldig, ein Verbrechen nach KRG 10 Art. II 1c verübt zu haben, indem er im Sommer 1944 einen wegen Totschlags einsitzenden sowjetischen Häftling erschossen hatte. Der Richterspruch lautete auf Todesstrafe, die bald vollstreckt

---

401 Pöpken 2020, S. 71.
402 Dies trifft etwa zu auf das in Lübeck verhandelte CCC-Verfahren gegen Walter (Urteil vom 12. Dezember 1947, vgl. TNA, PRO, FO 1060, Nr. 4145), das in Detmold verhandelte CCC-Verfahren gegen Hollmann (Urteil vom 6. September 1948, vgl. *ebd.*, Nr. 4140) und das in Oldenburg verhandelte CCC-Verfahren gegen Voß (Urteil vom 11. April 1949, vgl. *ebd.*, Nr. 1556).
403 Vgl. Entscheidung des Berufungsgerichts im Fall Neddermeier, S. 60f.
404 Zu Theilengerdes (1894–1949) vgl. Eckhardt, Albrecht/*Hoffmann*, Katharina (Bearb.): Gestapo Oldenburg meldet... Berichte der Geheimen Staatspolizei und des Innenministers aus dem Freistaat und Land Oldenburg 1933–1936, Hannover 2002 (Veröffentlichungen der Historischen Kommission für Niedersachsen und Bremen, Bd. 209), S. 33f.

wurde. Gemäß der in Herford geprägten Linie wurde das Opfer, ein Kriegsgefangener im Zwangsarbeitseinsatz, als Zivilist eingestuft[405]. Die Statistik vom 28. März 1949 stellte ein Resümee der britischen Ahndungspraxis dar. Ein solches erschien auch deshalb angebracht, weil die Briten deutschen Gerichten schon am 7. Juli die Verantwortung für die Strafverfolgung von NS-Grausamkeiten an alliierten Bürgern übertrugen. Daran anknüpfend teilte Niedersachsens Justizministerium am 22. Juli mit: „[E]s wurde jetzt entschieden, daß alle künftigen Fälle von den deutschen Gerichten nach dem deutschen Strafgesetzbuch abgeurteilt werden sollen"[406]. Jedoch waren solche Strafsachen zuvor schon verschiedentlich von deutschen Richtern entschieden worden, v. a. in Fällen, bei denen es um Misshandlungen an osteuropäischen Zivilarbeitern ging[407].

---

[405] Vgl. dazu *Raim*, S. 638f. Dass die Verurteilung wegen eines NS-Verbrechens gegen die Menschlichkeit erfolgte, geht aus einer Aufstellung der Briten über die von CCC ausgesprochenen Todesurteile hervor, vgl. TNA, PRO, FO 1060, Nr. 53, Bl. 60.

[406] Verbrechen gegen die Menschlichkeit – Zuständigkeit in Fällen, in denen alliierte Staatsangehörige als Opfer betroffen sind. Allgemeine Verordnung des Niedersächsischen Ministeriums der Justiz vom 22. Juli 1949, abgedruckt in: Niedersächsische Rechtspflege 3 (1949), Nr. 8, S. 131f., hier: S. 131.

[407] Vgl. *Raim*, S. 511–515.

3 Anfänge der deutschen Gerichtsbarkeit zu NS-Verbrechen gegen die Menschlichkeit mit deutschen oder staatenlosen Opfern (1946/47)

Mit der Ermächtigung deutscher Gerichte zur Aburteilung von NS-Unrecht an Deutschen oder Staatenlosen verfolgten die Briten das Ziel, „to preserve the political legitimacy of the occupation government, while simultaneously relieving it of an excessive burden on its limited resources"[408]. Wie geschildert sah ihr diesbezüglicher Plan nach der Durchführung von Musterverfahren die Übertragung der zugehörigen Gerichtsbarkeit unter KRG 10 an die deutsche Justiz vor. Dieses Vorgehen verdeutlicht das Misstrauen der Militärregierung gegenüber einer Justiz, die kurz zuvor noch einer menschenverachtenden Diktatur gedient hatte. Es folgte „politischen Erwägungen"[409], wie die Legal Division konstatierte. So erließ die Besatzungsmacht nach einer Generalermächtigung zur Ahndung von Verbrechen gegen die Menschlichkeit auf KRG-10-Grundlage mehrere Durchführungsanordnungen, in denen sie sich auf ‚Parent Cases' zu bestimmten Tatkomplexen berief und jeweils erklärte, deren Verfolgung obliege nun der deutschen Rechtspflege[410]. Diese sukzessive Implementierung trug dem Umstand Rechnung, dass die Präzedenzfälle eine gute Vorbereitung erforderten. Es brauchte Zeit, ehe die Rechtsabteilung die deutschen Befugnisse erweiterte. Zudem war zwischenzeitlich darauf zu achten, dass die Juristen ihre Aufgabe sachgerecht und effektiv erledigten. Gegebenenfalls gab es die Option gegenzusteuern. Manche an der Aufklärung von NS-Unrecht interessierte Zeitgenossen – darunter Geschädigte oder deren Angehörige – hatten vor diesem Hintergrund den Eindruck, die Justiz verschleppe die Verfahren mutwillig. Dies traf zwar zu, war aber auch der behutsamen Umsetzung der ursprünglichen MRVO geschuldet. Für manche Verfahren gaben die Briten erst im Juli 1947 grünes Licht, was der Verfolgung von Straftaten, die schon einige Jahre zurücklagen, kaum förderlich war.

---

408 *Pendas* 2010, S. 439.
409 Erlass vom 10. September 1946.
410 Vgl. *Raim*, S. 524; weiterhin *Pendas* 2010, S. 436.

3 Anfänge der deutschen Gerichtsbarkeit zu NS-Verbrechen gegen die Menschlichkeit

In der Tat hatten in der britischen wie auch in anderen Zonen deutsche Richter schon seit dem Jahreswechsel 1945/46 über NS-Täter zu Gericht gesessen. Jedoch handelte es sich um Ausnahmen, für deren Aburteilung die jeweilige Militärregierung eine Genehmigung ausstellte. Gegenstand der Verfahren waren v. a. Gewaltakte gegen politische NS-Gegner, als Rechtsgrundlage stand nur deutsches Recht zur Verfügung[411]. Für die Ahndung solcher NS-Straftaten wies das StGB im Vergleich mit dem KRG 10 markante Nachteile auf: Viele Taten drohten wegen Fristverstreichung zu verjähren, andere schienen nicht justiziabel zu sein, da sie keinen Tatbestand erfüllten (z. B. Denunziationen). Solche Erwägungen ließen manche Justizakteure KRG 10 mit seiner offenen Tatbestandsfassung und Rückwirkung als geeignetes Mittel für die Wiederherstellung von Gerechtigkeit und die Durchsetzung einer strafrechtlichen Vergangenheitspolitik in ihrem Sinne betrachten. Bis der Justiz hier aber freie Hand gegeben war, dauerte es noch geraume Zeit.

Zwischenzeitlich wandten sich die Ministerpräsidenten der Britischen und der US-Zone am 26. März 1946 mit einer Eingabe an den Kontrollrat, in der sie forderten, NS-Verbrechen – auch an Deutschen verübte – vor einem deutschen Gericht aburteilen lassen zu dürfen. Sie argumentierten, seitens eines solchen Gerichts gefällte Urteile genössen mehr Autorität in der erst aufzubauenden Demokratie; nur so sei der erwartbaren Legende entgegenzutreten, die Bestrafung der Täter sei ein Projekt der Sieger gewesen. Die Alliierten bezweifelten, dass die deutsche Justiz bereits zu einer adäquaten Aufarbeitung des Nationalsozialismus fähig und willens war. Deshalb lehnten sie diese Initiative nach Abschluss des Nürnberger IMT-Verfahrens ab, jedoch mit dem Hinweis, dass manche NS-Verbrechen deutscherseits schon verfolgbar wären[412]. Statt einer „souveräne[n] strafrechtliche[n] Selbstreinigung von der NS-Vergangenheit" war den Deutschen vorerst also „allenfalls eine Mitwirkung unter Aufsicht der Militärregierungen und im Rahmen der neuen alliierten Rechtssetzung"[413] gestattet.

Freilich wussten die führenden Justizjuristen der Britischen Zone bereits seit einiger Zeit, dass die Besatzungsmacht plante, deutsche Gerichte zur Aburteilung von NS-Verbrechen gegen die Menschlichkeit an Deutschen oder Staatenlosen nach KRG 10 zu ermächtigen. Anfang 1946 weisen die Briten sie darauf hin, dass die Staatsanwälte Fälle mit deutschen Opfern

---

411 Vgl. *Broszat* 1981, S. 483f.
412 Vgl. *ebd.*, S. 479f.
413 *Ebd.*, S. 480.

vorbereiten sollten, wobei sich die Kontrollkommission jeweils die Entscheidung vorbehielt, ob sich ein britisches oder deutsches Gericht der Sache anzunehmen habe. Erste Fälle, die bei der Legal Division eingingen, wurden mit dem Vermerk zurückgereicht, dass die Autorisierung deutscher Gerichte zur KRG-10-Anwendung noch nicht vorliege[414]. Am 14. Mai 1946 setzte Oberst Jon Carton die Generalstaatsanwälte auf ihrer 4. Besprechung in Kenntnis, es würden zum „Gesetz Nr. 10, das wie alle Gesetze des Kontrollrats nur ein Rahmengesetz sei, Ausführungsbestimmungen ergehen (...), in denen voraussichtlich die Strafverfolgung von Delikten aus früherer Zeit in weitem Umfang den deutschen Gerichten übertragen würde. Er empfahl, schon jetzt mit der Sammlung und Vorbereitung dieser Fälle zu beginnen"[415]. Tatsächlich artikulierte sich auch in der Strafjustiz das Verlangen, gemäß der alliierten Strafnorm tätig zu werden. So eröffneten die Generalstaatsanwälte der Besatzungsmacht am 11. Juli 1946: „Es wird einstimmig auf die dringliche Notwendigkeit hingewiesen, unverzüglich die Möglichkeit zu schaffen, nach dem Kontrollratsgesetz Nr. 10 Verfahren durchzuführen. Der Generalstaatsanwalt in Hamburg berichtet über den Erlaß eines von dem bayerischen Ministerpräsidenten verkündeten Gesetzes zur Ahndung nationalsozialistischer Straftaten vom 31. Mai 1946"[416].

Im Gegensatz zur Britischen erfolgte in der US-Zone die Ermächtigung deutscher Gerichte zur Ahndung von NS-Straftaten an Deutschen oder Staatenlosen pauschal und schlagartig. So erließen die Regierungen von Bayern, Groß-Hessen und Württemberg-Baden im Mai 1946 Gesetze, die den Gerichten die Ahndung von „Verbrechen und Vergehen [erlaubten], die mit Gewalttaten und Verfolgungen aus politischen, rassischen oder religionsfeindlichen Gründen verbunden sind und die während der nationalsozialistischen Gewaltherrschaft aus politischen, rassischen oder religionsfeindlichen Gründen nicht bestraft wurden". Sie seien zu verfolgen, „wenn Grundsätze der Gerechtigkeit, insbesondere die Gleichheit aller vor

---

414 Vgl. *Raim*, S. 524f.
415 Zit. n. Niedersächsisches Landesarchiv – Standort Hannover (= NLA, HA), Nds 711 Acc. 122–79, Nr. 5, Bl. 99.
416 Zit. n. *Raim*, S. 525. Derselbe, nämlich Walter Klaas, ein entschiedener KRG-10-Befürworter, betonte am 9. August 1946 in einem Brief: „Wir warten seit Erlaß des Kontrollratsgesetzes Nr. 10 vergeblich auf solche Ermächtigungen, sei es im Ganzen, sei es in einzelnen Fällen" (zit. n. *ebd.*).

dem Gesetz, die nachträgliche Sühne verlangen"[417]. Ferner stellten diese Gesetze klar, dass in der NS-Zeit gewährte Immunitäten, Begnadigungen und Amnestien unbeachtlich waren sowie Handeln auf Befehl nicht von Schuld entband, sondern höchstens strafmildernd zu berücksichtigen war[418]. Der wesentliche Unterschied zu den Briten bestand darin, dass die US-Militärregierung schlussendlich Abstand davon nahm, den deutschen Gerichten ihrer Zone die KRG-10-Anwendung zu übertragen[419]; sei es aufgrund der Überzeugung, dass fast alle Menschlichkeitsverbrechen auf StGB-Grundlage abgeurteilt werden konnten; sei es aufgrund von Bedenken gegen den rückwirkenden Charakter des alliierten Gesetzes; sei es, weil sich das amerikanische Ahndungsprogramm mit Blick auf ‚Kriegsverbrechen' im Sommer 1948 ohnehin dem Ende neigte[420]. So blieben deutsche Prozesse gegen NS-Täter in der US-Zone auf deutsches Strafrecht angewiesen – allerdings waren Hindernisse wie Verjährungen und Amnestien aus dem Weg geräumt.

Letzteres zählte auch zu den Vorzügen von KRG 10. Darüber hinaus bot es aber mit dem durch Anwendung und Auslegung näher zu definierenden ‚Menschlichkeitsverbrechen'[421] die Option, typische NS-Verbrechen, denen mit dem StGB schwer beizukommen war (v. a. Denunziationen, unmenschliche Richtersprüche oder Massenverbrechen), zu verfolgen und einen erweiterten Strafrahmen zu nutzen. Dass nicht alle Juristen hieran interessiert waren, verdeutlicht *Kapitel V*, das die Auseinandersetzung um die Rückwirkung von KRG 10 aus vergangenheitspolitischer Sicht beleuchtet.

---

417 Gesetz Nr. 22 zur Ahndung nationalsozialistischer Straftaten vom 31. Mai 1946, abgedruckt in: Bayerisches Gesetz- und Verordnungsblatt 1946, Nr. 11 (4. Juli 1946), S. 182f. (= Gesetz Nr. 22 vom 31. Mai 1946), hier: S. 182. Hierzu auch *Raim*, S. 556.
418 Vgl. Gesetz Nr. 22 vom 31. Mai 1946, S. 182f.
419 Grundlegend zur Debatte um KRG 10 in der US-Zone *Raim*, S. 555–579.
420 Vgl. *ebd.*, S. 560 (StGB-Grundlage), 558 (Rückwirkung) u. 579 (Ahndungsprogramm).
421 Mit Gustav Radbruch konstatiert einer der angesehensten Rechtsgelehrten, dass KRG 10 keinen ‚fertigen Tatbestand', sondern „nur eine Ermächtigung zu richterlicher Ausgestaltung bestimmter Tatbestände unter einem vom Gesetzgeber angegebenen Gesichtspunkt" enthalte, *Radbruch*, Gustav: Zur Diskussion über die Verbrechen gegen die Menschlichkeit, in: Süddeutsche Juristenzeitung 2 (1947), Sondernummer (März 1947), Sp. 131–136 (= Radbruch 1947: Verbrechen gegen die Menschlichkeit), hier: Sp. 133.

3.1 Generalermächtigung

Nachdem Ende August 1946 das Herold-Verfahren als Präzedens beendet worden war, ermächtigten die Briten die deutsche Gerichtsbarkeit mit MRVO 47 vom 30. August 1946 zur Anwendung von KRG 10, d. h. zur Aburteilung von NS-Verbrechen gegen die Menschlichkeit mit deutschen oder staatenlosen Opfern[422]. Zugleich wurde die Justiz zur Beachtung der Vorschriften des alliierten Gesetzes zu Täterschaft (Art. II 2), Strafrahmen (Art. II 3), Handeln in verantwortlicher Stellung oder auf höheren Befehl (Art. II 4) sowie Verjährung, Immunitäten, Amnestien und Begnadigungen (Art. II 5) verpflichtet. Weiter lieferte die Verordnung die so umstrittene wie folgenschwere Antwort auf die Frage, was Staatsanwälte und Richter tun könnten, wenn NS-Unrecht sowohl unter KRG 10 als auch unter dem StGB aburteilbar erschien: „Ist ein Verbrechen gem. Ziffer c), § 1, Artikel II des Gesetzes Nr. 10 des Kontrollrats auch als ein Verbrechen nach den geltenden deutschen Gesetzen anzusehen, so kann gegen den Angeklagten die Alternativklage erhoben werden. Die Vorschriften des § 5, Artikel II des Gesetzes Nr. 10 des Kontrollrats sind bei einem Verbrechen nach den geltenden deutschen Gesetzen mutatis mutandis anzuwenden"[423]. Da deutschen Juristen die Rechtsfigur der Alternativklage nicht vertraut war, war Verwirrung vorprogrammiert. Durften Anklage und Gericht etwa ad libitum davon absehen, KRG 10 anzuwenden, wenn das fragliche Vergehen unter einen deutschen Tatbestand subsumierbar war? Hier schieden sich die Geister; es kam entlang vergangenheitspolitischer Frontlinien zur Lagerbildung. Auf der einen Seite standen die Befürworter, auf der anderen die Gegner des alliierten Gesetzes. Aber darauf ist später einzugehen, gelangte MRVO 47 mit seiner Generalermächtigung deutscher Gerichte doch vorerst nicht ans Licht der Öffentlichkeit.

3.2 Ermächtigung zur Verfolgung von Gräueln an Lager- und Gefängnisinsassen

Am 10. September 1946 fertigte die Militärregierung einen ersten Ausführungserlass zur Übertragung der KRG-10-Gerichtsbarkeit an die deutsche Justiz aus. Darin bestätigt sie die Genehmigung der MRVO, verweist aber

---

422 Vgl. MRVO 47 vom 30. August 1946, abgedruckt in: Amtsblatt der Militärregierung Deutschland. Britisches Kontrollgebiet, Nr. 13, S. 306.
423 Ebd.

auch auf den speziellen Implementierungsmodus: Musterverfahren sollten der Ermächtigung deutscher Gerichte vorausgehen, damit sie mit ihren Strafen Präzedenzien schaffen könnten[424]. Der erste ‚Parent Case', Gewaltverbrechen an Lagergefangenen betreffend, sei entschieden worden (vgl. 2.1). Ordentliche deutsche Gerichte würden ermächtigt, NS-Verbrechen abzuurteilen, die Aufsichtspersonal von Konzentrations- und Zwangsarbeiterlagern bzw. Gestapo, SS oder Zivilpolizei an Lager- und Gefängnisinsassen verübt hatte. Ferner dürfte die Strafrechtspflege alle NS-Straftaten ahnden, „die Verstöße gegen deutsche Gesetzesvorschriften darstellen, vorausgesetzt, daß nach deutschem Recht die Anklagen erhoben und die Fälle abgeurteilt werden"[425]. Hierbei dürfte auf den weiten Strafrahmen von KRG 10 zurückgegriffen werden; außerdem fände dessen Artikel II 5 betreffend Verjährungen, Amnestien usw. Anwendung. Wie MRVO 47 vermittelten diese Vorschriften den Eindruck, dass Staatsanwälte Wahlfreiheit in der Frage hätten, ob sich die Anklage auf Paragrafen des StGB oder der alliierten Norm stützte[426]. Übersahen oder unterschätzten die Briten die Gefahr einer hierin angelegten Aushebelung von KRG 10, die sich in einer Verweigerungshaltung der Strafverfolgungsbehörden und in der unklaren Rechtslage manifestierte, die Kritik auf sich zu ziehen drohte, wo Angeklagte ungleich behandelt wurden[427]? Beides lag nicht im Interesse der Legal Division. Auf diese heikle Lage wies auch Hamburgs Generalstaatsanwalt Klaas die Rechtsabteilung in einem Schreiben vom 8. Oktober 1946 hin. Hierin beschreibt er die geplanten weiteren Schritte geradezu als eine politische Gefahr. Denn es sei bekannt,

> „mit welchem leidenschaftlichen Interesse die deutsche Bevölkerung und die politischen Parteien für die gerechte Sühne von Kriegsverbrechen im weitesten Sinne eintreten. Es ist weiter bekannt, dass den deutschen Strafverfolgungsbehörden eine zu starke Zurückhaltung zum Vorwurf gemacht wird und dass man den Grund für diese Zurückhaltung mancherorts in mangelnder politischer Säuberung finden

---

424 Vgl. Erlass vom 10. September 1946.
425 *Ebd.* Hierzu auch *Raim*, S. 526.
426 „In other words, German courts were free to try Nazi crimes under German statutory law, either in conjunction with a charge of crimes against humanity or independently", *Pendas* 2010, S. 438.
427 Vgl. *Friedrich*, Jörg: Die kalte Amnestie. NS-Täter in der Bundesrepublik, Berlin 2007, S. 155, wo mit Blick auf den Unterschied zwischen KRG 10 und StGB bemerkt wird: „Einem Richter, der hart strafen wollte, boten beide Methoden dazu Handhabe; ein Richter, der milder strafen wollte, war besser mit dem Strafgesetzbuch bedient".

zu können glaubt. Wenn nun die Verordnung No. 47 erlassen und veröffentlicht wird und in Beachtung der Anweisung vom 10.9.46 praktisch einstweilen weiterhin noch nicht viel geschehen kann, wird das nach meinem Dafürhalten zu erneuten schweren Angriffen gegen die deutschen Justizbehörden führen müssen, besonders wenn, wie ich annehme, nur die Verordnung Nr. 47 veröffentlicht, die Einschränkung aber in Form von internen Anweisungen gekleidet wird"[428].

3.3 Ermächtigung zur Verfolgung von Denunziationen und Beginn der KRG-10-Debatte

Die Veröffentlichung der MRVO und ihrer Durchführungsanordnung ließ auf sich warten. Derweil wurden die leitenden Justizjuristen über die konkreten britischen Ahndungs- und Kompetenzübertragungspläne in Kenntnis gesetzt. Die Reaktionen fielen relativ gemischt aus. Während Hodenberg, OLG-Präsident von Celle, bei Rechtsgelehrten Gutachten in Auftrag gab und anschließend eine Denkschrift gegen die deutsche Anwendung von KRG 10 vorlegte (vgl. V.2.2), begrüßte Justizdirektor und ZJA-Strafrechtsabteilungsleiter Staff die neue Norm. Dennoch bekundete auch er Mitte Oktober 1946 gegenüber Generalstaatsanwalt Meyer-Abich (Oldenburg), dass MRVO 47 für die Bestrafung von NS-Unrecht wenig Nutzen bringe. Es fehle nicht zuletzt die Ermächtigung, auf KRG-10-Basis in Fällen zu erkennen, die in der öffentlichen Meinung für die wichtigsten erachtet werden und „deren Aburteilung ganz besonders gebieterisch die verletzte Rechtsordnung erheischt. Ich meine die Fälle der Denunziation, insbesondere auf Grund des Gesetzes über ausserordentliche Rundfunkmassnahmen. Denn diese und andere Denunziationen ähnlicher Art können Verbrechen gegen die Menschlichkeit darstellen, können aber nicht zu gleicher Zeit unter die Tatbestände eines deutschen Gesetzes subsummiert werden". Er hätte den britischen Verbindungsoffizier Romberg am 14. Oktober „in einer längeren Unterredung (…) über die gegenwärtige Rechtslage informiert und dringlichste Vorstellungen hierbei erhoben (…), uns die noch fehlende Ermächtigung so schnell wie möglich zu geben"[429]. Dieser Forderung schloss sich Meyer-Abich in seiner Antwort vom 22. Oktober an, wobei er hinzufügte, man solle die Briten darum bitten,

---

428 BArch, Z 21, Nr. 784, Bl. 61. Dazu auch *Raim*, S. 524f.
429 NLA, HA, Nds 711 Acc. 194–94, Nr. 46, Bl. 27f.

3 Anfänge der deutschen Gerichtsbarkeit zu NS-Verbrechen gegen die Menschlichkeit

vor der Rückwirkung von KRG 10 nicht zurückzuschrecken. Denn wenn man

> „gegeneinander abwägt, ob entweder die üblen Denunzianten aus der Nazizeit straffrei herumlaufen sollen, (…) oder ob man andererseits in Abweichung von sonst allgemein gültigen Rechtsgrundsätzen Naziverbrecher nach ihren eigenen Rechtsgrundsätzen behandeln soll, so glaube ich doch, daß die Notwendigkeit überwiegt, dieses Problem gesetzgeberisch zu lösen und es nicht Zufallsentscheidungen zu überlassen, die notwendigerweise die Justiz der Gefahr erneuter Angriffe aussetzen"[430].

In der Tat erfolgte die Ausweitung der Ahndungsbefugnisse deutscher Gerichte auf Fälle von Anzeigeverbrechen wenig später. Wie beim Erlass vom 10. September 1946 ging der zugehörigen Durchführungsanordnung zu MRVO 47 ein Musterverfahren voraus. Jedoch fällten ausnahmsweise deutsche Richter das Präzendenzurteil. Dabei stand Ende 1946 die frühere Buchhalterin Helene Schwärzel vor dem Schwurgericht Berlin unter der Anklage, als mittelbare Täterin einen Mord in Tateinheit mit Menschlichkeitsverbrechen begangen zu haben. Man legte ihr zur Last, die NS-Staatsmacht über den Verbleib Carl Goerdelers informiert zu haben, als er nach dem Hitler-Attentat vom 20. Juli 1944 als Mitverschwörer gesucht wurde. Ihr Hinweis führte zu Goerdelers Verhaftung, der zum Tode verurteilt und hingerichtet wurde. Schwärzel erhielt eine Belohnung von einer Million RM[431]. In der Tat hatte sich der für die ganze Stadt Berlin zuständige Generalstaatsanwalt Wilhelm Kühnast in einem Schreiben vom 19. Januar 1946 darum bemüht, den Kontrollrat davon zu überzeugen, den Fall entsprechend KRG 10 an die deutsche Rechtspflege zu übertragen[432]. Die Aburteilung wegen Verbrechens gegen die Menschlichkeit durch ein deutsches Gericht sei angesichts von „Gefühlen des Abscheus über die ruchlose Tat in der Bevölkerung ganz Deutschlands"[433] ein entgegenkommender Akt. Am 25. März erteilte der verantwortliche französische Militärkommandant seine Zustimmung. Jedoch wies er dabei ausdrücklich auf das Recht der Alliierten hin, deutsche Gerichtsurteile ‚verwaltungsmäßig' zu

---

430 *Ebd.*, Bl. 41.
431 Vgl. *Bahlmann* 2008, S. 178.
432 Vgl. *Marßolek*, Inge: Die Denunziantin. Die Geschichte der Helene Schwärzel 1944–1947, Bremen o. J. [1993], S. 67–69.
433 Zit. n. *ebd.*, S. 68f.

3.3 Ermächtigung zur Verfolgung von Denunziationen und Beginn der KRG-10-Debatte

revidieren[434]. So sahen sich die Juristen „unter einem beträchtlichen politischen Druck, mußten sie doch beweisen, daß die deutsche Justiz in der Lage war, mit der ‚braunen Vergangenheit' umzugehen"[435]. Am 14. November verurteilte das Schwurgericht Berlin Schwärzel wegen Verbrechens nach KRG 10 Art. II 1c zu 15-jähriger Zuchthausstrafe[436]. Dabei definierte es ‚Menschlichkeitsverbrechen' vage als „jede Handlungsweise, welche vom Standpunkt der modernen Zivilisation aus mit der sittlichen Anschauung billig und gerecht denkender Menschen unvereinbar ist und von ihnen als verwerflich verurteilt wird"[437]. Hinsichtlich der Angeklagten gelangte man zu einem rechtssoziologischen Befund, der geschlechtsspezifische Zuschreibungen betreffend tief blicken lässt: Sie hätte „als Frau und religiöser Mensch, der sie sein will, vorsätzlich gegen das sittliche also menschliche Gefühl verstoßen"[438].

Die Legal Division verwies in ihrer Durchführungsanordnung vom 21. November 1946 auf das Urteil, tat kund, „daß Militär-Gerichte keine Denunzianten-Straffälle aburteilen werden mit dem Ziel, die von ihnen verhängten Strafen als Präzedenzien herauszustellen"[439], und erteilte deutschen Gerichten die Ermächtigung, Denunziationen nach KRG 10 und MRVO 47 zu ahnden. Hierbei zitiert sie Kontrollratsdirektive Nr. 38, wonach als ‚Hauptschuldiger' „jeder [strafbar sei], der um des persönlichen Gewinns oder Vorteils willen aktiv mit der Gestapo, dem SD, der SS oder ähnlichen Organisationen durch Denunziation oder sonstige Hilfeleistung bei der Verfolgung der Gegner der nationalsozialistischen Gewaltherrschaft zusammenarbeitete"[440]. Aber die Militärregierung reagierte auch auf die in der deutschen Rechtspflege verbreiteten Bedenken gegenüber der rückwirkenden Anwendung von KRG 10 und stellte Gerichten die Option in Aussicht, dem ZJA streitige Fälle zur Überprüfung und etwaigen Weiterreichung an die Legal Division vorzulegen. Weiterhin heißt es, solche Fälle könnten an diejenigen Gerichte übertragen werden, an denen künftig auf Basis von KRG 10 Art. II 1d Personen wegen Mitgliedschaft in einer

---

434 Vgl. *ebd.*, S. 69f.
435 *Ebd.*, S. 71.
436 Vgl. *ebd.*, S. 78.
437 Zit. n. *ebd.*, S. 78f.
438 Zit. n. *ebd.*, S. 79.
439 Erlaß der Militär-Regierung – Legal Division – vom 21. November 1946 (Aburteilung von Denunzianten), in: Hannoversche Rechtspflege 2 (1946), Nr. 12, S. 142 (= Erlass vom 21. November 1946).
440 Zit. n. *ebd.*

3 Anfänge der deutschen Gerichtsbarkeit zu NS-Verbrechen gegen die Menschlichkeit

vom IMT für verbrecherisch erklärten NS-Organisation abgeurteilt werden sollten (vgl. *III.3*)[441].

In der zweiten Novemberhälfte 1946 wurde MRVO 47 endlich doch noch im Amtsblatt der Militärregierung veröffentlicht[442]. Im mit Abstand größten OLG-Bezirk Niedersachsens, Celle, erschienen am 23. Dezember 1946 auf einen Schlag die zentralen Rechtssetzungen zur Strafverfolgung von NS-Verbrechen mit deutschen oder staatenlosen Opfern: KRG 10, MRVO 47 und die Erlasse vom 10. September wie 21. November 1946[443]. Durch die späte Verkündung der Normen fiel kaum noch ins Gewicht, was Chefpräsident Hodenberg den Kollegen am 3. Oktober markig mitgeteilt hatte: Er werde „vorerst von der Bekanntgabe und Veröffentlichung der mir zugegangenen Mitteilung der britischen Militärregierung absehen"[444].

Unterdessen rührte Justizdirektor Staff Ende November auf der 10. Besprechung der OLG-Präsidenten der Britischen Zone in Bad Pyrmont die Werbetrommel für eine Anwendung von KRG 10 durch deutsche Gerichte[445]. Gesetze bedürften zwar Voraussetzungen wie des Rückwirkungs- und Analogieverbotes. Bei Ausnahmegesetzen könne aber, so Staff, „aus rechtspolitischen Erwägungen von der Innehaltung dieser Grundsätze abgesehen werden". KRG 10 sei ein solches Ausnahmegesetz, weshalb es „mit unserem Gewissen vereinbar"[446] sei. Die Norm sei legitim, weil deutsche Gesetze nur eine unzulängliche Ahndung von NS-Unrecht erlaubten. Denn viele Taten lägen zu lange zurück, um eindeutig Straftatbeständen zuordenbar zu sein, und „besonders schwere Verfehlungen lassen nach deutschem

---

441 Vgl. *ebd.* Abschriften des Schwärzel-Urteils gingen den Justizverwaltungen der Britischen Zone wohl nicht zu; zumindest fehlen Hinweise darauf, dass sie als Anschauungsmaterial für Denunziationsstrafsachen den Akten beigefügt wurden.
442 Vgl. *Broszat* 1981, S. 519; außerdem *Boberach*, Heinz: Die Verfolgung von Verbrechen gegen die Menschlichkeit durch deutsche Gerichte in Nordrhein-Westfalen 1946 bis 1949, in: Geschichte im Westen 12 (1997), S. 7–23, hier: S. 8.
443 Vgl. Hannoversche Rechtspflege 2 (1946), Nr. 12, S. 140–142.
444 BArch, Z 21, Nr. 784, Bl. 24.
445 Vgl. Niedersächsisches Landesarchiv – Standort Wolfenbüttel (= NLA, WO), 57 Nds Zg. 6–1991, Nr. 14, Bl. 103f.; zur in Bad Pyrmont geführten Debatte um KRG 10 vgl. auch *Bahlmann*, Peter: Verbrechen gegen die Menschlichkeit? Wiederaufbau der Justiz und frühe NS-Prozesse im Oberlandesgerichtsbezirk Oldenburg. Teil 2, in: Emder Jahrbuch für historische Landeskunde Ostfrieslands 92 (2012), S. 185–200, hier: S. 195f.
446 NLA, WO, 57 Nds Zg. 6–1991, Nr. 14, Bl. 103.

3.3 Ermächtigung zur Verfolgung von Denunziationen und Beginn der KRG-10-Debatte

Recht keine oder nur eine ungenügende Bestrafung zu"[447]. Es hätte sich außerdem „ein so grosser Unrechtsgehalt aufgespeichert, dass die Behinderung des Deutschen Rechtsbewusstseins[448] und die Aufrechterhaltung des Grundsatzes ‚Nulla poena' in Widerspruch geraten. Ersteres muss den Vorzug haben"[449]. Die Mehrheit der Anwesenden teilte diese Haltung nicht – an der Spitze Hodenberg, der bestens vorbereitet erschienen war. Gegenüber der Einführung eines rückwirkenden Ausnahmegesetzes hegte er die schwersten Bedenken. So brachte er Argumente gegen eine deutsche KRG-10-Anwendung vor, denen für weite Teile der Justiz zentrale Bedeutung zukam: das ‚Richterprivileg', aufgrund dessen Richter mit Blick auf zu harte oder zu milde Urteile nur wegen bewusster ‚Rechtsbeugung' (damals § 336 StGB) verurteilt werden konnten; die Notwendigkeit, das Rückwirkungsverbot als den tragenden Grundsatz des rechtsstaatlichen Strafrechts davor zu bewahren, angesichts vermeintlichen Staatsnotstands durchlöchert zu werden; die Unbestimmtheit des Tatbestandes, die seine Anwendung „völlig unsicher werden [lasse] und den Richter in Gewissenskonflikte bringen"[450] müsse; die Gefahr für die Unabhängigkeit des Richters. Zwar wurde die von ihm in diesem Sinne formulierte Entschließung abgelehnt; doch zeigen die Wortmeldungen der übrigen OLG-Präsidenten, wie verbreitet die Abneigung gegen das alliierte Gesetz war[451].

Das ZJA machte sich in der Folge auch für eine bizonale Lösung der Aburteilung von Anzeigeverbrechen stark, die neben der Britischen auch die US-Zone einschloss. Das geht aus einem Bericht hervor, den Oberst Rathbone, Leiter der Ministry of Justice Branch, nach einem Besuch in Hamburg am 15. Januar 1947 an das Hauptquartier der Legal Division in Berlin sandte[452]. Angesichts der Unstimmigkeiten, die KRG 10 wegen des Anspruchs auf rückwirkende Strafverfolgung bis in das ZJA hinein auslöste, wies er darauf hin, dass das alliierte Gesetz nun materielles deutsches Recht darstelle, „selbst wenn es in einigen Fällen notwendig sein wird, gegen den Grundsatz ‚nulla poena sine lege' zu verstoßen"[453]. Die Staatsanwälte sah er in der Pflicht, nur diejenigen Straftaten anzuklagen, bei denen eine Verurteilung erwartbar sei. So sollten die Richter vor kompromittie-

---

447 Ebd.
448 Hier wollte Staff das Gegenteil sagen: Statt ‚die Behinderung des Deutschen Rechtsbewusstseins' muss es heißen: ‚das deutsche Rechtsbewusstsein'.
449 Ebd., Bl. 104; hierzu auch Raim, S. 588.
450 NLA, WO, 57 Nds Zg. 6–1991, Nr. 14, Bl. 104.
451 Vgl. ebd.
452 Vgl. BArch, Z 21, Nr. 180, Bl. 2.
453 Ebd., Bl. 3.

renden Lagen bewahrt werden. Der Versuch strafrechtlicher Vereinheitlichung durch eine bizonale Regelung der Ahndung von Anzeigeverbrechen mit der US-Zone scheiterte indes.

Die britischen KRG-10-Erlasse verunsicherten aber selbst die Spitzenfunktionäre der Justiz in der Britischen Zone. So erkundigte sich Kiesselbachs Nachfolger als HOLG-Präsident, Ruscheweyh, am 17. Januar 1947 beim ZJA, ob und inwieweit das alliierte Gesetz und die zugehörigen Militärregierungsvorschriften bei Denunziationen und Verbrechen an Juden die Einleitung und Durchführung von Strafverfahren ermöglichten, und hielt fest:

> „Aus allen diesen Zweifeln habe ich vorläufig davon abgesehen, die angeführten Erlasse zu veröffentlichen, und mich damit begnügt, sie intern den Gerichten zur Kenntnis mitzuteilen. Ich verkenne aber nicht, daß dies insofern bedenklich ist, als die Verteidiger von dem Erlaß noch keine Kenntnis bekommen haben. Ich wäre daher dankbar, wenn die von mir aufgezeichneten Unklarheiten bald geklärt werden könnten, um alsdann auch in Hamburg die Erlasse der Öffentlichkeit bekanntzugeben"[454].

Im Gegensatz zu Hodenberg war Ruscheweyh kein ausgewiesener KRG-10-Gegner. Man darf deshalb annehmen, dass seine Verzögerung der Bekanntgabe der Erlasse zuvörderst auf den Schutz der ihm unterstellten Justizjuristen vor öffentlichen Angriffen abstellte.

Langsam setzte sich nun in Legal Division und ZJA die Meinung durch, dass das im Erlass vom 21. November 1946 skizzierte Vorgehen – also Prüfung und etwaige Delegierung von Denunziationsfällen an Spruchgerichte, wenn eine Verurteilung am Grundsatz ‚nulla poena sine lege' zu scheitern drohte – inadäquat, da allzu zögerlich war. Zwar begrüßte der Celler OLG-Präsident am 19. Dezember gegenüber ZJA-Präsident Kiesselbach die britischerseits in Aussicht gestellte Verfahrensweise und bekräftigte seine Gegnerschaft zu KRG 10:

> „Die bei der bisherigen Besprechung des Problems geäusserte Befürchtung, dass die Militär-Regierung sich den auf diesen Grundsatz gestützten Bedenken verschliessen werde und dass durch Erwägungen dieser Art sogar aussenpolitische Folgen ausgelöst werden könnten, hat sich hiernach erfreulicherweise als unbegründet erwiesen. Ich möchte sogar annehmen, dass ein gemeinsamer Hinweis auf die Gewissenskon-

---

454 *Ebd.*, Nr. 784, Bl. 100.

flikte, in die die deutschen Justizbehörden durch derartige Verfahren gebracht werden, den deutschen Gerichten die Verfolgung von Handlungen, deren Strafbarkeit erst nachträglich begründet wurde, möglicherweise ganz erspart hätte"[455].

Die Befürworter des alliierten Gesetzes saßen jedoch am längeren Hebel. So betonten der Generalinspekteur der Spruchgerichte Meyer-Abich sowie ZJA-Strafrechtsabteilungsleiter Klaas am 12./13. Mai 1947 gegenüber den Generalstaatsanwälten, NS-Anzeigeverbrechen gehörten nicht vor Spruch-, sondern vor ordentliche deutsche Gerichte. Hierbei wiesen sie darauf hin, dass die Legal Division ihre Haltung inzwischen revidiert hätte. So hätte Oberst Rathbone zu Jahresbeginn erklärt, dass KRG 10 trotz rückwirkenden Charakters und einer besonderen staatsanwaltlichen Sorgfaltspflicht anzuwenden sei (s. o.)[456]. Kurz darauf, am 23. Mai, übertrug die britische Rechtsabteilung deutschen Gerichten die uneingeschränkte Zuständigkeit für die Verfolgung von Anzeigeverbrechen[457].

3.4 Ermächtigung zur Verfolgung von rassisch motivierten Verbrechen

Weniger kontrovers diskutiert wurde die Frage nach der Ermächtigung deutscher Gerichte zur Aburteilung rassisch motivierter NS-Grausamkeiten unter KRG 10 – wenngleich die Militärregierung auf einer Differenzierung beharrte, die zwei Durchführungserlasse nötig machte. Der erste erging am 20. Dezember 1946, kurz nachdem das MGC in Hamburg sein Urteil im Verfahren gegen Hinselmann und andere wegen Zwangssterilisierungen von Roma gefällt hatte. Demnach wurden deutsche Gerichte ermächtigt,

---

455 NLA, HA, Nds 711 Acc. 194–94, Nr. 46, Bl. 117.
456 Vgl. *ebd.*, Bl. 161.
457 Vgl. Anordnung der Legal Division vom 23. Mai 1947 betr. Kontrollratsgesetz Nr. 10 – Verbrechen gegen die Menschlichkeit, in: Niedersächsische Rechtspflege 1 (1947), H. 1, S. 10 (= Anordnung vom 23. Mai 1947): „Es wurde nunmehr entschieden, daß die Zuständigkeit der gemäß Mil. Reg. Verordnung Nr. 69 errichteten Spruchgerichte nicht auf die Aburteilung von Denunzianten erweitert werden soll und alle Fälle dieser Art, soweit sie Deutsche oder Staatenlose betreffen, von deutschen Ordentlichen Gerichten gemäß Mil. Reg. Verordnung Nr. 47 abgeurteilt werden sollen". Ferner *Szanajda*, Andrew: Indirect Perpetrators. The Prosecution of Informers in Germany, 1945–1965, Lanham u. a. 2010, S. 112.

3 Anfänge der deutschen Gerichtsbarkeit zu NS-Verbrechen gegen die Menschlichkeit

„(...) alle Fälle von Sterilisationen oder sonstigen ungesetzlichen operativen Eingriffen, welche an Deutschen oder Staatenlosen aus rassischen oder politischen Gründen vollzogen wurden, abzuurteilen.
5. (a) Die deutschen ordentlichen Gerichte werden fernerhin ermächtigt, alle Fälle von Verfolgungen irgendwelcher Art abzuurteilen, die von Deutschen gegen andere Deutsche oder Staatenlose aus rassischen Gründen verübt worden sind, soweit diese Verfolgungen sich nicht gegen Juden auf Grund ihrer Religion oder Volkszugehörigkeit richteten"[458].

Wegen dieser Einschränkung bot die Anordnung aber für einen der größten Tatkomplexe von NS-Verbrechen mit deutschen oder staatenlosen Opfern keine juristische Handhabe, nämlich für antisemitische Ausschreitungen der ‚Reichspogromnacht' 1938, deren Gewalt gegen Menschen und Gegenstände gerichtet gewesen war. Grund für die Ausnahme war, dass bald ein ‚Parent Case' wegen Judenverfolgung in Aachen stattfinden sollte[459]. Dabei handelte es sich um den Zenner-Fall (vgl. *Abschnitt 2.1*). Schon seit Sommer 1946 hatten sich die Briten ausbedungen, dass der Übertragung solcher Fälle an deutsche Gerichte ein britischer Prozess vorausgehen müsse. So erhielten deutsche Justizbehörden zur Prüfung eingereichte Akten mit dem Hinweis zurück, dass zuerst die Aachener Entscheidung abgewartet werden müsse[460]. Dennoch kam es in Ausnahmefällen ab Mitte 1946 vor deutschen Gerichten zu entsprechenden Verfahren wegen Brandstiftung und Landfriedensbruchs, wobei regelmäßig das StGB als Rechtsbasis diente. Das Urteil gegen die Zerstörer der Synagoge von Aachen nahm die Militärregierung in ihrer Durchführungsanordnung vom 5. Juli 1947 zum Anlass, deutschen Richtern die KRG-10-Gerichtsbarkeit für solche Fälle zu übertragen, bei denen deutsche Juden Opfer rassistischer NS-Gewalttaten geworden waren. Sie fügte hinzu: „Die deutschen ordentlichen Gerichte haben nunmehr volle Freiheit, alle Fälle von Verbrechen gegen die Menschlichkeit, wie sie im Kontrollratsgesetz Nr. 10 näher bezeichnet sind, gemäß der VO. Nr. 47 abzuurteilen"[461]. Nachzutragen bleibt, dass die Briten bereits zuvor die deutsche Zuständigkeit für die Ahndung von NS-Anstaltsmorden festgestellt hatten – etwa in einem

---

458 Erlass vom 20. Dezember 1946, S. 5f. Hierzu auch *Raim*, S. 527.
459 Vgl. Erlass vom 20. Dezember 1946, S. 6.
460 Vgl. *Raim*, S. 527f.
461 Anordnung vom 5. Juli 1947.

3.4 Ermächtigung zur Verfolgung von rassisch motivierten Verbrechen

Schreiben der Militärregierung in Niedersachsen vom 31. Mai 1947 an den Landesjustizminister[462].

Die Zeit der schrittweisen Übertragung der KRG-10-Zuständigkeit auf deutsche Gerichte brachte die Bewährungsprobe für die dargestellte britische Ahndungsstrategie in Bezug auf NS-Verbrechen an Deutschen oder Staatenlosen mit sich. Denn nach ihrer Herausbildung in britischen Regierungskreisen und den Vorbereitungen der Legal Division kam es jetzt darauf an, die deutschen Justizakteure in den Prozess einzubeziehen und von Zweck sowie Legitimität des Tatbestands ‚Verbrechen gegen die Menschlichkeit' zu überzeugen. Zwar verfügten die Briten über die Machtmittel zur Durchsetzung ihrer Interessen; sie gaben den vom Aliierten Kontrollrat beschlossenen Rahmengesetzen mit Verordnungen Gestalt und kontrollierten die legislativen Erzeugnisse von OLG-Präsidenten, ZJA und Justizministern; ferner konnten sie deutsche Urteile ‚verwaltungsmäßig' revidieren und Rechtszeitschriften ermahnen, wenn sie missliebige Texte publizierten. Dennoch zeigten sie sich beeindruckt, als deutsche Justizjuristen sich im Herbst 1946 gegen die rückwirkende Anwendung von KRG 10 formierten. Davon zeugte der Erlass vom 21. November, worin die Legal Division die Bereitschaft andeutete, Verfahren wegen NS-Denunziationen, die auf wahren Aussagen der Anzeigenden beruhten, vor Spruchgerichten verhandeln zu lassen. Für die Gegner des alliierten Gesetzes mit dem OLG-Präsidenten von Celle an der Spitze bedeutete das einen Punktsieg und Hoffnungsschimmer im vergangenheitspolitischen Kampf um die Wahrung des eigenen Selbstverständnisses. Denn mit ihrem Widerstand gegen die rückwirkende Anwendung von KRG 10 beharrten Richter und Staatsanwälte darauf, dass sie von der NS-Diktatur zwar teils missbraucht worden, aber daran im Grunde unschuldig gewesen waren und sich vielmehr bemüht hatten, trotz unruhiger Zeiten Rechtssicherheit zu gewährleisten. Allerdings war das häufig eine Schutzbehauptung, waren sich doch viele Juristen durchaus bewusst, mit ihrer Rechtspraxis nach 1933 an der ‚Entartung des Rechts' (Rüthers) mitgewirkt zu haben. Dagegen fand die britische Ahndungspolitik auch Bundesgenossen unter deutschen Justizakteuren. Die Generalstaatsanwälte Meyer-Abich, Staff und Klaas blieben zwar mit ihren Initiativen in der Minderheit, wurden aber von der Legal Division gefördert und trugen als Generalinspekteur der Spruchgerichte (Meyer-Abich) sowie ZJA-Strafrechtsabteilungsleiter (Staff, Klaas) maßgeblich dazu bei, der britischen Strategie bei NS-Menschlichkeits- und Organisationsverbrechen zum Durchbruch zu verhelfen. Gewiss bestand eine Schwäche

---

462 Vgl. NLA, HA, Nds. 711 Acc. 194–94, Nr. 46, Bl. 155.

3 Anfänge der deutschen Gerichtsbarkeit zu NS-Verbrechen gegen die Menschlichkeit

des britischen Vorgehens auch in seiner anfänglichen Inkonsistenz. Denn die Durchführungserlasse schienen den Gehalt von MRVO 47 zu konterkarieren und die Frage aufzuwerfen, warum deutsche Gerichte zur Aburteilung von Unrecht nach KRG 10 ermächtigt wurden, wenn die Strafverfolgung nichtsdestoweniger unter Anwendung des StGB oder durch Spruchgerichte vonstattengehen konnte. Eine Klarstellung erfolgte erst mit Rathbones Äußerung vom 15. Januar 1947, wonach KRG 10 deutsches Recht darstellte und mithin anwendbar sei – auch rückwirkend. Die Frage der Behandlung von Fällen, die (scheinbar) sowohl unter StGB als auch KRG 10 abgeurteilt werden konnten, beantwortete er aber erst Anfang 1948. Die Fronten einer Vergangenheitspolitik durch Strafrecht nahmen Kontur an – das Eintreten für oder gegen die rückwirkende Anwendung des Gesetzes hatte eine politische Dimension. Die Briten und Befürworter von KRG 10 befehdeten sich mit dessen Gegnern. Wie dieser Streit publizistisch geführt wurde, zeigt das folgende Kapitel.

*V Die Debatte um die Anwendung von
Kontrollratsgesetz Nr. 10*

1 Radbruchs Lehre vom ‚übergesetzlichen Recht' (1946)

Der Heidelberger Professor und frühere Reichsjustizminister Gustav Radbruch[463] gehörte nach 1945 zu den angesehensten Rechtswissenschaftlern Deutschlands. Bei den Alliierten und auch in weiten Kreisen der deutschen Justiz genoss er Anerkennung – sei es wegen seiner akademischen Meriten und wissenschaftlichen Arbeit, sei es wegen seiner demokratischen Gesinnung und Gegnerschaft zum Nationalsozialismus. 1948 versicherten ihm mit Ernst Wolff (vgl. *VII.2.1*) und Georg Schwarzenberger[464] zwei nach der Machtübernahme Hitlers emigrierte prominente jüdische Juristen größter Wertschätzung[465]. Bereits zwei Jahre zuvor war Radbruch mit einem rechtsphilosophischen Aufsatz zum Akteur einer strafrechtlichen Vergangenheitspolitik geworden. Die Fachdiskussion um Normen für die Bestrafung von NS-Unrecht nahm hier ihren Ausgang.

Die akademische Laufbahn des 1878 geborenen Juristen erreichte einen ersten Höhepunkt, als er 1919 eine ordentliche Professur an der Universität Kiel 1919 antrat. Im Jahr darauf zog Radbruch aber für die SPD in den Reichstag ein und bekleidete von Oktober 1921 bis November 1922 sowie von August bis November 1923 das Amt des Reichsjustizministers. Allerdings kehrte er der Politik bald den Rücken und an die Universität zurück. So folgte er 1926 einem Ruf nach Heidelberg, wo er als Ordinarius wirkte. Als solcher ließ er 1932 sein Hauptwerk, ‚Grundzüge der Rechtsphilosophie' (1914), in überarbeiteter Form unter dem Titel ‚Rechtsphiloso-

---

463 Zu Radbruch (1878–1949) vgl. *Schneider*, Hans-Peter: Gustav Radbruch (1878–1949). Rechtsphilosoph zwischen Wissenschaft und Politik, in: Kritische Justiz (Hrsg.): Streitbare Juristen. Eine andere Tradition [Jürgen Seifert, Mithrsg. d. Krit. Justiz zum 60. Geburtstag], Baden-Baden 1988, S. 295–306; weiterhin *Schröder*, Jan: Gustav Radbruch, in: Gerd Kleinheyer u. Jan Schröder (Hrsg.): Deutsche und europäische Juristen aus neun Jahrhunderten. Eine biographische Einführung in die Geschichte der Rechtswissenschaft. 5., neubearb. u. erw. Aufl., Heidelberg 2008, S. 354–360 (= Schröder: Radbruch).
464 Zu Schwarzenberger (1908–1991) vgl. *Steinle*, Stephanie: Völkerrecht und Machtpolitik. Georg Schwarzenberger (1908–1991), Baden-Baden 2002 (Studien zur Geschichte des Völkerrechts, Bd. 3).
465 Vgl. Universitätsbibliothek Heidelberg, Heid. Hs. 3716 (= Nachlass Gustav Lambert Radbruch), Briefe 1371 bzw. Nr. 3595, Wolff an Radbruch, 16. November 1948, sowie *ebd.*, Briefe 1130 bzw. Nr. 3351, Schwarzenberger an Radbruch, 23. Oktober 1948.

1 Radbruchs Lehre vom ‚übergesetzlichen Recht' (1946)

phie'[466] neu auflegen. Als Sozialdemokrat wurde er im Mai 1933 entlassen, worauf er sich in eine ‚innere Emigration' zurückzog[467]. Nach dem Ende der NS-Herrschaft legte Radbruch abermals einen Text mit großer Durchschlagskraft vor, nämlich den im Folgenden näher behandelten Aufsatz ‚Gesetzliches Unrecht und übergesetzliches Recht'[468] (1946). Unter dem traumatischen Eindruck des ‚Dritten Reichs' entwickelte er hier seine ‚Rechtsphilosophie' weiter und leistete einen zentralen Beitrag zur deutschen Debatte um die rückwirkende Anwendung von KRG 10.

Das Lehrbuch von 1932 bestimmte als die zentralen Funktionen von ‚Recht' Gerechtigkeit, Zweckmäßigkeit und Rechtssicherheit. Letztere sollte Vorrang haben[469], weshalb Radbruchs Ansatz vielen Interpreten als positivistisch gilt[470]. Ihm zufolge seien insbesondere Richter zu Gesetzespositivismus bzw. dem Prinzip ‚Gesetz ist Gesetz' verpflichtet[471]. Freilich betont er, dass als ‚Recht' nur gelten könne, was ‚Gerechtigkeit' wenig-

---

466 Vgl. *Radbruch*, Gustav: Rechtsphilosophie. 3., ganz neu bearb. u. stark vermehrte Aufl., Leipzig 1932. Hierzu auch *Dreier*, Ralf/*Paulson*, Stanley L.: Einführung in die Rechtsphilosophie Radbruchs, in: Gustav Radbruch: Rechtsphilosophie. Studienausgabe. 2., überarb. Aufl., hrsg. v. Ralf Dreier u. Stanley L. Paulson, Heidelberg u. a. 2003, S. 237–253; außerdem *Scheuren-Brandes*, Christoph M.: Der Weg von nationalsozialistischen Rechtslehren zur Radbruchschen Formel. Untersuchungen zur Geschichte der Idee vom „Unrichtigen Recht", Paderborn u. a. 2006 (Rechts- und Staatswissenschaftliche Veröffentlichungen der Görres-Gesellschaft, Neue Folge, Bd. 113), S. 19–21.
467 Vgl. *Schneider*, Hans Peter, S. 295–297; sowie *Schröder*: Radbruch, S. 354f.
468 Vgl. *Radbruch*, Gustav: Gesetzliches Unrecht und übergesetzliches Recht, in: Süddeutsche Juristenzeitung 1 (1946), Nr. 5, S. 105–108.
469 Vgl. *ders.* 1932, S. 71.
470 Vgl. *Scheuren-Brandes*, S. 19. Die Frage, ob Radbruch vor 1933 Rechtspositivist war, kann hier nicht näher untersucht werden. Die jüngsten Herausgeber der ‚Rechtsphilosophie' verneinen dies, vgl. *Dreier/Paulson*, S. 242–247. Vielmehr vertreten sie eine ‚Kontinuitätsthese', der zufolge die Rechtsphilosophie Radbruchs ihren Grundsätzen über alle Zäsuren hinweg treu geblieben sei und nach 1945 nur Modifikationen erfahren hätte, vgl. *ebd.*, S. 247–249. „Die Änderungen bestehen im wesentlichen darin, daß Radbruch, veranlaßt vor allem durch die Rassengesetzgebung des ‚Dritten Reichs', den Begriff des Schandgesetzes präzisiert und die Verbindlichkeit derartiger Gesetze nunmehr auch für den Richter verneint hat. Dies drückt die berühmte ‚Radbruchsche Formel' aus" (*ebd.*, S. 247). Schon 1917 war er für seinen Rechtspositivismus vom Göttinger Philosophen Leonard Nelson scharf kritisiert worden, vgl. *Nelson*, Leonard: Die Rechtswissenschaft ohne Recht. Kritische Betrachtungen über die Grundlagen des Staats- und Völkerrechts insbesondere über die Lehre der Souveränität. 2. Aufl. Mit einer Einleitung von Curt Staff, Göttingen/Hamburg 1949, S. 109–126.
471 Vgl. *Radbruch* 1932, S. 83f.; des Weiteren *Scheuren-Brandes*, S. 20.

1 Radbruchs Lehre vom ‚übergesetzlichen Recht' (1946)

stens bezwecke[472]. An dieses Kriterium knüpfte der Jurist später an; zuerst in dem am 12. September 1945 in der ‚Rhein-Neckar-Zeitung' publizierten Text ‚Fünf Minuten Rechtsphilosophie'[473], der einige zentrale Gedanken des erwähnten Aufsatzes von 1946 vorwegnimmt. Darunter diese:

> „[E]s hat nicht zu heißen: alles, was dem Volke nützt, ist Recht, vielmehr umgekehrt: nur was Recht ist, nützt dem Volke. (...) Recht ist Wille zur Gerechtigkeit. Gerechtigkeit aber heißt: Ohne Ansehen der Person richten, an gleichem Maße alle messen. (...) Wenn Gesetze den Willen der Gerechtigkeit bewußt verleugnen, z. B. Menschenrechte Menschen nach Willkür gewähren und versagen, dann fehlt diesen Gesetzen die Geltung, dann schuldet das Volk ihnen keinen Gehorsam, dann müssen auch die Juristen den Mut finden, ihnen den Rechtscharakter abzusprechen. (...) [E]s *kann* Gesetze mit einem solchen Maß von Ungerechtigkeit und Gemeinschädlichkeit geben, daß ihnen die Geltung, ja der Rechtscharakter abgesprochen werden muß. (...) Es gibt also Rechtsgrundsätze, die stärker sind als jede rechtliche Satzung, so daß ein Gesetz, das ihnen widerspricht, der Geltung bar ist. Man nennt diese Grundsätze das Naturrecht oder das Vernunftrecht"[474].

Die im Zeichen des Untergangs der NS-Diktatur geführte Naturrechtsdebatte wird hier nur insoweit betrachtet, als sich ihre Akteure in der Auseinandersetzung um die rückwirkende KRG-10-Anwendung und so als Protagonisten einer strafrechtlichen Vergangenheitspolitik hervortaten, die sich naturrechtlicher Argumente bedienten[475].

---

472 Vgl. *Radbruch* 1932, S. 73 f.; sowie *Scheuren-Brandes*, S. 19 f., mit dem Hinweis, dass Radbruch bewusst war, dass sein (damaliger) Begriff von ‚Gerechtigkeit' rein formalen Charakter hatte und es ergänzender Grundsätze bedurfte, um Sätze richtigen Rechts aus ihm ableiten zu können.
473 Vgl. *Radbruch*, Gustav: Fünf Minuten Rechtsphilosophie (1945), in: Ders. 2003, S. 209 f.
474 *Ebd.* (Hervorhebung im Original). *Dreier/Paulson*, S. 245, weisen darauf hin, dass Radbruchs Begriff von Naturrecht „nicht naturrechtliche Grundsätze im traditionellen Sinne, sondern rechtsethische Anforderungen an das Recht" meint.
475 Nach *Foljanty*, Lena: Recht oder Gesetz. Juristische Identität und Autorität in den Naturrechtsdebatten der Nachkriegszeit, Tübingen 2013 (Beiträge zur Rechtsgeschichte des 20. Jahrhunderts, Bd. 73), S. 16, reichte der Einfluss Radbruchs auf ein neubegründetes Naturrecht nicht über „die rechtspraktische Diskussion um die Bedeutung übergesetzlichen Rechts für die rückwirkende Bestrafung nationalsozialistischer Verbrechen" hinaus. Dem hält *Rüthers*, Bernd: Recht oder Gesetz? Gründe und Hintergründe der „Naturrechtsrenaissance" – zugleich eine Besprechung von Lena Foljanty, „Recht oder Gesetz", in: Juristenzeitung 68 (2013), H. 17, S. 822–829, hier: S. 824, entgegen, der Heidelberger Ju-

1 Radbruchs Lehre vom ‚übergesetzlichen Recht' (1946)

Im August 1946 erschien Radbruchs ‚Gesetzliches Unrecht und übergesetzliches Recht' in der von ihm mitherausgegebenen ‚Süddeutschen Juristenzeitung' (SJZ)[476]. Wie bereits das zitierte Begriffspaar im Titel verdeutlicht, hat der Autor die Idee von der Geltung naturrechtlicher Prinzipien weiterentwickelt. Neujustiert wird dabei v. a. das Verhältnis von Gerechtigkeit und Rechtssicherheit:

> „Der Konflikt zwischen der Gerechtigkeit und der Rechtssicherheit dürfte dahin zu lösen sein, daß das positive, durch Satzung und Macht gesicherte Recht auch dann den Vorrang hat, wenn es inhaltlich ungerecht und unzweckmäßig ist, es sei denn, daß der Widerspruch des positiven Gesetzes zur Gerechtigkeit ein so unerträgliches Maß erreicht, daß das Gesetz als ‚unrichtiges Recht' der Gerechtigkeit zu weichen hat. Es ist unmöglich eine schärfere Linie zu ziehen zwischen den Fällen des gesetzlichen Unrechts und den trotz unrichtigen Inhalts dennoch geltenden Gesetzen; eine andere Grenzziehung aber kann mit aller Schärfe vorgenommen werden: wo Gerechtigkeit nicht einmal erstrebt wird, wo die Gleichheit, die den Kern der Gerechtigkeit ausmacht, bei der Setzung positiven Rechts bewußt verleugnet wurde, da ist das Gesetz nicht etwa nur ‚unrichtiges Recht', vielmehr entbehrt es überhaupt der Rechtsnatur. Denn man kann Recht, auch positives Recht, gar nicht anders definieren denn als eine Ordnung und Satzung, die ihrem Sinn nach bestimmt ist, der Gerechtigkeit zu dienen. An diesem Maßstab gemessen sind ganze Partien nationalsozialistischen Rechts niemals zur Würde geltenden Rechts gelangt"[477].

---

rist hätte „einen entscheidenden Anstoß zu der Naturrechtsdiskussion nach 1945 gegeben".

476 Die Bedeutung des Aufsatzes für die Juristische Zeitgeschichte liegt darin, dass er mit der ‚Radbruchschen Formel' und der ‚Positivismusthese' gleich zwei wirkmächtige Konzepte enthält. Davon zeugt die anhaltende wissenschaftliche Auseinandersetzung, etwa in *Foljanty*, S. 51–66. Neben Studien, welche die ‚Radbruchsche Formel' erforschen wie *Scheuren-Brandes* oder sie wie *Vest*, Hans: Gerechtigkeit für Humanitätsverbrechen? Nationale Strafverfolgung von staatlichen Systemverbrechen mit Hilfe der Radbruchschen Formel, Tübingen 2006, anhand von Beispielen hinsichtlich des Anwendungswertes abklopfen, ist jene Literatur Legion, die sie im Kontext der juristischen Aufarbeitung der NS-Diktatur beleuchtet, vgl. *Laage*; ferner *Raim*, S. 579f.; *Bahlmann* 2008, S. 159f.; *Pendas* 2010, S. 451f.; *Broszat* 1981, S. 494f.

477 *Radbruch* 1946, S. 107. Die Forschung konstatiert in Bezug auf diese Stelle zwei bewusst unterschiedene Konzepte Radbruchs: einerseits die ‚Unerträglichkeitsformel', wonach unerträglich ‚unrichtiges' Recht der Gerechtigkeit weichen muss, andererseits die ‚Verleugnungsformel', wonach Recht, das Gerechtigkeit

1 Radbruchs Lehre vom ‚übergesetzlichen Recht' (1946)

‚Gerechtigkeit' verweist auf ein ‚übergesetzliches Recht', Naturrecht, das gegenüber dem geschriebenen, positiven Recht zum Tragen kommt, wenn dieses seine originäre Funktion, ‚Gerechtigkeit' zu erstreben und ‚ohne Ansehen der Person [zu] richten, an gleichem Maße alle [zu] messen', bewusst missachtet. Aus Radbruchs Sicht traf dies auf das NS-Recht zu, weshalb es der Rechtsnatur entbehre und „nicht etwa unrichtiges Recht, sondern überhaupt kein Recht"[478] sei. Diese Deutung avancierte zur wichtigsten Begründung für die Ahndung unmenschlicher Handlungen, die vor 1945 nicht strafbar waren bzw. nicht verfolgt wurden (z. B. auf Tatsachen basierende Denunziationen). Ihr zufolge konnten solche formal gesetzmäßigen Taten gleichwohl Unrecht darstellen – und taten dies auch schon zum Begehungszeitpunkt. Insofern bildete ihre Bestrafung keinen Verstoß gegen das Rückwirkungsverbot. In der Tat dienten Radbruchs Darlegungen deutschen Gerichten schon zweimal zur Aufarbeitung von Systemunrecht: einmal, als es nach 1945 um NS-Verbrechen, und ein andermal, als es nach 1990 um SED-Unrecht ging[479]. Ihr Verfasser zielte freilich auf das ‚Dritte Reich', als er den Rechtscharakter von Gesetzen, „die Menschen als Untermenschen behandelten und ihnen die Menschenrechte versagten", sowie von „Strafdrohungen [in Abrede stellte], die ohne Rücksicht auf die unterschiedliche Schwere der Verbrechen, nur geleitet von momentanen Abschreckungsbedürfnissen, Straftaten verschiedenster Schwere mit der gleichen Strafe, häufig mit der Todesstrafe, bedrohten"[480].

KRG 10, dessen Anwendung seinerzeit erst langsam ins Rollen kam, wird vom in der US-Zone beheimateten Rechtsphilosophen nur am Rande erwähnt. Eine Behandlung der Frage, ob und inwiefern sich die Norm für die deutsche Verfolgung von NS-Verbrechen eignete, fehlt daher. Stattdessen wandte sich Radbruch mit seinem Text an deutsche Gerichte, die ‚gesetzliches Unrecht' aufarbeiten mussten und sich dafür keines rückwirken-

---

und Gleichheit als Zwecke verleugnet, nicht nur ‚unrichtiges Recht', sondern gar kein Recht sei. In der Praxis der Gerichte war laut *Dreier/Paulson*, S. 248, v. a. die ‚Unerträglichkeitsformel' von Bedeutung. Nach der von *Foljanty*, S. 61f., zustimmend referierten Analyse von Thomas Osterkamp beinhalteten die Radbruchschen Formeln zwei Geltungslehren: Behandelte die ‚Unerträglichkeitsformel' unerträglich ungerechte Gesetze, die als ‚unrichtiges Recht' nicht moralisch, aber doch rechtlich – d. h. nicht zuletzt für Richter – bindend waren, so entbehrten Gesetze, die Gerechtigkeit nicht einmal anstrebten, gemäß der ‚Verleugnungsformel' jedweder Geltung. Letzteres war das eigentlich Neue in Radbruchs Rechtsphilosophie nach 1945.

478 *Radbruch* 1946, S. 107.
479 Vgl. *Dreier/Paulson*, S. 247.
480 *Radbruch* 1946, S. 107.

1 Radbruchs Lehre vom ‚übergesetzlichen Recht' (1946)

den Gesetzes bedienen konnten[481]. So entfaltet er seine Gedanken vor dem Hintergrund mehrerer in der SBZ ergangener Entscheidungen und eingetretener Entwicklungen, welche die Frage nach ‚gesetzlichem Unrecht' und ‚übergesetzlichem Recht' aufwarfen. Mit Denunziationen und inhumanen Gerichtsurteilen widmet er sich zwei Unrechtsformen, deren Strafbarkeit nach StGB höchst umstritten war. Ersteres betreffend nimmt Radbruch auf den im Mai 1946 in Nordhausen verhandelten Fall Puttfarken Bezug, welcher mit einer Verurteilung wegen Beihilfe zum Mord endete[482]. Mittelbarer Täter sei hier, wer „zu verbrecherischen Zwecken durch eine Denunziation den Justiz-Apparat in Funktion gesetzt hat. Die Benutzung des Gerichts als eines bloßen Werkzeugs ist besonders deutlich in denjenigen Fällen, in denen der mittelbare Täter mit einer politisch tendenziösen Ausübung des Strafrichteramts, sei es aus politischem Fanatismus, sei es unter dem Druck der damaligen Machthaber, rechnen konnte und gerechnet hat"[483]. Falls dem Denunzianten kein Tatvorsatz nachzuweisen sei, könne er wegen Beihilfe zum Mord belangt werden; aber nur, wenn das Gericht feststellte, dass die Richter, die das Todesurteil gefällt hatten, sich eines Tötungsverbrechens schuldig gemacht hatten. Hinsichtlich der Ahndung von Justizunrecht bezieht sich Radbruch auf die Absicht des Generalstaatsanwalts von Sachsen, Richter wegen unmenschlicher Urteile vor Gericht zu stellen[484]. Diesbezüglich überwiegt bei ihm Skepsis. So betont er, als Richter sei wegen der eigenen Amtsausübung nur zur Rechenschaft ziehbar, wer der Rechtsbeugung überführt werde. Deren objektive Tatseite sei erfüllt, wenn Gesetze angewandt oder Strafen verhängt würden, die ‚gesetzliches Unrecht' wären. „Aber konnten Richter, die von dem herrschenden Positivismus soweit verbildet waren, daß sie ein anderes als das gesetzte Recht nicht kannten, bei der Anwendung positiver Gesetze den Vorsatz der Rechtsbeugung haben?"[485] Die hier aufscheinende ‚Positivismusthese' – das Beharren auf dem Buchstaben des Gesetzes und dem Satz ‚Gesetz ist Gesetz' hätte die Rechtspflege zum wehrlosen Opfer einer verbrecherischen NS-Führung gemacht – wurde in der Nachkriegsjustiz überwiegend positiv rezipiert. Das ist kaum verwunderlich, da sie neben ihrem Erklärungsanspruch auch eine (von Radbruch nicht beabsichtigte)

---

[481] Vgl. *Foljanty*, S. 55.
[482] Vgl. *Radbruch* 1946, S. 105–107; zum Fall Puttfarken vgl. *Broszat* 1981, S. 493f.
[483] *Radbruch* 1946, S. 108.
[484] Vgl. *ebd.*, S. 106.
[485] *Ebd.*, S. 108.

1 Radbruchs Lehre vom ‚übergesetzlichen Recht' (1946)

exkulpierende Funktion für NS-belastete Juristen erfüllte[486]. Von der Forschung wurde die These verworfen[487]; in rechtskonservativen Kreisen verschaffte sie Radbruch Ansehen. Bestrebungen, inhumane Richtersprüche zu ahnden, hat sie durch Bestätigung des zunfteigenen Geschichtsbildes vom (notorisch) unschuldigen, da ohne Rechtsbeugungsvorsatz urteilenden Justizjuristen eher ausgebremst. „[A]ls ein letzter, freilich peinlicher, Rechtsbehelf"[488] bliebe laut Radbruch dem Angeklagten, der das Recht vorsätzlich beugte, sogar noch die Berufung auf Notstand nach § 54 StGB, insofern er sich mit milden Urteilen im NS-Staat einer Lebensgefahr ausgesetzt hätte.

Dicht am positiven Recht argumentierend und „für eine restriktive Handhabung der von ihm selbst gesetzten Formel"[489] plädierend, mahnt der Jurist unter Verweis auf besorgniserregende Tendenzen in der SBZ an, „die Forderung der Gerechtigkeit mit einer möglichst geringen Einbuße an Rechtssicherheit zu verwirklichen"[490]. So liefert er einen Ansatzpunkt für die Anwendung übergesetzlichen Rechts, beschränkt dasselbe aber auf den extremen Ausnahmefall; mithin auf Tatkomplexe, bei denen die Verfolgung durch ein ‚rechtliches Vakuum' (Foljanty) verhindert wird, weil weder ein positives noch ein rückwirkendes Gesetz noch eine klare Kompetenzregel zur richterlichen Rechtsfortbildung zur Verfügung stehen, um ‚gesetzliches Unrecht' angemessen zu behandeln[491]. Tatsächlich schließt der Rechtsphilosoph seinen Aufsatz mit einem an die Justiz gerichteten Appell zur behutsamen, an (Natur-)Recht und Gesetz orientierten Aufarbeitung der NS-Diktatur:

---

486 Vgl. *Foljanty*, S. 76–81. *Miquel* 2007, S. 178f., kehrt hervor, welche Hypothek Radbruch der Aufarbeitung von NS-Justizunrecht aufbürdete, indem er dem deutschen Richter positivistische Verblendung unterstellte und hinsichtlich des Rechtsbeugungstatbestandes einen direkten statt nur bedingten Tätervorsatz verlangte.
487 Vgl. *Walther*, Manfred: Hat der juristische Positivismus die deutschen Juristen wehrlos gemacht? In: Redaktion Kritische Justiz (Hrsg.): Die juristische Aufarbeitung des Unrechts-Staats, Baden-Baden 1998, S. 299–322. Zuletzt wurde der ‚Positivismus-These' etwa von *Rüthers* 2013, S. 824, entgegengehalten, dass die Gründe für das NS-Unrecht in den ersten Jahren des Regimes liegen, als die bis dahin gültige Bindung an die geltenden Gesetze durch die ‚völkische Rechtsidee' und neue Rechtsquellen wie den ‚Führerwillen' aufgelöst worden sei.
488 *Radbruch* 1946, S. 108.
489 *Foljanty*, S. 59.
490 *Radbruch* 1946, S. 107. Das unterstreicht auch *Broszat* 1981, S. 495.
491 Vgl. *Foljanty*, S. 63.

1 Radbruchs Lehre vom ‚übergesetzlichen Recht' (1946)

„Wir sind (...) der Meinung, daß es nach zwölf Jahren Verleugnung der Rechtssicherheit mehr als je notwendig sei, sich durch ‚formaljuristische' Erwägungen gegen die Versuchungen zu wappnen, welche sich begreiflicherweise in jedem, der zwölf Jahre der Gefährdung und Bedrückung durchlebt hat, leicht ergeben können. Wir haben die Gerechtigkeit zu suchen, zugleich die Rechtssicherheit zu beachten, da sie selber ein Teil der Gerechtigkeit ist, und einen Rechtsstaat wieder aufzubauen, der beiden Gedanken nach Möglichkeit Genüge zu tun hat[492]".

‚Übergesetzliches Recht' diente Radbruch als „Notlösung in Übergangszeiten"[493]; er bevorzugte eine Strafverfolgung ‚gesetzlichen Unrechts' durch ein Rückwirkungsgesetz[494]. Die Anwendung eines solchen wurde indes in Juristenkreisen heftig diskutiert, nachdem die britische Militärregierung im Spätsommer 1946 ihren Beschluss bekannt gegeben hatte, die deutschen Gerichte ihrer Zone zur Aburteilung von NS-Menschlichkeitsverbrechen nach KRG 10 zu ermächtigen. Auch in diese eng mit den Thesen seines Beitrags von 1946 verbundene Debatte griff Radbruch ein, indem er im März 1947 einen Beitrag für eine SJZ-Sonderausgabe beisteuerte.

---

492 *Radbruch* 1946, S. 108.
493 *Foljanty*, S. 58.
494 Vgl. *ebd.*, S. 65.

2 Auseinandersetzung um das Rückwirkungsverbot[495] (1946/47)

2.1 Verbrechen gegen die Menschlichkeit, deutsche Justiz und ‚nullum crimen, nulla poena sine lege'

Der in KRG 10 Art. II 1c formulierte Tatbestand ‚Verbrechen gegen die Menschlichkeit' stellte die deutsche Justiz in doppelter Hinsicht vor Probleme. Einerseits rechtsdogmatisch, denn durch seine Offenheit und Rückwirkung weckte er unter Juristen Zweifel, ob er mit der 1945 wiedererrichteten Rechtsstaatlichkeit vereinbar sei. Andererseits hinsichtlich des Selbstverständnisses von Richtern, Staatsanwälten sowie Rechtsgelehrten, die zum größten Teil schon im ‚Dritten Reich' in Amt und Würden gewesen waren und sich rechtfertigten, sie wären damals trotz Instrumentalisierungen durch die NS-Machthaber rechtsstaatlichen Grundsätzen gefolgt. Die Anwendung einer rückwirkenden Strafnorm war jedoch geeignet, ein solches Geschichtsbild zu erschüttern. Letzteres war insofern verbrämt, als viele dieser Männer zwölf Jahre nichts gegen den Aufbau und Bestand einer völkisch-nationalistischen Diktatur unternommen hatten, in der das Aushebeln des strafrechtlichen Prinzips ‚nullum crimen, nulla poena sine lege'[496] sowie Generalklauseln wie das ‚gesunde Volksempfinden' dazu beitrugen, ‚Volksfeinde' hinter Schloss und Riegel oder aufs Schafott zu bringen[497]. Solange nur alliierte Gerichte Menschlichkeitsverbrechen nach KRG 10 verfolgten, kamen deutsche Justizjuristen nicht in die Verlegenheit, über Verbrechen zu urteilen, die vor 1945 kein Unrecht dargestellt hatten – etwa auf wahren Aussagen beruhende Denunziationen. Wie ge-

---

495 Zur rechtswissenschaftlichen Debatte um KRG 10 zuletzt *Laage*, S. 54–64; ferner *Raim*, S. 579–604; *Foljanty*, S. 66–76.
496 Vgl. *Naucke*, Wolfgang: Die Missachtung des strafrechtlichen Rückwirkungsverbots 1933–1945. Zum Problem der Bewertung strafrechtlicher Entwicklungen als „unhaltbar", in: Europäisches Rechtsdenken in Geschichte und Gegenwart. Festschrift für Helmut Coing zum 70. Geburtstag. Bd. 1, hrsg. v. Norbert Horn in Verbindung mit Klaus Luig u. Alfred Söllner, München 1982, S. 225–247.
497 Zur ‚Entartung des Rechts' in der Rechtswissenschaft *Rüthers*, Bernd: Entartetes Recht. Rechtslehren und Kronjuristen im Dritten Reich. 2., verb. Aufl., München 1989; ferner mit Fokus auf die Rechtsprechung *Bundesministerium der Justiz* (Hrsg.).

2 Auseinandersetzung um das Rückwirkungsverbot (1946/47)

schildert änderte sich die Lage aber in der Britischen Zone, als die Militärregierung deutschen Gerichten mit MRVO 47 vom August 1946 die Aburteilung von NS-Unrecht an Deutschen oder Staatenlosen auf KRG-10-Basis übertrug.

Bevor in die vergangenheitspolitische Auseinandersetzung der damaligen Justizakteure um die Frage der rückwirkenden Kriminalisierung von ‚Verbrechen gegen die Menschlichkeit' eingestiegen werden kann, ist es erforderlich, einige allgemeine Bemerkungen zum damals heiß diskutierten Satz ‚nullum crimen, nulla poena sine lege' zu machen. Dessen Deutung und Einschätzung hatten vor dem Hintergrund der NS-Vergangenheit großes Gewicht und offenbarten schwer überbrückbare Unterschiede zwischen kontinentalem bzw. deutschem und angloamerikanischem Rechtsdenken. Das strafrechtliche Prinzip weist drei Elemente auf: a) Verbot rückwirkenden Rechts, b) Verbot von Gewohnheitsrecht wie Analogie und c) gesetzliche Bestimmtheit des Tatbestandes[498]. Seine Entwicklung zu einem Grundsatz kontinentalen Rechts kann von Anfängen in der römischen Antike über den Durchbruch im Zeitalter der Aufklärung (Locke, Montesquieu) bis zur Verankerung in französischen und – unter Einfluss Paul Johann Anselm von Feuerbachs[499] – deutschen Verfassungen sowie bis zur Auflösung unter dem NS-Regime nachgezeichnet werden. Pendas tut dies und zeigt die Unterschiede zum angloamerikanischen Rechtsverständnis auf, für das trotz geschriebenen Rechts das Gewohnheitsrecht ein entscheidender Bezugspunkt blieb und innerhalb dessen der Drang nach erschöpfender Tatbestandsdefinition kraft Gesetzes gering war. Während es hier die individuellen Rechte waren, die vor staatlicher Willkür schützten, füllte diese Funktion in Deutschland und Frankreich die Rechtssicherheit, verkörpert im Satz ‚nullum crimen, nulla poena sine lege', aus. Die Verschiedenartigkeit des Rechtsdenkens dies- und jenseits des Ärmelkanals bedingte gewiss Verständnisschwierigkeiten zwischen deutschen und britischen Akteuren. Daher verwundert nicht, dass sich die in Teilen der Rechtspflege laut werdende Kritik an KRG 10 und seiner Rückwirkung daran entzündete, dass es dem eigenen strafrechtlichen Grundsatz in jeder denkbaren Hinsicht zu widersprechen schien: Es schuf rückwirkend einen neuen Tatbestand bzw. neue Tatkomplexe wie die Verfolgung aus politischen Gründen, z. B. durch Denunziation; es weitete den Strafrahmen ex

---

498 Vgl. *Pendas* 2010, S. 439.
499 Zu Feuerbach (1775–1833) vgl. *Schröder*, Jan: Paul Johann Anselm von Feuerbach (1775–1833), in: Kleinheyer/Schröder (Hrsg.), S. 131–139.

post aus und beließ den Tatbestand in einer noch der Auslegung bedürftigen Fassung[500].

2.2 KRG-10-Gegner und -Befürworter im Herbst 1946

2.2.1 OLG-Präsident Hodenberg und die ‚politischen' Generalstaatsanwälte

Zu den juristisch begründeten Vorbehalten zahlreicher deutscher Juristen gegen KRG 10 gesellten sich persönlich motivierte wie die Abneigung, sich mit der eigenen Rolle als Teil der Funktionselite eines verbrecherischen Regimes auseinanderzusetzen. Um sich gegen Anfechtungen zu wappnen, versicherten sich Gegner des alliierten Gesetzes der Fürsprache politisch, d. h. bezüglich ihres Wirkens vor 1945 untadeliger Persönlichkeiten. Eine solche fanden sie im OLG-Präsidenten von Celle. Hodo Freiherr von Hodenberg, Jahrgang 1887, gehörte unter den Juristen in der Britischen Zone unumstritten zu den größten Autoritäten; nicht nur für die ihm unterstellten Richter und Staatsanwälte, sondern auch im Verkehr mit der Militärregierung. Diese hatte 1945 größten Wert darauf gelegt, den früheren Anwalt an der Spitze des neben Hamm größten OLG-Bezirks in der Besatzungszone zu platzieren. Im Kontext der sukzessiven Ermächtigung deutscher Gerichte zur Aburteilung von NS-Tätern war er als strikter Gegner von KRG 10 hervorgetreten (vgl. *IV.3*). Dass er von den Briten hofiert wurde, hing damit zusammen, dass er die NS-Herrschaft als nationalkonservativer Anwalt überdauert hatte, ohne sich seitens des Regimes vereinnahmen zu lassen. Er konnte als „Symbol einer personell erneuerten Justiz"[501] gelten. In der Tat hatte sich Hodenberg nicht gescheut, gegen die NS-Bewegung Stellung zu beziehen. So ermahnte er Ende 1932 die Berufsgenossen auf der 29. Abgeordnetenversammlung des Deutschen Anwaltvereins in Berlin: „Jedem Anwalt, gleichgültig welcher Weltanschauung oder politischen Ansicht, ist gegen die Willkür des Staates und seiner Organe Schutz zu gewähren ... Unsere Arbeit muß von Ritterlichkeit getragen sein ... über alle trennenden Elemente von Rasse, Konfession und Weltanschauung hinweg ... Wir leben im Zeitalter autoritärer Regime!"[502] Als Vorstandsmitglied des Deutschen Anwaltvereins trat er am 26. März

---

500 Vgl. *Pendas* 2010, S. 439–445.
501 *Rüping* 2011, S. 100.
502 Zit. n. *Brand*, S. 26.

2 Auseinandersetzung um das Rückwirkungsverbot (1946/47)

1933 auf der letzten Sitzung dieses Gremiums vor der ‚Gleichschaltung' couragiert auf, indem er sich erfolgreich für einen Beschluss einsetzte, der das Aufgehen des Vereins im Bund Nationalsozialistischer Deutscher Juristen (BNSDJ) ablehnte. Der Vorstand wandte sich auch dagegen, seine elf bedrängten jüdischen Kollegen auszustoßen[503] – darunter Ernst Wolff, der spätere OGH-Präsident.

Diese Vergangenheit begründete Hodenbergs Renommee in der Justiz der Nachkriegszeit. Als Chefpräsident in Celle bestand seine zentrale Aufgabe im demokratisch-rechtsstaatlich ausgerichteten Wiederaufbau der Justiz – wobei sich sein Demokratieverständnis gewiss vom britischen unterschied. In den Jahren 1945/46 oblagen ihm weitreichende legislative Befugnisse, die Wiedereröffnung der Gerichte und die Justizverwaltung im OLG-Bezirk. Für die Bereitschaft, in den Justizdienst zu wechseln, hatte Hodenberg der Legal Division beeindruckende Sonderrechte abgetrotzt, die im August 1945 teilweise Eingang in ein 22-Punkte-Papier fanden. Neben finanziellen Zugeständnissen erhielt er die Zusicherung, dass neuernannte Richter nur im Fall von falschen Angaben im Fragebogen entlassen werden konnten. Ferner handelte er für sich einen direkten Zugang zur britischen Militärregierung in Niedersachsen sowie die jederzeit mögliche Rückkehr in die Anwaltschaft aus[504]. Auch anderen Spitzenjuristen gegenüber war der Celler Chefpräsident „tonangebend und häufig Stimmführer"[505]. Dies gilt nicht zuletzt für sein Engagement gegen KRG 10, das ihm als vergangenheitspolitischer Akteur ein Stück weit an Einfluss zurückeroberte, was er mit der Einrichtung des ZJA an politisch-administrativer Macht eingebüßt hatte.

„Jurisprudentially conservative and politically nationalistic" sowie „[r]igidly positivistic in his jurisprudence (...) Hodenberg appealed to the likes of Montesquieu, Beccaria and Feuerbach to demonstrate the importance of nulla poena as a bulwark against arbitrary power"[506]. Dazu beschwor er am 3. Oktober 1946 gegenüber den anderen Chefpräsidenten, dass deutsche Richter im Fall des KRG-10-Gebrauchs in einen Gewissenskonflikt gerieten. Einerseits sollten sie NS-Menschlichkeitsverbrechen nach dem alliierten Gesetz aburteilen, andererseits hätten sie entsprechend

---

503 Vgl. *Krach*, Tillmann: Jüdische Rechtsanwälte in Preußen. Über die Bedeutung der freien Advokatur und ihre Zerstörung durch den Nationalsozialismus, München 1991, S. 224; sowie *Pendas* 2010, S. 445.
504 Vgl. *Wenzlau*, S. 111f. u. 156f.; des Weiteren *Rüping* 2011, S. 100; *Brand*, S. 26.
505 *Rüping* 2011, S. 101.
506 *Douglas*, S. 69 (‚Jurisprudentially...') u. 65 (‚rigidly...').

Kontrollratsgesetz Nr. 2[507] einen Eid darauf geleistet, Besatzungsrecht zu achten, das in Kontrollratsgesetz Nr. 1 aber ein Verbot rückwirkender Gesetzgebung verankert hatte. Zudem verstoße MRVO 47 mit der Ermächtigung deutscher Gerichte zur rückwirkenden Bestrafung von NS-Verbrechen nach KRG 10 mit ‚nullum crimen, nulla poena sine lege' gegen ein tragendes Prinzip des deutschen Strafrechts. Auch seien NS-Verbrechen mit dem StGB verfolgbar und eine darüber hinausgehende Ahndung eine Gefahr für das öffentliche Rechtsbewusstsein. So sehe er vorerst von der Verbreitung der Mitteilung der britischen Militärregierung ab[508]. Hiermit eröffnete der Spitzenjurist die „global attack on CCL 10 by German jurists"[509].

Braunschweigs OLG-Präsident Mansfeld versicherte Hodenberg in seiner Antwort vom 14. Oktober, auch er erachte eine rückwirkende Anwendung von KRG 10 für problematisch, weil sie dem ‚nulla poena'-Rechtssatz zuwiderlaufe. Weil er aber davon ausgehe, dass IMT und Militärregierung an der Rückwirkung festhalten wollten, sollten beide versuchen, den Briten klarzumachen, dass es einen Unterschied bedeute, ob alliierte oder deutsche Richter KRG 10 anwandten[510]. Die meisten Amtskollegen teilten Hodenbergs Standpunkt, „kaum aber die scharfe Form seiner Opposition, von der sie sich mit Recht wenig versprachen"[511]. Eine Ausnahme war HOLG-Präsident Ruscheweyh. Ihn trieben zwar auch Bedenken um, und zwar, weil der Teilnehmer- und Täterbegriff des KRG 10 klar über die Vorschriften des deutschen Strafrechts hinausging. Dennoch hielt er die rückwirkende Gesetzesanwendung aufgrund der besonderen Schwere mancher sonst nicht justiziabler NS-Grausamkeiten für unerlässlich[512]. Allerdings ging im Herbst 1946 auch der britische ZJA-Verbindungsoffizier davon aus, dass sich die Frage bei Taten, die nach KRG 10 wie nach StGB strafbar waren, nur darum drehte, welche „proper sentencing guidelines" beachtet werden sollten. „[S]ince in all other respects (for example, the burden of proof, the evaluation of evidence, the use of criminal procedure, etc.) it made no difference whether the defendant's actions were labeled crimes

---

507 Kontrollratsgesetz Nr. 2 vom 10. Oktober 1945 (mit Anhang) ist abgedruckt in: Amtsblatt der Militärregierung Deutschland. Britisches Kontrollgebiet, Nr. 5, S. 37f.
508 Vgl. BArch, Z 21, Nr. 784, Bl. 23f.; ferner *Pendas* 2010, S. 446f.; *Raim*, S. 580f.; *Broszat* 1981, S. 520.
509 *Douglas*, S. 64.
510 Vgl. BArch, Z 21, Nr. 784, Bl. 37f.; ferner *Raim*, S. 542 u. 581.
511 *Broszat* 1981, S. 521.
512 Vgl. *ebd.*

against humanity or something else (e.g., murder, assault, kidnapping, etc.). (...) Crimes against humanity, on this reading, was simply a new way to label existing crimes and hence no violation of the ex post facto prohibition at all"[513]. So war längst nicht herrschende Meinung, dass man es mit einem eigenständigen Tatbestand mit einer subjektiven und objektiven Tatseite sowie einem spezifischen, zu schützenden Rechtsgut zu tun hatte.

Angesichts der unmissverständlichen Stellungnahme Hodenbergs zu KRG 10 verwundert nicht, dass sein OLG-Bezirk mit weiteren demgemäßen Initiativen aufwartete. So war es der Celler Generalstaatsanwalt, Dagobert Moericke[514], der seine Amtskollegen in der Britischen Zone am 18. Oktober von einem Treffen der Chefpräsidenten in Kenntnis setzte, das offene Fragen zu MRVO 47 klären sollte. Ziel sei, sich auf eine einheitliche Stellungnahme gegenüber dem ZJA zu einigen. Dabei gelte es zu klären, ob KRG 10 Art. II 1c einen selbständigen Tatbestand enthalte oder von deutschen Gerichten nur angewandt werden könne, wenn eine Tat auch unter einen StGB-Paragrafen falle; ob rückwirkende Strafrahmensausdehnung angängig sei, wo KRG 10 über deutsches Strafrecht hinausgehe; ob wegen Verfahrensniederschlagung, Verjährung oder Amnestie verstrichene Strafansprüche nachträglich wiederherstellbar seien[515]. Zur Beantwortung dieser Fragen gaben Hodenberg und Moericke am 23. Oktober zwei Rechtsgutachten in Auftrag[516].

Hodenberg versuchte die OLG-Präsidenten und das ZJA von seiner Sicht auf KRG 10, sprich von seiner kategorischen Ablehnung zu überzeugen. Auf der Gegenseite waren aber auch die Vertreter einer konsequenten Ahndung von NS-Unrecht vor deutschen Gerichten wie die drei Generalstaatsanwälte Klaas (Hamburg), Meyer-Abich (Oldenburg) und Staff (Braunschweig) nicht untätig. Zunächst mussten sie sich jedoch vergewissern, ob und wie die von den Briten im Spätsommer 1946 eingeleitete Ermächtigung deutscher Gerichte zur Ahndung von NS-Menschlichkeitsverbrechen für ihre Ziele nutzbar zu machen war. Klaas hatte bereits am 9. August bekundet, die Strafrechtspflege warte seit dem Erlass von KRG 10 darauf, sich seiner bedienen zu können. Zudem wandte er sich am 8. Oktober direkt an die Legal Division, um auf die ‚politische Gefahr' hinzuweisen, die mit der verzögerten Übertragung der KRG-10-Gerichtsbarkeit verbunden war (vgl. *IV.3.2*). Diese bestände darin, dass die Justiz

---

513 *Pendas* 2010, S. 448f.
514 Zu Moericke (1885–1961) vgl. *Wenzlau*, S. 110.
515 Vgl. *Bahlmann* 2008, S. 165f.
516 Vgl. *ebd.*, S. 171–175; wie auch *Broszat* 1981, S. 522.

2.2 KRG-10-Gegner und -Befürworter im Herbst 1946

tief in Misskredit zu geraten drohe, weil der ohnehin verbreitete Eindruck, sie hemme mutwillig die juristische Aufarbeitung der NS-Vergangenheit, verstärkt werde. Indes nahm Staff nur zögernd Abschied von der Vorstellung, NS-Unrecht auf Grundlage deutschen Rechts aburteilen zu lassen. So bekannte er sich, wie er Oberst Rathbone am 23. Oktober 1946 mitteilte, „auf Grund meiner Weltanschauung sowohl wie aus dem von mir seit jeher vertretenen rechtsphilosophischen Standpunkt zum Festhalten an dem Grundsatz: (...) Verbot der Rückwirkung strafrechtlichen Gesetzes überhaupt, peinlichste Beachtung des Grundsatzes ‚nullum crimen, nulla poena sine lege', Ablehnung der Analogie". Jedoch kam er zu dem Schluss, dass KRG 10 geltendes Recht und deutscherseits anzuwenden sei. Denn, wer letzteres verneine, verkenne die normative Bedeutung des zitierten Grundsatzes. Staff, formal mittlerweile ZJA-Justizdirektor, erblickte in derartiger Falschdeutung einen mit Sorge erfüllenden Rechtspositivismus. Weiter führt er den von Radbruch entwickelten Gedanken ins Feld, dass nicht jedes geschriebene Gesetz auch Recht schaffe. Trotz Festhaltens am Verbot rückwirkenden Rechts sei „die Lösung des uns bewegenden Problems durch das Kontrollrats-Gesetz Nr. 10 als durchaus gesetzmässig zu bezeichnen (...). Es kommt hinzu, dass dieses Gesetz ein temporäres ist"[517]. Meyer-Abich hielt sich Staff gegenüber am 22. Oktober nicht mit rechtsdogmatischen Erörterungen auf, sondern ließ erkennen, dass er als Generalstaatsanwalt nur auf den Startschuss wartete, um die bereits vorbereiteten KRG-10-Verfahren durchführen zu lassen: Man solle die Briten bitten, vor einer rückwirkenden Anwendung von KRG 10 nicht zurückzuschrecken (vgl. *IV.3.3*).

Gegenüber den Gegnern von KRG 10 verfügten dessen hier vorgestellte Verfechter über einen großen Vor- sowie Nachteil: Das Vertrauen, das sie sich seit 1945 erarbeitet hatten, führte sie in einflussreiche ZJA-Positionen. Nach Präsident Kiesselbach und Vizepräsident Koch waren Staff und Klaas als aufeinander folgende Strafrechtsabteilungsleiter im Winter 1946/47 je der dritte Mann der Justizbehörde. Auf Strafrechtsverordnungen der Legal Division und des ZJA übten sie maßgeblichen Einfluss aus. So griffen die Briten auf ihren Rat zurück, bevor sie am 21. November 1946 einen Erlass verabschiedeten, mit dem sie deutschen Gerichten die Verhandlung über NS-Denunziationen unter KRG 10 erlaubten (s. u.). Als Generalinspekteur der Spruchgerichte wirkte auch Meyer-Abich im ZJA entscheidend auf das weitere Vorgehen der Militärregierung betreffend KRG 10 ein. So dürfte sein Wort für den Beschluss vom Mai 1947 wichtig gewesen sein, die Be-

---

517 BArch, Z 21, Nr. 784, Bl. 45 (‚auf Grund...') u. 48 (‚die Lösung...').

2 Auseinandersetzung um das Rückwirkungsverbot (1946/47)

denken vieler Juristen gegen die rückwirkende Ahndung von vor 1945 nicht strafbarem Verhalten hintanzustellen und ‚Anzeigeverbrechen' vor ordentlichen deutschen Gerichten verhandeln zu lassen (vgl. *IV.3.3*). Gewiss hatten Staff, Meyer-Abich und Klaas bedeutsamen Anteil am legislativ-normbildenden Element einer britischen sowie deutschen Vergangenheitspolitik durch Strafrecht. Sie trugen ihr Scherflein dazu bei, dass sich Richter und Staatsanwälte in der Britischen Zone mit Denunziationen und NS-Justizunrecht befassen mussten. Auf dem Feld der (in *Kapitel VI* untersuchten) gerichtlichen Rechtspraxis stießen die Justizakteure aber an Grenzen. Dafür war zentral, dass sich Hodenberg und Mitstreiter in ihrem KRG-10-Feldzug der Unterstützung eines Gutteils der Justizjuristen gewiss sein konnten, besonders wegen dessen politischer Belastung und Rechtspositivismus. Die OLG-Präsidenten übten auch erheblichen Einfluss auf die unterstellten Richter und Staatsanwälte aus. Dies verdeutlicht das Beispiel Celle, wo ein selbstsicherer Nationalkonservativer die Zügel fest in der Hand hielt. Hodenberg bekannte sich dazu, die Verbreitung der britischen Anordnungen vom August und September 1946 zu verzögern, und besaß auch deshalb ein hervorragendes ‚Standing', da zahlreiche nach Kriegsende wieder eingestellte Richter dank seines Verhandlungsgeschicks einer strengen Überprüfung entgingen. Warum sich Juristen in Niedersachsen Hodenbergs ‚ernsteste Bedenken' gegen MRVO 47 zu eigen machten, ist insofern leicht nachzuvollziehen[518].

Das Echo der Übertragung der KRG-10-Gerichtsbarkeit zu Menschlichkeitsverbrechen auf die deutsche Rechtspflege überraschte den Leiter der Military of Justice Branch. So schrieb Rathbone dem Verbindungsoffizier beim ZJA, Romberg, am 31. Oktober 1946, deutsche Juristen verbrächten zu viel Zeit mit akademischen Debatten über das KRG 10. Stattdessen sollten sie konkrete Vorschläge unterbreiten und Tatkraft beweisen. KRG 10 solle gemäß MRVO 47 und dem Erlass vom 10. September in Kraft treten. Zwar gebe es bezüglich „der gerichtlichen Untersuchung von Denunzianten, Richtern von Sondergerichten und anderen Personen, welche Verbrechen beschuldigt werden, die zurzeit [!] ihrer Begehung nicht als solche angesehen wurden", Schwierigkeiten; außerdem sei es „unklug (...), die deutschen ordentlichen Gerichte anzurufen, Strafhandlungen zu verfolgen, welche die Anwendung rückwirkender Strafen erforderlich machen". Dagegen stehe aber außer Frage, dass die

---

518 Vgl. *Broszat* 1981, S. 521.

„erwähnten Verbrecher nicht ungestraft ausgehen sollen und es ist daher beabsichtigt, dass Denunzianten usw. in gleicher Weise behandelt werden sollen, wie die einzelnen Mitglieder von Organisationen, welche durch den internationalen Militärgerichtshof in Nürnberg verurteilt wurden. Es wird daher bei diesem Hauptquartier eine Verordnung vorbereitet, welche besondere Gerichtshöfe oder Ausnahmegerichte (wie bereits durch Dr. Staff und Klaas vorgeschlagen) vor sieht [!], die mit den Fällen sich befassen, von denen man annimmt, dass sie der Regel ‚nulla poene [!] sine lege' widersprechen"[519].

Die in Vorbereitung befindliche Verordnung war der Erlass vom 21. November 1946, womit die Legal Division deutschen Gerichten die Aburteilung von Denunziationen übertrug, ihnen aber in Aussicht stellte, die Verhandlung von Fällen, bei denen ein Verstoß gegen das Rückwirkungsverbot drohte, an die einzurichtenden Spruchgerichte abzutreten. Die Briten waren also durchaus bereit, deutschen Vorbehalten gegen eine rückwirkende KRG-10-Anwendung entgegenzukommen. Tatsächlich gab es seinerzeit nur wenige Akteure, die wie Oldenburgs Chefankläger Meyer-Abich darauf pochten, dass das alliierte Gesetz von der ordentlichen deutschen Strafjustiz auch angewandt würde, wenn es im Gegensatz zu ‚nullum crimen, nulla poena sine lege' zu stehen schien.

2.2.2 Paukenschlag und Offensive der KRG-10-Gegner

Im November 1946 reichten die vom OLG-Präsidenten und Generalstaatsanwalt von Celle beauftragten Rechtsprofessoren Eberhard Schmidt[520] (Göttingen) und Emil Niethammer[521] (Tübingen) ihre Gutachten zum Tatbestand ‚Verbrechen gegen die Menschlichkeit' und zu einem rückwirkenden deutschen KRG-10-Gebrauch ein. Beide waren Persönlichkeiten von Rang und Einfluss.

---

519 BArch, Z 21, Nr. 784, Bl. 54; sowie *Raim*, S. 581f.
520 Zu Schmidt (1891–1977) vgl. *Hardenberg*, Simone v.: Eberhard Schmidt (1891–1977). Ein Beitrag zur Geschichte unseres Rechtsstaats, Berlin 2009 (Schriften zur Rechtsgeschichte, H. 140); weiter *Koch*, Arnd: Schmidt, Eberhard, in: Neue Deutsche Biographie. Bd. 23, Berlin 2007, S. 181f.; *Klee* 2005, S. 544.
521 Zu Niethammer (1869–1956) vgl. *Raberg*, Frank: Niethammer, Emil, in: Neue Deutsche Biographie. Bd. 19, Berlin 1999, S. 246f.; außerdem *Kaul*, Friedrich Karl: Geschichte des Reichsgerichts. Bd. IV: 1933–1945, Berlin 1971, S. 283; *Raim*, S. 408f.

2 Auseinandersetzung um das Rückwirkungsverbot (1946/47)

a) Eberhard Schmidt

Schmidt bekleidete nach Ordinariaten in Breslau, Kiel und Hamburg seit 1935 einen Lehrstuhl an der Universität Leipzig und arbeitete im Zweiten Weltkrieg als Kriegsgerichtsrat an den Divisionsgerichten in Dresden sowie Leipzig. Was nach einer ‚typisch' deutschen bruchlosen Juristenkarriere im 20. Jahrhundert aussieht, hat eine tiefere Dimension. So war der Strafrechtslehrer in der Weimarer Republik dafür eingetreten, die Todesstrafe abzuschaffen; im ‚Dritten Reich' hatte er sich gegen die Beseitigung liberal-rechtsstaatlicher Verfahrensprinzipien gewandt und das Reichsgericht für seine extensive Auslegung des Tatbestandes ‚Wehrkraftzersetzung' kritisiert. Seiner Karriere war das nicht abträglich gewesen. 1945 wechselte er von Leipzig nach Göttingen und von dort 1948 nach Heidelberg, wo er 1952/53 Rektor war und bis zur Emeritierung 1959 forschte und lehrte[522]. In seinem Gutachten[523] bejaht Schmidt die Frage, ob Verbrechen gegen die Menschlichkeit einen selbständigen Straftatbestand bilden, weil er meint, dieser enthalte ein

> „subjektives Unrechtselement, das den beispielsweise herangezogenen deutschrechtlichen Tatbeständen nicht zu eignen braucht und tatsächlich auch nicht eignet: nämlich das Handeln aus inhumaner, die Achtung vor Menschenwürde und Persönlichkeitswerten verleugnender Gesinnung heraus. Dieses subjektive Unrechtselement verbindet alle im Tatbestande des Verbrechens gegen die Menschlichkeit im einzelnen aufgeführten Beispiele und verleiht den Verhaltensweisen, die ihnen entsprechen, ihren spezifischen Unrechtsgehalt"[524].

Eine rückwirkende Verfolgung vorausgesetzt, könnte das Menschlichkeitsverbrechen den StGB-Tatbeständen gegenüber als ‚lex specialis' Vorzug beanspruchen oder aufgrund von Idealkonkurrenz – d. h. in Fällen, in denen eine Handlung verschiedene Gesetzesnormen zugleich verletzt, z. B. KRG 10 Art. II 1c und einen Paragrafen des StGB – einen Beitrag zur Strafbildung leisten[525]. Allerdings verneint Schmidt eine Vereinbarkeit rückwirkender KRG-10-Anwendung mit den Grundsätzen deutschen Strafrechts,

---

522 Vgl. *Koch*, Arnd, S. 181.
523 Schmidts Gutachten vom 1. November 1946 findet sich in BArch, Z 21, Nr. 799, Bl. 2–19; außerdem hierzu *Bahlmann* 2008, S. 171–174; *Hardenberg*, S. 383–385; *Raim*, S. 587.
524 BArch, Z 21, Nr. 799, Bl. 4.
525 Vgl. *ebd.*

v. a. des 1945 wieder zur Geltung gelangten Satzes ‚nullum crimen, nulla poena sine lege'. Die enge Verbindung des Analogieverbots mit dem Rückwirkungsverbot dürfe nicht aufgelöst werden. Das deutsche Rechtsempfinden und das richterliche Verantwortungsbewusstsein könnten sich nicht mit einer nicht vollständigen Durchsetzung des Rückwirkungsverbots abfinden. Letztlich führe ihn der Widerspruch zwischen den Kontrollratsgesetzen Nr. 1 und 10 zu dem Schluss: „Es muss (...) meines Erachtens angestrebt werden, dass der deutschen Justiz die rückwirkende Anwendung des Kontrollratsgesetzes No 10 erspart bleibt"[526]. Einer ähnlichen Begründung folgend, urteilt Schmidt, die rückwirkende Verhängung höherer als im Gesetz verankerter Strafen widerspreche dem Grundsatz ‚nulla poena sine lege'. Sie behindere die Rückkehr der Justiz zur Rechtsstaatlichkeit und verwirre das allgemeine Rechtsempfinden. Hiermit erteilt der Jurist KRG 10 als Basis für die Ahndung von NS-Grausamkeiten vor deutschen Gerichten eine Absage. Dabei argumentiert Schmidt rechtspositivistisch und assoziiert das Rückwirkungsverbot mit Begrifflichkeiten wie Rechtssicherheit, Rechtsstaatlichkeit sowie Rechtsempfinden. Insgesamt fällt sein Gutachten differenziert aus. So macht er sich nicht den Standpunkt zu eigen, dass ‚nullum crimen, nulla poena sine lege' die Aussetzung von Verjährungsfristen ausschlösse. Vielmehr ist er der Ansicht, dass bei NS-Verbrechen, die unter dem Schutz oder mit Billigung der Partei- und Staatsorgane begangen wurden, eine Verjährung gehemmt war, weil die staatlichen Verfolgungsbehörden bestimmte strafbare Handlungen nicht verfolgt hätten[527].

b) Emil Niethammer

Die Laufbahn des zweiten von Hodenberg bestellten Experten nimmt sich so bemerkenswert aus wie die des anderen. Jedoch zeigt ein Blick auf die Biographie und die sich im Gutachten niederschlagenden Positionen Niethammers, was ihn von Schmidt unterschied. Nach dem Ersten Weltkrieg als Landgerichtsdirektor in Stuttgart berufen, war der Jurist ab 1922 als Reichsanwalt in Leipzig tätig. Dass er ein „Feind des demokratischen Weimarer Staates"[528] war, bewies er als ‚Ankläger' in dem 1924 vor dem

---

526 *Ebd.*, Bl. 8.
527 Vgl. *ebd.*, Bl. 10 (rückwirkend höhere Strafverhängung) u. 13–15 (Aussetzung Verjährungsfrist).
528 *Raberg*, S. 246.

2 Auseinandersetzung um das Rückwirkungsverbot (1946/47)

Staatsgerichtshof geführten Prozess gegen Mitglieder der rechtsterroristischen ‚Organisation Consul', deren Dunstkreis die Mörder demokratischer Politiker wie Erzberger und Rathenau entstammten. Niethammers Strafanträge bewegten sich im Rahmen von ein bis zwei Monaten Gefängnis, wodurch die Schuldigen bei Anrechnung der Untersuchungshaft den Gerichtssaal als freie Männer hätten verlassen können[529]. Das ‚Berliner Tageblatt' schrieb am 25. Oktober: „Bei der Rede des Reichsanwalts Niethammer fragte man sich manchmal, ob denn da wirklich der Vertreter der Republik spricht"[530]. ‚Auf dem rechten Auge blind', war der Reichsanwalt typischer Vertreter der reaktionär-antidemokratischen Juristen, die das Bild der Weimarer Justiz prägten. Schließlich avancierte er 1930 zum Reichsgerichtsrat, als der er 1937 in den Ruhestand trat. Jedoch wirkte Niethammer noch für das Reichsjustizministerium als Gutachter und bekleidete seit 1944 eine Honorarprofessur in Tübingen. 1947 wurde er zum Präsidenten des OLG in Tübingen und Staatsgerichtshofes von Württemberg-Hohenzollern ernannt[531]. Zudem war er Mitherausgeber der ‚Deutschen Rechts-Zeitung'.

In der Expertise vom 12. November 1946[532] verneint Niethammer die Frage, ob es sich bei ‚Verbrechen gegen die Menschlichkeit' um einen eigenständigen Straftatbestand handelt. Anders als bei Schmidt erregt schon der Begriff ‚Menschlichkeit' seinen Argwohn. Davon zeugt folgende recht polemisch anmutende Textpassage: „Nun kann jedenfalls der Mangel der guten Eigenschaft der Menschlichkeit für sich allein die Verhängung einer Strafe nicht begründen, und zwar auch dann nicht, wenn festzustellen wäre, dass der zu beurteilende Mensch die schlimme Eigenschaft hemmungslose [!] Selbstsucht, grober Lügenhaftigkeit und bösartiger Schadenfreude in sich berge". Hinter der zur Norm erhobenen ‚Menschlichkeit' gewahrt Niethammer einen Übergriff der Sphäre der Sittlichkeit auf das ganze Gebiet des Strafrechts. Weiter hebt er den unabweislichen Vorrang des Straf-

---

529 Bezüglich des Verfahrens gegen Mitglieder der ‚Organisation Consul' vor dem Staatsgerichtshof (1924) und der Rolle Niethammers als Ankläger vgl. *Heydeloff, Rudolf*: Staranwalt der Rechtsextremisten. Walter Luetgebrune in der Weimarer Republik, in: Vierteljahreshefte für Zeitgeschichte 32 (1984), Nr. 4, S. 373–421, hier: S. 393–396; weiterhin *Hannover, Heinrich/Hannover-Drück, Elisabeth*: Politische Justiz 1918–1933. Mit einer Einleitung von Karl Dietrich Bracher, Frankfurt a. M. 1966, S. 140–144.
530 Zit. n. *ebd.*, S. 143.
531 Vgl. *Raberg*, S. 246.
532 Niethammers Gutachten findet sich in BArch, Z 21, Nr. 799, Bl. 21–27; ferner *Bahlmann* 2008, S. 174f.

gesetzes gegenüber freier richterlicher Rechtsschöpfung hervor, die sich nach Aufhebung des Rückwirkungsverbots 1935 Bahn gebrochen hätte, um „unter dem Einfluss von Spannung, Hader, Gewalt, Not und Krieg zum Unheil [zu] geraten". KRG 10 füge den im StGB definierten Tatbeständen nichts wesentlich Neues hinzu, sondern enthalte einen „tatbestandslosen Tatbestand". Das deutsche Strafrecht biete dagegen ausreichende Handhabe zur Ahndung solcher Vergehen. In der rückwirkenden Ausdehnung des Strafrahmens gemäß alliiertem Gesetz erkennt der Rechtsprofessor eine Entwicklung „zu völliger Gesetzlosigkeit". Süffisant verweist er darauf, dass nur Strafen ausgenommen seien, welche – „wie verstümmelnde Leibesstrafen, Prügel oder Pranger"[533] – Kulturstaaten ohnehin nicht mehr anwendeten. Rechtsdogmatisch fällt als Unterschied zwischen den hier untersuchten Gutachten auf, dass Niethammer dem Menschlichkeitsverbrechen den Charakter eines selbständigen Tatbestands abspricht. Mit Schmidt einig ist er sich hingegen darin, dass KRG 10 für die deutsche Ahndung von NS-Unrecht ungeeignet sei. Allerdings vermitteln der schrille Ton und die Argumentation den Eindruck, dass die rechtspositivistisch begründete Ablehnung Niethammers von Bitterkeit über die Zumutung geprägt ist, die die alliierte Norm für Vertreter der NS-Funktionselite bedeutete. Er ist nicht der einzige, bei dem „die eigene Wahrnehmung der Vergangenheit und des NS-Staates auch die Position zum Verbrechen gegen die Menschlichkeit"[534] bestimmt.

c) Hodo von Hodenberg

Beide Expertisen lagen auf der Linie ihres Auftraggebers, des OLG-Präsidenten von Celle, bestritten sie doch die Tragfähigkeit des alliierten Strafgesetzes als Grundlage für deutsche Verfahren wegen NS-Verbrechen. So fand das Gutachten Eberhard Schmidts Eingang in eine Denkschrift, die Hodenberg am 7. November 1946 abschloss und umgehend den führenden Justizfunktionären der Besatzungszone schickte[535]. Die zentrale Aussa-

---

533 BArch, Z 21, Nr. 799, Bl. 21 (‚Nun kann…'), 22 (‚unter dem…') u. 23 (‚tatbestandslosen…', ‚zu völliger…' u. ‚wie verstümmelnde…').
534 *Bahlmann* 2012: OGH, S. 150.
535 Hodenbergs Denkschrift vom 7. November 1946 findet sich in NLA, HA, Nds. 711 Acc. 194–94, Nr. 46 – ohne Foliierung (= Denkschrift); dazu *Rüping*, Hinrich: Staatsanwälte und Parteigenossen. Haltungen der Justiz zur nationalsozialistischen Vergangenheit zwischen 1945 und 1949 im Bezirk Celle, Baden-Baden 1994 (Fundamenta juridica, Bd. 27), S. 80f.

ge bestand – wenig überraschend – darin, dass KRG 10 von der deutschen Strafjustiz nicht angewandt werden könne. Wie in einem früheren Rundschreiben betont der KRG-10-Gegner, ‚nullum crimen' sei „als tragender Grundsatz des deutschen Strafrechts eindeutig und ausnahmslos anerkannt"; durch ihn werde die Rechtssicherheit wiederhergestellt und das Rechtsdenken gestärkt. Hodenberg zieht eine sehr gewagte Parallele zwischen dem alliierten Besatzungs- und dem NS-Regime, insofern heute wie damals eine ‚höhere', ideologische der ‚formalen Gerechtigkeit' entgegengestellt werde. Wieder gerieten die Richter zwischen dem formalen Recht und dem ‚Recht der Volksgemeinschaft' in einen Zwiespalt, was „bei jedem, der die damaligen Zeiten und ihre Folgen miterlebt hat, besonders ernste Bedenken hervorrufen" müsse. Nichtbeachtung des Verbots rückwirkender Bestrafung bringe die Gefahr mit sich, dass „insbesondere von Kreisen, die aus erklärlichen Gründen, vielleicht wegen politischer Verfolgung in der Nazizeit, bewusst oder unbewusst von Gefühlen der Vergeltung erfüllt sind, die Verhängung drakonischer Strafen verlangt wird, die einer objektiven Betrachtung der Sachlage nicht gerecht werden". Ausnahmen vom ‚nullum crimen'-Prinzip schloss der OLG-Präsident auch hinsichtlich politischer Denunziationen kategorisch aus. Die Anzeige wahrer Tatsachen sei stets erlaubt gewesen. Auch hätten freiwillige Anzeigen – beeinflusst z. B. durch Kriegspropaganda – nicht immer gegen das Sittengesetz verstoßen; Anzeigen aus niederen Instinkten seien zwar sittlich verwerflich, aber strafrechtlich nicht beachtlich; mithin würden sie mit ebenfalls schwersten Nachteilen für die Betroffenen seit 1945 auch gegenüber den Alliierten erstattet. Schaden drohe eher, wenn keiner mehr Anzeige erstatte, weil jeder „damit rechnen [müsste], dass bei jedem Wechsel politischer Anschauung auch derjenige, der aus wohlerwogenen und sittlich gerechtfertigten Gründen eine Anzeige zu erstatten glaubte, demnächst dennoch aus diesem Grunde verfolgt werden könnte"[536]; wenn mit KRG 10 ungleiches Recht für gleiche Tatbestände Einzug halte; wenn sich der Bruch des Rückwirkungsverbots wiederhole; wenn Märtyrer geschaffen würden; wenn das Rechtsbewusstsein erschüttert werde und die Militärregierung als Gesetzgeber an Autorität einbüße; wenn sich die Richter verweigerten, weil sie ihre Unabhängigkeit verteidigen und nach innerer Überzeugung statt politischen Maßgaben urteilen wollten[537], und die Jus-

---

536 Denkschrift vom 7. November 1946, S. 4 (‚als tragender Grundsatz…'), S. 7 (‚bei jedem, der…'), S. 8f. (‚insbesondere von Kreisen…') u. 10f. (‚damit rechnen müsste…').
537 Vgl. *ebd.*, S. 11–13.

tiz von KRG-10-Befürwortern wie -Gegnern „verstärkter politischer Verhetzung" ausgesetzt sei:

> „Gleichgültig, wie auch das Urteil lautet, wird es immer Kreise geben, die, von politischen Fanatikern geleitet oder irregeführt, der Auffassung sind, dass der Richter von den ihm gegebenen Möglichkeiten keinen ausreichenden Gebrauch gemacht hat und das Urteil unter Berücksichtigung der durch das Kontrollratsgesetz Nr. 10 gebotenen Möglichkeiten wesentlich zu milde ausgefallen sei. Verstärkt würde das gelten, wenn der Richter, von seinem Gewissen getrieben, die Anwendung solcher Möglichkeiten ablehnen würde. Macht aber der Richter von dem ihm formal zustehenden Recht der Anwendung eines rückwirkenden Strafgesetzes Gebrauch, so würde sein Ansehen bei allen denen in entscheidender Weise leiden, die in Übereinstimmung mit der hier vertretenen Auffassung auf dem Standpunkt stehen, dass er einer Zumutung unterlegen ist, die im Widerspruch zu den tragenden Grundsätzen deutschen Strafrechts steht"[538].

Die Wortwahl verdeutlicht, wessen Ansprüche gerechtfertigt erscheinen und wessen nicht: Die Verfechter von KRG 10 werden als ‚politische Fanatiker' gekennzeichnet, die andere in die Irre leiten, während die Gegner von ihrem ‚Gewissen' getrieben werden und sich der ‚Zumutung' eines rein formalen Rechts erwehren müssen. Hodenberg schließt mit der Bemerkung, dass die Durchsetzung eines rückwirkenden Strafanspruchs mit Blick auf (politische) Denunziationen bei den Entnazifizierungsausschüssen besser aufgehoben sei als bei ordentlichen deutschen Gerichten. Zugleich kritisiert er aber auch die Tätigkeit jener Ausschüsse, weil mit den von ihnen verhängten, oft einschneidenden Sanktionen eine Abwertung der Strafrechtspflege an OLG sowie Landgerichten einherginge[539]. Als der Chefpräsident die Denkschrift am 11. November 1946 an die Landgerichtspräsidenten im OLG-Bezirk Celle und den Amtsgerichtspräsidenten von Hannover schickte, fügte er ein Schreiben mit dem Hinweis hinzu, „dass der in der Denkschrift eingenommene Standpunkt von Herrn Generalstaatsanwalt Dr. Moericke in vollem Umfange geteilt wird"[540]. Für die Ahndung von NS-Verbrechen auf Basis von KRG 10 war das kein gutes Vorzeichen.

---

538 *Ebd.*, S. 13 (‚verstärkter...') u. 13f. (‚Gleichgültig...').
539 Vgl. *Bahlmann* 2008, S. 170.
540 NLA, HA, Nds. 711 Acc. 194–94, Nr. 46, Bl. 58.

2 Auseinandersetzung um das Rückwirkungsverbot (1946/47)

Hodenbergs Abhandlung ‚Zur Anwendung des Kontrollratsgesetzes Nr. 10 durch deutsche Gerichte'[541], die im März 1947 in einer Sonderausgabe der SJZ erschien, war eine Ausarbeitung der beschriebenen Denkschrift. Darauf wird noch näher einzugehen sein. Zum Jahresende 1946 stimmte der OLG-Präsident die Justizjuristen des Sprengels in der ‚Hannoverschen Rechtspflege' auf weitgehend ungeklärte Fragen zur Anwendung der alliierten Strafnorm ein, etwa Tatbestandsmäßigkeit und Rückwirkung betreffend. Dabei machte er darauf aufmerksam, dass die britische Ermächtigung deutscher Gerichte zur Aburteilung von Menschlichkeitsverbrechen Richter und Staatsanwälte „vor Rechtsprobleme von großer grundsätzlicher Bedeutung"[542] stelle.

Seit 1949 bot das Engagement im ‚Heidelberger Juristenkreis'[543] Hodenberg neuerlich eine Gelegenheit zur Positionierung im vergangenheitspolitischen Feld. Statt KRG 10 bildete nun die Frage der im In- und Ausland verurteilten NS-Verbrecher das Zentrum eines öffentlich weit stärker rezipierten Diskurses. Der Juristenkreis führte die Verteidiger der in Nürnberg Angeklagten mit führenden Richtern, Rechtsprofessoren, Verwaltungsbeamten und Vertretern der christlichen Kirchen zu informellen Gesprächen zusammen. Ziel waren die Freilassung und Rehabilitierung der euphemistisch als ‚Kriegsverurteilte' bezeichneten NS-Kriegsverbrecher. Heidelberg wirkte hierbei als „Clearingstelle" zur Strategiebildung und Interessenbündelung, für die „vergangenheitspolitischer Rechtspositivismus mit dem Anspruch auf ‚Objektivität' und mit dem Ziel, das Kriegsverbrecherproblem aus der Welt zu schaffen"[544], bestimmend war. Neben dem Initiator Eduard Wahl[545], Verteidiger im IG-Farben-Prozess, war Hodenberg die zweite Hauptfigur des Juristenkreises[546] und als solche Pendas zufolge

---

541 Vgl. *Hodenberg*, Hodo von: Zur Anwendung des Kontrollratsgesetzes Nr. 10 durch deutsche Gerichte, in: Süddeutsche Juristenzeitung 2 (1947), Sondernummer (März 1947), Sp. 113–124.
542 *Ders.*: Strafverfolgung von Verbrechen gegen die Menschlichkeit durch deutsche Gerichte, in: Hannoversche Rechtspflege 2 (1946), H. 12, Sp. 145f., hier: Sp. 146.
543 Zum ‚Heidelberger Juristenkreis' vgl. *Frei*, S. 163–166. ferner *Görtemarker*, Manfred/*Safferling*, Christoph: Die Akte Rosenburg. Das Bundesministerium der Justiz und die NS-Zeit, München 2016, S. 145–148.
544 *Frei*, S. 165f.
545 Zu Wahl (1903–1985) vgl. *Klee* 2005, S. 651f.
546 Vgl. *Frei*, S. 163f. Im Übrigen kennzeichnet ‚vergangenheitspolitischer Rechtspositivismus' häufig auch die Gegner von KRG 10, die darin wohl ein probates Mittel zur Abwehr von Angriffen auf das selbstgezimmerte Geschichtsbild der Justiz im NS-Staat erkannten.

nicht gerade für gemäßigte Forderungen bekannt[547]. Bis zum Erreichen der Altersgrenze im Jahr 1955 versah er sein Amt als OLG-Präsident. Danach zog er für eine Legislaturperiode als CDU-Abgeordneter in Niedersachsens Landtag ein. Er starb 1962[548].

2.3 Debatte um die Rückwirkung von KRG 10 seit Frühjahr 1947

2.3.1 Sonderausgabe der ‚Süddeutschen Juristenzeitung'

Die Tragweite des Problems der rückwirkenden KRG-10-Anwendung zur Aburteilung von NS-Menschlichkeitsverbrechen durch deutsche Gerichte lässt sich daran ermessen, dass die SJZ – mit einer Auflage von 10.000 Exemplaren eine der wichtigsten Fachzeitschriften[549] – ihm im März 1947 eine Sonderausgabe mit dem Titel ‚Humanitätsverbrechen und ihre Bestrafung' widmete. Es war ausgerechnet ein in der US-Zone erscheinendes Printmedium, das der Diskussion eines Rechtsproblems als Forum diente, das nur für die anderen Besatzungszonen praktische Bedeutung entwickelte. Dies kann mit dem verbreiteten Bestreben der Justizpolitiker und Juristen erklärt werden, am Ideal der zonenübergreifenden Rechtseinheit festzuhalten, um eine Wiedervereinigung in einem gemeinsamen Rechtsraum perspektivisch zu erleichtern. So schuf die Debatte um ‚Verbrechen gegen die Menschlichkeit' einen gesamtdeutschen Diskursrahmen. Man hatte es zugleich mit einer Aufgabe zu tun, die keinen Aufschub gestattete, da eine von Zone zu Zone differierende Rechtspraxis rasch Rechtszersplitterung und Ungleichbehandlung von NS-Tätern nach sich ziehen musste. Die in der SJZ-Sonderausgabe publizierten Aufsätze stammten von OLG-Präsident Hodenberg (Celle), August Wimmer[550], Senatsvorsitzender am OLG

---

547 Vgl. *Pendas* 2010, S. 446: „Clearly, no Nazi criminals were so implicated as to preclude Hodenberg's sympathy".
548 Vgl. *Simon*, S. 167f.
549 Vgl. *Raim*, S. 582.
550 Zu Wimmer (1899–1988) vgl. *Daubach*. Ein Entwurf des unveröffentlichten Manuskripts wurde dem Vf. von Frau Dr. Daubach freundlicherweise zur Verfügung gestellt. Im Gegensatz zur vorgelegten Dissertation wird hier nicht mehr auf den Entwurf, sondern auf die nun zugängliche Veröffentlichung verwiesen. Daubach hat als erste Wimmers Personalakten eingehend ausgewertet. Weiter *Wimmer*, Raimund; *Bosch*, Friedrich Wilhelm: August Wimmer†, in: Neue Juristische Wochenschrift 42 (1989), H. 27, S. 1660; *Dreher*, Eduard: August Wimmer zum 70. Geburtstag, in: Neue Juristische Wochenschrift 22 (1969), H. 15, S. 650; *Irmen/Pöpken*, S. 186f.; *Schubert*, S. XIXf.; ZJBl. 2 (1948), Nr. 1, S. 7.

2 Auseinandersetzung um das Rückwirkungsverbot (1946/47)

Köln und später OGH-Richter, sowie dem Heidelberger Rechtsgelehrten Gustav Radbruch. Während die Texte Hodenbergs und Wimmers auf Gutachten beruhten, die sie im November 1946[551] bzw. Januar 1947[552] an das ZJA adressiert hatten, verfasste Radbruch seinen Aufsatz eigens für die SJZ-Sonderausgabe.

a) Hodo von Hodenberg

Hodenbergs Beitrag befasst sich mit den bereits in der Denkschrift vom 7. November 1946 behandelten Gesichtspunkten und kommt – kaum überraschend – zum gleichen Ergebnis[553]: Ob Menschlichkeitsverbrechen einen eigenständigen Tatbestand bildeten, sei unerheblich, käme man zu dem Ergebnis, „daß eine rückwirkende Anwendung des Gesetzes (...) nach deutschem Rechtsdenken ohnehin nicht möglich ist"[554]. Zu diesem Ergebnis kam der Celler OLG-Präsident in der Tat, wähnte er doch sonst den tragenden Grundsatz ‚nullum crimen, nulla poena sine lege' verletzt und das Rechtsbewusstsein erschüttert. In bewusster Verkennung der Intention Radbruchs leitet er aus dessen bereits zu Bekanntheit gelangter Formel als Bedingung der Wiederherstellung rechtsstaatlicher Ordnung die Richterpflicht ab, „auf das ernsteste zu prüfen, wie weit die ihm zur Anwendung vorgelegten Gesetze mit fundamentalen Grundsätzen der Rechtsordnung noch vereinbar sind"[555]. Damit zielt er auf KRG 10, das er in direkten Bezug mit NS-Gesetzen setzt, deren Rechtscharakter Radbruch bestritten hatte. So verpasste Hodenberg dem alliierten Gesetz den Anstrich ‚gesetzlichen Unrechts'[556]. Auf Seiten der Briten, die die Ausweitung der deutschen Gerichtsbarkeit zu Menschlichkeitsverbrechen fortsetzten, provozierte der prominent platzierte Text natürlich großes Missfallen[557].

---

551 Vgl. Denkschrift vom 7. November 1946.
552 Vgl. BArch, Z 21, Nr. 799, Bl. 29–46; hierzu auch *Raim*, S. 587.
553 Hierzu *ebd.*, S. 582f.; sowie *Pendas* 2010, S. 447f.; *Douglas*, S. 64f.; *Foljanty*, S. 68–70.
554 *Hodenberg* 1947, Sp. 117.
555 *Ebd.*, Sp. 122.
556 Vgl. *Foljanty*, S. 70.
557 Vgl. *Broszat* 1981, S. 527; *Rüping* 1994, S. 81. Eine Zusammenfassung der von Hodenberg inspirierten „basic contours of the many similar objections registered by German judges and prosecutors to the application of CC Law No. 10 and the prosecution of Nazi crimes against humanity", *Pendas* 2010, S. 448, findet sich *ebd.*

b) August Wimmer

August Wimmer – als NS-Gegner verfolgt und 1938 aus dem Richteramt entfernt – war als Strafsenatsvorsitzender am OLG Köln mit der juristischen Aufarbeitung von NS-Unrecht bestens vertraut. Seine Haltung zur rückwirkenden Anwendung von KRG 10 brachte er in einer Expertise zum Ausdruck, die er am 20. Januar 1947 an den ZJA-Präsidenten schickte. Im Begleitschreiben bekennt er, „zu ganz anderen Resultaten wie die dem Zentraljustizamt vorliegenden Gutachten Eb. Schmidt und Niethammer"[558] gekommen zu sein. Er regt auch an, den Chefpräsidenten das Gutachten für eine Neuberatung des Problems zugänglich zu machen. In seiner Antwort von Ende Januar unterstreicht Kiesselbach erfreut, dass Wimmer, „wenn auch in einigen Punkten auf einem anderen Wege, zu demselben Ergebnis" wie das ZJA gekommen sei „und wie es auch von der Mehrheit der Oberlandesgerichtspräsidenten seinerzeit auf der Pyrmonter Tagung gebilligt ist"[559]. Zwar verhindere Papiermangel eine Vervielfältigung und Austeilung des Exposés; er, Kiesselbach, werde es aber zur weiteren Verwertung behalten und würde die Veröffentlichung in einer Zeitschrift begrüßen. In der Tat erschien die Abhandlung bald darauf mit nur marginalen Anpassungen.

Auf Hodenbergs vernichtende KRG-10-Kritik folgte in der SJZ-Sonderausgabe Wimmers Beitrag ‚Die Bestrafung von Humanitätsverbrechen und der Grundsatz „nullum crimen sine lege"' als flammendes Plädoyer für den rückwirkenden Einsatz der alliierten Strafnorm vor deutschen Gerichten[560]. Er konstatiert, deutsche Juristen stünden dem Gesetz mehrheitlich ablehnend gegenüber, weil sie seine Verwendung nicht mit dem Gewissen vereinbaren zu können glaubten[561]. Das Rückwirkungsverbot diene dem Schutz des Individuums vor der Willkür von Gesetzgeber und Richter; jedoch drohe zum „vollendeten Rechtspositivisten" zu werden, wer in Zweifelsfällen auf die Überprüfung der materiellen Gerechtigkeit von Strafgesetzen verzichte. Der ‚nullum crimen'-Satz hätte, so Wimmer rückblickend, schon „in vornationalsozialistischer Zeit keinen völlig unabdingba-

---

558 BArch, Z 21, Nr. 799, Bl. 28.
559 *Ebd.*, Bl. 47.
560 Vgl. *Wimmer*, August: Die Bestrafung von Humanitätsverbrechen und der Grundsatz „nullum crimen sine lege", in: Süddeutsche Juristenzeitung 2 (1947), Sondernummer (März 1947), Sp. 123–132 (= Wimmer 1947: Bestrafung). Hierzu auch *Raim*, S. 583f. u. 590f.; *Bahlmann* 2008, S. 180–184.
561 Vgl. *Wimmer* 1947: Bestrafung, Sp. 125.

ren Bestandteil des deutschen Rechtslebens"[562] dargestellt. Das alte Strafgesetzbuch und die Weimarer Verfassung hätten mithin einer rückwirkenden Strafverfolgung von Menschlichkeitsverbrechen auf dem Weg verfassungsändernden Gesetzes nicht grundsätzlich entgegengestanden. Nach Auffassung des OLG-Richters erforderte rückwirkende Geltung eines Strafgesetzes, dass die Tat gegen ein ethisches Gebot verstieß, das das ‚Gemeinschaftsleben' berührt[563]. „Keine Staatsstrafe ohne, wenn nicht rechtliche, so doch ethische Verbotsnorm zur Begehungszeit. Umgekehrt gefaßt: War die Tat bei Begehung rechtlich oder auch nur ethisch verboten, so kann ein staatliches Strafbarmachen rückwirkend nachgeholt werden"[564]. Bei Humanitätsverbrechen bestehe dazu geradezu eine ethische Pflicht, da das Deutsche Reich seiner rechtsstaatlichen Pflicht zur Bestrafung schweren Unrechts nach 1933 nicht nachgekommen war[565]. In aller Deutlichkeit warnt Wimmer vor der Gefahr, die eine Verabsolutierung des strafrechtlichen Rückwirkungsverbots für das Recht in seiner Auseinandersetzung mit der Macht bedeuten konnte: Würde es in einer Verfassung zu einem auch durch verfassungsänderndes Recht nicht auszuhebelnden Grundrecht erklärt, „könnte eine verbrecherische Regierung – nach Aufhebung der einschlägigen Strafbestimmungen – die schlimmsten Untaten begehen oder begehen lassen unter verfassungsmäßig auch für die Zukunft garantierter Straflosigkeit: ein vom Standpunkt der Ethik unerträgliches Ergebnis"[566]. Die ethische Ahndungspflicht des Staates bemesse sich indes an Zahl, Schwere und Folgen der Verbrechen sowie an dem Maß und den Gründen für die Unzulänglichkeit des Strafrechts zur Begehungszeit[567]. Letzteres bezieht Wimmer auf unvorhergesehene, erst im NS-Staat aufgetretene und so strafrechtlich noch nicht fassbare Angriffsformen, z. B. von Justizseite („ein Richter mißt innerhalb des gesetzlichen Ermessensrahmens eine unmenschliche Strafe zu"). Solchen Taten eigne ein neuer subjektiver wie objektiver Unrechtsgehalt: die Unmenschlichkeit bzw. „absichtliche Schädigung oder Zerstörung von Würde und Wert der menschlichen Persönlichkeit"[568]. Der KRG-10-Befürworter betont weiter, dass sich Menschlichkeitsverbrechen durch neue Beteiligungsformen auszeichneten. Dazu zählt er von Privatpersonen getätigte, auf wahren Aussagen beruhen-

---

562 Ebd., Sp. 126.
563 Vgl. ebd., Sp. 126f.
564 Ebd., Sp. 127.
565 Vgl. ebd., Sp. 128.
566 Ebd., Sp. 129.
567 Vgl. ebd., Sp. 129f.
568 Ebd., Sp. 130.

de Denunziationen mit schweren Folgen für das Opfer⁵⁶⁹. Seine ethisch-naturrechtlich fundierte Argumentation mündet in der folgenden, zentralen Textpassage:

> „Es besteht eine unabweisbare ethische Verpflichtung des Staates, *alle* Humanitätsverbrecher zu bestrafen, und es gibt keinen anderen Weg zur Sühnung und Prävention; das deutsche Strafrecht reicht hierzu nicht in allen Fällen und in jeder Beziehung aus; insoweit hat der Grundsatz ‚n.c.s.l.' ausnahmsweise zurückzustehen hinter der ethischen Notwendigkeit, ein neues, rückwirkendes Ausnahmestrafgesetz zu schaffen. Durch dieses Ausnahmegesetz ist im allgemeinen und für die Zukunft das Grundrecht nicht angetastet. Ja, die Rechtssicherheit im ganzen, von der dieses Grundrecht nur ein Teil ist, kann im Bewußtsein der Rechtsgenossen und in den Augen der ganzen zivilisierten Menschheit nur dann wiederhergestellt werden, wenn das Grundrecht nicht dazu mißbraucht wird, die vergangenen Verbrechen gegen die Menschlichkeit teilweise ohne die gerechte Strafe zu lassen"⁵⁷⁰.

Am Schluss referiert der Autor Schwierigkeiten und Zumutungen, mit denen sich Richter wegen der Aufgabe der Verfolgung von Straftaten auf KRG-10-Basis konfrontiert sahen: Außerkraftsetzung des Rückwirkungsverbots, Umgang mit einem schwer anzuwendenden, gesetzestechnisch unvollkommenen Gesetz, mutmaßliche Gefährdung der Unabhängigkeit des Richters. Damit begründeten Einwänden entgegnet Wimmer, dass nur Besatzungsrecht derzeit einheitliches Recht schaffe. Zudem diene die Bestrafung von Verbrechen gegen die Menschlichkeit hohen ethischen bzw. Menschheitszielen und brächte einen Fortschritt für die Menschlichkeit mit sich. Zuletzt werden als konkrete Maßnahmen die Einrichtung von mit Laien besetzten Schöffengerichten wie auch eines überzonalen obersten Revisionsgerichts vorgeschlagen, das die Rechtseinheit und unabhängige Rechtspflege schützen solle⁵⁷¹.

---

569 Vgl. *ebd.*
570 *Ebd.*, Sp. 130f. (Hervorhebung im Original). Der Gedanke, dass die Rechtssicherheit betreffend bestimmte NS-Verbrechen nur durch Gerechtigkeit in Form rückwirkender Bestrafung verwirklicht werden könne, wird im ersten Urteil des OGH zu Menschlichkeitsverbrechen wiederbegegnen (vgl. *VIII.1*). Da der seit 1948 am Revisionsgericht tätige Wimmer dessen mutmaßlicher Verfasser ist, verwundert dies kaum.
571 Vgl. *Wimmer* 1947: Bestrafung, Sp. 131f.

c) Gustav Radbruch

Sieben Monate nach Erscheinen seiner wirkmächtigsten Abhandlung meldete sich Gustav Radbruch mit dem Text ‚Zur Diskussion über die Verbrechen gegen die Menschlichkeit' in der SJZ-Sonderausgabe abermals zur Frage rückwirkender Bestrafung von NS-Verbrechen zu Wort[572]. Eingangs befasst er sich mit dem Begriff der ‚Humanität', den er bis zu Cicero zurückverfolgt. Dessen Lesart von *humanitas* als Dreiklang von Menschenfreundlichkeit, Menschenwürde und Bildung greift der Heidelberger Jurist affirmativ auf und schreibt:

> „Wir werden also das Verbrechen gegen die Menschlichkeit in jenem dreifachen Sinne der Grausamkeit gegen menschliches Dasein, der Entehrung der Menschenwürde und der Zerstörung menschlicher Bildung zu deuten haben. Das so verstandene Verbrechen gegen die Menschlichkeit wird mit Recht als ein Verbrechen gegen die ganze Menschheit aufgefaßt. Sowohl im Statut des Nürnberger Gerichtshofs wie im Kontrollratsgesetz Nr. 10 wird deshalb die Gerichtsbarkeit über Humanitätsverbrechen, auch soweit sie sich gegen Deutsche oder Staatenlose wendet, primär für die Gerichte der Besatzungsmächte in Anspruch genommen und damit dem Gedanken Ausdruck gegeben, daß Humanitätsverbrechen ohne Rücksicht auf die Nationalität der Menschen, die sie zunächst verletzt haben, die Organe der Völkerrechtsgemeinschaft zu einer Intervention berechtigen".

Wie später der OGH ordnet Radbruch ‚Verbrechen gegen die Menschlichkeit' mit der Menschlichkeit bzw. der ‚ganzen Menschheit' ein überindividuelles Schutzgut zu. Daraus leitet er ein Interventionsrecht der Völkerrechtsgemeinschaft bzw. einen völkerrechtlichen, die staatliche Souveränität einhegenden Strafanspruch bei inhumanen, auch an Landsleuten verübten Verbrechen ab, wie ihn das Römische Statut erst 50 Jahre danach festschrieb. KRG 10 Art. II 1c beschreibe einen eigenen Tatbestand. So könnte „[n]ur eine verkünstelte Auslegung (...) daran festhalten, daß das Verbrechen gegen die Menschlichkeit nur einen zusammenfassenden Ausdruck für nach deutschem Recht ohnehin strafbare Handlungen" darstellt. Es sei aber nicht zu leugnen, dass im alliierten Gesetz „nicht einmal der Entwurf eines neuen Tatbestandes enthalten" sei, „vielmehr nur ein Ge-

---

[572] Vgl. *Radbruch* 1947: Verbrechen gegen die Menschlichkeit. Diesbezüglich u. a. *Raim*, S. 584f.

sichtspunkt, unter dem die Rechtsprechung einen solchen Tatbestand allmählich herausbilden kann"[573].

Bezüglich der Rückwirkung von KRG 10 vertritt der Ex-Reichsjustizminister die Ansicht, dass deren Ablehnung „den ganzen Sinn dieses Gesetzes mißdeuten und zerstören" würde. Die Folge wäre die Anerkennung der Geltung der vom NS-Regime gewährten Amnestien, Begnadigungen, Immunitäten und Verjährungen. Ebenfalls ungesühnt blieben dann die auf Hitlers ‚Geheimbefehl' durchgeführten NS-Anstaltsmorde, eine für Radbruch unerträgliche Konsequenz. Indes betont er, ein Verstoß gegen das Rückwirkungs- sowie Analogieverbot sei bei solchen Gräueln nicht gegeben, weil beide Regeln die Existenz einer Kodifikation verlangten. Wo die aber fehle, obliege die Ausgestaltung des Strafrechts wie im englischen *common law* den Gerichten. So liege es „im Wesen des judge made law zurückzuwirken: der erste Fall einer neuen Rechtsprechung fällt notwendig unter ein Recht, das noch nicht bestand, als er sich verwirklichte". Weil Völkerrecht kein gesetzgebendes Organ aufweise, sei es auf rückwirkendes Fallrecht regelrecht angewiesen. Deshalb sei es „in besonderem Maße bewegliches Recht, ein Fallrecht, von der Wissenschaft, durch die Staatenpraxis und durch Entscheidungen internationaler Gerichte fortgebildet. Solchem Fallrecht aber gehört auch das Verbrechen gegen die Menschlichkeit in der Form an, die ihm das Nürnberger Statut und das Gesetz Nr. 10 gegeben haben, die Form eines erst von der Rechtsprechung zu konkretisierenden Leitsatzes". Abschließend kommt der Rechtsgelehrte auf den 1946 geprägten Begriff des ‚übergesetzlichen Rechts' zurück. Dieses zeichne sich dadurch aus, dass es auch in Zeiten gegolten habe, als es wie im ‚Dritten Reich' keine positivrechtliche Normierung besessen hätte. Die Verfolgung von Menschlichkeitsverbrechen bedeute somit keinen Verstoß gegen das Rückwirkungsverbot, weil es sich bei dem Tatbestand um keine neue Strafnorm handelte. Deren Gebrauch konnte so kein rückwirkender sein. Vor diesem Hintergrund führt Radbruch drastisch vor Augen, zu welchen Schlüssen die Leugnung von ‚übergesetzlichem Recht' bzw. Vernunftrecht führen würde:

---

573 *Radbruch* 1947: Verbrechen gegen die Menschlichkeit, Sp. 132f. (‚Wir werden also…') und 133 (‚nur eine verkünstelte…', ‚nicht einmal…' sowie ‚vielmehr nur…'). Der Tatbestandsentwicklung sollten sich 1948 die Richter am OGH annehmen. Leider ist unbekannt, ob und inwiefern Radbruch dessen Spruchpraxis und KRG-10-Auslegung rezipiert hat. Sicher ist aber, dass OGH-Präsident Wolff den Doyen der Jurisprudenz 1948 auf seinen Einfluss auf die Rechtspraxis des Revisionsgerichts hinwies (vgl. *VII.2.1*).

„Sollte wirklich das deutsche Volk einschließlich der Täter so von allen guten Geistern verlassen gewesen sein, daß ihm etwa bei den Anstaltsmorden gar nie der Gedanke gekommen wäre, daß es sich hier trotz des gesetzesgleichen Führerbefehls um gesetzliches Unrecht handelte? Sollten Denunzianten sich wirklich keinerlei Unrechts bewußt gewesen sein, wenn sie ihre Opfer einer entarteten Justizmaschine auslieferten, die eine Inschrift an der Abortwand oder das Abhören eines feindlichen Senders mit dem Tode ahndete, sei es auch auf Grund bestehender Unrechtsgesetze? Sollte wirklich jemand geglaubt haben, man wolle die unter seinen Augen abtransportierten Juden an dem Ziel ihrer Zwangsreise in eine beglückte neue Existenz versetzen? Konnte irgend ein Deutscher daran zweifeln, daß in den KZ Willkür und Grausamkeit herrschte, auch wenn er ihr Maß und ihre Art nicht kannte?"

Weil der NS-Staat auf einem Rechtsboden gestanden hätte, der keiner war, könne „nullum crimen sine lege nur in sehr formalistischem Sinn auf das gesetzliche Unrecht jener Zeit Anwendung finden"574.

2.3.2 Vertiefte Auseinandersetzung und britisches Eingreifen

a) Wilhelm Kiesselbach

Hodenbergs Denkschrift vom November 1946 hatte auch ZJA-Präsident Kiesselbach dazu veranlasst, seinen Standpunkt zur rückwirkenden Anwendung von KRG 10 durch deutsche Gerichte und zur Frage nach der Aburteilung von Anzeigeverbrechen in einem Gutachten darzulegen, das Anfang 1947 in höheren Justizkreisen zirkulierte575. Dieser Text erschien im April 1947 in der ‚Monatsschrift für Deutsches Recht' und offenbart eine Haltung, die jener des Celler Chefpräsidenten diametral entgegensteht576. Der Autor erklärt, KRG 10 sei für das besetzte Deutschland rechtsverbindlich. So durchbreche es ihm widersprechende vorher gefasste gesetzliche Bestimmungen. Der deutsche Richter „sei mithin durch Amts-

---

574 *Radbruch* 1947: Verbrechen gegen die Menschlichkeit, Sp. 134 (‚den ganzen Sinn...' u. ‚im Wesen...'), 135 (‚in besonderem Maße...'), 135f. (‚Sollte wirklich...') und 136 (‚nullum crimen...').
575 Vgl. BArch, Z 21, Nr. 799, Bl. 49–57; hierzu auch *Broszat* 1981, S. 523.
576 Vgl. *Kiesselbach*, Wilhelm: Zwei Probleme aus dem Gesetz Nr. 10 des Kontrollrats, in: Monatsschrift für Deutsches Recht 1 (1947), H. 1, S. 2–6. Hierzu *Pendas* 2010, S. 453–455; weiterhin *Foljanty*, S. 72f.; *Raim*, S. 589 u. 594.

2.3 Debatte um die Rückwirkung von KRG 10 seit Frühjahr 1947

und Eidespflicht zur Anwendung des Gesetzes Nr. 10 verpflichtet"[577]. Broszat überzeugt das nicht: „Mit solch schlichter Argumentation, durch die der Präsident des ZJA auch das von ihm geleitete Amt als willfähriges Hilfsorgan der Besatzungsmacht erscheinen ließ, war der Diskussion kaum ein guter Dienst erwiesen"[578]. Wie Hodenberg trägt Kiesselbach schwerste Bedenken gegenüber ‚übergesetzlichem Recht' – und bedient sich wie jener des Radbruchschen Vokabulars. Letztlich erhebt der Celler Chefpräsident ‚nullum crimen sine lege' zum überpositiven Prinzip, dessen Durchbrechung mit KRG 10 drohe; damit stellt er letzteres auf eine Stufe mit verbrecherischen NS-Gesetzen. Der ZJA-Präsident dagegen versucht nachzuweisen, dass das Rückwirkungsverbot ohne verfassungsmäßige Verankerung keine übergesetzliche Vorrangstellung gegenüber einem mit ihm im Widerspruch stehenden einzelnen Gesetz hätte. Der Ausnahmefall, dass das betreffende Gesetz „in Gemäßheit der vorher entwickelten Grundsätze verwerflich wäre", treffe auf KRG 10 nicht zu. Daher lautet sein Schluss: „Wenn nach einer Zeit skrupelloser Gesetzesanarchie und nie dagewesenen Terrors Handlungen, deren verbrecherischer Charakter feststeht, bewußt straflos gelassen würden, so würde Aufrechterhaltung eines zum Zwecke der Schirmung der normalen Staatsordnung geschaffenen Rechtsgedankens, wie der Satz ‚nulla poena' ist, nicht dem Rechte dienen, sondern dem Unrecht"[579]. Dass das alliierte Gesetz nicht – wie aus Celle behauptet – gegen die Rechtsanschauungen aller Kulturnationen verstoße, zeige die Tatsache, dass 19 Staaten dem IMT-Statut beigetreten seien und mithin der Verfolgung von Menschlichkeitsverbrechen zugestimmt hätten[580].

Denunziationen erachtet Kiesselbach als „*verbrecherische* Handlungen, deren Bestrafung das Gesetz Nr. 10 bezweckt; auch hier soll Verwerfliches nachträglich gesühnt werden". Zwar würden Anzeigeverbrechen in der Strafnorm nicht explizit genannt, dafür aber im britischen Erlass zur Übertragung ihrer Aburteilung an deutsche Gerichte vom November 1946. Freilich sei die Verfolgung für deutsche Richter mit der Herausforderung verbunden, Kriterien für Denunziationen herauszuarbeiten, die unter KRG 10 fallen. Hierfür zieht der Jurist den Gesetzeswortlaut heran. So versteht er unter ‚atrocities' nicht wie die offizielle Übersetzung Gewalttaten, sondern Grausamkeiten, was Anzeigeverbrechen eher gerecht werde. Zur

---

577 *Kiesselbach*, S. 2.
578 *Broszat* 1981, S. 524.
579 *Kiesselbach*, S. 3 (‚in Gemäßheit…') u. 4 (‚Wenn nach…').
580 Vgl. *ebd.*, S. 4f.

2 Auseinandersetzung um das Rückwirkungsverbot (1946/47)

genauen Bestimmung der subjektiven Tatseite des Denunzianten müsse geklärt werden, was unter inhumaner Gesinnung zu begreifen sei. Eine unmenschliche Tat sei bei einer „Anzeige aus Rachsucht, persönlichem Haß oder zur Erlangung persönlicher Vorteile [zu unterstellen], wobei für die Frage der strafrechtlichen Verantwortung auch das offenbare Mißverhältnis zwischen dem zur Anzeige gebrachten Tatbestand und der zu erwartenden (Terror-)Strafe von ausschlaggebender Bedeutung sein kann". Abschließend ordnet Kiesselbach die Bedeutung des Tatbestands ‚Verbrechen gegen die Menschlichkeit' ein, indem er es als „Rechtsgebiet [bezeichnet], dessen Erschließung einen Fortschritt für die Rechtsgebarung der Menschheit bedeuten kann und dessen weiterer Ausbau schwerlich wieder ganz zur Ruhe kommen wird"[581]. Die zu entwickelnde Rechtspraxis solle der Wiederholung solcher Grausamkeiten entgegenwirken.

Angesichts seiner eher antiliberal-konservativen Grundeinstellung und der Irritationen, die er mit einer Denkschrift zur Entnazifizierung ausgelöst hatte, verwundert, dass Kiesselbach sich 1947 in einen derartigen Gegensatz zum früheren Amtskollegen Hodenberg bewegte. Gewiss hatte dies auch damit zu tun, dass sein Amt und die Zusammenarbeit mit der Legal Division ihn zu einer besonderen Loyalität gegenüber der Militärregierung verpflichteten. Auch konnte er als früherer Kommissar bei der US-deutschen ‚Gemischten Kommission' und Kenner angloamerikanischen Rechtsdenkens die britischerseits mit der Ermächtigung deutscher Gerichte zur Anwendung von KRG 10 verknüpften Zwecke nicht verkennen. So stellte sich mit dem ZJA-Präsidenten also ein weiterer Justizakteur gegen den Celler OLG-Präsidenten. Was beide jedoch miteinander verband, war ihre positivistische Prägung. Hatten Wimmer und Radbruch eine ‚übergesetzliche', ethisch-naturrechtliche Begründung für die rückwirkende Bestrafung von NS-Unrecht vorgelegt, so trieb Hodenberg wie auch Kiesselbach die Frage um, ob die dazugehörige Strafnorm mit dem Gewissen des Richters vereinbar sei und seinen Gehorsam verdiene.

b) Max Güde

Max Güde, kommissarischer Oberstaatsanwalt in Konstanz, gehörte zu den wenigen in der FBZ tätigen deutschen Juristen, die sich an der Debatte um

---

581 *Ebd.*, S. 5 (‚verbrecherische Handlungen...' sowie ‚Anzeige...') und 6 (‚Rechtsgebiet...').

2.3 Debatte um die Rückwirkung von KRG 10 seit Frühjahr 1947

KRG 10 beteiligten[582]. Sein 1947 veröffentlichter Aufsatz ‚Die Anwendung des Kontrollratsgesetzes Nr. 10 durch die deutschen Gerichte' beleuchtet das alliierte Gesetz sowie Menschlichkeitsverbrechen unter verschiedenen Blickwinkeln[583]. Wichtige Denkanstöße liefert Güde v. a. zum Tatbestand und zur Rückwirkung. KRG 10 Art. II 1c attestiert er, von keiner „gewohnten strengen und festen deskriptiven Fassung von Tatbeständen unter möglichstem Ausschluß richterlichen Ermessens, sondern von einer mit nur beispielhafter Benennung von Deliktsnamen den Leitgedanken lediglich verdeutlichenden, dem richterlichen Ermessen weiten Spielraum lassenden Fassung" geprägt zu sein. Das Pathos sowie der legitimierende Wertgehalt des Tatbestands könnten aber den Überschriften des Gesetzes entnommen werden, welche die Funktion von Verfassungspräambeln hätten. Dies führt den Konstanzer Staatsanwalt zu der Überzeugung, dass der englische und der französische Terminus ihre adäquate Übersetzung im ‚Verbrechen gegen die Menschheit' fänden. Hingegen hätte „[d]as Wort ‚Menschlichkeit' mit den zugehörigen Adjektiven ‚menschlich' und ‚unmenschlich' (…) im Deutschen eine vage Verschwommenheit ins Ideelle, um nicht zu sagen Ideale und Moralische". Folgend unterteilt Güde den Tatbestand in drei Gruppen. So erstrecke er sich auf: a) Verbrechen mit gebräuchlichen Deliktsbezeichnungen wie beispielsweise Mord, b) Massenverbrechen und c) Verfolgung aus politischen, rassischen oder religiösen Gründen. KRG 10 beruhe auf den

> „von den zivilisierten Staaten anerkannten allgemeinen *Strafrechtsgrundsätze[n]*, die hier als Rechtsquelle aufgestellt werden. Insoweit wird nicht eigentlich Recht gesetzt, sondern lediglich eine *Rechtsquelle* bezeichnet, aus der *geltendes* Recht erkannt werden kann. Dieses Recht

---

582 Zu Güde (1902–1984) vgl. *Tausch*, Volker: Max Güde (1902–1984). Generalbundesanwalt und Rechtspolitiker, Baden-Baden 2002 (Juristische Zeitgeschichte. Abt. 4: Leben und Werk – Biographien und Werkanalysen, Bd. 5). 1902 geboren und 1927 in den Staatsdienst Badens eingetreten, bekleidete Güde seit 1932 eine Stelle als Amtsgerichtsrat in Bruchsal. Nachdem er im Kollegenkreis Kritik an der nach der NS-Machtübernahme erfolgten Verhaftung und Misshandlung des lokalen SPD-Reichstagsabgeordneten geäußert hatte, wurde er in das entlegene Wolfach versetzt. Obwohl Güde 1940 in die NSDAP eintrat, galt er dem Regime als „weltanschaulich ungefestigt" (*ebd.*, S. 37), „konfessionell gebunden" (*ebd.*, S. 39) und suspekt (vgl. *ebd.*, S. 52). Nach 1945 wirkte er als Staatsanwalt und seit Sommer 1947 als Oberstaatsanwalt in Konstanz.
583 Vgl. *Güde*, Max: Die Anwendung des Kontrollratsgesetzes Nr. 10 durch die deutschen Gerichte, in: Deutsche Rechts-Zeitschrift 2 (1947), H. 4, S. 111–118. Hierzu *Raim*, S. 585f. u. 590; ferner *Foljanty*, S. 71f.

gilt – quasi als natürliches Strafrecht –, weil und soweit es in den staatlichen Rechtsordnungen der zivilisierten Staaten positiviert worden ist. (...) Verbrechen gegen die Menschheit heißen die Verstöße gegen dieses gemeinmenschliche Recht, weil sie von den Strafrechtsanschauungen der zivilisierten Menschheit, in denen der geschichtlich errungene Stand der Zivilisation zum Ausdruck kommt, als strafbares Unrecht verurteilt werden"[584].

Menschheitsverbrechen mit einschlägigen Deliktsbezeichnungen sowie Massenverbrechen stellten demnach keine neue strafrechtliche Norm auf; letztere höben sich aber durch die massenhafte Häufung von Straftaten ab. Hingegen bedeute die Ahndung von Unrecht, das sich in gruppenspezifischer Verfolgung manifestiert, die Bildung eines neuen Tatbestands. Dessen Norm sei jedoch nur scheinbar neu, wurzele sie doch in den Rechtsüberzeugungen der Völker, aus deren Rechtsordnungen sie ablesbar sei[585]. Es gehe um ‚die unabdingbaren Menschenrechte', für die als einzige „die Evidenz in Anspruch genommen werden kann, die die Anwendung einer bisher in den positiven Rechtsordnungen noch nicht ausdrücklich formulierten Norm überhaupt als möglich erscheinen läßt"[586]. Dies Rechtsgut – hier zieht Güde enge Grenzen – werde durch die Träger staatlicher und politischer Gewalt bedroht; in Erscheinung träte Verfolgung aus politischen, rassischen oder religiösen Gründen also in der Form von Menschenrechtsverletzungen durch Machtmissbrauch[587]. Das verdeutlicht er anhand von NS-Denunziationen, die auf wahre Aussagen gestützt waren. Der Knackpunkt lag bei der inneren Tatseite. Der Autor bezweifelte keineswegs, dass solche Vergehen unter KRG 10 strafbar waren, nämlich als Teilnahme an einem Verbrechen der Verletzung der Menschenrechte, wenn die Denunziation eine als solche zu qualifizierende Behandlung des Angezeigten bedingte. Er errichtet aber hohe Hürden, indem er meint, der Täter müsse gewusst haben, „daß die Ingangsetzung des staatlichen oder politischen Machtapparats zu einer Verletzung der Menschenrechte des Angezeigten führen werde; das Bewußtsein allein, daß diese Anzeige zu einer ungerechten Behandlung des Angezeigten führen könne oder werde, genügt nicht". Der Oberstaatsanwalt erkennt, dass die Tatsachenkenntnis wie auch das Durchschauen der rechtswidrigen Praxis des Machtapparats „wohl in der

---

584 *Güde*, S. 113 (‚gewohnten strengen...' sowie ‚das Wort...') und 114 (‚von den zivilisierten...'; Hervorhebungen im Original).
585 Vgl. *ebd.*
586 *Ebd.*, S. 115.
587 Vgl. *ebd.*

2.3 Debatte um die Rückwirkung von KRG 10 seit Frühjahr 1947

Regel nur bei dem auf der Innenseite des Machtapparates Tätigen gegeben waren", nicht zuletzt bei Angehörigen von Gestapo und SD oder deren geheimen Informanten. Der OGH ging späterhin über diese restriktive Lesart hinaus, indem er bei Denunziationsfällen klarstellte, dass auch aus persönlichen Motiven handelnde Privatmenschen als Täter in Frage kämen. Abgesehen davon bereichert Güde den KRG-10-Diskurs mit einem Beispiel, das aufzeigt, wann eine Tat die Menschenwürde verletzte: „Der Dieb z. B. verletzt mein Eigentum, aber er kränkt nicht mein Recht auf Eigentum im Sinne der Menschenrechte. Man kann aber mich und mein Eigentum so behandeln, als ob ich überhaupt nicht eigentumsfähig sei, und das ist allerdings ein Angriff auf mein Menschenrecht, weil mir damit ‚Würde und Wert der menschlichen Persönlichkeit' abgesprochen werden". Betreffend ‚nullum crimen, nulla poena sine lege' legt der Konstanzer Justizjurist dar, bei Verbrechen gegen die Menschheit könne keine Rede von einem Gebotsverstoß sein. Denn die Norm, auf der die Strafdrohung gründe, sei keine neu gesetzte, sondern eine, die „der Überzeugung des Gesetzgebers aller positiv gesetzten Rechtsordnung vorausgeht und in ihrer Gültigkeit evident ist". Zudem tue die „Bestrafung der Verletzung elementarster Menschenrechte einem zwingenden Gebot der Gerechtigkeit" Genüge. Nachdem Güde zuvor hervorgehoben hatte, dass das alliierte Gesetz kein Rahmen-, sondern ein ohne Weiteres anwendbares Strafgesetz sei, welches von deutschen Gerichten als deutsche Norm aufzufassen sei, die „mit dem sonstigen deutschen Strafrecht in Beziehung gebracht werden"[588] müsse, kommt er schließlich auf Fragen des Verhältnisses von KRG 10 und StGB zurück. Während er mit Blick auf Verbrechen, die unter gebräuchlichen Deliktsnamen firmieren, den Vorrang deutschen Strafrechts feststellt, erachtet er das alliierte Gesetz als angemessen für die Ahndung von Massenverbrechen[589]. Bei politischer, rassischer oder religiöser Verfolgung liege aber Idealkonkurrenz zwischen dem StGB und KRG 10 vor. Hier sei stets genau zu prüfen, ob dieses mit dem geschützten Rechtsgut der Menschenwürde tatsächlich eine *lex specialis* gegenüber Strafbestimmungen des deutschen Rechts darstelle. Eine solche Prüfung bezwecke, das Abstufungssystem der Strafrechtsordnung zu erhalten und die „Aufstellung eines unförmigen Generaldelikts [zu verhindern], das neben alle bisherigen De-

---

588 *Ebd.*, S. 115 (‚daß die Ingangsetzung…'), 116 (‚wohl in der Regel…' sowie ‚Der Dieb…'), 117 (‚der Überzeugung…' sowie ‚Bestrafung…') und 112 (‚mit dem sonstigen…').
589 Vgl. *ebd.*, S. 118.

liktsformen tritt"⁵⁹⁰. KRG 10 müsse laut Güde kein Fremdkörper in der deutschen Strafrechtsordnung bleiben. Vielmehr stelle es sie „unter den Leitstern eines Gemeinbesitzes an strafrechtlichen Anschauungen der zivilisierten Menschheit, eines ‚allgemein-europäischen Rechtsbewußtseins', wahrt und bestätigt aber zugleich die deutsche Strafrechtsordnung als Mitträgerin dieses Gemeinbesitzes, der vor allem in der Aufstellung des Tatbestandes der Menschenrechtsverletzung um ein zukunftsträchtiges Element bereichert wird".

Kurz nach Erscheinen seines Beitrags, am 3. Juni 1947, äußerte sich der Oberstaatsanwalt auf dem letzten gesamtdeutschen Juristentag in Konstanz zur Frage der Handhabung von KRG 10. Dabei rekurrierte er auf den behandelten Text als einen Versuch des Nachweises, „daß in der juristischen Überzeugung aller Völker ein konstantes Kriterium des Unrechts existiert"⁵⁹¹. Angesichts Besorgnis erregender Tendenzen in der SBZ plädierte er für einen verantwortungsbewussten Umgang mit der alliierten Strafnorm und bemerkte: „[I]ch kann auch nur urteilen, wenn ich der Überzeugung bin, daß da ein Schuldiger ist"⁵⁹². Jeder als Justizjurist an der Aufarbeitung derartigen Unrechts Beteiligte müsse streng mit sich und seiner moralischen Belastung oder Schuld ins Gericht gehen, um dem Anspruch, Recht zu sprechen, gerecht zu werden. Güde selbst legte auch ein gerüttelt Maß an Selbstkritik an den Tag, dessen viele Berufskollegen wegen ihrer NS-Verstrickung wohl weit eher bedurft hätten⁵⁹³. Indes wartete der Konstanzer Juristentag – neben Hodenberg – mit einer weiteren Stimme gegen eine deutsche Gerichtsbarkeit zu NS-Menschlichkeitsverbrechen auf: Franz-Arthur Müllereisert, Landgerichtspräsident in Lindau (FBZ), kritisierte KRG 10 aufgrund seines Verstoßes gegen das Rückwirkungsverbot und seiner Zweckgebundenheit. Indem er beides in einen strukturel-

---

590 Hier und im Folgenden *ebd.*
591 Zit. n. *Tausch*, S. 54.
592 *Militärregierung des Französischen Besatzungsgebietes in Deutschland, Generaljustizdirektion* (Hrsg.), S. 77.
593 Abgewogene Urteile kennzeichneten Güde auch später. So nutzte er als Generalbundesanwalt (1956/57–1961) die Debatte um die 1959 eröffnete Ausstellung ‚Ungesühnte Nazijustiz' für die Feststellung, Richter hätten im NS-Staat keine Repressalien für milde Urteile fürchten müssen und in der Frage der Verhängung von Todesstrafen Ermessensspielräume besessen. Damit verstieß er gegen den Korpsgeist des Berufsstandes (vgl. *Miquel* 2007, S. 193). Was politisches Strafrecht bzw. die Verfolgung von Hoch- wie Landesverrat und Staatsgefährdung angeht, vertrat Güde einen – verglichen mit dem zuständigen BGH-Strafsenat – liberalen, reformbereiten Standpunkt (vgl. *VII.2.4* und *2.5*). 1961 bis 1969 war er CDU-Bundestagsabgeordneter.

2.3 Debatte um die Rückwirkung von KRG 10 seit Frühjahr 1947

len Zusammenhang mit der Gesetzgebung im NS-Staat rückte[594], stieß er ins gleiche Horn wie der Celler OLG-Präsident. Zudem ermahnte er die Zuhörer, zum Schutz der richterlichen Unabhängigkeit Widerstand gegen jene Norm zu leisten[595].

c) Britische Reaktionen auf Hodenberg und seine Anhänger: Kritik und Druck

Indessen hatte die Causa Hodenberg der Militärregierung starkes Kopfzerbrechen bereitet. Man war besorgt, die „vociferous critique"[596] des einflussreichen Juristen könnte Teile der Justiz dazu ermuntern, sich der KRG-10-Anwendung entgegenzustellen[597]. So wandte sich der Foreign Office-Rechtsberater Brown am 7. Mai 1947 an Oberst Rathbone: „It is rather extraordinary, at any rate judged by English standards, that a judge in an important position should commit himself to a sustained argument on a question which may later come before him judicially, and it is, from any point of view, very regrettable that the article should be argumentatively against the application of the Law by German judges"[598]. Sehr bald setzte die BSLRU ein Schreiben auf, in dem sie dem OLG-Präsidenten von Celle zwar keine böse Absicht unterstellte, dafür jedoch eine durchaus gefährliche Geisteshaltung.

„This mentality was typical of a great number of judges under the Weimar Republic who sabotaged laws of the Republic which were not in conformity with their right wing political outlook, and based their

---

594 Vgl. *Militärregierung des Französischen Besatzungsgebietes in Deutschland, Generaljustizdirektion* (Hrsg.), S. 75–77.
595 Vgl. *Douglas*, S. 63f.
596 *Ebd.*, S. 64.
597 Eine Richterkonferenz im Landgerichtsbezirk Essen bot am 4. Juni 1947 Fürsprechern und Gegnern der deutschen KRG-10-Handhabung ein Forum. Dabei nahm die regionale Militärregierung in Düsseldorf v. a. am Vortrag von Landgerichtsdirektor Rüdlin Anstoß, weil er die erste, im KRG 10 beschriebene Gruppe von Delikten (‚Mord, Ausrottung, Versklavung' etc.) betreffend betont hatte, sie seien nur unter Zugrundelegung deutschen Strafrechts abzuurteilen. Diese Ansicht erklärten die Briten am 9. September 1947 gegenüber dem Justizminister Nordrhein-Westfalens und den Justizspitzen des Landes für fragwürdig und in ihren möglichen Konsequenzen für höchst bedenklich (vgl. TNA, PRO, FO 1060, Nr. 1075, Foliierung uneindeutig).
598 *Ebd.*, FO 937, Nr. 153, Bl. 5.

judgments on reasons which, from a legal point of view, were obviously untenable. Many of these judges would have been sincerely shocked if they had been told that they had committed the crime of ‚Rechtsbeugung' (intentional deviation from the law committed by a judge); they were so blinded by their political bias that they were convinced that a law which they considered a politically bad law was no law at all"[599].

Obwohl antirepublikanische Richter nicht zwangsläufig Nationalsozialisten geworden sein mussten, trieb die BSLRU die Frage um, was mit Personen geschehen sollte, deren politische Voreingenommenheit der Erfüllung der Amtspflicht im Weg zu stehen drohte. Man erwog offenbar rechtliche Schritte für mögliche Entlassungen[600]. Am 15. Mai teilte Brown dem General Department mit, er sehe eine Gefahr „in allowing German lawyers to imagine that the arbitrary powers of Mil Gov will not be exercised in the future"[601]. Indessen sandte ihm Rathbone am 2. Juli einen Text des Kammergerichtspräsidenten Georg Strucksberg[602], der für Brown von Interesse sein könne, wenn er mit dem Vorschlag einverstanden sei, einen Artikel zu KRG 10 und ‚nulla poena sine lege' für die ‚Monatsschrift für Deutsches Recht' zu schreiben. Der Oberst wollte den Adressaten hiermit nicht belästigen, setzte aber hinzu, „it is causing me some concern". Die BSLRU arbeitete mittlerweile ein Memorandum aus, das ihr Vorgesetzter Brown am 14. Juli an Rathbone sandte. Hierbei betonte jener, „some kind of control over what is published in the ‚Monatsschrift für Deutsches Recht' ought to be exercised as that paper is probably regarded by the German lawyer as having some kind of official sanction"[603].

Hier spielte Brown wohl auf einen ‚Vorfall' an, der die Briten in Alarmbereitschaft versetzt hatte. So war im Mai 1947 in der ‚Monatsschrift' ein Beitrag des Gerichtsassessors Hans-Georg Meister erschienen[604], dessen Haltung nach BSLRU-Meinung „praktisch einer Nichtachtung der rückwirkenden Kraft des Kontrollratsgesetz[es] Nr. 10 gleich[kam]"[605]. Im Juli

---

599 *Ebd.*, Nr. 44, ohne Foliierung – Schreiben der BSLRU zu ‚Political Bias of Judges' vom 13. Mai 1947.
600 Vgl. *ebd.*
601 *Ebd.*, Nr. 153, Bl. 11.
602 Zu Strucksberg vgl. *Kipp*, Jürgen: Kammergerichtspräsident Dr. Georg Strucksberg, Berlin 2008 (Forum Recht und Kultur im Kammergericht e.V., Bd. 1).
603 TNA, PRO, FO 937, Nr. 153, Bl. 16 (‚it is…') u. 34 (‚some kind…').
604 Vgl. *Meister*, Hans-Georg: Die Widerspruchslosigkeit der Rechtsordnung, in: Monatsschrift für Deutsches Recht 1 (1947), H. 2, S. 47–49.
605 BArch, Z 21, Nr. 1355, Bl. 40.

informierte Rathbone den ZJA-Verbindungsoffizier, in nichtamtlichen Zeitschriften publizierte Texte unterlägen grundsätzlich nicht der amtlichen Zensur. Allerdings könnten Artikel, die den Interessen der Alliierten zuwiderlaufen – bezüglich des problembehafteten KRG 10 insbesondere –, nicht geduldet werden. Daher solle das ZJA gebeten werden, den Herausgeber der ‚Monatsschrift' hiervon in Kenntnis zu setzen und ihm den schädlichen Einfluss des Meister-Aufsatzes zu verdeutlichen. Er sei auch zu ersuchen, dafür zu sorgen, dass ähnliche Beiträge künftig nicht mehr veröffentlicht werden[606].

Nach dem ‚Fall Hodenberg' reagierten die Briten hochsensibel auf Kritik an der alliierten Strafnorm und waren bereit, ihre politische Machtstellung auszunutzen, um ihr in der deutschen Rechtspflege Geltung zu verschaffen. Indem sie den Diskurs durch Regulierung des Zugangs zu Fachzeitschriften beeinflussten, unterstrichen sie ihren Machtanspruch und die Möglichkeit, ihn auch gegen Widerstände durchzusetzen. Die Militärregierung agierte als politisch und militärisch mächtigster Akteur im vergangenheitspolitischen Spannungsfeld, dessen Akteure um die (Nicht-)Anwendung des rückwirkenden KRG 10 stritten, das einer konsequenten Ahndung von NS-Unrecht dienlich sein konnte.

d) Alfred Brown und Ronald Harry Graveson

Nun nahm auch die Arbeit mit dem erwähnten Memorandum aus dem Umfeld des Foreign Office Gestalt an. Am 18. Juli schickte das BSLRU-Mitglied R. Fuchs Alfred Brown den deutschsprachigen Entwurf für einen Artikel über das Nulla-Poena-Prinzip, der zur Veröffentlichung in der ‚Monatsschrift' vorgesehen war[607]. Kurz darauf wird der auf den 22. Juli datierte, Brown zugeschriebene Text ‚Der Grundsatz „Nulla poena sine lege" und Kontrollratsgesetz Nr. 10' aktenkundig[608]. Dass er nicht unter dem Namen des Londoner Rechtsberaters publiziert wurde, war den Bedenken des Vorgesetzten Sir Gilmour Jenkins, Permanent Undersecretary of State, geschuldet, der „unhappy repercussions"[609] fürchtete. Gleichwohl erschien

---

606 Vgl. *ebd.*, Bl. 39.
607 Vgl. TNA, PRO, FO 937, Nr. 153, Bl. 36.
608 Vgl. *ebd.*, Bl. 38–50; wie auch *ebd.*, FO 371, Nr. 64865, ohne Foliierung (13 Seiten).
609 *Ebd.*, FO 937, Nr. 153, Bl. 54.

der Aufsatz im Dezember 1947 in leicht geänderter Form; als Autor zeichnete der Londoner Professor Ronald Harry Graveson verantwortlich.

Die Kernaussage lautet, das Rückwirkungsverbot behindere die KRG-10-Verwendung vor deutschen Gerichten nicht, weil es entgegen der Behauptung Hodenbergs kein zwingender Grundsatz des Strafrechts aller Kulturvölker sei[610]. So beschränkten weder Artikel 116 der Weimarer Reichsverfassung noch Artikel IV Ziffer 7 des Militärregierungsgesetzes Nr. 1 die ‚supreme authority' des Kontrollrats in seiner Gesetzgebungsfunktion. Zudem hätte das Rückwirkungsverbot weder im englischen noch im US-Recht den Status eines unbedingt bindenden Rechtssatzes. Das *common law* schließe ‚nulla poena sine lege' geradezu aus, und auch dort, wo in England ein Gesetzgebungsstrafrecht vorherrsche, sei im positiven Recht nur der „Auslegungsgrundsatz [verankert], daß einem Gesetz, das materielles Recht zum Gegenstand hat, keine Rückwirkung beizumessen ist, sofern sich nicht das Gegenteil klar aus dem Gesetz ergibt. Dieser Grundsatz, der auch in vielen Entscheidungen des deutschen Reichsgerichts aufgestellt wird", hebt der Text im Gegensatz zum Celler OLG-Präsidenten hervor, „dürfte heute als Gemeingut der Rechtssysteme der zivilisierten Völker angesehen werden können". KRG 10 passe insofern in das Schema, als es sich explizit auf die Bestrafung von Taten beziehe, die vor dem Inkrafttreten stattgefunden hatten. „Wer sich weigert, dieses Gesetz rückwirkend anzuwenden, verweigert im praktischen Ergebnis die Anwendung des Gesetzes überhaupt. Eine Rechtsgrundlage für eine solche Weigerung besteht nicht, da, wie wir gesehen haben, der Satz ‚nulla poena sine lege' keine bindende Wirkung für die Gesetzgebung des Kontrollrats hat". Weiter nimmt der Artikel Anstoß an Hodenbergs Einlassung, deutsche Richter könnten den rückwirkenden KRG-10-Gebrauch ablehnen, da sie ihn nicht mit ihrem Gewissen vereinbaren könnten. Ein solches Gewissen müsse irregeleitet sein und zeuge von starrem Formalismus, der die ethische Fundierung des strafrechtlichen Rückwirkungsverbotes und die Zweckrichtung auf die Schaffung von Gerechtigkeit und Rechtssicherheit verkenne. Der Unterschied, der eine Außerkraftsetzung des Grundsatzes begründen könne, liege in der Verfasstheit der jeweiligen Rechtsordnung, auf die Bezug genommen werde.

---

610 Vgl. *Graveson*, Ronald Harry: Der Grundsatz „nulla poena sine lege" und Kontrollratsgesetz Nr. 10, in: Monatsschrift für Deutsches Recht 1 (1947), H. 9, S. 278–281, hier: S. 278.

2.3 Debatte um die Rückwirkung von KRG 10 seit Frühjahr 1947

„Unter normalen Verhältnissen innerhalb einer Rechtsordnung, die auf den ethischen Grundlagen der heutigen Weltkultur aufgebaut ist, wird die Durchführung des Satzes ‚nulla poena sine lege' in der Tat zur Verwirklichung der Ideale der Gerechtigkeit und Rechtssicherheit beitragen. Anders liegt es aber gegenüber einem System, das jene ethischen Grundlagen über Bord geworfen hatte, das das deutsche Volk bewußt zur Roheit und Unmenschlichkeit anhielt und den einzelnen der schrankenlosen Willkür einer brutalen Macht unterwarf, die sich durch keinerlei ethische Grundsätze gebunden fühlte, sondern alles, was mit ihren Zielen nicht in Einklang war, grausam zu vernichten strebte".

Damit umreißt der Artikel die Problematik der juristischen Aufarbeitung von Unrecht, das in einer Diktatur staatlicherseits verübt, gefördert oder geduldet wurde – v. a., wenn das Täterhandeln ‚rechtens' gewesen war. „Es würde den Gipfel der Ungerechtigkeit bedeuten, wenn diese Taten für immer straffrei bleiben sollten, weil sie zur Zeit ihrer Begehung unter der Herrschaft eines verbrecherischen Gewaltsystems und des auf ihm beruhenden Rechts nicht geahndet werden konnten". Dieser Begründung hatte sich auch Wimmer bedient (vgl. *2.3.1*), und wie er betont nun Graveson, dass Rechtssicherheit Sühne erfordere und nur das Bewusstsein der Ahndung von NS-Unrecht der Deutschen erschüttertes Rechtsbewusstsein wiederherstellen könne. Ein Gedankengang, den auch der OGH in seiner ersten KRG 10 betreffenden Entscheidung aufgreifen sollte (vgl. *VIII.1*). Scharf versetzt der Verfasser des Textes, es falle ihm schwer, „sich in das Gewissen derjenigen Juristen hineinzudenken, die glauben, die Anwendung des Kontrollratsgesetzes Nr. 10 auf nationalsozialistische Untaten nicht verantworten zu können". Ein Richter dürfe sich der Anwendung des Gesetzes nicht verweigern; Gewissensgründe seien unerheblich. Vielmehr hätten deutsche Richter gemäß Militärregierungsgesetz Nr. 2 Art. V einen Eid geleistet, deutsche und alliierte Gesetze zu beachten. Wer das unterlasse, gefährde die Rechtssicherheit wie auch das Vertrauen in die Rechtspflege, indem er sich dem Vorwurf der Parteilichkeit aussetze. Diesen Personen legt der Aufsatz den Richteramtsverzicht nahe. „Ein Richter aber, der die Lösung des Konflikts darin suchen wollte, daß er im Amte verbleibt und an Stelle der Anwendung eines klaren Gesetzes den Streitparteien seine eigene Überzeugung als Recht aufdrängt, würde nicht nur seine berufliche Pflicht, sondern auch seinen Diensteid verletzen"[611]. Diesen Männern bot sich noch ein anderer Ausweg – anstatt KRG 10 unter Hinweis auf eine Verletzung des Rückwirkungsverbotes abzulehnen, konnten sie seine Anwendung vermeiden, indem sie erklärten, der jeweilige Sachverhalt sei gänzlich durch deutschrechtliche Strafnormen abgedeckt und bedürfe keiner Prüfung auf Subsumierbarkeit unter das alliierte Gesetz. Hier gewann der Fingerzeig auf die in der MRVO 47 vermeintlich enthaltene Wahlfreiheit mit Blick auf die Anwendung entweder deutschen oder alliierten Strafrechts an Bedeutung. Die zugehörige Frage nach dem Verhältnis von KRG 10 und StGB bzw. ‚Alternativklage' und Idealkonkurrenz sollte in der Rechtswissenschaft seit Sommer 1947 heiß diskutiert werden. Dass sie in der Jurisdiktion umstritten blieb, zeigt die Handhabung von Verbrechen gegen die Menschlichkeit in der Britischen Zone.

e) Georg Strucksberg

Wie dargelegt, zirkulierte bereits im Juli 1947 ein Aufsatz des Kammergerichtspräsidenten Strucksberg zur Rückwirkung von KRG 10 zwischen der Militärregierung und London. Im September erschien er in der ‚Deutschen Rechts-Zeitschrift'[612]. Dass er von britischer Seite positiv aufgenommen wurde, nimmt angesichts seiner Befürwortung der Anwendung jener Strafnorm und Kritik am Standpunkt Hodenbergs nicht wunder. Letzterer hatte zuvor alle Hebel in Bewegung gesetzt, um die Veröffentlichung des Artikels zu verhindern. Aber der Appell an Kiesselbach und die Forderung an den Herausgeber der ‚Monatsschrift', ihm die Möglichkeit zur Gegenrede einzuräumen, verfehlten ihr Ziel[613]. In seinem Aufsatz bezieht Strucksberg die Rechtsauffassung des Kammergerichts aus dessen Revisionsentscheidung vom 17. Mai 1947 im Fall Schwärzel (vgl. *VI.1.1*). So äußert er keine Bedenken gegen die Rückwirkung von KRG 10 und bestätigt den

---

611 *Ebd.*, S. 279 (‚Auslegungsgrundsatz...'), 280 (‚Wer sich weigert...' sowie ‚Unter normalen Verhältnissen...') und 281 (‚Es würde...', ‚sich in das Gewissen...' und ‚Ein Richter...').
612 Vgl. *Strucksberg*, Georg: Zur Anwendung des Kontrollratsgesetzes Nr. 10, in: Deutsche Rechts-Zeitschrift 2 (1947), H. 9, S. 277–279.
613 Vgl. *Raim*, S. 595. Die über das ZJA weitergegebene Anweisung Oberst Rathbones an die Redaktion der ‚Monatsschrift', keine Artikel mehr zu drucken, in denen Kritik an KRG 10 geübt wurde, zeitigte also Erfolg. Hodenbergs Niederlage belegt, dass sich sein vergangenheitspolitischer Wirkungskreis langsam verkleinerte.

2.3 Debatte um die Rückwirkung von KRG 10 seit Frühjahr 1947

besonderen Unrechtsgehalt des Verbrechens gegen die Menschlichkeit sowie die Deutung, dass es sich nicht in einer Zusammenfassung von Tatbeständen des StGB erschöpfe. „Sowohl dem Ergebnis, daß die während des Nazi-Regimes begangenen Verfolgungen aus politischen Gründen auf Grund des KontrG 10 bestraft werden müssen, auch wenn sie zur Zeit ihrer Begehung nach deutschem Strafrecht noch nicht mit Strafe bedroht waren, wie seiner Begründung ist zuzustimmen"[614]. Das Hodenbergsche Argument, KRG 10 könne von deutschen Gerichten nicht herangezogen werden, da deutsches und internationales Recht völlig verschieden seien, lässt der Berliner Jurist nicht gelten, weil es hier um Grundsatzfragen der Gerechtigkeit gehe. Folglich dürfe die deutsche Justiz auch die Rechtsprechung des IMT nicht als für ihre Arbeit unbeachtlich abtun. Der Kontrollrat bürge dafür, dass internationales Recht bzw. der Straftatbestand des Menschlichkeitsverbrechens Gegenstand deutschen Rechts werde[615]. Die Kritik des OLG-Präsidenten von Celle, die mit dem alliierten Gesetz verbundene Aushebelung von ‚nullum crimen sine lege' sei ein „Rückfall in damals vorgenommene Maßnahmen', ‚wenn auch mit umgekehrten Vorzeichen'"[616], weist Strucksberg als (unbewusste) Gleichsetzung völlig verschiedener Intentionen zurück. Denn KRG 10 sei im Gegensatz zu rückwirkenden NS-Gesetzen „gerade zum Schutze der Menschlichkeit erlassen [worden], mit dem alleinigen Zweck, diese vom NS begangenen Verbrechen zu sühnen". So sei Rückwirkung hier ein Gebot der Rechtssicherheit. Verbrechen gegen die Menschlichkeit bildeten auch nicht bloß Verstöße gegen das Sittengesetz, sondern seien gravierender, da sie „in ihrer Schwere und Einmaligkeit jeglichen geschichtlichen Präzedenzfalles entbehren". „Völlig abwegig"[617] ist für den Kammergerichtspräsidenten Hodenbergs Annahme, jede Anzeige führe nach einem politischen Wechsel zur Verfolgung des Urhebers. Wimmer pflichtet er darin bei, dass der NS-Ausnahmezustand nur mit Ausnahmegesetzen zu bewältigen sei. Gewissenskonflikte, in die die KRG-10-Anwendung den deutschen Richter stürze, gälten nicht. Vielmehr prägt Strucksberg das Bild eines demokratischen Richters, der die innere Kraft zur Aufarbeitung von NS-Unrecht aufbringen und über den Parteien stehen müsse. Eine Wiederherstellung des Vertrauens in die Justiz erfordere die Verfolgung jener Verbrechen, und zwar auf eine Wei-

---

614 *Strucksberg*, S. 277.
615 Vgl. *ebd.*, S. 278.
616 Zit. n. *ebd.*
617 *Ebd.*, S. 278 (‚gerade zum Schutze...') u. 279 (‚in ihrer Schwere...' u. ‚Völlig abwegig...').

2 Auseinandersetzung um das Rückwirkungsverbot (1946/47)

se, welche die Öffentlichkeit einbezieht und die Strafprozessordnung achtet[618].

---

618 Vgl. *ebd.*, S. 279.

3 Kontrollratsgesetz Nr. 10 und deutsches Strafrecht

Wie Foljanty hervorhebt, verlagerte sich die rechtswissenschaftliche Debatte um KRG 10 seit der zweiten Jahreshälfte 1947 von der Frage der Rückwirkung ('nullum crimen, nulla poena sine lege') zu Gesichtspunkten der rechtspraktischen Anwendung. Dabei standen das Verhältnis zwischen der alliierten Norm und dem materiellen deutschen Strafrecht sowie die Einbeziehung der im Allgemeinen Teil des StGB enthaltenen Vorschriften im Fokus[619]. Als Knackpunkt erwies sich die Bewertung von Taten, für die eine Aburteilung nach KRG 10 wie nach Strafgesetzbuch für möglich erachtet wurde. MRVO 47 vom 30. August 1946, mit der deutsche Gerichte zur Ahndung von NS-Menschlichkeitsverbrechen an Deutschen oder Staatenlosen ermächtigt wurden, warf jedoch mehr Fragen auf, als sie beantwortete. Unklar blieb der Passus ‚Ist ein Verbrechen gem. Ziffer c), § 1, Artikel II des Gesetzes Nr. 10 des Kontrollrats auch als ein Verbrechen nach den geltenden deutschen Gesetzen anzusehen, so kann gegen den Angeklagten die Alternativklage erhoben werden' (vgl. *IV.3.1*). Inwiefern stellten die Briten den Staatsanwaltschaften und Gerichten anheim, NS-Unrecht auch oder nur nach deutschrechtlichen Bestimmungen zu beurteilen?

a) August Wimmer I

Angesichts dieser Frage verwundert nicht, dass der damals bereits am OGH tätige und für die zonale Vereinheitlichung der KRG-10-Rechtspraxis zuständige August Wimmer 1948 in Theorie und Praxis „eine verwirrende Uneinigkeit"[620] feststellte. Dabei ordnet er die in Schrifttum und Urteilen artikulierten Positionen folgenden vier Kategorien zu: 1) Annahme von Gesetzeskonkurrenz, die KRG 10 als speziellere, allein anwendbare Rechtsgrundlage erachtet, 2) Annahme von Tateinheit bzw. Idealkonkur-

---

619 Vgl. *Foljanty*, S. 75f.
620 *Wimmer*, August: Unmenschlichkeitsverbrechen und deutschrechtliche Straftat in einer Handlung, in: Süddeutsche Juristenzeitung 3 (1948), Nr. 5, Sp. 253–258 (= Wimmer 1948: Unmenschlichkeitsverbrechen), hier: Sp. 253.

renz nach § 73 StGB[621], wie sie von Radbruch bezüglich des Konstanzer Urteils im Tillessen-Prozess (vgl. *II.3.3* und *VI.1.1*) und Richard Lange[622] vertreten werde, 3) Annahme von Wahlfreiheit, die im Richterermessen liegt, und 4) Güdes „interessante[r] Versuch (...), die Unmenschlichkeitsverbrechen in drei Gruppen zu teilen und bei der ersten nur KontrG, bei der zweiten nur deutsches Strafrecht (Konsumtion), bei der dritten Idealkonkurrenz anzunehmen"[623] (vgl. 2.3.2). Letzterer sei in der Praxis aber noch nicht rezipiert worden.

b) Robert Johannes Meyer

Exemplarisch soll hier ein im Juli 1947 erschienener Text untersucht werden, den Wimmer der dritten Kategorie (Wahlrecht) zurechnet. Autor war Robert Johannes Meyer. Der Ex-Landgerichtspräsident von Hamburg konstatiert eingangs, der Allgemeine Teil des StGB – die Lehre vom Verbrechen und seinen Rechtsfolgen und die allgemeinen Vorschriften zur Beurteilung der Straftat wie Täterschaft und Teilnahme oder Rechtfertigungsgründe – sei bei der Würdigung von Unrecht nach KRG 10 prinzipiell unbeachtlich. Nur ausdrückliche Anordnungen der Militärregierung könnten daran etwas ändern. Nach einer Zergliederung des alliierten Gesetzes in a) angelsächsisches *Case Law*, b) kontinentales *Statute Law* und c) Ver-

---

621 Zur Rechtsfigur der Tateinheit bzw. Idealkonkurrenz vgl. *Wessels*, Johannes/*Beulke*, Werner/*Satzger*, Helmut: Strafrecht Allgemeiner Teil. Die Straftat und ihr Aufbau, 49., neu bearb. Aufl., Heidelberg 2019, § 20, Abs. 1280: „Tateinheit (Idealkonkurrenz) liegt vor, wenn dieselbe Handlung (im Sinne von Handlungseinheit) mehrere Strafgesetze oder dasselbe Strafgesetz mehrmals verletzt". Nach Abs. 1287 gilt für die Rechtsfolgen: „Die Strafe wird nach dem Gesetz bestimmt, das die schwerste Strafe androht; sie darf aber nicht milder sein, als die anderen anwendbaren Gesetze es zulassen (...). Es wird also nur eine Strafe aus einem Gesetz verhängt".
622 Vorliegen von Idealkonkurrenz hatte Lange 1947 in der ‚Deutschen Rechts-Zeitschrift' konstatiert, und zwar in einer Anmerkung zu einem Kammergerichtsurteil vom 24. August 1946. Darauf bezieht sich hier auch Wimmer. Grundsätzlich bestätigt hat Lange diese Rechtsauffassung im Jahr 1948, vgl. *Lange*, Richard: Das Kontrollratsgesetz Nr. 10 in Theorie und Praxis II, in: Deutsche Rechts-Zeitschrift 3 (1948), H. 6, S. 185–193 (= Lange 1948: KRG 10 II), hier: S. 191f. Zu Lange (1906–1995) vgl. *Meurer*, Dieter: Richard Lange †, in: Neue Juristische Wochenschrift 49 (1996), H. 6, S. 369.
623 *Wimmer* 1948: Unmenschlichkeitsverbrechen, Sp. 254.

fahrensvorschriften[624] legt er seine Deutung des britischen Auftrags für die deutsche Strafrechtspflege dar. Als zentrale Norm betrachtet er MRVO 47 Art. 2,

> „wonach nicht nur für die charge, sondern konsequenterweise auch für die Verurteilung ein Wahlrecht zwischen der Anwendung des deutschen Rechts und des Case Law begründet wird. Da die weitaus überwiegenden Fälle, die zur gerichtlichen Entscheidung kommen werden, auch nach deutschem Strafrecht zu ahnden sind und der deutsche Richter dessen Anwendung den Vorzug geben wird, schränkt sich die Bildung von Case Law daher von vornherein auf die wenigen Fälle ein, in denen das deutsche Recht nicht ausreicht, Crimes against Humanity zu sühnen".

Bei Rückgriff auf das StGB sei das allgemeine Recht freilich dessen Allgemeinem Teil zu entnehmen. Dies treffe etwa auf die Paragrafen 44 bis 46 StGB (Versuch) zu. Allerdings gelte es zu beachten, dass die in KRG 10 Art. II 5 enthaltenen Vorschriften zur Verjährung und den unter dem NS-Regime gewährten Immunitäten, Begnadigungen oder Amnestien angewandt werden müssten. Indes scheide Idealkonkurrenz im Hinblick auf das Verhältnis zwischen alliierter Strafnorm und deutschem Gesetz aus. Sie sei „unmöglich, da es sich um zwei getrennte Rechtssysteme handelt, die, wie das Gesetz ausdrücklich feststellt, nicht gleichzeitig, sondern alternativ anzuwenden sind"[625]. So wenig Widerspruch diese Lesart duldet – sie blieb umstritten. Meyers Darlegung war geeignet, bei deutschen Juristen einen unbehaglichen Eindruck der Ahndungspraxis bei Verbrechen gegen die Menschlichkeit zu hinterlassen. Abschreckend musste v. a. wirken, dass sie sie in der Frage des allgemeinen Strafrechts auf das eigene ‚Rechtsgefühl' verwies[626]. Das gewohnte, historisch gewachsene Instrumentarium mit Rechtfertigungs- und Schuldausschließungsgründen sowie diversen Tatbeteiligungsformen sollte ja (angeblich) für die Aburteilung nicht mehr zur Verfügung stehen. Daher geht folgende Notiz nicht fehl: „Die Entscheidung darüber, ob das deutsche Recht ausreicht oder ob es sich um ein Verhalten handelt, das die Folgeerscheinung eines bis dahin unvorhersehbaren Niederganges von Sittlichkeit und Rechtsgefühl darstellt und daher

---

624 Vgl. *Meyer*, Robert Johannes: Das Kontrollratsgesetz Nr. 10 in der Praxis des deutschen Strafgerichts, in: Monatsschrift für Deutsches Recht 1 (1947), H. 4, S. 110–112, hier: S. 110f.
625 *Ebd.*, S. 111.
626 Vgl. *ebd.*, S. 112.

vor 1933 noch gar nicht in den Gesichtskreis des deutschen Gesetzgebers getreten war, wird das schwierigste und delikateste Problem bedeuten, das die Anwendung von Kontrollratsgesetz Nr. 10 mit sich bringt"[627]. Mit der Behauptung, deutsche Justizjuristen könnten zwischen deutschem und alliiertem Strafrecht wählen, weist Meyer freilich einen bequemen Ausweg. Indes misst er der Frage nach dem Verbot rückwirkender Bestrafung kaum Bedeutung bei. Vielmehr betont er, sie komme bei der Anwendung von deutschem Recht wie auch von angelsächsischem *Case Law* fast nur in der Form der durchaus nötigen Beseitigung der Verjährung für die NS-Zeit zum Tragen[628].

c) August Wimmer II

Den Gegenstandpunkt zur ‚Wahlfreiheit' bezieht Wimmer im erwähnten Artikel von 1948. Dabei bestätigt der Richter, KRG 10 beantworte die Frage nach der rechtlichen Würdigung von Taten, die sowohl nach StGB als auch nach alliiertem Strafgesetz strafbar waren, nicht direkt. Dem ‚Gesamtgehalt' sei aber entnehmbar, was hier aufgrund seiner inhaltlichen Dichte und zentralen Bedeutung ausführlich zitiert wird:

„In erster Linie muß dem KontrG Genüge geschehen; wenn die Tat auch nach deutschem Recht strafbar ist, so darf das deutsche Gericht daraus keine Folgerungen ziehen, die der Anwendung dieses Gesetzes irgend welchen Abbruch tun. Das folgt nicht nur aus der Art, wie sich das KontrG vom nationalen Strafrecht absetzt, sondern folgt auch als Postulat der Gerechtigkeit aus der Tatsache, daß die Gerichte der Alliierten immer das KontrG anwenden: ‚Gleiches Recht für alle' Unmenschlichkeitsverbrecher unabhängig davon, welches Gericht, das die Tat aburteilt! Daß KontrG 10, soweit sein Geltungsanspruch reicht, dem deutschen Strafrecht vorgeht, kann nicht zweifelhaft sein. Andererseits ist ein deutsches Gericht nicht nur geneigt, sondern, weil es deutsch ist, sogar verpflichtet, deutsches Recht anzuwenden, soweit ihm KontrG 10 dafür Raum läßt. Auch das ist ein Postulat der Gerechtigkeit: ‚Gleiches Recht für alle' Angeklagten, die vor deutschen Gerichten stehen! Die beiden Forderungen der Gleichbehandlung, ideal hier nicht zu vereinen, streben also aus zwei Richtungen auf einen be-

---

627 *Ebd.*
628 Vgl. *ebd.*

stimmten Begegnungspunkt beider Rechte hin. Wir suchen nach diesem Punkte. Praktisch verlangt KontrG 10 dreierlei: 1. Im Schuldspruch darf die Verurteilung wegen Verbrechens gegen die Menschlichkeit nicht fehlen. 2. [In] Zweifelsfragen für die deutschrechtliche Subsumtion die Verurteilung nach KontrG nicht hintanhalten. 3. Die Strafe muß unter Berücksichtigung der Strafdrohung des KontrG 10 bestimmt werden"[629].

Wenn KRG 10 ein deutsches Strafgesetz wäre, käme zur Bestimmung des wechselseitigen Verhältnisses der Rechtsgrundlagen Wimmer zufolge nur Idealkonkurrenz in Frage. Weiter heißt es, das *„deutsche Gericht ‚soll' die Tat ‚auch' nach deutschem Strafrecht aburteilen und ‚hat' dann § 73 StGB anzuwenden*. Es besteht also die Möglichkeit, die Tat *nur* nach KontrG abzuurteilen, lediglich als Notbehelf"[630]. So obliege es Anklägern in jenen Fällen, die Tatvorwürfe auf zwei Säulen zu stellen. Wo sie das unterließen, verfügten Richter dennoch über die Option, Angeklagte wegen tateinheitlich verübter Straftaten abzuurteilen.

Hinsichtlich der in MRVO 47 Art. II eingeführten ‚Alternativklage' verweist Wimmer auf Verständnisschwierigkeiten, die er mit einem Abriss der Entstehungsgeschichte der Norm auszuräumen sucht. Zuerst betont er aber, dass die Vorschrift keinesfalls eine Abänderung des in KRG 10 enthaltenen materiellen Strafrechts bezwecken könne. Vielmehr hätten die Briten anfänglichen Bedenken gegen das Gesetz begegnen wollen. Die ‚Alternativklage' sollte Richtern, „wenn eine Tat an sich den Tatbestand des Unmenschlichkeitsverbrechens erfüllt, aber trotzdem aus deutschem Rechtsdenken KontrG 10 nicht angewandt werden könne, die Möglichkeit eröffnen, nur wegen des gleichzeitig gegebenen deutschrechtlichen Delikts schuldig zu sprechen, und zwar unter entsprechender Anwendung von KontrG 10 Art. II 5"[631]. Hieraus eine Wahlfreiheit abzuleiten, sei verfehlt, denn die Gerichte seien, wo die Anwendung des alliierten Gesetzes möglich war, stets auch dazu verpflichtet gewesen. Alles andere hätte die Strafnorm in ihrem materiellrechtlichen Gehalt abgewandelt. Eine derartige Abwandlung sei auch nicht Ergebnis der schrittweisen Erweiterung der deutschen Gerichtsbarkeit zu Menschlichkeitsverbrechen gewesen (vgl. *IV.3*), die sich zudem durch den britischen Erlass vom Juli 1947 als Übergangserscheinung entpuppt hätte[632]. Wimmer folgert so, dass auch für die

---

629 *Wimmer* 1948: Unmenschlichkeitsverbrechen, Sp. 254f.
630 *Ebd.*, Sp. 256 (Hervorhebungen im Original).
631 *Ebd.*
632 Vgl. *ebd.*, Sp. 257.

Britische Zone der Vorrang des KRG gelte, „aber die MilReg. keine Einwendungen erheben will, wenn ein deutsches Gericht aus rechtsgrundsätzlichen Erwägungen KontrG 10 nicht anwendet, sondern nur nach deutschem Strafrecht verurteilt. Nachdem aber die Gerichte wohl allgemein solche rechtsgrundsätzlichen Hemmungen überwunden haben, ist Art. II der VO 47 praktisch bedeutungslos geworden"[633]. In einer Fußnote fügt der Kölner Richter an, die Militärregierung hätte, was ihm erst nachträglich bekannt wurde, am 16. Januar 1948 verfügt, dass KRG 10 und deutschrechtliche Straftat zueinander nach § 73 StGB in Idealkonkurrenz stehen sollten (vgl. *VI.4*)[634]. Eine Vorgabe, die Wimmers Argumentation stützt, seine zuweilen umständlichen Ausführungen im Nachhinein aber fast obsolet erscheinen lässt.

So meinte der OGH-Richter, dessen Haltung zur Ahndung von NS-Verbrechen in *Kapitel VII.2.3.1* biographisch erklärt wird, davon ausgehen zu können, dass der Handhabung von KRG 10 durch deutsche Juristen keine Hindernisse mehr im Wege standen. Publizistisch hatte er sich 1947 gegen Hodenbergs Vorbehalte gegen ein rückwirkendes Strafgesetz und nun auch gegen eine richterliche ‚Wahlfreiheit' auf Basis von MRVO 47 Art. II gewandt. In der Urteilspraxis der Gerichte (vgl. *VI* und *VIII*) setzten sich seine Leitlinien jedoch erst mit Verzögerung durch. Davon konnte sich Wimmer als Mitglied des OGH-Strafsenats ein Bild machen. In dieser Funktion kam seinen ‚Sprechakten' und seinem Handeln als Akteur einer Vergangenheitspolitik durch Strafrecht größeres Gewicht zu als vorher. Unterdessen äußerte sich die Ablehnung einer konsequenten juristischen NS-‚Vergangenheitsbewältigung' etwa darin, dass die KRG-10-Gegner unter Staatsanwälten und Richtern entweder davon absahen, die vom OGH geprägten Tatbestandsmerkmale zu Art. II 1c auf festgestellte Sachverhalte anzuwenden, oder das Gesetz zur Begründung von Freisprüchen bzw. milden Urteilen heranzogen.

---

633 *Ebd.*, Sp. 258.
634 Vgl. *ebd.*

VI Menschlichkeitsverbrechen vor deutschen Gerichten der Britischen Zone

1 Rahmenbedingungen

1.1 Referenzverfahren: Die Entscheidungen gegen Tillessen und Schwärzel

Zu den bekanntesten deutschen KRG-10-Sachen zählen die Verfahren gegen den Erzberger-Mörder Tillessen (vgl. *II.3.3*), die Goerdeler-Denunziantin Schwärzel (vgl. *IV.3.3*) sowie den NS-Filmregisseur Veit Harlan (vgl. *VIII.2.4*). Wirkungsmächtig für die Ahndungspraxis von Menschlichkeitsverbrechen wurden v. a. die erstgenannten. Das Tillessen-Verfahren schlug in der deutschen Justiz hohe Wellen, da die französische Militärregierung eingriff, indem sie das erstinstanzliche Urteil des Landgerichts Offenburg vom 29. November 1946 aufhob und den Tatrichter entließ. Die Neuverhandlung vor dem Landgericht Konstanz endete am 28. Februar 1947 mit einem Urteil, das ein Fanal sowohl für die rückwirkende Strafbarkeit als auch für die deutsche Zuständigkeit für die Aburteilung von NS-Menschlichkeitsverbrechen setzte. Gustav Radbruch würdigte die Entscheidung in einer Besprechung[635]. Freilich blieb die Ahndung von strafbaren Handlungen, welche wie der Erzberger-Mord vor 1933 verübt und in der NS-Zeit straffrei gestellt worden waren, ein Ausnahmefall der deutschen KRG-10-Rechtspraxis.

Das Berliner Schwurgerichtsurteil gegen Schwärzel gewann in der Britischen Zone dadurch Einfluss, dass die Militärregierung es mit Erlass vom 21. November 1946 zu einer deutschen Musterentscheidung für die Verfolgung von NS-Denunziationen gemäß KRG 10 bestimmte. Im Verfahrensverlauf war es aber die Revisionsinstanz, die instruktive Hinweise zum Umgang mit KRG 10 lieferte. So attestiert das Kammergericht letzterem in der Entscheidung vom 17. Mai 1947, es verstoße nicht gegen das Rückwirkungsverbot, sondern sei wesentlicher Beitrag zur Wiederherstellung der Rechtssicherheit[636]. Weiter rügen die Richter das Instanzgericht, die Tat-

---

635 Vgl. *Radbruch*, Gustav: Anmerkung [zum Urteil des Landgerichts Konstanz vom 28. Februar 1947], in: Süddeutsche Juristenzeitung 2 (1947), Nr. 6, Sp. 343–345, hier: Sp. 345: „Das Tillessenurteil muß als eine hochwertige juristische Leistung und als ein wichtiger Fortschritt in der Erfassung der Humanitätsdelikte anerkannt werden".
636 Vgl. *Marßolek*, S. 85f. Das Urteil des Kammergerichts vom 17. Mai 1947 findet sich in Niedersächsisches Landesarchiv – Standort Oldenburg, Rep. 945 Akz. 250, Nr. 79, Bl. 59–62.

motive der Angeklagten nicht auf ihren etwaigen politischen Charakter hin abgeklopft zu haben. So setze

> „[d]ie Annahme eines politischen Grundes nicht voraus, dass der Täter Parteigenosse war oder sich politisch betätigt hat, nicht einmal notwendig, dass er einen anderen gerade wegen seiner abweichenden politischen Gesinnung verfolgt hat. Es genügt vielmehr, dass der Täter den Verfolgten bewusst der willkürlichen und unmenschlichen Gewalt des Naziregimes überliefert hat. Es können unter den Begriff der Verfolgung aus politischen Gründen daher auch solche Handlungen, insbesondere Denunziationen fallen, die der Täter aus rein persönlichen Gründen, etwa aus persönlichem Rachegefühl oder auf Grund irgendeines Zerwürfnisses mit dem Verfolgten begeht"[637].

Das politische Motiv ist hier nur insoweit ‚politisch', als sich der Täter bezüglich seines Tuns des politischen Kontextes einer NS-Herrschaft bewusst war, die sich auf Gewalt und Willkür gegen Regimegegner und aus rassischen Gründen aus der ‚Volksgemeinschaft' Ausgestoßene stützte. An solche Argumentationen knüpfte der OGH an. Mithin hob das Kammergericht das erstinstanzliche Urteil auf und verwies die Sache zur Neuverhandlung an das Schwurgericht zurück. Dessen Verurteilung Schwärzels aufgrund eines Menschlichkeitsverbrechens zu einer sechsjährigen Zuchthausstrafe (unter Anrechnung der Untersuchungshaft) vom 1. November 1947 erlangte Rechtskraft[638].

1.2 Erste Ermittlungen und Verfahren auf Basis des StGB

Obwohl die deutsche Justiz in der direkten Nachkriegszeit vor der Herausforderung stand, ein wachsendes Kriminalitätsaufkommen – darunter v. a. armutsbedingte Wirtschaftsvergehen – bei gleichzeitigem Personalmangel wegen der alliierten Internierung und Entnazifizierung von NS-Funktionären zu bewältigen, setzten in der Britischen Zone manche Generalstaatsanwälte einen Akzent auf die Strafverfolgung von NS-Verbrechen. Hier sind in erster Linie Friedrich Meyer-Abich (Oldenburg) und Curt Staff (Braunschweig) zu nennen. Bevor der Kontrollrat am 20. Dezember 1945 KRG 10 erließ und die Legal Division der deutschen Rechtspflege die Ermächtigung zur Ahndung von Menschlichkeitsverbrechen in Aussicht stellte, hat-

---

637 *Ebd.*, Bl. 61.
638 Vgl. *Marßolek*, S. 86–89.

ten beide Chefankläger Ermittlungen wegen NS-Verbrechen veranlasst – freilich unter Bezugnahme auf StGB-Paragrafen. Sie gehörten später jedoch auch zu den Befürwortern von KRG 10. So fand unter Meyer-Abichs Ägide im Oktober 1946 vor dem Landgericht Aurich der erste deutsche Strafprozess der Britischen Zone aufgrund antisemitischer Gewalt der ‚Reichspogromnacht' vom 9./10. November 1938 statt[639]. Das StGB hatte im September 1946 im Übrigen auch in Oldenburg als Grundlage für ein Denunziationsverfahren gedient. Die Täterin wurde etwa der Freiheitsberaubung für schuldig befunden und mit einer Haftstrafe von 15 Monaten belegt[640]. Indessen hatte Staff in seinem Braunschweiger Sprengel die vierköpfige Arbeitsgruppe ‚NS-Verbrechen' eingerichtet, die sich der Strafverfolgung ebensolcher verschrieb. Diesbezüglich forderte er Ende 1945 die Bürgermeister und Landräte zur Sammlung und Weiterleitung von Beweismaterial auf. Im Zusammenhang des Verfahrens wegen der ‚Riesebergmorde' – eines Gewaltexzesses der SS-Hilfspolizei, dem am 4. Juli 1933 zehn Kommunisten und ein aus dem sozialdemokratischen ‚Volksfreund'-Haus verschleppter Student zum Opfer gefallen waren[641] – ließ er an Mauern 2.000 Aufrufe anbringen, um Zeugen ausfindig zu machen[642]. Intiativen wie diese waren „keinesfalls selbstverständlich"[643], gingen Ermittlungsverfahren wegen NS-Verbrechen doch meist von geschädigten Personen und nicht von der Staatsanwaltschaft aus.

1.3 (Teilweise) Verjährungsaussetzung bei deutschrechtlichen Tatbeständen

Als ein prägender Faktor für die Ahndung verschiedener Tatkomplexe von NS-Delikten vor deutschen Gerichten der Britischen Zone erwies sich die ZJA-‚Verordnung zur Beseitigung nationalsozialistischer Eingriffe in die Strafrechtspflege' vom 23. Mai 1947 (vgl. *III.3*). Denn neben der Überführung zentraler Normen des KRG 10 in deutsches Recht (Ungültigkeit von NS-Amnestien, Zurückweisung von ‚Handeln auf Befehl' als Strafaus-

---

639 Hierzu ausführlicher in *Abschnitt 2.3*.
640 Vgl. *Bahlmann* 2008, S. 262.
641 Hierzu *Bein*, Reinhard: Widerstand im Nationalsozialismus. Braunschweig 1930 bis 1945, Braunschweig 1985, S. 70–73. Zum Schwurgerichtsprozess, der 1950 wegen der NS-Morde stattfand, siehe *Sohn*, Werner: Im Spiegel der Nachkriegsprozesse: Die Errichtung der NS-Herrschaft im Freistaat Braunschweig, Braunschweig 2003, S. 155–178.
642 Vgl. *ebd.*, S. 51.
643 *Ebd.*

schließungsgrund etc.) enthielt das legislative Instrument eine weitreichende Einschränkung: So sollte die in § 1 Abs. 1 verfügte Verjährungsaussetzung für Vergehen, die unter der NS-Herrschaft aus politischen Gründen ungesühnt geblieben waren, laut Abs. 2 nur für Tatbestände gelten, für die das zur Tatbegehungszeit geltende Gesetz eine Höchststrafe von mehr als drei Jahren Haft vorgesehen hatte. Für Straftaten mit geringerer Höchststrafe – darunter einfache Körperverletzung, leichte Freiheitsberaubung, unbefugte Bildung eines bewaffneten Haufens und Friedhofsschändung – bedeutete das aber, dass der Anfang der Verjährungsfrist nicht auf den 8. Mai 1945 festgesetzt wurde, sondern auf den Tatzeitpunkt. Infolgedessen war eine Vielzahl der im Zuge der NS-Machtübernahme 1933 oder ‚Reichspogromnacht' 1938 begangenen Verbrechen schlagartig verjährt. Gewiss liegt hier ein Akt justizpolitisch gewollter Straflosigkeit vor. Die Scheidung der ‚Bagatellfälle' von schwerwiegenderen, zu ahndenden wie Mord, Totschlag und schwere Freiheitsberaubung bezweckte nämlich eine effizient-rasche Abwicklung der Verfahren. Zielte die Differenzierung auf die Herstellung innenpolitischer Stabilität, indem der Kritik am deutsch-britischen Ahndungsprogramm die Spitze genommen wurde, so ging damit doch ein Verlust an Gerechtigkeit einher. NS-Opfern und Angehörigen musste es wie Hohn erscheinen, wurde das ihnen widerfahrene Unrecht zwei Jahre nach der Diktatur für nicht mehr justiziabel erachtet. Auch mochte die Existenz von Ausnahmen manchem justizjuristischen Gegner der Aufarbeitung des ‚Dritten Reichs' Gelegenheit gegeben haben, das oft undurchsichtige Tatgeschehen so auszuleuchten, dass auch Beschuldigte oder Angeklagte, denen eine Straftat mit einer Höchststrafe von mehr als drei Jahren Freiheitsentzug hätte nachgewiesen werden können, von der Verordnung profitierten. Deren oben skizzierte Schattenseite betont Bahlmann vor der Folie der ostfriesischen Synagogenbrandprozesse, wobei er den Fokus der ZJA-Ahndungspolitik als verengt kritisiert[644]. Fraglos handelte es sich hier um eine Weichenstellung der strafrechtlichen Vergangenheitspolitik. Für ein abgewogenes Urteil sollten aber die Handlungsoptionen der Justizbehörde einbezogen werden. Als für den demokratischen Wiederaufbau der Justiz zuständige Oberbehörde und Bindeglied zwischen Besatzungsmacht und deutscher Rechtspflege oblag es ihr, bei der Ahndung von NS-Unrecht einen Modus Vivendi zwischen dem Wünschenswerten und dem – trotz Knappheit an Personal, gesellschaftlicher Rückendeckung und Zeit – Machbaren zu finden. Im Gegensatz zu manchem rechtskonservativen Juristen wie OLG-Chef Hodenberg stand

---

644 Vgl. *Bahlmann* 2012: OGH, S. 137 u. 161.

das Justizamt der Aufgabe eher aufgeschlossen gegenüber; dies zeigt seine positive Haltung zu KRG 10 sowie zu dessen Verfechtern Staff und Wimmer. Folglich deutet wenig darauf hin, dass die in § 1 Abs. 2 der Verordnung vom 23. Mai 1947 enthaltene Einschränkung eine die Bestrafung von NS-Vergehen ablehnende Haltung spiegelt. Ebenso gut könnte man den federführenden Funktionären zugutehalten, die deutsche Ahndung auf schwerwiegendere Fälle begrenzt zu haben, um sie als Gesamtprojekt nicht zu gefährden. Es ging darum zu vermeiden, dass sich in der Öffentlichkeit der Eindruck einer Fokussierung der Aburteilung auf minderschwere Fälle bei gleichzeitiger Zurückstellung der schweren Fälle ausbreitete und für Unmut sorgte. Ließ der Ressourcenmangel erkennen, dass eine juristische Bearbeitung jeglichen NS-bedingten Unrechts unmöglich war, konnte eine Konzentration der Verfolgungsbemühungen auf gravierendere Rechtsverletzungen zweckmäßig sein. Schließlich sei bemerkt, dass deutschrechtliche Straftaten verjährten, Menschlichkeitsverbrechen aber nicht, was auch der OGH in seiner KRG-10-Rechtsprechung später unterstrich (vgl. *VIII*).

1.4 Zur Auswahl der Tatkomplexe

Wie in *Kapitel VIII* liegen Schwerpunkte der Darstellung im Folgenden auf Denunziationen und Justizverbrechen, weil die Möglichkeit ihrer Aburteilung gemäß KRG 10 unter deutschen Juristen äußerst umstritten war und mit Blick auf die Herausbildung des in Art. II 1c gefassten Tatbestands Bedeutung gewann. Zudem rüttelte die Strafverfolgung jener NS-Verbrechen am Selbstverständnis solcher Staatsanwälte und Richter, die durch ihre schon vor 1945 ausgeübte Amtstätigkeit mehr oder weniger befangen waren. Denn viele hatten mit dem ‚Dritten Reich' einem Staat loyal gedient, der zur Anzeige gebrachtes regimekritisches Verhalten gerichtlich brutal verfolgen ließ bzw. sich einer ‚Terrorjustiz' bediente, die zur Abschreckung inhumane Strafen verhängte. Wie später aufgezeigt wird, boten diese beiden Tatkomplexe dem OGH die Gelegenheit zur Zeichnung von NS-Geschichtsbildern, die seitens der Tatgerichte ermittelte Sachverhalte in den Kontext einer Gewalt- und Willkürherrschaft einordnen sollten. Dagegen fällt die Darstellung der Ahndung anderer Tatkomplexe nationalsozialistischer Grausamkeiten – etwa der ‚Machtergreifung' oder ‚Reichspogromnacht' – knapper aus. Ein wichtiger Grund ist, dass ihre grundsätzliche Strafbarkeit unstreitig war und die Debatte um ‚Verbrechen gegen die Menschlichkeit' schwächere Impulse erhielt. Dennoch spielten jene The-

1 Rahmenbedingungen

menfelder für die juristische Aufarbeitung der NS-Vergangenheit eine bedeutende Rolle. Das lässt sich an der Vielzahl von Fällen ablesen, die in der Revision vor den OGH kamen und ihn zu einer Reihe v. a. vom ICTY beachteter Entscheidungen veranlassten. Seltenheitswert hatten im Gegensatz dazu Verfahren wegen ‚Euthanasie', Zwangssterilisierungen von ‚Erbkranken' und ‚rassisch Unerwünschten' wie auch Deportationen von Juden, Sinti und Roma. So verhandelte auch der OGH nur zwei Strafsachen aus dem Komplex der NS-Anstaltsmorde und einen Fall zur Deportation von Roma. Angesichts der geringen Zahl und der Aufmerksamkeit, die diese Verfahren teils in der Öffentlichkeit genossen, gebührt ihnen in dieser Arbeit aber sowohl hier als auch bezüglich der KRG-10-Rechtspraxis am OGH ein prominenter Platz. Auch deshalb, weil sich diese Tatkomplexe von anderen deutscherseits behandelten dadurch unterschieden, dass sie der mit KRG 10 assoziierten Bezeichnung ‚Massenverbrechen' am augenfälligsten entsprachen. Vergangenheitspolitisch von Interesse ist auch die Frage, inwiefern der von der Militärregierung gegebene Anstoß zur Verfolgung von Zwangssterilisierungen von ‚Zigeunern' (vgl. *IV.2.1* und *3.4*) von der deutschen Rechtspflege rezipiert wurde.

Im Hinblick auf weitere Tatkomplexe wird auf eine eingehende Darstellung verzichtet. Dies trifft auf NS-Verbrechen der ‚Endphase'[645] sowie solche zu, die in Konzentrationslagern und Haftanstalten begangen wurden[646]. Was erstere angeht, sind strukturelle Gemeinsamkeiten mit typischen Gräueln der NS-Machtübernahme festzustellen. Denn „[e]twas überspitzt formuliert ging es dabei ebenfalls um die Durchsetzung der Einheitlichkeit der ‚Volksgemeinschaft', bei der schon das Bezweifeln des ‚Endsie-

---

645 Zu NS-Verbrechen der ‚Endphase' vgl. *Keller*, Sven: Verbrechen in der Endphase des Zweiten Weltkrieges. Überlegungen zu Abgrenzung, Methodik und Quellenkritik, in: Cord Arendes, Edgar Wolfrum u. Jörg Zedler (Hrsg.): Terror nach Innen. Verbrechen am Ende des Zweiten Weltkrieges, Göttingen 2006 (Dachauer Symposien zur Zeitgeschichte, Bd. 6), S. 25–50. Zur Aburteilung von NS-‚Endphase'-Verbrechen vgl. *Raim*, S. 780–801; ferner *Form*, Wolfgang: Eskalation der Gewalt. Endphaseverbrechen und ihre Ahndung nach dem Zweiten Weltkrieg, in: Informationen. Wissenschaftliche Zeitschrift des Studienkreises Deutscher Widerstand 1933–1945 39 (2014), Nr. 80, S. 28–31; hinsichtlich Nordrhein-Westfalens *Boberach* 1997, S. 9–11, der drei Fälle darstellt, in denen Landgerichte ‚Endphaseverbrechen' erstinstanzlich mit der Todesstrafe belegten. Dabei ist für zwei Verfahren auszuschließen, dass den Urteilen KRG 10 zugrunde gelegt wurde.
646 Zur deutschen Strafverfolgung von KZ-Verbrechen in den Jahren 1945 bis 1949 vgl. *Raim*, S. 1007–1038.

ges' ein todeswürdiges Verbrechen darstellte"[647]. Hier wie dort war es aus ähnlichen Motivlagen zu Verhaftungen, Misshandlungen und Tötungen gekommen. So ist nicht erwartbar, dass die analytische Zuspitzung auf ‚Endphaseverbrechen' Erkenntnisse zur deutschen KRG-10-Aneignung hervorbringt, die über solche der Analyse der Ahndung von NS-Delikten der ‚Machtergreifung' hinausgehen. Im Übrigen sind auch die im *Abschnitt VIII.2.6* betrachteten Verfahren aufgrund Justizunrechts der letzten Kriegswochen als ‚Endphaseverbrechen' fassbar. Der OGH nahm sechs von 24 Strafsachen in die Amtliche Sammlung auf, die kriegsniederlagebedingte Exzesse zum Gegenstand hatten. Sieht man aber von den erwähnten Fällen von Justizunrecht ab, bieten die Entscheidungen kaum Einsichten, die vergangenheitspolitisch sowie für die Fortbildung des Tatbestandes aus KRG 10 Art. II 1c interessant erscheinen. Ein ähnliches Bild offenbart die Lektüre der OGH-Entscheidungen zu ‚Verbrechen im Amt', zu denen in KZ und anderen Haftanstalten verübte Straftaten gehören. Boberach zufolge war die Anzahl der dazu wegen Menschlichkeitsverbrechen in Nordrhein-Westfalen durchgeführten Strafprozesse überschaubar[648]. Insoweit bei zugehörigen Verfahren Unrecht an NS-Gegnern und ‚rassisch Unerwünschten' im Fokus stand, überschneiden sich die Konstellationen und Geschichtsbilder mit solchen aus Gerichtsverhandlungen zu anderen, unten dargestellten Tatkomplexen.

---

647 *Ebd.*, S. 781.
648 Vgl. *Boberach* 1997, S. 14.

2 Ausgewählte Tatkomplexe und Strafverfahren unter besonderer Berücksichtigung des OLG-Bezirks Braunschweig

Braunschweig war hinsichtlich der Zahl der Gerichtseingesessenen der kleinste der acht OLG-Bezirke in der Britischen Zone. Wenn dieser Sprengel im Folgenden des Öfteren ins Zentrum der Untersuchung rückt, hängt das einerseits damit zusammen, dass die dort ab 1945 eingeleitete juristische Aufarbeitung des ‚Dritten Reichs' mehrfach Thema der Forschung war und gut erschlossen scheint – wenngleich General- und Verfahrensakten der Nachkriegszeit oft eher herangezogen wurden, um ein Licht auf die NS-Diktatur zu werfen[649]. Andererseits erlaubt ein solcher Zugriff, die Anfänge der deutschen Verfolgung von Verbrechen gegen die Menschlichkeit aus der Warte eines exponierten Befürworters von KRG 10 und maßgeblichen Akteurs strafrechtlicher Vergangenheitspolitik zu beleuchten: des Generalstaatsanwalts von Braunschweig und späteren OGH-Richters Curt Staff.

2.1 Denunziation[650]

Anfang 1946 äußerte sich Generalstaatsanwalt Staff gegenüber der Legal Division zu der in der Nachkriegszeit so heiklen Frage der Ahndung von

---

649 Vgl. *Sohn*; zudem *Ludewig*, Hans-Ulrich/*Kuessner*, Dietrich: „Es sei also jeder gewarnt". Das Sondergericht Braunschweig 1933–1945, Braunschweig 2000 (Quellen und Forschungen zur Braunschweigischen Landesgeschichte, Bd. 36).
650 Zur Strafverfolgung von NS-Denunziationen vgl. *Szanajda*; ferner *Bade*, Claudia: „Das Verfahren wird eingestellt". Die strafrechtliche Verfolgung von Denunziationen aus dem Nationalsozialismus nach 1945 in den Westzonen und in der frühen BRD, in: Historical Social Research 26 (2001), Nr. 2/3, S. 70–85; *Freudiger*, Kerstin: Die juristische Aufarbeitung von NS-Verbrechen, Tübingen 2002 (Beiträge zur Rechtsgeschichte des 20. Jahrhunderts, Bd. 33), S. 317–324; mit Blick auf die Ahndung unter KRG 10 vgl. *Laage*, S. 113–127; mit Fokus auf Nordrhein-Westfalen *Boberach* 1997, S. 18–21; hinsichtlich der Britischen und Französischen Zone *Raim*, S. 951–997; instruktiv auch *Rüping*, Hinrich: Denunziationen im 20. Jahrhundert als Phänomen der Rechtsgeschichte, in: Historical Social Research 26 (2001), Nr. 2/3, S. 30–43.

2 Ausgewählte Tatkomplexe und Strafverfahren

NS-Denunziationen. Die Anzeige von Verhalten, das als regimefeindlich galt – etwa von Verstößen gegen das ‚Heimtückegesetz' oder die ‚Rundfunkverordnung' –, war seit 1933 erwünscht und rechtens gewesen, schien sie doch geeignet zur Unterdrückung missliebigen Handelns. Brisant war die Aburteilung nach 1945, weil eine rechtskonservativ geprägte Justiz sie als Gefahr für die ‚Rechtssicherheit' einstufte. Schließlich bedeutete die Kriminalisierung bestimmter (oft wahrheitsgemäßer) Anzeigen, die den Betroffenen oft schweren Schaden zugefügt hatten, dass die NS-Gesetzgebung und deren Anwendung für unrecht bzw. verbrecherisch erklärt wurden – und in letzter Konsequenz das ‚Dritte Reich' als solches[651]. Dies war für die Mehrzahl der Juristen inakzeptabel, aber für den NS-Verfolgten Staff weniger problematisch. In der Tat bot das StGB bei ‚Anzeigeverbrechen' keine unumstrittene Handhabe, und eine andere Grundlage stand noch nicht zur Verfügung. Deshalb bediente sich Braunschweigs Generalstaatsanwalt der Rechtsfigur der mittelbaren Täterschaft[652], als er der Legal Division seine Überzeugung mitteilte, dass die Gerechtigkeit auch in solchen Fällen einer Sühne bedarf,

> „in denen die Anzeige der Wahrheit entsprach. (…) Es wäre unbefriedigend, wenn der Denunziant sich der Verfolgung mit der Ausrede entziehen könnte, er habe nur angezeigt, was damals einem formell legalen Gesetz widersprochen habe. Diese Ausrede ändert nichts an der Tatsache, dass er bewusst größtes Unglück über die Angezeigten brachte. Der Denunziant setzte vorsätzlich die Ursache für die gegen den Angezeigten verhängte Freiheitsentziehung oder gar Todesstrafe. Er hat sich in mittelbarer Täterschaft der Freiheitsentziehung, der Körperverletzung oder gar der Tötung schuldig gemacht"[653].

Bei keinem anderen Delikt waren die Ahndung und die zugrundeliegende Norm so umstritten wie bei Denunziationen. Davon zeugen Schrifttum und Gerichtsverfahren. So blieben in den Westzonen alle Initiativen stecken, Anzeigeverbrechen gemäß StGB-Paragrafen abzuurteilen. Staff scheiterte mit dem Vorschlag, Denunzianten als mittelbare Täter zu bestrafen, mehrmals am Widerstand der Amtskollegen. Bessere Aussichten hatte die

---

651 Vgl. *Bahlmann* 2012: OGH, S. 144–147; weiterhin *Broszat* 1981, S. 494.
652 Zu Charakteristika und Rechtsfolgen der mittelbaren Täterschaft vgl. *Wessels/Beulke/Satzger*, § 16, Abs. 841f.; als zeitgenössische Darlegung *Huismans*, Alfred: Die mittelbare Täterschaft. Darstellung der Entwicklung des Begriffs seit 1870, Göttingen 1931.
653 Zit. n. *Bahlmann* 2012: OGH, S. 146.

2.1 Denunziation

Rechtskonstruktion indes in der SBZ. Hier legte der Jenaer Rechtswissenschaftler Richard Lange ein Gutachten vor, das hervorhob, dass deutsches Strafrecht die Möglichkeit zur Ahndung von Denunziationen biete. Das StGB erlaube es nämlich, sie entweder als rechtswidrige Freiheitsberaubung oder Tötung in mittelbarer Täterschaft zu beurteilen, was eine anerkannte Rechtsauslegung von § 47 StGB sei. Dieser Impuls fand im Januar 1946 wohl auch Niederschlag in einer vom Land Thüringen beschlossenen revidierten StGB-Fassung. Der Expertise Langes gemäß, regte der thüringische Generalstaatsanwalt die Verfolgung von Denunzianten als mittelbare Täter an. Im Puttfarken-Prozess vom Mai 1946 wegen einer Denunziation mit Todesfolge schlug das Gericht indes einen alternativen Weg ein, indem es den Täter wegen Beihilfe zum Mord verurteilte, was die Verhängung eines höheren Strafmaßes ermöglichte: Puttfarken wurde mit einer lebenslangen Zuchthausstrafe belegt. Gustav Radbruch griff den Fall auf, indem er betonte, Denunziationen könnten Unrecht darstellen (vgl. *V.1*). Zeigt er sich gegenüber der Rechtsfigur der mittelbaren Täterschaft aufgeschlossen, begegnet er Beihilfe zum Mord skeptisch, da sie den (schwerlich erbringbaren) Nachweis eines richterlichen Tötungsverbrechens erfordert hätte. Wenn er die Wiederherstellung der Gerechtigkeit an eine möglichst geringe Einbuße an Rechtssicherheit knüpfte, so war der Preis für den Rechtsprofessor im Puttfarken-Fall zu hoch[654].

Infolge des Durchführungserlasses vom 21. November 1946 konnten deutsche Gerichte in der Britischen Zone auf Grundlage von KRG 10 Denunziationen aburteilen. Allerdings wies die Vorschrift – wie in *Abschnitt IV.3.3* geschildert – auf die Möglichkeit hin, Fälle, bei denen eine Strafbarkeit nur rückwirkend zu begründen war, zur Überprüfung an das ZJA weiterzuleiten, das wiederum die Militärregierung um eine Entscheidung ersuchen konnte. Zudem wurde die Option in den Raum gestellt, dass (die ja eigentlich für Organisationsverbrechen zuständigen) Spruchgerichte solche Fälle aburteilten. Da sich die Rechtslage erst mit dem Legal Division-Erlass vom 23. Mai 1947 zugunsten der Ahndung durch ordentliche deutsche Gerichte klärte, kam die Aburteilung erst recht spät in Gang. Kurz zuvor hatte ZJA-Präsident Kieselbach die Losung ausgegeben, dass ‚Anzeige[n] aus Rachsucht, persönlichem Haß oder zur Erlangung persönlicher Vorteile' inhuman im KRG-10-Sinn seien und für strafrechtliche Verantwortung ‚auch das offenbare Mißverhältnis zwischen dem zur Anzeige gebrachten Tatbestand und der zu erwartenden (Terror-)Strafe' (vgl. *V.2.3.2*)

---

654 Vgl. *Broszat* 1981, S. 492–495.

ausschlaggebend sein könne. Indes zeigte sich, dass auch Hodenbergs Ablehnung der Verfolgung von Denunziationen Gewicht behielt.

Hinsichtlich des Strafmaßes zählte das erstinstanzliche Urteil im Fall Schwärzel mit 15 Jahren Zuchthaus unter den ‚westdeutschen' Denunziationsentscheidungen zu den härtesten. Jedoch wurde die Strafe in der Neuverhandlung auf sechs Jahre reduziert. Für die Britische Zone hebt Bade hervor, die verhängten Sanktionen hätten deutlich unter jener der ersten Entscheidung im Schwärzel-Fall gelegen. Denn für eine Verurteilung wegen Anzeigeverbrechens hätte es des Eintritts drastischer Folgen für die geschädigte Person bedurft[655]. Die Regionalbeispiele der OLG-Bezirke Celle und Braunschweig erhärten diese These (s. u.). Ebenso der Fall eines leitenden Angestellten der Vereinigten Stahlwerke, der 1942 zwei jüdische Männer, die das gleiche Haus wie er bewohnten, bei der NSDAP-Ortsgruppenleitung gemeldet hatte, um ihre Wohnungen für Mitarbeiter in Beschlag zu nehmen. Während ein Opfer in Theresienstadt überlebte, wurde das andere im KZ Mauthausen, wie es im NS-Jargon hieß, ‚auf der Flucht erschossen'. Das Schwurgericht Düsseldorf verhängte im Juli 1949 eine 18-monatige Zuchthausstrafe gegen den Denunzianten[656] – angesichts der fatalen Folgen für die Opfer eine ausgesprochen milde Beurteilung. Der OGH bestätigte das Urteil des Tatgerichts am 11. Oktober 1949[657].

In Berlin wurden Denunziationen mit Todesfolge teils recht streng als Verbrechen gegen die Menschlichkeit geahndet; die Anklage forderte einmal sogar die Todesstrafe[658]. Allgemein mussten frühere Gestapo-V-Leute mit harten Strafen rechnen[659]; etwa der Getränkekaufmann Wienhusen[660], der sich 1941 als Spitzel hatte verpflichten lassen, um einer Strafverfolgung wegen Kriegswirtschaftsverbrechen zu entgehen. 1943 lockte er seinen Chef in eine Falle, indem er ihn in einem von Kriminalkommissaren belauschten Kantinengespräch zur Formulierung von Regimekritik und Zweifeln am ‚Endsieg' verleitete. Der Volksgerichtshof (VGH) verurteilte den Angezeigten zum Tode, die Hinrichtung erfolgte am 1. November 1943. Nach dem Krieg trug die Tat dem Denunzianten ein Verfahren vor dem Landgericht Düsseldorf ein, das im April 1949 auf eine lebenslange

---

655 Vgl. *Bade* 2001, S. 72.
656 Vgl. *Boberach* 1997, S. 19. Zu diesem Fall BArch, Z 38, Nr. 385.
657 Die OGH-Entscheidung gegen K. vom 11. Oktober 1949 findet sich *ebd.*, Bl. 24.
658 Vgl. *Raim*, S. 980f.
659 Vgl. *Boberach* 1997, S. 20.
660 Zum Fall Wienhusen vgl. BArch, Z 38, Nr. 548; ferner *Boberach* 1997, S. 20; *Friedrich* 2007, S. 150–152.

Zuchthausstrafe erkannte[661]. Strafverschärfend wirkte Wienhusens Bekenntnis, niemals Nationalsozialist gewesen zu sein, beschieden die Richter doch, hiermit keine Handhabe mehr zu haben, „sein Verhalten aus der damaligen Zeit heraus wenigstens bis zu einem gewissen Grade zu verstehen"[662]. Der OGH bestätigte das Urteil mit Entscheidung vom 6. Februar 1950 und sah keine Veranlassung zum Eingriff in die Strafzumessung[663]. Ein ehemaliger Gauwirtschaftsberater und Mitinhaber einer Sperrholzfabrik im Gau Westfalen-Nord, der mit einem Teilhaber in Streit geraten war und diesen wegen defätistischer Aussagen angezeigt hatte, wurde dagegen milder beurteilt. Vom VGH zum Tode verurteilt, starb das Opfer trotz Begnadigung im April 1945 im Zuchthaus. Dass das Täterhandeln vom Landgericht Paderborn mit einer Gefängnisstrafe von zwei Jahren und zehn Monaten bedacht und somit nachsichtiger gewertet wurde als im Fall Wienhusen, hatte einen bemerkenswerten Hintergrund: Nähe zur NS-Ideologie gereichte Tätern oft zum Vorteil[664]. So zeigte sich, dass ‚niedrige' Motive wie Rache (z. B. in familiären Konflikten) zu härteren Strafen führten als Anzeigen, die von NSDAP- oder SA-Funktionären aus politischen Motiven erstattet wurden.

Zweifellos hing die juristische Behandlung von NS-Denunziationen in besonderem Maße von örtlichen Gegebenheiten ab. So konstatiert Broszat diesbezüglich eine erhebliche emotionale Aufladung der Prozessparteien und Beeinflussung der Rechtsfindung durch unterschiedliche lokale politische Strukturen. Denn v. a. für Strafsachen wegen Anzeigeverbrechen gelte, dass Angeklagte, Opfer und Zeugen orts- und gerichtsbekannt waren; zudem lag das unter Anklage stehende Unrecht häufig noch nicht lange zurück. Die Übertragung der KRG-10-Gerichtsbarkeit auf Schwurgerichte – Spruchkörper mit hohem Laienanteil – hätte die Polarisierung noch verschärft. Zu dieser Einsicht kam nach der Besichtigung deutscher Gerichte 1949 auch das German Courts Inspectorate, dessen Befund zugespitzt lau-

---

661 Das Urteil des Landgerichts Düsseldorf vom 23. April 1949 ist abgelegt in BArch, Z 38, Nr. 548, Bl. 1–21.
662 Zit. n. *Friedrich* 2007, S. 151.
663 Vgl. *ebd.*, S. 152. Das Urteil des OGH vom 6. Februar 1950 findet sich in BArch, Z 38, Nr. 548, Bl. 41–45; wiedergegeben ist es in: *Rüter*, Christiaan F. u. a. (Hrsg.): Justiz und NS-Verbrechen. Sammlung deutscher Strafurteile wegen nationalsozialistischer Tötungsverbrechen, 1945–1989. 47 Bde., Amsterdam/München 1968–2011 [im Folgenden: Rüter], hier: Bd. IV, Fall 135, S. 444–447.
664 Zum Fall F. vgl. BArch, Z 38, Nr. 512; sowie *Boberach* 1997, S. 20f. Das Urteil des OGH vom 2. Mai 1950 ist abgelegt in BArch, Z 38, Nr. 512, Bl. 84–90, und abgedruckt in: OGH StS 3, S. 29–34, sowie in: *Rüter*. Bd. III, Fall 94, S. 363–368.

tete, eine kommunistische Mehrheit unter den Geschworenen erbringe meist Verurteilungen, eine christdemokratische hingegen Freisprüche[665]. Die von den Briten zwecks Demokratisierung forcierte und auch von manchen deutschen Akteuren geforderte Errichtung von Schwurgerichten stellte sich schließlich als ein Bumerang heraus. Denn als sich Ende der vierziger Jahre eine ‚Schlussstrichmentalität' in der Gesellschaft durchsetzte, wurde davon auch das Laienelement in der Rechtspflege erfasst und dadurch zum Hemmschuh für die Aburteilung von NS-Verbrechen. Allgemein fällt allerdings auf, dass es beim Tatkomplex ‚Denunziation' zu überproportional vielen Freisprüchen kam. Neben der ‚Schlussstrichmentalität' lag ein Grund im Widerstreben der in Amt und Würden zurückgekehrten NS-belasteten Richter und Staatsanwälte gegen KRG 10. Gegenüber einer rückwirkenden Spruchpraxis, die bewirkte, dass nach den Denunzierten die Denunzierenden auf derselben Anklagebank Platz nahmen[666], war in jenen Juristenkreisen ein Unbehagen zu spüren. So kam es 1948/49 „zur Aufweichung des Konsenses, daß Denunziationen nach KRG 10 geahndet werden sollten und konnten. Das geschah u. a. durch eine zu diesem Zeitpunkt einsetzende Tendenz, welche die OGH-Rechtsprechung zunehmend kritisch betrachtete und auf eine Schonung der Denunzianten hinauslief"[667]. Der Gesetzespositivismus eroberte sich verlorenes Terrain zurück und drückte sich in Urteilen aus, die Angeklagten zugutehielten, dass sie nur ihrer ‚Dienstpflicht' genügt hätten.

Für den Landgerichtsbezirk Osnabrück hat Bade ermittelt, dass die Staatsanwaltschaft 43 Ermittlungsverfahren wegen ‚Anzeigeverbrechen' einleitete – das Gros von 1948 bis 1951. Zur Gerichtsverhandlung kam es jedoch nur in sieben Fällen. Da auch davon zwei eingestellt und vier mit Freispruch beendet wurden, blieb die Verurteilung des NSDAP-Kreisamtsleiters Matthies wegen Anzeige eines Soldaten aufgrund angeblich wehrkraftzersetzender Reden zu zwei Monaten Haft die einzige. Rechtskraft erlangte jedoch auch dieses Urteil nicht, weil der Angeklagte im Revisionsverfahren vom Amnestiegesetz vom 31. Dezember 1949 profitierte. Bades Resümee, die Ahndung von NS-Denunziationen vor westzonalen und BRD-Gerichten könne als Fiasko betrachtet werden, hat angesichts solcher Zahlen viel Überzeugungskraft[668]. Als wichtiger Faktor für die Bewertung und Bestrafung von ‚Anzeigeverbrechen' erwies sich auch der Tatzeit-

---

665 Vgl. *Broszat* 1981, S. 531; weiterhin *Raim*, S. 141.
666 Vgl. *Friedrich* 1998, S. 143. Ähnlich auch *Broszat* 1981, S. 532.
667 *Bade* 2001, S. 74.
668 Vgl. *ebd.*, S. 76–78.

punkt. So beurteilte das Landgericht Osnabrück die Denunzierung eines Lehrers, der 1940 Kritik an der Wehrmacht geübt hatte, milder als Matthies' Anzeige eines Soldaten wegen ‚wehrkraftzersetzender' Äußerungen zum Zusammenbruch der Westfront vom Oktober 1944. Der Grund für die Rehabilitierung des Soldaten und die Verurteilung des Täters lag hier darin, dass das Tatgericht die Aussage des ersteren für kaum geeignet hielt, die deutsche Wehrkraft zu diesem Zeitpunkt noch zu schwächen. Sie vermittelte wegen der verbreiteten Kenntnis der bevorstehenden Kriegsniederlage nichts wesentlich Neues. Entscheidend war folglich, „ob die angezeigte Äußerung im Kern als richtig gewertet wurde oder nicht. Dementsprechend wurde auch die Denunziation als ‚richtig', d. h. rechtmäßig gewertet oder eben nicht"[669]. Wiederum mit Hinweis auf den Tatzeitpunkt stellte das Osnabrücker Landgericht Verfahren wegen Denunziationen aus dem Jahr 1933 ein, da die Opfer (angeblich) noch mit der Durchführung gesetzmäßiger Strafverfahren hätten rechnen können[670]. Boberachs Analyse von 67 Verfahren aus Nordrhein-Westfalen wegen ‚Anzeigeverbrechen', die durch Revisionseinlegung vor den OGH gelangten, ergab, dass nur zehn Fälle vor den Kriegsausbruch zurückreichten, zwei auf 1939/40, fünf auf 1941, neun auf 1942, 22 auf 1943, 19 auf 1944 und drei auf 1945. Mit 41 Fällen (= 61,2 Prozent) bezog sich das Gros auf die Jahre 1943/44 und mithin auf eine Phase verschärfter Verfolgung politischer Gegner, bedingt durch den kritischen Kriegsverlauf[671].

Jedoch war die Ablehnung der Strafverfolgung von Denunziationen bis in die Reihen der anfänglich als Revisionsinstanzen zuständigen Oberlandesgerichte unverkennbar. So vertrat laut einem Bericht des Landgerichts Wuppertal vom Februar 1948 das OLG Düsseldorf die Auffassung, die Schädigung eines Opfers sei nicht der anzeigenden Person, sondern dem NS-Staatsapparat zuzurechnen. Erstere hätte nicht grausam, sondern gesetzmäßig gehandelt. Auf diese Weise nötigten die OLG-Richter dem mit der Neuverhandlung befassten Tatgericht einen Freispruch geradezu auf. Dass die KRG-10-Spruchpraxis der unterschiedlichen OLG zu Denunziationen zuweilen stark voneinander abwich, lässt ein Vergleich der OLG Düsseldorf und Braunschweig erkennen. So positionierte sich letzteres gegen das lokale Landgericht und zwang es mehrfach zur Eröffnung der Hauptverhandlung. Solche Rechtsverwirrung verstärkte den Ruf nach der Einrichtung eines einheitlichen Obergerichts. Insofern stellte das Gesetz

---

669 *Ebd.*, S. 79.
670 Vgl. *ebd.*, S. 80.
671 Vgl. *Boberach* 1997, S. 19f.

der Alliierten einen Katalysator für die OGH-Gründung dar[672]. Für die Situation in Braunschweig zeigen Ludewig und Kuessner im Übrigen anhand dreier Fälle, für die die Staatsanwaltschaft 1947 Anklage auf Basis des KRG 10 erhob, ein Rechtspraxismuster entsprechend folgendem ‚Idealtypus' auf: Weil sich der zuständige Senat am Landgericht gegen die Anerkennung des Unrechtscharakters der NS-Herrschaft sträubt, lehnt er die Eröffnung der Hauptverhandlung ab. Der Oberstaatsanwalt geht dagegen vor und erwirkt im Bewusstsein der Rückendeckung des Generalstaatsanwalts vom Strafsenat des OLG, was das Tatgericht verweigerte. Dessen Neigung zu milden Urteilen bzw. Freisprüchen beantwortet die Anklage mit der Einlegung der Revision, der seit Mai 1948 vom OGH stattgegeben wird[673].

Für den Zeitraum bis März 1948 verzeichneten die acht OLG-Bezirke in der Britischen Zone 140 Aburteilungen wegen Denunziationen. Hierbei fällt auf, dass in den Sprengeln Hamburg (41) und Düsseldorf (42) über relativ viele, in den großflächigen Bezirken Celle (3) und Hamm (8) aber nur über wenige Personen ein Urteil wegen Menschlichkeitsverbrechen gesprochen wurde. Celle betreffend drängt sich der Eindruck auf, dass das gegen die KRG-10-Anwendung und die Ahndung von Anzeigeverbrechen gerichtete vergangenheitspolitische Wirken von OLG-Präsident Hodenberg seine Wirkung nicht verfehlte. Denn offenbar mahlten die Mühlen der dortigen Justiz besonders langsam. Gemäß der gleichen Statistik lag die Quote von milden Bestrafungen und Freisprüchen sowie Verfahrenseinstellungen überall auf einem vergleichbar hohen Niveau. Sechs der acht in Hamm Angeklagten entgingen der Verurteilung, und auch in Düsseldorf und Hamburg führten die je über 40 Verfahren nur in drei bzw. einem Fall zu einer Haftstrafe von mindestens einem Jahr[674]. Die Befunde der teils geringen Zahl der Verfahren und weiten Verbreitung milder Urteile verdeutlichen, dass viele deutsche Gerichte gegenüber diesem Tatkomplex und der von den Briten dafür vorgesehenen Rechtsgrundlage massive Vorbehalte hegten. Im Vorgriff auf die Analyse der Spruchpraxis des OGH zu NS-Menschlichkeitsverbrechen seien an dieser Stelle bereits einige Ergebnisse vorgestellt, deren Aussagekraft auch die Rechtsprechung der 34 Landgerichte zu Denunziationen einschließt, von wo aus die KRG-10-Strafsachen an das Revisionsgericht gelangten. Die Auswertung der Verfahrensakten ergibt, dass sich die OGH-Entscheidungen zu ‚Anzei-

---

672 Vgl. *Broszat* 1981, S. 529 u. 531.
673 Vgl. *Ludewig/Kuessner*, S. 246–253.
674 Vgl. TNA, PRO, FO 1060, Nr. 148, ohne Foliierung.

geverbrechen' bei der Gesamtzahl 223 wie folgt auf verschiedene Kategorien verteilen: Arbeitsverhältnisse (77), Mietverhältnisse (39), Verbrechen an Jüdinnen und Juden (19), politische Gegner aus SPD und KPD (12) oder mit anderem Hintergrund (12), Verwandtschaftsverhältnisse (11) und sonstige, bei denen ein Zuordnung fraglich blieb (53)[675].

2.2 Gewaltverbrechen im Zeichen der NS-‚Machtergreifung'[676]

Prozesse wegen Ausschreitungen und Gewalttaten, die im Gefolge der im Land Braunschweig besonders blutig vollzogenen NS-Machtübernahme geschehen waren, zählten zu den ersten prominenten KRG-10-Verfahren im zugehörigen OLG-Bezirk[677]. Darunter war die Strafsache Hannibal, die ein charakteristisches Problem der Verfolgung von NS-Unrecht illustriert: Die 2. Landgerichtsstrafkammer sprach den früheren SA-Hilfspolizeiführer Wilhelm Hannibal[678] am 16. Mai 1947 vom Vorwurf frei, im März 1933 ein Menschlichkeitsverbrechen in Tateinheit mit Körperverletzung und Freiheitsberaubung verübt zu haben. Der Angeklagte hatte im Zuge der NS-‚Machtergreifung' in Schöppenstedt eine gegen Sozialdemokraten und Kommunisten gerichtete ‚Aktion' geleitet, bei der die Opfer verhaftet, verhört und misshandelt worden waren[679]. Mit seinem Freispruch folgte das Gericht unter Vorsitz von Ex-NS-Sonderrichter Hans Gosewisch[680] der

---

675 Vgl. *Form* 2012, S. 50. Gemäß der vom Bundesarchiv vorgenommenen Systematisierung der KRG-10-Verfahrensakten des OGH firmieren die 19 Denunziationsentscheidungen, in denen es um jüdische Opfer geht, in der von Form wiedergegebenen Gesamtübersicht nicht unter dem Tatkomplex ‚Denunziation', sondern unter ‚Verbrechen an Jüdinnen und Juden'. Problematisch an einer derartigen Kategorienbildung ist stets, dass sie schwerlich alle Informationen enthalten und etwa Fällen gerecht werden kann, in denen wie im Paasch-Fall (vgl. *VIII.2.1*) eine Zuordnung zu zwei Tatkomplexen möglich gewesen wäre, nämlich a) Verbrechen an Jüdinnen und Juden und b) Denunziation mit Blick auf ein Verwandtschaftsverhältnis.
676 Zur strafrechtlichen Ahndung von an politischen Gegnern 1933 verübten NS-Verbrechen vgl. *Raim*, S. 729–756.
677 Vgl. *Sohn*, passim.
678 Zu Hannibal, Jahrgang 1893, vgl. *ebd.*, S. 79f.; zu den ihm zur Last gelegten Verbrechen und dem Verfahren, das 1952 zum endgültigen Freispruch führte, vgl. *ebd.*, S. 55 u. 75–93; außerdem *Wojak*, S. 250–255.
679 Vgl. *Sohn*, S. 76.
680 Zu Gosewisch, Jahrgang 1902, vgl. *Ludewig/Kuessner*, S. 281; wichtige Ergänzungen bei *Sohn*, S. 55f., u. *Kalender für Reichsjustizbeamte für das Jahr 1940*. 2. Teil, Berlin 1939, S. 94 u. 744.

2 Ausgewählte Tatkomplexe und Strafverfahren

Empfehlung des Anklagevertreters Willibert Kulp[681], der 1943 in Graudenz (Reichsgau Danzig-Westpreußen) Oberstaatsanwalt geworden war. Diesem späteren Mitarbeiter von Generalstaatsanwalt Staff attestierte die Militärregierung noch im September 1945: „He fully supports the Nazi state"[682]. So waren die an der Entscheidung über den SA-Hilfspolizeiführer Beteiligten selbst politisch belastet. Kein Wunder, dass der Richterspruch in der Öffentlichkeit auf scharfe Ablehnung stieß[683].

Aus Anlass des Hannibal-Freispruchs hielt Braunschweigs Chefankläger am 30. Mai 1947 ein Treffen mit Vertretern von Gewerkschaften, SPD, KPD und der Vereinigung der Verfolgten des NS-Regimes (VVN) ab. Der von den Gästen geäußerten Kritik entgegnete er,

> „dass gerade im Lande Braunschweig die Strafverfolgung der Naziuntaten besonders weit vorangetrieben und von vornherein auf Veranlassung des GStA. [i. e. Generalstaatsanwalts] ihre systematische und aktenmässige Erfassung betrieben worden sei. Viele dieser Verfahren hätten zwar noch nicht bis zur Anklagereife durchgeführt werden können. Das liege aber daran, dass viele Beschuldigte und auch Zeugen noch in Kriegsgefangenschaft seien, sich in Internierungslagern befänden oder aber noch verschollen seien".

Bezüglich einiger von unverhältnismäßiger Milde gegen NS-Täter zeugender Urteile äußerte Staff, den Ursachen auf den Grund gehen und Abhilfe schaffen zu wollen. So kündigte er an, „[d]ie für politische Strafsachen zuständige Strafkammer werde in Zukunft mit besonders guten Richtern besetzt sein. Im übrigen bürge auch der Strafsenat des Oberlandesgerichts dafür, dass mindestens in der Revisionsinstanz Richter mit hohen Qualitäten Recht sprechen"[684]. Indes gingen dem Hausherrn die Forderungen einiger Gäste zu weit, die auf eine autoritäre Regelung und Justizlenkung drängten. Ihnen erwiderte er, alle Maßnahmen müssten auf demokratischer Basis und in strengster Gesetzesbindung durchgeführt werden.

Die von Staff in Gang gesetzte Ermittlungstätigkeit lässt sich mit Zahlen belegen, die Mitte 1949 beim ZJA zusammengefasst wurden. Demzufolge waren in Braunschweig wegen NS-Verbrechen 985 Ermittlungsverfahren angestoßen worden. Beim nächsten Schritt geriet die Strafverfolgung aber

---

681 Zu Kulp, Jahrgang 1915, vgl. *Handbuch der Justizverwaltung*. Bearb. im Büro des Reichsjustizministeriums, Berlin 1942, S. 299; ferner *Sohn*, S. 55.
682 Zit. n. *ebd.*
683 Vgl. *Wojak*, S. 252.
684 NLA, WO, 61 Nds Zg. 12–1987, Nr. 2, Bl. 112.

2.2 Gewaltverbrechen im Zeichen der NS-‚Machtergreifung'

schon ins Stocken. So kam es nur 83 Mal zur Anklage gegen insgesamt 211 Personen. Woran lag das? Die Antwort ist facettenreich. Wie vom Generalstaatsanwalt erwähnt, waren viele Beschuldigte zuerst in Internierungshaft oder Kriegsgefangenschaft. Die Abteilung ‚NS-Verbrechen' kämpfte aber auch mit in der Sache der Verfahren liegenden und internen Schwierigkeiten. Einerseits war die kleine Arbeitsgruppe mit der Vielzahl und dem Umfang mancher Verfahren überfordert. Letzteres galt etwa bei Ermittlungen zu Gewalttaten im Frühjahr 1933, die also lang zurücklagen, und bei denen es auch oft viele Verdächtige gab. Auf die Aufklärung solchen Unrechts legte die Staatsanwaltschaft ihr Augenmerk[685] – neben 400 Fällen, bei denen wegen Denunziation ermittelt wurde[686]. Den schleppenden Fortgang der KRG-10-Verfahren lastete Oberstaatsanwalt Brandes Abteilungsleiter Helmut Hartmann[687] an und erwirkte Mitte 1947 dessen (vorläufige) Entbindung von der Führungsfunktion[688]. Hinzu kommt der Umstand, dass auch in der Arbeitsgruppe ‚NS-Verbrechen' ehemalige NS-Juristen tätig waren, die nicht immer dem Vorgesetztenwillen folgten und die Strafverfolgung bewusst erschweren konnten. Andererseits bedeutete Staffs Berufung zum OGH-Richter eine Zäsur, waren die meisten Ermittlungen doch unter seiner Federführung aufgenommen worden. Mit seinem Weggang nach Köln nahm der Elan der Anklagebehörde merklich ab. Am 18. März 1948 erschien in der ‚Hannoverschen Presse' ein Artikel mit dem Titel ‚Viermal ‚Braunschweiger Justiz'. Laufend Freisprüche des Landgerichts bei Menschlichkeitsverbrechern'[689]. Obgleich die Rechtspraxis des OGH zu KRG 10 günstige Ahndungsbedingungen aufrechterhielt, wurden Ermittlungen vielfach eingestellt und immer seltener Anklage erhoben[690].

---

685 Vgl. *Sohn*, S. 72f. u. 211; ferner *Wojak*, S. 239f. Die statistischen Zahlen aus dem ZJA sind BArch, Z 21, Nr. 791, Bl. 98, entnehmbar.
686 Vgl. *Wojak*, S. 240.
687 Zu Hartmann, Jahrgang 1902, vgl. *Sohn*, S. 56–61; sowie *Handbuch der Justizverwaltung*, S. 54.
688 Vgl. *Sohn*, S. 57f. Gegen Hartmann wurde später ein Disziplinarverfahren eingeleitet, von dem der SPD-Vorsitzende Schumacher im Herbst 1949 annahm, es bezwecke die Diskreditierung eines republikanisch eingestellten Beamten. Fritz Bauer pflichtete dem in einem Schreiben an den Parteivorstand bei, war aber zudem der Meinung, die Anklage ziele letztlich auf den von den Nazis verfolgten „Hintermann Staff", der als damaliger Senatspräsident am OGH in Köln aber „unerreichbar" (zit. n. *Wojak*, S. 246) sei.
689 Vgl. NLA, WO, 57 Nds. Zg. 6–1991, Nr. 7, Bl. 115 (= Abschrift des genannten Artikels).
690 Vgl. *Sohn*, S. 211f.

In der Revisionsentscheidung zum Hannibal-Verfahren bemängelte das Braunschweiger OLG am 29. November 1947[691] unter Vorsitz von Bruno Heusinger[692], dass das Landgericht keine eingehende Prüfung des Sachverhalts mit Blick auf KRG 10 vorgenommen hätte. Ferner trat es der Revisionsbegründung bei, wonach die erste Instanz die 1933 herrschenden politischen Umstände verkannt hätte. So zeuge die Annahme, dass der Angeklagte sich der Illegalität der Gewaltaktion womöglich nicht bewusst gewesen sein oder sie nicht gebilligt haben sollte, von einem Rechtsfehler. „In Anbetracht seiner Stellung als SA.-Standartenführer und Leiter der Hilfspolizei können ihm die terroristischen Ziele, die mit vielen derartigen Aktionen von der NSDAP. verfolgt würden, [nämlich] kaum unbekannt geblieben sein". Aufgrund dieses ‚sachlich-rechtlichen Mangels' hob das OLG Hannibals Freispruch auf. Bemerkenswert ist darüber hinaus, dass das Revisionsgericht KRG 10 Völkerrechtscharakter attestiert und seine Rückwirkung kraft der dem Kontrollrat eigenen Legislativbefugnisse bestätigt. Es führt aus, dass die Strafbarkeit von Menschlichkeitsverbrechen ein „Gemeingut aller Staaten [sei], die den Persönlichkeitswert des einzelnen achten, wie auch Verstöße dagegen zu allen Zeiten und in allen Ländern denkbar sind". Wie das Kammergericht im Schwärzel-Verfahren und später der OGH lässt das OLG keinen Zweifel daran, dass die rückwirkende Bestrafung solcher NS-Grausamkeiten ein Gebot sowohl der Gerechtigkeit als auch der Rechtssicherheit sei:

„Die Gerechtigkeit verlangt vielmehr gebieterisch die strafrechtliche Ahndung der unter dem Nationalsozialismus begangenen unmenschlichen Handlungen, mögen sie nach den damals in Kraft gewesenen Bestimmungen strafbar gewesen sein oder nicht. Dies liegt auch gerade im Interesse der Rechtssicherheit und des durch den Nationalsozia-

---

691 Die Entscheidung des OLG Braunschweig vom 29. November 1947 ist in Auszügen abgedruckt in: Niedersächsische Rechtspflege 2 (1948), H. 2, S. 48–52 (= Entscheidung des OLG Braunschweig vom 29. November 1947). Hierzu auch *Wojak*, S. 251f.

692 Zu Heusinger (1900–1987) vgl. *Flotho*, Manfred: Dr. Bruno Heusinger (1900–1987). Oberlandesgerichtspräsident von 1933 bis 1934 und 1948 bis 1955, in: Isermann/Schlüter (Hrsg.), S. 139–141; *ders.*: Bruno Heusinger – ein Präsident im Konflikt zwischen Solidarität und Gewissen, in: Rudolf Wassermann (Hrsg.): Justiz im Wandel der Zeit. Festschrift des Oberlandesgerichts Braunschweig, Braunschweig 1989, S. 349–369; sowie *Müller*, Hans-Erhard/*Henne*, Thomas: Bruno Heusinger (1900–1987). Richter, in: Joachim Rückert u. Jürgen Vortmann (Hrsg.): Niedersächsische Juristen. Ein historisches Lexikon mit einer landesgeschichtlichen Einführung und Bibliographie, Göttingen 2003, S. 293–301.

lismus erschütterten Rechtsbewußtseins, das jetzt wieder hergestellt wird, indem die Schuldigen nunmehr zur Verantwortung gezogen werden. Gesichtspunkte ihrer eigenen Rechtssicherheit, die darin gesehen werden könnten, daß sie z. Zt. ihrer verwerflichen Taten deren Bestrafungsmöglichkeit nicht vorhersehen konnten, haben gegenüber der allgemeinen Rechtssicherheit und der der Opfer dieser Taten zurückzutreten. Anderenfalls könnte eine verbrecherische Regierung nach Aufhebung der einschlägigen Strafgesetze die schlimmsten Untaten unter verfassungsmäßig auch für die Zukunft garantierter Straflosigkeit begehen oder begehen lassen (vgl. Wimmer in SJZ. 1947, 129)"[693].

Indem die Entscheidung Wimmer folgt, erteilt sie Hodenbergs Rechtsauffassung (vgl. *V.2.2*) eine Absage. Weiterhin vertritt der OLG-Strafsenat die Meinung, dass die Briten deutschen Gerichten mit Erlass vom 5. Juli 1947 die Aburteilung von Fällen übertragen hätten, die nur als Menschlichkeitsverbrechen aburteilbar seien. In Bezug auf das Konkurrenzverhältnis von KRG 10 und StGB setzt er sich mit den Rechtsfiguren ‚Alternativklage' und Idealkonkurrenz auseinander. Letztere gebiete deutschen Richtern die Prüfung der Tat unter allen rechtlichen Gesichtspunkten. Dagegen führten Konstrukte der Gesetzeskonkurrenz zu irrigen Folgen. Sie implizierten, dass Rechtsgrundlagen – was hier aber nicht zutreffe – sich wegen eines Verhältnisses der Subsidiarität oder Spezialität gegenseitig ausschlössen. Die Braunschweiger Richter plädierten also dafür, das Tatgeschehen unter dem Blickwinkel von Tateinheit bzw. Idealkonkurrenz gemäß § 73 StGB zu betrachten[694]. Berührungspunkte zur Rechtsprechung des OGH ergeben sich auch, wenn das OLG „die Menschenwürde in ihrer Allgemeinheit" als Rechtsgut von KRG 10 Art. II 1c identifiziert und klarstellt, dass „z. B. Freiheitsberaubungen an verschiedenen Personen, die nach deutschem Recht mehrere selbständige Handlungen darstellen, nach Kontrollratsgesetz Nr. 10 als eine natürliche Handlungseinheit angesehen werden können"[695] (vgl. *VIII.1*). Schließlich unternimmt der Richterspruch den Versuch einer Bestimmung des Begriffs der ‚unmenschlichen Folgen'. Diese lägen vor, wenn das Opfer in seinen unveräußerlichen Menschenrechten verletzt werde. Dafür genüge es, wenn Taten seine Freiheit oder die Würde seiner menschlichen Persönlichkeit verneinen. Zur Abgrenzung

---

693 Entscheidung des OLG Braunschweig vom 29. November 1947, S. 50f.
694 Vgl. *ebd.*, S. 51f.
695 *Ebd.*, S. 52.

von ‚Bagatellfällen' sei bei solchen NS-Verbrechen ein ‚Gefühl der Wehr- und Schutzlosigkeit' beim Opfer zu unterstellen, das dadurch genährt werde, dass der Staat das Unrecht deckte. ‚Unmenschlichen Folgen' schlägt das Gericht die Verbringung in KZ, schwere körperliche und seelische Misshandlungen, die Entrechtung der Juden und rechtswidrige Schutzhaft zu[696].

2.3 Synagogenbrandstiftung und antisemitische Gewalt im November 1938[697]

Das am 7. November 1938 von dem 17-jährigen Juden Herschel Grynszpan auf den deutschen Diplomaten und Botschaftssekretär in Paris Ernst vom Rath verübte Attentat diente der NS-Führung als Vorwand zur Entfesselung des gewalttätigsten judenfeindlichen Pogroms in der Geschichte des Deutschen Reiches. Die ‚Reichspogromnacht' vom 9. auf den 10. November war die vorläufige Klimax einer mit der NS-Machtübernahme eingeleiteten judenfeindlichen Politik[698]. Diese trat nun nach diskriminierenden und entrechtenden Maßnahmen – etwa den ‚Nürnberger Rassegesetzen' (1935) – in ein Stadium nackter Gewalt und Vertreibung ein. Mehr als tausend Synagogen wurden niedergebrannt und 7.500 jüdische Geschäfte zerstört. Juden fielen Raub, Misshandlung und hundertfach Mord zum Opfer. 30.000 Männer wurden in Konzentrationslager verschleppt und monatelang gefangen gehalten. Kurz darauf, am 12. November, erließ die Reichsregierung Verordnungen, die auf die Ausschaltung von Juden aus dem Wirtschaftsleben zielten und ihnen eine ‚Sühneleistung' von einer Milliarde RM für ihre angeblich feindliche Haltung gegenüber dem deutschen Volk auferlegten[699].

Die rassistisch-antisemitisch motivierten Verbrechen des Novemberpogroms konnten in der Britischen Zone im Gefolge der Militärregierungs-

---

696 Vgl. *ebd.*
697 Zur Aburteilung von NS-Gewalttaten im Kontext des antisemitischen Novemberpogroms von 1938 vgl. *Raim*, S. 857–920; zudem mit Blick auf Nordrhein-Westfalen *Boberach* 1997, S. 16–18, und auf den Landgerichtsbezirk Aurich *Bahlmann* 2008, S. 193–429 (hier v. a. S. 222–262, 274–286 u. 378–414).
698 Zum Novemberpogrom von 1938 vgl. *Gross*, Raphael: November 1938. Die Katastrophe vor der Katastrophe, München 2013, S. 32–65, und *Bergmann*, Werner: Geschichte des Antisemitismus. 3., durchges. Aufl., München 2006, S. 105f.; mit Hinweisen auf das Ausbleiben ernsthafter NS-Ahndungsbemühungen *Bundesministerium der Justiz* (Hrsg.), S. 194–198.
699 Vgl. *Bergmann*, S. 105f.

anordnung vom 5. Juli 1947 vor deutschen Gerichten nach KRG 10 als Menschlichkeitsverbrechen strafverfolgt werden (vgl. *IV.3.4*). Im zugehörigen vor dem britischen Kontrollkommissionsgericht in Aachen verhandelten ‚Parent Case' waren mehrere Angeklagte wegen Synagogenbrandstiftung verurteilt worden – darunter der frühere Polizeichef Zenner, der eine fünfjährige Gefängnis- sowie eine Geldstrafe erhielt (vgl. *IV.2.1*). ZJA-Präsident Kiesselbach begrüßte diesen Schritt im Juli 1947 gegenüber dem nordrhein-westfälischen Justizminister und drängte auf eine rasche Bearbeitung der Verfahren wegen NS-Grausamkeiten an Juden, „damit dieses dunkle Kapitel deutscher Geschichte in der Rechtssphäre möglichst bald seinen Abschluß findet"[700].

Tatsächlich hatten aber schon seit 1946 in Einzelfällen deutsche Prozesse wegen antijüdischer Gewalt, Eigentumsdelikten oder Synagogenbrandstiftung stattgefunden. Häufig gingen ihnen Anzeigen voraus, die von Geschädigten, jüdischen Gemeinden und Verbänden, der VVN oder SPD-Ortsvereinen gestellt worden waren. Jedoch bedurfte es oftmals größter Beharrlichkeit, um die lokalen Stellen zur Einleitung von Strafverfahren zu bewegen[701]. Hierbei musste sich die Anklage zuerst auch in der Britischen Zone auf Tatbestände des StGB wie Brandstiftung und Landfriedensbruch stützen. Die Ermittler hatten in diesen Fällen in besonderem Maße mit den damals typischen Schwierigkeiten zu kämpfen. So erwies sich v. a. die Beweiserhebung als Knackpunkt, lagen die Taten doch mehrere Jahre zurück, saßen wichtige Prozessbeteiligte in alliierter Haft und zeigte sich in der Bevölkerung früh eine Abneigung gegen die Verfolgung ‚politischer Strafsachen'. Hinzu trat das ‚Versagen' von Zeugen, also ihr Unvermögen oder Unwillen, zur Aufklärung beizutragen. Dieses Phänomen beruhte u. a. auf Erinnerungslücken, Sympathien mit Tätern oder Angst vor etwaigen rechtsterroristischen Racheakten. Wie beim Tatkomplex der NS-Machtübernahme (vgl. 2.2) neigten auch Verfahren wegen antijüdischer Ausschreitungen im November 1938 dazu auszuufern. Denn die Ermittlungen und Prozesse erstreckten sich oft auf viele Personen, häufig gestaltete sich

---

700 Zit. n. *Raim*, S. 531. Als Gradmesser für KRG-10-Verfahren wegen Grausamkeiten der ‚Reichspogromnacht' in der Britischen Zone sei darauf hingewiesen, dass der Tatkomplex unter den vor dem OGH verhandelten 583 Revisionsstrafsachen mit 118 Fällen hinter Denunziationen (204) auf Platz zwei rangiert, vgl. *Form* 2012, S. 50.
701 Vgl. *Raim*, S. 860–864.

auch die Vernehmung jüdischer Opfer als umständlich, lebten zahlreiche Zeugen doch nach 1945 im Ausland[702].

Zum Tragen kamen derartige Hindernisse auch im Sprengel von Generalstaatsanwalt Meyer-Abich (Oldenburg), der der Ahndung von NS-Unrecht große Bedeutung beimaß. Er wies die Oberstaatsanwälte in Oldenburg, Osnabrück und Aurich bereits im November 1945 an, mit der Verfolgung von Gewalttaten des Novemberpogroms zu beginnen. Die Gräuel hätten „die schwerwiegendsten Folgen gehabt, daher auch in dem noch gesund empfindenden (!) Teil des deutschen Volkes tiefe Empörung hervorgerufen. (...) Das deutsche Volk, aber auch die Weltöffentlichkeit, hat einen Anspruch darauf, daß alle an dieser Untat beteiligten Verbrecher soweit sie für schuldig befunden werden, die verdiente Strafe erhalten"[703]. Bis Ende 1946 hatten die Staatsanwaltschaften eine Reihe von Verfahren wegen NS-Unrechts angestoßen – auf StGB- wie auf KRG-10-Basis. Strafsachen mit Bezug zur ‚Reichspogromnacht' hatten eine prominente Stellung. So standen antijüdische Gewalt, Plünderungen, Verwüstungen und Brandstiftung an Synagogen bei acht von neun in Oldenburg, elf von 35 in Osnabrück und zahlreichen der 36 in Aurich anhängigen Verfahren im Fokus[704]. Laut Bahlmann löste Meyer-Abich im ostfriesischen Teilbezirk „nachweisbare und für eine Verurteilung hinreichende Einzeltatbestände aus den Gesamtermittlungen heraus"[705], um sie früh verhandeln zu lassen. Das Vorgehen sollte den Anklagebehörden erlauben, öffentlicher Kritik und dem britischen Drängen auf eine strenge juristische Aufarbeitung selbstbewusst zu begegnen. So brachten die Auricher Ankläger 18 Verfahren wegen Synagogenbrandstiftung auf den Weg. Dabei maß Meyer-Abich der Ahndung von Brandstiftung an Gotteshäusern als einem Kapitalverbrechen Priorität vor der Verfolgung von Freiheitsberaubungen an Juden bei. Die Staatsanwaltschaften setzten ihre Schwerpunkte aber zuweilen anders und versuchten etwa, zuerst minderschwer belastete Personen zur Rechenschaft zu ziehen[706]. Zu den frühen, anhand von Tatbeständen des StGB durchgeführten Prozessen zählte die Strafsache gegen den Ex-SA-Obertruppführer Böhmer wegen der im Zuge des Judenpogroms in Emden geschehenen Tötung des jüdischen Schlachters de Beer. Das Landgericht Au-

---

702 Vgl. *Bahlmann* 2012: OGH, S. 152f. Beispiele aus den drei westlichen Zonen liefert *Raim*, S. 865–875.
703 Zit. n. *ebd.*, S. 858.
704 Vgl. *Bahlmann* 2012: OGH, S. 151f.
705 *Ebd.*, S. 153.
706 Vgl. *ebd.*, S. 153f.

rich sprach den Angeklagten der Freiheitsberaubung mit Todesfolge für schuldig und verhängte eine fünfjährige Zuchthausstrafe[707]. Indes war dem Täter weder Mord noch Totschlag nachzuweisen, weil nicht zweifelsfrei feststand, dass er den tödlichen Schuss auf das Opfer abgegeben hatte. Bahlmann bemerkt, die Richter seien der unter konservativen Juristen verbreiteten Tendenz gefolgt, zwar schweres NS-Unrecht zu sühnen, das deutschrechtlichen Normen subsumierbar war, einer Auseinandersetzung mit der nationalsozialistischen Willkürherrschaft aber ausgewichen. Die Analyse der Verfolgung jener Taten im Landgerichtsbezirk Aurich belegt, dass des Generalstaatsanwalts Engagement einerseits Entlastungsstrategien wie Schuldabwälzung auf Verstorbene oder Untergetauchte und sozialpsychologische Mechanismen der Täterentlastung oder Tatbagatellisierung (selbst durch Opfer) hervorrief. Andererseits zeitigte sein Vorgehen recht beachtliche Ergebnisse. So wurden in seinem kleinen OLG-Bezirk bis März 1948 21 der Judenverfolgung bezichtigte Personen unter KRG 10 abgeurteilt. Elf Angeklagte erhielten Haftstrafen von mehr als einem Jahr, zwei kürzere. Acht Personen wurden nach Verfahrenseinstellungen oder Freisprüchen auf freien Fuß gesetzt. Dagegen waren bezüglich jenes Tatkomplexes im OLG-Bezirk Celle erst gegen zwölf Angeklagte Urteile ergangen. Davon wurden sechs mit Gefängnisstrafen von mindestens einem Jahr belegt. Sogar gegenüber dem einwohnerreichen OLG-Bezirk Hamm beeindruckt die frühe nordwestdeutsche Ahndungspraxis. Denn, obwohl in Westfalen wegen Gewalttaten an Juden schon gegen 78 Angeklagte verhandelt worden war, lag die Zahl der zu Freiheitsstrafen von einem Jahr oder mehr Verurteilten mit 15 kaum über der zugehörigen Oldenburger Zahl (11)[708]. Das Beispiel Meyer-Abichs zeigt, dass neben der lokal variierenden Häufung bestimmter NS-Straftaten, die eine Häufung zugehöriger Verfahren nach sich ziehen konnte, der Elan einzelner Akteure eine wichtige Rolle spielte. Dazu, dass Verfahren in Gang kamen, trug maßgeblich die Haltung der jeweiligen Staatsanwaltschaft bei.

Schwierigkeiten bei der rechtlichen Würdigung des Tatgeschehens, das – falls überhaupt – oft nur schemenhaft rekonstruiert werden konnte, und die unter Richtern verbreitete Bereitschaft, teils hanebüchene Gründe zur

---

707 Zum Verfahren gegen Böhmer, Jahrgang 1908, vgl. *ders.* 2008, S. 222–262; ferner *Raim*, S. 888f.
708 Vgl. *Bahlmann* 2012: OGH, S. 154–159; die Zahlen sind einer nach Tatkomplexen sortierten ‚Übersicht über Verurteilungen wegen Verbrechens gegen die Menschlichkeit (Meldungen bis März 1948, für Düsseldorf bis Februar 1948)' zu entnehmen, vgl. TNA, PRO, FO 1060, Nr. 148, ohne Foliierung.

2 Ausgewählte Tatkomplexe und Strafverfahren

Strafmilderung heranzuziehen, bedingten das Zustandekommen vieler Urteile, deren Milde heutzutage „Kopfschütteln"[709] hervorruft. Wessen Haftstrafe ein Jahr nicht überschritt, konnte sich Hoffnung machen, Vorteil aus dem Straffreiheitsgesetz vom 31. Dezember 1949 zu ziehen. Denn attestierten die Richter dem Täter, nicht grausam, ehrlos oder aus Gewinnsucht gehandelt zu haben, konnten sie die Vollstreckung der Strafe für unzulässig erklären, was freilich vor dem OLG angefochten werden konnte.

2.4 Justizverbrechen[710]

Im Sommer 1945 setzte sich Curt Staff, seinerzeit Landrat von Gandersheim, gegenüber der Militärregierung für die Verhaftung des ersten Braunschweiger Sondergerichtsvorsitzenden, Friedrich Lachmund, und des Staatsanwalts Hans Lüders ein[711]. Am 5. September informierte er den britischen Oberst Alexander, die Entscheidungen des NS-Sondergerichts hätten in den ersten Jahren nach 1933 unter Lachmunds verhängnisvollem Einfluss gestanden. Dieser hätte „besonders Anteil an dieser der Gerechtigkeit schärfstens widersprechenden Rechtsprechung der Braunschweiger Gerichte"[712] gehabt. Auch die persönlichen Erfahrungen Staffs mit Lachmund waren nicht die besten, hatte ihn dieser doch 1933 zur Einwilligung in die eigene Beurlaubung genötigt (vgl. VII.2.2.2). Im Übrigen wurde die Ahndung von NS-Justizverbrechen dadurch erschwert, dass die verantwortlichen Beamten kurz vor Kriegsende eine Vielzahl belastender Verfahrensakten beseitigen ließen. Gegen den 1944/45 amtierenden General-

---

709 *Raim*, S. 880.
710 Zur Verfolgung von NS-Justizverbrechen erschien zuletzt *Hoeppel*, Alexander: NS-Justiz und Rechtsbeugung. Die strafrechtliche Ahndung deutscher Justizverbrechen nach 1945, Tübingen 2019 (Beiträge zur Rechtsgeschichte des 20. Jahrhunderts, Bd. 109); ferner *Vormbaum*, Thomas: Die „strafrechtliche Aufarbeitung" der nationalsozialistischen Justizverbrechen in der Nachkriegszeit, in: Manfred Görtemaker u. Christoph Safferling (Hrsg.): Die Rosenburg. Das Bundesministerium der Justiz und die NS-Vergangenheit. Eine Bestandsaufnahme, Göttingen 2013, S. 142–168; *Laage*, S. 127–148; *Friedrich* 1998; *Freudiger*, S. 294–324 u. 381–403; mit Blick auf NS-Standgerichtsverfahren aus dem Frühjahr 1945 vgl. *Raim*, S. 789–797.
711 Vgl. *Ludewig/Kuessner*, S. 237. Zu Lachmund (1886–1963) vgl. *ebd.*, S. 255–262; ferner *Müller*, Friedrich-Wilhelm: Lachmund, Franz Friedrich, in: Jarck/Scheel (Hrsg.), S. 361. Zu Lüders, Jahrgang 1906, vgl. *Ludewig/Kuessner*, S. 288f.
712 Zit. n. *ebd.*, S. 261. Zum Braunschweiger Sondergericht im Allgemeinen *Ludewig/Kuessner*.

staatsanwalt Werner Meißner[713], der von den Briten suspendiert und interniert worden war, ordnete Nachfolger Staff im März 1946 ein Ermittlungsverfahren wegen des Verdachts der Vernichtung von Unterlagen zu Strafprozessen der NS-Zeit mit Todesurteilen an. Davon waren nicht zuletzt Fälle mit ausländischen Opfern betroffen, v. a. solchen, die aufgrund des Nacht- und Nebel-Erlasses vom Dezember 1941 als vermeintliche Straftäter gegen das Deutsche Reich oder die Besatzungsmacht verschleppt worden waren. Nach Freispruch vor dem Landgericht und Revisionseinlegung durch den Staatsanwalt stellte das OLG Braunschweig das Verfahren mit der Begründung ein, deutsche Gerichte seien hier wegen der Staatsangehörigkeit der den Vereinten Nationen angehörenden Opfer nicht zuständig. Eine Prüfung der Frage, ob Meißner Menschlichkeitsverbrechen begangen hatte, unterblieb, da auch die Alliierten kein Verfahren gegen ihn anstrengten[714].

Trotz erster Schritte im Wege von Ermittlungsverfahren bedurfte es der Übertragung der KRG-10-Gerichtsbarkeit auf die deutsche Justiz, bis der Generalstaatsanwalt die Verfolgung von NS-Justizunrecht vorantreiben konnte. Als die Generalermächtigung erfolgte, verlor Staff keine Zeit mehr und ließ Oberstaatsanwalt Brandes im September/Oktober 1946 Ermittlungen gegen die Ex-Sonderrichter Walter Lerche, Hermann Angerstein und Wilhelm Spies einleiten. Der Begehung eines Verbrechens gegen die Menschlichkeit beschuldigt wurden sie wegen der Beteiligung an einem Todesurteil gegen einen polnischen Hilfsmonteur[715]. Sein Schuldspruch lautete auf Verstoß gegen die ‚Volksschädlings-Verordnung', angeblich

---

713 Zu Meißner (1888–1962), wenngleich tendenziös, vgl. *Linden*: Werner Meißner. Rhenaniae Freiburg EM, Rheno-Guestphaliae zum Gedächtnis, in: Deutsche Corpszeitung 63 (1962), Nr. 5, S. 238–240; zudem *Wassermann* (Hrsg.), S. 405.
714 Vgl. *ders.* 1989, S. 52f.
715 Vgl. *Ludewig/Kuessner*, S. 243. Zu Lerche (1901–1962) vgl. *ebd.*, S. 268–273; ferner *Henne*, Thomas: Lerche, Walter, in: Rückert/Vortmann (Hrsg), S. 377 (= Henne 2003: Lerche); *Pollmann*, Klaus Erich: Lerche, Walter, Dr., in: Jarck/Scheel (Hrsg.), S. 378; *Handbuch der Justizverwaltung*, S. 54. Unter Lerches Vorsitz verhängte das Sondergericht Braunschweig 55 Mal die Todesstrafe (vgl. *Kramer*, Helmut: Richter vor Gericht. Die juristische Aufarbeitung der Sondergerichtsbarkeit, in: Justizministerium des Landes NRW [Hrsg.]: „...eifrigster Diener und Schützer des Rechts, des nationalsozialistischen Rechts...". Nationalsozialistische Sondergerichtsbarkeit. Ein Tagungsband, Düsseldorf 2007 [Juristische Zeitgeschichte NRW, Bd. 15], S. 121–172, hier: S. 124). Dennoch erhielt Lerche nach der Herabstufung von Entnazifizierungskategorie III (Minderbelastete) zu IV (Mitläufer) 1949 die Möglichkeit zur Rückkehr in den Justizdienst, die er aber 1951 zugunsten einer Verbeamtung als Oberlandeskirchenrat in Braunschweig ausschlug (vgl. *Müller*, Friedrich-Wilhelm, 1995, S. 296–300). Zu

verübt durch mehrere Kleinstdiebstähle[716]. Hiermit wirkte Staff zweifach als Pionier der Strafverfolgung von NS-Verbrechen: Erstens forderte er die Anwendung der von den Briten erst kurz zuvor erteilten Ermächtigung zur Aburteilung von Menschlichkeitsverbrechen gemäß KRG 10, und zweitens besaß er den Mut, das Gesetz gegen eigene Berufskollegen anzuwenden – gegen Richter, die im ‚Dritten Reich' Urteile gefällt und Strafen verhängt hatten, deren Unverhältnismäßigkeit und inhumane Härte NS-Geist atmeten und der Gerechtigkeit Hohn sprachen. Demgegenüber beharrte die Juristenmehrheit auf dem Richterprivileg nach § 336 StGB a. F., wonach Richter strafrechtlich nur wegen Rechtsbeugung belangt werden konnten, deren Nachweis wiederum sehr schwierig war. Der Hinweis auf jene Sperrwirkung erfüllte allzu oft eine Schutzfunktion. Zudem wurde an der Legende einer Justiz gestrickt, die im Kern von der NS-Weltanschauung frei geblieben war und die Fahne der Rechtsstaatlichkeit tapfer hochgehalten hatte. Schließlich bedienten sich rechtskonservative Akteure einer derartigen strafrechtlichen Vergangenheitspolitik auch gern Radbruchs als Kronzeugen, der ja in seinem Aufsatz ‚Gesetzliches Unrecht und übergesetzliches Recht' den Juristenstand unter Hinweis auf eine angebliche positivistische Rechtsverblendung von einer Verantwortung für Justizverbrechen gleichsam freigesprochen hatte[717]. Indem er die Messlatte für die innere Tatseite hoch anlegte, schlug er auch eine Schneise für die „Selbstamnestierung der Justiz". So „gingen die Gerichte daran, die wenigen angeklagten NS-Richter freizusprechen"[718].

Häufig gebärdeten sich aber schon die die Ermittlungen leitenden Staatsanwaltschaften als unwillig, Justizunrecht zu verfolgen. So etwa im oben beschriebenen Fall aus Braunschweig. Hierbei kritisierte Generalstaatsanwalt Staff am Todesurteil der NS-Sonderrichter gegen den polni-

---

Angerstein, Jahrgang 1896, vgl. *Kalender für Reichsjustizbeamte für das Jahr 1940*, S. 94 u. 588. Zu Spies (1907–1994) vgl. *Henne*, Thomas: Spies, Wilhelm, in: Rückert/Vortmann (Hrsg.), S. 423f.; ferner *Sohn*, S. 50f.

716 Zu diesem Verfahren, das am 27. März 1945 vor dem Sondergericht Braunschweig zum letzten Todesurteil führte, vgl. *Ludewig/Kuessner*, S. 217f.; zum NS-Charakter des Urteils s. Staffs Einschätzung bei *Sohn*, S. 50f.

717 Vgl. *Miquel* 2007, S. 178f., wonach die ‚Rechtspositivismusthese' (vgl. V.1) „nichts als eine frei erfundene Schutzbehauptung" (*ebd.*, S. 178) sei, mit der sich Radbruch einem juristischen Korpsgeist angedient hätte.

718 *Ebd.*, S. 179. Diesen Trend konstatiert auch *Friedrich* 1998, S. 141f., wobei pointiert hinzugefügt wird: „Für den Gestapo-Beamten spielte es keine Rolle, ob er rückwirkend wegen Freiheitsberaubung, Totschlag oder *crimes against humanity* eingesperrt wurde. Das KRG 10 schadete keinem Täter, bis auf einem, dem Justizverbrecher".

schen Monteur neben der Unverhältnismäßigkeit der Strafe die Begründung, und zwar aufgrund gravierender Formfehler. Die Entscheidung sei von „Willfährigkeit gegenüber nationalsozialistischer Willkür und Grausamkeit" gekennzeichnet und zeige, dass die Richter „in sehr starkem Maße dem Ungeist des Nationalsozialismus verfallen"[719] waren. Signifikant ist, dass das Nachkriegsverfahren gegen die Richter in Absprache mit dem Niedersächsischen Justizministerium 1948 eingestellt wurde. Als Begründung reichte der Staatsanwaltschaft der Hinweis auf die angeblich glaubwürdige Aussage der unter Verdacht stehenden Richter aus, das Todesurteil nach ihrer juristischen Überzeugung gefällt zu haben[720]. Staff war damals schon nicht mehr in Braunschweig, sondern OGH-Strafsenatspräsident. Es steht zu vermuten, dass das Verfahren gegen Lerche, Spies und Angerstein unter seiner Ägide nicht so leicht ad acta gelegt worden wäre.

Der vom 17. Februar bis 14. Dezember 1947 vor einem US-Militärgericht in Nürnberg gegen 15 hohe Ministerialbeamte, Richter und Ankläger des NS-Staates verhandelte Juristenprozess (vgl. *II.3.1*) hätte als Blaupause für die Ahndung von NS-Justizverbrechen auf KRG-10-Basis dienen können. Denn Anklage und Gericht begründeten eine strafrechtliche Verantwortung deutscher Justizjuristen für die im Zuge ihrer Amtstätigkeit verübten Grausamkeiten. Mit der Angeklagtenauswahl und Prozessführung zielte die Staatsanwaltschaft jedoch weniger auf die Aburteilung konkreter Taten als auf das NS-Rechtssystem „als kriminelles Institut"[721]. So wurden als Justizrepräsentanten aufgrund von Menschlichkeitsverbrechen verurteilt: Ernst Lautz, Oberreichsanwalt am VGH, zu zehn Jahren und Rudolf Oeschey, Sondergerichtsvorsitzender in Nürnberg, und sein Vorgänger Oswald Rothaug, seit 1943 VGH-Ankläger, zu lebenslanger Haft[722]. Zwar begründeten die US-Richter die Strafbarkeit der ‚Kollegen' auch unter Bezug auf Verfahren und Urteile, in denen die grausam behandelten Opfer Deutsche waren – sei es Rothaugs Beitrag zum Todesurteil gegen den Juden Leo

---

719 Zit. n. *Sohn*, S. 51.
720 Vgl. *Kramer* 2007, S. 124; wie auch *Ludewig/Kuessner*, S. 243; *Henne* 2003: Lerche.
721 *Wassermann* 2000, S. 99.
722 Vgl. *ebd.*, S. 104f. Zu Lautz (1887–1979) vgl. *Klee* 2005, S. 360; zu Oeschey (1903–1980) vgl. *ebd.*, S. 442f.; zu Rothaug (1897–1967) vgl. *ebd.*, S. 510; hierzu zuletzt auch *Luber*, Martin: Strafverteidigung im Nürnberger Juristenprozess am Beispiel des Angeklagten Oswald Rothaug, Berlin 2018 (Beiträge zum Internationalen und Europäischen Strafrecht, Bd. 30).

Katzenberger vom 13. März 1942[723], sei es Oescheys als Standrichter gefälltes Todesurteil gegen den Grafen Franz von Montgelas vom April 1945. Zu letzterem beschied das Militärgericht: „Ein derartiges Scheinverfahren ist kein Rechtsprozeß, sondern Mord. (...) Wenn die Bestimmungen des K.R.Ges. 10 nicht auf diesen Fall zutreffen, wissen wir nicht, auf welche Art politischer Verfolgung sie dann zutreffen sollen"[724]. Jedoch schöpften die Richter das Potenzial des alliierten Gesetzes nicht aus, indem sie sich nämlich der vom Hauptkriegsverbrechertribunal ausgegebenen Linie anschlossen, nur Taten zu ahnden, die im Sinn der engen Tatbestandsfassung von ‚Verbrechen gegen die Menschlichkeit' im IMT-Statut strafbar waren. Dies führte dazu, dass Justizverbrechen, die vor 1939 an Deutschen verübt wurden, ungesühnt blieben[725]. Allerdings zeichnete das Gericht auch ein Geschichtsbild der NS-Rechtspflege, das deutsche Justizakteure vehement bestritten: „Der Dolch des Mörders war unter der Robe der Juristen verborgen"[726]. Richter und Ankläger als Täter, sogar Mörder – das passte nicht zu einer Selbstperzeption, die jede Schuld und schlechtes Gewissen von sich wegschob, auf den NS-Staat, Kriegszustand, Staatsnotstand und Rechtspositivismus. Wen wunderte es dann, wenn „das brisante Urteil für fast 40 Jahre in den Giftschränken bundesdeutscher Rechtsfakultäten"[727] verschwand? Zwar gab es eine deutsche Übersetzung; das ZJA publizierte aber nur den allgemeinen Teil (mit dem ‚Dolch-Zitat')[728], während der besondere Teil aus Kostengründen der breiten Öffentlichkeit unzugänglich blieb (vgl. II.3.1). Dies erklärt, warum die deutsche Justiz wenig Bezug auf das Nürnberger Urteil nahm und dessen Hinweis, dass Richter sowie Staatsanwälte in NS-Unrecht verstrickt waren, kaum Ermittlungsverfahren nach sich zog. Die Angesprochenen verschlossen die Ohren davor und hörten nur, was sie hören wollten. Vergangenheitspolitisch wirkmächtiger als die Metapher vom Dolch im Gewande wurde daher,

---

723 Vgl. *Peschel-Gutzeit* (Hrsg.), S. 199–204; wie *Luber*, S. 310 u. 312f.; *Kramer* 2007, S. 122f. Kapitel VIII.2.6 zeigt, wie Karl Schneidewin, OGH-Generalstaatsanwalt, die vom US-Militärgericht im Fall Rothaug praktizierte Subsumtion inhuman harter Urteile unter den Tatbestand des ‚Menschlichkeitsverbrechens' rezipierte.
724 Zit. n. *Peschel-Gutzeit* (Hrsg.), S. 215. Zur Begründung der Strafbarkeit von NS-Justizunrecht durch das US-Militärgericht im ‚Juristenverfahren' vgl. auch *Laage*, S. 136–138.
725 Vgl. *Wassermann* 2000, S. 103f.
726 Zit. n. *Peschel-Gutzeit*, S. 66.
727 *Weinke* 2006, S. 72.
728 Vgl. *Zentral-Justizamt für die Britische Zone* (Hrsg.): Das Nürnberger Juristenurteil. Allgemeiner Teil, Hamburg 1948 (Sonderveröffentlichungen des Zentral-Justizblatts für die Britische Zone, Bd. 3).

was Nordrhein-Westfalens Justizminister Artur Sträter[729] im Juni 1947 auf dem Konstanzer Juristentag darlegte: ‚Der deutsche Richter in seiner Gesamtheit ist im Dritten Reich intakt geblieben, er hat nicht vor Hitler kapituliert'. In Sondergerichten hätten

> „oft Männer gesessen (...), die unvorstellbares Leid verhindert haben. Wir wußten genau, welche Richter bei den Sondergerichten gesessen haben, die Unheil verhindert haben, die Bestrafungen ausgesprochen haben, die vielleicht juristisch nicht einwandfrei waren, um zu verhindern, daß die Angeklagten in KZ kamen. Juristisches Unrecht tun, um sittlich zu handeln? Die Tragödie des deutschen Richters im Dritten Reich, das stille, noch nicht erkannte Heldentum der stillen Aufrechten im Land sittlicher Vergewaltigung"[730].

Zwar ist Sträters Statement insofern nicht einseitig, als er einräumt, dass es in Einzelfällen zu juristischem Unrecht gekommen war. Die Herausstellung des vorgeblich ‚intakten' deutschen Richtertums bleibt dennoch eine Verzerrung, die die Mehrheit der Adressaten quasi von Schuld freispricht. So lässt der Politiker im Unklaren, ob und inwieweit die Verhängung von Todesurteilen mit diesem Geschichtsbild vereinbar ist. Dass ein NS-Verfolgter wie Curt Staff diese Sicht nicht teilte, unterstreicht er schon 1944/45 in dem unveröffentlichten Manuskript ‚Die Herrschaft der Kriminellen'[731] (vgl. VII.2.2.2). Auch der Strafsenat des OGH legte eine abweichende Deutung vor, die eine Prüfung individueller Verantwortung für Justizverbrechen unter KRG 10 forderte (vgl. VIII.2.6). Die Voraussetzungen dafür waren freilich ungünstig[732].

---

729 Zu Sträter (1902–1977) vgl. *Dästner/Wogersien*, S. 35–41.
730 *Militärregierung des Französischen Besatzungsgebietes in Deutschland, Generaljustizdirektion* (Hrsg.), S. 203. Hierzu auch *Miquel* 2007, S. 177.
731 Vgl. Archiv der Gedenkstätte Dachau, A 4158, Teilnachlass Curt Staff, 6. Curt Staff, Manuskript ‚Die Herrschaft der Kriminellen' (ohne Jahr [1944/45]) (folgend Staff 1944/45). Den Hinweis auf das Werk verdankt der Vf. Frau Prof. Dr. Ilse Staff, der Witwe seines Urhebers. Da nach ihrem Tod 2017 längere Zeit unklar war, wer Rechtsnachfolger des Urheberrechts an ‚Die Herrschaft der Kriminellen' ist, verzichtet die vorliegende Arbeit auf direkte Zitate daraus.
732 Vgl. *Friedrich* 1998, S. 145, der feststellt: „Die Heimkehr der NS-Richter ins Amt überschneidet sich seltsam mit der geschlossenen Abwehr des Kontrollratsgesetzes. Der zweieinhalbjährige Kampf des OGHBZ mit meuternden Landgerichten um das Justizverbrechen entwickelt sich nicht eben auf neutralem Boden".

2 Ausgewählte Tatkomplexe und Strafverfahren

Indessen legte der Göttinger Völkerrechtler Herbert Kraus[733] eine Erläuterung zur Verfolgung von Justizunrecht auf Basis der alliierten Norm vor. Unter der NS-Herrschaft aus politischen Gründen zwangspensioniert, bekleidete der Jurist nun wieder eine ordentliche Professur. Vor dem IMT hatte er als Verteidiger von Ex-Reichswirtschaftsminister Hjalmar Schacht gewirkt. Auch war er deutscher Vertreter in jener Kommission, welche den Druck der Protokolle des IMT vorbereitete. In seinem KRG-10-Kommentar von 1948 führt Kraus nach Ausführungen zum Tatbestand der Rechtsbeugung aus, die richterliche Unabhängigkeit

> „hört auf, wenn der Richter schuldhaft bei der Bemessung der Strafe übermäßig hart ist, wenn er mit zweierlei Maß mißt, wenn er Weisungen in bezug auf die Ausübung der Rechtspflege von irgendeiner Stelle entgegennimmt usw. (...) In allen derartigen Fällen ist der Richter nicht nur nach seiner Rechtsordnung wegen Amtsverbrechens strafbar, sondern auch Beteiligter an denjenigen Verbrechen, wie Mord, Freiheitsberaubung usw., die durch Ausführung seines Spruches vollzogen werden. Da die oben hervorgehobenen Sätze sämtlich allgemein anerkannte Rechtsgrundsätze sind, so kommt solchenfalls außerdem eine Bestrafung wegen Verbrechens gegen die Menschlichkeit – und zwar auch in dem diesem Verbrechen durch den Internationalen Militärgerichtshof gegebenen engen Rahmen – sowie gegebenenfalls wegen Kriegsverbrechens – unter Gesetz Nr. 10 in Frage"[734].

Insofern Kraus bezüglich des letzten Satzes, d. h. der Strafbarkeit unter alliiertem Recht, aber auf die Position von Henry Donnedieu de Vabres[735] verweist, setzt er tatsächlich eine äußerst enge Auslegung des Tatbestandes voraus. Bemerkenswerterweise gelangt der Leser hier über einen Querverweis zu einem langen Zitat aus einem Vortrag de Vabres' vom März 1947, das die Bedenken des französischen Hauptrichters im IMT-Verfahren gegenüber den Strafnormen ‚Verschwörung' und ‚Verbrechen gegen die Menschlichkeit' eindrucksvoll verdeutlicht. So zitiert Kraus etwa: „Die Anklageerhebung wegen solcher Tatbestände birgt die Gefahr in sich, daß damit der Willkür Tür und Tor geöffnet werden"[736]. Einer umfassenden Auf-

---

733 Zu Kraus (1884–1965) vgl. *Seliger*, Hubert: Politische Anwälte? Die Verteidiger der Nürnberger Prozesse, Baden-Baden 2016 (Historische Grundlagen der Moderne, Bd. 13), S. 544f.
734 *Kontrollratsgesetz Nr. 10*, erl. v. Herbert Kraus, Hamburg 1948, S. 125.
735 Zur Bedeutung von Donnedieu de Vabres (1880–1952) für die Ursprünge des Völkerstrafrechts vgl. *Segesser*, passim.
736 Zit. n. *Kontrollratsgesetz Nr. 10*, S. 52.

arbeitung von Justizunrecht war diese Haltung hinderlich. Indes verwundert nicht, dass ein Mann wie Kraus, der 1945/46 Verteidiger vor dem IMT gewesen war und in das gleiche Horn gestoßen hatte, sich diese konservative Rechtsauffassung zu eigen machte.

Offenbar war der am 4. Juni 1948 vor dem Schwurgericht Hamburg abgeschlossene KRG-10-Prozess wegen der am 9. Mai 1945 erfolgten Verurteilung von drei fahnenflüchtigen Soldaten zum Tode der erste seiner Art in der Britischen Zone (vgl. *VIII.2.6*). Dass von der Anklageerhebung bis zur Hauptverhandlungseröffnung mehr als elf Monate vergingen[737], ist als Zeichen für die mangelhafte Bereitschaft der Justiz zu werten, Berufsgenossen wegen ihrer Amtsausübung in der NS-Zeit vor Gericht zu bringen.

2.5 NS-Anstaltsmorde (,Euthanasie')[738]

Der Massenmord an zehntausenden für ,lebensunwert' erachteten Menschen beruhte auf einer völkisch-rassenhygienischen Ideologie, die das Gedeihen des deutschen ,Volkskörpers' an die Notwendigkeit der Ausmerzung angeblich ,Minderwertiger' knüpfte: Geisteskranker, Behinderter und ,Asozialer'. Zentraler Bezugspunkt für diese menschenverachtende Weltsicht war das 1920 publizierte Buch ,Die Freigabe der Vernichtung lebensunwerten Lebens' von Karl Binding und Alfred E. Hoche[739]. Dabei wirkte sich der hiermit verbundene Diskurs um ,Ballastexistenzen' und ,leere Menschenhülsen' auf den Alltag in Heil- und Pflegeanstalten schon negativ aus, bevor das NS-,Euthanasie'-Programm überhaupt ins Rollen kam. So zeigt Harms am Beispiel der oldenburgischen Anstalt Wehnen,

---

737 Vgl. *Irmen*, S. 89.
738 Zur deutschen Strafverfolgung der NS-Anstaltsmorde vgl. *Burkhardt*, Anika: Das NS-Euthanasie-Unrecht vor den Schranken der Justiz: eine strafrechtliche Analyse, Tübingen 2015 (Beiträge zur Rechtsgeschichte des 20. Jahrhundert, Bd. 85); weiterhin *Mildt*, Dick de (Hrsg.): Tatkomplex: NS-Euthanasie. Die ost- und westdeutschen Strafurteile seit 1945. 2 Bde., Amsterdam 2009; *Laage*, S. 93–113; *Freudiger*, S. 108–119, 230–251, 272–284 u. 336–361; *Friedrich* 2007, S. 185–196. Zur Verhinderung der Ahndung der Krankenmorde im ,Dritten Reich' vgl. *Bundesministerium der Justiz* (Hrsg.), S. 199–205. Überblicke zur NS-,Euthanasie' bieten die bahnbrechende Untersuchung von *Klee*, Ernst: „Euthanasie" im NS-Staat. Die „Vernichtung lebensunwerten Lebens". 12. Aufl., Frankfurt a. M. 2009 (1983), und *Henke*, Klaus-Dietmar (Hrsg.): Tödliche Medizin im Nationalsozialismus. Von der Rassenhygiene zum Massenmord, Köln 2008.
739 Zu Binding (1841–1920) vgl. *Schröder*, Jan: Karl Binding (1841–1920), in: Kleinheyer/Schröder (Hrsg.), S. 62–66. Zu Hoche (1865–1943) vgl. *Klee* 2005, S. 260.

dass die Gesundheitspolitik einiger deutscher Länder schon vor 1933 von rassenbiologischen Tendenzen geprägt war, die einen Anstieg der Patientensterblichkeit mit sich brachte. Diese Entwicklung verstärkte sich jedoch nach der ‚Machtergreifung', als neben Zwangsabtreibungen und Zwangssterilisierungen mit tödlichem Ausgang die Verringerung der Pflegesätze samt systematischer Minderernährung Einzug hielt[740]. Kontur gewann der Krankenmord, nachdem Hitler den (um mehrere Wochen) auf den 1. September 1939 zurückdatierten Geheimbefehl erlassen hatte, dass „die Befugnisse namentlich zu bestimmender Ärzte so zu erweitern [seien], daß nach menschlichem Ermessen unheilbar Kranken bei kritischster Beurteilung ihres Krankheitszustandes der Gnadentod gewährt werden kann"[741]. Bis zum durch den Druck der Kirchen erzwungenen ‚Euthanasie-Stopp' vom 24. August 1941 wurden im Rahmen der ‚Aktion T4'[742] nach NS-Statistiken ca. 70.000 Personen in den Tötungsanstalten Grafeneck, Brandenburg an der Havel, Hartheim, Sonnenstein, Bernburg wie auch Hadamar durch Vergasung ermordet. Hinzu kamen mehr als 23.000 Patienten, die durch Aushungern oder Überdosierungen starben[743]. Der ‚Stopp' erwies sich als propagandistisches Blendwerk. Denn im Zuge einer ‚wilden Euthanasie'[744] und von ‚Aktionen' wie der gegen KZ-Insassen gerichteten ‚Sonderbehandlung 14f13'[745] fuhren Ärzte und Pflegepersonal mit ihrer Praxis vieltausendfacher Tötungen fort.

Nach Kriegsende waren die ‚Euthanasie'-Morde auf deutschrechtlicher Basis als Mord (§ 211 StGB) oder Totschlag (§ 212 StGB) oder – mit Ausnahme der US-Zone – als Verbrechen gegen die Menschlichkeit gemäß

---

740 Vgl. *Harms*, Ingo: „Wat mööt wi hier smachten...". Hungertod und ‚Euthanasie' in der Heil- und Pflegeanstalt Wehnen 1936–1945. 3., vollständig überarb. und erw. Aufl., Oldenburg 2008, S. 119 u. 307. Für die Zeit 1913 bis 1947 ermittelt Harms mit Blick auf die Heil- und Pflegeanstalt Wehnen die Zahl von 1.300 bis 2.000 „nicht natürlichen, vermeidbaren und vermutlich eugenisch motivierten Todesfälle[n]" (*ebd.*, S. 128).
741 Zit. n. *Klee* 2009, S. 100.
742 T4 heißt das NS-Krankenmord-Programm nach dem Sitz seiner Verwaltung in der Berliner Tiergartenstraße 4.
743 Vgl. *ebd.*, S. 340f.
744 Vgl. *ebd.*, S. 440f., mit der Klarstellung, dass ‚wilde Euthanasie' – die 1942 bis 1945 im Ermessen einzelner Ärzte liegende Entscheidung, welche Patienten sie insbesondere mittels Spritzens von Überdosierungen töteten – nicht bedeutete, dass der NS-Staat keine zentrale Steuerung ausgeübt hätte. Vielmehr sorgte er dafür, dass weiterhin Krankentransporte in Tötungsanstalten stattfanden und Medikamente zur Vergiftung der Opfer verfügbar waren.
745 Vgl. *ebd.*, S. 345–355.

2.5 NS-Anstaltsmorde (‚Euthanasie')

KRG 10 verfolgbar. Zur Ahndung von Mord standen zwei Tatbestandsfassungen zur Verfügung: eine ältere, nach der wegen Mordes bestraft werde, wer einen Menschen vorsätzlich und ‚mit Überlegung' tötet, und eine jüngere, ab September 1941 geltende, nach der Mörder sei, ‚wer aus Mordlust, zur Befriedigung des Geschlechtstriebs, aus Habgier oder sonst aus niedrigen Beweggründen, heimtückisch oder grausam oder mit gemeingefährlichen Mitteln oder um eine andere Straftat zu ermöglichen oder zu verdecken, einen Menschen tötet'[746]. Gleichwohl hatten Verfahren wegen NS-Krankenmorden in der Britischen Zone Seltenheitswert. Ein Grund dafür lag darin, dass sich keine der sechs T4-Tötungsanstalten auf ihrem Gebiet befand[747]. Allerdings gab es auch hier Verwaltungsbeamte und Ärzte, denen bei der Verlegung geistig und körperlich Behinderter in jene Anstalten eine wichtige Funktion zukam. Einige wenige wurden wegen dieses Vorwurfs vor Gericht gestellt. Dazu zählten Walter Creutz[748], Dezernent für das Anstaltswesen bei der Provinzialverwaltung der Rheinprovinz Düsseldorf, und der Referent der Rechtsabteilung beim Provinzialverband der Provinz Münster, Alfred Schneider. Beide wurden für unschuldig befunden, mussten sich nach der Aufhebung der Freisprüche durch den OGH aber neuerlich vor einem Schwurgericht verantworten. Ebenso erging es zwei Ärzten der sauerländischen Anstalt Warstein, angeklagt zusammen mit Schneider, darunter Anstaltsleiter Heinrich Petermann (vgl. VIII.2.5.3)[749].

Gemeinsam mit Creutz standen zwei weitere Ärzte, Felix Weißenfeld und Max Rohde, wegen Patientenverlegungen aus der ‚Zwischenanstalt' Langenfeld-Galkhausen nach Hadamar unter Anklage. In einem überregional wahrgenommenen Verfahren sprach sie das Landgericht Düsseldorf frei, weil sie keinen Einfluss auf die Transportliste der in die NS-Tötungsanstalt zu Verbringenden gehabt und in 40 bzw. 44 Fällen nachweislich Diagnosen verbessert und falsche Angaben zur Rettung von Patienten ge-

---

746 Vgl. *Mildt* (Hrsg.). Bd. 1, S. XXI.
747 Vgl. *Raim*, S. 1078.
748 Zu Creutz (1898–1971) vgl. *Klee* 2005, S. 97. Eine differenzierte Analyse von Creutz' Rolle im Rahmen der ‚Aktion T4' bietet *Schmuhl*, Hans Walter: Walter Creutz und die „Euthanasie" in der Rheinprovinz. Zwischen Resistenz und Kollaboration, in: Der Nervenarzt 84 (2013), H. 9, S. 1069–1074.
749 Vgl. *Raim*, S. 1071f. Zu Petermann (1894–1969) vgl. *Klee* 2005, S. 454. 1950 profitierten drei Dezernenten für das Anstaltswesen in der Region Hannover von einem ‚übergesetzlichen Strafausschließungsgrund', da ihnen das Gericht zubilligte, die Tötungen abgelehnt und Schlimmeres verhindert haben zu wollen, vgl. *Raim*, S. 1073.

macht hätten. *Kapitel VIII.2.5.3* geht auch der Frage nach, ob diese Entscheidung vor der Revisionsinstanz Bestand hatte. Im Hinblick auf die ‚Zwischenanstalt' im niedersächsischen Königslutter – der neben Galkhausen einzigen ihrer Art auf dem Gebiet der Britischen Zone – ermittelte seit 1948 die Staatsanwaltschaft Hannover. Im Fadenkreuz standen zwei Anstaltsdirektoren, Ärzte, Pfleger wie auch der Leiter der Medizinalabteilung im Braunschweigischen Innenministerium. Zur Eröffnung der Hauptverhandlung kam es jedoch nicht. Denn der Direktor der Heil- und Pflegeanstalt Königslutter nahm mit Erfolg für sich in Anspruch, Schlimmeres verhindert haben zu wollen, und den übrigen Beschuldigten war die Kenntnis der Tötungen nicht nachzuweisen. An solch zweifelhaftem Unwissen scheiterten auch die in Hamburg und Schleswig-Holstein angestrengten Ermittlungen im Hinblick auf die Verlegung von Patienten in Zwischen- und Tötungsanstalten[750].

Ein ähnliches Schicksal war der Strafverfolgung der in ‚Kinderfachabteilungen' vollzogenen Tötungen geistesschwacher oder zurückgebliebener Kinder und Jugendlicher beschieden. So wurden 1949 Kieler Ermittlungen gegen den Leiter der Kinderabteilung Schleswig-Stadtfeld, den Psychiater Hans Burkhardt[751], eingestellt, der die Tötung von Kindern bestritten und ihre hohe Sterblichkeit mit der schweren Kriegslage begründet hatte. Insofern er sich vom mit der ‚Kindereuthanasie' befassten ‚Reichsausschuß zur wissenschaftlichen Erfassung von erb- und anlagebedingten schweren Leiden' hatte verpflichten lassen, ist seine Aussage aber unglaubwürdig[752]. Indes wurden wegen der im Kinderkrankenhaus Hamburg-Rothenburgsort verübten Morde dessen Leiter Wilhelm Bayer und 17 weitere Personen vor Gericht gestellt[753]. Darunter waren die Gutachter Werner Catel, ehemaliger Direktor der Universitätskinderklinik Leipzig, und Ernst Wentzler, vor und nach 1945 Leiter einer Privatkinderklinik in Berlin[754]. Am 19. April 1949 setzte das Landgericht Hamburg aber alle Angeklagten außer Verfolgung, weil nicht widerlegt werden konnte, dass sie an die Rechtmäßigkeit

---

750 Vgl. *ebd.*, S. 1076–1081.
751 Zu Burkhardt, Jahrgang 1904, vgl. *Klee* 2005, S. 87.
752 Vgl. *Raim*, S. 1088.
753 Zur Strafsache gegen Wilhelm Bayer u. a. vgl. *Burlon*, Marc: Die „Euthansie" an Kindern während des Nationalsozialismus in den zwei Hamburger Kinderfachabteilungen, Hamburg 2010. Online-Ressource: https://ediss.sub.uni-hamburg.de//volltexte/2010/4578/pdf/Kindereuthanasie_Hamburg.pdf (letzter Zugriff: 8.9.2020), S. 191–228. Zu Bayer, Jahrgang 1900, vgl. *Klee* 2005, S. 33.
754 Zu Catel (1894–1981) vgl. *Klee* 2005, S. 91; weiterhin *Freimüller*, S. 30f. Zu Wentzler (1891–1973) vgl. *Klee* 2005, S. 669.

ihres Handelns geglaubt hatten. Es meinte gar, ihre Gutgläubigkeit zeige sich darin, „daß in allen bekanntgewordenen 56 Fällen wirklich nur solche Kinder getötet worden sind, die als Vollidioten, also als geistig völlig tot anzusprechen waren"[755]. Es war also nicht der Überzeugung, „daß die Vernichtung geistig völlig Toter und ‚leerer Menschenhülsen' (...) absolut und a prori unmoralisch ist"[756].

2.6 Zwangssterilisierungen von ‚Erbkranken' und ‚rassisch Unerwünschten'

Was auf die deutsche Ahndungspraxis bei NS-Krankenmorden in der Britischen Zone zutraf, galt in noch größerem Maß für die Verfolgung von Zwangssterilisierungen: Sie war ausgesprochen überschaubar[757]. Ein Grund war, dass das am 14. Juli 1933 verabschiedete ‚Gesetz zur Verhütung erbkranken Nachwuchs', auf dessen Grundlage bis 1945 350.000 bis 400.000 Menschen der Zeugungsfähigkeit beraubt worden waren[758], nach Kriegsende nicht prinzipiell als nationalsozialistisch angesehen wurde. Denn auch in Skandinavien und den USA hatte es eugenische Sterilisationsgesetze gegeben (nur fehlte dort gesetzlicher Zwang). So fiel es beschuldigten Ärzten und Polizisten in Fällen, wo Staatsanwaltschaften aktiv wurden, leicht, sich auf die damalige Überzeugung zu berufen, rechtmäßig zu handeln. War das Verfahren ‚ordnungsgemäß' verlaufen und der Beschluss zur Sterilisierung vom Erbgesundheitsgericht gefällt worden, rückte ein Prozess in weite Ferne. Hinzu kam, dass die Opfer häufig aus Scham von einer Anzeige absahen und die Ermittler mit Beweisschwierigkeiten kämpften – etwa in Oldenburg, wo die zugehörigen Akten des Peter-Friedrich-Ludwigs-Hospitals von der Militärregierung beschlagnahmt worden

---

755 Zit. n. *Raim*, S. 1089.
756 Zit. n. *Klee* 2009, S. 385. Der Beschluss des Landgerichts Hamburg vom 19. April 1949 ist auch in der Verfahrensakte zur Strafsache gegen den NS-Mediziner Walter Creutz u. a. (vgl. *VIII.2.5.3*), nämlich in BArch, Z 38, Nr. 403, Bl. 195–203, überliefert.
757 Zu den NS-Zwangssterilisierungen von ‚erbkranken' oder politisch bzw. rassisch als unerwünscht betrachteten Bevölkerungsteilen gibt es eine ausdifferenzierte Forschung. Stellvertretend sei hingewiesen auf *Justizministerium des Landes NRW* (Hrsg.): Justiz und Erbgesundheit. Zwangssterilisation, Stigmatisierung, Entrechtung: „Das Gesetz zur Verhütung erbkranken Nachwuchses" in der Rechtsprechung der Erbgesundheitsgerichte 1934–1945 und seine Folgen für die Betroffenen bis in die Gegenwart, Düsseldorf 2009 (Juristische Zeitgeschichte NRW, Bd. 17).
758 Vgl. *Raim*, S. 1041.

2 Ausgewählte Tatkomplexe und Strafverfahren

waren[759]. Nicht zufällig war der einzige zonale Prozess wegen NS-Zwangssterilisierungen einer, bei dem der Eingriff nicht ‚ordnungsgemäß' erfolgt war. Die Opfer, fünf ‚Zigeunermischlinge', waren im Juni/Juli 1944 mit der Begründung der angeblichen ‚rassischen Minderwertigkeit' unfruchtbar gemacht worden[760]. Nach dem Krieg sahen sich ein Chefarzt und ein Kriminalpolizeimeister vor dem Landgericht Verden an der Aller mit dem Vorwurf der schweren Körperverletzung im Amt konfrontiert. Das Urteil vom Januar 1948 behandelt die Frage, ob eine Straftat gemäß KRG 10 vorliege, kommt aber zu dem Schluss, dass es dafür einer hier nicht nachweisbaren inhumanen Ausführung bedürfte. Eine Tatbestandsauslegung, welcher der OGH später nicht beitreten sollte, weil für ihn nicht die Begehungsweise, sondern die Schädigung des Opfers maßgebend war (vgl. *VIII.1*). Den Verdener Richtern erschien jedoch auch eine Verurteilung auf StGB-Basis unmöglich. Zwar konzedierten sie, die äußere Tatseite einer Körperverletzung im Amt sei erfüllt. Allerdings hätten die Angeklagten kein Unrechtsbewusstsein besessen; sie seien vielmehr einem Rechtsirrtum erlegen gewesen. Weil ihr Handeln also des subjektiven Tatbestands entrate, wurden sie freigesprochen. Damit endete das einzige aufgrund von NS-Zwangssterilisierungen von Sinti und Roma in einer der Westzonen durchgeführte Verfahren. Die im Hinselmann-Prozess von einem MGC verhängte Bestrafung derartiger Eingriffe (vgl. *IV.2.1*) blieb also singulär. Zwar dürfte sie das dargestellte Strafverfahren in Verden angeregt haben[761]. Das änderte aber nichts daran, dass die deutsche Justiz den im Legal-Division-Erlass vom 20. Dezember 1946 erteilten Auftrag, rechtswidrige, rassisch motivierte Operationen zu ahnden, geflissentlich ignorierte. Für die Opfer der in Verden Angeklagten wie auch für die etwa 2.000 bis 2.500 ‚Zigeunermischlinge', die 1943/44 zwangssterilisiert wurden, bedeutete die Nichtverfolgung des widerfahrenen Unrechts eine tiefe Kränkung[762].

Da dieser Tatkomplex so gut wie gar nicht vor die Schwurgerichte gelangte, war in der Folge der OGH nicht damit befasst. Gleichwohl macht er in einer seiner Entscheidungen eine instruktive Aussage zum in der Bri-

---

759 Vgl. *ebd.*, S. 1042–1045.
760 Zu 1944/45 außerhalb von KZ durchgeführten Unfruchtbarmachungen von Sinti und Roma vgl. *Zimmermann*, Michael: Rassenutopie und Genozid. Die nationalsozialistische „Lösung der Zigeunerfrage", Hamburg 1996 (Hamburger Beiträge zur Sozial- und Zeitgeschichte, Bd. 33), S. 259–262.
761 Vgl. *Raim*, S. 1049–1053.
762 Vgl. *ebd.*, S. 1047 u. 1053. Auf die gleichen Zahlen rekurriert auch *Zimmermann*, Michael, S. 362.

tischen Zone weiterhin geltenden ‚Erbgesundheitsgesetz'. Die Richter stellen zwar fest, dass die den Schwangerschaftsabbruch aus medizinischen Gründen behandelnde Vorschrift nicht NS-spezifisch sei; für die meisten anderen Bestimmungen des Gesetzes treffe das aber durchaus zu – besonders für Paragrafen, die ‚Erbkranke' einem Sterilisierungszwang unterwerfen[763]. Mit Blick auf die Ahndung der Unfruchtbarmachungen bildete die Sowjetische Zone eine Ausnahme. Denn hier hatte die SMAD nicht nur am 8. Januar 1946 die Außerkraftsetzung des ‚Gesetzes zur Verhütung erbkranken Nachwuchses' verfügt; sie hielt auch die Provinz- sowie Länderverwaltungen zum Erlass von Verordnungen an, mittels deren verantwortliche Richter und Ärzte zur Rechenschaft gezogen werden sollten. So verkündete die Verwaltung in der Mark Brandenburg, NS-Sterilisationen seien Verbrechen gegen die Menschlichkeit; Eingriffe zur Verhütung von Erbkrankheiten waren dabei explizit inbegriffen. Die Praxis sah anders aus: Denn wegen politischer Erwägungen beschränkte man sich auf die Strafverfolgung rassisch oder politisch begründeter Zwangssterilisierungen[764].

2.7 Deportation von Juden sowie Sinti und Roma

Neben der Aburteilung der Euthanasiemorde war es v. a. die Verschleppung deutscher Juden und ‚Zigeuner' in Vernichtungslager, die der deutschen Strafjustiz die Chance bot, Urteile über die Ausrottungspolitik des ‚Dritten Reichs' zu sprechen[765]. Jedoch lenkt dies den Blick auf einen Tatkomplex, dessen juristische Behandlung mit dem Wort ‚überschaubar' noch viel zu euphemistisch beschrieben wäre. Kam die Aufarbeitung strafrechtlicher Verantwortung für die Judendeportationen allgemein zu kurz, nimmt sich der Beitrag der Britischen Zone hierzu den anderen Westzonen gegenüber noch bescheidener aus. Vergleichsweise großes Augenmerk richtete man dagegen auf die Strafverfolgung der Verschleppung von Sinti und Roma. So war das NS-Massenverbrechen an Juden zwar Gegenstand einiger Verfahren gegen einzelne Gestapoangehörige. Dabei ging es aber weniger um die Verantwortlichkeit für Deportationen als um Einzelstrafta-

---

763 Vgl. OGHBrZ, Köln, I. StrS, Urteil vom 30. 6. 1950 – StS 532/49 (OLG Hamm), in: Neue Juristische Wochenschrift 3 (1950), H. 18, S. 711–713, hier: S. 712; ferner *Tümmers*, Henning: Wiederaufnahmeverfahren und der Umgang deutscher Juristen mit der nationalsozialistischen Erbgesundheitspolitik nach 1945, in: Justizministerium des Landes NRW (Hrsg.) 2009, S. 173–193, hier: S. 182.
764 Vgl. *ebd.*, S. 178f.
765 Vgl. *Friedrich* 2007, S. 179.

ten in deren Kontext[766]. Häufiger waren entsprechende deutsche Prozesse in der US-Zone und FBZ, wo vor dem Landgericht Hechingen in Württemberg-Hohenzollern das erste westdeutsche Verfahren wegen Judendeportationen verhandelt wurde. Hechingens Ex-Landrat Paul Schraermeyer, der einstige Amtsarzt des Kreises sowie drei früher der Fürsorge bzw. NS-Frauenschaft zugehörige Personen standen wegen ihres Beitrags zur Verschleppung von 290 Juden – durchgeführt zwischen Herbst 1941 und Sommer 1942 – unter Anklage. Am 28. Juni 1947 verurteilten die Richter Schraermeyer als Organisator der antijüdischen Aktion wegen Menschlichkeitsverbrechens zu einer zweieinvierteljährigen Gefängnisstrafe. Die drei weiblichen Angeklagten wurden wegen Beihilfe zu einem Verbrechen nach KRG 10 Art. II 1c mit ein- bis viermonatigem Freiheitsentzug belegt, der Arzt demgegenüber freigesprochen. Die Entscheidung hatte aber keinen Bestand, denn das OLG Tübingen sprach die angeklagten Frauen frei und hob auch das Urteil gegen Schraermeyer auf. Diesen befand das Landgericht Tübingen im dann rechtskräftigen Urteil vom 12. August 1948 für unschuldig. Dort heißt es, seine Tat sei zwar objektiv ein Menschlichkeitsverbrechen und schwere Freiheitsberaubung gewesen – der Angeklagte hätte aber glaubwürdig bekundet, dass er die Deportation für eine ‚Umsiedlung' gehalten und das mit ihr tatsächlich verbundene Ziel der Ausrottung verkannt hätte. Ihm wurde ferner zugutegehalten, keine inhumane Gesinnung und bezüglich der schweren Freiheitsberaubung in schuldausschließendem Notstand gehandelt zu haben[767].

Am 16. Dezember 1942 hatte Reichsführer SS Himmler angeordnet, die im Deutschen Reich lebenden ‚Zigeuner' nach Auschwitz zu deportieren. Ausführungsbestimmungen dazu, etwa Vorschriften zur Abgrenzung der Betroffenengruppe, lieferte das Reichssicherheitshauptamt (RSHA) am 29. Januar 1943 in einem ‚Schnellbrief'. Nach ihrer Erfassung und Beförderung zu Sammlungspunkten wurden Sinti und Roma – analog zu den im Rahmen der ‚Endlösung' ermordeten Juden – in Züge gesperrt und unter erbärmlichsten Bedingungen nach Auschwitz verfrachtet. Etwa 22.600 Personen sollen in das dortige ‚Zigeunerlager' verbracht worden sein. Davon kamen mehr als 19.000 ums Leben, bevor das Lager im August 1944 aufgelöst wurde: Mehr als 5.600 ‚Zigeuner' starben im Gas und mehr als

---

766 Vgl. *Raim*, S. 1119–1124.
767 Zum Fall Schraermeyer vgl. *ebd.*, S. 1096–1108; sowie *Friedrich* 2007, S. 179f.

2.7 Deportation von Juden sowie Sinti und Roma

13.600 durch Hunger und Seuchen. Die bis dahin Überlebenden wurden danach noch massenweise von der SS ermordet[768].
Artikel 5a des britischen Militärregierungserlasses vom 20. Dezember 1946 ermächtigte die deutsche Gerichtsbarkeit dazu, ‚alle Fälle von Verfolgungen irgendwelcher Art abzuurteilen, die von Deutschen gegen andere Deutsche oder Staatenlose aus rassischen Gründen verübt worden sind, soweit diese Verfolgungen sich nicht gegen Juden auf Grund ihrer Religion oder Volkszugehörigkeit richteten', und zwar auf KRG-10-Grundlage (vgl. *IV.3.4*). Die Vorschrift zielte insbesondere auf die Ahndung von NS-Gräueln an Sinti und Roma. Der Effekt dieses Kompetenzzuwachses hielt sich jedoch in Grenzen, wie die Tatsache zeigt, dass von 1948 bis 1991 wegen an ‚Zigeunern' verübten NS-Verbrechen in Westdeutschland kaum Verfahren stattfanden – laut Literatur, je nach Zählweise, 27 bzw. 28 –, wobei jenem Tatkomplex oft nur randständige Bedeutung zukam[769]. Das offenbar einzige in der Besatzungszeit und unter KRG 10 durchgeführte deutsche Verfahren wegen antiziganer Massenverbrechen, das auch größere Aufmerksamkeit erfuhr, verhandelte 1948 das Landgericht Siegen. Prozessgegenstand war die Anfang 1943 durchgeführte Deportation von 134 ‚Zigeunern' aus Berleburg nach Auschwitz (zur Revisionsentscheidung des OGH in diesem Fall vgl. *VIII.2.5.4*). Es dauerte bis 1952, bis deutsche Juristen wieder wegen NS-Gewalt an Roma zu Gericht saßen[770]. Opfermanns Urteil zufolge lässt sich die „prozessuale Thematisierung des Genozids an den Roma durch alliierte und deutsche Gerichte (…) als ein Beitrag zur Aufarbeitung durchweg nicht bezeichnen"[771].

---

768 Vgl. *Zimmermann*, Michael, S. 304; ferner *Wildt*, Michael: Generation des Unbedingten. Das Führungskorps des Reichssicherheitshauptamtes, Hamburg 2003, S. 319.

769 Vgl. *Opfermann*, Ulrich Friedrich: Genozid und Justiz. Schlussstrich als „staatspolitische Zielsetzung", in: Karola Fings u. Ulrich Friedrich Opfermann (Hrsg.): Zigeunerverfolgung im Rheinland und in Westfalen 1933–1945. Geschichte, Aufarbeitung und Erinnerung, Paderborn 2012, S. 315–326 (= Opfermann 2012: Genozid), hier: S. 316f. Die erwähnten Zahlen zu deutschen Verfahren wegen NS-Grausamkeiten an ‚Zigeunern' beruhen auf der Sammlung ‚Justiz und NS-Verbrechen' von Rüter, die begreiflicherweise eine Auswahl trifft und manche weniger schwerwiegende Fälle nicht aufführt. So ist das Verdener Strafverfahren wegen Zwangssterilisierungen von Roma mit Urteil vom Januar 1948 (vgl. 2.6) nicht verzeichnet. Insofern ist nicht auszuschließen, dass zu den 27 bzw. 28 Fällen weitere hinzukommen, in denen ‚leichtere' Verbrechen behandelt wurden.

770 Vgl. *Reiter*, Raimond: Sinti und Roma im „Dritten Reich" und die Geschichte der Sinti in Braunschweig, Marburg 2002, S. 188f.

771 *Opfermann* 2012: Genozid, S. 319.

3 Quantitativer Überblick

Die deutsche Justizverwaltung war laut Anweisung Nr. 161 (a) der Militärregierung gegenüber dazu verpflichtet, über die Rechtsprechung in KRG-10-Sachen zu informieren.

„In diesen besonderen Berichten sind nicht nur die wegen Kontrollratsgesetz Nr. 10, sondern auch die nach dem deutschen Strafgesetzbuch oder nach anderen deutschen Strafgesetzen zur Verhandlung gebrachten Strafsachen anzuführen[,] soweit sie unter die Begriffsbestimmung von ‚Verbrechen gegen die Menschlichkeit', in Artikel II 1 (c) des Kontrollratsgesetzes Nr. 10, fallen. Danach hängt die Notwendigkeit eines besonderen Berichtes davon ab, ob im gegebenen Fall (...) die Tat aus politischen, rassischen oder religiösen Gründen begangen worden ist"[772].

Auf dieser Basis ermittelten die Briten, dass vor deutschen Gerichten in ihrer Zone bis März 1948 insgesamt 445 Verurteilungen wegen Menschlichkeitsverbrechen ausgesprochen worden waren. Davon waren ergangen wegen Verfolgung politischer Gegner 269, von Juden 119 und wegen Denunziationen 57. Während die Aburteilung der ersten Gruppe verhältnismäßig viele Strafen von mindestens einem Jahr Gefängnis (149) zeitigte, sticht bei ‚Anzeigeverbrechen' die hohe Zahl an milden Strafen (41) ins Auge. Der Anteil an Verfahrenseinstellungen und Freisprüchen liegt hier mit 59,3 Prozent gegenüber 32,6 Prozent bei politischen und 37 Prozent bei antijüdischen Verfolgungstaten auch besonders hoch[773]. Einer späteren britischen Aufstellung zufolge fällten deutsche Gerichte bis zum 31. August 1949 1.385 erstinstanzliche Entscheidungen auf Basis von KRG 10. Hierbei wurden 1.316 Personen freigesprochen und 1.953 verurteilt; was einem Verhältnis von etwa 2:3 entspricht. Vier Angeklagte belegten die Richter mit der Todesstrafe, 296 mit Zuchthaus- und 1.569 mit Gefängnis-

---

772 Anweisung Nr. 161 (a) ‚Berichte der ordentlichen deutschen Gerichte. Verbrechen gegen die Menschlichkeit' findet sich in TNA, PRO, FO 1012, Nr. 667, unfoliierter Anhang zu Bl. 15. Sie wurde am 27. März 1947 an die vier regionalen Hauptquartiere der Legal Division verschickt.
773 Vgl. *ebd.*, FO 1060, Nr. 148, ohne Foliierung – Table showing convictions for crimes against humanity. (Reports up to March 1948, from Düsseldorf up to February 1948). Hierzu auch *Form* 2012, S. 31.

strafen sowie 83 mit Geldbußen (über die Strafe einer letzten Person fehlt Auskunft). Die meisten Verfahren waren vor Strafkammern in Nordrhein-Westfalen verhandelt worden (841). In Niedersachsen hatten 253, in Hamburg 156 und in Schleswig-Holstein 135 Prozesse stattgefunden[774]. Zwei Monate darauf war die Anzahl der in erster Instanz entschiedenen Strafsachen in Nordrhein-Westfalen auf 877 angestiegen. Dabei hatten 1.946 Personen unter Anklage gestanden hatten und waren 1.211 verurteilt worden. Freilich gingen den Entscheidungen nach einer damaligen Statistik 3.734 Ermittlungsverfahren voraus, wovon einige mit anderen Strafsachen verbunden oder an Gerichte außerhalb der OLG-Bezirke Hamm, Düsseldorf und Köln abgegeben worden waren. Von den übrigen Vorgängen waren 1.012 eingestellt worden und 797 noch anhängig. Die 877 Urteile schlugen für die fast 2.000 Angeklagten als 745 Freisprüche und 180 Zuchthaus-, 999 Gefängnis- sowie 30 Geldstrafen zu Buche. Mehrere Personen wurden zum Tode verurteilt, zwei davon dezidiert auf KRG-10-Basis[775].

Für das seinerzeitige Bundesgebiet hat Rückerl für die Jahre bis Ende 1950 insgesamt 5.228 rechtskräftige Verurteilungen wegen NS-Verbrechen errechnet[776]. Jüngere Forschungen des Instituts für Zeitgeschichte (IfZ) haben die Zahlen leicht nach oben korrigiert. Ihnen lässt sich entnehmen, dass bis zum vorgenannten Zeitpunkt bereits 15.997 Verfahren eingeleitet worden waren, die ihrerseits 14.714 Anklagen und 5.410 Verurteilungen nach sich gezogen hatten[777]. Die darüber hinaus bis 2005 erhobenen Daten zeigen einen Verlaufstrend: Nachdem die Zahl der NS-Strafsachen und zugehörigen Verurteilungen zuerst stetig gewachsen war und 1948 den Höhepunkt erreicht hatte, fiel sie schon 1949 ab und erreichte Mitte der fünfziger Jahre einen vorläufigen Tiefstand[778]. Bezüglich verschiedener NS-Tatkomplexe ermittelte das IfZ für die Zeit 1945 bis 1949 folgende Häufig-

---

774 Vgl. PRO, FO 1060, Nr. 1241, ohne Foliierung – Consolidation of Returns of Crimes against Humanity pending with and tried by German Courts: – State as at 31 August 1949 – Part II: Courts Activities, Annexure II to Appendix ‚A' to L/Z/1657/1 of 30 September, 1949. Diesbezüglich auch *Form* 2012, S. 29f.
775 Vgl. *Boberach* 1997, S. 7f. Die hier wiedergegebenen Zahlen sind insofern widersprüchlich, als die Summe der Strafen und Freisprüche die Anzahl der ermittelten abgeurteilten Personen von 1.946 übersteigt.
776 Vgl. *Rückerl*, Adalbert: NS-Verbrechen vor Gericht. Versuch einer Vergangenheitsbewältigung, Heidelberg 1982, S. 121.
777 Vgl. *Eichmüller*, Andreas: Die Strafverfolgung von NS-Verbrechen durch westdeutsche Justizbehörden seit 1945. Eine Zahlenbilanz, in: Vierteljahrshefte für Zeitgeschichte 56 (2008), H. 4, S. 621–640, hier: S. 626.
778 Vgl. *ebd.*, S. 625–627. Die zugehörigen Daten sind a) Verfahren: 382 (1945), 2.023 (1946), 4.135 (1947), 4.160 (1948), 3.346 (1949), 1.951 (1950), 957 (1951)

keitsverteilung: Denunziationen (38,3 Prozent), Politische Gegner (16,3 Prozent), Reichskristallnacht (15,4 Prozent), KZ bzw. Haftstätten (6,7 Prozent), ‚Fremdarbeiter' (4,6 Prozent), Endphase (3,8 Prozent), Euthanasie (0,7 Prozent), Justiz (0,5 Prozent) u. a.[779]. Die aufscheinenden Relationen der Tatkomplexe sind im Übrigen auch bei den vom OGH behandelten Revisionsstrafsachen wieder anzutreffen (vgl. *VIII*).

Beziehen sich diese Zahlen auf sämtliche wegen NS-Verbrechen durchgeführten deutschen Verfahren, so liefert das IfZ auch eine Aufschlüsselung nach Strafsachen, bei denen KRG 10 als Rechtsbasis diente. Die zugehörigen Daten erlauben eine Anknüpfung an die obigen, von der britischen Militärregierung aufbereiteten Angaben. So wies das Forschungsinstitut etwa 2.600 Verurteilungen nach, die von 1946 bis 1951/52 in der Britischen und Französischen Zone sowie in Berlin von deutschen Richtern auf Grundlage der alliierten Norm verhängt worden waren. Dagegen waren die deutschen Gerichte der US-Zone nicht zur KRG-10-Handhabung ermächtigt worden (vgl. *II.3.1*)[780]. Laage wertete Kriminalstatistiken der Länder aus und erhob bezüglich der Aburteilung von NS-Menschlichkeitsverbrechen die aus Gründen der Anschaulichkeit in die folgenden Tabellen eingepflegten Daten:

a) für Schleswig-Holstein[781]:

Jahr	Abgeurteilte	Verurteilte	Freispruch	Verfahrenseinstellung	Verurteilungsquote (gerundet)	Freispruchquote (gerundet)	Einstellungsquote (gerundet)
1947	Keine Angaben						
1948	Keine Angaben						
1949	90	34	54	2	38 %	60 %	2 %
1950	115	29	33	53	25 %	29 %	46 %

---

und 162 (1954), und b) Verurteilungen: 25 (1945), 257 (1946), 900 (1947), 2.011 (1948), 1.474 (1949), 743 (1950), 262 (1951) und 27 (1955). Hierzu auch *Laage*, S. 69f., die den Anstieg der Verfahren in den ersten Jahren auf die Zunahme der Funktionstüchtigkeit der Justiz zurückführt. Für die Haltung der Rechtspflege gegenüber der Aburteilung von NS-Verbrechen erachtet sie eher die Verurteilungsquote als aussagekräftigen Gradmesser. Diese zeigt nach Laages empirischen Befunden für Nordrhein-Westfalen und Niedersachsen ab 1949/50 einen deutlichen Abwärtstrend (vgl. *ebd.*, S. 68).

779 Vgl. *Eichmüller* 2008, S. 628.
780 Vgl. *ebd.*, S. 633.

3 Quantitativer Überblick

| 1951 | 10 | 2 | 5 | 3 | 20 % | 50 % | 30 % |

b) für Niedersachsen[782]:

Jahr	Abgeur-teilte	Verur-teilte	Frei-spruch	Verfahrens-einstellung	Verurteilungs-quote (gerundet)	Freispruch-quote (gerundet)	Einstellungs-quote (gerundet)
1947	15	15	0	0	100 %	0 %	0 %
1948	34	11	22	1	32 %	65 %	3 %
1949	203	102	94	7	50 %	46 %	4 %
1950	244	105	56	83	43 %	23 %	34 %
1951	129	34	27	68	26 %	21 %	53 %

c) für Nordrhein-Westfalen[783]

Jahr	Abgeur-teilte	Verur-teilte	Frei-spruch	Verfahrens-einstellung	Verurteilungs-quote (gerundet)	Freispruch-quote (gerundet)	Einstellungs-quote (gerundet)
1947	Keine Angaben						
1948	350	192	154	4	55 %	44 %	1 %
1949	584	364	210	10	62 %	36 %	2 %
1950	377	127	105	145 (97)[784]	34 %	28 %	38 %
1951	62	20	10	32 (17)	32 %	16 %	52 %
1952	7	0	1	6 (5)	0 %	14 %	86 %

Mag es Abweichungen bei konkreten Werten geben – insgesamt schlagen sich auch in den Befunden Laages die anhand der oben dargestellten Daten herausgearbeiteten Tendenzen nieder, v. a. der Anstieg der Verfahrensanzahlen bis 1948/49 und der nachfolgende Fall derselben.

---

781 Vgl. *Laage*, S. 66.
782 Vgl. *ebd.*, S. 68.
783 Vgl. *ebd.*
784 Die eingeklammerte Zahl zeigt die nach dem Amnestiegesetz vom 31. Dezember 1949 (vgl. *IX.3.1*) eingestellten Verfahren an.

4 Stockende Verfahren, britische Kritik und Anpassungen

An Faktoren, die als Hemmschuh für KRG-10-Verfahren wirkten, sind den Ausführungen zur Aburteilung bestimmter Tatkomplexe in *Abschnitt 2* zu entnehmen: a) logistische und Beweiserhebungsprobleme aufgrund der Internierungshaft von Zeugen und Angeklagten, das ‚Versagen' von Zeugen sowie die Nichterstattung von Anzeigen; b) die Verunsicherung der Juristen angesichts der Zuständigkeit für KRG 10 und der ungeklärten Fragen nach seiner Rückwirkung und Tatbestandsfassung sowie nach seinem lange ungeklärten Verhältnis zu deutschrechtlichen Normen; c) die mit b) eng verknüpfte Verweigerungshaltung von Staatsanwälten und Richtern gegenüber der alliierten Vorschrift, die sich v. a. aus der eigenen politischen Belastung oder rechtskonservativen Haltung speiste und äußere Eingriffe in die deutsche Verfolgungspraxis als ‚Siegerjustiz' ablehnte. Dagegen konnte sich die Wiedereinführung des Laienelements in der Strafrechtspflege im Sinne einer konsequenten Bestrafung von NS-Unrecht auswirken; sie konnte das Pendel aber auch in die andere Richtung ausschlagen lassen, wenn z. B. eine zunehmende ‚Schlussstrichmentalität' unter den Laienrichtern Raum griff (vgl. *2.1*).

Mit einigen dieser Gesichtspunkte hatte sich die britische Rechtsabteilung nolens volens früh beschäftigt. Nach einem Treffen mit dem Justizminister und den drei Generalstaatsanwälten Niedersachsens setzte Hannovers regionale Militärregierung am 31. Mai 1947 ein Schreiben an das Legal-Division-Hauptquartier auf, in dem sie die deutscherseits vorgebrachten Gründe für den schleppenden Fortgang der KRG-10-Strafverfahren referierte[785]. Darunter waren u. a. Probleme des Zugriffs auf zivilinternierte Prozessbeteiligte, die späte Klärung der Frage, wie Denunziationen abgeurteilt werden sollten, und die staatsanwaltschaftliche Arbeit betreffende Argumente. Letztere beeindruckten die Briten kaum – weder die Unsicherheiten aufgrund der deutschen Gerichtsbarkeit zu NS-Menschlichkeitsverbrechen noch das Vorbringen des Celler Chefanklägers, kein früheres NSDAP-Mitglied als Staatsanwalt mit den Strafsachen befassen zu wollen. Zudem führt der Brief Vorschläge zur Beschleunigung der Verfah-

---

785 Vgl. TNA, PRO, FO 1060, Nr. 1075, Foliierung uneindeutig (Bl. 72 – Schreiben der Militärregierung im Land Niedersachsen vom 31. Mai 1947 an das Hauptquartier der Legal Division in Herford).

4 Stockende Verfahren, britische Kritik und Anpassungen

ren auf. Dabei brachten die Briten neben Ansätzen zur Logistikverbesserung bei der Vernehmung von ‚Civil-Internment-Camp'-Insassen und Aufstockung des auf die Ahndung von NS-Verbrechen gegen die Menschlichkeit spezialisierten Personals zum Ausdruck, dass die deutsche Justiz den Fällen besondere Aufmerksamkeit widmen sollte. Daran schließt sich die kritische Anmerkung an:

> „It is difficult to say with any degree of certainty that there has been a neglect of duty or deliberate obstructiveness on the part of the German authorities in connection with these trials. At the same time, it is patent that they have been anything but energetic in the matter. It is suggested, however, that short of an actual physical inspection of the files at the various Landgerichte by qualified German lawyers, it would be extremely difficult to prove deliberate obstructiveness"[786].

Um einer etwaigen Verweigerungshaltung deutscherseits entgegentreten zu können, spricht sich die Militärregierung in Niedersachsen hier klar für die Schaffung einer solchen Prüfstelle aus[787]. Wenig später sandte ihr nordrhein-westfälisches Pendant einen ähnlichen Bericht über die Defizite der deutschen KRG-10-Rechtspraxis an die Zentrale[788].

Die Ministry of Justice Branch wiederum legte am 14. August 1947 ein Memorandum zu NS-Menschlichkeitsverbrechen vor. Darin fasste sie kurz die Rechtslage zusammen, bevor sie auf die Hauptproblemfelder zu sprechen kam. Dem Überblick gemäß befände sich ein Viertel der vor Gericht erwarteten Angeklagten und Zeugen noch in britischer Internierungshaft, und aus der Eigenart von KRG 10 erwüchsen Widerstände, da es zwar bezüglich politisch motivierter Denunziationen unverzichtbar, wegen der Rückwirkung seitens der deutschen Strafjustiz aber umstritten sei. „The consequence is that some prosecutors are reluctant to bring denunciation cases before the courts and the number of acquittals in such cases is proportionally higher than in other classes of cases"[789]. Von dem Artikel eines ‚senior German judge' – gemeint ist OLG-Präsident Hodenberg – werde vermutet, dass er die Zweifel mancher Justizfunktionäre verstärkt hätte.

---

786 *Ebd.*
787 Zu den von führenden Justizakteuren Ende 1947 vorgebrachten Einwänden gegen ein deutsches Inspektorat vgl. *Raim*, S. 548f.
788 Vgl. TNA, PRO, FO 1060, Nr. 1075, Foliierung uneindeutig (Bl. 71 – Schreiben der Militärregierung im Land Nordrhein-Westfalen vom 3. Juni 1947 an das Hauptquartier der Legal Division in Herford).
789 *Ebd.*, Foliierung uneindeutig – Memo zu ‚Crimes against Humanity' vom 14. August 1947, hier: S. 2.

4 Stockende Verfahren, britische Kritik und Anpassungen

Indes trieb Braunschweigs Generalstaatsanwalt Staff in einem an ZJA-Präsident Kiesselbach gerichteten Schreiben vom Oktober 1947 ein Thema um, das ebenfalls Zündstoff bot, wie die juristische Debatte um KRG 10 etwa anhand der widerstreitenden Positionen Hodenbergs und Radbruchs offenbarte: Die Frage nach dem Charakter des Menschlichkeitsverbrechens.

„Es bestehen zur Zeit bei uns starke Meinungsverschiedenheiten zwischen unseren Strafrichtern und der Staatsanwaltschaft bezüglich der Anwendung des Kontrollratsgesetzes Nr. 10, die sich in folgender Frage zusammenfassen lassen: Enthält das KRG 10 den selbständigen Strafbestand [!] eines Verbrechens gegen die Menschlichkeit oder findet das KRG vor deutschen Gerichten nur Anwendung, wenn zugleich der Tatbestand eines deutschen Gesetzes erfüllt ist? (…) Unsere Strafrichter vertreten den Standpunkt, daß nur insoweit den deutschen Gerichten der Strafbestand [!] eines VgM [Verbrechen gegen die Menschlichkeit] unterbreitet werden kann, als zugleich der Tatbestand eines deutschen Strafgesetzes erfüllt ist. (…) Ich halte diese Auffassung für völlig verfehlt"[790].

Definierte KRG 10 Art. II 1c einen eigenständigen Tatbestand, oder waren Verbrechen gegen die Menschlichkeit gemäß der polemischen Aufzeichnung von Carl Schmitt vom 6. Mai 1948 nur menschenfeindliche ‚Gesinnungs-Verbrechen' mit ‚krassem Vernichtungswillen'? Wie in *Kapitel V.3* dargelegt, debattierten Juristen aus Theorie und Praxis – angeregt durch die in MRVO 47 gewährte Option der ‚Alternativklage' – auch die Frage, wie sich das alliierte Gesetz und StGB-Tatbestände zueinander verhielten, wo Taten gegen beide verstoßen hatten. Lag dann ‚Gesetzeskonkurrenz' bzw. ‚Gesetzeseinheit'[791] vor, sprich der Ausschluss bzw. die Verdrängung der einen durch die andere Norm wegen einer ‚Spezialität', ‚Subsidiarität' oder ‚Konsumtion'? Begründete ‚Alternativklage' eine Wahlfreiheit für Staatsanwälte und Richter bei der Anklage und Aburteilung von NS-Unrecht? Oder war von Tateinheit nach § 73 StGB (Idealkonkurrenz) auszugehen, wie sie von Radbruch, Lange und Wimmer verfochten und im Urteil des OLG Braunschweig im Fall Hannibal bemüht wurde (vgl. *2.2*)? Den Akteuren war klar, dass ‚Menschlichkeitsverbrechen' die Möglichkeit eröffneten, „wesentlich zügiger die Vergangenheit zu bewältigen, da [hierbei] strafrechtlich ‚einzelne auf einem einheitlichen Vorsatz beruhende

---

790 Zit. n. *Sohn*, S. 36; siehe auch BArch, Z 21, Nr. 799, Bl. 168f.
791 Zur ‚Gesetzeseinheit' vgl. *Wessels/Beulke/Satzger*, § 20, Abs. 1265–1273.

4 Stockende Verfahren, britische Kritik und Anpassungen

Handlungen nicht eine fortgesetzte, sondern eine einheitliche Handlung bilden'"[792]. Freilich vertiefte diese Erkenntnis die Gräben zwischen den gegnerischen Lagern eher, als dass sie Risse kittete.

Derartige Differenzen und Reibungsverluste, insbesondere aber die enttäuschende Zwischenbilanz der Ahndung von NS-Straftaten entgingen der Militärregierung nicht. Einem Report vom 25. Oktober 1947 zufolge fragten sich die Briten, ob die Häufung von Fällen, in denen Menschlichkeitsverbrechen nur unter deutschrechtlichen Normen angeklagt und daher häufiger als erwartet mit Freisprüchen abgeschlossen worden waren, mit einer irreführenden Übersetzung von MRVO 47 zu tun hatte. „It is thought that the German translation of Article II is misleading as the words 'in addition to' in the English text have been omitted entirely. It is thought (...) that the whole Article in the German conveys something quite different to the mind of a German lawyer from what was intended"[793]. Deshalb sei ein Weisungsentwurf ausgearbeitet worden, der den mit Artikel II beabsichtigten Zweck verdeutlichen sollte. Das Resultat der Überlegungen ließ der Leiter der Ministry of Justice Branch, Rathbone, seinen Vertretern in den Ländern am 16. Januar 1948 in Form einer Anweisung zukommen, worin es heißt:

> „As a consequence of this procedure criminal proceedings have resulted in acquittals of persons accused in accordance with German law and the Courts have declined to substitute a conviction under Control Council Law 10, since no charge has been laid under this law. [...] It is the opinion of this Division that an offence offending against both Control Council Law 10 and ordinary German law falls under § 73 StGB (Idealkonkurrenz). You are therefore requested please to instruct German prosecutors through the Ministers of Justice or other appropriate authorities in your Länder to lay a charge in every relevant case both under Law No. 10 <u>and</u> under the German Criminal Code, in accordance with § 73 StGB"[794].

---

[792] Zit. n. *Wenzlau*, S. 250.
[793] TNA, PRO, FO 1060, Nr. 1075, Foliierung uneindeutig (Bl. 156 – Bericht der Legal Division vom 25. Oktober 1947 an die Legal Advice and Drafting Branch).
[794] *Ebd.*, Nr. 924, Bl. 47 (Hervorhebung im Original).

Vier Tage später übermittelte Rathbone diese für die Ahndung von NS-Verbrechen gegen die Menschlichkeit zentrale Vorgabe und Lesart an ZJA-Präsident Kiesselbach[795].

Neben dem in KRG 10 Art. II 1c und in den britischen Ermächtigungsvorschriften (vgl. *IV.3*) angelegten Problem, dass die Strafjustiz eine relativ allgemein gefasste Norm möglichst rasch und einheitlich für die Ahndungspraxis handhabbar machen sollte, wussten die Briten um ein weiteres Hindernis für die Verfolgung von Menschlichkeitsverbrechen: die in weiten Kreisen der Rechtspflege verbreitete Unwilligkeit zur Anwendung des alliierten Gesetzes. Diese hing mit der Rückkehr der überwiegenden Mehrheit der NS-belasteten Richter und Staatsanwälte in den Justizdienst zusammen. Selbst unter den nicht oder kaum durch ihre Berufsausübung im ‚Dritten Reich' kompromittierten Juristen gewahrte die Besatzungsmacht erzkonservative Einstellungen – verbunden mit tiefer Abneigung gegen KRG 10, das als Instrument einer ex post kriminalisierenden ‚Siegerjustiz' schlecht beleumundet war. Ein Brief der Legal Division vom 11. November 1947 wirft ein Schlaglicht auf die diesbezügliche britische Sicht. So kam sie angesichts des mäßigen Tempos der deutschen Strafverfolgung mit Blick auf rechtslastige Richter zur ernüchternden Einschätzung, „[they] have always had little sympathy for persons with a different political and religious outlook from their own. The victims of crimes against humanity were either Jews or persons of left wing politics. The judges and prosecutors have less sympathy for such persons than for the accused. The fact that millions of innocent persons were put to death by the Nazis seems to have made little or no impression on many legal officials"[796]. Diese Kritik teilten aber auch einige deutsche Akteure. Etwa der nordrhein-westfälische Landtagsabgeordnete Klaus Brauda (CDU), der 1950 unter Bezugnahme auf die Rechtsprechung zu NS-Verbrechen Justizminister Sträter Zweifel daran mitteilte, dass bei der Rekrutierung von Richtern und Geschworenen die nötige Strenge geübt worden wäre. Er sähe die Gefahr des zunehmenden Misstrauens demokratischer Kräfte der Justiz gegenüber[797].

Ferner wies die britische Rechtsabteilung im oben zitierten Schreiben vom 11. November 1947 auf weitere Faktoren der von deutschen Gerich-

---

795 Vgl. BArch, Z 21, Nr. 785, Bl. 111.
796 TNA, PRO, FO 1060, Nr. 1075, Foliierung uneindeutig (Bl. 161 – Bericht der Legal Division in Herford vom 11. November 1947 an den Direktor der Ministry of Justice Control Branch, S. 1). Hierzu auch *Raim*, S. 544–546.
797 Vgl. *ebd.*, S. 141.

ten betriebenen ‚Go-slow policy' hin. Es nannte a) die Verbreitung des ‚nulla-poena'-Vorbehalts, der sich in publizierten Texten sowie auf den britischerseits angeregten Richterkonferenzen (z. B. in Essen, vgl. *V.2.3.2*) Gehör verschaffte, b) die bisherige KRG-10-Zuständigkeit von aus drei Richtern gebildeten Strafkammern, deren Übertragung auf ‚Spruchgerichte' mit starkem Laienelement begrüßt wurde, und c) Zeichen einer unter Richtern wie Staatsanwälten grassierenden Angst „that in convicting persons for crimes against humanity they may have to answer to an unsympathetic German regime in a few years time. We have definite evidence that propaganda on these lines has been circulated, but nothing has been done to stop it or counteract it. It may well be (...) this pernicious doctrine which results in attempts to find refuge in the principle of ‚nulla poena' etc."[798].

In düsteren Farben malte Rathbone die Ahndung von Menschlichkeitsverbrechen, als er Ende November 1947 bei einem Treffen mit Rechtsoffizieren in Herford bekundete, „an obstacle to speedy and just disposal of those trials was to be found in the Courts of First Instance (Landgericht), particularly in Land Niedersachsen. Many of the judges of the Strafkammer were reactionaries and not of the standard of these employed at the Oberlandesgericht. These judges had not been so carefully selected, nor was their work subject to the same degree of supervision by Military Government as at the Oberlandesgericht"[799]. Die kritische Einlassung zu Niedersachsen deckt sich mit einer Reihe von bereits in den vorigen Kapiteln festgestellten vergangenheitspolitischen und juristischen Befunden. Zum Beispiel mit dem enttäuschenden Ergebnis der Entnazifizierung der Justiz in Braunschweig (vgl. *III.2*), wo Generalstaatsanwalt Staff Beanstandungen der Judikatur mit dem Hinweis begegnete, der für die Aburteilung von NS-Straftaten zuständige Landgerichtssenat werde ‚in Zukunft' mit besonders guten Richtern' besetzt sein (vgl. *2.2*). Oder mit der im OLG-Bezirk Celle verbreiteten Verweigerungshaltung gegenüber der rückwirkenden KRG-10-Handhabung. Dort hatte Chefpräsident Hodenberg mit seiner Denkschrift vom 7. November 1946 den Ton vorgegeben und etwa Generalstaatsanwalt Moericke auf seine Seite gezogen (vgl. *V.2.2.2*). Vom Erfolg seines Einsatzes kündet die bis März 1948 auch im Vergleich mit anderen

---

798 TNA, PRO, FO 1060, Nr. 1075, Foliierung uneindeutig (Bl. 161 – Bericht der Legal Division in Herford vom 11. November 1947 an den Direktor der Ministry of Justice Control Branch, S. 2). Im Hinblick darauf auch *Raim*, S. 545.
799 Zit. n. *ebd.*, S. 546. Vgl. TNA, PRO, FO 1060, Nr. 826, Bl. 11 (Minutes of a Conference held on Wednesday 26th November 1947, Herford).

Sprengeln verschwindend geringe Zahl an Urteilen zu Denunziationen, nämlich 3 (vgl. *2.1*)[800]. In dieses Bild passt, was Kramer über den OLG-Vizepräsidenten Gerhard Erdsiek[801] schreibt. Dieser wäre nämlich, um die Richter des Landes gegen den Gebrauch von KRG 10 zu formieren, „in Abstimmung mit dem niedersächsischen Justizministerium und den niedersächsischen Oberlandesgerichtspräsidenten zu Vorträgen auf Dienstbesprechungen an allen Oberlandesgerichten [gereist] – eine heute wohl nicht mehr mögliche justizielle Lenkungsmaßnahme"[802]. Im April 1948 wandte sich selbst Moericke, nun führender Mitarbeiter im Justizministerium, an den früheren Vorgesetzten Hodenberg, um ihn auf den Missstand hinzuweisen, dass zwischen Abschluss der Ermittlungen und Eröffnung der Hauptverhandlung in Prozessen wegen NS-Menschlichkeitsverbrechen ohne nachvollziehbare Gründe häufig zu viel Zeit verstreiche[803].

Freilich wies die KRG-10-Ahndungspraxis auch in den anderen Ländern der Britischen Zone erhebliche Defizite auf. Dies zeigt ein Brief der Rechtsabteilung vom 12. Dezember 1947 an den Chief Legal Officer im Hauptquartier der Militärregierung in Schleswig-Holstein: „It is noted

---

800 Laut den für den OLG-Bezirk Celle vorgelegten Berichten über Verfahren wegen Menschlichkeitsverbrechen lag, wenn es zu Hauptverhandlung und Urteil kam, die Verurteilungsquote mit 66,2 Prozent bis 31. Oktober 1948 (vgl. NLA, HA, Nds. 710 Acc. 124–87, Nr. 94, Bl. 50) und 62,6 Prozent bis 31. Dezember 1949 (vgl. *ebd.*, Bl. 99) jedoch überraschend hoch und deutlich über dem Landesdurchschnitt. Ein Grund dafür könnte sein, dass Prozesse wegen Denunziation, bei denen die Freispruchquote besonders hoch war, eingestellt wurden, bevor die Richter darüber entscheiden konnten.

801 Zu Erdsiek, Jahrgang 1897, vgl. *Handbuch der Justiz 1953*, Hamburg u. a. 1953, S. 93.

802 *Kramer* 2007, S. 126. Erdsieks Dozententätigkeit spiegelt sich in den Akten des OLG Braunschweig. So lud Chefpräsident Mansfeld zu einer Strafrichterbesprechung mit Vortrag eines Vertreters des OLG Celle über KRG 10 und Menschlichkeitsverbrechen am 18. Januar 1947. „Mit Rücksicht auf die Bedeutung der zu besprechenden Fragen ist die Teilnahme für alle Strafrichter der Amtsgerichte, des Oberlandesgerichts und mindestens je ein Mitglied jeder Strafkammer des Landgerichts Pflicht. Anstehende Termine sind notfalls zu verlegen" (NLA, WO, 57 Nds. Zg. 6–1991, Nr. 11, Bl. 192). Gemäß Vermerk vom 20. Januar 1947 bat der OLG-Präsident die Strafrichter am Land- und Oberlandesgericht für den 24. Januar „[z]u einer Aussprache über den Vortrag des Oberlandesgerichtsrats Erdsieck betr. Kontrollratsgesetz Nr. 10" (*ebd.*, Bl. 194). Welche Haltung der Jurist aus Celle zum alliierten Gesetz bezogen hatte, geht aus dem Vorgang nicht hervor. Kramers Feststellung, er hätte im Sinne Hodenbergs die Werbetrommel gegen die rückwirkende KRG-10-Anwendung gerührt, ist aber plausibel.

803 Vgl. *ebd.*, HA, Nds. 710 Acc. 124–87, Nr. 94, Bl. 18.

from your above-quoted letter that 109 cases of Crimes against Humanity in your Land out of 262 cases investigated have been discontinued either by the prosecution or by the Court. (...) This appears to be a suspiciously high percentage of discontinuances which need further investigation"[804]. Jedoch informierte die Legal Advice and Drafting Branch die Dienststelle Rathbones zur Monatsmitte, dass einige OLG den Weg für die rückwirkende Anwendung des alliierten Gesetzes freigemacht hätten. Es sei nun damit zu rechnen, „that the lower courts will more and more follow this principle"[805]. Der Besatzungsmacht kam es nicht zuletzt darauf an, „daß die Verfahren wegen Verbrechen gegen die Menschlichkeit mit grösster Beschleunigung durchzuführen seien"[806], wie es Niedersachsens Justizminister Werner Hofmeister[807] den drei OLG-Präsidenten des Landes gegenüber unterstrich.

In Ausnahmefällen griffen die Briten in die deutsche Rechtsprechung zu KRG 10 ein. So geschehen nach einer Entscheidung des Landgerichts Essen vom 21. März 1947, durch die ein Ex-Mitglied des Volkssturms in Gelsenkirchen wegen Totschlags zu fünf Jahren Zuchthaus verurteilt worden war. Der Täter hatte einen mit einer Jüdin verheirateten Ingenieur, welcher einem Gestellungsbefehl nicht gefolgt war, Anfang April 1945 auf die Weisung des NSDAP-Ortsgruppenleiters hin festgenommen und abgeführt. Dafür, dass er ihn hinterrücks erschoss, lag kein triftiger Grund vor. Oberst Rathbone teilte dem Chief Legal Officer im Hauptquartier der Militärregierung in Nordrhein-Westfalen im August 1947 mit, dass sich die Anklage auch auf KRG 10 Art. II 1c hätte stützen müssen. Zur Nachholung des Versäumnisses erklärte die regionale Rechtsabteilung die Entscheidung für nichtig und wies die Landesjustizverwaltung zu deren Aufhebung und zur Ansetzung einer Neuverhandlung vor einem anderen Gericht an. Den Einspruch des Justizministeriums beschieden die Briten abschlägig. Weil der Angeklagte allerdings 1949 starb, schlug die Dortmunder Staatsanwaltschaft das wegen Verdachts auf ein Menschlichkeitsverbrechen angestrengte Verfahren nieder[808]. Ein letztes Beispiel: Ein im Mai 1947 in Lübeck gegen einen Polizisten verhängtes Urteil wegen eines Verbrechens nach KRG 10 in Tateinheit mit Körperverletzung hob die briti-

---

804 TNA, PRO, FO 1060, Nr. 826, Bl. 19.
805 *Ebd.*, Bl. 18.
806 NLA, HA, Nds. 710 Acc. 124–87, Nr. 94, Bl. 1.
807 Zu Hofmeister (1902–1984) vgl. *Henne*, Thomas: Hofmeister, Werner, in: Rückert/Vortmann (Hrsg.), S. 362; ferner *Garzmann*, Manfred: Hofmeister, Werner, Dr., in: Jarck/Scheel (Hrsg.), S. 283f.
808 Vgl. *Raim*, S. 635–637.

4 Stockende Verfahren, britische Kritik und Anpassungen

sche Kontrollkommission auf. Grund war die Opfernationalität – die Betroffenen waren Zwangsarbeiterinnen aus der Ukraine –, denn deutsche Gerichte waren damals noch nicht berechtigt, NS-Gräuel an Alliierten zu ahnden[809].

Nachzutragen bleibt, dass der britische Antrieb, eine strikte deutsche Strafverfolgung des an Deutschen oder Staatenlosen verübten NS-Unrechts durchzusetzen, keinesfalls gleichbleibend war. Broszat unterscheidet dabei zwei Phasen. So hätte die Militärregierung von Herbst 1946 bis zum Jahreswechsel 1947/48 gegen deutsche Widerstände auf die nachhaltige Etablierung von KRG 10 als Rechtsgrundlage gepocht. Danach hätte sie angesichts der Verschärfung des durch die Anti-Hitler-Koalition nur verdeckten amerikanisch-sowjetischen Systemkonflikts zum Kalten Krieg das Interesse am Ahndungsprogramms verloren[810]. Tatsächlich finden sich nach 1948 kaum noch Anzeichen für nennenswerte britische Initiativen zur Beeinflussung der deutschen KRG-10-Praxis. Bestand da ein Konnex mit der etwa zeitgleichen Arbeitsaufnahme des OGH? Denn dem Gericht kam die Aufgabe der Vereinheitlichung der Spruchpraxis zu Menschlichkeitsverbrechen zu. Dank des handverlesenen Personals schien es den Briten auch die Gewähr für eine ihnen genehme Handhabung des alliierten Gesetzes zu bieten. Wenn die These zutrifft, dass die Besatzungsmacht dem OGH die Verantwortung für den Abschluss des Strafverfolgungsprogramms übertrug, bedeutete dies für die Richter eine große Bürde. Sie sollten einer strafrechtlichen Vergangenheitspolitik zum Erfolg verhelfen, die in der Justiz hochumstritten war. Die Klärung der Frage, was das Gericht befähigte, diesem Auftrag gerecht zu werden, und inwiefern es ihn umsetzte, steht im Mittelpunkt der folgenden Kapitel.

---

809 Vgl. *ebd.*, S. 637f.
810 Vgl. *Broszat* 1981, S. 518.

VII Der Oberste Gerichtshof für die Britische Zone

1 Vorgeschichte, Einrichtung und Zuständigkeit[811]

In einer Ansprache zur Eröffnung des OGH am 29. Mai 1948 griff ZJA-Präsident Kiesselbach zu einer ausdrucksstarken Metapher. Er verglich das Kölner Gericht mit einem „Schiff, das seine Fahrt auf einem ruhig dahinfliessenden Strom antritt, und plötzlich, bei einer Wendung des Flusses, hineingerissen wird in eine wirbelnde Flut voll Klippen und Untiefen, sodass es fraglich wird, ob das Schiff noch dem Steuer gehorchen oder Schiffbruch erleiden wird, bis schliesslich der sichere Hafen erreicht wird"[812]. Das Bild verweist auf die Wendungen und Fährnisse der zur OGH-Gründung führenden justizpolitischen Entwicklung, die folgend rekapituliert werden soll.

1.1 Wege zu einem zonalen Obergericht (1946/47)

Treibende Kraft dieser Entwicklung war das Streben nach Rechtseinheit, das in der deutschen Justiz seit der endgültigen Schließung des Reichsgerichts im Herbst 1945 allgegenwärtig war. Wegen der Aufteilung Deutschlands in vier Besatzungszonen und der damit verbundenen Beschreitung verschiedener Wege in der Justizpolitik wirkte sich das Fehlen einer höchsten Instanz, welche die Einheitlichkeit der Rechtspraxis garantierte, umso negativer aus. Dieses Problem stellte sich neben der Frage nach der Fortgeltung von Rechtsnormen, die in der NS-Zeit erlassen worden waren, v. a. im Hinblick auf den Umgang mit Besatzungsrecht[813]. Auf welche (vergangenheitspolitischen) Widerstände letzteres stieß, wurde in den *Kapiteln V* und *VI* bezüglich der Handhabung von KRG 10 und des Tatbestands ‚Menschlichkeitsverbrechen' dargelegt. Das alliierte Gesetz bildete eine gemeinsame Rechtsgrundlage für die Bestrafung von NS-Verbrechen: Angriffskrieg, Kriegs-, Menschlichkeits- und ‚Organisationsverbrechen'. Für die Rechtseinheit barg Art. III 1d aber insofern eine Gefahr, als er jeder Be-

---

811 Zur Errichtung, Organisation und Zuständigkeit des OGH *Form* 2012, S. 34–49; ferner *Raim*, S. 119–124; *Pauli* 1996, S. 96–99; *Rüping* 2000: Reichsgericht, S. 355f.; *ders.* 2000: Hüter, S. 89–92; *Wenzlau*, S. 297–310; *Storz*, S. 2–4.
812 BArch, Z 21, Nr. 469c, Bl. 449.
813 Vgl. *Rüping* 2000: Reichsgericht, S. 355.

1 Vorgeschichte, Einrichtung und Zuständigkeit

satzungsmacht anheimstellte, die Gerichtsbarkeit über Verbrechen gegen die Menschlichkeit mit deutschen oder staatenlosen Opfern in deutsche Hände zu geben – oder dies zu unterlassen. Indem die Briten und Franzosen von dieser Option Gebrauch machten, die SMAD teilweise, die US-Militärregierung jedoch nicht, rückte eine überzonal einheitliche Rechtspraxis in weite Ferne. Zudem bedeutete der Umgang mit der alliierten Strafnorm für die deutsche Rechtspflege eine große Herausforderung. So nimmt es angesichts der Sensibilität des Themas ‚Aufarbeitung der NS-Vergangenheit', das Ankläger, Richter und Geschworene zur Auseinandersetzung mit eigenen Erfahrungen zwang, und einer positivistischen Rechtstradition nicht wunder, dass die KRG-10-Rückwirkung zu einer juristisch-vergangenheitspolitischen Polarisierung führte. Mit einer gewissen Folgerichtigkeit trugen rechtsdogmatische Unklarheiten und unterschiedliche Rechtsauffassungen wie Interessen der Akteure dazu bei, dass die Ahndungspraxis selbst zonenintern auseinanderdriftete.

Erste Ansätze für die Schaffung neuer Obergerichtsstrukturen wurden bereits früh diskutiert. So verabschiedeten die Ministerpräsidenten der Britischen und US-Zone am 26. März 1946 eine Entschließung, wonach die in Deutschland verübten NS-Verbrechen vor einem deutschen Gericht verhandelt werden sollten[814]. Eine Konkretisierung lieferten sie am 5. Oktober auf der Bremer Interzonenkonferenz nach: „Wir (…) geben gleichzeitig dem Wunsche Ausdruck, daß es dem deutschen Volk ermöglicht wird, für das ganze deutsche Gebiet einen Gerichtshof zu bilden, vor dem diese dem deutschen Volk gegenüber begangene und noch nicht gesühnte

---

814 Vgl. *Broszat*, S. 479; zudem *Rüping* 2000: Hüter, S. 89. Der Text der Entschließung vom 26. März 1946 wurde auf der Interzonenkonferenz der Chefs der Länder und Freien Städte in Bremen am 4./5. Oktober 1946 erneut verlesen und protokolliert, vgl. *Akten zur Vorgeschichte der Bundesrepublik Deutschland 1945–1949*, hrsg. v. Bundesarchiv u. Institut für Zeitgeschichte. 5 Bde., München 1976–1983, hier: Bd. 1: September 1945–Dezember 1946. Bearb. v. Walter Vogel u. Christoph Weisz, München/Wien 1976, S. 926f. Dieser Fundstelle ist folgende Textpassage entnehmbar: Neben der Ahndung der an Nichtdeutschen verübten NS-Verbrechen vor dem alliierten IMT „fordert das deutsche Volk aber mit aller Entschiedenheit, daß die Führer des Nationalsozialismus und ihre Helfershelfer wegen der ungeheuren Verbrechen zur Rechenschaft gezogen werden, die sie gegen das deutsche Volk in seiner Gesamtheit und unzählige einzelne Deutsche begangen haben. (…) Ein von einem deutschen Gericht gefälltes Urteil wird sich auf das deutsche Volk politisch in einer Weise auswirken, wie es durch den Spruch eines Internationalen Militärtribunals niemals mit gleicher Wirksamkeit möglich wäre" (zit. n. *ebd.*, S. 926).

1.1 Wege zu einem zonalen Obergericht (1946/47)

Schuld festgestellt und abgeurteilt wird"[815]. Groß-Hessens Landeschef Karl Geiler[816] trat als der entschiedenste Fürsprecher eines solchen Gerichts auf. Er empfahl, „nicht irgend einen x-beliebigen Senat zu bilden, sondern wirklich die besten und angesehensten deutschen Richter zu berufen, die dieses so hoch bedeutsame Urteil zu fällen haben"[817]. Dem letzten Halbsatz ist abzulesen, dass die Aburteilung von ‚Kriegsverbrechern' auf einen kleinen Angeklagtenkreis beschränkt bleiben sollte. Die Frage, ob eine solche Instanz auch als Kern für einen allgemein in Zivil- und Strafsachen zuständigen obersten Gerichtshof taugte, wurde laut Protokoll nicht vertieft. Indes erteilte der Alliierte Kontrollrat den Länderchefs am 10. Juli 1947 eine Absage, indem er betonte, die bestehenden deutschen Gerichte hätten die Aufgabe und auch hinreichende Befugnisse zur Verfolgung von NS-Unrecht mit deutschen oder staatenlosen Opfern[818].

Einem zonalen Obergericht standen die Briten aber nicht ablehnend gegenüber. Am 11. April 1946 setzte die Legal Division die OLG-Präsidenten vielmehr von der Absicht in Kenntnis, neben einer zentralen Justizverwaltung auch ein ‚Zonen-Reichsgericht' einzurichten[819]. Das dazu benötigte Personal sollte infolge der Schließung von Landgerichten und OLG freigesetzt werden[820] – ein Weg zur ‚Verschlankung' der Justiz, der aber wie gezeigt nicht weiterverfolgt wurde (vgl. *III.3*). Indes entpuppte sich das am 1. Oktober 1946 gegründete ZJA als „Motor der Bemühungen um die Rechtseinheit"[821]. Dessen Präsident Kiesselbach unterbreitete gemäß Vermerk vom 5. Dezember 1946 Justizvertretern der US-Zone sowie SBZ den Vorschlag, ein ad-hoc-Gremium aus einem OLG- und vier Senatspräsidenten zu schaffen, das der drohenden Rechtszersplitterung einen Riegel vorschieben sollte. Dass die Initiative versandete, lag nicht zuletzt am Gegenwind, der ihr aus deutschen Justizkreisen entgegenblies. Dort kursierte et-

---

815 Zit. n. *ebd.*, S. 937.
816 Zu Geiler (1878–1953) vgl. *Weis*, Stefanie: Leben und Werk des Juristen Karl Hermann Friedrich Julius Geiler (1878–1953). Ein Rechtswissenschaftler in Zeiten des Umbruchs, Hamburg 2013; weiterhin *Mühlhausen*, Walter: Karl Geiler und Christian Stock. Hessische Ministerpräsidenten im Wiederaufbau, Marburg 1999.
817 Zit. n. *Akten zur Vorgeschichte der Bundesrepublik Deutschland 1945–1949*. Bd. 1, S. 939f.
818 Vgl. *ebd.*, S. 940.
819 Vgl. *Wenzlau*, S. 196.
820 Vgl. *ebd.*, S. 198.
821 *Rüping* 2000: Reichsgericht, S. 355. Des Weiteren *Pauli* 1996, S. 97.

wa die Unterstellung, die Anregung des ZJA bezwecke eine ‚Lenkung' der Justiz[822].

Mehr Durchschlagskraft besaß der Vorstoß, den HOLG-Präsident Ruscheweyh am 20. Januar 1947 in einer an das ZJA adressierten Denkschrift unternahm. In der Tat nimmt sein auf die Britische Zone beschränkter Vorschlag das spätere Gepräge des OGH in zentralen Aspekten vorweg: die Errichtung einer obersten Instanz in Form eines fünfköpfigen Spruchkörpers, der nicht nur über die Fortgeltung früheren Rechts entscheiden, sondern als Revisionsgericht auch Strafsachen bearbeiten und der Rechtsfortbildung dienen sollte[823]. In Anknüpfung daran legte Ruscheweyh am 31. Januar ein Arbeitsprogramm zur Vorbereitung einer Konferenz vor, die Grundsatzfragen der Strafrechtsprechung erörtern und der Sicherung der Rechtseinheit dienen sollte. Der Kölner OLG-Strafsenatspräsident Wimmer schaltete sich in die Debatte ein, indem er am 15. Februar 1947 einen eigenen Entwurf an den ZJA-Präsidenten und „mit der Bitte um Bekanntgabe an die Herren Präsidenten der Strafsenate"[824] an die Chefpräsidenten sandte: Die OLG-Strafsenatspräsidenten sollten ein provisorisches Gremium zur Beratung und Klärung strittiger Rechtsfragen bilden. Die Beratungen seien durch den Berichterstatter vorzubereiten, der auf die Expertise der strafrichterlichen Kollegen sowie der Staats- und Rechtsanwaltschaft am eigenen OLG zurückgreife. Gutachterliche Stellungnahmen gälten als angenommen, wenn zwei Drittel der Mitglieder des Gremiums zustimmten. Ausgefertigte und unterschriebene Gutachten wären zuletzt an den Fragesteller – z. B. ein Gericht oder die Staatsanwaltschaft – und den ZJA-Präsidenten weiterzuleiten. Die Errichtung solch einer Institution erfordere nur eine Verwaltungsanordnung. Es werde dem zukünftigen Zentralgericht „gute Vorarbeit leisten und die Rechtsprechung in der gesamten Strafrechtspflege heben und vereinheitlichen"[825]. So favorisierte Wimmer statt eines Obergerichts für die Britische Zone eine Expertengruppe als Vorstufe auf dem Weg zu einem gesamtdeutschen Obersten Gerichtshof. Sicher zielte er mit seinem Vorschlag zur Erhaltung der Rechtseinheit auch auf die deutsche Spruchpraxis zu NS-Menschlichkeitsverbrechen, mit deren rechtsdogmatischen und ethischen Implikationen er sich ja in seinem vielbeachteten Aufsatz befasste (vgl. V.2.3.1). Zweifellos wollte der

---

822 Vgl. *Rüping* 2000: Hüter, S. 89f.
823 Vgl. *ebd.*, S. 90. Ruscheweyhs Denkschrift vom 20. Januar 1947 findet sich in BArch, Z 21, Nr. 469a, Bl. 5–19.
824 NLA, HA, Nds. 173 Acc. 123–87, Nr. 58, Bl. 34.
825 *Ebd.*

Kölner Richter Einfluss auf die KRG-10-Ahndungspraxis nehmen. Ob er sich im Hinblick auf die zu erwartende Errichtung eines zonalen oder gesamtdeutschen Obergerichts als Richterkandidat in Stellung brachte, steht dahin. Celles OLG-Präsident Hodenberg wandte sich dagegen am 5. März 1947 schriftlich an den Hamburger Amtskollegen Ruscheweyh, um dessen Plan eines zonalen OGH zu loben und den Entwurf Wimmers zur Schaffung eines mit Senatspräsidenten beschickten Gremiums zu kritisieren[826].

Kiesselbach reagierte auf die Denkschrift des Präsidenten des HOLG am 3. Februar 1947 mit einem Schreiben an alle OLG-Präsidenten. Darin ergänzte er Ruscheweyhs Konzept, insoweit er dem projektierten Obergericht im Sinne gesamtdeutscher Rechtseinheit den Charakter eines Provisoriums sowie ‚Kristallisationspunkts' zuerkannte, der den Grundstock für eine überzonale höchste Instanz legen sollte[827]. Insofern war die Einrichtung des OGH „politisch intendiert"[828]. Kiesselbachs ‚Kristallisations'-Argument war auch deshalb stichhaltig, weil die Britische Zone als „besonders guter Schrittmacher zur Wiederherstellung der Rechtseinheit in Deutschland"[829] betrachtet werden konnte, war sie doch die größte, wirtschaftsstärkste, mit 23 Millionen Einwohnern bevölkerungsreichste und bezüglich der Reichsgerichtsrechtsprechung von 1925 bis 1943 bedeutendste Zone gewesen. Wie kühn nichtsdestoweniger der Plan eines Zonenobergerichts war, erhellt aus der in einem Brief vom 22. Februar 1947 an Ruscheweyh formulierten Kritik des Kölner OLG-Präsidenten, dass für ein derartiges Gericht nicht nur das Personal fehle, sondern auch die Zeit nicht reif sei. Die Untergerichte steckten noch im Wiederaufbau, auch könne ein verfrühter Alleingang einer Zone das Zusammenwachsen der Besatzungszonen hemmen[830].

Einen wichtigen Schritt für den deutsch-britischen justizpolitischen Entscheidungsprozess stellte die Tagung der OLG-Präsidenten der Britischen Zone am 28. und 29. April 1947 in Bad Pyrmont dar. Hier wurde über die in den Vorwochen ventilierten Vorschläge zur Gründung eines Organs verhandelt, das die Rechtseinheit zumindest auf zonaler Ebene bewahrt. Chefpräsident Rudolf Schetter[831] (Köln) äußerte bezüglich jener Konzepte „nicht unerhebliche Bedenken", bezeichnenderweise v. a. gegen das Papier

---

826 Vgl. *ebd.*, WO, 57 Nds. Zg. 6–1991, Nr. 15, Bl. 18f.
827 Vgl. BArch, Z 21, Nr. 469a, Bl. 25 u. 27.
828 *Homann*, S. 210.
829 *Storz*, S. 3.
830 Vgl. BArch, Z 21, Nr. 469a, Bl. 45; weiterhin *Rüping* 2000: Hüter, S. 90.
831 Zu Schetter (1880–1967) vgl. *Wenzlau*, S. 107 u. 109f.

des ihm unterstellten Wimmer. Hodenberg indes wies nun auf Gefahren hin, die Ruscheweyhs Arbeitsprogramm mit sich brächte. Ähnliche – jedoch schwächere – Bedenken hegte er gegenüber Wimmers Vorschlag, der aber daran leide,

> „dass ein zu grosser Apparat aufgeboten werde. Einen Ersatz für ein Oberstes Gericht stellten beide Lösungen nicht dar. Anzustreben sei ein Oberster Gerichtshof zur Entscheidung von Rechtsfragen in Strafsachen, der vielleicht einem OLG. anzugliedern sei, vielleicht mit noch sehr beschränkten Aufgaben, etwa wie sie im VO.-Entwurf vorgesehen seien. Sichergestellt müsse dabei werden, dass auch die Staatsanwaltschaft und der Angeklagte zu Wort kommen und nicht Entscheidungen von einem Gremium hinter verschlossenen Türen gefällt würden"[832].

Breite Zustimmung fand nur die auch von der Militärregierung unterstützte Schaffung eines Obersten Gerichtshofs. Ruscheweyhs Arbeitsprogramm, Wimmers Pläne und der Vorschlag formloser Absprachen zwischen den Strafsenatsvorsitzenden wurden mithin verworfen[833].

Unterdessen trieb auch die Legal Division ein altes Vorhaben voran, als sie am 8. Mai 1947 das Memorandum ‚The need for a German Supreme Court' vorlegte. In Zivilsachen sollte dieses Revisionsgericht bei einem gegenüber früher angehobenen Streitwert und in Strafsachen nur dann befasst werden, wenn Oberlandesgerichte von Urteilen anderer OLG oder der obersten Instanz abweichen wollten. Handlungsleitend waren für die Briten zwei Gedanken: Der neue Gerichtshof sollte ein den OLG übergeordnetes Revisionsgericht sein und nicht nur gutachterlich wirken, wie es dem aus Mitgliedern der OLG Kassel, Darmstadt und Frankfurt gebildeten Großen Senat in Hessen oblag. Außerdem stellte die britische Rechtsabteilung in einem Entwurf vom 15. Mai heraus, dass die eingeschränkte Zuständigkeit des Gerichts den politischen Willen zur Schaffung eines Provisoriums ausdrücke, das in Zukunft einer Instanz weichen solle, die über die Zone hinaus Rechtseinheit in Deutschland gewährleiste[834]. Neben diesem allgemeinen Ziel verbanden die Briten mit dem Obergericht aber

---

832 NLA, HA, Nds. 710 Acc. 124–87, Nr. 48, Bl. 216.
833 Vgl. *ebd.*, Bl. 217.
834 Vgl. *Rüping* 2000: Hüter, S. 91. Das Memorandum der Legal Division vom 8. Mai 1947 befindet sich in BArch, Z 21, Nr. 469a, Bl. 97–99, und der Entwurf für eine Verordnung zur Einrichtung eines Obergerichts vom 15. Mai 1947 *ebd.*, Bl. 131–133.

auch die Erwartung, „die Revisionstätigkeit besser überwachen und nicht zuletzt steuern"[835] zu können.

Jedoch war auch der Versuch, eine alle Zonen einschließende höchste Gerichtsbarkeit zu verwirklichen, noch nicht ganz aufgegeben worden, wenngleich jeder Schritt auf diesem Weg bewies, wie sehr sich die Spaltung zwischen West und Ost vertieft hatte. Wie Foreign Office-Rechtsberater Alfred Brown Ende April 1947 mutmaßte, würde die SMAD darauf beharren, dass ein gesamtdeutsches Obergericht den Sitz in der Nachfolge des Reichsgerichts in Leipzig und also in der SBZ nehmen müsste; für Briten und Amerikaner eine mit fortschreitender Zeit zunehmend inakzeptable Lösung[836]. Als Hessens Justizminister Georg August Zinn[837] Mitte 1947 auf die Möglichkeit eines ‚Reichsgerichts' mit detachierten Senaten in den vier Zonen hinwies, war das der letzte Vorstoß in dieser Richtung. Fast überall traf er auf offene Ohren – nur nicht bei der französischen Militärregierung, welche die Umsetzung verhinderte[838] und auch später keine Anstalten machte, Initiativen zur Förderung der Rechtseinheit zu stützen[839]. Merklich abgekühlt hatten sich auch die Kontakte zur Sowjetischen Zone, besonders seit dem Scheitern der Moskauer Konferenz im April 1947[840]. Eingedenk dieser Lage erschien ein auf die Britische und US-Zone beschränkter OGH als bestmögliche Option. Zumal beide Besatzungszonen seit dem 1. Januar 1947 in der ‚Bizone' verbunden waren. Das Vereinigte Wirtschaftsgebiet zielte jedoch v. a. auf die ökonomische Koordinierung und Stabilisierung, was sich in der Einrichtung dezentraler Verwaltungen für Wirtschaft, Verkehr, Ernährung und Landwirtschaft, Post- und Fernmeldewesen sowie Finanzen niederschlug, die „im Juni 1947 zentrali-

---

835 *Form* 2012, S. 38. So auch *Friedrich* 1998, S. 144, wonach „die zögernde, halbherzige und uneinheitliche Rechtsprechung der Landes- und Oberlandesgerichte mit KRG 10" die Briten von der „Notwendigkeit eines Obersten Revisionsgerichts [überzeugte], das über den Status und Willen verfügte, die Autorität des Gesetzes zu erzwingen"
836 Vgl. *Form* 2012, S. 40.
837 Zu Zinn (1901–1976) vgl. *Hessisches Hauptstaatsarchiv* (Hrsg.): „Unsere Aufgabe heißt Hessen". Georg August Zinn. Ministerpräsident 1950–1969. Katalog zur Ausstellung des Hessischen Hauptstaatsarchivs im Auftrag der Hessischen Landesregierung, Wiesbaden 2001; ferner *Wunder*, Eilika: Georg August Zinn (1901–1976), in: Bernd Heidenreich u. Walter Mühlhausen (Hrsg.): Einheit und Freiheit. Hessische Persönlichkeiten und der Weg zur Bundesrepublik Deutschland, Wiesbaden 2000, S. 95–108.
838 Vgl. *Wenzlau*, S. 304f.
839 Vgl. *Rüping* 2000: Hüter, S. 91.
840 Vgl. *Pauli* 1996, S. 97.

siert und nach Frankfurt verlegt"[841] wurden. Auch schwankte der angloamerikanische Elan, sich für eine justizpolitische Verklammerung beider Zonen einzusetzen. So hielt er sich im harten Winter 1946/47 in Grenzen, als die Bewältigung von Engpässen in der Versorgung Priorität beanspruchte. Auch sollte vermieden werden, mit der offiziellen Unterstützung eines bizonalen Projekts Öl ins Feuer der von Misstrauen geprägten Beziehungen zur Sowjetischen Militärregierung zu gießen[842]. Nach der Moskauer Außenministerkonferenz, die die Teilung Europas vertiefte und den Kalten Krieg einläutete, betrieben Amerikaner und Briten eine Wiederauflage und Intensivierung der bizonalen Politik. In diesem Kontext kam auch das Projekt eines bizonalen deutschen Obergerichts wieder zur Sprache. So präsentierte ZJA-Präsident Kiesselbach auf der Justizministerbesprechung vom 7. Mai 1947 in Stuttgart seinen Vorschlag zur Bildung eines einheitlichen Revisionsgerichts für die Britische und US-Zone mit Sitz in letzterer[843]. Als Präsidenten schlug er seinen Freund, den früheren hessischen Ministerpräsidenten Geiler vor. Eine Personalie, für die er auch die Spitze der Legal Division (Macaskie, Rathbone und Romberg) gewinnen konnte[844]. Indes zeigte sich in Stuttgart schon, was zum Hemmschuh für eine zonenübergreifende Instanz werden sollte: der Plan des Landes Bayern, ein eigenes Oberstes Gericht zu etablieren[845].

Am 20. Juni informierte Kiesselbach Hessens Justizminister Zinn, dass US-Militärgouverneur Lucius D. Clay sich gegen ein bizonales höchstes Gericht positioniert hätte[846]. Zudem ließen Anfang August 1947 Vertreter der Justizverwaltung in der SBZ gegenüber Kiesselbach, seinem Stellvertreter Koch und Zinn durchblicken, dass für sie nur Obergerichte auf zonaler Ebene akzeptabel seien. So betonte Eugen Schiffer, er

> „könne (…) nicht dringend genug vor einem gemeinsamen Gericht der angelsächsischen Zonen warnen, eine solche Entwicklung sei sehr gefährlich, weil dadurch die Gegensätze zwischen den westlichen und der östlichen Zone vertieft werden. Es sei besser, jede Zone schaffe provisorisch ein Oberstes Gericht mit dem ausdrücklichen Hinweis,

---

841 *Conze* 2009, S. 36.
842 Vgl. *Wenzlau*, S. 301f.
843 Vgl. BArch, Z 21, Nr. 469a, Bl. 91. Hierzu auch *Wenzlau*, S. 303.
844 Vgl. BArch, Z 21, Nr. 469b, Bl. 137. Hierzu auch *Wenzlau*, S. 303.
845 Vgl. *ebd.* Hierzu der zugehörige Ausschnitt aus dem Protokoll der Justizministerkonferenz von Stuttgart vom 7. Mai 1947, vgl. BArch, Z 21, Nr. 469a, Bl. 91.
846 Vgl. *ebd.*, Bl. 469. Hierzu auch *Rüping* 2000: Reichsgericht, S. 355.

dass es sich nur um ein Provisorium handele. Es sei dann später leicht möglich, diese Gerichte zu einer Einheit zusammenzufassen"[847].

Diese Gemengelage ließ den folgenden Schritt der Briten folgerichtig erscheinen.

1.2 Organisationsfragen (1947/48)

1.2.1 Militärregierungsverordnung Nr. 98[848] und die offene Präsidentenfrage

Mit Verordnung Nr. 98 vom 1. September 1947 beschloss die Militärregierung angesichts der Reichsgerichtsschließung und „im Interesse der Erhaltung und Förderung der Rechtseinheit in der britischen Besatzungszone"[849] die Errichtung des Obersten Gerichtshofes für die Britische Zone. Dabei wird betont, dass es sich um eine „vorläufige Maßnahme" (Art. 1) handele. Vage regelt Artikel 2 die Zuständigkeit und Zusammensetzung. Dem OGH solle die „Überprüfung von Rechtsfragen (Revision)" obliegen, die ihm von den OLG „oder einem sonstigen von der Militärregierung oder mit deren Genehmigung bestimmten Gericht unterbreitet werden". Die hier skizzierte Vorlagemöglichkeit bildete „ein Novum im deutschen Strafprozeßrecht"[850]; sie galt später aber auch für den BGH. Weiter bestimmt Artikel 2 der britischen Verordnung, dass an der Spitze ein Gerichtspräsident stehen solle. Es seien Straf- und Zivilsenate einzurichten, denen neben einem Vorsitzenden mindestens je zwei weitere Richter angehörten. Ausweislich Artikel 3 liegen Ernennungen der Richter und Staatsanwälte (Gerichts- und Senatspräsidenten inbegriffen) vorbehaltlich der Bestätigung durch die Militärregierung in der Verantwortung des ZJA. Die Kosten für die Gründung und Unterhaltung des Gerichts gehen „zu Lasten des zonenmäßig verwalteten Teils des ehemaligen Reichshaushalts"[851]

---

847 BArch, Z 21, Nr. 469a, Bl. 336. Diesbezüglich *Rüping* 2000: Hüter, S. 91f.
848 Vgl. Verordnung Nr. 98 – Deutscher Oberster Gerichtshof für die Britische Zone – vom 1. September 1947, abgedruckt in: Amtsblatt der Militärregierung Deutschland. Britisches Kontrollgebiet, Nr. 20, S. 572 (= Verordnung Nr. 98 vom 1. September 1947). Als Faksimile findet sich die Verordnung in: *Justizministerium des Landes NRW* (Hrsg.) 2012, S. 261f.
849 Zitate hier und im Folgenden aus: Verordnung Nr. 98 vom 1. September 1947.
850 *Pauli* 1996, S. 98.
851 Zitate hier und im Folgenden aus: Verordnung Nr. 98 vom 1. September 1947.

(Art. 4). Artikel 6, der das Inkrafttreten der Verordnung auf den 1. September 1947 datiert, geht mit Artikel 5 eine umfassende Ermächtigung des Zentral-Justizamts voraus: Dieses solle – die Zustimmung der Militärregierung jeweils vorausgesetzt – Durchführungsvorschriften vorbereiten und erlassen, um die Zuständigkeit, Zusammensetzung, Verfahren sowie Verwaltung des Gerichts (a), den Gerichtssitz (b) und die Planstellenzahl (c) festzulegen. Ferner sei das Amt zur „Ernennung, Versetzung und Beförderung des Präsidenten, der Senatspräsidenten, Richter, Staatsanwälte und aller sonstigen Beamten und Angestellten des Gerichts" befugt[852].

„Der Zonenbeirat akzeptiert das fait accompli [der Gründung eines zonalen OGH, C. P.] als unvermeidliche Teillösung"[853], nachdem der ZJA-Präsident ihm im September 1947 Bericht erstattet hatte. Dabei referierte Kiesselbach, „die drei Justizminister der amerikanischen Zone [zeigten] Bereitwilligkeit, die Errichtung eines bizonalen Höchsten Gerichtshofes in Angriff zu nehmen. Die amerikanische Besatzungsmacht habe indessen so starke Änderungen im Aufbau des deutschen Gerichtswesens vorgenommen, daß längere Verhandlungen nötig seien, um eine gemeinsame Grundlage zu schaffen"[854]. Dass die bizonale Option zurzeit unmöglich, aber dennoch weiter anzustreben sei, unterstreicht in einer deutsch-britischen Besprechung am 16. September auch der Leiter der Legal Division Macaskie[855]. Am 11. Oktober erreichte das ZJA ein Gesetzentwurf aus Bayern zur Wiedererrichtung des 1935 abgeschafften bayerischen Obersten Landesgerichts – eine Maßnahme, die die Gründung eines höchsten Gerichtshofes für die Britische und US-Zone auf absehbare Zeit undurchführbar erscheinen ließ[856].

Die Frage, wer dem OGH vorstehen sollte, wurde erst im Frühjahr 1949 endgültig geklärt – als das Gericht schon geraume Zeit Recht sprach. Eine ganze Reihe von Kandidaten wurde für das höchstrichterliche Amt gehandelt, für das aber lange unklar blieb, ob mit ihm die Leitung einer zonalen, bizonalen oder gesamtdeutschen Behörde verbunden war. Hiervon machte v. a. Karl Geiler seine Zustimmung abhängig. Politisch unbelastet, parteilos, bürgerlich, war der frühere Landeschef von Groß-Hessen und Heidel-

---

852 Hierzu auch *Rüping* 2000: Hüter, S. 92; sowie *Wenzlau*, S. 306.
853 *Rüping* 2000: Hüter, S. 92. Das gedruckte Protokoll der Zonenbeiratssitzung vom 9 bis 11. September 1947 befindet sich in BArch, Z 21, Nr. 469b, Bl. 431 (in Hülle). Die ‚Errichtung eines Obersten Gerichtshofes für die Britische Zone' wird *ebd.*, Bl. 450–456, diskutiert.
854 BArch, Z 21, Nr. 469b, Bl. 451.
855 Vgl. *ebd.*, Bl. 137.
856 Vgl. *Rüping* 2000: Hüter, S. 92; zudem *Wenzlau*, S. 306.

berger Rechtsprofessor der Wunschkandidat Kiesselbachs, dem er politisch sowie persönlich nahe stand[857]. Dessen Angebot vom 22. Mai 1947[858] begegnete Geiler im Schreiben vom 30. Mai noch reserviert[859], bevor er dem Werben des ZJA-Präsidenten[860] nachgab und sich laut einer Meldung der ‚Welt' vom 18. September zur Amtsübernahme bereit erklärte[861]. Wenn er letztlich doch Abstand von der Präsidentschaft nahm, lag das daran, dass sich die von ihm zur Bedingung gemachte Gerichtsbarkeit des OGH für alle vier Zonen politisch nicht durchsetzen ließ[862].

Dieweil hatte sich Kiesselbach eines parteipolitischen Beeinflussungsversuches zu erwehren gehabt. Im Fokus stand dabei die Personalie Gottfried Kuhnt[863]. Der Präsident des schleswig-holsteinischen OLG – das erst 1948 von Kiel nach Schleswig umzog – war 1933 wegen seiner demokratischen Gesinnung aus dem Justizdienst entlassen und nach Kriegsende zum Kieler Chefpräsidenten ernannt worden. Kurzzeitig Justizminister, war er im April 1947 an die OLG-Spitze zurückgekehrt. Der CDU-Landesvorsitzende von Schleswig-Holstein, Carl Schröter[864], wandte sich nun am 12. September an den ZJA-Präsidenten mit dem Hinweis, er sei sich mit den Parteichefs aus dem Rheinland (Adenauer) und Niedersachsen (Günther Gereke[865]) einig, dass kein Mann aus der US-Zone OGH-Präsident werden solle. Adenauer sei daher „bereit, von der Britischen Zone aus für die Kandidatur des Herrn Dr. Kuhnt einzutreten; er würde es begrüssen, wenn durch Sie von vornherein den Engländern nur dieser Vorschlag gemacht würde. So begrüsste er es, dass eine Konferenz der Landesjustizminister der Britischen Zone sich einmütig für Dr. K. erklärt hatte"[866]. Kiesselbach

---

857 Vgl. *Rüping* 2000: Hüter, S. 103.
858 Vgl. BArch, Z 21, Nr. 469a, Bl. 119.
859 Vgl. *ebd.*, Bl. 166.
860 Vgl. *ebd.*, Bl. 169f.
861 Vgl. *ebd.*, Bl. 451 (in Hülle).
862 Vgl. *Rüping* 2000: Hüter, S. 103.
863 Zu Kuhnt (1884–1967) vgl. *Godau-Schüttke* 1993, S. 29–32 u. 35–38; sowie *Wenzlau*, S. 109.
864 Zu Schröter (1887–1952) vgl. *Gauger*, Jörg-Dieter: Carl Schröter (1887–1952). Landtagsabgeordneter, Schleswig-Holstein, in: Günter Buchstab u. Hans-Otto Kleinmann (Hrsg.): In Verantwortung vor Gott und den Menschen. Christliche Demokraten im Parlamentarischen Rat 1948/49, hrsg. im Auftrag der Konrad-Adenauer-Stiftung e. V., Freiburg i. Br. u. a. 2008, S. 321–329.
865 Zu Gereke (1893–1970) vgl. *Simon*, S. 115f.
866 BArch, Z 21, Nr. 1327, Bl. 3. Vom einmütigen Votum der Landesjustizministerkonferenz für Kuhnt wusste Kiesselbach nichts; so quittierte er diese Äußerung Schröters, indem er ein Fragezeichen an den Briefrand setzte.

sah sich zum Gegensteuern veranlasst. So vermerkte er am 26. September 1947, Schröter heute „dringend gebeten [zu haben,] Herrn Dr. Kuhnt nicht zum Partei-Kandidaten der C.D.U. zu machen, da er ihm damit nur schade. Das C.J.A. werde niemals eine Wahl nach Parteiinteressen vornehmen"[867]. In einem zweiten Brief bemühte sich der Parteipolitiker am 28. September darum, die Wogen zu glätten. Dabei ging es um die Frage nach dem vermeintlich einmütigen Votum der Landesjustizminister für Kuhnt. Kiesselbach hätte dies kürzlich verneint, da ihm vom nordrhein-westfälischen Minister Gustav Heinemann[868] mitgeteilt worden wäre, sich nicht für Kuhnt ausgesprochen zu haben. Schröter erläutert aus seiner Warte, man hätte sich auf der Justizministerbesprechung über die Besetzung des besagten Postens unterhalten.

„Zunächst wurde Herr G. [wohl Geiler, C. P.] vorgeschlagen. Er fand einmütige Ablehnung. Dann wurde von anderer Seite Herr W. [wohl Josef Wiefels[869], C.P.] vorgeschlagen; man war bereit, ihn zu nehmen, bemängelte aber, dass er auf wissenschaftlichem Gebiete nicht hervorgetreten sei. Zuletzt wurde Herr Kuhnt genannt: Allgemeine Zustimmung und Bedauern, dass man nicht gleich auf ihn gekommen sei. Auf Ihrem Geburtstage hat Herr Dr. P. den Justizminister H. [i. e. Hofmeister] aus Niedersachsen getroffen. Herr H. hat an Dr. P. die Frage gerichtet, ob es bei der getroffenen Entscheidung bliebe; Dr. P. hat bejaht. Die von Herrn Heinemann ebenfalls auf Ihrem Geburtstage abgegebene Erklärung, er wisse hiervon nichts, kann ich mir nur so erklären, dass seine beiden Vertreter überraschenderweise ihn vielleicht nicht informiert haben"[870].

Die Personalie Kuhnt war vom Tisch. Stattdessen versuchte man, Chefpräsident Ruscheweyh (Hamburg) das Spitzenamt schmackhaft zu machen. Als sich dieser jedoch Anfang 1948 dafür entschied, die Präsidentschaft am ebenfalls in Köln errichteten Deutschen Obergericht für das Vereinigte Wirtschaftsgebiet[871] (DOG) anzunehmen, hatte sich auch diese Option erledigt[872].

---

867 Ebd. Der Vermerk befindet sich auf der Rückseite des Schreibens von Schröter.
868 Zu Heinemann (1899–1976) vgl. *Dästner/Wogersien*, S. 42–46.
869 Zu Wiefels (1893–1977), 1946 bis 1961 OLG-Präsident in Hamm, vgl. *Handbuch der Justiz 1953*, S. 117.
870 BArch, Z 21, Nr. 1327, Bl. 8.
871 Zum Deutschen Obergericht für das Vereinigte Wirtschaftsgebiet vgl. *Wenzlau*, S. 310–316.
872 Vgl. *Rüping* 2000: Reichsgericht, S. 356.

1.2.2 Gerichtssitz und die Durchführungsverordnung des Zentral-Justizamts[873]

Die dem ZJA gemäß MRVO Nr. 98 § 5b obliegende Befugnis, den Sitz des OGH festzulegen, führte zur Diskussion der Vor- und Nachteile unterschiedlicher Standorte. Im Gespräch waren etwa Hamm[874] – Sitz des Obersten Spruchgerichts der Britischen Zone –, Düsseldorf, Minden und Bad Godesberg. Den Ausschlag für Köln gaben politische wie pragmatische Erwägungen. So hatte ZJA-Chef Kiesselbach Hessens Justizminister Zinn am 20. Juni 1947 mitgeteilt, das Gericht „aus politisch taktischen Gründen an den Rhein verlegen"[875] zu wollen. Hintergrund war, dass die Wahl einer Stadt im Rheinland eine geographische Nähe zur US-Zone bedeutete – gedacht als Signal für die Gründung eines bizonalen und gesamtdeutschen Gerichts[876]. Was Köln z. B. dem seitens der Briten favorisierten Minden voraus hatte, war die Möglichkeit, das Revisionsgericht im OLG-Gebäude am Reichenspergerplatz unterzubringen, wo dem Personal trotz kriegsbedingter Verluste und Zerstörungen Räume und eine Bibliothek zur Verfügung standen[877]. Dass die Stadt über eine Universität mit reichhaltigen Buchbeständen verfügte, an der die OGH-Juristen Lehraufträge wahrnehmen konnten, war ein weiterer Standortvorteil.

Der Beauftragung durch die Militärregierung trug das ZJA mit der Durchführungsverordnung vom 17. November 1947 Rechnung. Schon am Folgetag wurde sie im ‚Verordnungsblatt für die Britische Zone' publiziert. Unter Bezug auf Artikel 5 der MRVO 98 und mit Hinweis auf die

---

[873] Vgl. Verordnung zur Durchführung der MRVO Nr. 98 über die Errichtung eines Obersten Gerichtshofes für die Britische Zone. Vom 17. November 1947, abgedruckt in: Verordnungsblatt für die Britische Zone 1947, Nr. 25, S. 149–153 (= Durchführungsverordnung des ZJA vom 17. November 1947). Als Faksimile findet sich die Verordnung in: *Justizministerium des Landes NRW* (Hrsg.) 2012, S. 263–267. Eine amtliche Begründung liefert: ZJBl. 1 (1947), Nr. 6, S. 114–119. Ein Entwurf der Begründung ist überliefert in NLA, WO, 57 Nds. Zg. 6–1991, Nr. 15, Bl. 27–29.

[874] So notierte ZJA-Vizepräsident Koch nach einem Gespräch mit einem Militärregierungsvertreter am 19. April 1947: „Vorerst ist entsprechend dem Sitz der Spruchsenate an Hamm als Revisionsgericht gedacht" (BArch, Z 21, Nr. 469a, Bl. 59).

[875] *Ebd.*, Bl. 199.

[876] Vgl. *Form* 2012, S. 41.

[877] Vgl. BArch, Z 21, Nr. 469a, Bl. 301, i. e. Schreiben des OLG-Präsidenten von Köln an den Vizepräsidenten des ZJA vom 25. Juli 1947; hierzu auch *Rüping* 2000: Hüter, S. 93.

Zustimmung der Briten präsentiert das Justizamt 41 Paragrafen – gegliedert in die Teile ‚Allgemeine Vorschriften', ‚Zuständigkeit und Verfahren', ‚Änderung von Vorschriften', ‚Übergangs- und Schlußvorschriften'.

1) ‚Allgemeine Vorschriften' thematisiert den OGH als solchen, ferner die Staatsanwaltschaft, Rechtsanwaltschaft sowie die Geschäftsstelle. § 1 bestimmt Köln zum Sitz des Gerichtshofes. Laut § 2 muss mindestens 35 Jahre alt sein und die Befähigung zum Richteramt haben, wer zum Richter am OGH berufen wird. Es werden ein Zivil- und ein Strafsenat gebildet, die vom ZJA-Präsidenten nach Anhörung des OGH-Präsidenten um weitere Senate ergänzt werden können (§ 3). Die Senate träfen Entscheidungen gemäß § 4 als aus fünf Mitgliedern gebildete Kollegien. Plenarvorsitzender ist der OGH-Präsident, der zu Geschäftsjahresanfang auch den Senat auswählt, dem er vorsitzt. Zugleich werde die Geschäftsverteilung unter die Senate, die ständigen Mitglieder und deren Vertreter festgelegt (§ 6). „Die im vorstehenden Paragraphen bezeichneten Anordnungen erfolgen durch das Präsidium"[878]. Dieses setze sich zusammen aus dem Präsidenten (Vorsitz), den Senatspräsidenten und den vier dienstältesten Richtern (§ 7).

Bemerkenswert ist hier, dass die beim OGH in richterlicher Selbstverantwortung organisierte Geschäftsverteilung innerhalb der Gerichtsverfassung eine historische Kehrtwende markierte. Denn nach der Ersetzung der gerichtlichen Selbstverwaltung durch das ‚Führerprinzip' (1937) wurde erstmals in der Britischen Zone wieder an die ältere Tradition angeknüpft. Rüping bezeichnet die mit der Verordnung eingeleitete Reform als „Symbol einer Demokratisierung der Justiz und Vorbild für die Verfassung der unteren Gerichte"[879]. Zu diesem Befund passt eine Aufwertung von nicht im Urteil berücksichtigten Minderheitenpositionen, die nach § 10 der Geschäftsordnung (GeschO) des OGH vom 16. Juni 1948 dem Vorbild der GeschO des Reichsgerichts folgend, als Separatvoten den Akten beigefügt werden können[880].

Den Ausführungen zum Präsidium folgen in der ZJA-Durchführungsverordnung Regelungen für den Vertretungsfall. Hiernach übernimmt gegebenenfalls das dienstälteste Senatsmitglied die Amtsgeschäfte des ordentlichen Senatsvorsitzenden und ein ernannter Stellvertreter oder der dienst-

---

878 Durchführungsverordnung des ZJA vom 17. November 1947, S. 150.
879 *Rüping* 2000: Reichsgericht, S. 355.
880 Die Geschäftsordnung des OGH vom 16. Juni 1948 ist abgedruckt in: ZJBl. 2 (1948), Nr. 8, S. 174–177 (= GeschO OGH). § 10 trägt den Titel ‚Beratung und Abstimmung' (vgl. *ebd.*, S. 176). Dem vom ZJA-Präsidenten gemachten Vorschlag zur Veröffentlichung von ‚dissenting opinions' wurde nicht entsprochen (vgl. *Rüping* 2000: Reichsgericht, S. 356).

älteste Senatspräsident die Aufgaben des Präsidenten (§ 9). Senatsintern obliegt dem Vorsitzenden die Verteilung der Geschäfte an die Mitglieder (§ 11). Das Plenum wiederum ist zur Klärung von Rechtsfragen befugt, bei denen Spruchkörper von der früheren Entscheidung eines Zivil- oder Strafsenats bzw. des Plenums abweichen wollen. Die Plenumsentscheidung ist in der vorliegenden Sache bindend. In grundsätzlichen Fragen kann der erkennende Senat „die Entscheidung des Plenums herbeiführen, wenn nach seiner Auffassung die Fortbildung des Rechts oder die Sicherung einer einheitlichen Rechtsprechung es erfordern"[881] (§ 13). Die Folgeparagrafen 14 und 15 bringen den Unterabschnitt ‚Oberster Gerichtshof' zum Abschluss – und zwar mit Vorgaben zur Beschlussfähigkeit des Plenums und dessen Ausarbeitung einer Geschäftsordnung, die dem ZJA-Präsidenten zur Bestätigung vorzulegen ist.

Dann rückt die laut § 16 am OGH eingerichtete Staatsanwaltschaft in den Fokus, die „durch ihre begründeten Anträge Prozeßstoff und Entscheidung vorstrukturierte"[882]. Ihre Geschäfte übt der Generalstaatsanwalt gemeinsam mit dem oder den Oberstaatsanwälten aus. Im Fall der Befassung des Revisionsgerichts hat der Generalstaatsanwalt Weisungsrecht gegenüber den übrigen Staatsanwaltschaftsbeamten (§ 18). Diese gelten zwar als nichtrichterliches Personal, müssen aber die Qualifikation zum Richteramt vorweisen (§ 19). Im Unterabschnitt zur ‚Rechtsanwaltschaft' legt § 20 fest, als Rechtsanwalt könne zum OGH zugelassen werden, wer 35 Jahre oder älter sei. Ernennungen nimmt der ZJA-Präsident nach einer Anhörung der Vereinigung der Vorstände der Anwaltskammern vor. Nach § 21 darf als Rechtsvertreter vor dem Obersten Gerichtshof nur auftreten, wer an keinem anderen Gericht zugelassen sei und auftrete. Die Rechtsanwälte bilden eine Anwaltskammer (§ 23). Der Abschnitt endet mit einer Bestimmung zur Einrichtung einer mit Urkundsbeamten besetzten Geschäftsstelle (§ 25) und dem Hinweis, dass die Vorschriften des Gerichtsverfassungsgesetzes (GVG) gelten, soweit die Verordnung nichts Gegenteiliges besage (§ 26).

2) Der Abschnitt ‚Zuständigkeit und Verfahren' enthält Normen zu den Themen ‚Bürgerliche Rechtsstreitigkeiten' (§§ 27–32), ‚Freiwillige Gerichtsbarkeit' (§ 33) sowie ‚Strafsachen' (§§ 34–36). Laut § 27 entscheidet der OGH in bürgerlichen Rechtsstreitigkeiten über Revisionen gegen OLG-Urteile und Beschwerden gegen OLG-Beschlüsse zur Zulässigkeit der Berufung. Die Zulässigkeit der Revision ist gegeben, wenn sie wegen der

---

881 Durchführungsverordnung des ZJA vom 17. November 1947, S. 150.
882 *Pauli* 1996, S. 100.

grundsätzlichen Bedeutung der Rechtssache bereits in der fraglichen Entscheidung des OLG vermerkt ist – gerade bei Abweichungen von der OGH-Rechtspraxis – oder „bei vermögensrechtlichen Ansprüchen der Wert des Beschwerdegegenstandes 6000.– Reichsmark übersteigt"[883] (§ 29). Hinsichtlich der vom Reichsgericht ausgeübten Aufgaben einer ‚freiwilligen Gerichtsbarkeit' tritt der OGH in dessen Fußstapfen; ihm seien aber keine Beschwerden vorzulegen, „wenn die Entscheidung, von der abgewichen werden soll, vor dem 1. Oktober 1945 ergangen ist" (§ 33).

Der für die vorliegende Arbeit wichtige Unterabschnitt ‚Strafsachen' hat die Zuständigkeit für Revisionen gegen Schwurgerichtsurteile zum Gegenstand (§ 34). Dem OGH wird, wie die im Zentral-Justizblatt publizierte amtliche Begründung mitteilt, die Revisionsgerichtsbarkeit über ‚Kapitalverbrechen' übertragen, die einst das Reichsgericht besaß. Die damit verbundene Rückkehr zu einer verschütteten Rechtsprechungstradition unterstreicht das ZJA mit Verweis auf die Bedeutung, die jenen „schwersten strafrechtlichen Verfehlungen (…) im Leben eines Volkes" zukommt, und die gerade für dieses Rechtsgebiet geltende Notwendigkeit, zu einer einheitlichen Rechtspraxis zu finden. Letzteres sei umso mehr zu beachten,

> „als der Katalog der zur Zuständigkeit der Schwurgerichte gehörigen Strafsachen um die Verbrechen gegen die Menschlichkeit nach dem Kontrollratsgesetz Nr. 10 erweitert worden ist, soweit diese deutschen Gerichten zur Aburteilung übertragen sind. Die Fülle der Probleme, die auf diesem neuartigen Rechtsgebiet bereits jetzt aufgetaucht sind, unterstreichen [!] wegen ihrer grundsätzlichen Bedeutung und mit Rücksicht auf die Aufmerksamkeit, die der Rechtsentwicklung und der gerichtlichen Spruchpraxis gerade auf diesem Gebiet von der Öffentlichkeit gewidmet wird, die besondere Notwendigkeit der Wahrung einheitlicher Rechtsprechung und wegweisender Führung bei der Fortbildung der neuen Rechtsgedanken"[884].

Diese Sätze legen nahe, dass die Betrauung des OGH mit der Gerichtsbarkeit zu Revisionen in Schwurgerichtssachen mit den in der deutschen Justiz verbreiteten Vorbehalten gegen KRG 10 zusammenhing. Mochte die Gewährleistung der Ahndung von NS-Verbrechen gegen die Menschlichkeit in der Britischen Zone nicht der Hauptgrund für die OGH-Gründung gewesen sein, so diente sie doch als wichtiges Argument für das Erforder-

---

883 Hier und im Folgenden Durchführungsverordnung des ZJA vom 17. November 1947, S. 152.
884 ZJBl. 1 (1947), Nr. 6, S. 118. Dazu auch *Rüping* 2000: Hüter, S. 96.

nis eines gemeinsamen, Rechtseinheit garantierenden Obergerichts. Wie die später untersuchten Strafsachen zeigen (vgl. *VIII* und *IX.1*), schloss das Revisionsgericht diese Fälle mit einem Beschluss oder Urteil ab. Seine Entscheidungen waren entweder abschließend oder Auftrag zur Neuverhandlung vor einem Schwurgericht.

Es folgt § 35, dessen Wortlaut hier in Gänze wiedergegeben wird:

> „Will in einer Rechtsfrage ein Strafsenat eines Oberlandesgerichts von einer Entscheidung eines anderen Strafsenats desselben Oberlandesgerichts oder des Strafsenats eines anderen Oberlandesgerichts, soweit diese Entscheidungen seit dem 1. Oktober 1945 ergangen sind, oder von einer Entscheidung des Obersten Gerichtshofes abweichen, so hat er die Revision unter Darlegung seiner Rechtsauffassung durch die Staatsanwaltschaft dem Obersten Gerichtshof zur Entscheidung vorzulegen. Ebenso ist zu verfahren, wenn ein Oberlandesgericht eine Rechtsfrage von grundsätzlicher Bedeutung zu entscheiden hat und nach seiner Auffassung die Sicherung einer einheitlichen Rechtsprechung oder die Fortbildung des Rechts eine Entscheidung des Obersten Gerichtshofes erfordern. Der Beschluß über die Vorlegung ist den Beteiligten bekanntzumachen"[885].

Die Paragrafen 34 und 35 dienen der Konkretisierung des in MRVO Nr. 98 Art. 2 gesetzten Zuständigkeitsrahmens des Obersten Gerichtshofs. Sie beschreiben die Doppelfunktion, die er in Strafsachen hat: als Revisions- und Obergericht der Britischen Zone, das die Rechtseinheit schützt, indem es divergierende Entscheidungen der OLG verhindert[886]. Freilich fließen beide Gesichtspunkte in der Kennzeichnung des OGH als ‚Hüter des Rechts und der Rechtseinheit' (Rüping) ineinander. Ähnlich war es 1947 im Zentral-Justizblatt zu lesen: Der OGH sollte „als Rechtsmittelgericht eine einheitliche Rechtsprechung innerhalb der britischen Zone sichern und gleichzeitig der Fortbildung des Rechts dienen"[887]. Über begründet erscheinende Vorlagen entscheidet das Gericht gemäß § 36 der Durchfüh-

---

885 Durchführungsverordnung des ZJA vom 17. November 1947, S. 152.
886 Vgl. *Pauli* 1996, S. 99, der darlegt, dass die in MRVO Nr. 98 projektierte und der Rechtseinheit dienende Vorlagemöglichkeit in § 35 zur Vorlagepflicht präzisiert wird. Auch Storz betont die Aufgabe des OGH, der sich ab 1945 vertiefenden Rechtsunsicherheit und -zersplitterung entgegenzuwirken, die sich im Verfahrens- und Besatzungsrecht bemerkbar machte und etwa von der Fülle an Legislativorganen und der Vielzahl an ‚führerlosen Obergerichten' herrührte (vgl. *Storz*, S. 2 u. 5).
887 Vgl. ZJBl. 1 (1947), Nr. 6, S. 114.

1 Vorgeschichte, Einrichtung und Zuständigkeit

rungsverordnung selbst, während es die Akten von unbegründeten Vorlagen zur Revisionsentscheidung an das betreffende OLG zurücksendet.

3) Unter der Überschrift ‚Änderung von Vorschriften' verbirgt sich nur ein einzelner Paragraph, der Änderungen in Bezug auf das Gebiet der bürgerlichen Rechtspflege und das Verfahren in Strafsachen vorsieht (§ 37). Davon sind Vorschriften der Zivil- und Strafprozessordnung, des Gerichtskostengesetzes und GVG betroffen. Bei letzterem erfolgen Anpassungen mit Blick auf § 121, der laut KRG 4 vom 30. Oktober 1945 eine allgemeine Zuständigkeit der OLG für Revisionen bestimmt hatte[888]. Der mit der ZJA-Durchführungsverordnung erfolgte Übergang der Gerichtsbarkeit in Schwurgerichtssachen auf den OGH bedingt daher eine Reform: § 37 beschränkt die Verantwortlichkeit der Oberlandesgerichte in Strafsachen auf die Verhandlung und Entscheidung über Revisionen gegen Urteile der Straf- und Jugendkammern. Schließlich regelt er auch das ‚Recht der Leitung und Aufsicht', das dem ZJA-Präsidenten gegenüber dem Generalstaatsanwalt wie den Oberstaatsanwälten am OGH und den Landesjustizverwaltungen gegenüber staatsanwaltlichen Beamten des jeweiligen Landes zukommt.

4) Der letzte Teil firmiert unter dem Titel ‚Übergangs- und Schlußvorschriften'. Damals war noch nicht absehbar, welche Wichtigkeit § 38 für die Gerichtspraxis zukommen sollte. Seine Bestimmung, dass die Senate abweichend von § 4 in einer Besetzung aus drei Richtern tagen können, war als befristete Behelfskonstruktion gedacht, musste aber auf Dauer in Anspruch genommen werden. So machte der ZJA-Präsident nicht von der Option Gebrauch, einen Zeitpunkt für die Außerkraftsetzung der Übergangsklausel festzulegen. Von der Aufstockung der Spruchkörper wurde abgesehen. Mochte es zuerst, wie das ZJA durchblicken ließ, an geeignetem Personal gefehlt haben[889], dürfte später die Dynamik der sich abzeichnenden Gründung der BRD mit eigenen höchstrichterlichen Institutionen dazu geführt haben, dass an die Vergrößerung der Senate keine Mühen mehr verschwendet wurden. Paragraph 41 datiert das Inkrafttreten der Verordnung auf den 1. Januar 1948; zugleich sollte der OGH seine Geschäfte aufnehmen.

---

[888] Vgl. *Pauli* 1996, S. 99.
[889] Vgl. ZJBl. 1 (1947), Nr. 6, S. 115, wo die Rede ist von einer „Anlaufszeit, in der noch bei der sorgfältigen Auswahl des Richterpersonals Schwierigkeiten auftreten könnten". Hierzu auch *Rüping* 2000: Hüter, S. 97.

1.2.3 Rekrutierung der Richter und Staatsanwälte

Nach Artikel III der MRVO Nr. 98 oblag dem ZJA neben der Einrichtung des OGH auch die Besetzung der Richter- und Staatsanwaltsstellen. So bat das Amt die Landesjustizministerien am 28. August 1947, geeignete Kandidaten für die Planstellen zu melden, und setzte hinzu:

„Von Vorschlägen für die Besetzung der Chefpräsidenten-, der Vizepräsidenten- und der Generalstaatsanwaltsstelle darf ich bitten abzusehen. Soweit es sich um die richterlichen Mitglieder handelt, müssen sie besonders befähigt sein für die Aufgaben eines Revisionsgerichts und dürfen politisch in keiner Weise belastet sein (keine Pg's). Auf jüngere Kräfte wird von der Militärregierung besonderen [!] Wert gelegt. Auf ausdrücklichen Wunsch der Militärregierung bitte ich für die Richterstellen auch hervorragend qualifizierte Rechtsanwälte zu benennen, von denen angenommen werden kann, dass sie der Uebernahme eines Richteramts nicht ablehnend gegenüber stehen"[890].

Der Absender bittet um eine vertrauliche Behandlung der Angelegenheit. Sie sei selbst OGH-Richteramtskandidaten nicht zu eröffnen. Am 3. September delegiert Wilhelm Ellinghaus[891], Justizminister Niedersachsens, den Auftrag an die OLG-Präsidenten und Generalstaatsanwälte seines Zuständigkeitsbereichs – und mithin auch an Braunschweigs Chefankläger Staff.

Die Bedingung, dass die Richter politisch unbelastet sein sollten, machte deren Auswahl zur Herausforderung. So gab Braunschweigs Chefpräsident Mansfeld am 23. September 1947 die Rückmeldung, in seinem Sprengel stünden keine geeigneten Kräfte zur Verfügung. Dass dies nur bedingt zutraf, belegt die Tatsache, dass Generalstaatsanwalt Staff am 17. Dezember mit Wirkung zum 1. Januar 1948 zum Senatspräsidenten am OGH berufen wurde. Damit war eine Einweisung in eine Planstelle der Besoldungsgruppe B6 verbunden[892]. Es sträubte sich wohl mancher Vorgesetzte, befähigte Juristen ziehen zu lassen, und mancher von diesen hatte gute Gründe, mit einem Wechsel zu zögern – mochte hiermit auch eine Beförderung

---

890 NLA, WO, 57 Nds. Zg. 6–1991, Nr. 15, Bl. 20. Bei diesem Dokument handelt es sich um eine Abschrift des dem niedersächsischen Justizministerium zugestellten ZJA-Schreibens.
891 Zu Ellinghaus (1888–1961) vgl. *Simon*, S. 86.
892 Vgl. BArch, Z 21, Nr. 1328, Bl. 22; zudem Hessisches Landesarchiv (HLA), Hessisches Hauptstaatsarchiv Wiesbaden (HHStAW), Abt. 505, Nr. 1439, Bl. 3; ZJBl. 2 (1948), Nr. 1, S. 6; dazu auch *Henne* 2001, S. 3031.

1 Vorgeschichte, Einrichtung und Zuständigkeit

winken. Für den Fall Staff galt beides. Insofern er sich an seiner Wirkungsstätte bestens eingerichtet hatte, nimmt es nicht wunder, dass ein Umzug in das vom Krieg stark in Mitleidenschaft gezogene Köln wenig attraktiv erschien (vgl. 2.2.3). Im OLG-Bezirk Kiel sah sich Chefpräsident Kuhnt außerstande, einen Kandidaten zu präsentieren, der den OGH-Kriterien vollauf entsprach. So schlug er der Abteilung für Justiz beim Ministerpräsidenten von Schleswig-Holstein OLG-Rat Guido Schmidt[893] vor, der zwar seit 1937 NSDAP-Mitglied gewesen war – aber nur nominell. Abgesehen von ihm seien keine weiteren Richter für eine Abordnung nach Köln verfügbar[894]. Problematischer war ein Vorschlag, den OLG-Präsident Ruscheweyh (Hamburg) im Oktober 1947 dem ZJA unterbreitete: Landgerichtsdirektor Oskar Haidinger[895], der nicht der NSDAP angehört, aber einen Aufnahmeantrag unterzeichnet hatte und dem Nationalsozialistischen Rechtswahrerbund (NSRB) beigetreten war, bringe gleichwohl das Rüstzeug für den Obersten Gerichtshof mit[896]. Was Ruscheweyh nicht wusste: Der spätere BGH-Senatsvorsitzende hatte im Zweiten Weltkrieg u. a. als Beisitzer am Sondergericht Łódź bzw. Litzmannstadt gewirkt. Nachgewiesen wurde Haidinger dies erst 1971 anhand zweier Sondergerichtsurteile mit hohen Haftstrafen; allerdings war im Zuge der DDR-‚Blutrichter-Kampagne' schon 1958 gegen ihn der Vorwurf der Beteiligung an Todesurteilen lanciert worden war[897].

Indessen stieß die Auflage der Briten, keine früheren NSDAP-Mitglieder zu berufen, auf teils großes Unverständnis – und wieder trat OLG-Präsident Hodenberg als Anwalt der politisch Belasteten auf, als er dem niedersächsischen Justizminister am 10. Oktober 1947 im Kontext seiner Personalempfehlungen seine Sichtweise verdeutlichte:

---

893 Zu Schmidt (1890–1971) vgl. *Godau-Schüttke*, Klaus-Detlev: Von der Entnazifizierung zur Renazifizierung der Justiz in Westdeutschland, in: forum historiae iuris vom 6. Juni 2001. Online-Ressource: https://forhistiur.de/2001-06-godau-schuttke/?l=de (letzter Zugriff: 8.9.2020), Abs. 60.
894 Vgl. BArch, Z 21, Nr. 1327, Bl. 12. Das folgende Blatt enthält einen Lebenslauf bzw. ein Profil von Schmidt.
895 Zu Haidinger (1908–1987) vgl. *Klee* 2005, S. 219f.
896 Vgl. BArch, Z 21, Nr. 1327, Bl. 14–16.
897 Vgl. *Miquel* 2004, S. 62. Zur verfälschenden Darstellung von Haidingers Beitrag zu Sondergerichtsurteilen im Kontext der ‚Blutrichter-Kampagne' und zu seinem tatsächlichen Wirken als vertretungsweise beisitzender Richter vgl. *Schlüter*, Holger: „… für die Menschlichkeit im Strafmaß bekannt…". Das Sondergericht Litzmannstadt und sein Vorsitzender Richter, Düsseldorf 2006 (Juristische Zeitgeschichte NRW, Bd. 14), S. 176.

„Die Unterscheidung zwischen Parteigenossen und Nicht-Parteigenossen, die für eine Übergangszeit berechtigt gewesen sein mag, sollte für die Zukunft aufgegeben werden, soweit nicht besonders exponierte Schlüsselstellungen infrage kommen. Die Aufrechterhaltung dieser Unterscheidung, die häufig lediglich auf formalen Umständen beruht, ist nach der Durchführung der Entnazifizierung durch deutsche Ausschüsse sachlich nicht gerechtfertigt. Sie ist geeignet, bei dem größeren Teil der Richter das Gefühl dauernder Zurücksetzung hervorzurufen und ihnen durch Vorenthaltung des ihnen gebührenden Vertrauens Kränkung zuzufügen und den Willen zur Hingabe an ihre Arbeit und an den neuen Staat zu lähmen. Die Unterscheidung erinnert – je länger desto mehr – in peinlicher Weise an die Berücksichtigung der Parteizugehörigkeit während des Dritten Reiches, die damals vielfach noch nicht einmal so stark in Erscheinung trat, wie das jetzt der Fall ist"[898].

Diese vergangenheitspolitische Einlassung des Celler Chefpräsidenten wiederum erinnert an frühere revisionistische Äußerungen. So hatte er die Entnazifizierung schon im Kontext seiner Ablehnung der Rückwirkung von KRG 10 (vgl. V.2.2) mit der Verfolgung politischer Gegner und rassisch Unerwünschter unter der NS-Herrschaft verglichen. Gewiss hat Hodenberg nicht Unrecht, wenn er einen Automatismus zwischen politischer Belastung und der Mitgliedschaft in der NSDAP zurückweist. Gegenbeispiele gibt es manche; exemplarisch erwähnt seien der dem NS-Regime ablehnend begegnende Pg. Max Güde (vgl. V.2.3.2) und Ernst Hermsen[899]. Letzterer war zwar kein Parteimitglied gewesen, hatte sich aber Mitte der dreißiger Jahre als OLG-Senatspräsident in Hamm als williger Handlanger des ‚Dritten Reiches' erwiesen, indem er eine Vielzahl von Kommunisten hinter Schloss und Riegel brachte. Auf Hermsens hiermit zusammenhängenden Rücktritt als OLG-Präsident in Hamm 1946 ist zurückzukommen (vgl. 2.2.3)[900]. Schwer umsetzbar war auch die von der Legal Division erstrebte Rekrutierung unbelasteter Spitzenjuristen der jüngeren Generation für den OGH. Denn es waren gerade die jüngeren Fachkräfte, die der

---

898 NLA, HA, Nds. 173 Acc. 123–87, Nr. 58, Bl. 99.
899 Zu Hermsen, Jahrgang 1883, vgl. *Raim*, S. 364; ferner *Niermann*, Hans-Eckard: Die Durchsetzung politischer und politisierter Strafjustiz im Dritten Reich. Ihre Entwicklung aufgezeigt am Beispiel des OLG-Bezirks Hamm, hrsg. v. Justizministerium des Landes NRW, Düsseldorf 1995 (Juristische Zeitgeschichte, Bd. 3), S. 161.
900 Vgl. *ders.* 1996, S. 70f.

1 Vorgeschichte, Einrichtung und Zuständigkeit

NSDAP in Scharen zugelaufen waren, um ihre Karrierechancen zu verbessern. Für die politische Verstrickung der Jahrgänge 1910ff. war die Mitgliedschaft in der Partei somit kein überzeugendes Kriterium, war sie doch für Anwärter des höheren Dienstes ihres Alters fast unumgänglich gewesen[901]. Jedoch verlieren Hodenbergs Ausführungen vom 10. Oktober 1947 an Überzeugungskraft, bedenkt man, dass er der Justizentnazifizierung von Anfang an ablehnend gegenüberstand und die Tore für NS-Belastete stets weit offenhielt.

Nordrhein-Westfalens Justizminister Heinemann schickte dem ZJA seine Personalvorschläge am 25. September 1947. Darunter Walter Erman[902] und Hubert Schrübbers[903], die später zum Richter bzw. Oberstaatsanwalt am OGH ernannt wurden[904]. Das Land Niedersachen legte am 10. Oktober nach, indem es Karl Schneidewin[905] (vgl. 2.6) wie auch Helmuth Delbrück[906] als Senatspräsidenten oder Richter und Georg Kuhn[907] (s. u.) als Richter ins Spiel brachte[908]. Alle drei kamen an das Revisionsgericht – ersterer aber abweichend vom Ministeriumsvorschlag als Chefankläger. So

---

901 Vgl. *ebd.*, S. 72f.
902 Zu Erman (1904–1982) vgl. *Holzhauer*, Heinz: Walter Erman (1904–1982), in: Bodo Pieroth (Hrsg.): Heinrich und Walter Erman. Dokumentation der Gedenkveranstaltung am 19. September 2004 an der Rechtswissenschaftlichen Fakultät Münster, Münster 2005 (Münsterische Juristische Vorträge, Bd. 16), S. 13–36; auch *Göppinger*, Horst: Juristen jüdischer Abstammung im „Dritten Reich". Entrechtung und Verfolgung. 2., völlig neubearb. Aufl., München 1990, S. 334; *Irmen/Pöpken*, S. 181; *Schubert*, S. XVIf.; ZJBl. 2 (1948), Nr. 1, S. 7. Zum erzwungenen Ende der akademischen Karriere Ermans nach 1933 vgl. *Felz*, Sebastian: Im Geiste der Wahrheit? Die Münsterschen Rechtswissenschaftler von der Weimarer Republik bis in die frühe Bundesrepublik, in: Hans-Ulrich Thamer, Daniel Droste u. Sabine Happ (Hrsg.): Die Universität Münster im Nationalsozialismus. Kontinuitäten und Brüche zwischen 1920 und 1960. Bd. 1, Münster 2012 (Veröffentlichungen des Universitätsarchivs Münster, Bd. 5), S. 347–412, hier: S. 364f.
903 Zu Schrübbers (1907–1979) vgl. *Irmen/Pöpken*, S. 192.
904 Vgl. BArch, Z 21, Nr. 1327, Bl. 5.
905 Zu Schneidewin (1887–1964) vgl. BArch, Pers 101, Nr. 33157–33159; wie *Lange*, Richard: Karl Schneidewin zum 75. Geburtstag, in: Zeitschrift für die gesamte Strafrechtswissenschaft 74 (1962), S. 199f.; *Kirchner*, Carl: Karl Schneidewin †, in: Juristenzeitung 19 (1964), Nr. 5/6, S. 191f.; *Kaul*, S. 321; *Klee* 2005, S. 553.
906 Zu Delbrück (1891–1957) vgl. *Irmen/Pöpken*, S. 181.
907 Zu Kuhn (1907–1982) vgl. *ebd.*, S. 183; ferner *Godau-Schüttke*, Klaus-Detlev: Der Bundesgerichtshof. Justiz in Deutschland. 2. Aufl., Berlin 2006 (Justizkritische Buchreihe), S. 186f.; *Schubert*, S. XVIIf.; ZJBl. 2 (1948), Nr. 1, S. 7f.
908 Vgl. BArch, Z 21, Nr. 1327, Bl. 10f. Eine auch die Planstellen des einfachen, mittleren sowie gehobenen Dienstes berücksichtigende Kandidatenliste sandte

unterrichtete ZJA-Präsident Kiesselbach Niedersachsens Justizminister Anfang Dezember, Schneidewin hätte sich zur Übernahme jenes Amtes bereitgefunden. Auch hätte Generalstaatsanwalt Staff prinzipiell zugesagt, als Senatspräsident nach Köln zu gehen – nachdem diese Personalie erst wenige Tage zuvor aufgekommen war[909]. Tatsächlich war der Name Staff weder auf der braunschweigischen noch auf der Vorschlagsliste des Ministeriums aufgetaucht. Woran die verspätete Berücksichtigung lag, bleibt unklar. Ebenso wie der Umstand, dass auch der Kölner OLG-Senatspräsident Wimmer nicht auf der Kandidatenliste seines Landesjustizministeriums zu finden war, dann aber zum OGH-Richter ernannt wurde. Drängten das ZJA und/oder die Militärregierung kurzfristig auf ihre Berufung oder begrüßten sie eine ad hoc mitgeteilte Bereitschaft zur Übernahme höchstrichterlicher Verantwortung, da die Mehrheit der Kandidaten nicht überzeugte?[910] Das wäre insofern nicht verwunderlich, als beide Juristen mit dem ZJA und den Briten wegen ihres Beitrags zum demokratischen Wiederaufbau der Justiz und zur Durchsetzung von KRG 10 als Grundlage für die Ahndung von NS-Unrecht auf gutem Fuß standen. Während Staff wohl die günstigeren Lebens- und Arbeitsverhältnisse in Braunschweig zaudern und sich erst spät für Köln entscheiden ließen, steht zu vermuten, dass Wimmer, der Haus, Frau und Kinder in Bonn hatte, eine Berufung an den OGH erwog, nachdem feststand, dass das Gericht seinen Sitz in Köln nehmen würde.

Neben diesen beiden wurde mit dem zum Vizepräsidenten erkorenen jüdischen Rechtsanwalt und Remigranten Ernst Wolff[911] (vgl. 2.1) ein weiterer NS-Verfolgter rekrutiert. Hinzu kamen die nach 1933 wegen ihrer jü-

---

Niedersachsens Justizminister, vertreten durch Staatssekretär Moericke, dem ZJA am 15. Oktober 1947 zu, vgl. *ebd.*, Bl. 17–20. Auffällig, aber nicht zufällig ist, dass der frühere Generalstaatsanwalt von Celle die Gelegenheit ergreift, das oben zitierte Plädoyer Hodenbergs gegen die weitere Unterscheidung von Parteigenossen und Nicht-Parteigenossen wortwörtlich wiederzugeben (vgl. *ebd.*, Bl. 17f.). Beide waren sich nicht nur in der Ablehnung der KRG-10-Rückwirkung (vgl. V.2.2), sondern auch bezüglich eines nachsichtigen Umgangs mit belasteten Juristen einig.

909 Vgl. BArch, Z 21, Nr. 1327, Bl. 22.
910 Auf einer Auflistung des ZJA über eingegangene Vorschläge für Ernennungen zum OGH-Richteramt sind die Namen Staff und Wimmer ebenfalls nicht vertreten, vgl. *ebd.*, Nr. 1328, Bl. 4.
911 Zu Wolff (1877–1959) vgl. *Maier-Reimer*, Georg: Ernst Wolff (1877–1959). Führender Anwalt und Oberster Richter, in: Helmut Heinrichs, Harald Franzki, Klaus Schmalz u. Michael Stolleis (Hrsg.): Deutsche Juristen jüdischer Herkunft, München 1993, S. 643–654; ferner *Kramer*, Helmut: Ernst Wolff – erfolg-

dischen Wurzeln diskriminierten Georg Kuhn, vor 1945 Anwalt und 1947 OLG-Rat in Oldenburg, und Landgerichtsdirektor Walter Erman (Münster). Einzig Erich Pritsch[912], Vortragender Rat im ZJA, wies bezüglich der Laufbahn im NS-Staat ein abweichendes Profil auf, hatte er doch seit 1935 als Ministerialrat im Reichsjustizministerium gearbeitet[913]. Am 15. Dezember 1947 wurde laut einem ZJA-Vermerk die Ernennung der am Monatsdritten vorgeschlagenen Richter von der Militärregierung genehmigt, obwohl manche – Staff, Wimmer, Erman und Kuhn – noch nicht entnazifiziert gewesen wären[914]. Nach einem Schreiben des ZJA vom 10. Januar 1948 wurden dieselben Richter von der Auflage entbunden, sich einem Entnazifizierungsverfahren zu unterziehen[915]. Die Auswahl der ersten sechs Richter am OGH folgte den Vorgaben der Legal Division und des ZJA insofern, als sie a) politisch unbelastet waren: fünf von sechs Richtern waren gar NS-Gegner bzw. -Verfolgte; b) relativ jung waren: vier von sechs waren noch nicht 50 Jahre alt; c) Anwälte waren: Wolff und Kuhn. Senatspräsident Staff übernahm den Vorsitz des Strafsenats, dem Wimmer sowie Kuhn zugeordnet wurden; dem Zivilsenat gehörten neben Vizepräsident Wolff als Vorsitzendem Erman und Pritsch als Beisitzer an[916].

Während die Richterschaft für einen Neuanfang stand, signalisierte Schneidewins Bestellung zum Generalstaatsanwalt die Absicht, an eine vermeintlich lautere Rechtsprechungstradition des Reichsgerichts anzuknüpfen. Von 1930 bis 1945 als Reichsanwalt in Leipzig tätig, war es ihm am OGH auch darum zu tun, das traditionell gute Verhältnis zwischen Staatsanwaltschaft und Richterschaft am höchsten Gericht in Köln zu etablieren.

---

reicher Anwalt und Oberster Richter, in: Justizministerium des Landes NRW (Hrsg.): Zwischen Recht und Unrecht. Lebensläufe deutscher Juristen, Düsseldorf 2004, S. 118–120 (= Kramer 2004: Wolff); *Lissner*, Cordula: Den Fluchtweg zurückgehen. Remigration nach Nordrhein und Westfalen 1945–1955, Essen 2006 (Düsseldorfer Schriften zur Neueren Landesgeschichte und zur Geschichte Nordrhein-Westfalens, Bd. 73), S. 360 u. 129; *Schubert*, S. XXf.; *Göppinger*, S. 367f.; *Bundesrechtsanwaltskammer* (Hrsg.): Anwalt ohne Recht. Schicksale jüdischer Anwälte in Deutschland nach 1933, Berlin-Brandenburg 2007, S. 54f.; *Krach*, S. 437; *Godau-Schüttke* 2006, S. 105f.; *Irmen/Pöpken*, S. 187; ZJBl. 2 (1948), Nr. 1, S. 7; *Wolff*, Ernst: Die Haftung des Ratgebers, Berlin 1899, Lebenslauf, o. S.

912 Zu Pritsch (1887–1961) vgl. *Irmen/Pöpken*, S. 183f.; weiterhin *Schubert*, S. XVIII; ZJBl. 2 (1948), Nr. 1, S. 7.
913 Vgl. *Personalverzeichnis des höheren Justizdienstes*, Berlin 1938, S. 194; ferner BArch, Z 21, Nr. 1328, Bl. 26f.
914 Vgl. *ebd.*, Nr. 1327, Bl. 24.
915 Vgl. *ebd.*, Z 38, Nr. 31, Bl. 1.
916 Vgl. *ebd.*, Z 21, Nr. 1328, Bl. 10.

Dabei brachte er in die dortige Arbeit seinen großen Sachverstand ein[917], gerade in Revisionsstrafsachen. Da er im ‚Dritten Reich' nicht als NS-Gegner aufgefallen war[918], ist bemerkenswert, mit welchem Nachdruck er die Ahndung von NS-Menschlichkeitsverbrechen vorantrieb (vgl. *VIII.1*). Die Ernennung von Rechtsanwälten am OGH betreffend vermerkte das ZJA am 15. Dezember 1947, die Sache sei erörtert und Übereinstimmung dahingehend erzielt worden, „dass im Zeitpunkt der Eröffnung 33iger Parteigenossen und solche Parteigenossen, die in Gruppe IV eingestuft worden sind, nicht zugelassen werden"[919]. Erfolge später eine Einstufung in Kategorie V, sei die Zulassung aber möglich. Am 17. Dezember setzte der Verbindungsoffizier der Briten beim ZJA dessen Präsidenten davon in Kenntnis, dass die Berufung von acht Rechtsanwälten genehmigt worden sei[920].

1.3 Späte Eröffnung und Präsidentenernennung

Ersten Plänen zufolge hätte der OGH seine Arbeit schon am 1. November 1947 aufnehmen sollen. Dieser Termin wurde auf den 1. Januar 1948 verschoben[921]. Die feierliche Eröffnung, an der Vertreter der Militärregierungen, die Ministerpräsidenten, Justizminister und Dekane der Rechtswissenschaftlichen Fakultäten teilnehmen sollten, wurde für den 5. Februar 1948 angesetzt. Die Legal Division bemühte sich, Militärgouverneur Robertson für den Festakt zu gewinnen, um der deutschen Seite den Stellenwert deutlich zu machen, welcher der Schaffung eines deutschen Obergerichts beigemessen wurde[922]. Das Gericht geriet nun aber „in die Stürme der politi-

---

917 Vgl. *Pauli* 1996, S. 100.
918 Über Schneidewins ‚Benachteiligung' im ‚Dritten Reich' informiert eine Pressemitteilung aus den ZJA-Beständen, vgl. BArch, Z 21, Nr. 469c, Bl. 76.
919 *Ebd.*, Nr. 1327, Bl. 25.
920 Vgl. *ebd.*, Bl. 27.
921 Vgl. *Rüping* 2000: Hüter, S. 93. Ein Faktor für die Verzögerung der Eröffnung mag die in der Sitzung des Zonenbeirats vom 9. bis 11. September 1947 beschlossene Bitte an die Kontrollkommission gewesen sein, jenen Schritt so lange aufzuschieben, bis er, der Zonenbeirat, Gelegenheit gehabt hätte, seine Stellungnahme zu dieser wichtigen Frage ordnungsgemäß abzugeben, vgl. BArch, Z 21, Nr. 469b, Bl. 456.
922 Vgl. *Raim*, S. 122f.; weiterhin *Rüping* 2000: Hüter, S. 93; BArch, Z 21, Nr. 469d, Bl. 9 (Schreiben des ZJA-Präsidenten an den Justizminister von Nordrhein-Westfalen vom 8. Dezember 1947), 13 (Schreiben der Ministry of Justice Control Branch, Legal Division, Herford, an das Hauptquartier in Berlin vom 4. Dezember 1947) u. 65–75 (Einladungsliste des ZJA vom 26. November 1947).

1 Vorgeschichte, Einrichtung und Zuständigkeit

schen Großwetterlage"[923], denn das Scheitern der Londoner Außenministerkonferenz vom Spätherbst 1947[924] veranlasste die Briten dazu, das OGH-Projekt aufgeben zu wollen. Im Manuskript für seine Ansprache anlässlich der tatsächlichen Eröffnung am 29. Mai 1948 fasst ZJA-Präsident Kiesselbach die Ereignisse aus seiner subjektiven Warte griffig zusammen:

> „Die Eröffnungsfeier wurde abgesagt und am 3. Januar wurde mir nahe gelegt, den Plan eines Obersten Gerichts zunächst einmal aufzugeben. Ich habe das im Interesse des Ansehens unserer Justiz und im Interesse unserer Rechtsprechung abgelehnt. Dann aber kam etwa 14 Tage später eine formelle Anweisung aus Berlin, die kurzerhand die Beseitigung dieses Gerichts anordnete. Wir haben uns einhellig geweigert, dieser Anweisung zu entsprechen, worauf es zu dem Kompromiss einer vorläufigen Suspendierung des Gerichts kam"[925].

So verfügte das ZJA mit der ‚Verordnung zur Änderung der Durchführungsverordnung über die Errichtung eines Obersten Gerichtshofes für die Britische Zone' vom 13. Januar 1948 die einstweilige Nichtaufnahme der gerichtlichen Dienstgeschäfte. Gemäß ihrem § 1 war § 41 der Durchführungsverordnung der Satz hinzuzufügen: „Die Vorschriften des Zweiten und Dritten Abschnitts dieser Verordnung treten jedoch erst mit dem Zeitpunkt in Kraft, den der Präsident des Zentral-Justizamts mit Zustimmung der Militärregierung bestimmt"[926]. Diese Neuigkeit übermittelte ZJA-Vizepräsident Koch Niedersachsens Justizminister und fügte hinzu, Richter Kuhn werde mit der „Verwaltung der bisher von ihm innegehabten Stelle" beauftragt, Staff und Schneidewin – „Ihr Einverständnis voraus-

---

923 *Rüping* 2000: Hüter, S. 93.
924 Zur Londoner Außenministerkonferenz (25. November bis 15. Dezember 1947), in deren Fokus die ‚deutsche Frage' stand, vgl. *Benz*, S. 304f.
925 BArch, Z 21, Nr. 469c, Bl. 455. Dazu *Rüping* 2000: Hüter, S. 93f. Die Durchstreichung der zitierten Stelle im Redemanuskript deutet darauf hin, dass sie im Vortrag unberücksichtigt blieb. Sollte dem so sein – aus der Zusammenfassung des Festakts sowie des Redebeitrags von Kiesselbach in *L.*: Oberster Gerichtshof für die Britische Zone, in: ZJBl. 2 (1948), Nr. 7, S. 149–151, hier: S. 149, geht das nicht klar hervor –, könnte der Grund darin liegen, dass jene Sätze die Haltung der Besatzungsmacht zum OGH in ein ungünstiges Licht rückten.
926 ‚Verordnung zur Änderung der Durchführungsverordnung über die Errichtung eines Obersten Gerichtshofes für die Britische Zone. Vom 13. Januar 1948', abgedruckt in: Verordnungsblatt für die Britische Zone 1948, Nr. 2, S. 10. Zur Suspendierung mancher Vorschriften der Durchführungsverordnung des ZJA äußert sich dessen Präsident am 14. Januar 1948 gegenüber den Länderjustizministern, vgl. BArch, Z 21, Nr. 469c, Bl. 85.

gesetzt" – an die Staatsanwaltschaften in Braunschweig bzw. Celle abgeordnet. Gehälter würden aus dem OGH-Etat bezahlt; „ich bitte aber zu veranlassen, dass der Betrag in Höhe der bisher von Ihnen gezahlten Dienstbezüge an die Oberjustizkasse in Köln für Konto des Obersten Gerichtshofes erstattet wird"[927]. Ähnlich lautende Mitteilungen mit dem Auftrag, die an das Revisionsgericht berufenen Justizjuristen in die früheren Stellen zu beordern, gingen auch an die anderen Länderjustizverwaltungen[928]. Allerdings wurden die Hindernisse, die der Gerichtseröffnung im Wege standen, Anfang 1948 doch beseitigt. Dazu trug auch bei, dass die aus Bayern vernehmbare Weigerung, einen OGH über dem eigenen Obergericht anzuerkennen, der Hoffnung auf eine baldige bizonale Lösung die Grundlage entzog[929]. Wenig später verordnete das ZJA zum 9. Februar die Inkraftsetzung der zuvor ausgesetzten Vorschriften der Durchführungsverordnung[930]. Präsident Kiesselbach widerrief die Abordnung der Richter und des Generalstaatsanwalts an ihre alten Dienststellen. Im Übrigen öffnete am gleichen Tag das für wirtschaftsrechtliche Fragen zuständige Deutsche Obergericht für die Bizone, dessen Sitz auch Köln war, seine Pforten[931]. Laut Rüping war die Gründung der „bemerkenswerte und erste Versuch in Deutschland, unter Beschränkung auf grundsätzliche Fragen, hier solche des Wirtschaftsrechts in der Bizone, eine für alle Zweige der Gerichtsbarkeit einheitliche Auslegung durch eine oberste Instanz zu erreichen"[932]. Nach der Schließung 1951 gingen die Befugnisse des DOG z. T. auf das Bundesverfassungsgericht (BVerfG) über[933].

Wegen der Zuständigkeit für Revisionen gegen Urteile, die nach dem 1. Januar 1948 ergangen waren, fiel kaum negativ ins Gewicht, dass der OGH seine Geschäfte erst im März aufnehmen konnte[934]. Indes verschob sich die Eröffnungsfeier abermals. Vom 16. März auf den 6. April verlegt, sollte jetzt nur noch ein „ein schlichter Dienstakt unter dem Motto ‚no pu-

---

927 NLA, WO, 57 Nds. Zg. 6–1991, Nr. 15, Bl. 34.
928 Vgl. *Rüping* 2000: Hüter, S. 93f.
929 Vgl. *Wenzlau*, S. 307; weiterhin *Pauli* 1996, S. 97.
930 Vgl. ‚Verordnung zur Ausführung der Durchführungsverordnung über die Errichtung eines Obersten Gerichtshofes für die Britische Zone. Vom 6. Februar 1948', abgedruckt in: Verordnungsblatt für die Britische Zone 1948, Nr. 6, S. 40.
931 Vgl. *Rüping* 2000: Hüter, S. 94.
932 *Ebd.*, S. 100.
933 Vgl. *ebd.*
934 Vgl. *ebd.*, S. 93.

blicity'"[935] stattfinden, in dessen Zentrum die Präsidenteneinführung stehen sollte. Als sich der für das Amt ausersehene Ruscheweyh jedoch kurzfristig für die DOG-Präsidentschaft entschied, trat eine weitere Verschiebung um fast zwei Monate ein. In der Zwischenzeit hatte der Strafsenat des OGH drei Schlüsselentscheidungen zu KRG 10 gefällt (vgl. *VIII.1*).

Unter welchen Bedingungen hier Recht gesprochen wurde, offenbaren zwei Schlaglichter auf die Wohnsituation am Gerichtsort. Zu Beginn der Tätigkeit am OGH pendelte Senatspräsident Staff von Wolfenbüttel nach Köln, wofür er ein Trennungsentschädigungsgeld erhielt[936]. Ein Umzug war vorerst unmöglich, da die zugewiesene Wohnung in der kriegszerstörten Stadt nicht bezugsfertig war[937]. Daher nahm er sich im Oktober 1948 vorübergehend ein „Zimmer in dem hiesigen Altmännerasyl, in dem auch ein Teil unserer anderen Kollegen untergebracht ist"[938]. Erst am 1. Dezember ging der Wohnortwechsel vonstatten[939]. Auch für Chefankläger Schneidewin war der Wechsel an das Revisionsgericht mit Beschwerlichkeiten verbunden, wie der Neu-Kölner am 19. April 1948 dem ZJA darlegte. Die zugeteilte Wohnung sei „von wahrhaft empörender Unfertigkeit und Ungemütlichkeit" und das private Mobiliar aus dem Zwischenlager in Berlin noch nicht eingetroffen. Auch hätte er „auf die Notwendigkeit einer Handbücherei hingewiesen. Obwohl ich immer wieder daran erinnert, auch entscheidende Zusagen erhalten hatte, begrüsste mich kein einziges Buch"[940].

Vizepräsident Wolff wuchs in die Spitzenfunktion des OGH-Präsidenten hinein, indem er sich bei der kommissarischen Wahrnehmung seiner Amtsgeschäfte bewährte. Durch die Absagen von Geiler und Ruscheweyh hinterließ seine Vertretung des wichtigen Postens aber auch den Eindruck einer „Verlegenheitslösung"[941]. Was Wolff nach Meinung von Legal Division und ZJA ungeeignet erscheinen ließ, war die im ZJA-Vermerk vom 19. August 1947 ausgedrückte Sorge, die Ernennung eines Emigranten zum Präsidenten könne Angriffe gegen seine Person provozieren, die auch das Amt, das Ansehen des Gerichts wie das Vertrauen der Bevölkerung in

---

935 *Ebd.*, S. 94.
936 Vgl. HLA, HHStAW, Abt. 505, Nr. 1439, Bl. 26.
937 Vgl. *ebd.*, Bl. 25.
938 *Ebd.*, Nr. 1443, Bd. 1, Bl. 64.
939 Vgl. *ebd.*, Nr. 1439, Bl. 31.
940 BArch, Pers 101, Nr. 33157, Bl. 35.
941 *Rüping* 2000: Hüter, S. 103.

1.3 Späte Eröffnung und Präsidentenernennung

die Justiz beschädigten[942]. Wenn der Chefsessel selbst nach der Eröffnung des OGH unbesetzt blieb, hatte das den Grund auch darin, dass die Hoffnung fortbestand, ihn doch noch in ein bizonales Gericht umzuwandeln. So wurde eine Fusion mit dem DOG unter Vorsitz von dessen Präsident Ruscheweyh erwogen[943]. Erst als sich dieses Projekt zerschlagen hatte und die zugehörigen haushaltstechnischen Fragen geklärt waren, erfolgte am 21. Februar 1949 Wolffs Ernennung zum OGH-Präsidenten[944].

Zur Eröffnung des Obersten Gerichtshofes für die Britische Zone am 29. Mai 1948 hatte die Militärregierung die ‚no publicity'-Devise aufgehoben[945]. Dennoch hielt sich der Rahmen der Veranstaltung in überschaubaren Grenzen. In seiner oben zitierten Rede blickt ZJA-Präsident Kiesselbach auf die Vorgeschichte des OGH zurück, definiert seine Aufgaben und ordnet ihn in die deutsche Rechtsprechungstradition ein. Zuerst erinnert er aber an den Ende 1946 diskutierten Plan für ein überzonales Obergericht. Als diese Initiative stockte, hätte man sich „im Einvernehmen mit der britischen Militär-Regierung entschlossen zur Vermeidung einer weiteren Verzögerung, ein fait accompli zu schaffen und dadurch die Macht der Tatsachen wirken zu lassen und zunächst die Einrichtung eines Obersten Gerichts für die britische Zone zu betreiben"[946]. Das Schiff bzw. Gericht, das in Seenot zu geraten drohte, hätte den sicheren Hafen erreicht, der aber nur eine Zwischenstation zu einem für ganz Deutschland zuständigen Revisionsgericht sei[947]. Der OGH solle „unser Recht mit neuem, freiem Geiste (...) erfüllen", damit er dem Volk als Orientierungspunkt dienen sowie „Altbewährtes (...) erhalten" könne. Aller Kritik zum Trotz müssten seine Richter „den Mut zur Unabhängigkeit" bewahren. Ihnen obliege es – zitiert er zwecks Traditionsbildung den ersten Reichsgerichtspräsidenten Eduard von Simson, einen Großvater Ernst Wolffs –, „der hohen Aufgabe nachzugehen auf allen Wegen, in unverdrossener Mühsal, in unbeugsamer Wachsamkeit gegen jede Zersplitterung, allezeit unbeirrt

---

942 Vgl. BArch, Z 21, Nr. 469a, Bl. 351. Dazu auch *Rüping* 2000: Hüter, S. 103; *Pauli* 1996, S. 98.
943 Vgl. *Rüping* 2000: Hüter, S. 94f. Hierzu BArch, Z 21, Nr. 469d, Bl. 133.
944 Vgl. *Rüping* 2000: Hüter, S. 95; ferner BArch, Z 21, Nr. 1328, Bl. 103; *ebd.*, Nr. 2215 (i. e. Personalakte Ernst Wolff im ZJA bzw. Bundesjustizministerium), Bl. 75; ZJBl. 3 (1949), Nr. 3, S. 49.
945 Vgl. *Rüping* 2000: Hüter, S. 94.
946 BArch, Z 21, Nr. 469c, Bl. 451 u. 453 (Das Manuskript umfasst die Blätter 447 bis 465, wobei die Foliierung nur ungerade Ziffern aufweist).
947 Vgl. *ebd.*, Bl. 451 u. 457; sowie *L.*, S. 149.

1 Vorgeschichte, Einrichtung und Zuständigkeit

durch die wechselnden Strömungen des Augenblicks und der Tage"[948]. Der mit den Präsidialgeschäften kommissarisch betraute Vizepräsident Wolff ergänzt in seinem Vortrag, das Gericht sei der Aufgabe verpflichtet, „Hüter des Rechts und der Rechtseinheit zu sein"[949]. Er greift Kiesselbachs Verweis auf Simson auf, indem er – „wenig überzeugend"[950], aber um Ausgleich deutlich bemüht – zu wissen bekennt: „[D]er Umstand, daß ich sein Enkel bin, hat dazu beigetragen, Bedenken zu überwinden, die sich aus meinem langjährigen Aufenthalt im Ausland hätten ergeben können"[951]. Die Hoffnung auf eine über die räumlichen Grenzen der Zuständigkeit hinausreichende Wirkung bekundet Chefankläger Schneidewin in seiner Rede. Seine Behörde werde ihr Scherflein zum OGH-Erfolg beitragen. So werde im Strafrecht „der Gerichtshof keine Entscheidung treffen, die nicht die Staatsanwaltschaft durch geschriebenes oder gesprochenes Wort vorbereitet hätte". Diese Aufgabe werde durch Anknüpfung an die mehr als 60-jährige höchstgerichtliche Tradition erleichtert.

„Dieses Sichhalten an das Bewährte der Überlieferung aber muss gepaart sein mit dem Trachten, es nutzbar zu machen für das Neue, das in einer aus unerhörter Umwälzung hervorgegangenen Zeit gebieterisch an uns herantritt. Gerade die Strafrechtspflege sieht sich, wie wir schon in den wenigen Wochen der Tätigkeit des Gerichtshofes erfahren haben, vor Aufgaben der Rechtsbetrachtung und Gesetzesanwendung gestellt, die ohne alles Vorbild sind. Hier wird, wie sich bereits gezeigt hat, vorerst der Schwerpunkt der Arbeit des neuen Gerichtshofes und seiner Staatsanwaltschaft liegen"[952].

Damit hebt der Generalstaatsanwalt unverkennbar auf die dringende Klärung der im Kontext der Aburteilung von NS-Menschlichkeitsverbrechen auftretenden juristischen Fragen ab. Die Auseinandersetzung mit KRG 10 würde vorerst breiten Raum in der Revisionsrechtsprechung einnehmen. Das bestätigt die strafrechtliche Tätigkeit des OGH im Mai 1948 (vgl. *VIII.1*), die der Redner rekapituliert. Die Haltung der Anklage charakterisiere sachliche Kontinuität; im Streben, sich der Vorgängerin am Reichsgericht würdig zu erweisen, werde sie beseelt sein „von heissem Bemühen

---

948 Zit. n. *ebd.*; Fundort der Zitate im Manuskript ist BArch, Z 21, Nr. 469c, Bl. 461 u. 463.
949 Zit. n. *Rüping* 2000: Hüter, S. 95; weiterhin BArch, Z 38, Nr. 32, Bl. 30.
950 *Rüping* 2000: Hüter, S. 103.
951 Zit. n. *L.*, S. 149.
952 BArch, Z 38, Nr. 32, Bl. 32; zudem *L.*, S. 150.

um Einheitlichkeit und Gleichmässigkeit der Rechtsprechung und wird dabei ganz erfüllt sein von dem Drange nach dem, was wir Menschen Gerechtigkeit nennen"[953]. In einer späteren Wortmeldung stellte der ZJA-Präsident „in einer jeden Zweifel ausschließenden Weise klar (...), daß es sich hier nicht um einen partikularistischen Vorstoß unserer Zone oder der Länder in ihr handelt, sondern um einen ersten Schritt zur Anbahnung einer einheitlichen Rechtsprechung und damit eines einheitlichen Gerichts für Deutschland, oder zum mindesten für das, was ein hartes Schicksal uns von ihm belassen wird"[954].

1.4 Ernennung weiterer Richter und Staatsanwälte

Zur Bewältigung der Arbeitslast bedurfte der OGH unbedingt einer personellen Aufstockung. Mit Hans Berger[955] und Helmuth Delbrück wurden zum 1. Mai 1948 ein siebter sowie achter Richter gewonnen. Laut ZJA-Präsident waren sie dem Zivilsenat zuzuweisen, allerdings sollte ihre Arbeitskraft kurzfristig auch dem Strafsenat zugutekommen – zudem sei vorläufig weiter davon abzusehen, die Senate mit fünf Mitgliedern tagen zu lassen[956]. In der Antwort vom 19. April teilte OGH-Vizepräsident Wolff Kiesselbach mit, Delbrück sollte im Zivil- und Berger im Strafsenat wirken. Es seien „bereits zwei Sitzungen des Strafsenats anberaumt, im ganzen drei Sachen. (...) In allen Sachen handelt es sich um grundsätzliche Fragen, die sehr sorgfältig geprüft werden müssen"[957]. Dies waren auch die ersten drei KRG-10-Verfahren, die der OGH bearbeitete. Gleichwohl gehörte Berger, der 1939 bis 1945 Referent für Binnenschifffahrt und Spedition beim Reichskommissar für Preisbildung und nach dem Krieg OLG-Rat in Köln und Ministerialrat im Justizministerium Nordrhein-Westfalens gewesen war[958], in den fraglichen Sitzungen dem Strafsenat nicht an, da eine andere Übergangslösung gefunden worden war (vgl. *VIII.1*).

---

953 BArch, Z 38, Nr. 32, Bl. 33.
954 Zit. n. *L.*, S. 151; hierzu auch *Storz*, S. 3.
955 Zu Berger (1909–1985) vgl. *Wiegeshoff*, Andrea: Wir müssen alle etwas umlernen. Zur Internationalisierung des Auswärtigen Dienstes der Bundesrepublik Deutschland (1945/51–1969), Göttingen 2013, S. 422f.; ferner *Schubert*, S. XVf.; *Irmen/Pöpken*, S. 180f.; ZJBl. 2 (1948), Nr. 6, S. 137.
956 Vgl. BArch, Z 21, Nr. 1327, Bl. 32.
957 *Ebd.*, Bl. 33
958 Vgl. *Irmen/Pöpken*, S. 180f.

1 Vorgeschichte, Einrichtung und Zuständigkeit

Das Loch in der Personaldecke wurde erst geflickt, als mit Heinrich Jagusch[959] (vgl. 2.5) und Friedrich-Wilhelm Geier[960] (vgl. 2.4) zum 1. Juli 1948 zwei Juristen an den OGH berufen und in Staffs Strafsenat tätig wurden, die nach 1945 rasch durch Arbeitseifer und Leistung auf sich aufmerksam gemacht hatten und durch ihre Vergangenheit im ‚Dritten Reich' scheinbar nicht kompromittiert waren. Gemeinsam mit Staff und Wimmer prägten sie die Rechtsprechung des Strafsenats zu KRG 10. Zwar handelte es sich bei beiden Neulingen um anerkannte juristische Talente. Politisch unbelastet, wie von den Briten gefordert, waren sie aber nicht. Jagusch war 1934 bis 1940 als Rechtsberater für die Deutsche Arbeitsfront (DAF) tätig gewesen. Das NS-Regime hatte ihm Studium und Promotion ermöglicht, was er ihm am 1. Mai 1937 mit dem Eintritt in die NSDAP dankte. Diese Mitgliedschaft verschwieg er später[961]. Der nationalkonservative Geier hatte dem ‚Dritten Reich' als Amtsgerichtsrat und Hilfsrichter an einem OLG-Strafsenat treu gedient. Dass er sich seit 1934 in der Wehrmacht zum Offizier der Reserve ausbilden ließ, im Jahr 1938 ein führender Lokalfunktionär des ‚Volksbundes für das Deutschtum im Ausland' war und 1942 zum OLG-Rat in Kattowitz ernannt wurde, zeugt von einer dem NS-Regime eher positiv begegnenden Grundhaltung[962]. Nach 1945 ließen Jagusch und Geier solche Aspekte ihrer Biographien nicht durchblicken; zugleich passten sie sich den neuen politischen Verhältnissen an. Entsprechend harmonisch verlief die Zusammenarbeit mit dem Vorgesetzten Staff. Die sich unter dessen Vorsitz bildende Linie des Senats zu KRG 10 stellten die beiden jüngeren, später ernannten Richter nicht in Frage, son-

---

959 Zu Jagusch (1908–1987) vgl. *Faller*, Hans: Heinrich Jagusch, in: Juristen im Portrait. Verlag und Autoren in 4 Jahrzehnten. Festschrift zum 225jährigen Jubiläum des Verlages C. H. Beck, München 1988, S. 431–437; ferner *ders.*: Heinrich Jagusch†, in: Neue Juristische Wochenschrift 40 (1987), H. 51, S. 3242; *Heinrich Jagusch*, in: Munzinger-Online. Internationales Biographisches Archiv 45/1987 vom 26. Oktober 1987; *Schubert*, S. XVII (stützt sich maßgeblich auf die vorgenannten Texte von Faller); *Irmen/Pöpken*, S. 182f.

960 Zu Geier (1903–1965) vgl. *Friedrich-Wilhelm Geier †*, in: Deutsche Richterzeitung 43 (1965), S. 171; wie *Schindler*, Karl: So war ihr Leben. Bedeutende Grafschafter aus vier Jahrhunderten, Leimen/Heidelberg 1975, S. 185–188; *Irmen/Pöpken*, S. 181f.

961 Vgl. *Rottleuthner*, Hubert: Karrieren und Kontinuitäten deutscher Justizjuristen vor und nach 1945. Mit allen Grund- und Karrieredaten auf beiliegender CD-ROM, Berlin 2010 (Schriftenreihe Justizforschung und Rechtssoziologie, Bd. 9), S. 104.

962 Vgl. BArch, ZB II 1706 A. 1 (i. e. Personalakte Friedrich-Wilhelm Geier im Reichsjustizministerium).

1.4 Ernennung weiterer Richter und Staatsanwälte

dern trugen sie mit. Dafür sprechen die überaus positiven Beurteilungen, in denen der Senatspräsident Ende 1949 ihre Leistungen würdigte[963]. Dass er von der Belastung der Kollegen nichts wusste und hierzu auch nicht nachhakte, vielmehr das Hier und Jetzt im Auge hatte, belegt Staffs auf alle Richter am Senat gemünzte Bilanz gegenüber OGH-Präsident Wolff: „Ohne auch nur im entferntesten über ihre politische Stellung unterrichtet zu sein, darf ich sagen, dass sämtliche Herren im demokratischen Geiste unserer Verfassung, nicht nur verstandes-, sondern auch herzensmäßig wurzeln"[964]. Wenn Rüping dem Senat in der Besetzung Staff, Wimmer, Jagusch und Geier „ein bemerkenswertes Profil"[965] bescheinigt, so ist dem zuzustimmen, soweit es die juristische Qualifikation betrifft. Übertrüge man das Urteil aber auf die Haltung zum NS-Regime, müsste zumindest hinter zwei Namen ein Fragezeichen gesetzt werden. Damit ist nicht gesagt, dass recht junge, politisch belastete Juristen angesichts einer neuen demokratischen Staatsordnung nicht lern- und anpassungsfähig waren – Jagusch und Geier bewiesen das Gegenteil.

Während den erwähnten für die KRG-10-Rechtspraxis des OGH prägenden Strafrichtern, ihren Lebenswegen, Prägungen und Erfahrungen in der Zeit der NS-Herrschaft im Folgenden anhand biographischer Skizzen nachgespürt wird, sei hier noch auf drei weitere oft an OGH-Entscheidungen zu NS-Menschlichkeitsverbrechen beteiligte Richter hingewiesen. So kamen Joseph Engels und Wolfhart Werner[966] im Frühjahr 1949 als Hilfsrichter nach Köln. Letzterer – 1930 bis 1945 Anwalt in Breslau, im Juli 1946 Landgerichtsrat in Oldenburg und ab Herbst 1947 Landgerichtsdirektor am Spruchgericht Bielefeld – wurde am 1. Juli 1949 in eine OGH-Planstelle berufen[967]. Kollege Engels war 1930 bis 1939 beim Deutsch-Britischen Gemischten Schiedsgerichtshof tätig, dann bis 1945 Landgerichtsrat in Berlin und seit 1946 Düsseldorfer Landgerichtsdirektor gewesen[968]. Bei der Gesamtzahl von 583 KRG-10-Entscheidungen, die 1948 bis 1950 vom OGH verhandelt wurden, war Engels in 144 und Werner in 211 Fäl-

---

963 Vgl. *ebd.*, Z 38, Nr. 15, ohne Foliierung – Bericht von Senatspräsident Staff an OGH-Präsident Wolff vom 15. Dezember 1949, S. 1f.
964 *Ebd.*, S. 3.
965 *Rüping* 2000: Reichsgericht, S. 356. Zur Richterauswahl für den OGH-Strafsenat auch *Broszat* 1981, S. 533f.
966 Zu Engels (1901–1982) vgl. *Irmen/Pöpken*, S. 188. Zu Werner (1903–1961) vgl. *ebd.*, S. 185.
967 Vgl. *ebd.*
968 Vgl. *ebd.*, S. 188.

1 Vorgeschichte, Einrichtung und Zuständigkeit

len beteiligt[969]. Wie Jagusch und Geier wurden beide nach 1950 Richter am BGH[970]. Schließlich sei noch Alfred Groß[971] genannt, Vorsitzender Richter am Zweiten Strafsenat des OGH, der seine Arbeit am 1. Januar 1950 aufnahm (nähere Angaben zu seiner Person in *Abschnitt 3*).

Auch die Anklagebehörde benötigte Verstärkung. Generalstaatsanwalt Schneidewin wurde so der erst kürzlich in Arnsberg zum Oberstaatsanwalt beförderte Hubert Schrübbers zur Seite gestellt. Dieser arbeitete nach dem 12. Juli 1948 am OGH[972] und wurde dort am 1. Oktober zum Oberstaatsanwalt befördert[973]. Gemäß der am ICWC geleisteten Auswertung der OGH-Strafverfahrensakten vertrat Schrübbers die Anklage in mindestens 154 KRG-10-Sachen[974]. Unter den am Kölner Gerichtshof tätigen Justizjuristen war er derjenige, der wegen seiner Tätigkeit unter der NS-Herrschaft am stärksten belastet war. So musste er 1972 als Präsident des Bundesamts für Verfassungsschutz zurücktreten, nachdem bekannt geworden war, dass er in den ersten Jahren des Krieges vor dem OLG Hamm als Ankläger in Hochverratsverfahren unverhältnismäßig hohe Zuchthausstrafen gefordert hatte[975]. Als dritter Staatsanwalt für den OGH wurde Albert Lange rekrutiert[976]. Der Oberstaatsanwalt am OLG Hamm wurde im Juli 1949 Hilfsarbeiter im höheren Dienst[977], versah wegen vormaliger NSDAP-Mitgliedschaft jedoch (zuerst) keinen Sitzungsdienst in politischen Strafsachen[978].

Rüping konstatiert, dass die Spruchtätigkeit des OGH ohne Berücksichtigung seines Personals „nicht verständlich"[979] sei. Dies illustriert er an-

---

969 Vgl. *Form* 2012, S. 54.
970 Vgl. *Krüger-Nieland*, Gerda (Hrsg.): 25 Jahre Bundesgerichtshof am 1. Oktober 1975. Unter Mitwirkung von Mitgliedern des Bundesgerichtshofes, Beamten der Bundesanwaltschaft u. Rechtsanwälten des Bundesgerichtshofs, München 1975, S. 356 u. 359.
971 Zu Groß (1885–1976) vgl. *Godau-Schüttke* 2006, S. 191f.; ferner *Irmen/Pöpken*, S. 182.
972 Vgl. BArch, Z 38, Nr. 31, Bl. 15 (Vermerk des Generalstaatsanwalts vom 20. Juli 1948); zudem *ebd.*, Z 21, Nr. 1328, Bl. 79.
973 Vgl. *ebd.*, Bl. 80; ferner ZJBl. 2 (1948), Nr. 11, S. 249.
974 Eine entsprechende Übersicht wurde dem Vf. von Dr. Wolfgang Form (ICWC) freundlicherweise zur Verfügung gestellt. Im Folgenden wird hierauf unter dem Titel ‚Abfrage 10' rekurriert.
975 Vgl. *Goschler*, Constantin/*Wala*, Michael: „Keine neue Gestapo". Das Bundesamt für Verfassungsschutz und die NS-Vergangenheit, Reinbek bei Hamburg 2015, S. 338–343.
976 Zu Lange, Jahrgang 1907, vgl. *Irmen/Pöpken*, S. 191.
977 Vgl. BArch, Z 21, Nr. 1328, Bl. 151.
978 Vgl. *ebd.*, Bl. 135 u. 118.
979 *Rüping* 2000: Hüter, S. 102.

1.4 Ernennung weiterer Richter und Staatsanwälte

hand von Kurzbiographien des Präsidenten, der ‚Stammbesetzung' des Strafsenats und des Generalstaatsanwalts. Für alle gelte, dass sie weder der NSDAP noch einer der Gliederungen angehört hätten und politisch unbelastet seien – was Jagusch betreffend aber nicht zutrifft (vgl. *2.5*). Trotzdem hat der Rechtswissenschaftler Recht: Aus der Masse der deutschen Justizjuristen stachen die OGH-Richter dadurch heraus, dass die Verantwortlichen bei ihrer Rekrutierung besondere Sorgfalt walten ließen. Als Kontrastfolie eignen sich die im Kontext der Entnazifizierung erwähnten Zahlen (vgl. *III.2*): Im OLG-Bezirk Celle waren 87 Prozent der Richter und Staatsanwälte der Nazipartei beigetreten, im Sprengel Hamm 93 Prozent[980].

Davon abgesehen bestätigt eine gescheiterte Berufung das Bild des OGH als eines Gerichts, das neue Wege beschritt. So lehnte Hermann Weinkauff[981], früher Reichsgerichtsrat und nun Landgerichtspräsident in Bamberg, eine Ernennung zum OGH-Richter ab, da er – wie er am 9. Mai 1949 Kiesselbach und Wolff schrieb – Bayern aus familiären Gründen nicht den Rücken kehren wollte[982]. Kurz darauf wurde er zum OLG-Präsidenten ernannt, und 1950 nahm er das Angebot wahr, als Präsident an den BGH nach Karlsruhe zu wechseln. Rüping stellt fest, „die personelle Kontinuität vom Reichsgericht zum BGH überspringt hier die Zwischenstufe des OGH und steht für damit verbundene andere Traditionen innerhalb der Justiz"[983]. Denn neben Skepsis betreffend die Karrierechancen bildete vermutlich die Abneigung gegen ein Gericht, das demokratisch-fortschrittliche Züge trug, ein Motiv für Weinkauffs Absage. Indirekt bestätigt dies Homanns Urteil, der OGH hätte einer „Kontinuitätssehnsucht"[984] entsagt.

---

980 Vgl. *ebd.*
981 Zu Weinkauff (1894–1981) vgl. *Herbe*, Daniel: Hermann Weinkauff (1894–1981). Der erste Präsident des Bundesgerichtshofs, Tübingen 2008 (Beiträge zur Rechtsgeschichte des 20. Jahrhunderts, Bd. 55); *Klee* 2005, S. 663.
982 Vgl. BArch, Z 38, Nr. 20, Bl. 21.
983 *Rüping* 2000: Hüter, S. 106; außerdem *Form* 2012, S. 45f.
984 *Homann*, S. 210.

2 Präsident, Richter am Strafsenat und Generalstaatsanwalt – biographische Skizzen

2.1 Gerichtspräsident Ernst Wolff – der jüdische Remigrant

a) Anwalt, NS-Verfolgter und britischer Rechtsberater (1877 bis 1945)

Ernst Wolff wurde am 20. November 1877 in Berlin in eine assimiliert-jüdische bürgerliche Familie geboren und später evangelisch getauft. Beruflich trat er in die Fußstapfen der Vorfahren mütterlicherseits[985]. Während sein Onkel August von Simson (1837–1927) Sozius einer Anwaltskanzlei war, hatte der Großvater, Eduard von Simson[986], als erster Präsident des 1879 eröffneten Reichsgerichts gewirkt. So nahm Wolff ein Studium der Rechtswissenschaft in Lausanne auf, schloss es nach einem Wechsel nach Berlin 1898 ab und promovierte mit der Arbeit ‚Die Haftung des Ratgebers'[987]. Ab 1900 leistete er einen zwölfmonatigen freiwilligen Militärdienst im Feldartillerie-Regiment Nr. 18[988]. Nachdem er das Zweite Staatsexamen mit dem Prädikat ‚gut' bestanden hatte, erhielt der Jurist 1904 beim Landgericht Berlin I die Zulassung zur Rechtsanwaltschaft. Im Anschluss war er in der Kanzlei August von Simsons tätig, die zu den führenden deutschen Anwaltsbüros gehörte[989]. 1907 verheiratete sich Wolff mit einer Katholikin[990]. Mit Beginn des Weltkriegs wurde er zum Militär eingezogen. Er erlitt eine schwere Verwundung und geriet als Lazarettpatient in französische Gefangenschaft. Auf Veranlassung des Auswärtigen Amts

---

985 Vgl. *Maier-Reimer*, S. 643f.; sowie *Godau-Schüttke* 2006, S. 105.
986 Zu Simson (1810–1899) vgl. *Wadle*, Elmar: Eduard von Simson – Erster Präsident des Reichsgerichts, in: Bernd-Rüdiger Kern u. Adrian Schmidt-Recla (Hrsg.): 125 Jahre Reichsgericht, Berlin 2006 (Schriften zur Rechtsgeschichte, H. 126), S. 77–85; des Weiteren *Pfeiffer*, Gerd: Eduard von Simson (1810–1899). Präsident der Deutschen Nationalversammlung von 1848/49, des Deutschen Reichstages nach 1871 und des Reichsgerichts, in: Heinrichs/Franzki/Schmalz/Stolleis (Hrsg.), S. 101–115; *Wolff*, Ernst: Eduard von Simson, Berlin 1929.
987 Vgl. *ders.* 1899. Hierzu auch *Maier-Reimer*, S. 643.
988 Vgl. BArch, Z 21, Nr. 2215, ohne Foliierung – Personalbogen, S. 2; weiterhin *Maier-Reimer*, S. 643.
989 Vgl. *ebd.*, S. 643f.
990 Vgl. BArch, Z 21, Nr. 2215, ohne Foliierung – Personalbogen, S. 1.

wurde er ausgetauscht und in der Schweiz interniert, wo er in der deutschen Gesandtschaft beschäftigt wurde[991]. Als der Kriegsdienst am 9. November 1918 endete, bekleidete Wolff den Rang eines Hauptmanns der Reserve. Nachträglich erfolgte eine Höherstufung in den Rang eines Majors d. R. Für den Einsatz wurde er mit dem Eisernen Kreuz 1. und 2. Klasse, dem Kriegsverdienstkreuz und Verwundeten-Abzeichen dekoriert. Im Jahr 1919 erhielt der Rechtsanwalt die Zulassung als Notar für den Kammergerichtsbezirk[992]. Mit dem Anwalt Fritz von Werner gewann die Sozietät später ein neues Mitglied, mit dem er über die Emigration hinaus in Kontakt bleiben und dem er 1949 am OGH wieder begegnen sollte[993]. Er selbst stieg zu einem der führenden wirtschaftsberatenden Anwälte im Deutschen Reich auf. Seine Expertise schlug sich in dem Buch ‚Privatrechtliche Beziehungen zwischen früheren Feinden nach dem Friedensvertrag' (1921) nieder. Sie empfahl Wolff zudem für die Vertretung von Unternehmen sowie des preußischen und deutschen Staates vor gemischten Schiedsgerichten, wo etwa strittige deutsch-französische und deutsch-belgische Rechtsfragen verhandelt wurden. So gewann er internationale Anerkennung, die auch in der Mitgliedschaft im Conseil der Union Internationale des Avocats und im Exekutivkomitee der International Law Association zum Ausdruck kam[994]. Weiteren Kreisen bekannt wurde er vor dem Hintergrund der Ruhrbesetzung 1923, als er die Krupp-Direktoren vor einem französischen Militärgericht verteidigte[995]. Zudem erwarb er sich durch seinen Einsatz für die Interessen der Anwaltschaft standespolitisches Renommee. Das spiegelt sich in den Ämtern, in die er gewählt wurde: Seit 1925 war er stellvertretender Vorsitzender, seit 1929 Vorsitzender der Rechtsanwaltskammer von Berlin, und im gleichen Jahr übernahm er den Vorsitz der Vereinigung der Vorstände der deutschen Anwaltskammern[996]. Für die Berufskollegen setzte er sich ein, wo deren Existenz, etwa durch Einführung einer Gewerbesteuer, oder Rechte, etwa durch politisch motivierte Eingriffe, nicht zuletzt zulasten von Strafverteidigern, bedroht wa-

---

991 Vgl. *Maier-Reimer*, S. 644f.; weiterhin *Kramer* 2004: Wolff, S. 118.
992 Vgl. BArch, Z 21, Nr. 2215, ohne Foliierung – Personalbogen, S. 3; ferner *Maier-Reimer*, S. 644f.; *Godau*-Schüttke 2006, S. 105.
993 Vgl. *ders.* 2001, Abs. 73. Zu Werner (1892–1979) vgl. *ebd.*, Abs. 73–80; wie *Irmen/Pöpken*, S. 185; *Schubert*, S. XIX.
994 Vgl. *Maier-Reimer*, S. 648; sein Ansehen mehrte auch die Mitherausgeberschaft der kommentierten Ausgabe der ‚Entscheidungen der gemischten Schiedsgerichtshöfe', vgl. *ebd.*, S. 645; sowie ZJBl. 2 (1948), Nr. 1, S. 7.
995 Vgl. *Maier-Reimer*, S. 645f.
996 Vgl. *ebd.*, S. 646; ferner *Kramer* 2004: Wolff, S. 118; *Godau-Schüttke* 2006, S. 105.

ren[997]. Daneben fand Wolff die Muße, den Großvater Eduard von Simson mit einer Biographie zu ehren[998].

Am 10. Februar 1930 besuchte ihn Carl Schmitt, damals Professor an der Handelshochschule Berlin, in seinem Büro am Pariser Platz und notierte in sein Tagebuch: „Unter den Linden, bei dem Rechtsanwalt Ernst Wolff, dem Enkel von Simson, sehr sympathisch, ernster Mann, der mir gut gefiel"[999]. Das Ansehen der Kanzlei wird rückblickend auch an den Persönlichkeiten erkennbar, die hier als Rechtsreferendare einen Teil ihrer Ausbildung absolvierten. Darunter waren Juristen, die zur Zeit der Kanzlerschaft Adenauers zu den prägenden Politikern gehören sollten: Walter Hallstein[1000], Walter Strauß[1001] (beide CDU) und Hans-Joachim von Merkatz[1002] (DP; 1960 CDU)[1003]. Die Sozietät war ein Familienunternehmen. Neben einem Cousin zählten zwei Brüder Wolffs, u. a. der spätere Richter am BVerfG Bernhard[1004], zu den Teilhabern[1005].

Ernst Wolff gehörte der linksliberalen Deutschen Demokratischen Partei[1006] an, was Ausweis für eine demokratische Einstellung ist, die unter Juristen wenig verbreitet war. Politisch trat er aber erst hervor, als die Bedrohung der Weimarer Demokratie durch die NS-Bewegung manifest wurde. So wies er Anwürfe eines NSDAP-Landtagsabgeordneten gegen die deutsche Anwaltschaft wegen der mehrfachen ehrengerichtlichen Verurteilung des NS-Juristen Rudolf Freisler 1932 mit Entrüstung zurück. Nach Hitlers

---

997 Vgl. *Maier-Reimer*, S. 646–648.
998 Vgl. *Wolff* 1929; siehe auch *Maier-Reimer*, S. 643.
999 *Schmitt*, Carl: Tagebücher 1930–1934, hrsg. v. Wolfgang Schuller in Zusammenarbeit mit Gerd Giesler, Berlin 2010, S. 17.
1000 Zu Hallstein (1901–1982) vgl. *Klee* 2005, S. 221; weiter *Conze/Frei/Hayes/Zimmermann*, S. 457f.
1001 Zu Strauß (1900–1976) vgl. *Mohr*, Antje: Walter Strauß (1900–1976), in: Heidenreich/Mühlhausen (Hrsg.), S. 161–186; wie *Göppinger*, S. 362f. Zum Verhältnis zwischen Strauß und Wolff vgl. *Godau-Schüttke* 2006, S. 106.
1002 Zu Merkatz (1905–1982) vgl. *Klee* 2005, S. 404.
1003 Vgl. *Maier-Reimer*, S. 652.
1004 Zu Bernhard Wolff (1886–1966) vgl. *Göppinger*, S. 367; weiterhin *Lissner* 2006, S. 361 u. 128.
1005 Vgl. *Lang*, Hans-Joachim: Eschenburg, das Dritte Reich und die Juden, in: Schwäbisches Tagblatt, 69. Jg., Nr. 16 (19. Januar 2013), S. 30f., hier: S. 31. Bernhard Wolff stieg wohl erst 1932 ein; vorher war er nämlich als Steuerbüroleiter der Darmstädter Bank bzw. der Nationalbank tätig gewesen (vgl. *Göppinger*, S. 367). Dass er zumindest zeitweise Sozius der Kanzlei war, konstatiert *Godau-Schüttke* 2001, Abs. 73.
1006 Vgl. BArch, Z 21, Nr. 2215, ohne Foliierung – Personalbogen, S. 5. Laut *Kramer* 2004: Wolff, S. 118, war Wolff der DDP 1926 beigetreten.

Ernennung zum Reichskanzler und dem Erlass der Reichstagsbrandverordnung vom 28. Februar 1933 trat der Anwalt aus Berlin mutig für die Freilassung von aus politischen Gründen verhafteten Kollegen ein, u. a. Hans Litten[1007]. Als Vorsitzender der Berliner Anwaltskammer pochte Wolff in einem Schreiben vom 3. März 1933 darauf, dass einem Anwalt, der ein Verteidigungsmandat für einen Kommunisten übernehme, nicht der Vorwurf gemacht werden dürfe, selbst Kommunist zu sein oder Sympathien für die KPD zu hegen. Damit erreichte er zumindest einen Teilerfolg, denn die bei den Verhaftungen von Anwälten beschlagnahmten Akten wurden wieder freigegeben[1008].

Aber auch für Wolff war die NS-Machtübernahme eine Zäsur. Denn aus Sicht der neuen Machthaber war er ‚Volljude' und sollte aus der ‚Volksgemeinschaft' ausgeschlossen werden. Trotz seiner Bestätigung im Amt des Kammervorstandsvorsitzenden vom Januar 1933 wurde er binnen Jahresfrist aus den standespolitischen Ämtern verdrängt. Angesichts der politischen Umwälzung fand de facto ein Revirement des Kammervorstands statt, der am 22. März seine Ämter niederlegte und zu dessen Neuwahl im April Anwälte mit jüdischen Wurzeln nicht mehr zugelassen waren[1009]. Anders reagierte die Ständige Deputation des Deutschen Juristentages, von deren 24 Mitgliedern sieben als Juden galten, auf den politischen Druck. Wolff als ihr stellvertretender Vorsitzender verlegte die auf den 11. Juni angesetzte nächste Sitzung auf den 29. April vor. Es ist als Zeichen der Solidarität mit den bedrängten Kollegen zu bewerten, dass sich das Gremium (bei einer Gegenstimme) entschied, weder geschlossen zurückzutreten, noch Mitgliedern die politisch oder konfessionell begründete Amtsniederlegung nahezulegen. Indem sie auf dem Posten blieb, schützte sich die Ständige Deputation vor Kompromittierung; freilich war hiermit auch das Ende der Vereinsarbeit im ‚Dritten Reich' verbunden[1010].

Profitierte Wolff zunächst noch von seinem Status als ‚Frontkämpfer', so dass er seinen Beruf im Gegensatz zu anderen jüdischen Kollegen weiter

---

1007 Vgl. *Maier-Reimer*, S. 648; wie *Kramer* 2004: Wolff, S. 118. Zu Litten (1903–1938), der als Strafverteidiger in vielen Verfahren Kommunisten vertreten, den Hass der Nazis auf sich gezogen hatte und 1938 im KZ Dachau Selbstmord beging, vgl. *Fieberg*, Gerhard: Hans Litten – „proletarischer Anwalt", in: Justizministerium des Landes NRW (Hrsg.) 2004, S. 37–40; auch *Göppinger*, S. 234f.
1008 Vgl. *Maier-Reimer*, S. 648.
1009 Vgl. *ebd.*, S. 649; wie auch *Kramer* 2004: Wolff, S. 118.
1010 Vgl. *Göppinger*, S. 131f. Unter den Ständigen Deputierten waren auch Wilhelm Kiesselbach und Karl Geiler, denen Wolff nach 1945 als ZJA-Präsident bzw. Konkurrent um die OGH-Präsidentschaft wiederbegegnete.

ausüben konnte[1011], so verschärfte sich die berufliche und persönliche Lage seit Mitte der dreißiger Jahre. Ab 1935 konnte er nicht mehr als Notar arbeiten – im Oktober bis auf weiteres beurlaubt, folgte Ende Januar 1936 endgültig der Entzug der Zulassung[1012]. Einer Gefahr für Leib und Leben begegnete der Berliner Anwalt im Kontext der Reichspogromnacht. In einem nach Kriegsende verfassten Lebenslauf schreibt er hierzu: „Bei den Verfolgungen nach der Ermordung des Gesandtschaftsrats von Rath und den sich anschließenden antisemitischen Verfolgungen in Berlin war ich gewarnt worden und hielt mich einige Tage verborgen". Weiter: „In dieser Zeit kamen zwei Polizeibeamte nach meinem Hause in Zehlendorf, Dessauer Weg 9 (...), um mich zu verhaften, was infolge meiner Abwesenheit misslang"[1013]. Untergetaucht war Wolff bei angeheirateten Verwandten; Hedwig Maier, Schwägerin seines Bruders Bernhard, und ihr Mann Georg, NS-Gegner und Rechtswissenschaftler, hatten die Wolff-Brüder Ernst, Bernhard und Walter aufgenommen[1014]. Bald darauf, Anfang Dezember 1938, verlor der 51-Jährige aufgrund der 5. Verordnung zum Reichsbürgergesetz seine Rechtsanwaltszulassung. Die Löschung aus der Anwaltsliste wurde im Amtsblatt ‚Deutsche Justiz' vermerkt[1015]. Hiermit war er seiner Existenzgrundlage beraubt; das Ehepaar Wolff zog seine Schlüsse und emigrierte im Februar 1939 nach England[1016]. Laut neueren Forschungen verkaufte der Berliner Anwalt seine Zehlendorfer Villa an einen Mann, der Mieter in seinem nahe gelegenen Mehrfamilienhaus und mit dem Ehepaar Maier bekannt war. Es handelte sich um den Leiter eines Kartellbüros für Kleinindustrieverbände, Theodor Eschenburg, später einer der anerkanntesten Politikwissenschaftler und Publizisten der BRD. Vieles deutet darauf hin, dass Eschenburg Wolff ein faires Angebot mach-

---

1011 Vgl. *Bundesrechtsanwaltskammer* (Hrsg.), S. 55.
1012 Vgl. *Maier-Reimer*, S. 649; ferner *Kramer* 2004: Wolff, S. 118.
1013 Zit. n. *Lang* 2013, S. 31.
1014 Vgl. *ebd.* Zu Hedwig Maier (1905–2006) vgl. *Röwekamp*, Marion: Juristinnen. Lexikon zu Leben und Werk, Baden-Baden 2005, S. 232–235; ferner *Pfeil*, Ulrike: Vorwort, in: Hedwig Maier: Die Eroberung von Hirschau. Das Kriegsende in den Tagebuchbriefen von Hedwig Maier, Tübingen 1992, S. 7–12. Zu Georg Maier (1905–1945) vgl. *Lösch*, Anna Maria v.: Der nackte Geist. Die Juristische Fakultät der Berliner Universität im Umbruch von 1933, Tübingen 1999 (Beiträge zur Rechtsgeschichte des 20. Jahrhunderts, Bd. 26), S. 226f., 230–232, 338f. u. 490 (mit Fokus auf Maiers Habilitationsverfahren, aber auch Hinweisen auf seine NS-Ablehnung).
1015 Vgl. Deutsche Justiz 101 (1939). Ausg. A., Nr. 2, S. 98; außerdem *Maier-Reimer*, S. 649.
1016 Vgl. *ebd.*; ferner *Kramer* 2004: Wolff, S. 118f.; *Göppinger*, S. 367f.

te, wie er selbst in einem Interview später sagte, „ganz ordnungsgemäß, ohne einen Pfennig zu drücken"[1017].

In England gelang es Wolff aufgrund seiner hervorragenden Kenntnisse auf dem Gebiet des Privatrechts, als Rechtsberater für deutsches und internationales Recht Fuß zu fassen. Er war als Kenner des deutschen Aktienrechts gefragt und trat hier – wie vor 1933 und nach 1945 in Deutschland – mit wissenschaftlichen Veröffentlichungen hervor[1018]. Das Vertrauen, das er bei den englischen Gastgebern genoss, wird daraus ersichtlich, dass er zum Vorsitzenden zweier Kommissionen berufen wurde, die sich mit Fragen der Nachkriegsordnung Europas befassten. Konkret ging es um Vorschläge für privatrechtliche Bestimmungen in einem Friedensvertrag sowie die Entnazifizierung des deutschen Rechts[1019]. Hinsichtlich letzterer wurden Wolff und der Exilanwalt Erich Schalscha[1020] nach einer Unterredung mit Sir Cecil B. Hurst am 6. Januar 1942 mit der Bildung einer Arbeitsgruppe beauftragt. Deren Aufgabe beschrieb er bald darauf wie folgt: „The idea underlying the Committee's work is to examine all laws created by the Nazis with the view to suggest which of the provisions would have to

---

1017 Zit. n. *Lang* 2013, S. 31; die Ansicht, dass Eschenburg Wolff nicht übervorteilte, teilt *Wengst*, Udo: Der „Fall Theodor Eschenburg". Zum Problem der historischen Urteilsbildung, in: Vierteljahreshefte für Zeitgeschichte 61 (2013), H. 3, S. 411–440, hier: S. 437f. Zu Eschenburg (1904–1999) vgl. *Schwarz*, Hans-Peter: Ein Leitfossil der frühen Bundesrepublik – Theodor Eschenburg (1904–1999), in: Bastian Hein, Manfred Kittel u. Horst Möller (Hrsg.): Gesichter der Demokratie. Porträts zur deutschen Zeitgeschichte, München 2012, S. 175–192. Kritisch zu Eschenburgs Wirken in der NS-Zeit, v. a. wegen seiner mutmaßlichen Beteiligung an der Arisierung eines jüdischen Unternehmens (1938), *Eisfeld*, Rainer: Theodor Eschenburg: Übrigens vergaß er noch zu erwähnen… Eine Studie zum Kontinuitätsproblem in der Politikwissenschaft, in: Zeitschrift für Geschichtswissenschaft 59 (2011), H. 1, S. 27–44. In günstigeres Licht rückt *Lang* 2013 Eschenburgs Anteil an der genannten Arisierung.
1018 Vgl. BArch, Z 21, Nr. 2215, Bl. 16a u. b; außerdem *Maier-Reimer*, S. 650f.; ZJBl. 2 (1948), Nr. 1, S. 7.
1019 Vgl. *Maier-Reimer*, S. 650; auch *Reusch*, Ulrich: Deutsches Berufsbeamtentum und britische Besatzung. Planung und Politik 1943–1947, Stuttgart 1985 (Forschungen und Quellen zur Zeitgeschichte, Bd. 6), S. 111; *Walton-Jordan*, Ulrike: Safeguards against Tyranny: The Impact of German Émigré Lawyers on British Legal Policy towards Germany, 1942–1946, in: Anthony Grenville (Hrsg.): German-Speaking Exiles in Great Britain, Amsterdam/Atlanta 2000 (The Yearbook of the Research Centre for German and Austrian Exile Studies, Bd. 2), S. 1–23, hier: S. 7–11.
1020 Zu Schalscha (1893–1981) vgl. *Göppinger*, S. 359; zudem *Godau-Schüttke* 2006, S. 395–397; *Walton-Jordan*, S. 8f., wo Schalschas Vorname allerdings mit Ernst angegeben wird.

be abolished for being incompatible with the elementary principles of justice and liberty, which could be modified and which could possibly be maintained"[1021]. Mitte Februar gewährte er einen Einblick in die Erwägungen des von ihm geleiteten Gremiums aus Emigranten zur Nachkriegsrechtsordnung: „There should be certain ‚Grundrechte', though probably not as elaborate as in the Weimar Constitution. They should guarantee equality before the law, excluding discrimination on grounds of race as well as on other grounds, the right to a fair trial, freedom of science and religion, freedom of speech, and the rights of minorities. These are examples, and not an exclusive list"[1022]. Am 19. Juli 1943 unterbreitete die Kommission den ersten Ergebnisbericht in der „Form eines eingehend kommentierten Muster-Dekrets für den künftigen Gebrauch der alliierten Oberbefehlshaber, das im Foreign Office großes und überwiegend positives Echo fand"[1023]. Der Wolff-Bericht zeugt von einer differenzierten Sichtweise sowie Pragmatismus. Denn statt auf die pauschale Beseitigung aller nach 1933 erfolgten Rechtsänderungen zielen die Vorschläge darauf, nur die klar NS-geprägten, mit den Grundprinzipien von Recht und Freiheit unvereinbaren Vorschriften zu entfernen und weitere Reformen einer rechtmäßigen deutschen Regierung zu überlassen[1024]. Darüber hinaus proklamiert das ‚Muster-Dekret' den Schutz der Menschenrechte und erklärt: „Any preferential treatment of or discrimination against a person by reason of his adherence to a particular creed or ideology, his present or past membership of a political party, his language or race, is prohibited"[1025]. Diese Lehre aus der Geschichte kann als Wille zur Versöhnung und Absage an eine zu strenge Entnazifizierung gedeutet werden[1026]; Maßnahmen zur Beseitigung nazistischer Einflüsse blieben hiervon aber laut einem anderen Passus unberührt. Bei den Briten rief der Bericht Lob, aber

---

1021 Zit. n. *ebd.*, S. 9.
1022 Zit. n. *ebd.*, S. 7.
1023 *Reusch 1985*, S. 112.
1024 So hielt Wolff das Deutsche Beamtengesetz von 1937 für prinzipiell vernünftig, weshalb er nur eine einfache Revision empfahl. Darin folgte ihm das Foreign Office und schuf somit die Basis für die Kontinuität im deutschen Berufsbeamtentum, vgl. *Kettenacker*, Lothar: Krieg zur Friedenssicherung. Die Deutschlandplanung der britischen Regierung während des Zweiten Weltkrieges, Göttingen/Zürich 1989 (Veröffentlichungen des Deutschen Historischen Instituts London, Bd. 22), S. 350. Einen kurzen Forschungsüberblick zur von den Briten geplanten Reform des Berufsbeamtentums bietet *Hoffmann*, S. 52f.
1025 Zit. n. *Walton-Jordan*, S. 10.
1026 Vgl. *Maier-Reimer*, S. 650.

auch Kritik hervor – etwa bei dem Diplomaten Con O'Neill[1027], der mancher Bestimmung unterstellte, zu sehr von Rachegelüsten gegen jene inspiriert zu sein, die Juden Schaden zugefügt hatten. Nach 1943 änderte sich die Rolle der Emigranten-Ratgeber, insoweit ihre Expertise nur noch im Rahmen klar umrissener Aufgabenstellungen erwünscht war. Reformvorschläge waren willkommen, Forderungen nach Menschen- und Minderheitenrechtsschutz weniger[1028]. Für die Arbeit der Legal Division in der Britischen Zone leistete die Kommission mit ihren Reform- und Entnazifizierungsvorschlägen jedenfalls hinsichtlich des Straf-, Zivil- und Prozessrechts wichtige Vorarbeit[1029]. So gehen die Abschaffung der Todesstrafe für sämtliche bis 1933 nicht damit belegten Vergehen sowie die Einrichtung einer aus deutschen Juristen gebildeten Beratungsgruppe für die Militärregierung – i. e. das spätere SLAB – auf den Kommissionsbericht zurück[1030]. Wolffs Beitrag hierzu war den Briten bekannt, als sie 1947 über seine Ernennung zum OGH-Vizepräsidenten entschieden. Hierin lag fraglos ein Pluspunkt für ihn. Die konstruktive Einstellung des NS-Verfolgten und Emigranten gegenüber dem künftigen Nachkriegsdeutschland wurde durch Schicksalsschläge auf die Probe gestellt, die in Verbindung zur NS-Gewaltpolitik standen. So starb seine Frau in London bei einem deutschen Bombenangriff, während seine Schwester dem Holocaust zum Opfer fiel, indem sie in Theresienstadt ums Leben kam[1031].

b) OGH-Präsident und Kandidat für die Präsidentschaft an Bundesgerichten (1945 bis 1959)

Seit dem Kriegsende trieb Wolff der starke Wunsch um, nach Deutschland zurückzukehren. Die Legal Division begegnete solchen Plänen mit Wohlwollen und Skepsis. Denn einerseits befürwortete sie die Repatriierung deutsch-jüdischer Juristen als Beitrag zum demokratischen Wiederaufbau des Rechtswesens, weil die meisten Heimkehrenden eine antinazistische und anglophile Einstellung hatten. Andererseits war unklar, ob das gesell-

---

1027 Zu O'Neill (1912–1988) vgl. *Reusch* 1992, S. 45.
1028 Vgl. *Walton-Jordan*, S. 11 u. 18.
1029 Vgl. *Reusch* 1985, S. 111f. Gemäß *Walton-Jordan*, S. 19, lieferten die Exiljuristen eine „invaluable guidance to the British authorities in the fields of the German legal tradition, the areas where reform was necessary and the punishment of Nazi crimes in the courtroom".
1030 Vgl. *ebd.*, S. 11.
1031 Vgl. *Maier-Reimer*, S. 653.

schaftspolitische Klima in dem besetzten Land eine freundliche Aufnahme der Remigranten oder eine Gefährdung des sozialen Friedens aufgrund antisemitischer Vorbehalte erwarten ließ. Diese Bedenken stützten sich auf die Ergebnisse einer Umfrage, welche die Legal Division unter den OLG-Präsidenten angeregt hatte[1032]. Mit Blick auf jüdische Juristen, die im Krieg die britische Uniform getragen hatten, riet sie 1946 explizit von einer Rückkehr ab: „[I]t is impossible to predict the attitude of present day Germans to Jewish refugees of German nationality, who actually served with the British Army during the war and who now return to Germany"[1033]. Solche Rücksichtnahme war heikel. Lissner weist darauf hin, dass man hier nicht nur über die Köpfe der Betroffenen hinweg entschied, sondern auch ein vom ‚Dritten Reich' geprägtes Weltbild billigte. Denn die als ‚Experten' befragten Chefpräsidenten hatten zwar nicht der NSDAP angehört und verstanden sich nicht als Nationalsozialisten – dennoch waren sie „Teil der nazistischen, auf Rassismus und Antisemitismus begründeten ‚Volksgemeinschaft' gewesen". Dass sie dies NS-Konstrukt internalisiert hatten, beweist ihr Eintreten für die Berücksichtigung der „gegen die emigrierten Juristen gerichteten Aversionen in der ‚innersten Privatsphäre'"[1034] jedes Einzelnen.

Von diesen Zweifeln ließ sich Wolff nicht abhalten. Vielmehr trat der frühere Berliner Anwalt mit justizpolitischen Akteuren der britischen Besatzungsmacht (Rathbone) und des ZJA (Fritz von Werner) in Kontakt. Seine Motive erläuterte er ZJA-Präsident Kiesselbach am 3. Oktober 1946. Zwar gehe es ihm gut, und beruflich sowie wissenschaftlich fehle es nicht an Arbeit.

> „Ich fühle aber doch sehr stark, dass mein Platz jetzt in Deutschland ist, und dass ich, falls man mich brauchen kann, gern nach besten Kräften am Wiederaufbau, besonders an dem der deutschen Justiz, helfen würde. (…) Es würde mir eine grosse Freude sein, Sie anlässlich meines [noch für den Herbst geplanten, C.P.] Besuches aufsuchen zu dürfen. (…) Sollten Sie etwa den Wunsch haben, mich im Hinblick auf eine künftige Tätigkeit zu sprechen, so würde es die Erlaubnis der

---

1032 Vgl. *Lissner*, Cordula: „In der Justiz lebe ich wie im Exil". Zur Rückkehr jüdischer Juristen und Juristinnen, in: Anne Klein u. Jürgen Wilhelm (Hrsg.): NS-Unrecht vor Kölner Gerichten nach 1945, Köln 2003, S. 75–88, hier: S. 78–80.
1033 Zit. n. *Walton-Jordan*, S. 15.
1034 *Lissner* 2003, S. 80f. Das Zitat bezieht sich auf ein Schreiben des HOLG-Präsidenten und späteren ZJA-Chefs Kiesselbach vom 23. Mai 1946.

Einreise in die britische Zone sehr erleichtern, wenn Sie die Güte hätten, mir eine Aufforderung zu einem Besuch zuzusenden"[1035].

Bis zu einem Hamburg-Besuch verging noch einige Zeit – das Interesse Kiesselbachs hatte Wolff aber geweckt, so dass jener Ende Oktober dringend um ein Treffen bat, um eine künftige Beschäftigung im ZJA zu erörtern[1036]. Nach einem ersten, wohl eher kurzen Gespräch Mitte Februar 1947 bekräftigte der in London tätige Anwalt einen Monat später seine Bewerbung[1037]. Stellte Kiesselbach ihm am 8. April 1947 eine Stelle im zivilrechtlichen Bereich beim ZJA in Aussicht[1038], kristallisierte sich – wohl im Kontext eines weiteren Besuchs an der Elbe – bald heraus, dass Wolff eine Position am OGH übertragen werden sollte. Das ergibt sich aus einem Schreiben an Kiesselbach vom 6. Juni, worin Wolff erwägt, die Wohnungssuche in Hamburg aufgrund der scheinbar kurz bevorstehenden Eröffnung des höchsten Zonengerichts einzustellen[1039]. Die Rückkehr nach Deutschland verzögerte sich aber, weil die Verbeamtung Wolffs altersbedingt (er war bereits 70 Jahre alt) haushaltsrechtliche Probleme aufwarf[1040].

Die Voraussetzungen für eine OGH-Berufung erfüllte Wolff fraglos. Als rassisch Verfolgter des NS-Regimes und Emigrant war er politisch unbelastet, und auch seine bisherige Anwaltstätigkeit verringerte seine Chancen nicht. Für den Posten des Gerichtspräsidenten war der Jurist dennoch nicht die erste Wahl. Der konservative Kiesselbach favorisierte den früheren Ministerpräsidenten von Groß-Hessen, Karl Geiler, dem er politisch und persönlich nahestand (vgl. *1.2.1*)[1041]. Ihm traute er zu, als anerkannte Persönlichkeit integrierend zu wirken und bei den Alliierten die Bereit-

---

1035 BArch, Z 21, Nr. 2215, Bl. 1b; dazu auch *Godau-Schüttke* 2006, S. 105, sowie *Maier-Reimer*, S. 650.
1036 Vgl. BArch, Z 21, Nr. 2215, Bl. 7.
1037 Vgl. *ebd.*, Bl. 16a. Dafür versorgte Wolff den ZJA-Präsidenten mit Angaben zu seinen wissenschaftlichen Arbeiten und der Tätigkeit als Kommissionsvorsitzender. Ferner sandte er ein Empfehlungsschreiben des früher in Berlin, nun in Oxford lehrenden Rechtsprofessors Martin Wolff mit (vgl. *ebd.*, Bl. 16b u. c), der 1942/43 auch Mitglied der Kommission zur Entnazifizierung des deutschen Rechts gewesen war (vgl. *Walton-Jordan*, S. 9).
1038 Vgl. BArch, Z 21, Nr. 2215, Bl. 16d u. e.
1039 Vgl. *ebd.*, Bl. 22.
1040 Vgl. *ebd.*, Bl. 27, 41, 43 u. 49; ferner *Maier-Reimer*, S. 650. Endgültig veranlasste Wolff seinen Umzug von London nach Köln erst im Herbst 1948, vgl. BArch, Z 21, Nr. 2215, Bl. 63.
1041 Vgl. *Rüping* 2000: Reichsgericht, S. 356.

schaft zur Einrichtung eines überzonalen Obergerichts zu fördern[1042]. Weil Wolff aufgrund eines Missverständnisses annahm, selbst als OGH-Präsident ausgewählt worden zu sein, fühlte sich Kiesselbach am 21. August 1947 bemüßigt, klarzustellen, dass er

> „für den Posten als Präsidenten des Obersten Gerichts Herrn Prof. Geiler vorgesehen hätte, mit dem ich schon vor Jahresfrist darüber gesprochen habe und der mir auch schon sein grundsätzliches Einverständnis gegeben hat, wie auch Herr Rathbone sich zustimmig [!] erklärt hat. (…) Ich bin meinerseits bei meinen Entschliessungen für das Oberste Gericht davon ausgegangen, dass ich hoffte, Sie würden die Leitung des – vorläufig einzigen – Zivilsenats als Senatspräsident oder, wie ich zu erreichen hoffte, als Vizepräsident des höchsten Gerichts übernehmen, und ich hoffe auch jetzt noch aufrichtig, dass das die Basis einer künftigen fruchtbaren Zusammenarbeit sein wird"[1043].

Dass Wolff angesichts dessen indigniert war, ist nicht bezeugt. Stattdessen freute er sich im November 1947 über die Ehre, dem Wiederaufbau der deutschen Justiz dienen zu dürfen[1044]. Gleichwohl hatte der Vorfall am 19. August 1947 zu einer Unterredung zwischen einem Vertreter des ZJA (wohl Kiesselbach) und den britischen Besatzungsoffizieren Oberst Rathbone sowie Major Romberg geführt, die für das gesellschaftliche Klima dieser Jahre bezeichnend ist. So heißt es im Vermerk des deutschen Gesprächspartners, er sei sich mit Rathbone dahingehend einig, dass eine Berufung Wolffs zum OGH-Präsidenten deshalb nicht in Frage komme, weil er „von den Vorgängen in Deutschland seit 1933 keine Kenntnis habe, sodann aber auch, weil doch auch gegen seine Person (z. B. aus rassischen Gründen) Angriffe möglich seien, die in seinem Interesse wie auch im Interesse des Gerichts vermieden werden müssten und die für den Vizepräsidenten nicht befürchtet würden"[1045] (vgl. *1.3*). Ein jüdischer Remigrant als Leiter eines Obergerichts in dem Land, das vor kaum mehr als zwei Jahren von dem auf Vernichtung zielenden NS-Antisemitismus beherrscht wurde? Soviel Mut hatten weder die deutschen noch die britischen Justizakteure, fürchteten sie doch das Risiko für die Akzeptanz des OGH[1046]. Ob bei

---

1042 Vgl. BArch, Z 21, Nr. 469a, Bl. 169f.
1043 *Ebd.*, Nr. 2215, Bl. 42.
1044 Vgl. *ebd.*, Bl. 46.
1045 *Ebd.*, Nr. 469a, Bl. 351.
1046 Vgl. *Rüping* 2000: Reichsgericht, S. 356. Zur Frage, wie die Legal Division und die Exiljuristen die Rückkehr nach Deutschland sowie die damit verbundenen Schwierigkeiten ventilierten, vgl. *Walton-Jordan*, S. 13–17.

Kiesselbach, dem mutmaßlichen Urheber des Zitats, Ressentiments mitschwangen[1047], ist müßig zu ermitteln; zumal die Ereignisse darüber hinweg gingen.

Als feststand, dass der OGH kein Kristallisationspunkt für ein überzonales Höchstgericht sein und in der Zuständigkeit auf die Britische Zone beschränkt bleiben würde, nahm Geiler trotz anfänglichem Interesse am Präsidentenamt Abstand von Kiesselbachs Angebot[1048]. Ungeachtet dessen erfolgte zum 1. Dezember 1947 Wolffs Ernennung zum Vizepräsidenten. Als solcher wurde er kommissarisch mit der Wahrnehmung der Präsidialgeschäfte betraut. Der britischen Zustimmung dazu hatte sich das ZJA vergewissert[1049]. Zugleich mit den Senaten nahm Wolff nach diversen Verzögerungen im März 1948 die Arbeit in Köln auf. Derweil schied mit HOLG-Präsident Ruscheweyh ein zweiter Kandidat für den Chefposten aus, da er es vorzog, dem DOG vorzustehen (vgl. *1.2.1*). Für den OGH rückte eine bizonale Lösung indes in weite Ferne. Am 29. Mai hob Wolff in seiner Ansprache zur Eröffnung des Revisionsgerichts auf dessen Aufgabe ab, die in der NS-Zeit auf dem Gebiet der Judikatur hinterlassenen Trümmer abzutragen und neue Fundamente zu legen. Aufgrund seines Verfolgungsschicksals mutet es merkwürdig an, wenn er die vom ZJA und den Briten erörterten Bedenken gegen seine Person (s. o.) aufgreift und sich beinahe entschuldigt für den „langjährigen Aufenthalt im Ausland"[1050] in den schweren Kriegsjahren[1051]. Diesen ‚Makel' sucht er auszugleichen, indem er sich unter Hinweis auf seinen Großvater Eduard von Simson, den ersten Reichsgerichtspräsidenten, der höchstrichterlichen Traditionslinie zuordnet (vgl. *1.3*). Einfühlend wie begütigend reflektiert er seine Lage: „Vielleicht ist es wirklich für den, der die Kriegszeit und die Jahre seit Ende der Feindseligkeiten in verhältnismäßiger Geborgenheit hat verbringen dürfen, leichter, die innere Gelassenheit und das seelische Gleichmaß zu finden, die das Richteramt erfordert, als für den, der sich erst der Hysterie der Nazizeit hat erwehren müssen und sich seitdem mit den quälenden Sorgen des Alltags herumschlagen muß"[1052].

1047 Diese Einschätzung vertritt *Godau-Schüttke* 2006, S. 106; indirekt teilt sie auch *Lissner* 2003, S. 79–81.
1048 Vgl. *Rüping* 2000: Reichsgericht, S. 356.
1049 Vgl. BArch, Z 21, Nr. 2215, Bl. 50; des Weiteren *ebd.*, Nr. 469b, Bl. 137; ZJBl. 2 (1948), Nr. 1, S. 6.
1050 Zit. n. *ebd.*, Nr. 7, S. 149.
1051 Vgl. *Pauli* 1996, S. 98.
1052 Zit. n. *L.*, S. 149f.

Wie von Kiesselbach vorgesehen, übernahm der OGH-Vizepräsident den Vorsitz im Ersten Zivilsenat. Im Mai 1948 nahm er aber auch an Sitzungen des Strafsenats teil und war dabei an den ersten drei Entscheidungen zu Menschlichkeitsverbrechen beteiligt, mit denen das Gericht der deutschen KRG-10-Anwendung den Weg ebnete[1053]. Dass er die Linie des Senats in dieser Frage teilte, steht außer Frage. Neben seiner Teilnahme an jenen Verfahren ist seine positive Haltung hierzu verschiedentlich belegt – obgleich eher implizit als ausdrücklich. So in einem Brief an Gustav Radbruch vom 16. November 1948, worin er dem Adressaten seine Reverenz erweist und betont, der OGH-Strafsenat hätte sich in seiner Arbeit vielfach der Gedankengänge des Rechtsgelehrten bedient[1054]. Hiermit hebt er darauf ab, dass das Revisionsgericht Radbruchs Formel zur Begründung der rückwirkenden Verfolgung von NS-Unrecht heranzog, das sonst straffrei geblieben wäre (dazu *VIII.1*). Eindeutig tritt Wolffs Zustimmung auch in der Würdigung der Leistung des Senatsvorsitzenden Staff hervor, dem er zugutehält, maßgeblich dazu beigetragen zu haben, dass die OGH-Rechtspraxis zu KRG 10 trotz anfänglicher Gegenwehr der Untergerichte begonnen habe, sich durchzusetzen[1055].

Im Herbst 1948 bat der Rechtspflegeausschuss des Parlamentarischen Rats Vizepräsident Wolff um Stellungnahme zu Fragen der Gerichtsverfassung und Richterauswahl mit Blick auf die Gründung höchster Bundesgerichte. Obwohl demokratisch-linksliberal eingestellt und ein Verfolgter der NS-Diktatur, verraten Wolffs Positionen eine Anhänglichkeit an einen bei der Mehrheit der Berufsrichter weiter verbreiteten Korps- und Kastengeist[1056]. So trat er für eine entpolitisierte Justiz ein und wehrte sich gegen ‚Eingriffe' von Politik sowie Parteien, z. B. in Form eines Richterwahlausschusses. Stattdessen plädierte er dafür, Bundesrichter „im Wege der Selbstverwaltung"[1057] von Ausschüssen aus Vertretern der Justizverwaltung

---

1053 Vgl. BArch, Z 38, Nr. 394, 258 u. 647; ferner *Justizministerium des Landes NRW* (Hrsg.) 2012, S. 194 u. 250.
1054 Vgl. Universitätsbibliothek Heidelberg, Heid. Hs. 3716, Briefe 1371 bzw. Nr. 3595, Bl. 2. Der Brief – ein Gratulationsschreiben zum 80. Geburtstag – verdeutlicht Wolffs Bewunderung für Radbruch, mit dem er vor 1933 der Ständigen Deputation des Deutschen Juristentages angehört hatte.
1055 Vgl. HLA, HHStAW, Abt. 505, Nr. 1439, ohne Foliierung – Beurteilung des Senatspräsidenten beim OGH Dr. Curt Staff durch den OGH-Präsidenten vom 25. Februar 1950.
1056 Vgl. *Wrobel*, Hans: Verurteilt zur Demokratie. Justiz und Justizpolitik in Deutschland 1945–1949, Heidelberg 1989, S. 305; hierzu auch *Kramer* 2004: Wolff, S. 119; *Godau-Schüttke* 2006, S. 107.
1057 Zit. n. *Wrobel*, S. 303.

und Richtern wählen zu lassen. Wrobel zufolge zeigt diese Haltung „das Unverständnis der westdeutschen Richterschaft gegenüber der Demokratie und ihrer Verfassung"[1058].

Am 21. Februar 1949 wurde Wolff mit Wirkung vom 1. Januar endlich doch zum OGH-Präsidenten ernannt (vgl. *1.3*). Dabei half die Rührigkeit seines früheren Referendars Walter Strauß, der nun Leiter des Bizonen-Rechtsamts sowie Mitglied im Parlamentarischen Rat war. Ihm, der Wolff sehr schätzte, gelang es nämlich, die gegen ihn besonders in den süddeutschen Ländern gehegten Vorbehalte aus dem Weg zu räumen[1059]. Diese waren inzwischen wohl auch deshalb gegenstandslos geworden, weil der OGH nicht mehr als institutioneller Grundstock für ein zonenübergreifendes Obergericht in Betracht kam. Gewiss hatte jedoch auch die tadellose Amtsführung des OGH-Präsidenten überzeugt. ZJA-Präsident Kiesselbach gegenüber hob er im März 1950 hervor, sein Leben hätte durch die Berufung „wieder einen Inhalt erhalten"[1060]. Das Verhältnis beider Juristen scheint dagegen immer formell geblieben zu sein[1061]. Nachdem Wolffs Ernennung zum Honorarprofessor in Berlin Anfang der dreißiger Jahre im Gefolge der NS-Machtübernahme gescheitert war, wurde ihm von der Universität Köln 1950 ein solches Lehramt für Zivilrecht verliehen[1062].

Nach der OGH-Schließung Ende September 1950 lag die berufliche Zukunft des Remigranten in den Händen der politischen Führung des Landes. Aufgrund seiner Qualifikation und OGH-Präsidentschaft kam Wolff für eine Leitungsfunktion an einem Bundesgericht in Betracht. In der Tat brachte ihn Bundesjustizminister Thomas Dehler[1063] (FDP) am 12. September 1950 als Präsidenten für den BGH ins Spiel. Allerdings erwies sich Dehler in Personalfragen als „ein gewiefter Taktiker"[1064], der bereit war, Wolff für eigene Zwecke zu instrumentalisieren. Denn bereits früh hatte er seine Entscheidung zugunsten von Hermann Weinkauff, OLG-Präsident

---

1058 *Ebd.*, S. 300. Hierin unterschied er sich von Radbruch, forderte dieser doch eine feste Verbindung von Rechtsstaat und Demokratie (vgl. *ebd.*, S. 301).
1059 Vgl. BArch, Z 21, Nr. 2215, Bl. 74; hierzu auch *Godau-Schüttke* 2006, S. 106.
1060 Zit. n. *Rüping* 2000: Hüter, S. 103; hierzu BArch, Z 38, Nr. 31, Bl. 103.
1061 Vgl. *Rüping* 2000: Hüter, S. 104.
1062 Vgl. *Maier-Reimer*, S. 651; sowie BArch, Z 21, Nr. 2215, Bl. 91; bezüglich der gescheiterten Ernennung von 1932/33 auch *ebd.*, Bl. 16c.
1063 Zu Dehler (1897–1967) vgl. *Wengst*, Udo: Thomas Dehler, 1897–1967. Eine politische Biographie, München 1997 (Eine Veröffentlichung des Instituts für Zeitgeschichte und der Kommission für Geschichte des Parlamentarismus und der politischen Parteien).
1064 *Godau-Schüttke* 2006, S. 104.

von Bamberg und Ex-Reichsgerichtsrat, getroffen. Mit dem im bürgerlichen Lager leicht zu vermittelnden konservativen Kandidaten unterhielt er selbst beste Kontakte[1065]. Der Vorschlag Wolffs hingegen sollte der SPD eine Gesprächsbereitschaft signalisieren, die nicht vorhanden war. Die Opposition protestierte deshalb scharf[1066], als das Kabinett – kaum hatte Adenauer zugestimmt – die Ernennung Weinkauffs zum BGH-Präsidenten beschloss[1067]. Obwohl Dehler sich seiner als einer Schachfigur bedient hatte, ließ er Staatssekretär Walter Strauß wenig später bei Wolff hinsichtlich der Präsidentschaft am BVerfG vorfühlen. Der Kandidat bekundete Interesse, fiel aber auch diesmal durch. Wieder fand er keine Unterstützung bei der CDU. Hinzu kam, dass die SPD nun dem preußischen Finanzminister a. D. Hermann Höpker-Aschoff[1068] den Rücken stärkte, der 1951 auch Präsident wurde[1069]. Als juristischer Berater blieb Wolff weiter gefragt. 1955/56 leitete er etwa die Kommission des Bundesjustizministeriums zur Vorbereitung einer Reform der Zivilgerichtsbarkeit[1070]. Die Bundesrepublik würdigte sein Leben und Wirken mit dem Großen Verdienstkreuz mit Stern und Schulterband. Zuletzt führte der ehemalige höchste Richter der Britischen Zone ein zurückgezogenes Leben, seit 1955 nahmen gesundheitliche Probleme zu. Am 11. Januar 1959 starb er 81-jährig in Tübingen, wo er einem Familientreffen beiwohnte. Führende Rechtspolitiker würdigten Wolff postum als einen der bedeutendsten Repräsentanten des deutschen Rechtslebens der letzten Jahrzehnte[1071].

1065 Vgl. folgenden Auszug aus Dehlers Rede zur BGH-Eröffnung am 8. Oktober 1950: „Herr Weinkauff, wir sind in meiner fränkischen Heimat die letzten Jahre zusammen gegangen in der Arbeit am Recht, in der Erziehung der Richter und in dem Wiederaufbau der deutschen Gerichte. Ich habe Sie erfahren und meine, es gibt keinen Würdigeren an der Spitze des Bundesgerichtshofes", verkörpere er doch „in sich die beste Tradition unseres Reichsgerichts, seinen Geist und – wir wollen es nicht unterschätzen – seine Technik, seine Erfahrung", zit. n. *Godau-Schüttke* 2006, S. 107; zudem *ebd.*, S. 138.
1066 Vgl. *Wengst* 1997, S. 148.
1067 Vgl. *Godau-Schüttke* 2006, S. 104 u. 107; sowie *Kramer* 2004: Wolff, S. 119.
1068 Zu Höpker-Aschoff (1883–1954) vgl. *Müller*, Ingo: Dr. Hermann Höpker-Aschoff. Architekt des Bundesverfassungsgerichts, in: Justizministerium des Landes NRW (Hrsg.) 2004, S. 124–127.
1069 Vgl. *Wengst*, Udo: Staatsaufbau und Regierungspraxis 1948–1953. Zur Geschichte der Verfassungsorgane der Bundesrepublik Deutschland, Düsseldorf 1984 (Beiträge zur Geschichte des Parlamentarismus und der politischen Parteien, Bd. 74), S. 238f.; ferner *Godau-Schüttke* 2006, S. 104f.
1070 Vgl. *Maier-Reimer*, S. 652.
1071 Vgl. *ebd.*, S. 653; außerdem *Kramer* 2004: Wolff, S. 120.

2.2 Strafsenatspräsident Curt Staff – der NS-verfolgte Sozialdemokrat

2.2.1 Aufstieg zum ‚sozialdemokratischen Starjuristen' (1901 bis 1933)

Curt Staff wurde am 4. Oktober 1901 in Grevenbroich als Sohn eines Ingenieurs geboren[1072]. Nach Ablegung des Abiturs nahm er 1920 ein Studium der Rechtswissenschaft an der Georg-August-Universität Göttingen auf[1073]. Dort betätigte sich der junge Mann auch bald politisch. Er verkehrte mit sozialistischen Studentengruppen, deren Organisation er sogar bald leitete[1074]. In dieser Funktion war er an der Gründung der lokalen Zweigstelle des Kartells der Deutschen Republikanischen Studentenschaft beteiligt, das sich seit Sommer 1922 als Zusammenschluss sozialistischer, demokratischer und pazifistischer Studentenbünde etablierte[1075] und gegen den überparteilich-bürgerlichen völkisch-antisemitischen Deutschen Hoch-

---

1072 Vgl. HLA, HHStAW, Abt. 518, Nr. 20485, grauer Aktendeckel, ohne Foliierung – Geburtsschein von Kurt Karl Wilhelm Staff, ausgestellt am 30. Oktober 1914; des Weiteren *Vorstand der Sozialdemokratischen Partei Deutschlands* (Hrsg.): Der Freiheit verpflichtet. Gedenkbuch der deutschen Sozialdemokratie im 20. Jahrhundert. Mit einem Vorwort von Sigmar Gabriel. Mit einem Geleitwort von Hans-Jochen Vogel. 2. Aufl., Berlin 2013, S. 472; *Miosge*, Dieter: Prof. Dr. Curt Staff, in: Michael Schlüter u. Dieter Miosge: Zulassung ist zurückgenommen. Das Schicksal der Juristen im Bezirk Braunschweig von 1933 – 1945, Braunschweig 2006, S. 110–112, hier: S. 110; *Henne* 2001, S. 3030; *Wassermann*, Rudolf: Staff, Curt, Prof. Dr., in: Jarck/Scheel (Hrsg.), S. 582; *Zimmer*, Erhard: Die Geschichte des Oberlandesgerichts Frankfurt am Main, Frankfurt a. M. 1976 (Studien zur Frankfurter Geschichte, H. 12), S. 152; *Oberlandesgerichtspräsident Dr. Staff im Ruhestand*, in: Deutsche Richterzeitung 48 (1970), H. 1, S. 30f., hier: S. 31.
1073 Vgl. *Miosge* 2006: Staff, S. 110; *Wassermann* 1996.
1074 Vgl. *Henne*, Thomas: Curt Staff (1901–1976). Richter, in: Rückert/Vortmann (Hrsg.), S. 302f. (= Henne 2003: Staff), hier: S. 302; sowie *Oberlandesgerichtspräsident Dr. Staff im Ruhestand*, S. 31. Zur Sozialistischen Studentenschaft vgl. *Friedländer*, Otto: Sozialistische Studentenschaft Deutschlands und Österreichs, in: Das Akademische Deutschland. Bd. 2: Die deutschen Hochschulen und ihre akademischen Bürger, Berlin 1931, S. 606.
1075 Zum Kartell der Deutschen Republikanischen Studentenschaft vgl. *Walter*, Franz: Sozialistische Akademiker- und Intellektuellenorganisationen in der Weimarer Republik, Bonn 1990, S. 69–71. Demnach konnte es begriffen werden als „eine verspätete Renaissance demokratisch-nationaler Burschenschaftstradition und 1848er Denkens, synthetisiert mit sozialdemokratischen Prinzipien" (*ebd.*, S. 70), vereint im Einsatz für den sozialen Ausbau der Republik und die Abwehr von politischer Reaktion, Nationalismus und militärischer Gewaltpolitik.

schulring positionierte. Diesem war es auf dem Deutschen Studententag in Göttingen 1920 auf Anhieb gelungen, die stärkste Fraktion zu bilden[1076]. Das Kartell bildete „neben den katholischen Minderheiten das einzige halbwegs bedeutendere Gegengewicht"[1077]. Weil Quellen fehlen, bleibt im Dunkeln, in welchem Maße und mit welchen Schwerpunkten Staff politisch hervortrat. Sicher ist, dass er im Herbst 1922 kurzzeitig dem Ortskartell der Republikanischen Studentenschaft vorstand[1078]. Jedoch zog er sich aus unbekannten Gründen plötzlich aus der Hochschulpolitik zurück[1079].

In die Studienjahre fällt die Bekanntschaft mit dem Göttinger Philosophen Leonard Nelson[1080], dessen naturrechtliche Ideen und sozialistische Ethik das juristische Denken Staffs nachhaltig beeinflussen sollten[1081]. Nelson verstand sich als Philosoph der Praxis, für den die „Klärung theoretischer Positionen nur die Voraussetzung für die Ausarbeitung einer wissenschaftlich begründeten Ethik und deren Umsetzung in die Praxis"[1082] war. So rief er den Internationalen Jugend-Bund (IJB)[1083] ins Leben, eine elitäre, auf Nelson als Führer eingestellte Gemeinschaft, die eine „Politik des

---

1076 Vgl. *Herbert*, Ulrich: Best. Biographische Studien über Radikalismus, Weltanschauung und Vernunft 1903–1989. 2. Aufl., Bonn 2001, S. 54.

1077 *Schwarz*, Jürgen: Studenten in der Weimarer Republik. Die deutsche Studentenschaft in der Zeit von 1918 bis 1923 und ihre Stellung zur Politik, Berlin 1971 (Ordo Politicus, Bd. 12), S. 163.

1078 Vgl. UA (Universitätsarchiv) Göttingen, Sek. 693. 141a – ohne Foliierung, Junker am 21. November 1922 an den Rektor der Universität Göttingen.

1079 So gaben die Ortskartellvertreter, die sich am 30. November zur Verhandlung vor dem Verwaltungsausschuss der Universität einfanden, zu Protokoll, Staff hätte den Vorsitz nicht mehr inne (vgl. *ebd.*, ohne Foliierung – Protokoll über die Verhandlung des Verwaltungsausschusses der Universität Göttingen vom 30. November 1922).

1080 Zu Nelson (1882–1927) vgl. *Fischer*, Ilse: Einleitung, in: Der Bestand Leonard Nelson im Archiv der sozialen Demokratie der Friedrich-Ebert-Stiftung, hrsg. v. ders., Bonn 1999, S. III-XXXVII; ferner *Meyer*, Thomas: Ethischer Sozialismus bei Leonard Nelson, in: Helmut Holzhey (Hrsg.): Ethischer Sozialismus. Zur politischen Philosophie des Neukantianismus, Frankfurt a. M. 1994, S. 301–315.

1081 Vgl. *Miosge* 2006: Staff, S. 110f.; *Henne* 2001, S. 3031; *Wassermann* 1996.

1082 *Fischer* 1999, S. XIII.

1083 Zum IJB vgl. *Link*, Werner: Die Geschichte des Internationalen Jugend-Bundes (IJB) und des Internationalen Sozialistischen Kampf-Bundes (ISK). Ein Beitrag zur Geschichte der Arbeiterbewegung in der Weimarer Republik und im Dritten Reich, Meisenheim/Glan 1964; auch *Lemke-Müller*, Sabine: Ethischer Sozialismus und soziale Demokratie. Der politische Weg Willi Eichlers vom ISK zur SPD, Bonn 1988 (Forschungsinstitut der Friedrich-Ebert-Stiftung; Reihe: Politik- und Gesellschaftsgeschichte, Bd. 19), S. 43–56; *Fischer* 1999, S. XIX-XXIII.

Rechts [anstrebte], deren leitende Idee die Unverletzbarkeit der Würde jeder Person ist und die also die Ausbeutung der Person als bloßen Mittels verwirft"[1084]. Ein Ziel, das er parteipolitisch am besten durch die SPD vertreten sah, da diese eine sozialistische Gesellschaftsordnung errichten wollte. So empfahl Nelson den IJB-Mitgliedern die Mitarbeit in der Sozialdemokratie, obwohl er den Marxismus der Partei ablehnte und ihre Betonung des Demokratieprinzips für überzogen hielt[1085]. Dieses Konfliktpotenzial führte zum Bruch mit der SPD, deren Vorstand 1925 die Unvereinbarkeit der Mitgliedschaft in beiden Organisationen dekretierte[1086]. Wann, wo und wie der Göttinger Jurastudent Staff mit Nelson in Kontakt kam, bleibt unklar; wie auch die Frage, ob er dem IJB beitrat. Hier fehlen direkte Anhaltspunkte. Gewiss sympathisierte er aber mit dem Bund. Rückschlüsse auf Staffs Verhältnis zum Kreis um den Philosophen lassen sich bisher nur aus Quellen der Nachkriegszeit ziehen – etwa aus Briefen, die er mit Nelsons Schülern wie Willi Eichler[1087] und Nora Platiel[1088] tauschte. Diese verraten eine Vertrautheit aus Studientagen in Göttingen[1089]. Deutlich spiegelt sich Staffs Nähe zu Nelson darin, dass er als führender Strafrechtler der Britischen Zone seine Rechtsphilosophie affirmativ rezipierte, die damit auch zum Impulsgeber für die OGH-Strafrechtspraxis wurde. Er, der das gesamte Werk des hoch geschätzten Lehrers rezipiert hatte[1090],

---

1084 Zit. n. *ebd.*, S. XXf.
1085 Vgl. *ebd.*, S. XXIIf.
1086 Vgl. *ebd.*, S. XXVIII.
1087 Zu Eichler (1896–1971) vgl. *Lemke-Müller*, zudem *Harder*, Ernesto: Vordenker der „ethischen Revolution". Willi Eichler und das Godesberger Programm, Bonn 2013 (Politik- und Gesellschaftsgeschichte, Bd. 95); *Grebing*, Helga: Geschichte der deutschen Arbeiterbewegung. Von der Revolution von 1848 bis ins 21. Jahrhundert, Berlin 2007, S. 285.
1088 Zu Platiel (1896–1979) vgl. *Haas-Rietschel*, Helga/*Hering*, Sabine: Nora Platiel: Sozialistin – Emigrantin – Politikerin. Eine Biographie, Köln 1990; sowie *Röwekamp*, S. 294–298; *Hessische Landesregierung* (Hrsg.): Im Dienste der Demokratie. Die Trägerinnen und Träger der Wilhelm Leuschner-Medaille, Wiesbaden 2004, S. 67.
1089 Vgl. Archiv der sozialen Demokratie (AdsD), 1/LNAA, Nachlass Leonard Nelson, Nr. 498, Brief Staffs an Platiel vom 1. August 1960, in dem er daran erinnert, dass Leonard Nelson in der politisch bereits angespannten gemeinsamen Göttinger Zeit ein Bannerträger der Vernunft gewesen sei. Gegenüber Eichler erklärte sich Staff bereit, einen Beitrag für eine Festschrift zu Nelsons Ehren zu verfassen (vgl. *ebd.*, Brief Staffs an Eichler vom 29. April 1968). Dieser Zusage kam er dann aber nicht nach (vgl. *ebd.*, Brief Eichlers an Staff vom 5. Januar 1970).
1090 Vgl. *ebd.*, Brief Staffs an Eichler vom 29. April 1968.

2.2 Strafsenatspräsident Curt Staff – der NS-verfolgte Sozialdemokrat

fand in Nelsons Schriften Anregungen für seine naturrechtliche Argumentation.

Ein triftiger Grund für den Rückzug aus der Arbeit des Republikanischen Studentenkartells Ende 1922 dürfte gewesen sein, dass Staff sein Augenmerk auf den Abschluss von Studium und Doktorarbeit richtete, da ihn seine nun alleinstehende Mutter kaum mehr unterstützen konnte. Der Vater hatte sie verlassen und fiel als Versorger aus[1091]. Auch verlor die Mutter laut Sohn durch die Inflation ihr Vermögen und war auf seine Unterstützung angewiesen[1092]. Seit Anfang 1923 war er daher als Hilfsarbeiter in der braunschweigischen Justizverwaltung beschäftigt[1093]. In dieser Zeit knüpfte er auch erste Kontakte zu sozialdemokratischen Funktionären wie dem Landtagsabgeordneten Hans Sievers[1094]. Mit diesem verkehrte er zu Anfang der zwanziger Jahre in Künstlerkreisen, wie er bei einer dienstlichen Befragung am 24. Mai 1933 glaubwürdig zu Protokoll gab[1095]. Nach seinem SPD-Beitritt befragt, machte Staff widersprüchliche Angaben. Der VVN gegenüber gab er nach 1945 an, 1920 Mitglied geworden zu sein[1096]. Kurz nach der NS-Machtübernahme, in der erwähnten Befragung, hatte er aber behauptet, diesen Schritt erst 1922 oder 1923 getan zu haben[1097].

Nach dem ersten Staatsexamen trat er Anfang 1924 in den juristischen Vorbereitungsdienst ein. Seine erste Ausbildungsstation war das Amtsgericht Braunschweig[1098]. Auch hier verfügte er über ein regelmäßiges, wenn auch nicht üppiges Einkommen. Das Staatsministerium kam dem Rechtsreferendar entgegen, indem es ihm erlaubte, sein Gehalt durch eine Ne-

---

1091 Vgl. HLA, HHStAW, Abt. 505, Nr. 1444, Bl. 87. Bei dieser Verzeichnungseinheit handelt es sich um einen Teil von Staffs Personalakte, die sich in Abt. 505 (Justizministerium) auf die Nummern 1436 bis 1450 erstreckt.
1092 Vgl. UA Göttingen, Jur. Prom. 1639, ohne Foliierung – Staff am 3. Mai 1924 an Professor [Paul Oertmann?].
1093 Vgl. HLA, HHStAW, Abt. 505, Nr. 1444, Bl. 3.
1094 Zu Sievers (1893–1965) vgl. *Henning*, Rosemarie: Sievers, Hans Daniel Charles, in: Jarck/Scheel (Hrsg.), S. 570; wie *Weber*, Hermann/*Herbst*, Andreas: Deutsche Kommunisten. Biographisches Handbuch 1918–1945, Berlin 2004, S. 737; *Rother* 1990, S. 275.
1095 Vgl. HLA, HHStAW, Abt. 505, Nr. 1444, Bl. 94f.
1096 Vgl. *ebd.*, Abt. 518, Nr. 20485, grauer Aktendeckel, Bl. 2.
1097 Vgl. *ebd.*, Abt. 505, Nr. 1444, Bl. 94; vom braunschweigischen Justizminister im März 1934 wiedergegeben, vgl. *ebd.*, Bl. 110.
1098 Vgl. UA Göttingen, Jur. Prom. 1639, ohne Foliierung – handschriftlicher Lebenslauf (undatiert); außerdem HLA, HHStAW, Abt. 505, Nr. 1447, Bl. 2; *Zimmer*, S. 152.

bentätigkeit als Hilfsarbeiter in der Justizverwaltung aufzubessern[1099]. Dennoch wurde ihm ab Januar 1924 auch ein Unterhaltszuschuss gewährt[1100]. Zeitgleich betrieb Staff die Promotion. In seiner von dem Zivilrechtler Paul Oertmann[1101] betreuten Doktorarbeit ‚Der Naturallohn'[1102] hatte er sich mit einem arbeitsvertragsrechtlichen Thema befasst[1103]. Die dem Jungjuristen im Referendariat ausgestellten Dienstzeugnisse fielen meist sehr positiv aus. Die Kanzlei, bei der er 1926 sechs Monate beschäftigt war, attestierte ihm, der verantwortungsvollen Aufgabe als ministerieller Vertreter eines erkrankten Sozius „in der vorzüglichsten Weise gerecht geworden zu sein"[1104]. Allerdings gab es auch Misstöne. Der Vorgesetzte am Amtsgericht störte sich am forschen Auftreten Staffs und bescheinigte ihm einen „Mangel an Selbstkritik"[1105]. Spannungen waren entstanden, wenn sich der Untergebene für Fehler rechtfertigte oder aber mit Nachdruck eine andere Auffassung vertrat. Obwohl sich der Gehalt der Kritik einer Überprüfung entzieht und ein hohes Maß an persönlicher Abneigung mitschwingt, hat die Beurteilung Aussagewert. Sie beschreibt einen eigenwilligen, selbstsicher auftretenden Menschen, der nicht bereit war, sich hergebrachten Hierarchien kritiklos unterzuordnen und Konflikte nicht scheute, wenn er sich ungerecht behandelt fühlte. Ein Muster, das sich durch sein Leben ziehen sollte. Nachdem der Vorbereitungsdienst Anfang 1927 beendet war, meldete sich Staff nicht sogleich zum zweiten Staatsexamen, sondern übte ein halbes Jahr lang eine Nebentätigkeit in jener Kanzlei aus, für die er schon im Vorjahr tätig gewesen war[1106].

Im November legte Staff das Assessorexamen ab, und zwar mit ‚gut'[1107]. Kurz danach bewarb er sich um Aufnahme in den Justizdienst, anderenfalls in die Staatsverwaltung des Freistaats Braunschweig[1108]. Während das

---

1099 Vgl. HLA, HHStAW, Abt. 505, Nr. 1441, Bl. 10 u. 29 (sowie an vielen anderen Stellen).
1100 Vgl. *ebd.*, Bl. 8.
1101 Zu Oertmann (1865–1938) vgl. *Brodhun*, Rüdiger: Paul Ernst Wilhelm Oertmann (1865–1938). Leben, Werk, Rechtsverständnis sowie Gesetzeszwang und Richterfreiheit, Baden-Baden 1999 (Fundamenta juridica, Bd. 34).
1102 Vgl. *Staff*, Curt: Der Naturallohn, Göttingen 1924 (Dissertation, maschinenschriftlich).
1103 Vgl. NLA, WO, 2 Z X St – z, Zeitungsausschnitt aus dem ‚Allgemeinen Anzeiger' vom 26. Januar 1924; ferner *Henne* 2001, S. 3030f.
1104 HLA, HHStAW, Abt. 505, Nr. 1440, Bl. 97.
1105 *Ebd.*, Bl. 24.
1106 Vgl. *ebd.*, Nr. 1441, Bl. 44. Staffs monatlicher Lohn betrug hier 150 RM.
1107 Vgl. *ebd.*, Nr. 1440, Bl. 112; ferner *Zimmer*, S. 152.
1108 Vgl. HLA, HHStAW, Abt. 505, Nr. 1444, Bl. 41.

2.2 Strafsenatspräsident Curt Staff – der NS-verfolgte Sozialdemokrat

Justizministerium ablehnte[1109], betrieb Innenminister Gustav Steinbrecher (SPD) die Übernahme des Assessors in den Staatsdienst[1110]. Am 21. Dezember war es soweit: Staff wurde Regierungsassessor und dem Polizeipräsidium zugewiesen[1111]. Hier firmierte er 1929 als Leiter der Abteilung II, deren Zuständigkeit sich auf die Kriminalpolizei, das Polizeigefängniswesen, Passangelegenheiten sowie den Verkehr mit Waffen erstreckte[1112]. Diese Position war die erste Station eines kometenhaften Aufstiegs, der vor dem Hintergrund verhärteter politischer Fronten in Braunschweig polarisierte, denn Staff war ein bekennender Sozialdemokrat, die Bürokratie aber bürgerlich-konservativ geprägt[1113].

Nach der Landtagswahl vom Herbst 1927 bildete die SPD unter Ministerpräsident Heinrich Jasper[1114] eine Alleinregierung[1115], deren parlamentarische Basis wegen einer Pattsituation im Landtag äußerst schmal war. Zur Erhitzung der Gemüter trug in der Folge die Personalpolitik bei, v. a. jene von Justizminister Hans Sievers. Sie war „ideologisch akzentuiert"[1116] und rief den Protest der bürgerlichen Opposition hervor. Immerhin ist der

---

1109 Vgl. *ebd.*, Bl. 44; hierzu ferner *Verhandlungen des Landtags des Freistaates Braunschweig auf dem Landtage 1927/30*. 3. Wahlperiode vom 27. November 1927 bis 13. September 1930. Tagung vom 13. Dezember 1927 bis 13. September 1930. 3 Bde., Braunschweig o. O. u. o. J., hier: Bd. 3, S. 2587 u. 2599 (Sitzung vom 26. März 1930).
1110 Vgl. HLA, HHStAW, Abt. 505, Nr. 1444, Bl. 45. Zu Steinbrecher (1876–1940) vgl. *Vorstand der Sozialdemokratischen Partei Deutschlands* (Hrsg.), S. 474f.; ferner *Vögel*, Bernhild: Steinbrecher, Gustav, in: Jarck/Scheel (Hrsg.), S. 587f.
1111 Vgl. HLA, HHStAW, Abt. 505, Nr. 1444, Bl. 47; auch *Miosge* 2006: Staff, S. 111; *Henne* 2001, S. 3031.
1112 Vgl. *Freistaat Braunschweig* (Hrsg.): Staatshandbuch für den Freistaat Braunschweig, Braunschweig 1929, S. 43. Von Staffs Kripo-Führungsfunktion berichtet in der Literatur nur *Henne* 2001, S. 3031.
1113 Vgl. *Roloff*, Ernst-August: Braunschweig und der Staat von Weimar. Politik, Wirtschaft und Gesellschaft 1918–1933, Braunschweig 1964 (Braunschweiger Werkstücke, Veröffentlichungen aus Archiv, Bibliothek und Museum der Stadt, hrsg. v. Bert Bilzer u. Richard Moderhack, Bd. 31), S. 144f.
1114 Zu Jasper (1875–1945) vgl. *Grubert*, Martin: Anwalt der Demokratie. Heinrich Jasper (1875–1945). Ein politisches Leben in Braunschweig. Mit einem Beitrag von Horst-Rüdiger Jarck: Spurensuche, Braunschweig 2009 (Braunschweigische Biographien, Bd. 2).
1115 Zur Regierung Jasper (1927–1930) vgl. *ebd.*, S. 336–354; ferner *Rother*, Bernd: Die Sozialdemokratie im Land Braunschweig 1918 bis 1933, Bonn 1990 (Veröffentlichungen des Instituts für Sozialgeschichte Braunschweig-Bonn), S. 216–223; *Roloff* 1964, S. 140–159.
1116 *Wassermann*, Rudolf: Auch die Justiz kann aus der Geschichte nicht aussteigen. Studien zur Justizgeschichte, Baden-Baden 1990, S. 148; vgl. auch *Roloff* 1964,

Regierung zugutezuhalten, dass sie mit ihrem Vorgehen die Republikanisierung der Verwaltung und Durchsetzung verfassungskonformer wie demokratischer Inhalte und Formen bezweckte[1117]. Die Förderung des „sozialdemokratischen ‚Starjuristen' Dr. Curt Staff"[1118], der bald von der Polizei zur Justiz wechseln sollte, steht exemplarisch für Sievers' Politik. Als Kripo-Chef unterstand Staff aber vorerst Innenminister Steinbrecher. Dieser sah sich am 3. Februar 1928 dazu genötigt, die Ernennung des Parteigenossen im Landtag zu rechtfertigen. In seinem Wortbeitrag weist er den Vorwurf der Parteibuchwirtschaft zurück, begründet die umstrittene Berufung mit dem Hinweis, Staff hätte eines der besten Examen vorgelegt, und fügt hinzu: „Es gibt doch nicht nur unter den Rechtsparteien intelligente Leute. Wir haben doch auch unter den Linksparteien Leute, die etwas gelernt haben"[1119]. Die Personalie Staff war bereits 1928 ein Politikum.

Zwar lassen sich zur Amtsführung als Polizeichef kaum Aussagen treffen – fest steht jedoch, dass Staff 1929 mit einer Broschüre hervortrat, mit der er sich zum gesellschaftspolitisch wie strafrechtlich kontrovers diskutierten Thema der Kriminalbiologie zu Wort meldete[1120]. Darin widmet er sich „dem wichtigsten Ziele strafpolitischen Bemühens, dem dauernden Schutz der Gesellschaft vor sozial krankhaften Individuen"[1121]. Unter Hinweis auf Cesare Lombroso und Gregor Mendel geht er hierbei davon aus, dass Verbrechertum Ausdruck einer irreversiblen genetisch determinierten und vererbbaren sozialen Krankheit ist. Konkret schlägt er deshalb eine „kriminalbiologische Inventarisierung unserer gesamten Bevölkerung"[1122] vor, um sichere Beurteilungskriterien für die Feststellung von ‚Unverbesserlichkeit' zu gewinnen. Auf einer solchen empirischen Basis hält Staff staatliche Eingriffe wie dauernde Sicherungsverwahrung und Sterilisierung für gerechtfertigt. Mit Blick auf Unfruchtbarmachungen fällt auf,

---

S. 145, demzufolge man „dieser überstürzten Personalpolitik den Vorwurf bedenklicher Parteibuchwirtschaft nicht ersparen" könne.
1117 Vgl. *Grubert*, S. 350.
1118 *Roloff* 1964, S. 144.
1119 *Verhandlungen des Landtags des Freistaates Braunschweig auf dem Landtage 1927/30*. Bd. 1, S. 260 (Sitzung vom 3. Februar 1928).
1120 Zur Kriminalbiologie vgl. *Justizministerium des Landes NRW* (Hrsg.): Kriminalbiologie, Düsseldorf 1997 (Juristische Zeitgeschichte NRW, Bd. 6). Der Begriff Kriminalbiologie wurde 1888 von dem Strafrechtler Franz von Liszt in Abgrenzung zur Kriminalsoziologie geprägt. Zu Liszt vgl. *Schröder*, Jan: Franz von Liszt (1851–1919), in: Kleinheyer/Schröder (Hrsg.), S. 258–264.
1121 *Staff*, Curt: Familienforschung und Kriminologie, Leipzig o. J. [1929] (Flugschriften der Ostfälischen Familienkundlichen Kommission, H. 4), S. 4.
1122 *Ebd.*, S. 5.

dass er den in der damaligen Debatte zentralen Aspekt der Freiwilligkeit nicht problematisiert. Es hat den Anschein, dass er bei ‚Gewohnheitsverbrechern' eine zwingende, notfalls zwangsweise Sterilisierung für angezeigt erachtete. So thematisiert er etwa die „Entscheidung der Frage, ob es nach den gegebenen Feststellungen in bezug auf eine bestimmte Person an der Zeit sein wird, dieser die Möglichkeit der Fortpflanzung zu nehmen. Dieser Gesichtspunkt ist nicht nur von Bedeutung für die Verhinderung weiterer sozialer Degenerationen, sondern auch für die Unterbindung der Vererbung rein physischer Defekte (Tuberkulose usw.)"[1123]. Dass mit Staff ein sozialdemokratischer Jurist negativ-eugenische, also auf Geburtenverhinderung gerichtete Maßnahmen befürwortete, überrascht nur auf den ersten, durch den langen Schatten der NS-Herrschaft verstellten Blick. Denn sein Beitrag verortet sich in einem während der zwanziger Jahre über politische Lager hinweg geführten Diskurs um Sozialhygiene und Eugenik, der die Frage nach dem Nutzen biopolitischer Eingriffe in die Privatsphäre des Einzelnen erörterte. Viele Sozialdemokraten bezogen dazu Position – oft zustimmend, teils energisch[1124]. Dies hing auch damit zusammen, dass SPD-Vertreter in der Weimarer Republik in staatstragende Funktionen gelangten, die zuvor bürgerlichen Eliten vorbehalten waren, z. B. als Richter, Staatsanwälte oder Polizeichefs. Als solche hatten sie nicht nur die Mittel, sondern vielfach auch den Anspruch, regulierend in die Gesellschaft einzugreifen (quasi im Zuge eines Social Engineering). Gegenüber dem als Hort des Verbrechens stigmatisierten ‚Lumpenproletariat' befanden sie sich auf der anderen Seite des ‚Dispositivs der Macht' (Foucault)[1125]. Dies galt gerade auch für Braunschweig zur Zeit der SPD-Alleinregierung seit 1927. Hier gab es ein politisches Umfeld, das kriminalbiologischem Gedankengut aufgeschlossen war[1126]. Staff tritt hier als Vertreter einer sozialistischen Eugenik auf, welche sich aber trotz gleichen Vokabulars und teils ähnlichen Denkstrukturen von der NS-Rassenhygiene abhob. Mochte sich ihr Motiv der Zwangssterilisierung zur Aushöhlung demokratischer Individualrechte eignen – so blieb der sozialistischen Variante die Leugnung des allgemeinen Lebenswerts und -rechts angeblich ‚Minderwertiger', wie sie das ‚Dritte Reich' exerzierte und mit Krankenmord und

---

1123 *Ebd.*, S. 7.
1124 Vgl. *Schwartz*, Michael: Kriminalbiologie und Strafrechtsreform. Die „erbkranken Gewohnheitsverbrecher" im Visier der Weimarer Sozialdemokratie, in: Justizministerium des Landes NRW (Hrsg.) 1997, S. 13–68.
1125 Vgl. *ebd.*, S. 19f.
1126 Vgl. *ebd.*, S. 51.

Holocaust auf die menschenverachtende Spitze trieb, doch fremd[1127]. Gegen Textende kündigt Staff an, andernorts zu berichten, „in welcher Weise am zweckmäßigsten mit der kriminalbiologischen Untersuchung zunächst der asozialen Familien im Bereiche des Freistaates Braunschweig zu beginnen sein wird"[1128]. Plante der Kripo-Chef die Gründung einer jener kriminalbiologischen Untersuchungsstellen, wie sie damals in Bayern, Sachsen und Hamburg entstanden[1129]? Staff verfolgte diesen Weg indes nicht weiter, weil er nun in den Justizdienst übertrat.

Am 1. März 1930 erfolgte Staffs Ernennung zum Landgerichtsrat[1130], mit der die „Phalanx der konservativ-nationalen Richterschaft aufgelockert werden"[1131] sollte. Zunächst wies man ihm aber eine Planstelle als Staatsanwalt zu[1132]. Damit geriet er wieder ins Visier der bürgerlichen Opposition, welche die Personalpolitik der Regierung weiter scharf verurteilte[1133]. Dies zeigte sich am 26. März im Landtag, als die Berufung des ambitionierten SPD-Mitglieds im Rahmen einer Debatte um den Justizetat ein Stein des Anstoßes war. Kaum behandelt wurden Befähigung und Arbeitseinsatz – beides wurde Staff weitgehend konzediert –, vielmehr ließ angeblich sein Charakter zu wünschen übrig. Was wieder mitschwang, war auch der Vorwurf der ‚Parteibuchwirtschaft'. So schürte Ex-Ministerpräsident Gerhard Marquordt[1134] (DVP) den Eindruck, es gehe um einen Karrieristen, der „den dringenden Wunsch gehabt [hätte], ausser der Reihe schleunigst zur Anstellung zu kommen"[1135]. Der Abgeordnete Heinz Mollenhauer[1136] (DNVP) kennzeichnete Staff als äußerst jung, verhältnismäßig unausgegli-

---

1127 Vgl. *ebd.*, S. 15f.
1128 *Staff* 1929, S. 8.
1129 Vgl. *Rothmaler*, Christiane: „Prognose: Zweifelhaft". Die kriminalbiologische Untersuchungs- und Sammelstelle der Hamburgischen Gefangenenanstalten 1926–1945, in: Justizministerium des Landes NRW (Hrsg.) 1997, S. 107–150, hier: S. 113–115 (Bayern), 115f. (Sachsen) und 117–146 (Hamburg).
1130 Vgl. HLA, HHStAW, Abt. 505, Nr. 1444, Bl. 63; *Henne* 2003: Staff, S. 302.
1131 *Ebd.*
1132 Vgl. HLA, HHStAW, Abt. 505, Nr. 1444, Bl. 63; *Wassermann* 1996.
1133 Vgl. *ders.* 1990, S. 149.
1134 Zu Marquordt (1881–1950) vgl. *Prellberg*, Henning: Marquordt, Gerhard August, in: Jarck/Scheel (Hrsg.), S. 403.
1135 *Verhandlungen des Landtags des Freistaates Braunschweig auf dem Landtage 1927/30.* Bd. 3, S. 2570 (Sitzung vom 26. März 1930).
1136 Zu Mollenhauer (1893–1977) vgl. *Hoffmeister*, Kurt: 150 Jahre Kleiderseller vor, mit und nach Wilhelm Raabe. Überarb. u. erw. Neuaufl., Braunschweig 2009, S. 109–112.

2.2 Strafsenatspräsident Curt Staff – der NS-verfolgte Sozialdemokrat

chen und behaftet mit einem schwierigen Verhältnis zur Autorität[1137]. Auch der einzige NSDAP-Parlamentarier, Franz Groh[1138], polemisierte mit der Einlassung, dass „der Herr gegenüber mittleren Beamten ein ganz überhebliches Wesen zur Schau getragen hat"[1139]. Wer diese harschen Urteile seitens der Opposition zu Staff auf einen ‚wahren Kern' hin abklopft, kommt zu dem Resultat, dass der junge ‚Starjurist' ehrgeizig war und – wie schon festgestellt – selbstbewusst auftrat. Dass das manchem Beamten missfiel, verwundert nicht, zumal er aus seiner politischen Einstellung und Überzeugung kein Hehl machte. Ein gewisses Maß sozialer Unbedarftheit mag beteiligt gewesen sein, bedenkt man, dass er gerade 28 Jahre alt war. Natürlich erhielt Staff durch die Genossen auch Rückendeckung. Sein alter Bekannter und neuer Vorgesetzter, Justizminister Sievers, berief sich auf die Schilderungen Dritter und kennzeichnete ihn als „eine besonders wertvolle Persönlichkeit in der Beamtenschaft". Denn für ihn schlage positiv zu Buche, dass er seinen Beamten viel abverlange und „im Verkehr mit dem Publikum besonders gewandt, besonders entgegenkommend"[1140] sei. Welche hohe Wertschätzung er im Ministerium genoss, beweisen Pläne, die darauf zielten, den frischgebackenen Staatsanwalt in eines der höchsten Ämter der Rechtspflege zu hieven[1141]. So hielt das bürgerliche Lager der Regierung Jasper vor, Generalstaatsanwalt Wilhelm Holland[1142], der inzwischen die Altersgrenze überschritten, im Amt belassen zu haben, da Staff alsdann in seine Fußstapfen hätte treten können[1143]. Dieses Kalkül zerschlug sich jedoch infolge eines Regierungswechsels nach den Landtagswahlen vom 14. September 1930.

Unter der neuen Koalition aus Bürgerlicher Einheitsliste und NSDAP wurde die Beauftragung von Staff als Staatsanwalt zum 1. Januar 1931 zurückgenommen. Stattdessen wurde er in eine Planstelle als Landgerichtsrat eingewiesen[1144]. Befürchtete die Regierung, der umstrittene Jurist würde

---

1137 Vgl. *Verhandlungen des Landtags des Freistaates Braunschweig auf dem Landtage 1927/30*. Bd. 3, S. 2577 (Sitzung vom 26. März 1930).
1138 Zu Groh vgl. die spärlichen Angaben bei *Roloff* 1964, S. 140f. u. 156–162.
1139 *Verhandlungen des Landtags des Freistaates Braunschweig auf dem Landtage 1927/30*. Bd. 3, S. 2584 (Sitzung vom 26. März 1930).
1140 *Ebd.*, S. 2589 (Sitzung vom 26. März 1930).
1141 Vgl. *Henne* 2003: Staff, S. 302; ferner *Miosge* 2006: Staff, S. 111.
1142 Zu Wilhelm Holland (1865–1954) vgl. *Wassermann* (Hrsg.), S. 404.
1143 Vgl. *Roloff*, Ernst-August: Bürgertum und Nationalsozialismus 1930–1933. Braunschweigs Weg ins Dritte Reich, Hannover 1961, S. 39; auch *Wassermann* 1989, S. 35f.
1144 Vgl. HLA, HHStAW, Abt. 505, Nr. 1444, Bl. 72.

das Amt des Staatsanwalts nutzen, um die Verfolgung rechtsradikaler Straftaten voranzutreiben? Dieser Gedanke liegt nahe. Die bürgerlich-nationalsozialistische Regierung vollzog eine radikale Rechtskehre, die neben einem personellen Revirement in der Verwaltung Maßnahmen gegen das politische Wirken von SPD und Reichsbanner vorsah. Deren Umzüge und Versammlungen wurden auf Betreiben von NSDAP-Innenminister Anton Franzen[1145] im Oktober 1930 bis auf weiteres verboten[1146]. Der Nachfolger Dietrich Klagges[1147] (NSDAP) verstärkte die Repression gegen die Linksparteien, etwa durch ständige Verbote der SPD-Zeitung und eine Auslegung der ‚inneren Sicherheit', die NS-Terror billigte und linke Opposition im Keim erstickte[1148]. Seine „Herrschaft 1931/32 zeigte, was im Rahmen der Weimarer Reichsverfassung an Verfolgung politischer Gegner möglich war"[1149]. Vor Gericht, erinnert sich Staff 1944/45, traten NS-Anhänger ebenfalls immer unangenehmer auf. So hätte er kurz vor Hitlers Reichskanzlerschaft einen Prozess wegen Landfriedensbruchs geleitet, bei dem mehr als 20 NS-Zeugen übereinstimmend und falsch zuungunsten eines schwerverletzten Kommunisten aussagten. Nach der Verhandlung vom Landgerichtsrat darauf angesprochen, erwiderte der Verteidiger – ein späterer Justizminister Braunschweigs (gemeint war Friedrich Alpers) – kaltschnäuzig, für Nationalsozialisten sei es selbstverständlich, im nationalen Interesse selbst unter Eid die Unwahrheit zu sagen[1150].

2.2.2 NS-Verfolgung und Abrechnung mit dem ‚Dritten Reich' (1933 bis 1945)

a) Entlassung, KZ-Haft und inneres Exil

War der sozialdemokratische Landgerichtsrat bisher durch sein Amt geschützt, so änderte sich das mit der NS-Machtübernahme auf Reichsebene

---

1145 Zu Franzen (1896–1968) vgl. *Henning*, Rosemarie: Franzen, Anton, Dr., in: Jarck/Scheel (Hrsg.), S. 186f.
1146 Vgl. *Rother* 1990, S. 238f.; auch *Grubert*, S. 376.
1147 Zu Klagges (1891–1971), als Minister 1932 federführend bei der Einbürgerung Hitlers, vgl. *Ludewig*, Hans-Ulrich: Klagges, Dietrich, in: Jarck/Scheel (Hrsg.), S. 318f.; außerdem *Klee* 2005, S. 58.
1148 Vgl. *Rother* 1990, S. 245–249.
1149 *Ebd.*, S. 249.
1150 Vgl. *Staff* 1944/45, S. 32. Zu Alpers (1901–1944) vgl. *Klee* 2005, S. 12; zu seiner Rolle als NS-Anwalt vgl. *Bein*, S. 15.

am 30. Januar 1933. Zumal, als er dann die Aufforderung ausschlug, der NSDAP beizutreten[1151]. Wie gefährlich die Lage war, zeigte sich im März, als die braunschweigische Regierung dem Terror Tür und Tor öffnete. Im Vorgriff auf die Entwicklung im Reich verbot sie nicht nur die KPD, sondern auch die SPD und Eiserne Front, ließ die Schaltzentralen von Sozialdemokratie wie Gewerkschaften, insbesondere das ‚Volksfreund'-Gebäude, besetzen und Arbeiterfunktionäre verhaften und misshandeln[1152]. Eine Schilderung der perfiden Situation, in der sich NS-Gegner 1933 wiederfanden, liefert Staff in der unveröffentlichten Schrift ‚Die Herrschaft der Kriminellen' (1944/45). Drastisch berichtet er davon, wie Amts- und Würdenträger von NS-Schergen misshandelt, erniedrigt und – wenn sie Verwalter öffentlicher Gelder oder Kassenwarte von Oppositionsparteien waren – nach der Ausplünderung wegen Veruntreuung oder Unterschlagung rechtlich belangt wurden[1153].

Die Justiz stand nicht abseits, sondern ging den neuen Machthabern eilfertig zur Hand. Im Juli 1933 verurteilten Schnellgerichte 250 NS-Gegner zu teils hohen Haftstrafen[1154], und vor dem Sondergericht Braunschweig waren im ersten Jahr der NS-Herrschaft insgesamt 104 Verfahren anhängig[1155]. Allein bis zum Sommer kostete der Terror 26 Menschen das Leben, v. a. Sozialdemokraten und Kommunisten; Braunschweigs SPD ging in einer Gewaltorgie unter[1156]. Auch Staff wurde von SA-Leuten auf offener Straße verprügelt[1157]. Mit Steinbrecher, Sievers und Otto Grotewohl[1158] hatten im Frühjahr 1933 bekannte Parteimänner den Freistaat verlassen, um den Verfolgungen zu entgehen[1159]. Wen die lokale NS-Führung zum Feind des Gemeinwesens stempelte, dem drohten Verlust der Existenzgrundlage und Isolation. Von den Mechanismen der Exklusion aus der ‚Volksgemeinschaft', fehlender Unterstützung in Fällen von Entlassung, Arbeitslosigkeit und Gewalt im öffentlichen Raum, Wehrlosigkeit der Op-

---

1151 Vgl. *Staff* 1944/45, S. 47f.
1152 Vgl. *Rother* 1990, S. 257f.; weiter *Sohn*, S. 24–26; *Grubert*, S. 384–390.
1153 Vgl. *Staff* 1944/45, S. 14f.
1154 Vgl. *Sohn*, S. 28; zudem *Bein*, S. 74f.
1155 Vgl. *Ludewig/Kuessner*, S. 33.
1156 Vgl. *Rother* 1990, S. 262; siehe auch *Sohn*, S. 28.
1157 Vgl. *Reinowski*, Hans J.: Terror in Braunschweig. Aus dem ersten Quartal der Hitlerherrschaft. Bericht herausgegeben von der Kommission zur Untersuchung der Lage der politischen Gefangenen, Zürich 1933, S. 10; ferner *Bein*, S. 53; *Roloff* 1961, S. 141.
1158 Zu Grotewohl (1894–1964) vgl. *Grebing*, S. 289f.; *Ludewig*, Hans-Ulrich: Grotewohl, Otto, in: Jarck/Scheel (Hrsg.), S. 229f.
1159 Vgl. *Rother* 1990, S. 259f.

fer bei Haussuchungen und Verhaftungen wie Rücksendungen von Kleidungsstücken Verhafteter an Angehörige mit dem Hinweis, sie seien ‚auf der Flucht erschossen' worden, weiß Staff aus eigener Anschauung oder dem persönlichen Umfeld später eindrucksvoll zu erzählen[1160].

Warum blieb der junge Richter dennoch in der Stadt? Hegte er die Hoffnung, als Beamter von der personellen Säuberung verschont zu bleiben? Das erscheint fraglich, zumal am 14. März im Landtag seine Entlassung gefordert wurde[1161]. Die Schlinge zog sich zu; zumal Mitbürger, denen Staffs politische Haltung und unbequemes Wesen ein Dorn im Auge waren, die Chance witterten, sich seiner zu entledigen – indem sie ihn anzeigten. Dies versuchte ein Anwalt, den Staff als Richter verurteilt hatte und der sich bereits 1932 mit einer Eingabe gegen ihn gewandt hatte. Da von Staats wegen wohl keine Anstalten zur Einleitung eines Verfahrens gemacht worden waren, hakte er am 20. April 1933 beim seinerzeitigen Ministerpräsidenten Werner Küchenthal[1162] (DNVP, nach dem 1. Mai NSDAP) nach. Er unterstreicht, dass er die Zeit für günstig hält, um mit Staff einen „Richter ohne Fingerspitzengefühl" in die Schranken zu weisen; auch hätte der Adressat sich inzwischen ein Bild davon machen können,

> „daß nicht nur ich mich gegen diesen Richter wandte, sondern daß sich auch der Volkswille in der Öffentlichkeit gegen diesen Richter gewandt hat. Es muss jedem Menschen zu denken geben, wie es möglich ist, daß ausgerechnet nur <u>ein</u> Richter im ganzen Freistaat Braunschweig auf öffentlicher Straße dermaßen verprügelt wird, daß er einige Tage das Bett hüten musste. Es muss aber noch mehr zu denken geben, wenn es Tatsache wird, daß dieser Richter nach wie vor in seinem Stammlokal (Kaffee Markworth) verkehrt und dort bei <u>nationalen</u>

1160 Vgl. *Staff* 1944/45, S. 16.
1161 Vgl. *Verhandlungen des Landtags des Freistaates Braunschweig auf dem Landtage 1930/33. 4. Wahlperiode vom 14. September 1930 bis 3. April 1933. Tagung vom 30. September 1930 bis 14. März 1933.* 5 Bde., o. O. u. o. J., Bd. 5, S. 5445 (Sitzung vom 14. März 1933). Wegen des NS-Terrors nahm die SPD-Landtagsfraktion an dieser letzten Sitzung der Wahlperiode schon nicht mehr teil. Ein Auszug aus dem Protokoll verdeutlicht, dass Staff den NS-Machthabern verhasst war. So beendete der SS-Führer und NSDAP-Abgeordnete Friedrich Alpers einen Redebeitrag mit dem Satz: „Der Landtag ist einig mit dem Staatsministerium, wenn es mit allen Mitteln das marxistische Verbrechertum bekämpft und ausrottet und die Verwaltung und die Justiz von allen unsauberen Elementen reinigt. (Bravo! und Händeklatschen – Abg. Schneider: Staff!)".
1162 Zu Küchenthal (1882–1976) vgl. *Ludewig*, Hans-Ulrich: Küchenthal, Werner, Dr., in: Jarck/Scheel (Hrsg.), S. 354f.

2.2 Strafsenatspräsident Curt Staff – der NS-verfolgte Sozialdemokrat

Männern am Stammtisch Platz nimmt und in selbstbewusster Weise große Reden führt, als ob auch nicht das geringste geschehen wäre"[1163].

Der Bericht des Petenten gipfelt in der Verunglimpfung des Landgerichtsrats als „Schädling in der Rechtspflege"[1164]. Solche Worte spiegeln nicht nur persönlichen Hass, sie geben auch Einblick in die feindliche Atmosphäre, die Staff 1933 umgab. Zugleich unterstreichen sie aber das Bild des selbstbewussten, zuweilen nassforsch auftretenden Amtsträgers, der seine linken und demokratischen Überzeugungen verteidigte und lieber trotzig provozierte, anstatt klein beizugeben. Für sein unerschrockenes Verhalten musste er jedoch die Rechnung bezahlen. So geriet er kurzfristig in Schutzhaft. Das geht aus einem Vermerk des OLG-Präsidenten vom 27. April 1933 hervor[1165] und wird auch von Staff 1944/45 berichtet[1166]. Weiterhin drängte man ihn dazu, die eigene Beurlaubung zu beantragen, was er am 2. Mai 1933 auch tat; wie er aber auf zugehörigem Schreiben später vermerkte, „auf Drohung des LG Präsid. Lachmund (...), dass ich sonst erneut in Schutzhaft genommen würde"[1167]. Am 24. Mai musste Staff Auskunft zu seiner politischen Einstellung erteilen[1168]. Das Unvermeidliche für den Amtsträger mit SPD-Parteibuch kam am 10. Juni mit der Entlassung entsprechend § 4 des Berufsbeamtengesetzes vom 7. April 1933 – „da er nicht die Gewähr dafür bietet, daß er jederzeit rückhaltlos für den nationalen Staat eintritt"[1169]. (Eine wirksame Amtsausübung war bereits vorher un-

---

1163 HLA, HHStAW, Abt. 505, Nr. 1444, Bl. 80f. (Hervorhebungen im Original).
1164 *Ebd.*, Bl. 82.
1165 Vgl. *ebd.*, Bl. 86.
1166 Vgl. *Staff* 1944/45, S. 30.
1167 HLA, HHStAW, Abt. 505, Nr. 1444, Bl. 89. Nach *Ludewig/Kuessner*, S. 255f., erfolgte Lachmunds Ernennung zum Landgerichtspräsidenten erst am 1. Juli 1933. Allerdings war er Anfang Mai schon Sondergerichtsvorsitzender. – Gelegenheit zur zitierten nachträglichen Eintragung hatte Staff, als er 1948 seine Personalakte entgegen der Gepflogenheit selbst zum neuen Dienstherren nach Köln brachte – jedoch erst, nachdem er sie einige Zeit lang „unter Verschluss" (HLA, HHStAW, Abt. 505, Nr. 1443, Bd. 1, Bl. 56) gehalten hatte.
1168 Vgl. *ebd.*, Nr. 1444, Bl. 94f.
1169 *Ebd.*, Bl. 99; wie *Miosge* 2006: Staff, S. 111; *Henne* 2003: Staff, S. 302; *Windisch*, Ernst: Zum 80. Geburtstag von Curt Staff, in: Juristenzeitung 36 (1981), S. 657–659, hier: S. 657; *Lein*, Albrecht: Braunschweiger Justiz im Nationalsozialismus: Zwischen Anpassung und „Innerer Emigration", in: Helmut Kramer (Hrsg.): Braunschweig unterm Hakenkreuz. Bürgertum, Justiz und Kirche – eine Vortragsreihe und ihr Echo, Braunschweig 1981, S. 61–78, hier: S. 73.

möglich[1170].) Staff erhielt weder ein Ruhegehalt noch eine Abfindung[1171] – auf ersteres konnte er laut NS-Gesetzgebung keinen Anspruch geltend machen, da er hierfür eine Dienstzeit von mindestens zehn Jahren hätte nachweisen müssen. Ihm wurden nur die Bezüge für Juni, Juli und August belassen[1172].

Welche Handlungsoptionen bestanden noch? Ein gangbarer Weg war, eine Zulassung als Rechtsanwalt zu erwirken. In der Tat stellte Staff am 8. Juni einen entsprechenden Antrag[1173], einen Tag nach Zustellung der Entlassungsurkunde[1174] und zwei Tage vor dem Ausscheiden. Da die Prüfung der Causa durch den Vorstand der Anwaltskammer und den OLG-Präsidenten negativ ausfiel, teilte ihm das Justizministerium im August die Ablehnung des Gesuchs mit. Als Begründung wurde schlicht auf die Entlassung aus dem Beamtenverhältnis auf Grundlage des Berufsbeamtengesetzes verwiesen[1175]. Nun waren Staff wegen seiner NS-Gegnerschaft alle klassischen juristischen Berufe versperrt. Daher legte er Klage gegen die Entlassung aus dem Beamtenverhältnis ein. Im März 1934 nahm Justizminister Alpers dazu Stellung. Er plädierte – kaum überraschend – gegen den Widerspruch, weil der Ex-Richter wirklich „in nachhaltiger Verbindung zur SPD gestanden"[1176] und sich immer marxistischen Kreisen zugehörig gefühlt hätte. Indes nahm Staff am 7. April 1935 mit einer Eingabe an den Reichsjustizminister Franz Gürtner[1177] einen letzten Anlauf. Darin weist er auf seine prekäre Lage hin und bittet darum, ihm die Wahrnehmung einer sechswöchigen Vertretung als Anwalt und Notar zu gestatten[1178]. Der neue OLG-Präsident und NS-Karrierist Günther Nebelung war mit der Antragsprüfung betraut und erteilte Staff am 12. April eine Absage[1179], die er we-

---

1170 Dies legt ein Brief Staffs vom 27. August 1949 an die VVN Köln nahe, in dem er seine Entlassung auf März 1933 datiert, vgl. HLA, HHStAW, Abt. 518, Nr. 20485, grauer Aktendeckel, Bl. 2.
1171 Vgl. *ebd.* Diese Angaben macht auch *Müller, Friedrich-Wilhelm*, 1995, S. 292f. Darauf, dass Staff weder Gehalt noch Pension erhielt, weisen auch *Ludewig/ Kuessner*, S. 237, hin.
1172 Vgl. HLA, HHStAW, Abt. 505, Nr. 1444, Bl. 100.
1173 Vgl. *ebd.*, Bl. 103.
1174 Vgl. *ebd.*, Bl. 101.
1175 Vgl. *ebd.*, Bl. 103–105.
1176 *Ebd.*, Bl. 110.
1177 Zu Gürtner (1881–1941) vgl. *Klee* 2005, S. 209.
1178 Vgl. HLA, HHStAW, Abt. 505, Nr. 1440, Bl. 215.
1179 Vgl. *ebd.*, Bl. 216; wie *Henne*, Thomas: Nebelung, Günther, in: Rückert/Vortmann (Hrsg.), S. 391f. (= Henne 2003: Nebelung), hier: S. 392. Zu Nebelung

nig später gegenüber Gürtner näher begründete[1180]. Die Lage des Jungjuristen war ab 1933 aber nicht nur materiell prekär, sondern auch psychisch strapaziös. Er lebte bei der hilfsbedürftigen und mittellosen Mutter und fand keine Arbeit. Die Lektüre der Schriften Paul Johann Anselm von Feuerbachs und das Studium der Geschichte der Päpste bildeten wohl einen anregenden Zeitvertreib und Zufluchtsort[1181]. Perspektiven eröffneten sich daraus aber nicht. Die Mutter litt besonders unter den Folgen der NS-oppositionellen Haltung des Sohnes. Nach dessen späterer Aussage lösten ständige Hausdurchsuchungen ein Herzleiden aus, an dem sie auch starb[1182]. Gleichwohl nahm Staff Risiken auf sich, um Kontakte zu SPD-Freunden zu pflegen. Mit Hubert Schlebusch[1183], den die britische Militärregierung 1945 zum Ministerpräsidenten von Braunschweig ernennen sollte, veranstaltete er illegale Treffen in einer Gartenkolonie in Riddagshausen, einem Stadtteil von Braunschweig[1184].

Mitte 1935 flog die Gruppe auf. Staff und Schlebusch kamen im Zuge einer Verhaftungswelle mit 90 Festnahmen in Schutzhaft[1185]. Diese Aktion der Politischen Polizei Braunschweigs gegen illegale politische Betätigung sollte ihre Effizienz und Handlungsfähigkeit belegen. Die der SPD und KPD nahestehenden oder angehörenden Personen waren der Polizei jedoch seit langem bekannt, und neue Beweise lagen nicht vor. Dessen bedurfte es indes auch nicht, weil ein Geheimerlass des Reichsführers SS die Verhaftungen mittlerweile aufgrund bloßen Verdachts rechtfertigte[1186].

(1896–1970) vgl. *Knauer*, Wilfried: Günther Nebelung (1896–1970). Oberlandesgerichtspräsident von 1935 bis 1944, in: Isermann/Schlüter (Hrsg.), S. 141–145; ferner *Henne* 2003: Nebelung; *Poestges*, Dieter: Nebelung, Günther, in: Jarck/Scheel (Hrsg.), S. 436; *Klee* 2005, S. 430. Nebelung wurde 1944 VGH-Senatspräsident. Wegen der von diesem Gerichtshof verübten Justizverbrechen stand er 1947 mit 13 weiteren Angeklagten im Nürnberger Juristenprozess vor Gericht. Weil eindeutige Beweise fehlten, wurde Nebelung freigesprochen. Zum Juristenprozess vgl. die *Kapitel II.3.1* und *VI.2.4*.

1180 Vgl. HLA, HHStAW, Abt. 505, Nr. 1444, Bl. 218f.
1181 Vgl. *Miosge* 2006: Staff, S. 111.
1182 Vgl. HLA, HHStAW, Abt. 518, Nr. 20485, grauer Aktendeckel, Bl. 2.
1183 Zu Schlebusch (1893–1955) vgl. *Vorstand der Sozialdemokratischen Partei Deutschlands* (Hrsg.), S. 439f.; fernerhin *Henning*, Rosemarie: Schlebusch, Hubert, in: Jarck/Scheel (Hrsg.), S. 521f. (= Henning 1996: Schlebusch).
1184 Vgl. *Miosge* 2006: Staff, S. 111; zudem *Henning* 1996: Schlebusch.
1185 Zu den in Schutzhaft genommenen braunschweigischen Sozialdemokraten zählten laut *Bein*, S. 84, auch drei Kreisdirektoren.
1186 Vgl. *ebd.*

2 Präsident, Richter am Strafsenat und Generalstaatsanwalt – biographische Skizzen

Staff blieb mehr als 14 Monate in Haft: vom 9. August 1935 bis 13. Oktober 1936[1187]. Zuerst war er im Gefängnis Braunschweig-Rennelberg inhaftiert; am 19. August wurde er in das KZ Dachau gebracht[1188]. Bereits auf dem Transport kam es Staff zufolge zu Misshandlungen von Mitgefangenen[1189]. Im Lager teilte er als Häftling mit der Nummer 7.946[1190] eine Baracke mit vielen anderen politischen NS-Gegnern, u. a. Kurt Schumacher. Später bezeichnete er die Zeit als die wohl ereignisreichste seines Lebens[1191]. Dies schloss trotz Gefahr und größter Not auch gute Erfahrungen ein. So schlugen der geistige Austausch unter den Leidensgenossen und ein Gemeinschaftsgefühl positiv zu Buche[1192]. Dem Parteifreund Alfred Kubel[1193] berichtete Staff im April 1946 über sein damaliges Verhältnis zu Schumacher, er hätte mit ihm in politischen Fragen oft Meinungsverschiedenheiten gehabt, da er zur Zeit ihrer Bekanntschaft weiter links gestanden hätte. Durch Mut und Haltung sei der Genosse aber für alle Mithäftlinge ein Vorbild gewesen. Er bekenne freudig und stolz, „dass alle unsere damaligen Kameraden, die ja zu jener Zeit noch ausschliesslich sich aus politischen Häftlingen zusammensetzten, absolut einwandfreie und welt-

---

1187 Vgl. *Zimmer*, S. 153; sowie *Miosge* 2006: Staff, S. 111; *Henne* 2003: Staff, S. 302.
1188 Vgl. HLA, HHStAW, Abt. 518, Nr. 20485, blauer Aktendeckel, Bl. 17 (dabei handelt es sich um den Antrag Staffs auf Haftentschädigung vom 21. Februar 1950) i. V. m. ITS Digital Archive Bad Arolsen, 1.1.6.1, Alphabet. Zugangsbuch KZ Dachau – 9892229. Laut KZ-Zugangsbuch wurde er am 19. August eingeliefert. Von wo er kam, wird nicht erwähnt; es dürfte sich um das besagte Gefängnis gehandelt haben. Zum KZ Dachau vgl. *Zámecnik*, Stanislav: Das war Dachau. 3. Aufl., München 2006. Zu Staffs Haftzeitraum auch *Riedel*, Dirk: Vom Terror gegen politische Gegner zur rassistischen Gesellschaft. Die Häftlinge des Konzentrationslagers Dachau 1933 bis 1936, in: Jörg Osterloh u. Kim Wünschmann (Hrsg.): „... der schrankenlosesten Willkür ausgeliefert". Häftlinge der frühen Konzentrationslager 1933–1936/37 (Wissenschaftliche Reihe des Fritz Bauer Instituts, Bd. 31), Frankfurt a. M./New York 2017, S. 73–95.
1189 Vgl. *Staff* 1944/45, S. 40f.; weiter Archiv der KZ-Gedenkstätte Dachau, A 4158, 4.1 Oberstaatsanwalt Helmut Hartmann (Landgerichtsrat) am 22. Mai 1947 an den Strafsenat des OLG Braunschweig.
1190 Vgl. ITS Digital Archive Bad Arolsen, 1.1.6.1, Alphabet. Zugangsbuch KZ Dachau – 9892229, und *ebd.*, 1.1.6.1, Veränderungsmeldung KZ Dachau – 9909137, Bl. 46.
1191 Vgl. *Oberlandesgerichtspräsident Dr. Staff im Ruhestand*, S. 31.
1192 Vgl. *Staff* 1944/45, S. 46.
1193 Zu Kubel (1909–1999), Ministerpräsident von Braunschweig (Mai bis November 1946) und Niedersachsen (1970–1976), vgl. *Vorstand der Sozialdemokratischen Partei Deutschlands* (Hrsg.), S. 295f.; wie *Simon*, S. 218f.

anschaulich gefestigte Charaktere waren"[1194]. Die inhaftierten Anhänger der KPD bezieht er ausdrücklich ein: „Wie ja überhaupt erfreulicherweise dieser Unterschied [zwischen Sozialdemokraten und Kommunisten, C. P.] in der Zeit des gemeinsamen Leidens nicht bestand!"[1195] Anspruch auf Allgemeingültigkeit können diese Aussagen nicht erheben – einerseits, weil sie die ‚Lagergesellschaft' aus der Warte eines sozialistischen NS-Gefangenen in Dachau in den Jahren 1935/36 zum Maßstab nehmen und andernorts herrschende Zustände wie auch später eintretende Entwicklungen nicht wiedergeben (können); andererseits, weil sie als Teil eines auf Sinnstiftung zielenden ‚Überlebensdiskurses' früherer politischer Häftlinge zu verstehen sind, der auf die Festschreibung eines gewissen Narrativs vom Zusammenleben im Lager zielte[1196]. Gleichwohl zeigen sie, dass ihr Autor den Zerfall der ‚Lagergemeinschaft' bedauerte und zugleich wohl Schumachers 1945/46 durchgesetzten Kurs der westdeutschen SPD gegen eine Vereinigung mit der KPD nicht rückhaltlos mittrug[1197]. Staff war damit keine Ausnahme; gerade in nord- und ostdeutschen Regionen ließen Sozialdemokraten in der frühen Nachkriegszeit eine gewisse Einheitsneigung er-

---

1194 Archiv der KZ-Gedenkstätte Dachau, A 4158, 1.2 Staff am 22. April 1946 an Alfred Kubel (der Brief ist auch archiviert im AdsD, Bestand Kurt Schumacher, Mappe 112). Dabei handelt es sich um ein Leumundszeugnis für Schumacher, der Ziel einer aus deutschen oder sowjetischen kommunistischen Kreisen lancierten Hetzkampagne geworden war, vgl. *Plener*, Ulla: Kurt Schumacher und Kommunisten in den Konzentrationslagern (1933–1943), in: Utopie Kreativ 65 (1996), S. 31–40, hier: S. 38f.

1195 Archiv der KZ-Gedenkstätte Dachau, A 4158, 1.2 Staff am 22. April 1946 an Alfred Kubel.

1196 Vgl. *Orth*, Karin: Gab es eine Lagergesellschaft? „Kriminelle" und politische Häftlinge im Konzentrationslager, in: Norbert Frei, Sybille Steinbacher u. Bernd C. Wagner (Hrsg.): Ausbeutung, Vernichtung, Öffentlichkeit. Neue Studien zur nationalsozialistischen Lagerpolitik, hrsg. im Auftrag des Instituts für Zeitgeschichte, München 2000, S. 109–133, hier: S. 115, wonach sich ‚Überlebensdiskurse' in „Berichte[n ehemaliger politischer Häftlinge], die die gruppenspezifische Erfahrung als allgemeingültig verabsolutieren, die zudem das eigene Handeln sowie das eigene Überleben aus der Retrospektive zu legitimieren suchen", abbilden. Einen davon greift Staff mit seiner Skizze der überparteilichen ‚Lagergesellschaft' auf. Mit Bezug auf die Frage der ‚Lagergesellschaft' danke ich Frau Dr. Christina Ullrich (Marburg) für wertvolle Hinweise.

1197 Zu Schumachers Politik gegen eine Vereinigung mit der KPD und für eine Einheitspartei der demokratischen Sozialisten vgl. *Grebing*, S. 133f.

kennen[1198]. Braunschweig ist hierfür ein gutes Beispiel[1199], ebenso Staffs Adressat, der Genosse Kubel[1200]. Die Darstellung des Verhältnisses zu Schumacher und zur ‚Lagergemeinschaft' macht deutlich: Staff war ein Linkssozialist, für den Einheit und Freiheit der Arbeiterbewegung gleich wichtig waren und die Vereinigung mit der KPD in einer Partei des demokratischen Sozialismus damals, 1946, noch ein nicht nur erstrebenswertes, sondern auch machbares Ziel darstellte.

Von der Außenwelt war Staff während der Dachauer Schutzhaft weitestgehend abgeschnitten. Die Mutter bemühte sich um die Entlassung. Am 19. Dezember 1935 richtete sie einen Brief an Klagges, in Personalunion Ministerpräsident und Innenminister, worin sie darum bittet, ihr den Sohn bis Weihnachten wiederzugeben. Hierin erklärt sie sein Bleiben in Braunschweig nach 1933 damit, dass er eine Flucht als Schuldeingeständnis betrachtet hätte und in Sorge um ihr Wohlbefinden gewesen sei[1201]. Der mütterliche Wunsch blieb unerfüllt: Curt kam erst ein Dreivierteljahr später frei. Längere Zeit wurde er im Lager als Revierschreiber eingesetzt[1202], was zumindest den Vorzug einer weniger verschleißenden Tätigkeit mit sich brachte. Nach 1945 schrieben Ex-Mithäftlinge, sie erinnerten sich daran, dass er die Bücherei verwaltet[1203] und als Sprechstundenhilfe beim Lagerarzt gearbeitet hätte[1204]. Dennoch hinterließ das Lager auch physische Spuren und Narben. So zog sich der NS-Gefangene einen Herzmuskelschaden zu, der auf „ungewohnte, schwere körperliche Arbeit und wiederholte Mandelentzündung während der Haftzeit"[1205] zurückging. Erschütternde Einblicke in sein Lagererleben bietet das unveröffentlichte

---

1198 Vgl. *ebd.*, S. 133; diese Haltung teilten seinerzeit auch die noch im skandinavischen Exil lebenden Willy Brandt und Fritz Bauer (vgl. *Wojak*, S. 224).
1199 Zum braunschweigischen Bemühen um die Schaffung einer sozialistischen Einheitspartei vgl. *Lein*, Albrecht: Die Antifaschistische Aktion Braunschweig, in: Lutz Niethammer, Ulrich Borsdorf u. Peter Brandt (Hrsg.): Arbeiterinitiative 1945. Antifaschistische Ausschüsse und Reorganisationen der Arbeiterbewegung in Deutschland, Wuppertal 1976, S. 334–363, hier: S. 349–361; sowie *Bein*, S. 146–150.
1200 Vgl. *Lein* 1976, S. 349; auch *Bein*, S. 146–150.
1201 Vgl. NLA, WO, 12 Neu 13, Nr. 16063, ohne Foliierung – Brief von Elisabeth Staff an Diedrich Klagges vom 19. Dezember 1935.
1202 Vgl. Archiv der KZ-Gedenkstätte Dachau, A 4158, 3.1 Johann Br. am 18. April 1947 an Staff; ferner *ebd.*, 3.2 Richard Bo. am 3. November 1949 an Staff u. Staff am 8. November 1949 an Bo.
1203 Vgl. *ebd.*, 3.7 Ernst Ba. am 7. Januar 1953 an Staff.
1204 Vgl. *ebd.*, 3.13 Heinrich Fi. am 13. März 1950 an Staff.
1205 HLA, HHStAW, Abt. 518, Nr. 20485, grauer Aktendeckel, ohne Foliierung – Großes Erstes Rentengutachten vom 3. Dezember 1949.

Manuskript ‚Die Herrschaft der Kriminellen' (1944/45), worin er die Gewalt und den Terror schildert, denen Schutzhäftlinge im ‚Dritten Reich' ausgeliefert waren. Das Lager beschreibt Staff dort als eine große Metapher. Klassenunterschiede würden nur den Blick auf die Tatsache verstellen, dass eigentlich ganz Deutschland ein einziges KZ war[1206]. Am 3. Oktober 1936 wurde per Verfügung der Politischen Polizei Braunschweigs endlich die Schutzhaft aufgehoben[1207]. Am 13. wurde er auf freien Fuß gesetzt[1208]. Nach 1945 wurde mit Blick auf Schutzhaftbefehle gegen den Ex-Polizeiverwaltungsjuristen und SS-Oberführer Otto Diederichs[1209] ein Ermittlungsverfahren wegen Menschlichkeitsverbrechens eröffnet. In dessen Verlauf bestätigte der damalige Generalstaatsanwalt Staff als Zeuge, sein Schutzhaftbefehl hätte die Unterschrift des Beschuldigten getragen[1210].

Das dringendste Problem war nun die Sicherung des Lebensunterhalts, die Suche nach Arbeit. Angesichts der Perspektivlosigkeit war Staff zum symbolischen Kniefall vor dem NS-Regime bereit. So teilte er Ministerpräsident Klagges Anfang 1937 mit, ihn im Gespräch von seiner „unbedingten nationalen Zuverlässigkeit"[1211] überzeugen zu wollen. Es ist unbekannt, ob es zu einer Unterredung kam. Sicher war die Bittschrift nur ein Lippenbekenntnis, das der verzweifelten Lage geschuldet war. Bald darauf, noch 1937, fand Staff einen Broterwerb als kaufmännischer Angestellter einer in Blankenburg (Harz) ansässigen Baufirma[1212]. Der Sprung in die Privatwirtschaft bewahrte ihn in der Folge vor schwerer Repression, änderte aber nichts daran, dass er weiter unter Beobachtung stand. So notierte er gegen Kriegsende, er hätte sich nach der KZ-Zeit wegen der Gefahr erneuter Ver-

---

1206 Vgl. *Staff* 1944/45, S. 19.
1207 Das ist der beglaubigten Abschrift des Entlassungsscheins Staffs vom 13. Oktober 1936 entnehmbar, vgl. HLA, HHStAW, Abt. 518, Nr. 20485, blauer Aktendeckel, Bl. 21.
1208 Vgl. ITS Digital Archive Bad Arolsen, 1.1.6.1, Veränderungsmeldung KZ Dachau – 9909137; ferner HLA, HHStAW, Abt. 518, Nr. 20485, blauer Aktendeckel, Bl. 21.
1209 Zu Diederichs, Jahrgang 1904, vgl. *Sohn*, S. 189–208.
1210 Vgl. Archiv der KZ-Gedenkstätte Dachau, A 4158, 4.1 Staff am 28. Mai 1947 an den Vorsitzenden des Strafsenats am OLG Braunschweig. Zum Strafverfahren gegen Diederichs vgl. *Sohn*, S. 196f. u. 203–208; ferner *Wojak*, S. 260–262.
1211 NLA, WO, 12 Neu 13, Nr. 16063, ohne Foliierung – Brief Staffs an Klagges vom 9. Januar 1937.
1212 Vgl. HLA, HHStAW, Abt. 505, Nr. 1436, ohne Foliierung – Personalbogen. Dazu äußert sich Staff in einem Brief vom 27. August 1949 an die VVN Köln, vgl. *ebd.*, Abt. 518, Nr. 20485, grauer Aktendeckel, Bl. 2; auch *Zimmer*, S. 153.

haftung nicht mehr in der Heimat aufhalten dürfen. Zudem hätte er unter Gestapo-Aufsicht gestanden[1213].

Ein Glücksfall war die Bekanntschaft mit dem Textilindustriellen Heinrich Pferdmenges[1214], dessen Bruder Robert, nach 1949 als Bankier, CDU-Politiker und Vertrauter Adenauers einige Berühmtheit erlangte. Der Vater war Hausweber gewesen, Heinrich gründete 1907 eine Baumwollspinnerei in Rheydt[1215], die zum Kern eines Firmenkreises von Textilbetrieben im Rheinland, in Sachsen, Ungarn und Ostpreußen werden sollte. 1926 kaufte er das Rittergut Hilprechthausen bei Bad Gandersheim[1216]. Beachtung verdient seine Beschäftigung mit der sozialen Frage, für deren Lösung er ein industriesoziales Konzept entwickelte[1217]. Ziel war die Gründung einer Heimwerkssiedlung als GmbH, die mit Anreizen „Belegschaftsverbundenheit mit diszipliniertem Gemeinschaftsdenken"[1218] erzeugen sollte. Nachdem er Mitte der dreißiger Jahre ein Gut bei Liebstadt in Ostpreußen erworben hatte, setzte Pferdmenges seine Pläne in die Tat um. Mit ‚Hinrichssegen' entstand eine textilindustrielle Heimwerkssiedlung[1219]. 1936 wurde mit dem Bau einer Volltuchfabrik begonnen. Ab 1939 kam die Produktion ins Rollen. Sie lief bis zum Einmarsch der Roten Armee Ende Januar 1945[1220]. Von 1938 bis 1945 wirkte tatsächlich Landgerichtsrat a. D. Staff als Pferdmenges' Privatsekretär. Den Kontakt mit dem Unternehmer hatte ein gemeinsamer Bekannter, Rechtsanwalt Hähn[1221], vermittelt. Zu seinen Aufgaben gehörten Besuche der Ziegelei und Weberei in Ostpreußen (‚Hinrichssegen') sowie der landwirtschaftlichen Besitzungen in Ungarn[1222]. Laut einer Gehaltsaufstellung der Nachfolgerfirma

---

1213 Vgl. *Staff* 1944/45, S. 2.
1214 Zu Pferdmenges (1877–1947) vgl. *Richter*, Friedrich: Heinrich Pferdmenges: Hinrichssegen. Schicksal eines ostpreußischen Textilwerkes 1934–1945, in: Udo Arnold, Mario Glauert u. Jürgen Sarnowsky (Hrsg.): Preußische Landesgeschichte. Festschrift für Bernhart Jähnig zum 60. Geburtstag, Marburg 2001 (Einzelschriften der Historischen Kommission für ost- und westpreußische Landesforschung, Bd. 22), S. 391–404, hier: S. 392.
1215 Rheydt wurde 1975 in die Stadt Mönchengladbach eingemeindet.
1216 Vgl. *ebd.*
1217 Vgl. Denkschrift ‚Deutschlands soziale Sendung' vom Oktober 1933 in: *Pferdmenges*, Heinrich: Industrielle Beiträge zur abendländischen Lösung des Sozialproblems [Hilprechthausen 1946], S. 5–12.
1218 *Richter*, S. 393.
1219 Vgl. Dokumente unter dem Titel ‚Zu meiner ostpreußischen Textilplanung, 1935' in: *Pferdmenges*, S. 13–17.
1220 Vgl. *Richter*, S. 393–401.
1221 Zu Hähn vgl. *Kalender für Reichsjustizbeamte für das Jahr 1940*, S. 95.
1222 Vgl. *Miosge* 2006: Staff, S. 111.

von 1959 bezog Staff ab 1939 ein „ausreichendes Einkommen"[1223]. Die neue Arbeit nötigte ihn aber zu Zugeständnissen an den NS-Staat. So trat er nach eigenen Angaben aus der Nachkriegszeit 1938 der DAF bei und war ab 1942 vertretungsweise Kassierer für die Nationalsozialistische Volkswohlfahrt (NSV)[1224]. Arbeitsplatz und Wohnsitz waren wohl bei bzw. in Rheydt, wo sich der Stammsitz des Firmenkreises befand. Von hier aus dürfte Staff zu den Betriebsbesichtigungen aufgebrochen sein. Seine Tätigkeit als Privatsekretär scheint ihn davor bewahrt zu haben, nach Kriegsbeginn zur Wehrmacht eingezogen zu werden[1225]. Dies hing vermutlich damit zusammen, dass seine Arbeit als ‚kriegswichtig' gelten konnte; denn im Krieg erhielten Pferdmenges' Unternehmen Wehrmachtsaufträge[1226], vermutlich zur Tuchfabrikation für Uniformen. Staff gab später an, im September 1944 im benachbarten München-Gladbach ausgebombt worden zu sein[1227]. Im Frühjahr 1945 fand er sich aber wieder im Land Braunschweig ein. Im Übrigen hatte sich Staff 1938 verheiratet[1228].

b) Reflexion über ‚Die Herrschaft der Kriminellen'

Gegen Kriegsende brachte Staff seine Interpretation des Nationalsozialismus zu Papier, den er als ‚Die Herrschaft der Kriminellen' charakterisierte. Hierin umschreibt er das ‚Dritte Reich' mit dem Begriffspaar Bartholomäusnacht – Komische Oper[1229], mithin als einen Staat, der sich des Rückhalts der Bürger mit Zuckerbrot und Peitsche versichert, der Gemeinschaft

---

[1223] HLA, HHStAW, Abt. 518, Nr. 20485, roter Aktendeckel, Bl. 32. Dabei handelt es sich um einen Brief Heinrich Pferdmenges' (= jun.) an Ilse Staff vom 19. März 1959. Während das durchschnittliche Nettogehalt Staffs 1938 bei 259 RM lag, stieg es 1940 auf 803 RM plus Weihnachtsgratifikation und erreichte 1943 monatlich 1.011 RM (inklusive Weihnachtsgeld).
[1224] Vgl. *ebd.*, Abt. 505, Nr. 1439, ohne Foliierung – Personalbogen Curt Staffs, S. 2; ferner *ebd.*, Nr. 1436, Bl. 1.
[1225] Vgl. *Miosge* 2006: Staff, S. 111; weiter *Wassermann* 1996.
[1226] Vgl. *Richter*, S. 396.
[1227] Vgl. HLA, HHStAW, Abt. 518, Nr. 20485, grauer Aktendeckel, ohne Foliierung – Liste über Anschaffungen für Garderobe, Wäsche und notwendige Reparaturen, ohne Datum.
[1228] Vgl. *ebd.*, Abt. 505, Nr. 1436, ohne Foliierung – Personalbogen.
[1229] Vgl. *Staff* 1944/45, S. 39; weiter *ders.*: Zur gegenwärtigen Lage der Gesetzgebung, in: Geist und Tat 4 (1949), H. 4, S. 164–168 (= Staff 1949: Gesetzgebung), hier: S. 165.

zelebriert und unerwünschte Elemente ausgrenzt und terrorisiert. Bei Abfassung des 60-seitigen Textes wurde Staff dadurch behindert, dass er seit 1935 von seiner Bibliothek abgeschnitten war: zuerst durch die Gefangenschaft im KZ Dachau, dann wegen des Umstands, dass an eine Heimkehr aufgrund der Gestapo-Überwachung und Verhaftungsgefahr nicht zu denken war. Gleichwohl bietet das maschinenschriftliche Manuskript eine erstaunlich hellsichtige, teils polemisch gefärbte Analyse des NS-Herrschaftssystems. Die Einleitung verdeutlicht, dass der Autor die Alliierten als Adressat betrachtet. Deutlich wird auch, dass es ihm über eine interpretierende Rückschau hinaus um den politischen wie auch juristischen Umgang mit der zukünftigen NS-Vergangenheit geht, um Fragen von Schuld und Bestrafung. Eine Kollektivschuld lehnt Staff ab, denn es gebe Schuldige sowie Unschuldige. Erstere seien zur Verantwortung zu ziehen[1230]. Formal gliedert sich das Werk nicht nur in unterschiedliche Kapitel, sondern auch in einen im Juni 1944 abgeschlossenen Hauptteil und ein nach Kriegsende zugefügtes Nachwort (S. 59f.). Nacheinander werden der Aufstieg der NS-Bewegung aus soziologischer Warte beleuchtet (S. 3–6), Lüge und Gewalt als Werkzeuge der Diktatur bestimmt (S. 10–13) und aufgezeigt, wie Terror und Willkür als Verfolgungsmechanismen gegen politische Gegner und Juden wirkten (S. 13–21). Diesbezüglich streift Staff auch die Frage, was die Deutschen vom Völkermord an den Juden und dem an der Ostfront geführten Vernichtungskrieg gegen Polen sowie Russen wissen konnten. So konstatiert er das Einsickern von Nachrichten über Gräuel durch Berichte von beurlaubten Soldaten an der Heimatfront[1231]. Es wird sodann erläutert, wie der Rechtsstaat nach 1933 durch die Aufhebung des strafrechtlichen Rückwirkungsverbotes, Schutzhaft und Erzwingung von Geständnissen durch Folter abgeschafft wurde (S. 24–33).

Der Darstellung und Deutung des KZ als Instrument der NS-Herrschaft gebührt bei Staff ein besonderes Gewicht (S. 33–46). Deutlich kennzeichnet eigenes Erleben die Beschreibung der physischen wie psychischen Quälereien, denen die Häftlinge unterlagen: des von Schikanen und Feindseligkeiten geprägten Zusammenlebens mit Fremden auf kleinstem Raum (S. 35f.), der Angst der politischen Gefangenen vor Spitzeln und Provokateuren (S. 36f.), der Skrupel- und Disziplinlosigkeit der SS-Wachen (S. 37–39) und der von ihnen verübten Erniedrigungen, Gewalt und Folter gegenüber Insassen, u. a. in Arbeitskommandos und Arrestzellen, äußerst un-

---

1230 Vgl. *Staff* 1944/45, S. 1f.
1231 Vgl. *ebd.*, S. 20.

2.2 Strafsenatspräsident Curt Staff – der NS-verfolgte Sozialdemokrat

erbittlich bei ‚Rückfälligen' (S. 40–46)[1232]. Vom NS-Machtapparat unbeabsichtigt, bewirkte der Terror auch, dass politische und Gewissensgefangene soziale wie parteipolitische Schranken überwanden und zusammenrückten; wie im Brief an Kubel vom April 1946 (s. o.) lobt Staff deren Charakterstärke und Kameradschaftsgeist[1233]. Eine ‚Lagernotgemeinschaft' gab es vielerorts und lange Zeit in der Tat[1234] – gewiss auch, als Staff in Dachau und der Anteil der politischen Häftlinge noch sehr hoch war. Wie bereits dargelegt, ist solch eine Bewertung aber im Lichte eines ‚Überlebensdiskurses' und sinnstiftenden Narrativs zu betrachten. Dieses bot im Übrigen Raum für eine Negativcharakterisierung der ‚Kriminellen' im Lager. Wie der linke Ökonom und Buchenwald-Überlebende Benedikt Kautsky[1235] zieht auch Staff eine rote Linie zwischen weltanschaulichen Häftlingen und ‚Berufsverbrechern'. Letzteren attestiert er wegen ihrer Prägung und Geisteshaltung eine größere Nähe zu den SS-Bewachern als zu den Mitgefangenen[1236]. Forschungen zeigen allerdings, dass die nach 1945 hegemoniale Erzählung der ‚Lagergesellschaft' nur eine mögliche Lesart der vergangenen Wirklichkeit wiedergibt[1237]. Allgemein weisen Staffs Ausführungen zum KZ-System und Häftlingsalltag Parallelen zu Eugen Kogons Buch ‚Der SS-Staat'[1238] auf. Im Gegensatz zu diesem handelt es sich jedoch nicht um einen mit empirischem Material gesättigten Sachbericht. Vielmehr sind sie integraler Teil eines Textes, dessen hoher Quellenwert darin liegt,

---

1232 Aufschlussreich hierzu auch die eidesstattliche Erklärung, die Staff am 15. Juli 1946 gegenüber der Militärregierung abgab, vgl. HLA, HHStAW, Abt. 505, Nr. 1445, Bl. 38–40.
1233 Vgl. *Staff* 1944/45, S. 46.
1234 Vgl. *Orth*, Karin, S. 114.
1235 Vgl. *Kautsky*, Benedikt: Teufel und Verdammte. Erfahrungen und Erkenntnisse aus sieben Jahren in deutschen Konzentrationslagern, Zürich 1946; zu Kautsky (1894–1960) vgl. *Leser*, Norbert: Kautsky, Benedikt, in: Neue Deutsche Biographie. Bd. 11, Berlin 1977, S. 373.
1236 Vgl. *Staff* 1944/45, S. 36. Ähnliche Zuschreibungen finden sich bei *Kautsky*, S. 143; sowie *Kogon*, Eugen: Der SS-Staat. Das System der deutschen Konzentrationslager. 42. Aufl., München 2004, S. 382f.
1237 Vgl. *Orth*, Karin, S. 112–118. Zur Dekonstruktion der vermeintlichen Homogenität der ‚Lagergesellschaft' durch Niethammers Dokumentation ‚Der ‚gesäuberte' Antifaschismus. Die SED und die roten Kapos von Buchenwald' (1994) vgl. *Hoffmann*, S. 46.
1238 Zu ‚Der SS-Staat' vgl. *Buhl*, Hendrik: I.B2 Eugen Kogon: *Der SS-Staat*, in: Fischer/Lorenz (Hrsg.), S. 31–33. Zu Kogon (1903–1987) vgl. *Mühlhausen*, Walter: Eugen Kogon – Ein Leben für Humanismus, Freiheit und Demokratie, Blickpunkt Hessen Nr. 5, Wiesbaden 2006.

dass er das kenntnisreiche, subjektive und zeitnahe (Selbst-)Zeugnis eines verfolgten Juristen über die NS-Zeit ist.

Danach wendet sich das Manuskript der Rolle von Recht und Justiz im ‚Dritten Reich' zu (S. 46–58). Hierbei kommt Staff auf die Frage der strafrechtlichen Aufarbeitung von NS-Unrecht zurück. Eindeutig ist seine Forderung, dass die Täter in rechtsstaatlichen Verfahren vor einem gerechten Richter abgeurteilt werden müssten[1239]. Damit einer gefährlichen Mythenbildung ein Riegel vorgeschoben werde, seien deutsche Gerichte mit der Aufgabe zu betrauen[1240]. Für die Nachkriegsjustiz prognostiziert er, dass sich die Bewertung der Aussagen von einstigen KZ-Insassen und -Wachleuten[1241] sowie Schuldzurechnungsfragen[1242] als wichtige Problemfelder herauskristallisieren würden. Mit den Juristen geht der Autor im Folgenden hart ins Gericht. Ihnen attestiert er weitestgehend Versagen, da sie nicht dem Recht, sondern der Macht gedient hätten. Dabei bedient er sich einer klaren, häufig drastischen Sprache, die bei einem Mann des Rechts selten anzutreffen ist. Das Verdikt schließt die Jurisprudenz ein, wobei Staff dem bis 1933 geachteten Staatsrechtler Carl Schmitt vorwirft, mit dem Begriff der ‚Artgleichheit' dem NS-Unrecht Vorschub geleistet zu haben. Der gesamten Profession hält er vor, willfährig den ‚Führerstaat' gerechtfertigt und fürchterliche Verbrechen mit der Autorität des Amtes gedeckt zu haben[1243]. Neben Tätern und Helfern identifiziert er einen dritten Schuldigenkreis: Richter, Staatsanwälte und Polizeibeamte. Statt der Amtspflicht zu genügen, indem sie NS-Verbrechen verhinderten bzw. bestraften, seien sie oft gar als Gehilfen oder Mittäter aufgetreten. Die Ex-Justizkollegen hätten sich durch Aneignung des NS-Rechtsverständnisses, wonach Staat und Recht identisch seien, vom Rechtsstaat abgewandt und das subjektive öffentliche Recht samt elementaren Freiheitsrechten und der wirksamen Option der Klageerhebung gegen den Staat preisgegeben[1244]. Staff beschuldigt sie der Begehung von Amtsverbrechen. Vorsätzlich hätten sie abertausend-

---

1239 Vgl. *Staff* 1944/45, S. 53.
1240 Vgl. *ebd.*, S. 57f.
1241 Vgl. *ebd.*, S. 34f. Zum Quellenwert von Zeugenaussagen von NS-Opfern und -Tätern in Nachkriegsprozessen vgl. *Finger*, Jürgen/*Keller*, Sven: Täter und Opfer – Gedanken zu Quellenkritik und Aussagekontext, in: Dies./Wirsching (Hrsg.), S. 114–131.
1242 Vgl. *Staff* 1944/45, S. 44.
1243 Vgl. *ebd.*, S. 51.
1244 Vgl. *ebd.*, S. 53f. Der NS-Strafrechtsprofessor Reinhard Höhn (1904–2000) verneinte damals für den NS-Staat die Existenz eines subjektiven öffentlichen Rechts, das individuelle Grund- und Freiheitsrechte garantiert, und zwar auf

fach gegen vorher befolgte prozessuale Schutzvorschriften verstoßen, mangels Rückgrats oder willentlich und bewusst verbrecherisch. Absehbare Ausreden wie Unkenntnis der NS-Verbrechen oder Nötigung lässt er nicht gelten. Täglich hätten die Opfer als Zeugen und Angeklagte vor den Schranken der Justiz gestanden und Richter wie Staatsanwälte nicht eingegriffen, obwohl erkennbar war, dass jene brutalen Misshandlungen ausgesetzt waren. Sie akzeptierten unter der Folter erpresste Geständnisse und verurteilten wissentlich Unschuldige. Solcherart wurden sie Staff zufolge zu Mittätern an Morden, Diebstählen und Folterungen und zerstörten durch ihre Rechtsbeugung bewusst Leben[1245]. NS-Justizverbrechen hafte besondere Verworfenheit an, da sich die Beteiligten der eigenen Menschenwürde begeben hätten[1246]. Die deutsche Rechtspflege als Schuldige an NS-Unrecht und Stützpfeiler der Diktatur, Richter wie Staatsanwälte als kaltblütige Täter – klarer kann eine Abrechnung mit der eigenen Profession nicht ausfallen. Das Argument, als Richter in einer Zwangslage gewesen zu sein, biete keinen Schuldausschließungsgrund; denn 1933 wäre der Gefahr Einhalt geboten worden, wenn jeder im Amt nur stets der gesetzlichen Pflicht nachgekommen wäre. Mahnend erinnert Staff daher an Feuerbachs Antrittsrede als erster Präsident des Ansbacher Appellationsgerichts von 1817, worin der Ungehorsam zur heiligen Richterpflicht erklärt wird, wo Gehorsam zum Treubruch gegenüber der Gerechtigkeit verleiten würde[1247]. Die Bedeutung des Gerechtigkeitsbegriffs für den NS-verfolgten Juristen erhellt aus seinen an anderer Textstelle formulierten rechtsphilosophischen Gedanken. Ziel des Wirkens der Justiz müsse es sein, der Gerechtigkeit wenigstens näher zu kommen – seien eine absolute Wahrheit wie auch absolute Gerechtigkeit doch unerreichbar[1248]. Ein Absolutheitsanspruch wird folglich nicht erhoben, der Gerechtigkeit gegenüber der

---

Basis seiner völkischen Rechtsauffassung, die den Einzelnen (in der Theorie) weder als Untertan noch als individuelle Persönlichkeit, sondern als Glied der Volksgemeinschaft betrachtet, vgl. *Höhn*, Reinhard: Das subjektive öffentliche Recht und der neue Staat, in: Deutsche Rechtswissenschaft 1 (1936), S. 49–73.

1245 Vgl. *Staff* 1944/45, S. 54f.
1246 Vgl. *ebd.*, S. 57. Demnach erscheine Justizunrecht in einem anderen Licht als SS-Gräuel, bei denen Menschen am Werk waren, die durch ständige Dressur zum Verbrechen abgerichtet waren, waren Richter und Ankläger, die ihre Ehre nach 1933 aus Feigheit, Ehrgeiz, Geldgier und Eitelkeit opferten, doch im Geist von Kultur und Humanität erzogen worden.
1247 Vgl. *ebd.*, S. 56. An diesen Gedanken wurde 1946 mit der Radbruchschen Formel vom ‚gesetzlichen Unrecht', das im Extremfall der Gerechtigkeit zu weichen hätte, angeknüpft.
1248 Vgl. *ebd.*, S. 22; ähnlich auch *ders.* 1949: Gesetzgebung, S. 166.

Ordnungsstiftung als Rechtszweck aber Vorrang eingeräumt. Diese Sichtweise sollte für Staff prägend bleiben, nicht zuletzt mit Blick auf die Ahndung von NS-Verbrechen. Instruktive Einblicke in seine juristische Prägung liefern auch die Ausführungen, mit denen er der Gerechtigkeit und ihrem Verhältnis zu Macht und Recht nachspürt. So nutzt er eine Tour d'Horizon durch die Strafrechtsgeschichte, um die Pervertierung des Strafrechts im ‚Dritten Reich' mit der Entwicklung einer politisch mündigen Zivilgesellschaft seit der Aufklärung in Frankreich zu kontrastieren. Als Anschauungsmaterial dienen ihm z. B. der Einsatz Voltaires für die Aufhebung eines Todesurteils gegen einen Hugenotten 1765 und die Dreyfus-Affäre ab 1894[1249]. Derartige Überlegungen weisen den Autor als rechtsphilosophisch und -historisch beschlagenen, demokratisch-humanistisch gesinnten Juristen aus. Im Zentrum des im Sommer 1945 verfassten Nachworts steht ein emphatischer Aufruf zur Bestrafung von NS-Verbrechen (S. 59f.).

2.2.3 Führender Strafrechtler der Britischen Zone (1945 bis 1950)

Kurz nach der bedingungslosen Kapitulation des Deutschen Reichs berief am 17. Mai 1945 Braunschweigs Justizministerium Staff mit Einverständnis der britischen Besatzungsbehörde zum Generalstaatsanwalt[1250]. So war bekannt, dass der Ex-Landgerichtsrat aus dem Rheinland zurückgekehrt war. Schon am 8. Mai war das Landratsamt Gandersheim angewiesen worden, ihn aufzufordern, sich „schnellstens (...) im Braunschweigischen Staatsministerium bei Herrn Minister Schlebusch"[1251] zu melden. Wie kam es dazu, dass Staff, 1938 bis 1945 Privatsekretär beim Textilindustriellen Pferdmenges, plötzlich in jene juristische Spitzenposition vorrückte? Miosge vermutet, dass sein Name „auf einer ‚weißen Liste' der zum Wiederaufbau einer demokratischen Justiz befähigten Persönlichkeiten [stand], die die Engländer mitbrachten und die auf den 1938 nach England emigrierten Braunschweiger Oberverwaltungsgerichtsrat Dr. Gutkind zu-

---

1249 Vgl. ders. 1944/45, S. 23f.
1250 Vgl. HLA, HHStAW, Abt. 505, Nr. 1445, Bl. 1, i. e. Schreiben des Braunschweigischen Staatsministers für Justiz vom 17. Mai 1945. Vereidigt wurde Staff am 3. Juli, vgl. ebd., Bl. 4; zudem Miosge 2006: Staff, S. 111; Henne 2001, S. 3031.
1251 Vgl. NLA, WO, 12 Neu 13, Nr. 3928, Bl. 3; wie auch Miosge 2006: Staff, S. 111; Henne 2001, S. 3031.

rückging"[1252]. Nachprüfbar ist dies jedoch nicht, denn die Liste blieb nicht erhalten. Zudem relativierte Miosge später sein Wissen um die Autorschaft Gutkinds[1253]. Womöglich verdankte Staff seine Ernennung zum Generalstaatsanwalt der Tatsache, dass er schon früher, vor der NSDAP-Regierungsbeteiligung im Herbst 1930, für das Amt gehandelt worden war. Er selbst führte die Beförderung auf die Fürsprache von Ministerpräsident Schlebusch zurück[1254], jenes Sozialdemokraten, mit dem er bis August 1935 in einer Schrebergartensiedlung illegale politische Treffen veranstaltet hatte.

Schlebusch beorderte den Bekannten aber am 19. Mai 1945 in eine andere Dienststelle. Staff sollte das Amt des Landrats im Kreis Gandersheim antreten[1255]. Warum diese Betrauung mit einem für einen Justizjuristen untypischen Amt? Im von den Alliierten besetzten Deutschland herrschte damals ein Stillstand der Rechtspflege; die meisten Gerichte, v. a. die OLG, waren noch geschlossen. Für den Generalstaatsanwalt gab es nichts zu tun. Da es einen Mangel an qualifizierten und unbelasteten Verwaltungsfachleuten gab, erschien ein Mann wie er am ehesten zur Erledigung der dringenden Landratsgeschäfte befähigt. Von der Militärregierung ernannt, gehörten die Landräte zur „Spitze der funktionsfähigen deutschen Administrationen, auf deren Mitarbeit die Besatzungsmacht – gemäß dem ‚indirect rule'-Prinzip – angewiesen war"[1256]. Staffs Berufung zum Chefankläger und seine Beauftragung als Landrat bestätigen die Tendenz, dass mit Kriegsende alte SPD-Netzwerke aktiviert wurden, um den demokratischen Wiederaufbau einzuleiten. Weil sie bei den Briten weniger Vertrauen als die SPD genossen, gerieten KPD und ‚Antifaschistische Aktion Braun-

---

1252 *Miosge*, Dieter: Die Braunschweiger Juristenfamilie Mansfeld, in: Wassermann (Hrsg.), S. 328–348, hier: S. 344. Zu Gutkind (1880–1976) vgl. *ders.*: Der vertriebene Richter Dr. Walter Gutkind (1880–1976), Braunschweig 2005; ferner *Henne*, Thomas: Gutkind, Walter Adolf, in: Rückert/Vortmann (Hrsg.), S. 352f.; *Vögel*, Bernhild: Gutkind, Walter Adolf, in: Jarck/Scheel (Hrsg.), S. 235.
1253 Dennoch hält *Miosge* 2005, S. 22, es für „höchst wahrscheinlich", dass die Berufung Wilhelm Mansfelds zum OLG-Präsidenten auf eine Empfehlung des Emigranten Gutkind zurückging. Vielleicht galt dies auch für Staff.
1254 Vgl. *Wenzlau*, S. 107f.
1255 Vgl. NLA, WO, 12 Neu 13, Nr. 3928, Bl. 4; dazu *Henne* 2003: Staff, S. 303; *Miosge* 2006: Staff, S. 111.
1256 *Schneider*, Ullrich: Britische Besatzungspolitik 1945. Besatzungsmacht, deutsche Exekutive und die Probleme der unmittelbaren Nachkriegszeit, dargestellt am Beispiel des späteren Landes Niedersachsen von April bis Oktober 1945 [Hannover 1980], S. 42f.

schweig' mit Blick auf die Besetzung von Spitzenposten der Verwaltung ins Hintertreffen[1257]. Ein interessantes Detail: Staffs Wohnort Heckenbeck[1258], heute Stadtteil von Bad Gandersheim, lag nur zwei Kilometer von Pferdmenges' Rittergut Hilprechtshausen entfernt. Da liegt die Annahme nahe, dass der Privatsekretär dem Unternehmer gegen Kriegsende Richtung Gandersheim gefolgt war. Erwähnenswert ist auch, dass Staff im Juli 1945 als Landrat mit Pferdmenges im Diskurs über die Einrichtung zweier Textilbetriebe stand: einer Lumpenreißerei und einer Kleiderfabrik[1259]. Zwar ist es schwierig, Aussagen zu Staffs so kurz währender Landratstätigkeit zu treffen. Der genannte Vorgang zu Pferdmenges veranschaulicht jedoch, dass seine Aufgaben die für den Wiederaufbau wichtige Gewerbeförderung umfassten. Zwar wechselte er schon am 1. August als Generalstaatsanwalt nach Braunschweig[1260]. Gleichwohl datiert der Brief, mit dem ihn das Staatsministerium für Justiz von den Pflichten als kommissarischer Landrat entbindet, erst vom 8. Oktober 1945[1261].

Der Dienst als Generalstaatsanwalt machte einen Umzug erforderlich. Da Wohnraummangel in Braunschweig herrschte, bezog Staff im November 1945 eine Wohnung im benachbarten Wolfenbüttel[1262]. Als Leiter der Anklagebehörde unterstand er OLG-Präsident Mansfeld, der der Militärregierung gegenüber weisungsgebunden war. Neben der im Weiteren behandelten personalpolitischen wie strafrechtlichen Aufarbeitung des NS-Staats sah sich Braunschweigs Generalstaatsanwalt v. a. mit der Problematik einer sehr hohen Kriminalitätsrate konfrontiert. Während er schweren Verbrechen wie Mord und Raub mit entschiedener Ahndung begegnen wollte, warb er bei ZJA-Präsident Kiesselbach hinsichtlich kleinerer, aus der Not geborener Wirtschaftsvergehen im Dezember 1946 für Straflosigkeit (vgl. *III.2*). Auch übte er das Gnadenrecht aus, war der Besatzungsmacht darüber aber zur Berichterstattung verpflichtet[1263]. Hiermit war er befugt, offenkundig dem NS-Geist entsprungene und unverhältnismäßig

---

1257 Vgl. *Lein* 1976, S. 340–343; weiter *Schneider*, Ullrich, S. 42. Zur ‚Antifaschistischen Aktion Braunschweig' vgl. *Lein*, Albrecht: Antifaschistische Aktion 1945. Die „Stunde Null" in Braunschweig, Göttingen u. a. 1978 (Göttinger Politikwissenschaftliche Forschungen, Bd. 2).
1258 Vgl. NLA, WO, 12 Neu 13, Nr. 3928, Bl. 4.
1259 Vgl. *ebd.*, 12 Neu Wirtschaft 18, Nr. 1014.
1260 Diese Information bietet ein Schreiben des Braunschweiger Staatsministers für Finanzen vom 7. August 1945, vgl. HLA, HHStAW, Abt. 505, Nr. 1445, Bl. 5.
1261 Vgl. NLA, WO, 12 Neu 13, Nr. 3928, Bl. 9.
1262 Vgl. HLA, HHStAW, Abt. 505, Nr. 1445, Bl. 27.
1263 Vgl. *Ludewig/Kuessner*, S. 165.

harte Urteile zu mildern oder sogar zu kassieren – so etwa im Fall der vierjährigen Zuchthausstrafe für einen Kaufmann wegen Zuwiderhandlung gegen das NS-Heimtückegesetz[1264] und im Fall einer dreijährigen Zuchthausstrafe für eine Kellnerin wegen verbotenen Umgangs mit einem Kriegsgefangenen in Verbindung mit dem Abhören eines ‚Feindsenders'[1265]. Staff verstand das Begnadigungsrecht als Instrument der Gerechtigkeit[1266]. Jedoch verwarf seine Behörde Urteile des NS-Sondergerichts nicht samt und sonders. So wurden manche Entscheidungen, etwa bei Heimtückevergehen oder Umgang mit Kriegsgefangenen, nicht sofort aufgehoben oder nur im Strafmaß reduziert[1267].

Obwohl die Hauptzuständigkeit für die Entnazifizierung der Justiz in Braunschweig seit dem Juli 1946 beim ‚Holland-Ausschuss' lag, dessen Bilanz aber zwiespältig ausfiel (vgl. III.2), war auch Chefankläger Staff daran beteiligt. Es nimmt nicht wunder, dass er als unbelasteter Spitzenjurist und Kenner der lokalen Justiz zum Berufungsausschussmitglied bestimmt wurde[1268]. Als solches suchte er händeringend geeignetes Personal, kam aber Anfang 1946 zur Einsicht, dass die Staatsanwaltschaft weder für Justizjuristen noch für Rechtsanwälte als attraktiver Arbeitsplatz gelten könne. Bei vielen Juristen – gerade solchen, die von der Militärregierung eingestellt worden waren – herrschten laut Staff Angst vor Erpressung und Unsicherheit aufgrund der ungewissen Zukunft nach dem Abzug der Besatzungsmacht. Denn vielerorts wurden diese Juristen misstrauisch beäugt[1269]. Den Rechtsanwalt Friedrich Wilhelm Holland versuchte Staff 1946 als Oberstaatsanwalt zu gewinnen. Als dies misslang, reagierte er verärgert, sah er sich doch in der unangenehmen Lage, das Amt „einem weniger geeigneten Herrn übertragen zu müssen"[1270]. Später soll er sich mit der Bitte um Nennung von Kandidaten für den Justizdienst an OLG-Rat Hans

---

1264 Vgl. *ebd.*, S. 132f.
1265 Vgl. *ebd.*, S. 147f.
1266 Das zeigt seine Zustimmung zur Deutung des Begnadigungsrechts bei dem Rechtsgelehrten Rudolf von Jhering in: *Staff*, Curt: Die Rückwirkung von Gesetzen. Ferdinand Lasalles Stellung zu dieser Frage, in: Geist und Tat 5 (1950), H. 9, S. 392–398, hier: S. 398, für den das Begnadigungsrecht „nur ein Mittel der Gerechtigkeit [gewesen sei], die anhand des einzelnen Falles zur Erkenntnis gelangt ist, daß das Gesetz sie nicht richtig bemessen hat". Zu Jhering (1818–1892) vgl. *Schröder*, Jan: Rudolf von Jhering (1818–1892), in: Kleinheyer/Schröder (Hrsg.), S. 230–236.
1267 Vgl. *Ludewig/Kuessner*, S. 234.
1268 Vgl. *Wassermann* 1989, S. 95.
1269 Vgl. *Raim*, S. 387.
1270 Zit. n. *Miosge* 2004: Holland, S. 147.

Meier-Branecke gewandt haben, der – selbst einst Oberstkriegsgerichtsrat, politisch belastet, jedoch entnazifiziert – Staff prompt auf ehemalige Wehrmachtskollegen verwies[1271]. Dass er sich hier an die falsche Adresse gewandt hatte, war ihm wohl nicht bewusst. Davon, dass er den Rückstrom belasteter Juristen in den Staatsdienst aufhalten wollte, zeugt sein 1946 gegen die Wiedereinstellung des Ex-Sonderrichters Wilhelm Spies eingelegter Einspruch. Zur Begründung verwies er auf das in *Kapitel VI.2.4* behandelte Todesurteil gegen einen polnischen Hilfsmonteur, woran Spies mitgewirkt hatte. Es sollte als Beleg für seine charakterliche Nichteignung fungieren: „Richter, die ein derartig mangelhaftes Todesurteil fällen, haben dadurch meiner Ansicht nach gezeigt, dass sie in sehr starkem Maße dem Ungeist des Nationalsozialismus verfallen waren und keineswegs als bloße nominelle Mitglieder der NSDAP angesehen werden können"[1272].

1946 spielte Staff eine kleine Rolle im ersten Justizskandal der Nachkriegsgeschichte: im Fall Hermsen[1273]. Die Militärregierung hatte ihn in einen Untersuchungsausschuss berufen, der die Integrität des 1945 zum OLG-Präsidenten von Hamm ernannten Juristen erörtern sollte. Denn obgleich Ernst Hermsen kein NSDAP-Mitglied gewesen und zu Beginn der NS-Herrschaft wegen kirchlicher Bindungen als Landgerichtspräsident in Koblenz ersetzt worden war, hatte er als OLG-Strafsenatsvorsitzender in Hamm bis 1937 dann doch nachhaltig zur Absicherung des NS-Herrschaftsanspruchs im rheinisch-westfälischen Gebiet beigetragen, und zwar, indem er Hitlers politische Gegner aburteilte[1274]. Seine harte Verhandlungsführung wie Urteilspraxis hatten ihm den Respekt der Gestapo verschafft, die den Erfolg seines Wirkens am Rückgang von Verhaftungen wegen kommunistischer Betätigungen festmachte[1275]. Die Briten kannten diese Hintergründe nicht, als sie das höchste Justizamt Westfalens besetzten. Für sie war entscheidend, dass Hermsen nicht der NSDAP angehört

---

1271 Vgl. *Kramer*, Helmut: Karrieren und Selbstrechtfertigungen ehemaliger Wehrmachtsjuristen nach 1945, in: Wolfram Wette (Hrsg.): Filbinger – eine deutsche Karriere, Springe 2006, S. 99–121, hier: S. 99. Zur Tendenz, Wehrmachtrichter als vermeintlich unbelastet in den Justizdienst zurückzuholen, da unter ihnen der Anteil der NSDP-Mitglieder niedriger war, vgl. *Wenzlau*, S. 131. Zu Meier-Branecke (1900–1981) vgl. *Klee* 2005, S. 399.

1272 Zit. n. *Sohn*, S. 51. Der Erfolg des Einspruchs währte nicht lange – 1949 wurde Spies als ‚entlastet' eingestuft und kehrte als Landgerichtsrat in Braunschweigs Justiz zurück.

1273 Vgl. *Raim*, S. 364–369; ferner *Niermann* 1996, S. 70f. Zu Hermsen, Jahrgang 1883, vgl. *Raim*, S. 364; zudem *Wenzlau*, S. 106; *Niermann* 1995, S. 161.

1274 Vgl. *ders.* 1996, S. 70f.

1275 Vgl. *ders.* 1995, S. 212f. Zu Hermsens Prozessführung vgl. *ebd.*, S. 208–213.

2.2 Strafsenatspräsident Curt Staff – der NS-verfolgte Sozialdemokrat

hatte und als NS-Kritiker galt. Dass der Eindruck irreführend war, zeigt die Tatsache, dass der neue OLG-Präsident ins Visier der Öffentlichkeit geriet; Vorwürfe wurden laut, Anzeigen erstattet und an der Personalie scharfe Kritik in einigen Zeitungen geübt[1276]. So sah sich die Besatzungsmacht zur Klärung der Frage genötigt und initiierte einen Untersuchungsausschuss, dem mit Staff, OLG-Präsident Heinrich Lingemann (Düsseldorf) und Generalstaatsanwalt Klaas (Hamburg) angesehene Justizjuristen angehörten[1277]. Zwischen Februar und April 1946 tagte das Gremium öffentlich in Düsseldorf, Hamm und Hannover und vernahm 110 Zeugen. Dabei zeichnete sich ein Bild Hermsens als Handlanger des NS-Regimes ab[1278]. Das Gremium kam zu dem Ergebnis, dass er zwar als NS-Gegner zu gelten hätte, wegen seiner Tätigkeit als Strafsenatsvorsitzender am OLG Hamm aber von vielen Personen mit dem ‚Dritten Reich' identifiziert werde[1279]. Zwar legte der in die Enge getriebene Hammer Chefrichter am 31. Mai sein Amt nieder – auf eigenen Wunsch und aus gesundheitlichen Gründen, wie es hieß. Der Schritt sollte allerseits den Gesichtsverlust in Grenzen halten[1280]. Die Causa hatte aber einen bitteren Nachgeschmack. Denn in Abstimmung mit der britischen Öffentlichkeitspolitik war am 20. Mai eine Verlautbarung des Deutschen Presse-Dienstes erschienen, die eine einseitige Ehrenrettung Hermsens darstellte und in SPD-Kreisen für Entrüstung sorgte, etwa im Parteiorgan ‚Hannoversche Presse'[1281]. Der nur auszugsweise bekannte, im Übrigen unveröffentlichte Abschlussbericht beschäftigte auch den Parteivorstand, der sich in der Hoffnung auf Weitergabe von Insiderwissen an Staff wandte; jedoch vergeblich[1282].

1276 Vgl. *Raim*, S. 365f.
1277 Vgl. *Spengemann*, Walter: Die deutschen Antinazis sind auch Menschen! Zur ehrenvollen Pensionierung des Präsidenten Dr. Hermsen, in: Hannoversche Presse, 1. Jg., 28. Juli 1946, S. 3 (abgedruckt in: *Justizakademie des Landes Nordrhein-Westfalen, Dokumentations- und Forschungsstelle „Justiz und Nationalsozialismus"* [Hrsg.]: Zum Aufbau der Justiz in den Oberlandesgerichtsbezirken Düsseldorf, Hamm und Köln in der frühen Nachkriegszeit. Text und Redaktion: Christiane Hottes, Recklinghausen 1995, Quelle 13 b); ferner *Raim*, S. 368. Zu Lingemann (1880–1962) vgl. *Wiesen*, Heinrich: Das Oberlandesgericht von 1945 bis zur Gegenwart, in: Ders. (Hrsg.): 75 Jahre Oberlandesgericht Düsseldorf. Festschrift, Köln u. a. 1981, S. 85–116, hier: S. 87–90 u. 96f.; ferner *Wenzlau*, S. 110.
1278 Vgl. *Niermann* 1996, S. 71.
1279 Vgl. *Raim*, S. 368.
1280 Vgl. *Niermann* 1996, S. 71; hierzu auch *Raim*, S. 368f.
1281 Vgl. *Spengemann*.
1282 Vgl. AdsD, SPD-Parteivorstand – Korrespondenz: Braunschweig. A-Z, Fritz Heine am 28. Juni 1946 an Staff und dessen Antwort vom 15. Juli 1946.

1944/45 hatte Staff seinen Standpunkt zum Umgang mit NS-Tätern und ihren Verbrechen in dem Manuskript ‚Die Herrschaft der Kriminellen' verdeutlicht (vgl. 2.2.2). Im Nachwort gibt er seiner Ungeduld beim Warten auf eine Strafgerichtsbarkeit Ausdruck, die alle am Unrecht der Diktatur Schuldigen zur Rechenschaft zieht. Für die Wiederherstellung der Gerechtigkeit und des Rechtsbewusstseins im Volk sei diese Sühne die nötige Voraussetzung[1283]. Bald war er als Generalstaatsanwalt in der Position, um ebendies Ahndungsprogramm in die Tat umzusetzen. Welche Bedeutung er dieser Aufgabe beimaß, erhellt daraus, dass er für die Aufarbeitung von NS-Verbrechen eine eigene Arbeitsgruppe schuf. Als deren Leiter fungierte seit Oktober 1945 Landgerichtsrat Hartmann, der mit dem Vorgesetzten Staff eng zusammenarbeitete[1284]. Dieser setzte Impulse für die Beweiserhebung, Zeugenakquise und Eröffnung von Ermittlungsverfahren (vgl. VI.1.2 und VI.2.2). So leitete er bereits Ende 1945 Ermittlungen wegen Verbrechen an polnischen Juden ein, die 1944/45 als Zwangsarbeiter für die Nutzkraftwagenfirma Büssing-NAG in Braunschweig eingesetzt worden waren[1285]. 1946 befürwortete er die Aburteilung von NS-Denunziationen – zuerst noch mit Hilfe der Konstruktion der mittelbaren Täterschaft (vgl. VI.2.1). Insofern er in solchen Fällen damals aber noch eine Schuld der aburteilenden Richter ausschloss, die nur als ‚Werkzeug' des Denunzianten gedient hätten und sich dem Zwang zur Verurteilung hätten beugen müssen, folgert Bahlmann, Staff hätte zu jenen Befürwortern der Strafverfolgung von NS-Vergehen gehört, die „nicht zu tief in die gesellschaftliche Ordnung eingreifen wollten. Auch sie bewerteten die Rechtssicherheit höher"[1286]. Allerdings wird diese Einschätzung Staff nicht ganz gerecht. Zwar maß er der Rechtssicherheit als Grundpfeiler des Rechtsstaats große Bedeutung bei. Wie sehr dem Generalstaatsanwalt aber die Gerechtigkeit als Maxime diente, spiegelt jede Lebensphase. Dabei bildete die Verfolgung von Gewalttaten der NS-Herrschaft nicht nur ein Gebot der Gerechtigkeit, sondern auch des Rechts – waren in seinem Verständnis beide Kategorien doch engstens miteinander verflochten. Hierin folgte er seinem Göttinger Lehrer, dem Philosophen Nelson, der den Leitsatz prägte: „Gerechtigkeit

---

1283 Vgl. *Staff* 1944/45, S. 59f.
1284 Vgl. *Sohn*, S. 56f.
1285 Vgl. *Liedke*, Karl: Vernichtung durch Arbeit: Juden aus Lodz bei der Büssing-NAG in Braunschweig 1944–1945, in: Gudrun Fiedler u. Hans-Ulrich Ludewig (Hrsg.): Zwangsarbeit und Kriegswirtschaft im Lande Braunschweig 1939 – 1945, Braunschweig 2003 (Quellen und Forschungen zur Braunschweigischen Landesgeschichte, Bd. 39), S. 217–236, hier: S. 234.
1286 *Bahlmann* 2012: OGH, S. 147.

ist Recht. Gerechtigkeit ist die gesuchte Regel für die gegenseitige Beschränkung der Freiheit der Einzelnen in ihrer Wechselwirkung"[1287]. Hinzu kam, dass Staff im ‚Dritten Reich' Gewalt und Verfolgung erlitten hatte. Diese Erfahrungen bewogen ihn, rechtsdogmatische Bedenken nach 1945 hintanzustellen und der Bestrafung der Täter wie der Wiederherstellung der Würde der Opfer durch ein rechtliches Verfahren zum Durchbruch verhelfen zu wollen. Beide Faktoren – Prägung durch Nelson sowie Diktaturerleben – zeichneten seine positive Haltung zur Anwendung von KRG 10 durch deutsche Gerichte vor. Mit den Generalstaatsanwaltskollegen Klaas (Hamburg) und Meyer-Abich (Oldenburg) gehörte Staff zu der Juristenminderheit, die in Bezug auf die Ahndung von NS-Unrecht bereit war, sich der Vorteile des in Artikel II 1c normierten Tatbestands ‚Verbrechen gegen die Menschlichkeit' zu bedienen. Dass dieser in Wissenschaft und Praxis wegen Unbestimmtheit und Aushebelung des Rückwirkungsverbotes umstritten war, wurde in *Kapitel V* ausgeführt. Darüber hinaus ist kaum verwunderlich, dass sich der Chefankläger aus Braunschweig in der natur- und sittenrechtlichen Ausrichtung an der Gerechtigkeit neben Nelson[1288] auf Radbruch und dessen Formel vom Primat der Gerechtigkeit gegenüber ‚gesetzlichem Unrecht' (vgl. *V.1*) stützte; beispielsweise in einem Brief an Oberst Rathbone (Legal Division) vom 23. Oktober 1946, in dem er begründet, warum der deutsche Richter die alliierte Strafrechtsnorm anwenden könne[1289].

Für Staff war KRG 10 aber kein Selbstzweck. Äußerungen und Initiativen, die er 1946/47 mit Blick auf NS-Denunziationen tätigte, belegen vielmehr, dass er solche Taten gern auf StGB-Basis verfolgt hätte. Er scheiterte aber mit dem Vorschlag, die Rechtsfigur der mittelbaren Täterschaft für den Nachweis individueller Schuld heranzuziehen, am Widerspruch der OLG-Präsidenten und Generalstaatsanwälte. Sein Bedauern darüber äußerte er Mitte Oktober 1946 gegenüber Meyer-Abich. Dann resümiert er, Anzeigeverbrechen, deren Sühnung die verletzte Rechtsordnung ‚ganz besonders gebieterisch ... erheischt', ‚können Verbrechen gegen die Menschlichkeit darstellen, können aber nicht zu gleicher Zeit unter die Tatbestände eines deutschen Gesetzes subsummiert werden' (vgl. *IV.3.3*). Diese Stelle offenbart, dass die Frage nach der Bestrafung von NS-Denunziationen ein

---

[1287] *Nelson*, Leonard: System der philosophischen Rechtslehre und Politik (= Vorlesungen über die Grundlagen der Ethik, Bd. 3), Leipzig 1924, S. 85.
[1288] Vgl. *Staff*, Curt: Was bedeutet Leonard Nelson unserer Zeit? In: Nelson 1949, S. V-X (= Staff 1949: Nelson).
[1289] Vgl. BArch, Z 21, Nr. 784, Bl. 47.

2 Präsident, Richter am Strafsenat und Generalstaatsanwalt – biographische Skizzen

ausschlaggebender Faktor für Staffs Einsatz für die praktische Anwendung des alliierten Tatbestands war. Wenn nur KRG 10 die Gewähr für die Ahndung solcher Taten bot, musste der deutschen Justiz so schnell wie möglich die Zuständigkeit dafür übertragen werden. Staff biss in den sauren Apfel und erkannte also das Gesetz als ein Ausnahmegesetz mit rückwirkender Rechtskraft an[1290]. Die Rechtssicherheit wurde insofern dem Primat der Gerechtigkeit untergeordnet oder – folgt man dem OGH im Urteil vom 4. Mai 1948 (vgl. *VIII.1*) – dahingehend interpretiert, dass erst die rückwirkende KRG-10-Anwendung eine Rückkehr zur Rechtssicherheit bedeutete, da das ‚Dritte Reich' ein Unrechtsstaat gewesen war, in dessen Namen Verbrechen begangen wurden.

Die eingetretene Verzögerung bei der notwendigen Ermächtigung deutscher Gerichte war für den Generalstaatsanwalt beunruhigend. Vielleicht ahnte er, dass sich das Zeitfenster für die Verfolgung von NS-Unrecht bald wieder schließen könnte. Gewiss wollte er der Kritik an der Durchführung der Verfahren entgegentreten und die Handlungsfähigkeit der Justiz beweisen. Aber man musste sich gedulden. Erst am 5. Juli 1947 gewährte die britische Rechtsabteilung deutschen Gerichten die ‚volle Freiheit, alle Fälle von Verbrechen gegen die Menschlichkeit, wie sie im Kontrollratsgesetz Nr. 10 näher bezeichnet sind, gemäß der VO. Nr. 47 abzuurteilen' (vgl. *IV.3.4*). Auch traf die Kritik der Linksparteien, Gewerkschaften und Verfolgtenorganisationen am stockenden Aufarbeitungsprozess sowie der ungenügenden Entnazifizierung der Justiz ins Schwarze. Dies illustriert die Tatsache, dass es auch in Staffs Arbeitsgruppe ‚NS-Verbrechen' Mitarbeiter gab, die dem NS-Regime loyal gedient hatten[1291]. So übernahm mit Fritz Hartger 1947 ein Mann vertretungsweise die Leitung, der jahrelang Staatsanwalt an Kriegsgerichten gewesen war und noch am 9. Mai 1945 in Norwegen vier Soldaten wegen Fahnenflucht zum Tode hatte verurteilen lassen[1292]. Ferner sei an die Beteiligung NS-belasteter Justizjuristen am Freispruch für den SA-Hilfspolizeiführer Hannibal vor dem Braunschweiger Landgericht am 16. Mai 1947 und an die ebenfalls in *Kapitel VI.2.2* dargelegten Gründe erinnert, weshalb in Staffs Sprengel trotz immerhin 985 Ermittlungsverfahren bis Ende Juni 1949 nur 83 Anklagen gegen 211 Personen erhoben wurden. Neben der Saumseligkeit und Überforderung der

---

1290 Vgl. *Broszat* 1981, S. 521f., der aus einem Schreiben Staffs an Rathbone vom 23. Oktober 1946 zitiert (siehe auch BArch, Z 21, Nr. 784, Bl. 39–44).
1291 Vgl. *Sohn*, S. 55; wie auch *Wojak*, S. 239.
1292 Vgl. *Sohn*, S. 58. Zu Hartger, Jahrgang 1907, vgl. *ebd.*; weiterhin *Handbuch der Justizverwaltung*, S. 55.

2.2 Strafsenatspräsident Curt Staff – der NS-verfolgte Sozialdemokrat

Staatsanwaltschaften waren es allzu milde erscheinende Urteile, die in der Öffentlichkeit Proteststürme entfachten. So endete der Helmstedt-Prozess gegen 29 Angeklagte wegen NS-Gewalttaten an politischen Gegnern und Juden im Frühjahr und Sommer 1933 – zugleich „der erste große NS-Prozess vor dem Landgericht Braunschweig"[1293] – am 15. Dezember 1947 mit der Verhängung von Strafen, die klar unter den von der Anklage geforderten lagen[1294]. Da der Eindruck bestand, dass die Richter dem Vorbringen der Täter allzu gewogen gewesen waren, folgten am 18. Dezember etwa 20.000 Menschen dem Aufruf von Gewerkschaften und Linksparteien zur Teilnahme an einer Demonstration[1295].

In einem Brief an Klaas, jetzt Leiter der ZJA-Strafrechtsabteilung, formuliert Staff am 24. Oktober 1947 seine Auslegung der im KRG 10 Art. II 1c definierten Norm[1296]. Hier wendet er sich gegen den von Strafrichterseite vertretenen Standpunkt, der fragliche Tatbestand komme nur dann zur Anwendung, wenn zugleich ein deutsches Strafgesetz verletzt sei. Daraus folge in der Praxis, dass das Gesetz nur herangezogen werde, wenn der Strafrahmen des StGB nicht ausreiche, um eine gerechte Strafe zu verhängen. Dieser Argumentation hält Staff entgegen, mit der alliierten Norm sei „ein ganz besonders im Recht bisher nicht erfaßter Unrechtsgehalt zum Gesetz erhoben"[1297] worden. Es handele sich hier um einen selbständigen Tatbestand, und soweit dies der Fall sei, scheide Idealkonkurrenz aus[1298].

> „Der Tatbestand des Verbrechens gegen die Menschlichkeit enthält, ohne daß das Gesetz darüber etwas sagt – und wir dürfen an die gesetzliche Terminologie dieses Gesetzes nicht mit den gewohnten Vorstellungen der deutschen Strafrechtsdogmatik herangehen – ein ganz ausgesprochenes subjektives Element, nämlich das Handeln aus einer Gesinnung heraus, die die Achtung vor Menschenwürde und Persönlichkeitswerten leugnet. Es kommt aber weiter hinzu ein starkes objektives Unrechtselement, das erst durch sein Vorliegen den Tatbestand dieses neuen Verbrechens voll erfüllt: Nämlich der Umstand, daß der Täter handelt gedeckt durch die faktische Totalitätsgeltung seiner machtpolitischen Überlegenheit. Dieses subjektive und objektive Unrechtselement verbindet alle im Tatbestand des Verbrechens aufgeführten Bei-

---

1293 *Sohn*, S. 104.
1294 Zum ‚Helmstedt-Verfahren' vgl. *ebd.*, S. 95–114, sowie *VIII.2.2.*
1295 Vgl. *Sohn*, S. 111; sowie *Wojak*, S. 240.
1296 Vgl. BArch, Z 21, Nr. 799, Bl. 168–176; hierzu auch *Raim*, S. 595 u. 597.
1297 BArch, Z 21, Nr. 799, Bl. 169 (Hervorhebung im Original).
1298 Vgl. *ebd.*, Bl. 171 u. 174; weiterhin *Raim*, S. 595.

spiele und verleiht der dort unter Strafe gestellten Handlungsweise ihren eigentlichen Unrechtsgehalt. (...) Verletztes Rechtsgut ist (...) nicht die individuelle Sphäre des Geschädigten, sondern die Humanitas"[1299].

Staff nimmt an dieser Stelle die Grundzüge der OGH-Auslegung zu ‚Verbrechen gegen die Menschlichkeit' vorweg. Das entscheidende Kriterium zur Identifizierung einer Straftat nach KRG 10 liege im verletzten Rechtsgut: der Menschlichkeit[1300]. Zugleich tritt Braunschweigs Generalstaatsanwalt der verbreiteten Meinung entgegen, ein derartiges Delikt erfordere einen Angriff auf eine größere Gruppe von Personen. Vielmehr unterstreicht er unter Hinweis auf den Fall Schwärzel (vgl. *IV.3.3* und *VI.1.1*) die Ansicht, bereits ein einzelnes Opfer könne ein Menschlichkeitsverbrechen begründen. Am Schluss betont er die Dringlichkeit der Bestrafung von NS-Unrecht: „Die Öffentlichkeit hat naturgemäß für diese Unterscheidungen wenig Sinn und verlangt mit Recht ungeachtet ihrer Parteizugehörigkeit, daß die wirklichen Verbrecher (...) endlich mit <u>fühlbaren</u> Strafen für ihre Untaten zur Rechenschaft gezogen werden"[1301]. Das KRG 10 bot Staff dafür eine nicht in allen Punkten überzeugende, jedoch zufriedenstellende Grundlage. Im zitierten Schreiben an Klaas begegnet uns der Chefankläger mithin als Akteur einer Vergangenheitspolitik durch Strafrecht. Dieser Befund kommt auch in seiner Haltung zu NS-Justizverbrechen zum Ausdruck, deren Ahndung er schon im Manuskript ‚Die Herrschaft der Kriminellen' gefordert und nach 1945 durch Ermittlungsverfahren gegen den Ex-Sondergerichtsvorsitzenden Lachmund und Generalstaatsanwalt a. D. Meißner betrieben hatte, bevor ihm mit KRG 10 ein Werkzeug zur Verfügung stand, mittels dessen er die Sonderrichter Lerche, Angerstein und Spies wegen eines äußerst fragwürdigen Todesurteils zur Rechenschaft ziehen wollte (vgl. *VI.2.4*). Mit diesem Engagement machte er sich unter Richtern und Staatsanwälten, die schon im NS-Staat treu ihr Amt versehen hatten, wenig Freunde. Wie vor 1933 polarisierte Staff auch nach 1945. Zwar hatte er als Verfolgter der Diktatur das moralische Recht auf der Seite und befand sich erstmals in einer einflussreichen Position – zugleich stand er aber in zentralen Fragen wie der Verfolgung von NS-Verbrechen in Opposition zur Mehrheitsmeinung. Nach dem Weggang Staffs erfuhr

---

1299 BArch, Z 21, Nr. 799, Bl. 170f. Walter Klaas kommentiert die von Staff dargelegte Fassung des Tatbestands am Rand mit zwei Worten – bezüglich der subjektiven Tatseite mit ‚richtig' und der objektiven mit ‚gut'.
1300 *Ebd.*, Bl. 174.
1301 *Ebd.*, Bl. 176 (Hervorhebung im Original); wie auch *Raim*, S. 597.

die Strafverfolgung von NS-Verbrechen in Braunschweig erst mit dem Remigranten Fritz Bauer wieder Auftrieb, der als Landgerichtsdirektor und ab 1950 als Generalstaatsanwalt in Staffs Fußstapfen trat[1302]. Bauer verstand KRG 10 als einen „revolutionären Anlauf zu einem für Deutschland neuen Recht" und attestierte dem Gesetz wie Staff die Wahrung eines „gewissen Kernbereich[s] des Rechts, der nach allgemeiner Rechtsüberzeugung von keinem Gesetz und keiner anderen obrigkeitlichen Maßnahme verletzt werden darf"[1303].

Seitens der Militärregierung hatte man sich bald eine hohe Meinung von Generalstaatsanwalt Staff gebildet. Laut Schreiben der Legal Division vom 24. August 1946 galt er als „staunch upholder of democracy and an opponent of the Nazi regime"[1304]. Oberst Rathbone, der oft mit ihm konferierte, lobte Ende Januar die „outstanding qualities of Staff"[1305] und schätzte ihn als „the best legal official I have yet met"[1306]. Seine Arbeit fand auch darin Anerkennung, dass er zum 1. Oktober 1946 zum Justizdirektor im ZJA ernannt wurde[1307]. Der ihm hier zugewiesene Platz stand seit Langem fest: Er sollte die Strafrechtsabteilung leiten (vgl. *III.3*). Schon Ende April war in einem deutsch-britischen Sondierungsgespräch die Vorentscheidung gefallen[1308]. Rathbone bemühte sich, dem Braunschweiger die neue Aufgabe schmackhaft zu machen, traf allerdings noch im Juni auf große Reserviertheit: „He does not like the idea, partly because he feels that he is not a good administrator (which I doubt) and partly because he does not want to leave his present house in the country in order to go to Hamburg"[1309]. Erst im August sagte Staff zu[1310]; dabei bedang er sich je-

---

1302 Zu Bauer (1903–1968) vgl. *Wojak*; ferner *Steinke*, Ronen: Fritz Bauer oder Auschwitz vor Gericht, München 2013.
1303 Zit. n. *Wojak*, S. 241. Unter Bauers Vorsitz wurde in einem Aufsehen erregenden Prozess im November 1949 auch Wilhelm Hannibal wegen Menschlichkeitsverbrechens zu drei Jahren Zuchthaus verurteilt, nachdem das Verfahren infolge erfolgreicher Revision an das Landgericht zurückverwiesen worden war (vgl. ebd., S. 252f.).
1304 Zit. n. *Raim*, S. 133f.
1305 Zit. n. *ebd.*, S. 134.
1306 Zit. n. *ebd.*, S. 259.
1307 Vgl. BArch, Z 21, Nr. 1328, Bl. 26; zudem *Henne* 2001, S. 3031; *Zimmer*, S. 153.
1308 Vgl. *Wenzlau*, S. 201; in einem Bericht an das Hauptquartier der Legal Division vom 28. Mai 1946 schreibt Oberst Rathbone: „I hope to get Dr. STAFF, Generalstaatsanwalt in BRUNSWICK, to be head of the Criminal Department", TNA, PRO, FO 1060, Nr. 1001, Bl. 146, S. 3 (Hervorhebungen im Original).
1309 Zit. n. *Raim*, S. 134.
1310 Vgl. HLA, HHStAW, Abt. 505, Nr. 1443, Bd. 1, Bl. 1.

doch aus, dass für angemessene Unterkunft gesorgt werde und die Besetzung der Führungspositionen sowie die Befugnisse des Amtes dessen zentrale Rolle widerspiegeln sollten[1311]. Der spätere Vorsitzende des Zweiten OGH-Strafsenats, Alfred Groß, wurde sein Stellvertreter[1312]. Jedoch stand der Start in Hamburg unter keinem guten Stern. So drohte Staff wegen der aus seiner Sicht inakzeptablen Wohnsituation im November 1946 mit der Nichtaufnahme der Arbeit. Das ihm vorgeschlagene Haus sei unbeheizbar, auch müsste er es mit einem Ex-SS-Angehörigen teilen[1313]. Die Legal Division war bemüht, den Wünschen zu entsprechen, aber auch irritiert ob der hohen Ansprüche, die einer zügigen ZJA-Eröffnung im Weg zu stehen schienen[1314]. Die Frage der Unterbringung erwies sich für Staff an der Elbe als ebenso heikel wie in Braunschweig und später Köln (vgl. *1.3*). Die kriegsbedingte Knappheit an Ressourcen war allgemein spürbar. Ob es gelang, angemessene Räume bereitzustellen, ist unbekannt. Staff zog jedenfalls auch danach nicht gen Norden. Seiner Personalakte sind dazu keine Hinweise zu entnehmen. Die widrigen Hamburger Arbeitsumstände hatten ihm die neue Dienststelle wohl frühzeitig verleidet.

Als Leiter der ZJA-Strafrechtsabteilung war Staff mehr denn je Akteur der Justizpolitik in der Britischen Zone – umso mehr, als er eine Scharnierfunktion zwischen der Legal Division und der deutschen Rechtspflege ausübte. Der in MRVO 47 vom 30. August 1946 ausgedrückte Wille der Briten zur Ahndung von NS-Verbrechen durch deutsche Gerichte sollte über ihn vermittelt und möglichst durchgesetzt werden. Eine Aufgabe, mit der er sich identifizierte, waren ihm die Verfolgung dieses Unrechts sowie die Annäherung an die Gerechtigkeit doch Herzensanliegen. Wie schwierig sie sein würde, wusste Staff, weil er seit 1945 regelmäßig an Treffen mit den Justizspitzen der Besatzungszone teilgenommen hatte. Dennoch setzte er sein Engagement hierzu auch als ZJA-Funktionär fort. Davon zeugt sein Auftritt auf der 10. Besprechung der OLG-Präsidenten in Bad Pyrmont Ende November 1946, wo er für die rückwirkende KRG-10-Anwendung deutscher Gerichte die Werbetrommel rührte, dabei aber auf viel Widerspruch stieß (vgl. *IV.3.3*). Was sich in dieser Debatte spiegelt, ist das Ringen um strafrechtliche Vergangenheitspolitik. Gegner wie Befürworter der Verfolgung von NS-Menschlichkeitsverbrechen mobilisierten ihre Kräfte. Während Erstere in der Überzahl waren und sich in der Ebene vernetzten, ar-

---

1311 Vgl. *Raim*, S. 134.
1312 Vgl. *Irmen/Pöpken*, S. 182.
1313 Vgl. *Raim*, S. 200.
1314 Vgl. BArch, Z 21, Nr. 1352, Bl. 103f.; sowie *Raim*, S. 200f.

beitete Staff als Justizdirektor im ZJA daran, die alliierte Strafrechtsnorm zu implementieren und in der Praxis zu verankern. Und in der Tat schlugen die Wellen während seines Hamburger Intermezzos im Herbst und Winter 1946/47 besonders hoch, da es im Zeichen der schrittweisen Ausweitung der Ermächtigung der deutschen Justiz zur Strafverfolgung von NS-Straftaten mit deutschen oder staatenlosen Opfern nach KRG 10 stand (vgl. *IV.3*). Als Strafrechtsabteilungsleiter war Staff in die britische Politik eingebunden – nicht als Entscheider, aber Berater und Mittler. Reaktionen und Probleme der Rechtspflege drangen zu ihm. So war er mit dem unter Justizjuristen verbreiteten Widerwillen gegen den neuen Tatbestand ebenso konfrontiert wie mit Unsicherheiten mit Blick auf den Charakter der Norm und dessen Anwendung. Definierte KRG 10 Art. II 1c einen eigenen Tatbestand? Was bezweckte die britischerseits ins Spiel gebrachte ‚Alternativklage'? Sollten Staatsanwälte bei der Klageerhebung frei zwischen deutschem Strafrecht und KRG 10 wählen können? Diese Gemengelage erwies sich als problematisch für die Durchsetzung des alliierten Strafgesetzes, dem Rathbone Anfang 1947 trotzdem attestierte, mittlerweile deutsches materielles Recht geworden zu sein[1315]. Auch beleuchtet das schon thematisierte Schreiben des Leiters der Ministry of Justice Branch (vgl. *IV.3.3*) das Beziehungsgeflecht zwischen Legal Division und ZJA sowie die Rolle von Justizdirektor Staff. Denn der Oberst führt zur Frage der deutschen KRG-10-Anwendung aus, er hätte das ZJA

> „angewiesen, Weisungen in der Frage für die Landesjustizminister zur Verteilung unter Richter[n] und Staatsanwälten der Länder aufzustellen, aber die Hauptverantwortung in dieser Frage scheint mir bei der Staatsanwaltschaft zu liegen, die als Träger eines öffentlichen Amtes nicht nur verpflichtet ist, Verbrechen zu verfolgen, sondern auch dafür sorgen muß, daß der Gerechtigkeit Genüge getan wird. (...) Ich schlug auch vor, daß Dr. Staff diese Frage in einem Artikel in der deutschen Presse besprechen sollte"[1316].

Diese Passage verdeutlicht die Weisungsgebundenheit des ZJA gegenüber der Legal Division. Klar wird aber auch, dass die Erfüllung der britischen Erwartungen von der Kooperation mit deutschen Akteuren abhing, die im Idealfall die Haltung der Militärregierung teilten. Wie sehr sich Staff dabei mit Initiativen einbrachte, zeigt sich daran, dass er die Regelung der Ahn-

---

1315 Vgl. BArch, Z 21, Nr. 180, Bl. 3.
1316 *Ebd*. Davon, dass Staff tatsächlich einen derartigen Artikel verfasst hätte, ist nichts bekannt.

dung von NS-Denunziationen vorantrieb. Rathbone teilt nämlich mit, das ZJA und v. a. Staff hätten hierzu konkrete Vorstellungen und strebten eine Lösung auf bizonaler Ebene an; d. h., dass die US-Zone einbezogen werden sollte[1317]. Allerdings war der Justizdirektor mit seiner Versetzung nie glücklich geworden. Er trug sich mit Gedanken um den Fortgang der von ihm in Braunschweig hinterlassenen Arbeit. Gemäß Brief an den ZJA-Präsidenten vom 2. Januar 1947 schmerzte ihn die ungeklärte Nachfolge[1318]. Womöglich hatte er auch den Eindruck, als Generalstaatsanwalt mehr für den demokratischen Wiederaufbau und die Verfolgung von NS-Verbrechen leisten zu können. Am 10. Februar bat er um Zurückversetzung in die vormalige Position. Diese wurde ihm am 18. des Monats gewährt[1319].

Inzwischen wieder als Generalstaatsanwalt in Braunschweig tätig, wurde Staff im Dezember 1947 recht unvermittelt für eine Führungsposition am Obersten Gerichtshof für die Britische Zone vorgeschlagen (vgl. 1.2.3). Am 17. Dezember schon folgte – mit Wirkung zum 1. Januar 1948 – die Berufung zum Senatspräsidenten. Damit gehörte er zu den ersten sechs Richtern dieses zonenweit höchsten deutschen Revisionsgerichts. Dass die Wahl auch auf Staff fiel, ist wenig überraschend, wirkte er doch bereits seit Längerem am Wiederaufbau der Justiz und der juristischen Aufarbeitung des ‚Dritten Reichs' mit. Er genoss das Vertrauen der Briten. Da sich aber die OGH-Eröffnung verschob, wurde er Anfang 1948 mit Wirkung zum 1. Februar kurzzeitig an die alte Dienststelle in Braunschweig überstellt[1320]. Zudem erlitt er Ende Februar eine schwere Herzrhythmusstörung, durch die er wochenlang am Arbeiten gehindert wurde[1321]. Auslöser war, wie er ZJA-Präsident Kiesselbach am 6. April informierte, die Entdeckung, dass seine Post von der Militärverwaltung geöffnet wurde. Dass dies heimlich geschah, d. h. ohne Vermerk der Zensurbehörde, verletzte ihn sehr. „Der Grund der Maßnahme lag in einer Denunziation bei der englischen Geheimpolizei, in der behauptet wurde, ich sei Mitglied der KPD"[1322]. Selbstverständlich gehöre er – die Rechtslage befolgend – keiner Partei an. Da er von der Geheimpolizei zu einer als peinlich empfundenen Befragung vorgeladen worden war, zeigt er sich von den ‚Befreiern' ent-

---

1317 Vgl. *ebd.*, Bl. 2.
1318 Vgl. HLA, HHStAW, Abt. 505, Nr. 1443, Bd. 1, Bl. 17.
1319 Vgl. *ebd.*, Bl. 21.
1320 Vgl. BArch, Z 21, Nr. 1328, Bl. 38.
1321 Vgl. HLA, HHStAW, Abt. 505, Nr. 1439, Bl. 20.
1322 Hier und im Folgenden *ebd.*, Nr. 1443, Bd. 1, Bl. 42.

täuscht. Umso beharrlicher führt er dem Vorgesetzten zwecks Selbstbehauptung seine Integrität vor Augen, indem er feststellt, dass er

„nichts getan habe, was Veranlassung geben könnte, Zweifel in die Korrektheit meiner politischen und dienstlichen Haltung zu legen und dass ich, wie ich an dieser Stelle bewusst betonen möchte, zu den ganz wenigen Juristen in Deutschland gehöre, die ihrer Haltung in der Zeit von 1933 bis 1945 wegen auch vor dem strengsten Richter nicht zu erröten brauchen. (...) Ich bin drei Jahre mit Billigung der englischen Militärregierung Generalstaatsanwalt gewesen. (...) Ihr [i. e. Kiesselbachs] persönliches Vertrauen hat mich nach Abschluss dieser drei Jahre in die Stellung des einstweilen höchsten Strafrichters der britischen Zone berufen, auch wiederum mit Billigung der englischen Militärregierung. Dem Ansehen und der Würde dieses Amtes sowohl wie dem Ansehen und der Würde der Personen, die mich in dieses Amt berufen haben, bin ich es schuldig, mich gegen derartigen [!] Massnahmen mit allen mir zur Verfügung stehenden Mitteln zur Wehr zu setzen".

Die Beschwerde erfüllte den Zweck. Am 10. April vermerkte man im ZJA, die zuständige Militärregierungsstelle hätte sich entschuldigt, ihr Vorgehen als Missverständnis bezeichnet und der Betroffene sich zufrieden gegeben[1323]. Trotzdem haftet der Episode ein Beigeschmack an, für den Staff hochsensibel war. Denn wie im Vorfeld der Entlassung aus dem Staatsdienst 1933 und der Verhaftung in Braunschweig 1935 war er auch dieses Mal aus politischen Gründen denunziert, überwacht und gemaßregelt worden. Der Anstoß kam sicherlich aus Kreisen, die sein Bemühen um Aufarbeitung der NS-Vergangenheit ablehnten.

Den Dienst in Köln trat Staff deshalb erst am 19. Mai 1948 an[1324], zwei Wochen, nachdem der Strafsenat die Geschäfte aufgenommen hatte. Dennoch prägte er die Arbeit des Spruchkörpers maßgeblich. So wirkte er an der Mehrzahl der Entscheidungen zu NS-Menschlichkeitsverbrechen mit, nämlich an 362 von 583[1325]. Obwohl er krankheitsbedingt an den ersten drei, die Leitlinie des Gerichts zu KRG 10 vorgebenden Urteilen nicht beteiligt war, sondern im Vorsitz von OGH-Vizepräsident Wolff vertreten wurde, kam seiner Rechtsauffassung zentrale Bedeutung zu. Es ist nicht auszuschließen, dass der Strafrechtler Rücksprache mit seinen Kollegen

---

1323 Vgl. *ebd.*, Bl. 47.
1324 Vgl. *ebd.*, Nr. 1439, Bl. 23.
1325 Vgl. *Form* 2012, S. 54.

Wolff, Wimmer und Kuhn gehalten hatte, bevor sie am 4. Mai 1948 die Grundsatzentscheidung zur Anwendung der alliierten Strafrechtsnorm verkündeten und ihre Rückwirkung bejahten (vgl. *VIII.1*). Auch tragen viele wichtige Urteile die Hand- und Unterschrift des Senatspräsidenten: im Denunziationsverfahren gegen den Kaufmann Paasch und seine Schwester (vgl. *VIII.2.1*), Euthanasieverfahren gegen den Nervenarzt und Obermedizinalrat Petermann (vgl. *VIII.2.5.3*), Justizunrechtsverfahren gegen den Kölner Ex-Landgerichtspräsidenten Müller (vgl. *VIII.2.6*), Verfahren gegen den Regisseur Harlan wegen des antisemitischen Hetzfilms ‚Jud Süß' (vgl. *VIII.2.4*) und Verfahren gegen den früheren Landrat Marloh wegen Deportation von Sinti und Roma nach Auschwitz (vgl. *VIII.2.5.4*). Dabei zielte der OGH-Strafsenat auf den Schutz des Rechtsguts der Menschenwürde und die praktische Durchsetzung des Tatbestands aus KRG 10 Art. II 1c. Auf diese Weise trat er für eine juristische Aufarbeitung der NS-Zeit ein[1326].

Wie gezeigt wurde, war der hochrangige Jurist selbst wiederholt Opfer von Denunziation und übler Nachrede gewesen. Auch hatte er als Schutzhäftling im KZ Dachau Willkür und Terror der Lager-SS erlebt. Es wäre nicht verwunderlich, wenn sein diesbezüglicher Erfahrungsraum und seine damit verknüpfte Rechtsauffassung Spuren in der rechtlichen Würdigung von OGH-Urteilen – nicht zuletzt bezüglich Anzeigeverbrechen oder in Konzentrationslagern verübten Gräueln an NS-Gegnern – hinterlassen hätten. So deutet die Analyse der Rechtsprechung des OGH zu KRG 10 in *Kapitel VIII* darauf hin, dass es dem Senatsvorsitzenden i. d. R. gelang, seine Standpunkte zur Geltung zu bringen. Denn zahlreiche bedeutungsvolle Entscheidungen weisen das Gepräge der dargestellten Staffschen vergangenheitspolitischen Haltung auf. Am Maßstab der Gerechtigkeit orientiert, zielten sie auf eine konsequente juristische Aufarbeitung der NS-Zeit. En detail ist wegen des Beratungsgeheimnisses eine persönliche Zurechnung der in den Urteilen ausgedrückten Positionen zu bestimmten Richtern gleichwohl nicht möglich.

Staffs komplizierte Lebens- und Arbeitssituation mit mehrmonatigem Pendelnmüssen zwischen Wolfenbüttel und Köln wurde bereits beschrieben (vgl. *1.3*). Indes gestaltete sich der Umgang mit den ihm unterstellten Richtern problemlos. Mit den zum 1. Juli 1948 nach Köln berufenen Friedrich-Wilhelm Geier und Heinrich Jagusch bildete er zeitweilig die Stammbesetzung des Strafsenats. Er schätzte beide als kompetente Kollegen und bescheinigte ihnen Ende 1949, sie würden – wie der Senat insge-

---

1326 Vgl. *Henne* 2003: Staff, S. 302.

samt – ‚im demokratischen Geiste unserer Verfassung, nicht nur verstandes-, sondern auch herzensmäßig wurzeln' (vgl. *1.4*). Ob und inwiefern der Strafsenat seine Rechtsmeinung zu Menschlichkeitsverbrechen durchsetzen konnte, bemisst sich daran, wie die zuständigen Schwurgerichte die Spruchpraxis rezipierten (vgl. *VIII* und *IX.1*). OGH-Präsident Wolff hält Staff jedenfalls in einer Dienstbeurteilung vom 25. Februar 1950 zugute, er hätte sich um die Vereinheitlichung der Rechtsprechung zu KRG 10 besonders verdient gemacht, hohes Verantwortungsbewusstsein für die Arbeit des Senats gezeigt, deren Richter erfolgreich angeleitet und eine gute Kooperation mit der Generalstaatsanwaltschaft gepflegt. Daher halte er ihn für geeignet, das Amt eines Senatspräsidenten am einzurichtenden BGH zu übernehmen[1327].

In diese Jahre fällt Staffs vertiefte Auseinandersetzung mit den theoretischen Grundlagen des Rechts, nicht zuletzt mit Leonard Nelsons Kritik am Positivismus, die des Rechtsmissbrauchs der NS-Herrschaft wegen seit 1945 wieder aktuell geworden war. So war es kein Zufall, dass der mit dem Problem rückwirkender Bestrafung befasste Strafrechtler 1949 Nelsons Schrift ‚Die Rechtswissenschaft ohne Recht' (1917) neu herausgab[1328]. In der Einleitung greift er die naturrechtlichen Überlegungen des Göttinger Gelehrten auf und schreibt in Abwandlung der ‚Radbruchschen Formel', es sei „richtig und für uns als Kinder dieser Zeit von Bedeutung die durch Erfahrung gewonnene Kenntnistatsache, daß das positive Recht eines Gesetzgebers trotz formeller Existenz nicht unter allen Umständen wirkliches Recht zu schaffen braucht, daß dieses vielmehr metaphysischen Ursprungs ist und auf dem Wege des Empirismus nicht begriffen werden kann"[1329]. Im Übrigen wirkte Staff seit März 1950 auch als Honorarprofessor an der Juristischen Fakultät der Universität zu Köln, wo er Strafrecht, Strafrechtsgeschichte und Rechtsphilosophie lehrte[1330].

1327 Vgl. HLA, HHStAW, Abt. 505, Nr. 1439, ohne Foliierung – Beurteilung des Senatspräsidenten beim OGH Dr. Curt Staff durch den OGH-Präsidenten vom 25. Februar 1950.
1328 Vgl. *Nelson* 1949. *Henne* 2001, S. 3031, nimmt an, dass Ernst Wolff die Neuherausgabe angeregt hatte.
1329 *Staff* 1949: Nelson, S. VII.
1330 Vgl. *Wassermann* 1996; wie auch *Henne* 2001, S. 3031; *Windisch*, S. 657.

2.2.4 Höchster Richter Hessens und linker Sozialdemokrat (1950 bis 1976)

Gewiss wäre der Strafsenatsvorsitzende am OGH eine naheliegende Wahl für die Besetzung eines hohen Richteramtes am Bundesgerichtshof gewesen[1331]. Der Richterwahlausschuss des Bundestages beriet in der Tat am 15. Dezember 1950 darüber, Staff zum Senatsvorsitzenden zu ernennen – und erteilte dem Vorschlag eine Absage. Bundesjustizminister Dehler war am Zustandekommen der Entscheidung nicht unbeteiligt. Für ihn stand fest, dass diese Personalie politisch motiviert und der Kandidat ungeeignet war. So äußerte er sich hierzu am 3. Februar 1951: „Staff ist 49 Jahre alt. Er ist eine Persönlichkeit, von der viele, die ihn kennen, sagen, dass er ‚psychisch auffällig' ist. Ich halte ihn nach seiner Gesamtpersönlichkeit für das Amt eines Senatspräsidenten für nicht geeignet. Der Ausschuss hat ihn, ohne dass ich mich dazu geäußert hatte, nicht gewählt. Im Falle seiner Wahl hätte ich ihr nicht zugestimmt"[1332]. Bei den SPD-Vertretern im Wahlausschuss hatte schon die Ernennung des früheren Reichsgerichtsrats Weinkauff zum BGH-Präsidenten für Unmut gesorgt[1333]. Durch die Nichtwahl der Kandidaten Staff und Karl Mannzen[1334] geriet endgültig Sand ins Getriebe des Gremiums. Mehrere SPD-Bundestagsabgeordnete, u. a. Georg August Zinn und Adolf Arndt, verliehen ihrer Kritik an Dehlers Verhandlungsführung sowie Ernennungspraxis bei Bundesrichtern am 18. Dezember 1950 in einem Brief Ausdruck[1335]. Als er unbeantwortet blieb, diente

---

1331 Zur teils umstrittenen Wahl der ersten Richter am BGH durch den Richterwahlausschuss zwischen September 1950 und März 1951 vgl. *Wengst 1997*, S. 147–150; sowie *Godau-Schüttke 2006*, S. 182–196.
1332 Zit. n. *ebd.*, S. 193.
1333 Vgl. *Wengst 1997*, S. 148. Die Sozialdemokraten kritisierten, dass Weinkauffs Berufung vom Bundeskabinett beschlossen worden war anstatt durch ein (demokratisch legitimierendes) Votum des Richterwahlausschusses. Auch hatte der SPD-Favorit für das Amt des Gerichtspräsidenten das Nachsehen: OGH-Präsident Wolff.
1334 Zu Mannzen (1903–1980) vgl. *Klee 2005*, S. 390; ferner *Godau-Schüttke 1993*, S. 59–61.
1335 Der Brief ist abgedruckt bei *Dehler*, Thomas: „Schwere Vorwürfe gegen Bundesjustizminister Dehler". „Richterwahl nach parteipolitischen und rassischen Gesichtspunkten?", in: Frankfurter Rundschau, 7. Jg., Nr. 10 (12. Januar 1951), S. 1 u. 3. Zu Arndt (1904–1974) vgl. *Gosewinkel*, Dieter: Adolf Arndt. Die Wiederbegründung des Rechtsstaats aus dem Geist der Sozialdemokratie (1946–1961), Bonn 1991 (Politik und Gesellschaftsgeschichte, Bd. 25); ferner *Göppinger*, S. 326f.

sein Inhalt als rhetorische Munition für eine Attacke in der ‚Frankfurter Rundschau'[1336]. Danach sähen die Briefverfasser Anzeichen sich mehren, „daß bei der Verhandlungsführung des Ministers parteipolitischen und sogar rassischen Gesichtspunkten ein unzulässiger Einfluß eingeräumt werde"[1337]. Dehler war empört und publizierte am 12. Januar eine Gegendarstellung, worin er die Vorwürfe von sich wies[1338]. Enttäuscht zeigte er sich davon, daß sein Freund Zinn unter den Angreifern war; das Verhalten anderer „entsprach dem Feindbild von der SPD, das er inzwischen gewonnen hatte – und es bestätigte vor allem seine Einschätzung des Abgeordneten Arndt, zu dem Dehler mittlerweile in einem ausgesprochen feindseligen Verhältnis stand"[1339]. Wurde der SPD-seits vorgeschlagene Staff zum Opfer des belasteten Verhältnisses zwischen den Sozialdemokraten und Dehler? Diesen Eindruck erhärtet dessen Stellungnahme vom 3. Februar 1951, worin er anmerkt, die Bemühungen der SPD-Ausschussmitglieder, Staff und Mannzen durchzusetzen, seien deutlich „weiter[gegangen] als in den bisherigen Debatten über die übrigen Kandidaten. Das war um so auffallender, als diese (...) Kandidaten aus der Zahl der übrigen Vorschläge weder nach ihrer Befähigung, Leistung und Persönlichkeit herausragten, noch frei waren von gewissen Mängeln (...)"[1340]. Arndt, offenbar nicht unbefangen, bestätigte Dehlers Abneigung gegen Staff. Am 19. Februar informierte er Bundespräsident Theodor Heuss (FDP), dass der Justizminister zum Zeitpunkt der Wahl des Kölner Juristen „den größten Wert darauf gelegt [hätte], dass Herr Landesminister Asbach für Schleswig-Holstein bis zum Schluss der Sitzung da bliebe, um bei der Abstimmung über Staff anwesend zu sein"[1341]. Als Hauptgrund für die Ablehnung Staffs durch den Ausschuss nennt Arndt allerdings seine Rechtspraxis am OGH zu Menschlichkeitsverbrechen nach KRG 10[1342]. Der Versuch, mit Hilfe des Bundespräsidenten eine Vermittlung zu erzielen, scheiterte. Im März 1951 setzte

---

1336 Vgl. *Wesemann*, Fried: Schwere Vorwürfe gegen Bundesjustizminister Dehler. Richterwahl nach parteipolitischen und rassischen Gesichtspunkten? In: Frankfurter Rundschau, 7. Jg., Nr. 2 (3. Januar 1951), S. 1; hierzu auch *Wengst* 1997, S. 148f.
1337 Zit. n. *Wesemann*.
1338 Vgl. *Dehler*.
1339 *Wengst* 1997, S. 149.
1340 Zit. n. *Godau-Schüttke* 2006, S. 192.
1341 Zit. n. *ebd.*, S. 194. Hier weist Godau-Schüttke darauf hin, dass Dehler sich mit Hans-Adolf Asbach der Stimme eines an der Ermordung von Juden beteiligten ehemaligen Kreishauptmanns im besetzten Polen versicherte, um die Wahl Staffs zu verhindern. Zu Asbach (1904–1976) vgl. *Klee* 2005, S. 19.
1342 Vgl. *Godau-Schüttke* 2006, S. 194.

der Richterwahlausschuss seine Arbeit (mehr oder weniger) ungerührt fort[1343].

Diese Episode wirft abermals ein bezeichnendes Licht auf die Karriere eines sozialdemokratischen Juristen im 20. Jahrhundert. Die jeweiligen politischen Zeitläufte entschieden über seine Chancen und Handlungsspielräume als Streiter für Demokratie und Rechtsstaat. Fuhr er mit einem ‚SPD-Ticket' zu den Berufungen als Landgerichtsrat (1930), Generalstaatsanwalt (1945) und OLG-Präsident (1951; s. u.), so erlitt er gerade wegen dieser politischen Zuschreibung Nachteile – als er nämlich 1930 als Generalstaatsanwalt und 1950 als BGH-Senatspräsident abgelehnt wurde; von der Verfolgung im NS-Staat ganz zu schweigen. Frappierend und erhellend ist v. a. die Parallele von 1930 und 1950, wie sie sich jeweils in der Debatte um seine Berufung a) als Landgerichtsrat und b) als Bundesrichter niederschlägt. Während seine Nominierungen von der SPD gefördert wurden, blies ihm aus dem bürgerlich-konservativen Lager kalter Wind ins Gesicht. Dabei wurde aber weniger seine Befähigung als vielmehr sein Charakter bemängelt. Dies lag wohl daran, dass der Gegensatz zwischen den Lagern beide Male äußerst stark hervortrat. Aber Staff hatte 1951 Glück im Unglück: Zwar wurde er kein Bundesrichter. Dafür profitierte er davon, dass ihm der eben zum Ministerpräsidenten Hessens gewählte Zinn wohlgesinnt war und ihn in das höchste Juristenamt in Hessen berief.

Zinn war nicht nur Chef des Kabinetts (1950–1969), sondern er leitete von 1950 bis 1962 auch das Justizressort, das damals in den meisten Ländern in CDU-Händen war. Unter seiner Ägide wurde Hessen zum sozialdemokratischen Musterland der frühen Bundesrepublik ausgebaut[1344]. Es herrschte ein freiheitliches Klima, das Freiräume auch für marxistische Intellektuelle wie Theodor W. Adorno (Frankfurt) und Wolfgang Abendroth (Marburg) schuf und linke Juristen und Strafrechtsreformer wie Staff, Bauer und Nora Platiel in Rechtspflege und Strafvollzug Akzente setzen ließ[1345]. Staffs Berufung zum OLG-Präsidenten von Frankfurt ging auf den

---

1343 Vgl. *ebd.*, S. 195; weiterhin *Wengst* 1997, S. 149f.
1344 Vgl. *Kroll*, Lothar: Geschichte Hessens. 2., durchges. u. erg. Aufl., München 2010, S. 92–101.
1345 Vgl. *Wojak*, S. 281f. Zu Adorno (1903–1969) vgl. *Müller-Doohm*, Stefan: Adorno. Eine Biographie, Frankfurt a. M. 2003. Zu Abendroth (1906–1985) vgl. *Grebing*, S. 278; auch *Heigl*, Richard: Oppositionspolitik. Wolfgang Abendroth und die Entstehung der Neuen Linken (1950–1968), Hamburg 2008 (Berliner Beiträge zur kritischen Theorie, Bd. 6; Argument Sonderband Neue Folge AS 303).

2.2 Strafsenatspräsident Curt Staff – der NS-verfolgte Sozialdemokrat

Vorschlag Zinns zurück[1346]. Die Anstellung als hessischer Richter wie auch die Ernennung zum Gerichtspräsidenten erfolgten am 12. April 1951[1347]. Zunächst pendelte Staff zwischen Rhein und Main, da sein Hauptwohnsitz noch in Köln war. Hier kam er weiter den Obliegenheiten als Honorarprofessor nach[1348] – bis er einen Lehrauftrag in Frankfurt annahm. Im August bezogen Staffs dort eine Dienstwohnung[1349]. Mit Wirkung vom 1. Dezember 1951 wurde er in das Beamtenverhältnis und zum Richter auf Lebenszeit[1350] ernannt, am 20. August 1953 dann für die Dauer seines Hauptamtes zum Präsidenten des juristischen Prüfungsamtes beim OLG[1351]. Dass neben Zinn, wie Meusch vermutet, auch Staff treibende Kraft bei Bauers Berufung zum Generalstaatsanwalt in Frankfurt (1956) war[1352], wurde noch nicht überzeugend belegt. Angesichts des gleichen Weges (von Braunschweig an den Main) sowie gemeinsamer Ziele entbehrt die These aber nicht der Plausibilität. Man darf annehmen, dass Staff Bauer bei der juristischen Aufarbeitung von NS-Massenverbrechen unterstützte. Ob er ihm als höchster hessischer Richter ‚nur' den Rücken freihielt oder weitergehend behilflich war, kann ohne eine – hier nicht leistbare – Auswertung der Justizakten nicht gesagt werden. Weiter teilte der OLG-Präsident auch Bauers Anliegen einer Liberalisierung der Strafjustiz, was sich in seinem Wirken in der Kommission zur Großen Strafrechtsreform niederschlug. Relativ rasch – nach Teilnahme an den zwischen Juni und November 1954 stattfindenden Sitzungen 2 bis 12[1353] – schied er aus diesem Gremium jedoch wieder aus. Wohl auch, da sich abzeichnete, dass seine Haltung nicht von der Mehrheit geteilt wurde.

1346 Vgl. HLA, HHStAW, Abt. 505, Nr. 1436, Bl. 1f.
1347 Vgl. *ebd.*, Bl. 10; weiterhin *Wassermann* 1996; *Zimmer*, S. 153.
1348 Vgl. HLA, HHStAW, Abt. 505, Nr. 1436, Bl. 18 u. 23.
1349 Vgl. *ebd.*, Bl. 29; ferner *Zimmer*, S. 153.
1350 Vgl. HLA, HHStAW, Abt. 505, Nr. 1436, Bl. 38.
1351 Vgl. *ebd.*, Bl. 65.
1352 Vgl. *Meusch*, Matthias: Von der Diktatur zur Demokratie. Fritz Bauer und die Aufarbeitung der NS-Verbrechen in Hessen (1956–1968), Wiesbaden 2001 (Politische und parlamentarische Geschichte des Landes Hessen, Bd. 26 u. Veröffentlichungen der Historischen Kommission für Nassau, Bd. 70), S. 18.
1353 Vgl. *Niederschriften über die Sitzungen der Großen Strafrechtskommission*. 14 Bde., Bonn 1956–1960, hier: Bd. 1, Bonn 1956, passim. Hier meldete sich Staff zu Themen wie der Verankerung von Strafzwecken im StGB (S. 37 u. 45f.), Zweispurigkeit von Strafen und sichernden Maßnahmen (S. 59) sowie Abgrenzung zwischen kriminellem Unrecht und Verwaltungsunrecht (S. 88). Auch referierte er zum Thema Ehrenstrafen (S. 239).

2 Präsident, Richter am Strafsenat und Generalstaatsanwalt – biographische Skizzen

Als Chefpräsident befand sich Staff in der zwiespältigen Lage, auch unpopuläre, erklärungsbedürftige Entscheidungen vertreten zu müssen; unabhängig davon, ob er selbst sie befürwortete. Davon nicht ausgenommen waren Verfahren wegen NS-Gewaltverbrechen. So erläuterte er im Juni 1959 dem Generalsekretär des Internationalen Auschwitz-Komitees und Überlebenden des Vernichtungslagers Hermann Langbein, warum das OLG Adolf Eichmanns Mitarbeiter im ‚Judenreferat' des RSHA Hermann Krumey – beschuldigt der Mitorganisation der Deportation von 430.000 ungarischen Juden nach Auschwitz – aus der Untersuchungshaft entlassen hatte[1354]. Nach Langbein bemühte sich Staff um Entkräftung des Eindrucks, dass die Justiz zu hohe Maßstäbe an Beweismittel anlege. Die Argumentation wirkte entschuldigend und um Verständnis werbend. Denn der Jurist betonte, die Richter im zuständigen Strafsenat seien „Antinazi"[1355] und die Kontroverse um den Begriff ‚Sonderbehandlung' beruhe eher auf einem Missverständnis. Trotzdem erforderte ein neuer Haftbefehl laut Staff neue Beweise[1356]. Endgültig verurteilt wurde Krumey erst 1969, und zwar zu lebenslangem Zuchthaus wegen Mordes[1357]. Handelte Staff hier in der Funktion als Behördenleiter, war es im Verfahren gegen Ex-SA-Obergruppenführer Adolf Heinz Beckerle ein von ihm mitverantworteter Beschluss, der für Aufsehen und beim Generalstaatsanwalt für Frustration sorgte[1358]. Beckerle, 1941 bis 1944 Gesandter in der Deutschen Botschaft in Sofia, wurde beschuldigt, 1943 im Rahmen der ‚Endlösung' die Deportation von mehr als 11.000 Juden aus den ‚neubulgarischen' Gebieten Thrakien und Neumazedonien in die Wege geleitet zu haben[1359]. Es war Staffs Strafsenat, der Anfang 1961 die Beschwerde Fritz Bauers gegen die Entlassung des Angeschuldigten aus der U-Haft mit der Begründung zurückwies, es bestünde zwar dringender Tatverdacht, aber keine Fluchtgefahr[1360]. Das Hauptverfahren gegen Beckerle wurde nach Eröffnung 1967 im nächsten

---

1354 Zu Langbein (1912–1995) vgl. *Stengel*, Katharina: Hermann Langbein. Ein Auschwitz-Überlebender in den erinnerungspolitischen Konflikten der Nachkriegszeit, Frankfurt a. M./New York 2012 (Wissenschaftliche Reihe des Fritz Bauer Instituts, Bd. 21). Zu Krumey (1905–1981) vgl. Klee 2005, S. 345.
1355 Zit. n. *Stengel*, S. 390.
1356 Vgl. ebd.
1357 Zum Verfahren gegen Krumey vgl. *ebd.*, S. 386–391; sowie *Gerstle*, Nathalie: III.A9 Krumey-Hunsche-Prozess, in: Fischer/Lorenz (Hrsg.), S. 142f., hier: S. 143; *Wojak*, S. 404f.
1358 Zu Beckerle (1902–1976) vgl. Klee 2005, S. 35f.; wie auch *Wojak*, S. 407–410.
1359 Vgl. *Conze/Frei/Hayes/Zimmermann*, S. 282–284; ferner *Wojak*, S. 408f.
1360 Vgl. *ebd.*, S. 412 u. 615f.

2.2 Strafsenatspräsident Curt Staff – der NS-verfolgte Sozialdemokrat

Jahr wegen Erkrankung des Angeklagten eingestellt, womit die Schuld am tausendfachen NS-Judenmord ungesühnt blieb[1361]. Beim Beschluss im Beckerle-Fall handelte es sich aber weder um einen Affront gegen das Ahndungsstreben des Generalstaatsanwalts noch um Rechtsblindheit oder strafprozessuale Nachsicht gegen einen NS-Täter. Vielmehr spiegelt er eine Tendenz am Staff-Senat wider, der sich durch „oft unkonventionelle Entscheidungen" sowie eine „äußerst liberale Haftpraxis zusammen mit einer Auslegung der Haftbedingungen nach engen und strengen rechtsstaatlichen Grundsätzen"[1362] auszeichnete. Darin bestand das vor der Folie der juristischen wie gesellschaftlichen BRD-Wirklichkeit der fünfziger und sechziger Jahre Bemerkenswerte und Fortschrittliche. Das schloss aber auch Risiken ein, wie die von jenem Senat am 13. Juni 1969 unter Auflagen gewährte Entlassung der erstinstanzlich verurteilten Frankfurter Kaufhausbrandstifter (darunter Andreas Baader und Gudrun Ensslin) aus der U-Haft erweist. Die Einschätzung, dass die Fluchtgefahr zu bannen sei, ging fehl – die Täter entzogen sich durch Untertauchen dem Strafvollzug, nachdem die Revision vom BGH zurückgewiesen und das Urteil rechtskräftig geworden war. Baader und Ensslin bildeten bald darauf den Kern der linksterroristischen Rote Armee Fraktion[1363]. Im Übrigen war Staff in den sechziger Jahren trotz hoher dienstlicher und nebenamtlicher Belastung keinesfalls amtsmüde. Das zeigt der Umstand, dass er nach dem Hessischen Richtergesetz von der Option Gebrauch machte, als Verfolgter des NS-Regimes das Ende der Dienstzeit auf die Vollendung des 68. Lebensjahres festlegen zu lassen[1364]. Erst Ende Oktober 1969 trat Hessens höchster Richter mit dem Erreichen dieser Dienstaltersgrenze in den Ruhestand[1365].

Im September 1951 wurde Staff als neuer Honorarprofessor für Strafrecht an der Universität Frankfurt begrüßt[1366]. In der Lehrtätigkeit setzte er den Akzent auf rechtsphilosophische und -geschichtliche Themen. Zentrale Lehrinhalte und theoretische Betrachtungen brachte er durch Vor- und Beiträge einem breiteren Publikum näher. Dabei ging es ihm um eine

---

1361 Vgl. *Wojak*, S. 415. Zum Frankfurter Diplomaten-Prozess vgl. *ebd.*, S. 406–415; weiterhin *Conze/Frei/Hayes/Zimmermann*, S. 666–668.
1362 *Heim*, G.: Richter, Lehrer und Prüfer des Rechts, in: Frankfurter Allgemeine Zeitung, 30. Oktober 1969, S. 24; ähnlich *Wassermann* 1996.
1363 Vgl. *Heim*; außerdem *Henne* 2001, S. 3031.
1364 Vgl. HLA, HHStAW, Abt. 505, Nr. 1436, Bl. 120f.; hierzu auch *Zimmer*, S. 153.
1365 Vgl. HLA, HHStAW, Abt. 505, Nr. 1436, Bl. 136.
1366 Vgl. Universitätsarchiv Frankfurt a. M., Abt. 114, Nr. 161 (i. e. Personalakte Curt Staff), Bl. 95.

Verbesserung der Ausbildung des juristischen Nachwuchses, etwa in dem Beitrag ‚Das Geschichtliche im Recht'. Dort streicht er heraus, Recht sei ein Produkt der Geschichte und kein metaphysischer Begriff; deshalb sei Detailkenntnis seiner Entwicklung für jeden Juristen unentbehrlich[1367]. Die Strafrechtslehre solle auf dem durch den Nationalsozialismus unterbrochenen Weg fortfahren, zur (historischen) Erfahrungswissenschaft zu werden, welche sich der Methode von Vergleich und Kombination zu bedienen hätte[1368]. Zudem gewährt Staff Einblick in sein Menschen- und Gesellschaftsbild, wenn er im Kontext der Vermittlung einer humanistischen Bildung an den juristischen Fakultäten ausführt:

> „Verbänden wir diesen Humanismus, der uns die sichere Grundlage rechtsstaatlicher Ordnung in dem Sinn der Gleichheit aller vor dem Gesetz gibt, mit der notwendigen, aber noch lange nicht erreichten Gleichheit aller Menschen auf wirtschaftlichem und gesellschaftlichem Gebiet, so würden wir heute vielleicht mit größerer Ruhe in die Zukunft sehen können. Es ist in diesem Zusammenhang beachtlich, das[s] Tocqueville, ein Zeitgenosse und Antipode von Karl Marx, hierin zu einem ähnlichen Ergebnis gelangt: ‚Wer glaubt, die vollständige Gleichheit auf die Dauer im politischen Bereich herstellen zu können, ohne zugleich auch eine Art Gleichheit in der Gesellschaft einzuführen, scheint hier einen gefährlichen Irrtum zu begehen' ... Wir würden vor allem auf dem Gebiet der praktischen Rechtsanwendung, deren völlige Disharmonie in der Bewertung der Rechtsgüter und damit der Strafzumessungspraxis uns allmählich mit einem gelinden Schauer erfüllt, zu einer größeren Sicherheit gelangen können"[1369].

Der Rechtsgelehrte begegnet hier insoweit als Vertreter einer Sozialen Demokratie (Hermann Heller) und eines ethischen Sozialismus (Nelson), als ihm Demokratie wie Rechtsstaat ohne Sozialstaatsprinzip als inhuman und leere Hüllen erschienen[1370]. Demnach blieben den sozial Benachteiligten, wo kein Mindestmaß an sozioökonomischer Gleichheit bestand, der Zugang zum Recht und politische Partizipation weitgehend verwehrt. Das

---

1367 Vgl. *Staff*, Curt: Das Geschichtliche im Recht, in: Die Neue Gesellschaft 7 (1960), S. 38–47, hier: S. 44.
1368 Vgl. *ebd.*, S. 47.
1369 *Ebd.*, S. 45.
1370 Zur normativ wie deskriptiv verstehbaren sozialwissenschaftlichen Konzeption der Sozialen Demokratie vgl. *Meyer*, Thomas: Soziale Demokratie. Eine Einführung, Wiesbaden 2009. Zu Heller (1891–1933), der den Begriff der Sozialen Demokratie prägte, vgl. *Grebing*, S. 291.

2.2 Strafsenatspräsident Curt Staff – der NS-verfolgte Sozialdemokrat

Verbrechen galt Staff als soziales Ereignis, als Konflikt des Einzelnen mit der Gesellschaft[1371]. Die in jedem Menschen angelegte Fähigkeit zur Kriminalität breche sich besonders bei jenen Bahn, deren Not am größten sei[1372]. Wer wie Staff und Bauer solcher Einsichten wegen Gegner des Schuldprinzips war[1373], neigte auch dazu, Kritiker des bestehenden Strafrechts und -vollzugs zu sein, die als Relikte aus der Kaiserzeit einer Reform bedurften, der Demokratisierung und Liberalisierung. Der bewertete unter den Strafzwecken den Schutz der Gesellschaft höher als die Vergeltung (Sühne)[1374] und berief sich dafür auf die Lehre des Strafrechtlers Franz von Liszt.

Nach 15 Jahren Ehe starb 1953 Staffs erste Frau[1375]. Knapp drei Jahre danach, 1956, heiratete er die junge Juristin Ilse Hupe[1376]. Diese wurde 1969 als sechste Frau in Deutschland (West) im Fach Jura habilitiert[1377] und später Professorin für Öffentliches Recht in Frankfurt. Im gleichen Jahr zog das Paar nach Kelkheim im Taunus[1378]. Seinem Freundeskreis gehörten der jüdische Remigrant und Sozialphilosoph Max Horkheimer und dessen Frau Rose („Maidon") an[1379]. Der Kontakt bestand bis zu Horkheimers Tod 1973. Die im Horkheimer-Archiv verwahrten wechselseitigen Briefe und

---

1371 Vgl. *Staff*, Curt: Kriminalpsychologie und schöne Literatur, in: Vorträge gehalten anläßlich der Hessischen Hochschulwoche für staatswissenschaftliche Fortbildung. 27. Februar bis 6. März 1954 in Lindenfels (Odenwald), Bad Homburg vor der Höhe/Berlin 1954, S. 95–109, hier: S. 96.
1372 Vgl. *ebd.*, S. 101.
1373 Vgl. *hm*: Ein Gegner des Schuldprinzips. Oberlandesgerichtspräsident Dr. Curt Staff wird 65 Jahre alt, in: Frankfurter Allgemeine Zeitung, 3. Oktober 1966, Ressort: Rhein-Main-Zeitung, S. 22.
1374 Vgl. *Staff* 1954, S. 104; weiterhin *ders.* 1929, S. 4.
1375 Vgl. HLA, HHStAW, Abt. 505, Nr. 1436, Bl. 59.
1376 Vgl. *ebd.*, Bl. 66f. Zu Ilse Staff, geb. Hupe, (1928–2017) vgl. *Sacksofsky*, Ute: Ilse Staff – die erste deutsche Staatsrechtslehrerin, in: Fachbereich Rechtswissenschaft der Goethe-Universität Frankfurt am Main (Hrsg.): 100 Jahre Rechtswissenschaft in Frankfurt. Erfahrungen, Herausforderungen, Erwartungen, Frankfurt a. M. 2014, S. 185–200.
1377 Vgl. *Plett*, Konstanze: Laudatio für Jutta Limbach aus Anlass der feierlichen Verleihung der Ehrendoktorwürde des Fachbereichs Rechtswissenschaft der Universität Bremen, in: KritV 92 (2009), S. 5–11, hier: S. 7.
1378 Vgl. HLA, HHStAW, Abt. 505, Nr. 1436, Bl. 106.
1379 Zu Horkheimer (1895–1973) vgl. *Boll*, Monika: Max Horkheimers zweite Karriere, in: Dies. u. Raphael Gross (Hrsg.): „Ich staune, dass Sie in dieser Luft atmen können". Jüdische Intellektuelle in Deutschland nach 1945, Frankfurt a. M. 2013, S. 345–374.

2 Präsident, Richter am Strafsenat und Generalstaatsanwalt – biographische Skizzen

Karten zeugen von Wertschätzung sowie Vertrauen[1380]. Ein gutes Verhältnis bestand auch zum Organisator des großen Auschwitz-Prozesses vor dem Landgericht Frankfurt (1963–1965), Generalstaatsanwalt Fritz Bauer, mit dem Ilse eine enge Freundschaft verband[1381]. Von 1946 bis 1955 stand Staff in regem Austausch mit früheren Dachauer Mithäftlingen. Die in seinem Teilnachlass im Archiv der KZ-Gedenkstätte Dachau aufbewahrten Schreiben belegen, dass hier ein informelles Netzwerk von NS-Gegnern und -Opfern bestand, das auf Beziehungen aus der Haftzeit zurückging. Kaum verwunderlich, dass Staff hier öfters um juristischen Rat gebeten wurde, etwa zu Fragen von Entschädigung und Entnazifizierung[1382].

Wie für Fritz Bauer war das Wiedergutmachungsverfahren auch für Staff eine langwierige und zermürbende Angelegenheit, die überdies von Kompetenzstreitigkeiten verschiedener Bundesländer geprägt war[1383]. Als Verfolgter der NS-Gewaltherrschaft anerkannt, gestand ihm der Kreissonderhilfsausschuss in Wolfenbüttel im Mai 1950 für die Dauer von 15 Monaten Freiheitsentzug eine Entschädigung in Höhe von 2.250 DM zu[1384]. Neben der KZ-Haft hatte er im ‚Dritten Reich' weiteren Schaden erlitten, für den er Wiedergutmachung verlangen konnte, etwa für die Entlassung aus dem Staatsdienst, durch die zwölf ruhegehaltsfähige Dienstjahre verloren gegangen waren. Das Bundesjustizministerium erkannte ihm die Zeit am 22. Oktober 1952 als geleistet an[1385]. Am 22. Mai 1957 beantragte der OLG-Präsident eine Entschädigung auf Grundlage des Bundesgesetzes zur Entschädigung für Opfer der NS-Verfolgung[1386]. Aber erst am 17. April 1959 erging der Bescheid der Wiesbadener Entschädigungsbehörde. Die-

---

1380 Der Briefwechsel zwischen Staffs und Horkheimer findet sich in Universitätsbibliothek J. C. Senckenberg (Frankfurt am Main), Archivzentrum, Na 1, Nachlass Max Horkheimer / Max-Horkheimer-Archiv, XIX 12, Bl. 81f., V 157, Bl. 11–36d, sowie III 12, Bl. 306–309. Auf ein vertrautes Verhältnis lassen etwa schließen: Ilse Staff am 11. Februar 1969 an Max Horkheimer (vgl. *ebd.*, V 157, Bl. 22) und dessen Antwort vom 17. Februar (vgl. *ebd.*, Bl. 23).
1381 Vgl. *Wojak*, S. 12. Nach *Meusch*, S. 18 u. 303, und *Henne* 2001, S. 3031, waren auch Curt Staff und Bauer miteinander befreundet.
1382 Vgl. Archiv der KZ-Gedenkstätte Dachau, A 4158, 3. Juristischer Schriftwechsel mit ehemaligen Mithäftlingen.
1383 Zum Wiedergutmachungsverfahren im Fall Fritz Bauer vgl. *Wojak*, S. 262f.
1384 Vgl. HLA, HHStAW, Abt. 518, Nr. 20485, blauer Aktendeckel, Bl. 26.
1385 Vgl. *ebd.*, Abt. 505, Nr. 1436, Bl. 52. Rechtsgrundlage war das Gesetz zur Regelung der Wiedergutmachung nationalsozialistischen Unrechts für Angehörige des öffentlichen Dienstes vom 11. Mai 1951, abgedruckt in: BGBl. 1951, Nr. 21, S. 291–296.
1386 Vgl. HLA, HHStAW, Abt. 518, Nr. 20485, roter Aktendeckel, Bl. 4f.; wie *ebd.*, Bl. 9. Das Gesetz ist abgedruckt in: BGBl. 1956, Nr. 31, S. 559–596.

sem zufolge belief sich Staffs Anspruch wegen Ausfalls von Bezügen im öffentlichen Dienst auf 4.707,45 DM – das Blatt trägt einen roten Stempel mit der Aufschrift ‚bezahlt'[1387].

Auch als OLG-Präsident blieb Staff ein homo politicus, der klare Positionen nicht scheute. Sein Hauptanliegen war die demokratisch-rechtsstaatliche Ausgestaltung der jungen BRD. Wo er diese gefährdet sah, mischte er sich ein, vernetzte sich mit Gleichgesinnten und unterstützte Genossinnen und Genossen wie linke und pazifistische Oppositionelle, die in Bedrängnis waren. Dabei bestätigte sich in den Jahren 1959 bis 1961, was sich in Staffs Brief an Kubel von 1946 angedeutet hatte (vgl. 2.2.2): das Bild eines linken Sozialdemokraten, der sich in der Partei für Meinungsvielfalt einsetzte, weil er entgegen der herrschenden Tendenz eine Integration nach links befürwortete. Damals wandte sich die SPD der bürgerlichen Mitte zu, um sich als linke ‚Volkspartei' eine bundespolitische Machtoption zu eröffnen, etwa mit dem Godesberger Programm von 1959 sowie der Trennung vom Sozialistischen Deutschen Studentenbund (SDS) von 1960[1388]. Staff zeigte sich aber mit dem SDS solidarisch und trat einem ‚Vorbereitungskomitee' bei, das sich im Mai 1961 mit einem Gründungsaufruf für eine Förderergesellschaft an weite akademische und gewerkschaftliche, v. a. sozialdemokratische, Kreise wandte[1389]. So wurde am 8. Oktober in Frankfurt die Sozialistische Förderergesellschaft (SFG) gegründet[1390]. Nachdem die SPD jedoch im November einen Unvereinbarkeitsbeschluss gegenüber SDS und SFG beschlossen hatte[1391], zählte Staff im Parteibezirk Hessen-Süd zu den 35 Mitgliedern, die aufgefordert wurden, binnen kurzer Frist entweder aus SDS/SFG oder der Partei auszutreten. Laut Protokoll der Bezirksvorstandssitzung vom 16. Dezember entschied er sich für den Verbleib in der Partei[1392]. Vermutlich erschien ihm die SPD weiter als das beste Medium zur Durchsetzung von Reformen. Anders der Politikwissenschaftler Abendroth, der – als SFG-Vorstandsmit-

---

1387 Vgl. HLA, HHStAW, Abt. 518, Nr. 20485, roter Aktendeckel, Bl. 35.
1388 Zum Godesberger Programm vgl. *Grebing*, S. 153–158. Zur Trennung der SPD vom SDS vgl. *Conze* 2009, S. 343.
1389 Vgl. *Albrecht*, Willy: Der Sozialistische Deutsche Studentenbund (SDS). Vom parteikonformen Studentenverband zum Repräsentanten der Neuen Linken, Bonn 1994, S. 407.
1390 Zur SFG vgl. *Fichter*, Tilman P./*Lönnendonker*, Siegward: Kleine Geschichte des SDS. Der Sozialistische Deutsche Studentenbund von Helmut Schmidt bis Rudi Dutschke, Bonn 2008, S. 110f.
1391 Vgl. *Grebing*, S. 272.
1392 Vgl. *Albrecht*, S. 425f.

glied vor dieselbe Frage gestellt – einen Ausschluss in Kauf nahm, weil er in der Partei keine Spielräume für marxistische Politik mehr sah[1393]. Hier verläuft eine Trennlinie zwischen dem Linkssozialisten Abendroth und dem linken Sozialdemokraten Staff, ihr Briefwechsel belegt aber, dass sie ein gutes persönliches Verhältnis pflegten und einander mit ihren Frauen Besuche abstatteten[1394]. Stellung bezog der OLG-Präsident zudem gegen das zunehmend umstrittene ‚politische Strafrecht', dessen Tatbestände Hoch- und Landesverrat wie Staatsgefährdung die Justiz – gemäß den vermeintlichen Erfordernissen des Kalten Krieges – zur Bestrafung kommunistischer Aktivitäten befähigen sollten. So unterschrieb er eine Petition, die Bundespräsident Heuss 1959 zum Eintreten für ein Amnestiegesetz bewegen sollte[1395], und unterstützte den Initiativ-Ausschuss für die Amnestie und der Verteidiger in politischen Strafsachen, der „lange Zeit die einzige Gruppierung in der Bundesrepublik [war], die auf die politische und rechtliche Problematik der Kommunistenverfolgung hinwies"[1396]. Im November 1963 referierte Staff auf der 10. Arbeitstagung des Initiativ-Ausschusses, wobei er sich „mit einem philosophisch-gesellschaftlichen Problem [befasste], welches zu Beginn des vorigen Jahrhunderts in England großes Aufsehen erregte; die in wissenschaftlicher Prägnanz vorgetragene Auffassung Mandevilles"[1397] interpretierte er unter großem Beifall. Das ‚politische Strafrecht' der fünfziger und sechziger Jahre streifen auch die *Abschnitte 2.4 und 2.5*.

1393 Vgl. *Abendroth*, Wolfgang: Ein Leben in der Arbeiterbewegung. Gespräche, aufgezeichnet und herausgegeben von Barbara Dietrich u. Joachim Perels. 3. Aufl., Frankfurt a. M. 1981, S. 253f.
1394 Vgl. Internationales Institut für Sozialgeschichte (IISG), Amsterdam, Nachlass Wolfgang Abendroth, Mappe 22, Brief Abendroths vom 10. Mai 1958 an Staff. Den Herausgebern der Gesammelten Schriften Abendroths, Dr. Gregor Kritidis und Prof. Dr. Michael Buckmiller, sei herzlich für Auskünfte zum Abendroth-Nachlass im IISG sowie für die Bereitstellung des bisher erschlossenen Briefwechsels zwischen Abendroth und Staff gedankt.
1395 Vgl. *An den Bundespräsidenten Prof. Dr. Theodor Heuss*, in: Blätter für deutsche und internationale Politik 4 (1959), H. 8, S. 692f.
1396 *Brünneck*, Alexander v.: Politische Justiz gegen Kommunisten in der Bundesrepublik Deutschland 1949–1968, Frankfurt a. M. 1978, S. 315.
1397 *Veröffentlichung über die 10. Arbeitstagung und Gesamtaussprache des erweiterten Initiativ-Ausschusses für die Amnestie und der Verteidiger in politischen Strafsachen am 9. und 10. November 1963 in Frankfurt am Main*, o. O. u. o. J., S. 3. Hierbei handelte es sich wohl um die ‚Bienenfabel' des niederländisch-englischen Philosophen Bernard Mandeville (1670–1733), die Staff bereits rezipiert hatte, vgl. *Staff* 1954, S. 103.

2.2 Strafsenatspräsident Curt Staff – der NS-verfolgte Sozialdemokrat

Staffs Ausrichtung an Demokratie und Rechtsstaat spiegelt sich im Oktober 1969 in der OLG-Verhandlung über die Revision gegen die erstinstanzliche Verurteilung des Studentenführers Daniel Cohn-Bendit wegen Aufruhrs und Landfriedensbruchs während einer Demonstration zu einer sechsmonatigen Bewährungsstrafe[1398]. Hans Peter Bull schrieb in der ‚Zeit' über die Verhandlung:

„Für (...) Staff mag dieses Urteil seines Senats so etwas wie ein politisches Testament darstellen. Es war die letzte Verhandlung, die er vor seiner Pensionierung leitete. Bemerkenswert war auch die Atmosphäre des Prozesses: der Senat tagte zufällig nicht in einem der üblichen Gerichtssäle mit Schranken und Podesten, sondern in einem Prüfungssaal. Man saß sich an einem ovalen Tisch gegenüber wie sonst Kandidaten und Prüfer, und wo sonst Studenten zuhören, hatten diesmal APO-Leute mit Bärten und Gitarren Platz genommen. In dieser ‚zivilen' Umgebung blieben sie so still wie die Rechtsbeflissenen, und bei Eintritt der Richter stand sogar Cohn-Bendit auf"[1399].

Das Kollegium hob das Urteil auf und verwies die Sache an eine andere Landgerichtskammer zurück[1400]. Die Entscheidung löste das „Dilemma zwischen Grundrecht und Strafrecht"[1401] auf, indem sie die Verwurzelung der Paragrafen 115 (Aufruhr) und 125 (Landfriedensbruch) des StGB im kaiserlichen Obrigkeitsstaat aufzeigte, für den kollektives Handeln wie im Falle von Demonstrationen keinen selbstverständlichen Bestandteil der gesellschaftlichen Wirklichkeit, sondern eine Bedrohung darstellten. Angesichts der durch das Grundgesetz garantierten freiheitlichen Demokratie, die Bürgern umfassende Partizipationschancen bietet, plädierte der Senat für eine weitherzigere Auslegung der Demonstrationsfreiheit und bejahte die Legalität des Verhaltens des Angeklagten[1402]. Mit diesem Richterspruch knüpfte Staff an die wichtigen Entscheidungen an, die 1948

[1398] Vgl. *Hannover*, Heinrich: Die Republik vor Gericht 1954–1974. Erinnerungen eines unbequemen Rechtsanwalts, Berlin 1998, S. 281. Zu den Demonstrationsprozessen der späten sechziger Jahre allgemein *Requate*, Jörg: Der Kampf um die Demokratisierung der Justiz. Richter, Politiker und Öffentlichkeit in der Bundesrepublik, Frankfurt a. M. 2008 (Campus Historische Studien, Bd. 47), S. 174–211.
[1399] Zit. n. *Hannover*, S. 282.
[1400] Vgl. *ebd.*, S. 283.
[1401] *Bloße Flanken* (Demonstrantenprozesse), in: Der Spiegel, 1969, H. 45, S. 89–107, hier: S. 89.
[1402] Vgl. *Hannover*, S. 283f.; ferner *Henne* 2001, S. 3031.

bis 1950 unter seiner Ägide am OGH ergangen waren. In Köln wie in Frankfurt deutete er als Richter Straftaten und Paragrafen auch vor der Folie ihrer Zeit, Geschichte und Umstände, um zur Festigung der rechtsstaatlichen Ordnung beizutragen, anstatt sich bei der Rechtsfindung auf die Auslegung des Gesetzesbuchstabens zu beschränken.

Anlässlich der Verabschiedung im Februar 1970 sprach Staff über ein zentrales Lebensthema: den Nationalsozialismus und seine Wurzeln. Hierbei identifizierte er das vor 1933 keimende Grundübel in der Abkehr von der Vernunft, Missachtung des Rechts und dem Wirken eines ungesunden Nationalismus. Weiter zitierte er das Wort des heiligen Augustinus (354–430), wonach Staaten ohne Gerechtigkeit Räuberbanden seien[1403]. Seinen Lebensweg durchzog „ein skeptischer Humanismus, der sich der Hilfe für den Schwächeren verpflichtet wußte. Für ihn war die Herstellung sozialer Gerechtigkeit in allem Staatswesen Voraussetzung stabiler Demokratie, die strikte Einhaltung der Rechtsstaatsprinzipien Garantie gegen Willkür und Gewalt"[1404]. Mit seiner Frau Ilse lebte der Jurist zurückgezogen, aber gastfreundlich „im modernen Haus ‚Am Forum' in Kelkheim"[1405]. Dort starb er auch am 22. August 1976.

2.2.5 Zusammenfassung

In den zwanziger Jahren aufstrebender sozialdemokratischer Jurist, dieserhalb 1933 aus dem Richteramt entlassen, 1935/36 14 Monate im KZ Dachau, fand Staff Ende der dreißiger Jahre eine privatwirtschaftliche Anstellung, mit der er den Lebensunterhalt bestreiten konnte. Nach Kriegsende avancierte er zu einem maßgeblichen Akteur des demokratischen Wiederaufbaus der Rechtspflege und der Ahndung von NS-Unrecht, nicht zuletzt durch sein Eintreten für die rückwirkende Anwendung von KRG 10 und die als OGH-Strafsenatspräsident verantwortete Auslegung von ‚Menschlichkeitsverbrechen'. Er war der führende Strafrechtler der Britischen Zone und seit 1951 höchster Richter in Hessen. Schon beim Eintritt in den Justizdienst 1930 verkörperte er den langfristigen Trend zur Liberalisierung und Demokratisierung, der durch das ‚Dritte Reich' jäh unterbrochen wurde. Dieser kam aber erst zum Durchbruch, als Staff 1969 in den

---

1403 Vgl. *Zimmer*, S. 153f.
1404 *Wassermann* 1996.
1405 *Windisch*, S. 658f.

Ruhestand ging. Sein Wirken für Gerechtigkeit, Rechtsstaat und Vernunft brachte ihn wiederholt in Konflikt mit Zeitläuften wie Zeitgenossen.

2.3 Strafsenatsvizepräsident August Wimmer – der NS-verfolgte Katholik

2.3.1 Rechtswissenschaftler, Richter und NS-Verfolgter (1899 bis 1945)

August Wimmer wurde am 4. April 1899 in Krefeld geboren und wuchs in einem bürgerlich-katholischen Elternhaus auf. Der Vater war Rektor einer Volksschule. Nach der Reifeprüfung im Frühjahr 1917 studierte er zwei Semester Philosophie in Bonn, wurde im Juni 1918 Soldat und war bis November im Fronteinsatz[1406]. Die Kriegserfahrung unterscheidet ihn von den anderen hier betrachteten, jüngeren Richtern, die später im OGH-Strafsenat wirkten. Nach Kriegsende studierte Wimmer Rechtswissenschaften in München, Freiburg und Bonn[1407]. Seinerzeit dürfte er die Bekanntschaft des katholischen Moraltheologen Fritz Tillmann gemacht haben, der mit seiner Sittenlehre einen Beitrag zur Reformation der kirchlichen Morallehre leistete[1408]. Seine aufgeschlossen-kritische Lehre war für Wimmer ein Gegengewicht zur als dumpfig empfundenen Atmosphäre des elterlichen Katholizismus. Im universitären Umfeld lernte er auch seine Ehefrau, Marta Löwenstein, kennen[1409]. Anfang 1922 legte er das Erste Staatsexamen ab. Anschließend war er als Gerichtsreferendar in Krefeld und

---

1406 Vgl. *Wimmer*, August: Über die psychogenen Reaktionen der geistig Gesunden, ihre psychologische Natur und ihre Bedeutung. Ein Beitrag zur experimentellen Erfassung der psychischen Konstitutionsartungen, Leipzig 1927 (= Wimmer 1927: Reaktionen), Lebenslauf; sowie *Daubach*, S. 9f.; *Bosch*; Landesarchiv NRW, Abteilung Rheinland, Duisburg (LA NRW, Abt. R, DU), NW PE, Nr. 3538 (i. e. Personalakte August Wimmers im Justizministerium von Nordrhein-Westfalen mit Beiakten), hier: Zeugnisheft, Bl. 1.
1407 Vgl. *Wimmer* 1927: Reaktionen, Lebenslauf; wie *Bosch*; *Irmen/Pöpken*, S. 186.
1408 Zu Tillmann (1874–1953) und seiner katholischen Sittenlehre vgl. *Piront*, Emil: Fritz Tillmann (1874–1953) und sein Beitrag zur Erneuerung der Moraltheologie im 20. Jahrhundert, Mainz 1996; wie *Niesen*, Josef: Bonner Personenlexikon, Bonn 2006, S. 310f.
1409 *Auskunft von Prof. Dr. Raimund Wimmer vom 10. Mai 2011.* Bei der Gelegenheit dieses Gesprächs machte Prof. Dr. Raimund Wimmer dem Vf. Dokumente aus seinem Privatarchiv zugänglich, aus denen im Folgenden auch zitiert wird. Zu Marta Löwenstein (1894–1997) vgl. *Peters*, Leo: Der Lebensweg der Familie Grunewald und die Situation der Juden in Kaldenkirchen, in: Ders. (Hrsg.): Eine jüdische Kindheit am Niederrhein. Die Erinnerungen des Julius Grunewald (1860 bis 1929), Köln u. a. 2009, S. 149–169, hier: S. 166 u. 168.

Düsseldorf tätig. 1924 folgte die Promotion. Im Herbst 1925 bestand er das Zweite Staatsexamen. Die hiermit verbundene Ernennung zum Gerichtsassessor datiert vom 5. Dezember[1410].

Wie beim späteren OGH-Kollegen Geier war das Ende der juristischen Ausbildung auch für Wimmer nicht gleichbedeutend mit dem Start einer steilen Karriere. Vielmehr schloss sich eine lange Dauer des Wartens auf eine freie Planstelle an, verbunden mit der Übernahme von Hilfsrichteraufträgen sowie einer allgemeinen Ungewissheit über die Zukunft. Wimmer fuhr zweigleisig. Nach 1926 arbeitete er nicht nur als Hilfsrichter an den Amtsgerichten Bonn und Köln[1411], sondern blieb als wissenschaftlicher Mitarbeiter auch der Universität verbunden. So wirkte er am Pathopsychologischen Institut in Bonn; dort war er „an einem Forschungsauftrag der Notgemeinschaft der deutschen Wissenschaft mit psychologischen, pathopsychologischen und kriminalwissenschaftlichen Studien und Beobachtungen"[1412] beteiligt. Hier kooperierte er mit dem Psychiater Otto Löwenstein[1413], der mit der ‚Kinderanstalt für seelisch Abnorme' an der Rheinischen Provinzial Heil- und Pflegeanstalt 1926 die europaweit erste kinder- und jugendpsychiatrische Abteilung schuf[1414] und 1931 Direktor des Instituts für Pathopsychologie in Bonn wurde – gegen den Willen der Medizinischen Fakultät, die Anstoß daran nahm, dass er Jude war[1415]. Unterdessen wirkte Wimmer 1929/30 am Kriminalwissenschaftlichen Institut in Köln, das strafrechtliche und kriminalpsychologische Forschung mit

---

1410 Vgl. *Wimmer* 1927: Reaktionen, Lebenslauf; ferner *Dreher*.
1411 Vgl. ZJBl. 2 (1948), Nr. 1, S. 7; auch *Irmen/Pöpken*, S. 186; *Wimmer* 1927: Reaktionen, Lebenslauf. Gemäß eigenen Angaben war er „in fast allen richterlichen Dezernaten, Zivilprozeß-, Beschwerde- und Strafkammern", LA NRW, Abt. R, DU, BR Pe, Nr. 13193, Bl. 39, tätig.
1412 *Ebd.*
1413 Vgl. *Bosch*. Zu Löwenstein (1889–1965) vgl. *Waibel*, Annette: Die Anfänge der Kinder- und Jugendpsychiatrie in Bonn. Otto Löwenstein und die Provinzial-Kinderanstalt 1926–1933, Köln 2000 (Dokumente und Darstellungen zur Geschichte der Rheinischen Provinzialverwaltung und des Landschaftsverbandes Rheinland), hier: S. 40–84; ferner *Niesen*, S. 194f.; *Forsbach*, Ralf: Die Medizinische Fakultät der Universität Bonn im „Dritten Reich", München 2006, S. 347f.; *Peters*, Leo, S. 166 u. 168.
1414 Zu Löwensteins Wirken als Gründer und Leiter der Provinzial-Kinderanstalt (1926–1933) vgl. *Waibel*; ferner *Orth*, Linda: Die Transportkinder aus Bonn. „Kindereuthanasie". Mit einem Beitrag von Paul-Günter Schulte, Köln 1989 (Archivberatungsstelle Rheinland. Rheinprovinz, Bd. 3), S. 9–18.
1415 Vgl. *Niesen*, S. 194f.; wie auch *Waibel*, S. 44; *Forsbach*, S. 347.

2.3 Strafsenatsvizepräsident August Wimmer – der NS-verfolgte Katholik

der Strafrechtspraxis zu verknüpfen suchte[1416]. Die Schrift ‚Über die psychogenen Reaktionen der geistig Gesunden, ihre psychologische Natur und ihre Bedeutung. Ein Beitrag zur experimentellen Erfassung der psychischen Konstitutionsartungen' war im Februar 1927 Grundlage für seine Promotion zum Doktor der Philosophie[1417]. Die Kooperation mit Otto Löwenstein und die Dissertation lassen Wimmers großes Interesse an kriminalpsychologischen Fragen erkennen, was sich in weiteren Forschungen und Veröffentlichungen niederschlug. So publizierte er 1927 bis 1930 Aufsätze in der ‚Zeitung für die gesamte Strafrechtswissenschaft', von denen zwei eine psychologische Perspektive aufweisen. Dabei ging es je um Triebhandlungen: einerseits um deren Bestrafung andererseits um das Fehlen des Bewusstseins von Tatbestandsmerkmalen[1418]. 1930 folgte ein großer Beitrag über das Verhalten des Angeklagten im Strafprozess und die Auswirkung auf Strafzumessung und Anrechnung von Untersuchungshaft[1419]. Die Gesamtschau der Themen ergibt, dass der Täter und die subjektive Tatseite damals im Fokus der wissenschaftlichen Arbeit Wimmers standen. Eine Universitätskarriere schien Ende der zwanziger Jahre möglich. Dieweil hatte der Jurist eine Familie gegründet: 1926 heiratete er die bereits vor dem Ersten Weltkrieg vom Judentum zum evangelischen Christentum konvertierte junge Lehrerin Marta Löwenstein, deren Bruder Otto schon Erwähnung fand. Noch vor der Hochzeit trat sie zum Katholizismus über[1420]. Die Trauung führte Fritz Tillmann durch[1421]. Aus dieser Ehe gingen die Kinder Elisabeth (* 1927) und Raimund (* 1935) hervor[1422].

1416 Zum damaligen Kriminalwissenschaftlichen Institut in Köln vgl. *Heimbüchel*, Bernd: Die Neue Universität. Selbstverständnis – Idee und Verwirklichung, in: Ders. u. Klaus Pabst: Kölner Universitätsgeschichte (hrsg. v. d. Senatskommission für die Geschichte der Universität zu Köln). Bd. II: Das 19. und 20. Jahrhundert, Köln/Wien 1988, S. 101–656, hier: S. 464f.
1417 Vgl. *Wimmer* 1927: Reaktionen, Titelblatt.
1418 Vgl. *ders.*: Über die Bestrafung triebhaften Handelns. Ein Beitrag zur psychologischen Vertiefung strafrechtlicher Grundbegriffe, in: Zeitschrift für die gesamte Strafrechtswissenschaft 47 (1927), S. 101–136; *ders.*: Über das Fehlen des Bewußtseins von Tatbestandmerkmalen bei ungeordneten Triebhandlungen, in: Zeitschrift für die gesamte Strafrechtswissenschaft 49 (1929), S. 675–687.
1419 Vgl. *ders.*: Gestehen und Leugnen im Strafprozeß. Seine Bedeutung für Strafzumessung und Anrechnung der Untersuchungshaft, in: Zeitschrift für die gesamte Strafrechtswissenschaft 50 (1930), S. 538–596.
1420 Vgl. LA NRW, Abt. R, DU, NW Pe, Nr. 3538 (Beiakte OLG Hamm), Bl. 160f.; weiter *Daubach*, S. 11. Otto Löwenstein war ebenfalls zum evangelischen Glauben konvertiert, vgl. *Forsbach*, S. 347; zudem *Waibel*, S. 40.
1421 *Auskunft von Prof. Dr. Raimund Wimmer vom 10. Mai 2011.*
1422 Vgl. *Peters*, Leo, S. 166 u. 168.

2 Präsident, Richter am Strafsenat und Generalstaatsanwalt – biographische Skizzen

Das Warten auf eine Planstelle hatte 1932 ein Ende. Zum 20. September wurde Wimmer zum Amtsgerichtsrat in Dortmund ernannt[1423]. Damit verbunden war ein Umzug ins Ruhrgebiet; das Haus in Bonn wurde vermietet. Obwohl er politisch kaum hervorgetreten war, geriet der aufstrebende Richter 1933 sogleich ins Visier des NS-Regimes. Wegen seiner Ehe firmierte er im rassistisch-antisemitischen Jargon der neuen Machthaber als ‚jüdisch versippt', was allein ihn schon verdächtig machte und von beruflichem Fortkommen ausschloss. Hinzu kam eine tiefgehende Abneigung gegen den Nationalsozialismus sowie ein gerüttelt Maß an Zivilcourage wie auch Charakterfestigkeit. Eigenschaften, die ihn gegen den Zugriff des NS-Staates immunisierten. Die nachfolgende Darstellung von Leben und Arbeit Wimmers im ‚Dritten Reich' greift verstärkt auf Selbstzeugnisse zurück, da amtliche Quellen ebenso rar wie tendenziös sind. Das geschieht anhand zweier Berichte, die er bezüglich seiner NS-Verfolgung zu Papier brachte. Während der erste, 1947 zur Ergänzung der Personalakte vorgelegte Text die ganze Berufsbiographie umreißt[1424], bietet der zweite eine Tiefenbohrung zu den Jahren als persönlich sowie beruflich bedrängter Amtsgerichtsrat (1933–1937)[1425]. Den historischen Aussagewert gilt es durch Kontextualisierung und Quellenkritik herauszuschälen. Denn so glaubwürdig der Autor sein Handeln und Schicksal beschreibt, so wichtig bleibt die Abgleichung mit Quellen anderer Herkunft, insbesondere solchen der NS-Behörden, die mit Blick auf die Ereignisse den Vorzug der Zeitnähe aufweisen. Freilich müssen sie wegen ihrer Parteilichkeit auch gegen den Strich gelesen werden.

Im Frühjahr 1933 bestand der junge Richter die erste Bewährungsprobe, als er mitwirkte, Otto Löwenstein „vor politischem Bandenmord zu retten und sein Eigentum dem Zugriff zu entziehen"[1426]. Der jüdischstämmige Schwager wurde auf Veranlassung des NS-Funktionärs und Nervenarztes

---

1423 Vgl. Justiz-Ministerial-Blatt für die preußische Gesetzgebung und Rechtspflege 1932. Ausg. A, S. 227; weiter BArch, Z 21, Nr. 1328, Bl. 28.
1424 Vgl. LA NRW, Abt. R, DU, BR Pe, Nr. 13193, Bl. 39f.
1425 Vgl. *Bericht August Wimmers vom 1. April 1958 über die Jahre 1933 bis 1937* (Privatarchiv Prof. Dr. Raimund Wimmer). Auf diesen Bericht beruft sich auch *Himmelmann*, Werner: Schicksale von Richtern und Rechtsanwälten in der Nazi-Zeit, in: Gerhard Pauli (Hrsg.): Nationalsozialismus und Justiz. Vortragsreihe im Amtsgericht Dortmund, Baden-Baden 2002 (Juristische Zeitgeschichte; Kleine Reihe, Bd. 5), S. 39–79, hier: S. 50–54. Ohne das zu betonen, schöpft auch *Schorn*, Hubert: Der Richter im Dritten Reich. Geschichte und Dokumente, Frankfurt a. M. 1959, S. 459–461, aus dieser Quelle.
1426 LA NRW, Abt. R, DU, BR Pe, Nr. 13193, Bl. 39; außerdem *Bericht August Wimmers vom 1. April 1958 über die Jahre 1933 bis 1937* (Privatarchiv Prof. Dr.

2.3 Strafsenatsvizepräsident August Wimmer – der NS-verfolgte Katholik

Walter Poppelreuter aus dem Bonner Pathopsychologischen Institut vertrieben und entging nur knapp der Verhaftung durch eine SA-Hundertschaft[1427]. Hier zeigte Wimmer Mut, indem er laut Notiz von 1958 trotz offizieller Beschlagnahmung und Sperrung „aus seinem [sprich: Löwensteins] Dienstzimmer seine Papiere und sonstiges Privateigentum herausgeholt hatte, die er zur Flucht ins Ausland brauchte"[1428]. Tatsächlich kehrte Löwenstein NS-Deutschland am 10. März den Rücken. Die kommissarische Leitung seines Instituts und der Kinderanstalt übernahm Poppelreuter[1429]. Wimmers Einmischung blieb nicht unbemerkt; noch im März wurde er verhaftet und politischer Vergehen bezichtigt. Es schlossen sich Straf- und Disziplinarverfahren an, die aber bald eingestellt wurden[1430]. Der Schwager emigrierte via Schweiz in die USA, wo er ab 1939 Professor für Neurologie in New York war. Nach 1945 ließ er sich in Entschädigungsfragen von Wimmer vertreten[1431].

Jedoch bekam auch August Wimmers Familie den NS-Antisemitismus hautnah zu spüren. Seine Frau Marta, Studienrätin an der Klosteroberschule Hersel bei Bonn[1432], wurde bereits 1933 „aus dem Dienst entlassen und erlebte eine schlimme Zeit mit jeder Ächtung vom Judenstern bis zum Verbot von Veranstaltungen, usw., wie alle Juden in jenen Tagen"[1433].

Raimund Wimmer). Schilderungen dieser Episode bei *Schorn*, S. 460, sowie *Himmelmann*, S. 52.

1427 Vgl. hierzu *ebd.*, S. 48; ferner *Forsbach*, S. 349; *Orth, Linda*, S. 14f. Zu Poppelreuter (1886–1939) vgl. *Klee* 2005, S. 469; sowie *Waibel*, S. 45f.

1428 *Bericht August Wimmers vom 1. April 1958 über die Jahre 1933 bis 1937* (Privatarchiv Prof. Dr. Raimund Wimmer); ferner LA NRW, Abt. R, DU, NW Pe, Nr. 3538 (Beiakte Reichsjustizministerium), Bl. 62, wo die Vorgänge in einem Schreiben des Reichsjustizministeriums an den Reichs- und Preußischen Innenminister vom 31. Juni 1937 aus der Sicht des NS-Staats referiert werden. Laut *Auskunft von Prof. Dr. Raimund Wimmer vom 10. Mai 2011* besaß sein Vater den Schlüssel zu einem Tresor in Löwensteins Büro.

1429 Vgl. *Waibel*, S. 48; *Forsbach*, S. 349f.; *Klee* 2005, S. 469.

1430 Vgl. *Bericht August Wimmers vom 1. April 1958 über die Jahre 1933 bis 1937* (Privatarchiv Prof. Dr. Raimund Wimmer); ferner LA NRW, Abt. R, DU, BR Pe, Nr. 13193, Bl. 39.

1431 Vgl. *Waibel*, S. 51f.

1432 Vgl. *Bericht August Wimmers vom 1. April 1958 über die Jahre 1933 bis 1937* (Privatarchiv Prof. Dr. Raimund Wimmer).

1433 *Himmelmann*, S. 50; ferner LA NRW, Abt. R, DU, BR Pe, Nr. 13193, Bl. 39; *Bericht August Wimmers vom 1. April 1958 über die Jahre 1933 bis 1937* (Privatarchiv Prof. Dr. Raimund Wimmer).

Ihr blieb nur, sich der Familie zu widmen[1434]. Wie prekär die Lage war, erhellt aus der folgenden Schilderung Wimmers von 1958:

„Zahlreiche dienstliche Schritte gegen mich durch einen persönlichen Freund von Freisler und Frank, einen [!] der ältesten Mitglieder des NS-Juristenbundes, dem ich unglücklicherweise mein Bonner Haus vermietet hatte und der unsere Lage dazu ausnutzte, Mietzahlungen abzulehnen, weil ich in meiner Lage eine Klage nicht riskieren werde. Ich riskierte etwa 14 Zivilprozesse und habe sie alle, überwiegend ohne Beweisaufnahme[,] gewonnen. Eine der Anzeigen gegen mich behauptete, ich hätte die Nazis als ‚Rassenbande' bezeichnet. Der LGPräsident hat alle Angriffe abgewehrt"[1435].

Der im diskriminierend-verleumderischen Verhalten des NS-Juristen liegenden existenziellen Gefahr begegnete Familienvater Wimmer mit großem Mut und Beharrlichkeit. Solange er auf sein Recht pochen konnte, tat er es auch.

Beruflich eckte Wimmer an, weil er sich nicht der NS-Bewegung, sondern der Gerechtigkeit verpflichtet wusste. So verschloss er als turnusgemäßer Vorführungsrichter im Dortmunder Polizeigefängnis nicht die Augen vor dem Terror der SA-Hilfspolizei, sondern pochte auf die Durchführung rechtsstaatlicher Verfahren gegen Kommunisten, Juden sowie andere NS-ferne Personen. Er lehnte es ab, NS-Gegner durch summarische Vernehmungen und Haftbefehle zu diskriminieren, und verteidigte ihre Rechte, indem er offenkundige Misshandlungen und den Wunsch von Vorgeführten nach einem Haftbefehl zu Protokoll nehmen ließ. (Ein Haftbefehl konnte weiteren brutalen Übergriffen von NS-Anhängern vorbeugen.) Die Widerständigkeit des Richters führte bald zur Abberufung als Vernehmungsrichter. So führte im Juni 1933 ein als Einzelrichter gefälltes, Aufsehen erregendes Urteil zu seinem Ausschluss von Strafprozessen. Denn aus Sicht der NS-Funktionäre hatte Wimmer eine rote Linie überschritten, als er einen der Beleidigung der SA beschuldigten jüdischen Metzger freisprach. Die Entscheidung erging „gegen die Zeugeneide zweier Naziterroristen, und zwar nach einer großen Beweisaufnahme, die diese mit Hilfe der Amtsanwaltschaft hatten verhindern wollen"[1436]. Am nächsten Tag sei ihm, berichtet er, gegen eigenen Widerspruch die Strafabteilung entzogen

---

1434 *Auskunft von Prof. Dr. Raimund Wimmer vom 10. Mai 2011.*
1435 *Bericht August Wimmers vom 1. April 1958 über die Jahre 1933 bis 1937* (Privatarchiv Prof. Dr. Raimund Wimmer).
1436 *Ebd.*

2.3 Strafsenatsvizepräsident August Wimmer – der NS-verfolgte Katholik

worden – mit der Begründung, dass die SA mit der Sprengung seiner Sitzungen gedroht hätte[1437].

Angesichts dieser Konflikte mit NS-Aktivisten verwundert nicht, dass die politische Haltung des Dortmunder Amtsrichters in Dienstbeurteilungen damals kritisch beäugt wurde. Das zeigte sich erstmals, als Wimmer Ende 1933 um Versetzung an das Amtsgericht Siegburg bat, die der Familie die Rückkehr in das Eigenheim im nahegelegenen Bonn ermöglicht hätte. Da er um seine heikle Lage im NS-Staat wusste – auf den Nenner gebracht durch die Begriffe NS-Gegner und ‚Mischehe' –, begründete er seinen Antrag sehr defensiv. Hier wie andernorts lieferte er „Rechtfertigungen für seine ‚nichtarische' Frau, die schmerzlich zu lesen sind und für Wimmer vermutlich ebenso schmerzlich zu schreiben waren"[1438]:

> „Die Vorfahren meiner Ehefrau waren wenigstens zum Teil Juden, jedoch seit Jahrhunderten in Westdeutschland bodenständig. Ihr Urgrossvater und dessen Bruder haben schon in den Freiheitskriegen als Kriegsfreiwillige mitgekämpft, letzterer ist damals gefallen. (…) Auch beide Brüder meiner Frau haben den Weltkrieg mitgemacht, der eine von ihnen starb bereits 1915 in Russland den Heldentod. Seit Generationen ist selbstverständliche Tradition in ihrer Familie, auch die letzten Kräfte dem Vaterlande zur Verfügung zu stellen. Meine Frau selbst ist seit 23 Jahren Christin. Sie war von Beruf Studienrätin und zuletzt jahrelang an einer katholischen Klosterschule beschäftigt. Übrigens ist sie immer von unbefangenen, auch sachverständigen Aussenstehenden als Arierin angesehen worden"[1439].

Die im Kontext der Bewerbung eingeholten Beurteilungen ergaben ein ungünstiges Bild. Der Dortmunder BNSDJ-Kreisobmann Wilhelm Stockheck etwa setzte den OLG-Präsidenten von Hamm am 17. Januar 1934 davon in Kenntnis,

> „dass Dr. Wimmer sowohl in seinem früheren Beschäftigungskreis im Rheinland als auch hier in Dortmund als ein der nationalsozialistischen Partei, der Trägerin der Revolution feindlich gegenüberstehender Mann galt, und dass ich auch von einer andersartigen Einstellung bis heute nicht mich habe überzeugen können. Nach meiner Ansicht bestehen daher zwar keine Bedenken gegen eine Versetzung des Herrn

---

1437 Vgl. *ebd.*; siehe auch LA NRW, Abt. R, DU, BR Pe, Nr. 13193, Bl. 39.
1438 *Daubach*, S. 13.
1439 LA NRW, Abt. R, DU, NW Pe, Nr. 3538 (Beiakte OLG Hamm), Bl. 160f.

Dr. Wimmer in eine grössere rheinische Stadt, jedoch solche gegen eine Versetzung in eine kleinere Stadt, in welcher er mit der Bevölkerung in mehr als nur dienstliche Berührung kommen könnte"[1440].

Das hierin angesprochene Problem der dienstlichen Verwendung eines NS-Gegners, der auch noch mit einer Jüdin verheiratet war, begleitete den Amtsgerichtsrat jetzt auf Schritt und Tritt. Für Dortmunds Landgerichtspräsidenten Paul Koch wuchs sich die Personalie zum Ärgernis aus, zumal am gleichen Gericht zwei weitere Richter mit jüdischen Frauen tätig waren: „Das Amtsgericht steht (...) auch heute noch im Rufe, verjudet zu sein. Im Interesse des Ansehens der dortmunder Justiz ist die Versetzung wenigstens eines jüdisch verheirateten Richters ein unabweisbares Gebot"[1441]. So drängte er den Untergebenen zur Beantragung der Versetzung an das Amtsgericht Düsseldorf und befürwortete dessen Antrag vom Februar 1936 gegenüber dem OLG-Präsidenten von Hamm mit der Begründung: „Vor allem bin ich auf Grund meiner hiesigen Erfahrungen der Ansicht, dass jüdisch verheiratete Richter nur bei ganz grossen Behörden Verwendung finden können und dass nur ganz grosse Städte ihnen die Gelegenheit bieten, ein unbeachtetes Dasein zu führen". Quintessenz: Das Ansehen der Justiz im NS-Staat nimmt Schaden, wenn ‚jüdisch versippte' Richter Kontakt mit der Bevölkerung pflegen. Dass es um Exklusion aus der ‚Volksgemeinschaft' ging, belegt auch Kochs Einlassung: „Ich habe mit Wimmer, der das Gesuch nach Düsseldorf nur ungern gestellt hat (er möchte nach Köln oder Bonn, wo er grundeingesessen ist), die Frage einer Verwendung bei anderen Gerichten im Rheinlande, seiner Heimatprovinz besprochen. Aachen, Krefeld dürften kaum in Betracht kommen, da dort Verwandte der Frau wohnen; Köln, Bonn kommen aus ähnlichen Gründen kaum in Frage". Nach abschlägiger Bescheidung des Versetzungsantrags wiederholte sich der Vorgang Anfang 1937[1442] – auch diesmal mit einer Absage. Wimmer wurde nicht versetzt, er war unvermittelbar.

Was seine Zuständigkeit anbelangte, hatten die Vorgesetzten schon 1933 Konsequenzen aus der unangepassten Rechtsauffassung und Urteilspraxis des Amtsrichters gezogen. Weil er sich in ihren Augen als Vorführungs- und Strafrichter disqualifiziert hatte, wurde er im Sommer in den als politisch weniger brisant geltenden Bereich des Vollstreckungs- und Grundbuchrechts abgeschoben. Aber auch hier gelang es ihm, nationalso-

---

1440 Ebd., Bl. 165.
1441 Hier und im Folgenden ebd., Bl. 175.
1442 Vgl. ebd., Bl. 190. Landgerichtspräsident Koch reagierte mit dem Drängen auf Wimmers Versetzung auch auf großen Druck seitens der NSDAP-Kreisleitung.

zialistischen Unmut auf sich zu ziehen, indem er sich nämlich weigerte, an der Arisierung jüdischer Grundstücke mitzuwirken[1443]. So im Zusammenhang mit den

> „hochdramatischen Vorgängen um die ‚Enteignung' des Dortmunder Generalanzeigers (Einzelheiten sind mir entfallen)[1444], bei der Vollstreckung eines jüdischen früheren Rechtsanwalts gegen einen prominenten NS, der sich mit politischen Waffen böswillig seinen Verpflichtungen zu entziehen versuchte (das LG hat meinen Beschluß, der sehr deutlich war, bestätigt und der LG-Präsident die Dienstaufsichtsbeschwerde gegen mich zurückgewiesen)"[1445].

Die Entrechtung der Juden im NS-Staat hatte bereits 1935 zur Auflösung oder Arisierung eines Viertels der jüdischen Unternehmen geführt[1446]. Hierbei waren es bis Ende 1937 Privatleute, viele Zehntausend nicht-jüdische Deutsche, die ihren Vorteil aus der Notlage der bedrängten Mitbürger zogen und sich deren Geschäfte und Güter aneigneten. Noch handelte es sich nicht um systematische Enteignung – sie kam erst 1938 in Gang; Aly spricht von „einer immer besser organisierten Teilkonfiskation"[1447], die die ca. 500.000 in Deutschland lebenden Juden aus dem Wirtschaftsleben ausschloss. Als Vollstreckungsrichter schöpfte Wimmer seine Möglichkeiten aus, um Arisierungen entgegenzutreten. Insofern das Vollstreckungswesen von NS-Justizlenkungsversuchen stark betroffen war, erinnert er sich 1958, hätten seine Aufsätze in der ‚Deutschen Gerichtsvollzieher-Zeitung' 1937/38 „als Akte richterlichen Widerstandes gewirkt" sowie „den offiziellen Widerspruch der Justizverwaltung zur Folge gehabt, während mir eine größere Zahl von Gerichtsvollziehern mündlich und brieflich zum Ausdruck gebracht haben [!], daß sie mich verstanden hatten und meine Ein-

---

1443 Vgl. *Bosch*. Zu ‚Arisierungen' vor 1939 vgl. *Aly*, Götz: Hitlers Volksstaat. Raub, Rassenkrieg und nationaler Sozialismus, Bonn 2005, S. 54–66; sowie *Rink*, Thomas: Rassistische Politik und Judenverfolgung in Deutschland 1933 – 1939, in: Gedenk- und Bildungsstätte Haus der Wannsee-Konferenz (Hrsg.): Die Wannsee-Konferenz und der Völkermord an den europäischen Juden. Katalog der ständigen Ausstellung, Berlin 2006, S. 38–53, hier: S. 38 u. 40f.

1444 Zur Enteignung des auflagenstarken linksliberal-pazifistischen ‚General-Anzeigers für Dortmund' vgl. *Wolf*, Manfred: Das Ende des Dortmunder General-Anzeigers, in: Beiträge zur Geschichte Dortmunds und der Grafschaft Mark 70 (1976), S. 349–364.

1445 Bericht August Wimmers vom 1. April 1958 über die Jahre 1933 bis 1937 (Privatarchiv Prof. Dr. Raimund Wimmer); sowie *Schorn*, S. 461.

1446 Vgl. *Rink*, S. 38.

1447 *Aly*, S. 54f.

stellung billigten"[1448]. Mit den Texten sollte einer „sozialen Gestaltung einer trotzdem wirkungsvollen Zwangsvollstreckung"[1449] der Boden bereitet werden – zum Nutzen des Schuldners wie des Gläubigers. Der Richter forderte für den Schuldner etwa das Recht, durch Verzicht auf den Charakter der Unpfändbarkeit eines unentbehrlichen Gutes dasselbe gleichwohl zu verpfänden. Da die „Existenz vieler Schuldner gerade durch Pfändung des Unentbehrlichen gerettet werden kann"[1450], erblickt er hierin eine praktikable, soziale Lösung. Andernorts plädiert Wimmer dafür, dem Gerichtsvollzieher bei der Ratenzahlungsbewilligung sowie der Verlegung von Versteigerungsterminen weitgehende Entscheidungsspielräume zuzugestehen. „[I]nfolge seiner näheren Kenntnis der Verhältnisse und seiner unmittelbareren Einwirkung auf den Schuldner" gelinge ihm in vielen Fällen „eine ratenweise Beitreibung (…) in einer Weise, die dem Gläubiger durchaus zugemutet werden kann, ihm vielleicht sogar gegenüber der Versteigerung beträchtliche Vorteile bringt"[1451]. Mit diesen Ausführungen setzt sich der Autor in einen klaren Gegensatz zu den Anordnungen des OLG-Präsidenten von Hamm, aufgrund deren sich Gerichtsvollzieher schon mit Bedenken an ihn, Wimmer, gewandt hätten[1452]. Im dritten Beitrag zum Thema skizziert er die ‚Richterliche Vollstreckungsschutz-Praxis' im Amtsgerichtsbezirk, welche er als Erfolgsmethode darstellt. Dabei bietet er Einblick in seine richterliche Praxis:

> „Überhaupt stelle ich mich in großem Umfange dem Publikumsverkehr zur Verfügung, während vorher hier ein Publikumsverkehr beim Vollstreckungsrichter nicht üblich war. Ich habe die besten Erfahrungen damit gemacht. Viel unnötiges Schreibwerk wird vermieden, manche Sache ohne Aktenanlegung erledigt, zumal wenn Gegner und Gerichtsvollzieher telefonisch zu erreichen sind. Manche ratenweise Befriedigung des Gläubigers kann durch mündliche Besprechungen in

---

1448 *Bericht August Wimmers vom 1. April 1958 über die Jahre 1933 bis 1937* (Privatarchiv Prof. Dr. Raimund Wimmer); ferner *Schorn*, S. 461.
1449 *Wimmer*, August: Ratenbewilligung durch den Gerichtsvollzieher? In: Deutsche Gerichtsvollzieher-Zeitung 57 (1937), Nr. 21, S. 322–324 (= Wimmer 1937: Ratenbewilligung), hier: S. 323; ähnlich *ders.*: Verzicht des Schuldners auf den Charakter der Unpfändbarkeit, in: Deutsche Gerichtsvollzieher-Zeitung 57 (1937), Nr. 19, S. 289–291, hier: S. 291.
1450 *Ebd.*, S. 290.
1451 *Ders.* 1937: Ratenbewilligung, S. 324.
1452 Vgl. *ebd.*, S. 322. Das in diesem Text von einem verfemten Richter entwickelte ehrgeizige Programm für die gerichtsvollzieherische Praxis dürfte dem OLG-Präsidenten als Affront erschienen sein.

die richtigen Wege geleitet werden, manche Existenz in persönlicher Beratung gerettet, manche schutzunwürdige Existenz durchschaut, mancher unrettbaren Dauerkrise mit einem energischen Schnitt das Ende bereitet werden. Damit glaube ich, zugleich aus einem der unbeliebtesten Richtergeschäfte eins der interessantesten und befriedigendsten gemacht zu haben"[1453].

Ferner legt Wimmer dar, wie Vollstreckungsrichter Härten wie Zwangsräumungen vermeiden könnten. Aus eigener Anschauung wisse er recht gut, „[w]elch oft schicksalhaftes Unglück es vielfach für kleine Leute ist, wenn sie bei der heutigen Knappheit an billigen Wohnungen hier in Dortmund zwangsweise herausgesetzt werden". Rechtspraxiskritik übt er, wenn er betont, die im Gerichtsvollzieher-Organ veröffentlichten Beschwerdeentscheidungen zeigten „wenig wirkliche Bejahung der vollen Voraussetzungen des Vollstreckungsmißbrauchgesetzes"[1454]. So postuliert Wimmer demgegenüber, den Vollstreckungsrichter solle das Bemühen auszeichnen, „im letzten und oft entscheidenden Stadium zivilrechtlicher Auseinandersetzungen Helfer und Garant dafür zu werden, daß die Parteien in wirtschaftlich vernünftiger und menschlich anständiger Weise auseinanderkommen"[1455]. Ein hieran ausgerichtetes Handeln bot wohl die Chance, die Arisierung jüdischen Besitzes in ihren Härten abzufedern. Für den Autor solcher Texte gilt, was im Übrigen auch für sein richterliches Wirken zutrifft: Er war ein „besonders mutiger Gegner des Nationalsozialismus"[1456].

In der zweiten Jahreshälfte 1937 verdüsterte sich die Lage für den Amtsgerichtsrat stetig, weil die Vorgesetzten seine Entfernung aus dem Justizdienst betrieben. Der Anstoß dazu kam von außen. Der Stab beim ‚Stellvertreter des Führers' informierte den Reichsjustizminister am 25. Juni, dass die noch im Amt verbliebenen Justizjuristen, die entweder mit einer Volljüdin verheiratet waren bzw. als ‚Mischlinge' 1. oder 2. Grades galten, in den Ruhestand versetzt werden sollten. Die mitgeschickte Liste nannte 16 Namen, u. a. Wimmers[1457]. Die Prüfung der Aktenlage ließ im Ministe-

---

1453 Hier und folgend *ders.*: Richterliche Vollstreckungsschutz-Praxis, in: Deutsche Gerichtsvollzieher-Zeitung 58 (1938), Nr. 1, S. 1–4, hier: S. 3.
1454 *Ebd.*, S. 4. *Daubach*, S. 22, würdigt seinen Beitrag als „eine Form des subtilen, juristisch fundiert begründeten und sachlichen Widerstandes gegen politisch instrumentalisiertes Vollstreckungsrecht".
1455 *Wimmer* 1938, S. 4.
1456 *Bosch*.
1457 Vgl. LA NRW, Abt. R, DU, NW Pe, Nr. 3538 (Beiakte Reichsjustizministerium), Bl. 60.

rium die Absicht reifen, den 38-jährigen Richter auf Basis von § 6 des Berufsbeamtengesetzes zu entpflichten[1458]. Hiergegen setzte sich Wimmer am 15. August brieflich zur Wehr, wobei er Berlin auf seine Treue und Pflichterfüllung gegenüber dem nationalen Staat sowie den exzeptionellen Charakter seiner Ehe mit einer konvertierten Jüdin hinwies. Er führt auf, dass er das Ehrenkreuz des Fronteinsatzes im Ersten Weltkrieg besitze und im Pensionierungsfall wirtschaftlich schlechter gestellt werde als jüdische Frontkämpfer; dass er seine Pflichten als Beamter und Volksgenosse im NS-Staat erfülle, was sich in seiner Mitgliedschaft in NSV und Reichsluftschutzbund (RLB) sowie in der privaten Zurückhaltung äußere, die er wegen der jüdischen Abstammung seiner Frau pflege; dass er eine Versetzung in eine west- oder mitteldeutsche Großstadt für annehmbar halte und eine Frühpensionierung die Verelendung der Familie nach sich zöge. Hinsichtlich seiner Ehe blieb Wimmer – wie im oben zitierten Schreiben von 1933 – nur die Selbsterniedrigung vor dem NS-Regime, dessen völkisch-antisemitische Ideologie er ablehnte: „Ganz besondere Umstände dürften eine von der Regel abweichende Beurteilung meiner Heirat rechtfertigen"[1459]. Seine Frau sei christlich, beliebt sowie geachtet und hätte untadelige Vorfahren und Verwandte. Wenig hilfreich war für ihn die Stellungnahme von Landgerichtspräsident Koch vom 18. August 1937:

> „Er ist auch heute noch derjenige jüdisch versippte Richter in Dortmund, der am schwersten zu ertragen ist. (…) Sein Auftreten läßt ihn nur wenig sympathisch erscheinen, er ist bei Richtern und Rechtsanwälten wegen seines stark selbstbewussten, zuweilen patzigen Auftretens im allgemeinen nicht beliebt. (…) Ob der Weg der Versetzung der Anwendung des § 6 Berufsbeamtengesetzes vorzuziehen ist, bitte ich zu prüfen. Der Meinung Wimmers, dass seine Ehefrau von jedem Deutschen für deutschblütig gehalten werde, vermag ich nicht beizutreten. Als ich vor Jahr und Tag den Eheleuten Wimmer auf der Straße begegnete und gegrüßt wurde, sah eine in meiner Begleitung befindliche Dame mich geradezu von der Seite an"[1460].

1458 Vgl. *ebd.*, Bl. 62 u. 80. Neben der Ehe mit einer Jüdin fielen im Urteil des Ministeriums das gute Verhältnis Wimmers zum emigrierten Schwager und angeblichen Marxisten Otto Löwenstein wie auch die Klerikalität der Eheleute Wimmer negativ ins Gewicht.
1459 *Ebd.*, Bl. 200.
1460 *Ebd.*, Bl. 198.

2.3 Strafsenatsvizepräsident August Wimmer – der NS-verfolgte Katholik

Diese Episode war laut Wimmer Anlass für seine Entlassung. Denn die in Kochs ‚Begleitung befindliche Dame' war eine namhafte Nationalsozialistin, die Anstoß daran genommen hätte, dass er, der Amtsrichter, seine Achtung nicht mit ‚deutschem Gruß', sondern durch Abnahme des Hutes erwiesen hätte. Dem Ex-Vorgesetzten hält Wimmer noch 1958 in Dankbarkeit für frühere Unterstützung zugute, er hätte sich wohl in einer Zwangslage befunden und wäre bis 1937 kein überzeugter NS-Anhänger gewesen[1461]. Kochs Äußerungen deuten aber darauf hin, dass sich der Amtsrichter täuschte und keinerlei Rückhalt in ihm hatte[1462]. Indes dürfte es sich bei der geschilderten Begebenheit nicht um den Anlass, sondern höchstens um einen Vorwand für die Zwangsentpflichtung Wimmers gehandelt haben. Schließlich war die Initiative hierzu im Juni 1937 von der NSDAP-Zentrale ausgegangen; statt eines individuellen Verdachts lag ihr der Wille zu rassisch begründeter kollektiver Verfolgung zugrunde. Wie stark dem Richter die Existenz gefährdende Lage zusetzte, zeigte sich wenig später in einer ernsten Erkrankung. So informierte Koch den OLG-Präsidenten Ende September, Wimmer sei „wegen schwerer nervöser Erschöpfung bis zum Ende dieses Jahres dienstunfähig"[1463]. Dessen Einspruch blieb vergeblich: Zum 1. Januar 1938 wurde der Dortmunder Amtsgerichtsrat gemäß § 6 des Berufsbeamtengesetzes zwangsweise in den Ruhestand versetzt[1464]; diese Mitteilung machte ihm der Reichsjustizminister am 23. September 1937[1465].

Da Wimmers Rente von monatlich 200 RM nicht ausreichte, um die Familie zu versorgen[1466], war es eine glückliche Fügung, dass ihm ein früherer Mitschüler eine Anstellung in der freien Wirtschaft vermitteln konnte. Der spätere BGH-Richter Alexander Wirtzfeld verwies ihn an den Gründer und Inhaber eines Fachverlages für Straßenverkehrsschriften in Remagen, seinen Bruder Adolf[1467]. Dieser stellte Wimmer 1938 als Geschäftsführer

---

1461 Vgl. *Bericht August Wimmers vom 1. April 1958 über die Jahre 1933 bis 1937* (Privatarchiv Prof. Dr. Raimund Wimmer).
1462 Vgl. *Daubach*, S. 16.
1463 LA NRW, Abt. R, DU, NW Pe, Nr. 3538 (Beiakte OLG Hamm), Bl. 202.
1464 Vgl. Deutsche Justiz 1937. Ausg. A, S. 1914; zudem BArch, Z 21, Nr. 1328, Bl. 26 u. 28; *Bosch*.
1465 Vgl. LA NRW, Abt. R, DU, NW Pe, Nr. 3538 (Beiakte OLG Hamm), Bl. 209.
1466 *Auskunft von Prof. Dr. Raimund Wimmer vom 10. Mai 2011.*
1467 Zum Verkehrs-Verlag Remagen vgl. *Comes*, Hermann: Verkehrs-Verlag Remagen. Weit über die Grenzen der Rheinstadt bekannt, in: Kreis Ahrweiler. Heimat-Jahrbuch 44 (1987), S. 102–104. Zu Adolf Wirtzfeld, 1968 gestorben, vgl.

ein[1468]. Als solcher warb der frühere Richter Anzeigen- und Bezugskunden[1469]. Zur Ergänzung seiner Personalakte gab Wimmer 1947 an:

„Alleingeschäftsführer der Verkehrsverlag-GmbH Remagen, eines mittelgroßen Fachverlages für Straßenverkehrsrecht und Kraftfahrerschulung, mit großer Druckerei, der unter meiner Leitung ein wohlorganisiertes, gutfundiertes, angesehenes Unternehmen und wesentlich erweitert wurde. DAF, der ich nicht beitrat, Reichsschrifttumskammer, die mich mangels Mitgliedschaft mit Strafe bedrohte, und Gestapo machten mir große Schwierigkeiten, sodaß ich ab 1940 meine unveränderte Tätigkeit tarnen mußte. Erwarb vielseitige, kaufmännische, verlegerische, drucktechnische und spezialrechtliche Kenntnisse sowie Fähigkeiten zur Führung von Menschen und Organisation von Arbeit. Betrieb 1945 zerstört"[1470].

War das finanzielle Auskommen einigermaßen gewährleistet, so kann das Gleiche von der persönlichen Sicherheit nicht behauptet werden. Die Familie lebte in steter Angst. In der Tat hatte die Gestapo in Koblenz am 27. Februar 1940 eine Karteikarte zu Wimmers Person angelegt. Sie weist hin auf die Tätigkeit als Geschäftsführer des Verkehrs-Verlags, die Bonner Adresse sowie die Tatsache, dass der Amtsgerichtsrat a. D. mit einer ‚Volljüdin' verheiratet sei[1471]. Enorme Bedeutung gewann der günstige Umstand, dass Wimmer nicht zur Wehrmacht eingezogen wurde. Zwar stellte er sich gemäß Aufforderung bei der Meldebehörde vor. Da er dort aber nicht aufgerufen wurde, ließ er sich sein Erscheinen quittieren und ging. Danach trat in dieser Sache niemand mehr an ihn heran. Die Gründe liegen im Dunkeln. Womöglich sah man einerseits wegen seines vorgerückten Alters von mehr als 40 Jahren, andererseits wegen seiner leitenden Tätigkeit beim Verkehrs-Verlag von der Einberufung ab. An kriegswichtigem

---

ebd., S. 102. Zu Alexander Wirtzfeld, Jahrgang 1899, vgl. *Handbuch der Justizverwaltung*, S. 38; weiterhin *Schaefer*, Klaus: Der Prozess gegen Otto John. Zugleich ein Beitrag zur Justizgeschichte der frühen Bundesrepublik Deutschland, Marburg 2009 (Wissenschaftliche Beiträge aus dem Tectum Verlag, Reihe Rechtswissenschaften, Bd. 32), S. 172f.

1468 Vgl. ZJBl. 2 (1948), Nr. 1, S. 7.
1469 Vgl. LA NRW, Abt. R, DU, NW Pe, Nr. 3538 (Beiakte OLG Hamm), ohne Foliierung – in Aktendeckel geheftete Kopie des Briefes eines früheren Kollegen von Wimmer an Frau Wehnert-Heinen vom 17. Dezember 1988.
1470 *Ebd.*, Br Pe, Nr. 13193, Bl. 39f. Vgl. *Comes*, S. 102, der die ‚schweren Zerstörungen' auf Januar 1945 datiert.
1471 Vgl. ITS Digital Archive Bad Arolsen, 1.2.3.3, Kartei Gestapo Koblenz – 12528458.

2.3 Strafsenatsvizepräsident August Wimmer – der NS-verfolgte Katholik

Material stellte das Unternehmen Zellophan her[1472]. Der Kriegsdienst hätte nicht nur Wimmers Leben gefährdet, sondern v. a. das von Frau und Kindern, da sie im Zuge der ‚Endlösung der Judenfrage' wohl von der Deportation in ein NS-Vernichtungslager bedroht gewesen wären.

Ohnedies spitzte sich die Lage merklich zu, wie Wimmer 1947 aus der Rückschau schildert:

> „Die politischen Drangsalierungen wurden immer schlimmer. 1942 wurden sämtliche in Deutschland verbliebene Angehörige meiner Frau, u. a. ihre Schwester[,] in den Osten verschleppt und getötet. 1943 wurden unsere Kinder von städtischen Schulen verjagt. 1944 wurde ich mit Frau und Kindern von der Gestapo verhaftet und in ein Lager geschafft, Haus und Hausrat wurden beschlagnahmt und kamen in fremde Hände. Meine Frau und Tochter blieben in Gestapolägern, konnten sich aber Februar 45 durch Flucht und Verbergen einer drohenden Geiselaktion entziehen. Mein Sohn und ich wurden nach Wochen entlassen, aber ich war von da an gezwungen, illegal versteckt zu leben, von der Gestapo gesucht"[1473].

Marta Wimmer bemühte sich nach 1945 darum, den Verbleib ihrer nach Polen deportierten Schwester Klara Löwenstein zu ermitteln. Dazu teilte ihr das Finanzamt Bonn 1947 mit, Klara sei im Benediktinerinnenkloster in Endenich (Bonn) interniert worden, bevor sie am 15. Juni 1942 „mit vielen Glaubensgenossen nach Izbica bei Lublin verschleppt"[1474] wurde. 1951 wies sie der Internationale Suchdienst darauf hin, Izbica sei ein Vernichtungslager gewesen, und nur sehr wenige der Deportierten wären von dort zurückgekehrt[1475]. Wimmers Angaben über die Verhaftung der Familie durch die Gestapo und die anschließende Lagerhaft von Frau und Tochter sind teils aktenkundig. So ist auch die konkretisierende Aussage des Sohns, dass letztere zum Außenkommando Hessisch-Lichtenau des KZ Buchenwald gebracht wurden, wo sie im Winter 1944/45 in einer Muniti-

---

1472 *Auskunft von Prof. Dr. Raimund Wimmer vom 10. Mai 2011*; sowie *Daubach*, S. 25.
1473 LA NRW, Abt. R, DU, BR Pe, Nr. 13193, Bl. 40; detaillierter zu diesen Ereignissen *Daubach*, S. 26f.
1474 ITS Digital Archive Bad Arolsen, 6.3.3.2, Korrespondenzakte Klara Löwenstein – 89387775.
1475 Vgl. *ebd.* – 89387784.

onsfabrik arbeiten mussten[1476], anhand von Personalakten der Firma Henschel belegbar. Denn unter den dort verzeichneten Zwangsarbeiterinnen finden sich unter der Überschrift ‚Halbjuden!' auch die Namen Marta und Elisabeth Wimmer – versehen mit personenbezogenen Nummern[1477]. Dieweil wurden August und Raimund Wimmer aus der Haft entlassen. Auch, um den Sohn vor den Gefahren des Luftkriegs sicher zu wissen, übergab ihn der Vater in die Obhut hilfsbereiter Menschen in Oberpleis, bevor er selbst untertauchte[1478]. Tatsächlich fand die Familie in den Wirren des Kriegsendes wieder zusammen und kehrte in ihr stark beschädigtes Eigenheim in Bonn zurück. Wie Millionen Menschen in Europa 1945 litt sie unter großer Armut. Nachdem Otto Löwenstein hierauf aufmerksam geworden war, unterstützte er die Verwandten in Bonn mit Care-Paketen aus den USA[1479].

2.3.2 Vom OLG Köln zum OGH und zurück zum OLG Köln (1945 bis 1988)

Als politisch unbelasteter Jurist wurde Wimmer direkt nach Kriegsende aufgefordert, in einer administrativen Funktion am Wiederaufbau der Rechtspflege mitzuwirken. So arbeitete er seit Juni 1945 als Referent in der Justizabteilung unter der Leitung von Heinrich Lingemann beim Oberpräsidenten der Nordrhein-Provinz[1480], und zwar, wie er 1947 resümierte, „zuerst in Bonn im Rahmen des Oberpräsidiums, dann in Düsseldorf und im Rahmen des wiedererstehenden Oberlandesgerichts. Ich war beteiligt an dem Wiederaufbau der Gerichtsbehörden, an der Wiederzulassung von Beamten, an Gutachten für Justiz und Oberpräsidium, an sonstigen Verwal-

---

1476 *Auskunft von Prof. Dr. Raimund Wimmer vom 10. Mai 2011.* Zum Außenkommando Hessisch-Lichtenau vgl. *Vaupel*, Dieter: Das Außenkommando Hessisch-Lichtenau des Konzentrationslagers Buchenwald 1944/1945. Eine Dokumentation, Kassel 1984 (Nationalsozialismus in Nordhessen. Schriften zur regionalen Zeitgeschichte, H. 3).
1477 Vgl. ITS Digital Archive Bad Arolsen, 2.1.1.2, Personalakte Firma Karl Anton Henschel, Hess.-Lichtenau – 70565797 u. 70565798.
1478 Vgl. *Himmelmann*, S. 54.
1479 *Auskunft von Prof. Dr. Raimund Wimmer vom 10. Mai 2011.*
1480 Vgl. LA NRW, Abt. R, DU, NW Pe, Nr. 3538 (Zeugnisheft), Bl. 1 u. 9; weiter Justizblatt für den OLG-Bezirk Köln 1 (1946), S. 7; *Schubert*, S. XX; *Wiesen*, S. 89; *Schreiben des Oberpräsidenten der Rheinprovinz vom 30. Juli 1945* (Privatarchiv Prof. Dr. Raimund Wimmer).

tungs- und Gesetzgebungsaufgaben"[1481]. Zum 17. Dezember 1945 wurde Wimmer zum Senatspräsidenten am OLG ernannt[1482],

„und zwar entsprechend meinem Wunsche in Köln, da meine Familie wieder in Bonn wohnte. Ich übernahm die Sichtung und Sammlung der neuen Bestimmungen, die Herausgabe des Justizblatts, die Justizpressestelle, den Vorsitz des Straf- und des Beschwerdesenats sowie weitere Verwaltungsaufgaben. Dazu hatte ich für einige Monate auch den Vorsitz des Zivilsenats. Ich bin Mitglied des Ehrengerichtshofs der Rechtsanwaltskammer der brit. Zone und der Dienststrafkammer beim OLG, dazu Vertreter des OLGPräsidenten bei Verhinderung des Vizepräsidenten"[1483].

Im September 1946 erreichte Wimmer, dass unter Berücksichtigung seiner vom NS-Regime erzwungenen Dienstabstinenz sein Besoldungsdienstalter als Senatspräsident nicht auf den 1. November 1945, sondern auf den 1. November 1943 festgelegt wurde. Denn bei ihm sei, so Nordrhein-Westfalens Innenminister, anzunehmen, dass „die Voraussetzung zur Beförderung in die oder in eine der übersprungenen Besoldungsgruppen in der Vergangenheit, spätestens jedenfalls zum Zeitpunkt der neuerlichen Ernennung vorgelegen haben"[1484]. Gewiss bewährte er sich in seiner Spitzenfunktion, sonst wäre er im Juni 1947 nicht als Landgerichtspräsident vorgeschlagen worden[1485].

Als OLG-Senatspräsident in Köln war der Rheinländer nach Verkündung von MRVO 47 vom 30. August 1946 auch für Revisionsstrafsachen nach KRG 10 Art. II 1c, mithin für Verfahren wegen NS-Menschlichkeitsverbrechen zuständig. Seine vertiefte Auseinandersetzung mit der Problematik der Anwendung des alliierten Gesetzes durch deutsche Gerichte findet Ausdruck in einem programmatischen Aufsatz, den er 1947 in einer Sonderausgabe der SJZ publizierte. In ‚Die Bestrafung von Humanitätsverbrechen und der Grundsatz „nullum crimen sine lege"' bejaht er die ausnahmsweise Hintanstellung des Rückwirkungsverbotes und die Anwendung von KRG 10 durch deutsche Gerichte (vgl. V.2.3.1 mit eingehenderer Textanalyse und einem erstmaligen Zitat der folgenden Passage):

1481 LA NRW, Abt. R, DU, BR Pe, Nr. 13193, Bl. 40.
1482 Vgl. Justizblatt für den OLG-Bezirk Köln 1 (1946), S. 7; BArch, Z 21, Nr. 1328, Bl. 26 u. 28.
1483 LA NRW, Abt. R, DU, BR Pe, Nr. 13193, Bl. 40.
1484 *Ebd.*, Bl. 35. Hierzu auch *ebd.*, Bl. 31f.
1485 Vgl. *ebd.*, Bl. 37.

‚Es besteht eine unabweisbare ethische Verpflichtung des Staates, *alle* Humanitätsverbrecher zu bestrafen, und es gibt keinen anderen Weg zur Sühnung und Prävention; das deutsche Strafrecht reicht hierzu nicht in allen Fällen und in jeder Beziehung aus; insoweit hat der Grundsatz ‚n.c.s.l.' ausnahmsweise zurückzustehen hinter der ethischen Notwendigkeit, ein neues, rückwirkendes Ausnahmestrafgesetz zu schaffen. Durch dieses Ausnahmegesetz ist im allgemeinen und für die Zukunft das Grundrecht nicht angetastet. Ja, die Rechtssicherheit im ganzen, von der dieses Grundrecht nur ein Teil ist, kann im Bewußtsein der Rechtsgenossen und in den Augen der ganzen zivilisierten Menschheit nur dann wiederhergestellt werden, wenn das Grundrecht nicht dazu mißbraucht wird, die vergangenen Verbrechen gegen die Menschlichkeit teilweise ohne die gerechte Strafe zu lassen'.

Dass sich Wimmer hier der Zustimmung der höchsten deutschen Justizbehörde der Britischen Zone gewiss sein konnte, verdeutlicht ein Schreiben, das ihm ZJA-Präsident Kiesselbach im Januar 1947 sandte, und aus dem an obengenannter Stelle ebenfalls bereits zitiert wurde. Der Vorgesetzte dankte für das eingereichte Exposé (zum im März veröffentlichten Aufsatz) und setzte hinzu: „Ich habe mit lebhaftem Interesse von Ihren Ausführungen Kenntnis genommen und mich sehr gefreut, daß Sie, wenn auch in einigen Punkten auf einem anderen Wege, zu demselben Ergebnis kommen wie das Zentral-Justizamt und wie es auch von der Mehrheit der Oberlandesgerichtspräsidenten seinerzeit auf der Pyrmonter Tagung gebilligt ist"[1486]. Zudem weist Wimmers naturrechtliche Argumentation Parallelen zu jener des späteren Vorgesetzten am OGH, Curt Staff, auf, der auch den ethisch wie praktisch begründeten Ausnahmecharakter der rückwirkenden Anwendung der Strafnorm zugunsten der Ahndung von NS-Verbrechen unterstrich (vgl. u. a. 2.2.3). Und wie für Gustav Radbruch bedarf auch für den Kölner OLG-Strafsenatsvorsitzenden die Wiederherstellung der Rechtssicherheit der gerechten Strafe bzw. der Gerechtigkeit (vgl. *V.1*). Den Schwierigkeiten der deutschen KRG-10-Handhabung, die er aus der Praxis kannte, begegnet Wimmer am Schluss seines Textes. Hier weist er darauf hin, dass es aus Gründen der Einheitlichkeit der Rechtsprechung zu Menschlichkeitsverbrechen in ganz Deutschland der Schaffung eines höchsten Revisionsgerichts bedürfe, dem Rechtsfragen vorgelegt werden könnten, bevor überhaupt Urteile gefällt würden. Zudem plädiert er für

---

1486 BArch, Z 21, Nr. 799, Bl. 47.

2.3 Strafsenatsvizepräsident August Wimmer – der NS-verfolgte Katholik

die Einsetzung von Laien als Schöffen in erstinstanzlichen Verfahren[1487]. Im Übrigen machte er 1947 auch mit einer ‚Einführung in das englische Strafverfahren'[1488] auf sich aufmerksam.

Am 17. Dezember 1947 wurde Wimmer mit Wirkung zum 1. Januar 1948 zum Richter am Obersten Gerichtshof für die Britische Zone berufen[1489]. Da der OGH im Gebäude des Kölner OLG untergebracht wurde, änderte sich für ihn nichts am Arbeitsweg. Am 13. Februar 1948 setzte OGH-Vizepräsident Wolff die Richterschaft über die Geschäftsverteilung in Kenntnis: Wimmer wurde dem Strafsenat zugewiesen und wie die anderen unterrichtet, dass schon vor der offiziellen Eröffnung das Zusammentreten eines Senats nötig werden könne, wenn es darum ginge, Rechtsfragen gemäß § 35 der ZJA-Verordnung vom 17. November 1947 zu klären, also bei voneinander abweichenden Entscheidungen von OLG-Senaten[1490]. Noch bevor sein Senat im Mai 1948 erstmals tagte, wurde den Vorgesetzten klar, dass sie es bei Wimmer mit einem selbstbewussten, ehrgeizigen und recht unbequemen Mann zu tun hatten. Denn im April sahen sich ZJA-Präsident Kiesselbach und Wolff zu einer Ermahnung des Strafrichters genötigt, da er sich die Bezeichnung ‚Senatspräsident' angemaßt hatte[1491]. Dies Amt war aber für den bisherigen Generalstaatsanwalt von Braunschweig Staff reserviert, der seinen Dienst wegen einer Erkrankung vorerst nicht antreten konnte. Tatsächlich insistierte Wimmer am 25. April gegenüber ZJA-Vizepräsident Koch:

„Es ist ja nach der bisherigen Entwicklung der Dinge gut möglich, daß Herr Senatspräsident Staff sein Kölner Amt praktisch nicht übernehmen oder demnächst wieder aufgeben wird. Ich wäre Ihnen sehr zu Dank verpflichtet[,] wenn Sie mit Herrn Justizpräsidenten die Frage besprechen würden, ob ich in diesem Falle mit der Übertragung dieser Präsidentenstelle rechnen kann. Ich würde mich sehr freuen, von Ihnen eine bejahende Antwort zu erhalten. Jedenfalls habe ich aus gege-

---

1487 Vgl. *Wimmer* 1947: Bestrafung, Sp. 132.
1488 Vgl. *ders.*: Einführung in das englische Strafverfahren. Mit rechtsvergleichenden Bemerkungen, Bonn 1947.
1489 Vgl. BArch, Z 21, Nr. 1328, Bl. 22f.; wie LA NRW, Abt. R, DU, NW Pe, Nr. 3538, Bl. 7; *ebd.* (Beiakte OGH für die Britische Zone), Bl. 3; ZJBl. 2 (1948), Nr. 1, S. 6.
1490 Vgl. LA NRW, Abt. R, DU, NW Pe, Nr. 3538 (Beiakte OGH für die Britische Zone), Bl. 12.
1491 Vgl. *ebd.*, Bl. 33f.

benem Anlasse sehr den Wunsch, in dieser Frage klar sehen zu können"[1492].

Koch erwiderte, im ZJA herrsche die Überzeugung, dass Staff seinen Dienst ausüben könne, weshalb sich die Frage Wimmers erübrige, der sich bei seiner Berufung zum Strafrichter mit dieser Aufgabenteilung ja auch zufrieden gegeben hätte[1493].

Am OGH war Wimmer an 172 von 583 Entscheidungen zu NS-Menschlichkeitsverbrechen beteiligt; darunter die ersten drei, für die KRG-10-Rechtspraxis prägenden Richtersprüche[1494], durch die die Gesetzesanwendung durch deutsche Gerichte eine systematische Auslegung des Tatbestands erhielt. Gegenüber seinen damaligen Senatskollegen Wolff und Kuhn erscheint Wimmer als wahrscheinlicher Urheber der Urteile, weil er die größte Expertise zur alliierten Strafnorm hatte. Auch gleicht der Tenor dieser frühen Urteile der Argumentation in seinem Beitrag zu KRG 10 in der SJZ. Nach Staffs Dienstantritt als Senatspräsident Ende Mai 1948 wirkte Wimmer als Vizepräsident und leitete als solcher bei 45 KRG-10-Entscheidungen die Sitzung[1495]. Darüber hinaus kommentierte er Urteile anderer Gerichte zu Verbrechen gegen die Menschlichkeit, wobei er die Tatbestandsauslegung des OGH zugrunde legte[1496].

Es ist symptomatisch, dass er nach Einrichtung des Zweiten Strafsenats Anfang 1950 nicht zu dessen Präsidenten bestimmt wurde, sondern sich neuerlich unterordnen musste. Diesmal dem nach 1933 als ‚Volljuden' degradierten und entlassenen Ex-Landgerichtsdirektor Alfred Groß, der sich als Justizdirektor im ZJA Meriten erworben hatte. Wimmers Unangepasstheit tat ihr Übriges, brachte sie ihm doch seitens des ZJA und am OGH wiederholt Kritik ein. So wurde er nach der erwähnten Aufforderung, sich nicht als Senatspräsident zu titulieren, 1949 wieder dienstlich ermahnt –

1492 *Ebd.*, Bl. 35.
1493 Vgl. *ebd.*, Bl. 36.
1494 Vgl. *Justizministerium des Landes NRW* (Hrsg.) 2012, S. 250. *Storz*, S. 4, hebt Wimmer als einen Richter hervor, der „deutlichen Einfluß auf die strafrechtliche Rechtsprechung des OGH ausgeübt" hatte.
1495 Vgl. *Form* 2012, S. 54.
1496 Vgl. z. B. *Wimmer*, August: Anmerkung: Zum objektiven Tatbestand des Unmenschlichkeitsverbrechens – Einwilligung – Schutzunwürdigkeit [zum Urteil des OLG Saarbrücken vom 16. Januar 1948], in: Deutsche Rechts-Zeitschrift 3 (1948), H. 6, S. 219–221.

2.3 Strafsenatsvizepräsident August Wimmer – der NS-verfolgte Katholik

diesmal, da er den Dienstweg nicht eingehalten hatte[1497]. Auch sein Vorgesetzter Staff beurteilte Wimmers Leistungen und Auftreten zwiespältig:

„Auch Herr Dr. Wimmer besitzt (…) die volle Eignung zum Revisionsrichter, doch stört bei ihm eine etwas undisziplinierte Neigung zu neuen Formulierungen, die (…) häufig zu Unklarheiten führt. So vorzüglich die Eignung Dr. Wimmers im mündlichen Vortrag eines Rechts- und vor allem Tatsachenproblems ist, so wirkt sich auf der anderen Seite doch etwas belastend der Mangel aus, das Ergebnis seiner gedanklichen Arbeit in klarer und verständlicher Form schriftlich zu fixieren. Dieser Mangel mag aber im Zusammenhang stehen mit der erwähnten Neigung zu neuen, eigenartigen Formulierungen"[1498].

Bei anderen OGH-Mitgliedern genoss der Strafrichter mehr Sympathie und Anerkennung. So war das Verhältnis zu Generalstaatsanwalt Schneidewin herzlich, wie dessen Schreiben vom 24. März 1950 erkennen lässt:

„Mit Ihrem Aufsatz über die Verwerfung der Revision durch Urteil oder Beschluss in der NJW [i. e. Neue Juristische Wochenschrift] haben Sie mir eine solche Freude gemacht, dass ich nicht versäumen möchte sie auszusprechen. (…) Geradezu wohlgetan haben mir ihre Ausführungen über die oft verkannten Aufgaben des Vortrages des Berichterstatters in der Revisionshauptverhandlung, besonders was die Ermöglichung der Kontrolle betrifft. Möchten Sie mit diesem Hinweis Erfolg haben! Gerade Sie sind zu ihm besonders berechtigt, denn Ihre Art des Vortrags halte ich, wie ich mir schon einmal zu Ihnen zu bemerken erlaubte, für die allein richtige"[1499].

Daneben belegen diese Zeilen, dass Wimmer an wissenschaftlichen Fragen interessiert blieb; zumal, wenn sie sich auf seine tägliche Arbeit am Revisionsgericht bezogen[1500]. Ein weiterer Beleg für sein großes Arbeitspensum: 1948/49 zeichnete er als Bearbeiter für die Herausgabe eines Handbuchs

---

1497 Vgl. LA NRW, Abt. R, DU, NW Pe, Nr. 3538 (Beiakte OGH für die Britische Zone), Bl. 30f.
1498 BArch, Z 38, Nr. 15, ohne Foliierung – Bericht von Senatspräsident Staff an OGH-Präsident Wolff vom 15. Dezember 1949, S. 3.
1499 *Schreiben von GStA Schneidewin an Wimmer vom 24. März 1950* (Privatarchiv Prof. Dr. Raimund Wimmer).
1500 Vgl. etwa *Wimmer*, August: Die ändernde Sachentscheidung des Revisionsgerichts in Strafsachen, in: Monatsschrift für Deutsches Recht 2 (1948), H. 3, S. 69–75 (= Wimmer 1948: Ändernde Sachentscheidung).

zum Allgemeinen Teil des Strafrechts verantwortlich[1501]. Gegen Ende seiner Zeit am OGH wendete er sich am 15. September 1950 beim 38. Deutschen Juristentag in Frankfurt a. M. in der Sitzung der strafrechtlichen Abteilung zusammen mit anderen gegen den Entwurf der Bundesregierung zum politischen Strafrecht. Dabei bezweifelte er, dass das Strafrecht das geeignete Mittel zur Bekämpfung totalitärer Kräfte sei, und bestand auf der klaren Trennung zwischen kriminellem Unrecht und polizeilich zu sanktionierenden Ordnungswidrigkeiten wie auf der bei politischen Vergehen wichtigen Bestimmtheit der Tatbestände. So müssten

> „wertausfüllungsbedürftige Begriffe und schwer abgrenzbare innere Tatbestände tunlichst vermieden werden. (...) Es ist schon auf die Gefahr hingewiesen worden, wie sich Kautschuk-Bestimmungen unter Umständen gegen ihre Väter wenden können, und dass man die Richter vor geradezu unmögliche Aufgaben stellt. Denken Sie nur an die ungeheuren Schwierigkeiten, die wir in der Anwendung von Kontrollratsgesetz Nr. 10 gehabt haben, wo wir die mangelnde Judikabilität ja in der Potenz hatten"[1502].

Damals war die Ablösung des OGH durch den Bundesgerichtshof bereits beschlossene Sache. Wimmer strebte indes keinen Wechsel nach Karlsruhe, sondern unter Wahrung seiner Bezüge am Obergericht die Rückabordnung an das OLG Köln an. So bekundete er am 12. September 1950 gegenüber dem Landesjustizministerium die „Zuversicht, daß ich (...) nicht in einem peinlichen Schwebezustande gelassen werde, nachdem ich von der nationalsozialistischen Justiz viele Jahre an der richterlichen Amtsausübung verhindert worden bin"[1503]. Das ebenso historische wie moralische Argument verfing nicht. Düsseldorf beharrte darauf, dass Wimmer infolge des Weggangs zu einer zonalen Behörde „keinen Anspruch auf Rückübernahme in den Justizdienst des Landes NRW"[1504] hätte. Hierfür müsste eine Vereinbarung zwischen dem Bundes- und dem Landesjustizminister geschlossen werden. In der Tat zog man in Erwägung, den OGH-Richter

---

1501 Vgl. *ders.* (Bearb.): Strafrecht Allgemeiner Teil, Stuttgart/Düsseldorf 1948/49 (Schaeffers Grundriß des Rechts und der Wirtschaft; Abt. II: Öffentliches Recht und Volkswirtschaft, 25. Bd. I. Teil).
1502 Zit. n. *Weber*, Hellmuth v./*Bader*, Karl Siegfried: Der Schutz des Staates. Welche strafrechtlichen Normen empfehlen sich zum Schutz des Staates? In: Ständige Deputation des Deutschen Juristentages (Hrsg.): Verhandlungen des achtunddreissigsten Deutschen Juristentages, Tübingen 1951, S. E 57f.
1503 LA NRW, Abt. R, DU, NW Pe, Nr. 3538, Bl. 24.
1504 *Ebd.*, Bl. 19.

2.3 Strafsenatsvizepräsident August Wimmer – der NS-verfolgte Katholik

nicht zu übernehmen, falls sich die BRD weigerte, die Mehrkosten zu erstatten, die entstanden, wenn Wimmer zwar in einem niedrigeren Rang arbeitete, aber in der gleichen Besoldungsgruppe eingestuft blieb[1505]. Wegen knapper Kassen setzte sich die Landesregierung mit Bonn in Verbindung, um Justizminister Dehler die Beförderung des kostspieligen Juristen zum Bundesrichter nahezulegen. Dieser war aber kaum geneigt, dem Vorschlag zuzustimmen. Er sei „nicht verpflichtet, einen vom Richterwahlausschuss gewählten Richter zum Richter beim Bundesgerichtshof zu ernennen. (...) Der BJM [i. e. Bundesjustizminister] könne als unabhängiges Ernennungsorgan zu einem Vorschlag im Richterausschuss nicht gezwungen werden"[1506]. Das hielt das Landesjustizministerium jedoch nicht davon ab, weiter die Frage zu erwägen,

> „ob nicht Dr. Dr. W. in der nächsten Sitzung des Richterwahlausschusses vom Lande Nordrhein-Westfalen aus als Kandidat für den Bundesgerichtshof vorgeschlagen werden sollte. Es kann wohl mit Sicherheit angenommen werden, dass die Mehrheit diesem Vorschlage zustimmen wird. Der BJM würde dann genötigt sein, seine etwaige ablehnende Stellungnahme gegenüber Dr. Dr. W. und seine Auffassung über die Notwendigkeit seiner Mitwirkung bei der Ernennung eines Richters des Obersten Gerichtshofes in dem Gremium des Richterwahlausschusses zu offenbaren"[1507].

Sollte es Wimmer aber vorziehen, als Senatspräsident am OLG Köln zu wirken, sei es für ihn zumutbar, auf ein über seine Dienststellung hinausgehendes Gehalt zu verzichten, wie das auch die OGH-Kollegen Erman und Berger getan hätten[1508]. Eine Lösung zeichnete sich im Juni 1951 ab, als Bonn das Land Nordrhein-Westfalen plötzlich auf den Anspruch hinwies, die Mehrkosten vom Bund bezahlen zu lassen[1509]. Indessen war Wimmer gut fünf Jahre nach seiner ersten Ernennung zum Senatspräsidenten am OLG Köln zum 1. Mai 1951 das zweite Mal in dieses Amt beru-

---

1505 Vgl. *ebd.*, Bl. 39.
1506 *Ebd.*, Bl. 58. Es ist nicht abwegig, anzunehmen, dass wie im Fall Staff (vgl. 2.2.4) Dehlers Ablehnung der Berufung Wimmers zum Bundesrichter mit dessen bekannter positiver Haltung zu KRG 10 zusammenhing.
1507 LA NRW, Abt. R, DU, NW Pe, Nr. 3538, Bl. 58.
1508 Vgl. *ebd.*, Bl. 59.
1509 Vgl. *ebd.*, Bl. 80. Mit Recht kritisiert *Daubach*, S. 31f., den Streit um die Besoldung und das Dienstverhältnis Wimmers als angesichts seines NS-Verfolgungsschicksals unwürdig.

fen worden[1510]. Am 14. Juni erhielt er gar die Benachrichtigung, zur Wahl als Richter am Bundesverfassungsgericht vorgeschlagen worden zu sein[1511]. Allerdings bat er bei der Vorsprache im Ministerium am 20. Juni darum, vorerst wieder von der Vorschlagsliste gestrichen zu werden. Dies hätte er, wie er schriftlich festhielt, „nur schweren Herzens und nach ernster Prüfung getan. Die persönlichen Schwierigkeiten, die durch Annahme einer Wahl für mich entstehen, scheinen mir im Augenblick unüberwindlich zu sein"[1512]. Worin die persönlichen Schwierigkeiten bestanden, ist nicht aktenkundig. Vielleicht scheute der im niederrheinischen Katholizismus verwurzelte Richter davor zurück, seinen Lebensmittelpunkt in das südwestdeutsche Baden zu verlegen. Raimund Wimmer vermutet, dass eine Mischung aus praktischen Erwägungen (sein eigener Schulbesuch in Bonn) und der Sorge, mit der neuen Aufgabe überfordert zu sein, den Vater zu seiner Entscheidung bewogen hätte.

Bis zur Pensionierung 1964 blieb Wimmer Strafsenatspräsident am OLG Köln. Als solcher leitete er 1953 den ersten Spionageprozess der BRD. Dabei stand eine Frau wegen des Verdachts des versuchten Landesverrats vor Gericht, weil sie geheime Dokumente nach Polen übermittelt haben sollte. Wimmer beurteilte, wie beschrieben, die Tatbestände des politischen Strafrechts skeptisch. Das zeigte sich auch hier. Die Presse lobte die Verhandlungsführung als „ohne jede Schärfe und von vollendeter menschlicher Verbindlichkeit, die bei jedem Prozeßbeteiligten das Gefühl richtiger Behandlung hinterließ"[1513]. Auch das Urteil erfuhr Anerkennung, zeugte es doch von einer „unübertreffliche[n] Korrektheit des Gerichtes", das der sensiblen Balance zwischen Staatsschutz und Rechtsstaat erkennbar gerecht zu werden versuchte. „In denkbar würdevoller Art feierte in diesem Verfahren die Idee des Rechtsstaates einen Triumph"[1514]. In einem Lebenslauf von 1968 wird eine Bilanz der Rechtsprechungstätigkeit Wimmers am OLG Köln gezogen: „1951 – 1964 wurden über 600 rechtskräftige Grundsatzurteile des von Dr. W. präsidierten Senats mit Leitsätzen versehen und

---

1510 Vgl. *Handbuch der Justiz 1953*, S. 132; wie LA NRW, Abt. R, DU, NW Pe, Nr. 3538 (Zeugnisheft), Bl. 1.
1511 Vgl. *Schreiben des Bundesministeriums der Justiz an August Wimmer vom 14. Juni 1951* (Privatarchiv Prof. Dr. Raimund Wimmer).
1512 *Schreiben Wimmers an den Bundesminister der Justiz vom 20. Juni 1951* (Privatarchiv Prof. Dr. Raimund Wimmer).
1513 Zit. n. LA NRW, Abt. R, DU, BR Pe, Nr. 13193, Bl. 105. Die hier und im Folgenden zitierten Artikel erschienen am 30. Januar und 3. Februar 1953 sowohl in der ‚Kölnischen Rundschau' als auch in der ‚Bonner Rundschau'.
1514 Zit. n. *ebd.*, Bl. 106.

2.3 Strafsenatsvizepräsident August Wimmer – der NS-verfolgte Katholik

in den juristischen Zeitschriften und Entscheidungssammlungen abgedruckt, vornehmlich in der NJW – viele Jahre lang zeichnete Dr. W. als ihr Mitherausgeber"[1515].

Wimmer blieb in den fünfziger und sechziger Jahren an strafrechtswissenschaftlichen Fragen und Diskursen interessiert. So positionierte er sich 1951 mit dem Vortrag ‚Kann man heute noch Rechtspositivist sein?' in der damaligen Naturrechtsdebatte, indem er die Frage eindeutig verneinte[1516]. Im gleichen Jahr war er Organisator der internationalen Pax-Romana-Tagung ‚Die Menschenrechte' in Limburg, aus der ein Tagungsband hervorging[1517]. Bis 1968 veröffentlichte er 81 rechtswissenschaftliche Beiträge; dabei lagen die Schwerpunkte u. a. auf den Themen Strafzumessung, Menschlichkeitsverbrechen, Revisionsrecht, Menschenrechte und Rechtsphilosophie[1518]. Ab den fünfziger Jahren trat Wimmer regelmäßig als Vertrauter der katholischen Kirche auf, z. B. als Leiter des katholischen Arbeitskreises für Strafrecht. Dabei wurden „[z]ahlreiche Gutachten zu Reformfragen des Strafrechts, des Jugendrechts und des Strafvollzugs (…) erarbeitet, die meisten dem BJMin zugeleitet"[1519]. Dieser Einsatz trug ihm die Verleihung des Komturkreuzes des Gregoriusordens mit Stern durch Papst Paul VI. ein. Die BRD erkannte Wimmer das Große Bundesverdienstkreuz zu[1520]. Wie Staff beantragte er angesichts der ihm durch die Zwangspensionierung im ‚Dritten Reich' entstandenen Nachteile Wiedergutmachung. Er hatte Erfolg – Mitte 1953 entschied das Justizministerium Nordrhein-Westfalens, dass ihm aufgrund der rassischen Begründung der Entlassung, des Jüdischseins seiner Frau, und des eingetretenen Schadens die Jahre von 1938 bis 1945 als ruhegehaltsfähig anerkannt wurden[1521].

1515 *Betr.: Senatspräsident a. D. Dr. Dr. August Wimmer, Bonn, Komtur des Gregoriusordens von 1968* (Privatarchiv Prof. Dr. Raimund Wimmer), S. 1.
1516 Vgl. *Wimmer*, August: Kann man heute noch Rechtspositivist sein? In: Archiv für Rechts- und Sozialphilosophie, Bd. XL (1952/53), S. 272–293.
1517 Vgl. *ders.* (Hrsg.): Die Menschenrechte in christlicher Sicht, Freiburg i. Brsg. 1953 (2. Beiheft zur Herder-Korrespondenz).
1518 Vgl. *Betr.: Senatspräsident a. D. Dr. Dr. August Wimmer, Bonn, Komtur des Gregoriusordens von 1968*, S. 3–7.
1519 *Ebd.*, S. 2.
1520 Vgl. *Bosch*; des Weiteren *Senatspräsident a. D. Dr. jur. Dr. phil. August Wimmer (Bonn), anlässlich des 80. Geburtstags am 4. April 1979* (Privatarchiv Prof. Dr. Raimund Wimmer).
1521 Vgl. LA NRW, Abt. R, DU, BR Pe, Nr. 13193, Bl. 107, 114f. u. 118–120.

OLG-Präsident Werner Korintenberg, mit dem Wimmer befreundet war[1522], charakterisierte den Strafsenatspräsidenten in einer Beurteilung vom 20. April 1954 als „eine grosse, stattliche Erscheinung, von sicherem und gewandtem Auftreten, verbindlich und angenehm, aufrecht und charakterfest. Er ist eine sehr wertvolle Persönlichkeit"[1523]. Ein Dienstzeugnis von 1961 hebt auch „sein unbeirrbares Streben nach Gerechtigkeit sowie sein[en] Einsatz zur Wahrung der Würde der menschlichen Persönlichkeit"[1524] hervor. 1964 pensioniert, zog der ehemalige Senatspräsident am OLG Köln Ende 1986 mit seiner Frau Marta in ein Altenheim[1525]. Am 13. Dezember 1988 verstarb er in Bonn[1526]. Ein Mitglied seines Senats würdigte den Vorgesetzten abgewogen: „Kein bequemer Mentor und Vorgesetzter, aber ein eindrucksvoller und prägender, bei manchen Kanten doch gütiger Mensch"[1527].

2.3.3 Zusammenfassung

Nach der vom NS-Staat betriebenen Entlassung aus dem Justizdienst (1938), einer Tätigkeit in der Privatwirtschaft (1938–1944), kurzer Gestapo-Haft und anschließendem Untertauchen (1944/45) entwickelte sich August Wimmer nach Kriegsende zu einem der zentralen Akteure einer ‚Vergangenheitspolitik durch Strafrecht'. Einerseits durch seine rechtswissenschaftliche Begründung der ausnahmsweisen Rückwirkung des in KRG 10 normierten Tatbestandes des Verbrechens gegen die Menschlichkeit, andererseits durch die diesbezügliche Rechtspraxis am OLG Köln (1945–1948) und OGH (1948–1950). Hier wirkte der in seinem Rechtsdenken christlich-humanistisch geprägte Richter entscheidend an den KRG 10 betreffenden Urteilen mit, mit denen das Gericht darauf zielte, den Weg für eine konsequente Verfolgung von NS-Unrecht zu ebnen. Wie Staff gehörte

---

1522 *Auskunft von Prof. Dr. Raimund Wimmer vom 10. Mai 2011.* Zu Korintenberg, Jahrgang 1898, vgl. *Wenzlau*, S. 111; ferner *Handbuch der Justizverwaltung*, S. 163.
1523 LA NRW, Abt. R, DU, NW Pe, Nr. 3538 (Zeugnisheft), Bl. 1.
1524 *Ebd.*, Bl. 9.
1525 Vgl. *ebd.*, BR Pe, Nr. 13193, ohne Foliierung – Schreiben August Wimmers vom 13. Oktober 1986.
1526 Vgl. *Bosch*.
1527 LA NRW, Abt. R, DU, NW Pe, Nr. 3538 (Beiakte OLG Hamm), ohne Foliierung – in Aktendeckel geheftete Kopie des Briefes eines früheren Kollegen von Wimmer an Frau Wehnert-Heinen vom 17. Dezember 1988.

Wimmer 1945 zu den wenigen deutschen Justizjuristen, die wegen ihrer demokratischen Prägung glaubwürdig für einen Neuanfang stehen konnten.

2.4 Richter Friedrich-Wilhelm Geier – Talent und Anpassungsfähigkeit

a) Die Jahre 1903 bis 1945

Friedrich-Wilhelm Geier, Rufname Wilhelm, wurde am 6. Januar 1903 in Glatz (Schlesien) als Sohn eines Lokomotivführers geboren[1528]. Seine Jugend war vom regionalen katholischen Milieu geprägt. Früh entwickelte der spätere Spitzenjurist eine Heimatliebe, die sich auch in großer Naturverbundenheit äußerte[1529]. Vermutlich nahmen derartige Empfindungen zu, als die Tschechoslowakei nach dem Ersten Weltkrieg Anspruch auf die Grafschaft Glatz erhob. Der Versailler Vertrag beschied denselben aber abschlägig[1530]. Indessen verfolgte Geier zielstrebig seine Bildungskarriere, indem er 1922 die Reifeprüfung ablegte und sich an der Rechts- und Staatswissenschaftlichen Fakultät der Universität Breslau einschrieb[1531]. Dort trat er einer farbentragenden Verbindung mit freigestellter Satisfaktion bei: der Alten Breslauer Landsmannschaft Glacia[1532]. Der Wahlspruch lau-

---

1528 Vgl. BArch, ZB II 1706 A. 1, Bl. 13; auch *Geier*, Wilhelm: Die Gesetzesauslegungsmethoden des Reichsgerichts, Breslau 1929, S. 81 (= Lebenslauf).
1529 Vgl. *Schindler*, S. 185–187.
1530 Zur traumatisch empfundenen ‚Tschechengefahr' und regionalen Protestbewegung gegen eine Annexion vgl. *Hirschfeld*, Michael: Politischer Wandel und katholisches Milieu in einer Grenzregion des Deutschen Reiches: Die Grafschaft Glatz zwischen 1928 und 1933, in: Joachim Kuropka (Hrsg.): Grenzen des katholischen Milieus. Stabilität und Gefährdung katholischer Milieus in der Endphase der Weimarer Republik und in der NS-Zeit, Münster 2013, S. 153–174, hier: S. 159f. Zur Wahrnehmung der territorialen Neuordnung aus Glatzer Sicht auch *Klemenz*, Hans: Zur Geschichte der Alten Breslauer Landsmannschaft Glacia. Von den Anfängen bis zum Jahre 1925, in: 100 Jahre A. B. L. Glacia 1865 – 1965, Bonn 1965, S. 54–64, hier: S. 60; zudem *Kiefel*, Ludwig: Zur Geschichte der Alten Breslauer Landsmannschaft Glacia. 1925 bis 1936, in: 100 Jahre A. B. L. Glacia 1865 – 1965, S. 65–78, hier: S. 65; *Gelhoit*, Heinz: Das Korporationswesen in Breslau 1811–1938, Hilden 2009, S. 195.
1531 Vgl. *Geier* 1929, S. 81 (Lebenslauf); wie auch *Schindler*, S. 185.
1532 Zur Alten Breslauer Landsmannschaft Glacia vgl. *100 Jahre A. B. L. Glacia*, Bonn 1965; weiterhin *Pabsch*, Ekkehard: Die Alte Breslauer Landsmannschaft Glacia. Studenten aus der Grafschaft Glatz in Breslau, in: AGG-Mitteilungen.

tete „Der Heimat Liebe, der Freundschaft Treue!"[1533]. Laut Beschluss vom Sommer 1925 mussten sich die Bundesbrüder aktiv mit den Fragen des Grenzlanddeutschtums befassen[1534]. Eine Aufgabe, der Geier auch als Alter Herr nachkam, als der er der Landsmannschaft eng verbunden blieb[1535]. 1926 legte er jedoch erst einmal das Erste Staatsexamen[1536] und die mündliche Doktorprüfung ab. Thema der Dissertation waren ‚Die Gesetzesauslegungsmethoden des Reichsgerichts'[1537]. Dann folgte das Referendariat, in dessen Zuge der Jungjurist u. a. bei der Staatsanwaltschaft Glatz, ebenda am Amts- und Landgericht wie am OLG Breslau beschäftigt war[1538]. Offenbar wusste er zu überzeugen, denn der OLG-Präsident teilte Preußens Justizminister Mitte 1929 die Zulassung zum Assessorexamen mit. Man halte den Kandidaten für gut gerüstet und hätte ihm einen Unterhaltszuschuss bewilligt; der belief sich auf monatlich 125 RM[1539]. Ende des Jahres bestand Geier die Zweite Juristische Staatsprüfung, wonach er sich als Gerichtsassessor betiteln durfte[1540]. Stammgericht wurde das Amtsgericht Glatz[1541].

Das Beispiel Wimmer zeigte schon, dass die Ernennung zum Gerichtsassessor keine Garantie dafür bot, rasch in eine Planstelle aufzurücken (vgl. 2.3.1). Vielmehr überstieg die Nachfrage deutlich das Stellenangebot. Auf dem Höhepunkt der Krise (1935) standen in Preußen knapp 5.700 Gerichtsassessoren ungefähr „6.400 Planstellen im höheren Justizdienst gegenüber, von denen im Laufe eines Jahres durchschnittlich nur etwa 250

Mitteilungsblatt der Arbeitsgemeinschaft Grafschaft Glatz – Kultur und Geschichte 11 (2012), S. 21–34; *Gelhoit*, S. 194f.
1533 Zit. n. *100 Jahre A. B. L. Glacia*, S. 7; zudem *Gelhoit*, S. 194.
1534 Vgl. *Klemenz*, S. 63.
1535 Vgl. *Schindler*, passim.
1536 Vgl. BArch, ZB II 1706 A. 1, Bl. 1; ferner *Geier* 1929, S. 81 (Lebenslauf); *Friedrich Wilhelm Geier †*.
1537 Vgl. *Geier* 1929. Betreuer der Arbeit war der Zivilrechtler Walter Schmidt-Rimpler (1885–1975). Zu ihm vgl. *Thier*, Andreas: Schmidt-Rimpler, Walter, in: Neue Deutsche Biographie. Bd. 23, Berlin 2007, S. 223f.
1538 Vgl. BArch, ZB II 1706 A. 1, Bl. 2; wie auch *Schindler*, S. 185.
1539 Vgl. BArch, ZB II 1706 A. 1, Bl. 1 u. 3.
1540 Vgl. *ebd.*, Bl. 6f.; ferner Justiz-Ministerial-Blatt 91 (1929), Nr. 45, 13. Dezember 1929, S. 344.
1541 Vgl. BArch, ZB II 1706 A. 1, ohne Foliierung – Personal- und Beurteilungsbogen zu Dr. jur. Wilhelm Geier, unterzeichnet vom Landgerichtspräsidenten von Glatz am 2. Januar 1931 (mit Einverständniserklärung des OLG-Präsidenten von Breslau vom 29. Januar 1931), sowie Bl. 13.

2.4 Richter Friedrich-Wilhelm Geier – Talent und Anpassungsfähigkeit

Eingangsstellen frei wurden"[1542]. Entsprechend lang waren die Wartezeiten und Hilfsarbeiterstellen an Gerichten und bezahlte Beschäftigungsaufträge begehrt[1543]. Hier gelang es Geier jedoch, sich gut ‚aufzustellen'. Ende 1929 erging an ihn die Benachrichtigung der Ernennung zum Hilfsrichter und die Mitteilung, dass das Dienstalter auf den Tag seiner Prüfung und das Anwärterdienstalter auf den 26. März 1927 festgesetzt worden waren[1544]. Seit 1930 versah der aufstrebende Jurist den Dienst bei den Landgerichten Glatz, Ratibor und Breslau sowie den Amtsgerichten in Striegau, Neiße, Ottmachau, Neustadt (Oberschlesien) und Breslau[1545]. Vom 3. November 1930 bis 31. März 1931 war er beurlaubt, um an der Breslauer Juristischen Fakultät als Assistent im Fachgebiet Handelsrecht zu arbeiten[1546]. Ein administrativer Akt versetzte den Ambitionen 1931/32 einen Dämpfer. Gemäß Verordnung des Preußischen Justizministers wurde das Anwärterdienstalter Geiers gekürzt, so dass es erst mit dem Zweiten Staatsexamen (26. November 1929) einsetzte[1547]. Trotzdem brachte 1932 berufliche Erfolge. So stieg der jetzt in Breslau ansässige Richter am 1. März in die Besoldungsgruppe A.2b auf[1548] und wurde später auf die Liste B der überdurchschnittlichen Assessoren gesetzt[1549]. Seit dem 1. Dezember 1932 firmierte er zudem als Amts- und Landrichter in Breslau bzw. ständiger Hilfsarbeiter[1550]. Die Beurteilungen durch die Vorgesetzten fielen stets hervorragend aus, was der folgende Auszug aus einer Referenz vom 31. Dezember 1932 illustriert: Er sei ein

> „weit über den Durchschnitt befähigter Richter mit sehr guten Kenntnissen und scharfer Auffassungsgabe. Sehr fleissig und pünktlich, entschlusskräftig, dabei sorgfältig und gewissenhaft. Seine schriftlichen

---

1542 *Gruchmann*, Lothar: Justiz im Dritten Reich 1933–1940. Anpassung und Unterwerfung in der Ära Gürtner, München 1988 (Quellen und Darstellungen zur Zeitgeschichte, Bd. 28), S. 315.
1543 Vgl. *Schmerbach*, Folker: Das „Gemeinschaftslager Hanns Kerrl" für Referendare in Jüterbog 1933–1939, Tübingen 2008 (Beiträge zur Rechtsgeschichte des 20. Jahrhunderts, Bd. 56), S. 88.
1544 Vgl. BArch, ZB II 1706 A. 1, Bl. 6.
1545 Vgl. *ebd.*, Bl. 13; hierzu auch *Schindler*, S. 185.
1546 Vgl. BArch, ZB II 1706 A. 1, Bl. 19; sowie *Schindler*, S. 185.
1547 Vgl. BArch, ZB II 1706 A. 1, Bl. 12.
1548 Vgl. *ebd.*, ohne Foliierung – Personalbogen des Reichsjustizministeriums.
1549 Vgl. *ebd.*, Bl. 13.
1550 Vgl. *ebd.*, ohne Foliierung – Personal- und Beurteilungsbogen zu Dr. jur. Wilhelm Geier, unterzeichnet vom Landgerichtspräsidenten von Schweidnitz im Februar 1935 (mit Einverständnis des OLG-Präsidenten von Breslau vom 26. März 1935), u. Bl. 42.

Arbeiten wie sein mündlicher Vortrag zeichnen sich durch Knappheit und Gewandtheit aus. Im Auftreten von ruhiger, sicherer Bescheidenheit, besitzt er eine überaus gewinnende und geschickte Art des Verhandelns mit dem Publikum. Leistungen: uneingeschränkt gut, sich dem ausgezeichnet nähernd. Führung ohne Tadel, eine im eigentlichen Sinne liebenswürdige Persönlichkeit. Gesund"[1551].

Anfang 1933 tat sich eine reizvolle privatwirtschaftliche Tätigkeit auf, derentwegen Geier ein Gesuch auf unbezahlte Beurlaubung bis Ende April an den OLG-Präsidenten richtete. Grund: „Ich bin von der Verwaltung des Fürsten von Pleß aufgefordert worden, in dieser Zeit die mit den niederschlesischen Besitzungen des Fürsten zusammenhängenden Rechtsangelegenheiten zu bearbeiten"[1552]. Der Wunsch wurde gewährt, so dass der heimatverbundene Richter drei Monate als juristischer Hilfsarbeiter im Konzernbüro des Fürsten in Beuthen (Oberschlesien) wirken konnte. Zugeordnet war er dem fürstlichen Generalbevollmächtigten[1553]. Einer Beurteilung von 1941 zufolge war die Verbindung fortdauernd. „Für den Fürsten von Pleß ist er noch mehrere Jahre lang in einer besonders schwierigen, umfangreichen und bedeutungsvollen Angelegenheit tätig gewesen"[1554]. Worin sie bestand, verrät die Personalakte nicht. Vielleicht hing sie mit den Bestrebungen des Fürstenhauses zur Behauptung seines Besitzes in den 1922 an Polen gefallenen ostoberschlesischen Gebieten zusammen. Darunter befand sich auch das namensgebende Fürstentum Pleß, dessen Erschließung durch den Steinkohlebergbau den Fürsten im 19. Jahrhundert zu Reichtum, Ansehen sowie politischem Einfluss verholfen hatte[1555]. Gewiss entsprach Geiers Arbeit im Auftrag des Fürsten der von ihm als Glaciäner verlangten schlesischen ‚Heimatarbeit', die vor der Folie der Konfliktlage in den grenznahen oder vom Reich abgetrennten Gebieten als ‚Volkstums-

---

1551 *Ebd.*, ohne Foliierung – Personal- und Beurteilungsbogen, unterzeichnet vom Landgerichtspräsidenten in Breslau am 31. Dezember 1932 (bestätigt am 11. Februar 1933).
1552 *Ebd.*, Bl. 14. Zum damaligen Fürsten von Pleß, Hans Heinrich XV. (1861– 1938), vgl. *Koch*, W. John: Schloss Fürstenstein. Erinnerungen an einen schlesischen Adelssitz. Eine Bilddokumentation, Würzburg 1989, S. 20f. u. 82.
1553 Vgl. BArch, ZB II 1706 A. 1, Bl. 15.
1554 *Ebd.*, Bl. 42.
1555 Zu den Industrieunternehmungen der Fürsten im Plesser Land 1900 bis 1945 vgl. *Skibicki*, Klemens: Industrie im oberschlesischen Fürstentum Pless im 18. und 19. Jahrhundert. Zur ökonomischen Logik des Übergangs vom feudalen Magnatenwirtschaftsbetrieb zum modernen Industrieunternehmen, Stuttgart 2002 (Regionale Industrialisierung, Bd. 2), S. 160–164.

2.4 Richter Friedrich-Wilhelm Geier – Talent und Anpassungsfähigkeit

arbeit' erscheint. Wie auch andernorts stießen die ab 1922 eingeleiteten Schritte der polnischen Behörden zur Polonisierung in der deutschen Bevölkerung in Pleß auf breiten Widerstand. Dieser artikulierte sich etwa im ‚Verein für das Deutschtum im Ausland'[1556], der sich der Pflege des Außendeutschtums verschrieben hatte, in den 1920er Jahren „eine überwiegend kulturelle Betreuungsarbeit für das Auslanddeutschtum [verfolgte], die bisweilen aber auch die Grenze zur politischen Arbeit überschreiten sollte"[1557], und mit dem Auswärtigen Amt kooperierte[1558]. Zu ihm unterhielt auch die Landsmannschaft Glacia gute Kontakte[1559], und Geier wurde 1935 in seiner Nachfolgerorganisation aktiv (s. u.).

Das Jahr 1933 markierte auch für den schlesischen Hilfsrichter eine Zäsur. Spätestens mit dem Ende der Arbeit im fürstlichen Konzernbüro holte die NS-Herrschaft ihn ein. Bisher war er trotz Kampf für das deutsche Volkstum politisch ein unbeschriebenes Blatt gewesen[1560]. So war von Geier keine Position zum Nationalsozialismus bekannt. Er tat aber nun, was die neuen Machthaber von ihm erwarteten, und trat mehreren Organisationen bei, die der NSDAP zugeordnet waren oder nahestanden. Der Partei selbst schloss er sich aber nicht an. Im Februar 1934 wurde der Jurist NSRB-Mitglied. In der Ortsgruppe fungierte er als Pressewart. Weiterhin gehörte er seit 1936 der NSV und dem RLB an[1561]. Dass Geier vor 1933 kein Anhänger der NS-Bewegung war, verdeutlicht folgender Ausschnitt aus einer Personal- und Befähigungsnachweisung des OLG-Präsidenten von Breslau vom Herbst 1934: Er „hat sich bisher von Politik fern gehalten. Er hat sich jetzt als Mitglied des BNSDJ. gemeldet; seit meiner ersten

---

[1556] Zum ‚Verein für das Deutschtum im Ausland' vgl. *Luther*, Tammo: Volkstumspolitik des Deutschen Reiches 1933–1938. Die Auslanddeutschen im Spannungsfeld zwischen Traditionalisten und Nationalsozialisten, Stuttgart 2004 (Historische Mitteilungen im Auftrage der Ranke-Gesellschaft, Band 54), S. 43–45; wie auch *Luther*, Rudolf: Blau oder Braun? Der Volksbund für das Deutschtum im Ausland (VDA) im NS-Staat 1933 – 1937, Neumünster 1999, S. 16–31; *Broszat*, Martin: Die völkische Ideologie und der Nationalsozialismus, in: Deutsche Rundschau 84 (1958), S. 53–68, hier: S. 56f.
[1557] *Luther*, Tammo, S. 44f.; außerdem *Lumans*, Valdis O.: Himmler's Auxiliaries. The Volksdeutsche Mittelstelle and the German National Minorities of Europe, 1933 – 1945, Chapel Hill, N.C./London 1993, S. 25.
[1558] Vgl. *Luther*, Rudolf, S. 31.
[1559] Vgl. *Kiefel*, S. 65 u. 68.
[1560] Vgl. BArch, ZB II 1706 A. 1, Bl. 19.
[1561] Vgl. *ebd.*, Bl. 41.

Rücksprache mit ihm hat seine Kenntnis der Bewegung und der nationalsozialistischen Literatur wesentliche Fortschritte gemacht"[1562].

Trotz solcher Zugeständnisse warf der aufstrebende junge Mann die alten Verbindungen und Positionen nicht über den Haufen, sondern blieb Glacia als Alter Herr verbunden und genügte der landsmannschaftlichen Heimatpflege, indem er auf Korporationsveranstaltungen Vorträge hielt. So referierte er 1935 anlässlich des 70. Stiftungs- und 9. Studierendenerinnerungsfestes etwa im staatlich-katholischen Gymnasium von Glatz über ‚Das Verhältnis des Glacianers zur Grafschafter Heimat'[1563]. Im November löste sich die Landsmannschaft „unter dem Druck der politischen Führung"[1564] bzw. des NS-Staates auf; der Altherrenverband blieb jedoch bestehen[1565].

Heimatverbundenheit und das Interesse an volkstumspolitischen Fragen bewogen Geier, im Oktober 1935 dem ‚Volksbund für das Deutschtum im Ausland' (VDA) beizutreten[1566]. Es war insofern ein Wiedereintritt, als er dem Volksbund schon früher angehört hatte[1567]. Der von „non-Nazi, *völkisch*-minded conservatives"[1568] geprägte VDA, der bezüglich der deutschpolnischen Grenze revisionistische Ziele hatte, war 1933 aus dem ‚Verein für das Deutschtum im Ausland' hervorgegangen. Im ‚Dritten Reich' be-

---

1562 *Ebd.*, Bl. 19.
1563 Vgl. *Kiefel*, S. 76.
1564 *Ebd.*, S. 77; ferner *Gelhoit*, S. 195.
1565 Vgl. *Kiefel*, S. 77f.
1566 Vgl. BArch, ZB II 1706 A. 1, Bl. 41. Zum ‚Volksbund für das Deutschtum im Ausland' vgl. *Luther*, Tammo, passim; sowie *Luther*, Rudolf. Leider lassen beide Arbeiten den VDA in allzu positivem Licht erscheinen. Hier ist Stiller zuzustimmen, wenn sie kritisiert, dass die isolierte Betrachtung der Unterschiede zwischen einer traditionellen und einer genuin nationalsozialistischen Volkstumspolitik den irreführenden Eindruck erzeugt, als gäbe es keine gemeinsamen Ziele und Wurzeln und als hätte der Volksbund eine Oppositionsbewegung zum NS-Staat dargestellt, vgl. *Stiller*, Alexa: Review of Luther, Tammo, Volkstumspolitik des Deutschen Reiches 1933–1938: Die Auslandsdeutschen im Spannungsfeld zwischen Traditionalisten und Nationalsozialisten. H-German, H-Net Reviews. September, 2005. Online-Ressource: https://networks.h-net.org/node/35008/reviews/44348/stiller-luther-volkstumspolitik-des-deutschen-reiches-1933-1938-die (letzter Zugriff: 8.9.2020). Ein nuancierteres Bild des VDA, der ambivalenten Beziehung zum NS-Regime und Gleichschaltung zeichnet *Lumans*, S. 33–38. Broszat 1958, S. 61, weist mit Blick auf die VDA-Publizistik darauf hin, sie hätte zur „Züchtung einer gefährlich einseitigen völkisch-nationalen Ideologie bei[getragen]".
1567 Vgl. BArch, ZB II 1706 A. 1, ohne Foliierung – Personalbogen des Reichsjustizministeriums.
1568 *Lumans*, S. 33.

2.4 Richter Friedrich-Wilhelm Geier – Talent und Anpassungsfähigkeit

wegte er sich zuerst im Spannungsfeld von Anpassung und Selbstbehauptung. Unter Hans Steinacher, einem „der erfahrensten, aber auch radikalsten ‚Deutschtumspolitiker' der Zwischenkriegszeit"[1569] mit antislawistischen und völkischen Positionen[1570], war der Volksbund bestrebt, die Volkstumspolitik des NS-Staates auf die Wiederherstellung der Einheit der Nation auszurichten[1571]. „Steinacher and most of the VDA leadership were amenable to compromise with the Nazis and perceived little difference between their own principal goal and that of the Nazis – the welfare of the German *Volk*"[1572]. Hitler und die NSDAP verfolgten freilich eigene Ziele, die sie außenpolitischer Rücksichten wegen aber vorerst zurückstellten, namentlich die Nazifizierung des deutschen Volkstums im Ausland[1573]. Tatsächlich geriet der VDA rasch in den NS-Gleichschaltungsstrudel. Das austarierte Verhältnis von konservativen Nationalisten und Nationalsozialisten schlug in eine Dominanz der letzteren um[1574]. Als Geier Mitglied des Volksbundes wurde, büßte dieser seine Eigenständigkeit schon zusehends ein. Denn ab Ende 1935 unterstand der VDA dem Einfluss einer von Otto von Kursell geleiteten Parteidienststelle, die seit März 1936 als ‚Volksdeutsche Mittelstelle' (VoMi) firmierte[1575]. Besaß Kursell noch einen Rückhalt in Volkstumskreisen[1576], so geriet der Volksbund mit der Übernahme der VoMi-Führung durch SS-Obergruppenführer Werner Lorenz 1937 ganz in den Machtbereich Himmlers[1577]. Die deutsche Expansionspolitik brachte

---

1569 *Haar*, Ingo: Historiker im Nationalsozialismus. Deutsche Geschichtswissenschaft und der „Volkstumskampf" im Osten, Göttingen 2000 (Kritische Studien zur Geschichtswissenschaft, Bd. 143), S. 150. Zu Steinacher (1892–1971) vgl. *ebd.*, S. 150–152; ferner *Luther*, Tammo, S. 69f.; mit Tendenz zur Apologie *Luther*, Rudolf, S. 34–42.
1570 Vgl. *Haar*, S. 150.
1571 Vgl. *ebd.*, S. 152.
1572 *Lumans*, S. 34 (Hervorhebung im Original).
1573 Vgl. *Luther*, Tammo, S. 146.
1574 Vgl. *Lumans*, S. 33.
1575 Zur ‚Volksdeutschen Mittelstelle' vgl. *Lumans*. Zu Kursell (1884–1967) vgl. *Klee* 2005, S. 353.
1576 Vgl. *Lumans*, S. 37f.; außerdem *Luther*, Tammo, S. 130; *Luther*, Rudolf, S. 86.
1577 Vgl. *Lumans*, S. 41–43; weiterhin *Luther*, Tammo, S. 149f.; *Luther*, Rudolf, S. 101f. Zu Lorenz (1891–1974) vgl. *Klee* 2005, S. 380. Mit Lorenz und Heinz Brückner mussten sich 1947/48 VoMi-Funktionäre im Nürnberger Nachfolgeprozess gegen das SS-Rasse- und Siedlungshauptamt vor einem US-Militärgericht verantworten, vgl. *Scheffler*, Detlev: *Fall 8: Der Prozess gegen das SS-Rasse- und Siedlungshauptamt („RuSHA-Case")*, in: Ueberschär (Hrsg.), S. 155–163, hier: S. 156 u. 159f. Im Rahmen der gegen slawische Bevölkerungen ge-

bis 1939 eine Verschärfung der Volkstumspolitik mit sich[1578]. Eine Radikalisierung sei – so Lumans – aber erst später eingetreten: „If by radicalization is meant a radical departure from previous policies and nature of activities, then not until the war years and the advent of the resettlement program can one speak of radicalization"[1579].

Wie sahen die volkstumspolitischen Aktivitäten Geiers im ‚Volksbund für das Deutschtum im Ausland' aus? Nach dem Wiedereintritt 1935 wirkte er in der Ortsgruppe in Waldenburg, wo er seit 1934 als Amtsgerichtsrat arbeitete, als stellvertretender Leiter und Schriftwart. Im Juni 1938 wurde er ebenda Ortsleiter[1580]. Spätestens mit der Einberufung zur Wehrmacht 1939 dürfte er dieses Amt jedoch aufgegeben haben. Somit engagierte er sich im VDA, als dessen Ziele noch die alten waren, die Führung aber schon in Abhängigkeit von Parteistellen geraten war oder diesen unterstellt wurde. Inhaltlich lag der Fokus der Arbeit einer niederschlesischen Ortsgruppe wie der in Waldenburg wohl auf Fragen der Erhaltung und kulturellen Förderung des deutschen Volkstums in Gebieten, die nach dem Krieg an Polen (Ostoberschlesien) bzw. die Tschechoslowakei (Sudetenland) gefallen waren und auch das Fürstentum Pleß umfassten. Damals mehrten sich auf deutscher sowie auf polnischer Seite Beschwerden über die Verletzung der Rechte der im je anderen Staat lebenden, zur eigenen Volksgruppe gehörenden Minderheit; wie andererseits die Aktivitäten der je anderen Minderheit im eigenen Land mit Argusaugen betrachtet wurden[1581]. Von der Nazifizierung des Volksbundes blieb Geier vermutlich frei und der traditionellen Volkstumspolitik treu, die ihn seit Breslauer Korporationstagen umgetrieben hatte. Hierfür spricht die Tatsache, dass sein ehrenamtliches VDA-Wirken von dienstlichen Vorgesetzten zwar positiv vermerkt, aber nicht übermäßig gepriesen wurde. So hieß es etwa im Herbst 1941, dass der jetzt an der Front stehende Richter nicht der NSDAP oder einer ihrer Gliederung angehöre, aber „von vaterländischem Geiste erfüllt [sei]. Seine Vorliebe galt von jeher dem Grenz- und Auslandsdeutschtum"[1582]. Das klingt beinahe entschuldigend, ist es vom allgemein

---

richteten NS-Volkstums- und Umsiedlungspolitik hatte die VoMi seit 1942 Kompetenzen erhalten, die sie tief in Kriegs- und Gewaltverbrechen verstricken und Lorenz 1948 eine Verurteilung zu 20 Jahren Zuchthaus eintragen sollte. Die Strafe wurde später auf 15 Jahre herabgesetzt.

1578 Vgl. *Luther*, Tammo, S. 159–169.
1579 *Lumans*, S. 43.
1580 Vgl. BArch, ZB II 1706 A. 1, Bl. 31. Hierzu auch *Schaefer*, S. 158.
1581 Vgl. *Luther*, Tammo, S. 163f.
1582 BArch, ZB II 1706 A. 1, Bl. 42.

2.4 Richter Friedrich-Wilhelm Geier – Talent und Anpassungsfähigkeit

geforderten fanatischen Bekenntnis zum ‚Dritten Reich' doch weit entfernt. Auf der anderen Seite weist das VDA-Engagement allein zwar nicht auf eine Anhängerschaft zur NS-Herrschaft hin, es bezeugt aber eine anschlussfähige nationalkonservativ-revisionistische Einstellung. Die volkstumspolitische Vorliebe Geiers erhellt auch aus der Mitgliedschaft im ‚Bund der Deutschösterreicher'[1583], dessen Ziel die Vereinigung Österreichs mit Deutschland war.

Die erste Planstelle trat der Jurist am 1. April 1934 als Amtsgerichtsrat im niederschlesischen Waldenburg an[1584], wohin er auch übersiedelte. Hier wirkte er zunächst als Vormundschafts-, Nachlass-, Jugend- und Registerrichter sowie als Pressedezernent[1585]. Seine Berufung war auf Vorschlag des Breslauer OLG-Präsidenten erfolgt, der Geier bescheinigte, „ein weit über dem Durchschnitt befähigter Richter zu sein". Schon nach wenigen Monaten im Amt hatte er sich „voll bewährt"[1586]. Denn laut Beurteilung legte er „in seiner Tätigkeit als Vormundschafts- und Jugendrichter (…) bestes Verständnis für die Belange der Bevölkerung"[1587] an den Tag, und an seiner politischen Zuverlässigkeit bestehe kein Zweifel. Nun konnte auch die Gründung einer Familie angegangen werden. 1935 heiratete die Nachwuchskraft eine evangelische Kaufmannstochter[1588]. Aus der Ehe gingen zwei Kinder hervor, die 1939[1589] und 1941 geboren wurden[1590].

Neben der juristischen Tätigkeit verfolgte Geier seit Mitte der dreißiger Jahre eine Karriere als Reserveoffizier der Reichswehr bzw. Wehrmacht. Von 1934 bis 1939 nahm er sechsmal an mehrwöchigen militärischen Übungen teil[1591]. Als der Zweite Weltkriegs begann, war er in den Rang eines Leutnants der Reserve aufgestiegen[1592]. Seit Januar 1938 gehörte er dem NS-Reichskriegerbund an, und hier der 1. Infanterie-Kameradschaft

---

1583 Vgl. *ebd.*, ohne Foliierung – Personal- und Beurteilungsbogen zu Dr. Wilhelm Geier, unterzeichnet vom Senatspräsidenten am OLG Breslau am 20. Januar 1939 (bestätigt am 29. März 1939), S. 2.
1584 Vgl. *ebd.*, Bl. 19; ferner *Personalverzeichnis des höheren Justizdienstes*, S. 70.
1585 Vgl. BArch, ZB II 1706 A. 1, ohne Foliierung – Personal- und Beurteilungsbogen zu Dr. jur. Wilhelm Geier, unterzeichnet vom Landgerichtspräsidenten von Schweidnitz im Februar 1935 (bestätigt am 26. März 1935).
1586 *Ebd.*, Bl. 19.
1587 *Ebd.*, Bl. 20.
1588 Vgl. *ebd.*, Bl. 23.
1589 Vgl. *ebd.*, Bl. 32.
1590 Vgl. *ebd.*, Bl. 37.
1591 Vgl. *ebd.*, Bl. 41 u. 31.
1592 Vgl. *ebd.*, Bl. 36.

Waldenburg[1593]. Woher rührte die Nähe zum Militär? Womöglich lag ihr Ursprung im ausgeprägten Willen zum Schutz und Erhalt von Heimat und Volkstum.

1938 bahnte sich eine Beförderung an. Im Dezember wurde Geier zum Hilfsrichter am OLG Breslau ernannt[1594]. Diese Berufung sei durch den Geschäftsandrang nötig geworden, teilte der OLG-Präsident dem Reichsjustizministerium am 2. Juni 1939 mit; sie erlaube auch, Geiers Eignung als OLG-Rat zu erproben[1595]. Zu seinem Aufgabengebiet gibt derselbe am 17. Februar 1946 in der Anlage zum Fragebogen der Militärregierung an:

> „Vom 15. II. [!] 1938 – 26.VIII. 1939 gehörte ich als Hilfsrichter demjenigen Senat am OLG Breslau an, der zuständig war für Entscheidungen über Revisionen gegen Urteile in Strafsachen, die in erster Instanz vor dem Einzelrichter des AG [i. e. Amtsgerichts] oder dem kleinen Schöffengericht verhandelt worden waren. Ferner war der Senat zuständig zur Entscheidung über Beschwerden gegen Beschlüsse des LG. Es handelte sich dabei nicht um politisch bedeutsame Strafsachen, insbesondere nicht um Zersetzung der Wehrkraft oder um Hochverrat"[1596].

Dass der Richter die Erwartungen erfüllte, belegt die positive Beurteilung durch den OLG-Senatspräsidenten von Anfang 1939. Hier wird auch erst- und einmalig sein Verhältnis zum Nationalsozialismus direkt beschrieben: „Er besitzt einen offenen, gefestigten, ansprechenden Charakter und zeigt insbesondere auch kameradschaftliche Gesinnung, sodass man gern mit ihm arbeitet. Er ist überzeugter Nationalsozialist"[1597]. Die Abordnung nach Breslau brachte für die junge Familie aber auch Härten mit sich. Die Frau und das kaum neun Monate alte erste Kind blieben in Waldenburg, während Geier in der 65 km entfernten Großstadt arbeitete und wohnte[1598]. Obwohl er mit der Bestellung zum OLG-Hilfsrichter einverstanden

---

1593 Vgl. *ebd.*, Bl. 31 u. 41.
1594 Vgl. *ebd.*, ohne Foliierung – Personal- und Beurteilungsbogen zu Dr. Wilhelm Geier, unterzeichnet vom Senatspräsidenten am OLG Breslau am 20. Januar 1939 (bestätigt am 29. März 1939), u. Bl. 35; weiter *Schaefer*, S. 158.
1595 Vgl. BArch, ZB II 1706 A. 1, Bl. 35.
1596 Zit. n. *Schaefer*, S. 158.
1597 BArch, ZB II 1706 A. 1, ohne Foliierung – Personal- und Beurteilungsbogen zu Dr. Wilhelm Geier, unterzeichnet vom Senatspräsidenten am OLG Breslau am 20. Januar 1939 (bestätigt am 29. März 1939).
1598 Vgl. *ebd.*, ohne Foliierung – Personal- und Beurteilungsbogen für den Vorschlag zur Beförderung von Friedrich-Wilhelm Geier zum Amtsgerichtsdirektor von 1942.

2.4 Richter Friedrich-Wilhelm Geier – Talent und Anpassungsfähigkeit

gewesen und es ihm möglich war, „seine Familie in Waldenburg öfters zu besuchen"[1599], konnte diese Lage kein Dauerzustand sein. Es kam aber noch schlimmer, denn bevor er eine Planstelle am OLG erhielt, wurde er mit Kriegsbeginn zur Wehrmacht eingezogen.

Bereits am 28. März 1939 hatte das Reichsjustizministerium Fühler nach Geier ausgestreckt, indem es ihn für die Zeit vom 17. bis 29. April in das ‚Gemeinschaftslager Hanns Kerrl' für Justizreferendare in Jüterbog (Neues Lager) abordnete[1600]. Hier sollte er – so ist dem Betreff der zugehörigen Verfügung zu entnehmen – mit Gemeinschaftsleitern und anderen Beamten am Gemeinschaftsleben teilnehmen[1601]. Das Schreiben erweckt den Eindruck, dass der Jurist als Ausbilder für Referendare vorgeschlagen worden war und zur Eignungsprüfung einbestellt wurde. Er passte in das geforderte Profil[1602], konnte er neben Expertise und gewissen charakterlichen Qualitäten doch auf eine Mitarbeit im NSRB und soldatische Haltung verweisen, die sich im damaligen militärischen Rang als Feldwebel der Reserve zeigte[1603]. Aber das OLG Breslau schob dem Ansinnen des Reichsjustizministeriums einen Riegel vor. Dies zeigt ein Schreiben aus Berlin vom 15. April 1939, worin man sich auf einen Bericht (wohl des OLG) vom 11. des Monats bezieht, aufgrund dessen es vorläufig von Geiers Abordnung absehe[1604]. Grund für die Absage war wohl, dass die Vorgesetzten nicht auf die Arbeitskraft des emsigen Richters verzichten wollten. Trotzdem unternahm das Ministerium wenig später einen neuen Anlauf, wie aus einem Brief des Breslauer OLG-Präsidenten vom 2. Juni 1939 hervorgeht, in dem sich dieser gegen die Abberufung Geiers zur Wehr setzt. Zur Begründung nennt er den ferienbedingten Personalmangel[1605].

Der Krieg setzte der Bewährungszeit des OLG-Hilfsrichters ein abruptes Ende. Statt zum OLG-Rat wurde er am 26. August 1939 zum Leutnant der Reserve ernannt. Erst am Vortag hatte sich der 36-Jährige bei der Wehrmacht eingefunden. Er erlebte den Krieg als Frontsoldat beim Feldheer,

---

1599 *Ebd.*, Bl. 35.
1600 Zum Gemeinschaftslager Hanns Kerrl vgl. *Schmerbach*; sowie *Gruchmann*, S. 303–312; zu Hanns Kerrl (1887–1941) vgl. *Klee* 2005, S. 305.
1601 Vgl. BArch, ZB II 1706 A. 1, Bl. 33.
1602 Zu den Anforderungen an das Personal im Gemeinschaftslager Hanns Kerrl vgl. *Schmerbach*, S. 89–94.
1603 Vgl. BArch, ZB II 1706 A. 1, Bl. 31.
1604 Vgl. *ebd.*, Bl. 34.
1605 Vgl. *ebd.*, Bl. 35.

zuletzt im Range eines Oberleutnants der Reserve[1606] sowie Regimentsadjutanten[1607]. Gelegentlich ist zu lesen, er wäre als Militärjurist tätig gewesen[1608]. Geiers Personalakte beim Reichsjustizministerium, die den Berufsweg bis Herbst 1942 dokumentiert, enthält dazu aber keinen Hinweis. Genauso verhält es sich mit den Beständen des Bundesarchiv-Militärarchivs, in dessen Heeresrichterkartei der schlesische Jurist nicht verzeichnet ist[1609]. Laut Personalakte stand er vom 25. August 1939 bis zum 8. Dezember 1940, vom 5. bis 27. Januar 1941 sowie vom 3. März bis mindestens November 1941 an der Front[1610]. Im März 1942 war Geier wieder (oder noch) im Felde, was ein Brief aus seiner Feder zeigt, worin er schreibt, er sei mit seinem Truppenteil an der Ostfront[1611]. Er nahm an den Feldzügen gegen Polen, Frankreich und die Sowjetunion teil, „die längste Zeit beim Gren. Regt. 350, dessen I.-Batl. sich ursprünglich nur aus Grafschaftern zusammensetzte"[1612]. Laut einer Auskunft der Deutschen Dienststelle (s. u.) gehörte der Reserveoffizier, als er den Brief schrieb, dem Infanterie-Regiment 350 an, das der 221. Infanterie-Division, nach 1941 der 221. Sicherungs-Division unterstellt war[1613]. Am 20. April 1942 wurde er rückwirkend zum

---

1606 Vgl. *ebd.*, ohne Foliierung – Personalbogen des Reichsjustizministeriums; ferner *Friedrich Wilhelm Geier* †.
1607 Vgl. *ebd.*; ferner *Schindler*, S. 185.
1608 Vgl. *Friedrich* 2007, S. 315. *Schaefer*, S. 157–159, ordnet Geier der Rubrik ‚ehemalige Wehrmachtsrichter' (S. 155) zu, führt dafür aber keine Belege an. Er räumt auch ein, dass Geiers Personalakte für die Zuschreibung, er sei Wehrmachtrichter gewesen, „keine sichere Grundlage [bietet]. Seine Verhandlungsführung [im Verfahren vor dem BGH gegen Otto John, C. P.] läßt es aber als wahrscheinlich erscheinen" (*ebd.*, S. 159). Vorsichtiger beurteilt den Fall *Gieseking*, Erik: Der Fall Otto John. Entführung oder freiwilliger Übertritt in die DDR? Lauf an der Pegnitz 2005 (Subsidia Academica, Reihe A: Neuere und neueste Geschichte, Bd. 6), S. 250.
1609 Fernmündliche Auskunft des Bundesarchiv-Militärarchivs (Frau Botzet) zu F.-W. Geier an den Vf. vom 11. Dezember 2012.
1610 Vgl. BArch, ZB II 1706 A. 1, Bl. 41.
1611 Vgl. *ebd.*, Bl. 40.
1612 *Schindler*, S. 185.
1613 Vgl. *Hartmann*, Christian: Wehrmacht im Ostkrieg. Front und militärisches Hinterland, München 2009 (Quellen und Darstellungen zur Zeitgeschichte, Bd. 75), S. 810. *Pohl*, Dieter: Die Herrschaft der Wehrmacht. Deutsche Militärbesetzung und einheimische Bevölkerung in der Sowjetunion 1941 – 1944, Frankfurt a. M. 2011, S. 149f., zufolge wirkten diese Verbände seit Beginn des NS-Vernichtungskrieges gegen die Sowjetunion an Gewaltverbrechen gegen die Zivilbevölkerung mit: „Am 27. Juni [1941] orderte die 221. Sicherungsdivision das ihr unterstellte Polizeibataillon 309 nach Bialystok zur ‚Säuberung der

2.4 Richter Friedrich-Wilhelm Geier – Talent und Anpassungsfähigkeit

1. März zum Oberleutnant der Reserve befördert[1614]. In der Kriegsendphase, Anfang Oktober 1944, wurde Geier zur 203. Sicherungs-Division beim Stab 206 versetzt, wo er als NS-Führungsoffizier einer Kompanie vorstehen sollte[1615]. Diesen Angaben können solche der Deutschen Dienststelle zur Seite gestellt werden, die nachweisen, dass der OLG-Hilfsrichter Reserveoffizier und Frontsoldat, aber nicht Kriegsgerichtsrat war. Demzufolge war er von August 1939 bis Mai 1940 Glied unterschiedlicher Kompanien des Infanterie-Regiments 350. Der nächsten Meldung zufolge wurde er – teils abweichend vom Geschilderten – ab 18. März 1944 der „221. Sicherungs-Division, Abteilung Kommandant d. Stabsquartier", und ab 10. Oktober „Führungs-Stab und Stabskompanie Sicherungs-Regiment 122"[1616] zugerechnet. An Kriegsauszeichnungen erhielt Geier das Eiserne Kreuz zweiter Klasse[1617], später auch erster Klasse sowie die ‚Ostmedaille'[1618].

Obwohl Geier an der Front stand, brachte 1942 für ihn die erste Beförderung seit acht Jahren. Er wurde für verschiedene Stellen gehandelt. So empfahl ihn der OLG-Präsident von Breslau Ende 1941 für das Amt eines Landgerichtsdirektors oder OLG-Rats[1619], und laut Beurteilung von 1942 wurde er von einem Vorgesetzten „allgemein zur vorzugsweisen Beförderung zum Amtsgerichtsdirektor vor[geschlagen]"[1620]. Schließlich erhielt der an der Ostfront Eingesetzte einen auf den 3. Februar datierten Brief des Kattowitzer OLG-Präsidenten mit der Mitteilung, dass er – sein Einverständnis vorausgesetzt – als OLG-Rat nominiert werde. Tatsächlich bat

---

Stadt von russ. Versprengten und deutschfeindlicher Bevölkerung'. Die Polizisten ermordeten in diesem Zusammenhang, vermutlich auf Initiative einiger Polizeioffiziere, Hunderte von Juden; die meisten der Opfer verbrannten bei lebendigem Leib in der Synagoge, die man angezündet hatte. Weitere Juden und versprengte russische Soldaten fielen dem Infanterie-Regiment 350 zum Opfer".

1614 Vgl. BArch, RW 59, Nr. 2077 (= Beförderungen Kriegsreserveoffiziere), ohne Foliierung – Dr. Geier, Friedrich-Wilhelm.
1615 Vgl. *ebd.*, Nr. 2092 (= Verwendungskartei I), ohne Foliierung – Geier, Friedrich-Wilhelm. Die 221. Sicherungs-Division, deren Kommandozentrale sich in Breslau befand, war am 28. Juli 1944 aufgelöst worden, vgl. *Hartmann*, S. 810.
1616 Auskunft der Deutschen Dienststelle (Frau Foth-Müller) zu F.-W. Geier an den Vf. vom 14. Februar 2013.
1617 Vgl. Deutsche Justiz 103 (1941), Nr. 48 (28. November 1941), S. 1093; zudem *Schaefer*, S. 158.
1618 Vgl. *ebd.*
1619 Vgl. BArch, ZB II 1706 A. 1, Bl. 42.
1620 *Ebd.*, ohne Foliierung – Personal- und Beurteilungsbogen für den Vorschlag zur Beförderung von Friedrich-Wilhelm Geier zum Amtsgerichtsdirektor aus dem Jahr 1942.

2 Präsident, Richter am Strafsenat und Generalstaatsanwalt – biographische Skizzen

Geier am 1. März darum, ihn bei der Besetzung der Stelle zu berücksichtigen[1621]. Im Juli legte das Reichsjustizministerium den Vorschlag zu seiner Berufung der NSDAP-Parteikanzlei zur Prüfung vor[1622]. Diese bedang sich Zeit aus, denn „in vorliegender Sache müssen Erörterungen angestellt werden, die möglicherweise nicht innerhalb der vereinbarten Frist abgeschlossen werden können"[1623]. Was bedeutete das? War sich der NS-Staat immer noch unschlüssig, ob er es mit einem linientreuen Juristen oder einem unsicheren Kantonisten zu tun hatte? Sollte es noch Zweifel gegeben haben, so wurden sie ausgeräumt: Am 28. September gab die Parteikanzlei grünes Licht, so dass das Ministerium Geier die am 20. Oktober ausgefertigte Ernennung zum OLG-Rat in Kattowitz zusenden konnte. Mit Wirkung vom 1. Oktober hatte er eine Planstelle mit Vergütung nach Reichsbesoldungsgruppe A 2 b inne[1624]. Das Besoldungsdienstalter wurde im November 1942 auf den 1. März 1940 festgesetzt[1625]. Am neuen Arbeitsplatz sollte Geier wegen des Fronteinsatzes aber nicht mehr tätig werden.

War Geier nun ein Anhänger oder Gegner der NS-Machthaber? Diese Frage verdeutlicht typische Probleme, mit denen biographische Forschung zum ‚Dritten Reich' konfrontiert ist. Der Mangel an aussagekräftigen Quellen erschwert die Nachzeichnung von Charakterzügen und Einstellungen, weshalb abschließende Beurteilungen und Zuschreibungen oft heikel sind. Trotzdem sollten Historiker Urteile nicht scheuen, wenn Thesen überzeugend belegt werden können: Friedrich-Wilhelm Geier war ein an Parteipolitik uninteressierter Mitläufer. Deshalb verlief seine Laufbahn bis 1942 unspektakulär. Zugleich war er aber ein nationalkonservativ geprägter Richter, der sich trotz Beharrung an die NS-Diktatur anpasste. Ein radikaler Bruch war dafür nicht notwendig. Die ‚Heimatarbeit' für die Landsmannschaft Glacia und als VDA-Funktionär bewegte sich in den Bahnen einer nationalkonservativ-revisionistischen, jedoch nicht nationalsozialistisch gefärbten Volkstumspolitik. Er teilte zwar Ziele der Nazis, trat für ihren Geschmack allerdings zu moderat auf. Sonst bliebe unverständlich, warum sein Engagement nicht mehr gewürdigt und durch Förderung belohnt wurde. Denn, dass der junge Schlesier ein besonders befähigter Richter war, bezweifelte niemand. Hinzu kam, dass er im Gegensatz zur

---

1621 Vgl. *ebd.*, Bl. 38 u. 40.
1622 Vgl. *ebd.*, Bl. 44.
1623 *Ebd.*, Bl. 45.
1624 Vgl. *ebd.*, Bl. 46f; ferner Deutsche Justiz 104 (1942), Nr. 45 (6. November 1942), S. 722.
1625 Vgl. BArch, ZB II 1706 A. 1, Bl. 48.

2.4 Richter Friedrich-Wilhelm Geier – Talent und Anpassungsfähigkeit

Mehrheit der Justizjuristen weder der NSDAP noch einer ihrer Gliederungen beitrat. Dagegen blieb Geier seiner Korporation auch nach der Auflösung als Alter Herr treu. Er bekannte sich noch zum katholischen Glauben, als andere – wie sein späterer OGH-Kollege Jagusch – sich, dem völkischen Zeitgeist folgend, als gottgläubig bezeichneten. Seine Affinität zu Militär und Kriegsdienst verstärkt den Eindruck, dass er nationalkonservativen Positionen zuneigte, die aber partiell mit der auf Gewalt und Terror basierenden NS-Macht- und Kriegspolitik vor und nach 1939 vereinbar waren. Ob Hitlers ‚Erfolge' bei ihm Sympathien weckten oder auf Ablehnung stießen, bleibt Spekulation. Er mag kein Nationalsozialist gewesen sein – als NS-konformer Richter war Geier gleichwohl Teil der Funktionselite, sprach er doch ‚Recht' im Sinne der Herrschenden, was anhand durchweg positiver Dienstbeurteilungen ersichtlich ist. Indes erbringt das Quellenstudium keine Hinweise darauf, dass er (wie zuweilen behauptet) einschlägig geschulter Wehrmachtjurist war, der sonderlich belastet gewesen wäre. So war er wohl weder als Militärrichter noch als Gerichtsoffizier an kriegsgerichtlichen Strafverfahren beteiligt.

b) Die Jahre 1945 bis 1965

Nach der Kapitulation der Wehrmacht geriet Geier in britische Kriegsgefangenschaft, aus der er am 9. Februar 1946 entlassen wurde[1626]. Die Rückkehr in die Justiz gelang ihm recht leicht, da er als politisch unbelastet galt, womit er unter den Berufskollegen einer Minderheit angehörte. Im Gegensatz zu Curt Staff und August Wimmer war der zuletzt als OLG-Rat in Kattowitz geführte Richter und Frontsoldat aber kein NS-Gegner oder -Verfolgter gewesen, sondern hatte als Rädchen im Getriebe ‚funktioniert'. Er war ein Mitläufer, der NS-Richter wurde. Im Entnazifizierungsverfahren gab er 1946 an, am Breslauer OLG-Strafsenat nicht mit politisch brisanten Fällen (Hochverrat, Wehrkraftzersetzung etc.) befasst gewesen zu sein[1627]. In der Tat deutet wenig darauf hin, dass er sich durch seine Amtsausübung kompromittiert hatte. Dies ermöglichte ihm eine bemerkenswerte Karriere in der Rechtspflege der Britischen Zone und BRD.

1626 Auskunft der Deutschen Dienststelle (Frau Foth-Müller) zu F.-W. Geier an den Vf. vom 14. Februar 2013.
1627 Vgl. *Schaefer*, S. 158.

2 Präsident, Richter am Strafsenat und Generalstaatsanwalt – biographische Skizzen

Zuerst wurde Geier zum Landgerichtsrat in Hamburg berufen[1628]. Vom 1. April 1946 bis zum 1. Mai 1947 wirkte er als Beisitzer in der 2. Strafkammer. Deren Vorsitzender lobte neben der bereits vor 1945 immer wieder festgestellten überdurchschnittlichen juristischen Befähigung und Arbeitsmoral des Richters seine Hilfsbereitschaft wie sein pädagogisches Talent[1629]. In diese Zeit fällt auch das Wiedersehen mit Frau und Kindern, von denen er zweieinhalb Jahre lang getrennt war. Sie hatten „inzwischen das bittere Los der Vertreibung erlitten"[1630], weshalb der Kontakt anderthalb Jahre abgebrochen war. Vom Landgericht Hamburg wechselte Geier an das Spruchgericht Bergedorf[1631], wo er einem der Spruchkörper vorsaß und nach Art. II 1d KRG 10 und dem Urteil von Nürnberg in Verfahren wegen NS-Organisationsverbrechen richtete[1632]. Seine Leistungen überzeugten, so dass der Generalinspekteur der Spruchgerichte in der Britischen Zone Meyer-Abich die Beförderung an den Obersten Spruchgerichtshof in Hamm in die Wege leitete. Jedoch hatte auch HOLG-Präsident Ruscheweyh Pläne mit Geier gehabt – dieser sollte in Hamburg bleiben und Landgerichtsdirektor werden[1633]. Laut Auskunft des Generalinspekteurs an den OLG-Präsidenten von Hamm vom 16. September 1947 war der umworbene Jurist dagegen bereit, dem Ruf nach Westfalen zu folgen, „falls die Möglichkeit besteht, dass er endgültig in den Bezirk des Oberlandesgerichts Hamm übernommen wird. Ich bitte deshalb um Stellungnahme, ob diese Übernahme von dort evtl. später beabsichtigt ist und Dr. Geier verbindlich zugesagt werden kann"[1634]. Ob der Wunsch gewährt wurde, ist nicht klar; jedenfalls bekleidete der 44-Jährige ab November das Amt eines OLG-Rats am Obersten Spruchgerichtshof[1635].

Bezüglich der Spruchgerichtsbarkeit entwickelte Geier eine rege Publikationstätigkeit[1636]. Dabei scheute er sich nicht, eine von der Rechtsmeinung des Generalinspekteurs abweichende Auffassung zum inneren Tatbe-

---

1628 Vgl. BArch, Z 38, Nr. 31, Bl. 7; außerdem *Friedrich Wilhelm Geier †*; *Schindler*, S. 186.
1629 Vgl. LA NRW, Abt. R, DU, NW PE, Nr. 410 (i. e. Personalakte Friedrich-Wilhelm Geier im Justizministerium von Nordrhein-Westfalen), Bl. 1.
1630 *Schindler*, S. 186.
1631 Vgl. BArch, Z 38, Nr. 31, Bl. 7; sowie *Friedrich Wilhelm Geier †*.
1632 Vgl. LA NRW, Abt. R, DU, NW PE, Nr. 410, Bl. 2.
1633 Vgl. *ebd.*
1634 *Ebd.*
1635 Vgl. Die Spruchgerichte 1 (1947), Nr. 6, S. 76; sowie LA NRW, Abt. R, DU, NW PE, Nr. 410, Bl. 19.
1636 Vgl. *Geier*, Friedrich-Wilhelm: Die Kenntnis vom Unrecht der Organisationen. Ein Beitrag zu den Erfordernissen des inneren Tatbestandes, in: Die Spruchge-

stand beim Organisationsverbrechen zu vertreten. So pochte er darauf, dass es sich beim nicht erfolgten Austritt aus einer für verbrecherisch erklärten NS-Organisation nicht um ein Begehungs-, sondern um ein echtes Unterlassungsdelikt handele. Dann gelte aber: Das Bewusstsein (des Ausmaßes) der Rechtswidrigkeit der Handlungen der betreffenden Organisation ist nötiger Bestandteil des Vorsatzes und Voraussetzung für Schuld. War dies nicht ein Einfallstor für die Rechtfertigungsstrategie vieler NS-Angeklagter, von konkreten Verbrechen nichts gewusst zu haben? Gewiss – auch wenn Geier betonte, dass mit seiner Meinung nicht „etwa einer leichtfertigen oder gar frivolen Verteidigung der Boden geebnet würde"[1637]. Dagegen bejaht er grundsätzlich die Rechtsgültigkeit des im KRG 10 definierten Organisationsverbrechens, was bei Spruchrichtern auch erwartet wurde:

> „Gibt man dem Gesetz, wie es hier vorgeschlagen wird, eine Deutung, die sich aufs engste an die sonst im Strafrecht herrschenden Grundsätze anschließt und die deshalb unseren Sinn für gleichmäßige Behandlung und damit unser Rechtsgefühl am meisten befriedigt, so dürfte sich am ehesten die Überzeugung durchsetzen, daß es sich doch um ein brauchbares und gerechtes Instrument handelt, unter einmalige geschichtliche Vorgänge, die über Unzählige schwerstes Unrecht gebracht haben, den strafrechtlichen Schlußstrich zu ziehen"[1638].

Geier wollte alliiertes Recht als Ausnahmerecht mit der Systematik des deutschen Strafrechts versöhnen. Im Fokus der Überlegungen standen das Recht und die Rechtssicherheit, nicht die Herstellung von Gerechtigkeit bzw. die Sühne der NS-Täter und Rehabilitierung der Opfer. Statt ‚Gerechtigkeit ist Recht' (L. Nelson) heißt es für Geier ‚Recht ist Gerechtigkeit'.

Trotz Auslegungsdifferenzen bewogen die Leistungen des Spruchrichters Meyer-Abich dazu, ihn für eine Beförderung vorzuschlagen. So ließ er am 8. April 1948 beim Justizministerium nachfragen, ob gegen Geiers Ernennung zum Senatspräsidenten Bedenken bestünden, waren damit doch Ansprüche dem neuen Dienstherren gegenüber verbunden[1639]. Dem Fort-

---

richte 1 (1947), Nr. 6, S. 71–74; ders.: Die gesetzesgleiche Wirkung des Nürnberger Urteils, in: Die Spruchgerichte 2 (1948), Nr. 12, S. 332–338; ders: Der Zwang zur Mitgliedschaft beim Organisationsverbrechen, in: Die Spruchgerichte 3 (1949), Nr. 2/3, S. 47–51.
1637 Ders. 1947, S. 73.
1638 Ebd., S. 74.
1639 Vgl. LA NRW, Abt. R, DU, NW PE, Nr. 410, Bl. 17.

2 Präsident, Richter am Strafsenat und Generalstaatsanwalt – biographische Skizzen

kommen des Juristen wurde tatsächlich Einhalt geboten. Dem von Gustav Heinemann (CDU) geführten Ministerium erschien sein Aufstieg

> „als sehr verfrüht. Dr. Geier hat bisher nur knapp 10 Monate als Hilfsrichter bei einem Oberlandesgericht gearbeitet. Als Oberlandesgerichtsrat ist er bis zum Zusammenbruch gar nicht tätig geworden. Seine Beförderung zum Oberlandesgerichtsrat erfolgte 1942, als er bei der Wehrmacht stand. (...) Seine erneute Ernennung zum Oberlandesgerichtsrat erfolgte erst im November 1947 zwecks Verwendung bei dem Obersten Spruchgerichtshof in Hamm. Nach meiner Ansicht kommt eine Ernennung zum Senatspräsidenten erst in Frage, wenn Dr. Geier nach Beendigung seiner Spruchgerichtstätigkeit längere Zeit beim Oberlandesgericht Erfahrung gesammelt und sich in der Leitung eines Senats bewährt hat"[1640].

Wenig später hatte der ambitionierte Richter aber schon ein mindestens ebenso attraktives Angebot erhalten und angenommen. Denn seit dem 1. Juli 1948 war er Strafrichter am gerade eröffneten Obersten Gerichtshof für die Britische Zone in Köln[1641]. An dessen bis Ende 1949 einzigem Strafsenat gehörte er in der Formierungsphase neben Staff, Wimmer und Jagusch zur ‚Stammbesetzung'. An den 583 OGH-Entscheidungen zu NS-Menschlichkeitsverbrechen nach KRG 10 Art. II 1c war er überproportional oft beteiligt, nämlich 344 Mal[1642]; nur Staff wirkte häufiger mit (362). Zu den von Geier bearbeiteten Fällen zählten die Verfahren gegen Kölns früheren Landgerichtspräsidenten Walter Müller (‚Rüben-Müller') oder Friedrich-Karl Florian, NSDAP-Gauleiter von Düsseldorf, und Standrichter Karl Brumshagen (vgl. *VIII.2.6*). Ferner trug der hohe Richter zur Außenwirkung des Revisionsgerichts bei, indem er dessen Urteile kommentierte[1643]. Senatspräsident Staff stellte ihm eine hervorragende Beurteilung aus und lobte etwa seine „vorzügliche Eigenschaft schneller termingemässer Erledigung auch des umfangreichsten Prozeßstoffes. In den 1½ Jahren der gemeinsamen Arbeit ist bei ihm in keinem Falle auch der kleinste Rückstand geblieben"[1644].

1640 *Ebd.*, Bl. 19.
1641 Vgl. BArch, Z 21, Nr. 1328, Bl. 62f.; ferner ZJBl. 2 (1948), Nr. 8, S. 177.
1642 Vgl. *Form* 2012, S. 54.
1643 Vgl. *Geier*, Friedrich-Wilhelm: Aus der Rechtsprechung des Obersten Gerichtshofes für die Britische Zone in Strafsachen, in: Süddeutsche Juristenzeitung 5 (1950), Nr. 9, Sp. 657–662.
1644 BArch, Z 38, Nr. 15, ohne Foliierung – Bericht von Senatspräsident Staff an OGH-Präsident Wolff vom 15. Dezember 1949, S. 1.

2.4 Richter Friedrich-Wilhelm Geier – Talent und Anpassungsfähigkeit

Während sein Vorgesetzter nicht berücksichtigt wurde, wählte der Richterwahlausschuss des Bundestags Geier 1950 zum Richter am BGH[1645]. Er zählte zu den ersten zwölf Bundesrichtern; deren Ernennung erfolgte am 3. Oktober. Zunächst wirkte er am Ersten Strafsenat[1646]. Hier traf er seinen OGH-Kollegen Jagusch wieder. Auch in Karlsruhe beschäftigte sich der schlesische Richter mit der juristischen Aufarbeitung von NS-Unrecht. So war er an Verfahren beteiligt, die in der NS-Zeit verübte Rechtsbeugung und Denunziation mit Todesfolge zum Gegenstand hatten[1647]. Mit Jagusch gehörte er dem Kollegium an, das am 12. Februar 1952 die bedeutende erste BGH-Entscheidung im Fall Huppenkothen fällte[1648]. Dabei waren die SS-Juristen Walter Huppenkothen sowie Otto Thorbeck aufgrund des standgerichtlichen Todesurteils gegen in den KZ Sachsenhausen und Flossenbürg inhaftierte Vertreter des Widerstands (u. a. Bonhoeffer) im April 1945 angeklagt[1649]. Der BGH hob das vom Schwurgericht München gefällte Urteil auf, da er im Gegensatz dazu die Rechtmäßigkeit der Standgerichtsverfahren bezweifelte[1650]. Er stellte die These auf, dass es sich dabei nicht um Strafrecht, sondern nur „in Urteilsform gekleidete willkürliche Machtansprüche"[1651] gehandelt hätte. Der Erste Strafsenat führt aus:

„Die Machthaber des nationalsozialistischen Staates haben (…) zahlreiche Vorschriften erlassen (…), die mit dem Anspruch auftraten, ‚Recht' zu setzen und dem ‚Recht' zu entsprechen, die aber trotzdem der Rechtsnatur ermangelten, weil sie jene rechtlichen Grundsätze verletzten, die unabhängig von jeder staatlichen Anerkennung gelten und stärker sind als ihnen entgegenstehende obrigkeitliche Akte (…) Obrigkeitliche Anordnungen, die die Gerechtigkeit nicht einmal erstreben, den Gedanken der Gleichheit bewusst verleugnen und allen Kul-

---

1645 Vgl. *Krüger-Nieland* (Hrsg.), S. 355; *Friedrich-Wilhelm Geier †*; *Schindler*, S. 186.
1646 Vgl. *Godau-Schüttke* 2006, S. 153.
1647 Vgl. *Rottleuthner*, S. 101f.
1648 Vgl. *Godau-Schüttke* 2006, S. 328; zudem *Fröhlich*, Claudia: Freispruch für Bonhoeffers Richter. Personelle Kontinuität als strukturelle Hypothek für die Rechtsprechung in der Bundesrepublik am Beispiel des NS-Juristen und Richters am BGH Ernst Mantel, in: Joachim Perels u. Wolfram Wette (Hrsg.): Mit reinem Gewissen. Wehrmachtrichter in der Bundesrepublik und ihre Opfer, Berlin 2011, S. 241–261, hier: S. 252.
1649 Zu Huppenkothen (1907–1979) vgl. *Klee* 2005, S. 276; auch *Wildt*, S. 937f. Zum Huppenkothen-Verfahren vgl. *Fröhlich*, S. 250–252 u. 254–259. Zu Thorbeck (1912–1976) vgl. *Klee* 2005, S. 624.
1650 Die Entscheidung ist abgedruckt in: *Rüter*. Bd. XIII, Fall 420, S. 325–335.
1651 Hier und im Folgenden zit. n. *ebd.*, S. 332.

turvölkern gemeinsame Rechtsüberzeugungen von Wert und Würde der menschlichen Persönlichkeit gröblich missachten, schaffen (...) kein materielles Recht, und ein ihnen entsprechendes Verhalten bleibt Unrecht".

Fröhlich hebt hervor, das an die Radbruchsche Formel vom ‚gesetzlichen Unrecht' angelehnte Urteil hätte „den normativen Bruch mit dem NS-Staat vollzogen und Willkür und Terrorjustiz als Instrumente der Machtsicherung in der Diktatur klar benannt"[1652]. Mit Recht unterstellt sie eine federführende Rolle von Geier wie auch Jagusch, denn der Urteilstext trägt ihre am OGH eingeübte Handschrift. So knüpft das Urteil an dessen Kriterien zur Strafverfolgung von NS-Justizverbrechen an[1653] und nimmt direkt Bezug auf seine Rechtspraxis[1654]. Überhaupt scheint Geier seiner Rechtsmeinung zur Aburteilung von NS-Verbrechen treu geblieben zu sein. Das erhellt aus zwei weiteren Entscheidungen, die Ende der fünfziger Jahre vom Ersten Strafsenat unter seinem Vorsitz gefällt wurden. Die Richter verwarfen die Revision dreier Denunzianten, die als Totschlägerin und zwei Gehilfen verurteilt worden waren[1655], und hoben den Freispruch für den wegen Mordes angeklagten Ex-General und militärischen Gerichtsherrn Max Simon auf. Die abermals damit befasste untere Instanz verkündete jedoch wieder einen Freispruch[1656]. Bezeichnend für die bundesdeutsche Justiz ist, dass der BGH in zwei weiteren Verhandlungen im Huppenkothen-Fall 1954 und besonders 1956 seine Linie von Grund auf änderte. Statt am ‚gesetzlichen Unrecht' im ‚Dritten Reich' richtete sich das Gericht nun an der Auffassung von Ex-Reichsgerichtsrat und BGH-Präsident Weinkauff aus, indem es ein legitimes Recht der NS-Herrschaft auf Selbsterhaltung konstatierte und zugleich bestritt, dass der einfache Soldat oder Staatsbürger ein Widerstandsrecht habe. Die Konsequenz war, dass der

---

1652 *Fröhlich*, S. 252. Zudem lege das Urteil „die rechtsstaatlichen Kriterien für eine Aburteilung von Verbrechen der nationalsozialistischen Justiz und für die Legitimierung des Widerstandes dar" (*ebd.*).
1653 Vgl. *ebd.*; ferner *Homann*, S. 211.
1654 Vgl. *Rüter*. Bd. XIII, Fall 420, S. 332 u. 334.
1655 Vgl. *Rottleuthner*, S. 102 u. 114. Die BGH-Entscheidung vom 13. Mai 1958 ist abgedruckt in: *Rüter*. Bd. XIV, Fall 454, S. 455–457.
1656 Vgl. *Rottleuthner*, S. 102 u. 114. Die BGH-Entscheidung vom 30. Juni 1959 ist abgedruckt in: *Rüter*. Bd. XVI, Fall 494, S. 581–590. Zu Simon (1899–1961) vgl. *Klee* 2005, S. 584.

2.4 Richter Friedrich-Wilhelm Geier – Talent und Anpassungsfähigkeit

NS-Staat normalisiert, seine Juristen exkulpiert und Widerstandskämpfer zu Tätern gestempelt wurden[1657].

Seit 1953 füllte Geier das Amt eines BGH-Senatspräsidenten aus, zuerst am Fünften Strafsenat in Berlin, nach 1954 am neuen, erstinstanzlich für Staatsschutzsachen zuständigen Sechsten Strafsenat in Karlsruhe, der später als Dritter Strafsenat firmierte[1658]. Dieser Spruchkörper legte die Leitlinien der ‚politischen Strafjustiz' fest, derentwegen zehntausende Kommunisten von 1951 bis 1968 auf Grundlage umstrittener Normen und Auslegungen wegen Hoch- und Landesverrats sowie Staatsgefährdung juristisch verfolgt wurden[1659]. Wie stark Geier dessen Rechtspraxis prägte, unterstreicht die Tatsache, dass der „legendäre 6. Strafsenat"[1660] auch als ‚Geier-Senat' bekannt war. Dieser zeichnete sich durch einen ausgeprägten Korpsgeist aus, der von dem mit geringem Personalbedarf einhergehenden elitären Charakter herrührte und durch die Bedeutung der Aufgabe der Bestandssicherung der jungen BRD mit strafrechtlichen Mitteln verstärkt wurde. Als Bundesrichter in Staatsschutzsachen kam nur in Frage, wessen Haltung zum System der politischen Justiz als positiv galt[1661]. Hier war Geier an mehreren prominenten Entscheidungen beteiligt, etwa im Verfahren gegen den ersten Präsidenten des Bundesamtes für Verfassungsschutz, Otto John[1662].

Wie das politische Strafrecht war auch Geiers Rolle im Staatsschutzsenat umstritten. In einem Rückblick auf 25 Jahre BGH würdigten ihn Ex-Kollegen in einem Beitrag, indem sie schrieben, dass dort

---

1657 Vgl. *Fröhlich*, S. 255f. Die Entscheidung ist abgedruckt in: *Rüter*. Bd. XIII, Fall 420, S. 344–358.
1658 Vgl. *Friedrich Wilhelm Geier †*; sowie *Wagner*, Walter/*Willms*, Günther: Der 6. Strafsenat – Legende und Wirklichkeit, in: Krüger-Nieland (Hrsg.), S. 265–272, hier: S. 265.
1659 Zur politischen Strafjustiz vgl. *Justizministerium des Landes NRW* (Hrsg.): Politische Strafjustiz 1951–1968. Betriebsunfall oder Symptom? Düsseldorf 1998 (Juristische Zeitgeschichte NRW, Bd. 7); sowie *Brünneck*.
1660 *Pauli*, Gerhard: Über die Rechtsprechung des Bundesgerichtshofes in Staatsschutzsachen gegen Kommunisten im System der politischen Justiz bis 1968, in: Justizministerium des Landes NRW (Hrsg.) 1998, S. 97–116, hier: S. 98. Das Wort vom ‚legendären 6. Strafsenat' wirft ein bezeichnendes Licht auf den Staatsschutzsenat, zumal er bereits Ende 1956 als Dritter Strafsenat firmierte. Näheres zum Sechsten Strafsenat bieten *Wagner/Willms*.
1661 Vgl. *Pauli* 1998, S. 99.
1662 Zu John (1909–1997) vgl. *Benz*, Wolfgang/*Pehle*, Walter H. (Hrsg.): Lexikon des deutschen Widerstandes. 3. Aufl., Frankfurt a. M. 2008, S. 363. Zum Strafverfahren gegen John vgl. *Schaefer*.

"ein Vorsitzender von unbestrittener Autorität waltete, dessen große menschliche und politische Integrität nie in das Feld eines begründeten Zweifels zu bringen war. Neben dem ärmlichen Spiel mit dem Namen fand sich buchstäblich nichts, was man ihm anhängen konnte, und es gibt ein verbürgtes Zeugnis für die vergeblichen Anstrengungen im Osten, ihm durch die Aufdeckung irgendwelcher Belastungen in seiner schlesischen Heimat am Zeuge zu flicken; wo man da fündig zu werden glaubte, stieß man immer auf Dinge, die seine Ehrenhaftigkeit unterstrichen"[1663].

Es überrascht kaum, dass die DDR-Führung Anstoß am antikommunistischen Wirken Geiers nahm. Aber auch in der BRD formierte sich Widerstand gegen die politische Strafjustiz (vgl. 2.2.4). Trotzdem zollte ihm manch einer, der dem Bundesrichter und seiner Verhandlungsführung kritisch gegenüberstand, Respekt – wie Nordrhein-Westfalens späterer Justizminister Diether Posser, damals Strafverteidiger in Prozessen gegen Kommunisten, der Geier attestiert, „ein brillanter Jurist"[1664] gewesen zu sein. Ob er den seinerzeit verbreiteten Antikommunismus, der die Integration der NS-Funktionseliten in die BRD erleichterte, wirklich teilte, bleibt unklar. Als Vorsitzender des BGH-Staatsschutzsenats gehörte er aber fraglos zur Speerspitze der juristischen Kommunistenverfolgung. Hiermit fügte er sich nahtlos in das Bild einer autoritär geprägten Rechtspflege, deren Feindbild das Kriegsende überdauert hatte[1665].

Möglicherweise änderte sich seine Haltung zur politischen Strafjustiz im Lauf der Zeit. Zumindest wechselte Geier 1957 auf eigenen Wunsch in einen anderen, weniger exponierten Senat[1666]. So saß er ab 1958 dem mit Revisionen aus Süddeutschland und Wehrstrafsachen befassten Ersten Strafsenat vor[1667]. An der Spitze des Staatsschutzsenats folgte ihm nach dem ‚Zwischenspiel' Ernst Kanters (1958/59) Heinrich Jagusch[1668]. Im Ge-

---

1663 *Wagner/Willms*, S. 266.
1664 *Posser*, Diether: Justiz im Kalten Krieg – ein Zeitzeugenbericht, in: Justizministerium des Landes NRW (Hrsg.) 1998, S. 29–45, hier: S. 39. Zu Posser (1922–2010) vgl. *Dästner/Wogersien*, S. 64–70.
1665 Vgl. *Kramer*, Helmut: Die Aufarbeitung des Faschismus durch die Nachkriegsjustiz in der Bundesrepublik Deutschland, in: Hans-Ernst Böttcher (Hrsg.): Recht, Justiz, Kritik. Festschrift für Richard Schmid zum 85. Geburtstag. Mit einem Vorwort von Willy Brandt, Baden-Baden 1985, S. 107–126, hier: S. 125f.
1666 Vgl. *Mauz*, Gerhard: Der Zustand der Justiz entspricht dem des Volkes, in: Der Spiegel, 1965, H. 48, S. 53f., hier: S. 53.
1667 Vgl. *Friedrich Wilhelm Geier †*.
1668 Zu Kanter (1895–1979) vgl. *Klee* 2005, S. 298.

2.4 Richter Friedrich-Wilhelm Geier – Talent und Anpassungsfähigkeit

gensatz zu den drei Nachfolgern Kanter, Jagusch und Hans-Eberhard Rotberg war Geier keinen Angriffen wegen seiner Vergangenheit ausgesetzt gewesen[1669].

Wie im ‚Dritten Reich' blieb der Schlesier der Alten Breslauer Landsmannschaft Glacia auch nach 1945 als ‚Alter Herr' eng verbunden. Daran änderte die Tatsache nichts, dass weder die Universität Breslau noch die Grafschaft Glatz noch zu Deutschland gehörten. Schlesien war im Potsdamer Abkommen Polen zugeschlagen worden, das bald darauf ein kommunistischer Satellitenstaat der Sowjetunion wurde. Dies tat der Heimatliebe Geiers und der Hoffnung auf eine Revision der territorialen Neuordnung Ostmitteleuropas keinen Abbruch. Stattdessen traf er im fortbestehenden Altherrenverband der Glacia auf Gleichgesinnte, die sich „dem Ziele [verpflichtet wussten], die Landsmannschaft nach Abschluß eines Friedensvertrages und der Rückgliederung Schlesiens in neuer Form an den Breslauer Hochschulen ins Leben zu rufen und zu unterstützen"[1670]. Die rührigen ‚Alten Herrn' ließen die Tradition der Landsmannschaft in einer Verbindung mit der ebenfalls schlesischen Sängerschaft Leopoldina in Köln aufleben, verzichteten aufgrund der politischen Wirklichkeit der Blockbildung aber schließlich auf eine Aktivas. Anlässlich des ersten gemeinsamen Stiftungsfestes von Leopoldina und Glacia hielt Geier im Sommer 1957 einen Festvortrag[1671]. Er starb am 13. April 1965 in Karlsruhe[1672].

c) Zusammenfassung

Für Geier war die Berufung an den OGH eine Zwischenstation auf dem Weg zu einem der einflussreichsten Richter der BRD. Denn als Vorsitzender Richter des für Staatsschutzsachen zuständigen BGH-Senats prägte er das von 1951 bis 1968 gegen kommunistische Aktivitäten gerichtete politische Strafrecht. Im Gegensatz zu Staff weist Geiers Werdegang Brüche auf, die er selbst angesichts der veränderten Zeitläufte vollzog. Er erwies sich als sehr wandlungsfähig. Während Staff blieb, was er war – ein sozialde-

---

1669 Vgl. *Mauz*, S. 53. Zu Rotberg (1903–1995) vgl. *Godau-Schüttke* 2006, S. 383–395; sowie *Meyer-Goßner*, Lutz: Hans Eberhard Rotberg †, in: Neue Juristische Wochenschrift 40 (1995), H. 20, S. 1337.
1670 Zit. n. *100 Jahre A. B. L. Glacia*, S. 7.
1671 Vgl. *Müller*, Georg: Zur Geschichte der Alten Breslauer Landsmannschaft Glacia. 1945 bis 1965, in: 100 Jahre A. B. L. Glacia, S. 83–89, hier: S. 87.
1672 Vgl. *Friedrich Wilhelm Geier †*; außerdem *Schindler*, S. 187.

mokratisch-rechtsstaatlich orientierter Jurist –, passte sich Geier mehrmals an die politischen Zäsuren (1933, 1945) und Konjunkturen (1951) an.

2.5 Richter Heinrich Jagusch – ein NS-Aufsteiger auf dem Karrieresprungbrett

a) Die Jahre 1908 bis 1945

Heinrich Jagusch war der jüngste und umstrittenste der vier hier untersuchten Strafrichter am Obersten Gerichtshof. Wie bei keinem anderen war sein Weg von Anpassung und Aufstieg geprägt. Vom Bankboten avancierte er zum Senatspräsidenten am BGH. Er wurde als Sohn eines Studienrats am 30. November 1908 in Breslau geboren[1673]. In einem Lebenslauf gibt er 1940 an, Sohn einer Näherin zu sein[1674], was darauf schließen lässt, dass der Vater mittlerweile verstorben war oder die Familie verlassen hatte. Nach dem Besuch der Volksschule verdingte sich Jagusch von Ende 1922 bis Oktober 1924 als Bankbote für den Schlesischen Bankverein in Breslau. Dann absolvierte er eine zweijährige kaufmännische Lehre bei Fritz Sachs & Co. (Textilgroßhandel), wo er von 1926 bis 1929 auch als Büroangestellter arbeitete[1675]. In jener Zeit besuchte er die Handelsschule, die er 1927 mit der Mittleren Reife abschloss. Von Sachs & Co. wechselte Jagusch zum Bund der technischen Angestellten und Beamten, wo er bis 1931 tätig war. Bereits seit 1924 Mitglied im Zentralverband der Angestellten (ZdA) wirkte er nach 1931 als Angestellter des ZdA-Hauptvorstandes in Berlin, und zwar in der Abteilung für Tarifvertragsrecht. Dort erwarb er vertiefte arbeitsrechtliche Kenntnisse. Zudem besuchte er 1931 bis 1932 an der Berliner Hochschule für Politik Vorlesungen. Angesichts der Tätigkeit in freigewerkschaftlichen Organisationen verwundert es nicht, dass der Angestellte 1930 der SPD beigetreten sein soll[1676]. Bildungshunger und Ehrgeiz trie-

---

1673 Vgl. Landesarchiv (LA) Berlin, C Rep. 375–01–10, Nr. 595 (i. e. Personalakte Heinrich Jagusch bei der Deutschen Arbeitsfront), Bl. 8; wie auch *Krüger-Nieland*, S. 356; *Faller* 1987.
1674 Vgl. *Jagusch*, Heinrich: Die Rechtsberatungsstellen der Deutschen Arbeitsfront, ihre Aufgaben, ihr Wesen und ihre Rechtsverhältnisse, Berlin u. a. 1940, Lebenslauf (o. Seitenzahl).
1675 Vgl. LA Berlin, C Rep. 375–01–10, Nr. 595, Bl. 1 u. 9; ferner *Heinrich Jagusch*; *Schubert*, S. XVII.
1676 Vgl. *Heinrich Jagusch*; dies ist einer der wenigen Fundorte mit Informationen zu Jaguschs SPD-Mitgliedschaft; weiterhin *Faller* 1988, S. 431; weniger ausführlich *Schubert*, S. XVII.

2.5 Richter Heinrich Jagusch – ein NS-Aufsteiger auf dem Karrieresprungbrett

ben ihn zur Weiterqualifikation an. Es ist bemerkenswert, dass der aufstrebende junge Mann dem späteren Arbeitgeber, der Deutschen Arbeitsfront, nach 1935 nicht nur die SPD-Mitgliedschaft verschwieg[1677], sondern auch Angaben zur Tätigkeit zwischen 1929 und 1932. Diese Vergangenheit erschien nur schlecht mit seinem ab 1933 erkennbaren Engagement für den NS-Staat vereinbar. Erst für März 1932 gibt die Personalakte der DAF wieder Auskunft. Eigenen Angaben zufolge war ihr Protagonist nun bis Ende Juli 1933 Büroangestellter im ZdA[1678].

Für Jagusch bedeutete das Jahr 1933 eine Zäsur. Er nahm von der sozialdemokratisch-freigewerkschaftlichen Vergangenheit Abstand und unterwarf sich ganz den neuen politischen Verhältnissen. Die NS-Herrschaft lohnte es ihm durch Versorgung mit einem Arbeitsplatz als Rechtsberater und Ebnung des ‚zweiten Bildungsweges'. Beachtliche Karriereschritte folgten. Am Anfang stand sein Beitritt zur NS-Betriebszellenorganisation (NSBO) im April 1933[1679]. Für die nächsten Monate ist Jaguschs Weg aber schwer nachzuzeichnen. Es hat den Anschein, dass er von Mai bis Juli formal noch ZdA-Angestellter war[1680], ab Juni aber faktisch schon im Auftrag der NSBO ehrenamtlich Arbeitsgerichtssachen bearbeitete. Dabei ging es um Fälle, die bei den zerschlagenen Gewerkschaften auf Arbeitnehmerseite noch anhängig waren[1681].

Bald darauf erhielt der Arbeitsrechtsexperte aber eine hauptamtliche Beschäftigung unter dem Dach der DAF. Von August 1933 bis Frühjahr 1934 versah er seinen Dienst im Deutschen Büro- und Behördenangestelltenverband und im April in der Deutschen Angestelltenschaft. Im Mai wechselte er in die DAF-Gaurechtsberatungsstelle Berlin. Wie zuvor beriet Jagusch auch hier Arbeitnehmer, wobei er der Dienststelle für Verkehr und öffentliche Betriebe zugeordnet war[1682]. Sein Gehalt belief sich in der Probezeit (1934) auf 350 RM[1683] und stieg bis 1937 leicht an, so dass er Mitte 1938 inklusive Frauenzulage – inzwischen war er verheiratet[1684] – auf 380 RM

1677 Vgl. LA Berlin, C Rep. 375–01–10, Nr. 595, Bl. 6.
1678 Vgl. *ebd.*, Bl. 1 u. 9.
1679 Vgl. *ebd.*, Bl. 6.
1680 Vgl. *ebd.*, Bl. 1 u. 9; außerdem *Heinrich Jagusch*.
1681 Vgl. *ebd.*; wie auch LA Berlin, C Rep. 375–01–10, Nr. 595, Bl. 7.
1682 Vgl. *ebd.*, u. Bl. 1. Zur arbeitsrechtlichen Beratung und Gerichtsbarkeit der DAF vgl. *Becker*, Martin: Arbeitsvertrag und Arbeitsverhältnis während der Weimarer Republik und in der Zeit des Nationalsozialismus, Frankfurt a. M. 2005 (Juristische Abhandlungen, Bd. 44), S. 403f.
1683 Vgl. LA Berlin, C Rep. 375–01–10, Nr. 595, Bl. 2.
1684 Vgl. *ebd.*, Bl. 8 u. 1.

monatlich kam. Zum Jahresende wurde der Lohn auf 265 RM reduziert[1685], wohl weil Jagusch sein juristisches Referendariat begonnen hatte. Jedoch war im Herbst 1938 für April 1939 wieder eine Erhöhung auf 445 RM vorgesehen. Laut Auskunft des Dienststellenleiters erfüllte der Rechtsberater seine Pflichten nämlich „sehr fleißig und ordentlich"[1686]. Die vorerst höchste Gehaltsstufe erreichte er 1943 mit 570 RM. Man plante mit dem jungen Juristen also auf längere Sicht. Demselben Besoldungsblatt ist zudem zu entnehmen, dass auch die Ehefrau berufstätig war und Geld zum Familieneinkommen beisteuerte[1687].

Faller, früher Richter am BVerfG, würdigt Jaguschs Lebensleistung nach dessen Tod in zwei biographischen Porträts, erwähnt aber die jahrelange Tätigkeit des Kollegen als Rechtsberater der DAF mit keinem Wort[1688] – sie erschien wohl als zu ehrenrührig. Auf eine alternative, aber bisher nicht mit Quellen belegte Lesart der Causa Jagusch 1932/33 weist dagegen von Miquel hin, wenn er hinsichtlich der Beschäftigung des Angestellten bei der DAF darauf abstellt, dass er schon vor dem Ende der Weimarer Republik als Spitzel für die NSBO tätig gewesen sei[1689]. Hierbei beruft er sich auf eine Enthüllungsbroschüre aus der DDR[1690]. Der Wahrheitsgehalt der Information ist nicht erwiesen, wurde jedoch auch in einem 1965 in Ost-Berlin erschienenen Buch unterstellt[1691]. Falls die ‚Erzählung' vom NSBO-

---

1685 Vgl. *ebd.*, Bl. 1.
1686 *Ebd.*
1687 Vgl. *ebd.*
1688 Vgl. *Faller* 1988, S. 431f., sowie *ders.* 1987. Hierauf hat schon *Rottleuthner*, S. 104, hingewiesen.
1689 Vgl. *Miquel* 2004, S. 119f., der Jagusch ironisch „eine durchaus illustre Vergangenheit" (S. 119) attestiert.
1690 Vgl. *Die unbewältigte Vergangenheit des Dr. Heinrich Jagusch. Der Bonner Großinquisitor gegen Frieden und Demokratie – Vertrauensmann der Arbeitsfront und Totengräber der freien Gewerkschaften. Pressekonferenz des Nationalrats der Nationalen Front des demokratischen Deutschland am 14. Dezember 1962*, Berlin 1962, S. 10: „Er wurde Vertrauensmann der Nazis. Sein Name stand auf der Agentenliste der Gauleitung Berlin der ‚Nationalsozialistischen Betriebszellenorganisation' (NSBO). Das war der Terror- und Spitzelapparat der Hitlerfaschisten in den Betrieben. Er bereitete die Zerschlagung der freien Gewerkschaften vor".
1691 Vgl. *Pfannenschwarz*, Karl/*Schneider*, Theodor: Das System der strafrechtlichen Gesinnungsverfolgung in Westdeutschland. 2., überarb. Aufl., Berlin (Ost) 1965, S. 22f., denen zufolge „Jaguschs Name vor 1933 auf der Agentenliste der Gauleitung Berlin der ‚Nationalsozialistischen Betriebszellenorganisation' stand" (*ebd.*, S. 22).

2.5 Richter Heinrich Jagusch – ein NS-Aufsteiger auf dem Karrieresprungbrett

Spitzel zutrifft, würde das Jahr 1933 für den Richter natürlich einen weniger tiefen Einschnitt als oben angedeutet bedeutet haben.

Obwohl Jagusch erst ab 1945 in die gesellschaftliche Funktionselite aufstieg, erfuhr er doch schon seit 1933 starke Förderung. Diese rührte u. a. daher, dass er durch sein ehrenamtliches Engagement im Bereich Arbeitsrecht wie den Beitritt zu Parteigliederungen die Bereitschaft zum Dienst am NS-Staat zeigte. So wirkte Jagusch vor seiner DAF-Festanstellung von Herbst 1933 bis Frühjahr 1934 als Richter am Arbeitsgericht und Beisitzer beim Versicherungsamt Berlin im Ausschuss für Angestelltenversicherung[1692]. Seine Nähe zur NSDAP spiegelte sich darin, dass er Mitglied nicht nur der NSBO, sondern auch der Motor-SA (Juli 1933) wurde[1693]. In dieser paramilitärischen NS-Organisation bzw. im Nationalsozialistischen Kraftfahrerkorps (NSKK), in dem die Motor-SA 1934 aufging, stand der gebürtige Breslauer zuerst im Rang eines NSKK-Manns (1935). Dort erhielt er auch eine Nachrichtenausbildung[1694]. Später avancierte er zum Oberscharführer[1695]. 1935 trat Jagusch der NSV und am 1. Mai 1937 der NSDAP bei, was in der Forschung teils bekannt ist, aber nicht mit Quellen belegt wurde[1696]. Hier führte er Mitgliedsnummer 5.371.705[1697]. Diese Entscheidung sollte erst viel später, als Jagusch eine Person des öffentlichen Interesses geworden war, bedeutungsvoll werden.

Zugleich verfolgte der zielstrebige Angestellte einen sozialen Aufstieg durch Bildung. So bestand er im Herbst 1934 die Zulassungsprüfung zum Studium ohne Abitur[1698]. Nun Mitte zwanzig und lebenserfahrener, studierte er ab Januar 1935 nebenberuflich Rechtswissenschaften in Berlin.

1692 Vgl. LA Berlin, C Rep. 375–01–10, Nr. 595, Bl. 8.
1693 Vgl. *ebd.* Jagusch hatte die Mitgliedsnummer 38.161; ferner hierzu *Heinrich Jagusch.* Laut BArch, Sammlung Berlin Document Center (BDC), R 9361 I, Nr. 1439, Bl. 72532, erlangte er auch das SA-Sportabzeichen.
1694 Vgl. LA Berlin, C Rep. 375–01–10, Nr. 595, Bl. 8.
1695 Vgl. *Koppel*, Wolfgang: Justiz im Zwielicht. Dokumentation. NS-Urteile, Personalakten, Katalog beschuldigter Juristen, Karlsruhe 1963, S. 84; zudem *Rottleuthner*, S. 104, der sich auf Koppel bezieht; eine frühe Erwähnung des Faktums bietet *Die unbewältigte Vergangenheit des Dr. Heinrich Jagusch*, S. 11.
1696 Vgl. *Pfannenschwarz/Schneider*, S. 22; wie *Koppel*, S. 84; *Rottleuthner*, S. 104 (wieder mit Verweis auf Koppel); andeutungsweise bei *Brünneck*, S. 229 u. 235.
1697 Vgl. BArch, Sammlung BDC, NSDAP-Zentralkartei, Nr. 5371705 (i. e. Karteikarte zu Heinrich Jagusch); demnach datiert der Mitgliedschaftsantrag vom 2. April; das bezeugt auch *ebd.*, R 9361 I, Nr. 1439, Bl. 72532. Obwohl Jaguschs Parteimitgliedschaft bisher selten thematisiert und nicht mit Quellen belegt wurde, sind die Angaben von *Koppel*, S. 84, also zutreffend.
1698 Vgl. *Heinrich Jagusch*. Wir folgen nicht den Angaben bei *Faller* 1988, S. 432, auf die sich auch *Schubert*, S. XVII, bezieht. Faller datiert die Zulassungsprüfung

2 Präsident, Richter am Strafsenat und Generalstaatsanwalt – biographische Skizzen

Als finanzielle Basis diente seine hauptamtliche Rechtsberatertätigkeit. Das Erste Staatsexamen bestand der Nachwuchsjurist im Mai 1938[1699]. Daran schloss sich sogleich das Referendariat an[1700]. Seine Referendarleistungen wurden sämtlich mit ‚gut' oder ‚lobenswert' bewertet[1701]. Damals schrieb Jagusch auch seine Dissertation zum vertrauten Thema der DAF-Rechtsberatungsstellen[1702]. Diesbezüglich saß er buchstäblich an der Quelle, weshalb ihm die Bearbeitung des Gegenstands keine zu große Mühe bereitet haben dürfte. Dass die Arbeit mit der Note ‚magna cum laude' bewertet wurde[1703], verwundert nicht. Zumal hier ein für die NS-Arbeitspolitik zentrales Thema von einem als regimekonform angesehenen Juristen bearbeitet wurde, der die in ihn gesteckten Erwartungen erfüllte. So trifft zu, was die DDR-Propaganda 1962 postulierte und zwei ostdeutsche Autoren bekräftigten: Jagusch beschwor in der Doktorarbeit „die faschistische ‚Volksgemeinschafts'-Lehre und das ‚Führerprinzip'"[1704]. Dies zeigen die folgenden affirmativen Ausführungen, die die Abhandlung einleiten:

> „Im Laufe der Aufbaujahre hat die Bewegung allen wichtigen völkischen Lebensgebieten ihren Stempel aufgeprägt. (…) Zu diesen Gebieten gehörten neben dem Bauernrecht auch das Arbeitsrecht und das Arbeitsverbandswesen. (…) Seine [des Menschen, C. P.] politische Einsatzfähigkeit kann in hohem Maße gefährdet werden durch ein Betriebsleben, dem der Gedanke der Betriebs- und Schaffensgemeinschaft fremd ist. Es kam deshalb nach der Machtergreifung durch die NSDAP. nicht zuletzt darauf an, das Volk an den Arbeitsplätzen zu erfassen, den Einfluß der Berufsverbände zu brechen und der Arbeit und dem Arbeiter wieder die gebührende Anerkennung zu verschaffen. Zu diesem Zweck wurden zunächst durch revolutionären Akt am 2. Mai 1933 die freien Gewerkschaften unter die Leitung der Nationalsozialistischen Betriebszellenorganisation gestellt"[1705].

---

auf Ende 1933. Die folgend behandelten Stationen von Studium und Erstem Staatsexamen verlegt er ebenfalls um je ein Jahr vor.
1699 Vgl. LA Berlin, C Rep. 375–01–10, Nr. 595, Bl. 9.
1700 Vgl. *ebd.*, Bl. 1; wie auch *Jagusch* 1940, Lebenslauf.
1701 Vgl. *Faller* 1988, S. 432.
1702 Vgl. *Jagusch* 1940. Laut Titelblatt fand die mündliche Prüfung am 20. März und die Promotion am 10. Juni 1940 statt.
1703 Vgl. *Heinrich Jagusch*; ferner *Faller* 1988, S. 432, der aber, wie *Rottleuthner*, S. 104, kritisch andeutet, den Titel der Arbeit verschweigt.
1704 *Pfannenschwarz/Schneider*, S. 22; wie *Die unbewältigte Vergangenheit des Dr. Heinrich Jagusch*, S. 14f.
1705 *Jagusch* 1940, S. 11f.

2.5 Richter Heinrich Jagusch – ein NS-Aufsteiger auf dem Karrieresprungbrett

Die Deutsche Arbeitsfront sei „eine vom Führer unmittelbar geschaffene, mit ausschließlicher Zuständigkeit ausgestattete nationalsozialistische Gemeinschaft zur politischen Führung des Arbeitslebens mit innerer Rechtsetzungsgewalt und mit Rechtsverkehrsfähigkeit". Es obliege hierbei ihren Rechtsberatungsstellen „ein verhältnismäßig kleiner, aber bedeutsamer Teil der Gesamtaufgaben der DAF."[1706], der in der Erziehung der Mitglieder zum NS-Denken gipfele.

Gegenüber der DAF gibt Jagusch am 1. Juli 1939 an, in Berlin-Zehlendorf zu wohnen sowie verheiratet und gottgläubig zu sein. An Mitgliedschaften kreuzt er im Fragebogen neben dem RLB und der NSV die DAF und das NSKK an. In beiden zuletzt genannten Organisationen bekundet er, führend tätig zu sein[1707]. Zu Kriegsbeginn wurde er nicht sofort zur Wehrmacht eingezogen, sondern erst Anfang 1940. Es gelang ihm, das Referendariat abzuschließen, und im April 1941 bestand er das Zweite Staatsexamen mit der Note ‚gut'[1708]. Als Richter wurde er im ‚Dritten Reich' jedoch nicht mehr aktiv. Stattdessen stand der Jurist und DAF-Rechtsberater als Infanterist an der Front, zuerst in Frankreich, dann in Afrika und Italien[1709]. Als Unteroffizier einer Heeres-Panzerjägereinheit wurde er Ende 1943 in Italien verwundet und verlor das linke Auge. Die Lazarettbehandlung zog sich mit Unterbrechungen bis 1946 hin[1710]. Von der Front kommend, war er in das Reserve-Lazarett Breslau IV verlegt worden, bevor er am 12. Februar 1944 in das Reserve-Lazarett Wien eingeliefert wurde[1711]. Hinzukam eine Malaria-Erkrankung. Die Entlassung aus dem Heeresdienst erfolgte im Juni 1945[1712].

1706 Ebd., S. 25.
1707 Vgl. BArch, Sammlung BDC, R 9361 I, Nr. 1439, Bl. 72532 (= Parteistatistische Erhebung 1939: Heinrich Jagusch).
1708 Vgl. ebd., Z 21, Nr. 1328, Bl. 67; sowie *Faller* 1988, S. 432.
1709 Vgl. ebd. Diese und die folgenden Angaben werden bestätigt durch eine Auskunft der Deutschen Dienststelle (Frau Foth-Müller) zu H. Jagusch an den Vf. vom 14. Februar 2013.
1710 Vgl. *Heinrich Jagusch*; sowie *Faller* 1988, S. 432.
1711 Vgl. Auskunft der Deutschen Dienststelle (Frau Foth-Müller) zu H. Jagusch an den Vf. vom 14. Februar 2013.
1712 Vgl. BArch, Z 21, Nr. 1328, Bl. 67.

b) Die Jahre 1945 bis 1987

Erst im Februar 1946 tritt Jagusch wieder in Erscheinung. Was er von 1944 bis Anfang 1946 getan, wo er gelebt und wie er das Kriegsende überlebt hatte – dazu gibt es kaum Hinweise. Anfang 1946 jedenfalls wurde er beauftragter Richter am Landgericht Braunschweig. Bereits im Juni erhielt er eine Planstelle als Landgerichtsrat, und bald wirkte er auch als Hilfsrichter und Pressereferent am OLG[1713]. Als Richter war er hauptsächlich mit Zivilsachen befasst[1714]. Damals schloss er Bekanntschaft mit Generalstaatsanwalt Staff (vgl. 2.2), dem späteren Vorgesetzten am Obersten Gerichtshof. Dieser regte Braunschweigs OLG-Präsidenten dazu an, dem Zentral-Justizamt Jagusch für ein OGH-Richteramt zu empfehlen. In der Tat schrieb Wilhelm Mansfeld am 7. Januar 1948 an ZJA-Präsident Kiesselbach:

> „Der NSDAP hat Dr. Jagusch nicht angehört. Dr. Jagusch hat sich als ein Richter von ungewöhnlicher Intelligenz, tiefgehender rechtswissenschaftlicher Bildung und außerordentlicher Arbeitskraft erwiesen. Von seinen wissenschaftlichen Neigungen geben Aufsätze und Urteilsbesprechungen in der ‚Süddeutschen Juristenzeitung' Zeugnis (…). In seiner Tätigkeit als Pressereferent hat er stets Takt und eine realistische Auffassung der oft schwer zu beurteilenden Verhältnisse bewiesen. Sein Auftreten ist sehr sicher, aber zurückhaltend, sein Charakter ist einwandfrei"[1715].

Seine besondere Eignung entkräfte auch etwaige Bedenken, dass der Kandidat für das hohe Richteramt noch zu unerfahren sei, da er mit seinen 39 Jahren das Mindestalter noch nicht lange überschritten hätte. Der ZJA-Präsident folgte dieser Argumentation und informierte die britische Militärregierung am 17. Juni, Jagusch sei „ein weit über den Durchschnitt befähigter Richter mit ausserordentlichen Rechtskenntnissen. (…) Der früheren NSDAP hat Dr. Jagusch nicht angehört. Er war von 1933 – 1938 Mitglied

---

[1713] Vgl. *ebd.*; zudem *Faller* 1988, S. 432; *Heinrich Jagusch*; *Schubert*, S. XVII. Konkret zu Jaguschs Ernennung zum Pressereferenten vgl. NLA, WO, 61 Nds. Fb. 1, Nr. 26, Bl. 29. Als solcher oblag ihm die „Unterrichtung der Öffentlichkeit über die Tätigkeit der Justiz für sämtliche in Braunschweig vorhandenen Gerichte und Justizbehörden" (*ebd.*). Eine Aufgabe, deren Bedeutung im Zeichen von Demokratisierung und Transparenz merklich höher veranschlagt wurde als vor 1945. Zur Einrichtung von Justizpressestellen *Wenzlau*, S. 237–239.
[1714] Vgl. BArch, Z 21, Nr. 1328, Bl. 67.
[1715] *Ebd.*

2.5 Richter Heinrich Jagusch – ein NS-Aufsteiger auf dem Karrieresprungbrett

des NSKK"[1716]. Er halte den Beamten für die Berufung an den OGH und den Einsatz im Strafsenat für geeignet. So wurde der ‚Newcomer' schon zum 1. Juli 1948 Richter am Kölner Revisionsgericht[1717]. Jedoch wurde der Karrieresprung erst dadurch möglich, dass Jagusch bei der Einstellung in den Justizdienst 1946 seine NSDAP-Mitgliedschaft verschwiegen hatte. Deshalb galt er als unbelastet, was für die OGH-Rekrutierung grundlegend war. Die bereits bekannte Zugehörigkeit zum NSKK wog weniger schwer. Der Jurist hatte es sogar schwarz auf weiß: Der Entnazifizierungsausschuss hatte ihn in die Kategorie V (‚unbelastet') eingestuft[1718].

Das im Frühjahr 1948 aus sechs Richtern, darunter drei Strafrichtern, bestehende höchste zonale Revisionsgericht benötigte zur Bewältigung der Arbeitslast dringend Verstärkung. Mit Jagusch und Friedrich-Wilhelm Geier (vgl. 2.4) wurden Richter für den Strafsenat gewonnen, die nach 1945 durch Arbeitseifer und Leistung auf sich aufmerksam gemacht hatten und die durch ihre NS-Vergangenheit kaum kompromittiert schienen. Ersterem kam zugute, dass seine Justizlaufbahn kriegsbedingt erst 1946 begonnen hatte. Als Nationalsozialist, der er gewesen war, hatte er sich daher nicht in herausgehobener Position betätigt. Nach Aufnahme der Arbeit in Köln spielte die alte politische Haltung keine Rolle mehr; auch verstand Jagusch es meisterhaft, sich mit Fleiß und Talent an die neuen Verhältnisse in Staat und Rechtswesen anzupassen. Dies verdeutlicht seine Beurteilung durch den Strafsenatsvorsitzenden Staff von Ende 1949:

> „Ihm eignet vor allem ein grosser Reichtum eigener Gedanken und Ideen, die sich aber (…) nie von den gesunden Grundlagen des bisher Bewährten allzu weit entfernen. Zumindest weiss er diese Grundlagen sich auf eigene Wünsche in der gebührenden Form hemmend auswirken zu lassen. Die Leistungen von Dr. Jagusch verdienen um so mehr Würdigung, als er vor seiner Tätigkeit am Obersten Gerichtshof als ausgesprochener strafrechtlicher Spezialist meines Wissens in grösserem Umfange nicht tätig gewesen ist. Trotzdem brachte er von Anfang

---

1716 *Ebd.*, Bl. 73.
1717 Vgl. *ebd.*, Bl. 76; außerdem ZJBl. 2 (1948), Nr. 8, S. 177.
1718 Im Kontext der 1962 gegen Jagusch initiierten Kampagne der Nationalen Front der DDR (hierzu s. u.) teilte das Bundesjustizministerium zur Entlastung des Richters mit, er sei „ordnungsgemäß entnazifiziert und dabei als ‚entlastet' eingestuft worden" (so der ‚Tagesspiegel' im Artikel ‚Justizministerium verteidigt Senatspräsident Jagusch' vom 16. Dezember 1962, zit. n. Der Bundesbeauftragte für die Unterlagen des Staatssicherheitsdienstes der ehemaligen Deutschen Demokratischen Republik [BStU], Archiv der Zentralstelle, MfS HA IX/11, ZJ 201, Nr. 14, Bl. 42 [nach BStU-Zählung]).

an zu seiner Arbeit solide und völlig ausreichende dogmatische Grundlagen mit, die es ihm ermöglichen, gerade neuen Rechtsproblemen, die ja in unserer Arbeit täglich auftreten, das durch Schulung am bisher Bewährten erforderliche Verständnis entgegenzubringen. (...) Dr. Jagusch ist besonders ein wertvoller Mitarbeiter für kriminalpolitische Aufgaben von besonderer Bedeutung und versteht es in ausgezeichnetster harmonischer Weise[,] Forderungen der modernen Kriminalpolitik mit der bisherigen Entwicklung zu vereinen"[1719].

Basis für diese Einschätzung war die gemeinsame Arbeit im Strafsenat, die zum Großteil in der Behandlung von Revisionsverfahren wegen NS-Menschlichkeitsverbrechen nach KRG 10 bestand. Hier war Jagusch an mehr als 50 Prozent der Entscheidungen beteiligt (293 von 583)[1720]. So leistete er durch Mitarbeit an wichtigen Urteilen seinen Beitrag zur juristischen Aufarbeitung der NS-Herrschaft, u. a. in den Verfahren gegen Kölns Landgerichtspräsidenten a. D. Müller wegen Justizunrechts oder gegen den Ex-Landrat Marloh wegen Deportation von Sinti und Roma. Als Berichterstatter bereitete der Richter etwa die Strafsachen gegen den Nervenarzt Petermann wegen Euthanasie (vgl. *VIII.2.5.3*) und Filmregisseur Harlan wegen des Hetzfilms ,Jud Süß' (vgl. *VIII.2.4*) vor. Indem er Aufsätze über diesen Zweig der Rechtsprechung des OGH publizierte, betätigte er sich wie schon früher in der gerichtlichen Öffentlichkeitsarbeit[1721].

Nach der OGH-Schließung gehörte Jagusch zu den ersten vom Richterwahlausschuss des Bundestages gewählten Juristen. Die Berufung an den Bundesgerichtshof erfolgte zum Januar 1951. Im Gegensatz zu den NS-verfolgten OGH-Richtern Staff und Wimmer, deren Namen eng mit der Ahndung von Menschlichkeitsverbrechen verbunden waren, gelangten die jüngeren und anpassungsfähigeren Jagusch und Geier in der BRD zu höchsten Richterwürden. Am BGH gehörte der gebürtige Breslauer zunächst

---

1719 BArch, Z 38, Nr. 15, ohne Foliierung – Bericht von Senatspräsident Staff an OGH-Präsident Wolff vom 15. Dezember 1949, S. 1f.
1720 Vgl. *Justizministerium des Landes NRW* (Hrsg.) 2012, S. 248f.
1721 Vgl. *Jagusch*, Heinrich: Das Verbrechen gegen die Menschlichkeit in der Rechtsprechung des Obersten Gerichtshofes für die Britische Zone, in: Süddeutsche Juristenzeitung 4 (1949), Nr. 9, Sp. 620–624 (= Jagusch 1949: Verbrechen); wie auch *ders*.: Aus der Rechtsprechung des OGH in Strafsachen, in: Monatsschrift für Deutsches Recht 3 (1949), H. 2, S. 83–85 (= Jagusch 1949: Rechtsprechung); *ders*.: Die Rechtsprechung des Obersten Gerichtshofs für die Britische Zone zur vorsätzlichen Tötung, in: Süddeutsche Juristenzeitung 4 (1949), Nr. 5, Sp. 324–330 (= Jagusch 1949: Rechtsprechung vorsätzliche Tötung).

2.5 Richter Heinrich Jagusch – ein NS-Aufsteiger auf dem Karrieresprungbrett

dem Vierten Strafsenat an, wechselte aber bald in den Ersten[1722]. Dort wirkte er 1952 neben Geier am ersten Revisionsurteil in der Strafsache gegen Huppenkothen mit, das bezüglich der Bewertung von NS-Justizverbrechen noch deutliche Berührungspunkte mit der OGH-Rechtspraxis aufweist. Daher wurde beiden früheren Kölner Richtern die Federführung für diese Entscheidung unterstellt (vgl. 2.4).

Von sich reden machte Jagusch aber erst, seit er dem BGH-Staatsschutzsenat angehörte[1723]. Derselbe war seit seiner Einrichtung (1954) als Sechster Strafsenat für die Ahndung der 1951 eingeführten politischen Straftatbestände Hoch- und Landesverrat sowie Staatsgefährdung zuständig. Bis 1968 gerieten zehntausende Kommunisten und Pazifisten ins Fadenkreuz der Strafverfolgung, da ihre Haltung und Tätigkeit im Zeichen des Kalten Krieges als Gefährdung für das westlich-demokratische Staatswesen wahrgenommen wurde (vgl. 2.2.4 und 2.4). Der Personalbedarf dieser Strafjustiz, die sich auf den BGH und einige Staatsschutzkammern an Landgerichten beschränkte, war gering. So konstatierte der Bundesjustizministeriumsvertreter im Bundestagsrechtsausschuss Rotberg, es sei „möglich, besonders hochwertige Richter für diese Aufgabe zu gewinnen, die nicht jedem liege"[1724]. Jagusch lag sie. Auch wenn er später betonte, „wie sich das Bundesinnenministerium um die Richter des politischen Strafsenats bemüht und sie von dem eigenen sturen Antikommunismus zu überzeugen versucht habe"[1725], steht außer Frage, dass Bonn zur Zeit seiner Versetzung (1954) zurecht davon ausging, in ihm einen zuverlässigen Sachwalter zu haben. So wirkte er als stellvertretender Vorsitzender des Sechsten Strafsenats, der seit 1956 als Dritter Strafsenat firmierte, nach seinem Vorsitzenden aber allgemein als ‚Geier-Senat' bekannt war. 1959 löste Jagusch Geier an der Spitze ab[1726]. Bei den Befürwortern der politischen Strafjustiz erwarb er sich Renommee; dagegen bot er für die wachsende Gegnerzahl große Angriffsflächen. Letztere kritisierte neben dem scharfen Auftreten gegenüber Angeklagten wie Otto John und dem Verteidiger Friedrich Karl

---

1722 Vgl. *Faller* 1988, S. 432.
1723 Zum Staatsschutz in der BRD bis in die siebziger Jahre *Rigoll*, Dominik: Staatsschutz in Westdeutschland. Von der Entnazifizierung zur Extremistenabwehr, Göttingen 2013 (Beiträge zur Geschichte des 20. Jahrhunderts, Bd. 13).
1724 Zit. n. *Pauli* 1998, S. 99.
1725 *Posser*, Diether: Anwalt im kalten Krieg. Ein Stück deutscher Geschichte in politischen Prozessen 1951 – 1968. 2. Aufl., München 1991, S. 257.
1726 Vgl. *Faller* 1988, S. 433; sowie *Heinrich Jagusch*.

2 Präsident, Richter am Strafsenat und Generalstaatsanwalt – biographische Skizzen

Kaul[1727] seine meist restriktive Auslegung der Tatbestände, die sich sowohl in der BGH-Spruchpraxis als auch im ‚Leipziger Kommentar' in der siebten und achten Auflage niederschlug[1728]. Denn der Richter war nicht nur dessen Mitherausgeber, sondern auch Kommentator der Stellen zu den Tatbeständen Hochverrat (§§ 80–87 StGB a. F.)[1729], Staatsgefährdung (§§ 88–98 StGB a. F.)[1730] und Landesverrat (§§ 99–101 StGB a. F.)[1731]. Als Mitglied des ‚Geier-Senats' gehörte er dem Kollegium an, das Ex-Verfassungsschutzpräsident John wegen Landesverrats zu vier Jahren Zuchthaus verurteilte[1732]. Indem Jagusch 1961 die positive Rezeption der Arbeit des Staatsschutzsenats in Regierungskreisen herausstellte, bestätigte er den in kritischen Teilen der Öffentlichkeit entstandenen Eindruck, dass sich die politische Strafrechtspflege der Politik andiene[1733].

Als ‚Hardliner' trat Jagusch auch bei den Beratungen der Großen Strafrechtskommission zur weiteren Ausgestaltung der politischen Straftatbestände auf, die 1958 aufgrund der geplanten Notstandsgesetzgebung debattiert wurde. Laut dem Jagusch-Dossier der Nationalen Front der DDR ergriff er während acht ganztägiger Sitzungen 147 Mal das Wort und setzte

---

1727 Zu Jaguschs Rolle im Verfahren gegen den früheren Präsidenten des Bundesamtes für Verfassungsschutz John 1956 vgl. *Schaefer*, S. 170: „Jagusch war neben dem Senatspräsidenten der tonangebende Richter" und trat „erkennbar als besonders feindlich gegen Otto John" hervor. Zu Kaul (1906–1981) vgl. *Rosskopf*, Annette: Friedrich Karl Kaul. Anwalt im geteilten Deutschland (1906–1981), Berlin 2002 (Berliner Juristische Universitätsschriften. Reihe: Grundlagen des Rechts, Bd. 19). *Posser* 1991, S. 149f., berichtet von Spannungen zwischen Jagusch und dem sowohl in Ost- als auch in Westberlin zugelassenen kommunistischen Anwalt, da ersterer letzteren als Feind der freiheitlich-demokratischen Grundordnung und dieser jenen – jedoch wegen Verwechslung – als „unverbesserlichen Nazi" (*ebd.*, S. 150) ansah. Jagusch saß am längeren Hebel und erwirkte 1961 Kauls Ausschluss von Staatsschutzsachen. Dazu *Brünneck*, S. 260, der Jagusch mit den Worten zitiert: „Endlich einer weniger".
1728 Vgl. *Strafgesetzbuch nach dem neuesten Stand der Gesetzgebung (Leipziger Kommentar)*. Begr. v. Ludwig Ebermayer u. a. 7., neu bearbeitete Aufl., hrsg. v. Johannes Nagler †, Heinrich Jagusch u. Edmund Mezger, Berlin 1954, sowie *Strafgesetzbuch (Leipziger Kommentar)*. Begr. v. Ludwig Ebermayer u. a. 2 Bde. 8., neu bearbeitete Aufl., hrsg. v. Heinrich Jagusch u. Edmund Mezger, Berlin 1956–1958.
1729 Vgl. *ebd.* 1. Bd. Erste Lieferung: Einleitung und §§ 1 – 46, Berlin 1956, S. 619–635.
1730 Vgl. *ebd.*, S. 635–657.
1731 Vgl. *ebd.*, S. 657–679.
1732 Vgl. *Faller* 1988, S. 433.
1733 Vgl. *Brünneck*, S. 216.

2.5 Richter Heinrich Jagusch – ein NS-Aufsteiger auf dem Karrieresprungbrett

sich dabei für eine Verschärfung der Staatsschutzgesetze ein[1734]. Tatsächlich ist den Niederschriften zu entnehmen, dass er sich mehrmals restriktiv äußerte – etwa bei der Beurteilung der Legalität eines Lohnstreiks, der als „Störstreik im Sinne unseres Sabotagetatbestandes" aufzufassen sei, sobald „kommunistische Kräfte entscheidenden Einfluß auf das Streikkomitee gewinnen"[1735].

Sicherlich überspitzt die DDR-Propaganda, wenn sie dem Bundesrichter unterstellt, es gehe ihm (wieder) um die Zerschlagung der Gewerkschaften und „eine Neuauflage der faschistischen ‚Deutschen Arbeitsfront'"[1736]. Gleichwohl zeugt seine Beurteilung der Grenzen des Streikrechts von einem staatsautoritären Rechtsdenken, das erst infolge eines Generationenwechsels abgelöst werden sollte[1737]. Bezeichnend ist auch, dass gerade ein als Fachbürokrat an der NS-Ausgestaltung des politischen Strafrechts beteiligt gewesener Bonner Ministerialdirektor die von Jagusch vorgebrachte Anregung ausbremste, die Verbreitung wahrer Aussagen über den Bundespräsidenten unter gewissen Umständen als Staatsgefährdung zu kriminalisieren. Nach Josef Schafheutle hätten ähnliche Erwägungen „bei der Entstehung des Heimtückegesetzes eine Rolle gespielt (...). Meines Wissens hatte die NSDAP damals verlangt, daß ehrenrührige Behauptungen über Parteigrößen (...) ohne Rücksicht auf ihren Wahrheitsgehalt strafbar sein sollten"[1738].

Folgenreich war die 1962 unter Jaguschs Vorsitz gefällte Entscheidung im Verfahren gegen den KGB-Agenten Staschinski, der wegen Mordes an zwei ukrainischen Exilanten angeklagt worden war[1739]. Da der nun über-

---

1734 Vgl. *Die unbewältigte Vergangenheit des Dr. Heinrich Jagusch*, S. 27.
1735 *Niederschriften über die Sitzungen der Großen Strafrechtskommission*, 10. Bd.: Besonderer Teil – 104. bis 114. Sitzung, Bonn 1959, S. 85.
1736 *Die unbewältigte Vergangenheit des Dr. Heinrich Jagusch*, S. 32.
1737 Als Gegenbeispiel sei die einem demokratischen Rechtsverständnis zuzuordnende Revisionsentscheidung des OLG Frankfurt im Verfahren gegen Cohn-Bendit wegen Landfriedensbruchs von 1969 genannt (vgl. 2.2.4).
1738 *Niederschriften über die Sitzungen der Großen Strafrechtskommission*, 10. Bd.: Besonderer Teil – 104. bis 114. Sitzung, S. 174. Zu Schafheutle (1904–1973) vgl. *Kramer*, Helmut: Dr. Josef Schafheutle – unpolitischer Rechtstechnokrat als Gestalter des politischen Strafrechts, in: Justizministerium des Landes NRW (Hrsg.) 2004, S. 107–109. Seinen Beitrag zur NS-Strafgesetzgebung beleuchten *Görtemaker/Safferling*, S. 325–329.
1739 Das BGH-Urteil im Staschinski-Fall vom 19. Oktober 1962 ist abgedruckt in: *Mitglieder des Bundesgerichtshofes und der Bundesanwaltschaft* (Hrsg.): Entscheidungen des Bundesgerichtshofes in Strafsachen, Berlin u. a. 1951ff. (= BGH StS), hier: Bd. 18, S. 87–96.

gelaufene Täter im Auftrag des Geheimdienstes gehandelt und keinen persönlichen Tatantrieb besessen hätte, qualifizierte ihn der Dritte Strafsenat des BGH nach der subjektiven Tätertheorie nicht als Mörder, sondern als Tatgehilfen. Damit leistete er einer bereits um sich greifenden Gehilfenrechtsprechung zusätzlichen Vorschub[1740], welche die Verantwortung für NS-Gewaltverbrechen regelmäßig der nicht mehr belangbaren höchsten Naziriege zuschob. Ausführende Täter wurden dadurch zu willenlosen Werkzeugen herabgestuft. So begründete der Bezug auf das Staschinski-Urteil in den sechziger Jahren u. a. die milden Urteile gegenüber zwei früheren Mitarbeitern des RSHA-,Judenreferats', Krumey und Hunsche (vgl. 2.2.4). Zwar hatten die Bundesrichter davor gewarnt, die Grundsätze ihrer Entscheidung schematisch auf Verfahren wegen NS-Gewaltverbrechen zu übertragen[1741]. Es ist jedoch unstreitig, dass ihre Auslegung die durch Gründung der Ludwigsburger Zentralen Stelle wieder in Gang kommende juristische Aufarbeitung von NS-Unrecht behinderte[1742]; zu deren früheren Erfolgen hatte auch Jagusch am OGH und Ersten BGH-Strafsenat beigetragen. Sein Wirken um 1960 weist ihn indes als Musterbeispiel der autoritär geprägten juristischen Funktionselite aus, die die Ahndung von NS-Unrecht beiseite schob und sich ohne Zögern von einer antikommunistisch ausgerichteten Regierungspolitik vereinnahmen ließ. So wirkte der Bundesrichter zeitweise als „besessener Kommunistenverfolger"[1743].

Der Jahreswechsel 1962/63 brachte für Jagusch einen Einschnitt mit sich, der mit einem Umdenkprozess einherging. Auslöser war eine Kampagne, die von Seiten der DDR gegen ihn und die bundesdeutsche Justizpolitik lanciert wurde. Wegen seiner prominenten Stellung und strikten Rechtspraxis gegen kommunistische Aktivitäten war der Bundesrichter ins Visier der ‚Nationalen Front des demokratischen Deutschland' geraten. Deren Nationalrat stellte am 14. Dezember 1962 auf einer Pressekonferenz die Druckschrift ‚Die unbewältigte Vergangenheit des Dr. Heinrich Jagusch' vor. Im Untertitel firmiert er als ‚Großinquisitor gegen Frieden und Demokratie – Vertrauensmann der Arbeitsfront und Totengräber der freien Gewerkschaften'. Das aufbereitete Material sollte den Vorsitzenden des

---

1740 Zur Gehilfenrechtsprechung vgl. *Gerstle*: Nathalie: III.A11 Gehilfenjudikatur, in: Fischer/Lorenz (Hrsg.), S. 145–147.
1741 Vgl. *ebd.*, S. 146f.
1742 Zur Zentralen Stelle Ludwigsburg vgl. *Weinke*, Annette: Eine Gesellschaft ermittelt gegen sich selbst. Eine Geschichte der Zentralen Stelle Ludwigsburg 1958 – 2008. 2., um ein Vorwort erw. Aufl., Darmstadt 2009 (Veröffentlichungen der Forschungsstelle Ludwigsburg der Universität Stuttgart, Bd. 13).
1743 *Görtemaker/Safferling*, S. 388.

2.5 Richter Heinrich Jagusch – ein NS-Aufsteiger auf dem Karrieresprungbrett

Staatsschutzsenats am BGH durch die Aufdeckung seiner politischen Haltung zum NS-Staat und Rolle darin desavouieren. Neben einer Aktenauswertung[1744] stützt sich die Argumentation der Druckschrift auf veröffentlichtes Schriftgut: Ausführlich zitiert wird aus Jaguschs Dissertation (S. 14–20), einem Aufsatz von 1947 (S. 22–24), der siebten Auflage des ‚Leipziger Kommentars' von 1954 (S. 24–26) und seinen Beiträgen zur Staatsschutzgesetzgebung in der Großen Strafrechtskommission (S. 27–34). Zwar ist der Propagandazweck unverkennbar – er spiegelt sich in der Einseitigkeit der Darstellung und Deutung sowie im überspitzten Tonfall[1745]. Die Enthüllungsschrift liefert aber auch Fakten, die für den Angegriffenen sehr belastend waren: darunter die Mitgliedschaft in der NSDAP[1746] und das Bekenntnis zur NS-Politik der Zerschlagung der Gewerkschaften. Im Gegensatz zu Generalbundesanwalt Wolfgang Fränkel, der kurz zuvor wegen Aufdeckung der Beteiligung an NS-Todesurteilen in den Ruhestand versetzt worden war[1747], stürzte Jagusch nicht über die gegen ihn gerichtete Aktion aus der DDR. Vielmehr gelang es dem Dienstherrn rasch, dem Skandal die Spitze zu brechen. Die Presse in Ost- und Westdeutschland berichtete zwar ausführlich[1748]. Durch Wechsel an die Spitze eines anderen Senats wurde der umstrittene Richter aber aus der Schusslinie genommen. Anfang 1963 übernahm er den Vorsitz des etwa für Straßenverkehrsrecht zuständigen Vierten Strafsenats[1749]. Möglich, dass Jagusch die Aufregung nur zum Anlass für einen seit Längerem geplanten Schritt nahm. Zumindest gab er an, er hätte sein Amt „weder wegen einer etwaigen Verhandlung in der ‚Spiegel'-Affäre noch wegen seiner angeblichen politischen

---

1744 Soweit dem Vf. auf Grundlage eigener Aktenkenntnis eine Beurteilung möglich ist, wurden für das Dossier des Nationalrats u. a. Jaguschs Promotionsakte und DAF-Personalakte ausgewertet.
1745 Vgl. *Die unbewältigte Vergangenheit des Dr. Heinrich Jagusch*. Beispielhaft sei auf einige Zuschreibungen hingewiesen, die Jagusch in den Zwischenüberschriften erfährt: „Nazizögling" (S. 8), „Propagandaschreiber der faschistischen ‚Arbeitsfront'" (S. 13), „Todfeind der freien Gewerkschaften" (S. 15), „Anbeter Hitlers" (S. 17), „Bonner Großinquisitor" (S. 21), „Vorkämpfer des Revanchismus" (S. 22), „Propagandist des Gesetzesbruchs" (S. 23), „Inspirator der Gesinnungsverfolgung" (S. 24) oder „Blindwütiger Antikommunist" (S. 27).
1746 Vgl. *ebd.*, S. 13.
1747 Zu Fränkel (1905–2010) vgl. *Fieberg*, Gerhard: Wolfgang Fränkel – aus politischen Gründen in den Ruhestand versetzt, in: Justizministerium des Landes NRW (Hrsg.) 2004, S. 113–117; sowie *Klee* 2005, S. 159.
1748 Die Staatssicherheit der DDR ließ durch den VEB Zeitungsausschnittsdienst ‚Globus' eine Vielzahl an Presseberichten und -mitteilungen zusammentragen, vgl. BStU, Archiv der Zentralstelle, MfS HA IX/11, ZJ 201, Nr. 14.
1749 Vgl. *Faller* 1988, S. 434; sowie *Heinrich Jagusch*; *Rottleuthner*, S. 104.

2 Präsident, Richter am Strafsenat und Generalstaatsanwalt – biographische Skizzen

Vergangenheit nieder[gelegt]. Er habe einfach den Wunsch, wieder als Revisionsrichter tätig zu werden"[1750]. Möglich sogar, dass das Revirement schon beschlossene Sache war, als die Nationale Front zur Pressekonferenz einlud. Trotzdem bleibt ein fader Beigeschmack: Sollte die Gleichzeitigkeit von Enthüllung und Postenwechsel tatsächlich ein bloßer Zufall gewesen sein? Zumindest kam der BGH-Richter nicht umhin, das Unwiderlegbare einzuräumen, nämlich dass er der NSDAP angehört hatte – mochte er auch behaupten, nur die rote Mitgliedskarte und nie das Parteibuch erhalten zu haben[1751]. Letztlich stärkte die Rosenburg ihm aber den Rücken. So meldete der ‚Tagesspiegel' am 16. Dezember, das Ministerium hätte dem Vorwurf der NS-Belastung Jaguschs unter dem Hinweis auf seine Entnazifizierung, die Mitgliedschaft in der SPD und den freien Gewerkschaften vor 1933 und die lediglich nominelle Zugehörigkeit zu NSDAP und NSKK eine Abfuhr erteilt[1752].

Tatsächlich deutet manches darauf hin, dass Jagusch mit dem Wechsel zum Vierten Strafsenat seine Haltung zum politischen Strafrecht revidierte und eine kritische Sichtweise entwickelte. Sein langjähriger Gegenspieler Posser, Verteidiger in politischen Strafsachen, konzedierte: „Daß auch Heinrich Jagusch (…) für eine gründliche Reform eintrat, freute mich besonders. Seit 1963 hatte ich in seiner Wohnung in Karlsruhe-Rüppur mit ihm stundenlang debattiert und seine Wandlung, die von viel Selbstkritik begleitet war, miterlebt"[1753]. Durch Rückzug aus dem Staatsschutzsenat entging der wandlungsfähige Bundesrichter der Herausforderung, die Verhandlung gegen den Herausgeber und führende Redakteure des Nachrichtenmagazins ‚Der Spiegel' zu leiten, die im Herbst 1962 unter dem Vorwurf des publizistischen Landesverrats verhaftet und wenig später angeklagt worden waren. Stattdessen mischte er sich 1964 in das laufende Ver-

---

1750 Zit. nach BStU, Archiv der Zentralstelle, MfS HA IX/11, ZJ 201, Nr. 14, Bl. 64 (nach BStU-Zählung; i. e. die Meldung ‚Warum Jagusch zurücktrat' aus ‚Deutsche Soldatenzeitung' vom 14. Dezember 1962). So soll er 1961 schon um Versetzung gebeten haben, vgl. *ebd.*, Bl. 15 (nach BStU-Zählung; i. e. Artikel ‚Jagusch übernimmt Verkehrssenat' aus der ‚Süddeutschen Zeitung' vom 18. Dezember 1962); dazu auch *Lehmann, Lutz*: Legal & Opportun. Politische Justiz in der Bundesrepublik, Berlin 1966, S. 339; *Heinrich Jagusch*.
1751 Vgl. BStU, Archiv der Zentralstelle, MfS HA IX/11, ZJ 201, Nr. 14, Bl. 15 (nach BStU-Zählung; s. vorige Fußnote) u. Bl. 61 (nach BStU-Zählung; i. e. der Artikel ‚Zonenangriffe gegen Jagusch' aus der ‚Stuttgarter Zeitung' vom 15. Dezember 1962).
1752 Vgl. *ebd.*, Bl. 42 (nach BStU-Zählung; i. e. Meldung ‚Justizministerium verteidigt Senatspräsident Jagusch' aus ‚Der Tagesspiegel' vom 16. Dezember 1962).
1753 *Posser* 1991, S. 460f.; weiterhin *Brünneck*, S. 323.

2.5 Richter Heinrich Jagusch – ein NS-Aufsteiger auf dem Karrieresprungbrett

fahren ein, indem er unter dem Pseudonym ‚Judex' zwei Artikel im ‚Spiegel' publizierte. Zuerst bezog er Stellung zu einer akuten rechtlichen Frage[1754], dann übte er deutliche Kritik an der Gesetzgebung sowie Tatbestandsauslegung vor Gericht. Hierbei verglich er das ‚Spiegel-Verfahren' mit dem 1931 gegen den Publizisten Carl von Ossietzky geführten Landesverratsverfahren[1755]:

> „Denn im Ossietzky-Gedenkjahr hat sich Generalbundesanwalt Martin nach der Gesetzeslage immerhin veranlaßt gesehen, im SPIEGEL-Fall Landesverratsanklage zu erheben. Und doch zweifelt wohl niemand mehr daran, daß Paragraph 100 StGB, auf den sie sich stützt, diesem ‚Fall' gegenüber etwa dasselbe bedeutet wie ein Kehrbesen fürs Schönschreiben. Er ist anerkanntermaßen ungerecht, unzulänglich und reformbedürftig, denn er wirft Unvereinbares in einen Topf und mißachtet dogmatische Erkenntnisse der Rechtswissenschaft. Den publizierenden Journalisten, das aus Verantwortungsbewußtsein handelnde grundgesetzliche Organ der öffentlichen Meinungsbildung, stellt er unbesehen neben den verborgen wühlenden Verräter und droht beiden, ohne jede Rücksicht auf ihre grundverschiedene Handlungsweise und ihre Motive, mindestens ein Jahr Zuchthaus an"[1756].

Was Jagusch nicht ahnte – mit diesem Artikel läutete er selbst das Ende seiner Laufbahn ein. Am Tag nach der Veröffentlichung, also am 5. November 1964, behauptete die ‚Süddeutsche Zeitung', hinter dem Signum ‚Judex' verberge sich niemand anderes als der frühere Präsident des Staatsschutzsenats[1757]. Den entscheidenden Fehler beging dieser jedoch, indem er BGH-Präsident Heusinger auf dessen unvermittelte Frage antwortete, nicht der Autor des fraglichen Textes zu sein, am 9. November aber eingestehen musste, die Unwahrheit gesagt zu haben. So beantragte er tags darauf seinen vorzeitigen Ruhestand[1758]. Nachdem Jagusch Ende 1962 hatte zugeben müssen, bei Einstellung in den Justizdienst die NSDAP-Mitglied-

---

1754 Vgl. *Jagusch*, Heinrich (anonym): Handel mit Verrätern? Die Haftentlassung des Ostagenten Hofé, in: Der Spiegel, 1964, H. 37, S. 18; hierzu auch *Posser* 1991, S. 436.
1755 Vgl. *Faller* 1988, S. 434; wie auch *Heinrich Jagusch*.
1756 *Jagusch*, Heinrich (‚Judex'): Droht ein neuer Ossietzky-Fall? In: Der Spiegel, 1964, H. 45, S. 34 u. 37f., hier: S. 37.
1757 Vgl. *Grosser*, Alfred/*Seifert*, Jürgen: Die Spiegel-Affäre. Bd. 1: Die Staatsmacht und ihre Kontrolle. Texte und Dokumente zur Zeitgeschichte, Olten u. Freiburg i. Br. 1966, S. 294.
1758 Vgl. *ebd.*, S. 295; außerdem *Faller* 1988, S. 434.

schaft unterschlagen zu haben, war das Vertrauen nunmehr endgültig aufgebraucht. Es wurde ein Disziplinarverfahren eingeleitet und die Frühpensionierung zum 1. März 1965 veranlasst. Die offizielle Erklärung dafür schob die angegriffene Gesundheit des Senatspräsidenten vor, wobei auf seine schwere Kriegsbeschädigung verwiesen werden konnte. Auf diese Weise war er ein „spätes Opfer der Spiegel-Affäre"[1759] geworden. Das Disziplinarverfahren wurde indes 1967 eingestellt[1760].

Während, aber auch noch nach seiner Bundesrichterzeit trat Jagusch als Gesetzeskommentator in Erscheinung. Neben der Herausgeberschaft und Mitarbeit am Leipziger Kommentar zum Strafrecht (8. Auflage, 1956–1958) arbeitete er am Kommentar ‚Löwe/Rosenberg' zur Strafprozessordnung (21. Auflage, 1962–1967) mit. Seine Expertise für Straßenverkehrsrecht untermauerte der Jurist etwa durch die Fortführung des Kommentars ‚Floegel-Hartung' (17. bis 26. Auflage, 1968–1981). Ab der 19. Auflage war das Werk als ‚Jagusch' bekannt[1761].

Faller zufolge war Jagusch „ein komplizierter, nicht leicht zugänglicher Mensch", wozu eine schwierige Jugend und wechselvolle Jahre und Erfahrungen beigetragen haben mögen. Er sei „wohl ein Skeptiker" gewesen; „ein Freund knapper Formulierungen, zeichnete er sich durch Kreativität, Anschaulichkeit und Schlüssigkeit in den Begründungen aus. Auch musische Züge prägten seine Persönlichkeit. Jagusch war ein engagierter Kämpfer für den Rechtsstaat, immer darum bemüht daß sich die Fehler der Weimarer Republik, die er aus eigener Anschauung kannte, nicht wiederholen sollten"[1762]. Ein Blick auf die NS-Vergangenheit dieses Mannes gemahnt freilich zur Hinterfragung derartig einseitiger Würdigungen. Gesteht man ihm einen Lernprozess nach 1945 zu, so fällt das Urteil differenziert aus. Während sein OGH-Wirken positiv zu Buche schlägt, trifft dies auf die Tätigkeit am Staatsschutzsenat des BGH nicht unbedingt zu. Am 10. Septem-

---

1759 *Lehmann*, S. 65. Zurecht heben *Görtemaker/Safferling*, S. 387, hervor, dass Jaguschs oben beschriebene ‚liberale Wende' nicht zu dem Urteil verleiten sollte, ihn als unangepassten Kollegen zu betrachten, „der den anderen BGH-Richtern den Spiegel vorhielt und schließlich gestürzt wurde, weil er gegen den Korpsgeist verstieß. Vielmehr war er selbst lange Zeit ein Träger des ‚alten Geistes', der in den 1950er und 1960er Jahren im BGH immer noch vorherrschte".
1760 Vgl. *Faller* 1988, S. 434f.; des Weiteren *Heinrich Jagusch*.
1761 Vgl. *Faller* 1988, S. 435–437; weiter auch *Schubert*, S. XVII.
1762 *Faller* 1988, S. 437.

ber 1987 starb Jagusch in Karlsruhe-Rüppurr[1763], wie der ‚Spiegel' berichtete, an einer Krebserkrankung[1764].

2.6 Generalstaatsanwalt Karl Schneidewin – vom Reichsgericht zum OGH

Karl Schneidewin, Sohn des evangelischen Theologen, Philosophen und Altphilologen Max Schneidewin[1765], wurde am 1. Mai 1887 in Hameln geboren[1766]. Er studierte Rechtswissenschaften in Freiburg, Berlin, München und Göttingen[1767]. 1908 legte er die Erste Staatsprüfung ab[1768]. Dann promovierte er bei Victor Ehrenberg über ‚Die offene Handelsgesellschaft als Erbin'[1769] (1910) und bestand die Zweite Staatsprüfung (1913)[1770]. Der junge Gerichtsassessor nahm am Ersten Weltkrieg teil[1771] – zuerst als Frontsoldat, später wirkte er als Kriegsgerichtsrat[1772]. Zurück im zivilen Justizdienst bescheinigte ihm der Oberstaatsanwalt von Celle 1920, seine „Fähigkeiten und Leistungen (...) überragen den Durchschnitt sehr erheblich und ich würde es in hohem Maße bedauern, wenn er dem staatsanwaltlichen Dienste nicht erhalten bliebe. Dienstliche und ausserdienstliche Führung tadellos. Zur Anstellung unbedenklich geeignet bei grösseren Behörden unter schwierigeren Verhältnissen"[1773]. So folgte er noch im glei-

---

1763 Vgl. *ebd.*
1764 Vgl. Der Spiegel, 1987, H. 38, S. 284.
1765 Zu Max Schneidewin (1843–1931) vgl. *Anger*, Gunnar: Max Schneidewin, in: Biographisch-Bibliographisches Kirchenlexikon. XXV. Bd., Ergänzungen XII. Begründet u. hrsg. v. Friedrich Wilhelm Bautz, fortgeführt v. Traugott Bautz, Nordhausen 2005, Sp. 1298–1309.
1766 Vgl. BArch, Z 21, Nr. 1328, Bl. 28; sowie *Klee* 2005, S. 553.
1767 Vgl. *Lange* 1962, S. 199; des Weiteren *Kirchner*, S. 191.
1768 Vgl. BArch, Z 21, Nr. 1328, Bl. 28; *Kaul*, S. 321.
1769 Vgl. *Schneidewin*, Karl: Die offene Handelsgesellschaft als Erbin, Göttingen 1910; weiter *Kirchner*, S. 191. Ausweislich des Titelblatts war Schneidewin damals Referendar in Lüneburg. Zu Ehrenberg (1851–1929) vgl. *Blaurock*, Uwe: Victor Ehrenberg (1851–1929). „Vater der Versicherungswissenschaft", in: Fritz Loos (Hrsg.): Rechtswissenschaft in Göttingen. Göttinger Juristen aus 250 Jahren, Göttingen 1987 (Göttinger Universitätsschriften. Serie A: Schriften, Bd. 6), S. 316–335.
1770 Vgl. BArch, Z 21, Nr. 1328, Bl. 28; ferner *Kaul*, S. 321; *Kirchner*, S. 191; *Personalverzeichnis des höheren Justizdienstes*, S. 229.
1771 Vgl. *Lange* 1962, S. 199; sowie *Kirchner*, S. 191.
1772 Vgl. BArch, Pers 101, Nr. 33157, Bl. 1.
1773 *Ebd.*, Bl. 3A (Hierbei handelt es sich um einen Personalbogen).

chen Jahr einem Ruf zur Staatsanwaltschaft am Landgericht Berlin III[1774]. Ende 1921 wurde der Jurist nach Leipzig zur Reichsanwaltschaft abgeordnet[1775], wo er zunächst als Hilfsarbeiter tätig war – wie sein späterer Kollege Carl Kirchner ihm nachrühmte, als „der jüngste Hilfsarbeiter, den die Behörde bis dahin gehabt hatte!"[1776]. Weitere Beförderungen machten den aufstrebenden Juristen am 1. April 1923 zum Ersten Staatsanwalt und Ende 1925 zum Oberstaatsanwalt am Reichsgericht[1777]. Das Gewicht dieser Position schlägt sich darin nieder, dass Schneidewin in den Herausgeberkreis von ‚M. Stengleins Kommentar zu den strafrechtlichen Nebengesetzen des deutschen Reiches' aufgenommen wurde[1778] und 1929 zum 50-jährigen Bestehen des Reichsgerichts einen Beitrag zur Rechtspraxis desselben in Strafsachen für die Festschrift beisteuerte[1779].

Mit 42 Jahren erreichte Karl Schneidewin den vorläufigen Karrierehöhepunkt, als er am 1. Februar 1930 zum Reichsanwalt berufen wurde[1780]. Wenig später trat er ins Licht der Öffentlichkeit, indem er den Freispruch des Landgerichts Berlin für den Künstler George Grosz anfocht, der wegen seiner Zeichnung eines gekreuzigten Jesus mit Gasmaske und Soldatenstiefeln wegen Gotteslästerung angeklagt worden war. Seinem Antrag gemäß hob das Reichsgericht die Entscheidung auf, da das Landgericht die Wirkung des Werks auf das schlichte Gefühl des einfachen, religiösen Menschen unbeachtet gelassen hätte. Dessen ungeachtet stand am Ende ein Freispruch für Grosz[1781]. Dem Reichsanwalt dagegen wurde die ‚Ehre' zu-

---

1774 Vgl. *Personalverzeichnis des höheren Justizdienstes*, S. 229; weiter *Kirchner*, S. 191; *Kaul*, S. 321; BArch, Z 21, Nr. 1328, Bl. 28.
1775 Vgl. *ebd.*; fürderhin *Lange* 1962, S. 199; *Kaul*, S. 321.
1776 *Kirchner*, S. 192. Zu Kirchner (1880–1966) vgl. *Klee* 2005, S. 310; sowie *Godau-Schüttke* 2006, S. 96–99.
1777 Vgl. *Personalverzeichnis des höheren Justizdienstes*, S. 229; ferner *Kirchner*, S. 192; *Kaul*, S. 321; BArch, Z 21, Nr. 1328, Bl. 28.
1778 Vgl. *M. Stengleins Kommentar zu den strafrechtlichen Nebengesetzen des Deutschen Reiches*. 5. Aufl., völlig neu bearb. v. Ludwig Ebermayer, Ernst Conrad, Albert Feisenberger u. Karl Schneidewin. Bd. 1, Berlin 1928.
1779 Vgl. *Schneidewin*, Karl: Die Rechtsprechung in Strafsachen, in: Adolf Lobe (Hrsg.): Fünfzig Jahre Reichsgericht am 1. Oktober 1929. Unter Mitarbeit von Mitgliedern und Beamten des Reichsgerichts, der Reichsanwaltschaft und der Rechtsanwaltschaft am Reichsgericht, Berlin u. Leipzig 1929, S. 270–336.
1780 Vgl. *Personalverzeichnis des höheren Justizdienstes*, S. 229; auch BArch, Z 21, Nr. 1328, Bl. 28.
1781 Vgl. *Seul*, Jürgen: Das Skandal-Bild „Jesus am Kreuz mit Gasmaske", in: Legal Tribune online vom 26. Juli 2010. Online-Ressource: https://www.lto.de/recht/feuilleton/f/zum-geburtstag-von-george-grosz-das-skandalbild-christus-am-kreuz-mit-gasmaske (letzter Zugriff: 8.9.2020).

teil, Gegenstand eines satirischen Gedichts im ‚Simplicissimus' zu sein, das ihn – stellvertretend für Staat und Gesellschaft – der Heuchelei bezichtigte, als Christ einerseits in den Krieg zu ziehen und andererseits religiöse Empfindlichkeiten zu zeigen[1782]. Zu Schneidewins politischer Haltung, v. a. gegenüber der NS-Bewegung, ist wenig bekannt. Der Umstand, dass die Laufbahn ab 1933 stagnierte, er aber auch nicht bedrängt wurde, weist ihn als anpassungsfähigen Mitläufer aus. Zwar gehörte er nicht der NSDAP an, betrachtete viele Entgrenzungen von der Warte der Rechtssicherheit aus zumindest kritisch, wenn nicht ablehnend und blieb dem Selbstbild des unpolitischen Juristen verbunden. Aber das Selbstbild wurde immer fadenscheiniger. Denn als Reichsanwalt war Schneidewin fraglos Teil der Funktionselite, auf die sich die NS-Herrschaft stützte. Er diente der Diktatur, mochte er um Handlungsfelder, die eine Verstrickung in NS-Unrecht bedeuteten (z. B. das politische Strafrecht), auch einen Bogen machen.

In der Reichsanwaltschaft unterstand Schneidewin Oberreichsanwalt Emil Brettle[1783], zu den Kollegen zählte der spätere Bundesrichter Kirchner. Zu ihm hatte er wohl ein vertrauensvolles Verhältnis, würdigte derselbe ihn doch in einem Nachruf, er sei „für mich in diesen langen Jahren der zuverlässige Kollege und bewährte Freund"[1784] gewesen. Kirchner verdanken wir Hinweise auf das ansonsten weitgehend im Dunkeln liegende juristische Wirken Schneidewins seit 1933. So hebt er hervor, dieser hätte mit seinen im Auftrag des Oberreichsanwalts verfassten Gegenerklärungen zu Revisionen der Staatsanwaltschaften zur Entwicklung des Straf- sowie Prozessrechts beigetragen und sei Urheber des neueren Begriffs von ‚Öffentlichkeit' gewesen, wie er vom Reichsgericht 1939 in seiner Entscheidung RGSt 73, 90 anerkannt worden sei und in die Judikatur Einzug gehalten hätte[1785]. Ferner ist bekannt, dass Schneidewin Mitglied eines Reichsgerichtsausschusses war, dem auch der Reichsgerichtsrat und spätere BGH-Präsident Weinkauff angehörte. Das Gremium sollte den Entwurf des Reichsjustizministeriums für eine Reform des Strafverfahrensrechts vom Februar 1936 kommentieren. Die Pläne zielten darauf, die Befugnisse des Gerichtsvorsitzenden zu erweitern und den Führergrundsatz im Strafprozess zu verankern[1786]. Der Ausschuss wandte sich mit vielen Ände-

---

1782 Vgl. *Ha*: Reichsanwalt Schneidewins Normalchrist, in: Simplicissimus 34 (1930), H. 51, S. 619.
1783 Zu Brettle (1877–1945) vgl. *Kaul*, S. 60f.; zudem *Handbuch der Justizverwaltung*, S. 27.
1784 *Kirchner*, S. 192.
1785 Vgl. *ebd.*
1786 Vgl. *Godau-Schüttke* 2006, S. 53.

rungsvorschlägen, die eine konservative, um die Rechtssicherheit besorgte Haltung erkennen lassen, dagegen[1787].

Laut einem biographischen Abriss des Zentral-Justizamts von 1947 war Schneidewin, bevor er für Bürgerliches Recht zuständig wurde, bis 1941 mit Revisionsstrafsachen betraut[1788]. Darin eingeschlossen war die Bearbeitung von Nichtigkeitsbeschwerden, die nach einer Verordnung vom 21. Februar 1940 auf äußere Anregung vom Oberreichsanwalt gegenüber rechtskräftigen Urteilen eingelegt werden konnten und regelmäßig strafverschärfend wirkten[1789]. Der Anstoß ging vom Reichsjustizminister, einem Generalstaatsanwalt oder dem Anwalt des Verurteilten aus. Diese Rechtsbehelfe hatten den Zweck, ‚ungerechte Entscheidungen' zu beseitigen. Weil jedoch das ‚gesunde Volksempfinden' Maßstab dafür war, was als gerecht und ungerecht galt, war einer NS-Willkür Tür und Tor geöffnet[1790]. Zusammen mit Landgerichtsdirektor Konrad Sandrock legte Schneidewin als Vertreter der u. a. für den OLG-Bezirk Frankfurt zuständigen Abteilung der Reichsanwaltschaft 1940/41 bei 157 äußeren Anregungen 57 Mal Nichtigkeitsbeschwerde ein[1791]. Zahlen, die jedoch wenig dazu aussagen, ob er dem Drängen der politischen Führung nach Anwendung spezifischen NS-Strafrechts und härteren Strafen nachgab oder widerstand. Stichprobenartig kann aber durch Betrachtung der von Frankfurt nach Leipzig gelangten Fälle ein (nicht repräsentativer) Einblick in die Rechtspraxis des Reichsanwalts genommen werden. Hierbei ist seine Beteiligung an vier Fällen nachweisbar. Einmal war er Berichterstatter und vertrat den Oberreichsanwalt in der Verhandlung; in zwei Fällen war die Arbeit unter ihm und Sandrock aufgeteilt; in allen drei Rechtssachen ging es um Frankfurter Sondergerichtsurteile. Im vierten Fall äußerte sich Schneidewin im Auftrag Brettles gegenüber dem Darmstädter Oberstaatsanwalt, es werde im Einvernehmen mit dem Reichsjustizministerium von einer Nichtig-

---

1787   Vgl. *Gruchmann*, S. 1012f.
1788   Vgl. BArch, Z 21, Nr. 1328, Bl. 11f.
1789   Zur Nichtigkeitsbeschwerde vgl. *Dietmeier*, Frank: Außerordentlicher Einspruch und Nichtigkeitsbeschwerde, in: Wolfgang Form u. Theo Schiller (Hrsg.): Politische NS-Justiz in Hessen. Die Verfahren des Volksgerichtshofs, der Politischen Senate der Oberlandesgerichte Darmstadt und Kassel 1933–1945 sowie Sondergerichtsprozesse in Darmstadt und Kassel 1933–1945. Bd. 2, Marburg 2005 (Veröffentlichungen der Historischen Kommission für Hessen, Bd. 65), S. 1105–1163; wie auch *Bundesministerium der Justiz* (Hrsg.), S. 373–376; *Kaul*, S. 218–239; *Godau-Schüttke* 2006, S. 79–84.
1790   Vgl. *Kaul*, S. 220.
1791   Vgl. *ebd.*, S. 221f. Zu Sandrock, Jahrgang 1902, vgl. *Kaul*, S. 320; sowie *Handbuch der Justizverwaltung*, S. 89.

2.6 Generalstaatsanwalt Karl Schneidewin – vom Reichsgericht zum OGH

keitsbeschwerde abgesehen[1792]. In Fall 1 war er Berichterstatter und erhob in der Verhandlung vom Februar 1941 Nichtigkeitsbeschwerde gegen den Freispruch für einen Kaufmann, dem ein Verbrechen gegen die Kriegswirtschaftsverordnung vorgeworfen worden war. Das Gericht folgte seinem Antrag und hob das Urteil auf. Das Sondergericht verurteilte den Angeklagten unter Anrechnung von Polizei-, Schutz- und Untersuchungshaft zu einem Jahr Gefängnis[1793]. Im August vertrat Schneidewin den Oberreichsanwalt in der Sache gegen einen Landarbeiter, der wegen Einbruchdiebstahls mit einer zweijährigen Haftstrafe belegt worden war. Weil die Volksschädlings-Verordnung nicht zum Einsatz kam, forderte er „Berichtigung im Schuldspruch dahin, daß der Angeklagte als ‚Volksschädling' wegen Verbrechens gegen § 2 und 4 der VolksschädlingsVO in Verbindung mit §§ 242, 243² StGB verurteilt ist, 2) Aufhebung und Zurückverweisung im Strafausspruch"[1794]. Das Reichsgericht gab dem Antrag statt, woraufhin auch das Sondergericht im Angeklagten einen ‚Volksschädling' erkannte. Die Strafe wurde auf 30 Monate Zuchthaus erhöht. In Fall 3 steht die Unterschrift „In Vertretung: Dr. Schneidewin"[1795] unter der Begründung der Nichtigkeitsbeschwerde gegen den Freispruch eines Schuhmachers und Arbeiters. Ihm waren in Tateinheit mit Vergehen gegen § 259 StGB und § 4, 11 der Verordnung zur Sicherung des Brotgetreides vom Juli 1937 Verstöße gegen die Kriegswirtschaftsverordnung zur Last gelegt worden. Nachdem Ankläger Sandrock in der mündlichen Verhandlung am 16. Januar 1942 die Urteilsaufhebung erreicht hatte, verurteilte das Sondergericht den Angeklagten zu zwei Monaten Haft wegen Hehlerei sowie Verfütterns von Brotgetreide. Gewiss sind diese Beispiele nur begrenzt aussagekräftig, da vier Fälle eine zu schmale Basis für ein tragfähiges Urteil bilden. Trotzdem erhärtet sich der Eindruck, dass Schneidewin den Oberreichsanwalt in recht leichten Strafsachen vertrat. Im Gegensatz zu den Kollegen Kirchner und Wolfgang Fränkel sah er sich nicht in die Lage versetzt, Beschwerde gegen Urteile einzulegen, deren ‚Berichtigung' die Ver-

---

1792 Vgl. BArch, R 3003/Nichtigkeitsbeschwerde, Nr. 1410, ohne Foliierung – Schneidewin an den Darmstädter Oberstaatsanwalt am 15. Oktober 1942.
1793 Vgl. *ebd.*, Nr. 98.
1794 BArch, R 3003/Nichtigkeitsbeschwerde, Nr. 524, Bl. 7. Zur Volksschädlings-Verordnung vom 5. September 1939 vgl. *Bundesministerium der Justiz* (Hrsg.), S. 219–221.
1795 *Ebd.*, Nr. 839, ohne Foliierung – Nichtigkeitsbeschwerde vom 10. Oktober 1941 an den Präsidenten des Ersten Strafsenats des Reichsgerichts.

hängung hoher Zuchthausstrafen oder der Todesstrafe nach sich zog[1796]. Woran lag dies? Zumindest eine Teilerklärung liegt darin, dass Schneidewin Ende 1941, als sich die NS-Strafrechtspraxis zusehends radikalisierte, das Ressort wechselte und sich zivilrechtlichen Fragen zuwandte. So war er nicht dafür zuständig, die Anwendung neuer NS-Gesetze mit weitem Strafrahmen und hohem Bedarf an Klärung von rechtlichen Fragen durchzusetzen, die wie die Polenstrafrechts-Verordnung eine Vielzahl von Todesurteilen zur Folge haben sollten[1797]. Gleichwohl veranschaulichen die geschilderten Fälle die von Reichsanwalt Schneidewin ausgefüllte Rolle im NS-Staat: Trotz Festhaltens am Leitbild der Rechtssicherheit legte er nach individueller Prüfung gegen rechtskräftige Urteile Nichtigkeitsbeschwerde ein. Hiermit war er an der Durchsetzung von NS-Strafrechtsnormen wie der Volksschädlings-Verordnung beteiligt.

Zu seiner Tätigkeit als Reichsanwalt führt Schneidewin nach 1945 in einem Lebenslauf aus:

> „In dieser Stellung habe ich bis 1941 fast ausschließlich Revisionen in Strafsachen bearbeitet. (...) Im Anschluß an das Gesetz über die Mitwirkung des Staatsanwalts in bürgerlichen Rechtssachen vom 13. Juli 1941 trat in meiner amtlichen Tätigkeit ein vollkommener Wechsel ein. Bürgerliche Rechtssachen wurden mein ausschließliches Arbeitsgebiet. (...) Alles [!] was mit dem Gesetz vom 15. Juli 1941 zusammenhing [hierzu zählt er etwa die außerordentliche Wiederaufnahme des Verfahrens, C.P.], habe ich als Leiter der Abteilung für bürgerliche Rechtssachen, von mehreren Hilfsarbeitern unterstützt, in fast völliger Selbständigkeit durchgeführt"[1798].

Rückblickend unterstrich Kirchner die politische Integrität des einstigen Kollegen: „Während des Krieges bot der Reichsjustizminister ihm an, Se-

---

1796 *Kaul*, S. 196–202, dokumentiert Fälle, die die Leipziger Tätigkeit Kirchners in ein trübes Licht tauchen. Dort wird eine Rechtssache geschildert, in der er in Folge eines außerordentlichen Einspruchs des Oberreichsanwalts gegen das rechtskräftige Urteil einer Strafkammer (fünf Jahre Zuchthaus wegen Körperverletzung mit Todesfolge) vor dem Besonderen Strafsenat des Reichsgerichts mit Erfolg die Todesstrafe beantragte (vgl. *ebd.*, S. 201).
1797 Zur Polenstrafrechts-Verordnung vom 4. Dezember 1941 vgl. *Bundesministerium der Justiz* (Hrsg.), S. 225–228.
1798 BArch, Pers 101, Nr. 33157, Bl. 4. Das Gesetz über die Mitwirkung des Staatsanwalts in bürgerlichen Rechtssachen vom 15. Juli 1941 ist abgedruckt in: RGBl. I, S. 383f. Bei der obigen Datierung vom 13. Juli 1941 handelt es sich offenbar um einen Tippfehler. Das Ausrufezeichen stammt von Schneidewin.

natspräsident am RG [= Reichsgericht] zu werden, wenn er bereit sei, in die NSDAP einzutreten (...). Schneidewin erzählte mir alsbald, daß er das verächtliche Ansinnen sofort und bedingungslos abgelehnt habe"[1799]. Hierbei ist zu beachten, wer ihm den ‚Persilschein' ausgestellt hat, nämlich ein durch sein Wirken im ‚Dritten Reich' sehr belasteter Kollege. Davon, dass an der Loyalität des Reichsanwalts gegenüber dem NS-Regime nicht gezweifelt wurde, zeugen die ihm verliehenen Auszeichnungen: 1938 erhielt er das Silberne Treudienst-Ehrenzeichen und 1943 das Kriegsverdienstkreuz II. Klasse[1800].

Das Kriegsende markierte für Schneidewin zuerst insofern keinen tiefen Einschnitt, als er als Mitglied einer kleinen Kommission mit der Abwicklung der Reichsgerichtsgeschäfte befasst war und so in Leipzig tätig blieb. Der Bruch folgte am 8. Oktober 1945, als die sowjetische Besatzungsmacht die Schließung des Gerichts verkündete[1801]. Damals bekleidete er kurz das Amt eines Staatsanwalts am Landgericht Leipzig[1802] und hatte einen Lehrauftrag für Straf- und Strafprozessrecht an der Universität inne. Dieser wurde aber spätestens im Februar 1946 zurückgenommen[1803]. Nach mehr als zwanzig Jahren in Sachsen wechselte der 59-Jährige nun in die Nähe seiner nordwestdeutschen Heimat, nämlich nach Celle in der Britischen Zone. Bei der dortigen Staatsanwaltschaft zuerst als Hilfsarbeiter eingestellt[1804], wurde er am 1. Juli 1946 zum Oberstaatsanwalt ernannt[1805]. Alte Seilschaften halfen ihm beim ‚Comeback'. So empfahl ihn Generalstaatsanwalt Moericke unter Hinweis auf die gemeinsame Reichsanwaltszeit als Senatspräsidenten. Er wisse, „daß er ein leidenschaftlicher Gegner des nationalsozialistischen Terror-Systems gewesen ist und es zu bekämpfen versucht hat, soweit es ihm bei seiner amtlichen Stellung möglich war"[1806]. Ein positives Leumundszeugnis stellten ihm auch drei Ex-Anwälte am Reichsgericht aus. Sie versicherten, Schneidewin hätte niemals politische Strafsachen, v. a. nicht gegen Kommunisten, bearbeitet. Vielmehr sei er

---

1799 *Kirchner*, S. 192.
1800 Vgl. *Kaul*, S. 321.
1801 Vgl. *ebd.* Zur Arbeit der Kommission und Schließung des Reichsgerichts vgl. *Rössler*, Ruth-Kristin: Justizpolitik in der SBZ/DDR 1945–1956, Frankfurt a. M. 2000, S. 71f.
1802 Vgl. *Kirchner*, S. 192.
1803 Vgl. BArch, Pers 101, Nr. 33159, Bl. 9.
1804 Vgl. Hannoversche Rechtspflege 2 (1946), H. 7, S. 73.
1805 Vgl. BArch, Z 38, Nr. 31, Bl. 6; ferner *ebd.*, Z 21, Nr. 1328, Bl. 28; Hannoversche Rechtspflege 2 (1946), H. 9, S. 104.
1806 BArch, Pers 101, Nr. 33157, Bl. 9.

stets Gegner des NS-Regimes gewesen, was sich im Einsatz für den jüdischen Kollegen Richard Neumann gezeigt hätte, dessen zwischenzeitliche Entlassung aus dem KZ er hätte erwirken können[1807]. Weil der Reichsanwalt nicht der NSDAP angehört hatte und seine Arbeit keinen Beanstandungsanlass zu bieten schien, stellte die Entnazifizierung kein Hindernis dar. Er galt als Staatsanwalt mit Erfahrung und weißer Weste.

Dies zeigte sich bei seiner Berufung zum Generalstaatsanwalt am OGH am 1. Januar 1948[1808]. Anders als bei den Untergerichten war eine politische Belastung dort nämlich immer noch Ausschlusskriterium. Wie die eigene galt die Reputation des Reichsgerichts als unbeschädigt. So rekurrierte Schneidewin anlässlich der Eröffnung des Obersten Gerichtshofes am 29. Mai auf die mehr als 60-jährige Tradition des Leipziger Revisionsgerichts, dessen Rechtsprechung dem Nachfolger als Vorbild dienen könne. Er sah das Kölner Gericht in der Strafrechtspflege ‚vor Aufgaben der Rechtsbetrachtung und Gesetzesanwendung gestellt, die ohne alles Vorbild sind' (vgl. *1.3*). Ohne es explizit zu sagen, nahm er Bezug auf die Notwendigkeit der Klärung der im Kontext von KRG 10 und der Anwendung des Tatbestands Menschlichkeitsverbrechen stehenden Rechtsfragen, mit denen sich der Strafsenat bereits in den Sitzungen am 4. und 20. Mai beschäftigt hatte. Aller Anfang in Köln war schwer: Schneidewin kämpfte nicht nur mit Widrigkeiten der Infrastruktur und Logistik (ungemütliche Wohnung und fehlende Bücher) – er trug sich auch mit Sorgen bezüglich des Berufsumfelds. So ließ er in einem Brief an das ZJA vom 19. April 1948 erkennen, dass er die vakante Stelle des Oberstaatsanwalts gern mit einem vertrauten Mitarbeiter besetzt sähe; nicht zuletzt, da er „angesichts der Besetzung des Strafsenats gerade in persönlicher Hinsicht auf keinem einfachen Posten stehe"[1809]. Da der Spruchkörper nur mit NS-Verfolgten besetzt war (Staff, Wimmer und Kuhn) befürchtete der Generalstaatsanwalt wohl politische Konfliktlinien, die die Zusammenarbeit belasten konnten. Die Bedenken erwiesen sich aber als unbegründet; rasch etablierte sich ein harmonisches, von Respekt getragenes Verhältnis der Justizjuristen[1810]. Schneidewins Wunsch, ihm den früheren Kollegen Rudolf Biermann (Celle) als Oberstaatsanwalt zur Seite zu stellen[1811], konnte indes

---

1807 Vgl. *ebd.*, Nr. 33159, Bl. 25–28. Zu Neumann (1878–1955) vgl. *Göppinger*, S. 85f. u. 354.
1808 Vgl. BArch, Z 21, Nr. 1328, Bl. 23 u. 28; ZJBl. 2 (1948), Nr. 1, S. 6.
1809 BArch, Z 21, Nr. 1328, Bl. 37.
1810 Vgl. *ebd.*, Z 38, Nr. 31, Bl. 40–45 (i. e. Jahresbericht des OGH für 1948), hier: Bl. 44.
1811 Vgl. *ebd.*, Pers 101, Nr. 33157, Bl. 27.

2.6 Generalstaatsanwalt Karl Schneidewin – vom Reichsgericht zum OGH

nicht entsprochen werden, weil dieser zum Chef der Anklagebehörde im OLG-Bezirk Celle ernannt wurde[1812].

Der Generalstaatsanwalt übernahm – so die vorläufige Auswertung der Strafverfahrensakten am ICWC – in mindestens 101 KRG-10-Verhandlungen die Rolle des Anklägers[1813]. Seiner juristischen Beurteilung kam bei der Vorbereitung der Revisionsverfahren häufig entscheidende Bedeutung zu. So hatte er mit Stellungnahmen zu den ersten KRG-10-Sachen, die der OGH behandelte, Wegmarken für die rechtliche Würdigung durch den Strafsenat gesetzt. Er bejahte die deutsche Anwendbarkeit des alliierten Gesetzes und konstatierte, dass ‚Menschlichkeitsverbrechen' mit der Verletzung der Menschenwürde korrelierten[1814]. Ferner beschrieb Schneidewin das Verhältnis von StGB und Kontrollratsgesetz, indem er klarstellte, dass ‚Alternativklage', wie sie von den Briten in MRVO 47 gemeint war, als Idealkonkurrenz gemäß § 73 StGB zu verstehen sei. Demnach besäßen Staatsanwalt wie Richter bei nach KRG 10 abzuurteilenden Straftaten die Option zusätzlicher, aber nicht ersatzweiser Klageerhebung bzw. Verurteilung nach deutschem Recht[1815]. Weltanschauliche Verhetzung war für ihn kein Strafmilderungsgrund, weil der alliierte Tatbestand ja auf ideologisch motivierte Verbrechen zielte, die von einem „Geist der Grausamkeit und rücksichtslosen Beiseitesetzens fremder Menschenwürde"[1816] geprägt waren (vgl. dazu *VIII.1*). Sicher liefen die Bewertungen von Generalstaatsanwalt und Strafsenat gelegentlich auseinander – z. B. betreffend die Verantwortlichkeit von Justizjuristen für Unrechtsurteile, der Schneidewin (wie Radbruch) mit Skepsis, der Staff-Senat aber positiv gegenüberstand[1817]. Dennoch trifft Kirchners Würdigung zu, der höchste Ankläger der Britischen Zone sei „leidenschaftlich und erfolgreich mit seinen ganzen Kräften für die Sühne ein[getreten], die für die Verbrechen der nationalsozialistischen Zeit gefordert wurde"[1818]. Ob er diese Sühne sogar mit einer moralischen Selbstprüfung verband, bleibt dagegen Spekulation.

Im Gegensatz zu Jagusch, Fränkel oder Schrübbers (vgl. *1.4*) wurde die Integrität des Ex-Reichsanwalts zeitlebens nicht ernsthaft hinterfragt. Ei-

---

1812 Vgl. Niedersächsische Rechtspflege 2 (1948), Nr. 11, S. 222.
1813 Vgl. Abfrage 10 (hierzu auch *1.4*).
1814 Vgl. BArch, Z 38, Nr. 647, Bl. 2–4.
1815 Vgl. *ebd.*, Nr. 394, Bl. 2–4.
1816 *Ebd.*, Bl. 4.
1817 Nicht zuletzt im Fall ‚Rüben-Müller' wegen NS-Justizunrechts (vgl. *VIII.2.6*) legte Schneidewin seine Sicht zur Strafbarkeit des Angeklagten unter KRG 10 dar (vgl. BArch, Z 38, Nr. 407, Bl. 34).
1818 *Kirchner*, S. 192.

nerseits, weil seine NS-Verstrickung für einen Spitzenjuristen der dreißiger und vierziger Jahre gering erschien, andererseits, weil er, als seit Ende der fünfziger Jahre die NS-Vergangenheit einer Reihe führender westdeutscher Juristen aufgerollt wurde, schon in den Ruhestand gegangen war. Wie OGH-Präsident Wolff und Senatspräsident Staff wirkte Schneidewin als Honorarprofessor an der Universität Köln; aber erst seit 1951, als der OGH seine Pforten schon geschlossen hatte. Seine Lehre erstreckte sich auf das Straf- und Strafprozessrecht sowie das Steuer- und Presserecht[1819]. Anders als der zehn Jahre ältere Wolff wurde Schneidewin nicht mehr für leitende Funktionen gehandelt. Als Gutachter blieb er gleichwohl gefragt. So bat ihn Bundesjustizminister Dehler 1951 um eine Stellungnahme zur Laienbeteiligung in politischen Strafprozessen[1820]. Im Zusammenhang der Strafrechtsreformdebatte legte Schneidewin Expertisen zur Systematik des Besonderen Teils eines neuen StGB und der gesetzlichen Verankerung der Konkurrenzart zwischen mehreren Tatbeständen vor[1821]. In der ‚Juristenzeitung' prangerte er in einer Rezension zur Neuauflage des Leipziger Kommentars dessen frühere Verbeugung vor dem NS-Regime an[1822]. Durch die Mitherausgeberschaft der ‚Juristischen Rundschau' blieb sein Name damals präsent[1823]. Unter Kollegen galt er als „Stück deutscher Strafrechtsgeschichte"[1824] und „hervorragend befähigter scharfsinniger Jurist"[1825]. Der angesehene Jurist starb nach kurzer Krankheit am 31. Januar 1964 in Köln[1826]. Wie kein anderer am OGH verkörperte Generalstaatsanwalt Schneidewin die Kontinuität und Tradition höchstrichterlicher Rechtsprechung. Von 1930 bis 1945 Reichsanwalt und Teil der NS-Funktionselite, schlug er 1948 eine Brücke von Leipzig nach Köln. Mit seiner

1819 Vgl. *ebd.*; außerdem *Lange* 1962, S. 199.
1820 Vgl. *Schiffers*, Reinhard: Zwischen Bürgerfreiheit und Staatsschutz. Wiederherstellung und Neufassung des politischen Strafrechts in der Bundesrepublik Deutschland 1949–1951, Düsseldorf 1989 (Beiträge zur Geschichte des Parlamentarismus und der politischen Parteien, Bd. 88), S. 280.
1821 Vgl. *Schneidewin*, Karl: Die Systematik des Besonderen Teiles eines neuen Strafgesetzbuchs, in: Materialien zur Strafrechtsreform. 1. Band: Gutachten der Strafrechtslehrer, Bonn 1954, S. 173–219; zudem *ders.*: Inwieweit ist es möglich und empfehlenswert, die Art der Konkurrenz zwischen mehreren Straftatbeständen im Gesetz auszudrücken? In: Materialien zur Strafrechtsreform. 1. Band: Gutachten der Strafrechtslehrer, Bonn 1954, S. 221–229.
1822 Vgl. *Kirchner*, S. 192.
1823 Vgl. *Lange* 1962, S. 199; sowie *Klee* 2005, S. 553.
1824 *Lange* 1962, S. 199.
1825 *Kirchner*, S. 192.
1826 Vgl. *ebd.*, S. 191; ferner *Klee* 2005, S. 553.

dortigen Arbeit und Auslegung von ‚Menschlichkeitsverbrechen' setzte er jedoch auch Akzente für eine Weiterentwicklung und Erneuerung des Rechts.

3 Entwicklung, Arbeit und Grundsatzpositionen im Straf- und Zivilrecht

Der Oberste Gerichtshof kann als das ‚kleine Reichsgericht' (Rüping) gelten. Denn abgesehen von der räumlichen Begrenztheit auf die Britische Zone wiesen sein institutionelles Gepräge und seine Rechtspraxis manche Ähnlichkeit mit dem alten Revisionsgericht auf. In Bezug auf Äußerlichkeiten und Formsachen hat Rüping einige Parallelen konzise zusammengestellt. Die Richter ließen demzufolge

> „die Amtlichen Sammlungen der Entscheidungen im selben Verlag wie beim Reichsgericht erscheinen, unterstützen (...) aus den Einnahmen bedürftige Mitglieder des Reichsgerichts oder der Reichsanwaltschaft sowie Hinterbliebene, stehen (...) in der Besoldung der Eingruppierung beim Reichsgericht gleich, tragen anders als selbst die Richter des DOG die mit viel Aufwand und haushaltsrechtlich zweifelhaft beschafften bordeaux-roten Roben und Barette und entsprechen in ihrem Selbstverständnis ‚Höchstrichtern'. In der Sache geben sie sich eine Geschäftsordnung nach dem Muster der für das Reichsgericht und nehmen Kompetenzen in einem dem Reichsgericht weitgehend vergleichbaren Umfang wahr"[1827].

Zum Zeitpunkt der Aufnahme der Dienstgeschäfte im März 1948 bestand der OGH aus einem Zivil- und einem Strafsenat bzw. aus einem Vizepräsidenten (Wolff), der kommissarisch die Präsidialaufgaben wahrnahm, fünf Richtern (Staff, Wimmer, Kuhn, Erman und Pritsch) sowie Generalstaatsanwalt Schneidewin. Nachdem zum 1. Mai mit Berger und Delbrück und zum 1. Juli mit Geier und Jagusch vier weitere Richter berufen worden waren, bildete sich eine klare thematisch-organisatorische Zuordnung des Personals heraus: Während Staff, Wimmer, Geier und Jagusch im Strafsenat wirkten[1828], beschäftigten sich die übrigen Richter mit Zivilsachen. Wolff übernahm den Vorsitz im Ersten Zivilsenat, und Pritsch präsidierte nach der Ernennung zum Senatspräsidenten im Juli 1948[1829] bald dem neu

---

[1827] *Rüping* 2000: Hüter, S. 119f.
[1828] Die Zuordnung Geiers und Jaguschs zum Strafsenat wurde in der OGH-Präsidiumssitzung vom 7. Juli 1948 bestimmt, vgl. *ebd.*, S. 104.
[1829] Vgl. BArch, Z 38, Nr. 31, Bl. 59; sowie ZJBl. 2 (1948), Nr. 9, S. 200.

3 Entwicklung, Arbeit und Grundsatzpositionen im Straf- und Zivilrecht

eingerichteten Zweiten Zivilsenat[1830]. Das Personal wurde später um weitere planmäßige Richter (u. a. die Strafrichter Werner und Groß) sowie Hilfsrichter aufgestockt. Gleichwohl hielt diese Verstärkung – gerade hinsichtlich Revisionsstrafsachen – nicht mit der Zunahme des Arbeitspensums Schritt. Auch konnte der Stellenzuwachs als Negativsignal für den Plan aufgefasst werden, ein überzonales Obergericht zu gründen, ließ er doch das Konzept des provisorischen ‚Kristallisationspunktes' zunehmend unglaubwürdig erscheinen. Außerdem blickten die süddeutschen Länder insofern misstrauisch nach Köln, als sie die Gefahr sahen, dass ihre Kandidaten bei Berufungen für die zukünftige Bundesgerichtsbarkeit gegenüber den OGH-Richtern ins Hintertreffen geraten konnten[1831].

a) Strafsachen

Hatte der Strafsenat zuerst durchschnittlich nur ein Verfahren pro Woche zu erledigen, waren es Ende 1948 laut Jahresbericht des OGH-Präsidenten vom 24. Januar 1949 bereits fünf. Das starke Anwachsen sei offenbar „auf das Tätigwerden der Schwurgerichte zurückzuführen, wie sich aus der ständig wachsenden Zahl der Revisionen gegen Schwurgerichtsurteile ergibt"[1832]. Der Senatspräsident wünsche daher, wöchentlich zwei Sitzungen statt einer abzuhalten, wofür es aber einer Kollegiumsaufstockung auf fünf Richter bedürfte. Sitzungstermine seien bereits bis zum 7. Juni 1949 vergeben. Dies hätte zur Folge, dass vom erstinstanzlichen Urteil bis zur Revisionshauptverhandlung im Durchschnitt neun Monate verstreichen, oft gar zwölf[1833]. Für 1948 werden 149 Revisionsstrafsachen verzeichnet, wovon 93 erledigt werden konnten[1834]. Hierbei tagten die Richter in öffentlicher Sitzung an 25 Tagen. Ferner wurden Beschlusssachen beschieden, „vor allem Verwerfungen von Revisionen ohne mündliche Verhandlungen, sowie Rückgabe von Vorlegungsbeschlüssen an die Oberlandesgerichte, weil die Voraussetzungen zur Vorlage nicht gegeben waren"[1835]. Von 93 erle-

---

1830 Vgl. BArch, Z 38, Nr. 31, Bl. 27.
1831 Vgl. *Rüping* 2000: Hüter, S. 96f.
1832 BArch, Z 38, Nr. 31, Bl. 41.
1833 Vgl. *ebd.*, Bl. 42.
1834 Laut einer ZJA-Übersicht verteilten sich die 149 nach Köln gelangten Revisionen folgendermaßen auf die OLG-Bezirke: Hamburg (44), Düsseldorf (32), Celle (25), Köln (12), Hamm (11), Oldenburg (9), Braunschweig und Kiel (jeweils 8), vgl. *ebd.*, Z 21, Nr. 469c, Bl. 409; dazu auch *Form* 2012, S. 46.
1835 BArch, Z 38, Nr. 31, Bl. 40.

digten Revisionen hätte der Spruchkörper 66 verhandelt, während 27 anderweitig erledigt wurden, etwa durch Rücknahme. Fand eine Verhandlung statt, wäre das Rechtsmittel in 26 Fällen verworfen und das angefochtene Urteil in 41 Fällen aufgehoben worden[1836]. „Der Prozentsatz der Entscheidungen, durch welche die vorinstanzlichen Urteile aufgehoben wurden, ist überraschend hoch, weit höher als es beim Reichsgericht, besonders in Strafsachen, der Fall war. Dass dem so ist, dürfte verschiedene Gründe haben"[1837]. Als einen davon identifiziert der OGH-Präsident die Rechtszersplitterung, die durch die Reichsgerichtsschließung 1945 und das anschließende Auseinanderdriften der Rechtsprechungen der OLG in bestimmten Rechtsfragen eingetreten sei. Ein Umstand, der infolge des Erlasses neuer Gesetze durch den Kontrollrat, die Militärregierung oder deutsche Stellen verschärft worden sei. Als Beispiele führt er für das Zivilrecht ein von den Alliierten erlassenes Ehegesetz und für das Strafrecht KRG 10 auf[1838]. Mittels der Datenbank am ICWC ermittelt Form, dass 83 der 93 1948 vom OGH-Strafsenat behandelten Fälle (fast 90 Prozent) KRG 10 betrafen. Hiermit untermauert er die These, dass die Aburteilung von NS-Verbrechen gegen die Menschlichkeit ein Hauptgrund für die Errichtung des OGH gewesen sei[1839]. Selbst, wenn man in seiner Deutung nicht so weit gehen möchte – den dringendsten Anlass boten die Verfahren wegen KRG 10 zweifellos. Indes kann der Befund einer Vielzahl an diesbezüglich erfolgreichen Revisionen nicht verwundern, fehlte es doch noch an einer Rechtspraxis, die den in KRG 10 Art. II 1c normierten Tatbestand durch systematische Auslegung handhabbar machte. Ohne eine Klärung der rückwirkenden Geltung des Gesetzes und seines Verhältnisses zum StGB waren Meinungsverschiedenheiten zwischen Gerichten und Staatsanwaltschaften unvermeidlich.

1949 erhöhte sich die Anzahl der Revisionsstrafsachen weiter. Dabei variierten die monatlichen Eingänge laut Wolffs Jahresbericht vom 19. Januar 1950 zwischen 32 und 53[1840]. Gegenüber dem Vorjahr trat der Strafsenat häufiger in öffentlicher Sitzung zusammen (65 statt 25 Mal), was bedeute-

---

1836 Nach diesen Angaben bleibt unklar, ob der OGH 1948 nun in 66 oder 67 Strafsachen verhandelte. Unterstellt man einen Zahlendreher, löst sich die Ungereimtheit jedoch auf. Dann hätte das Gericht nämlich von den 93 erwähnten Revisionen über 67 verhandelt, und die restlichen 26 wären anderweitig zum Abschluss gekommen.
1837 Ebd., Bl. 42.
1838 Vgl. ebd., Bl. 42f.
1839 Vgl. Form 2012, S. 47.
1840 Vgl. BArch, Z 38, Nr. 31, Bl. 89.

3 Entwicklung, Arbeit und Grundsatzpositionen im Straf- und Zivilrecht

te, dass abzüglich der Gerichtsferien oft zwei Termine in der Woche stattfanden. Dies geschah „ohne Bildung eigentlicher Abteilungen mit abgegrenzter Zuständigkeit"[1841]. In der Summe nahmen Revisionen zu (359 statt 149). Hinzu kam die Bearbeitung anderer Anträge, z. B. Zulassung von Nebenklägern sowie Wiedereinsetzung in den vorigen Stand[1842]. Der Anteil erfolgreicher Rechtsmittel blieb 1949 hoch. So fällte der Senat 170 Urteile, wovon 99 die erstinstanzliche Entscheidung aufhoben und 71 die Revision verwarfen. Wolff führte das auf das Fortbestehen der seit dem Vorjahr bestehenden Gründe zurück, denen einen Riegel vorzuschieben noch nicht gelungen sei[1843]. Im Übrigen befanden sich die Richter zum Jahreswechsel 1949/50 mit 185 Revisionen im Rückstand. Davon sollten bis zum anvisierten Übergang der Geschäfte auf den BGH möglichst viele erledigt werden. Die Bildung des Zweiten Strafsenats erlaubte dem Staff-Senat, 99 Strafsachen abzutreten. So hätte er „die bisher bis zum 21.10.1950 vollbesetzten Terminstage vom 1.8.1950 ab freibekommen. Auch werden von den Sachen, in denen bisher kein Hauptverhandlungstermin anberaumt worden ist, etwa 60 Sachen dadurch wegfallen, dass sie unter die vom Bund beschlossene Amnestie fallen"[1844].

Auf Basis der Amtlichen Sammlung weist Pauli nach, dass die Strafrichter anfangs zu einem hohen Prozentsatz mit OLG-Vorlageentscheidungen nach § 35 der Durchführungsverordnung vom 17. November 1947 (vgl. *1.2.2*) befasst waren. Dies trifft auf drei Fünftel der im ersten Band publizierten OGH-Entscheidungen zu. Bereits im zweiten Band beträgt der Anteil der Vorlageentscheidungen lediglich noch ein Fünftel. Nach Ausräumung der an den OLG verbreiteten juristischen Unklarheiten – gerade bezüglich KRG 10 und solcher StGB-Normen, die ab 1933 grundlegend verändert worden waren – wirkte der OGH jetzt „vornehmlich als ‚klassisches' Revisionsgericht"[1845].

Die Errichtung eines weiteren Strafsenats hatte OGH-Richter Wimmer am 2. März 1949 unter Hinweis auf die Notwendigkeit einer schnellen Ab-

---

1841 *Ebd.*, Bl. 90.
1842 Vgl. *ebd.*, Bl. 91. *Wenzlau*, S. 309, beziffert den Zuwachs unter Bezugnahme auf ein Schreiben der Geschäftsstelle der Strafsenate an den OGH-Präsidenten vom 28. November 1949 auf 280 Prozent. Mit Blick auf die Arbeitslast stellt er fest, dass auf einen Richter am Reichsgericht durchschnittlich 50 Rechtssachen pro Jahr entfallen waren, während OGH-Mitglieder die doppelte Anzahl (103) bearbeiten mussten.
1843 Vgl. BArch, Z 38, Nr. 31, Bl. 93f. Des Weiteren *Rüping* 2000: Hüter, S. 106.
1844 BArch, Z 38, Nr. 31, Bl. 93.
1845 *Pauli* 1996, S. 101.

wicklung der KRG-10-Sachen empfohlen. Begründend führte er die sich anbahnende justizpolitische Vereinigung mit der US-Zone an, wo bezüglich NS-Straftaten mit deutschen oder staatenlosen Opfern eine abweichende Praxis der Ahndung vorliege[1846]. Als die Gründung jenes Spruchkörpers in die Wege geleitet war, fasste das OGH-Präsidium am 15. Dezember den Beschluss, regionale Zuständigkeiten zu verteilen. Dem Zweiten Strafsenat oblag nun die Bearbeitung von Strafsachen aus den OLG-Bezirken Braunschweig, Celle, Düsseldorf und Schleswig[1847]. Zum Vorsitzenden wurde Alfred Groß bestimmt (vgl. *1.4*)[1848]. Der Sprössling einer jüdischen Kaufmannsfamilie, 1885 geboren, war 1915 zum evangelischen Christentum konvertiert[1849]. Er gehörte einer um 15 bis 20 Jahre älteren Generation als die Richter am Ersten Strafsenat an. Gleichwohl teilte er mit Staff und Wimmer das Schicksal der NS-Verfolgung. So stempelte ihn die antisemitische NS-Ideologie wegen der Abstammung zum rassisch unerwünschten ‚Volljuden'. Als Folge davon wurde er 1933 als Landgerichtsdirektor in Görlitz zum Amtsrichter degradiert. Warum wurde er aber nicht wie Staff sogleich aus dem Justizdienst entlassen? Aufschluss gibt ein Schreiben des OLG-Präsidenten von Breslau an Preußens Justizminister vom September 1933. Hierin bekennt der Absender, sich wegen Groß' „frühere[r] der Bewegung gegenüber freundliche[r] Einstellung, die Schwierigkeiten mit der Bevölkerung nicht befürchten lässt, ausnahmsweise damit einverstanden erklärt [zu haben], dass er auch in Zivilsachen beschäftigt wird"[1850]. Die Zwangspensionierung wurde aber nur verschoben; sie erfolgte Ende 1935. Groß überlebte den NS-Völkermord an den Juden und machte eine späte Karriere im ZJA, wo er unter Staff Vize-Abteilungsleiter war und zum Justizdirigenten ernannt wurde[1851]. Am Zweiten Strafsenat, zu dem auch Wimmer wechselte, wirkte er als Vorsitzender an 146 Entscheidungen mit Bezug zu KRG 10 mit[1852]. Jedoch verhinderte auch die Arbeitskraft des am 1. Januar 1950 eröffneten zweiten Spruchkörpers nicht, was vermieden werden sollte: Der OGH musste die Bearbeitung von Rückständen bald dem im Oktober des Jahres eingerichteten BGH überlas-

---

1846 Vgl. BArch, Z 38, Nr. 469c, Bl. 421; fürderhin *Rüping* 2000: Hüter, S. 97.
1847 Vgl. BArch, Z 38, Nr. 150, Bl. 2; ferner *Rüping* 2000: Hüter, S. 97.
1848 Vgl. BArch, Z 21, Nr. 1328, Bl. 158; sowie ZJBl. 3 (1949), Nr. 11–12, S. 249.
1849 Vgl. *Godau-Schüttke* 2006, S. 191.
1850 Zit. n. *ebd.*
1851 Vgl. ZJBl. 1 (1947), Nr. 1, S. 21.
1852 Vgl. *Form* 2012, S. 54.

sen. Mitte Juni belief sich die Zahl der unerledigten Strafsachen auf 80, die der unerledigten Zivilsachen auf einige hundert[1853].

§ 13 Abs. 1 GeschO hielt dazu an, Urteile „in möglichster Kürze, unter Beschränkung auf den Gegenstand der Entscheidung und unter Vermeidung von Fremdwörtern und nicht allgemein üblichen Ausdrücken abzufassen"[1854]. Dieser Vorgabe kamen die OGH-Strafsenate aber oft nicht nach. So bemerkt Rüping mit Recht „die damals wie heute kritisierte Form von Urteilen, die Neigung, im Stile rechtsphilosophischer Abhandlungen weit auszuholen, um im Spektrum des auf diese Weise analysierten Unrechtssystems die Einzeltat manchmal eher im Stile eines obiter dictum zu verorten"[1855]. Näheres dazu, v. a. zu Charakter und Funktion der vom OGH geformten Geschichtsbilder der NS-Vergangenheit, liefert *Kapitel VIII*. Die Ausführlichkeit der Urteile unterstreicht auch Pauli – mit dem Hinweis, dass die in der Amtlichen Sammlung enthaltenen Auszüge oft zehn und mehr Seiten umfassten. Jedoch bewertet er diese Tatsache und die Berücksichtigung der Rechtsprechung und Fachliteratur in der OGH-Spruchpraxis als „beeindruckend"[1856]. Dagegen hebt Rüping die „Friktionen mit den allgemeinen Lehren des Strafrechts"[1857] hervor, die etwa aufgetreten seien, wo sich das Gericht KRG 10 zuwandte (vgl. *VIII.1*). Gemäß Pauli richtete sich das Revisionsgericht in Aufbau, Stil und Diktion der Entscheidungen durchaus am Reichsgericht aus. Wenn es weniger aus dessen Rechtsprechung zitierte, lag dies auch daran, dass sich der höchstrichterliche Vorgänger nicht mit ‚Verbrechen gegen die Menschlichkeit' auseinanderzusetzen gehabt hatte[1858].

Der Vergleich zwischen der Rechtspraxis des Reichsgerichts sowie des OGH öffnet den Blick für Gemeinsamkeiten, Weiterentwicklungen und Unterschiede, mithin auch für Kontinuitäten und Zäsuren. Bezüglich der Eröffnung des OGH bemerkt Pauli, dass „man dem Reichsgericht uneingeschränkt positiv gegenüber"[1859] gestanden hätte, wie das ein paar Jahre spä-

---

1853 Vgl. *Rüping* 2000: Reichsgericht, S. 356f.
1854 GeschO des OGH, S. 176; darauf bezugnehmend auch *Pauli* 1996, S. 100.
1855 *Rüping* 2000: Hüter, S. 110f. Zeitgenössische Kritik formulierte *Lange*, Richard: Die Rechtsprechung des Obersten Gerichtshofes für die Britische Zone zum Verbrechen gegen die Menschlichkeit, in: Süddeutsche Juristenzeitung 3 (1948), Nr. 11, Sp. 655–660 (= Lange 1948: Rechtsprechung des OGH), hier: Sp. 660.
1856 *Pauli* 1996, S. 100.
1857 *Rüping* 2000: Hüter, S. 111.
1858 Vgl. *Pauli* 1996, S. 100f.
1859 *Ebd.*, S. 98.

3 Entwicklung, Arbeit und Grundsatzpositionen im Straf- und Zivilrecht

ter auch bei der BGH-Gründung zu beobachten gewesen sei. Die Anknüpfung lag nahe, war das Ansehen des Vorgängergerichts in Juristenkreisen doch fast ungebrochen. Selbst Senatspräsident Staff – als streitbarer Sozialdemokrat vor 1945 stets Außenseiter – hielt die Tradition hoch, wenn er 1949 berichtete: „Im Vordergrund steht, was besonders wichtig für die Übergangszeit war, die hohe Achtung aller Herren, der Rechtsprechung als Grundlage dienen zu lassen die bewährte Rechtsprechung des früheren Reichsgerichts bis etwa zum Jahre 1935"[1860]. Hieran ist jedoch unverkennbar, dass nicht das Gesamterbe angetreten werden sollte. Vielmehr schied Leipzig als Bezugspunkt aus, wo es angesichts der völkisch-nationalistischen ‚Rechtserneuerung' mit den eigenen rechtsstaatlichen Werten gebrochen hatte. Wenn der OGH-Richter die ‚bewährte Rechtsprechung' 1935 enden lässt, weist er darauf hin, dass mit dem ‚Reichsbürgergesetz' ein Fanal für die Ungleichbehandlung von ‚Deutschblütigen' und Juden sowie deren Entrechtung gesetzt worden war. In den Folgejahren erwies das höchste Organ der ordentlichen deutschen Gerichtsbarkeit der NS-Ideologisierung zunehmend Reverenz[1861].

Entsprechend dem Wort vom ‚kleinen Reichsgericht' beschied sich der OGH mit Befugnissen, deren Umfang Leipzig gegenüber zurückblieb. Räumlich erstreckte sich die Zuständigkeit nur auf die aus acht OLG-Bezirken bzw. vier Ländern bestehende Britische Zone. Inhaltlich trat er nicht stets als oberstes Gericht auf, sondern musste in Fragen des Wirtschaftsstrafrechts die Spruchpraxis des bizonalen Deutschen Obergerichts berücksichtigen[1862]. Im Gegensatz zum Reichsgericht wandte der OGH zeitbedingt auch Besatzungsrecht an und unterstand mit dem ZJA einer von den Briten eingerichteten deutschen Justizverwaltung[1863]. Weiter

---

1860 BArch, Z 38, Nr. 15, ohne Foliierung – Bericht von Senatspräsident Staff an OGH-Präsident Wolff vom 15. Dezember 1949, S. 1.
1861 So stellte das Reichsgericht Mitte der 1930er Jahre in einem zivilrechtlichen Urteil fest, Verträgen mit Juden könne die Geltung versagt bleiben, weil diese nur eingeschränkt rechts- und geschäftsfähig seien. Hier heißt es etwa: „Die frühere (‚liberale') Vorstellung vom Rechtsinhalte der Persönlichkeit machte unter den Wesen mit Menschenantlitz keine grundsätzlichen Wertunterschiede nach der Gleichheit oder Verschiedenheit des Blutes; sie lehnte deshalb eine rechtliche Gliederung und Abstufung der Menschen nach Rassegesichtspunkten ab. Der nationalsozialistischen Weltanschauung dagegen entspricht es, im Deutschen Reiche nur Deutschstämmige (und gesetzlich ihnen Gleichgestellte) als rechtlich vollgültig zu behandeln", zit. n. *Bundesministerium der Justiz* (Hrsg.), S. 143.
1862 Vgl. *Rüping* 2000: Hüter, S. 101.
1863 Vgl. *ebd.*, S. 120.

3 Entwicklung, Arbeit und Grundsatzpositionen im Straf- und Zivilrecht

knüpfte er mit der Rückkehr zur 1937 abgeschafften richterlichen Selbstverwaltung an eine ältere Tradition an – für Rüping ‚Symbol einer Demokratisierung der Justiz und Vorbild für die Verfassung der unteren Gerichte' (vgl. *1.2.2*). Zudem markierte die Auswahl der Kölner Richter insofern eine Abkehr von der „unheilvolle[n] Tradition des Reichsgerichts"[1864], als das Ausschlusskriterium der NS-Belastung und die Berufung von NS-Gegnern jüngeren Juristen und Anwälten einen demokratisch-rechtsstaatlichen Neuanfang erleichterten. An die BGH-Richterschaft wurden derartige (‚politische') Ansprüche nicht mehr angelegt (vgl. *IX.3.2*).

Hinsichtlich des materiellen Strafrechts attestiert Storz dem OGH insgesamt eine konservative, der Reichsgerichtstradition verpflichtete Haltung. Differenzierend stellt er fest, dass die Rechtspraxis zum Allgemeinen Teil des StGB „eher fortschrittlich als konservativ"[1865] war, insofern die Richter gerade wegen der Herausforderung von KRG 10 gezwungen waren, neue Wege zu gehen. Während manche Impulse mit Aufhebung der Strafnorm verebbten, wirkten andere wie die Prägung des materiellen (Un-)Rechtsbegriffs und die „Anknüpfung von Recht und Unrecht in letzter Instanz an das Naturrecht statt an die positiven Rechtsnormen" weiter. Durch die „Anerkennung eines übergesetzlichen persönlichen Strafausschließungsgrundes, die Abkehr von der extrem subjektiven Teilnahmelehre des RG, seine Rechtsprechung zum Verbotsirrtum, sowie die Entwicklung von rationalen Strafzumessungsgründen und seine Behandlung der Massenverbrechen gerade auch im Bereich der Strafzumessung"[1866] setzte das Gericht Akzente. Eine Distanzierung von der Rechtsprechung des Reichsgerichts an wesentlichen Stellen der allgemeinen Lehre konstatiert überdies Rüping. Zugleich weist er aber auf Ambivalenzen hin, etwa in Bezug auf das im ‚Dritten Reich' strapazierte ‚gesunde Volksempfinden', dessen Gültigkeit der OGH zwar teils bestritten, aber nicht in Bausch und Bogen verworfen habe. Auffällig sei des Weiteren, dass der Gerichtshof die Fortgeltung von Kriegswirtschaftsstrafrecht begründete – mit der Auffassung, auch eine mangelhafte Ordnung sei noch eine Ordnung[1867]. Indes erachten sowohl Storz als auch Rüping die OGH-Judikatur zum Besonderen

---

1864 *Müller*, Ingo: Furchtbare Juristen. Die unbewältigte Vergangenheit unserer Justiz, München 1987, S. 211.
1865 Hier und im Folgenden *Storz*, S. 7.
1866 *Ebd.*, S. 7f. Eingehender *ebd.*, S. 29–32 (übergesetzlicher Strafausschließungsgrund), S. 23–26 (Abkehr von der subjektiven Teilnahmelehre), S. 34 (Verbotsirrtum), S. 27 (rationale Strafzumessungsgründe) u. S. 51f. (Strafzumessung bei Massenverbrechen). Hierzu ferner *Rüping* 2000: Hüter, S. 106f.
1867 Vgl. *ebd.*

Teil des StGB als überwiegend konservativ und deshalb im Ganzen weniger bemerkenswert. Durch seine Ausrichtung am Reichsgericht hätte der OGH hier kaum eigene Rechtsfortbildungsansätze geliefert[1868]. Die in einer Übergangszeit naheliegende Orientierung am ‚Altbewährten' schlüge sich in den publizierten Urteilen nieder. Gleichwohl erforderte die NS-Vergangenheit gewisse Anpassungen, die das Revisionsgericht vornahm, indem es z. B. die politische Motivation einer Tötung als niedrigen Beweggrund im Sinne von § 211 StGB (Mord) anerkannte sowie eine Kollektivbeleidigung der Juden durch den NS-Hetzfilm ‚Jud Süß' feststellte (vgl. *VIII.2.4*)[1869].

Die Handhabung des Strafprozessrechts am OGH fand in der rechtshistorischen Forschung allgemein Anerkennung. Storz bescheinigt ihr, zur ‚alten' Rechtsprechung des Reichsgerichts zurückgekehrt zu sein und sich „große Verdienste um die Rechtsfortbildung"[1870] erworben zu haben. Letzteres macht er an der Urteilspraxis zur Revisibilität der Strafzumessung sowie zur ändernden Sachentscheidung fest[1871]. Erstere betreffend betont er, die Richter hätten mit ihrer richtungsweisenden umfassenden Bejahung eine Neuausrichtung vollzogen, die „heute als selbstverständlich angesehen wird"[1872]. Als Befürworter der Strafzumessungsanfechtbarkeit bekannt, dürfte Richter Wimmer ihr am OGH mit zum Durchbruch verholfen haben, zumal er sich der Frage schon als Strafsenatsvorsitzender am OLG Köln angenommen hatte[1873]. Nicht beteiligt war er jedoch am „sehr sorgfältig begründeten Urteil zugunsten einer umfassenden Revisibilität"[1874] vom Juli 1949. Auf jene Rechtsfrage wird im Kontext der Spruch-

---

1868 Vgl. *Storz*, S. 8.
1869 Vgl. *Rüping* 2000: Hüter, S. 106.
1870 *Storz*, S. 10.
1871 Vgl. *ebd.*, S. 114–119 (Revisibilität der Strafzumessung) sowie S. 123–132 (ändernde Sachentscheidung des Revisionsgerichts).
1872 *Ebd.*, S. 116.
1873 Vgl. *Wimmer*, August: Die Strafzumessungstatsachen im Prozeß, in: Justizblatt für den OLG-Bezirk Köln 2 (1947), S. 137–143. Während Wimmer sich hier nur mit der Anfechtbarkeit eines Strafübermaßes befasst, vertrat er, wie *Storz*, S. 115, betont, infolge der diesbezüglichen OGH-Rechtspraxis 1950 die Meinung, dass auch das Strafuntermaß revisibel sei. Hierin liegt das Neue, für eine ‚Vergangenheitspolitik durch Strafrecht' Wesentliche der OGH-Judikatur: Angesichts der Schuld unverhältnismäßig milde erscheinende Strafen waren anfechtbar, so dass das Revisionsgericht eine härtere Bestrafung anmahnen konnte.
1874 *Ebd.*, S. 116. Das OGH-Urteil in der Strafsache gegen R. vom 25. Juli 1949 ist abgedruckt in: OGH StS 2, S. 202–207.

praxis des OGH zum Weller-Fall rekurriert (vgl. *VIII.2.5.1*), wo die Richter wegen Unbotmäßigkeit des Tatgerichts den „ungewöhnlichen Schritt"[1875] wagten, für sich ein Recht zum Eingriff in die Strafzumessung zu reklamieren. Rüping verortet den Diskurs in der Debatte um die ‚gerechte Strafe' und hält fest, dass Strafmaßrevision in der Rechtsprechung des OGH als Verfahrens- oder Sachrüge begegnete. Hebt die Beanstandung bei ersterer auf die ungenügende Ermittlung oder Würdigung der Tatumstände ab, geht es bei letzterer um das unerträgliche Missverhältnis von Schuld und Strafe. Die Strafmaßrevision bot die Chance, übermäßig harte NS-Sanktionen als Menschlichkeitsverbrechen auslegen sowie eine offensichtlich allzu milde Beurteilung von NS-Unrecht in Frage stellen zu können[1876]. Die derart sich selbst zugesprochenen Befugnisse erlaubten dem OGH vergangenheitspolitisches Handeln im Sinne konsequenter Ahndung von NS-Verbrechen mit Ausstrahlung über Einzelentscheidungen hinaus. Auch in der Frage der ändernden Sachentscheidung durch das Revisionsgericht kam die Auffassung von Strafrichter Wimmer zum Tragen. So trägt das hierfür wichtige OGH-Urteil gegen Bl. vom 5. Mai 1948 seine Handschrift (vgl. *VIII.1*). Eine Befürwortung der ändernden Sachentscheidung brachte er ebenfalls 1948 zu Papier[1877].

Wie erwähnt, brachten die OGH-Strafsenatsmitglieder ihre Entscheidungen, die sie für die Rechtsanwendung als zentral erachteten, in gekürzter Form und mit Leitsätzen versehen in einer Amtlichen Sammlung heraus[1878]. Ein erstes Heft war laut Jahresbericht des OGH-Präsidenten vom Januar 1949 zu diesem Zeitpunkt bereits erschienen[1879]. Band 1 kam 1949 in Buchform heraus und enthielt 84 Entscheidungen, die von Mai 1948 bis April 1949 ergangen waren[1880]. Mit Bezug auf KRG 10 hatte der OGH bis Juli 1948 Auszüge aus drei Grundsatzurteilen im ‚Zentral-Justizblatt' abdrucken lassen[1881]. Dadurch erzielte seine Auslegung von ‚Verbrechen gegen die Menschlichkeit' kurzfristig die größte Verbreitung. Bis Jahresende publizierte das ‚Justizblatt' zwölf weitere solcher Entscheidungen. Dies ist dem von Form erarbeiteten Index der am OGH verhandelten KRG-10-Strafsachen zu entnehmen – wie auch die Tatsache, dass seit 1948 Urteile des Revisionsgerichts zum alliierten Tatbestand in diversen Fachzeitschrif-

---

1875 *Pauli* 1996, S. 114.
1876 Vgl. *Rüping* 2000: Hüter, S. 108f.
1877 Vgl. *Wimmer* 1948: Ändernde Sachentscheidung.
1878 Vgl. OGH StS.
1879 Vgl. BArch, Z 38, Nr. 31, Bl. 44.
1880 Vgl. OGH StS 1.
1881 Vgl. ZJBl. 2 (1948), Nr. 7, S. 160–168.

3 Entwicklung, Arbeit und Grundsatzpositionen im Straf- und Zivilrecht

ten besprochen wurden[1882]. Zudem nahm diese höchstrichterliche Judikatur breiten Raum in einer ZJA-‚Entscheidungsrundschau' für die deutsche Rechtspraxis ein, die 1949 in zweiter Auflage erschien[1883]. Mit Geier und Jagusch exponierten sich OGH-Richter als Vermittler und Kommentatoren der eigenen Rechtsprechung zu KRG 10[1884], während Werner seinen Beitrag zu Kölns KRG-10-Grundsatzentscheidungen vor seinem Wechsel dorthin veröffentlichte[1885]. 1950 erschienen Band 2 und 3 der Urteilssammlung mit OGH-Entscheidungen in Strafsachen aus der Zeit von Juni 1949 bis April 1950 sowie anknüpfend bis September 1950[1886]. Diese dreibändige Dokumentation der strafrechtlichen Aufarbeitung der NS-Zeit würdigt Müller als „seltenes Dokument deutscher Rechtskultur"[1887]. Durch die vorgenannten Medien konnte der OGH seine Lesart von ‚Menschlichkeitsverbrechen' breitenwirksam an die ihm unterstellten Gerichtsbezirke, deren Richter, Anklagevertreter, Rechtsanwälte und Rechtswissenschaftler leiten. Soweit die Entscheidungen in überzonalen Fachorganen publiziert wurden, reichte der Einfluss auch darüber hinaus. Damit unterstrich er als vergangenheitspolitischer Akteur seinen Gestaltungsanspruch bezüglich der Ahndung von NS-Unrecht. Derselbe hat eine Begründung in Radbruchs Feststellung, dass Völkerrecht in großem Ausmaß auf rückwirkendes Fallrecht angewiesen sei, das der Fortbildung durch Wissenschaft, Staatenpraxis sowie internationale Gerichtsbarkeit bedürfe. ‚Solchem Fallrecht aber gehört auch das Verbrechen gegen die Menschlichkeit in der Form an, die ihm das Nürnberger Statut und das Gesetz Nr. 10 gegeben haben, die Form eines erst von der Rechtsprechung zu konkretisierenden Leitsatzes' (vgl. V.2.3.1). Dieser Aufgabe sahen sich die OGH-Richter verpflichtet. Hierbei wirkte das Gericht nicht nur juristisch, sondern auch vergangenheitspolitisch. Diese Deutung lenkt den Blick auf die Wirkmächtigkeit der Rechtsprechung des OGH, die maßgeblich von seiner Verortung im juridischen und vergangenheitspolitischen Span-

---

1882 Vgl. *Justizministerium des Landes NRW* (Hrsg.) 2012, S. 194–198.
1883 Vgl. *Zentral-Justizamt für die Britische Zone* (Hrsg.): Rechtsprechung deutscher Gerichte. Band I. Entscheidungen aus den Jahren 1945 – 1948. 2. Aufl., Hamburg 1949 (Sonderveröffentlichungen des Zentral-Justizblatts, Bd. 5), S. 153–173.
1884 Vgl. *Geier* 1950; des Weiteren *Jagusch* 1949: Rechtsprechung, *ders.* 1949: Verbrechen, und *ders.* 1949: Rechtsprechung vorsätzliche Tötung.
1885 Vgl. *Werner*, Wolfhart: Die ersten Entscheidungen des OGH zum Kontrollratsgesetz 10, in: Neue Juristische Wochenschrift 2 (1949), H. 5, S. 170–174.
1886 Vgl. OGH StS 2f.
1887 *Müller*, Ingo, 1987, S. 211.

nungsfeld abhängt. Als Zonenrevisionsgericht konnte er für seine KRG-10-Rechtsmeinung kraft der gerichtlichen Befugnisse, Autorität und verfügbaren Mittel (u. a. durch die Veröffentlichung wichtiger Urteile) Geltung beanspruchen. Akteuren, die wie OLG-Präsident Hodenberg (Celle) abweichende Standpunkte vertraten, war die Einwirkung auf den Diskurs nur begrenzt möglich. Dennoch gelang es ihnen, wie noch zu zeigen ist, recht gut, ihren von vielen NS-belasteten und rechtskonservativen Juristen geteilten Standpunkt wirksam zu artikulieren.

b) Zivilsachen

Ein Kurzüberblick über Entwicklung, Arbeit und Grundsatzpositionen der Zivilgerichtsbarkeit des OGH soll dieses Kapitel abschließen. Ein Gesamtbild, das die Organisation und Rechtsprechung des Gerichts umfassend würdigt, kann und soll damit aber nicht vorgelegt werden. Hierfür sei auf die jüngsten Forschungen von Grieß verwiesen[1888]. In Bezug auf den personellen Ausbau wurde oben ausgeführt, dass neben den Richtern Wolff, Erman und Pritsch auch Georg Kuhn, der zuerst am Strafsenat tätig war, zum Zivilsenat wechselte und im Mai 1948 Delbrück und Berger verpflichtet wurden, so dass im Sommer 1948 ein zweiter Zivilsenat unter Vorsitz von Pritsch die Arbeit aufnehmen konnte. Für die Zeit vom 15. Juli bis zum 15. September hatte das ZJA die ‚zeitweilige Zurückstellung bürgerlicher Rechtssachen' auf allen Gerichtsebenen angeordnet[1889]. 1949 erhielten die OGH-Zivilsenate weitere Verstärkung, u. a. durch Fritz von Werner (vgl. 2.1) und Günther Wilde[1890]. Gelegentlich wirkten diese Richter aber auch an den Strafsenaten mit, einschließlich KRG-10-Sachen. Gemäß Jahresbericht des OGH-Präsidenten für 1948 erledigten die Zivilsenate 120 von 281 Revisionen, 32 von 38 Beschwerden sowie 50 Armenrechtsanträge. Hierbei wären an 36 Sitzungstagen 70 Sachen verhandelt wor-

---

[1888] Vgl. *Grieß* 2015: Im Namen des Rechts; ferner *ders.* 2015: Provisorisches Höchstgericht.
[1889] Vgl. Verordnung über die zeitweilige Zurückstellung bürgerlicher Rechtssachen im Geschäftsjahr 1948, abgedruckt in: Verordnungsblatt für die Britische Zone 1948, Nr. 20, S. 115.
[1890] Zu Wilde (1900–1980) vgl. *Oppenhoff*, Walter: Dr. jur. h. c. Günter Wilde. Honorarprofessor an der Universität Heidelberg, Senatspräsident beim Bundesgerichtshof a. D., in: Gewerblicher Rechtsschutz und Urheberrecht 1980, H. 11, S. 978; ferner *Godau-Schüttke* 2006, S. 397–399.

den[1891]. Darunter waren 66 der 120 Revisionen; 54 waren anderweitig abgeschlossen worden, z. B. durch Vergleich. Von den verhandelten Rechtsmitteln wurden 37 verworfen – 29 Mal erfolgte dagegen eine Aufhebung des erstinstanzlichen Urteils[1892]. Für 1949 vermerkte Wolff später, der Erste Zivilsenat hätte 44 Sitzungen und der Zweite 51 abgehalten. Letzterer sei in zwei Abteilungen geteilt worden. Während die eine Beschwerden in Landwirtschaftssachen sowie bestimmten Revisionsmaterien bearbeitete (a), war die zweite für die übrigen Felder zuständig (b). Wolff schreibt dazu: „Der I. Zivilsenat und die Abteilung b des II. Zivilsenats erledigten je rund 100 Revisionen im Jahre, die Abteilung IIa rund 60 Revisionen, dazu 54 Beschwerden in Landwirtschaftssachen"[1893]. Die Richter des OGH entschieden 1949 in 266 bürgerlichen Rechtssachen, wobei ein beträchtlicher Überhang von 303 unerledigten Verfahren blieb[1894].

Das Wirken der Zivilsenate spiegelt sich in einer vierbändigen Entscheidungssammlung[1895]. Wie bei Strafsachen dürfte der Anteil erfolgreicher Revisionen in Zivilsachen zuerst hoch gewesen sein; zumindest trifft das auf fast 60 Prozent der im ersten Band wiedergegebenen Entscheidungen zu[1896]. Ein Zusammenhang mit der Ausräumung rechtlicher Unklarheiten, die wegen der fragwürdigen Fortgeltung von NS-geprägten Rechtsnormen und der Inkraftsetzung von Gesetzen und Verordnungen von Kontrollrat, Militärregierung und ZJA bestanden, liegt nahe. Im Übrigen kann die Forschung neben der Amtlichen Sammlung auf die Edition zweier wichtiger (maschinenschriftlicher) Quellen zugreifen: das ‚Nachschlagewerk' sowie das ‚Präjudizienbuch der Zivilsenate'[1897]. Was die Form, Sprache und Rechtsdogmatik der Urteile angeht, ähnelt Zimmermanns Fazit jenem von Pauli zur strafrechtlichen Spruchpraxis (s. o.). Trotz gelegentlicher Breiten und Unschärfen in den Begründungen und der Wortwahl sei die Anknüpfung an den klaren und präzisen Stil des Reichsgerichts[1898]

1891 Vgl. BArch, Z 38, Nr. 31, Bl. 40.
1892 Vgl. *ebd.*, Bl. 42.
1893 *Ebd.*, Bl. 90.
1894 Vgl. *ebd.*, Bl. 92.
1895 Vgl. *Mitglieder des Gerichtshofes und der Staatsanwaltschaft beim Obersten Gerichtshof* (Hrsg.): Entscheidungen des Obersten Gerichtshofes für die Britische Zone in Zivilsachen. 4 Bde., Berlin/Hamburg 1949f.
1896 Vgl. *Zimmermann*, Reinhard, S. 163.
1897 Das ‚Nachschlagewerk des Obersten Gerichtshofes für die Britische Zone. Zivilsachen (1948–1950)' ist abgedruckt in: *Schubert* (Hrsg.), S. 155–300. Das ‚Präjudizienbuch der Zivilsenate (Urteile und Beschlüsse, Nr. 1–405)' ist abgedruckt in: *ebd.*, S. 301–450.
1898 Vgl. *Zimmermann*, Reinhard, S. 162f.

und das Bemühen um Beschränkung auf die überlieferten Auslegungsmethoden unverkennbar[1899]. Fortführungen der Leipziger Rechtspraxis waren u. a. hinsichtlich des Begriffs der ‚höheren Gewalt' oder der Maßgeblichkeit eines Rechtsirrtums festzustellen[1900].

Tatsächlich zeichnete sich die OGH-Judikatur in Zivilsachen allgemein durch Kontinuität aus. Denn neben dem Bürgerlichen Gesetzbuch (BGB) und Handelsgesetzbuch blieben auch viele nach 1933 eingeführte Vorschriften und Gesetze anwendbar – darunter der 1938 in Kraft getretene § 1595a BGB, der dem Staatsanwalt das Recht auf Anfechtung der Ehelichkeit eines Kindes zugestand. Die anfangs rassenpolitische Stoßrichtung stand der Anwendung der Norm laut OGH nicht im Wege, sei sie doch auch leicht in einer Weise auslegbar, die „den heutigen Anschauungen"[1901] entspreche. Die Ehelichkeitsanfechtung könne ebenso aus nicht rassischen Gründen im öffentlichen Interesse stehen. Trotz der Aufhebung durch den Kontrollrat blieb auch das Reichserbhofgesetz von 1933 für die Zivilrichter eine maßgebliche Rechtsbasis[1902]. „Besonders bemerkenswert" erscheint, dass betreffend die „unterschiedliche Behandlung von Geschäften des täglichen Lebens und den mehr oder weniger einmaligen Grundstücksgeschäften (hier keine Reduktion, sondern Totalnichtigkeit)"[1903] das Kölner Gericht keinen Anstoß an einer Reichsgerichtsrechtspraxis nahm, die der eigenen Meinung nach „auch im Ergebnis stark von ‚völkischer' Blut- und Bodenideologie geprägt" war. Zimmermann konstatiert, dass sich die Richter „nicht mit unduldsamem und jakobinischem Eifer von allem der jüngsten Vergangenheit irgendwie Verhafteten radikal abwandten, sondern (…) eine aus heutiger Sicht geradezu erstaunliche Mäßigung an den Tag legten"[1904]. Zu ergänzen ist: eine Mäßigung, die sich der OGH-Strafsenat wegen der ‚Mission', KRG 10 zwecks Ahndung von NS-Verbrechen handhabbar zu machen, nicht auferlegte.

Bezüglich bürgerlicher Rechtssachen kommt Zimmermann zu dem Ergebnis, dass sich die Arbeit des OGH einerseits der damaligen Naturrechtstendenz zum Trotz durch enge Bindung an das Gesetz, andererseits durch „Formen (mindestens zunächst) nicht offen eingestandener Rechtsfortbil-

---

1899 Vgl. *ebd.*, S. 165.
1900 Vgl. *ebd.*, S. 171.
1901 Zit. n. *ebd.*, S. 164. Zur diesbezüglichen OGH-Position vgl. *Grieß* 2015: Provisorisches Höchstgericht, S. 49.
1902 Vgl. *Zimmermann*, Reinhard, S. 163.
1903 *Ebd.*, S. 164.
1904 *Ebd.*, S. 165.

dung"¹⁹⁰⁵ auszeichnete. Letzteres führt er mit Blick auf 13 Themenfelder aus – u. a. Formgebote letztwilliger Verfügungen, wenn der Erblasser das Testament nur mündlich vor dem Notar, sogar durch bloßes Ja-Sagen, zu Protokoll geben kann¹⁹⁰⁶, oder die Erlaubnis zur Beschädigung oder Zerstörung einer gefahrbringenden Sache zur Gefahrenabwehr unter dem Aspekt des Notstands (§ 228 BGB)¹⁹⁰⁷. Den besonderen Verhältnissen des Zusammenbruchs von 1945 suchte der OGH demnach stets „nur zurückhaltend und vorsichtig"¹⁹⁰⁸ Rechnung zu tragen. So konnten nach individueller Prüfung die infolge der Kriegsniederlage eingetretenen Folgen bzw. Verluste für eine Vertragspartei nur in Ausnahmefällen eine Bedeutung erlangen, „die sie abstrakt betrachtet nach keinem geltenden Rechtssatz haben"¹⁹⁰⁹. Nach Zimmermann hätte die OGH-Zivilgerichtsbarkeit „eine auf hohem Niveau stehende Entscheidungstätigkeit entfaltet und dabei nicht nur neue Rechtsbereiche erschlossen und durchformen müssen, sondern auch viele der klassischen Bereiche des Privatrechts behutsam und in teilweise noch heute [i. e. 1981] gültiger Form fortentwickelt"¹⁹¹⁰. Demgegenüber würdigt Grieß neben dem Beitrag zur Rechtseinheit die „Zurückhaltung bei richterlicher Rechtsfortbildung und der Umsetzung von rechtspolitischen Wertentscheidungen", mithin die Beschränkung auf die richterliche Tätigkeit, und zwar als „Bekenntnis zu Gewaltenteilung und Rechtsstaatlichkeit im neuen deutschen Staat"¹⁹¹¹. Beachtung erfuhr zudem, wie sich der OGH mit der Leipziger Rechtspraxis im Ehescheidungsrecht sowie der etwaigen Sittenwidrigkeit von Testamenten auseinandersetzte¹⁹¹².

1905 *Ebd.*, S. 170.
1906 Vgl. *ebd.*, S. 180.
1907 Vgl. *ebd.*, S. 175f.
1908 *Ebd.*, S. 166.
1909 Zit. n. *ebd.*, S. 168.
1910 *Ebd.*, S. 183.
1911 *Grieß* 2015: Provisorisches Höchstgericht, S. 65.
1912 Vgl. *Schubert*, S. XIII.

VIII *Die Rechtsprechung des OGH zu*
 Verbrechen gegen die Menschlichkeit

1 Grundsatzentscheidungen zu Kontrollratsgesetz Nr. 10

Das Verfahren gegen P. (1 StS 3/48)[1913] wegen im Kontext der NS-Machtübernahme verübter Verbrechen bot dem Obersten Gerichtshof im Mai 1948 Gelegenheit zur Formulierung eines deutungsstarken Leitsatzes zur Veröffentlichung im ‚Zentral-Justizblatt' und in der Amtlichen Sammlung. Die Richter versuchten sich darin, ‚Verbrechen gegen die Menschlichkeit' bündig zu definieren und sowohl dem objektiven als auch subjektiven Tatbestand gerecht zu werden:

‚Wenn im Zusammenhang mit dem System der Gewalt- und Willkürherrschaft, wie sie in nationalsozialistischer Zeit bestanden hat, Menschen, Menschengüter oder Menschenwerte angegriffen und geschädigt wurden in einer Weise, die eine Für-Nichts-Achtung des ideellen Menschenwerts mit Wirkung für die Menschheit ausdrückt, so ist wegen Unmenschlichkeitsverbrechens zu bestrafen, wer dies durch ein bewusstes und gewolltes Angriffsverhalten verursacht hat, sofern ihm dies zum Vorwurf gereicht' (vgl. *I.1*).

Freilich war diese frühe Tatbestandsfassung bereits Ausfluss einer im Frühjahr 1948 in enger Zusammenarbeit von Generalstaatsanwalt sowie OGH-Strafsenat vertretenen Auslegung des für die Anwendung durch deutsche Gerichte noch kaum handhabbar gemachten KRG 10, auf die im Folgenden näher einzugehen ist.

Wolfhart Werner, Landgerichtsdirektor in Bielefeld, fasste die Leitlinien der Rechtspraxis des OGH zu NS-Menschlichkeitsverbrechen auf Grundlage von KRG 10 bereits 1949 zusammen. Dabei stützt er die Ausführungen auf „die ersten drei grundlegenden Entscheidungen"[1914], deren Texte in weiten Teilen 1948 im ‚Zentral-Justizblatt' publiziert worden waren (vgl. *VII.3*). Es handelte sich um die Revisionsverfahren gegen Bl. (1 StS 6/48 mit Urteil 4. Mai)[1915], gegen P. (s. o.) sowie gegen V. (1 StS 5/48 mit Urteil

---

1913 Die Entscheidung des OGH vom 20. Mai 1948 in der Strafsache gegen P. findet sich in BArch, Z 38, Nr. 258, Bl. 23–28; abgedruckt ist sie in: OGH StS 1, S. 11–18.
1914 *Werner*, S. 170.
1915 Das Urteil des OGH vom 4. Mai 1948 in der Strafsache gegen Bl. ist abgelegt in BArch, Z 38, Nr. 394, Bl. 22–25, und abgedruckt in: OGH StS 1, S. 1–6.

1 Grundsatzentscheidungen zu Kontrollratsgesetz Nr. 10

vom 22. Juni)[1916]. Ergänzend wird folgend mit dem Verfahren gegen B. (1 StS 1/48 mit Urteil vom 20. Mai)[1917] eine vierte frühe und wegweisende KRG-10-Entscheidung unter die Lupe genommen. Hierbei liegt der Fokus auf der Auslegung des Tatbestands, die darauf zielte, KRG 10 für die deutschen Gerichte handhabbar zu machen. Zugleich kommen aber die vom OGH entworfenen Geschichtsbilder der NS-Herrschaft in den Blick. Denn diese bezweckten – wonach einleitend gefragt wurde (vgl. *I.4.3*) und was im Folgenden zu zeigen ist – eine Untermauerung der rechtsdogmatischen Festlegungen, v. a. im Hinblick auf das für Menschlichkeitsverbrechen erforderliche kontextuelle Element und die Verletzung der Menschenwürde. Sie dienten dazu, die Verbindung einer Straftat nach KRG 10 mit der NS-Gewalt- und Willkürherrschaft nachzuweisen. Gewiss wurden sie auch als vergangenheitspolitischer Beitrag zur Deutung der NS-Vergangenheit verstanden. Ein Anspruch, der sich etwa in der OGH-Interpretation der Rolle der Justiz im ‚Dritten Reich' klar abzeichnet. Hier tritt das Revisionsgericht mit der Auffassung, dass Justizunrecht verübt wurde und zu bestrafen sei, unverkennbar als Akteur einer Vergangenheitspolitik durch Strafrecht auf, die sich gegen eine Phalanx nationalkonservativer, in Narrativen der Selbstentlastung und elitärem Berufsethos befangener Juristen behaupten musste (vgl. *2.6*). Staff und Wimmer, die schon in früheren Funktionen für eine konsequente KRG-10-Anwendung eingetreten waren, blieben sich darin als OGH-Richter treu. Juristische Haltung sowie vergangenheitspolitische Überzeugung, die sich auch aus Verfolgungserfahrungen in der Diktatur speiste, durchdrangen und beeinflussten einander. Anders lagen die Dinge bei dem NS-belasteten Jagusch und dem Mitläufer Geier. Sie kamen erst nach dem 1. Juli 1948 an den OGH – als die Zeichen am Strafsenat bereits auf rechtliche Aufarbeitung der Gewaltherrschaft standen. Wie in *Abschnitt 2* herausgearbeitet wird, trugen sie diesen Kurs mit; ob aus Überzeugung oder Opportunismus, bleibt aber im Dunkeln.

1916 Die OGH-Entscheidung vom 22. Juni 1948 in der Strafsache gegen V. findet sich in BArch, Z 38, Nr. 621, Bl. 36–41; abgedruckt ist sie in: OGH StS 1, S. 19–25.

1917 Das Urteil des OGH vom 20. Mai 1948 in der Strafsache gegen B. ist abgelegt in BArch, Z 38, Nr. 647, Bl 30–34; wiedergegeben ist es in: OGH StS 1, S. 6–10.

a) Gewalttaten an Juden: Verfahren gegen Bl. mit Urteil vom 4. Mai 1948

Das Strafverfahren 1 StS 6/48 gegen Bl. zeitigte die erste OGH-Entscheidung zu Verbrechen gegen die Menschlichkeit. Vorausgegangen war ein Urteil des Landgerichts Hamburg vom 30. Oktober 1947, welches den angeklagten Wachmann Bl. auf StGB-Basis wegen Misshandlung jüdischer Häftlinge in vier, zeitlich teils weit auseinander liegenden Fällen mit zwei Jahren Haft belegt hatte. KRG 10 hatte die Strafkammer nicht herangezogen, weil sie der Ansicht war, eine ausschließliche Aburteilung nach deutschem Strafrecht sei möglich und angesichts des Unrechtsgehalts der Taten auch hinreichend. Die mit der Nichtanwendung der alliierten Norm und fehlerhaften Auslegung der britischen MRVO 47 (vgl. *IV.3.1*) begründete Revision der Staatsanwaltschaft leitete das OLG Hamburg am 3. März 1948 unter Bezugnahme auf die divergierenden Rechtspraxen der OLG betreffend das Verhältnis von KRG 10 und StGB mit einem eigenen Vorlegungsbeschluss an den OGH weiter[1918].

Hier befasste sich zuerst der Generalstaatsanwalt mit der Sache. Am 15. April äußerte sich Schneidewin vorläufig dahingehend, dass der Schuldspruch einwandfrei sei, das Urteil jedoch auch das Vorliegen eines Menschlichkeitsverbrechens hätte feststellen müssen. Die Frage des OLG Hamburg, wie sich die in Frage kommenden Rechtsgrundlagen zueinander verhielten, beschied er unter Hinweis auf Tateinheit nach § 73 StGB. Diese Meinung vertrete auch Güde (vgl. *V.2.3.2*)[1919]. Die Legal Division hätte von ‚Alternativklage' gesprochen. Darunter sei aber nicht zu verstehen, dass eine Wahl- und Ermessensfreiheit bezüglich des Gebrauchs entweder deutschen Strafrechts oder von KRG 10 bestände. Sonst würde die Neigung deutscher Richter und Ankläger Platz greifen, sich vornehmlich der Vorschriften des StGB zu bedienen. Hiermit würde das alliierte Gesetz, „das als scharfe Waffe zur nachträglichen Vergeltung von Untaten aus der nationalsozialistischen Zeit gedacht ist, von vornherein abgestumpft sein"[1920]. Die zwar grundsätzlich bestehende Wahlfreiheit sei stark zu reglementieren, was der für den deutschen Richter ohnehin geltende § 73 StGB leisten könne. In diesem Kontext verweist Schneidewin auf jene Richtlinien, die im Januar 1948 von der Legal Division in Niedersachsen an den Generalstaatsanwalt von Celle gerichtet worden waren (vgl. *VI.4*).

1918 Vgl. OGH StS 1, S. 1f. Die Datierung des Vorlegungsbeschlusses ergibt sich aus BArch, Z 38, Nr. 394, Bl. 2.
1919 Vgl. *ebd.*
1920 *Ebd.*, Bl. 3.

Darin hatten die Briten auf die in der Justiz verbreitete Praxis reagiert, wegen NS-Verbrechen Angeklagte im Zweifelsfall nur am Maßstab deutschen Strafrechts zu messen. So hätte die Militärregierung die Maxime ausgegeben, dass bei Fällen, wo deutsche und alliierte Strafnormen verletzt waren, Tateinheit bzw. Idealkonkurrenz anzunehmen sei. Die Anklage sei dann auf beide Rechtsgrundlagen zu gründen[1921]. Im vorliegenden Fall hätte die Verurteilung wegen KRG 10 erfolgen und die Strafe diesem Gesetz entnommen werden müssen. Der Chefankläger vermerkt, der OGH könne den Schuldspruch abändern, eine Neufestlegung der Strafe sei aber Aufgabe des Tatgerichts. Das Strafmaß hänge vom Rechtsirrtum ab; somit müsse das Landgericht erörtern, inwieweit die Menschenwürde der Opfer verletzt worden sei. Hier sei die Verletzung gewiss erheblich. Weltanschauliche Verhetzung bildet für Schneidewin im Gegensatz zu den Richtern am OLG Hamburg keinen Strafmilderungsgrund. Vielmehr ziele KRG 10 gerade auf die Aburteilung von Tätern mit solchem Profil. Schließlich sei die NS-Herrschaft vom ‚Geist der Grausamkeit und rücksichtslosen Beiseitesetzens fremder Menschenwürde'[1922] (vgl. VII.2.6) gekennzeichnet gewesen.

Am 4. Mai 1948 beriet der OGH-Strafsenat den an ihn verwiesenen Fall von Misshandlungen an jüdischen Gefangenen. Wegen Erkrankung konnte Senatspräsident Staff weder an dieser noch an der nächsten Sitzung teilnehmen. Er wurde von OGH-Vizepräsident Wolff vertreten, dem Kuhn und Wimmer zur Seite saßen. Bei letzterem handelte es sich wohl um den Autor der ersten drei Entscheidungen des Revisionsgerichts zu NS-Verbrechen unter KRG 10. Denn im Gegensatz zu den beiden anderen war Wimmer Experte für das alliierte Gesetz und die Frage seiner Rückwirkung. Als einziger war er mit seiner Haltung dazu hervorgetreten. Auch erinnern Argumentation und Duktus des Urteils an seinen 1947 in der SJZ erschienenen Text (vgl. V.2.3.1). Zugleich folgte der OGH im Verfahren gegen Bl. Schneidewins Stellungnahme und nahm eine Abänderung vor, wonach der Angeklagte verurteilt war „wegen Verbrechens gegen die Menschlichkeit, durch das er zugleich in vier Fällen Körperverletzung im Amt und in einem Falle davon zugleich gefährliche Körperverletzung begangen hat.

1921 Vgl. *ebd.*
1922 *Ebd.*, Bl. 4. Diese Position vertrat Schneidewin auch auf der Tagung der Generalstaatsanwälte der westlichen Besatzungszonen vom 27./28. Juli 1948, vgl. *Rüping* 1994, S. 80.

Im Strafausspruch wird das Urteil aufgehoben und insoweit zur erneuten Verhandlung und Entscheidung an die Strafkammer zurückverwiesen"[1923].
Mit Blick auf den objektiven Tatbestand konstatiert der Strafsenat, es hätte sich um

> „typische Akte von Verbrechen gegen die Menschlichkeit [gehandelt]: rohe und schwere körperliche Angriffe auf festgesetzte Juden durch einen nazistischen Wachmann, dessen Willkür sie infolge der systematischen Verfolgung der Juden durch den Nationalsozialismus recht- und schutzlos ausgeliefert waren, also grausame Verfolgungshandlungen aus rassischen Gründen, in denen zum Ausdruck kam, daß Menschenwert und Menschenwürde für nichts geachtet wurden. Der Jude – so sprach aus diesen Handlungen – sei Untermensch und müsse danach behandelt werden"[1924].

Damit sind schon Grundzüge der OGH-Auslegung der äußeren Tatseite des in KRG 10 Art. II 1c definierten Tatbestands umrissen. In Anlehnung an das alliierte Gesetz stellen die Taten eine grausame, rassisch motivierte Verfolgung dar, Menschenwert und -würde werden als zu schützendes Rechtsgut gekennzeichnet, und das kontextuelle Element der die jüdischen Opfer recht- und schutzlos machenden Verfolgungspolitik markiert den besonderen Unrechtsgehalt. Anhand dieser Faktoren zeigen die OGH-Richter, worin sich Menschlichkeitsverbrechen vom ‚gewöhnlichen', nach dem StGB verfolgbaren Unrecht unterscheiden.

Ferner entscheidet der OGH, die vier, teils zehn Monate auseinander liegenden Angriffsakte seien als *ein* Menschlichkeitsverbrechen aufzufassen. Solche Grausamkeiten verletzten „ein überindividuelles Schutzgut, den unverlierbaren Wert des Menschseins in der sittlichen Ordnung. Wegen der Richtung gegen dieses Rechtsgut, das allen Menschen eigen ist, können mehrere Tatakte eine Einheit bilden, auch wenn verschiedene Personen in einem höchst persönlichen Rechtsgut angegriffen werden"[1925]. Diese Ansicht bezweifelte der spätere OGH-Richter Werner[1926]. Hinsichtlich

---

1923 BArch, Z 38, Nr. 394, Bl. 22.
1924 *Ebd.*, Bl. 23; außerdem OGH StS 1, S. 3.
1925 BArch, Z 38, Nr. 394, Bl. 23; ferner OGH StS 1, S. 3.
1926 Vgl. *Werner*, S. 173f. Demnach sollte von einem einheitlichen Menschlichkeitsverbrechen nur ausgegangen werden, wenn die Einzeltaten zeitlich näher beieinander lägen; denn sonst könne es geschehen, dass die Justiz im Fall weiterer, später bekannt werdender NS-Straftaten diese nicht verfolgen könnte, da dies einen Verstoß gegen den Grundsatz ‚ne bis in idem' (Strafklageverbrauch) bedeutete.

der Frage nach der Bedeutung des Terminus ‚Alternativklage' und dem damit verbundenen Verhältnis zwischen KRG 10 und StGB orientiert sich der Senat wieder an der Rechtsmeinung des Generalstaatsanwalts. Denn er erkennt, dass im Fall eines Menschlichkeitsverbrechens nicht nur nach deutschem, sondern auch nach alliiertem Gesetz abzuurteilen wäre. Dafür sei auch der weitere Strafrahmen von KRG 10 heranzuziehen[1927]. Als KRG gebühre ihm Vorrang vor deutschem Recht. Zudem diene es dem Zweck, einheitliches Recht für einen neuartigen Tatbestand zu schaffen. Deutsche Gerichte müssten es im Sinn der Gleichbehandlung der Täter ebenso uneingeschränkt anwenden wie alliierte. Die Briten hätten mit dem Konstrukt der ‚Alternativklage' keinen Eingriff in das materielle Strafrecht des KRG 10 oder deutschen Straf- und Strafprozessrechts beabsichtigt, sondern nur auf den Inhalt der Anklageschrift gezielt. Weiter betont der OGH, Schneidewin folgend, die Militärregierung in Niedersachsen hätte bereits im Januar klargestellt, dass beide Rechtsgrundlagen nach § 73 in Idealkonkurrenz zueinander stünden, weshalb die Staatsanwaltschaften die Anklage auf beide Normen stützen müssten. Für Fälle, in denen beide konkurrierten, gelte: „[S]chuldig gesprochen wird (...) wegen Unmenschlichkeitsverbrechens in Tateinheit mit deutschrechtlicher Straftat, der Strafausspruch erfolgt nach dem strengsten Gesetz gemäß den von der Rechtsprechung entwickelten Grundsätzen"[1928].

In einem weiteren Abschnitt bestätigt der OGH die rückwirkende Anwendbarkeit von KRG 10 durch deutsche Gerichte. So sei der Kontrollrat in seiner Gesetzgebung nicht durch das für die deutsche Justiz 1945 wiederhergestellte Rückwirkungsverbot eingeschränkt gewesen. Als Antwort auf die Einwände von OLG-Präsident Hodenberg (Celle) und in Nachfolge von ZJA-Präsident Kiesselbach und Wimmer (vgl. V.2) unterstreicht das Revisionsgericht:

> „Ungerecht ist eine solche Anordnung nicht, und deshalb braucht sich der deutsche Richter in seinem Gewissen nicht belastet zu fühlen, die Vorschrift anzuwenden. Rückwirkende Bestrafung ist ungerecht, wenn die Tat bei ihrer Begehung nicht nur nicht gegen eine positive Norm des Strafrechts, sondern auch nicht gegen das Sittengesetz verstieß. Bei Verbrechen gegen die Menschlichkeit ist davon nicht die Rede. Nach der Auffassung aller sittlich empfindenden Menschen wurde schweres Unrecht begangen, dessen Bestrafung rechtsstaatliche Pflicht

---

1927 Vgl. BArch, Z 38, Nr. 394, Bl. 23f.; sowie OGH StS 1, S. 3.
1928 BArch, Z 38, Nr. 394, Bl. 24; des Weiteren OGH StS 1, S. 4.

gewesen wäre. Die nachträgliche Heilung solcher Pflichtversäumung durch rückwirkende Bestrafung entspricht der Gerechtigkeit. Das bedeutet auch keine Verletzung der Rechtssicherheit, sondern die Wiederherstellung ihrer Grundlage und Voraussetzung. Unrechtssicherung ist nicht Aufgabe der Rechtssicherheit"[1929].

Diese Passage trägt Wimmers Handschrift, der bereits früher die Wiederherstellung der Rechtssicherheit an die rückwirkende Pönalisierung von NS-Unrecht geknüpft[1930] und diese wiederum davon abhängig gemacht hatte, dass die Tat gegen eine ‚wenn nicht rechtliche, so doch ethische Verbotsnorm zur Begehungszeit' verstieß. Wie er zuvor eine ‚ethische Pflicht' zur Durchbrechung des Grundsatzes ‚nullum crimen, nulla poena sine lege' hervorhob, stellt auch das Urteil vom Mai 1948 darauf ab, dass die Aufgabe deutscher Richter nicht in der ‚Unrechtssicherung', sondern in der Nachholung der vom NS-Staat verschuldeten ‚Pflichtversäumung' besteht. Im Übrigen sah sich der OGH nach Inkrafttreten des Grundgesetzes im Mai 1949 zur Bekräftigung der Rückwirkung von KRG 10 genötigt (vgl. *VIII.2.5.4* und *IX.3.1*).

Die Begründung der KRG-10-Anwendbarkeit, sie sei legal, weil der Kontrollrat das Gesetz beschlossen habe, und legitim, weil sie eine gerechte Bestrafung erlaube, ist rechtsdogmatisch heikel. Rüping rügt, „[d]ie positivistische Erwägung wie ihr Gegenpol, der ‚naturrechtliche' Rekurs, bleiben heterogen, und in ihrer Verbindung ebensowenig überzeugend"[1931]. Mit Blick auf das „Motiv der Beteiligten" diagnostiziert er neben der Ausrichtung am Naturrecht: „Vor dem persönlichen Hintergrund der selbst erlebten, wenn nicht erlittenen Katastrophe sieht der Strafsenat, unterstützt durch den Generalstaatsanwalt, seine Mission darin, vor 1945 in unvor-

---

1929 BArch, Z 38, Nr. 394, Bl. 25. Nach *Pauli* 1996, S. 103f., hatte das neu geschaffene Revisionsgericht keine andere Wahl, als die Rückwirkung von KRG 10 zu legitimieren. Allerdings räumt Pauli ein, die Judikatur des Gerichts zeige auch, dass dafür nicht nur Opportunitätsgründe verantwortlich waren. Laut *Homann*, S. 211, traf der OGH in vorliegender KRG-10-Sache eine Unterscheidung bezüglich der Geltung des Rückwirkungsverbots, die im November 1950 Eingang in Art. 7 der Europäischen Menschenrechtskonvention fand: Geltung im Rechtsstaat, aber Durchbrechung zur Bestrafung von Menschlichkeitsverbrechen.

1930 Diese Ansicht hatte im Herbst 1946 schon die Berliner Strafkammer im Denunziationsprozess gegen Schwärzel vertreten (vgl. *IV.3.3*), wie das Kammergericht im Revisionsurteil vom 17. Mai 1947 zustimmend referierte, vgl. *Marßolek*, S. 85.

1931 Hier und im Folgenden *Rüping* 2000: Hüter, S. 110.

stellbarem Ausmaß begangene Verbrechen unter den nach 1945 restituierten justiziellen Formen ‚Im Namen des Rechts' (...) zu ahnden". Die Betonung von ‚Motiv' sowie ‚Mission' macht die Sichtweise anschlussfähig für die der vorliegenden Studie zugrundeliegende These, man könne die Juristen des Revisionsgerichts als Akteure einer Vergangenheitspolitik durch Strafrecht begreifen, deren Ziel die systematische Aufarbeitung von NS-Unrecht sei. Rüpings Hinweis auf ‚Friktionen mit den allgemeinen Lehren des Strafrechts' (vgl. VII.3) bestätigt das oft festgestellte Spannungsfeld zwischen Recht und Gerechtigkeit sowie das Problem, letztere beim Übergang einer von Massenverbrechen geprägten Gesellschaft zu einem friedlichen und rechtsstaatlichen Gemeinwesen mit den Mitteln des Rechts wiederherzustellen. Der rechtlich-moralische Konflikt zwischen der Praktikabilität und Rechtsstaatlichkeit, mit dem sich der OGH konfrontiert sah, wird von Storz treffend beschrieben: „Im Bereich des Strafrechts glaubte der OGH daher, sich gegen die formelle für die materielle Gerechtigkeit entscheiden und KRG 10 trotz seiner Rückwirkung anwenden zu müssen, um nicht durch die Nichtbestrafung der NS-Untäter eine weitere große (materielle) Ungerechtigkeit zu begehen"[1932].

Die Nichtverurteilung des Angeklagten wegen eines Menschlichkeitsverbrechens wertet der OGH-Strafsenat als Rechtsverstoß und greift Schneidewins Meinung auf, wenn er festhält, der Schuldspruch müsse nicht aufgehoben werden, sondern könne „in sinngemäßer Anwendung von § 354 Abs. 1 der StPO"[1933] vom Revisionsgericht geändert werden, zumal die neubefasste Strafkammer gemäß § 358 Abs. 1 StPO ohnehin an dessen rechtliche Beurteilung gebunden wäre. Das bekräftigte auch der vermutliche Urteilsverfasser, nämlich Wimmer, in der ‚Monatsschrift für Deutsches Recht'[1934]. Dagegen müsse, so der OGH, der Strafausspruch aufgehoben werden, da bei der Strafzumessung der breitere Strafrahmen und der neuartige ‚Unwertgehalt' der Tat zu beachten seien. Diese Aufgabe falle aber in die Zuständigkeit des Tatgerichts[1935].

Schlussendlich geht das Kollegium auf den vom Instanzgericht strafmildernd berücksichtigten Aspekt ‚weltanschaulicher Verhetzung' ein. Auch hier greift es die vom Ankläger vertretene Position auf, differenziert sie jedoch aus: „Wenn ein Unmenschlichkeitsverbrecher verhetzt war, so könnte das strafmildernd nur eine Rolle spielen, falls der sittliche Vorwurf, der

---

1932 *Storz*, S. 10.
1933 BArch, Z 38, Nr. 394, Bl. 25; des Weiteren OGH StS 1, S. 5.
1934 Vgl. *Wimmer* 1948: Ändernde Sachentscheidung, S. 74.
1935 Vgl. OGH StS 1, S. 5, bzw. BArch, Z 38, Nr. 394, Bl. 25.

ihn trifft, infolge der Verhetzung etwa leichter wiegen kann. Andererseits kann und wird häufig gerade der Verhetzte der gefährlichere Täter sein, und dies ist bei der Strafzumessung innerhalb der Grenze der Gerechtigkeit zu berücksichtigen"[1936]. Zur strafrechtswissenschaftlichen Rezeption des Urteils (u. a. durch Lange) bietet *Kapitel IX.2.3* nähere Einblicke.

Im letzten Verfahrensschritt wurde der Wachmann Bl. vom Schwurgericht Hamburg am 11. Oktober 1948 den Vorgaben des OGH folgend wegen Verbrechens gegen die Menschlichkeit zu zweieinhalb Jahren Zuchthaus verurteilt. Zwar wurde die Tatsache, dass der Angeklagte als Hitler-Jugend-Mitglied seit dem 14. Lebensjahr „der Beeinflussung durch den Ungeist des Nationalsozialismus ausgesetzt gewesen"[1937] sei, strafmildernd berücksichtigt. Gleichwohl kam das Gericht zu einer Neubewertung der an den jüdischen Häftlingen begangenen Gewalttaten. Eine Gefängnisstrafe erschien als Sühne nicht hinreichend. „Das Schwurgericht hat daher die Verhängung einer Zuchthausstrafe für notwendig erachtet"[1938].

b) Denunziation: Verfahren gegen B. mit Urteil vom 20. Mai 1948

Zwei weitere Grundsatzentscheidungen zu KRG 10 traf der OGH in seiner zweiten Sitzung am 20. Mai 1948. Eine davon war die erste bei ihm eingegangene Strafsache, deren Akte daher OGH 1 StS 1/48 betitelt war. Der Sachverhalt bestand in der auf wahren Aussagen beruhenden Denunziation der 20-jährigen B. gegenüber ihrem Ex-Lehrer wegen NS-kritischer Äußerungen. Der Angezeigte war für zwei Monate in Untersuchungshaft genommen worden. Nach der erstinstanzlichen Verhandlung der Sache gegen B. vor dem Landgericht Wuppertal war sie dem OLG Düsseldorf zur Revision vorgelegt worden und gelangte dann an den OGH.

Dessen Generalstaatsanwalt legte hierzu am 5. April 1948 eine Stellungnahme vor. Darin misst er der Frage nach der Rückwirkung von KRG 10 wenig Interesse bei. Er halte sie „durch den reichen Ertrag des Schrifttums und der Rechtsprechung für erledigt im bejahenden Sinne"[1939]. Wie dargelegt, fühlte sich der OGH gleichwohl im Urteil vom 4. Mai gegen Bl. bemüßigt, die rückwirkende Kraft der Strafnorm eingehend zu begründen. Derweil kritisiert Schneidewin in der Beurteilung für das OGH-Verfahren

---

1936 *Ebd.*; sowie OGH StS 1, S. 6.
1937 BArch, Z 38, Nr. 394, Bl. 32.
1938 *Ebd.*, Bl. 33.
1939 Hier und im Folgenden *ebd.*, Nr. 647, Bl. 2.

gegen B. die aus dem OLG-Vorlegungsbeschluss ersichtliche Auslegung, dass die Angeklagte nicht als Täterin, sondern nur als Teilnehmerin eines politischen Verfolgungsakts nach KRG 10 betrachtet werden könne. Düsseldorf hätte behauptet, politische Verfolgung könne nicht von einer Privatperson, sondern nur von einem Träger politischer Macht ausgehen, der diese systematisch missbrauche. Dem entgegnet der Chefankläger: „Einen Anderen ‚verfolgen' heisst Kräfte, eigene oder fremde, hinter ihm her in Bewegung setzen und ihn dadurch irgendwie in seiner Bewegungsfreiheit beeinträchtigen. Ich sehe weder sprachlich noch aus dem das Kontrollratsgesetz beherrschenden Geiste heraus das geringste Hindernis, in der Strafanzeige durch eine Privatperson – ebenso wie etwa in dem Untergraben der Stellung des Gegners im privaten Bereich – eine Verfolgung zu finden". Im gegebenen Fall käme politische Verfolgung in Betracht. Sie liege vor, „wenn äusserlich[,] also ganz unabhängig von dem Beweggrund des Täters[,] politische Zusammenhänge den Anlass zu ihr gegeben haben, namentlich, wenn wie hier der Gegenstand der Tat politischer Art ist". Der Begriff ‚Verfolgung' im KRG 10 beschreibe unstreitig die gewaltsame Brechung antinazistischen Widerstands. Damit hebt Schneidewin erstmals auf ein kontextuelles Element ab, das für die Abgrenzung der Menschlichkeitsverbrechen von Straftaten mit ‚gebräuchlichen Deliktsbezeichnungen' konstitutiv werden sollte. Weiter widerspricht er der Auffassung des OLG Düsseldorf, dass die von Opfern erlittene U-Haft keine inhumane Behandlung darstellte. Hier unterstreicht er den Konnex von ‚Menschlichkeit' und ‚Menschenwürde'. Letztere werde durch die „rücksichtslose Missachtung des Wertes und der Selbstgestaltung der Persönlichkeit [verletzt], eben dessen[,] was nach übereinstimmender Kulturentwicklung die Menschenwürde ausmacht". Darauf ziele KRG 10. Zwar hätten Verletzungen der Menschenwürde vorwiegend wegen Grausamkeiten des NS-Machtapparats gedroht; menschenunwürdig sei aber schon eine Behandlung gewesen, bei der Verfolgte gegenüber der brutalen Gewalt der Wehr-, Hilf- und Rechtlosigkeit preisgegeben worden wären. Diese hätte umso entwürdigender gewirkt, je geringfügiger der vom Verfolgten gegebene Anlass war. In seiner Kritik an der Vorlage fährt der Generalstaatsanwalt mit der Bemerkung fort, deren Auffassung, „im Jahre 1941 habe eine politische Denunziation für den Angezeigten noch keine Gefahr unmenschlicher Behandlung bedeutet"[1940], widerspreche der historischen Erfahrung. Auch gehe die Einschätzung des OLG fehl, die Denunziation hätte nur einen Versuch dargestellt. Dagegen sei dem Tatgericht darin zuzustimmen, dass

---

1940 *Ebd.*, Bl. 3.

die Tat als vollendet gelten müsse. Hinsichtlich der inneren Tatseite versichert Schneidewin, entgegen anderslautender Meinungen bildeten Vorsatz sowie Schuld unabdingbare Voraussetzungen der Strafbarkeit unter KRG 10. Die alliierte Norm setze die Vorschriften des StGB insoweit nicht außer Kraft. Nicht überzeugend findet der Ankläger die OLG-Ansicht, dass eine „genügend konkrete Bestimmung des Bewusstseinsinhaltes"[1941] bei der Angeklagten nicht nachweisbar sei. Der Sachverhaltsschilderung sei entnehmbar, dass sie die Verhaftung des Opfers bezweckt hatte, weshalb an der Vorsätzlichkeit des Tuns kein Zweifel bestehe. Die Frage, ob für die innere Tatseite beim Menschlichkeitsverbrechen zum Vorsatz, d. h. zum „Wissen und Wollen des gesamten äusseren Sachverhalts", „beim Täter noch eine die Gebote der Menschlichkeit beiseitesetzende Gesinnung hinzutreten"[1942] müsse, wirft er zwar auf, beantwortet sie aber nicht.

Wieder folgte der OGH weitgehend der Rechtsmeinung Schneidewins, er setzte jedoch auch eigene Akzente. Etwa, indem er dem Vorlegungsbeschluss des OLG darin widersprach, dass Anzeigeverbrechen unter KRG 10 nur als politische Verfolgung justiziabel seien. Denn nach dem Gedanken des Gesetzes seien sie auch als ‚Verbrechen gegen die Menschlichkeit. Gewalttaten und Vergehen, einschließlich der folgenden, den obigen Tatbestand jedoch nicht erschöpfenden Beispiele' (Art. II 1c) einzuordnen. Sie könnten „unter dem Gesichtspunkt des Mordes und der Freiheitsberaubung als Unmenschlichkeitsverbrechen gefasst werden"[1943]. Wie der Ankläger lehnt der Senat die vom OLG vertretene enge Lesart des Tatbestands in Bezug auf Denunziationen ab. So bedürfte es für eine inhumane Behandlung weder des Aufgreifens der Anzeige durch einen politischen Machtträger noch des Machtmissbrauchs. Die Annahme, Denunzianten könnten nur wegen Versuchs bestraft werden, wenn die den Opfern zugefügte Inhumanität nicht von einem Träger politischer Macht verursacht wurde, sei rechtsirrig. Auch Betriebsführer und SA-Männer hätten angezeigte Personen derartiger Behandlung unterziehen können[1944]. Bezüglich der äußeren Tatseite spitzen die Richter das notwendige Kontextelement zu, indem sie hervorheben: „Die gemeinsame Klammer (...) ist der Zusammenhang mit der Gewalt- und Willkürherrschaft, wie sie zur nazistischen Zeit bestanden hat"[1945]. Weil KRG 10 auf derartiges Unrecht und den zu-

---

1941 Zit. n. *ebd.*
1942 *Ebd.*, Bl. 4.
1943 OGH StS 1, S. 6.
1944 Vgl. *ebd.*, S. 6f.
1945 *Ebd.*, S. 7.

gehörigen Täterkreis ausgerichtet sei, liege in eben diesem Zusammenhang ein Tatbestandserfordernis.

Es ist der im Einzelfall nachzuweisenden Verbindung mit der Gewalt- und Willkürherrschaft geschuldet, dass der OGH in vielen Entscheidungen Deutungen der NS-Herrschaft vornimmt, deren Gehalt hier und in *Abschnitt 2* analysiert werden soll. So werden Belege dafür erbracht, dass in der Nachkriegsjustiz verschiedene Lesarten miteinander konkurrierten, bevor sich eine Tendenz durchsetzte, die als ‚Schlussstrichmentalität' oder ‚Beschweigen der Vergangenheit' (Lübbe) beschrieben wurde. Insofern bildet die von Mai 1948 bis September 1950 entwickelte OGH-Rechtsprechung zu KRG 10 in doppelter Hinsicht einen zentralen Beitrag zur Vergangenheitspolitik durch Strafrecht: einerseits, indem sie sich des Gesetzes bedient, um Recht und Gerechtigkeit in konkreten Verfahren wiederherzustellen, andererseits, indem sie ihre Interpretation des ‚Dritten Reichs' abbildet. Damit ist der Anspruch auf vergangenheitspolitische Wirkungsmacht verbunden, die auf die Judikatur wie auf die gesellschaftliche Wahrnehmung abzielt.

In Bezug auf die in der Strafsache gegen B. verhandelte Denunziation beschreibt das Gericht die NS-Herrschaft als von ‚gesetzlichem Unrecht' geprägten ‚Unrechtsstaat'. „Im Nazistaat gab es außer hoheitlich begangenem Unrecht auch ungestraftes Einzelunrecht. Der sonst strafbare Angriff, unternommen gegen einen ‚Staatsfeind', einen rassisch Anderen oder jemanden, der aus einem sonstigen Grunde als minderwertig angesehen wurde, galt als verdienstlich und fand Ermutigung durch Partei sowie Staat"[1946]. Folgende Schilderung illustriert paradigmatisch das OGH-Geschichtsbild von Strafverfolgung und Staatsunrecht im NS-Staat. Demnach liege bei den meisten ‚Anzeigeverbrechen' der Konnex mit der Willkürherrschaft darin,

> „daß der Angeklagte einer Verfolgungsmaschinerie ausgeliefert wurde, die ganz unterschiedlich eingriff: eine ihr oder ihren Trägern unangenehme Sache wurde überhaupt nicht verfolgt, oder die darüber erwachsenen Akten wurden der verfolgenden Behörde entzogen und ihr nicht wieder zurückgegeben. In Sachen, die nicht nach Wunsch des

---

1946 *Ebd.* Hier bediente sich der OGH vielleicht bei dem Londoner Juristen Graveson, der 1947 festgestellt hatte, weite Kreise des deutschen Volkes hätten „mitangesehen, daß Grausamkeit und Verfolgung, die vor 1933 von allen anständigen Menschen als Verbrechen angesehen wurden, als verdienstlich galten und Ermutigung durch Partei und Staat fanden" (*Graveson*, S. 280). Zur eigentlichen Autorschaft des Aufsatzes vgl. *V.2.3.2.*

Systems erledigt wurden, wurde zum Nachteil des Verfolgten eingegriffen. Die richterliche Unabhängigkeit wurde verletzt, die Strafvollstreckung den Vollstreckungsbehörden aus der Hand genommen. Richter wurden von Staats- und Parteiführern wegen ihrer Urteile geschmäht und gemaßregelt. Ein Freispruch konnte das Ergebnis haben, daß der Betroffene aus dem Gerichtssaal weg von der Gestapo verhaftet und einer Behandlung zugeführt wurde, gegen die eine Bestrafung eine Gnade gewesen wäre. In vielen Sachen wurde der Angezeigte nicht einem Gerichtsverfahren unterworfen, oder ohne jede oder nennenswerte Rechtsgarantien abgeurteilt, oder ohne jedes Verfahren nach Gestapomethoden gestraft. Es wurde außerhalb der Gesetze und gegen das Gesetz verfolgt und das Recht mit dem Gesetz verfälscht"[1947].

An dieser Textpassage fällt die auch für ein Revisionsgericht untypisch detaillierte Darlegung der historisch-strafrechtlich-politischen Hintergründe der Tat ins Auge. Mit solchen Exkursen in die wenige Jahre zurückliegende Vergangenheit zielte der OGH auf die Schärfung des Profils von NS-Straftaten als Verbrechen gemäß KRG 10 Art. II 1c. Denn durch Kontext konnte die Verletzung des überindividuellen Rechtsguts der Menschlichkeit überzeugend charakterisiert werden. Dem Zitat ist ablesbar, dass die Täterin das Opfer an einen Machtapparat auslieferte, der die Justiz der Unabhängigkeit beraubt hatte, um sie als Waffe u. a. gegen Regimegegner einzusetzen oder in ihr konservierte rechtsstaatliche Elemente mittels exekutiver Maßnahmen (,Gestapomethoden') auszuhebeln. Solche Einblicke in den ,Alltag' der NS-Strafverfolgung gehen wahrscheinlich auf OGH-Richter Wimmer zurück. Denn von 1933 bis 1937 hatte er als ,jüdisch versippter' Amtsgerichtsrat, der im Ruf eines NS-Gegners stand, mit eigenen Augen gesehen, wie die NS-Machthaber politisch, rassisch und religiös Missliebige verfolgten, und hautnah erlebt, wie die richterliche Unabhängigkeit untergraben wurde (vgl. *VII.2.3.1*).

Wie Schneidewin tritt der OGH der Meinung des Vorlegungsbeschlusses entgegen, das Opfer sei durch die infolge der Anzeige erlittene U-Haft keiner inhumanen Behandlung ausgesetzt gewesen: „Diese Tatsache ruft bei allen freiheitsliebenden Menschen aber dann einen Widerhall hervor, wenn die Verfolgung die Möglichkeit zu willkürlicher Behandlung, zu grausamem Vorgehen, zu einem Verfahren ohne alle oder ohne nennenswerte Rechtsgarantien und zu einem unübersehbaren Ausgang offen läßt,

---

[1947] OGH StS 1, S. 7f.

wie das unter dem Nationalsozialismus der Fall war"[1948]. Insofern die Tat der Angeklagten die Ursache für ein Menschlichkeitsverbrechen darstellt, sei ihr auch Verschulden zurechenbar.

Bezüglich der subjektiven Tatseite biete KRG 10, so der Strafsenat, keine Anhaltspunkte. Die Handhabbarmachung der Norm erfordere daher den Rückgriff auf allgemeine, den Zweck des Gesetzes bewahrende Rechtsprinzipien. Sich der NS-Ideologie als Verteidigungsargument zu bedienen, stehe damit nicht in Einklang, richte sich KRG 10 doch gegen „Handlungen, die ein von verbrecherischer Ideologie erfaßter Staat beging, begehen ließ oder sanktionierte"[1949]. Die Kulturgemeinschaft hätte die Gewissenlosigkeit eines Täters nie für hinreichend erachtet, um ihn als schuldlos zu erachten und sein Handeln straffrei zu lassen. Die Verantwortung für die unmenschliche Tat liege bei ihm selbst. Der OGH geht noch weiter, indem er konstatiert, der Täter müsse kein Unrechtsbewusstsein gehabt und nicht gewusst haben, dass „die Herrschaft, mit der sein Verhalten im Zusammenhang stand, eine solche der Gewalt und Willkür war, und daß sein Tun Unrecht ist"[1950]. In dieser Frage sollte der Senat jedoch noch zu Differenzierungen finden[1951] (vgl. den Fall Paasch in 2.1). Hier betont er aber, dass für die juristische Beurteilung nicht die Gesinnung, sondern die inhumane, die Menschheit erschütternde Tat maßgebend sei:

> „Die unmenschliche Tat, nicht so sehr die Gesinnung des Täters ist es, was bei der Menschheit einen Widerhall auslöst. Taten aus unmenschlicher Gesinnung finden weithin Abscheu; sie hat es zu allen Zeiten gegeben. Was das Weltgewissen bei den nazistischen Untaten wachgerufen hat, war neben der Vielzahl, daß Menschen, Menschenwerte, die

---

1948 *Ebd.*, S. 8. Die durch die Unmenschlichkeit berührte ‚Menschheit' wird an dieser Stelle näher durch ihre Freiheitsliebe charakterisiert.

1949 *Ebd.*, S. 9. Ferner merkte der OGH an, dass eine Straftat nach KRG 10 kein Verbrechen im technischen Sinne von § 1 StGB sein müsse. So sei die Tat im vorliegenden Fall ja mit einer recht geringfügigen Strafe von sechs Wochen Gefängnis geahndet worden.

1950 *Ebd.* Dazu *Bade* 2001, S. 75, die darauf hinweist, dass diese Ansicht auch im damaligen Schrifttum begegnet, und aus Radbruchs Besprechung eines Frankfurter Euthanasie-Urteils in der ‚Süddeutschen Juristenzeitung' von 1947 zitiert: „Unrecht ist Unrecht nicht, weil es verboten, sondern es wird verboten, weil es Unrecht ist".

1951 Vgl. *Werner*, S. 172f.: „In einer jetzt bekannt werdenden neueren Entscheidung nimmt nun auch der OGH diesen Standpunkt ein, indem er es für genügend bezeichnet, daß der Täter nach dem Maße seiner Einsicht das Unrechtsbewußtsein haben könnte und das Nicht-erkennen-Können als Entschuldigungsgrund ansieht".

Menschenwürde und die menschliche Persönlichkeit in einer Weise angegriffen wurden, als wären sie nichts oder als gälten sie nichts, tiefe Eingriffe in die menschliche Sphäre, die nicht bloß eine Mißachtung, sondern eine Für-Nichts-Achtung dieser Rechtsgüter ausdrückten"[1952].

c) NS-,Machtergreifung': Verfahren gegen P. mit Urteil vom 20. Mai 1948

Zugrunde lag ein Fall aus dem Jahr 1933. Der Angeklagte P., ein Angestellter, war NSDAP-Mitglied und SA-Sportlehrer gewesen. Am 1. Mai hatte er sich von einem Mann provoziert gefühlt, der beim Putzen der Schuhe auf der Veranda, die von der Straße abgelegen war, die ,Internationale' pfiff. Zunächst versuchte er vergeblich, sich Zutritt zu dessen Wohnung zu verschaffen. Als er im SA-Lokal von dem Vorfall berichtet hatte, informierten die Zuhörer die Polizei. Wenig später kehrte P. in deren Begleitung zurück zur Wohnung des ,Provokateurs'. Kaum war die Tür geöffnet, drängte er sich an den Beamten vorbei und versetzte dem Mann Schläge und Tritte. Den Polizisten gelang es, beide zu trennen. Das Opfer wurde fest- und für mehrere Tage in Gewahrsam genommen[1953]. Das Landgericht Wuppertal verurteilte P. wegen Menschlichkeitsverbrechens zu zwei Monaten Gefängnis[1954]. Dessen Anwalt legte Revision mit der Begründung ein, es hätte sich wohl um gefährliche Körperverletzung, aber nicht um ein Verbrechen entsprechend KRG 10 gehandelt[1955]. Das OLG Düsseldorf leitete die Strafsache zur Klärung wichtiger Rechtsfragen an den OGH weiter.

Dort verteidigte Generalstaatsanwalt Schneidewin die Entscheidung des Tatgerichts, indem er in P.s Tat einen im NS-Geist verübten politischen Verfolgungsakt am Werk sah, mit dem das Opfer in eine entwürdigende Lage versetzt und die Menschlichkeit gemäß KRG 10 verletzt wurde. P. hätte vorsätzlich gehandelt und eine üble Gesinnung gezeigt, wie sie durch das alliierte Gesetz sanktioniert werden sollte[1956]. Für die Richter stellte sich der Fall anders dar. Sie bestätigten das Strafmaß und verzichteten auf eine Zurückverweisung, änderten aber den Schuldspruch ab, da die Tat für sie kein Menschlichkeitsverbrechen bildete. Zwar zeuge sie von einer „Für-

---

[1952] OGH StS 1, S. 10.
[1953] Vgl. *ebd.*, S. 11; hierzu auch *Pauli* 1996, S. 105.
[1954] Das Urteil des Landgerichts Wuppertal vom 10. Dezember 1947 ist abgelegt in BArch, Z 38, Nr. 258, Bl. 3f.
[1955] Vgl. *ebd.*, Bl. 6f.
[1956] Vgl. *ebd.*, Bl. 2.

Nichts-Achtung des ideellen Menschenwerts" und bringe „zum Ausdruck, man dürfe die Gesinnung eines anderen mit Gewalt niederknüppeln"[1957]. Allerdings fühle sich „die Menschheit als Träger und Schützer des ideellen Menschenwerts (...) durch eine solche Tat nicht schon verletzt; es würde ihr nicht unerträglich erscheinen, wenn diese Tat – sofern sie nicht nach deutschem Strafrecht strafbar wäre – ungesühnt bliebe"[1958]. Denn diese sei aus dem Augenblick geboren gewesen und hätte ungewöhnlich glimpfliche Folgen gehabt. Darin widerspricht Werner dem OGH, denn die körperliche und seelische Beeinträchtigung des Geschädigten und Verletzung seines ‚ideellen Menschenwertes' seien durchaus so beträchtlich, dass sie die Menschheit als solche berühren[1959].

Trotz ‚Freispruchs' vom Vorwurf des Menschlichkeitsverbrechens gab die Strafsache dem OGH Gelegenheit, die objektiven und subjektiven Prämissen für Verstöße gegen KRG 10 Art. II 1c näher zu bestimmen. In konzentrierter Form belegt dies der zu Kapitelbeginn zitierte Leitsatz. Daneben liefert die Entscheidung weitere rechtsdogmatische Fingerzeige; etwa mit dem Hinweis auf Literatur und Urteile zu KRG 10, denen zufolge die im Gesetz genannten Beispiele wie Mord, Ausrottung und Versklavung verschiedenen Gruppen zuzuordnen seien. Hier knüpft der OGH an Güdes Gruppenbildung (vgl. V.2.3.2) an, wenn er Überschneidungen feststellt zwischen Taten, die „schon immer und überall" strafbar waren, Massenverbrechen und Verfolgungen aus politischen, rassischen und religiösen Gründen. Allen diesen Gruppen sei jedoch „mindestens eine gewisse Verwandtschaft"[1960] mit den im alliierten Gesetz genannten Beispielen gemein. Bezüglich der äußeren Tatseite führt das Revisionsgericht aus, KRG 10 sei gemünzt auf im NS-Staat begangene „strafwürdige Handlungen von einem besonderen Unwertgehalt". Hierfür nimmt es eine Unterscheidung in unqualifizierte Verbrechensbeispiele (Freiheitsberaubung, Mord u. a.) wie qualifizierte (etwa Ausrottung, Versklavung) vor und präzisiert:

„Letztere Beispiele sind nach der Vorstellung des Gesetzgebers gekennzeichnet durch Vielzahl der Opfer, Systematik der Anwendung, Furchtbarkeit der Mittel oder Umfang und Tiefe des zugefügten Leides; damit ist das umschrieben, was das Gesetz als ‚Greueltat' bezeichnet. Aber die Beimischung unqualifizierter Beispiele zeigt, daß ein Angeklagter auch dann Unmenschlichkeitsverbrecher sein kann, wenn er

---

1957 OGH StS 1, S. 17.
1958 *Ebd.*, S. 18.
1959 Vgl. *Werner*, S. 174.
1960 OGH StS 1, S. 12.

nur an *einem* Opfer *eine* Tat mit weniger schlimmen Angriffsmitteln in nicht grausamer Weise begangen hat (z. B. unmerkliche Tötung oder Unfruchtbarmachung)"[1961].

Voraussetzung sei besonders, dass die Handlungen „zum nazistischen Verfolgungsprogramm, insbesondere dem politischen, rassischen und religiösen gehören"[1962]. In Abgrenzung von Güde hebt der OGH hervor, dass auch Personen, die keine Träger der politischen Macht waren, Täter im Sinne des alliierten Gesetzes sein konnten. In der Tat war es ein Spezifikum der deutschen KRG-10-Rechtsanwendung, dass Verbrechen zur Aburteilung standen, die von Tätern verübt worden waren, deren gesellschaftliche und politische Stellung oft eher niedrig war. Das trifft z. B. auf die vielen Denunziationsverfahren zu, bei denen häufig Verwandte, Nachbarn und Arbeitskollegen nahestehende Menschen vorsätzlich und im Bewusstsein einer möglichen unmenschlichen Behandlung dem NS-Machtapparat ausgeliefert hatten. Solch einer Urteilspraxis, die gleichsam auf die ‚Niederungen der Unmenschlichkeit' abzielte, konnten und wollten sich die Alliierten nicht unterziehen – weder auf Grundlage des Londoner Statuts noch auf KRG-10-Basis. Auch konnte die Aufarbeitung der Vergangenheit in einem Land, wo der Nationalsozialismus seit Beginn Täter wie Opfer erzeugte, als genuine Aufgabe der einheimischen Rechtspflege betrachtet werden. Gewiss steht diese Gruppe von politisch und militärisch unbedeutenden, sich gewalttätiger Machtapparate zur Verfolgung von Mitmenschen bedienenden Tätern weder damals noch heute im Fokus der internationalen Strafgerichtsbarkeit. Dass die zugehörige Rechtsprechung, v. a. des OGH, diese Konstellation aber zum Anlass für wesentliche, auch vom heutigen Völkerstrafrecht beachtete Beiträge zur Tatbestandsauslegung von Menschlichkeitsverbrechen nahm, hebt die Forschung hervor[1963].

Bezüglich des in KRG 10 Art. II 1c verankerten Schutzguts der ‚Menschlichkeit' nennt der OGH-Strafsenat als Voraussetzung für eine Verletzung, dass die Tat die menschliche Persönlichkeit in ihrer Tiefe treffen müsse.

„Das ist jener leib-seelische Seins- und Wirkbereich des Menschen, der nach der sittlichen Überzeugung der kultivierten Menschheit seinen

---

1961 *Ebd.*, S. 13 (Hervorhebungen im Original). *Lange* 1948: Rechtsprechung des OGH, Sp. 656, erkennt dagegen „[e]in technisches Versehen, wenn Mord, Freiheitsberaubung, Vergewaltigung als juristisch unqualifizierte, Ausrottung, Versklavung usw. als juristisch qualifizierte Begriffe bezeichnet werden statt umgekehrt".
1962 OGH StS 1, S. 13.
1963 Vgl. *Form* 2012, S. 8–10.

Wert und seine Würde ausmacht. Er ist nicht beschränkt auf die in Verfassungen niedergelegten Menschen- oder Grundrechte. Er umfaßt außer dem Leben, der Körperintegrität, einer gewissen äußeren Freiheit und Selbstbestimmung sowie der Ehre den gesamten unverzichtbaren Persönlichkeitsbereich des Einzelmenschen. Immer muß die Tat objektiv ausdrücken, dieser Mensch in seinem Gesamtwert oder in einem dieser Werte sei ein Nichts, etwa er sei Untermensch und danach zu behandeln, oder er sei für den, der Macht über ihn gewann, wie ein Apparat, den man benutze, ausschlachte und dann wegwerfe, oder überhaupt könne man kraft seiner Macht mit und aus einem Menschen machen, was immer man wolle oder zu einem Zweck für nützlich halte"[1964].

Nach dieser schonungslos deutlichen Darlegung betonen die Richter, dass eine Handlung, um als Verbrechen gegen die Menschlichkeit zu firmieren, eine überindividuelle Wirkung entfalten müsse. Diese sei von der Verknüpfung mit der NS-Gewalt- und Willkürherrschaft abzuleiten. Ein konkretes Bedrohungsszenario genüge schon, um eine inhumane Schädigung des Opfers hervorzurufen. „Versuch im deutsch-rechtlichen Sinne ist beim Unmenschlichkeitsverbrechen begrifflich nicht denkbar; doch kann schon der Versuch einer Schädigung den Tatbestand des Unmenschlichkeitsverbrechens erfüllen, auch wenn die letztmöglichen schlimmeren Folgen nicht eingetreten sind"[1965]. Von Ursächlichkeit sei auszugehen, wenn der gegen Menschen, Menschengüter und Menschenwerte gerichtete Angriff im Kontext der Gewalt- und Willkürherrschaft stand[1966].

Mit Blick auf den subjektiven Tatbestand betont der OGH, die Beurteilungsmaßstäbe müssten KRG 10 entnommen werden, damit für deutsche und alliierte Prozesse die gleichen Prinzipien gälten. So sei im Hinblick auf die Verantwortlichkeit des Täters zu konstatieren:

„Wer nicht wenigstens einen Anstoß zum Angriff gewußt und gewollt gesetzt hat, der ist kein Unmenschlichkeitsverbrecher im Sinne des Gesetzes. Im übrigen aber verlangt das Gesetz nicht mehr, als daß der Täter für die aus seinem Angriff folgende Verletzung der Menschlichkeit in irgend einem Grade verantwortlich ist. Weiß der Täter, daß sein gewolltes Angriffsverhalten im Zusammenhang steht mit den in Staat und Recht bestehenden Zuständen, dass dies Zustände der Willkür-

---

1964 OGH StS 1, S. 14f.
1965 Ebd., S. 15.
1966 Vgl. ebd., S. 16.

und Gewaltherrschaft sind, weiß der Täter, was das Opfer infolgedessen erleidet und was dies für die Menschheit bedeutet, und weiß er, daß er etwas tut, was verwerflich ist, handelt er trotzdem aus freiem Entschlusse, so ist er für die Unmenschlichkeit in hohem Grade verantwortlich"[1967].

Die Richtung des Motivs oder der Gesinnung sei kein Gradmesser für die Qualifizierung einer Tat als Menschlichkeitsverbrechen. Leitend könnten private und niedrige Beweggründe wie auch eine vermeintlich ideale oder ‚humane Einstellung' sein. Dreh- und Angelpunkt sei aber stets die NS-Gewalt- und Willkürherrschaft. Sie sei Adressat einer gewollten und bewussten Auslieferung von Personen, die einer entwürdigenden Schutz- und Wehrlosigkeit ausgesetzt würden. Hiervon zeichnet der OGH im Verfahren gegen P. ein Bild, das in erstinstanzlichen Urteilen in dieser Detailliertheit kaum zu finden sein dürfte. Das Verfolgungsprogramm war demnach ein ‚Kernstück' der NS-Herrschaft. Deren Wesen hätte darin bestanden, dass

„in zunehmendem Maße zweckbestimmte Willkür neben dem bisherigen Recht, gegen das Recht und schließlich im Recht selbst galt und gehandhabt wurde, soweit Ideologie, Politik oder Machtstreben der staatlichen und politischen Machtträger berührt waren. Grenzüberschreitung und Ungerechtigkeit waren Kennzeichen der nazistischen Gewalt- und Willkürherrschaft: total sollte der Einzelmensch bis in seine tiefste Individualsphäre hinein eingeformt und der Macht hörig werden; ein individueller Freiheitsbereich wurde grundsätzlich nicht mehr anerkannt; alle noch so privaten Lebensäußerungen, ja, alle Gesinnungen sollten ausgerottet werden, die den totalen Machtansprüchen nicht entsprachen. Mit Schaden und Strafe jeder wirksamen Art wurde bedroht und konnte belegt werden jede Art von Verhalten, das solches überhaupt nicht oder nicht in dieser Art und Höhe verdiente, und zwar ohne Möglichkeit sicherer Voraussage, ohne Rechtsschutz und ohne gesichertes Verfahren; der Grundsatz der Gleichheit vor Recht und Gesetz wurde willkürlich beiseite geschoben. Unsicherheit und Angst wurden zur bevorzugten terroristischen Herrschaftsmethode"[1968].

1967 *Ebd.*, S. 16f.
1968 *Ebd.*, S. 14.

Das Kölner Revisionsgericht schildert das NS-Regime als ein auf die Erfassung und Kontrolle der Bevölkerung ausgerichtetes totalitäres System, das sich terroristischer Methoden bediente sowie Meinungs- und Gewissensfreiheit wie auch rechtsstaatliche Garantien negierte. Straflosigkeit für NS-Unrecht sei alltäglich und die Justiz der Willkür ausgeliefert gewesen. Mit Gewalt und Bedrohung hätten die Machthaber ihre Gegner systematisch niedergeschlagen, Rechtsschutz für diese hätte es nicht gegeben[1969].

Am 30. Dezember 1948 beantwortete Düsseldorfs Generalstaatsanwalt Schneidewins Anfrage nach dem Verfahrensausgang dahingehend, P. sei am 6. August vom Landgericht Wuppertal wegen gefährlicher Körperverletzung zu einer Geldstrafe von 300 DM verurteilt worden; sie sei anstelle einer durch die U-Haft abgegoltenen einmonatigen Haftstrafe verhängt worden. Das Urteil sei rechtskräftig[1970].

d) Nochmals Denunziation: Verfahren gegen V. mit Urteil vom 22. Juni 1948

Am 26. September 1947 erging am Landgericht Hamburg das Urteil gegen drei Frauen, denen zur Last gelegt wurde, durch Denunziation 1943 ein Verbrechen gegen die Menschlichkeit begangen zu haben. Geschädigte war eine Frau, die im Hause einer der Angeklagten verkehrte und in deren Beisein die SS als Mordbrennerbande und Hitler als größenwahnsinnig bezeichnet hatte. Das Opfer wurde vom Hanseatischen Sondergericht wegen Vergehens gegen das Heimtückegesetz mit einer zweijährigen Gefängnisstrafe belegt. In deren Verlauf erlitt sie schwere körperliche Schäden, u. a. den Verlust der Sehkraft eines Auges[1971]. Das Landgericht hielt zwei Angeklagte der Begehung eines Verbrechens nach KRG 10 für schuldig und verhängte je sechsmonatige Haftstrafen. Den Tatbeitrag von V., der Dritten im Bunde, werteten die Richter als Beihilfe, weshalb das Strafmaß mit einem Monat Gefängnis niedriger ausfiel[1972]. Die ihrerseits eingereichte Revision monierte die Verletzung materiellen Rechts. Sie wurde vom HOLG an den OGH weitergeleitet. Diesen Schritt begründete der Strafsenat v. a. mit der Notwendigkeit, mit Blick auf die Ahndung von Verbrechen gegen die Menschlichkeit zu einer einheitlichen Rechtspraxis zu ge-

---

1969 Vgl. *ebd.*, S. 18.
1970 Vgl. BArch, Z 38, Nr. 258, Bl. 37.
1971 Vgl. *ebd.*, Nr. 621, Bl. 3f.
1972 Vgl. *ebd.*, Bl. 2 u. 7f.

1 Grundsatzentscheidungen zu Kontrollratsgesetz Nr. 10

langen[1973]. (Am gleichen Tag und mit der gleichen Begründung verwies das Gericht auch die Strafsache gegen Bl. nach Köln, s. o.)

In seiner Stellungnahme vom 7. April hebt der Generalstaatsanwalt am OGH hervor, dass die durch KRG 10 pönalisierten Taten „vom Boden der sittlichen und rechtlichen Auffassung"[1974] besehen niemals rechtmäßig gewesen seien. Dies werde durch das Gesetz nicht etwa bestimmt, sondern nur bekräftigt. Damit setzt er einen Schlusspunkt hinter die divergierende Beurteilung der Frage nach dem Rückwirkungsverbot. Schneidewin nimmt ferner keinen Anstoß am Begriff der ‚Beihilfe' zum Menschlichkeitsverbrechen und hegt keinen Zweifel am Tatvorsatz der Angeklagten V.[1975]. Anwalt Theodor Klefisch übermittelte die Argumente der Verteidigung dem OGH, wo sie gemäß einem Vermerk Richter Wimmer vorgelegt wurden[1976]. Derselbe übte die Rolle des Berichterstatters aus, dessen Einschätzung der Rechtsfragen und Vorbereitung der Verhandlung meist vorentscheidend waren. Dies erhellt daraus, dass sein Namenszug über der Notiz ‚Für das Präjudizienbuch und als Überschrift für die Veröffentlichung'[1977], welche die dem Urteil entnehmbaren Leitsätze aufführt, zuoberst steht. Den Vorsitz nahm der genesene Senatspräsident Staff wahr, als zweiter Beisitzer fungierte wieder Kuhn. In seinem Schriftsatz bezweifelt Klefisch die Kausalität des Handelns von V. für die Anzeige. Deshalb könne von Beihilfe zum Verbrechen gegen die Menschlichkeit keine Rede sein[1978]. Sodann erklärt er das Tatgerichtsurteil für unhaltbar, indem er ihm die Verkennung des „Tatbestandsmerkmal[s] der Unmenschlichkeit"[1979] unterstellt. Der Hauptfehler hätte aber darin gelegen, den objekti-

---

1973 Vgl. *ebd.*, Bl. 1. Dabei kehren die HOLG-Richter nicht nur die Grundsätze ihrer ständigen Rechtsprechung hervor, sondern weisen auch auf Unterschiede zur Spruchpraxis in anderen OLG-Bezirken hin, u. a. Düsseldorf (s. o. das KRG-10-Verfahren gegen B.). Es zeigt sich, dass das Hanseatische OLG bei Denunziationen niedrigere Anforderungen an die objektive und subjektive Tatseite anlegte, was Verurteilungen nach KRG 10 erleichterte.
1974 *Ebd.*, Bl. 9.
1975 Vgl. *ebd.*
1976 Vgl. *ebd.*, Bl. 12. Zu Klefisch (1877–1951) vgl. *Seliger*, S. 543. Er war 1945 Verteidiger des früheren Krupp-Rüstungskonzernchefs Gustav Krupp von Bohlen und Halbach (1870–1950), der wegen Vergehens gegen alle im Londoner Statut normierten Anklagepunkte vor dem IMT angeklagt wurde. Seinem Antrag folgend, bestimmte das Gericht am 15. November aus gesundheitlichen Gründen die Vertagung des Verfahrens gegen Krupp, vgl. *Kastner*, S. 52.
1977 Vgl. BArch, Z 38, Nr. 621, Bl. 29.
1978 Vgl. *ebd.*, Bl. 12–14.
1979 *Ebd.*, Bl. 15.

ven und subjektiven Tatbestand, v. a. mit Blick auf Denunziationen, nicht beleuchtet zu haben. Hier rückt Klefisch die Frage ins Zentrum, ob die Anzeige von wirklich getätigten, vom NS-Regime unter Strafe gestellten Aussagen und Handlungen rechtswidrig war und im Fall der Bejahung die Täter sich dessen bewusst gewesen sein mussten, um schuldfähig und bestrafbar zu sein. Dabei erkennt er an, dass bei Denunziationen eine äußere Tatseite feststellbar sei,

> „wenn die Anzeige eine Handlung mit politischem Einschlag betraf, die zwar nach den Gesetzen, Anordnungen, Befehlen und Massnahmen der NS-Herrschaft unter Strafe gestellt war, deren Bestrafung aber gegen die in allen Kulturstaaten anerkannte übergesetzliche Rechtsordnung und insbesondere gegen die überall als unantastbar und unverzichtbar erklärten Menschenrechte verstiess, sodass diese Bestrafung nur als Ausfluss und Missbrauch einer illegalen Gewaltherrschaft zwecks Unterdrückung und Beseitigung der politischen Gegner und deshalb als Unrecht oder gar Verbrechen erscheint"[1980].

Diese Beschreibung deckte sich größtenteils mit der Auslegung des OGH. Sie orientierte sich aber im Weiteren an der Rechtsmeinung von Güde, die bei Anzeigeverbrechen nach KRG 10 hohe Anforderungen an die subjektive Tatseite stellte (vgl. V.2.3.2). So betont Klefisch, ein Täter müsse den Unrechtsgehalt der NS-Gesetze und -Maßnahmen gekannt haben, um sich der Rechtswidrigkeit seines Tuns bewusst gewesen sein und rückwirkend bestraft werden zu können. Beifällig zitiert er Güde, für den ein Vorsatz des Wissens um die gewaltsamen NS-Methoden und Wollens einer Menschenrechtsverletzung durch Machtmissbrauch bedurfte. Es verwundert nicht, dass sich V.s Anwalt später in einem Artikel kritisch mit der Rechtspraxis des OGH zu NS-Denunziationen auseinandersetzte und deren Kriminalisierung abschätzig als „Zangengeburt aus dem Verbrechen gegen die Menschlichkeit" und „ein Schmerzenskind der Strafjustiz und Rechtslehre"[1981] bezeichnete (vgl. IX.2.3).

In seiner Entscheidung vom 22. Juni 1948 erkannte der OGH für Recht, dass die Revision der Angeklagten verworfen und ihre Verurteilung wegen Beihilfe durch eine solche wegen Verbrechens gegen die Menschlichkeit

---

1980 *Ebd.*, Bl. 20.
1981 *Klefisch*, Theodor: Die NS. Denunziation in der Rechtsprechung des Obersten Gerichtshofes für die britische Zone, in: Monatsschrift für Deutsches Recht 3 (1949), H. 6, S. 324–329, hier: S. 324.

ersetzt werde[1982]. Den Urteilsleitsätzen zufolge gelte der in der Sache 1 StS 3/48 entwickelte Tatbestand auch für Denunziationen. Weiterhin erfordere eine Straftat nach KRG 10 Art. II 1c nachteilige Folgen für das Opfer; der bloße Versuch sei nicht strafbar. Indes bedürfte der Vorsatz, die innere Tatseite, weder der Voraussicht der rechtlichen Folgen noch des Bewusstseins der Rechtswidrigkeit überhaupt[1983]. Schließlich stellt das Gericht fest, deutschrechtliche Beteiligungsformen kämen beim Gesetz der Alliierten nicht zum Zuge. „Alle Möglichkeiten sind für den gesetzlichen Tatbestand gleichwertig. Es ist immer wegen Begehung eines Unmenschlichkeitsverbrechens zu bestrafen, nicht wegen Beihilfe oder Anstiftung dazu"[1984]. Konkret treten die Richter dem Vorlegungsbeschluss des HOLG insoweit entgegen, als sie unterstreichen, ein ‚Anzeigeverbrechen' sei nur dann der Ausdruck einer die Menschheit als solche berührenden ‚Für-Nichts-Achtung' des ideellen Menschenwerts, wenn das Opfer eine schwerwiegende Schädigung oder tiefes Leid erfahren habe. Die bei Verstößen gegen die Strafnorm nachzuweisende Verbindung mit der Gewalt- und Willkürherrschaft sei insofern gegeben, als der Täter das Opfer der Verfügungsgewalt des NS-Regimes ausliefere. Dem von OLG-Präsident Hodenberg (Celle) vertretenen Argument, dass die Anzeige wahrer Tatsachen stets rechtens gewesen sei und es im Gleichbehandlungssinn auch bleiben müsse (vgl. V.2.2), entgegnet der OGH-Strafsenat:

> „Wahrheitsgemäße Anzeigen standen vor 1933 und stehen auch heute zwar selbst dann nicht unter Strafe, wenn sie sittlich verwerflich sind, weil und soweit dem Angezeigten schließlich nichts anderes zuteil werden konnte und kann als das Recht. Im nazistischen Unrechtsstaat aber waren sie Unrecht dann und insoweit, als dem Angezeigten aus

---

1982 Vgl. BArch, Z 38, Nr. 621, Bl. 36.
1983 Diese Aussage steht in einem Spannungsverhältnis zu den OGH-Darlegungen zur Täterverantwortlichkeit im Strafverfahren gegen P. (s. o.): ‚Weiß der Täter, daß sein gewolltes Angriffsverhalten im Zusammenhang steht mit den in Staat und Recht bestehenden Zuständen, dass dies Zustände der Willkür- und Gewaltherrschaft sind, weiß der Täter, was das Opfer infolgedessen erleidet und was dies für die Menschheit bedeutet, und weiß er, daß er etwas tut, was verwerflich ist, handelt er trotzdem aus freiem Entschlusse, so ist er für die Unmenschlichkeit in hohem Grade verantwortlich'. Dieser Widerspruch fiel bereits *Werner*, S. 172, auf, wo angemerkt wird: „Ob hiermit eine – m. E. bedenkliche – Abweichung von dem allgemein im Strafrecht anerkannten Schuldprinzip zugelassen werden soll, läßt sich noch nicht übersehen. Die inzwischen ergangenen Entscheidungen sprechen nicht dafür".
1984 OGH StS 1, S. 19.

der wahrheitsgemäßen Anzeige Unrecht widerfuhr, sich die Anzeige also einschaltete in das bestehende Unrechtssystem. Daß der Nazistaat solches Unrecht in das Recht eingefälscht und derartige Denunziationen vielfältig gefördert und geradezu geboten hatte, ändert am Unrechtscharakter nichts. Die Denunziation widersprach unter solchen Voraussetzungen der übergesetzlichen Rechtsordnung, die unumstößlich gilt zum Schutze eines menschenwürdigen Gemeinschaftslebens"[1985].

Bezüglich der subjektiven Tatseite stellte der OGH in Anknüpfung an das Verfahren gegen P. (s. o.) die Anforderung, dass der Täter den Denunzierten bewusst sowie gewollt „unmittelbar oder mittelbar an Kräfte ausliefert, die mit ihm anläßlich des angezeigten Sachverhalts ganz nach ihren Zwecken und Vorstellungen verfahren, ohne sich an die Idee der Gerechtigkeit und die Rechtssicherheit gebunden zu fühlen"[1986]. Indem er das Wissen und Wollen des Täters jedoch auf die eigene Angriffshaltung beschränkt („dolus directus') und KRG 10 dahingehend deutet, dass

> „hinsichtlich des sonstigen Kausalablaufs auf die Unmenschlichkeit hin aber jede Art von Verantwortung genügt, ist es für den Tatbestand belanglos, was der Angreifer hinsichtlich sonst mitwirkender Personen etwa will, ob er das, was diese tun, als eigene oder fremde Tat will, ob er insoweit Täter-, Mittäter-, Anstifter-, Gehilfenwillen hat oder den andern nur als Werkzeug benutzen will: für den Tatbestand ist keinerlei derartig rechtlich differenziertes Wollen erforderlich"[1987].

Aus der Gleichwertigkeit der verschiedenen Beteiligungsformen ziehen die Revisionsrichter die Konsequenz, dass Schuldsprüche auf Grundlage von KRG 10 immer wegen Menschlichkeitsverbrechens erfolgen müssten; abweichende Tatanteile und Wollensinhalte fielen nur bei der Strafzumessung ins Gewicht. Die deutschrechtliche Problematik unterschiedlicher Grade der Tatverursachung entfalle mithin, was den (positiven) Nebeneffekt hätte, dass die gleichen Maßstäbe für alle unter der alliierten Strafnorm Angeklagten gälten – egal, ob sie seitens eines deutschen oder alliierten Gerichts abgeurteilt würden. Nur eine solche Auslegung werde „mit den verwickelten Mitwirkungsmodalitäten fertig, die für die Begehung na-

---

1985 *Ebd.*, S. 21. Auf denselben Aspekt rekurriert der OGH im Urteil vom 10. Mai 1949 in der Strafsache gegen P., vgl. *ebd.* 2, S. 18.
1986 *Ebd.* 1, S. 22.
1987 *Ebd.*, S. 23. Hierzu kritisch *Rüping* 2001, S. 37f. (vgl. *2.1*).

zistischer Untaten oftmals charakteristisch waren"[1988]. In der Handhabung ‚verwickelter Mitwirkungsmodalitäten' erwies sich das deutschrechtliche Instrumentarium tatsächlich als unzulänglich. So stießen v. a. die seit 1951 auf Basis des StGB geführten Strafverfahren wegen KZ-Verbrechen an Grenzen, weil die herrschende Meinung eine Verurteilung wegen Mordes vom schwer zu erbringenden Nachweis individuellen Verschuldens abhängig machte[1989]. Erst in jüngerer Zeit kam eine abweichende Auslegung zum Tragen, wonach es möglich sei, die Schuld am Beitrag zu einer institutionalisierten Praxis inhumaner Behandlung festzumachen (vgl. *X.5*).

Das Verfahren gegen V. betreffend erklärt der OGH weiter, dass die Tat der Angeklagten mit Blick auf das verursachte Leid nicht wegdenkbar sei. Die Art und Weise, wie das Opfer seine Auslieferung an die NS-Herrschaft sowie Schutz- und Wehrlosigkeit empfinden musste, als eine ‚Für-Nichts-Achtung' des ideellen Menschenwerts, die ihm Schaden an Freiheit, Körper und Seele zugefügt hätte, erläutert das Gericht folgendermaßen:

> „[D]er Antinazist, der auch nur unter vertrauten Bekannten eine wahrheitsgemäße Äußerung gegen den Nazismus machte, sei ein Nichts, er habe keine Aussicht, mit heiler Haut davonzukommen, ja er müsse mit seinem Leben abschließen, er habe den Anspruch auf Gerechtigkeit und Rechtssicherheit verwirkt, sei zum reinen Objekt der Abschreckung und Unschädlichmachung geworden; der unantastbare Wert der persönlichen Überzeugungsfreiheit sollte dadurch erstickt werden, daß ihm jede noch so vertraute Äußerungsmöglichkeit durch die Mittel von Angst und Schrecken genommen wurde. Was die Zeugin [i. e. das Tatopfer] erdulden mußte, bedeutet eine so schlimme

---

1988 OGH StS 1, S. 24.
1989 Dies war im Auschwitz-Prozess der Fall, wo das Landgericht Frankfurt Generalstaatsanwalt Bauer 1965 nicht darin zustimmte, dass in der Anwesenheit von Angeklagten im KZ „eine natürliche Handlungseinheit gemäß § 73 StGB gesehen werden kann, die sich rechtlich, je nach den subjektiven Voraussetzungen im Einzelfall, als psychische Beihilfe oder Mittäterschaft zu einem einheitlichen Vernichtungsprogramm qualifiziert", zit. n. *Renz*, Werner: Fritz Bauer und der Frankfurter Auschwitz-Prozess, in: Fritz Bauer. Der Staatsanwalt. Eine Ausstellung des Fritz Bauer Instituts und des Jüdischen Museums Frankfurt in Kooperation mit dem Thüringer Justizministerium, hrsg. v. Fritz Backhaus, Monika Boll u. Raphael Gross im Auftrag des Fritz Bauer Instituts und des Jüdischen Museums Frankfurt, Frankfurt a. M./New York 2014 (Schriftenreihe des Fritz Bauer Instituts, Frankfurt am Main, Studien- und Dokumentationszentrum zur Geschichte und Wirkung des Holocaust, Bd. 32), S. 149–169, hier: S. 159. Zum Auschwitz-Prozess vgl. *Pendas*, Devin O.: Der Auschwitz-Prozess. Völkermord vor Gericht, München 2013.

Vergewaltigung von Freiheit und Recht des Einzelmenschen für die Zwecke einer Terrorherrschaft, eine so schwerwiegende Verneinung von Wert und Würde der menschlichen Persönlichkeit, daß die Menschheit als deren Träger und Hüter sich angegriffen fühlen mußte"[1990].

Die durchscheinende Einfühlung des Strafsenats in die Wahrnehmung des schutzlosen Opfers verdankt ihren authentischen Charakter der Tatsache, dass die drei Richter NS-Gegner waren, von denen sich mindestens Wimmer und Staff nachweislich in die Lage einer angezeigten und der Willkürherrschaft ausgelieferten Person hineinversetzen konnten. Der Senatspräsident war öfters Opfer von Denunziationen geworden und konnte die unter verschiedenen Regimen drohenden Folgen abschätzen. So hatte Staff einem von Ex-SPD-Funktionären organisierten geheimen Zirkel angehört, der 1935 verraten wurde. Er selbst wurde verhaftet und 14 Monate lang ohne Anklage im KZ Dachau gefangen gehalten. Anfang 1948 folgte bei einer britischen Besatzungsbehörde eine falsche Anzeige, wonach der OGH-Richter KPD-Mitglied sei. Zwar ließ sich die Lüge ausräumen, ihre Angriffshaltung wirkte auf Staff gleichwohl erschütternd (vgl. *VII.2.2*).

Dass der OGH den Schuldspruch von der Beihilfe zum Menschlichkeitsverbrechen zur Begehung eines solchen abwandeln könne und in diesem Fall müsse, begründen die Richter damit, dass

„es sich lediglich um einen Subsumtionsfehler handelt, die tatsächlichen Feststellungen durch ihn nicht berührt sind, diese vielmehr eine zutreffende und abschließende Entscheidung der Schuldfrage ermöglichen, ohne daß der Angeklagten bei neuer Verhandlung vor dem Tatrichter eine neue tatsächliche Verteidigung möglich wäre. Das Recht des Revisionsgerichts zur Selbständerung des Schuldspruchs ist aus § 358 Abs. 1 und dem sinngemäß auszulegenden § 354 Abs. 1 StPO. abzuleiten"[1991].

Diese Auffassung hatte der OGH schon im Verfahren gegen Bl. vertreten. Im Übrigen führt er aus, der Strafausspruch gegen V. müsse angesichts der vorliegenden prozessualen Umstände bestehen bleiben.

Festzuhalten ist, dass die mit den vier hier untersuchten Grundsatzentscheidungen zu KRG 10 geprägte Auslegung von ‚Verbrechen gegen die Menschlichkeit' als Ausdruck der ‚Mission' des OGH verstanden werden

---

1990 OGH StS 1, S. 24f.
1991 *Ebd.*, S. 25.

kann, NS-Unrecht umfassend zu ahnden. Dies geschehe aber laut Rüping um den Preis von ‚Friktionen mit den allgemeinen Lehren des Strafrechts'. Dies zu verbergen, gelang auch Jagusch nicht mit dem Hinweis, es hätte deutschen Gerichten nicht angestanden,

> „den Rahmen, den die Besatzungsmächte verbindlich gesetzt hatten, dogmatisch-theoretisch zu untersuchen, um ihn dann, als kontinentalem Strafrechtsdenken angeblich fremd, resignierend zu verwerfen und dem Recht des werdenden Staates ‚im Namen des Rechts' einen unheilvollen Stoß zu versetzen. Vielmehr hatten sie, geleitet von dem Willen nach Gerechtigkeit und Rechtsstaatlichkeit, das Beste aus ihm zu machen, das Strafwürdige, mit den nationalsozialistischen Massenverbrechen Zusammenhängende zu bestrafen, die zufällige Gelegenheitstat auszuscheiden, dabei den Schuldgrundsatz zu verankern und die Einheitlichkeit der Rechtsanwendung durch brauchbare Maßstäbe, wie sie unter deutschen Verhältnissen nur ein Gesetzestatbestand bietet, möglichst zu sichern"[1992].

Dass dem Revisionsgericht eine dogmatisch überzeugende Tatbestandsfassung gelang, wurde von damaligen (vgl. IX.2.3) wie heutigen Strafrechtswissenschaftlern bezweifelt. Freilich mit dem Unterschied, dass jüngere Kritiker wie Rüping nicht anstehen, die in Urteilen zu KRG 10 liegenden zeitgeschichtlichen Verdienste des OGH zu würdigen: den Beitrag zur juristischen Aufarbeitung von NS-Unrecht[1993]. Demgegenüber war die Darbringung von Vorbehalten durch OGH-Zeitgenossen harscher und von undifferenzierter Gegnerschaft zur vergangenheitspolitischen Agenda des Gerichts gekennzeichnet.

1992 *Jagusch* 1949: Verbrechen, Sp. 620; hierzu auch *Rüping* 2000: Hüter, S. 111.
1993 Vgl. *ebd.*, S. 109f.

2 Ausgewählte Entscheidungen

Hinsichtlich der Auswahl und Gewichtung der folgend dargestellten, vom OGH v. a. unter dem Aspekt von ‚Menschlichkeitsverbrechen' verhandelten NS-Tatkomplexe sei auf die diesbezüglichen Ausführungen aus *Kapitel VI.1.4* hingewiesen. So ist ebendiesen zu entnehmen, warum eine Schwerpunktsetzung auf ‚Anzeigeverbrechen' (vgl. 2.1) sowie NS-Justizunrecht (vgl. 2.6) erfolgt – nämlich wegen des diesen eigenen vergangenheitspolitischen Zündstoffs einer naturrechtlich begründeten, nachträglich verfügten und das Berufsethos besonders der mehr oder minder NS-belasteten Richter ankratzenden Kriminalisierung. Dieser schlägt sich auch in den Geschichtsbildern der NS-Herrschaft und ihrer ‚Rechtspflege' nieder, mit denen der OGH viel Aufsehen sowie heftigen Widerspruch erregte. Derartige historische Deutungen tauchen auch in den KRG-10-Urteilen mit Bezug zur NS-Judenverfolgung auf, die wegen des frühen Beitrags zur Aufarbeitung der dem Holocaust vorausgehenden menschenverachtenden antisemitischen NS-Politik Beachtung finden. Nachfolgend begegnen sie an diversen Stellen; etwa bezüglich Vergehen im Kontext der ‚Reichskristallnacht' (vgl. 2.3) oder im Fall Harlan (vgl. 2.4). Die eingehende Behandlung der Strafsache gegen den Regisseur von ‚Jud Süß' ist auch wegen ihrer breiten öffentlichen Rezeption angezeigt. *Abschnitt 2.5* umfasst als eine Art ‚Sammeltatbestand' verschiedene Formen von NS-Gewalt, darunter Freiheitsberaubung und Misshandlung von Juden (vgl. 2.5.1) wie auch politischen Gegnern (vgl. 2.5.2), Mord an Kranken und Behinderten (vgl. 2.5.3) sowie Deportation von Sinti und Roma (vgl. 2.5.4). Die Vielzahl der in den Kapiteln zur Aburteilung von Straftaten im Kontext der NS-Machtübernahme (vgl. 2.2) und ‚Reichspogromnacht' skizzierten Beispiele dient auch der Illustration der konkreten Urteilspraxis. Mag eine systematische Untersuchung der Annahme fehlen, dass der Strafsenat milde oder freisprechende Entscheidungen oft aufhob, so ergeben sich für ihre Einschätzung doch belastbare Indizien. Vermerkt sei noch, dass der Tatkomplex ‚Endphaseverbrechen' nur anhand zweier Verfahren wegen von NS-Standgerichten gefällten Todesurteilen thematisiert wird (Fälle Holzwig/Petersen und Brumshagen, vgl. 2.6).

2 Ausgewählte Entscheidungen

2.1 Denunziation

Die Auswertung der Verfahrensakten zu den 583 vom OGH getroffenen KRG-10-Entscheidungen durch die ICWC-Datenbank ergab, wie in *Kapitel VI.2.1* dargelegt, dass 223 bzw. 38 Prozent davon Denunziationen betrafen. Sie verteilen sich auf folgende Unterkategorien: Arbeitsverhältnisse (77), Mietverhältnisse (39), Verbrechen an Jüdinnen und Juden (19), politische Gegner aus SPD und KPD (12), sonstige politische Gegner (12), Verwandtschaftsverhältnisse (11) sowie sonstige (53). Anzeigeverbrechen bildeten also einen großen Teil der vom OGH verhandelten KRG-10-Sachen. Damit korrespondiert die Mitteilung des damaligen Braunschweiger Generalstaatsanwalts Staff an den Kollegen Meyer-Abich (Oldenburg) vom Herbst 1946, dass die Aburteilung solchen Unrechts ‚ganz besonders gebieterisch die verletzte Rechtsordnung erheischt' (vgl. *IV.3.3*)[1994]. Als der OGH 1948 die Arbeit aufnahm, waren die Voraussetzungen dafür geschaffen. Denn mit der Legal Division-Anordnung vom 23. Mai 1947 war deutschen Gerichten die Ahndung von Denunziationen übertragen worden. Zugleich waren die Debatte um deren Strafbarkeit und die KRG-10-Rückwirkung abgeflaut und mit der Einrichtung von Schwurgerichten teils mit Laien besetzte Spruchkörper ins Leben gerufen worden, die dieses Unrecht verfolgen sollten (vgl. *III.3.3*). Wie dringlich die Klärung der mit der Bestrafung von Anzeigeverbrechen verbundenen Rechtsfragen war, zeigt sich daran, dass der Tatkomplex im Fokus von zwei OGH-Grundsatzentscheidungen vom Mai und Juni 1948 stand (vgl. *1*).

Zudem ist hervorzuheben, dass sich diese Straftaten besonders eigneten, um den Tatbestand Menschlichkeitsverbrechen, der in KRG 10 Art. II 1c nur vage definiert war, mit Inhalt zu füllen. Das verdeutlicht ein Rückblick auf die Verfahren gegen B. und V. mit Urteil von 1948 (vgl. *1*). Denn die jeweils zugrunde liegende Konstellation – Privatpersonen, die NS-kritische Aussagen wahrheitsgemäß angezeigt hatten –, für die eine Strafbarkeit auf StGB-Grundlage nicht überzeugend begründbar war, erforderte zur Herleitung juristischer Verantwortung die Einführung eines Kontextelements, durch das der Konnex der Tat mit einem übergeordneten Ganzen, der NS-Gewalt- und Willkürherrschaft, explizierbar war[1995]. Zur Verwirk-

---

1994 Vgl. *ebd.*, S. 111, wo in der rechtlichen Bewertung von Denunziationen „die „[w]ichtigste Anwendungsfrage" der KRG-10-Auslegung des OGH identifiziert wird.

1995 Mit der Behauptung eines solchen Tatbestandserfordernisses griff der OGH der Entwicklung des Völkerstrafrechts in den neunziger Jahren vor. So besagt

lichung des objektiven Tatbestands bedurfte es nach den OGH-Grundsatzentscheidungen neben dem Nachweis, dass die Menschenwürde verletzt wurde, nur einer derartigen Verbindung der Angriffshandlung mit dem kontextuellen Element. Davon ausgehend unterstrichen die Richter in den Denunziationsverfahren gegen B. und V., dass auch Privatpersonen als Täter in Frage kamen und eine nur gegen ein Opfer gerichtete Tat Schuld und Strafe begründen konnte. Sie bedienten sich Geschichtsbilder sowie Aussagen zur NS-Vergangenheit, um die Verknüpfung zwischen der jeweiligen Tat und der NS-Gewalt- und Willkürherrschaft zu belegen. So legten sie im Fall B. eine umfassende Deutung des von ‚gesetzlichem Unrecht' durchdrungenen NS-Unrechtsstaates vor, indem sie dessen parteiische Strafverfolgungspraxis und die Verletzung der richterlichen Unabhängigkeit beschrieben. Wer sich die Gemengelage vergegenwärtigte, meinte das Gericht, komme nicht umhin, die bewusste und gewollte Anzeige regimekritischen Verhaltens als Auslieferung an einen Machtapparat zu begreifen, mit der jedenfalls billigend in Kauf genommen wurde, dass Opfer eine Schädigung erleiden, welche die Menschenwürde verletzt. In der Tat neigte der OGH dazu, ‚im Stile rechtsphilosophischer Abhandlungen weit auszuholen, um im Spektrum des auf diese Weise analysierten Unrechtssystems die Einzeltat manchmal eher im Stile eines obiter dictum zu verorten' (Rüping). Dies lag jedoch insofern in der Natur der Sache, als die Verortung im NS-Gewalt- und Willkürsystem für die KRG-10-Rechtspraxis des OGH ein wesentliches Element der Sachverhaltswürdigung und eine ‚ratio decidendi' (eine die Entscheidung tragende Rechtsansicht) bildete. Wie man die dargestellten Geschichtsbilder auch bewertet: Der Blickwinkel einer strafrechtlichen Vergangenheitspolitik lässt sie als historisches Argument zur Begründung rechtlicher Schuld erscheinen.

Wenig deutet darauf hin, dass die Interpretation des ‚Dritten Reiches' als Unrechtsstaat einen Schlagabtausch der Meinungen zwischen dem OGH und den Untergerichten ausgelöst hätte, wie dies im Hinblick auf die Bewertung der Funktion der Wehrmachtjustiz im Zweiten Weltkrieg zu beobachten war (vgl. 2.6). Angesichts der trotz Entnazifizierung weitgehenden personellen Kontinuität unter den Justizjuristen und der wenig verbreiteten Bereitschaft zu selbstkritischer Einkehr ist aber anzunehmen, dass die Auffassung des Obergerichts nicht mehrheitsfähig war. Dies mag sich aber weniger in der Zeichnung abweichender Geschichtsbilder geäu-

---

Art. 7 Abs. 1 des Römischen Statuts, dass die Begehung von Verbrechen gegen die Menschlichkeit nur vor der Folie einer „widespread or systematic attack directed against any civilian population" (IStGH-Statut, S. 917) darstellbar sei.

ßert haben als in der mehr oder weniger am OGH-Vorbild orientierten allgemeinen Ahndungspraxis.

Kursorisch seien ein paar weitere Aspekte rekapituliert, die der Gerichtshof schon in den ersten Denunziationsverfahren bezüglich Menschlichkeitsverbrechen entwickelt hatte: Straflosigkeit des Versuchs für den Fall der nicht eingetretenen Schädigung des Opfers, Nichtanwendbarkeit deutschrechtlicher Beteiligungsformen (Beihilfe, Anstiftung usw.) sowie Unbeachtlichkeit der mangelnden Voraussicht des Taterfolgs und eines fehlenden Unrechtsbewusstseins; wobei das Nicht-Erkennen-Können der Rechtswidrigkeit später als Entschuldigungsgrund Anerkennung fand. Bedeutend war auch, was der OGH in Bezug auf das ‚Anzeigeverbrechen' festhielt. So sei dieses im Sinn von KRG 10 Art. II 1c nicht nur als ‚politische Verfolgung', sondern auch als ‚Gewalttaten und Vergehen' zu adressieren. Für die Verwirklichung des Tatbestands sei es zweitrangig, ob die Anzeige von einem offiziellen Träger der politischen Macht aufgegriffen wurde. Die Richter arbeiteten außerdem heraus, worin der grundsätzliche, Schuld und Strafe rechtfertigende Unterschied zwischen einer im ‚Dritten Reich' und einer vor 1933 oder nach 1945 verübten Denunziation bestand.

a) Denunziation gegen Jüdinnen und Juden und ihr Beitrag zur NS-Judenverfolgung

Der Kaufmann Wilhelm Paasch und seine Schwester hatten Paaschs jüdische Frau Amalie – die Ehe war zerrüttet – 1944 bei der Gestapo wegen Äußerungen gegen das Deutsche Reich und Hitler angezeigt. Frau Paasch wurde inhaftiert, schuldhaft vom Ehemann geschieden sowie nach Auschwitz deportiert, wo sie im Oktober aufgrund mangelhafter Ernährung starb[1996]. Das Landgericht Hamburg befand die Denunzianten im Mai 1948 der Begehung eines Verbrechens gegen die Menschlichkeit für schuldig und verurteilte Paasch zu sechs und seine Schwester zu acht Monaten Haft[1997]. Über die gegen das Urteil eingelegte Revision der Verteidigung verhandelte der OGH in der Besetzung Staff, Wimmer und Geier. Mit der

---

1996 Zum Fall Paasch vgl. BArch, Z 38, Nr. 383; ferner *Friedrich* 2007, S. 149f.
1997 Das Urteil des Landgerichts Hamburg vom 11. Mai 1948 ist abgelegt in BArch, Z 38, Nr. 383, Bl. 3–9.

Entscheidung vom November 1948 beschied er das Rechtsmittel abschlägig[1998], wobei er dem Angriffsverhalten bescheinigte, es hänge

> „aufs engste mit der nationalsozialistischen Gewalt- und Willkürherrschaft zusammen; denn es gliederte sich von Anfang an erkennbar in den planvollen, von der gesamten nicht nationalsozialistisch interessierten Menschheit als Angriff empfundenen Verfolgungsfeldzug gegen das ganze Judentum in Deutschland ein, trat so, obwohl es nur dieses eine Opfer treffen wollte, in engste Beziehung zu den im Zuge dieser Verfolgung begangenen Massenverbrechen und damit zu derjenigen Erscheinungsform des Verbrechens, die u. a. mit der Bestimmung des Art. II 1c KRG 10 in jeder Form der Beteiligung getroffen werden sollte"[1999].

In Ansätzen legt das Urteil gegen das Geschwisterpaar den Blick auf das Geschichtsbild des OGH zur NS-Judenverfolgung frei. So schloss sich Köln der Hamburger Einschätzung an, die Angeklagten seien sich bewusst gewesen, „dass die Juden damals rechtlos dem staatlichen Terror und der Willkür preisgegeben waren und oft auch der geringste Anlass genügte, dass sich diese Kräfte des einzelnen Opfers bemächtigten". Die Beschreibung der Judenverfolgung als das, was sie war: staatlicher Terror und Willkür, diente dem Obergericht als historisches Argument in einer Beweiskette, die die individuelle Schuld ‚kleiner' NS-Täter an einem Menschlichkeitsverbrechen nachweisen sollte. Zudem unterstreicht der OGH an dieser Stelle, woran er und der Generalstaatsanwalt sich bereits bei den ersten Entscheidungen zu KRG 10 orientierten: Ein Verbrechen gegen die Menschlichkeit konnte durchaus in einem Angriffsakt bestehen, der sich nur gegen ein Einzelopfer richtete.

Mit Blick auf die subjektive Tatseite weist der Strafsenat das Argument der Revisionsbegründung zurück, den Angeklagten sei der dem Opfer drohende Schaden nicht bewusst gewesen, sie hätten ihn auch nicht gewollt. Stattdessen beruft er sich auf seine ständige Rechtsprechung, wonach „die Feststellung des Wissens um die willkürliche Behandlung des Opfers als Folge solcher Anzeigen" für eine Verurteilung ausreiche. Einer weitergehenden klaren Einsicht in die Folgen bedürfe es von Täterseite nicht. Die Angeklagten hätten „das Unrechtmässige ihres Vorgehens gegen Frau P. mindestens erkennen" *können*. Vielleicht seien sie sich dessen gar bewusst

---

1998 Die Entscheidung des OGH vom 9. November 1948 findet sich *ebd.*, Bl. 20–22; abgedruckt ist sie in: *Rüter*. Bd. II, Fall 57, S. 498f.
1999 Hier und im Folgenden zit. n. *ebd.*, S. 499.

gewesen. „Diese Möglichkeit des Unrechtsbewusstseins genügt, die strafrechtliche Verantwortlichkeit des Anzeigenden zu begründen". Obgleich diese Begründung gegenüber den ersten Denunziationsentscheidungen bereits eine Einschränkung darstellte, die zugunsten des Täters ausschlagen konnte – wenn er das Unrechtmäßige seines Handelns nicht erkennen konnte –, erlaubte sie eine recht umfassende Aufarbeitung von ‚Anzeigeverbrechen'. Denn sie entzog der beliebten Schutzbehauptung von Angeklagten den Boden, die konkreten Folgen der Anzeige weder gekannt noch befürwortet zu haben.

Die Anforderungen, welche der OGH an den Vorsatz des KRG-10-Täters stellte, waren gering. Wie im Fall V. dargelegt, erachtete er den direkten Vorsatz bezüglich des konkreten Angriffs – die Auslieferung an ein Willkürsystem – für hinreichend. D. h., dass der Täter die Anzeige wissentlich und willentlich erstattet haben musste. Betreffend den Eintritt des tatbestandlichen Erfolgs genügte der bedingte Vorsatz, also die Inkaufnahme einer inhumanen Schädigung des Opfers[2000]. Das Vorliegen des ‚dolus eventualis' bildete bei Denunziationen den Regelfall. Im Rahmen der Rechtsdogmatik des OGH stellte das Unrechtsbewusstsein des Täters, wie Bade hervorhebt, keinen Teil des Vorsatzes dar, sondern ein unabhängiges Schuldelement. Gemäß dem Urteil im Fall Paasch konnte Erkennen-Können der Rechtswidrigkeit schuldbegründend sein[2001]. Außerdem spielte laut OGH die Motivation des Denunzierenden für die Qualifizierung einer Anzeige als Menschlichkeitsverbrechen keine Rolle, „da sonst beflissene Nationalsozialisten in ‚Verkennung' ihrer staatsbürgerlichen Pflichten geschützt worden wären"[2002]. Für die an den Belangen der Opfer ausgerichtete Kölner Rechtspraxis standen die Motive übersteigerten Pflichtgefühls, der NS-Weltanschauung und des persönlichen Egoismus' gleichwertig nebeneinander. Denn eine Verletzung der Menschenwürde in einer die Menschheit als solche berührenden Weise hing letztlich von der tatsächlichen Schädigung eines hilf- sowie wehrlosen Opfers und nicht von den Hintergedanken des Täters ab.

2000 Vgl. *Bade* 2001, S. 75.
2001 Im Übrigen erkannte später auch der Bundesgerichtshof das potenzielle Unrechtsbewusstsein als unabhängiges Schuldelement an, vgl. BGH StS 2, S. 194.
2002 *Bade* 2001, S. 75.

b) Denunziation im Arbeitsleben und die politische Strafjustiz im NS-Staat

Anfang des Jahres 1943 hatten drei Arbeiter in ihrem Betrieb ein politisches Gespräch geführt, in dessen Verlauf zwei die Meinung kundtaten, das Ende der NS-Herrschaft stehe kurz bevor, der Krieg sei für Deutschland verloren und die Zeitungen berichteten nur Propagandalügen. Der dritte Gesprächsteilnehmer empfand die Ansichten als bedenklich, so dass er sie im Vertrauen dem Vorarbeiter K. erzählte. Da dieser die Angelegenheit aber dem Betriebsleiter meldete, der die Gestapo benachrichtigte, wurde ein Verfahren eingeleitet, an dessen Ende ein Sondergericht die kritischen Arbeiter zu neun bzw. zwölf Monaten Gefängnis verurteilte. Beide verbüßten ihre Strafe[2003]. Während das Schwurgericht Hamburg den Gesprächspartner, der K. vertraulich berichtet hatte, 1948 freisprach, wurde K. selbst der Begehung eines Verbrechens gegen die Menschlichkeit für schuldig befunden und mit einer sechsmonatigen Haftstrafe belegt. Die von der Verteidigung erhobene Sachrüge beschied der OGH abschlägig[2004]. Denn der vom Tatgericht festgestellte Sachverhalt zeige die Verwirklichung des objektiven und subjektiven Tatbestands aus KRG 10 Art. II 1c und würdige letzteren überzeugend dahingehend, dass der Angeklagte die Opfer „aus seiner politischen Überzeugung heraus angezeigt [habe], um sie unschädlich zu machen"[2005]. Mochte die Bestrafung der Denunzierten durch das Sondergericht im Vergleich mit der allgemeinen Praxis unter dem NS-Regime ‚milde' ausgefallen sein – das Revisionsgericht ließ keinen Zweifel daran, welche Funktion die Staatsführung der Strafjustiz beigemessen und worin die unmenschliche Schädigung bestanden hatte: „Auf die Strafbarkeit des angezeigten Sachverhalts kommt es regelmäßig schon deshalb nicht entscheidend an, weil der nazistische Staat mit seiner politischen Strafjustiz weder Gerechtigkeit, noch eine maßvolle Wahrung von Staatsnotwendigkeiten erstrebte, vielmehr jeden politischen Gegner grundsätzlich willkürlich, unberechenbar, ohne Bindung an rechtsstaatliche Regeln, also unter Mißachtung der Menschenwürde, verfolgte"[2006].

2003 Vgl. OGH StS 1, S. 235.
2004 Das OGH-Urteil im Verfahren gegen K. vom 21. Dezember 1948 ist abgelegt in BArch, Z 38, Nr. 541, Bl. 18–21, und wiedergegeben in: OGH StS 1, S. 234–238.
2005 *Ebd.*, S. 237.
2006 *Ebd.*, S. 234.

c) Denunziation in Mietverhältnissen, die Schutzwürdigkeit des Opfers und die Todesstrafe als unmenschlich harte Sanktion

Die Strafbarkeit nach KRG 10 hängt der Entscheidung des OGH im Verfahren gegen Ha. zufolge von der Verwerflichkeit und Strafwürdigkeit der Angriffshandlung, nicht von der Schutzwürdigkeit des oder der Geschädigten ab[2007]. Im vorliegenden Fall war das Opfer wegen politischer Aussagen denunziert, verhaftet und im Oktober 1944 wegen Wehrkraftzersetzung gemäß § 5 der ‚Kriegssonderstrafrechts-Verordnung' (KSSVO)[2008] zu sechs Jahren Zuchthaus verurteilt worden. Nach Kriegsende stand die Denunziantin Ha. wegen Menschlichkeitsverbrechen in Tateinheit mit Freiheitsberaubung in mittelbarer Täterschaft unter Anklage. Das Hamburger Landgericht ermittelte, dass das Opfer, Frau H., dem Ehemann der Täterin, einem früheren Kommunisten, aus Rache gedroht hatte, ihn wegen seiner politischen Haltung der Gestapo zu melden. H. hinterließ bei den Richtern einen so verheerenden Eindruck, dass sie die Angeklagte Ha. mit der Begründung freisprachen, H. hätte „nach ihrem Verhalten das Recht verwirkt, gegenüber den von ihr in dieser Weise Bedrohten ihrerseits mit dem scharfen strafrechtlichen Schutz des KRG. 10 gegen Denunzianten versehen zu werden"[2009]. Der OGH-Strafsenat erteilte dieser Einschätzung eine Abfuhr. Er hob den Freispruch auf, verwies das Verfahren zur Neuverhandlung an ein benachbartes Landgericht und vermerkte in der Urteilssammlung: „Die sittliche Minderwertigkeit des Angegriffenen sowie der Umstand, daß das Opfer eines strafbaren Angriffs nach seinem eigenen Verhalten schutzunwürdig erscheint, hindert nicht die Strafbarkeit der Tat"[2010].

Ein weiteres Anzeigeverbrechen, dessen Ursache in Mietverhältnisstreitigkeiten lag – der Fall Sch.[2011] –, bot dem Revisionsgericht Anlass, das ‚Dritte Reich' als Gewalt- und Willkürherrschaft zu beschreiben, die ihren

---

2007 Das OGH-Urteil vom 13. Juli 1948 in der Strafsache gegen Ha. findet sich in BArch, Z 38, Nr. 630, Bl. 15–18; es ist abgedruckt in: OGH StS 1, S. 36–38. Hierzu auch ZJBl. 2 (1948), Nr. 9, S. 204f.
2008 Zu § 5 KSSVO mit Beispielen aus der VGH-Spruchpraxis vgl. *Bundesministerium der Justiz* (Hrsg.), S. 211f.
2009 Zit. n. OGH StS 1, S. 37.
2010 *Ebd.*, S. 36.
2011 Zum Fall Sch. vgl. BArch, Z 38, Nr. 566. Das Urteil des OGH vom 26. Oktober 1948 ist abgedruckt in: *Rüter*. Bd. II, Fall 51, S. 403–407, sowie in: OGH StS 1, S. 122–126. Leitsätze des Urteils werden auch wiedergegeben in: ZJBl. 2 (1948), Nr. 12, S. 272.

Machtanspruch mit äußersten Mitteln, v. a. der Todesstrafe, durchsetzte und Gegnern den Schutz von rechtsstaatlichen Garantien vorenthielt:

> „Auch wenn man dem nationalsozialistischen Staat während des Krieges das Recht zubilligen wollte, ein Verhalten seiner Bürger zu bekämpfen, das geeignet war, die Widerstandskraft und den Widerstandswillen herabzusetzen, und wenn aus einem solchen Grunde eine geringere Bestrafung nach den allgemein herrschenden Anschauungen der Kulturmenschheit als noch erträglich hingenommen werden sollte, so übersteigt doch die Todesstrafe hier alles erträgliche menschliche Maß. Sie steht zu dem veranlassenden Vorgang, der sich ganz im engsten privaten Bereich hielt und keine Wirkungen darüber hinaus äußerte, in so krassem Mißverhältnis, daß daraus allein schon deutlich wird, daß es nicht um angemessene Sühne eines strafwürdigen Verhaltens ging, sondern schlechthin um die Durchsetzung der bestehenden Gewaltherrschaft gegenüber allen Gesinnungsgegnern mit allen verfügbaren Mitteln"[2012].

d) Denunziation an politischen Gegnern und der ‚besondere Unmenschlichkeitsgehalt' der NS-Schutzhaft

Das Schwurgericht Wuppertal verurteilte den Angeklagten J. im Mai 1948 wegen eines NS-Verbrechens gegen die Menschlichkeit zu neun Monaten Gefängnis, da er das Opfer, den einstigen Schutz- und KZ-Häftling O., beim Polizeimeister Sch. angezeigt hatte[2013]. Deswegen war O. sechs Wochen als Schutzhäftling arretiert worden. Zwecks Klärung wichtiger Rechtsfragen leitete das OLG Düsseldorf die von der Verteidigung gegen das Urteil eingelegte Revision an den OGH weiter. Dieser bestätigte im Herbst 1948 die Vollendung des Tatbestands aus KRG 10 Art. II 1c, bemängelte aber Fehler bei der Strafzumessung. Denn das Tatgericht hätte die Anrechenbarkeit alliierter Internierungshaft auf die Gesamtstrafe nicht so einfach verneinen dürfen. Daher wurde seine Entscheidung im Strafausspruch aufgehoben[2014]. Aus der Warte der strafrechtlichen Vergangenheits-

---

2012 OGH StS 1, S. 125.
2013 Zum Verfahren gegen J. vgl. BArch, Z 38, Nr. 601. Die Entscheidung des Landgerichts Wuppertal vom 14. Mai 1948 findet sich *ebd.*, Bl. 3–6. Das Urteil des OGH vom 16. November 1948 ist *ebd.*, Bl. 23–27, abgelegt und abgedruckt in: OGH StS 1, S. 171–174.
2014 Vgl. *ebd.*, S. 173f.

politik ist bedeutungsvoll, was der Strafsenat – bestehend aus Staff, Wimmer und Jagusch – bezüglich des ‚Unmenschlichkeitsgehalts' der NS-Schutzhaft feststellte. Für die Nazis wäre sie

> „ein Teilstück jenes terroristischen Verfolgungssystems gewesen, dem jedes Mittel zur Unterdrückung einer abweichenden politischen Meinung willkommen war. Nicht ein verständiger Schutzzweck regelte Anlaß, Dauer und Vollzug dieser Haft, sondern es galt: Je regelloser, um so wirksamer, da die durch Rechtsunsicherheit erzeugte Angst die Wirkung verstärkt; einen Anspruch auf Rechtsgarantien hat der politische Gegner nicht, da er ein Untermensch ist. So regierten die Willkür und vielfach die niedrigen Triebkräfte der Nazischicht und ihrer Werkzeuge. Wer in das Räderwerk dieses Terrorapparates geriet, mußte mit allem, auch dem Schlimmsten, rechnen; kam er glimpflich davon, so hatte er es dem Zufall zu danken. Was er auch in einer nicht sehr langen, zufällig korrekt vollzogenen Schutzhaft an Sorge und Angst erlitten hat, kann je nach den Umständen eine schwere Einwirkung bedeuten"[2015].

So hätte die NS-Schutzhaft das Ziel verfolgt, jene der Menschenrechte und Menschenwerte zu berauben und innerlich zu brechen, die im Verdacht standen, politische Gegner des Regimes zu sein. Mit Einfühlungsvermögen wie offenkundiger Sachkenntnis erörtern die Richter die Lage des in Schutzhaft genommenen wehr- und hilflosen Denunziationsopfers:

> „Er war als politisch Verdächtiger eindeutig abgestempelt, war durch frühere längere Schutz- und KZ.-Haft mit den Nazimethoden genau bekannt geworden und wußte, daß der geringste Anlaß genügen konnte, um ihn erneut diesem Schrecken und unabsehbarer Gefahr zu überliefern. Was er innerlich erlitten hat, während er dem Terroristen Polizeimeister Sch. vorgeführt und auf dessen Veranlassung sechs Wochen lang in Haft gehalten wurde, kann angesichts der ihm bewußt gewesenen Gefahr nur schwer gewesen sein, und zwar selbst dann, wenn der Haftvollzug ohne besondere Härten gewesen sein sollte"[2016].

Dieses Geschichtsbild spiegelt Erfahrungen wider, die der Senatsvorsitzende Staff 1935/36 als Schutzhäftling im KZ Dachau und danach als ein Zeitgenosse der Willkürherrschaft gemacht hatte, der ‚als politisch Verdächtiger eindeutig abgestempelt' war, von der Gestapo observiert wurde und in

---

2015 *Ebd.*, S. 172.
2016 *Ebd.*, S. 173.

Gefahr blieb, aus nichtigem Anlass verhaftet zu werden (vgl. die Skizze des KZ-Systems in ‚Die Herrschaft der Kriminellen' in *VII.2.2.2*). Mochte er selbst nicht Autor des OGH-Urteils gewesen sein, seine Beteiligung daran – sei es als Ratgeber, sei es als Korrektiv – steht außer Frage. Herrschaftsanalytische Schilderungen wie die vom Obersten Gerichtshof hier neuerlich vorgelegten bildeten in der allgemeinen Rechtspraxis die Ausnahme. Dabei üben sie für die Revisionsinstanz eine wichtige Funktion aus. So dient die Darstellung der subjektiven Perspektive des wegen Kenntnis der ‚Nazimethoden' sowie Bewusstseins eigener Gefährdung angsterfüllten Opfers dazu, seine tatbestandsmäßige Schädigung nach KRG 10 Art. II 1c zu beweisen. Denn ihr zufolge genügte die bloße Drohung mit ‚verschärftem' Haftvollzug und Gewalt, um einen so vorgeprägten politischen NS-Gegner mehr als nur gefügig zu machen. Das Vorbringen der Revision, neun Monate Haft für den Angeklagten seien angesichts nur sechswöchiger Schutzhaft des Opfers unverhältnismäßig hart, pariert der OGH unter Hinweis darauf, dass eine schematische Angleichung der einen an die andere Strafe verfehlt wäre, weil sie verkenne, dass das NS-Anzeigeopfer mehr durchlitten habe als bloßen Freiheitsentzug[2017].

e) Rechtswissenschaftliche Einordnung

Rüping kritisiert, die OGH-Rechtspraxis zu KRG 10 führe zu „unvermeidlichen Brüchen mit den allgemeinen Lehren des deutschen Strafrechts, insbesondere mit dem Prinzip, daß Strafe Schuld voraussetzt"[2018]. Schwachstellen der höchstrichterlichen Auslegung benennt er v. a. im Hinblick auf die Auseinandersetzung mit Denunziationen. Für zweifelhaft erachtet er die vom OGH behauptete Kausalität der Tat für die inhumane Schädigung des Opfers, weil sie i. d. R. erst durch die Verhängung unverhältnismäßig harter Strafen verursacht wurde, und das Vorliegen des nötigen Vorsatzes, soweit der Täter sich auf die unzureichende Vorstellung konkreter Tatfolgen beruft. Skeptisch machen den Rechtswissenschaftler ferner Darlegungen des Gerichts zur Verantwortlichkeit mehrerer Beteiligter sowie Möglichkeit des Versuchs[2019]. Die rechtsschöpferische Prägung eines ‚Anzeigeverbrechens' erscheint ihm als „Erfolgsdelikt eigener Art"[2020] und „dogma-

---

[2017] Vgl. *ebd.*, S. 174.
[2018] *Rüping* 2001, S. 37.
[2019] Vgl. *ders.* 2000: Hüter, S. 111.
[2020] *Ebd.*

tische(...) Zweckkonstruktion"[2021]. Allerdings waren sich die Kölner Strafrichter der Angreifbarkeit ihrer Dogmatik bewusst und versuchten gegenzusteuern. Etwa, indem sie zum subjektiven Tatbestand konstatierten: „Das Angriffsverhalten muß vorsätzlich im Sinne der deutschen Schuldlehre sein. Keine Bestrafung ohne Schuld. Kenntnis der Folgen im einzelnen und Bewußtsein der Rechtswidrigkeit sind nicht erforderlich. Dagegen muß der Täter die *Möglichkeit* haben, das Unrecht seines Verhaltens zu erkennen"[2022]. Dennoch war es gewiss nicht schwierig, in der Anforderungskette ein schwaches Glied bzw. Inkonsistenzen zu finden. Zutreffend ist jedenfalls auch Paulis Resümee, dass sich der OGH „rückhaltlos hinter die Verurteilung von Denunzianten durch die Untergerichte"[2023] stellte und die in Einzelfällen ergangenen Freisprüche aufhob.

2.2 NS-‚Machtergreifung' 1933

Von den 583 am OGH ergangenen Entscheidungen zu KRG 10 bezogen sich gemäß der am Bundesarchiv vorgenommenen Tatkomplexkategorisierung 110 auf Gewalttaten, die im Zuge der NS-Machtübernahme verübt worden waren. Davon waren laut der Auswertung am ICWC erstinstanzlich 62 in Nordrhein-Westfalen, 25 in Niedersachsen, 13 in Schleswig-Holstein und zehn in Hamburg verhandelt worden[2024]. Die erste OGH-Entscheidung zum Themenkomplex ‚Machtergreifung' veranlasste die Richter zur Prägung zentraler allgemeiner Charakteristika von ‚Verbrechen gegen die Menschlichkeit' (vgl. Verfahren gegen P. in *1*). So setzten sie sich mit dem von KRG 10 Art. II 1c geschützten überindividuellen Rechtsgut der Menschenwürde auseinander, beschrieben den ‚besonderen Unwertgehalt' von Taten, welche dieses Rechtsgut verletzten, und schilderten die NS-Gewalt- und Willkürherrschaft als totalitäres System, das sich terroristischer Mittel bedient sowie den Rechtsstaat abgeschafft hatte. In der verhandelten Sache korrigierte der Gerichtshof das Tatgericht, indem er die Verurteilung des Angeklagten wegen Menschlichkeitsverbrechens verneinte.

2021 *Ders.* 2001, S. 38.
2022 OGH StS 1, S. 167 (Hervorhebung im Original).
2023 *Pauli* 1996, S. 104.
2024 Diese Zahlen beruhen auf der kritischen Durchsicht des Index zu OGH-Strafverfahren mit KRG-10-Bezug in: *Justizministerium des Landes Nordrhein-Westfalen* 2012 (Hrsg.), S. 194–241. Wegen eines kleinen Fehlers in der Zuordnung zu den jeweiligen Ländern beziffert *Form* 2012, S. 50, die Zahl der Verfahren in Niedersachsen und Schleswig-Holstein auf 24 bzw. 14.

Denn er vertrat die Meinung, dass der Angriff aus dem Moment heraus geboren gewesen sei und ungewöhnlich glimpfliche Folgen gezeitigt hätte, so dass die Menschheit als solche davon nicht berührt gewesen sei.

a) Das Helmstedt-Verfahren – Gewalttaten gegen politische NS-Gegner und Juden

Als der OGH-Strafsenat am 19. Dezember 1949 über die im Helmstedt-Fall (vgl. *VII.2.2.3*) eingelegten Rechtsmittel entschied, gehörte sein Präsident Staff dem Spruchkörper nicht an[2025] – wahrscheinlich, weil er sich für befangen hielt. Stattdessen trat das Gericht in der Besetzung Geier, Jagusch und Werner zusammen. Verhandlungsgegenstand waren die 1933 in Helmstedt und Umgebung geschehenen NS-Gewaltakte gegen politische Gegner und Juden. Zugrunde lagen ein Urteil des Landgerichts Braunschweig von Ende 1947 und ein Vorlegungsbeschluss des dortigen OLG[2026]. Erstinstanzlich waren 29 Personen abgeurteilt worden. Auf KRG-10-Basis hatte das Gericht etwa NSDAP-Kreisleiter Herbert Lehmann zu zehn Jahren Zuchthaus, SA-Hilfspolizeiführer Wilhelm Homann zu fünf Jahren Gefängnis sowie SA-Truppführer Otto Hoffmann zu fünf Jahren Zuchthaus verurteilt[2027]. Ortsgruppenleiter Paul Denecke befand das Gericht indes der gefährlichen Körperverletzung in zwei Fällen für schuldig, weshalb es ihn mit einer zehnmonatigen Haftstrafe belegte[2028]. Staatsanwaltschaft wie auch Verteidigung hatten mit Blick auf acht Angeklagte Rechtsmittel eingelegt. Erstere rügte die unzureichende Würdigung des Tatgeschehens unter dem Aspekt des Menschlichkeitsverbrechens. Hierin pflichtete der OGH ihr weitgehend bei, bestätigte die Verurteilungen von Lehmann, Homann und Hoffmann unter KRG 10 und dehnte den gegen Denecke ergangenen Schuldspruch auf eine Straftat nach dem alliierten Gesetz aus[2029]. Zugleich wiesen die Richter darauf hin, dass das Täterhandeln auch bezüglich möglicher Verstöße gegen deutschrechtliche Tatbe-

---

[2025] Das Urteil des OGH vom 19. Dezember 1949 befindet sich in BArch, Z 38, Nr. 214, Bl. 132–153, abgedruckt ist es in: OGH StS 2, S. 312–321.
[2026] Die Braunschweiger Schwurgerichtsentscheidung vom 15. Dezember 1947 ist abgelegt in BArch, Z 38, Nr. 214, Bl. 1–30. Der Beschluss des OLG Braunschweig vom 25. Februar 1949 findet sich *ebd.*, Bl. 68–79.
[2027] Zu Lehmann, Jahrgang 1900, vgl. *Sohn*, S. 95–97, zu Homann, Jahrgang 1893, vgl. *ebd.*, S. 107f., sowie zu Hoffmann, Jahrgang 1902, vgl. *ebd.*, S. 108.
[2028] Vgl. *ebd.*, S. 106–110. Zu Denecke, Jahrgang 1889, vgl. *ebd.*, S. 109.
[2029] Vgl. *ebd.*, S. 107–110.

stände hätte geprüft werden müssen. Dabei erinnern sie an die dann nötige Beachtung einer Idealkonkurrenz gemäß § 73 StGB[2030]. Auch hoben sie den Freispruch für einen jungen Mann auf, der als SA-Hilfspolizist an einer Hausdurchsuchung beteiligt gewesen war und im Hof Wache gehalten hatte, während im SA-Quartier Zwangsgestellte gefoltert wurden[2031].

> „Das Landgericht hat dabei möglicherweise übersehen, dass auch ohne tätige Mitwirkung des Angeklagten in seiner bloßen Anwesenheit am Tatort unter den damals herrschenden Zuständen ein ausreichender Beitrag zum Unmenschlichkeitsverbrechen liegen kann, zumal wenn man bedenkt, dass auch er zur Hilfspolizei gehörte und sich möglicherweise bei früheren Ausschreitungen (...) aktiv betätigt hatte, mithin von anderen als verlässlicher Gesinnungsfreund gesehen werden durfte"[2032].

b) Der ‚Schweinewagen-Fall' – entehrende Zurschaustellung von NS-Gegnern

Das Verfahren gegen L. und andere firmiert in der Tatkomplex-Systematik des Bundesarchivs als ‚Verbrechen gegen Juden: Anprangerung'[2033]. Aus zeithistorischer Sicht interessiert aber v. a., wie es die gesellschaftliche und politische Situation zur Zeit der NS-‚Machtergreifung' beschreibt. Der Strafsache lag ein Vorfall zugrunde, der sich am 5. Mai 1933 in Goslar zugetragen hatte. Zwei Männer – ein Sozialdemokrat und Senator sowie ein jüdischer Bürger – wurden Opfer einer demütigenden Zurschaustellung im Rahmen eines SA-Umzuges. Man zwang sie, Schilder mit entehrenden Aufschriften zu tragen, und beförderte sie im Schlepptau eines SA-Spielmannszugs, gesäumt von bewaffneten SA-Männern, in einem Schweinewagen durch die Straßen. 15 Jahre später mussten sich mehrere an der ‚Aktion' Beteiligte vor dem Landgericht Braunschweig verantworten. Die Verwirklichung eines Verbrechens gegen die Menschlichkeit verneinten die Richter. Stattdessen verurteilten sie zwei Angeklagte wegen Beihilfe zur Freiheitsberaubung zu Haftstrafen, sprachen einen weiteren frei und stell-

---

[2030] Vgl. OGH StS 2, S. 313–317.
[2031] Vgl. *Sohn*, S. 113.
[2032] Zit. n. *ebd.*
[2033] Zum ‚Schweinewagen-Fall' vgl. BArch, Z 38, Nr. 389; weiterhin *Cassese* 2013, S. 47f. u. 196.

ten das Verfahren gegen einen vierten wegen Verjährung ein[2034]. Die Anklage und der Angeklagte L. legten Revision ein. Mit einem Vorlagebeschluss des OLG gelangte der Fall nach Köln. Dort hatte nur das Rechtsmittel der Staatsanwaltschaft (teilweisen) Erfolg. So lehnte der OGH in der Besetzung Staff, Wimmer und Geier im Urteil vom Dezember 1948 die Auffassung der ersten Instanz ab, der Tatbestand aus KRG 10 Art. II 1c wäre nicht erfüllt gewesen[2035]. Sie hätte den historisch verbürgten Fakt unbeachtet gelassen, dass schon im Frühjahr 1933 ein Gewalt- und Willkürsystem bestanden hatte, welches das objektive Tatbestandserfordernis verwirklichte. Die SA hätte die Straße beherrscht und vielerorts Grausamkeiten gegen politisch oder rassisch Missliebige verübt, gerade gegen Mitglieder von SPD und KPD sowie Jüdinnen und Juden.

> „Wer unter diesen als Opfer herausgegriffen wurde, war vielfach durch persönliche Beweggründe eines Nationalsozialisten bestimmt, durch Neid, Haßgefühl oder Gründe der beruflichen oder geschäftlichen Konkurrenz. Gegen Juden war eine systematische Verfolgung im Gange; sie hatte z. B. in dem Boykott jüdischer Geschäfte am 1. 4. 33 ihren allgemeinen Ausdruck gefunden. In manchen deutschen Städten wurden ähnlich wie in diesem Falle, unter Beteiligung der SA. Einzelpersonen oder auch Personengruppen im Aufzuge durch die Stadt geführt oder öffentlich an einen Pranger gestellt. Solche und viele andere Gewalttätigkeiten geschahen unter den Augen der Behörden und der Polizei, zum Teil in aller Öffentlichkeit, und niemand konnte Widerstand dagegen wagen, ohne sich ernster Gefahr auszusetzen. (…) Die Zahl der Opfer war schon damals bedeutend"[2036].

Indem das Instanzgericht kein Menschlichkeitsverbrechen feststellte, da das Tatgeschehen nicht ‚Teil eines Massenverbrechens des Nationalsozialismus' gewesen sei, hätte es offenbart, dass es Tatbestand und geschichtliche Tatsachen verkannte. Denn nach der OGH-Deutung bedürfte es für die Tatbestandsmäßigkeit keines Beitrags zu Massenverbrechen – nur der Verbindung mit einem Gewalt- und Willkürsystem. Konkretisierend zum ‚Unmenschlichkeitsgehalt einer entehrenden Zurschaustellung des Opfers' führten die Richter aus:

2034 Die Entscheidung des Schwurgerichts Braunschweig vom 16. März 1948 findet sich in BArch, Z 38, Nr. 389, Bl. 1–5.
2035 Das Urteil des OGH vom 14. Dezember 1948 ist abgelegt *ebd.*, Bl. 29–34; wiedergegeben ist es in: OGH StS 1, S. 229–234.
2036 *Ebd.*, S. 230.

> „[D]ie Opfer [wurden] gezwungen, ihre eigene Person zu einer öffentlichen, tiefen und gefährlich von Gewalt umdrohten Selbstentehrung, der noch Schlimmeres folgen konnte, zur Verfügung zu stellen, und zwar scheinbar freiwillig insofern, als sie den Umständen nach nicht einmal passiven Widerstand wagen konnten. Das war ein tiefer Eingriff in Freiheit, Sicherheit und Ehre der Opfer, der ihre persönliche Menschenwürde und darüber hinaus das Menschheitsgut der humanitas angriff und traf"[2037].

Dass Senatspräsident Staff wusste, wovon das Urteil hier handelte, erhellt aus seiner Schrift ‚Die Herrschaft der Kriminellen', worin er auch sein Erleben des Jahres 1933 verarbeitet hatte (vgl. VII.2.2.2). Strafrichter Wimmer konnte sich ebenfalls in die Opfer einfühlen. Er hatte sich angesichts der NS-Machtübernahme als Fluchthelfer für seinen jüdischen Schwager Löwenstein betätigt und auch als Vorführungsrichter im Dortmunder Polizeigefängnis versucht, politisch und rassisch Verfolgte vor der willkürlichen Gewalt der SA-Hilfspolizei zu bewahren (vgl. VII.2.3.1). Der ‚Schweinewagen-Fall' zeigt, wie der persönliche Erfahrungshorizont der Richterschaft zur juristischen Aufarbeitung von NS-Unrecht beitragen konnte. Während Männer wie Staff und Wimmer auf geschichtliche Tatsachen hinwiesen, um im Rahmen der ständigen OGH-Rechtspraxis das alliierte KRG 10 als Strafnorm zur umfassenden Ahndung zu gebrauchen (u. a. durch Ausschluss NS-bedingter Verjährungen), neigte das Gros der Berufskollegen dazu, den Unrechtsgehalt jener Grausamkeiten geringer einzuschätzen. Manch einer verschloss zum zweiten Mal die Augen vor der Tragweite der Verbrechen; vielleicht, um nicht an das eigene Versagen im Jahr 1933 erinnert zu werden, vielleicht aus Sympathie für die Täter.

Das Revisionsgericht weitet im Sinne einer ändernden Sachentscheidung den Schuldspruch für die beiden erstinstanzlich Verurteilten auf ein in Tateinheit mit Beihilfe zur Freiheitsberaubung verübtes Menschlichkeitsverbrechen aus und stellt auch die Schuld desjenigen Angeklagten unter KRG 10 fest, dessen Fall wegen Verjährung eingestellt worden war. Die Zurückverweisung an die Tatsacheninstanz geschehe nur noch zwecks dortiger endgültiger Strafzumessung[2038]. Für die Entwicklung des Völkerstrafrechts erlangte im Übrigen die Rechtsbeurteilung des Handelns des freigesprochenen Angeklagten P. Bedeutung. Der SA-Angehörige hatte sich dem menschenfeindlichen ‚Umzug' spontan angeschlossen, aber nicht in die

---

2037 *Ebd.*, S. 231.
2038 Vgl. *ebd.*, S. 234.

Abläufe eingegriffen. Was ihn betraf, wies der OGH-Strafsenat die Revision der Staatsanwaltschaft zurück. Denn „P. ist dem Umzuge lediglich unter den Zuschauern in Zivilkleidung gefolgt, wenn er auch dabei war, einem Dienstbefehle der SA. zu einem ihm noch unbekannten Zwecke Folge zu leisten. (...) Sein Verhalten kann nicht einmal sicher als objektive und subjektive Zustimmung gedeutet werden. Zudem wäre eine nicht mitursächliche stumme Billigung auch keineswegs tatbestandsmäßig"[2039]. Die Berufungskammer des ICTY zog diesen Fall 1998 in Verbindung mit der Entscheidung des OGH vom 10. August 1948 in der Strafsache gegen K. und A. wegen Synagogenbrandstiftung (vgl. 2.3) heran, um vor der Folie des Furundžija-Falls ihren Standpunkt zum ‚approving spectator'-Szenario zu entwickeln[2040]. Andernorts weisen die Kölner Richter darauf hin, dass nicht jeder NS-Anprangerungsmarsch die zur Erfüllung des KRG-10-Tatbestands nötige überpersönliche Wirkung entfaltet haben musste[2041]. So bestätigten sie den im Herbst 1948 vom Schwurgericht in Itzehoe beschlossenen Freispruch für mehrere Angeklagte, die Mitte 1933 zwei Kommunisten zwecks Demütigung in einem ‚Umzug' durch die Straßen von W. geführt hatten.

c) Der Fall Sch. – SA-Gewalt an NS-Gegnern und der zeitliche Rahmen von KRG 10

Wie im geschilderten Verfahren gegen L. und andere sah sich der OGH im Fall Sch. mit einem erstinstanzlichen Urteil konfrontiert, das die dem Angeklagten zur Last gelegten Taten nur unter dem Blickwinkel deutschrechtlicher Tatbestände betrachtete und KRG 10 außen vor ließ. Der vom Bochumer Schwurgericht laut OGH-Urteil vom 25. Januar 1949 nur lückenhaft rekonstruierte Sachverhalt beschrieb vier Angriffe auf politische NS-Gegner aus dem Umfeld der Linksparteien von Ende Januar bis 2. April 1933, an denen der SA-Scharführer Sch. teils maßgeblich beteiligt war[2042]. Verurteilt wurde dieser ausschließlich nach § 223a StGB wegen gefährlicher Körperverletzung – und nur wegen eines der Vorfälle. Wieder

---

2039 *Ebd.*
2040 Vgl. *Cassese* 2013, S. 195f.; außerdem *Ambos*, S. 170.
2041 Vgl. OGH StS 2, S. 142. Das zugehörige Verfahren gegen H. u. a. ist abgelegt in BArch, Z 38, Nr. 178. Das OGH-Urteil vom 6. September 1949 findet sich *ebd.*, Bl. 30–32, und liegt gedruckt vor: OGH StS 2, S. 142–144.
2042 Zum Fall Sch. vgl. BArch, Z 38, Nr. 244. Das Bochumer Landgerichtsurteil vom 19. März 1948 findet sich *ebd.*, Bl. 9–12. Die Entscheidung des OGH vom

störte sich Köln an einer unzureichenden Beachtung historischer Fakten, hier: der auch im ‚Schweinewagen-Fall' dargelegten SA-Gewaltherrschaft, derentwegen „der politische Gegner, wie es der Angeklagte in einem Falle selbst ausdrückte, ‚Freiwild' sei, dem schon das Recht auf eine abweichende politische Meinung schlechthin abzusprechen sei und der ungestraft der persönlichen Freiheit beraubt, entwürdigt, gequält und körperlich mißhandelt werden dürfe"[2043]. Die OGH-Richter Staff, Geier und Jagusch stellten, der Revision der Staatsanwaltschaft folgend, eine Beziehung der Gewaltakte mit einem schon Anfang 1933 bestehenden System von Willkür, Gewalt und Rechtlosigkeit fest. So hätte das Landgericht die Verletzung von KRG 10 Art. II 1c ernsthaft prüfen müssen. Rechtsirrig sei die Annahme, dass Gerichte bei der Bewertung von Taten, die nach StGB wie nach Kontrollratsgesetz verfolgbar seien, eine Wahlfreiheit hätten. Vielmehr hätte die ständige Rechtsprechung für solche Fälle entschieden, dass die Justiz im Sinne von Tateinheit nach § 73 StGB verfahren müsse[2044]. Bezüglich des Vorfalls, der Sch. einen Schuldspruch wegen gefährlicher Körperverletzung eingetragen hatte – Misshandlung eines KPD-Angehörigen durch SA-Männer –, unterstrich der Senat, weshalb es sich zugleich um ein Menschlichkeitsverbrechen gehandelt hatte:

> „Was den Vorgang von politischen Gewalttätigkeiten unterscheidet, die sich in erregter Zeit auch bei Völkern ereignen können, die sich zum Rechtsstaat bekennen, ist der Umstand, daß er zusammen mit zahlreichen ähnlichen Vorgängen die *Herrschaft* der Gewalt und des Terrors über alle aufrichtete und festigte, die einer anderen politischen Meinung huldigten. Darin zeigt sich deutlich die von der Strafkammer zu Unrecht vermißte Wirkung auf die Menschheit als solche, die Verletzung von Menschenwert und Menschenwürde schlechthin"[2045].

Ferner gab das hier behandelte Verfahren dem OGH Gelegenheit zu verdeutlichen, dass KRG 10 unter Umständen auch auf Unrecht anzuwenden war, das vor Hitlers Regierungsantritt stattgefunden hatte. So bestätigte er die Gesetzwidrigkeit einer zwei bis drei Tage vor dem 30. Januar 1933 verübten schweren Misshandlung eines Mannes durch die SA sowohl nach

---

25. Januar 1949 ist abgelegt *ebd.*, Bl. 29–37, und abgedruckt in: OGH StS 1, S. 264–273.
2043 *Ebd.*, S. 265.
2044 Vgl. *ebd.* Zur Klärung des Problems ‚Wahlfreiheit oder Idealkonkurrenz?' vgl. VI.4.
2045 OGH StS 1, S. 266 (Hervorhebung im Original).

2.2 NS-‚Machtergreifung' 1933

den StGB-Paragrafen 223a (schwere Körperverletzung), 239 (Freiheitsberaubung) und 125 Abs. 1 und 2 (Landfriedensbruch) als auch nach dem Kontrollratsgesetz. Weil ihm der Mann als Mitglied des ‚Kampfbundes gegen den Faschismus' bekannt war, hatte Sch. ihn mit einem Helfer aus einer Gastwirtschaft herausgeholt und auf einem Friedhof „mit 20–25 SA.-Leuten in rohester Weise mit dem Pistolenschaft und einem Gummiknüppel oder Totschläger mißhandelt (…), bis er zusammenbrach"[2046]. Der OGH-Strafsenat hielt die Würdigung des Sachverhalts durch das Landgericht Bochum für „völlig verfehlt". Denn nach Wortlaut und Sinn stände weder die ZJA-Verordnung vom 23. Mai 1947 ‚zur Beseitigung nationalsozialistischer Eingriffe in die Strafrechtspflege' (vgl. *III.3*) noch KRG 10 der Verfolgung jener Exzesstat entgegen[2047]. Um den bei Menschlichkeitsverbrechen nötigen Konnex mit der Gewalt- und Willkürherrschaft zu belegen, bedient sich das Gericht eines Interpretaments des Vorabends der ‚Machtergreifung', das aufhorchen lässt: Schon damals wäre der ‚politische Kampf um die Macht' in bestimmten Gegenden nicht mehr mit Waffengleichheit geführt worden, da der Terror der SA das Pendel zuungunsten ihrer zusehends wehrlosen Gegner ausschlagen ließ.

> „Die näheren Erscheinungsformen der Tat – Herausholen des Gegners aus einem öffentlichen Lokal, Verschleppen des Opfers in aller Öffentlichkeit durch eine starke Gruppe von SA.-Leuten und roheste Mißhandlung – unterscheiden sich durch nichts von den zahlreichen Gewalttaten und Übergriffen, wie sie nach dem 30. 1. 1933 als Mittel der Einschüchterung politischer Gegner üblich wurden. Sie zeigen, daß die SA. am Ort und zur Zeit der Tat die Herrschaft auf der Straße bereits an sich gerissen hatte und von ihr mit rohen, die Menschenwürde tief verletzenden Gewalttätigkeiten Gebrauch machte. Die nur wenige Tage vor dem 30. 1. 1933 liegende Tat stand (…) bereits deutlich im Schatten der heraufziehenden Herrschaft Hitlers und seiner Anhänger. Die vom Landgericht festgestellten näheren Umstände lassen nur *die* Deutung zu, daß die Täter die ungehinderte Herrschaft des Nationalsozialismus erwarteten, als unmittelbar bevorstehend ansahen und deswegen Straflosigkeit, wenn nicht gar Ehren und Belohnungen erhofften"[2048].

2046 Hier und um Folgenden *ebd.*, S. 269.
2047 Vgl. *ebd.*, S. 269–273.
2048 *Ebd.*, S. 272f. (Hervorhebung im Original).

2 Ausgewählte Entscheidungen

2.3 Synagogenbrandstiftung und antisemitische Gewalt im November 1938

Von insgesamt 583 KRG-10-Entscheidungen des OGH betrafen allein 118 den Tatkomplex Synagogenbrandstiftung und antisemitische Gewalttaten der ‚Reichspogromnacht' vom 9./10. November 1938[2049]. Das entspricht einem Anteil von 20,2 Prozent. Hierbei erlaubt die Zuordnung zu erstinstanzlich befassten Gerichten eine Hypothesenbildung zu regionalen Spezifika einerseits der Häufung von NS-Gewalttaten, andererseits der Verfolgungsintensität nach 1945. Wenn acht von zwölf Revisionseinlegungen aus dem dünn besiedelten Auricher Landgerichtsbezirk einen Bezug zum ‚Novemberpogrom' aufweisen[2050], überrascht die Zahl der diesem Tatkomplex zuzuordnenden und nach Köln gelangten Strafsachen aus den OLG-Bezirken Kiel (3) sowie Hamburg (2) doch wegen ihrer Geringfügigkeit[2051]; zumal angesichts der größeren Bevölkerungszahl dieser Sprengel. Um belastbare Aussagen treffen zu können, müssten nun aber weitere Faktoren in die Kalkulation einbezogen werden. Mit Blick auf 1938 gälte es z. B. die Anzahl der jüdischen Gemeinden und Synagogen in den Gerichtsbezirken zu berücksichtigen. Mit Blick auf die Ahndungspraxis müssten Unterschiede die Bedingungen vor Ort betreffend betrachtet werden, die die Beweiserhebung erleichterten oder erschwerten (z. B. das Vorhandensein von Opfer-Zeugen). Es wäre deshalb zu einfach gedacht, anhand der genannten, dürren Daten zu schlussfolgern, dass das Pogrom im Raum Aurich gegenüber Kiel und Hamburg besonders heftig tobte und/oder die Ahndung der Verbrechen nach Kriegsende dort akribischer verfolgt wurde. Denn für die Häufung bzw. Seltenheit von Prozessen könnte es andere Erklärungen geben, für die hier kein empirisches Material vorgelegt werden kann – etwa hinsichtlich der Zahl und Verbreitung jüdischer Gemeinden in einzelnen Sprengeln. Eine fundierte Hypothesenbildung schließt das nicht aus. So ist nicht zu leugnen, dass die ‚Politik' der jeweiligen Anklagebehörde für die Aufarbeitung von NS-Unrecht entscheidende Bedeutung hatte. Das wurde anhand der Verfolgung von Pogromverbrechen im Bezirk Aurich aufgezeigt (vgl. VI.2.3), die von Generalstaatsanwalt Meyer-

---

2049 Vgl. *Form* 2012, S. 50. Einen speziellen Aspekt der OGH-Rechtspraxis zu antisemitischen Ausschreitungen untersucht *Bryant*.
2050 Die Zahlen ergeben sich nach kritischer Durchsicht des von Form vorgelegten Index zu OGH-Strafverfahren mit KRG-10-Bezug in: *Justizministerium des Landes Nordrhein-Westfalen* 2012 (Hrsg.), S. 194–241. Insoweit sie von der Statistik in *Form* 2012, S. 50, abweichen, wurden inzwischen entdeckte kleine Ungenauigkeiten bei der Zuordnung von Verfahren zu bestimmten Ländern korrigiert.
2051 Vgl. *ebd.*

2.3 Synagogenbrandstiftung und antisemitische Gewalt im November 1938

Abich forciert und aus Gründen der Prozesstaktik in eine Vielzahl übersichtlicher Strafverfahren aufgeteilt worden war (18 bei insgesamt elf Pogromen).

Seine erste Entscheidung zu den im Zusammenhang der ‚Reichspogromnacht' an Jüdinnen und Juden, ihren Gotteshäusern und ihrem Besitz begangenen Gewalttaten und Verwüstungen fällte der OGH erst am 15. Juli 1948[2052]. Dieser Tatkomplex spielte also im Rahmen seiner ersten, grundlegenden Urteile keine Rolle. Die Prägung des objektiven und subjektiven Tatbestands bei ‚Verbrechen gegen die Menschlichkeit' und die Feststellung einer rückwirkenden Strafbarkeit waren schon erfolgt (vgl. 1). Im Gegensatz zu Denunziationen, die bei drei der ersten fünf Entscheidungen zu KRG 10 im Fokus standen[2053], waren die antisemitischen Übergriffe vom November 1938 unbestreitbar unter StGB-Tatbestände fassbar. Ihre Strafwürdigkeit stand außer Frage. Man konnte sich mithin damit begnügen, die entwickelten tatbestandsmäßigen Kriterien auf diesen Tatkomplex anzuwenden. Geschichtsbildern, die wie bei Anzeigeverbrechen eigens eine Verbindung mit dem Kontextelement der NS-Gewalt- und Willkürherrschaft nachwiesen, um einen Rechtsbruch zumindest nach alliierter Strafnorm aufzuzeigen, kam geringere Bedeutung zu. Nachdem der Strafsenat die Rückwirkung sowie Anwendbarkeit von KRG 10 durch die deutsche Justiz konstatiert hatte, bestanden auch keine Zweifel an der Subsumierbarkeit des Terrors des Novemberpogroms.

So erscheinen die vor dem Revisionsgericht aufgrund antisemitischer Ausschreitungen sowie Synagogenbrandstiftung verhandelten Prozesse unspektakulärer als Verfahren, in denen über Geschichtsbilder oder die Lesart des Kontrollratsgesetzes gestritten wurde. Im Gegensatz zum Fall Harlan (vgl. 2.4) oder Strafsachen, die prominente Parteigrößen wie den Gauleiter von Düsseldorf (vgl. 2.6) betrafen, erfuhren jene örtlich beschränkten Gräuel wenig überregionale Resonanz. Thesenhaft ist zu fragen, ob die Ahndung von rassistisch motiviertem NS-Unrecht auf ungünstigere Bedingungen stieß als die Bestrafung von Verbrechen, die aus politischen Gründen, etwa an SPD- oder KPD-Anhängern, verübt wurden. Nichtsdestoweniger offenbarte jener Tatkomplex von KRG-10-Sachen ein großes Maß an juristischem Regelungsbedarf. Die Kölner Richter entschieden nicht nur über die Rechtskraft einzelner Gerichtsurteile, indem sie Rechtsmitteln stattgaben oder sie verwarfen – sie legten auch die Leitlinien dafür fest, wie Gewalt an jüdischen Deutschen unter KRG 10 und die Tatbestände des

---

2052 Vgl. *Justizministerium des Landes NRW* (Hrsg.) 2012, S. 195.
2053 Vgl. *ebd.*, S. 194.

StGB zu subsumieren war. Zu letzteren zählten Landfriedensbruch (§ 125), Zerstörung von Bauwerken, u. a. Synagogen (§ 305), schwere Brandstiftung (§ 306), gefährliche Körperverletzung (§ 223a) und Straftaten im Amt (§ 341). Dabei sollte der Frage nach der Verjährung bzw. deren (Nicht-)Aufhebung nach der ZJA-Verordnung vom 23. Mai 1947 zentrale Bedeutung zukommen.

a) Verfahren gegen K. und A.

Am 10. August 1948 entschied der OGH in einer Strafsache gegen Männer, denen die Verwüstung einer Synagoge zum Vorwurf gemacht wurde[2054]. Er pflichtete der Meinung des Landgerichts Arnsberg bei, dass ein Angeklagter „als Mittäter vorsätzlich und rechtswidrig ein im fremden Eigentum stehendes Gebäude teilweise zerstört hat (§ 305 StGB)"[2055]. Bezüglich der äußeren Tatseite stellte er fest, dass die Tat als „parteiamtlicher Terrorakt auf die nationalsozialistische Herrschaft zurückgeht"[2056]. Sie hätte „in der jüdischen Bevölkerung des Ortes M. Schrecken und ein Gefühl völliger Rechtlosigkeit erregt und sie in ihren religiösen Gefühlen und damit in ihrer Menschenwürde aufs schwerste gekränkt". Es sei das überindividuelle Rechtsgut der „Menschheit als Trägerin der sittlichen Grundwerte des menschlichen Zusammenlebens, zu denen die Freiheit öffentlicher Religionsausübung gehört", berührt worden. Die Angeklagten hätten den Gesamterfolg und die Zerstörungen als eigene gewollt. Als Urteilsleitsatz gab der Senat zu Protokoll: „Mittäter eines Unmenschlichkeitsverbrechens (Synagogenverwüstung) ist auch, wer nicht mit Hand anlegt, aber als in die Aktion Eingeweihter und angesehener Parteigenosse zeitweilig an verschiedenen Tatorten zugegen ist, die Ausschreitungen der unmittelbaren Täter als eigene will und die Mittäter geistig unterstützt"[2057]. Diese Feststellung bildete das Gegenstück zu den späteren Kölner Darlegungen im ‚Schweinewagen-Fall' (vgl. 2.2). Darin wurde der Freispruch des SA-Mannes P. bestätigt, der ebenfalls ohne einzugreifen an einem Anprangerungsmarsch teilgenommen hatte. Im Vergleich zu P. war die ‚stumme Zustim-

---

2054 Zur Strafsache gegen K. u. A. vgl. BArch, Z 38, Nr. 343. Das OGH-Urteil vom 10. August 1948 ist abgelegt *ebd.*, Bl. 6–10, und wiedergegeben in: OGH StS 1, S. 53–56. Hierzu auch *Cassese* 2013, S. 195f.
2055 OGH StS 1, S. 53.
2056 Hier und im Folgenden *ebd.*, S. 54.
2057 *Ebd.*, S. 53.

mung' bei K. und A. jedoch beredter. Indem sie nämlich nicht wie P. in Zivilkleidung, sondern uniformiert auftraten, nahm ihr Tatbeitrag eine Dimension an, die Schuld wie auch Strafe begründete.

b) Verfahren gegen T. und K.

Das Osnabrücker Schwurgericht stellte im Februar 1948 in einer Strafsache in Bezug auf den Sachverhalt fest, dass alte Parteigenossen am 10. November 1938 an Ausschreitungen und der Zerstörung von Synagogen in mehreren Städten und Orten des Emslandes (u. a. Meppen) teilgenommen hatten[2058]. Der hauptamtliche SA-Standartenführer T. hatte den Befehl zu dieser antijüdischen ‚Aktion' übermittelt und einen motorisierten Trupp mit gewaltbereiten Männern organisiert. Dessen Mitglied K. hatte den in M. an die Synagoge gelegten Brand derartig stark mit Benzin angefacht, dass außer dem Gotteshaus noch zwei angrenzende Häuser abbrannten. Während das Tatgericht T. mit einer zweijährigen Haftstrafe belegte, verurteilte es den Angeklagten K. zu anderthalb Jahren Gefängnis. Der Schuldspruch lautete auf Verbrechen nach KRG 10 Art. II 1c. Anklage wie Verteidigung legten Revision ein, die das OLG Oldenburg zwecks Klärung von Rechtsfragen dem OGH überantwortete. Der Strafsenat – bestehend aus Staff, Geier und Jagusch – erkannte für Recht, dass das Rechtsmittel der Staatsanwaltschaft begründet sei, das der Verteidigung aber nicht[2059]. Denn die Taten der Angeklagten hätten sowohl die innere als auch die äußere Tatseite des Menschlichkeitsverbrechens erfüllt. Sie hätten

> „nicht nur Gewalt gegen Sachen [verübt]. Vielmehr haben sie sich zu willigen Werkzeugen politischen Rassenhasses gemacht, der darauf ausging, die jüdischen Kultstätten zu zerstören, vermeintlich um Rache zu nehmen, um die Juden, die sie als rassisch minderwertig verachteten, in ihren tiefsten Gefühlen zu treffen, ihnen ihr Ausgestoßensein deutlich vor Augen zu führen, sie in Schrecken zu versetzen und weiteren Haß gegen sie zu erzeugen. Diese Tat war nicht nur geeignet, die Menschenwürde der ortsansässigen Juden aufs tiefste zu verletzen. Als

---

2058 Zum Fall T. und K. vgl. BArch, Z 38, Nr. 300. Das Urteil des Landgerichts Osnabrück vom 9. Februar 1948 ist *ebd.*, Bl. 1–10, abgelegt.
2059 Die Entscheidung des OGH vom 21. Dezember 1948 findet sich *ebd.*, Bl. 38–42, und ist wiedergegeben in: OGH StS 1, S. 198–202.

Pogrom berührt sie vielmehr die Humanitas unmittelbar und erregt bei jedem menschlich Gesinnten Abscheu"[2060].

Das Argument der Verteidigung, die Angeklagten hätten in einem rechtfertigenden Notstand oder entschuldigenden Nötigungsstand gehandelt, weist der OGH zurück. Demnach fielen für den Angeklagten T. beide Rechtsfiguren aus, weil er für seine (vermeintliche) Zwangslage selbst verantwortlich gewesen war. So heißt es im Urteil:

> „Als alter Parteigenosse kannte T. das Programm und die Kampfmethoden der NSDAP. Wenn er sich ihr dennoch als hauptamtlicher Standartenführer zur Verfügung stellte, so hatte er von vornherein damit zu rechnen, zu derartigen Verbrechen befohlen zu werden. Bei selbstverschuldetem Notstande aber käme ihm weiter auch ein etwaiger Irrtum über Umstände, die ihm eine Nötigungs- oder Notstandslage vorgetäuscht haben könnten, nicht zugute"[2061].

Weiter bemerkten die Richter, dass das Tatgericht den Sachverhalt auch einer Würdigung entsprechend den einschlägigen Tatbeständen des StGB hätte unterziehen müssen. Denn das in § 1 der ZJA-Verordnung vom Mai 1947 zur Voraussetzung einer Verjährungsaufhebung für die Zeit des ‚Dritten Reichs' gemachte ‚Sühnebedürfnis' sei beim Zusammentreffen eines Menschlichkeitsverbrechens mit einer deutschrechtlichen Straftat regelmäßig gegeben. So sei eine Vorschrift wie § 306 StGB (schwere Brandstiftung) im Fall T. und K. anwendbar, hatte doch die zugehörige Verjährung besagter Verordnung zufolge erst im Mai 1945 begonnen. Im Fall eines Schuldspruchs sei die Strafe nach § 73 StGB (Idealkonkurrenz) zwar dem KRG 10 zu entnehmen; jedoch dürfte dabei die Mindeststrafe der milderen Strafnorm aus dem StGB, die Zuchthaus vorsah, nicht unterschritten werden. Deshalb drohte den Angeklagten mit einer tateinheitlichen Verurteilung nach KRG 10 und StGB Strafverschärfung. Im Übrigen seien ihre Handlungen auch unter § 125 Abs. 1 und 2 (Landfriedensbruch) verfolgbar. Insofern die Richter den Schuldspruch nicht einfach ergänzen könnten, wer-

---

2060 Ebd., S. 200.
2061 Ebd., S. 200f. Dem ICTY-Richter Cassese diente die Rechtsauslegung des OGH, dass die Mitgliedschaft in einer verbrecherischen Organisation den Rechtfertigungsgrund des Notstands ausschließt, 1997 in seiner ‚Separate and Dissenting Opinion' im Erdemović-Fall als Argument. Hierzu Kreß, Claus: Erdemović, in: Cassese (Hrsg.), S. 660–663, hier: S. 660f.; sowie Cassese 2013, S. 216.

de das erstinstanzliche Urteil aufgehoben und die Strafsache zur Neuverhandlung an das Schwurgericht zurückverwiesen[2062]

c) Verfahren gegen G.

In der Sache gegen G. wegen Ausschreitungen im Zuge des ‚Novemberpogroms' in Bad Harzburg verkündete der OGH am 8. Februar 1949 den Erfolg einer mit der Nichtanwendung von KRG 10 begründeten Revision der Anklagebehörde gegen das erstinstanzliche Urteil des Landgerichts Braunschweig[2063]. So erfüllten die Taten des Angeklagten, des dienstältesten SA-Führers vor Ort, nicht nur die Tatbestandsmerkmale eines Landfriedensbruchs (§ 125 StGB), dessentwegen G. sechs Monate hinter Gittern verbringen sollte, sondern auch die eines Menschlichkeitsverbrechens. Die Richter hätten dessen innere Tatseite insofern verkannt, als sie ihr zu enge Grenzen gesetzt und ihre Verwirklichung im Fall von G. verneint hätten. Dem Sachverhalt gemäß hätte er als lokaler SA-Führer einen Überblick über die ‚Aktion' besessen, die er als eigene gewollt hatte und über deren Willkürcharakter er im Bilde gewesen war. „Das ergab schon die äußere Form der Aktion, deren lichtscheuer Ablauf selbst einem abgestumpften Rechtsempfinden anrüchig sein mußte"[2064]. Der Strafsenat (Staff, Wimmer und Jagusch) hielt fest, dass nicht erst die Verschleppung jüdischer Personen, sondern schon das Geschehen vor Ort tatbestandsmäßiges Handeln darstellte. Er illustrierte dies anhand des folgenden, auch in anderen Urteilen begegnenden Geschichtsbildes der NS-Judenverfolgung:

> „Zum mindesten seit dem Erlaß der Nürnberger Judengesetze waren die Juden in Deutschland, bewußt aller Verachtung der Uneinsichtigen preisgegeben, als Menschen angeblich minderen Grades beiseite geschoben. Wenn sie nun sämtlich, ohne jedes persönliche Verschulden und ohne billigenswerten Anlaß, nachts in ihren Häusern überfallen, durch willkürliche Handlungen herabgesetzt, mißachtet und schließlich verschleppt wurden, ohne dagegen irgendwo Hilfe zu finden, also zum bloßen Gegenstande von Willkürmaßnahmen wurden,

---

2062 Vgl. OGH StS 1, S. 201f.
2063 Zur Strafsache gegen G. vgl. BArch, Z 38, Nr. 304. Die Entscheidung des Landgerichts Braunschweig vom 17. Juni 1948 ist abgelegt *ebd.*, Bl. 1–10. Das OGH-Urteil vom 8. Februar 1949 findet sich *ebd.*, Bl. 33–38, und ist abgedruckt in: OGH StS 1, S. 284–290.
2064 *Ebd.*, S. 286.

so ist das offensichtlich eine seelische Mißhandlung schlimmen Grades, wenn nicht auch eine körperliche"[2065].

Der OGH unterstellte dem Angeklagten nicht nur die Teilnahme, sondern eine Rädelsführerschaft. Für ihn stand seine Beteiligung an den antisemitischen Gewalttaten gegen die Bewohner eines jüdischen Hauses außer Frage, mochte der SA-Führer auch selbst nirgends Hand angelegt haben[2066].

In puncto Kausalität bzw. Tatbeitrag hielt der Oberste Gerichtshof in seiner Entscheidung im Prozess gegen die Angeklagten B. und R. 1949 fest: „Mit Recht hält das Schwurgericht jede Bedingung, die der Angeklagte mit Täterwillen für den Erfolg gesetzt hat, für ausreichend und erklärt es für gleichgültig, ob er selbst das Streichholz entflammt oder Benzin in das schon schwelende Feuer geschüttet hat"[2067].

d) Verfahren gegen J. u. A.

In der Strafsache gegen J. u. A. kamen die OGH-Richter Staff, Geier sowie Jagusch Anfang 1949 zu dem Ergebnis, dass das Bonner Tatgericht einem Rechtsirrtum erlegen gewesen sei, indem es die wegen Beitrags zur ‚Juden-Aktion' am 10. November 1938 in R. Angeklagten nur wegen schwerer Brandstiftung und Landfriedensbruchs abgeurteilt hatte[2068]. Denn der Sachverhalt – Synagogenbrandstiftung, Verwüstung jüdischer Wohnungen und Geschäfte, Einsperrung wie Misshandlung jüdischer Männer im Spritzenhaus und Anprangerungsmarsch – hätte fraglos die Merkmale eines Verbrechens gegen die Menschlichkeit aufgewiesen. Auch waren männliche Juden danach zur Gestapo nach Köln transportiert und von dort aus einige Tage im Gefängnis und darauf wochen-, teils monatelang im KZ Dachau inhaftiert worden. Tatsächlich war es in diesem Fall die Verteidigung, welche die Nichtanwendung von KRG 10 gerügt hatte; vermutlich versprach sie sich davon ein milderes Strafmaß. Der OGH trat dieser Er-

---

2065 Ebd., S. 287.
2066 Vgl. ebd., S. 288f.
2067 Ebd., S. 297. Zum Verfahren gegen B. und R. vgl. BArch, Z 38, Nr. 273. Die OGH-Entscheidung vom 15. Februar 1949 ist abgelegt ebd., Bl. 51–60, und wiedergegeben in: OGH StS 1, S. 293–299.
2068 Zur Sache gegen J. und A. vgl. BArch, Z 38, Nr. 358. Das Urteil des Landgerichts Bonn vom 26. September 1947 findet sich ebd., Bl. 1–19. Die Entscheidung des OGH vom 22. Februar 1949 ist abgelegt ebd., Bl. 98–107. Zur Frage der Strafbarkeit unter KRG 10 äußert sich das Revisionsgericht im Übrigen ebd., Bl. 102f. Wiedergegeben ist das Urteil auch in: OGH StS 1, S. 310–315.

2.3 Synagogenbrandstiftung und antisemitische Gewalt im November 1938

wartung entgegen, indem er verdeutlichte, wie Tateinheit nach § 73 StGB zu verstehen sei: „Ist auch die Strafe dann regelmäßig dem KRG. 10 als demjenigen Gesetz zu entnehmen, das die schwerste Strafe androht, so dürfen doch Art und Mindestmaß der Strafe eines an sich milderen, konkurrierenden deutschen Strafgesetzes nicht unterschritten werden"[2069]. Auch das Argument, die Angeklagten hätten bloß auf Befehl der Regierung bzw. eines Vorgesetzten gehandelt, verfange nicht; ihr Tun bleibe rechtswidrig. KRG 10 sowie die ZJA-Verordnung vom 23. Mai 1947 sprächen „mit der Bestimmung, daß Handeln auf Befehl (...) nicht von der Verantwortlichkeit für eine Straftat befreie, insoweit nur das ausdrücklich aus, was seit jeher auch in Deutschland rechtens war". Dies hätte auch das Landgericht Bonn unter Hinweis auf § 47 des Militärstrafgesetzbuches (MStGB) und § 7 des Beamtengesetzes festgestellt. Weil es im Fall J. und A. um „Rechtsbrüche schwerster Art" gehe, könne nicht von einem Irrtum über die Verbindlichkeit und Rechtmäßigkeit des Befehls ausgegangen werden, der strafrechtliche Verantwortlichkeit womöglich ausschlösse. Für eine Notstandslage gebe es gleichfalls keine Anhaltspunkte. Denn die Täter hätten nicht im Bewusstsein gehandelt, dass Nichthandeln für sie eine Gefahr für Leib und Leben heraufbeschworen hätte[2070]. Schließlich diskutiert der OGH die Frage, ob die aus dem StGB entnehmbare Mindeststrafe unter Umständen unterschritten werde dürfe. Denn KRG 10 sowie § 4 der besagten ZJA-Verordnung wiesen bei Handeln auf Befehl auf die Möglichkeit zur Strafmilderung hin, was § 306 StGB (schwere Brandstiftung) nicht tat. Das Revisionsgericht verneint die Frage, da es keinen Spezialfall schaffen wollte, der nur bei Menschlichkeitsverbrechen zur Anwendung käme[2071]. Der Tenor des OGH-Urteils zielt folglich auf eine umfassende Verfolgung von NS-Unrecht – sei es durch Hinweis auf das tatgerichtliche Erfordernis der rechtlichen Würdigung des Sachverhalts unter KRG 10, sei es durch Betonung der Grenzen einer strafmildernden Berücksichtigung von Handeln auf Befehl oder eines rechtfertigenden Notstandes.

2069 Hier und im Folgenden *ebd.*, S. 312.
2070 Zur rechtlichen Bewertung der Themen ‚Handeln auf Befehl' und ‚Befehlsnotstand' im Urteil des OGH vom 22. Februar 1949 vgl. *Radtke*, S. 132f.
2071 Vgl. OGH StS 1, S. 314.

e) Verfahren gegen Sch. u. a.

Im Fall Sch. u. a. setzte sich der OGH (Wimmer, Geier und Jagusch) in seinem Urteil vom Frühjahr 1949 mit der rechtlichen Würdigung der in der Nacht zum 10. November 1938 verübten Misshandlung und tödlichen Verletzung des Synagogenverwalters P. durch das Landgericht Braunschweig auseinander[2072]. Auf ‚Befehl' eines ortsfremden SS-Sturmführers hatte sich der Angeklagte Sch. mit zwei weiteren SS-Angehörigen Zutritt zur Wohnung des P. verschafft, ihn aus dem Schlaf gerissen, eine Hausdurchsuchung durchgeführt und ihn zunächst zur Polizei und danach zur brennenden Synagoge mitgenommen, wo er brutal misshandelt und beleidigt wurde. Bei Rückkehr zur Wache wurde das jüdische Opfer „hinterrücks niedergeschossen"[2073], von einem Menschenauflauf mit Fußtritten malträtiert und in Polizeigewahrsam genommen. Vier Tage später erlag P. der Schussverletzung. Die Richter in Braunschweig beurteilten diese Gräueltat nur unter Heranziehung deutschrechtlicher Normen. Dagegen betont das Revisionsgericht, der Angriff auf P. sei „ein einziges Verbrechen gegen die Menschlichkeit" gewesen. Zwar hätte das Tatgericht dies nicht verkannt; es sei aber zur rechtsirrigen Ansicht gelangt, die Tatbeiträge der Angeklagten hätten den Tatbestand nicht verwirklicht, „weil sie sich nur einen *örtlichen* Ausbruch von Rassenhaß *vorgestellt* hätten"[2074]. Mit Blick auf Sch. zeigt Köln auf, dass er sich der Willkür und Gewalt, denen er P. auslieferte, vollauf bewusst war. Ein Verbrechen gemäß KRG 10 Art. II 1c könne darin bestehen, dass der Angeklagte der Rechtspflicht, das in ‚Schutzhaft' genommene Opfer vor willkürlich-gewalttätigen Angriffen zu bewahren – wie hier geschehen –, nicht nachgekommen war[2075]. Die Entscheidung referiert das bereits andernorts entwickelte Geschichtsbild des OGH von der NS-Judenverfolgung bis zum November 1938, die

> „für die Juden in Deutschland einen Zustand der Rechtlosigkeit geschaffen [hätte]. Diese offenkundigen Tatsachen hat das Schwurgericht bei der Würdigung des Sachverhalts nicht berücksichtigt und kommt so zu dem befremdenden Ergebnis, die Angeklagten hätten sich nur

---

2072 Zum Verfahren gegen Sch. u. a. vgl. BArch, Z 38, Nr. 274. Das Urteil des Schwurgerichts Braunschweig vom 23. Juni 1948 ist *ebd.*, Bl. 1–20, abgelegt. Die OGH-Entscheidung vom 20. April 1949 findet sich *ebd.*, Bl. 60–70, und ist abgedruckt in: OGH StS 2, S. 11–17.
2073 *Ebd.*, S. 12.
2074 *Ebd.* (Hervorhebungen im Original).
2075 Vgl. *ebd.*, S. 14f.

2.4 Antisemitische Hetzpropaganda und Beleidigung – der Fall Harlan

einen örtlichen Ausbruch des Rassenhasses vorgestellt. Unter Verkennung der Lage, wie sie schon vor den Ausschreitungen im November 1938 bestand, glaubt das Schwurgericht die gegenteilige Feststellung nur treffen zu können, wenn die Angeklagten gewußt hätten, daß ‚in diesem Augenblick im ganzen deutschen Reich oder auch nur im Lande Braunschweig systematisch eine Judenverfolgung mit Massenverhaftungen und Synagogenverbrennungen im Gange war'. Es übersieht, *daß diese systematische Judenverfolgung längst betrieben wurde*, wenn sie auch bisher noch nicht diesen Grad und Umfang erreicht hatte, daß auch den Angeklagten dieser Umstand nicht verborgen geblieben sein kann und ein Handeln in diesem Bewußtsein auch in ihrer Vorstellung den Zusammenhang zwischen ihrem Verhalten und der nationalsozialistischen Gewalt- und Willkürherrschaft herstellte"[2076].

Einmal mehr verdeutlichen die Ausführungen des OGH-Strafsenats die Bedeutung der Zugrundelegung eines bestimmten Geschichtsbildes für die juristische Beurteilung von Taten als Verbrechen gegen die Menschlichkeit – hier mit Fokus auf den subjektiven Tatbestand, nämlich das Bewusstsein der Täter, an einem Gewalt- und Willkürsystem mitzuwirken.

2.4 Antisemitische Hetzpropaganda und Beleidigung – der Fall Harlan[2077]

Der bekannteste und schillerndste Angeklagte, mit dessen Taten sich der Oberste Gerichtshof in KRG-10-Verfahren befasste, war der in der NS-Zeit zu Berühmtheit gelangte Regisseur Veit Harlan[2078]. Ihm wurde die Urhe-

---

2076 *Ebd.*, S. 15f. (Hervorhebung im Original).
2077 Zum Fall Harlan vgl. *Henne*, Thomas/*Riedlinger*, Arne (Hrsg.): Das Lüth-Urteil aus (rechts-)historischer Sicht. Die Konflikte um Veit Harlan und die Grundrechtsjudikatur des Bundesverfassungsgerichts, Berlin 2005. Dort etwa der Text von *Liebert*, Frank: Vom Karrierestreben zum „Nötigungsnotstand". „Jud Süß", Veit Harlan und die westdeutsche Nachkriegsgesellschaft (1945–50), in: Henne/Riedlinger (Hrsg.), S. 111–146; ferner *Burghardt*, Boris: Harlan (*Jud Süß* case), in: Cassese (Hrsg.), S. 720f.; *Raap*, Maike: II.C3 Veit Harlan-Prozess, in: Fischer/Lorenz (Hrsg.), S. 96–98; *Pauli* 1996, S. 116–119.
2078 Zu Harlan (1899–1964) vgl. *Klee* 2005, S. 226; weiterhin *Kuhlbrodt*, Dietrich: Veit Harlan und sein Film „Jud Süß", in: Henne/Riedlinger (Hrsg.), S. 65–78, hier: S. 65–68.

berschaft am antisemitischen Hetzfilm ‚Jud Süß'[2079] (1940) als Begehung eines Menschlichkeitsverbrechens bzw. als Beihilfe zur NS-Judenverfolgung zur Last gelegt. Mochte Harlan, wie er nach 1945 betonte, dem von Reichspropagandaminister Goebbels in Auftrag gegebenen und beaufsichtigten Filmprojekt zuerst ablehnend begegnet sein, so ließ er sich gleichwohl darauf ein, überarbeitete das Drehbuch und übte die ‚Spielleitung' aus. Als Melodram verpackt, diente der Propagandastreifen dem Schüren judenfeindlicher Emotionen. Der Plot dreht sich um die Figur eines machtgierig-verschlagenen Juden – eine stark verzerrte Anlehnung an die historische Gestalt Joseph Süß Oppenheimers (1698–1738). Im Film erlangt er als Geldgeber und Berater Macht über Württembergs Herzog und vergewaltigt eine junge Frau, die sich seinem Werben entzieht. Als diese sich verzweifelt das Leben nimmt, bricht der Volkszorn gegen den ungeliebten Fürstengünstling los. Am Schluss wird der jämmerlich um sein Leben flehende Oppenheimer gehängt und der Judenbann über Württemberg verkündet. ‚Jud Süß' erreichte ein Millionenpublikum – genauso seine antisemitische Botschaft, die auf den Nenner ‚Die Juden sind unser Unglück' (Heinrich von Treitschke) gebracht werden kann. Äußerst wirksam half der Film, propagandistisch den Boden für eine weitere Radikalisierung der NS-Judenverfolgung zu bereiten, die nach der ‚Reichspogromnacht' (1938) bereits in das Stadium nackter Gewalt und Vertreibung übergegangen war. Harlan stieg nun endgültig zu Goebbels ‚Starregisseur' auf und wurde mit weiteren lukrativen Aufträgen bedacht. Die opulenten Kriegspropaganda- bzw. ‚Durchhaltefilme' ‚Der große König' (1942) und ‚Kolberg' (1945) stechen aus seinem späten NS-Œuvre hervor.

a) Anklage wegen Menschlichkeitsverbrechens und Beleidigung

Mit dem Ende der NS-Herrschaft war der Stern Harlans gefallen – vorerst. Denn kaum hatten die Alliierten ihre Besatzungsherrschaft errichtet, arbeitete er schon an Rehabilitierung und Comeback. Mit Eifer betrieb er die Entnazifizierung und verfasste eine Verteidigungsschrift, worin er seine Rolle unter Hitler herunterspielte und „als unschuldiges Opfer schicksal-

---

[2079] Zu Harlans Film ‚Jud Süß' (1940) vgl. *Töteberg*, Michael: Jud Süss, in: Ders. (Hrsg.): Metzler Film Lexikon. 2., aktualisierte u. erw. Aufl. mit 103 Abbildungen, Stuttgart/Weimar 2005, S. 337–339; zudem *Kuhlbrodt*, S. 68–78; *Schmauder*, Stephan: Antisemitische Propaganda in Veit Harlans Historien-Film-Melodram *Jud Süß* (1940), in: Henne/Riedlinger (Hrsg.), S. 79–103.

haften Pechs und als hilfloser Befehlsempfänger"[2080] erschien. Tatsächlich gelang es dem Regisseur, Ende 1947 vom Entnazifizierungsausschuss in die Kategorie ‚entlastet' eingestuft zu werden. Diese Entscheidung bedeutete jedoch nicht das Ende, sondern erst den Beginn der Aufarbeitung seiner NS-Vergangenheit, wurde sie doch in der Öffentlichkeit als Skandal und mit Empörung wahrgenommen. Es folgte die ‚Verrechtlichung' (Liebert) der Causa. Die ‚Notgemeinschaft der durch die Nürnberger Gesetze Betroffenen' wie auch die ‚Vereinigung der Verfolgten des Naziregimes' beantragten Anfang 1948 beim Hamburger Generalstaatsanwalt ein Verfahren wegen Menschlichkeitsverbrechen. Der Vorwurf bezog sich auf Harlans Verantwortung für die Herstellung und Folgen von ‚Jud Süß'[2081]. Am 3. Februar unterrichtete Oberstaatsanwalt Gerhard Friedrich Kramer den Beschuldigten[2082]. Laut Klageschrift vom 15. Juli 1948 stellten auch vier jüdische Mitbürger Strafantrag wegen Beleidigung nach § 185 StGB, nachdem sie am 1. Juli „von dem beleidigenden Inhalt des Filmes anlässlich einer Vorführung im Atelier der Alsterfilmgesellschaft (…) Kenntnis erhalten hatten"[2083]. Die Anklage warf Harlan vor,

> „zu Berlin und an anderen Orten in den Jahren 1939/40 durch eine und dieselbe fortgesetzte strafbare Handlung I. als Beihelfer bei der Begehung von Verbrechen gegen die Menschlichkeit durch Verfolgung aus rassischen Gründen mitgewirkt und mit der Planung solcher Verbrechen im Zusammenhang gestanden, II. wider besseres Wissen in Beziehung auf die jüdischen Mitbürger [es folgen vier Namen] unwahre Tatsachen behauptet und verbreitet zu haben, welche diese verächtlich zu machen und in der öffentlichen Meinung herabzuwürdigen geeignet sind, und zwar öffentlich durch Verbreitung von Darstellungen, indem er als verantwortlicher Regisseur den Film ‚Jud Süß' herstellte (…)"[2084].

Der Oberstaatsanwalt untersucht die Hintergründe von Harlans Verpflichtung und zeigt mit Zeugenaussagen „[d]ie Wirkungen, die ein Filmwerk

---

2080 *Liebert*, S. 115.
2081 Vgl. *ebd.*, S. 120–122.
2082 Vgl. *Liebert*, S. 123; auch *Wojak*, S. 439. Zu Kramer, Jahrgang 1904, vgl. *Henne, Thomas/Riedlinger*, Arne: Biographischer Anhang zu den beteiligten Juristen an den Strafverfahren gegen Veit Harlan und an den Zivilverfahren der Filmfirmen gegen Erich Lüth, in: Dies. (Hrsg.), S. 569–578, hier: S. 570f.
2083 Zit. n. *dies.* (Hrsg), S. 418. Die Anklageschrift vom 15. Juli 1948 ist in Auszügen wiedergegeben in: *ebd.*, S. 411–418.
2084 Zit. n. *ebd.*, S. 411 (Einschub der Herausgeber).

mit antisemitischer Tendenz in der vom Beschuldigten geschaffenen künstlerischen und besonders eindrucksvollen Form in einer Zeit des staatlicherseits mit allen Mitteln geförderten Rassenhasses hatte und haben musste"[2085]. So hätte der Film eine „planmäßige Massenverhetzung" herbeigeführt, „die die psychologischen Voraussetzungen für die Durchführung der Massenverbrechen des Nationalsozialismus gegen die Juden als Volksteil schuf"[2086]. Dafür trüge Harlan gemäß KRG 10 die strafrechtliche Verantwortung. Es gebe keine Anzeichen dafür, dass er sein Handeln unter Hinweis auf einen Rechtfertigungsgrund wie Nötigungsnotstand (§ 52 StGB) entschuldigen könne. Denn weder der Beschuldigte noch seine Angehörigen wären einer Gefahr für Leib und Leben ausgesetzt gewesen, wenn er Goebbels' Auftrag abgelehnt hätte. Dass er „durchaus mit dem Herzen bei der Arbeit"[2087] war, erhelle aus der künstlerischen Qualität des Films. Zum Anklagepunkt der Beleidigung notiert Kramer, die Filmhandlung sei „eine einzige Ehrenkränkung des jüdischen Volksteils".

b) Urteil des Landgerichts Hamburg vom 23. April 1949

Das Schwurgericht Hamburg tagte unter Vorsitz von Landgerichtsrat Walter Tyrolf, der vor 1945 als Staatsanwalt am Sondergericht der Hansestadt in Bagatellstrafsachen wiederholt und mit Erfolg die Todesstrafe beantragt hatte[2088]. Die Nebenklage der jüdischen Männer, welche einen persönlichen Strafantrag gegen Harlan gestellt hatten, vertrat Rechtsanwalt Her-

---

2085 Zit. n. *ebd.*, S. 415.
2086 Zit. n. *ebd.*, S. 416.
2087 Hier und im Folgenden zit. n. *ebd.*, S. 417.
2088 Vgl. *Henne/Riedlinger*, S. 569. Zu Tyrolf (1901–1971) vgl. *ebd.*, S. 569f. Zum Strafverfahren gegen Harlan vgl. BArch, Z 38, Nr. 392. Das Hamburger Landgerichtsurteil vom 23. April 1949 findet sich *ebd.*, Bl. 1–37. In Auszügen ist es wiedergegeben bei *Henne/Riedlinger* (Hrsg.), S. 419–434. Zu den Hintergründen des Prozesses, seinem Personal und Verlauf wie auch zu der begleitenden Berichterstattung und den öffentlichen Reaktionen auf das Urteil vgl. *Liebert*, S. 126–135. Als Beisitzer fungierte u. a. der Ex-Kriegsgerichtsrat Rolf Nissen, der bereits an der umstrittenen Entscheidung des Schwurgerichts gegen Marinerichter Adolf Holzwig, Kommodore Petersen u. a. wegen Menschlichkeitsverbrechens im Kontext der Verurteilung sowie Hinrichtung von drei Matrosen 1945 wegen Fahnenflucht beteiligt gewesen war (vgl. 2.6). Zu Nissen, Jahrgang 1911, vgl. *Henne/Riedlinger*, S. 570.

bert Pardo[2089]. Der Argumentation des Oberstaatsanwalts mochte das Gericht im Urteil vom 23. April 1949 nicht folgen: Es sprach Harlan frei, weil es die für ein Menschlichkeitsverbrechen erforderliche Schädigung eines oder mehrerer Opfer für nicht erwiesen erachtete. Vielmehr sei es „unbegründet, die verschiedenen jüdischen Verfolgungsakte als eine unmittelbare Folge der Verbreitung des Films ‚Jud Süß' anzusehen"[2090]. Dies treffe ebenso wenig auf den in der Verhandlung betrachteten Fall der Misshandlung jüdischer Häftlinge im KZ Sachsenhausen um den Jahreswechsel 1940/41 zu. Das Lagerpersonal hatte etwa 25 Juden antreten lassen und „unter Hinweis auf den angeblich soeben gesehenen Film ‚Jud Süß' fast jedem Beteiligten 10 Schläge mit dem Ochsenziemer"[2091] verabreicht. Die Richter kamen aber zu dem Ergebnis, es lasse sich nicht mit Sicherheit sagen, „daß die Mißhandlungen der Juden durch den Hetzinhalt des Films auch nur mitverursacht worden sind, abgesehen davon, daß der Film keinesfalls zu irgendwelchen Mißhandlungen auffordert".

Im Übrigen hatte das Gericht befunden, dass sich der Angeklagte rasch mit der zunächst ungeliebten Aufgabe abgefunden hatte und „dann bemüht war, die Arbeit, ohne alle Ausweichmöglichkeiten zu erschöpfen, nach seiner künstlerischen Auffassung im Sinne des Auftraggebers zu erledigen"[2092]. Anstatt einen beruflichen Rückschlag zu riskieren, hätte er die sich bietende Chance ergriffen, die vom ‚Dritten Reich' bereitgestellte Karriereleiter weiter nach oben zu klettern. In der Tat legten die Hamburger Richter ihrer rechtlichen Würdigung die vom OGH in dessen Grundsatzentscheidungen (vgl. *1*) erarbeitete Auslegung des in KRG 10 Art. II 1c normierten Tatbestandes zugrunde. Dabei räumen sie ein, die Mitarbeit an einem antisemitischen Hetzfilm wie ‚Jud Süß' könne gemäß alliiertem Gesetz ein Angriffsverhalten darstellen[2093]. Jedoch verneint Tyrolfs Senat die Ursächlichkeit des Films für judenfeindliche Gewalt. Denn er hält es für nicht bewiesen, dass „bei der betroffenen Judenschaft ein inneres Ungemach verursacht worden ist"[2094], das im Sinn einer Opferschädigung durch Angstwirkung tatbestandsmäßig wäre. Unter Hinweis auf den Frei-

---

2089 Zu Pardo (1887–1974) vgl. *Studemund-Halévy*, Michael: Pardo, Herbert Joseph, in: Institut für die Geschichte der deutschen Juden (Hrsg.): Das Jüdische Hamburg. Ein historisches Nachschlagewerk. Mit einem Vorwort von Ole von Beust, Göttingen 2006, S. 205f.; ferner *Henne/Riedlinger*, S. 572f.
2090 Zit. n. *dies.* (Hrsg.), S. 428.
2091 Hier und im Folgenden zit. n. *ebd.*, S. 429.
2092 Zit. n. *ebd.*, S. 423.
2093 Vgl. *ebd.*, S. 426f.
2094 Zit. n. *ebd.*, S. 431.

spruch des im IMT-Verfahren angeklagten früheren Ministerialdirektors im Reichspropagandaministerium und Bevollmächtigten für die politische Organisation des Großdeutschen Rundfunks, Hans Fritzsche, stimmt das Tatgericht nach eigenem Bekunden mit der Auffassung der alliierten Richter überein, dass antisemitische Propaganda allein noch kein Menschlichkeitsverbrechen bilde[2095]. Verleumdung (§ 187 StGB) scheide als Tatbestand aus, da sich Harlan „bei der Zeichnung des Juden Oppenheimer dem Sinne nach – und das gilt sogar für die Notzuchtszene – an die Historie gehalten"[2096] hätte. Dagegen wäre die durch ‚Jud Süß' bezweckte und erzielte Beleidigung des jüdischen Teils der Bevölkerung prinzipiell auf Grundlage von § 185 StGB verfolgbar. Allerdings sei die Tat verjährt, weil seit ihrem Abschluss 1940 mehr als fünf Jahre vergangen seien. Von der durch die ZJA-Verordnung vom 23. Mai 1947 verfügten Aufhebung der Verjährungsfrist bzw. der Neufestlegung ihres Starts auf den Mai 1945 sei der Beleidigungstatbestand nämlich (wegen der geringen gesetzlichen Höchststrafe) ausgenommen[2097]. Weder das alliierte KRG 10 noch das StGB schienen eine Chance zu bieten, den Schöpfer des berühmtesten NS-Hetzfilmes zu bestrafen. Der OGH sah dies anders.

c) Urteil des OGH vom 12. Dezember 1949

Der Revision der Staatsanwaltschaft folgend, hob der OGH-Strafsenat in der Besetzung Staff, Jagusch (Berichterstatter) und Engels den Freispruch Harlans am 12. Dezember 1949 auf[2098]. Die Richter gehen mit den Ausführungen des Schwurgerichts, v. a. bezüglich des in KRG 10 Art. II 1c normierten Tatbestandes und der Angriffshaltung des Angeklagten gegen Juden, ein Stück weit konform. Jedoch werfen sie dem Instanzgericht vor, den Begriff der Ursächlichkeit verkannt zu haben. Deutlich wird dies im ersten, dem Urteil zur Publikation in der Amtlichen Sammlung beigefügten Leitsatz: „Wer 1940 einen Hetzfilm gegen die Juden hergestellt hat,

---

2095 Vgl. *ebd.*, S. 433. Zu Fritzsche (1900–1953) vgl. *Klee* 2005, S. 169; sowie *Kastner*, S. 50.
2096 Zit. n. *Henne/Riedlinger* (Hrsg.), S. 433. Eine vertiefte Auseinandersetzung mit der ‚Funktion der historischen Bezüge und der Geschichtsverfälschungen im Film *Jud Süß*' bietet *Schmauder*, S. 92–102.
2097 Vgl. *Henne/Riedlinger* (Hrsg.), S. 434.
2098 Das Revisionsurteil des OGH vom 12. Dezember 1949 ist abgelegt in BArch, Z 38, Nr. 392, Bl. 79–93, und wiedergegeben in: OGH StS 2, S. 291–312, sowie bei *Henne/Riedlinger* (Hrsg.), S. 435–438.

2.4 Antisemitische Hetzpropaganda und Beleidigung – der Fall Harlan

kann nicht deshalb mangelnde Ursächlichkeit seines Tuns für die Filmfolgen einwenden, weil die Juden ohnedies ebenso verfolgt worden wären. Nehmen mehrere an einer Straftat teil, so bezieht sich die Ursächlichkeit für den Taterfolg auf ihr gemeinsames Verhalten"[2099]. Die seitens des Landgerichts für unerwiesen erachtete Schädigung jüdischer Bürger konnte dem OGH zufolge eingetreten sein, wenn öffentliche Vorführungen des Films eine weitere Herabwürdigung der „bereits verfolgten Juden in ihrer Gesamtheit" heraufbeschworen und diese „dadurch in ihren Menschenrechten nachhaltig verletzte[n]". Ebenso konnte Harlans ‚Jud Süß' andere zu Angriffen auf Juden angespornt oder zumindest geneigt gemacht haben, „solche Angriffe Dritter zu dulden und unwidersprochen hinzunehmen"[2100]. Zu seiner Wirkmächtigkeit bemerkt der Strafsenat:

> „Enthält ein geschickt gemachter Film die hier festgestellte Tendenz: ‚Alle Juden sind schlecht', und hämmert er dies im Rahmen einer erregenden Filmhandlung, die von ausgezeichneten Schauspielern gestaltet wird, etwa 19 Millionen Menschen in jahrelangen, zahllosen Vorführungen ein, so ist es klar, daß viele der Zuhörer [!] der Hetzwirkung mehr oder weniger erliegen und in ihrem gesunden Urteil und ihrer ursprünglichen Menschlichkeit vergiftet werden"[2101].

Die Richter skizzieren die anhaltend maßgebende Funktion, die die gegen die ‚Juden in ihrer Gesamtheit' gerichtete Aufwiegelung im NS-Staat erfüllte. Dabei entsteht ein eindringliches Bild der sich mit dem Kriegsbeginn in Richtung eines beispiellosen Völkermordes zuspitzenden Judenverfolgung. Demnach wirkte die Propaganda auf eine Ablenkung wie Abstumpfung des Rechtsgewissens im deutschen Volk hin. Denn die Gewalteskalation erforderte ein Minimum an Einverständnis[2102]. So wäre „ein vermeintlich *allgemeines* Bild des ‚Juden' entworfen und immer wieder eingeprägt [worden], das ihn seinem *Wesen* nach, der Wahrheit zuwider, als Nichtkönner, unlauteren Wettbewerber, Lügner, Betrüger, Sittlich-

---

[2099] OGH StS 2, S. 291. Das Urteil führt hierzu aus: „Dem Generalstaatsanwalt ist vielmehr darin beizutreten, daß dann, wenn *mehrere* an einer Straftat teilnehmen, wie hier, die Ursächlichkeit ihres Verhaltens für den Taterfolg sich auf das gemeinsame *Tun* aller Beteiligten bezieht. Ein einzelner Beteiligter vermag sich daher nicht darauf zu berufen, daß andere denselben Taterfolg auch ohne seine Mitwirkung herbeigeführt haben würden" (*ebd.*, S. 296; Hervorhebungen im Original).
[2100] *Ebd.*
[2101] *Ebd.*, S. 298.
[2102] Vgl. *ebd.*, S. 299.

keitsverbrecher und herrschsüchtigen Schädling schlechthin darstellte, mit dem es keine Gemeinschaft gebe"[2103]. In dem Maße, wie der Angeklagte an der Genese einer feindseligen Gefühlslage mitgewirkt hätte, stellt der OGH „die *Mit*ursächlichkeit des Films für die Judenverfolgung *durch hetzerische Beeinflussung der öffentlichen Meinung im judenfeindlichen Sinne als einer wichtigen Grundlage der Verfolgung und Schädigung der Juden*"[2104] fest.

Anknüpfend an sein Urteil in der Strafsache gegen Sch. u. a. wegen antijüdischer Gewalttaten im Rahmen der ‚Reichspogromnacht' (vgl. *2.3*) erinnern die OGH-Richter an die Feststellung, es hätte sich bei der NS-Judenverfolgung um ein in eine große Zahl einzelner Taten zerfallendes Massenverbrechen nach KRG 10 Art. II 1c gehandelt. Schuldig sei, wer nach Art. II 2 einen Tatbeitrag geleistet hätte, indem er mit gewolltem Angriffsverhalten eine Wirkung erzielte, die tatbestandsmäßig war. Das Ausmaß der Mitwirkung sei nur bei der Strafzumessung von Belang[2105].

Im Übrigen kreiden die Kölner Revisionsrichter dem Landgericht an, was sie im dritten Leitsatz zur Entscheidung auf den Punkt bringen: ‚Die unzureichende Berücksichtigung geschichtlicher Tatsachen und der Erfahrung bei der rechtlichen Würdigung der Tatfeststellungen ist ein Rechtsverstoß' (vgl. *I.4.3*). Der OGH nimmt v. a. an der Einschätzung Anstoß, Harlans Film hätte beim Erscheinen keinen Beitrag zur neuerlichen Steigerung der Judenfeindschaft leisten können, weil die Hetzpropaganda längst an einen ‚toten Punkt' gelangt wäre. Zur Widerlegung wird betont, Goebbels' Engagement für die Produktion eines wirkmächtigen Propagandafilms hätte gewiss nicht eines politischen Anlasses entbehrt. Vielmehr sei dem NS-Regime 1939/40 daran gelegen gewesen, der in Planung befindlichen gewaltsamen Verschärfung seiner Judenpolitik propagandistisch den Boden zu bereiten. So hätte das Tatgericht „an das Maß der erreichbaren richterlichen Überzeugung zu hohe und daher rechtsirrige Anforderungen [gestellt], wenn es meint, nicht feststellen zu können, ob der Ausrottungs*entschluß* zur Zeit der Filmherstellung (Februar bis Mai 1940) bereits gefaßt war"[2106]. Dass der Entschluss lange zuvor erwogen und gar öffentlich angekündigt worden wäre, untermauert der OGH mit dem bekanntesten Satz aus der Reichstagsrede Hitlers vom 30. Januar 1939: „Ich will heute wieder ein Prophet sein: Wenn es dem internationalen Finanzjudentum

---

2103 *Ebd.*, S. 300 (Hervorhebungen im Original). Zur ‚antisemitisch motivierten Stereotypisierung der jüdischen Figuren' in ‚Jud Süß' vgl. *Schmauder*, S. 80–90.
2104 OGH StS 2, S. 300 (Hervorhebungen im Original).
2105 Vgl. *ebd.*, S. 301.
2106 *Ebd.*, S. 302 (Hervorhebung im Original).

2.4 Antisemitische Hetzpropaganda und Beleidigung – der Fall Harlan

in- und außerhalb Europas gelingen sollte, die Völker noch einmal in einen Weltkrieg zu stürzen, dann wird das Ergebnis nicht ... der Sieg des Judentums sein, sondern *die Vernichtung der jüdischen Rasse in Europa*"[2107]. Indessen wäre sich der ‚Führer' laut einer IMT-Feststellung über den Zeitpunkt des Kriegsausbruchs (und also des Beginns der Judenvernichtung) bereits im Klaren gewesen. Weil die Prämisse für den Völkermord, ein Weltkrieg, zum Zeitpunkt von Harlans Filmherstellung schon eingetreten war, hätte für die Machthaber aber umso mehr die Notwendigkeit bestanden, die Bevölkerung mit antisemitischem Kesseltreiben gegen etwaige Einwände abzuhärten, die das Bekanntwerden von Ausrottungsakten an Juden mit sich zu bringen drohte[2108].

> „Während man die Juden im Osten und in den Konzentrationslagern massenweise tötete oder unausbleiblichen Seuchen hilflos aussetzte, verhetzte und ‚beruhigte' man das deutsche Volk in dieser Beziehung durch eine wohlberechnete Massenpropaganda, deren Kern die Behauptung war, daß man sich der ‚jüdischen Schädlinge' nur auf diese Weise wirksam entledigen könne und daß sie dieses Schicksal im Interesse der Erhaltung des deutschen Volkes auch verdienten. Ein nicht unwesentliches Werkzeug dieser zur Vernichtung der Juden gehörigen Hetze war der Film ‚Jud Süß'. Die tatbestandsmäßige Schädigung der Juden durch den Film steht hiernach fest. Damit ist der äußere Tatbestand des KRG 10 II 1 c erfüllt"[2109].

Über die zeitliche Verortung des letztgültigen Beschlusses der Führung des ‚Dritten Reiches' zur ‚Endlösung der Judenfrage', mithin zur Ermordung des europäischen und langfristig des weltweiten Judentums, haben Historiker jahrzehntelang trefflich gestritten. Angesichts dessen wirkt die schlüssig begründete, historisch jedoch wacklige, weil nicht auf umfassender Forschung beruhende OGH-These, der Beschluss zum Völkermord an den Juden wäre schon zur Zeit der ‚Jud Süß'-Produktion offen zu Tage getreten, kühn. Dagegen wird heute weithin die Ansicht vertreten, dass der Plan zur physischen Vernichtung erst 1941 klare Gestalt annahm; bis dahin hätten Vertreibung und teils freilich ebenfalls verhängnisvolle Folgen

---

2107 Zit. n. *ebd.*, S. 301f. (Hervorhebung im Original).
2108 Vgl. *ebd.*, S. 302f.
2109 *Ebd.*, S. 303.

zeitigende Deportationspläne wie der ‚Madagaskar-Plan' dominiert[2110]. Unabhängig davon, inwieweit der OGH mit seiner historischen Lesart ins Schwarze trifft, zeigt sich aber auch hier wieder, dass er sich der Geschichte als Argument bediente, um das Handeln von Tätern in den Kontext der NS-Gewalt- und Willkürherrschaft einzuordnen und das Vorliegen des objektiven Tatbestands eines Menschlichkeitsverbrechens herzuleiten. Dazu verwirft er das Argument des Tyrolf-Senats, Harlans Werk fordere nicht direkt zur Tötung von Juden auf und seine strafrechtliche Verantwortlichkeit sei der des vom IMT freigesprochenen Journalisten Fritzsche vergleichbar. Mit Fingerzeig auf die affirmative und einer historisch-kritischen Einordnung entratenden Zitierung des antisemitischen Wortes Luthers, wonach man den (zu Teufeln stilisierten) Juden die Betbücher und Talmudim wegnehmen und ihre Synagogen und Schulen anzünden solle[2111], bemerken die Richter „nicht ohne eine gewisse Delikatesse"[2112]:

> „Kritische, leidenschaftslose Sachlichkeit ist nicht allen Menschen eigen und nicht jeder, der im 20. Jahrhundert lebt, nimmt in *jeder* Beziehung auch an der geistigen Erkenntnis der Gegenwart teil. Wer nun bereit ist, zu glauben, eine Synagogenbrandstiftung im Jahre 1938 lasse sich durch ein Lutherwort (1483–1546) nachträglich rechtfertigen oder doch entschuldigen, mag auch dazu neigen, die Beraubung, Mißhandlung und Tötung von Juden – nach der erwähnten Propaganda also von ‚Schädlingen' – für wenig strafwürdig zu halten"[2113].

Entgegen der Behauptung im Vorspann, es werde Geschichtliches präsentiert, vermenge ‚Jud Süß' bewusst Wahrheit und Fiktion. Dadurch liege „die Annahme keineswegs fern, der Film vertrete *jedes* geeignete Verfolgungsmittel"[2114]. So weist der Strafsenat die vom Schwurgericht unterstellte Verwandtschaft zum Fall Fritzsche zurück, weil bei Harlan nicht die Rede davon sein könne, dass sich sein Film „auf *allgemeine* antisemitische Äußerungen beschränkt" hätte. Auch trägt er Bedenken gegen die erstinstanzliche Würdigung der in seiner Glaubwürdigkeit nicht angezweifelten Zeu-

---

2110 Zur Forschungskontroverse um den Holocaust vgl. *Kißener*, S. 28–37; sowie *Bergmann*, S. 113f. Dagegen würde aus ‚intentionalistischer' Warte argumentiert werden, der Judenmord wäre schon in Hitlers Buch ‚Mein Kampf' (1925/26) angedeutet worden.
2111 Diese und andere ‚Ratschläge' publizierte Martin Luther 1543 in der antijudaistischen Schrift ‚Die Juden und ihre Lügen'.
2112 *Pauli* 1996, S. 118.
2113 OGH StS 2, S. 303f. (Hervorhebung im Original).
2114 Hier und im Folgenden *ebd.*, S. 304 (Hervorhebungen im Original).

2.4 Antisemitische Hetzpropaganda und Beleidigung – der Fall Harlan

genaussage, wonach Wachleute im KZ Sachsenhausen 1940/41 im Anschluss an eine Vorführung von ‚Jud Süß' 25 Juden antreten ließen, um fast jedem von ihnen zehn Schläge mit einem Ochsenziemer zu verabreichen. Das erstinstanzliche Urteil verkenne

> „auch hier den Begriff der Ursache im Rechtssinne. Ist festgestellt, daß die Häftlinge im Lager, nicht *nur* die Juden, häufig und grundlos mißhandelt worden sind und außerdem, daß *hier* aus den Häftlingen nur die Juden zusammengeholt und *unter Hinweis* auf den Film mißhandelt worden sind, so ist es gleichgültig, ob der Film der einzige oder nur ein weiterer ‚Anlaß' zur Mißhandlung gewesen ist. Denn dieser ‚Anlaß' war nach dem festgestellten Hergang in Wahrheit eine *Ursache*, nämlich die den Bewachern durch den Film vor Augen geführte ‚Schlechtigkeit' der Juden, die den Wunsch in ihnen wachgerufen hatte, die erreichbaren Juden alsbald zu mißhandeln"[2115].

Hiermit widerlegt der OGH die von den Hamburger Richtern für Harlans Freispruch ins Feld geführte Begründung, eine Schädigung jüdischer Opfer durch seinen Propagandafilm sei nicht nachweisbar. Auch werde unterschätzt, welche schwerwiegenden seelischen Folgen eine sich auf Rassenhass stützende und allgemein Verachtung erzeugende Gruppenverfolgung zeitige. In seiner Rechtsprechung hätte er selbst wiederholt betont, dass die besondere Härte von einzelnen, im Kontext der Judenverfolgung erfolgten Untaten gerade in der Tatsache ihrer Zugehörigkeit bzw. ihres Teilbeitrags zu „einer *einheitlichen* Gruppenverfolgung"[2116] zu sehen sei. Von den Instanzgerichten werde dieser rechtlich wichtige Umstand oft zu wenig beachtet, obgleich er „für das Verständnis der Schwere der Verbrechen gegen die Menschlichkeit (...) offensichtlich maßgebende Bedeutung hat". So lässt der OGH seine Unzufriedenheit mit der Rezeption seiner KRG-10-Judikatur durchblicken. Das Vorbringen der Verteidigung im Fall Harlan, tatbestandsmäßige Wirkung sei nicht vorhanden, da der Film des Angeklagten mit der Misshandlung von 25 Juden eine recht geringe Breitenwirkung entfaltet hätte, weist er unter Bezug auf seine Deutung der in Einzeltaten zerfallenden Gesamtverfolgung routiniert ab[2117].

Insgesamt gibt das Gericht mit seinen Darlegungen zur Ursächlichkeit von Harlans Verhalten für judenfeindliche Gewalt grünes Licht für dessen Aburteilung wegen Menschlichkeitsverbrechen. Dem mit der Neuver-

---

2115 *Ebd.*, S. 305 (Hervorhebungen im Original).
2116 Hier und im Folgenden *ebd.*, S. 306 (Hervorhebung im Original).
2117 Vgl. *ebd.*, S. 307.

handlung betrauten Schwurgericht obliege die Prüfung der Frage, ob der Angeklagte mit der Herstellung von ‚Jud Süß' neben der äußeren auch die innere Tatseite vollendete. Dieselbe unter die Lupe zu nehmen, hätten die Hamburger Richter nicht für nötig erachtet. Für einen Schuldspruch bedürfe es des Nachweises, dass der NS-Regisseur „ihm [selbst] erkennbar dazu beigetragen hat, die bisherige Judenverfolgung in der dargelegten Weise in der öffentlichen Meinung zu decken und die künftige irgendwie unmittelbar oder mittelbar zu unterstützen". Dies genüge, weil ja klargestellt worden sei, dass Harlan „im Rechtssinne ohne Zwang einen judenfeindlichen Hetzfilm geschaffen hat"[2118] und sich der Judenverfolgung als solcher bewusst gewesen war.

Auch hinsichtlich des Tatbestands der Beleidigung (§ 185 StGB) hält das Revisionsgericht die Würdigung durch das Landgericht für verfehlt. Entgegen dessen Meinung sei der Beginn der Verjährungsfrist nicht auf die Fertigstellung oder Premiere von ‚Jud Süß' zu legen, sondern auf die Vollendung der Tat – die letzten Aufführungen Ende 1944, Anfang 1945. Da das mit der Höchststrafe von einem Jahr Gefängnis bedrohte Vergehen nach fünf Jahren verjähre, könne Harlan „wahrscheinlich wegen tateinheitlich mit dem Verbrechen gegen die Menschlichkeit zusammentreffender Beleidigung ohne Rücksicht auf die Verjährungsunterbrechung durch die VO. vom 23. Mai 1947 schon nach § 67 StGB. noch verfolgt werden (...), sofern zumindest einer der Strafanträge rechtzeitig gestellt ist"[2119]. Der OGH zweifelt die Tatbestandsmäßigkeit der durch ‚Jud Süß' bewirkten Beleidigung der vier Nebenkläger nicht an. Unter Hinweis auf die Rechtspraxis des Reichsgerichts vor 1936 – der zufolge, wie Pauli zeigt, Kollektive nicht, Einzelmitglieder abgrenzbarer Personeneinheiten aber durchaus beleidigt werden könnten[2120] – bemerken die Kölner Richter:

> „Zumindest seit der Sondergesetzgebung des nationalsozialistischen Staates waren nun die deutschen Juden eine unter Sonderrecht stehende und deshalb in jeder Beziehung scharf abgegrenzte Volksgruppe. Eine den Grundgedanken ‚Alle Juden sind schlecht; haltet euch diese

---

2118 *Ebd.*, S. 308.
2119 *Ebd.*, S. 311. Weil die Höchststrafe für Beleidigung weniger als drei Jahre Gefängnis betrug, unterfiel sie entsprechend § 1 Abs. 2 der ‚ZJA-‚Verordnung zur Beseitigung nationalsozialistischer Eingriffe in die Strafrechtspflege' vom 23. Mai 1947 (vgl. *III.3*) nicht der in § 1 Abs. 1 ausgesprochenen Verjährungsunterbrechung für die Zeit der NS-Herrschaft. Die Vollendung der Tat bildete mithin unwiderruflich den Beginn der fünfjährigen Verjährungsfrist.
2120 Vgl. *Pauli* 1996, S. 119.

2.4 Antisemitische Hetzpropaganda und Beleidigung – der Fall Harlan

Schädlinge vom Leibe' verkörpernde Filmhandlung beleidigte daher ohne weiteres alle Angehörigen dieser Volksgruppe, weil sie ausreichend bestimmt waren, und zwar auch dann, wenn der Angeklagte nicht einzeln auf sie abgezielt hat"[2121].

Die Prüfung der Frage, ob Harlan vorsätzlich und somit schuldhaft gehandelt hatte, trug der Strafsenat dem mit der Neuverhandlung betrauten Schwurgericht auf. In der Literatur firmiert sein Urteil als ein „Höhepunkt der Rechtsprechungskultur in der Nachkriegsjudikatur"[2122]. Es erfülle nicht nur die Aufgabe gewissenhafter Revisionsrechtsprechung, sondern bilde mit den Ausführungen zur Judenverfolgung sowie der darauf ausgerichteten Rolle der NS-Propaganda auch einen „bemerkenswerten Akt der Vergangenheitsbewältigung durch Rechtsprechung". Einer derartig klarsichtigen NS-Systemanalyse hätte sich der BGH später entzogen, so Pauli.

d) Rechtsgutachten des Völkerrechtlers Herbert Kraus (Göttingen) vom Februar 1950

Aufgrund der Verabschiedung des Straffreiheitsgesetzes vom 31. Dezember 1949 (vgl. *IX.3.1*) rechnete sich die Verteidigung gute Chancen für eine Verfahrensniederschlagung aus. Anstatt eigener Darlegungen reichte sie ein Gutachten von Herbert Kraus (vgl. *VI.2.4*) ein[2123]. Darin kommt der Völkerrechtler zu dem Schluss, die Schuld des Angeklagten – die er zuvor Punkt für Punkt entkräftet hat, etwa unter Hinweis auf etwaigen Notstand[2124] – wiege höchstens sehr leicht, weshalb eine mehr als sechsmona-

---

2121 OGH StS 2, S. 312. In dieser Rechtsauffassung (Beleidigungsfähigkeit von in Deutschland lebenden Juden) sollte der BGH dem OGH in Urteilen vom 8. Mai 1952 (5 StR [= Revisionen in Strafsachen, Aktenzeichen] 182/52) und 28. Februar 1958 (1 StR 387/57; BGH StS 11, S. 207) folgen.
2122 Hier und im Folgenden *Pauli* 1996, S. 119.
2123 Das Gutachten von Herbert Kraus ist in Auszügen abgedruckt in: *Henne/Riedlinger* (Hrsg.), S. 439–444.
2124 In seinem Text bezweifelt der Rechtswissenschaftler die Ursächlichkeit von Propaganda für eine im deutschen Volk verbreitete Zustimmung zu NS-Unrecht. So hätte sich der Nationalsozialismus „als eine echte Tyrannis" (zit. n. *Henne/Riedlinger* [Hrsg.], S. 440) nicht um die öffentliche Meinung gekümmert. Kraus sieht keine Anzeichen dafür, dass ‚Jud Süß' einzelne Gewaltakte an Juden ausgelöst hätte. Im Übrigen handele es sich nicht um einen Hetz-, sondern insofern ‚nur' um einen Propagandafilm, als er das Publikum nicht zu antijüdischen Gewalttaten aufforderte (vgl. *ebd.*, S. 441f.). Auch der OGH gerät wegen seiner Auslegung von KRG 10 Art. II 1c ins Kreuzfeuer der Kritik.

tige Haftstrafe nicht in Frage komme. Weil der Fall dann aber unter die Amnestie falle, sei das Verfahren niederzuschlagen[2125]. Kraus betont, bei Prozessen wegen Menschlichkeitsverbrechen bestehe eine Tendenz zu Freisprüchen und milden Strafen. Es zeige sich, dass die öffentliche Rechtsüberzeugung „über die während der Zeit der grossen Massenerkrankung des deutschen Volkes erfolgten Unmenschlichkeiten mild und milder denkt und immer geneigter wird, den Mantel des Vergessens über das Dunkel der hinter uns liegenden Zeit zu breiten"[2126]. Hinter dieser Zustandsbeschreibung, die auf eine ‚Schlussstrichmentalität' abstellt, versteckt der Göttinger Jurist kaum die eigene Zustimmung zu einer weitgehenden Amnestie für NS-Unrecht. Damit erweist er sich zum wiederholten Mal (vgl. VI.2.4) als Verfechter einer damals überparteilich vorangetriebenen ‚Vergangenheitspolitik'. Möglicherweise gingen ihm deren Ergebnisse auch nicht weit genug. Der OGH und seine auf strikte Ahndung von NS-Straftaten zielende Rechtspraxis waren ihm zutiefst suspekt.

e) Urteil des Landgerichts Hamburg vom 29. April 1950

Wie das im Anschluss an die Neuverhandlung gefällte Urteil des Landgerichts Hamburg vom 29. April 1950 zeigt, verfehlte das Göttinger Gutachten nicht seine Wirkung. Neuerlich wurde Harlan freigesprochen[2127], wobei die Begründung aufhorchen ließ. Zwar hätte der NS-Künstler mit seinem Handeln den objektiven und subjektiven Tatbestand aus KRG 10 Art. II 1c erfüllt – die Persönlichkeit Goebbels' und das gespannte beiderseitige Verhältnis hätten für ihn aber zur ernsthaften Gefahr für Leib und Leben werden können, wenn er den Auftrag zum Dreh von ‚Jud Süß' abgelehnt hätte[2128]. Der Erfolg des Notstandsarguments, an das Kraus erinnert und das der Angeklagte für sich in Anspruch genommen hatte (wobei er den Reichspropagandaminister als Teufel in Menschengestalt dämonisierte[2129]), kam für die Prozessbeobachter überraschend. Hatte nicht derselbe

---

Denn er sei im Fall Harlan von einem „Fundamentalsatz strafrechtlichen Denkens ab[gewichen], der befiehlt, dass Strafgesetze einschränkend, das heißt wiederum zu Gunsten des Angeklagten auszulegen sind" (zit. n. *ebd.*, S. 441).
2125 Vgl. *ebd.*, S. 444; sowie *Liebert*, S. 137.
2126 Zit. n. *Henne/Riedlinger* (Hrsg.), S. 444.
2127 Das Urteil des Landgerichts Hamburg vom 29. April 1950 ist auszugsweise wiedergegeben in: *ebd.*, S. 445–456.
2128 Vgl. *ebd.*, S. 454f.
2129 Vgl. *Liebert*, S. 139f.

Spruchkörper mit teils gleicher Besetzung (Tyrolf und Nissen) jenen Rechtfertigungsgrund noch ein Jahr zuvor verneint?[2130] Angesichts dessen konnte man leicht den Eindruck gewinnen, das Gericht sei eher bereit gewesen, eine Rolle rückwärts zu machen und seine Meinung zu ändern, als Harlan das Etikett ‚NS-Verbrecher' anzuheften[2131] – als sei die Begründung egal, wenn sie nur zum Ziel führt. Auch dies war ‚Vergangenheitspolitik'. Im Übrigen erschien den Richtern jetzt auch der Anklagepunkt der Beleidigung gegenstandslos. Sie meinten, Zweifel daran nicht ausräumen zu können, dass die inzwischen ausgewanderten Nebenkläger ihre Strafanträge – entgegen der Klageschrift – vielleicht doch nicht rechtzeitig gestellt haben könnten. Sollten sie sich früher als angenommen durch den Hetzfilm beleidigt gefühlt haben, hätten sie ihr Recht formaljuristisch wegen Verjährung verwirkt. Hier galt ‚im Zweifel für den Angeklagten', und Harlan verließ den Gerichtssaal als freier Mann.

2.5 Freiheitsberaubung, Körperverletzung und Mord

2.5.1 Misshandlung von Juden: Der Weller-Fall

Der Ingenieur und SS-Oberscharführer Weller brach im Frühjahr 1940 mit zwei weiteren Männern nachts eigenmächtig in ein Haus in Mönchengladbach ein, von dem bekannt war, dass darin auf sehr engem Raum mehrere jüdische Familien wohnten. Die angetrunkenen Eindringlinge zwangen die Bewohner, sich in der Schlafbekleidung im Keller einzufinden. Dort ließ Weller sie sich einzeln ‚vorführen' und befahl einem Mittäter, den Arretierten abgezählte Schläge mit einer schweren Lederpeitsche zu erteilen. Mindestens zehn Personen, vier Männer und sechs Frauen und Mädchen, wurden dieser Folter unterzogen. Während die unbekannt gebliebenen Komplizen Uniform trugen, trat der Rädelsführer in Zivilkleidung auf.

Nach dem Ende der NS-Diktatur musste sich Weller wegen dieser ‚Aktion' vor dem Landgericht Mönchengladbach verantworten. Dieses attestierte ihm ‚Rassedünkel' als Motiv und befand ihn 1948 der gefährlichen Körperverletzung für schuldig (§ 223a StGB), verneinte aber eine Strafbarkeit nach KRG 10 Art. II 1c[2132]. Die Verurteilung sah eine 18-monatige Haft-

---

2130 Vgl. *ebd.*, S. 141f.
2131 Vgl. *Friedrich* 2007, S. 212; des Weiteren *Liebert*, S. 141f.
2132 Vgl. OGH StS 1, S. 203f. u. 206f. Zum Weller-Fall vgl. BArch, Z 38, Nr. 399 u. 400; ferner *Pauli* 1996, S. 114f.; *Cassese* 2013, S. 100f.

strafe vor. Sowohl Anklage als auch Verteidigung legten Revision ein. Erstere wegen Nichtanwendung der alliierten Norm und Nichtbeachtung von Idealkonkurrenz, letztere u. a. wegen Verbrauchs der Strafklage. Dieser sollte darauf beruhen, dass Weller aufgrund seines Handelns nach der Tat von der Gestapo einbestellt und vom Kreisleiter zurechtgewiesen worden war, worauf er angeblich einen Strafbefehl erhalten bzw. 20 RM Strafgeld bezahlt hätte, um der Inhaftierung zu entgehen[2133]. Das OLG Düsseldorf reichte die Sache an den OGH weiter, indem es darauf hinwies, dass hier Rechtsfragen von grundsätzlicher Bedeutung zu klären wären[2134].

Im Gegensatz zum Rechtsmittel des Angeklagten erachtet das Revisionsgericht den Einwand der Staatsanwaltschaft in seiner Entscheidung vom 21. Dezember 1948 als berechtigt[2135]. So irre das Schwurgericht, wenn es aus dem Sachverhalt, wie es ihn darlegte, nicht folgerte, dass es sich um ein Menschlichkeitsverbrechen gehandelt hätte. Hiermit pflichtet der OGH auch dem OLG-Vorlegungsbeschluss bei[2136]. Weiter führt er aus:

> „Unzutreffend – weil zu eng – ist die Ansicht der Strafkammer, die Tat müsse unter Mißbrauch staatlicher oder politischer Macht begangen sein, um ein Unmenschlichkeitsverbrechen zu sein. Es genügt vielmehr, wie der Senat in ständiger Rechtsprechung entschieden hat, daß das Angriffsverhalten mit der nationalsozialistischen Gewalt- und Willkürherrschaft im Zusammenhang stand und Art und Umfang der Schädigung des Opfers dadurch bestimmt wurden. (…) Auch Handlungen, die scheinbar oder tatsächlich ganz persönlichen Entschlüssen entsprangen, wurden von der nationalsozialistischen Führung oft und gern in den Dienst ihrer verbrecherischen Ziele und Pläne gestellt. Das konnte selbst bei Handlungen zutreffen, die nach außen hin sogar mißbilligt wurden, weil vielleicht irgendwelche Rücksichten zu nehmen waren und es deshalb unzweckmäßig erschien, sich offen zu ihnen zu bekennen. Es ist kein Grund ersichtlich, solche Fälle auszuschließen"[2137].

Wie jede andere Person konnte ein SS-Mann in seiner Eigenschaft als Privatperson, also ohne offiziellen Befehl sowie in Zivilkleidung, ein Verbrechen gegen die Menschlichkeit begehen. Für NS-Denunzianten hatte der

---

2133 Vgl. OGH StS 1, S. 207f.
2134 Vgl. *ebd.*, S. 204.
2135 Das OGH-Urteil vom 21. Dezember 1948 ist abgedruckt in: *ebd.*, S. 203–208.
2136 Vgl. *ebd.*, S. 206.
2137 *Ebd.*

2.5 Freiheitsberaubung, Körperverletzung und Mord

OGH das ja schon eingehend festgestellt (vgl. *1* und *2.1*). Auf diese Auslegung berief sich auch der ICTY in der Entscheidung gegen Kupreškić und andere vom 17. August 2000, um sie für das Völkerstrafrecht fruchtbar zu machen[2138]. Die Verbindung von Wellers Tat mit der NS-Gewaltherrschaft stand für die Kölner Richter außer Frage. Denn sein Verhalten hätte sich in die Praxis der Judenverfolgung eingepasst, die auf Herabwürdigung der Opfergruppe zu ‚Untermenschen' basierte, denen die Würde abgesprochen wurde und die der staatlichen Willkür ausgeliefert waren. Davon zeuge auch die vermeintliche Verhängung einer Strafverfügung von 20 RM, deren Geringfügigkeit zur Schuldschwere in erkennbarem Widerspruch stehe. Der Rechtsmittelbegründung der Verteidigung entgegnet das Gericht, ein Strafbefehl sei nur dann ein Prozesshindernis, wenn seine Existenz feststehe. Wo das wie im verhandelten Fall unsicher sei, könne sich der Angeklagte nicht auf den Grundsatz ‚in dubio pro reo' berufen. So erübrige sich die Frage, ob eine polizeiliche Strafverfügung und ein amtsrichterlicher Strafbefehl, die vor 1945 Rechtskraft erlangten, 1948 eine Strafverfolgung gemäß KRG 10 ausschlössen[2139].

Der OGH verwies die Sache zur Neuverhandlung über das Strafmaß zurück an das Tatgericht. Am Schuldspruch war nicht mehr zu rütteln: Weller war wegen Menschlichkeitsverbrechens in Tateinheit mit schwerer Körperverletzung verurteilt. Dennoch endete der Prozess vor dem Schwurgericht am 20. April 1949 mit einer faustdicken Überraschung[2140]. Denn die Strafhöhe wurde nicht nach oben, sondern nach unten korrigiert, von 18 auf zwölf Monate. Die Richter hielten dem Täter u. a. die innere Abkehr von seiner damaligen Haltung und eine dreijährige Internierungshaft strafmildernd zugute. Bei ihnen hinterließ die Rechtsdogmatik des OGH zu KRG 10 offenbar keinen tiefen Eindruck.

Da die Staatsanwaltschaft Anstoß an der niedrigen Strafhöhe nahm, verhandelte der OGH im Oktober 1949 zum zweiten Mal über den Weller-Fall. Der Strafsenat (Staff, Wimmer sowie Jagusch) gab der Anklage darin Recht, dass die Strafzumessung auf rechtsirrigen Erwägungen beruht hätte[2141]. Es sei fraglich, ob das Schwurgericht alle strafzumessungsrelevanten Grundsätze beachtet bzw. „die vollständige, alle Tatfeststellungen berück-

---

[2138] Vgl. *Cassese* 2013, S. 100.
[2139] Vgl. OGH StS 1, S. 206–208.
[2140] Das Urteil des Landgerichts Mönchengladbach vom 20. April 1949 findet sich in BArch, Z 38, Nr. 399, Bl. 1–3.
[2141] Das Urteil des OGH vom 10. Oktober 1949 findet sich *ebd.*, Bl. 17–19; wiedergegeben ist es in: OGH StS 2, S. 149–153.

sichtigende Würdigung von Tat, Täter und Tatfolgen unter Berücksichtigung der Strafzwecke"[2142] vollzogen hätte. So lasse das Urteil nicht erkennen, ob es die Führungsrolle Wellers bei der nächtlichen Judenmisshandlung in die Erwägungen einbezogen hatte. Der Gerichtshof hebt hervor, der Unrechtsgehalt der Tat werde verkannt, wenn man sie nur als örtlich begrenzten Exzess dreier angetrunkener Männer begreife. Vielmehr sei sie in ihren ‚offensichtlichen Gesamtzusammenhang' einzuordnen:

> „Die Juden sind in Deutschland unter Hitler nicht nur gelegentlich, sondern planmäßig gedemütigt, gepeinigt, ihrer Habe beraubt und teilweise bis zum Tode verfolgt worden. Von vollberechtigten Staatsbürgern wurden sie zu ‚Schutzangehörigen' des Reichs erniedrigt, im privaten und öffentlichen Leben verfemt, durch diffamierend gemeinte Namenszusätze gekennzeichnet. Im November 1938, 1½ Jahre vor der Tat, wurden umfassende Pogrome gegen sie entfesselt. In ihrer Bewegungsfreiheit wurden sie aufs stärkste beschränkt, später (...) auf engstem Raume zusammengedrängt und schließlich, bevor die körperliche Vernichtung einsetzte, in entehrender Weise äußerlich gekennzeichnet. Die Tat des Angeklagten ist ein bewußtes Sicheinfügen in diese verbrecherische Gesamtaktion. Diese ungerechte Verfolgung der Juden in Deutschland hat die Deutschen in der Welt bei aller Unterscheidung zwischen Schuldigen und hieran Nichtschuldigen herabgesetzt und kann nur durch deutliches Abrücken von solchen Scheußlichkeiten und durch *tätig bewiesene* innere Umkehr getilgt werden. Die Nichtberücksichtigung dieser offenkundigen Zusammenhänge bei der Tatbeurteilung ist rechtsirrig"[2143].

Wie in den Verfahren gegen Bl. (vgl. *1*), Paasch (vgl. *2.1*) und Harlan (vgl. *2.4*) zeichnet der OGH ein drastisch-fundiertes Geschichtsbild der Judenverfolgung, das deren Radikalisierung bis zur Vernichtung nachvollzieht. Es dient stets dazu, Einzeltaten und das Ausgeliefertsein der Opfer an Willkür und Gewalt im Gesamtzusammenhang zu verorten. Denn erst der Nachweis dieses Kontextes verwandelt eine Straftat gegen die körperliche Unversehrtheit objektiv in ein ‚die Menschheit als solche berührendes' Menschlichkeitsverbrechen. Bei der vorliegenden Strafsache sei jener gewiss erbracht. Daher sehen die Richter in dem mit 20 RM auslösbaren Strafbefehl v. a. eine „Maßnahme, die, wenn das zutrifft, nicht der Gerech-

---

2142 *Ebd.*, S. 151.
2143 *Ebd.* (Hervorhebung im Original). Diese Textstelle wird auch von *Pauli* 1996, S. 115, herangezogen.

tigkeit, sondern der Verhöhnung der Opfer gedient hätte"[2144]. Das Landgericht hätte weiterhin die Strafzwecke ‚Sühne' und ‚Abschreckung' unzureichend in die Strafzumessung einbezogen. Kritikwürdig erscheint die Haltung, es bedürfe bei rassisch motivierten Misshandlungen keiner Abschreckung mehr. Diese Ansicht sei „solange verfrüht, als nicht eine allgemeine Humanisierung des politischen und allgemeinen menschlichen Zusammenlebens auf diesem Gebiete durch die Entwicklung *erwiesen* ist. Zur Zeit ist dieser Zustand – wie die Erfahrungen der Gegenwart zeigen – noch nicht eingetreten"[2145]. Neben der Vergangenheit beleuchtet der OGH also auch die Jetztzeit, hier mit Blick auf das Fortleben rassistischer Weltbilder. Er mahnt aufgrund des verbreiteten Antisemitismus', der in Tumulten, der Schändung jüdischer Friedhöfe oder Drohbriefen zum Ausdruck kam, zur Wachsamkeit[2146]. Im Gegensatz zu ihrer kritischen Deutung der Rolle der Strafjustiz nach 1933 (vgl. 2.6) stießen die Revisionsrichter mit den historischen Interpretamenten zur NS-Judenpolitik kaum auf Widerstand. Der Grund dafür war wohl, dass die Fakten nicht zu leugnen waren und das Geschichtsbild nicht das Selbstverständnis jener erschütterte, die es bei der Würdigung der Sachverhalte berücksichtigen sollten, nämlich der Tatrichter, die meist schon vor 1945 tätig gewesen waren. Auch verstieß NS-Gewalt gegen Juden unstreitig gegen deutsches Strafrecht und war leicht mit einer Gewalt- und Willkürherrschaft in Verbindung zu bringen. Dennoch gab es neben dem Weller-Fall noch andere, bei denen Tatgerichte letzteres nicht (an-)erkannten.

Mit einem Leitsatz in der Urteilssammlung unterstrich das Gericht, für wie wesentlich es die Angreifbarkeit der Strafzumessung im Revisionsverfahren hielt – soweit sie mit rechtsirrigen Erwägungen begründet wurde (vgl. *VII.3*). Der Anspruch, notwendigenfalls Einfluss auf das Strafmaß zu nehmen, ist beim OGH durchaus auch als ein vergangenheitspolitischer zu verstehen. Denn er eröffnete eine Handlungsoption, mit der das Obergericht auf die ‚gerechte' Bestrafung von NS-Tätern hinwirken konnte. Angesichts des in der Rechtspflege verbreiteten Widerwillens gegen die Aufarbeitung der NS-Vergangenheit bedeutete das eine Möglichkeit zur Einforderung einer härteren Strafpraxis. Wie Pauli zeigt, verschloss sich der BGH einige Jahre später dieser Rechtsfortbildung. So kritisierte Karlsruhe zwar die Strafzumessung eines Landgerichts, das einen der Misshandlung von

---

2144 OGH StS 2, S. 152f.
2145 *Ebd.*, S. 153 (Hervorhebung im Original).
2146 Vgl. *Munzert*, Maria: II.B8 Neue Antisemitismuswelle, in: Fischer/Lorenz (Hrsg.), S. 85–87, hier: S. 85f.; wie *Bergmann*, S. 121f.; *Benz*, S. 101.

KZ-Insassen überführten SS-Rottenführer auf dubiose Weise auf freien Fuß gesetzt hatte: Aus Einzelstrafen von vier und fünf Monaten Haft war eine sechsmonatige Gesamtfreiheitsstrafe gebildet worden; der Täter kam so gerade noch in den Genuss der Bundesamnestie. Trotzdem lehnten die BGH-Richter einen Eingriff in die Strafzumessung ab und erklärten, das Urteil sei trotz krassen Missverhältnisses zwischen Einzelstrafen und Gesamtstrafe hinreichend begründet[2147]. Wie die divergierenden Sichtweisen verdeutlichen, gehörte der (Nicht-)Eingriff in die Strafzumessung für Revisionsgerichte nach 1945 zu jenen Werkzeugen, mit denen bei der Aufarbeitung von NS-Unrecht Akzente für die je eigene strafrechtliche Vergangenheitspolitik gesetzt wurden. Das letztinstanzliche Urteil im Fall Weller erging im Übrigen am 21. Juni 1950 vor dem Landgericht Mönchengladbach.

2.5.2 NS-Gewalt an politischen Gegnern – ‚Gestapo-Verfahren' in Hamburg

Am 2. Juni 1949 urteilte das Landgericht Hamburg zwölf Angeklagte, darunter drei Frauen, wegen NS-Verbrechen ab, die 1942 bis 1945 im Kontext der von der Hamburger Gestapo betriebenen Bekämpfung von illegalen politischen Aktivitäten verübt worden waren[2148]. Dabei ging es um die mit Hilfe von Spitzeln, Denunziationen und gewalttätiger Aussageerpressung auf dem Polizeirevier erreichte Zerschlagung der kommunistischen Bästlein-Gruppe, der einst bedeutendsten Widerstandsgruppe in der Hansestadt mit einem sich auf zahlreiche Betriebe erstreckenden Netzwerk[2149]. Mit zwölf Jahren Zuchthaus erkannte das Tatgericht dem Maurer und Gestapospitzel Alfons Pannek die höchste Strafe zu. Er hätte sich als Gewährsmann des Kriminalsekretärs Henry Helms eines Menschlichkeitsverbrechens schuldig gemacht. Helms selbst verurteilten die Richter nach KRG 10 Art. II 1c in Tateinheit mit Freiheitsberaubung im Amt in vier, Aussageerpressung in zwölf sowie gefährlicher Körperverletzung in neun Fällen zu neun Jahren Zuchthaus. Dessen Chef, Kriminalkommissar Adolf Bokel-

---

2147 Vgl. *Pauli* 1996, S. 115.
2148 Zum ‚Hamburger Gestapo-Verfahren' vgl. BArch, Z 38, Nr. 414. Das Urteil des Schwurgerichts Hamburg vom 2. Juni 1949 befindet sich *ebd.*, Bl. 1–97; einen Abdruck bietet *Rüter*. Bd. IV, Fall 147, S. 713–793.
2149 Zur Bästlein-Gruppe vgl. *Drobisch*, Klaus: Bästlein-Gruppe, in: Benz/Pehle (Hrsg.), S. 177f.

2.5 Freiheitsberaubung, Körperverletzung und Mord

mann, belegten sie mit einer nur vierjährigen Gefängnisstrafe wegen Verbrechens gegen die Menschlichkeit in Tateinheit mit Freiheitsberaubung im Amt in vier Fällen. Man hielt ihm zugute, stellte der OGH fest, dass er „sich von der Vornahme von Mißhandlungen völlig freigehalten habe, weil sie ihm wesensfremd und zuwider gewesen seien, und (...) sich an den von ihm begangenen Freiheitsberaubungen nicht aus eigenem Antrieb, sondern auf Drängen seiner Untergebenen beteiligt habe"[2150].

Auf die Rechtsmittel zweier Angeklagter hin trat das Revisionsgericht am 5. September 1950 zusammen[2151]. Während Pannek Erfolg hatte, scheiterte Helms' Einspruch. Bezüglich dessen Person fasst der Senat (Geier, Jagusch und Engels) den tatgerichtlich ermittelten Sachverhalt wie folgt zusammen:

> „Zur Erpressung von Aussagen hat er (...) Häftlinge mit Stock, Peitsche oder Gummiknüppel geschlagen oder durch Wadenklammern und Fingerquetschungen gefoltert oder foltern lassen. Der Angeklagte hat ferner in seiner dienstlichen Eigenschaft im Jahre 1943 die Einweisung von Frau Cl., Frl. Do. und Frau Hu. sowie im Jahre 1944 die Einweisung der Frau E. in ein Konzentrationslager wegen ‚Gefährdung des Nachrichtenapparates' beantragt und erreicht, weil diese Frauen Gestapospitzel als solche erkannt hatten; die Behandlung während der in allen Fällen mehr als eine Woche dauernden Freiheitsentziehung hatte den Tod der Frau Hu. und der Frau E. zur Folge"[2152].

Mit Blick auf die Aussageerpressungen wies der OGH die Behauptung der Verteidigung zurück, der Angeklagte hätte insofern in Notwehr gehandelt, als die inhaftierten Widerstandskämpfer ihren Angriff gegen den NS-Staat fortgesetzt hätten, indem sie sich weigerten, die Namen von noch im Untergrund tätigen Mitstreitern preiszugeben. Da die Gefangenen aber jeder Chance zum Handeln beraubt gewesen seien und im Schweigen auf die Frage nach Mitgliedern der Gruppe kein Rechtsverstoß gelegen habe, könnte von einem Angriff nicht mehr die Rede sein. Angesichts dieser Bewertung entpuppten sich die von Helms verantworteten Maßregeln „als unzulässige, durch Notwehr nicht gedeckte Eingriffe in die Rechtsgüter

---

2150 OGH StS 3, S. 125.
2151 Die OGH-Entscheidung vom 5. September 1950 ist abgelegt in BArch, Z 38, Nr. 414, Bl. 162–172, und wiedergegeben in: OGH StS 3, S. 121–134, sowie *Rüter*. Bd. IV, Fall 147, S. 794–804.
2152 OGH StS 3, S. 121f.

nunmehr am Angriff Unbeteiligter"[2153]. Was die KZ-Einweisung von vier Frauen anbelangte, kommt das Gericht zu dem Schluss, dass deren bloße Inhaftierung nach der ‚Verordnung zum Schutze von Volk und Staat' vom 28. Februar 1933 zwar als rechtens gelten könne – ein großes Zugeständnis mit Blick auf einen sich repressiv-autoritär gebärdenden Staat. Anders sei aber die Überstellung in ein KZ zu beurteilen. So sei aus rechtmäßiger Freiheitsentziehung widerrechtliche Freiheitsberaubung erwachsen, bei der „das zur Erreichung des Sicherungszweckes Zulässige und Gebotene überschritten wird"[2154]. Das Revisionsgericht entkräftet Helms' Einwand, seine Strafe sei im Verhältnis zu jener Bokelmanns zu hoch ausgefallen, und bestätigt die erstinstanzliche Entscheidung darin, mildernden Umständen wegen der Schwere der Freiheitsberaubung, die ja zwei Todesopfer gefordert hatte, keine Beachtung zu schenken[2155]. Weil dem Schwurgericht kein Rechtsfehler zulasten des Angeklagten unterlaufen sei, wird das Urteil rechtskräftig.

Auch der Fall Pannek bietet interessante Gesichtspunkte. Der Angeklagte war ein überzeugter Kommunist, welcher sich im Widerstand gegen das NS-Regime betätigte, zweimal in Haft geriet, in die Tschechoslowakei emigrierte, auf Seiten der Internationalen Brigaden am Spanischen Bürgerkrieg teilnahm und nach dem Einmarsch der Wehrmacht 1939 in Prag verhaftet wurde. Das ‚Angebot' der Gestapo, ihr als V-Mann zu dienen, lehnte er ab. Es bedurfte schwerer Misshandlungen und Drohungen, zweier Suizidversuche und eines Hungerstreiks, bis Pannek nachgab. So kam er auf Gestapo-Betreiben im November 1941 frei, nachdem er nur wenige Monate vorher als Hochverräter zu sechs Jahren Zuchthaus verurteilt worden war. Als Spitzel und Agent Provocateur wirkte er an der Festnahme von Mitgliedern der Bästlein-Gruppe mit. Durch sein Wirken sollen bis 1945 22 Personen in Gefängnisse und KZ gesperrt worden sein. Davon seien 16 infolge eines Todesurteils des VGH oder durch listenmäßige oder anderweitig angeordnete Exekution hingerichtet worden[2156]. Das Schwurgericht gestand Pannek nicht zu, in einem Notstand nach § 54 StGB oder im übergesetzlichen Notstand gehandelt zu haben, da er – so der OGH-Bericht – „seine Notlage durch die gesetzwidrige Betätigung innerhalb der KPD. selbst verschuldet habe"[2157]. Auch auf Nötigungsstand (§ 52 StGB) könne

---

2153 Ebd., S. 124.
2154 Ebd., S. 125.
2155 Vgl. ebd., S. 125f.
2156 Vgl. ebd., S. 126f.
2157 Ebd., S. 128.

2.5 Freiheitsberaubung, Körperverletzung und Mord

er sich nicht berufen, weil ihm nach Beginn der Kooperation mit der Gestapo kein ungewisses Schicksal mehr gedroht hätte. Zu Helms hätte ein Vertrauensverhältnis bestanden. Der Annahme einer Zwangslage widerspreche der „gedankliche Aufbau seiner Spitzeltätigkeit, die *interessierte* Mitarbeit und das getarnte, teilweise *provokatorische* Auftreten als Verfolgter"[2158].

Der OGH kritisiert zwar die Argumentation, schließt sich aber der Auffassung an, dass Pannek der Gestapo nicht als Spitzel hätte dienen dürfen, nachdem er sich entschlossen hatte, in den Untergrund zu gehen, um das NS-Regime zu bekämpfen. Denn:

> „Wenn nun die offenkundige Gefahr verwirklicht wurde, in die der Angeklagte sich (...) freiwillig begeben hatte, und die politische Polizei des Dritten Reiches ihre Terrormethoden auch gegen ihn zur Anwendung brachte, so kann ihm nicht gestattet werden, sich aus dieser vorhersehbaren und *vorhergesehenen* Zwangslage seinerseits dadurch zu befreien, daß er andere dem gleichen Schicksal auslieferte. (...) Solange der Angeklagte überhaupt verantwortlich handeln konnte, solange war er zum Widerstande gegen das Ansinnen der Gestapo verpflichtet. Der Angeklagte befand sich in einer der Lagen, in denen die Rechtsordnung *ausnahmsweise* ein über die menschliche Natur hinausgreifendes Verhalten, nämlich eine *Überwindung* des Selbsterhaltungstriebes verlangt"[2159].

Aus diesem Grund scheide Notstand als Entschuldigung aus, weshalb das Landgericht den Angeklagten zu Recht wegen eines Menschlichkeitsverbrechens verurteilt hätte. Was die Strafzumessung betrifft, betonen die Revisionsrichter die tatgerichtliche Aufgabe, bei Schuldsprüchen etwaige Zwangslagen bei der Bestimmung von Schuldgrad und Strafhöhe in Rechnung zu stellen. Das Hamburger Urteil weise jedoch insofern einen Denkfehler auf, als es davon ausgehe, dass der auf Pannek lastende psychische Druck nach Beginn der Gestapo-Dienste nicht mehr vorgelegen hätte. Das Gericht hätte sich rechtsirrig

> „nur die Frage vor[gelegt], wie stark der Mitte 1942 tatsächlich ausgeübte Druck gewesen sei. Es läßt dabei die sich aufdrängende Möglichkeit außer Betracht, daß das festgestellte Nachlassen des Drucks eben mit der gewaltsam erzwungenen Einwilligung des Angeklagten zur

---

2158   *Ebd.* (Hervorhebungen im Original).
2159   *Ebd.*, S. 129f. (Hervorhebungen im Original).

Aufnahme der ihm angesonnenen Tätigkeit erkauft war. Die Frage wäre daher nicht dahin zu stellen, ob Mitte 1942 der psychologische Druck noch fortgesetzt wurde, sondern inwieweit es dem Angeklagten, nachdem er einmal seine Bereitwilligkeit zur Übernahme der Spitzeltätigkeit erklärt und sich dadurch vorerst von dem *akuten* Druck befreit hatte, nunmehr Mitte 1942 nach seiner damaligen seelischen Verfassung möglich war, die bereits zugesagte Mitarbeit zu verweigern"[2160].

Im Folgenden gibt der OGH Hinweise auf weitere mögliche Rechtsfehler der ersten Instanz zulasten des Angeklagten. Bedenken erweckt v. a., „daß das Schwurgericht auf Grund der von ihm angeführten Tatumstände eine solche Zwangslage als *unmöglich* bezeichnet"[2161]. Dieses Verdikt ließ in Köln die berechtigte Frage aufkommen, ob der Tatrichter es versäumt hätte, den Sachverhalt einer allseitigen und sämtliche Beurteilungsmöglichkeiten beachtenden Würdigung zu unterwerfen – kurz und gut: ob die rechtliche Bewertung von Panneks Taten nicht einseitig streng ausgefallen sei. Dem entspräche ein Befund, zu dem Boberach mit Blick auf Strafverfahren wegen NS-Denunziationen in Nordrhein-Westfalen gelangt: dass frühere V-Leute der Gestapo mit besonders harten Bestrafungen rechnen mussten (vgl. VI.2.1). NS-belastete oder rechtskonservative Richter fanden sich mutmaßlich eher zur Verurteilung von NS-Verbrechen bereit, wenn Angeklagte wie ein in die Spitzelfunktion gedrängter Kommunist einem Tätertypus entsprachen, den sie unter den entgegengesetzten Vorzeichen des ‚Dritten Reiches' bereits für gefährlich erachtet hatten. Das mit einer neuen Prüfung von Schuld- und Strafmaß beauftragte Landgericht weist der OGH auf Punkte hin, die eine mildere Beurteilung erlauben könnten, etwa die Erörterung der vielleicht verminderten Zurechnungsfähigkeit und der Beweggründe[2162].

2.5.3 NS-Anstaltsmorde (‚Euthanasie')

Wie der Tatkomplex der Deportation von Juden, Sinti und Roma in osteuropäische Lager spielten die ‚Euthanasie'-Verbrechen für die deutsche Strafrechtspraxis in der unmittelbaren Nachkriegszeit eine untergeordnete

---

2160 *Ebd.*, S. 131 (Hervorhebung im Original).
2161 *Ebd.*, S. 133 (Hervorhebung im Original).
2162 Vgl. *ebd.*, S. 133f.

2.5 Freiheitsberaubung, Körperverletzung und Mord

Rolle – gerade auch in der Britischen Zone (vgl. VI.2.5). Die geringe Zahl von zur Hauptverhandlung zugelassenen Verfahren deutet schon an, warum dem OGH in nur zwei Fällen erstinstanzliche Urteile mit Bezug zu Krankenmorden vorgelegt wurden. Welche Bedeutung er aber seinen diesbezüglichen Entscheidungen beimaß, erweist sich daran, dass deren Texte mit je ca. 20 Seiten breiten Raum in der Amtlichen Sammlung einnehmen.

a) Die Strafsache gegen Petermann u. a.

Der erste ‚Euthanasie'-Fall, der vor den OGH gelangte, betraf die Verantwortung von Ärzten für Patientenverlegungen aus den Heil- und Pflegeanstalten der Provinz Westfalen in hessische Einrichtungen, von wo aus viele Opfer in die Tötungsanstalt Hadamar gelangten. So hatten der Nervenarzt Heinrich Petermann, einst Leiter der Anstalt Warstein und Provinzial-Obermedizinalrat, der Landes-Oberverwaltungsrat a. D. Alfred Schneider sowie der frühere Provinzialmedizinalrat Heinrich Stolze die Verlegungslisten überprüft, auf denen die von der Reichsleitung für die Vernichtung bestimmten Behinderten und Kranken aus den Anstalten Dortmund-Aplerbeck, Eickelborn, Gütersloh, Lengerich und Warstein verzeichnet waren. Ihre Aufgabe bestand in der Feststellung von Patienten, die als bestimmten Kategorien zugehörig (u. a. arbeitsfähig, Ausländer oder kriegsversehrt), von den Verlegungslisten abgesetzt werden sollten. In der Tat strichen die Ärzte in Übertretung der Vorgaben die Namen einer größeren Zahl von Personen und bewahrten auch anderweitig geistig sowie körperlich Behinderte vor dem sicheren Tod. Zugleich zeichneten sie aber verantwortlich für die Zusammenstellung der in die NS-Tötungsanstalten abgehenden Krankentransporte. Sie wiesen deren Abfahrt an; ein Teil wurde vom Angeklagten Stolze, wenn nicht geleitet, so doch begleitet.

Im Herbst 1948 standen die Ärzte vor dem Landgericht Münster unter der Anklage, Beihilfe zum Mord und zu einem Menschlichkeitsverbrechen geleistet zu haben[2163]. Im Urteil machten sich die Richter die Argumentation der Verteidigung zu eigen, wonach die Angeklagten in einem übergesetzlichen Notstand gehandelt hätten, der ihre Taten rechtfertigte. Widerwillig hätten sie Tatbeiträge geleistet, um möglichst viele Menschen zu ret-

---

[2163] Zum Fall Petermann vgl. BArch, Z 38, Nr. 402. Das Urteil des Landgerichts Münster vom 20. Oktober 1948 ist *ebd.*, Bl. 1–16, abgelegt.

ten[2164]. Alle drei Angeklagten wurden freigesprochen. Hiergegen legte die Staatsanwaltschaft Revision ein, was Generalstaatsanwalt Schneidewin zur Vorlage einer Stellungnahme veranlasste[2165]. Darin weist er die Behauptung eines übergesetzlichen Notstandes unter Hinweis auf die Rechtspraxis des Reichsgerichts zurück und beharrt darauf, dass rechtmäßiges Handeln nur darin bestehen könne, sich jedes Verbrechens zu enthalten. So rechtfertige die Beteiligung zum Zweck der Abschwächung von Unrecht das Verhalten der Ärzte nicht. Diese Einsicht hätte treffend das Urteil im Nürnberger Juristenverfahren formuliert[2166]. Es sei kaum zu bezweifeln, dass die Angeklagten einem Tötungsdelikt Vorschub geleistet hätten. Das Tatgericht müsse überprüfen, ob sie als Gehilfen einem Mord oder einem Totschlag die Hand geliehen hätten. Die Entscheidung hänge davon ab, ob § 211 StGB (Mord) in der alten oder der ab September 1941 geltenden neuen Fassung anzuwenden sei (vgl. VI.2.5). Denn von letzterer könnten die Angeklagten profitieren, da ihr Tun nicht zwingend von niedrigen Beweggründen bzw. einer grausamen und heimtückischen Begehungsweise gekennzeichnet gewesen sei. Dann sei es wohl nur als Totschlag verfolgbar. Schneidewin betont, dass er hiermit der vom OLG Frankfurt in dessen Urteil vom 12. August 1947 vertretenen Ansicht bezüglich des früheren Anstaltsleiters von Eichberg Walter Schmidt fundamental widerspricht[2167]. Außer Frage steht für ihn indes die Strafbarkeit der Angeklagten wegen Verbrechens gemäß KRG 10 Art. II 1c. Denn die als ‚Gnadentod' verbrämte und dem Selbstzweck eines ‚brutalen Staatsegoismus' dienende „systematische Massenausrottung"[2168] von Kranken und Behinderten widersprach der Menschlichkeit in krasser Weise.

Der OGH-Strafsenat befasste sich in den Hauptverhandlungsterminen am 26. Februar und 5. März 1949 mit der Causa[2169]. Tatsächlich hob er die

---

2164 Vgl. *Ambos*, S. 179.
2165 Die Stellungnahme des Generalstaatsanwalts vom 2. Februar 1949 ist abgelegt in BArch, Z 38, Nr. 402, Bl. 28–31.
2166 Vgl. *ebd.*, Bl. 29f.
2167 Vgl. *ebd.*, Bl. 30f. Zur Strafsache gegen Schmidt, den T4-Gutachter Friedrich Mennecke u. a. vgl. *Raim*, S. 1082–1084. Die zugehörigen Entscheidungen sind abgedruckt in: *Rüter*. Bd. I, Fall 11, S. 135–165 (Landgericht Frankfurt, 21. Dezember 1946), u. S. 166–186 (OLG-Frankfurt, 12. August 1947). Zu Schmidt (1910–1970) vgl. *Klee* 2005, S. 546.
2168 BArch, Z 38, Nr. 402, Bl. 31.
2169 Das Urteil des OGH vom 5. März 1949 findet sich *ebd.*, Bl. 65–82. Es ist abgedruckt in: *Mildt* (Hrsg.). Bd. 2. Lfd. Nr. 32b, S. 285–301, *Rüter*. Bd. XI, Fall 380, S. 708–722, sowie OGH StS 1, S. 321–343. Kommentare sind überliefert von

2.5 Freiheitsberaubung, Körperverletzung und Mord

Freisprüche auf und veranlasste eine Neuverhandlung in Münster[2170]. Entgegen der Stellungnahme des Generalstaatsanwalts kehrten Staff, Jagusch (Berichterstatter) und Geier in einem Leitsatz für die Urteilssammlung hervor: „Die Tötung von Geisteskranken aufgrund des Hitlererlasses vom 1. September 1939 war nach Planung, Beweggründen, Durchführung und Tatausführung heimtückisch und grausam. Gegenüber diesem Gesamtbilde ist die innere Haltung des Tötungspersonals, soweit sie hiervon etwa abweicht, nicht entscheidend"[2171]. Der in der neuen Fassung von § 211 StGB definierte Mord-Tatbestand umfasste mithin auch die im Zuge der T4-Aktion verübten NS-Krankenmorde. Im Gegensatz zum Tatgericht und Schneidewins Expertise folgend, gesteht der OGH den Ärzten nicht zu, in einem ihr Tun rechtfertigenden Notstand gehandelt zu haben[2172]. Vielmehr hebt er hervor: *„Die Lehre vom übergesetzlichen Notstande baut auf geordneten rechtsstaatlichen Verhältnissen auf"*. Sie sei allein im Ausnahmefall zur Anwendung geeignet und auch *„ihrem Aufbau nach auf völlig abweichende, durch staatlich geplante Verbrechen gekennzeichnete Tatverhältnisse nicht anwendbar"*[2173]. Wo der Staat selbst Verbrechen initiiere und von Bürgern mehr oder weniger offen rechtswidrige Handlungen einfordere, versage sie. Zudem entdeckten die Richter bei den Angeklagten keine rechtfertigende Pflichtenkollision. So wäre es ihre Pflicht gewesen, Patienten zu helfen und sich von Unrecht fernzuhalten. Der OGH hält fest, die drei Männer hätten „sowohl rechtswidrig wie schuldhaft gehandelt"[2174]. Denn der Sachverhalt gebe auch keinen Anhaltspunkt dafür, dass er ein Beispiel für die Figur eines allgemeinen Schuldausschließungsgrundes bilde. Es könne keine Rede davon sein, dass den Angeklagten ein alternatives Verhalten unzumutbar gewesen wäre; sie hätten sich anders verhalten können. Insofern zweifelten die Richter nicht daran, dass eine Verurteilung wegen Beihilfe zum Mord gerechtfertigt war.

Gleichwohl zeigte sich das Revisionsgericht bestrebt, der juristisch-moralisch prekären Situation Rechnung zu tragen, der sich Ärzte ausgesetzt sehen mochten, die tatsächlich wegen sittlicher Erwägungen – nämlich

---

Schmidt, Eberhard: Anmerkung [zum Urteil des OGH vom 5. März 1949], in: Süddeutsche Juristenzeitung 4 (1949), Nr. 8, Sp. 559–570, und *Welzel*, Hans: Anmerkung [zum Urteil des OGH vom 5. März 1949], in: Monatsschrift für Deutsches Recht 3 (1949), H. 6, S. 373–376.
2170 Vgl. *Mildt* (Hrsg.). Bd. 2. Lfd. Nr. 32b, S. 285.
2171 OGH StS 1, S. 321.
2172 Vgl. *Ambos*, S. 179f.
2173 OGH StS 1, S. 334 (Hervorhebung im Original).
2174 *Ebd.*, S. 335.

um Leben zu retten – beschlossen hatten, ein Rädchen im Getriebe der Ausrottungspraxis des ‚Dritten Reiches' gegen Geisteskranke und Behinderte zu bleiben. So konstruiert es einen besonderen persönlichen Strafausschließungsgrund, den es allerdings mit hohen Hürden versieht, um etwaigem Missbrauch nicht Tür und Tor zu öffnen.

„Es muß zur völligen Gewißheit feststehen, daß der Täter die Tötungsaktion aus Überzeugung mißbilligt und sich *ausschließlich* deshalb an ihr beteiligt hat, um sie nach Kräften zu verhindern, zu stören und einzuengen. Er muß zur sorgfältigen Prüfung der Sachlage *fähig* gewesen sein. Seine Beteiligung muß auf einer solchen Prüfung *beruhen*. Nach der Sachlage darf ihm nur dieser eine Weg zur Rettung der übrigen Kranken offengestanden haben. Seine gesamte Beteiligung vom ersten Entschluß bis zu ihrer Beendigung muß *allein* von der Erwägung getragen gewesen sein, der Aktion nach Kräften – *nicht nur nach Maßgabe der gegebenen Richtlinien* – Abbruch zu tun. Der Täter muß jede ihm erreichbare Möglichkeit zur Rettung von Kranken ausnahmslos voll ausgenutzt haben. Eine derartige Haltung des Täters muß sich also nachgewiesenermaßen *tätig* und auch mit *Erfolg* ausgewirkt haben; die bloße, wenngleich bewiesene, Absicht dazu genügt nicht. (...) Wer (...) beweist, daß er als entschiedener und erklärter Gegner dieses Massenverbrechens und ohne *unmittelbar* an einer Tötung beteiligt zu sein, sich *ausschließlich* aus Widerstandsgründen beteiligt und entsprechend verhalten hat, ist persönlich straffrei"[2175].

Ausnahmsweise sei es in einem so gelegenen Fall – im Rahmen einer Staatlichkeit, die ihre Bürger zur Teilnahme an Massenverbrechen auffordert – doch möglich, innere Beweggründe in die rechtliche Würdigung einzubeziehen[2176]. An der Rechtswidrigkeit der Tat ließen die Kölner Richter nicht rütteln; mit der Straflosigkeitsoption wollten sie jedoch Abhilfe für ‚tragische' Einzelfälle schaffen[2177]. Zeitgenössisch erfuhr diese Rechtsfigur Zustimmung wie auch Ablehnung. Während Schmidt und Welzel auf der Nichtvorwerfbarkeit des Verhaltens der drei Angeklagten und auf einem übergesetzlichen Schuldausschließungsgrund beharrten, weil ein rechtmä-

---

2175 *Ebd.*, S. 337f. (Hervorhebungen im Original).
2176 Vgl. *Ambos*, S. 181.
2177 Nach *Wessels/Beulke/Satzger*, § 13, Abs. 716, werde bezüglich der Fallkonstellation der ‚Euthanasiefälle' „zu Recht ein übergesetzlicher entschuldigender Notstand anerkannt". Die im OGH-Urteil anzutreffende „Annahme eines persönlichen Strafaufhebungsgrundes" erscheint demnach aber gleichfalls als funktionales Konstrukt, da es die Option der Straflosigkeit offenhält.

ßiges Verhalten unzumutbar gewesen sei oder eine Pflichtenkollision vorgelegen hätte[2178], zollte der Strafrechtler Peters dem OGH-Urteil Anerkennung. Er attestierte ihm, „auf einer tiefen ethischen Grundlage"[2179] zu beruhen und mit Blick auf die Abgrenzung von Rechtfertigungs-, Schuldausschließungs- und persönlichen Strafausschließungsgründen die so wichtige „Harmonie von Recht und Sittlichkeit, von Rechtssicherheit und Gerechtigkeit, von Gemeinschaftsschutz und Individualschutz herzustellen".

Hinsichtlich des zweiten Tatvorwurfs konstatiert der OGH, die Haupttat – das NS-Programm einer heimlich-heimtückisch vollzogenen Massenausrottung von Geisteskranken – verwirkliche den objektiven und subjektiven Tatbestand eines Verbrechens nach KRG 10 Art. II 1c. „Diese Tötungen wurzelten in der nationalsozialistischen Verachtung des Menschlichen und waren nur im Rahmen der Machtstellung des damaligen Staates unter Ausnutzung der besonderen Kriegsverhältnisse möglich"[2180]. Beihilfe betreffend seien laut OGH-Rechtspraxis weder die Teilnahmeformen des StGB noch die Gesinnung von Belang. „Steht das Verhalten des Täters im Zusammenhange mit der nationalsozialistischen Gewalt- und Willkürherrschaft, bildet es objektiv einen Angriff gegen das Opfer, der dieses in tatbestandsmäßiger Weise in einer die Menschheit berührenden Weise schädigt[,] und sind auch die erwähnten Tatmerkmale erfüllt, so ist der Täter nach dem KRG 10 II 1c zu verurteilen ohne Rücksicht darauf, *welchen* Tatbeitrag er im Rahmen der Gesamtaktion geleistet hat"[2181]. Angesichts dessen komme eine Verurteilung wegen Menschlichkeitsverbrechens gewiss in Betracht. Anders liege die Sache aber, wenn das Tatgericht das Vorhandensein der oben beschriebenen Voraussetzungen für einen persönlichen Strafausschließungsgrund konstatiere. Denn Ärzten, die sich aus sittlichen Gründen genötigt sahen, entfernte Tatbeiträge zu leisten, um möglichst

---

2178 Vgl. *Ambos*, S. 181. Der Auffassung von Welzel und Schmidt pflichtet auch bei *Bockelmann*, Paul: Zur Schuldlehre des Obersten Gerichtshofs, in: Zeitschrift für die gesamte Strafrechtswissenschaft 63 (1951), H. 1, S. 13–46, hier: S. 45. Zu Welzel (1904–1977) vgl. *Hirsch*, Hans Joachim: Zum 100. Geburtstag von Hans Welzel, in: Zeitschrift für die gesamte Strafrechtswissenschaft 116 (2004), H. 1, S. 1–14.
2179 Hier und nachfolgend *Peters*, Karl: Zur Lehre von den persönlichen Strafausschließungsgründen, in: Juristische Rundschau 3 (1949), H. 16, S. 496–500, hier: S. 496. Dazu auch *Ambos*, S. 181. Zu Peters (1904–1998) vgl. *Tiedemann*, Klaus: Karl Peters †, in: Neue Juristische Wochenschrift 51 (1998), H. 40, S. 2956.
2180 OGH StS 1, S. 340.
2181 *Ebd.* (Hervorhebung im Original). Vgl. das OGH-Urteil im Verfahren gegen V. vom 22. Juni 1948 in *1*.

viele Leben zu retten, und die darin Erfolg hatten, könne weder vorgeworfen werden, ihr Tun korreliere mit der NS-Gewalt- und Willkürherrschaft, noch, dass es dem Grundgedanken der Menschlichkeit widerspreche. Ein solcher Fall impliziere regelmäßig das Fehlen der inneren Tatseite: willentlicher Förderung der Haupttat im Wissen um dessen menschenverachtenden verbrecherischen Charakter[2182]. Im Hinblick auf die drei Angeklagten verbindet der OGH die Aufhebung des Freispruches mit der Maßgabe an die tatgerichtliche Neuverhandlung, deren Handlungsspielräume und Beweggründe unter dem Gesichtspunkt der Konformität mit den Bedingungen für einen persönlichen Strafausschließungsgrund auszuloten. Dazu mahnt der Strafsenat eine eingehende Prüfung der Persönlichkeiten der Angeklagten an, ihres Werdegangs, ihrer politischen Tätigkeit und Einstellung gegenüber den Patienten. Hierbei erinnert er an Feststellungen im Schwurgerichtsurteil, die nahelegen, im früheren Warsteiner Anstaltsleiter Petermann einen Gegner der Patientenverlegungen zu vermuten. Den Angeklagten Schneider betreffend obliege dem Tatgericht zusätzlich zur Prüfung eines Strafausschließungsgrundes die Klärung der Frage, inwiefern er zu Beginn seiner Beihilfeleistung im Juni 1941 doch mit der Möglichkeit gerechnet hatte, dass sein Handeln die Tötung von Kranken und Behinderten förderte[2183].

Ende August 1949 verurteilte das Landgericht Münster Schneider wegen Beihilfe zum Mord und sprach die Angeklagten Petermann sowie Stolze in allen Punkten frei. Strafbarkeit wegen Verbrechens gegen die Menschlichkeit lag demnach nicht vor. Dafür bedienten sich die Richter des in Köln entwickelten persönlichen Strafausschließungsgrunds. Dessen Auslegung hielt der BGH laut Urteil vom Herbst 1952 zwar für unglücklich[2184]. Entscheidend war aber, dass er die Revision der Anklage wegen Nichtanwendung von KRG 10 zurückwies, weil letzteres ja seit 1951 als Rechtsgrundlage nicht mehr verfügbar war[2185]. Dagegen erlangte die Verurteilung Schneiders wegen Beihilfe zum Mord Rechtskraft[2186]. Die letztinstanzliche Entscheidung mit Blick auf die anderen Angeklagten fällte am 2. Dezember 1953 das Schwurgericht Dortmund; dabei erging zum dritten Mal ein

---

2182 Vgl. OGH StS 1, S. 341.
2183 Vgl. *ebd.*, S. 341–343.
2184 Vgl. *Mildt* (Hrsg.). Bd. 2. Lfd. Nr. 32c, S. 303. Das Urteil des BGH vom 28. November 1952 ist abgedruckt in: *ebd.*, S. 302–311, und *Rüter*. Bd. XI, Fall 380, S. 723–731. Hierzu auch Hinweise bei *Ambos*, S. 182.
2185 Vgl. *Mildt* (Hrsg.). Bd. 2. Lfd. Nr. 32c, S. 311.
2186 Vgl. *ebd.*, S. 302. Schneider erreichte 1959 im Münsteraner Wiederaufnahmeverfahren einen Freispruch.

2.5 Freiheitsberaubung, Körperverletzung und Mord

Freispruch[2187]. OGH und BGH hatten die Nicht-Strafbarkeit Stolzes und Petermanns nie ausgeschlossen; sie waren aber bemüht, die Rechtswidrigkeit der Taten und die engen Grenzen zu betonen, die nur im Ausnahmefall einen Freispruch erlaubten.

b) Die Strafsache gegen Creutz u. a.

Am 24. November 1948 fällte das Landgericht Düsseldorf sein Urteil gegen acht Angeklagte, denen Mord bzw. Beihilfe zum Mord in Tateinheit mit Menschlichkeitsverbrechen im Zuge des ‚Euthanasie'-Programms der NS-Führung zur Last gelegt wurde[2188]. Dabei stand neben der Auslieferung von 946 Kranken aus Heil- und Pflegeanstalten des Rheinlandes, die dann in Hadamar vergast wurden, die Ermordung von 30 Kindern in einer ‚Kinderfachabteilung' im linksrheinischen Waldniel im Fokus[2189]. Wegen letztgenannter Grausamkeiten mussten sich der Assistenzarzt Hermann Wesse und zwei Pflegerinnen verantworten[2190]. Das Schwurgericht verurteilte den Arzt wegen 30-fachen Mordes in Tateinheit mit einem Verbrechen nach KRG 10 Art. II 1c zu einer lebenslangen Zuchthausstrafe. Auch die Pflegerinnen, die den Kindern, seinen Weisungen folgend, tödliche Dosen Luminal gespritzt hatten, erhielten Schuldsprüche, nämlich wegen Beihilfe zum Mord in 25 bzw. vier Fällen in Tateinheit mit Verbrechen gegen die Menschlichkeit. Das Strafmaß betrug vier bzw. drei Jahre Zuchthaus. Auf einen anderen Tatkomplex verwiesen die Anklagen gegen Kurt Pohlisch und Friedrich Panse, Psychiater, Neurologen und im NS-Staat

---

2187 Vgl. *ebd.* Lfd. Nr. 32a, S. 233. Das Dortmunder Landgerichtsurteil vom 2. Dezember 1953 ist abgedruckt in: *ebd.*, S. 233–284, und *Rüter*. Bd. XI, Fall 380, S. 663–707.

2188 Zur Strafsache gegen Creutz u. a. vgl. *Schmuhl* 2013; weiter *Raim*, S. 1071 u. 1076f.; *Friedrich* 2007, S. 227f. u. 230. Das Urteil des Landgerichts Düsseldorf vom 24. November 1948 ist abgelegt in BArch, Z 38, Nr. 403, Bl. 2–30, und abgedruckt in: *Mildt* (Hrsg.). Bd. 1. Lfd. Nr. 16a, S. 473–548.

2189 Zur Ermordung behinderter Kinder in der ‚Kinderfachabteilung' Waldniel vgl. *Kinast*, Andreas: „Das Kind ist nicht abrichtfähig". „Euthanasie" in der Kinderfachabteilung Waldniel 1941–1943. Durchges. Neuaufl., Köln u. a. 2014; ferner *Raim*, S. 1087f.

2190 Zu Wesse (1912–1989) vgl. *Klee* 2005, S. 671; außerdem *Kinast*, S. 98–112 u. 259–293.

Professoren an der Universität Bonn[2191]. Sie waren die einzigen Mediziner, die nach 1945 ausschließlich wegen ihrer Tätigkeit als T4-Gutachter vor Gericht gestellt wurden[2192]. Ihr Freispruch beruhte darauf, dass sie in der Mehrheit der begutachteten verfahrensrelevanten Fallprüfungen zu einem Ergebnis gekommen waren, das Patienten vor der Tötung bewahrte. Hierbei hatten sie wiederholt vermerkt, bei bestimmten Geisteskranken handele es sich um „unentbehrliche Fälle für den Hochschulbetrieb"[2193]; Betroffene würden als ‚Anschauungsmaterial' für ‚Lehrzwecke' benötigt.

Den Verfahrenskern bildete aber die Anklage gegen den ehemaligen Dezernenten für das Anstaltswesen bei der Provinzialhauptverwaltung der Rheinprovinz in Düsseldorf, Psychiater Walter Creutz (vgl. VI.2.5). Ihm warf die Anklage maßgebliche Verantwortung für die 1941 organisierten Patientenverlegungen aus den ‚Zwischenanstalten' Langenfeld-Galkhausen und Andernach nach Hadamar sowie die Einrichtung der ‚Kinderfachabteilung' Waldniel vor[2194]. Neben ihm und den oben erwähnten Medizinern wie Pflegerinnen saßen die Galkhausener Ärzte Weißenfeld und Rohde auf der Anklagebank. Das Tatgericht sprach die letztgenannten drei Männer frei. In der Begründung hält es Creutz zugute, Gegner der ‚Euthanasie' gewesen zu sein und die Aktion gehemmt und verzögert zu haben, wo es möglich war. So hätte er sich wohl mit Erfolg gegenüber den Direktoren der Heil- und Pflegeanstalten für eine weitgehende Zurückstellung von Kranken von den Transporten in die Tötungsanstalt eingesetzt. Denn von den vorgesehenen 5.046 Patienten, die der Vernichtung zugeführt werden sollten, wurden aus den ‚Zwischenanstalten' des Rheinlandes ‚nur' 946 nach Hadamar überstellt[2195]. Die Richter folgerten, dass „er die zwangsläufig notwendige Verstrickung in die Tötungsmaßnahmen nur notgedrungen ohne ihre [i. e. der Direktoren] Billigung in Kauf nahm, weil eben für ihn nur auf diesem Wege ein Widerstand und eine Rettung von Kranken möglich war"[2196]. Sie hielten die äußere Tatseite sowohl der Beihilfe zum Mord als auch des Menschlichkeitsverbrechens für erfüllt. Dennoch erschien ihnen Creutz' Handeln nicht rechtswidrig – sei er doch

---

2191 Zu Pohlisch (1893–1955) vgl. *Klee* 2005, S. 467f.; sowie *Forsbach*, passim, v. a. aber S. 200–213 u. 629–640. Zu Panse (1899–1973) vgl. *Klee* 2005, S. 449; auch *Forsbach*, passim, v. a. S. 213–216 u. 640–645.
2192 Vgl. *Raim*, S. 1070.
2193 Zit. n. *ebd*.
2194 Vgl. BArch, Z 38, Nr. 403, Bl. 3; ferner *Raim*, S. 1071.
2195 Vgl. BArch, Z 38, Nr. 403, Bl. 16f.; außerdem *Raim*, S. 1071.
2196 Zit. n. *ebd*.

2.5 Freiheitsberaubung, Körperverletzung und Mord

mit einer Pflichtenkollision konfrontiert gewesen, die einen übergesetzlichen Notstand dargestellt hätte.
Gegen das Düsseldorfer Schwurgerichtsurteil legte die Staatsanwaltschaft ein Rechtsmittel ein. Die Belange des Angeklagten Panse vertrat der frühere Verteidiger Gustav Krupps von Bohlen und Halbach, Theodor Klefisch, ein Experte für KRG-10-Verfahren (vgl. Strafsache gegen V. mit Urteil vom 22. Juni 1948 in *1*). Gegenüber dem OGH nahm der Anwalt für den T4-Gutachter in Anspruch, ihm müsse ein übergesetzlicher Schuldausschließungsgrund zugestanden werden, der einer Verurteilung entgegenstehe[2197]. Dieser „Theorie der bedingten Massenmorderlaubnis"[2198] und dem Argument, die Rettung des einen Patienten rechtfertige die Preisgabe eines anderen, widerspricht das Revisionsgericht am 23. Juli 1949: „Die Versuche, zwei Gruppen von Kranken einander gegenüberzustellen, müssen scheitern. Es geht nicht an (...), zwei solche Gruppen zu bilden, nämlich die Geretteten und die Unrettbaren und daher Getöteten, sie zahlenmäßig oder nach anderen Gesichtspunkten gegeneinander abzuwägen und die vermutlich größere Gruppe innerhalb der Gefahrengemeinschaft aller Kranken als ein höheres Rechtsgut für schutzwürdiger zu halten"[2199]. Der in der Strafsache gegen Petermann u. a. gezogenen Linie bleiben die Richter Staff, Jagusch und Werner treu. So verweigern sie v. a. bezüglich des Ex-Anstaltsdezernenten Creutz einem auf einer Pflichtenkollision beruhenden übergesetzlichen Schuldausschließungsgrund die Anerkennung. Die einzige Rechtspflicht, die er gehabt hätte, sei die jedem Bürger obliegende, sich nicht an der Begehung von Straftaten zu beteiligen[2200]. Stattdessen bringt der OGH einen individuellen Strafausschließungsgrund auf das Tapet, der zwar nicht an der Rechtswidrigkeit der Tat und Schuld des Angeklagten rüttelt, dafür aber dem sittlichen Konflikt, worin der Täter meinte, nicht anders handeln zu können, als er es tat, durch die Option der Straflosigkeit gerecht werden soll. Der hieran von Welzel und Schmidt geäußerten Kritik, diese Erwägungen „sprächen in Wahrheit zwingend für die Schuldlosigkeit des Täters"[2201], hält das Revisionsgericht entgegen, man könne diesen Schluss nur ziehen, wo fragliches Handeln über jeden Zweifel erhaben sei. Creutz' Taten fänden aber „sittlich keineswegs

---

2197 Vgl. BArch, Z 38, Nr. 403, Bl. 64–66.
2198 *Friedrich* 2007, S. 227.
2199 OGH StS 2, S. 121. Das Urteil des OGH vom 23. Juli 1949 befindet sich in BArch, Z 38, Nr. 404, Bl. 365–390; abgedruckt ist es in: *Mildt* (Hrsg.). Bd. 1. Lfd. Nr. 16b, S. 549–571, und OGH StS 2, S. 117–135.
2200 Vgl. *ebd.*, S. 120–122; wie auch *Friedrich* 2007, S. 227.
2201 OGH StS 2, S. 122; weiterhin *Mildt* (Hrsg.). Bd. 1. Lfd. Nr. 16b, S. 555.

schlethin und von jedem Standpunkt aus Billigung (...). Er hat zwar aus sittlichem Drange Gutes erstrebt und erreicht, aber nur um den Preis dann unvermeidbarer Förderung des Gesamtverbrechens"[2202]. Die ‚sabotierende Teilnahme' sei insofern als sittlich zwiespältig aufzufassen; sie bewirke eine Schuldverstrickung, die dem Angeklagten niemand abnehmen könne[2203]. Zum individuellen Strafausschließungsgrund führt der Strafsenat aus: „Kann der Täter für sein an sich normwidriges Handeln überzeugende sittliche Gründe in Anspruch nehmen, ohne andererseits jeden sittlichen Vorwurf ausschließen zu können, so ist trotz strafrechtlicher Schuld, eben weil sich diese mit der sittlichen Schuld weder eindeutig deckt, noch zu ihr eindeutig in Widerspruch steht, Straffreiheit der einzige Ausweg"[2204]. Dass diese Rechtsfigur sorgfältiger Abwägung und enger Grenzen bedürfe, hatte das Gericht schon im Urteil gegen Petermann und Mitangeklagte klargestellt.

Wie das Rechtsmittel der Anklage gegen Creutz' Freispruch hatte die von den zu Zuchthaus verurteilten Pflegerinnen der ‚Kinderfachabteilung' Waldniel eingelegte Revision Erfolg[2205]. Der OGH moniert, das Landgericht hätte die Frage nach dem Unrechtsbewusstsein der beiden Frauen bejaht, ohne die Tatumstände gebührend zu prüfen. Ob die Angeklagten, denen zudem vorgetäuscht worden war, dass die Tötungen einem noch geheim zu haltenden, aber gültigen Gesetz folgten, die nötige Einsichtsfähigkeit in den Unrechtscharakter eines solchen Gesetzes und ihren damit verbundenen Taten besessen hätten, sei nicht zweifelsfrei geklärt[2206]. Hätte es ihnen daran gemangelt, müssten sie in der Neuverhandlung freigesprochen werden; ansonsten wären sie der Beihilfe zum Mord und des Menschlichkeitsverbrechens schuldig zu sprechen. Bezüglich des Angeklagten Wesse bestätigt der Staff-Senat die Verurteilung wegen Mordes in mittelbarer Täterschaft und eines Verbrechens nach KRG 10 Art. II 1c. Dabei weist er in Übereinstimmung mit dem Tatgericht das von der Verteidigung vorgebrachte Argument zurück, die gegen den Arzt eingelegte Strafklage sei verbraucht, weil er schon als Leiter der ‚Kinderfachabteilung' im Kalmenhof in Idstein (Taunus) – die Stelle hatte er 1944 angetreten – abgeurteilt

---

2202 OGH StS 2, S. 123; ferner *Mildt* (Hrsg.). Bd. 1. Lfd. Nr. 16b, S. 556.
2203 Vgl. OGH StS 2, S. 125; außerdem *Mildt* (Hrsg.). Bd. 1. Lfd. Nr. 16b, S. 557.
2204 OGH StS 2, S. 126; sowie *Mildt* (Hrsg.). Bd. 1. Lfd. Nr. 16b, S. 557.
2205 Vgl. OGH StS 2, S. 127; fürderhin *Mildt* (Hrsg.). Bd. 1. Lfd. Nr. 16b, S. 565.
2206 Vgl. OGH StS 2, S. 130–132.

worden sei[2207]. Ein Leitsatz zum Urteil resümiert: „Begeht der Täter nacheinander an verschiedenen Orten Verbrechen gegen das Leben, so kann er wegen einzelner Fallgruppen gesondert angeklagt und verurteilt werden, auch wenn sie sämtlich auf einheitlichem Vorsatz beruhen und zusammen ein Verbrechen gegen die Menschlichkeit darstellen"[2208].

Wie im Verfahren gegen Petermann u. a. fristet KRG 10 im OGH-Urteil gegen Creutz und Mitangeklagte ein Nischendasein. Dass die ‚Euthanasie'-Aufarbeitung wenig Anlass bot, die Anwendbarkeit der alliierten Norm unter die Lupe zu nehmen, kann indes kaum verwundern. Denn der verbrecherische Charakter des staatlich organisierten Krankenmordes mit reichsweit mehreren zehntausenden Opfern stand von Anfang an fest. So sahen die Richter, hielten sie die Schuld für erwiesen, wie dies bei Wesse der Fall war, keine Veranlassung dazu, einerseits Mord oder Beihilfe festzustellen, andererseits aber ein Verbrechen gegen die Menschlichkeit zu verneinen. Im Gegensatz zu Denunziationen (vgl. *1* und *2.1*) und zu Justizverbrechen (vgl. *2.6*) stand außer Frage, dass es sich um Taten handelte, die nach StGB strafbar waren. Auch unter KRG 10 waren sie leicht als Mord zu rubrizieren. Die Verhandlungen drehten sich (wie gezeigt) eher um die Anwendung des Mordparagrafen 211 und das Unrechtsbewusstsein des regelmäßig mit der Ausführung der Tötungen betrauten Pflegepersonals. Darüber hinaus stand die umstrittene Frage im Mittelpunkt, ob Ärzte, die sich in einem Gewissenskonflikt wähnten und den Weg ‚sabotierender Teilnahme' am Massenverbrechen wählten, um ‚Schlimmeres' zu verhindern, von Schuld oder nur von Strafe ausgenommen sein sollten. Auch NS-Anstaltsmorde betreffend wird eine schon festgestellte Tendenz deutlich: Der OGH gab Revisionen der Anklage gegen Freisprüche statt, wenn die erste Instanz das Verhalten der Angeklagten offenbar allzu milde bewertet hatte. Dies traf auf die Angeklagten im Petermann-Prozess und fünf von acht Angeklagten im Creutz-Verfahren zu. Zwar bezog Köln in die Würdigung ein, dass sich die in die ‚Aktion T4' verstrickten Ärzte in einem sittlichen Konflikt befunden und versucht hätten, richtig zu handeln. Im Gegensatz zu den Schwurgerichten Münster und Düsseldorf gingen die Richter aber nicht so weit, ihre Taten zu rechtfertigen, sondern pochten darauf, dass sie Verbrechen verübt und sich schuldig gemacht hat-

---

2207 Vgl. *ebd.*, S. 133–135. Das Landgericht Frankfurt hatte Wesse im ‚Kalmenhof-Prozess' am 30. Januar 1947 wegen Mordes zum Tode verurteilt. Das Urteil ist abgedruckt in: *Rüter*. Bd. I, Fall 14, S. 223–261. Hierzu auch *Raim*, S. 1086f. Das OLG Frankfurt bestätigte das Urteil im April 1948.
2208 OGH StS 2, S. 117.

ten. Weil damit das Verdikt ‚schuldig' an den Tätern haften blieb, ist dem OGH zu attestieren, dass er sich auch in Bezug auf ‚Euthanasie' an einer recht strikten Verfolgung von NS-Unrecht orientierte, die den Getöteten und Angehörigen einen Teil ihrer Würde zurückgeben sollte.

Dass die Konstruktion einer straflosen Schuld im sittlichen Konflikt befangener Mediziner keine allgemeine Zustimmung fand, belegt schon die Kritik namhafter Rechtswissenschaftler wie Welzel und Schmidt. Gegenüber den 1948/49 vor deutschen Gerichten gefällten Urteilen wegen ‚Euthanasie'-Verbrechen, die bereits deutlich milder ausfielen als die Entscheidungen der Frühzeit, folgte der OGH einer eher strengen Linie[2209]. Es hat auch den Anschein, dass sich das im geschilderten Fall mit der Neuverhandlung befasste Landgericht Düsseldorf der Auslegung des Revisionsgerichts nur zähneknirschend anschloss, um für den Angeklagten Creutz zumindest einen individuellen Strafausschließungsgrund in Anschlag zu bringen. Dem Verhalten des Ex-Anstaltsdezernenten hafte nämlich, wie die Richter Anfang 1950 mit einiger Chuzpe gegenüber Köln verkünden, kein sittlicher Makel an. Vielmehr werde es von einem übergesetzlichen Schuldausschließungsgrund miterfasst[2210]. Nachdem Creutz gerichtlich auch große Sabotageleistungen mit dem Erfolg der Rettung von (nach ‚bereinigten' Rechnungen) zumindest 3.000 Patienten attestiert worden waren[2211], rekurrierte die Forschung mit Vorliebe auf diese positive Beurteilung. Sie diente ihr als Fixpunkt für ein Geschichtsbild, das die Rheinprovinz zur Widerstandshochburg gegen die Anstaltsmorde stilisierte. Auf die Phase der Verklärung folgte die Verurteilung des NS-Funktionärs. Schmuhl zufolge schickten sich „Vertreter einer revisionistischen Sichtweise" an

---

2209 Vgl. *Friedrich* 2007, S. 193–196. Indes betont Raim, dass die in der Forschung vertretene Meinung, die deutsche Ahndung der NS-‚Euthanasie' sei eine „schlichte Skandalgeschichte" (zit. n. *Raim*, S. 1092) gewesen, eine Verzerrung darstelle, da sich die damit betrauten Juristen i. d. R. nicht nur ihrer Verantwortung bewusst waren, sondern auch versuchten, ihr gerecht zu werden.

2210 So bedienen sich die Düsseldorfer Richter im Urteil vom 27. Januar 1950 nur formal eines persönlichen Strafausschließungsgrundes, um ihn de facto zu relativieren. Denn es hafte dem „Ausspruch des Schwurgerichts kein sittlicher Makel an". Er könne „in der systematischen Einordnung des Strafrechts als <u>übergesetzlicher</u> Strafausschliessungsgrund, der ausgesprochen wird ohne einen sittlichen Vorwurf gegen den Täter C. und sein Handeln, wenn nicht dem übergesetzlichen Rechtfertigungsgrund, so doch auf jeden Fall dem übergesetzlichen Schuldausschliessungsgrund gleich gesetzt werden", *Mildt.* Bd. 1. Lfd. Nr. 21, S. 764 (Hervorhebung im Original). Das Urteil ist *ebd.*, S. 687–764, abgedruckt.

2211 Vgl. *ebd.*

zu beweisen, „dass von Widerstand gar nicht oder doch nur in sehr begrenztem Maße gesprochen werden könne"[2212]. Die Rechtsfigur eines übergesetzlichen persönlichen Strafausschließungsgrundes bei Ärzten, die in die ‚Euthanasie' verstrickt waren, fand vor dem BGH keine Resonanz[2213].

2.5.4 Deportation – Gewalt an Sinti und Roma

Eine der grausigsten Strafsachen, mit denen sich der OGH befassen musste, betraf die 1943 von den lokalen wie regionalen Behörden und Parteistellen veranlasste Deportation von 134 ‚Zigeunern' aus der Nähe von Berleburg im Kreis Wittgenstein (Siegerland) nach Auschwitz. Von dort waren nach 1945 nur neun Personen zurückgekehrt. Die Vorgeschichte reicht bis in das 18. Jahrhunderts zurück, als in der Grafschaft Wittgenstein-Hohenstein Roma-Familien dank guter Kontakte zum Landesherrn sesshaft wurden. Um 1900 zog es Teile dieser Gruppe nach Berleburg, wo sie sich vor der Stadt in einer Armensiedlung niederließen, die bald als ‚Zigeunerkolonie' firmierte[2214]. Es schloss sich ein Angleichungsprozess an die Lebensweise der Mehrheitsbevölkerung an, so dass der Landrat von Wittgenstein 1926 betonte: „Etwa 85 v. H. besitzen eigene einfache Häuschen. Die männlichen Bewohner sind in der Mehrzahl Tagelöhner und arbeiten als Land- und Waldarbeiter in fürstlichen Betrieben, ein anderer Teil sucht in der Industrie als Arbeiter sein Auskommen. Nur ein geringer Teil unter ihnen geht dem Hausierhandel nach. [...] Der Schulpflicht kommen sie nach"[2215]. Die NSDAP-Machtübernahme setzte der Integration abrupt ein Ende. Die 1933 eingeleiteten diskriminierenden und entrechtenden Maßnahmen und Schikanen zeigten den Leuten vom ‚Berg', dass sie aus Sicht der NS-Ideologie unerwünscht waren. Angeblich stellten sie eine finanzielle Belastung dar und bedrohten als ‚Fremdrassige' die ‚Volksgemeinschaft'. Zu einem Gutteil kamen die antiziganen Initiativen aus der ‚Mitte

---

2212 *Schmuhl* 2013, S. 1069. Schmuhl bezieht (wie der OGH) eine Vermittlerposition, wenn er bilanziert, dass sich mit Blick auf Creutz „[b]ei sorgfältiger Abwägung (...) ein höchst zwiespältiger Befund [ergibt], der die enge Verschränkung von Resistenz und Kollaboration erkennen lässt", *ebd.*, S. 1073.
2213 Vgl. *Rüping* 2000: Hüter, S. 107.
2214 Vgl. *Opfermann*, Ulrich Friedrich: Siegerland und Wittgenstein: „Etwa 85 v. H. besitzen eigene Häuschen", in: Fings/Opfermann (Hrsg.), S. 233–255 (= Opfermann 2012: Siegerland), hier: S. 233f.
2215 Zit. n. *ebd.*, S. 237f.

der Gesellschaft'[2216]. Schon 1938 wurden Bewohner der ‚Zigeunerkolonie' als ‚Asoziale' bei der ‚Aktion Arbeitsscheu Reich' in KZs verschleppt[2217]. Auch arbeitete die Rassenhygienische und bevölkerungsbiologische Forschungsstelle (RHF) in Wittgenstein an ihrem reichsweiten ‚Zigeunersippenarchiv'. So klassifizierte die RHF die Koloniebewohner als ‚Zigeuner', ‚Zigeunermischlinge' sowie ‚Nichtzigeuner'. Das Ergebnis schlug sich in einer Namensliste nieder, die zur Grundlage eines Massenverbrechens werden sollte. Obwohl klar wurde, dass die durchleuchteten Personen den abwertenden Klischees des Nomadisierens und der Unstetigkeit nicht entsprachen, kam die RHF mit ihrer Ausrichtung an Fragen von Blut und Abstammung zu einer fatalen Einschätzung: Viele der am ‚Zigeunerberg' lebenden Menschen gehörten der aus völkisch-rassischer Perspektive äußerst unerwünschten Gruppe der ‚Zigeunermischlinge' an[2218]. Infolge von Himmlers ‚Auschwitz-Erlass' und dessen Ausführungsbestimmungen (vgl. VI.2.7) fand Anfang 1943 „eine lokale Selektionskonferenz in Berleburg"[2219] statt. Hier berieten lokale und regionale Behörden sowie NSDAP-Funktionäre anhand einer aktualisierten Version der RHF-Liste, welche Koloniebewohner als ‚Zigeuner' und ‚Zigeunermischlinge' deportiert werden sollten. Am 9. März erfolgte die Umsetzung des Plans. Polizisten und SA-Männer wie Mitglieder der freiwilligen Feuerwehr nötigten 134 der ca. 300 Kolonisten, sich binnen zwei Stunden abreisefertig zu machen. Dann verlud man die Opfer (in der Mehrzahl Kinder) in Viehwagen und beförderte sie zu einem Sammelpunkt nach Dortmund. Dort wurden sie in Eisenbahnwaggons gezwungen, die nach Auschwitz fuhren. Im dortigen ‚Zigeunerlager' verloren die allermeisten ihr Leben[2220].

Nachdem Angehörige der Opfer diese Grausamkeit 1946 vergeblich angezeigt hatten, dauerte es bis Ende 1947, bis Vorermittlungen aufgenommen wurden, die schließlich zur Anklage von sieben Personen führten[2221]. Darunter befanden sich der Vertreter des damals zur Wehrmacht eingezogenen Bürgermeisters von Berleburg, der einstige Kreisleiter und der Ex-

---

2216 Vgl. *ebd.*, S. 239–243. Das Konzept der ‚Volksgemeinschaft als Selbstermächtigung' (Michael Wildt) erfährt hierin traurige Bestätigung.
2217 Vgl. *ebd.*, S. 243. Zur ‚Aktion Arbeitsscheu Reich' vgl. *Klee* 2009, S. 64f.
2218 Vgl. *Opfermann* 2012: Siegerland, S. 243–245.
2219 *Ebd.*, S. 248.
2220 Vgl. *ebd.*, S. 247f.; weiter *ders.* 2012: Genozid, S. 319f.; *Zimmermann*, Michael, S. 306.
2221 Vgl. *Opfermann* 2012: Genozid, S. 320.

Landrat Otto Marloh[2222]. Letzterer war „ein in der Wolle gefärbter Rechtsextremist"[2223], der schon 1919 von sich reden gemacht hatte, weil er eine Massenerschießung von Soldaten der revolutionären Volksmarinedivision befehligt und den Gerichtssaal nach dem Strafverfahren als freier Mann verlassen hatte. Die Anklage lautete auf Menschlichkeitsverbrechen – verübt als Verfolgung, Freiheitsberaubung, Deportation und Ausrottung von 125 ‚Zigeunern'[2224]. Weil die Gesundheit Marlohs zu wünschen übrig ließ, trennte man das Verfahren gegen ihn vom Hauptprozess ab. Während die Richter fünf der sechs anderen Männer am 5. März 1949 für schuldig befanden und zu Haftstrafen von sechs bis 18 Monaten verurteilten, belegten sie den früheren Landrat mit vier Jahren Gefängnis, von denen ihm allerdings ein Großteil wegen erlittener britischer Internierungshaft erlassen wurde[2225]. Sie attestierten den Angeklagten, sich zulasten der Opfer über die Ausführungsbestimmungen zu Himmlers ‚Auschwitz-Erlass' hinweggesetzt zu haben – womit über dessen Unrechtscharakter jedoch noch nichts ausgesagt war. Jedenfalls sollten gemäß dem RSHA-‚Schnellbrief' „die sozial angepaßt lebenden zigeunerischen Personen, die in fester Arbeit standen und feste Wohnungen hatten"[2226], von der Deportation ausgenommen sein. Weil dies ja auf die Berleburger ‚Zigeuner' zutraf, stellte das Schwurgericht bezüglich Marlohs fest, er hätte „keineswegs die in diesem Erlaß zugunsten der Betroffenen vorgesehenen Möglichkeiten ausgeschöpft, sondern er hat im Gegenteil sofort die Auffassung vertreten, daß möglichst alle Zigeuner abtransportiert werden sollten"[2227]. Die Entscheidung weist hiermit die Behauptung der Selektionsprotagonisten zurück, nur einen Befehl befolgt zu haben. Denn entgegen ihren Beteuerungen hätten sie anders handeln können und müssen[2228]. Nicht überzeugend fanden die Richter auch die Entschuldigung, man hätte die Tragweite einer

---

2222 Zu Marloh (1893–1964) vgl. *Opfermann*, Ulrich Friedrich: Siegerland und Wittgenstein im Nationalsozialismus. Personen, Daten, Literatur. Ein Handbuch zur regionalen Zeitgeschichte, Siegen 2001 (Siegener Beiträge. Jahrbuch für regionale Geschichte, Sonderband), S. 239.
2223 *Ders.* 2012: Genozid, S. 323.
2224 Vgl. *ebd.*, S. 321.
2225 Das Urteil des Landgerichts Siegen vom 5. März 1949 ist abgelegt in BArch, Z 38, Nr. 470, Bl. 1–36. Die Entscheidung gegen Marloh vom 9. März 1949 findet sich *ebd.*, Nr. 469, Bl. 1–32. Hierzu auch *Boberach* 1997, S. 14.
2226 Zit. n. *Friedrich* 2007, S. 182.
2227 Zit. n. *ebd.*
2228 Vgl. *Opfermann*: Siegerland 2012, S. 251–253, wo Handlungsspielräume von Funktionären unter Hinweis auf regionale Gegenbeispiele aufgezeigt werden, bei denen von der NS-Führung initiierte antizigane Maßnahmen, u. a. Sterili-

Deportation nach Auschwitz verkannt. Daher konstatierten sie die Tatbestandsmäßigkeit und Rechtswidrigkeit der Tat sowie die Schuld der Angeklagten[2229]. Jedoch zeigt die Strafkammer viel Verständnis für die Täter. Marloh hält sie zugute, dienstbeflissen und ohne Enthusiasmus gehandelt zu haben. Als Offizier sei er „mit einer gewissen Urteilslosigkeit herangegangen"[2230]. Weil er Strafanstaltsdirektor gewesen sei, „mag [es] sein, daß ihn diese Berufserfahrung gegenüber Maßnahmen, die einen anderen der persönlichen Freiheit berauben, in gewisser Weise abgestumpft hat". Von ihm abgesehen bewegten sich die Strafen am unteren Rand des gesetzlichen Rahmens. Obwohl der OGH das Siegener Urteil bestätigte (s. u.), profitierten alle Täter von Amnestien, Strafaufschüben sowie Strafaussetzungen. Drei von ihnen mussten ihre Strafe noch nicht einmal antreten[2231]. In der oft allzu milden nachgerichtlichen Behandlung verurteilter NS-Täter äußerte sich zuweilen eine Vergangenheitspolitik, deren Ziel darin lag, einen Schlussstrich unter das Geschehene zu ziehen und politisch Belastete schnell in den neuen demokratischen Staat einzubeziehen. Das Urteil über den ,Berleburger Zigeunerprozess' fällt zwiespältig aus. Einerseits bildete er eine „strafrechtliche, rechtspolitische und vergangenheitspolitische Ausnahmeerscheinung"[2232], da der NS-Völkermord an Sinti und Roma damals kaum eine strafrechtliche Würdigung erfuhr. Zudem konnten Deportationsverfahren gegen Zivilverwaltungsangehörige auch wie der Fall Schraermeyer 1947/48 mit Freispruch enden (vgl. VI.2.7). Andererseits hebelte die Milde der Entscheidung die Aufarbeitung von NS-Unrecht aus; insofern erwies sie sich als „politisches Urteil"[2233] im Sinne der auf einen Schlussstrich drängenden Mehrheitsbevölkerung.

Die Angeklagten, die im ,Zigeunerprozess' zu einer mehr als sechsmonatigen Gefängnisstrafe verurteilt worden waren und nicht vom Amnestiegesetz vom 31. Dezember 1949 (vgl. IX.3.1) profitierten, legten Rechtsmittel gegen ihre Schuldsprüche ein. Die Trennung des Verfahrens wurde vor dem OGH fortgeführt, so dass dieser zunächst am 14. Januar 1950 über die Revision von vier Angeklagten und am 21. März über diejenige Marlohs

---

sierungen und Deportationen, aufgrund von Widerstand aus der Bevölkerung und teilweise von lokalen Parteifunktionären mit Blick auf die allermeisten potenziellen Opfer abgewendet werden konnten.
2229 Vgl. *ders.* 2012: Genozid, S. 322.
2230 Hier und im Folgenden zit. n. *Friedrich* 2007, S. 182.
2231 Vgl. *Opfermann* 2012: Genozid, S. 323f.
2232 *Ebd.*, S. 319.
2233 *Ebd.*, S. 325.

entschied[2234]. Entgegen vielen anderen KRG-10-Prozessen war der Erste Strafsenat (Staff, Geier und Jagusch) mit den Eckpunkten der rechtlichen Würdigung durch das Schwurgericht einverstanden. Er beschied die Anträge abschlägig und ließ die Verurteilung der Behörden- und Parteivertreter rechtskräftig werden. An der Subsumierbarkeit der Taten unter den alliierten Tatbestand gab es nach ständiger OGH-Rechtsprechung nichts zu deuteln. Es stehe außer Zweifel, dass „sämtliche äußeren Merkmale des Verbrechens gegen die Menschlichkeit"[2235] vorlägen. Das Tatgericht hätte die Strafbarkeit der Angeklagten „mindestens darin erblickt, daß durch ihr Verhalten weit mehr Personen ins Konzentrationslager verschickt wurden, als nach dem eindeutigen Wortlaut und Sinn des Geheimerlasses vom 29. Januar 1943 hätten verschleppt werden dürfen". Im Übrigen könne dahingestellt bleiben, ob es richtig daran tat, nur die Übertretung und nicht zugleich die Befolgung des ‚Auschwitz-Erlasses' für strafbar zu erklären. Der Ursächlichkeit der Selektion für die tatbestandsmäßige Opferschädigung tue es keinen Abbruch, dass die Täter Namen aus der ‚Zigeunerliste' gestrichen hatten. Der OGH zieht hier eine Parallele zu seiner Auffassung zur Aburteilung von Krankenmorden. Diesbezüglich hatte er festgestellt, dass sich Ärzte, die an der T4-Begutachtung von Kranken und Behinderten beteiligt gewesen waren, sich selbst dann nicht auf fehlende Kausalität berufen konnten, wenn sie ihr Tun (den Versuch, ‚Schlimmeres' zu verhindern) als eine ‚Widerstandsform' betrachtet hatten (vgl. 2.5.3). Die Verantwortlichen für die Berleburger ‚Zigeuner'-Deportation konnten dies umso weniger für sich beanspruchen, als sie eigenmächtig mehr Menschen der Tötung ausgeliefert hatten, als es „die vom Staat befohlene verbrecherische Maßnahme"[2236] vorgesehen hatte. Auch bei der Prüfung der inneren Tatseite seien dem Schwurgericht keine Rechtsfehler unterlaufen. Die Angeklagten seien sich abgesehen vom Verstoß gegen den ‚Auschwitz-Erlass' voll bewusst gewesen, dass „die Opfer nur wegen ihrer zigeunerischen Abstammung in ein Konzentrationslager verbracht und damit schrankenloser nationalsozialistischer Willkür ausgesetzt werden sollten, die das Schlimmste für ihr weiteres Schicksal befürchten ließ"[2237]. Ferner erinnern die Revisionsrichter daran, dass mangelndes Rechtsbewusstsein nicht vor

---

2234 Der OGH-Beschluss vom 14. Januar 1950 findet sich in BArch, Z 38, Nr. 470, Bl. 86. Das Urteil vom 21. März 1950 ist *ebd.*, Bl. 102–113, abgelegt und abgedruckt in: *Rüter*. Bd. IV, Fall 124, S. 179–189, und OGH StS 2, S. 375–383.
2235 Hier und im Folgenden *ebd.*, S. 381.
2236 *Ebd.*, S. 382.
2237 Hier und folgend *ebd.*, S. 383.

Strafe schütze. Denn zum Nachweis strafrechtlicher Verantwortung genüge es, wenn eine Person die *Möglichkeit* gehabt hätte, das Unrechtmäßige ihres (das Sittengesetz verletzenden) Verhaltens zu erkennen. Dass die vor Gericht gestellten Männer dieses Einsichtsvermögen besessen hätten, zeige ihre bewusste Überschreitung eines verbrecherischen Befehls. Weil niemand bezweifelte, dass sie ein Menschlichkeitsverbrechen verübt hatten, konnte der OGH davon absehen, die rassische Verfolgung von Sinti und Roma im Rahmen eines Geschichtsbilds darzulegen, welches das Tatgeschehen in den Kontext der NS-Gewalt- und Willkürherrschaft einordnete. Im Übrigen entkräftete er eine ganze Reihe verfahrensrechtlicher Einwände der Revision und äußerte sich zur wichtigen Sachrüge, KRG 10 könne seit dem Inkrafttreten des Grundgesetzes von deutschen Gerichten nicht mehr angewandt werden, weil es mit seinem Rückwirkungsanspruch gegen dessen Art. 103 Abs. 2 (Rückwirkungsverbot) verstoße (vgl. *IX.3.1*)[2238]. Dieser Deutung widerspricht der Strafsenat entschieden, indem er den Vorrang von Besatzungsrecht gegenüber deutschem Recht hervorhebt. Der besagte Artikel hätte „den Sinn, daß *im Bereich des deutschen Rechts* eine Tat nur bestraft werden kann, wenn die Strafbarkeit gesetzlich bestimmt war, bevor die Tat begangen wurde"[2239]. KRG 10 und die britische MRVO 47 (vgl. *IV.3.1*) seien aber noch in Kraft und gälten mithin. Dann liefern die Richter in Anknüpfung an ihre im Mai 1948 vorgelegte Begründung der rückwirkenden Anwendung der alliierten Strafnorm (vgl. *1*) eine so umfassende wie bündige Zusammenschau ihrer Position:

> „Das Rückwirkungsverbot gehört aber zu den Rechtsgrundsätzen, die dem Staatsabsolutismus im Kampf für die Menschen- und Bürgerrechte abgerungen worden sind, um den Bürger gegen Staatswillkür zu schützen. Daher empfängt es seinen Sinn. Es hieße aber, diesen Sinn ins Gegenteil zu verkehren, wenn das Rückwirkungsverbot dazu dienen sollte, die gerechte Sühne für solche Verbrechen zu vereiteln, die gerade in der Betätigung schrankenloser *Staatswillkür* bestanden. Das Kontrollratsgesetz Nr. 10 verstößt deshalb, auch wenn es auf vor seinem Inkrafttreten begangene Handlungen angewendet werden will, nicht gegen den dem Rückwirkungsverbot zugrundeliegenden Rechtfertigungsgrund. Die in ihm unter dem Begriff des Verbrechens gegen die Menschlichkeit zusammengefaßten Tatbestände sind auch keine Handlungen, die vorher nicht strafbar gewesen wären und erst durch

---

2238 Vgl. *ebd.*, S. 375–378.
2239 *Ebd.*, S. 378f. (Hervorhebung im Original).

das KRG. 10 mit Strafe bedroht worden wären. Sie liegen im Gegenteil sogar jenseits der Grenze, bis zu der das Rechtsbewußtsein der Kulturvölker dem nationalen Gesetzgeber und dem Staate die Freiheit der Bestimmung über das einräumt, was Recht und Unrecht sein soll"[2240].

2.6 Justizverbrechen – „...eine der gefährlichsten und unerträglichsten Formen dieser Verbrechensart"

Im Zusammenhang der Volksschädlings-Verordnung kennzeichnete Roland Freisler[2241], Staatssekretär im Reichsjustizministerium, die NS-Sondergerichte als „Panzertruppe der Rechtspflege"[2242]. Sie sollten „denselben Drang und dieselbe Fähigkeit haben, den Feind aufzusuchen, zu finden und zu stellen, und sie müssen die gleiche durchschlagende Treff- und Vernichtungssicherheit gegenüber dem erkannten Feind haben". Bald darauf fand der spätere VGH-Präsident eine weitere prägnante Formulierung, als er Sondergerichte „Standgerichte der inneren Front"[2243] nannte. Dem Anspruch, in Ergänzung zum VGH[2244] durch abschreckende Urteile einen Beitrag zur nach innen gerichteten ‚Landesverteidigung' zu leisten, wurden die Tribunale im Zweiten Weltkrieg jedoch nicht immer gerecht. Zuweilen wich die Handhabung der Tatbestände, etwa bezüglich des Strafmaßes, stark voneinander ab; womöglich, da „[d]ie Auswahl von Richtern für Sondergerichte (...) nicht immer unter den gewünschten politischen Kriterien"[2245] erfolgen konnte. Indes hat die Forschung bewiesen, dass radikale Forderungen der politischen Führung an die Sondergerichte allzu oft eingelöst wurden[2246].

2240 *Ebd.*, S. 380 (Hervorhebung im Original).
2241 Zu Freisler (1893–1945) vgl. *Klee* 2005, S. 163; ferner *Müller*, Ingo: Dr. Roland Freisler. Hitlers Hinrichter, in: Justizministerium des Landes NRW (Hrsg.) 2004, S. 74–77.
2242 Hier und im Folgenden zit. n. *Bundesministerium der Justiz* (Hrsg.), S. 209.
2243 *Freisler*, Roland: Gedanken zum Kriegsstrafrecht und zur Gewaltverbrecherverordnung, in: Deutsche Justiz 101 (1939), Ausgabe A, Nr. 40, S. 1849–1856, hier: S. 1851 (Hervorhebung im Original).
2244 Zum VGH vgl. *Marxen*, Klaus/*Schlüter*, Holger: Terror und „Normalität". Urteile des nationalsozialistischen Volksgerichtshofs 1934 – 1945: Eine Dokumentation, Düsseldorf 2004 (Juristische Zeitgeschichte NRW, Bd. 13).
2245 *Bundesministerium der Justiz* (Hrsg.), S. 208.
2246 Beispielhaft seien erwähnt *Justizministerium des Landes NRW* (Hrsg.): „...eifrigster Diener und Schützer des Rechts, des nationalsozialistischen Rechts...". Nationalsozialistische Sondergerichtsbarkeit. Ein Tagungsband, Düsseldorf

2 Ausgewählte Entscheidungen

Nach 1945 wollten die beteiligten Juristen an Freislers martialische Zuschreibungen nicht erinnert werden. Stattdessen entspann sich ein vergangenheitspolitisches Ringen um das Geschichtsbild vom Richter unter der NS-Herrschaft (vgl. *VI.2.4*). Während Nordrhein-Westfalens Justizminister Sträter unterstrich, der deutsche Richter wäre ‚in seiner Gesamtheit (…) im Dritten Reich intakt geblieben' und hätte ‚nicht vor Hitler kapituliert', kam das US-Militärgericht im Nürnberger ‚Juristenprozess' zu dem Urteil, er hätte unter der Robe den ‚Dolch des Mörders' verborgen. Hier ist nicht der Ort, um der Frage nach dem Grad der Verstrickung der Justiz in das NS-Herrschaftssystem nachzugehen. Im Fokus steht vielmehr das vergangenheitspolitische Wirken der Justizakteure, wie es sich in Geschichtsbildern der Rechtspflege im ‚Dritten Reich' in Diskursen und der Rechtsprechung zu NS-Justizverbrechen ausdrückt. Geschichtsbilder sind historische Interpretamente mit politischer Zweckbestimmung. Bezüglich des behandelten Gegenstands bedeutet das, dass die Bewertung der Rolle der Justiz nach 1933 in der Nachkriegszeit Einfluss auf die Wahrnehmung und Entfaltungsmöglichkeiten der Vertreter dieser Funktionselite hatte. So bestimmten Schuld oder Unschuld, ob Justizjuristen legitimerweise die Rückkehr in einflussreiche Stellen für sich reklamieren konnten. Für das Strafrecht stellte sich die Frage, ob Richter sowie Staatsanwälte, die an übermäßig harten Bestrafungen – v. a. an Todesurteilen – beteiligt gewesen waren, zur Rechenschaft gezogen werden konnten. Wann hatten sie Schuld auf sich geladen, wann hart, aber rechtens gehandelt? Die Antwort des deutschen Strafrechts fiel unzweideutig aus: Wegen spruchrichterlicher Tätigkeit machte sich nur strafbar, wer den Tatbestand der Rechtsbeugung nach § 336 StGB a. F. erfüllte. Damit ist das ‚Richterprivileg' umrissen, dessen Begründung darin liegt, dass Richter unabhängig und allein dem Gesetz unterworfen sind, damit sie ihre Entscheidungen nach bestem Wissen und Gewissen treffen können. Hatte sich ein Richter bei der Würdigung des Sachverhalts und Strafzumessung aber im gesetzlichen Rahmen bewegt, konnte er nur belangt werden, wenn nachgewiesen wurde, dass er wider besseres Wissen und Gewissen gehandelt hatte. Nachweise für das Vorliegen dieser inneren Tatseite waren schwer zu erbringen; umso mehr, wenn unmenschlich harte Urteile von den Nachkriegsgerichten in vielen Fällen – häufig schon bei Ablehnung der Hauptverhandlungseröffnung (vgl. Beispiel in *VI.2.4*) – mit der Unterstellung entschuldigt wurden,

---

2007 (Juristische Zeitgeschichte, Bd.15), *Ludewig/Kuessner* (Braunschweig) und *Schlüter* (Łódź bzw. Litzmannstadt). Vom NS-Justizunrecht der Sondergerichte zeugen auch die in *Kapitel VI.2.4.* dargestellten Fälle Rothaug und Lerche.

der Täter sei ideologisch verblendet gewesen. So rechtfertigte das OLG Braunschweig 1951 die angeschuldigten Sonderrichter, die 1942 das Todesurteil gegen den Juden Klein verhängt hatten, mit der Erklärung, sie seien „nicht hart gegen ihre Überzeugung, sondern hart aus Überzeugung"[2247] gewesen. Solche Argumente dienten wie die ‚Positivismusthese' der Exkulpation eines ganzen Berufsstandes; sie zeugten von einem nationalkonservativ geprägten Korpsgeist, der auch vor einigen demokratisch gesinnten Juristen wie Gustav Radbruch nicht haltmachte.

In der Britischen Zone zeichnete sich für die Verfechter der Ahndung von Justizunrecht mit der Übertragung der Gerichtsbarkeit zu NS-Menschlichkeitsverbrechen an deutsche Gerichte ein Ausweg aus dem Dilemma ab. Die in den OGH-Grundsatzentscheidungen zum alliierten KRG 10 entwickelte Lesart des objektiven und subjektiven Tatbestandes (vgl. *1*) schuf, wie im Folgenden gezeigt wird, gute Voraussetzungen dafür, die Strafbarkeit von Richtern für überharte, das Rechtsgut der Menschenwürde verletzende Strafaussprüche zu begründen. Der an den Tatgerichten geübten Praxis entgegen griff das Revisionsgericht in Verfahren wegen Justizverbrechen – wie allgemein in der KRG-10-Rechtsprechung – neben einer rechtlichen auf eine historische Beweisführung zurück. Dabei wurde ein Geschichtsbild der Rechtspflege in der NS-Zeit entworfen, das für die juristische Fachöffentlichkeit insofern eine Provokation darstellte, als es von der dominierenden Tendenz zur Selbstverbrämung und -exkulpation frei war und den Finger in die Wunde legte. Von den Motiven der OGH-Strafrichter wurde schon gehandelt (vgl. *VII.2.2* und *VII.2.3*), anders verhält es sich mit der Rezeption ihrer Rechtspraxis zu NS-Verbrechen. Darauf wird weiter unten einzugehen sein.

a) Der Fall Holzwig/Petersen[2248]

Am 8. oder 9. Mai 1945 standen vier deutsche Marinesoldaten im Alter von 20 bis 23 Jahren an Bord des in der Geltinger Bucht (bei Flensburg)

2247 Zit. n. *Wojak*, S. 259.
2248 Zur Strafsache gegen Petersen u. a. vgl. *Friedrich* 1998, S. 186–222; wie *Irmen*, S. 88–93; *Raim*, S. 794–796; *Homann*, S. 213–215; *Pardo*, Herbert/*Schiffner*, Siegfried: Der Prozess Petersen vor dem Schwurgericht Hamburg. Verbrechen gegen die Menschlichkeit, Hamburg 1948. Wie beim Brumshagen-Prozess (s. u.) standen hier Sachverhalte zur Diskussion, die auch einem Tatkomplex ‚Verbrechen der Endphase' zurechenbar wären. Hier wie dort ging es um standgerichtliche Todesurteile, deren Zustandekommen eng mit dem ‚Zusammen-

2 Ausgewählte Entscheidungen

vor Anker liegenden Schiffes ‚Buea' vor einem Standgericht. Sie hatten sich in der Nacht vom 5./6. Mai unerlaubt von der Truppe entfernt, um sich auf eigene Faust nach Hause durchzuschlagen und so einer Gefangennahme durch die Briten zu entgehen. Die Flucht misslang. Ein Verteidiger wurde ihnen im Verfahren nicht zur Seite gestellt. Das Gericht unter Vorsitz von Marinerichter Adolf Holzwig[2249] befand alle Angeklagten der Fahnenflucht für schuldig. Drei von ihnen wurden zum Tode verurteilt, der vierte zu einer dreijährigen Zuchthausstrafe. Nachdem sich der Gerichtsherr, Kommodore Rudolf Petersen[2250], ‚Führer der Schnellbootwaffe', mit einigen Offizieren über das Urteil beraten hatte, bestätigte er es und ordnete die Vollstreckung an. Am 10. Mai, einen Tag nach der bedingungslosen Kapitulation, wurden die drei Soldaten vorgeführt und durch ein Exekutionskommando erschossen.

Das Standgerichtsurteil und seine Vollstreckung boten den Anlass für ein Aufsehen erregendes Verfahren, das im Mai und Juni 1948 vor dem Schwurgericht Hamburg stattfand[2251]. Insgesamt hatten sich sieben Personen zu verantworten. Die Anklage lautete auf Menschlichkeitsverbrechen. Am 4. Juni erging das Urteil. Fünf Angeklagte, darunter die zwei Beisitzer des Standgerichts und der damalige Gerichtsherr, wurden freigesprochen. Dagegen erhielten der Disziplinarvorgesetzte der desertierten Soldaten, Bataillonskommandeur Sander, und Marinerichter Holzwig je zweijährige Haftstrafen. Im Übrigen beruhte ihre Verurteilung ausschließlich auf dem Sachverhalt, dass sie dem Gerichtsherrn zugeraten hatten, das Urteil zu bestätigen und vollstrecken zu lassen. Die Rechtmäßigkeit der Standgerichtsentscheidung bezweifelte das Landgericht nicht; Strafausspruch, Bestätigung sowie Vollstreckung an sich hielt es für nicht strafwürdig. Dennoch monierte es Verfahrensmängel wie das Fehlen eines Verteidigers. Weiter sei Gerichtsherr Petersen ein Fehler unterlaufen: *„Er durfte nicht zur Aufrechterhaltung der Disziplin den Tod von drei Soldaten anordnen, die den Tod*

---

bruch' der NS-Herrschaft verknüpft war. Darlegungen in *Kapitel VI.1.4* folgend, werden beide ‚Endphaseverbrechen' in vorliegender Arbeit unter dem Aspekt spezifischen, vonseiten deutscher Richter verübten Justizunrechts beleuchtet.

2249 Zu Holzwig, Jahrgang 1912, vgl. *Friedrich* 1998, S. 192.
2250 Zu Petersen (1905–1983) vgl. *Hildebrand*, Hans H./*Henriot*, Ernest: Deutschlands Admirale 1849–1945. Die militärischen Werdegänge der See-, Ingenieur-, Sanitäts-, Waffen- und Verwaltungsoffiziere im Admiralsrang. Bd. 3: P–Z, Osnabrück 1990 (Deutschlands Generale und Admirale, Bd. 1), S. 25f.
2251 Das Urteil des Landgerichts Hamburg vom 4. Juni 1948 findet sich in BArch, Z 38, Nr. 673, Bl. 1–22; einen Abdruck bieten *Pardo/Schiffner*, S. 6–31.

nicht verdient hatten"²²⁵². Jedoch fanden die Richter einen Entschuldigungsgrund: Petersen hätte

> „zu dieser Zeit noch nicht die menschliche Reife und Weisheit [besessen], um in dieser Frage unter den gegebenen schwierigen Umständen eine gerechte Entscheidung zu treffen. (...) Wenn der Angeklagte dann bei der Entscheidung über die Vollstreckung dieses Todesurteils versagte, weil sie über seine Kräfte ging, so hat er sich zwar über das Sittengesetz geirrt. Aber nicht jeder Irrtum über das Sittengesetz begründet eine strafrechtliche Schuld. (...) Der Angeklagte hat lediglich aus menschlicher Unzulänglichkeit gefehlt, nicht aber ein Verbrechen gegen die Menschlichkeit begangen"²²⁵³.

Unabhängig von der Beurteilung des Standgerichtsverfahrens als rechtmäßig verweigerte sich das Schwurgericht grundsätzlich jeder strafrechtlichen Verantwortlichkeit von Richtern unter KRG 10. Hierbei beschwor es die Unabhängigkeit der Rechtspflege, die es erforderte, dass Spruchrichter nur wegen vorsätzlicher Rechtsbeugung strafbar waren²²⁵⁴. Hatte das Verfahren ein lebhaftes Presseecho ausgelöst, so entfachte das Urteil heftige Reaktionen. Es wurde „fast einhellig als befremdlich und entrüstend kritisiert"²²⁵⁵. In erster Linie hagelte es Kritik am Freispruch Petersens. Darauf hoben auch Rechtsanwalt Herbert Pardo und Assessor Siegfried Schiffner in ihrem Buch ab. Als Gerichtsherr wäre Petersen nämlich „verpflichtet [gewesen], in diesem historischen Moment von seinem hohen Gnadenrecht Gebrauch zu machen. Er hat es nicht getan. Durch dieses Verhalten hat letztlich er die große Schuld einer unmenschlichen Handlung auf sich geladen"²²⁵⁶. Anstoß erregte auch die Ansicht der Richter, die inhumane Tat sei dem Angeklagten wegen seiner Persönlichkeit und Motive nicht zuzurechnen. Denn diese hätte zur Folge, dass alle Verfahren wegen Menschlichkeitsverbrechen zur Farce zu werden drohten, da dann gesagt werden könne, „daß SS-Leute, die unmenschliche Greueltaten verübt haben, nicht die ‚menschliche Reife und Weisheit' besessen hätten, um das Verwerfli-

---

2252 Zit. n. *ebd.*, S. 25f. (Hervorhebung im Original). Hiermit schien freilich nicht im Widerspruch zu stehen, dass das Gericht eine solche unverdiente Strafe aussprechen durfte.
2253 Zit. n. *ebd.*, S. 27f.
2254 Vgl. *ebd.*, S. 22. Dazu auch *Irmen*, S. 89; *Pauli* 1996, S. 106f.; *Homann*, S. 213.
2255 *Raim*, S. 795.
2256 *Pardo/Schiffner*, S. 36.

che ihres Tuns zu erkennen, mit denen sie ihr Handeln etwa im Interesse der Erhaltung des Naziregimes für erforderlich hielten!"[2257]

Ende 1948 verhandelte der OGH über die Revision in der Strafsache gegen Petersen u. a. Am 18. November fertigte Generalstaatsanwalt Schneidewin seine Stellungnahme aus. Hierin hebt er hervor, dass Kommodore Petersen mit Blick auf die Urteilsbestätigung und -vollstreckung die innere Tatseite eines Verbrechens nach KRG 10 Art. II 1c erfüllt hätte. Er widmet sich auch der Verfügung der Todesstrafe, die „mit ihrer unmenschlichen Härte dem äusseren Tatbestand nach ein Verbrechen gegen die Menschlichkeit"[2258] bildete. Blieb die individuelle Schuld der Standgerichtsmitglieder nach deutschem Recht unklar – aufgrund des Beratungsgeheimnisses ließ sich kaum ermitteln, welcher Richter für die Höchststrafe gestimmt hatte –, widersprach der Chefankläger dem Schwurgericht in der Grundsatzfrage nach der Strafwürdigkeit unerträglich harter Urteile unter KRG 10. Sie dürfe nicht verneint werden, weil das „dem geschichtlichen Zusammenhang, in den das Gesetz gestellt ist"[2259], zuwiderlaufe. Zumal der ‚Juristenprozess' der Amerikaner im Hinblick auf Rothaug gezeigt hätte, dass der Gesetzgeber die Verhängung inhumaner Strafen als Menschlichkeitsverbrechen begriffen wissen wollte (vgl. VI.2.4). Marinerichter Holzwig unterstellt Schneidewin eine „nichtsachtende Haltung gegenüber dem Menschenwert der drei jungen Männer"[2260]. So lautet sein Antrag auf Aufhebung des Urteils bezüglich sechs der sieben Angeklagten, darunter Holzwig und Petersen[2261].

Der OGH verhandelte in der Besetzung Staff, Jagusch und Wimmer (Berichterstatter)[2262]. Im Urteil vom Dezember 1948 folgte er dem Antrag des Generalstaatsanwalts darin, dass er die erstinstanzliche Entscheidung aufhob. Die Hamburger Richter traf der Vorwurf, den Unwertgehalt der Tat

---

2257 *Ebd.*, S. 39.
2258 BArch, Z 38, Nr. 673, Bl. 62.
2259 *Ebd.*, Bl. 65.
2260 *Ebd.*, Bl. 66.
2261 Vgl. *ebd.*, Bl. 72.
2262 Vgl. *ebd.*, Aktendeckel u. Bl. 51. Dazu *Irmen*, S. 90. Mit Curt Staff und August Wimmer hatten sich zwei der Richter am OGH-Strafsenat schon als Befürworter der Verfolgung von NS-Justizunrecht positioniert: ersterer in seinem Manuskript ‚Die Herrschaft der Kriminellen' (vgl. VII.2.2.2), letzterer im Aufsatz zur rückwirkenden Bestrafung von Humanitätsverbrechen (vgl. V.2.3.1). Das Urteil des OGH vom 7. Dezember 1948 ist abgelegt in BArch, Z 38, Nr. 673, Bl. 95–105, und abgedruckt in: OGH StS 1, S. 217–229, und *Rüter.* Bd. V, Fall 163, S. 257–265.

verkannt zu haben[2263]. Zur Untermauerung seiner Sicht entwickelte der Strafsenat sein kritisches Geschichtsbild der Justiz unterm Hakenkreuz. Ausgangspunkt war das oberste NS-Rechtsprinzip, demzufolge Recht sei, was dem deutschen Volke nütze; „wobei das Volkswohl völkisch-rassisch, parteipolitisch und imperialistisch-militaristisch verstanden wurde"[2264]. Des Weiteren wird vermerkt: „Machtschutz durch Abschreckung galt als oberster Strafzweck"[2265]. Das Landgerichtsurteil entbehre jedoch der Feststellung, dass „die nationalsozialistische Justizlenkung mit dem Ziel einer unerbittlichen Strafpraxis auch die Wehrmachtsgerichtsbarkeit erfaßt hat"[2266]. Auch sei es nicht der Frage nachgegangen, ob ‚Fahnenflucht' zum Zeitpunkt der Entfernung von der Truppe (5./6. Mai 1945) überhaupt noch möglich war. Denn am Morgen des 5. Mai war bereits eine Teilkapitulation gegenüber Großbritannien wirksam geworden, die den Krieg in Norddeutschland beenden sollte. Kritik übte der OGH nicht zuletzt am Umstand, dass Petersen das Todesurteil noch nach Kriegsende vollstrecken ließ. „Dieser Gesamthergang zeigt die Merkmale der nazistisch gelenkten Terrorjustiz. Um höchstmögliche Abschreckung zu erreichen, wird im ersten beliebigen Falle des Ausbrechens aus der befohlenen Ordnung auch bei nur geringer Schuld, die höchste Strafe verfügt, obwohl dieses Missverhältnis zwischen Schuld und Strafe geradezu unerträglich ist"[2267]. Für die Opfer stellte solch eine Strafpraxis einen „Angriff gegen Menschenwert und Menschenwürde" dar. Die Todesstrafe als Mittel der Abschreckung sei ein Verbrechen gegen die Menschlichkeit. Tatsächlich sei die Disziplin in der Schnellbootwaffe damals kaum gefährdet gewesen. Angesichts dessen liege es nahe, „die Erklärung für dieses Geschehen im nazistischen System zu suchen, vor allem in seinem durch Terror erzeugten Gehorsamsmechanismus", der einem „falsch verstandenen Staats- und Gemeinschaftsbegriff [folgte], in dessen Zwecke jedes Einzelwesen restlos eingeformt werden sollte. Soweit in dem Einzelnen widerstrebende Kräfte wirksam waren, die der Verführung nicht erlagen, sollten sie mit Schrecken und Gewalt ‚gleichgeschaltet' oder ‚ausgemerzt' werden"[2268].

Den objektiven Tatbestand betreffend konstatiert das Revisionsgericht, die Unmenschlichkeit liege „in der Tatsache der ergangenen und *vollstreck-*

2263 Vgl. OGH StS 1, S. 218; hierzu auch *Homann*, S. 213; *Friedrich* 1998, S. 194.
2264 OGH StS 1, S. 218.
2265 *Ebd.*
2266 *Ebd.*, S. 219.
2267 Hier und folgend *ebd.*, S. 220.
2268 *Ebd.*, S. 221.

ten Todesurteile"[2269]. Es erwägt gar, ob das dem Schutz der richterlichen Unabhängigkeit dienende Beratungsgeheimnis womöglich „vor einem wichtigen Interesse der Gerechtigkeit"[2270] zurücktreten müsse: der Ermittlung des individuellen Tatbeitrags. Was den subjektiven Tatbestand anbelangt, rekurriert der Strafsenat auf seine ständige KRG-10-Rechtsprechung. Es bedürfe der Erkenntnis und des Willens, die Tat (mit) zu verursachen, mithin des Angriffsvorsatzes. Ausreichend sei der Eventualvorsatz, das Bewusstsein sowie Einverständnis damit, dass der Taterfolg eintreten könne. Der Angriff müsse im Kontext der NS-Gewalt- und Willkürherrschaft geschehen sein, die sich hierbei in einer Strafjustiz äußere, die frei von ethischen Schranken ganz vom Zweck der Abschreckung bestimmt sei[2271]. Die Richter nennen sie unumwunden ein „System der Terrordisziplin"[2272]. Für die innere Tatseite sei – wie öfters festgestellt – die Gesinnung belanglos; Bedeutung erlange sie nur für die Strafzumessung. Entscheidend sei, dass der Täter zu der Einsicht befähigt war, dass sein Tun Unrecht darstellte. „Wo es um die Verursachung einer Unmenschlichkeit geht, kann sich niemand damit entlasten, er habe das nicht erkannt, er sei dafür blind gewesen. Er hat solche Blindheit zu verantworten, weil es für seinen von ihm angegriffenen Mitmenschen und für die Menschheit um letzte und tiefste Individual- und Menschheit[s]werte ging, die zur Begehungszeit aus System für nichts erachtet wurden". Deswegen führe die Begründung des Schwurgerichts für Kommodore Petersens Unschuld in die Irre. Vielmehr müsse man eine etwaige Schuld ventilieren, denn der Gerichtsherr hätte „höchstens gering schuldige Menschen einer terroristischen Zweckjustiz oder Militärdisziplin bewußt geopfert". Darauf folgen deutliche Worte: „Niemand und nichts (...) verlangten von P., die Disziplin mit unmenschlichen Mitteln aufrechtzuerhalten. Die Unmenschlichkeit der Todesurteile war mit Händen zu greifen"[2273]. Es blieb unbeachtet, „daß ein Irrtum über das Sittengesetz den Unmenschlichkeitsverbrecher in aller Regel nicht entschuldigt. (...) Die Gebote des Sittengesetzes müssen jedem geläufig sein. Wer dessen Grenzen irrtümlich überschreitet, ist vor dem Strafgesetz nicht entschuldigt". So hätte das Landgericht die Schuld unterschiedlicher Angeklagter unter Zugrundelegung eines falschen Begriffs vom subjektiven Tatbestand verneint.

2269 *Ebd.*, S. 222 (Hervorhebung im Original).
2270 *Ebd.*, S. 223.
2271 Vgl. *ebd.*, S. 224.
2272 Hier und im Folgenden *ebd.*, S. 225.
2273 Hier wie nachfolgend *ebd.*, S. 226.

Hinsichtlich der Strafbarkeit des Spruchrichters schließt sich der OGH der Rechtsauffassung Schneidewins an. Das Tatgericht hätte geirrt, als es hervorhob, Richter könnten sich nur der Rechtsbeugung nach § 336 StGB schuldig machen. Denn das ‚Richterprivileg' setze voraus, dass eine schützenswerte richterliche Unabhängigkeit bestehe, welche es aber im ‚Dritten Reich' wegen des maßgebenden Einflusses der NS-Ideologie und Justizlenkung nicht mehr gegeben hätte. Bestrafungen seien so weniger damit zu begründen, dass Justizjuristen *„fahrlässig* das Recht gebeugt, sondern vorsätzlich das Gesetz zu einer *objektiv* unmenschlichen Behandlung der Opfer benutzt haben"[2274]. Auch sei unter den bestehenden rechtsstaatlichen Verhältnissen die Sorge unbegründet, dass sich pflichttreue Richter durch fahrlässige, falsche Anwendung des Rechts strafbar machen könnten und daher in der Berufspraxis verunsichert würden. Aber:

> „Wenn in einer Zeit, in der Gewalt und Willkür das öffentliche Leben beherrschen, Richter aus Geist oder Anordnung dieses Systems ihr Amt zur Begehung von Unmenschlichkeiten mißbrauchten, so war das eine der gefährlichsten und unerträglichsten Formen dieser Verbrechensart. Es wäre unverständlich, gerade solche Richter von der Kennzeichnung und Bestrafung als Unmenschlichkeitsverbrecher auszunehmen, weil sie Richter waren und unabhängig hätten urteilen sollen. Aus dem KRG. 10 ist eine derartige Einschränkung in keiner Weise zu entnehmen"[2275].

Wie Schneidewin weist der OGH auf den Fall Rothaug hin, um zu begründen, dass es verfehlt war, Richter und Ankläger nicht nach KRG 10 abzuurteilen. Er wischt Bedenken vom Tisch, dass ein Verbrechen an Militärangehörigen vom Straftatbestand aus Art. II 1c nicht erfasst werden könnte. Zwar handelte es sich nicht um ‚an der Zivilbevölkerung begangene unmenschliche Handlungen'. Angesichts des Beispielcharakters der in der Norm aufgelisteten Vergehen wäre es aber abwegig, das im Fall Petersen verhandelte Unrecht nicht darunter zu fassen[2276].

Mit kritischem Blick auf die Dogmatik merkt Pauli an, dass die Argumentation des OGH zur Strafbarkeit von Justizverbrechen unter KRG 10 (wie die zum Rückwirkungsverbot) insoweit ergebnisorientiert war, als sie mit Nachdruck darauf zielte, die einzige Vorschrift anwendbar zu machen, die eine Ahndung ermöglichte. Es bedurfte insoweit der Sonderstrafrechts-

---

2274 *Ebd.*, S. 227f.
2275 *Ebd.*, S. 228.
2276 Vgl. *ebd.*

normen alliierten Rechts, um die Verstrickung der Rechtspflege in das NS-Terrorsystem verdeutlichen und bestrafen zu können[2277]. In der Tat gehörte die Auslegung von ‚Verbrechen gegen die Menschlichkeit' von Anfang an zu den wichtigsten Aufgaben und zum Selbstverständnis des OGH. Er war zweifellos bestrebt, diesen Tatbestand in der von Pauli bezeichneten Hinsicht zu entwickeln. Die Lebensläufe der tonangebenden Strafrichter Staff und Wimmer (vgl. *VII.2.2* und *VII.2.3*) veranschaulichen, dass sie der Bestrafung von Justizunrecht sehr aufgeschlossen gegenüberstanden. Ihr Kölner Einsatz für die Kriminalisierung inhumaner Richtersprüche war daher folgerichtig. Es handelte sich um einen vergangenheitspolitischen Vorgang, mit dem die Weichen des Strafrechts im Umgang mit der NS-Geschichte der Justiz gestellt werden sollten. Die Wirkung politischer, mit dem Gerechtigkeitsempfinden verbundener Erwägungen schließt jedoch nicht aus, dass das Revisionsgericht rechtsdogmatisch vertretbare Urteile fällte. Unter einer abweichenden Fragestellung beurteilt etwa Homann seine Spruchpraxis zu Justizunrecht als „menschenrechtsorientierte Rechtsprechung"[2278]. Denn sie pönalisierte die Verhängung von Todesurteilen zum Zwecke der Abschreckung mit der Begründung, dass auf diese Weise die Menschenwürde des einzelnen und die Menschheit als Ganze angegriffen werde.

Im Sommer 1949 verhandelte das Landgericht in Hamburg wieder über den Fall Petersen[2279]. Es orientierte sich nun an der vom OGH geprägten Auslegung. Neben Marinerichter Holzwig verurteilte es auch Kommodore Petersen wegen Menschlichkeitsverbrechens; jener wurde mit einer zweijährigen, dieser mit einer fünfjährigen Freiheitsstrafe belegt[2280]. Die Richter konstatierten, Köln irre, wenn es annehme, das Verhalten der standgerichtlich Verurteilten hätte keine Fahnenflucht im Felde dargestellt[2281]. Allerdings sei das Verhältnis zwischen Schuld und Todesstrafe tatsächlich unerträglich gewesen. Die Offiziere erblickten „in den Opfern nicht ihrer Führung und Obhut anvertraute Menschen, die Richter nicht Angeklagte, die für ihre Tat bestraft werden mußten, sondern Objekte, an deren Tod das Weiterbestehen einer Ordnung demonstriert wurde, deren innere Berechtigung nicht mehr gegeben war. Damit wurden die Menschen herab-

---

2277 Vgl. *Pauli* 1996, S. 108.
2278 *Homann*, S. 213.
2279 Das Urteil des Landgerichts Hamburg vom 4. August 1949 ist abgedruckt in: *Rüter*. Bd. V, Fall 163, S. 193–256. In Auszügen ist es auch wiedergegeben in: *Friedrich* 1998, S. 199–207.
2280 Vgl. *Irmen*, S. 90.
2281 Vgl. *Friedrich* 1998, S. 199–201.

gewürdigt und wie Sachen behandelt"[2282]. Das Hamburger Gericht erkannte nun in der die Menschenwürde verletzenden Tat und dem Schaden die Folgen einer vor dem Hintergrund der NS-Diktatur gelenkten Wehrmachtjustiz. Es sah die Tatbestandsmerkmale des Verbrechens gegen die Menschlichkeit als verwirklicht an[2283]. Rechtskraft erlangte dieses Urteil jedoch nicht. Denn wieder strengten die Parteien ein Revisionsverfahren an. An dessen Ende verwies der BGH die Sache zur Neuverhandlung nach Hamburg zurück. Da KRG 10 als Rechtsgrundlage nicht mehr verfügbar war, musste das Tatgericht den Sachverhalt anhand deutschrechtlicher Paragrafen prüfen. Am 27. Februar 1953 verkündete es die Entscheidung – und den endgültigen Freispruch Petersens und Holzwigs vom Vorwurf der Rechtsbeugung in Tateinheit mit Totschlag. Begründbar wurde dieser Schritt durch die Verwerfung der OGH-Rechtsauffassung, dass bedingter Vorsatz zur Vollendung der inneren Tatseite genüge. Der vermeintlich nötige direkte Vorsatz war den Angeklagten nicht nachzuweisen[2284].

b) Der Fall ‚Rüben-Müller'

Im zweiten Juristenfall des OGH stand Walter Müller, 1933 bis 1945 Landgerichtspräsident in Köln, unter Anklage, sich eines Menschlichkeitsverbrechens in Tateinheit mit einem Unternehmen der Verleitung zur Rechtsbeugung nach §§ 336 und 357 StGB a. F. schuldig gemacht zu ha-

---

2282 Zit. n. *ebd.*, S. 203.
2283 Vgl. *Irmen*, S. 90f.; weiter *Friedrich* 1998, S. 205. Zur Frage, ob die Wehrmachtgerichtsbarkeit von der NS-Justizlenkung erfasst worden war, hatte das Landgericht einen einstigen NS-Militärrichter und seit 1936 MStGB-Kommentator gehört: Erich Schwinge hatte im Krieg für Todesurteile verantwortlich gezeichnet und war danach als Professor nach Marburg zurückgekehrt. Als Rechtsgutachter und Bearbeiter des langjährigen Standardwerks ‚Die deutsche Militärjustiz in der Zeit des Nationalsozialismus' (1977) war er deren wichtigster Verteidiger und dabei insofern erfolgreich, als dieser Zweig der Strafrechtspflege lange als NS-ideologisch kaum beeinflusst galt. Wies das Gericht Schwinges apologetisches Geschichtsbild der Wehrmachtgerichtbarkeit 1949 noch ab, so lieh es ihm in der dritten tatgerichtlichen Verhandlung geneigt sein Ohr, bevor es 1953 die Angeklagten Petersen und Holzwig endgültig freisprach (vgl. *Garbe*, Detlef: Prof. Dr. Erich Schwinge. Der ehemalige Kommentator und Vollstrecker nationalsozialistischen Kriegsrechts als Apologet der Wehrmachtjustiz nach 1945, in: Perels/Wette [Hrsg.], S. 140–155, hier: S. 144 u. 419 [Endnote]). Zu Schwinge (1903–1994) vgl. *Klee* 2005, S. 575.
2284 Vgl. *Irmen*, S. 91–93.

ben[2285]. Von dem fachlich durchschnittlichen, aber überzeugt nationalsozialistischen Richter waren diverse Fälle versuchter Einflussnahme auf Sondergerichtsentscheidungen überliefert. Mehrmals hatte er versucht, Richter zur Verhängung härterer Strafen, v. a. der Todesstrafe, zu bewegen. Dies tat er durch Einmischung in schwebende Verfahren oder durch scharfe Kritik an ihm zu milde erscheinenden Bestrafungen. Ab 1939 hielt er Richterbesprechungen ab, worin bevorstehende und schon ergangene Entscheidungen erörtert wurden. Nachdem Hitler in der Reichstagsrede vom 26. April 1942 eine umfassende Juristenschelte betrieben hatte, indem er die angebliche Tendenz zu einer Rechtspflege angriff, die im Krieg formal und zu milde urteilte[2286], verschärfte auch der Landgerichtspräsident den Ton. So äußerte er Unmut über das Jugendschutzkammerurteil gegenüber einer Frau, die einem französischen Kriegsgefangenen zum Dank für Hilfe bei Reparaturen ein Butterbrot und einen Schnaps gegeben hatte. Er hielt die verhängte Geldstrafe für zu milde[2287]. Darauf stellte er die Faustregel auf: „Ein Butterbrot – ein Jahr Gefängnis, ein Kuß – zwei Jahre Gefängnis, Geschlechtsverkehr – Kopf ab"[2288]. Im Mai 1942 wurden infolge schwerer Fliegerangriffe auf Köln am dortigen Sondergericht als justizpolitische Maßnahme zwei zusätzliche Plünderungskammern gebildet. Als dann der Fall einer Frau gemeldet wurde, die u. a. Damenstrümpfe aus dem Besitz einer ausgebombten Familie entwendet haben sollte, versetzte Müller: „Meine Herren, da gibt es nur eine Parole: Kopf ab, ein Standardurteil!"[2289] Einen zentralen Anknüpfungspunkt für die von 1948 bis 1953 gegen ihn geführten Prozesse bildete sein Verhalten mit Blick auf

---

2285 Zum Fall ‚Rüben-Müller' vgl. *Friedrich* 1998, S. 309–338; des Weiteren *Irmen*, S. 99–103; *Kramer* 2007, S. 128–130; *Pauli* 1996, S. 109–112; *Boberach* 1997, S. 14. Zu Müller, Jahrgang 1889, vgl. *Friedrich* 1998, S. 314.

2286 Zu Hitlers Reichstagsrede vom 26. April 1942 und der danach zunehmenden NS-Justizlenkung vgl. *Bundesministerium der Justiz* (Hrsg.), S. 293–299. Einem in diesem Kontext gefassten Reichstagsbeschluss zufolge kam dem ‚Führer' das Recht zu, jeden Richter jederzeit aus Amt, Rang und Stellung zu entfernen, was für die Unabhängigkeit des Richtertums den Todesstoß bedeutete.

2287 Zur Ende 1939 erfolgten Kriminalisierung eines Umgangs mit Kriegsgefangenen, der ‚das gesunde Volksempfinden gröblich verletzt', vgl. *ebd.*, S. 221–225.

2288 Zit. n. OGH StS 2, S. 24. Dazu auch *Friedrich* 1998, S. 311. Dieser weist darauf hin, dass die Spruchpraxis am Sondergericht Köln (mit seit 1943 vier Senaten) v. a. hinsichtlich der Strafzumessung eine große Bandbreite aufwies. Viel hätte von den jeweiligen Vorsitzendenpersönlichkeiten abgehangen. „Man findet Geschicklichkeit, Mut und Mimikry der wenigen. All dies zeugt nicht von einem Raum der Gewissensfreiheit, sondern von ihrer Abwesenheit" (*ebd.*, S. 308).

2289 Zit. n. OGH StS 2, S. 25.

ein Strafverfahren wegen Kriegswirtschaftsverbrechen im Mai 1943. Dabei stand der jüdische Kaufmann Hertz im Zentrum, dem die Beiseiteschaffung einer großen Menge an Textilwaren zur Last gelegt wurde. Einige Tage vor der Verhandlung suchte Müller das Gespräch mit einem der Beisitzer und danach mit dem Senatsvorsitzenden, um ihnen seine Erwartungen kundzutun. Und er blieb beharrlich:

> „Am Verhandlungstage suchte er in einer Verhandlungspause den Sitzungssaal auf, sprach einen der Beisitzer an und äußerte, *ohne vom bisherigen Verhandlungsergebnis Kenntnis zu haben*, daß er bei drei von ihm namentlich bezeichneten Angeklagten die Todesstrafe für angebracht halte. Als ihm der Richter entgegnete, das Sondergericht werde nach seiner eigenen, im Laufe der Hauptverhandlung gewonnenen Überzeugung entscheiden, ließ er ihn gar nicht ausreden, sondern rief: ‚Die Rübe muß runter, der Gauleiter erwartet das'"[2290].

Solche Entgleisungen, welche einen wahren und ernsten Kern hatten, trugen dem Chefpräsidenten Spitznamen wie ‚Rüben-Müller' oder ‚Kopf-ab-Müller' ein.

Nach Ende des ‚Dritten Reichs' wurde ihm selbst vor dem Landgericht Bonn der Prozess gemacht[2291]. Die Richter bedachten den Berufskollegen im Herbst 1948 mit einem Freispruch. Den Vorwurf, ein Menschlichkeitsverbrechen begangen zu haben, erklärten sie für haltlos, da das Eintreten eines vom Angeklagten bewirkten und das Opfer schädigenden Tatterfolgs nicht erwiesen sei. Den Tatbestand des Unternehmens der Verleitung zur Rechtsbeugung (§§ 336, 357 StGB) hielten sie ebenso für nicht verwirklicht. Müllers Kritik an vermeintlich zu milden Urteilen hätte eine künftig härtere Strafpraxis bezweckt; dabei hätte er jedoch keine konkreten Fälle im Auge gehabt. Im Hinblick auf seine Einmischung in schwebende Verfahren gebe es keinen Beleg dafür, dass er die betroffenen Richter gegen ihre Überzeugung gefügig machen wollte. Ihm sei vielmehr zuzubilligen, den Versuch unternommen zu haben, die Untergebenen zu seiner eigenen Überzeugung hinzuführen[2292] – kurz und gut: zu überzeugen.

2290 Zit. n. *ebd.*, S. 24 (Hervorhebung im Original).
2291 Das Bonner Landgerichtsurteil vom 4. November 1948 findet sich in BArch, Z 38, Nr. 407, Bl. 1–27.
2292 Vgl. *ebd.*, Bl. 22f. Des Weiteren *Friedrich* 1998, S. 315; *Irmen*, S. 100.

Auf die Revision der Anklage hin befasste sich der OGH mit der Causa Müller[2293]. In seiner Entscheidung vom 10. Mai 1949 erkannte der Strafsenat unter dem Vorsitz von Staff und mit den Beisitzern Geier und Jagusch (Berichterstatter) das Rechtsmittel als begründet an. Er hob den Freispruch auf und verwies den Fall zurück an das Landgericht. Dabei erfuhr der Tatbestand der Verleitung zur Rechtsbeugung eine nähere Betrachtung. Die dem Landgerichtspräsidenten unterstellten Richter seien demnach in ihrer Spruchtätigkeit auch in der NS-Zeit unabhängig, d. h. nicht weisungsgebunden gewesen. Zu beachten sei aber, dass Müllers Dienstaufsicht sich insofern auch auf ihre Tätigkeit erstreckte, als er durch die Erstellung und Weiterleitung von Beurteilungen an die vorgesetzte Justizbehörde Einfluss auf Karrieren ausübte. So bestehe

> „[d]ie Gefahr einer gewissen Willfährigkeit gegen ein rechtswidriges Ansinnen eines Vorgesetzten (...), zumal wenn dieser rücksichtslos vorgeht (...). Auch der Vorgesetzte eines unabhängigen Richters kann also ihm gegenüber seine Autorität mißbrauchen. Gerade gegen einen solchen Mißbrauch richtet sich die Strafdrohung des § 357 StGB. Wie ernst der Gesetzgeber die im Mißbrauch dieser Autorität liegende Gefahr beurteilt, zeigt der weite Tatbestand des § 357 StGB., nach dem schon das bloße *Unternehmen*, also der *ergebnislos* gebliebene Versuch der Verleitung eines Untergebenen zu einem Amtsverbrechen oder Amtsvergehen, bestraft wird"[2294].

Das Revisionsgericht bekräftigte die uneingeschränkte Geltung von § 336 StGB für die Zeit nach 1933. Weiter pflichtete es dem Tatgericht in der Ansicht bei, dass ein Richter sich auch dann der Rechtsbeugung schuldig machen konnte, wenn er sich bei der Strafzumessung zwar im gesetzlichen Rahmen bewegt, aber dennoch auf eine Strafe erkannt hatte, die härter oder milder war, als es seine eigene Überzeugung für gerecht erachtet hätte. Folge ein Richter dem unrechtmäßigen Wunsch eines Vorgesetzten auf Verhängung einer bestimmten Strafe,

> „nur weil er vom Vorgesetzten geäußert, nicht, weil der Richter auf Grund *eigener Überzeugung derselben Auffassung* ist, so ist der Tatbestand der Rechtsbeugung gegeben, und der Vorgesetzte macht sich in diesem Falle der Verleitung zur Rechtsbeugung (§§ 336, 357 StGB.)

2293 Das Urteil des OGH vom 10. Mai 1949 ist abgelegt in BArch, Z 38, Nr. 407, Bl. 81–94; abgedruckt ist es in: OGH StS 2, S. 23–46, und *Rüter*. Bd. XI, Fall 360, S. 23–34; Auszüge daraus bietet *Friedrich* 1998, S. 315–321.
2294 OGH StS 2, S. 28 (Hervorhebungen im Original).

schuldig, wenn er bei der Äußerung des Wunsches will und weiß oder auch nur mit der Möglichkeit rechnet und sie für den Fall ihres Eintritts billigt, seine Einwirkung auf den Richter werde dazu führen, daß sich dieser bei seiner Überzeugungsbildung und Entscheidung von solchen gesetzlich unzulässigen Erwägungen leiten lassen werde"[2295].

Die OGH-Richter widersprachen der vom Schwurgericht vertretenen Meinung, nachträgliche Urteilskritik könne den Tatbestand der Verleitung zur Rechtsbeugung nicht erfüllen, weil ihre Wirkung auf keine konkrete Strafsache gerichtet sei. Solch eine Zielgerichtetheit sei, räumten sie ein, unabdingbare Voraussetzung der Rechtsbeugung. Für das (erfolglose) Unternehmen der Verleitung zur Rechtsbeugung gälte das aber nicht zwingend. Das Gericht verdeutlichte seine Position durch Herstellung einer ‚kühnen Analogie' (Pauli) zwischen der vorsätzlichen Verleitung zur Begehung einer Straftat im Amt (§ 357 StGB) und vorsätzlicher Anstiftung zu einer strafbaren Handlung nach § 48 StGB[2296]. Hinsichtlich des Angeklagten hielt es eine NS-spezifische Haltung fest, bei der es nicht auf Individuen angekommen sei, sondern nur darauf, Zuwiderhandlungen gegen NS-Interessen pauschal mit drakonisch-abschreckenden Strafen zu unterbinden. Diese zeige sich auch am Vokabular (‚Rübe' für Kopf)[2297]. Vergegenwärtige man sich die im Krieg praktizierte Justizlenkung, so sei klar, dass neben Eingriffen in schwebende Verfahren allgemeine Weisungen gemäß § 357 StGB unzulässig auf die Rechtspflege einwirken konnten. Weil sich das Landgericht diesbezüglich aber im Irrtum befunden und auf die Überprüfung der inneren Tatseite verzichtet hätte, müsse die Revision Erfolg haben[2298]. In Bezug auf den subjektiven Tatbestand bedürfe es der Klärung der Frage, inwiefern sich das Verhalten Müllers als Baustein der NS-Justizlenkung in den Kriegsjahren darstelle. Nicht zum ersten Mal zieh der OGH hier ein Instanzgericht der Nichtbeachtung geschichtlicher Fakten:

2295 Ebd., S. 30 (Hervorhebung im Original). Hierzu auch *Friedrich* 1998, S. 317.
2296 Vgl. OGH StS 2, S. 31f. Hierzu *Pauli* 1996, S. 110. Der OGH erläutert: „Der Anstifter (§ 48 StGB.) wie der verleitende Amtsvorgesetzte (§ 357 StGB.) muß den *Willen* des anderen bestimmen, nicht etwa die näheren Umstände der Tat. Er ist für die vom anderen begangene Tat im Sinne des § 48 oder des § 357 StGB. dann verantwortlich, *wenn sie noch innerhalb seines erkennbar gemachten Willens liegt*. Es genügt danach, wenn der Anstifter die vom anderen begangene, mit Strafe bedrohte Handlung im Amt sich in ihren Hauptmerkmalen vorgestellt hat" (OGH StS 2, S. 32; Hervorhebungen im Original).
2297 Vgl. ebd., S. 33. Hierzu auch *Friedrich* 1998, S. 318.
2298 Vgl. OGH StS 2, S. 34f.

„Daß diese Lenkung in vielen Fällen dazu führte, im Wege scheinbar geordneter gerichtlicher Verfahren Unrecht zu begehen, daß sie also das mit einer unabhängigen und der Gerechtigkeit dienenden Rechtspflege verträgliche Maß bei weitem überschritt, gehört zu den offenkundigen Tatsachen und war deshalb bei der Würdigung des Verhaltens des Angeklagten, der nach den Feststellungen des Schwurgerichts dem Nationalsozialismus rückhaltlos ergeben war und dessen Verhalten sich jedenfalls äußerlich deutlich in diese Bestrebungen einfügte, mit zu berücksichtigen"[2299].

Vor der Folie jener steuernd-kontrollierenden NS-Justizpolitik rügte Köln auch, dass das Urteil dem Angeklagten zugutegehalten hatte, Sonderrichter mit seinen Einlassungen zu schwebenden Verfahren nicht mit der Absicht bedrängt zu haben, gegen ihre Überzeugung zu urteilen; er hätte sie nur zu seiner eigenen Überzeugung hinführen wollen. Diese Auffassung erschien abwegig. Aus Müllers polterndem Worten gegenüber einem Beisitzer im Verfahren gegen den Juden Hertz ‚Die Rübe muß herunter, der Gauleiter erwartet das' leitete der OGH stattdessen ab, dass für ihn nicht die Überzeugung der Richter, sondern allein die Haltung des Gauleiters das Strafmaß bestimmen sollte. Freilich könne die Haltung von Parteistellen, die den Verfahrensstand nicht kennen konnten, nicht als ‚Rechtsauffassung' begriffen werden[2300]. Seine „willkürliche Ansicht" teilte der Ex-Landgerichtspräsident „dem Gericht nicht nur mit, sondern sprach die ‚Erwartung' aus, das Gericht werde sie als seine Überzeugung ausgeben. Dieses Ergebnis bezeichnete er als schlechthin *notwendig* (‚Die Rübe muß herunter')"[2301]. Auf diese Weise wurde die ‚Hinführungsthese' des Schwurgerichts entkräftet.

Was die Anklage unter KRG 10 betraf, bestätigte der Strafsenat dem Schwurgericht wie dem Generalstaatsanwalt, dass ihre Lesart, ein Menschlichkeitsverbrechen erfordere den Eintritt eines den Menschenwert verletzenden Schadens, mit seiner ständigen Rechtsprechung konform gehe. Da es bisher keinen Beweis dafür gebe, dass Müllers Agieren schädigende Folgen hatte (so wahrscheinlich das auch war), sei das Urteil hierzu nicht zu beanstanden[2302]. Dabei ließ es der OGH nicht bewenden; vielmehr unternahm er den bahnbrechenden Vorstoß, den Sachverhalt im Rahmen einer

---

2299 *Ebd.*, S. 38. Hierzu auch *Friedrich* 1998, S. 318; sowie *Pauli* 1996, S. 111.
2300 Vgl. OGH StS 2, S. 39f., und *Friedrich* 1998, S. 318f.
2301 OGH StS 2, S. 40 (Hervorhebung im Original). Diesbezüglich auch *Friedrich* 1998, S. 319; *Kramer* 2007, S. 129.
2302 Vgl. OGH StS 2, S. 41f.

seitens der deutschen Rechtspraxis noch nicht mit Inhalt gefüllten Kategorie von KRG 10 Art. II 1c strafrechtlich zu fassen. Denn er brachte die These auf, dass es möglich sei, den Angeklagten als Beihelfer zu einem von der Rechtspflege verübten ‚Massenverbrechen' zu überführen[2303]. Zur Untermauerung boten die Kölner Richter eine „Gesamtschau der Rolle der Justiz im Nationalsozialismus"[2304]. Dabei entwarfen sie ein für den damaligen vergangenheitspolitischen Diskurs selten kritisches Bild:

> „Wenn auch viele deutsche Richter dem während des Krieges von den nationalsozialistischen Machthabern ausgeübten Druck widerstanden und ihre Entscheidungen nach ihrer vom Gesetz und ihrem Gewissen gelenkten Überzeugung trafen, so gehört es doch zu den offenkundigen Erfahrungstatsachen, daß zahlreiche Gerichte, vor allem der Volksgerichtshof und viele Sondergerichte, das Strafrecht in einer Weise handhabten, die dazu führte, daß das Recht, statt begangenes Unrecht zu sühnen, mehr und mehr zum Mittel der terroristischen Unterdrückung und Ausmerzung ganzer Bevölkerungsgruppen wurde. Teils wurden Handlungen, die nach allgemeiner Auffassung der gesamten Kulturmenschheit überhaupt nicht strafwürdig waren, mit Strafe belegt, teils wurden wegen eines an sich strafwürdigen Verhaltens Strafen ausgesprochen, die in keinem menschlich erträglichen Verhältnis zu dem veranlassenden Vorgang mehr standen. Die Opfer dieser die Grundsätze der Menschlichkeit verletzenden Handhabung des Rechts waren so zahlreich, dass es sich dabei nicht um Einzelfälle, sondern um eine *Massenerscheinung* handelt, also um den Fall, der durch die Bestimmung des Art. II 1 c KRG 10 getroffen werden sollte"[2305].

Pauli hat diese Textstelle einer abwägenden Analyse unterzogen. Kritisch bemerkt er, dass die dichotomische Unterscheidung zwischen ‚aufrechten' Richtern und solchen, die das Recht im NS-Sinne missbraucht hatten, eine gängige Exkulpationsstrategie bildete. Die Abwälzung der juristischen Schuld auf jene wenigen, abgeschafften Ausnahmegerichte – den VGH und die Sondergerichte – hätte den Zweck verfolgt, zivile und militärische Gerichte der ordentlichen Justiz zu entlasten. Daher handele es sich „nicht

---

2303 Vgl. *Friedrich* 1998, S. 321, der die Überlegungen der OGH-Entscheidung zum ‚Massenverbrechen' mit der Deutung des im Nürnberger Juristenprozess ventilierten ‚Conspiracy'-Tatbestandes in Verbindung bringt.
2304 *Pauli* 1996, S. 111.
2305 OGH StS 2, S. 43 (Hervorhebung im Original). Dazu auch *Friedrich* 1998, S. 320; *Pauli* 1996, S. 111f.; *Irmen*, S. 100f.

um eine taugliche Funktionsbeschreibung der Rolle der Justiz im 3. Reich, sondern um eine sozialpsychologisch nachvollziehbare Bewältigungsstrategie von Juristen, die vor, aber auch nach 1945 im Amt waren"[2306] und mit der Verstrickung ihres Berufsstandes in die Terrorherrschaft haderten. Seitens der am Müller-Urteil beteiligten OGH-Richter trifft diese Beschreibung allein auf Geier zu, da Staff 1933 aus politischen Gründen entlassen worden und Jagusch nach dem Referendariat bis Kriegsende weder als Richter noch als Ankläger tätig geworden war (vgl. VII.2). Zwar billigt Pauli dem OGH zu, wegen des geringen Zeitabstandes zum Ende der Diktatur nicht befähigt gewesen zu sein, eine treffende Funktionsbeschreibung zu liefern. Zu beachten ist aber auch, dass die Richter im Mai 1949 in einem Klima urteilten, das der schonungslosen Selbstprüfung und Infragestellung des Rechtswesens im ‚Dritten Reich' feindlich war. Die Adressaten solch eines Verdikts, die NS-belasteten Justizjuristen, waren größtenteils wieder in den Staatsdienst zurückgekehrt und stellten gegenüber Kritikern die haushohe Mehrheit. So ist als Motiv des OGH für eine verkürzte Deutung der NS-Rechtspflege Pragmatismus anzunehmen. Er musste wohl bei Justizunrecht konziliant auftreten und einer Exkulpationsstrategie Vorschub leisten, um nicht offene Ablehnung bei den Instanzgerichten zu riskieren. Dennoch setzte das Gericht einen Kontrapunkt zur populären Legende einer Justiz mit weißer Weste. Sein Verdienst ist, „die Summe zahlreicher Urteile deutscher Gerichte während dieser Zeit als Massenverbrechen zu brandmarken"[2307] – darin erkennt Pauli ein ‚mutiges Bekenntnis' und betont, kein anderes deutsches Obergericht hätte die Verstrickung der Rechtspflege in den NS-Terror so klar beim Namen genannt. Es bleibt aber der Makel, dass die OGH-Beweisführung zur Strafbarkeit von Richtern und Staatsanwälten wegen Vergehen nach KRG 10 Art. II 1c als gewunden und dogmatisch angreifbar erscheint[2308].

Im Anschluss an das Zitat vermerkt das Revisionsurteil, die bisherigen Feststellungen legten es nahe, dass der Angeklagte mit seinem Gesamtverhalten zu dem von Justizorganen verübten NS-Massenverbrechen beigetragen habe. Damit hätte sich das Schwurgericht allerdings nicht befasst. Die in Art. II 2 der alliierten Strafnorm enthaltene Auflistung von Teilnahmeformen am Menschlichkeitsverbrechen nehme

---

[2306] *Pauli* 1996, S. 112f. Diesem Urteil schließt sich *Rüping* 2000: Hüter, S. 121, an.
[2307] *Pauli* 1996, S. 113.
[2308] Vgl. *ebd.*

„ersichtlich auf die besondere Erscheinungsform des Massenverbrechens Rücksicht und will deutlich jeden irgendwie mitwirkenden Beitrag umfassen. (...) Beim Massenverbrechen ist der Gesamterfolg das Werk vieler Kräfte; ihre Wirkung im einzelnen ist oft nicht mehr zu klären. Bei dieser Vielfalt zusammenwirkender und sich ergänzender Kräfte, wie sie die unter der Herrschaft des Nationalsozialismus begangenen Massenverbrechen zeigen, stand der unter der verschiedenartigsten Form ausgeübte geistige Einfluß auf andere oft gleichwertig neben dem körperlichen Handeln, ja vielfach übertraf er dieses im Gewicht des kriminellen Erfolges"[2309].

Die Prüfung, ob Müllers Verhalten als fördernder oder erleichternder Beitrag zum ‚Gesamterfolg' jenes Komplexes von NS-Verbrechen beigetragen hatte, blieb dem Tatgericht überlassen. Der OGH gab aber zu bedenken, dass der Angeklagte eine zentrale Stellung in der Justizverwaltung bekleidet hatte, die ihm die Chance zur Unterdrückung von Gegenstimmen bot. Auch hätte er in engem Kontakt zu Parteidienststellen und Gauleitung gestanden[2310]. Mit seiner Auseinandersetzung mit ‚Massenverbrechen' und dafür typischen Beteiligungsformen knüpfte der Strafsenat im Übrigen nicht nur an Güdes Klassifizierung von ‚Verbrechen gegen die Menschlichkeit' (vgl. *V.2.3.2*), sondern auch an die eigene Gesetzesauslegung an, u. a. im Urteil gegen V. wegen Denunziation (vgl. *1*), worin ‚verwickelten Mitwirkungsmodalitäten' jener NS-Grausamkeiten nachgegangen wurde.

Der Generalstaatsanwalt beantragte, die Strafsache gegen Müller zur Neuverhandlung nicht zurück nach Bonn, sondern an ein anderes Schwurgericht zu verweisen, was der OGH aber ablehnte. So wurde der Angeklagte am 13. März 1950 vom Landgericht Bonn zu einem Jahr Zuchthaus verurteilt[2311]. Der Schuldspruch bezog sich nur auf den in zwei Fällen erfüllten Tatbestand des Unternehmens der Verleitung zur Rechtsbeugung, etwa auf die Beeinflussung im Verfahren gegen den jüdischen Kaufmann Hertz[2312]. Zum Anklagepunkt des Menschlichkeitsverbrechens erging ein Freispruch, da unbewiesen sei, dass der Ex-Landgerichtspräsident betreffend die Sondergerichtsbarkeit Beiträge zur „Durchsetzung einer Terror-

---

2309 OGH StS 2, S. 44. Hierzu auch *Friedrich* 1998, S. 320f.
2310 OGH StS 2, S. 45f.
2311 Das Urteil des Landgerichts Bonn vom 13. März 1950 ist abgedruckt in: *Rüter*. Bd. XI, Fall 360, S. 35–89. Auszüge daraus bietet *Friedrich* 1998, S. 322–330. Hierzu auch *Irmen*, S. 101.
2312 Vgl. *Friedrich* 1998, S. 326–330.

justiz"[2313] oder sonstwie zu dem „Massenverbrechen geleistet hat, das in dem Mißbrauch der Rechtsprechung überhaupt und insbesondere zur Unterdrückung und Ausmerzung sog. unerwünschter Bevölkerungsgruppen durch Verhängung übermäßig hoher Strafen zu erblicken ist"[2314]. So griff das Schwurgericht die Argumentation und Wortwahl des OGH erkennbar auf, legte sie entgegen dessen Intention aber restriktiv aus, so dass Müller durch fast alle Maschen fiel. Auch einer Strafbarkeit unter §§ 336, 357 StGB zog es enge Grenzen.

c) Der Fall Hagemann

Als nächstes KRG-10-Verfahren mit Bezug zu NS-Justizverbrechen gelangte wieder ein Fall vor den OGH, der von einem Kriegsgericht verhängte Todesurteile betraf. Dem Marine-Oberkriegsgerichtsrat a. D. Karl-Heinrich Hagemann wurde ein Menschlichkeitsverbrechen zur Last gelegt, da er in zwei Strafsachen als Verhandlungsleiter maßgeblich dafür verantwortlich zeichnete, dass Angeklagte mit überharten Urteilen bzw. der Höchststrafe belegt wurden[2315]. Im Folgenden liegt der Fokus auf einem der beiden Fälle: Hier war das Opfer der Oberleutnant zur See und U-Boot-Kommandant Oskar Kusch[2316], dessen Vergehen darin bestanden hatte, dass er gegenüber der Besatzung seine Ablehnung von ‚Führer' und NS-Regime nicht verhehlt hatte. Nachdem der Erste Offizier Anzeige wegen „untrügliche[r] Beweise einer stark gegen die deutsche politische und militärische Füh-

---

2313 Zit. n. *ebd.*, S. 323.
2314 Zit. n. *ebd.*, S. 325.
2315 Zum Fall Hagemann vgl. BArch, Z 21, Nr. 776, und Z 38, Nr. 406. Hierzu die Dokumentation von *Walle*, Heinrich: Die Tragödie des Oberleutnants zur See Oskar Kusch, hrsg. im Auftrage der Ranke-Gesellschaft, Vereinigung für Geschichte im öffentlichen Leben e. V. u. dem Deutschen Marine Institut von Michael Salewski u. Christian Giermann mit Unterstützung des Militärgeschichtlichen Forschungsamtes, Potsdam, Stuttgart 1995; zudem *Baumann, Ulrich/Koch, Magnus – Stiftung für die ermordeten Juden Europas* (Hrsg.): „Was damals Recht war…". Soldaten und Zivilisten vor Gerichten der Wehrmacht, Berlin 2008, S. 154f. u. 223; *Friedrich* 1998, S. 228–244; *Irmen*, S. 97–99; *Bade*, Claudia: „Als Hüter wahrer Disziplin…". Netzwerke ehemaliger Wehrmachtjuristen und ihre Geschichtspolitik, in: Perels/Wette (Hrsg.), S. 124–139, hier: S. 130–132. Zu Hagemann, Jahrgang 1908, vgl. *Friedrich* 1998, S. 230.
2316 Zu Kusch (1918–1944) sowie dem gegen ihn geführten Bordgerichtsverfahren vgl. *Walle*, S. 21–156; außerdem *Baumann/Koch/Stiftung für die ermordeten Juden Europas* (Hrsg.), S. 154f. u. 223.

rung eingestellten Gesinnung"[2317] erstattet hatte, fand am 26. Januar 1944 ein Marinekriegsgerichtsverfahren statt, in dem Kusch auf Basis von § 5 KSSVO (‚Wehrkraftzersetzung') angeklagt wurde. Unter Hagemanns Vorsitz attestierte das Gericht Kusch zwar einen nur bedingten Tatvorsatz – jedoch in einem schweren Fall. Die Anklage hatte eine zehneinhalbjährige Zuchthausstrafe beantragt; die Richter erkannten aber auf die Todesstrafe, die nach langem Warten auf einen Gnadenerweis im Mai vollstreckt wurde[2318].

Im Frühjahr 1949 verhandelte das Landgericht Kiel in der Sache gegen Hagemann[2319]. Die Anzeige gegen den als Land- und Waldarbeiter tätigen Ex-Kriegsrichter hatte der Vater des Opfers erstattet[2320]. Dem Angeklagten wurde ein Verbrechen gemäß KRG 10 Art. II 1c vorgeworfen – Rechtsbeugung in Tateinheit mit einem Tötungsdelikt blieb außen vor. Die Richter sprachen Hagemann frei. Wie die Tatgerichte in den zuvor geschilderten Fällen sahen auch sie davon ab, einen früheren Berufskollegen wegen seiner Spruchrichterpraxis zu verurteilen. Dabei bedienten sie sich der Begründung, dem Angeklagten sei hinsichtlich des Todesurteils gegen Kusch kein politisch-terroristisches Motiv nachweisbar und die Strafe angesichts der damaligen Kriegs- und Rechtslage nicht unmenschlich hart[2321]. Indes bildete das richterliche Beratungsgeheimnis kein Hindernis, denn Hagemann hatte eingeräumt, für die Höchststrafe gestimmt zu haben. Er profitierte von bald nach 1945 installierten „Netzwerke[n] ehemaliger Wehrmachtrichter"[2322]. So hatte der Marinerichter Bernhard Leverenz[2323], später Justizminister in Schleswig-Holstein, Hagemann verteidigt; Strippenzieher im Hintergrund war aber ein anderer Ex-Marinerichter: Helmut Sieber, der einstige Kameraden mit Informationen zum Strafverfahren versorgte und Entlastungszeugen rekrutierte. So traten im Kieler Prozess nicht weniger als 14 vormalige Wehrmachtrichter und Gerichtsherrn in den Zeugenstand. Dass Sieber selbst, wie er Hagemann mitteilte, die Richtigkeit des

---

2317 Zit. n. *ebd.*, S. 154f.
2318 Vgl. *ebd.*, S. 154; weiterhin *Irmen*, S. 97.
2319 Das Urteil des Schwurgerichts Kiel vom 23. Mai 1949 ist abgelegt in BArch, Z 38, Nr. 406, Bl. 1–22. Allgemein zu diesem Verfahrensschritt *Walle*, S. 215–223.
2320 Vgl. *Baumann/Koch/Stiftung für die ermordeten Juden Europas* (Hrsg.), S. 154 u. 223.
2321 Vgl. *Irmen*, S. 97; ferner *Friedrich* 1998, S. 230.
2322 *Bade* 2011, S. 130.
2323 Zu Leverenz (1909–1987) vgl. *Klee* 2005, S. 369f.

Todesurteils gegen Kusch bezweifelte, tat seiner Hilfsbereitschaft keinen Abbruch; es stand auf einem anderen Blatt[2324].
Durch die Revision der Anklage gelangte das Verfahren zum OGH. Dort hoben Staff, Jagusch und Werner (Berichterstatter) Hagemanns Freispruch im Herbst 1949 auf, weil sie in der Verfügung der Todesstrafe eine Opferschädigung im Sinne eines Menschlichkeitsverbrechens erblickten[2325]. Das Kriegsgerichtsurteil sei „unerträglich hart und unter rechtsstaatlichen Verhältnissen als Regelfall undenkbar"[2326] gewesen. Kusch hätte nur „politische Ansichten [geäußert], die seiner Überzeugung entsprachen und sachlich teilweise richtig waren. Damit machte er nur von dem jedermann zustehenden Recht der freien Meinungsäußerung Gebrauch"[2327]. Unter Hinweis auf die tatgerichtliche Aussage, dass „das nationalsozialistische Terrorsystem trotz verschiedener Versuche der ‚Führung' die Marinejustiz [Anfang 1944] noch nicht allgemein erfaßt" hätte, stellte der OGH die Unverhältnismäßigkeit der Strafe fest. Das Geschehen hätte, entgegen der Bewertung des Kriegsgerichts, höchstens einen minderschweren Fall dargestellt. Als solcher hätte er aber milder als andere beurteilt werden müssen, da Kusch kein direkter, sondern nur ein bedingter Vorsatz bescheinigt wurde. Die nachträgliche Rechtfertigung der Höchststrafe im Urteil der Vorinstanz – begründet mit militärischen Erwägungen zu einem Autoritätsverlust Kuschs gegenüber der Mannschaft – lehnte das Revisionsgericht entschieden ab. Eine etwaige Untergrabung der Disziplin wäre eher denjenigen Offizieren anzulasten, die sich gegen ihren Vorgesetzten positioniert hatten. Dagegen sei durch das Auftreten des Opfers einer gewissen Gefährdungslage zum Trotz keine wirkliche Schädigung eingetreten[2328]. Weiter erklärten die Richter, das Tatgericht irre, wenn es annehme, die Erfüllung des objektiven Tatbestandes eines Verbrechens gegen die Menschlichkeit bedürfe politischer Beweggründe. Wesentlich sei – wie zu dozieren man nicht müde wurde –, dass sich das Angriffsverhalten in die Gewalt- und Willkürherrschaft einreihte[2329]. Sei die äußere Tatseite vollendet, bestände bei Hagemann an der inneren kein Zweifel, sei er sich als

---

2324 Vgl. *Bade* 2011, S. 131f.
2325 Das Urteil des OGH vom 18. Oktober 1949 findet sich in BArch, Z 38, Nr. 406, Bl. 60–70. Es ist abgedruckt in: *Rüter*. Bd. VII, Fall 244, S. 512–520, und OGH StS 2, S. 231–246. Auszugsweise wird es von *Friedrich* 1998, S. 231–234, wiedergegeben. Hierzu auch *Walle*, S. 225–227.
2326 OGH StS 2, S. 235.
2327 Hier und folgend *ebd.*, S. 236.
2328 Vgl. *ebd.*, S. 236–238.
2329 Vgl. *ebd.*, S. 233 u. 238; sowie *Rüter*. Bd. VII, Fall 244, S. 513.

juristisch geschulter Verhandlungsleiter über die Verquickung seines Tuns mit dem NS-Terrorregime doch voll bewusst gewesen[2330]. Bezüglich des zweiten Todesurteils, dessen Zustandekommen ihm ebenfalls als Unmenschlichkeit angelastet wurde, nutzte Köln die Gelegenheit dazu, die KSSVO, ihren Tatbestand ‚Wehrkraftzersetzung' (§ 5) und dessen weit ausgreifende Rechtsanwendung unter dem NS-Staat zu kritisieren. Es nahm v. a. Anstoß an der weitgefassten Auslegung des in § 5 Absatz 1 verwandten Terminus ‚öffentlich', aufgrund deren selbst im kleinsten Kreis getätigte Äußerungen als ‚öffentlich' und also strafrechtlich verfolgbar galten[2331].

In der Neuverhandlung vor dem Landgericht Kiel rechtfertigte Leverenz die Tat seines Mandanten damit, bei der Verurteilung Kuschs zum Tode hätte es sich um die „[b]erechtigte Wahrung militärischer Disziplin"[2332] gehandelt. Mit Erfolg, denn tatsächlich sprachen die Richter Hagemann im Urteil vom September 1950 wieder frei[2333]. Zwar gingen sie von der OGH-Rechtsmeinung aus, dass „der Tatbestand des Verbrechens gegen die Menschlichkeit dann erfüllt [ist], wenn der Täter einen Menschen in seinen Menschenrechten in einer die Grundlagen des menschlichen Zusammenlebens berührenden Weise durch ein mit der nationalsozialistischen Gewalt- und Willkürherrschaft zusammenhängendes, bewusstes und gewolltes Angriffsverhalten verletzt hat"[2334]. Auf dieser Basis stellten sie aber fest, dass dem Angeklagten keine tatbestandsmäßige Schädigung des Opfers vorzuwerfen sei, da die verhängte Strafe auch unter rechtsstaatlichen Verhältnissen nicht unerträglich hart sei. Man hätte es zu tun mit einem „Disziplinarexzess, der in allen Heeren der Welt vorkommt"[2335]; eine Verbindung mit der NS-Willkürherrschaft sei nicht belegbar; es sei unklar, ob NS-typische Redewendungen im Todesurteil mehr als nur zeitbedingte Floskeln gewesen seien. Abgesehen davon wurde Hagemanns Strafbarkeit wegen Rechtsbeugung in Tateinheit mit einem anderen deutschrechtlichen Tatbestand wieder nicht verhandelt[2336]. Das Schwurgerichtsurteil belegt abermals die Neigung der Nachkriegsjustiz, die Legitimität von NS-‚Recht' prinzipiell nicht anzuzweifeln. Vielmehr bediente sie sich seiner

---

2330 Vgl. OGH StS 2, S. 246; zudem *Friedrich* 1998, S. 234.
2331 Vgl. OGH StS 2, S. 242. Hierzu auch *Homann*, S. 214.
2332 Der Spiegel, 1950, H. 40, S. 3.
2333 Das Kieler Landgerichtsurteil vom 25. September 1950 findet sich in BArch, Z 38, Nr. 406, Bl. 87–134; eine Wiedergabe bietet *Rüter*. Bd. VII, Fall 244, S. 487–511; auszugsweise auch *Friedrich* 1998, S. 234–241. Hierzu *Walle*, S. 228–230.
2334 BArch, Z 38, Nr. 406, Bl. 103.
2335 *Ebd.*, Bl. 130.
2336 Vgl. *Irmen*, S. 98.

als Überprüfungsgrundlage. Der Argumentation des OGH, die einen Pfad zur Bestrafung von NS-Justizverbrechen wies, folgten sie äußerst ungern[2337] – am ehesten noch im Hamburger Urteil gegen Holzwig und Petersen vom 4. August 1949 (s. o.). Die Kieler Freisprüche erfolgten „mit geradezu haarsträubenden Begründungen"[2338] und dem Hinweis, das Todesurteil gegen Kusch hätte auf militärischen und nicht auf politischen Erwägungen beruht.

d) Der Fall Brumshagen[2339]

Kurz vor Kriegsende, am 16. April 1945, fällte ein in Düsseldorf errichtetes Standgericht fünf Todesurteile. In einer ersten Verhandlung wurde Polizeioberstleutnant Franz Jürgens[2340] wegen ‚Aufruhrs im Feld' verurteilt. Kurz darauf tagte das Gericht im gleichen Zusammenhang erneut, um vier einer Widerstandsgruppe angehörende Zivilisten, die die kampflose Übergabe der Stadt an die bereits vor den Toren stehenden US-Truppen herbeiführen wollten, schuldig zu sprechen und mit der Höchststrafe zu belegen. Sie hatten Jürgens für einen Plan gewonnen, der zuerst die Festnahme von Polizeipräsident August Korreng[2341] vorsah. Das Unterfangen gelang. Als die Nachricht aber Kampfgruppenkommandant Karl Brumshagen[2342] erreichte, veranlasste dieser die Befreiung Korrengs und Festnahme Jürgens'. Letzterer fand sich rasch vor dem Standgericht wieder, dessen Vorsitz der laut einem Zeugenbericht stark angetrunkene Brumshagen ausübte. Es wurde weder ein Ankläger noch ein Verteidiger bestellt und zudem kurzer Prozess gemacht: Nach einer viertelstündigen Beratung erging das am gleichen Abend vollstreckte Todesurteil. Mit den Widerständlern verfuhr man ebenso – mit dem Unterschied, dass Brumshagen diesmal in der Rolle des

---

2337 Vgl. *Homann*, S. 214.
2338 *Bade* 2011, S. 130.
2339 Zum Fall Brumshagen vgl. *Friedrich* 1998, S. 147–177; weiter *Irmen*, S. 94–97; Zimmermann, Volker: NS-Täter vor Gericht. Düsseldorf und die Strafprozesse wegen nationalsozialistischer Gewaltverbrechen, Düsseldorf 2001 (Juristische Zeitgeschichte, Bd. 5), S. 114–125; *Raim*, S. 789–792; *Boberach* 1997, S. 10f.
2340 Zu Jürgens (1895–1945) vgl. *Dönecke*, Klaus-Friedrich: Die Ereignisse des 16. und 17. April 1945 in Düsseldorf „Aktion Rheinland". Online-Ressource: http://www.geschichtswerkstatt-duesseldorf.de/downloads/rheinland.pdf (letzter Zugriff: 8.9.2020), S. 5 u 15f.
2341 Zu Korreng (1878–1945) vgl. *Klee* 2005, S. 332.
2342 Zu Brumshagen, Jahrgang 1897, vgl. *Friedrich* 1998, S. 151.

Gerichtsherrn wirkte, der das Verdikt bestätigte[2343]. Fünf Männer wurden so „Opfer eines sinnlosen Racheaktes der örtlichen Stadtkommandatur und der Gauleitung"[2344].

Anfang 1949 trat das Schwurgericht in Düsseldorf zusammen, um über die Schuld und Unschuld von drei Personen zu verhandeln, die aufgrund ihres Beitrages zu den geschilderten Todesurteilen und deren Vollstreckung wegen Menschlichkeitsverbrechens sowie Mordes unter Anklage standen: Neben Brumshagen (s. o.) waren dies der Leiter des Exekutionskommandos Heinrich Gesell und der frühere Gauleiter von Düsseldorf und Reichsverteidigungskommissar Friedrich Karl Florian[2345]. Durch letzteren, den höchsten Vertreter der regionalen NSDAP-Prominenz, erhielt die Strafsache besondere Brisanz. Die Düsseldorfer Öffentlichkeit nahm regen Anteil am Prozessgeschehen, wie auch die erhitzte Presseberichterstattung, zumal nach Verkündung des Urteils, verdeutlichte[2346]. Florian sollte jedoch bald eine untergeordnete Rolle spielen. Denn die Behauptung der Anklageschrift, er hätte am Rande des Standgerichtsverfahrens gegen Jürgens auf ein Todesurteil gedrängt, war ihm nicht nachzuweisen. So beantragte der Staatsanwalt für Brumshagen acht Jahre Zuchthaus, plädierte bei Florian und Gesell jedoch auf Freispruch[2347]. Das Urteil vom 5. März 1949 ging in seiner Milde noch weiter, indem es alle drei freisprach. Hierbei bestätigten die Richter die Rechtmäßigkeit der Standgerichtsverfahren mit ihren fünf Todesurteilen. Zur Begründung führten sie an, die nach der KSSVO geltenden prozessualen Mindestvoraussetzungen seien eingehalten worden; auch hätte Polizeioberstleutnant Jürgens den Tatbestand militärischen Aufruhrs nach § 106 MStGB verwirklicht, der die Todesstrafe vorschreibe. Ein Tötungsdelikt schlossen die Richter deshalb aus Rechtsgründen aus[2348]. Hier vertritt das Schwurgericht eine der Rechtsmeinung des OGH deutlich widersprechende Auffassung, wenn es bemerkt: Es lasse

---

2343 Vgl. *ebd.*, S. 148–150; ferner *Zimmermann*, Volker, S. 114f.; *Irmen*, S. 94.
2344 *Zimmermann*, Volker, S. 115.
2345 Zu Florian (1894–1975) vgl. *Klee* 2005, S. 156. Mitte 1949 verurteilte das Spruchgericht Bielefeld Florian wegen ‚Organisationsverbrechens' zu sechs Jahren Gefängnis und 20.000 DM Geldstrafe. Allerdings verringerte sich die Freiheitsstrafe durch Anrechnung der Internierungshaft auf zweieinhalb Jahre (vgl. *Zimmermann*, Volker, S. 62).
2346 Vgl. *ebd.*, S. 117 u. 120f. Das 68-seitige Urteil des Landgerichts Düsseldorf vom 5. März 1949 findet sich in BArch, Z 38, Nr. 140, ohne Foliierung; einen Abdruck bietet *Rüter*. Bd. IV, Fall 125, S. 195–237. Auszüge gibt *Friedrich* 1998, S. 151–162, wieder.
2347 Vgl. *Zimmermann*, Volker, S. 119.
2348 Vgl. *Friedrich* 1998, S. 151–153.

2 Ausgewählte Entscheidungen

sich „auch wohl kaum die später noch in anderem Zusammenhang zu erörternde *allgemeine* Feststellung treffen, daß das nationalsozialistische System von Willkür und Gewalt die Wehrmachtsrechtspflege erfaßt gehabt hätte sowie Disziplin und soldatische Treue *in allen Fällen* mit Terrormaßnahmen aufrechterhalten worden seien oder daß jedes kriegs- oder standgerichtliche Verfahren von solchen Ideen beeinflußt gewesen sei(...)"[2349]. Blendet man die polemische Zuspitzung aus (in Wendungen wie ‚in *allen* Fällen' und *jedes* kriegs- oder standgerichtliche Verfahren'), bleibt als Kernaussage die Verneinung des vom OGH im Urteil vom 7. Dezember 1948 (Strafsache gegen Holzwig und Petersen, s. o.) vertretenen Geschichtsbildes der Militärjustiz kurz vor Kriegsende übrig. Denn diese Gerichtsbarkeit hatte sich der OGH-Deutung zufolge im Allgemeinen zu einem Teil der NS-Gewalt- und Willkürherrschaft entwickelt. Die vergangenheitspolitische Gegenstimme aus Düsseldorf tritt als Ehrenrettung der Wehrmachtjustiz in Erscheinung. Sie legitimiert die im Kontext des ‚Zusammenbruchs' standgerichtlich gefällten Todesurteile und entzieht der Möglichkeit den Boden, jene zur individuellen Schuld in unerträglichem Verhältnis stehenden und nur der Abschreckung dienenden Strafaussprüche unter KRG 10 zu ahnden. Denn ein Todesurteil, das keine Verbindung zur Terrorherrschaft der Nazis aufweist, verwirklichte nicht den objektiven Tatbestand eines Verbrechens gegen die Menschlichkeit. Darin stützt sich das Tatgericht auf die OGH-Rechtsauffassung. Vor dieser Folie verwundert nicht, wenn es seine argumentative Stütze im ‚Spruchrichterprivileg' findet. Denn dieses kennt als einziges Vergehen, dessen sich ein Richter schuldig machen könne, die vorsätzliche Rechtsbeugung (§ 336 StGB a. F.). Dazu heißt es:

> „Es geht nun nach Auffassung des erkennenden Schwurgerichts nicht an, auf dem Umwege über das Kontrollratsgesetz Nr. 10 ein weiteres für den Spruchrichter mögliches Delikt, nämlich die in der Durchführung des Spruches (‚in der Tatsache der ergangenen und vollstreckten Todesurteile') erblickte angebliche Unmenschlichkeit, zu konstruieren, wie es zum Beispiel der Oberste Gerichtshof für die Britische Zone in seinem Urteil vom 7.12.1948 in dem bekannten Petersen-Prozeß will (...). Wenn (...) das Oberste Gericht nun, wie aus seinen obigen Ausführungen klar hervorgeht, sogar so weit geht, daß ein Richter auf

---

[2349] BArch, Z 38, Nr. 140, ohne Foliierung – Urteil des Landgerichts Düsseldorf vom 5. März 1949, S. 53 (Hervorhebungen im Original); zit. auch in: *Friedrich* 1998, S. 153.

Grund des KRG Nr. 10 auch bestraft werden könne, wenn er mit seiner getroffenen Entscheidung nicht nur formell und sachlich innerhalb des Rahmens des Gesetzes blieb, sondern auch seine Entscheidung ‚für Recht hielt', das heißt also, wenn er nach seinem eigenen Gewissen entschieden hat, so kann hier nach Auffassung des Schwurgerichts von einer klar feststellbaren Schuld im strafrechtlichen Sinne keine Rede mehr sein. Es wird nämlich hier praktisch verlangt, daß der Richter nicht nur das Gesetz anwendet und sein Gewissen prüfen, sondern daß er auch dazu noch außerhalb der tatsächlich stattgefundenen Gewissensprüfung liegende Dinge beachten soll"[2350].

So warnt das Gericht vor dem Verlust der richterlichen Unabhängigkeit, der drohe, wenn strafrechtliche Verantwortung unter KRG 10 gefordert werde. Insbesondere, wenn ein Richter mit der Last überfrachtet werde, ‚außerhalb der tatsächlich stattgefundenen Gewissensprüfung liegende Dinge' zu beachten. Die Gewissensentscheidung sei dann nicht mehr frei. Der OGH schicke sich an, „das Verschulden des Richters auf Grund nachträglicher als rechtserheblich festgestellter objektiver Merkmale (‚unmenschliche Behandlung') und ebenso *nachträglich* jetzt entwickelter oder zum mindesten jetzt erst als den Richter bindend festgestellter Grundsätze des Sittengesetzes, ‚die jedem geläufig sein müssen', fest[zu]stellen"[2351]. Kritik am Obergericht formulieren die Richter auch mit dem Hinweis, das KRG sei ein Gesetz wie andere, „allerdings tatbestandsmäßig unklar und unvollkommen abgegrenzt". Seine ausdehnende Auslegung zugunsten einer strafrechtlichen Haftung des Spruchrichters sei umso weniger angängig, als die Norm ohnehin weit gefasst sei. Eine solche weitreichende Deutung müsste im Gesetzeswortlaut Niederschlag finden, um Geltung beanspruchen zu können. Kurz: Brumshagen hatte nach Ansicht des Landgerichts Düsseldorf kein Menschlichkeitsverbrechen verübt, weil er als Spruchrichter davor geradezu gefeit war. Im Kampf der Rechtsmeinungen positioniert sich das Gericht klar mit der Feststellung, die Darlegungen des OGH überzeugten nicht – „vielmehr schließt das Schwurgericht, das gerade diese Frage eingehend erörtert und geprüft hat, sich in vollem Umfang der Auffassung des Hamburger Schwurgerichts an"[2352]. Zu einem perfor-

---

[2350] BArch, Z 38, Nr. 140, ohne Foliierung – Urteil des Landgerichts Düsseldorf vom 5. März 1949, S. 54 u. 57; diesbezüglich auch *Friedrich* 1998, S. 154f.
[2351] Hier und im Folgenden BArch, Z 38, Nr. 140, ohne Foliierung – Urteil des Landgerichts Düsseldorf vom 5. März 1949, S. 57; dazu *Friedrich* 1998, S. 154f.
[2352] BArch, Z 38, Nr. 140, ohne Foliierung – Urteil des Landgerichts Düsseldorf vom 5. März 1949, S. 56; diese Passage zitiert auch *Friedrich* 1998, S. 162.

mativen Akt des Widerstandes gegen Köln geriet die Urteilsverkündung. Denn laut polizeilichem Sitzungsbericht hätte der Vorsitzende Richter, Landgerichtsdirektor Schwieren, nach Verlesung der Begründung

> „mit erhobener Stimme schärfstens Stellung gegen das oberste Gericht in Köln [genommen], das eine Entscheidung dahingehend getroffen habe, wonach Richter und Staatsanwalt zur Verantwortung gezogen werden können, die in einem ordnungsmäßigen Gerichtsverfahren Todesurteile verhängen, wenn sie angeblich als Verbrechen gegen die Menschlichkeit gewertet werden können. Er brachte dann noch seinen Unwillen zum Ausdruck, daß diese hochwichtigen Ausführungen von dem größten Teil der anwesenden Pressevertreter nicht gehört worden sei [!], da diese vorzeitig den Saal verlassen hatten. Das Urteil selbst wurde vom Publikum mit gemischten Gefühlen, in der überwiegenden Mehrzahl aber mit Enttäuschung aufgenommen"[2353].

Die Presse, der SPD-Unterbezirk Düsseldorf-Mettmann und die VVN waren entrüstet. Letztere versammelte rund 1.000 Menschen im Opernhaus zu einer Protestkundgebung[2354]. Im Namen des Hauptausschusses der Stadtvertretung sandte der Oberbürgermeister ein Schreiben an Nordrhein-Westfalens Ministerpräsidenten mit dem „schärfsten Einspruch gegen das jedem gesunden Rechtsempfinden widersprechende Urteil"[2355].

Das Schwurgerichtsurteil war ein Affront gegen den OGH-Strafsenat, insofern es dessen Rechtsmeinung zum NS-Justizverbrechen offen ablehnte[2356]. In der Besetzung Staff, Geier und Werner stand das Revisionsgericht nicht an, seinen Standpunkt hiergegen zu verteidigen[2357]. Es hebt hervor, dass KRG 10 auf der Überzeugung beruhe, es gebe

---

2353 Bericht über die Schwurgerichtssitzung gegen den früheren Oberstleutnant Karl Brumshagen, den ehemaligen Gauleiter der NSDAP Karl-Friedrich Florian und den ehemaligen Revieroberleutnant Wilhelm [an sich Heinrich, C. P.] Gesell wegen Mordes, Beihilfe zum Mord und Verbrechen gegen die Menschlichkeit vom 21. Februar [bis 5. März, C. P.] 1949, Stadtarchiv Düsseldorf, XXIII/192e, S. 31. Dieser Bericht wurde dem Vf. von Herrn Prof. Dr. Volker Zimmermann dankenswerterweise zugänglich gemacht. Dazu auch *Zimmermann*, Volker, S. 120.
2354 Vgl. *ebd.*, S. 120f.
2355 Zit. n. *ebd.*, S. 121.
2356 Vgl. *Friedrich* 1998, S. 162; sowie *Zimmermann*, Volker, S. 120f.; *Irmen*, S. 95.
2357 Das OGH-Urteil vom 15. November 1949 ist abgelegt in BArch, Z 38, Nr. 689, Bl. 128–144; abgedruckt ist es in: *Rüter*. Bd. IV, Fall 125, S. 238–252, und OGH StS 2, S. 269–277.

"im Bereich aller Kulturvölker bestimmte, mit dem Wert und der Würde der menschlichen Persönlichkeit zusammenhängende Grundsätze menschlichen Verhaltens (...), die für das Zusammenleben der Menschen und für das Dasein jedes Einzelnen so wesentlich sind, daß auch kein diesem Bereich angehörender Staat berechtigt ist, sich davon loszusagen. Der Verstoß gegen diese Grundsätze bleibt also strafbares Unrecht, auch wenn er von einem Staat geduldet, gefördert oder veranlaßt wird"[2358].

In diesem Kontext entwickelt der OGH in Anlehnung an die ‚Radbruchsche Formel' jene strafrechtliche ‚Kernbereichstheorie', die wohl aufgrund der größeren Wirkmächtigkeit zumeist dem BGH zugeschrieben wird. So legt der Strafsenat dar, KRG 10 gehe „davon aus, daß dieser, gewisse Grundsätze der Menschlichkeit umfassende Kernbereich des Rechts durch innerstaatliche Gesetze und ihre Handhabung nicht abgewandelt werden kann"[2359]. Mit Blick auf die Auffassung des Tatgerichts, Richter dürften zum Schutze ihrer Unabhängigkeit nur auf StGB-Basis strafrechtlich verfolgt werden, sieht er sich zu einer Klarstellung veranlasst:

„Das Kontrollratsgesetz Nr. 10 fordert (...) von *jedem*, daß er sich für die Grundsätze der Menschlichkeit entschied, wenn ihm ein staatliches Gesetz oder seine Handhabung die Möglichkeit bot, sie zu verletzen. Es ist kein Grund ersichtlich, weshalb allein der Spruchrichter davon ausgenommen sein soll. (...) Es muß deshalb grundsätzlich die Möglichkeit bejaht werden, daß sich ein Spruchrichter des Verbrechens gegen die Menschlichkeit schuldig machte, ohne daß er zugleich den Tatbestand der vorsätzlichen Rechtsbeugung nach deutschem Strafrecht verwirklichte"[2360].

Bedenken gegen eine Rechtslage, in welcher Spruchrichter Gefahr liefen, aus Fahrlässigkeit gegen die ‚Grundsätze der Menschlichkeit' zu verstoßen, tritt der OGH energisch entgegen, indem er versichert, in einem den Wert

---

2358 *Ebd.*, S. 271. Schwab, Dieter: Naturrecht als Norm nach dem Zusammenbruch des „Dritten Reiches", in: Martin Löhnig (Hrsg.): Zwischenzeit. Rechtsgeschichte der Besatzungsjahre, Regenstauf 2011 (Rechtskultur Wissenschaft, Bd. 2), S. 227–239, hier: S. 237, begründet u. a. anhand der zitierten Stelle, dass die Entscheidung des OGH „[f]ür den Versuch einer positivrechtlichen Verankerung von naturrechtlichen Aussagen (...) ein treffendes Beispiel" ist. Zur am Urteil und zitierten Passage geübten Kritik des einstigen SS-Oberscharführers Adalbert Joppich vgl. *IX.2.3.*
2359 OGH StS 2, S. 272.
2360 *Ebd.*, S. 272f. (Hervorhebung im Original). Ferner *Homann*, S. 211.

und die Würde des Menschen achtenden Staatswesen müsste kein Richter fürchten, „daß sein Spruch zwar der staatlichen Rechtsordnung entsprechen, aber die Grundsätze der Menschlichkeit verletzen könne"[2361]. Für einen Unrechtsstaat wie die NS-Herrschaft galt das natürlich nicht. Dort sehe sich der Spruchrichter mit der Herausforderung konfrontiert, nicht nur im Gesetzesrahmen zu urteilen, sondern auch jene damit keineswegs deckungsgleichen humanitären Grundsätze zu achten. Hierauf folgt ein Appell des OGH an das richterliche Berufsethos. Demnach nähme seine Rechtsmeinung dem Richterspruch nicht

> „den ‚Charakter einer freien, unabhängigen, gewissensmäßigen richterlichen Entscheidung'. Sie ist im Gegenteil nur geeignet, das richterliche Gewissen gegenüber Bestrebungen zu schärfen, die unter *Mißbrauch* von Formen des Rechts die wahre richterliche Unabhängigkeit gefährden oder gar beseitigen[,] und jedem Richter vor Augen zu führen, daß auch die Anwendung einzelner Gesetzesbestimmungen stets eine Besinnung auf die Grundsätze der Gerechtigkeit erfordert"[2362].

Soweit das Plädoyer der Kölner Strafrichter zur Anwendbarkeit von KRG 10 auf Justizunrecht. Hinsichtlich der standgerichtlichen Verurteilung und Hinrichtung von Oberstleutnant Jürgens sowie vier Zivilisten ließen sie die Freisprüche für Florian und Gesell rechtskräftig werden, während sie jenen für Brumshagen aufhoben. Als Begründung diente der Hinweis, dass die 1945 unter seinem Vorsitz verhängte Strafe in ihrer Höhe unmenschlich hart und zudem nicht zwingend erforderlich gewesen sei. Das erstinstanzliche Urteil hätte nicht berücksichtigt, dass ‚militärischer Aufruhr im Feld' nach § 106 MStGB in der letzten Fassung vom 10. Oktober 1940 nicht mehr nur Freispruch und Todesstrafe, sondern auch Zuchthausstrafen vorgesehen hatte. Jedoch zog der OGH nicht grundsätzlich in Zweifel, dass Jürgens sich strafbar gemacht hatte, mochten seine Motive auch ausgesprochen lauter gewesen sein[2363].

Die Mitglieder des Strafsenats waren sich diesmal aber nicht einig gewesen. So hatte der Berichterstatter, Geier, mit Votum vom 8. November

---

2361 OGH StS 2, S. 273. Diesbezüglich auch *Friedrich* 2007, S. 175.
2362 OGH StS 2, S. 273 (Hervorhebung im Original).
2363 Hierzu zugespitzt *Friedrich* 2007, S. 174.

1949 ein Gegenvotum des Kollegen Werner provoziert[2364]. Zwar hält Geier an der ständigen Rechtsprechung des OGH zu Menschlichkeitsverbrechen und am Grundsatz fest, dass Entscheidungen von Spruchrichtern gemäß KRG 10 justiziabel waren – auch, wenn sie sich nicht der Rechtsbeugung schuldig gemacht hatten. Mit ihrer gegenteiligen Behauptung gingen die Düsseldorfer Richter fehl; was der OGH schon am 7. Dezember 1948 klargestellt hätte[2365]. Wohl im Gegensatz zu Staff und Werner kommt der Autor aber zu dem Schluss, das Urteil weise in der Wertung von Brumshagens Taten keine so schwerwiegenden Mängel auf, dass es gefährdet wäre. Durchaus überzeugend sei seine Begründung, „dass all das, was den Verurteilten beider Standgerichtsverfahren widerfahren ist, nicht nur vom geschriebenen innerstaatlichen Recht gedeckt werde, sondern auch mit den Grundsätzen der Menschlichkeit im Einklang steht, und dass weiter den Angeklagten jedenfalls nicht das Bewußtsein nachgewiesen sei, dass sie mit dem, was sie taten, der nationalsozialistischen Gewalt- und Willkürherrschaft dienten"[2366]. So hält es Geier für unerwiesen, dass die Verfahren vor dem Standgericht nur Scheinverfahren waren und die „verhängten Strafen in so krassem Mißverhältnis zur Schuld der Angeklagten standen, dass sich daraus die Verletzung der Grundsätze der Menschlichkeit ergibt"[2367]. Obwohl er einräumt, das Schwurgericht hätte sich darin getäuscht, dass militärischer Aufruhr im Feld damals zwingend die Todesstrafe erfordert hätte[2368], verteidigt er ihre Verhängung trotzdem als nicht unerträglich hart. Denn auch bzw. gerade angesichts des unmittelbar bevorstehenden Zusammenbruchs gebe es ein begründetes Interesse an der Aufrechterhaltung militärischer Ordnung.

„Es lag durchaus im Bereich des Möglichen, dass das Vorgehen von Jürgens in Düsseldorf zu schweren und blutigen Auseinandersetzungen führte. Der Fall liegt also hier anders als im Falle Petersen, wo eine als Fahnenflucht bezeichnete Entfernung von der Truppe, obwohl sie nach Einstellung der Feindseligkeiten erfolgte, mit der Todesstrafe be-

---

2364 Vgl. BArch, Z 38, Nr. 689, ohne Foliierung: Das Votum Geiers umfasst 33 Seiten (= Votum von Geier zur Strafsache gegen Brumshagen u. a.), das Votum Werners dagegen elf (= Gegenvotum von Werner zur Strafsache gegen Brumshagen u. a.).
2365 Vgl. Votum von Geier zur Strafsache gegen Brumshagen u. a., S. 18–20.
2366 *Ebd.*, S. 20f. Die Wendung ‚mit den Grundsätzen der Menschlichkeit im Einklang steht' wurde unterstrichen und an der Seite mit einem Fragezeichen versehen – vermutlich von einem Senatskollegen Geiers.
2367 *Ebd.*, S. 23.
2368 Vgl. *ebd.*, S. 24.

legt worden war. Dort bestand also bei genauem Zusehen das durch die Vorschriften über die Fahnenflucht geschützte Rechtsgut in Wahrheit nicht mehr, während es im vorliegenden Falle trotz der drohenden militärischen Niederlage und des Zusammenbruchs nach wie vor gegeben war"[2369].

Die von den fünf zum Tode verurteilten Männern verantworteten Taten würden – ungeachtet der edlen Motive – „bei den Völkern des abendländischen Kulturkreises allgemein (...) als schweres todeswürdiges Verbrechen"[2370] angesehen. Der Berichterstatter schlägt daher vor, die Revision auf Kosten der Staatskasse zu verwerfen[2371]. Es verwundert nicht, dass unter den befassten Revisionsrichtern ausgerechnet der nationalkonservativ geprägte Ex-Oberleutnant und Kriegsteilnehmer Geier Verständnis für die Belange einer die Disziplin mit harten Strafen durchsetzenden NS-Kriegsführung bewies (vgl. VII.2.4). Die Causa Brumshagen betreffend widerspricht ihm OGH-Kollege Werner, der für die Aufhebung des Freispruchs plädiert. Zur Begründung führt er zwei Rechtsirrtümer des erstinstanzlichen Urteils auf: die Ablehnung, KRG 10 auf die Rolle des Angeklagten als Standgerichtsvorsitzenden zu beziehen, sowie die Annahme, ein Verstoß gegen § 106 MStGB (Aufruhr im Felde) müsse die Todesstrafe nach sich ziehen. Denn es sei nicht auszuschließen, dass das Schwurgericht anders entschieden und ein strafrechtliches Vergehen festgestellt hätte, wenn es sich dieses Umstandes bewusst gewesen wäre[2372]. Dann nennt Werner Gesichtspunkte, die in der Neuverhandlung zu beachten wären. Dabei lässt er durchblicken, dass er im Handeln des ehemaligen Kampfgruppenkommandeurs die Vollendung einer Straftat sieht. Etwa, wenn er konstatiert, das im Standgerichtsverfahren untersuchte Verhalten Jürgens' liege, „soweit die Verhaftung [des Polizeipräsidenten, C. P.] in Betracht kommt, an der untersten Schuldgrenze"[2373]. Der Richter bestreitet Geiers Ansicht, die militärische Lage der kurz vor der Einnahme durch US-Truppen stehenden Stadt hätte die Todesstrafe gerechtfertigt. Das von § 106 MStGB geschützte Rechtsgut, die Bewahrung der militärischen Ordnung, sei gegenstandslos geworden, weshalb der Fall „denkbar milde"[2374] gelegen und ein niedrigeres, im Gesetz vorgesehenes Strafmaß erheischt hätte. Somit könne

---

2369 Ebd., S. 26.
2370 Ebd., S. 30.
2371 Vgl. ebd., S. 33.
2372 Vgl. Gegenvotum von Werner zur Strafsache gegen Brumshagen u. a., S. 1f.
2373 Ebd., S. 4.
2374 Ebd., S. 5.

das Opfer eine tatbestandsmäßige Schädigung nach KRG 10 erlitten haben. Weiter sei ein Konnex der Tat mit der NS-Willkürherrschaft zu prüfen bzw. die Frage, ob Jürgens' Beseitigung ihr Ziel in der „Ausmerzung eines politischen Gegners (...) [hatte], der im Dritten Reich von jeher schutzlos war"[2375]. Angesichts dessen gelte es die im Standgerichtsprozess beobachteten Verfahrensverstöße zu untersuchen – v. a. die unterbliebene Bestellung eines Anklägers und Verteidigers[2376].

Dem Antrag der Staatsanwaltschaft folgend, verwies der OGH die Strafsache gegen Brumshagen nicht zurück nach Düsseldorf, sondern an das Landgericht im benachbarten Wuppertal. Damit war die Erwartung verbunden, dass das Verfahren, nachdem es vor Gericht und in der Presse hohe Wellen geschlagen hatte, in ruhigere Bahnen gelenkt werde[2377]. Wenige Wochen nach der OGH-Schließung, am 13. Dezember 1950, verkündete das Schwurgericht sein Urteil, worin es den Angeklagten wegen Verbrechens gegen die Menschlichkeit zu vier Jahren Freiheitsentzug verurteilte[2378]. Der Schuldspruch bezog sich jedoch wie bei der erstinstanzlichen Entscheidung gegen Marinerichter Holzwig (s. o.) nicht auf das spruchrichterliche Wirken. „[E]in hintergründiges Urteil", so Friedrich, erklärten die Richter doch „den Ausspruch des Todesurteils für rechtens, seinen Vollzug hingegen für unmenschlich"[2379]. StGB-Normen blieben unberührt[2380]. Denn Jürgens' Schuldspruch sei mutmaßlich – schriftlich abgefasste Urteilsgründe waren nicht erhalten – aufgrund Kriegsverrats (§ 57 MStGB) in Verbindung mit einem Unternehmen zur Feindbegünstigung (§ 91b StGB) erfolgt, wofür das Gesetz nur die Todesstrafe vorsah. Zwar hätte sich das Standgericht hierin wohl getäuscht, vorsätzliche Rechtsbeugung aber vermutlich nicht begangen[2381].

Letztinstanzlich entschieden wurde der Fall durch den Dritten Strafsenat des BGH unter Vorsitz von Ex-Reichsanwalt Carl Kirchner (vgl.

2375 *Ebd.*, S. 6.
2376 Vgl. *ebd.*, S. 6–8.
2377 Vgl. *Zimmermann*, Volker, S. 122.
2378 Zur Entscheidung des Landgerichts Wuppertal vom 13. Dezember 1950 vgl. *Friedrich* 1998, S. 168f. Schuld- und Strafausspruch werden in einem Schreiben des Oberstaatsanwalts von Wuppertal an den Dritten BGH-Strafsenat vom 3. März 1951 referiert, vgl. BArch, Z 38, Nr. 689, Bl. 160.
2379 *Friedrich* 1998, S. 168f.
2380 Vgl. *Zimmermann*, Volker, S. 122.
2381 Vgl. *Friedrich* 1998, S. 170 (referiert im später folgenden Urteil des BGH vom 4. Dezember 1952).

VII.2.6)[2382]. Im Urteil vom 4. Dezember 1952 attestiert Karlsruhe dem Schwurgericht, bei der Würdigung von Brumshagens Verhalten keine schwerwiegenden Fehler gemacht zu haben[2383]. Die Einschätzung, das Standgerichtsverfahren wäre kein Scheinverfahren gewesen, sei nicht zu beanstanden; ebenso verhalte es sich mit der Annahme, dass Jürgens wegen Kriegsverrats verurteilt worden wäre und dem Standgericht im Fall eines diesbezüglichen Irrtums ein Rechtsbeugungsvorsatz gefehlt hätte[2384]. Die Kriegslage hätte durchaus die Todesstrafe rechtfertigen können. Denn „[s]elbst wenn sich also hier alle Einsichtigen darüber im klaren waren, daß eine weitere Verteidigung Düsseldorfs aussichtslos war, so brauchte es im Hinblick auf die allgemeine militärische Lage nicht sinnlos zu sein, im Feinde noch einige Zeit die Vorstellung zu erhalten, daß Düsseldorf weiter verteidigt werde"[2385]. Nichts ließe zwingend darauf schließen, dass die unter dem Vorsitz Brumshagens verhängte Höchststrafe die übergesetzlichen Grundsätze von Recht und Gerechtigkeit verletzt haben musste[2386]. War die Rechtmäßigkeit des Standgerichtsurteils nun ermittelt, erkannten die Karlsruher Richter folgerichtig auch keinen Rechtsverstoß mehr in seiner Bestätigung bzw. Vollstreckung. Daher entschieden sie, dass die auf Feststellung eines Tötungsdelikts zielende Revision der Anklage unbegründet war, und gaben dem Rechtsmittel des Angeklagten statt. Die Verurteilung auf KRG-10-Basis wurde aufgehoben, da die britische Besatzungsmacht deutschen Gerichten die Ermächtigung zur Anwendung entzogen hatte. Brumshagen war jetzt frei[2387] und – ‚unschuldig'.

e) Resümee

Zusammenfassend ist festzuhalten, dass in den hier behandelten Verfahren die Tatgerichte Richter wegen der Spruchtätigkeit im ‚Dritten Reich' erst-

---

2382 Vgl. *Rottleuthner*, S. 101.
2383 Das Urteil des BGH vom 4. Dezember 1952 findet sich in: *Rüter*. Bd. IV, Fall 125, S. 253–257. Auszüge daraus bietet *Friedrich* 1998, S. 169–172.
2384 Vgl. *ebd.*, S. 169f.; sowie *Irmen*, S. 96.
2385 Zit. n. *Friedrich* 1998, S. 171. Hier nimmt der BGH eindeutig Anleihen beim nun auch in Karlsruhe tätigen OGH-Richter Geier. Dessen Votum vom 8. November 1949 enthält nämlich eine sinn- und beinahe wortgleiche Textpassage, vgl. Votum von Geier zur Strafsache gegen Brumshagen u. a., S. 27.
2386 Vgl. *Friedrich* 1998, S. 171.
2387 Vgl. *ebd.*, S. 169 u. 172. Ein scharfzüngiges Fazit findet sich *ebd.*, S. 174–177. Ferner *Zimmermann*, Volker, S. 122f.

instanzlich weder nach KRG 10 noch wegen Rechtsbeugung verurteilten. Selbst Marinerichter Holzwig war nur wegen der Befürwortung der Vollstreckung von selbst mitverantworteten Todesurteilen für schuldig befunden worden. Der OGH bekämpfte die dahinterstehende Rechtsansicht, die Unabhängigkeit des allein dem Gesetz unterworfenen Richters mache diesem die Begehung einer Straftat unmöglich, solange er nicht zugleich das Recht beuge[2388]. Er vertrat (meist einstimmig) den Standpunkt, dass NS-Richter wie Holzwig, Müller, Hagemann und Brumshagen höchstwahrscheinlich ‚vorsätzlich das Gesetz zu einer *objektiv* unmenschlichen Behandlung der Opfer benutzt haben'. In unverhältnismäßigem Gegensatz zur Schuld stehende Todesstrafen konnten nach der zugrundeliegenden naturrechtlich inspirierten KRG-10-Auslegung ein Verbrechen gegen die Menschlichkeit darstellen. Da die Vorinstanz dies jedes Mal unberücksichtigt gelassen hatte, hob das Revisionsgericht die Freisprüche der genannten NS-Richter auf. Dabei beharrte es auf der Anwendbarkeit des alliierten Gesetzes auf NS-Justizunrecht und wandte seine anhand der Grundsatzentscheidungen (vgl. *1*) gewonnenen tatbestandlichen Maßstäbe konsequent darauf an. Die Einhaltung des gesetzlichen Strafrahmens sowie Berufung auf das eigene Gewissen bzw. darauf, das Urteil für rechtens gehalten zu haben, sollten nicht automatisch von Schuld entbinden und vor Strafe schützen – sofern ein von inhumaner Härte zeugender Richterspruch im Zusammenhang mit der NS-Gewalt- und Willkürherrschaft gestanden und dem Opfer eine Schädigung zugefügt hatte, die zugleich das überindividuelle Rechtsgut der Menschenwürde verletzte. Wie auch mit Blick auf andere KRG-10-Tatkomplexe erhoben die Kölner Richter relativ geringe Forderungen an die innere Tatseite. So betrachteten sie sie i. d. R. als erfüllt, sobald die äußere Tatseite gegeben war. Eventualvorsatz – also die Befähigung zu Kenntnis und Bewusstsein der Unrechtmäßigkeit der gefällten Strafe und ihrer Bedingtheit durch ein System von Terror und Unterdrückung – wurde für hinreichend angesehen. In Abkehr hiervon sollte der BGH später das ‚Richterprivileg' rehabilitieren und das Vorliegen des direkten Vorsatzes für erforderlich erklären. Wie er hiermit die Aburteilung von NS-Justizverbrechen konterkarierte, zeigt *Kapitel X.5*. Dagegen ver-

---

2388 Vgl. *Irmen*, S. 104f., der daran erinnert, dass die Gerichte die angeklagten Richter freisprachen, weil sie als ‚Überzeugungstäter' von der Rechtmäßigkeit ihrer Urteile ausgegangen wären. Da sich die Schwurgerichte nach 1945 auf das ‚Richterprivileg' beriefen und für Rechtsbeugung einen direkten Vorsatz für nötig erachteten – und sich dabei auch auf Radbruch beriefen (vgl. *V.1*) –, war der Beweis spruchrichterlicher Straftaten vor Gericht ein kaum zu erbringendes Kunststück.

wandte der OGH viel Mühe darauf, das für den objektiven Tatbestand des Menschlichkeitsverbrechens so wichtige kontextuelle Element der Verknüpfung des Tatbeitrags mit der NS-Gewalt- und Willkürherrschaft herauszuarbeiten. Er warf den Gerichten hierbei Außerachtlassung historischer Tatsachen vor. „Die Untergerichte", konstatiert Pauli diesbezüglich, „argumentieren zumeist, unter weitgehender Ausblendung des zeitgeschichtlichen Hintergrundes, rein juristisch und kommen so zu juristisch vertretbaren, aber unbefriedigenden Ergebnissen"[2389]. Dagegen zeichnete Staffs OGH-Strafsenat Geschichtsbilder der Wehrmacht- und Sondergerichtsbarkeit, die deren fast völlige Durchdringung durch die NS-Herrschaft und eine umfassende Justizlenkung in der Kriegsendphase feststellten. Die Mitwirkung an solch einer gegen jede Opposition oder Verweigerung der ‚Dienstpflicht' gerichteten ‚Rechtspflege' wertete er als Teilnahme an einem ‚Massenverbrechen', z. B. im Strafverfahren gegen Müller. Dass solche Deutungen wie im zweiten Hamburger Schwurgerichtsverfahren gegen Holzwig, Petersen u. a. mit Urteil vom 4. August 1949 Gehör fanden, war die Ausnahme. Typischer für die Haltung der Gerichte, wohin die übergroße Mehrheit der NS-belasteten Justizjuristen nun zurückgekehrt war, war das Düsseldorfer Urteil im Fall Brumshagen u. a. vom 5. März 1949 – trotz seiner einmaligen Schärfe. Darin war eine entschiedene Ablehnung der Anwendung von KRG 10 auf die eigene Berufsgruppe mit Händen zu greifen. Was Rottleuthner bezüglich der vom BGH in den fünfziger Jahren eingeläuteten Abkehr von der OGH-Linie mit dem Begriff ‚Krähenjustiz' umschreibt, deutete sich hier bereits an.

Friedrich würdigt den Obersten Gerichtshof wegen seiner Rechtspraxis zu Richterunrecht als „deutsches Gericht, das als einziges es unternahm, die Wiedergewinnung der Rechtskultur an die Selbstreinigung der Justiz zu knüpfen"[2390]. Zuzustimmen ist ihm auch in der Einschätzung: „Seine Entscheidungen über das Justizverbrechen sind nach Tonfall und Tenor von denen sämtlicher deutscher Gerichte damaliger und zukünftiger Zeit durch Welten getrennt. Zu solcher Sprache wäre eine deutsche Gerichtsbarkeit fähig gewesen, die nicht das Mitschleppen Hunderter von Justizterroristen korrumpiert hätte. Hier und nie mehr wieder ereignete sich die unabhängige und gewissenhafte Abrechnung deutscher Richter mit der Nazijustiz"[2391]. Allerdings ist im Vorgriff auf *Kapitel X.5* festzuhalten, dass

---

[2389] *Pauli* 1996, S. 114.
[2390] *Friedrich* 1998, S. 144.
[2391] *Ebd.*, S. 144f.

der OGH sein Ziel verfehlte, weil der BGH und die Landgerichte der Strafbarkeit überharter NS-Urteile letztlich einen Riegel vorschoben.

*IX Die Rezeption der Rechtsprechung des
OGH zu KRG 10 und die
‚vergangenheitspolitische Wende'*

1 Akzeptanz und Ablehnung bei den Instanzgerichten: Ausgewählte Strafsachen

Ob und inwiefern die OGH-Strafsenate ihre Rechtsauffassung zu Verbrechen gegen die Menschlichkeit durchsetzten, bemisst sich daran, wie die als Tatsacheninstanzen mit der Aburteilung von NS-Unrecht befassten Landgerichte ihre Rechtspraxis rezipierten. Die Wirkung (das Ausmaß von Akzeptanz oder Ablehnung) kann die vorliegende Studie nicht fundiert ermitteln. Weder durch eine empirische Auswertung, die alle Schuld- und Freisprüche wie zuerkannten Strafen vor bzw. nach einer an das Tatgericht zurückverweisenden Entscheidung des OGH vergleicht, noch durch eine umfassende Analyse der hierbei je zugrunde gelegten Auslegung der äußeren und inneren Seite des in KRG 10 Art. II 1c normierten Tatbestandes. Noch weniger kann die Gesamtheit der nach Gründung des Revisionsgerichts in dessen Sprengel gefällten Urteile zu NS-Menschlichkeitsverbrechen auf ihre Konformität mit der höchstrichterlichen Rechtsprechung untersucht werden – schon gar nicht unter dem Aspekt der manchmal in Duktus und Argumentation aufscheinenden Grundhaltung. So besteht die verfolgte Absicht allein darin, anhand ausgewählter Beispiele Schlaglichter auf die Rezeption der Kölner Spruchpraxis an den Untergerichten zu werfen. Wenn dabei v. a. Tendenzen der Ablehnung und Abgrenzung behandelt werden, soll dies nicht zu dem Schluss verleiten, dass diese Entscheidungen mehrheitlich einer solchen konfrontativen Linie folgten. Tatsächlich handelte es sich eher um Ausnahmen, die wegen ihrer Schärfe gegenüber dem OGH und KRG 10 Furore machten. Aus der Warte der Vergangenheitspolitik durch Strafrecht gewährt die Frontstellung zwischen dem Ober- und einigen Instanzgerichten erhellende Einblicke: u. a. auf richterliche, teilweise biographisch bedingte Prägungen sowie Verschiebungen in den Kräfteverhältnissen.

Verschiedenen Zeitzeugen zufolge stieß die OGH-Judikatur zu ‚Verbrechen gegen die Menschlichkeit' zuerst auf positive Resonanz, und zwar sowohl in als auch außerhalb der Britischen Zone[2392]. Auch Broszat attestiert ihr, durchaus Wirkung entfaltet zu haben[2393]. Wohl mit Recht stellte der Anfang 1949 zum OGH-Präsidenten ernannte Ernst Wolff fest:

2392 Vgl. *Rüping* 2000: Hüter, S. 112.
2393 Vgl. *Broszat* 1981, S. 533f.

1 Akzeptanz und Ablehnung bei den Instanzgerichten: Ausgewählte Strafsachen

„Dass die Rechtsprechung des Senats zum Kontrollrats-Gesetz Nr. 10 (Verbrechen gegen die Menschlichkeit) häufig auf Widerspruch gestossen ist, konnte nicht ausbleiben, da das Kontrollrats-Gesetz sich, anders wie es in Deutschland üblich ist, auf ganz allgemeine Grundsätze beschränkt und ihre Ausgestaltung im einzelnen der Rechtsprechung überlässt. Eine allgemeine Zustimmung findende Auslegung des Gesetzes war deshalb von vornherein ausgeschlossen. Es darf aber festgestellt werden, dass sich der Senat um die Lösung der Probleme sorgfältig bemüht hat und dass seine Rechtsprechung mehr und mehr von den Instanzgerichten befolgt wird. Das ist ein besonderes Verdienst des Senatsvorsitzenden"[2394].

Folgt man Broszats Resümee, dass „schon in den frühen Jahren nach 1945 unbezweifelbare Anstrengungen bei der Strafverfolgung von NS-Verbrechen dazu beitrugen, die in der NS-Zeit so grenzenlos mißachtete Idee des Rechts wieder zu befestigen"[2395], so waren der OGH und jener Senatsvorsitzende – nämlich Curt Staff – maßgeblich beteiligt. Ähnlich fällt das Gesamturteil von Raim aus[2396]. Jedoch spiegelt Wolffs Zwischenfazit auch die Widerstände, auf die die Kölner Spruchpraxis prallte[2397]. Diese schlugen sich in Rechtspraktiken und Symptomen nieder, von denen die meisten bereits vor der OGH-Eröffnung aufgetreten waren (vgl. VI.4). So blieb der Eindruck bestehen, dass KRG-10-Sachen verschleppt und eine überproportionale Zahl mit Freisprüchen abgeschlossen wurde. Rüping führt dies zu Recht auf eine „gesamtgesellschaftlich wachsende Solidarität mit den Tätern"[2398] zurück, die mit Verdrängungstendenzen einhergehe. Dass die Abneigung gegen die Aufarbeitung des ‚Dritten Reiches' vor den Strafverfolgungsbehörden und Gerichten nicht Halt machte, kommt zudem in der Verhängung von lächerlich gering wirkenden Geldstrafen, der Weigerung zur Eröffnung des Hauptverfahrens (vgl. Beispiele aus Osnabrück in VI.2.1) oder der Verwerfung von Beschwerden der Staatsanwaltschaft zum Ausdruck. Ihre Nachsicht und Milde mit NS-Tätern begründeten Richter auch mit dem Hinweis, ihnen mit Blick auf das Entnazifizierungsverfah-

---

2394 HLA, HHStAW, Abt. 505, Nr. 1439, ohne Foliierung – Beurteilung des Senatspräsidenten beim OGH Dr. Curt Staff durch den OGH-Präsidenten vom 25. Februar 1950.
2395 *Broszat* 1981, S. 544.
2396 Vgl. *Raim*, S. 1176–1179.
2397 Zum Widerstand der Instanzgerichte vgl. *Pauli* 2012; sowie *Rüping* 2000: Hüter, S. 112–116.
2398 *Ebd.*, S. 112.

1 Akzeptanz und Ablehnung bei den Instanzgerichten: Ausgewählte Strafsachen

ren keine Steine in den Weg legen zu wollen. Manchmal bekundeten sie die Sorge, die Anordnung hoher Strafen im Fall eines Regimewechsels büßen zu müssen[2399]. Außerdem hatte sich nichts daran geändert, dass die rückwirkende Anwendung des alliierten KRG 10 für viele Justizjuristen eine Provokation bildete. Denn diesen nach 1933 mehrheitlich staatstreuen, häufig NS-belasteten und dennoch in den Justizdienst zurückgekehrten Männern erschien der unbestimmte Tatbestand des Menschlichkeitsverbrechens als ein Fremdkörper im deutschen Strafrecht und als Instrument einer ‚Siegerjustiz'. Besonders anstößig wirkte auf sie der Angriff auf das Berufsethos, der sich in der Kriminalisierung wahrheitsgemäßer Anzeigen (u. a. bei Verstößen gegen das NS-Heimtückegesetz) und von Verurteilungen widerspiegelte, bei denen ein unerträgliches Missverhältnis von Schuld und Strafe zulasten der Opfer zugelassen worden war, ohne dass Richtern zugleich Rechtsbeugung nachzuweisen war. Dass sich derartige Widerstände zuweilen in offener Auflehnung und Opposition gegen den OGH manifestierten, verdeutlicht der folgende Blick auf einige Beispiele aus der Urteilspraxis der Schwurgerichte. Deren ‚Entdeckung' ist in mehreren Fällen das Verdienst Rüpings.

a) Beschwerde des Hannoverschen Richterbundes gegen die Wortwahl des OGH

Der Hannoversche Richterbund beschwerte sich am 31. Januar 1949 beim Justizminister Niedersachsens, weil der OGH das Urteil des Landgerichts Hannover im KRG-10-Verfahren gegen Br. unter Gebrauch von Formulierungen aufgehoben hatte, die an der Leine Entrüstung hervorriefen[2400]. Gegenstand war eine Denunziation aufgrund von Zweifeln am ‚Endsieg' sowie NS-kritischen Bemerkungen, die Mitarbeiter des Landeskirchenamts Hannover 1942 untereinander geäußert hatten. Das Opfer wurde verhaftet und von einem Sondergericht zu einer 15-monatigen Haftstrafe wegen Vergehens gegen das Heimtückegesetz verurteilt, die gänzlich verbüßt wurde. Danach musste der Angezeigte in einem SS-Bewährungsbataillon dienen. Das Schwurgericht verneinte ein Menschlichkeitsverbrechen, da

---

2399 Vgl. *ebd.*, S. 113f.
2400 Zum Fall Br. vgl. BArch, Z 38, Nr. 527 u. 542; wie *Rüping* 2000: Hüter, S. 114. Das Urteil des Schwurgerichts Hannover vom 25. Juni 1948 ist abgelegt in BArch, Z 38, Nr. 542, Bl. 4–10. Die OGH-Entscheidung vom 30. November 1948 findet sich *ebd.*, Bl. 23–26; abgedruckt ist sie in: OGH StS 1, S. 186–190.

1 Akzeptanz und Ablehnung bei den Instanzgerichten: Ausgewählte Strafsachen

weder eine inhumane Schädigung eingetreten noch dem Täter die Verwirklichung der inneren Tatseite nachzuweisen sei. In der Tat fühlte sich die Revisionsinstanz danach bemüßigt, das Untergericht auf verschiedene als ‚entscheidend', ‚erheblich' oder ‚schwer' charakterisierte Rechtsfehler hinzuweisen[2401].

Zur Richtervereinsbeschwerde teilte OGH-Strafsenatspräsident Staff dem Vorgesetzten Wolff die einstimmige Entschließung des Senats mit, sich darauf zu beschränken, „die Eingabe zur Kenntnis zu nehmen, weil er es als einen Eingriff in seine unabhängige richterliche Tätigkeit betrachten würde, wenn von ihm ein Eingehen auf diese Eingabe verlangt werden würde"[2402]. Seiner Bitte um Weiterleitung an ZJA-Präsident Kiesselbach kam Wolff am 22. April nach. Dabei gab er der Überzeugung Ausdruck, dass sich der Gerichtshof „unnötig kränkenden und verletzenden Wendungen" enthalten müsse. Er „glaube aber nicht, dass der Strafsenat in dem erwähnten Urteil die zulässigen Grenzen überschritten hat"[2403]. Vielmehr hält der Chefpräsident die Kritik aus Hannover für überzogen. Schließlich nutzt er seinen Brief dazu, das Urteil des Tatgerichts angesichts der verbreiteten Feststellung, „dass die Anwendung des Kontrollrats-Gesetzes Nr. 10 bei manchen Gerichten auf inneres Widerstreben stösst"[2404], als bezeichnend einzuordnen. Eindeutig ergreift er Partei zugunsten der vom Staff-Senat verfolgten Linie bei der Ahndung von NS-Menschlichkeitsverbrechen: „Wohl aber hat die vielfache und auch aus dem Urteil des Schwurgerichts hervorgehende ablehnende Einstellung einiger Gerichte gegen das Kontrollrats-Gesetz Nr. 10 den Senat mit Besorgnis erfüllt. Wenn er aus dieser Besorgnis heraus von dem Urteil des Schwurgerichts mit Entschiedenheit abgerückt ist und dabei Wendungen gebraucht hat, die in einem gewöhnlichen Fall nicht verwendet worden wären, so ist das m. E. nicht zu beanstanden". Im Übrigen vertrat Wolff in einem zweiten Schreiben an Kiesselbach die Auffassung, dass die Entschließung des Strafsenats, die Beschwerde nur zur Kenntnis zu nehmen, nicht angängig sei. Obgleich er sie für unberechtigt halte, müsse sie sachlich geprüft werden, da der OGH mit dem ZJA eine oberste Dienstbehörde besitze[2405].

2401 Vgl. *ebd.*, S. 186–189.
2402 BArch, Z 38, Nr. 39, Bl. 6.
2403 *Ebd.*, Bl. 8.
2404 Hier und im Folgenden *ebd.*, Bl. 9.
2405 Vgl. *ebd.*, Bl. 26f.; dazu *Rüping* 2000: Hüter, S. 114. Der Angeklagte wurde auch in der Neuverhandlung vor dem Landgericht Hildesheim mit Urteil vom 10. März 1949 freigesprochen, vgl. BArch, Z 38, Nr. 527, Bl. 1–3. Im Urteil vom 3. Juli 1950 wies der OGH wiederum auf wesentliche Rechtsfehler hin,

b) Beschwerde des OGH gegen die KRG-10-Kritik des Landgerichts Oldenburg

Umgekehrt lag der Fall in der erstinstanzlich vor dem Landgericht Oldenburg verhandelten Strafsache gegen den NSDAP-Ortsgruppenleiter Adolf Behrens, der regimekritische Aussagen eines NS-Gegners an die Kreisleitung in Delmenhorst gemeldet hatte[2406]. Nach 15 Monaten U-Haft war das Opfer mit einer Zuchthausstrafe von acht Jahren belegt worden. Dieses Mal war es der OGH, der erwog, eine Beschwerde an das niedersächsische Justizministerium zu richten. Denn das Tatgericht hatte Behrens zwar Ende 1948 wegen Menschlichkeitsverbrechens zu sechs Monaten Gefängnis verurteilt, dabei aber heftige Kritik an KRG 10 sowie OGH geübt[2407]. Unter Vorsitz von Werner Hülle[2408], früherer Ministerialrat im Reichskriegsministerium und im OKW zuständig für die Ausarbeitung des völkerrechtswidrigen ‚Nacht- und Nebel-Erlasses' (1941), monierte das Gericht die naturrechtliche Prägung der alliierten Norm. „Die Ordnung des Lebensvorganges wird (…) gefühlsbetonten metaphysischen Massstäben ausgeliefert; es besteht dann die Gefahr, dass das ‚übergesetzliche' Recht die Tatbestände ebenso auflockert, wie es früher ‚das gesunde Volksempfinden' getan hat"[2409]. Das KRG 10 bescheide sich „in gesetzgeberischer Resignation damit (…), eine Hand voll vieldeutiger Begriffe den Gerichten hinzustreuen"[2410]. Die ersten Darlegungen des OGH zum Verbrechen gegen die Menschlichkeit hätten eine „allgemeine Überraschung ausgelöst"[2411], da sie ein nur durch den Erfolg definiertes Delikt vorstellten. Mochte dieser Makel nun behoben sein, wolle der Gerichtshof doch weiter dem Täter „Folgen zurechnen, die er weder gewusst noch gewollt oder auch nur gebilligt hat; es genügt ihm, dass er sein Opfer vorsätzlich oder bedingt vorsätzlich an ‚Kräfte der Willkür' auslieferte. In diesem Punkt

---

      hob den Freispruch auf und betraute ein drittes Landgericht (Göttingen) mit der Neuverhandlung, vgl. *ebd.*, Bl. 25–28.
2406 Zum Fall Behrens vgl. *ebd.*, Nr. 663; des Weiteren *Rüping* 2000: Hüter, S. 114f.
2407 Das Urteil des Landgerichts Oldenburg vom 13. Dezember 1948 findet sich in BArch, Z 38, Nr. 663, Bl. 2–23.
2408 Zu Hülle (1903–1992) vgl. *Klee* 2005, S. 273f.; wie *Baumann/Koch/Stiftung für die ermordeten Juden Europas* (Hrsg.), S. 207.
2409 BArch, Z 38, Nr. 663, Bl. 12.
2410 *Ebd.*, Bl. 15f.
2411 *Ebd.*, Bl. 14.

1 Akzeptanz und Ablehnung bei den Instanzgerichten: Ausgewählte Strafsachen

vermag das Schwurgericht dem OGH nicht zu folgen"[2412]. Den an Köln adressierten Vorwurf der Preisgabe sicherer Erkenntnisse der Strafrechtspflege ergänzte der Hülle-Senat dahingehend, dass KRG 10 „wegen seiner Rückwirkung einen öffentlichen Ausnahmecharakter [trägt]; es muss daher mit weiser Zurückhaltung angewandt werden, damit die Rechtspflege nicht in den Verdacht gerate, sie betreibe die Geschäfte einer innerpolitischen Auseinandersetzung"[2413]. Die Richter fordern, die Bestrafung der Schuldigen müsse „im neuen Geist des Rechts und des Friedens vollzogen werden und nicht im alten Geist der Rache und des Hasses"[2414].

Die in den zitierten Passagen enthaltenen Angriffe auf den OGH, er hätte sich mit einer zu weiten Lesart von ‚Verbrechen gegen die Menschlichkeit' von der deutschen Rechtstradition entfremdet und drohe, die Justiz dem Vorwurf auszusetzen, sich einer schädlichen Politik der Vergeltung dienstbar zu machen, wurden vom Revisionsgericht registriert. So schrieb Senatspräsident Staff Chefpräsident Wolff am 1. April 1949, die Entscheidung mute äußerst ‚ungewöhnlich' an. „Das Ungewöhnliche liegt in der Form der Ausführungen, die von der in Deutschland mit guten Gründen sonst beobachteten Form so stark abweicht, dass Zweifel am ordnungsgemässen juristischen Werdegang des Verfassers gerechtfertigt wären, wenn es sich nicht um ein Urteil handelte, das die Unterschriften dreier Richter trägt"[2415]. Der Vorgesetzte hielt eine Beschwerde in Hannover für inopportun, weil dort zeitgleich die erwähnte Einwendung des Hannoverschen Richterbundes gegen die OGH-Entscheidung in der Strafsache gegen Br. der Bearbeitung harrte. Wolff hoffte aber, den Justizminister auf anderem Wege zur Prüfung des Oldenburger Urteils zu bewegen. So beschrieb er es im oben schon behandelten Schreiben an Kiesselbach vom 22. April als ein Beispiel für ‚inneres Widerstreben' der Gerichte gegen KRG 10[2416]. Demnach hätte die Entscheidung angedeutet, der OGH „übe keine ‚weise Zurückhaltung' und er leiste ‚einer innerpolitischen Auseinandersetzung' Vorschub. Solche – nicht vereinzelten – Erscheinungen sind m. E. deshalb so gefährlich, weil sie dem vielfach vorhandenen Misstrauen gegen die politische Unparteilichkeit der Gerichte Nahrung geben"[2417]. Im Übrigen be-

---

2412 *Ebd.*, Bl. 14f. Hier wurde ein Schreibfehler korrigiert (im Original heißt es „... koch gewollt...').
2413 *Ebd.*, Bl. 19. Im Original heißt es hier „... inner politischen Auseinandersetzung'.
2414 *Ebd.*, Bl. 21.
2415 *Ebd.*, Nr. 39, Bl. 5. Zudem *Rüping* 2000: Hüter, S. 114f.
2416 Vgl. BArch, Z 38, Nr. 39, Bl. 9.
2417 *Ebd.*

schlossen die OGH-Richter Staff, Geier und Jagusch Anfang 1950, dass Behrens vom gerade verabschiedeten Straffreiheitsgesetz profitierte und das Verfahren gegen ihn eingestellt werde[2418].

c) Nachsicht mit einem NS-Denunzianten und klare Worte eines Oberstaatsanwalts

Dem nächsten hier betrachteten Fall lag die 1938 getätigte Anzeige des DAF-Betriebsobmanns W. gegen den Maschinenzeichner Fritz Skirde wegen NS-kritischer Äußerungen zugrunde[2419]. Der überzeugte sozialdemokratische Marxist wurde von einem Sondergericht zu einer zweijährigen Haftstrafe verurteilt, Ende 1939 entlassen und in ein KZ verschleppt, wo er den Krieg nicht überlebte[2420]. Nachdem der Denunziant 1948 vom Landgericht Braunschweig freigesprochen worden war[2421], hob der OGH das Urteil am 26. April 1949 auf. Sein Strafsenat (Staff, Geier und Jagusch) verwies die Sache zur Neuverhandlung an ein anderes Landgericht[2422]. Diese fand am 23. Juli 1949 in Hildesheim statt. Wieder erging ein Freispruch – wieder verließ W. den Gerichtssaal als freier Mann[2423]. Die Begründung war „dreist"[2424]. Nach Meinung des Gerichts haftete der Anzeige Skirdes bei der Gestapo nicht der Ruch eines Menschlichkeitsverbrechens an. Da jeder Staat die freie Meinungsäußerung beschränke, sei auch das NS-Heimtückegesetz grundsätzlich nicht zu beanstanden. Wer heutige Maßstäbe an das Verhalten von Menschen in der NS-Zeit anlege, gelange zu politischen statt rechtlichen Urteilen. So „besteht die Gefahr, den Boden des Rechts zu verlassen und nach den Grundsätzen der Nazizeit im Namen der Demokratie und einer ‚geläuterten' Rechtsauffassung Taten aus der Nazizeit abzuurteilen"[2425]. Die KZ-Einlieferung von NS-Gegnern beurteilten die Hildesheimer Richter im NS-Jargon als „Schutzregeln gegen zersetzende Äu-

---

2418 Vgl. *ebd.*, Nr. 663, Bl. 36.
2419 Zur Strafsache gegen W. vgl. *ebd.*, Nr. 520 u. 596; weiter *Ludewig/Kuessner*, S. 246–250.
2420 Vgl. *ebd.*, S. 247.
2421 Das Braunschweiger Landgerichtsurteil vom 26. Oktober 1948 ist abgelegt in BArch, Z 38, Nr. 596, Bl. 1–6.
2422 Die OGH-Entscheidung vom 26. April 1949 findet sich *ebd.*, Bl. 27–32.
2423 Das Urteil des Landgerichts Hildesheim vom 23. Juli 1949 ist einsehbar *ebd.*, Nr. 520, Bl. 1–19.
2424 *Ludewig/Kuessner*, S. 249.
2425 Hier und folgend zit. n. *ebd.*

ßerungen". Zudem gestanden sie dem Angeklagten zu, unzureichend über die Gewaltmethoden der Nazis unterrichtet gewesen zu sein, was wegen seiner NSDAP-Mitgliedschaft und Beteiligung an den Gewaltexzessen der ‚Machtergreifung' absurd war. Vor dem Hintergrund dieses Urteils ist bemerkenswert, wie der Oberstaatsanwalt seine Revision bzw. die Schuld des Angeklagten begründete, und zwar unter Zugrundelegung folgenden Geschichtsbildes der NS-Herrschaft:

„Denn es bleibt die Tatsache bestehen, daß dieses Reich nicht errichtet werden konnte allein durch einen ganz kleinen Kreis maßgebender und führender Männer ... Um diese Verbrechen zur Durchführung zu bringen, mußte die nationalsozialistische Bewegung verfügen und hat auch verfügt über einen ungeheuer großen Kreis stets hilfsbereiter und tätiger Mitarbeiter und Helfer. Alle diese Verbrechen konnten nur dadurch begangen werden, daß man sich auf den großen Kreis der Anhänger unbedingt verlassen konnte, diese auch skrupel- und bedenkenlos allen Anordnungen, Befehlen, Lehren und Verheißungen folgten"[2426].

Nach der Aufhebung des Freispruchs und der Feststellung der Schuld von W. nach KRG 10 Art. II 1c durch den OGH-Strafsenat (Wimmer, Geier und Jagusch) im Herbst 1949 belegte das Schwurgericht Hildesheim ihn im März 1950 mit einer einjährigen Haftstrafe[2427].

d) OGH-Protest gegen die Desavouierung seiner KRG-10-Rechtsprechung

OGH-Präsident Wolff richtete am 19. Mai 1950 einen Brief an OLG-Präsident Hodenberg (Celle), worin er darum bittet, das Urteil des Landgerichts Hildesheim in der KRG-10-Sache gegen D. u. a. auf seine sprachliche Angemessenheit zu prüfen sowie zu erwägen, „gegen die drei Berufsrichter (...) im Aufsichtswege einzuschreiten"[2428]. Starken Unwillen hatten in Köln diese Sätze provoziert: „Wohl aber haben alle Angeklagten sich gegen

---

2426 Zit. n. *ebd.*, S. 249f.
2427 Der Beschluss des OGH vom 26. November 1949 findet sich in BArch, Z 38, Nr. 520, Bl. 58f. Das Urteil des Landgerichts Hildesheim vom 22. März 1950 ist *ebd.*, Bl. 62, abgelegt. Dazu *Ludewig/Kuessner*, S. 250.
2428 BArch, Z 38, Nr. 39, ohne Foliierung – Schreiben des OGH-Präsidenten vom 19. Mai 1950 an den OLG-Präsidenten von Celle (S. 2); hierzu *Rüping* 2000: Hüter, S. 115. Zur Sache gegen D. u. a. vgl. BArch, Z 38, Nr. 297. Das Urteil des Landgerichts Hildesheim vom 8. Dezember 1949 findet sich *ebd.*, Bl. 1–10.

das Kontrollratsgesetz Nr. 10 Art. II 1c vergangen, obwohl gegen die rückwirkende Kraft des Kontrollratsgesetzes schwerste Bedenken sittlicher und rechtlicher Natur bestehen, die vom Schwurgericht nur wegen der ständigen gegenteiligen Rechtsprechung des OGH. Köln zurückgestellt sind"[2429]. Vergessen geglaubte Argumente der Jahre 1946/47 feierten fröhliche Urständ. Die mit jener Auffassung verbundene Gefahr für die Integrität des OGH wie der Justiz an sich führt Wolff Hodenberg drastisch vor Augen: „Die Angeklagten müssen an der Gerechtigkeit des Urteils irre werden, wenn darin bescheinigt wird, daß die dem Urteil zugrunde liegende rückwirkende Kraft des Kontrollratsgesetzes ‚schwersten Bedenken sittlicher und rechtlicher Natur' unterliegt, und sie müssen sich fragen, wie es möglich ist, daß der Oberste Gerichtshof in ständiger Rechtsprechung eine derartig gekennzeichnete Auffassung vertritt"[2430]. Mochte die dem Richter eignende Unabhängigkeit gerade auch gegenüber den nicht bindenden Ansichten des OGH außer Frage stehen – müssten verletzende Wendungen wie die zitierten im Interesse des allgemeinen Ansehens der Justiz doch unterbleiben[2431]. Nachdem im Fall D. u. a., wo es um antisemitische Ausschreitungen im November 1938 ging, von der Anklage Revision eingelegt worden war und Generalstaatsanwalt Schneidewin die von Wolff kritisierte Textstelle und die damit verknüpften geringen Haftstrafen von ein bis drei Monaten gerügt hatte[2432], nahm sich der Zweite OGH-Strafsenat der Sache an. Mit Entscheidung vom 24. April 1950 hoben Groß, Werner und Engels das Urteil im Strafausspruch auf und beauftragten das Landgericht Göttingen mit der Neuverhandlung[2433]. Was das Tatgericht in Hildesheim zur Rückwirkung von KRG 10 vorbrachte, erschien „befremdend". Es sei „kaum begreiflich, wie der Vorderrichter sittliche Bedenken empfinden kann, unmenschlich handelnde Täter nach einem Gesetz abzuurteilen, das gerade dazu bestimmt ist, die Grundsätze der Menschlichkeit und damit auch der Sittlichkeit wieder zur Geltung zu bringen, über die sich die nationalsozialistische Herrschaft und die in ihrem Geist handelnden Täter hinweggesetzt haben"[2434].

[2429] *Ebd.*, Bl. 8.
[2430] *Ebd.*, Nr. 39, ohne Foliierung – Schreiben des OGH-Präsidenten vom 19. Mai 1950 an den OLG-Präsidenten von Celle (S. 1).
[2431] Vgl. *ebd.* (S. 2).
[2432] Die Stellungnahme des Generalstaatsanwalts am OGH ist *ebd.*, Nr. 297, Bl. 32–34, abgelegt.
[2433] Die OGH-Entscheidung vom 24. April 1950 findet sich *ebd.*, Bl. 37–40.
[2434] *Ebd.*, Bl. 38 (Hervorhebung im Original).

e) Ehrverletzender Nachruf des Landgerichts Göttingen auf den OGH

Das Schwurgericht Göttingen verurteilte am 12. Februar 1951 einen lokalen Polizeiverwalter aufgrund einer im April 1933 in Tateinheit mit Freiheitsberaubung im Amt verübten Aussageerpressung gegenüber einer Frau, deren flüchtiger Mann als Kommunist verhaftet werden sollte. Entschieden wandten sich die Richter gegen die Anwendung von KRG 10, wobei sie wie das Landgericht Hildesheim im gerade beschriebenen Verfahren gegen D. u. a. Bedenken wegen seiner Rückwirkung anmeldeten. Naturrechtliche Belange, wie sie der OGH ab Frühjahr 1948 vertreten hatte, fochten sie nicht an, zumal das Kölner Revisionsgericht ja nicht mehr bestand. Ferner verwies man auf die Rechtsverschiedenheit im Bundesgebiet, die sich aufgrund der voneinander abweichenden Handhabung von KRG 10 Art. III 1d – die jeder Besatzungsmacht anheimgestellte Option, deutsche Gerichte mit der Aburteilung von NS-Verbrechen gegen die Menschlichkeit an Deutschen oder Staatenlosen zu betrauen (vgl. *II.3* und *IV*) – eingestellt und eine Strapazierung des Gleichheitsgrundsatzes bewirkt hatte. Im Zuge der Kritik an der Unbestimmtheit von ‚Menschlichkeitsverbrechen' versetzte das Gericht auch dem OGH einen Seitenhieb. So hätte er „zwar den Versuch gemacht, derartige konkrete Tatbestandsmerkmale aus dem Gesetz heraus zu entwickeln. Dieser Versuch ist aber nach dem übereinstimmenden Urteil aller namhaften Juristen, die die Probleme selbständig durchdacht haben, gescheitert"[2435]. Wie die Vereinnahmung aller selbständig denkenden namhaften Juristen kamen auch die folgenden Sätze einer juristischen Ehrabschneidung gleich:

> „Insbesondere erscheint es unerträglich, daß nach der Auffassung des OGH beim Unmenschlichkeitsverbrechen sich der innere und äußere Tatbestand nicht zu decken brauchen. Der OGH hat sich hier von Grundsätzen des deutschen Strafrechts, die bis dahin unverrückbar feststanden, entfernt. Auf der anderen Seite hat er es aber auch nicht für erforderlich gehalten, seine Rechtsprechung mit der der Besatzungsgerichte zum KRG Nr. 10 in Einklang zu bringen. Vielmehr hat das KRG Nr. 10 nach der Rechtsprechung des OGH einen viel weite-

---

2435 211. – KRG 10, in: Monatsschrift für Deutsches Recht 5 (1951), H. 5, S. 312 (= Mitteilung des Urteils des Landgerichts Göttingen vom 12. Februar 1951 durch Landgerichtsrat Breithaupt). Hierzu auch *Rüping* 2000: Hüter, S. 115.

1 Akzeptanz und Ablehnung bei den Instanzgerichten: Ausgewählte Strafsachen

ren Anwendungsbereich als nach der Rechtsprechung der Nürnberger Gerichte der Besatzungsmächte"[2436].

Die Pauschalität, in der die Kölner Rechtspraxis zu Verbrechen gegen die Menschlichkeit als Irrweg verworfen wird, zeugt vom in weiten Kreisen der Justiz spürbaren und lange Zeit nur unterdrückten Widerwillen gegen KRG 10. Mit der Schließung des Revisionsgerichts am 30. September 1950 konnte man alle Mäßigung fahren lassen und an ihm sein Mütchen kühlen. In Göttingen lehnten sich die Richter zurück und teilten fast aufreizend mit, die Handhabung des alliierten Gesetzes für verfehlt zu halten, „[s]olange der BGH in Karlsruhe nicht in einer der ihm vorliegenden einschlägigen Strafsachen eine grundsätzliche Entscheidung gefällt hat"[2437]. Ein Zeitgenosse konnte dies für „eine offene Kampfansage"[2438] gegen den abgewickelten OGH halten. In Wirklichkeit war das vergangenheitspolitische Ringen bereits entschieden – wie auch KRG 10 bald Vergangenheit war. Obwohl es zu Beginn der fünfziger Jahre noch Gerichtsurteile gab, die wegen allzu milder Beurteilung von NS-Tätern hohe Wellen schlugen und eine Debatte um die NS-Belastung von Richtern entfachten, so dass das Wort von einer ‚Justizkrise' die Runde machte[2439], war die juristische Aufarbeitung von NS-Unrecht doch schon bald von der Tagesordnung abgesetzt; ihre einstigen Befürworter waren nicht mehr in der Lage, ihrem Einspruch wirkungsvoll Gehör zu verschaffen.

2436 Mitteilung des Urteils des Landgerichts Göttingen vom 12. Februar 1951 durch Landgerichtsrat Breithaupt. *Rüping* 2000: Hüter, S. 115, belegt, dass das Zonal Office des Legal Adviser laut eigenem Vermerk vom Oktober 1948 mit Blick auf das Verhältnis zwischen britischer und deutscher KRG-10-Rechtsprechung der gegenteiligen Auffassung war (vgl. 2.1). So hätten beide Spruchpraxen in Einklang miteinander gestanden.
2437 Mitteilung des Urteils des Landgerichts Göttingen vom 12. Februar 1951 durch Landgerichtsrat Breithaupt.
2438 *Seibert*, Claus: Abschied vom KRG 10, in: Neue Juristische Wochenschrift 5 (1952), H. 7, S. 251f., hier: S. 252.
2439 Zur Wahrnehmung einer ‚Justizkrise' in der politischen Öffentlichkeit der Jahre 1950/51 und den Versuchen (u. a. von Bundesjustizminister Dehler), das Bild der deutschen Richterschaft vom Makel der NS-Verstrickung reinzuwaschen, vgl. *Eichmüller*, Andreas: Keine Generalamnestie. Die strafrechtliche Verfolgung von NS-Verbrechen in der frühen Bundesrepublik, München 2012 (Quellen und Darstellungen zur Zeitgeschichte, Bd. 93), S. 23–36.

f) Zusammenfassung: Rezeption des OGH in der spruchrichterlichen Praxis

Insoweit die untersuchten Beispiele Landgerichte im OLG-Bezirk Celle betrafen – nämlich Hannover, Hildesheim und Göttingen –, muss ein den Widerstand gegen das alliierte KRG 10 begünstigender Faktor in der Abwehrhaltung von Chefpräsident Hodenberg angenommen werden. Denn ihm unterstellte Richter waren sich seines grundsätzlichen Wohlwollens sicher, wenn sie ‚Verbrechen gegen die Menschlichkeit' nur sehr einschränkend anwandten und die OGH-Rechtsprechung kritisierten. Zumindest ist nicht ersichtlich, dass der OLG-Präsident entschieden eingeschritten wäre; vielmehr ließ er jene Justizjuristen an der langen Leine. Als weiterer KRG-10-Gegner ist auf Grundlage der vorhergehenden Ausführungen auch der stark NS-belastete Amtsgerichtsrat Hülle (Oldenburg) zu betrachten, dessen Senat im Behrens-Fall Vergangenheitspolitik betrieb, indem er dem OGH eine solche unterstellte. Weitere Exempel für Tendenzen an den Gerichten, sich gegen die Kölner Rechtspraxis zu KRG 10 aufzulehnen, wurden in *Kapitel VIII* aufgezeigt. Dies gilt etwa für den Fall Creutz (vgl. *VIII.2.5.3*). Hier hatten die Düsseldorfer Richter im Urteil von 1949 zwar zähneknirschend die Hintertür durchschritten, die das Revisionsgericht für Ärzte und Medizinfunktionäre gewiesen hatte, die nur auf dem Posten geblieben waren, ‚um Schlimmeres zu verhindern' – durch Annahme eines persönlichen Strafausschließungsgrundes. Tatsächlich machten sie in den Urteilsgründen aber keinen Hehl daraus, dass sie den Angeklagten den OGH-Darlegungen zum Trotz für unschuldig hielten, und betonten seine Sabotageleistungen gegen das ‚Euthanasie'-Programm. Zudem sei an die Entscheidung des Landgerichts Mönchengladbach vom April 1949 in der Strafsache gegen den wegen der Misshandlung von Juden verurteilten SS-Oberscharführer Weller erinnert (vgl. *VIII.2.5.1*). Obschon die Richter ein im erstinstanzlichen Urteil verneintes Menschlichkeitsverbrechen gemäß der aufhebenden OGH-Entscheidung vom Dezember 1948 bejahen mussten, reduzierten sie die Strafe von 18 auf zwölf Monate Gefängnis. Dies rief wieder das Revisionsgericht auf den Plan, das eine einseitige Würdigung des Sachverhalts feststellte, die an Voreingenommenheit aufgrund von Sympathien mit dem Täter zu grenzen schien.

g) Strafvollstreckung als Austragungsort des vergangenheitspolitischen Konflikts

Wie die spruchrichterliche Praxis an den Gerichten erweist sich die Strafvollstreckung als ein Feld, in dem Akteure vergangenheitspolitisch handelten, indem sie darüber wachten, dass NS-Täter ihre Strafen verbüßten – oder aber dafür Sorge trugen, dass sie dies nicht taten. Dabei ist davon auszugehen, dass die Justizbehörden weitgehend im Einvernehmen mit der jeweiligen Landesregierung standen. Dass einiges im Argen lag, drängte sich auch den Verantwortlichen am Kölner OGH auf. Hierauf weist ein Brief des Generalstaatsanwalts an den Oberstaatsanwalt am Landgericht Aurich vom Juli 1949 hin, worin Schneidewin ankündigt:

> „Demnächst werde ich Ihnen eine Liste von Verfahren aus Ihrem jetzigen Bezirk zukommen lassen, in denen ich gern erführe, was aus der Strafvollstreckung geworden ist, nachdem die Sache durch Urteil des Obersten Gerichtshofes rechtskräftig abgeschlossen worden war. Herr Präsident Staff vom hiesigen Strafsenat und ich haben aus beruflichen Gründen ein lebhaftes Interesse daran, wie die Verurteilungen wegen Verbrechens gegen die Menschlichkeit in der Strafvollstreckung behandelt werden. Ich fürchte beinahe, daß in Ihrem jetzigen Bereich in dieser Hinsicht nicht alles in Ordnung ist"[2440].

Als zentral für diesen Bereich des Rechtswesens erwies sich das Straffreiheitsgesetz vom 31. Dezember 1949 (vgl. *3.1*), das zu geringen Strafen Verurteilten Amnestie gewährte. So wurde im Landgerichtsbezirk Aurich NS-Tätern der antisemitischen Pogrome vom November 1938 zugutegehalten, nicht aus ehrloser Gesinnung, aus Gewinnsucht oder grausam gehandelt zu haben, so dass die Strafvollstreckung in Verbindung mit § 2 Abs. 2 des Amnestiegesetzes für unzulässig erklärt wurde[2441]. Im Fall Marloh wegen Deportation von Sinti und Roma (vgl. *VIII.2.5.4*) profitierten alle Verurteilten von Amnestien, Strafaufschüben und -aussetzungen. Mittels der Gewährung von allgemeiner Straffreiheit und individuellen Begnadigungen wurde der im Gerichtssaal verkündete, mit einem Unwerturteil über eine Tat verknüpfte Schuld- und Strafausspruch wegen Menschlichkeitsverbrechens seit dem Ende der vierziger Jahre für die Verurteilten immer häufiger abgemildert. Darin zeigte sich auch ein allgemeiner Umschwung in der Vergangenheitspolitik durch Strafrecht.

2440 Zit. n. *Raim*, S. 881.
2441 Vgl. *ebd.*, S. 880f.

2 Politik, Strafrechtswissenschaft und OGH: Reaktionen und Interdependenzen

2.1 Politik – Britische Militärregierung und deutsche Justizverwaltung

a) Wandel in der Haltung der britischen Militärregierung

Nachdem Jack Lawson vom britischen Kriegsministerium am 17. Oktober 1945 Ernest Bevin den Vorschlag unterbreitet hatte, deutschen Gerichten nach der Durchführung einer Handvoll Musterverfahren die Aburteilung von NS-Verbrechen gegen die Menschlichkeit an Deutschen oder Staatenlosen nach dem ‚Londoner Statut' zu übertragen (vgl. *IV.1*), blieb der dabei evidente Ahndungswille der Besatzungsmacht einige Jahre prägend. Als Rechtsbasis wurde KRG 10 herangezogen. Vom Drängen der Briten auf eine umfassende strafrechtliche Auseinandersetzung mit der NS-Herrschaft zeugten besonders MRVO 47, deren schrittweise Implementierung bis Juli 1947 (vgl. *IV.3*) und die Einrichtung des OGH. Dabei beobachteten sie die deutsche Rechtspraxis zu Menschlichkeitsverbrechen mit zunehmenden Vorbehalten. So forderte die Legal Division die Justizverwaltung auf, regelmäßig Bericht zu erstatten, und schritt gegen Meinungsäußerungen und Tendenzen ein, die der Anwendung von KRG 10 entgegenstanden. Erinnert sei nur an ihre Reaktion auf Hodenbergs herausfordernden Aufsatz (vgl. *V.2.3.2*) und die Klärung der zentralen Frage des Verhältnisses zwischen alliierter Norm und StGB im Sinne der Annahme von Idealkonkurrenz (vgl. *VI.4*). Die Militärregierung war lange der mächtigste und beharrlichste Vertreter einer Vergangenheitspolitik durch Strafrecht, deren Ziel darin bestand, durch konsequente Ahndung von NS-Unrecht die Voraussetzung für eine entnazifizierte und demokratisierte Nachkriegsgesellschaft zu schaffen. Dieses Ziel geriet im Verlauf der Zeit aber aus dem Blickfeld. Denn je mehr sich Westalliierte und Sowjetunion entfremdeten – bis sie sich als Feinde gegenüberstanden –, und je mehr Westdeutschland bzw. die im Mai 1949 gegründete BRD als Bündnispartner im Kalten Krieg wahrgenommen wurde, desto mehr ließ der Druck auf die deutsche Justiz nach, NS-Verbrechen auf KRG-10-Basis zu verfolgen (vgl. *VI.4*). Nachdem der OGH 1948 seine Arbeit aufgenommen und eine Rechtsprechung zu Verbrechen gegen die Menschlichkeit entwickelt hatte, die mit den Vorstellungen der Briten gut vereinbar war, fühlten sich letztere weitgehend aus der Pflicht genommen.

Insofern handelte es sich eher um eine Ausnahme, als sich die Militärregierung im Herbst 1948 mit einer Anfrage deutscher Stellen zur KRG-10-Rechtspraxis konfrontiert sah. Der Anstoß kam von OLG-Präsident Heusinger (Braunschweig), der sich am 20. September 1948 mit der Bitte um Stellungnahme zu einer Auslegungsfrage an Niedersachsens Justizminister gewandt hatte. Ausgehend von Berichten, nach denen der Control Commission High Court in Braunschweig wegen NS-Verbrechen Angeklagte in zwei Fällen vom Vorwurf einer Straftat nach KRG 10 Art. II 1c freigesprochen hatte, da die Taten nicht gegen eine größere Menschenzahl, sondern gegen Einzelpersonen gerichtet gewesen waren, gelangte der Chefpräsident zu der Meinung, dass darin ein Widerspruch zur deutschen Judikatur liege. Denn vielfach hätten deutsche Gerichte „Verurteilungen aus dem Kontrollratsgesetz Nr. 10 ausgesprochen, wo das Opfer des Verbrechens nur ein einzelner gewesen ist. Damit steht im Einklang auch die Rechtsprechung des Obersten Gerichtshofs für die Britische Zone"[2442] (vgl. VIII.1). Bedenken hegte Heusinger im Hinblick auf die Aburteilung von Denunziationen, da deren Opfer meist Einzelpersonen waren. Während die britische Auslegung zum Freispruch vom Vorwurf des Menschlichkeitsverbrechens führen müsste, wäre nach der deutschen eine Verurteilung möglich. Eine solche divergierende Handhabung des KRG in der Britischen Zone erschien dem OLG-Präsidenten dauerhaft unerträglich, berge sie doch die Gefahr, dass das Rechtsbewusstsein der Bevölkerung Schaden nimmt und Menschen an den Urteilen irrewerden. Als Ausweg schlug er vor, eine der beiden Rechtsprechungen solle sich der anderen anschließen. Jedoch gewinnt man den Eindruck, dass er mit der deutschen Anpassung an die britische Deutung liebäugelte. Das erhellt aus seiner Betonung der deutschen Schwierigkeiten mit dem alliierten Gesetz:

> „Für den deutschen Richter, der am kontinentalen Rechtsdenken geschult ist, ergab sich dabei die Notwendigkeit, sich in gewissem Umfange in das anglo-amerikanische Rechtsdenken einzuleben. Die britischen Gerichte haben es hierin leichter. Sie arbeiten mit einem Gesetz, das aus ihrer eigenen Gedankenwelt stammt. Ihren Meinungsäusserungen dürfte aus diesem Grunde ein erhebliches Gewicht innewohnen. Sie stehen dem Willen des Gesetzgebers näher als die deutschen Gerichte".

2442 Hier und im Folgenden NLA, HA, Nds. 710 Acc. 124–87, Nr. 94, Bl. 33.

2.1 Politik – Britische Militärregierung und deutsche Justizverwaltung

Für viele NS-Täter – gerade solche, denen ‚Anzeigeverbrechen' zur Last gelegt wurden – bot der Normgebrauch nach britischem Vorbild die Chance auf Straflosigkeit. Heusinger wusste das, als er sich (vorsichtig) um Erleichterungen für diese Personengruppe bemühte. So regte er im Fall des Scheiterns einer Konvergenz der Tatbestandsauslegungen die Überlegung an, „ob im Gnadenwege die unerträglichsten Unstimmigkeiten beseitigt werden können"[2443]. Seine Frage fand den Weg zur britischen Militärregierung, für die Oberst Rathbone am 15. Oktober 1948 eine Klarstellung aufs Papier warf. „Aus dem Studium der vorliegenden Urteile von Gerichten der Kontrollkommission einerseits und des Obersten deutschen Gerichtshofes für die britische Zone andererseits"[2444] ergebe sich, dass der unter deutschen Juristen verbreitete Standpunkt, mit Blick auf ‚Verbrechen gegen die Menschlichkeit' verträten beide Seiten grundverschiedene Auffassungen, nicht zutreffe. Denn gemäß beiden Rechtsprechungen erfordere die Verwirklichung des Tatbestands den Nachweis eines Zusammenhangs der Tat mit einer gegen die Menschheit oder einen Teil derselben gerichteten Verfolgungspraxis. Hierbei spielten die Opferzahl oder -art keine Rolle. Gleichwohl warnt Rathbone vor voreiligen Schlüssen; stets müsse der Einzelfall geprüft werden. Es gebe in der deutschen Öffentlichkeit „allgemein die Tendenz, ohne Rücksicht auf die Motive und die Begleitumstände der Straftat jedes Vergehen gegen einen Feind des Naziregimes oder gegen einen ausländischen Arbeiter als Verbrechen gegen die Menschlichkeit anzusehen. Eine derartige Ansicht ist natürlich in keiner Weise weder durch den Wortlaut des Kontrollratsges. Nr. 10 noch durch die seitens der Gerichte erfolgte Auslegung desselben begründet".

Dem Umstand, dass sich die Legal Division auf die KRG-10-Spruchpraxis des OGH stützte und eine Übereinstimmung mit der Gesetzesanwendung durch die CCC attestierte (die auch im ‚Zentral-Justizblatt' vermerkt wurde[2445]), ist zu entnehmen, dass die Briten mit der Arbeit des Revisionsgerichts hinsichtlich der Aburteilung von NS-Unrecht zufrieden waren; auch vergangenheitspolitisch dürfte Köln die Erwartungen erfüllt haben. Spätere Äußerungen der Besatzungsmacht belegen Wohlwollen, deuten aber auch auf eine wachsende Interesselosigkeit an der deutschen Ahndung von Menschlichkeitsverbrechen hin, wie sie der OGH vertrat. So

---

2443 *Ebd.*, Bl. 34.
2444 Hier und folgend *ebd.*, Bl. 54.
2445 Vgl. ZJBl. 2 (1948), Nr. 11, S. 250.

wirkt rückblickend etwas zu blauäugig, was Sir Ivone Kirkpatrick[2446], Permanent Under-Secretary im Foreign Office und seit 1950 britisches Mitglied der Alliierten Hohen Kommission, im Juni 1949 schrieb:

> „Wir sind bestrebt, Verbrechen gegen die Menschlichkeit [mit alliierten und den Vereinten Nationen angehörenden Opfern, C. P.] nicht weiter vor britischen Gerichtshöfen zu verhandeln. Es besteht die allgemeine Auffassung, daß diese Verantwortung nach und nach den Deutschen übertragen werden muß. Wenn die Deutschen dann entscheiden – und ich glaube nicht daran –, daß die Prozesse wegen Verbrechen gegen die Menschlichkeit aufhören sollten, dann bin ich nicht der Auffassung, daß irgend jemand vier Jahre nach Kriegsende sich beschweren und behaupten wird, wir sollten uns rechtliche Möglichkeiten vorbehalten, um die Deutschen zu weiteren Prozessen zu zwingen"[2447].

Wenig später notierte der Diplomat: „Wir haben keinen Grund zu glauben, daß die deutschen Gerichte nicht ordentlich richten werden"[2448].

b) Die deutsche Justizverwaltung drängt auf den Abschluss der KRG-10-Verfahren

Gemäß dem Wunsch der Militärregierung, aber auch aus eigenem Antrieb und Interesse drängte die Justizverwaltung auf einen raschen Abschluss der KRG-10-Sachen. Davon zeugt ein Brief von Justizminister Hofmeister vom 31. Januar 1948 an die drei Generalstaatsanwälte in Niedersachsen zu Ermittlungsverfahren wegen NS-Menschlichkeitsverbrechen (vgl. VI.4). Aufgrund des schleppenden Fortgangs der Strafverfolgung fordert der Politiker Gründlichkeit bei der Abfassung der Klageschriften ein. Er verweist auf das Gebot, das alliierte Gesetz – wo nötig – unter den Strafvorschriften aufzuführen, und nimmt die Leiter der Anklagebehörden mit Blick auf die diffizile Rechtslage bei Denunziationsverfahren in die Pflicht, sich mit den

---

2446 Zu Kirkpatrick (1897–1964) vgl. *Lane*, Ann: Kirkpatrick, Sir Ivone Augustine (1897–1964), in: Oxford Dictionary of National Biography, Oxford 2004, Online-Ausgabe Januar 2008: https://www.oxforddnb.com/view/10.1093/ref:odnb/9780198614128.001.0001/odnb-9780198614128-e-34339 (letzter Zugriff: 8.9.2020).
2447 Zit. n. *Brochhagen*, Ulrich: Nach Nürnberg. Vergangenheitsbewältigung und Westintegration in der Ära Adenauer, Hamburg 1994, S. 166.
2448 Zit. n. *ebd.*, S. 165.

Einzelfällen zu befassen. Nachdrücklich betont er seine Erwartung der größten Tatkraft wie beschleunigten Beendigung jener Strafsachen[2449]. Aufschlussreich ist ferner, was ZJA-Präsident Kiesselbach am 9. Oktober 1948 gegenüber den Justizministern der Britischen Zone zur Frage der Durchführung von KRG-10-Verfahren äußerte. Demgemäß hätte die beschleunigte OGH-Einrichtung dazu gedient, diese Rechtsprechung mit höchster Autorität zu vereinheitlichen[2450]. Vergangenheitspolitisch wichtig ist folgende Würdigung: „Als wesentliches Ergebnis dieses Entscheidungsmaterials ist festzustellen, dass die Anwendung des KG. 10 eingeengt ist und eine uferlose Wiederaufrollung aller Vorfälle im nationalsozialistischen Regime vermieden wird"[2451]. Verfahren, die aufgrund der Urteilspraxis des OGH Freisprüche erwarten ließen und dem Ansehen der ohnehin überlasteten Justiz eher schadeten, sollten eingestellt werden. Teils mehr als zehn Jahre zurückliegende Tatgeschehen aufzurollen, erschien Kiesselbach nur dann vertretbar, „wenn nicht kleinliche Gehässigkeit oder Rachsucht, sondern ein ernstliches Anliegen nach Wiederherstellung des Rechts eine sühnende Entscheidung der Gerichte erforderlich macht. In Sachen untergeordneter Bedeutung wird jetzt schon auf Grund der Rechtsprechung des Obersten Gerichtshofes häufig einzustellen sein"[2452]. Der von dessen Seite begünstigte Wandel in der Strafverfolgung ermögliche einen schnellen Abschluss der KRG-10-Sachen. Allerdings müsse gewährleistet bleiben, „daß die wirklichen Verbrechen, die das Gerechtigkeitsgefühl der Öffentlichkeit verletzen, einer gerechten Sühne zugeführt wer-

---

2449 NLA, HA, Nds. 711 Acc. 194–94, Nr. 47, Bl. 242f.
2450 Vgl. *ebd.*, Nr. 48, Bl. 109.
2451 *Ebd.* Auf die Ambivalenz der ZJA-Haltung zur Aburteilung von NS-Unrecht wurde im Kontext der teilweisen Verjährungsaussetzung bei deutschrechtlichen Tatbeständen hingewiesen (vgl. *VI.1.3*). Den unleugbar einschränkenden Charakter der Auslegung von ‚Menschlichkeitsverbrechen' durch den OGH, wie er schon den Grundsatzentscheidungen entnehmbar ist (vgl. *VIII.1*), unterstreicht Bahlmann, der auch die Folgen in Form von Verfahrenseinstellungen im OLG-Bezirk Oldenburg verdeutlicht, vgl. *Bahlmann 2012: OGH*, S. 170–175. Diese Wirkung lässt jedoch weniger darauf schließen, dass das Revisionsgericht der Ahndung von NS-Verbrechen das Wasser abgraben wollte, als vielmehr darauf, dass es seine Rechtsprechung als Obergericht an den Maßstäben der Rechtmäßigkeit und Folgerichtigkeit orientierte – um den Preis, dass viel Unrecht ungesühnt blieb. Es ist freilich zweifelhaft, ob für dessen Bestrafung ‚Verbrechen gegen die Menschlichkeit' ein geeignetes Instrument gewesen wäre. Denn der Tatbestand hätte im Fall der Vermischung mit ‚Bagatellfällen' – ein gleichwohl euphemistischer Ausdruck – zulasten der allgemeinen Rechtspraxis an Trennschärfe eingebüßt.
2452 Hier und folgend NLA, HA, Nds. 711 Acc. 194–94, Nr. 48, Bl. 110.

den". Die Formulierung, dass ‚nicht kleinliche Gehässigkeit oder Rachsucht, sondern ein ernstliches Anliegen nach Wiederherstellung des Rechts' handlungsleitend sein solle, begegnet zudem in einem zeitgleichen Brief von ZJA-Vizepräsident Koch an die Staatsanwaltschaften. Er bekundet, durch die Einstellung von ‚Bagatellsachen' werde es möglich, eine ‚Verewigung' der Verfahren wegen NS-Straftaten zu verhindern. Denn „[b]loße Exzesse von unbedeutender Tragweite, eine Festnahme für wenige Tage, ein kurzer körperlicher Angriff ohne schlimmere Folgen berühren die Menschheit nicht"[2453]. Hiermit bedient er sich einer auch für die OGH-Rechtspraxis zu KRG 10 typischen Wortwahl.

2.2 Weitere politische Öffentlichkeit – Parteien, Verfolgtenverbände, Presse

Nach dem aktuellen Forschungsstand blieb das vergangenheitspolitische Ringen um KRG 10 und ‚Verbrechen gegen die Menschlichkeit' Experten aus Politik, Justiz sowie Rechtswissenschaft vorbehalten. Als Akteure im juridischen Feld stritten sie darum, wer als Täter auf Grundlage welcher Vorschriften abgeurteilt werden sollte. Partei- und verbandspolitische Vertreter (z. B. der SPD oder VVN) standen als ‚Laien' nur am Rand. Sie beobachteten, kritisierten oder beklatschten die Resultate der wegen NS-Unrechts durchgeführten Verfahren – soweit sie sich denn vergangenheitspolitisch positionierten[2454]. Dies erklärt auch, warum ihrerseits kaum eine Befassung mit dem OGH und seiner KRG-10-Rechtsprechung stattfand.

Für die nichtjuristische Öffentlichkeit wurde die Beschäftigung der Revisionsinstanz mit NS-Menschlichkeitsverbrechen von Zeitungen aufbereitet. Engmaschig war die Berichterstattung nur im geografischen Umfeld des OGH, der eine Akte als kleines ‚Pressearchiv' anlegte. Die meisten Ausschnitte stammen aus dem ‚Kölner Stadtanzeiger', der ‚Kölnischen Rund-

---

2453 Zit. n. *Bahlmann* 2012: OGH, S. 169.
2454 Ein klares Urteil betreffend die Sozialdemokratie fällt *Meyer*, Kristina: Sozialdemokratische NS-Verfolgte und die Vergangenheitspolitik, in: Fritz Bauer Institut (Hrsg.): Opfer als Akteure. Interventionen ehemaliger NS-Verfolgter in der Nachkriegszeit, Frankfurt a. M./New York 2008 (Jahrbuch 2008 zur Geschichte und Wirkung des Holocaust), S. 48–66, hier: S. 49: „Kritisches ‚vergangenheitspolitisches' Engagement zählte nicht zu den Prioritäten der Nachkriegs-SPD und war innerhalb der Partei auch nur bedingt konsensfähig. Solches Engagement ging vielmehr auf eine Reihe sozialdemokratischer Akteure zurück, denen eine gerechte Wiedergutmachung ebenso wie die konsequente Ahndung von NS-Verbrechen ein besonderes Anliegen war".

2.2 Weitere politische Öffentlichkeit – Parteien, Verfolgtenverbände, Presse

schau', ‚Rheinischen Zeitung' und ‚Der Mittag'. Eine Durchsicht ergibt erwartungsgemäß, dass über prominente Fälle öfter berichtet wurde bzw. die zugehörigen Artikel eher aufbewahrt wurden. So sind sieben Beiträge zur Aufhebung des Harlan-Freispruches (vgl. *VIII.2.4*) sowie vier zur Entscheidung im Fall Brumshagen (vgl. *VIII.2.6*) enthalten. Vier Berichte thematisieren die Bestätigung der Verurteilung des Ex-Landrates Marloh wegen Deportation von ‚Zigeunern' nach Auschwitz (vgl. *VIII.2.5.4*). Dabei werden vor der Folie des jeweils zugrundeliegenden Tatgeschehens oft der Ablauf und stets das Ergebnis der Verhandlung wiedergegeben – so in einer Reportage im ‚Kölner Stadtanzeiger' vom 6. Dezember 1949, worin die Aufhebung des Lübecker Freispruchs für zwei Oberzahlmeister behandelt wird, die auf die Meldung Helene Schwärzels hin den als Hochverräter gesuchten NS-Gegner Goerdeler festgesetzt hatten (vgl. *IV.3.3*). Neben der Urteilsverkündung referiert sie die Vorträge von Oberstaatsanwalt und Verteidiger[2455]. In den Artikeln geht es immer um den Einzelfall, selten um Gesetzesauslegung und nie um eine allgemeine Einordnung der OGH-Spruchpraxis, etwa in den Rahmen einer strafrechtlichen Vergangenheitspolitik. Gewiss wäre eine solche Debatte dem Leserkreis allzu abstrakt erschienen. Die Fakten werden sachlich dargestellt, gelegentlich zeigt sich jedoch eine Bewertung der Kölner Rechtsprechung, die zumeist der Aufhebung von Freisprüchen zustimmt und ihre Bestätigung kritisch aufnimmt. Beispielhaft herausgegriffen sei ein Bericht aus der ‚Rheinischen Zeitung' vom 17. November 1949 über das Urteil im Fall Brumshagen. Wie der Untertitel ‚Düsseldorfer Bürger wurden erschossen, weil sie vernünftig waren' zeugt die Einordnung des Vortrages der Verteidigung von einer die Opferperspektive einnehmenden Haltung: „Deutlich sagte der Rechtsanwalt es nicht, aber irgendwie wurde man an Dolchstoßlegenden bekannter Prägung erinnert"[2456]. Die Berichterstattung zur Verhandlung in der Strafsache gegen NS-Regisseur Harlan bietet auch interessante Einblicke in den Ablauf und die Atmosphäre, wobei die Betonung der Besonderheit des Verfahrens Rückschlüsse auf die Durchführung ‚normaler' KRG-10-Prozesse zulässt. Keine der einschlägigen Zeitungen leistete es sich, am Folgetag, dem 13. Dezember 1949, *nicht* ausführlich über das Geschehen zu informieren. Der ‚Stadtanzeiger' brachte zwei Fotos aus dem Gerichtssaal: Eines zeigt den Angeklagten und eines einen Teil der Richterbank und der Besucherränge. Einleitend heißt es:

2455 Vgl. BArch, Z 38, Nr. 141, Bl. 7.
2456 Vgl. *ebd.*, Bl. 3.

"Vorne, in der ersten Reihe, saß seine Frau, Kristina Söderbaum, und es wurde kein leichter Tag für sie, man sah es. Entgegen den Usancen vor dem Obersten Gerichtshof wiederholte sich bei Veit Harlan der seltene Fall, daß von dem Angeklagten ein ‚letztes Wort' gesprochen wurde. Er tat es nicht von seinem Platz aus, sondern trat an das Pult seines Verteidigers: (...) Er sprach mit ausladender Gestik, seine Mimik spiegelte dramatische Erregung, die Stimme war laut und pathetisch, und dann plötzlich fiel sie ab, und er setzte seine Worte, als ob er Rilke vortrage, und man erinnerte sich schnell, daß er elf Jahre Schauspieler am Staatlichen Schauspielhaus in Berlin gewesen ist..."[2457].

Die ‚Rheinische Zeitung' begann mit der Feststellung, es hätte sich zur Gerichtsverhandlung „ein großer Kreis von Zuhörern eingefunden. Der Angeklagte erschien in Begleitung seines Hamburger Verteidigers Dr. Wandtschneider, neben ihm Kristina Söderbaum. Unter den Zuhörern bemerkte man zahlreiche Juristen und den Vorsitzenden der jüdischen Gemeinde Kölns, Goldschmidt"[2458]. Laut der ‚Kölnischen Rundschau' interessierte sich „ein großer Teil des in ungewohnt hoher Zahl erschienenen Publikums (...) mehr für die Prozeßbeteiligten als für den Prozeß selbst"[2459], und ‚Der Mittag' meldete, die Sitzung hätte acht Stunden gedauert[2460].

2.3 Strafrechtswissenschaft

Das Echo der Spruchpraxis des OGH zu Menschlichkeitsverbrechen in der Strafrechtswissenschaft war vielstimmig und geteilt. Mehrere bedeutende Beiträge und Gutachten zur rückwirkenden Handhabung von KRG 10 und Auslegung des in Art. II 1c sehr vage definierten Tatbestandes waren bereits vor Eröffnung des Revisionsgerichts im Frühjahr 1948 erschienen, etwa die Artikel von Hodenberg, Radbruch, Wimmer, Güde und Kiesselbach (vgl. V.2). Mit Blick auf diese positionierte sich der OGH, indem er bestimmte Rechtsansichten wie Radbruchs Lehre vom ‚übergesetzlichen

---

2457 *Ebd.*, ohne Foliierung – Bericht ‚Veit Harlans Freispruch ist aufgehoben' aus dem ‚Kölner Stadtanzeiger' vom 13. Dezember 1949, S. 7.
2458 *Ebd.*, ohne Foliierung – Bericht ‚Shakespeare und Veit Harlan' aus der ‚Rheinischen Zeitung' vom 13. Dezember 1949. Auf der Fotokopie fehlt die Seitenangabe.
2459 *Ebd.*, ohne Foliierung – Bericht ‚Freispruch Veit Harlans aufgehoben' aus der ‚Kölnischen Rundschau' vom 13. Dezember 1949, S. 1.
2460 Vgl. *ebd.*, Bl. 8.

Recht' übernahm und andere wie Güdes einschränkende Interpretation der Täterschaft beim ‚Anzeigeverbrechen' zurückwies. Wie die Kölner Rechtsprechung ihrerseits von der Jurisprudenz rezipiert wurde, deutete sich gelegentlich an (vgl. *VIII*). Erschöpfend ist die Frage an dieser Stelle nicht zu bearbeiten; bereits ihr Anreißen bietet jedoch die Chance, eine weitere Schneise durch das Dickicht der vergangenheitspolitischen Dispositionen und Akteure zu schlagen.

Als Kritiker der KRG-10-Lesart des OGH sind uns schon Theodor Klefisch (vgl. *VIII.1*), Eberhard Schmidt und Hans Welzel (vgl. *VIII.2.5.3*) begegnet. Im Feld einer Vergangenheitspolitik durch Strafrecht treten diese drei als Akteure einer Richtung auf, der die Kölner Bestrebungen zur Handhabbarmachung des alliierten Strafgesetzes zu weit gingen, und die den Kreis der Schuldigen merklich enger ziehen wollte. Die Festlegung, wer Täter ist – geschieht sie durch Politiker, Richter oder Wissenschaftler –, ist eine politische Handlung. Politisch handelten der OGH-Strafsenat wie auch der einstige Krupp-Verteidiger Klefisch, der die Kriminalisierung von Denunziationen als ‚Zangengeburt aus dem Verbrechen gegen die Menschlichkeit' und ‚Schmerzenskind der Strafjustiz und Rechtslehre' verunglimpfte und wie Güde hohe Anforderungen an deren subjektiven Tatbestand stellte. Gleiches gilt für Schmidt und Welzel, die im Gegensatz zum OGH einen übergesetzlichen Schuldausschließungsgrund für Medizinfunktionäre und Ärzte postulierten, die sich aus ethischen Gründen (zur Rettung von Menschenleben) zur bedingten Mitarbeit an der ‚Euthanasie' bereitgefunden hatten. Indes befasste sich auch Klefisch mit diesem Tatkomplex. Dabei ging er mit seiner Auffassung, dass das Handeln der betroffenen Mediziner nicht rechtswidrig gewesen wäre, sogar über die von Schmidt und Welzel vertretene Position hinaus[2461]. Wie Storz bemerkt, blieb er mit dieser Auffassung aber „vereinzelt"[2462]. Unterdessen sprang dem OGH, der für widerwillig in Schuld verstrickte Mediziner einen persönlichen Strafausschließungsgrund entwickelt hatte, der Strafrechtler Karl Peters zur Seite, der ihm attestierte, auf einer ‚tiefen ethischen Grundlage' geurteilt zu haben sowie eine ‚Harmonie von Recht und Sittlichkeit,

---

2461 Vgl. *Klefisch*, Theodor: Die nat.-soz. Euthanasie im Blickfeld der Rechtsprechung und Rechtslehre, in: Monatsschrift für Deutsches Recht 4 (1950), H. 5, S. 258–265, hier: S. 258 (Hervorhebung im Original): „M. E. ist ihr [i. e. der beschriebenen NS-Mediziner] Verhalten durch den Notstand der *Pflichtenkollision* gerechtfertigt, so daß nicht nur die Schuld, sondern auch nach der herrschenden Meinung der Unrechtsgehalt der Tat entfällt".

2462 *Storz*, S. 30.

von Rechtssicherheit und Gerechtigkeit, von Gemeinschaftsschutz und Individualschutz herzustellen' (vgl. *VIII.2.5.3*).

a) Richard Lange: Analyse zweier OGH-Grundsatzentscheidungen

Recht wohlwollend fiel die publizistische Begleitung der OGH-Auslegung von KRG 10 durch Richard Lange (vgl. *V.3*) aus. Das konnte nicht verwundern, herrschte doch in zahlreichen Punkten Übereinstimmung zwischen ihm und Köln. So hatte er ein Gutachten vorgelegt, wonach mittelbare Täterschaft die Strafbarkeit von NS-Denunzianten begründen konnte – der spätere OGH-Senatspräsident Staff hatte diese Deutung bereits Anfang 1946 favorisiert (vgl. *VI.2.1*). Weiter hatte Lange für Fälle, bei denen NS-Verbrechen sowohl unter alliiertem als auch unter deutschem Recht abgeurteilt werden konnten, für die Annahme von Idealkonkurrenz gemäß § 73 StGB plädiert (vgl. *V.3*). Das Revisionsgericht sollte ihm darin später folgen (vgl. *VIII.1*). Auch hatte sich der Rechtsgelehrte in Bezug auf die rückwirkende Anwendung von KRG 10 ebenso unter die (kritischen) Befürworter gemischt[2463] wie in Bezug auf seine Zugrundelegung bei der Ahndung von Denunziationen[2464]. So beginnt sein Aufsatz zur frühen Urteilspraxis des OGH bei Menschlichkeitsverbrechen – auf Basis der Verfahren gegen Bl. und P. (vgl. *VIII.1*) – mit der Würdigung des Verdienstes, den Stellenwert des Problemfelds aufgezeigt zu haben. „Wie sehr sich der Strafsenat des OGH der besonderen politischen, rechtsethischen und -dog-

---

2463 Vgl. *Lange*, Richard: Das Kontrollratsgesetz Nr. 10 in Theorie und Praxis, in: Deutsche Rechts-Zeitschrift 3 (1948), H. 5, S. 155–161, hier: S. 161, wo der Autor seine Darlegungen dahingehend zusammenfasst, „daß die rückwirkende Strafbarerklärung evident naturrechtswidriger Handlungen vor dem Forum des richtigen Rechts zwar legitim sein kann und es im Falle des KG 10 auch ist, daß sie aber diese Legitimität verlieren würde, wenn sie ihren strengen Ausnahmecharakter außer Acht ließe und ihre im Wertgefüge des Rechts selbst liegenden Grenzen überschritte".
2464 Vgl. *ders.* 1948: KRG 10 II. Hier geht es auf S. 186–188 um die Strafbarkeit von NS-Denunziationen. Lange kommt zu dem Schluss, Anzeigen könne die Rechtfertigung fehlen, „wenn die *Gesetze*, deren Übertretung angezeigt wurde, offensichtliches, unerträgliches Unrecht darstellen. Unabhängig davon aber auch dann, wenn die *Anwendung* der Gesetze keine Pflege des Rechts ist: sei es, daß die Justiz überhaupt nicht *das Ziel* hat, Recht zu sprechen, sondern an rechtsfremden Zwecken orientiert ist, sei es, daß sie auch bei bestem Willen nicht *in der Lage* ist, Recht zu sprechen", *ebd.*, S. 187 (Hervorhebungen im Original).

matischen Verantwortlichkeit bei diesen Urteilen bewußt war, zeigt ihre ganze Anlage. Es wird eine Reihe von Einsichten ausgesprochen, die für die Zukunft grundlegend sein könnten"[2465]. Im Folgenden gliedert der Jenaer Jurist die Einsichten des OGH in sechs Punkte. Er nennt erstens die ‚Wendung gegen den Rechtspositivismus', worin das Gericht Radbruch gefolgt sei und sich zur materiellen Bestimmung des Unrechts bekannt habe; zweitens die Rechtfertigung der KRG-10-Rückwirkung mit der (seiner Meinung nach) einzig tragbaren Begründung, dass eine Ausnahme von der Rechtssicherheit möglich sei, wo Taten gegen das Sittengesetz verstießen; drittens die in verschiedene Richtungen gehende Auseinandersetzung mit ‚Verbrechen gegen die Menschlichkeit' (u. a. betreffend die beispielhafte Aufzählung der Einzelbegriffe in KRG 10 Art. II 1c, das Rechtsgut der Menschlichkeit sowie die Gefahr einer Psychologisierung der Humanität und ihrer Verletzung); viertens, fünftens und sechstens die Behandlung der Konkurrenzfrage, Täterschaft und Schuldfeststellung[2466]. Die Kritik fällt maßvoll aus, denn in den Kernfragen stimmt Lange dem OGH zu. Beispielhaft sei neben der Beanstandung der Konstruktion von ‚Menschlichkeit' als spezielles Schutzgut[2467] das Feld der Psychologisierung einerseits der Täter- und andererseits der Opferperspektive behandelt. Für gelungen hält der Autor, wie das Gericht die ‚inhumane Gesinnung' eines Täters beurteilt: „In bemerkenswert scharfen Formulierungen wird es für gleichgültig erklärt, ob ein niederer Beweggrund vorgelegen habe oder nicht; auch aus einer vermeintlich idealen, sogar humanen Einstellung könne ein Unmenschlichkeitsverbrechen begangen werden. Verlangt wird nur, daß die *Tat* ‚Nichtachtung des ideellen Menschenwertes zum Ausdruck bringt'"[2468]. Weniger überzeugend wäre die Psychologisierung der ‚Menschheit' als Opfer der Verletzung von KRG 10. Hier hätte Köln versäumt, der Gefahr des ‚Erfolgsstrafrechts' einen Riegel vorzuschieben. Es

---

2465 *Ders.* 1948: Rechtsprechung des OGH, Sp. 655.
2466 Vgl. *ebd.*, Sp. 655–660.
2467 Vgl. *ebd.*, Sp. 657f.: „Der Begriff der Humanität gehört nicht der Welt der Wirklichkeit, sondern der des Wertes an. ‚Tatsächliche' richterliche Feststellungen hierüber sind Fiktionen, es handelt sich in Wahrheit um eigene Wertungen des Urteilenden. ‚Die Menschheit' kann hier nicht als ein psychisches Faktum, sondern nur als Beziehungspunkt für einen Inbegriff von Kulturwerten verstanden werden. Eine Feststellung, daß sie sich realiter verletzt fühle, wäre nicht nur tatsächlich unmöglich, sondern auch methodisch verfehlt". Die Bedenken Langes tragen Spuren von Carl Schmitts Argwohn gegenüber dem Begriff der ‚Menschheit' (vgl. X.3).
2468 *Lange* 1948: Rechtsprechung des OGH, Sp. 658 (Hervorhebung im Original).

werde „die Strafbarkeit nicht nur von den objektiven Tatfolgen abhängig gemacht – unter Aufgabe des Versuchsprinzips insoweit – sondern darüber hinaus noch von der zufälligen Publizität der Tat"[2469]. Lange entgegnet: „Die Verwerflichkeit und Gefährlichkeit der Handlung wird durch ihren Mißerfolg und ihr Unbekanntbleiben nicht berührt". Grundsätzlich war der Rechtswissenschaftler, der die SBZ 1949 Richtung Westen verließ, kein Gegner der OGH-Urteilspraxis zu KRG 10; der weitgehenden Aburteilung von NS-Tätern stand er nicht fern. Das zeigen trotz Kritik auch die Abschlussbemerkungen zur Arbeit des Revisionsgerichts:

> „Der Ernst und die Gründlichkeit, mit der hier enorme Gedankenmassen verarbeitet worden sind, verdienen allen Respekt. Dessen ungeachtet wird man sich namentlich beim ersten Urteil [i. e. im Fall Bl.] unter praktischen Gesichtspunkten fragen müssen, ob hier nicht des Guten zuviel getan worden ist. Es hat streckenweise den Stil einer rechtsphilosophischen Abhandlung; der eigentlich entscheidende Teil andererseits umfaßt nur wenige Zeilen. Die Kategorien und Begriffe sind nicht immer ins Juristische transportiert (…). Die abstrakten Erörterungen sind weitgehend von dem Fall losgelöst. Unverkennbar ist eine Neigung zu theoretischen Exkursen auch über Probleme, die der Fall nicht aufwirft (…). Die entsagungsvolle Nüchternheit und Selbstbeschränkung des alten Reichsgerichts, ehe es dem Dezisionismus verfiel, und seine Kunst, den unteren Gerichten handfeste Richtsätze auf den Weg zu geben, hatte auch ihr Gutes"[2470].

b) Hellmuth von Weber: Kritik an der Rechtsdogmatik des OGH

Hellmuth von Weber[2471], seit 1937 Strafrechtsprofessor in Bonn und Mitte der fünfziger Jahre Mitglied im deutsch-alliierten Kriegsverbrechergnadenausschuss, bezweifelte, dass KRG 10 seinen Zweck, eine einheitliche Rechtsbasis für die Aburteilung von ‚Verbrechen gegen die Menschlich-

---

2469 Hier und folgend *ebd.*, Sp. 658f.
2470 *Ebd.*, Sp. 660. Die zitierte Formulierung ‚streckenweise den Stil einer rechtsphilosophischen Abhandlung' wird auch von Rüping aufgegriffen (vgl. *VII.3*).
2471 Zu Weber (1893–1970) vgl. *Kaufmann*, Hilde: Hellmuth von Weber †, in: Monatsschrift für Kriminologie und Strafrechtsreform 53 (1970), H. 5/6, S. 273.

keit' zu sein, erfüllt hatte[2472]. Er unterscheidet zwei Deutungen, die sich im Zuge der Rechtsfindung herauskristallisiert hätten: eine solche, die in der Tradition der humanitären Intervention stehe, wonach KRG 10 Strafbarkeit nicht statuiere, sondern nur deren Ausdruck sei, und eine solche, die das Gesetz als ausschließliche Rechtsquelle begreife. Diese gehe von der Bildung eines neuartigen und umfassenden Tatbestandes aus. Sie werde u. a. vom OGH vertreten, der dadurch ins Zentrum von Webers Kritik gerät:

> „Das Postulat der Gleichbehandlung kann nur erfüllt werden, wenn die Methode der Anwendung des KG 10 [i. e. KRG 10] einheitlich ist. Diesem Postulat handelt der OGH aber gerade zuwider, wenn er Art. II 1c KG 10 als einen deutsch-rechtlichen Tatbestand unter anderen, der mit diesen in Tateinheit treten könne, ansieht und damit eine Methode anwendet, die nichtdeutschen Gerichten, die mit der Aburteilung nach dem gleichen Gesetz betraut sind, nicht zugänglich ist"[2473].

Indem der Autor die Verwendung der Rechtsfigur der Idealkonkurrenz ablehnt, bezieht er eine Gegenposition nicht nur zum OGH, sondern auch zur Vergangenheitspolitik der Legal Division. Die Deutung des Revisionsgerichts bringe es mit sich, dass der im alliierten Gesetz so vage umrissene Tatbestand des ‚Verbrechens gegen die Menschlichkeit' von verschiedenen höchsten Gerichten unterschiedlich interpretiert werde. So verlange das US-Militärgericht im Nürnberger ‚Juristenprozess' das Vorliegen eines Massenverbrechens, während der OGH auch einzelne Aktionen unter das Kontrollratsgesetz fasse, sofern sie im Kontext der NS-Willkürherrschaft gestanden hätten. Es mag dahinstehen, dass die Behauptung solch einer Diskrepanz zwischen jener alliierten und dieser Kölner Rechtspraxis am Rhein Widerspruch ausgelöst haben dürfte. Weber kommt jedenfalls zu dem Schluss, dass die je zugrunde gelegten Tatbestandsfassungen unverbindlich bleiben müssten und auch Hodenbergs „Bedenken gegen die Durchbrechung des Grundsatzes nulla poena sine lege ihr volles Gewicht" behielten. In seiner Argumentation kommt er öfters auf den OGH zurück, dessen Positionen er meist für nicht zielführend oder zu unpräzise hält – so hinsichtlich des Eintritts inhumaner Folgen, wenn das Opfer einer Anzeige nach der Festnahme Furcht vor einer willkürlich-gewalttätigen Behandlung hatte, dieser dann aber doch nicht unterworfen wurde. Weber

---

2472 Vgl. *Weber*, Hellmuth v.: Das Verbrechen gegen die Menschlichkeit in der Rechtsprechung, in: Monatsschrift für Deutsches Recht 3 (1949), H. 5, S. 261–266, hier: S. 261.
2473 Hier und im Folgenden *ebd.*, S. 263.

erkennt darin nur einen ‚Bagatellfall'[2474] – im Gegensatz zum OGH, nach dessen Rechtsprechung der Tätervorsatz beim Eintritt inhumaner Folgen für das Opfer im Übrigen nur einen bedingten Vorsatz erfordere.

„Das hat zur Folge, daß Denunzianten als MV [i. e. Menschlichkeitsverbrecher] abgeurteilt werden, die diese Bezeichnung nicht verdienen. Es handelt sich um Taten, wie sie mit gleichem Unrechts- und Schuldgehalt auch außerhalb des Nationalsozialismus häufig vorkommen. Wer nach der Kapitulation aus persönlichen Gründen einen anderen bei der MilReg [i. e. Militärregierung] denunzierte, um ihn auf einige Zeit ‚verschwinden' zu lassen, oder aus seiner Stellung oder Wohnung zu bringen, verdient sicher keinen geringeren Vorwurf als wer dasselbe in den 12 Jahren vorher bei der NSDAP tat. Aber dieser Vorwurf ist ein ethischer; die wahrheitsgemäße Denunziation entzieht sich strafrechtlicher Ahndung"[2475].

Dieser Einschätzung bzw. Missbilligung der Verfolgung von NS-‚Anzeigeverbrechen' hätten die OGH-Strafrichter entschieden widersprochen. Zumal Weber mit keinem Wort auf ihre Differenzierung in Bezug auf die Tragweite der Tat eingeht. Denn eine unter der NS-Diktatur erfolgte Denunziation konnte laut OGH-Urteil vom 22. Juni 1948 im Verfahren gegen V. viel gravierendere Folgen haben als eine solche, die vor 1933 oder nach 1945 stattfand (vgl. *VIII.1*). Zuletzt wendet sich der Professor vor der Folie des Revisionsurteils im Fall Holzwig/Petersen (vgl. *VIII.2.6*) der Frage nach der Strafbarkeit von Spruchrichtern gemäß KRG 10 zu. Hierbei bejaht er diese zwar im Prinzip und hält solches Unrecht für „eine besonders empörende Form der Begehung". Er hebt aber hervor, dass sich Richter dafür einer bewussten Rechtsbeugung schuldig gemacht haben mussten, indem sie bei der Strafzumessung trotz formaler Einhaltung des gesetzlichen Rahmens ‚rechtsfremden Überlegungen' gefolgt waren. Die OGH-Meinung, Richter könnten sich strafbar machen, ohne eine Rechtsbeugung zu verüben, wird abgelehnt. Denn anderenfalls bedürfte es für den Schuldnachweis einer Überprüfung nicht nur des pflichtgemäßen Ermessens, sondern auch der Richtigkeit des Urteils. Dadurch würde jedoch der Rechtsgrundsatz der Unabhängigkeit des Richters gefährdet[2476]. Diese Deutung sollte Weber noch modifizieren (s. u.). Der Text endet mit Tribut und Mahnung. Es sei „ein wesentlicher Fortschritt, den das KG 10 ge-

---

2474 Vgl. *ebd.*, S. 264f.
2475 Hier und nachfolgend *ebd.*, S. 265.
2476 Vgl. *ebd.*, S. 265f.

bracht hat, daß strafrechtliche Ahndung des MV auf festen Boden gestellt worden ist"[2477]. Hingegen müsse verhindert werden, dass die Norm zur Durchsetzung politischer Ziele missbraucht werde oder auch nur in diesen Verdacht gerate. Sie dürfe kein Ausnahmegesetz sein; vielmehr müsse sie ein Recht mit universellem Geltungsanspruch schaffen. Zumindest in dieser Frage lagen Weber und der OGH gar nicht so weit auseinander.

c) Adalbert Joppich, Hellmuth von Weber und die Ahndung von Justizunrecht

Kein Freund der OGH-Rechtsprechung zu Justizunrecht war aus nachvollziehbaren Gründen Adalbert Joppich[2478]. Hinsichtlich des Revisionsurteils im Fall Brumshagen vom 15. November 1949 stellte der Ex-SS-Oberscharführer und Vorsitzende des Deutschen Obergerichts in den besetzten Niederlanden – in dieser Funktion mitverantwortlich für Todesurteile –[2479] einen Text unter die Frage ‚Kann ein Richter Rechtsbeugung begehen, wenn er bestehende staatliche Gesetze anwendet?'[2480]. Wie bekannt, hatte Köln dies mit der Begründung bejaht, es gebe ‚im Bereich aller Kulturvölker bestimmte, mit dem Wert und der Würde der menschlichen Persönlichkeit zusammenhängende Grundsätze (...), die für das Zusammenleben der Menschen und das Dasein jedes einzelnen so wesentlich sind, daß auch kein diesem Bereich angehörender Staat berechtigt ist, sich davon loszusagen' (vgl. VIII.2.6). Dieser Maxime mochte Joppich nicht folgen, denn er sah den Positivismus bedroht. „Die Befolgung eines staatlichen Gesetzes kann strafbar sein. Das ist die Quintessenz dieser Entscheidung; und es macht sich strafbar sowohl der einzelne, der die staatlichen Gesetze befolgt, als auch der Richter, der sie anwendet. Die Konsequenzen dieser extremen Entscheidung sind unübersehbar". Man könne das Urteil „nur mit

---

2477 *Ebd.*, S. 266.
2478 Zu Joppich, Jahrgang 1902, vgl. *Klee* 2005, S. 289.
2479 Vgl. *Sigel*, Robert: Die Dachauer Prozesse 1945–1948 in der Öffentlichkeit: Prozesskritik, Kampagne, politischer Druck, in: Jörg Osterloh und Clemens Vollnhals (Hrsg.): NS-Prozesse und deutsche Öffentlichkeit. Besatzungszeit, frühe Bundesrepublik und DDR, Göttingen 2011 (Schriften des Hannah-Arendt-Instituts für Totalitarismusforschung, Bd. 45), S. 131–147, hier: S. 141.
2480 Vgl. *Joppich*, Adalbert: Kann ein Richter Rechtsbeugung begehen, wenn er bestehende staatliche Gesetze anwendet? In: Die andere Seite. Informationsdienst, hrsg. v. d. Arbeitsgemeinschaft für Recht und Wirtschaft, Nr. III, Juli 1950, S. 4f.

tiefster Sorge zur Kenntnis nehmen"[2481]. Joppich streicht die „Unmöglichkeit der Situation" heraus, „in die die Entscheidung des Obersten Gerichtshofes den einzelnen wie insbesondere den Richter hineinbringt"[2482]. Am Schluss baut der Senatspräsident zur Wiederverwendung eine Drohkulisse auf, indem er die ‚schwerste Konsequenz' aus dem Kölner Urteil zieht: „Es muß also künftig ein Richter nicht nur prüfen, ob ein Gesetz angemessenem übernationalen – auch ungeschriebenen – Menschlichkeitsrecht entspricht, sondern auch, ob das Regime, das jene Gesetze erlassen hat, sich auf längere Zeit noch halten wird oder nicht. Wohin führt dieses Rechtsdenken?" Er sprach als Anwalt in eigener Sache, wollte er für seine Beteiligung an der Verhängung von Todesurteilen doch gewiss nicht zur Rechenschaft gezogen werden.

Ein unverdächtigerer Kritiker der Kölner Spruchpraxis zu NS-Justizverbrechen war Hellmuth von Weber, der sich in seinem Kommentar zur Publikation der Urteilsgründe im Fall Brumshagen mit dem OGH-Leitsatz ‚Auch ohne daß der Tatbestand der Rechtsbeugung gegeben ist, kann sich ein Richter des Verbrechens gegen die Menschlichkeit schuldig machen', beschäftigte[2483]. Dabei konzediert der Bonner Jurist die prinzipielle Möglichkeit der Strafbarkeit nach KRG 10 Art. II 1c. Hierfür bedürfe es aber des Tätervorsatzes zur Rechtsbeugung, wobei der dann gegeben sein könne, „wenn der Richter weiß, daß seine Entscheidung den verbindlichen Grundsätzen der Menschlichkeit widerspricht, mag sie auch im Einklang mit dem staatlichen Gesetz stehen. Dann hat er das Verbrechen der Rechtsbeugung begangen"[2484]. Die Expertise Webers schließt mit einigen schwer verständlichen Überlegungen, die die Gesetzesauslegung des OGH zwar nicht verwerfen, ihr im Kern möglicherweise sogar beipflichten, sie aber auch der gedanklichen Unklarheit bezichtigen:

> „Wenn der Satz des Urteils, daß der Spruchrichter sich eines Verbrechens gegen die Menschlichkeit schuldig machen kann, ohne daß er zugleich den Tatbestand der vorsätzlichen Rechtsbeugung nach deutschem Strafrecht verwirklicht, dahin verstanden werden soll, daß durch den Richter nicht notwendig das deutsche Strafrecht gebeugt sein muß (anders freilich der vorangestellte Leitsatz!), so wäre gegen ihn nichts zu erinnern. Aber für ein Abgehen von dem Prinzip, daß

2481 Ebd., S. 4.
2482 Hier und im Folgenden ebd., S. 5.
2483 Vgl. Weber, Hellmuth v.: Zu Nr. 17. Anmerkung [zum Urteil des OGH vom 15. November 1949], in: Neue Juristische Wochenschrift 3 (1950), H. 7, S. 275.
2484 Hier und folgend ebd.

der Richter nur bei vorsätzlicher Beugung des Rechtes verantwortlich gemacht werden darf, bietet auch das KRG 10 keine Grundlage. Eine solche Auslegung des KRG 10 würde das Prinzip der richterlichen Unabhängigkeit in einer besonders empfindlichen und politisch bedenklichen Weise berühren und sich zu einem Grundsatz der deutschen Rechtspflege, dessen volle Wiederherstellung auch ein Ziel der Besatzungspolitik war, in Widerspruch setzen. Sie kann daher nicht richtig sein".

d) Paul Bockelmann: Kritik der Schuldlehre des OGH

Der Strafrechtler Paul Bockelmann[2485], der 1942 eine Professur in Königsberg angetreten hatte und 1949 nach Göttingen gewechselt war, setzte sich 1949/50 mit der Schuldlehre des OGH auseinander. Sein Beitrag hierzu erschien aber erst 1951 in der ‚Zeitschrift für die gesamte Strafrechtswissenschaft', deren Mitherausgeber er war. Die Themenwahl begründet er damit, dass die äußere Tatseite des Verbrechens gegen die Menschlichkeit bald nur noch historisches Interesse wecke, ziele das KRG doch auf die NS-Vergangenheit. Es biete „den ungewohnten Anblick einer Strafvorschrift, die noch nicht galt, als sie übertreten werden konnte, und die nicht mehr übertreten werden kann, seitdem sie gilt. (…) Die Ausprägung des objektiven Tatbestandes der Unmenschlichkeitstat durch die Rechtsprechung des OGH. ist also eine für den Tag und die Stunde geleistete Arbeit"[2486]. Mag diese Einschätzung aus der Rückschau zu kurz greifen[2487], schildert Bockelmann doch überzeugend, dass die unbestimmte Definition des Tatbestandes die Delegierung der inhaltlichen Ausgestaltung an das richterliche Ermessen nach sich zog, das „vorwiegend von kriminalpolitischen Erwä-

---

2485 Zu Bockelmann (1908–1987) vgl. *Hirsch*, Hans Joachim: Paul Bockelmann †, in: Zeitschrift für die gesamte Strafrechtswissenschaft 100 (1988), H. 2, S. 281–289.
2486 *Bockelmann*, S. 14. Unter Hinweis auf die zitierte pointierte Analyse verwies Carl Schmitt KRG 10 unter dem Datum vom 23. Juli 1950 in das „juristische Monstrositäten-Kabinett" (*Schmitt* 2015, S. 234).
2487 Bockelmann konnte nicht wissen, dass die OGH-Rechtspraxis in den neunziger Jahren eine Renaissance erfahren sollte (vgl. *X.5*). Aus geschichtswissenschaftlicher Sicht verkennt er auch, dass die vom Revisionsgericht geleistete Klärung des Konnex' von Verbrechen mit der NS-Gewalt- und Willkürherrschaft über den Tag hinaus relevante Geschichtsbilder lieferte (vgl. *VIII*) – wenngleich diese damals kaum rezipiert wurden.

gungen abhängig [sei], weniger von eigentlich juristischen Deduktionen"[2488]. Das an dieser Stelle dargelegte Verständnis eines ‚politischen' Wirkens von Richtern, die eine gesetzlich nur vage umrissene Strafnorm für die Praxis anwendbar machen, deckt sich mit dem Ansatz der vorliegenden Arbeit, die Spruchtätigkeit des OGH als Element einer strafrechtlichen Vergangenheitspolitik zu interpretieren.

Es wäre hier müßig, der eingehenden Diskussion und Kritik folgen zu wollen, die Bockelmann der am Menschlichkeitsverbrechen ausgebildeten Schuldlehre des OGH widmet. Die geschichtswissenschaftliche Perspektivierung darf sich auf die Nennung von Marksteinen beschränken: Der Strafjurist arbeitet heraus, wie sich der Schuldbegriff des Revisionsgerichts zuerst klar von dem des deutschen Strafrechts unterschieden hätte. Allmählich hätte jener sich diesem aber angenähert[2489]. Dennoch stößt die Kölner KRG-10-Deutung bei Bockelmann auf schwere Bedenken, nicht zuletzt im Hinblick auf die Behandlung der Schuldfrage bei NS-Denunziationen. So sei das „Bedürfnis [manifest], das Anzeigeverbrechen rechtlich besonders zu behandeln"[2490]. Dies zeigten die Erwägungen des OGH zum Tätervorsatz und die seinerseits errichteten hohen Hürden für einen Schuldausschluss wegen fehlenden Unrechtsbewusstseins. Es blieben daher „Zweifel, ob hier dem Schuldprinzip genügend Rechnung getragen wird"[2491]. Der Rechtsgelehrte schiebt die Verantwortung dafür aber nicht dem OGH, sondern der Norm zu, indem er seinen Text mit einer kritischen Betrachtung abschließt:

> „[M]it den Aufgaben, die Vorsatz und Unrechtsbewußtsein stellen, werden Rechtsprechung und Lehre anderwärts leichter fertig als im Bannkreis des KRG 10. Wenn hier die Lösung bisher nicht gelungen erscheint, so hat das seinen Grund vielleicht darin, daß ein Strafgesetz, welches rückwirkende Kraft in Anspruch nimmt und zugleich auf eine tatbestandsmäßige Aufgliederung verzichtet, für den Juristen immer eine beunruhigende Erscheinung bleiben muß"[2492].

Zutreffend für die Haltung der Strafrechtswissenschaft im Jahr 1969 bemerkt Storz: „Wenn auch das KRG 10 den OGH zu einer verdienstvollen Ausprägung des materiellen Unrechtsbegriffes veranlaßt hat, so haben

---

2488 *Bockelmann*, S. 14f.
2489 Vgl. *ebd.*, S. 27.
2490 *Ebd.*, S. 31.
2491 *Ebd.*, S. 39.
2492 *Ebd.*, S. 46.

doch Rückwirkung, außerordentliche Tatbestandsweite und System-Fremdartigkeit des gleichen KRG 10 die OGH-Rechtsprechung hierzu in manchen Gebieten auf Wege geführt, die heute nicht mehr gangbar sind"[2493]. Unter anderem Blickwinkel führt Bahlmann die Ungereimtheiten und Inkonsequenzen in der Auslegung von Gesetz und Tatbestand z. T. auf den Versuch des Revisionsgerichts zurück, die Kontinuität der staatlichen Ordnung über die Zäsur ‚1945' hinweg aufrechtzuerhalten[2494]. Die zeitgenössischen Kritiker des OGH hätten dem wohl widersprochen. Manche – v. a. Vertreter einer entgegengesetzten Vergangenheitspolitik wie Klefisch und Joppich – hätten Köln eher das Gegenteil unterstellt: dass seine irrigen Rechtsansichten auf dem Bemühen gründeten, eine Prägung des Tatbestands zu etablieren, die möglichst viele Täter zur Rechenschaft zog.

e) Zusammenfassung

Der Überblick über die strafrechtswissenschaftliche Rezeption der OGH-Rechtspraxis zu KRG 10 legt den Blick frei auf eine große Bandbreite von Standpunkten. Neben weitgehend zustimmenden und wohlwollenden Beiträgen (Lange, Peters) gibt es klare rechtsdogmatische Kritik (Weber, Bockelmann, Welzel, Schmidt) sowie Stimmen, deren Ablehnung und Schärfe gelegentlich zusammen mit den persönlichen Hintergründen auf eine vergangenheitspolitische Einstellung schließen lassen, die umfassende Straffreiheit für NS-Täter befürwortete (Klefisch, Joppich).

2493 *Storz*, S. 33.
2494 Vgl. *Bahlmann* 2008, S. 309.

3 Die strafrechtliche Vergangenheitspolitik der Bundesrepublik und die Abwicklung des OGH und seiner Rechtsprechung

Kurz nach der Gründung der BRD führten Verteidiger in NS-Prozessen das Grundgesetz gegen die Rechtsprechung des OGH zu KRG 10 ins Feld, indem sie sich auf dessen Normierung des Rückwirkungsverbotes beriefen. Sein Art. 103 Abs. 2 bestimmt: „Eine Tat kann nur bestraft werden, wenn die Strafbarkeit gesetzlich bestimmt war, bevor die Tat begangen wurde"[2495]. In Köln sahen sich die Revisionsrichter verschiedentlich mit dieser Begründung konfrontiert. Sie parierten sie, wie beim Fall Marloh (vgl. *VIII.2.5.4*) aufgezeigt, mit dem Argument, KRG 10 sei nach wie vor gültiges alliiertes Recht, das vom Grundgesetz nicht berührt werde. Folgend wird das Augenmerk aber von den juristischen zu den im engeren Sinne politischen Diskursen hingelenkt – genauer gesagt zu den auf Bundesebene vorgenommenen strafrechtspolitischen Weichenstellungen, die die Verfolgung von NS-Unrecht in Zukunft prägen sollten: und zwar durch Normsetzung (vgl. *3.1*), personalpolitische und andere Entscheidungen (vgl. *3.2*) sowie Drängen auf die Aufhebung alliierter Normen (vgl. *3.3*).

3.1 Das Bundesamnestiegesetz vom 31. Dezember 1949 und der OGH

Norbert Frei beschreibt die sich 1949 verdichtenden Diskussionen um eine Bundesamnestie und das Zustandekommen des Straffreiheitsgesetzes vom 31. Dezember als Auftakt jener ‚Vergangenheitspolitik', die den BRD-Umgang mit der NS-Geschichte bzw. der politischen Belastung der Bevölkerung in den Anfangsjahren kennzeichnen sollte. Sie stützte sich auf die Pfeiler Amnestie und Integration von NS-Belasteten sowie Abgrenzung von NS-Strömungen (vgl. *I*). Diese maßgeblich von 1949 bis 1955 betriebene Politik der Regierung Adenauer, die auch in der Opposition Anklang fand und weitestgehend mitgetragen wurde, fand im gleichen vergangenheitspolitischen Spannungsfeld statt wie das Ringen um Macht und Deu-

---

2495 BGBl. 1949, Nr. 1, S. 13.

tungshoheit im Hinblick auf die Ahndungspraxis bei NS-Verbrechen. Wie bezüglich der KRG-10-Anwendung ging es den Akteuren bei der Debatte um ein Straffreiheitsgesetz um die Klärung der Frage, wer als NS-Täter bestraft werden sollte und wer nicht. Im Gegensatz zu den Konflikten um ‚Verbrechen gegen die Menschlichkeit' stand aber nicht die Täterzuschreibung auf Basis der Maßstäbe deutschen oder alliierten Rechts im Zentrum. Denn trotz Amnestie blieb ja der Makel von Verbrechen und Schuld am Täter haften. Es wurde nicht revidiert, was ihm an schuldhaft-rechtswidrigen und mit Unrechtsgehalt belegten Taten nachgewiesen worden war. Nichtsdestoweniger bedeutete der Gnadenerweis für Täter den Gewinn der Freiheit und für Opfer den Verlust der Genugtuung darüber, dass das erlittene Unrecht gesühnt wurde. Im Übrigen bot das Gesetz Staatsanwälten die Möglichkeit, Verfahren, bei denen das erwartbare Strafmaß einen Amnestiefall erwarten ließ, schon vor der Anklageerhebung einzustellen.

Schlüssig ist die Abwägung Eichmüllers, dass Straffreiheit „bis zu einem gewissen Grad sicher sinnvoll" war, während sie „vom Standpunkt der Gerechtigkeit und der Sühneansprüche der Opfer besonders in Bezug auf die nationalsozialistisch motivierten Straftaten"[2496] zweifelhaft erscheint. Denn einerseits hätte die Justiz wegen der damaligen Flut an Strafverfahren – in erster Linie zu Nachkriegsdelikten – ansonsten kaum die Chance zur Aburteilung auch nur der dringendsten und schwersten Fälle gehabt. Andererseits war bei Prozessen zu NS-Unrecht seit längerem der Trend zu einer immer milderen Beurteilung beobachtbar. Davon profitierten oft im Kontext der ‚Reichspogromnacht' straffällig gewordene Täter, denen nun die Begnadigung winkte.

Unumstritten war die Amnestierung von NS-Verbrechen aber nicht. So war anfangs unklar, ob auch NS-Straftäter in den Genuss eines entsprechenden Gesetzes kommen sollten. Ein erster Entwurf von Walter Strauß – damals Leiter des Rechtsamtes der Bizone, aber schon zum Staatssekretär für das Bundesjustizministerium auserkoren – sah ihre Einbeziehung noch nicht vor[2497]. Hiergegen argumentierte Nordrhein-Westfalens Justizminister Sträter Mitte 1949 gewohnt vergangenheitspolitisch mit dem Rat, „den politischen Gegnern der Demokratie von gestern die Wohltat einer Amnestie zuteil werden"[2498] zu lassen. Schützenhilfe erfuhr er etwa von Ernst Friedlaender, der die Gewährung von Straffreiheit als ‚Vorvertrag zum Frieden' bezeichnete, da sie „hervorragend dazu geeignet [wäre], innerhalb

---

2496 *Eichmüller* 2012, S. 41.
2497 Vgl. *ebd.*, S. 38.
2498 Zit. n. *ebd.*

3.1 Das Bundesamnestiegesetz vom 31. Dezember 1949 und der OGH

Deutschlands und im Verhältnis der Deutschen zu den Besatzungsmächten befriedigend zu wirken"[2499]. Dabei nahm der Publizist NS-Täter in den Blick, die vor alliierten oder deutschen Gerichten wegen Kriegs- oder Menschlichkeitsverbrechen verurteilt worden waren. Er wetterte, eine „politisch rächende Justiz" hätte seit 1945 Rechtlosigkeit geschaffen, anstatt sie zu beseitigen, und sich eines „experimentierenden Rechts mit starkem politischem Einschlag" bedient.

„Die neuen, meist mit rückwirkender Kraft angewandten Rechtsbegriffe einer sehr weitgefaßten Mitwisserschaft und Mittäterschaft oder auch der Schuld an Angriffskriegen und der Plünderung, alles überhaupt, was sich aus dem umstrittenen Kontrollratsgesetz Nr. 10 ableitet, das gleichfalls in Besatzungsverordnungen wurzelnde Entnazifizierungsrecht – all dies ist problematisch; die Vielzahl der Rechtsinstanzen, denen der gleiche Mensch anheimfiel, war so verwirrend, daß eine Amnestie nicht nur vom Schicksal des Rechtes her unumgänglich geworden ist".

Folglich hätten Urteile wegen Kriegsverbrechen und Verbrechen gegen die Menschlichkeit allenfalls gefällt, aber nicht vollstreckt werden dürfen, soweit NS-Täter nicht auch gegen das StGB verstoßen hatten. Insofern Friedlaender die Frage der Höchststrafengrenze vermeidet, zielt sein Plädoyer auf eine Amnestie für alle allein auf Basis des alliierten Gesetzes Verurteilten. Aus solch einer Regelung hätte besonderen Nutzen gezogen, wer eines NS-‚Anzeigeverbrechens' für schuldig befunden worden war – ganz unabhängig von Schuldgrad und Strafhöhe.

Ferner griff auch Carl Schmitt zur Feder, um sich zum Straffreiheitsproblem zu äußern. In dem am 10. November 1949 anonym publizierten Text stellt er den Leser angesichts eines in Deutschland wütenden ‚kalten Bürgerkrieges' in dezisionistischer Manier vor die angebliche Alternative von Vergessen oder Vernichten. Wie Meier später (vgl. *II.1.1*) erinnerte er daran: „Alle Bürgerkriege der Weltgeschichte, die nicht in der totalen Vernichtung der Gegenseite endeten, haben mit einer Amnestie geendet. (...) Die Amnestie ist mehr als eine Entlastung des staatlichen Verfolgungsapparates. Sie ist ein gegenseitiger Akt des Vergessens. Sie ist keine Begnadigung und kein Almosen. Wer Amnestie nimmt, muß sie auch geben, und

---

[2499] Hier und folgend *Friedlaender*, Ernst: Amnestie: Der Vorvertrag zum Frieden, in: Die Zeit, 27. Oktober 1949, Nr. 43, S. 1.

wer sie gibt, muß wissen, daß er sie auch nimmt"[2500]. Eine solche Äußerung vom ‚Kronjuristen des Dritten Reiches', der eine nachträgliche Moralisierung ablehnte[2501] und sich im ‚Glossarium' als Gegner mit Sanktionen eingreifenden strafrechtlichen Vergangenheitspolitik präsentierte (vgl. *I.1*), ist freilich wenig überraschend.

Jedoch brachten Beiträge wie die von Friedlaender und Schmitt nur zur Sprache, was sich als Wunsch nach einem ‚Schlussstrich' unter die NS-Vergangenheit ohnehin in der Bevölkerung Bahn brach. Neben „moralischer Indifferenz und bewußter Apologie"[2502] waren es vielfach die im Gefolge der Entnazifizierung sowie alliierten Internierung erfahrenen Ungerechtigkeiten, die für Unmut sorgten. Etwa die Besserstellung der Schwerbelasteten im Zuge der ‚politischen Säuberung', die Nutznießer der mit der Zeit immer milderen Ahndungspraxis waren, weil ihre Verfahren anfangs oft zurückgestellt worden waren. Bei manchen herrschte auch das Gefühl vor, angesichts von Bombenkrieg, Vertreibung und materieller Not genug Nachteile erfahren zu haben. Neben den NS-Belasteten teilten auch viele Nichtbelastete und sogar Verfolgte die Bereitschaft, die mit den Lebensläufen nach 1933 verbundenen wunden Punkte kommunikativ zu beschweigen (Lübbe). Vor diesem Hintergrund war es kein großer, eher ein folgerichtiger Schritt, auch die als NS-Täter verurteilten Personen vom Straferlass profitieren zu lassen. Solcherart waren die Gedanken der Landesjustizminister, als sie sich im Sommer 1949 verständigten, die stillschweigende Einbeziehung von Menschlichkeits- sowie Organisationsverbrechen in den Katalog der amnestiefähigen Delikte zu empfehlen – jener Tatbestände, die gemäß KRG 10 auch vor deutschen Schwur- und Spruchgerichten abgeurteilt werden konnten. Die zuvor von den Alliierten in ihren Zonen erlassenen Amnestien hatten diese stets ausgespart[2503].

Das Thema wurde auf Bundesebene aufgegriffen. So bemerkte Adenauer in seiner Regierungserklärung vom 20. September 1949, die an NS-Verbrechen ‚wirklich' Schuldigen sollten streng bestraft werden. Aufhören müsste aber eine Unterscheidung der Menschen in eine Klasse der politisch Ein-

---

2500 *Schmitt*, Carl: Amnestie oder die Kraft des Vergessens, in: Ders.: Staat, Großraum, Nomos. Arbeiten aus den Jahren 1916–1969, hrsg., mit einem Vorwort u. mit Anmerkungen versehen v. Günter Maschke, Berlin 1995, S. 218–221, hier: S. 218f.
2501 Vgl. *Mehring*, S. 452.
2502 *Frei*, S. 29.
2503 Vgl. *ebd.*, S. 29f.

3.1 Das Bundesamnestiegesetz vom 31. Dezember 1949 und der OGH

wandfreien bzw. nicht Einwandfreien[2504]. Hiermit umriss er sein vergangenheitspolitisches Programm, das Gewinner und Verlierer erzeugte. Denn seine Ausrichtung an den Interessen „jener Mehrheit, deren tatsächliches Leid (etwa als Vertriebene und Ausgebombte), oft aber auch nur vermeintlicher Opfergang (als Entnazifizierte oder eben als ‚Militärverurteilte') mit dem Zusammenbruch des Hitler-Regimes begonnen hatte"[2505], ging zwangsläufig zulasten der Minderheit der NS-Verfolgten. Am 3. Oktober 1949 ließ Justizminister Dehler den Kollegen auf Länderebene einen ersten, weitgehenden Gesetzentwurf zukommen. Von Steuerdelikten abgesehen sollte Straffreiheit für alle vor dem 15. September begangenen Vergehen gewährt werden, die zu rechtskräftigen Verurteilungen mit einem Strafmaß von bis zu einem Jahr Haft oder 10.000 DM Geldstrafe geführt hatten[2506]. Es sei dies eine „einmalige Sondermaßnahme", um „einen Schlußstrich unter die Vergangenheit mit ihrer Not, ihrer Verworrenheit und ihrer aus Krieg und Nachkriegszeit geborenen Verwilderung"[2507] zu ziehen. Die Länder reagierten verhalten bis kritisch. Neben der nicht erwiesenen Zuständigkeit des Bundes wurde moniert, der Entwurf sei inkonsistent und ginge hinsichtlich der Strafhöhe von zwölf Monaten zu weit. Bayerns Justizminister Josef Müller (CSU) schrieb Dehler, der Vorschlag sei „rechtlich und politisch untragbar". Denn seine Großzügigkeit nütze Tätern, die wegen „schwerwiegender nazistischer Gewalttaten, insbesondere wegen schweren Landfriedensbruchs und ähnlicher Delikte aus Anlaß der Ausschreitungen gegen Juden im Jahre 1938 verurteilt wurden oder Strafen zu erwarten hatten"[2508]. Allerdings stimmten im Rechtsausschuss des Bundesrates nur Niedersachsen und Schleswig-Holstein dagegen, NS-Verbrechen gegen die Menschlichkeit in das Gesetz einzubeziehen[2509]. Gleichwohl trug das Bundeskabinett den Einwänden Rechnung und senkte am 28. Oktober 1949 in Bezug auf Kriminaldelikte – darunter NS-Straftaten – die Strafgrenze auf sechs Monate Haft. Analog trat der Generalinspekteur der Spruchgerichte der Britischen Zone Meyer-Abich dafür ein, dass Personen, die wegen Organisationsverbrechens zu höchstens einem halben Jahr Gefängnis verurteilt worden waren, ebenfalls straffrei erklärt wurden; von einer allzu weitgehenden Amnestie riet er aber ab. Sein Vor-

---

2504 Adenauers Regierungserklärung vom 20. September 1949 ist in Auszügen wiedergegeben und kommentiert in: *Niehuss/Lindner* (Hrsg.), S. 195–201.
2505 *Frei*, S. 28.
2506 Vgl. *ebd.*, S. 31; des Weiteren *Eichmüller* 2012, S. 38.
2507 Zit. n. *Frei*, S. 32.
2508 Zit. n. *ebd.*, S. 32f. Zu Müller (1898–1979) vgl. *Benz/Pehle* (Hrsg.), S. 378f.
2509 Vgl. *Eichmüller* 2012, S. 39.

bringen fand am 23. November im Bundesrat Unterstützung, der auch die neue Strafgrenze und Zuständigkeit des Bundes bejahte[2510]. Nach der ersten Lesung im Bundestag präsentierte dessen Rechtsausschuss am 7. Dezember einen revidierten, wiederum recht weitreichenden Entwurf, der dem schon zwei Tage später verabschiedeten Straffreiheitsgesetz das Gepräge gab[2511]. In der endgültigen Form sah dieses eine generelle Amnestie für Straftaten vor, die bis zum 15. September 1949 verübt und mit einer höchstens sechsmonatigen Haftstrafe oder einer Geldstrafe bis 5.000 DM geahndet worden waren. § 2 Abs. 2 besagte aber darüber hinaus:

> „Noch nicht verbüßte Gefängnisstrafen bis zu einem Jahr und daneben ausgesprochene, nicht gezahlte Geldstrafen bis zu 5000 Deutsche Mark, auf die rechtskräftig erkannt worden ist oder erkannt wird, werden erlassen unter der Bedingung, daß der Täter nicht binnen eines Zeitraumes von drei Jahren seit dem 15. September 1949 ein Verbrechen oder ein vorsätzliches Vergehen verübt. Dies gilt nicht, wenn der Täter aus Grausamkeit, aus ehrloser Gesinnung oder aus Gewinnsucht gehandelt hat"[2512].

Der letztzitierte Passus bot einer sowieso zunehmend zur NS-Täterfreundlichkeit neigenden Strafjustiz große Ermessensspielräume bei der Frage, welche Angeklagten und Verurteilten mit zu erwartenden bzw. zuerkannten Strafen zwischen sechs und zwölf Monaten Haft wieder auf freien Fuß zu setzen waren. In der Forschung differieren die Einschätzungen der Auswirkung dieser ersten Bundesamnestie auf die in deutschen Prozessen aufgrund von NS-Verbrechen Verurteilten. Frei veranschlagt die Zahl der Profiteure sicher recht hoch, wenn er sie in die Zehntausende gehen sieht[2513]. Darin folgt ihm Eichmüller nicht, dessen Studie den Vorzug hat, sich auf die am IfZ ermittelten empirischen Daten zu stützen (vgl. VI.3). Ihnen zufolge waren beinahe zwei Drittel der bis Ende 1949 rechtskräftig gewordenen 4.669 Verurteilungen wegen NS-Unrechts mit Strafen von nicht mehr als einem Jahr Freiheitsentzug einhergegangen. Ein Teil der hier Betroffenen konnte noch Nutzen aus der Gesetzgebung ziehen. Die

---

2510 Vgl. Frei, S. 33–35. Indem sie durchsetzte, dass die ‚Illegalen', die seit 1945 aus Furcht vor Bestrafung wegen ihrer NS-Verstrickung unter falschem Namen lebten, in den Genuss des Straferlasses kamen, setzte die Deutsche Partei einen eigenen, nationalkonservativen Akzent, vgl. ebd., S. 36–38.
2511 Vgl. ebd., S. 40–42. Das ‚Gesetz über die Gewährung von Straffreiheit' vom 31. Dezember 1949 ist im BGBl. 1949, Nr. 9, S. 37f., veröffentlicht.
2512 Ebd., S. 37.
2513 Vgl. Frei, S. 52.

Zahl der nachgewiesenen, wegen der Amnestie gerichtlich verfügten Einstellungen bezüglich NS-Taten, bei denen also eine Voruntersuchung lief oder schon Anklage erhoben worden war, belief sich auf 2.547. Davon betrafen 57 Prozent antisemitische Gewalt im Zuge der ‚Reichspogromnacht'. In 1.000 bis 1.500 Fällen kamen rechtskräftig verurteilte NS-Täter in den Amnestiegenuss; mindestens 1.785 Einstellungen erfolgten vor der Anklageerhebung, vermutlich aber deutlich mehr[2514].

Im Feld der strafrechtlichen Vergangenheitspolitik rangen die Akteure aus Politik und Justiz auch um die Frage, ob Täter grausam oder ehrlos gehandelt hatten und mithin im Fall einer Haftstrafe zwischen sechs und zwölf Monaten die gesetzlichen Bedingungen für Straffreiheit verfehlten oder nicht. SPD-Rechtsexperte Adolf Arndt ging davon aus, dass dies bei NS-Menschlichkeitsverbrechen den Regelfall darstellte[2515]. Dagegen vertrat OLG-Richter Claus Seibert (Hamm) die Ansicht, Handeln aus Idealismus, Fanatismus oder Überzeugung sei meist nicht ehrlos[2516]. Er verweist auf ein Landgerichtsurteil, das einem zu einem Jahr Haft verurteilten Täter Straffreiheit gewährte, weil er ein Überzeugungstäter gewesen sei. Der Amnestierte hatte einen Katholiken wegen Kritik am Novemberpogrom 1938 ins Gesicht geschlagen und denunziert. Mit Genugtuung konstatiert Seibert, hierin bestehe eine ‚exemplarische Korrektur' der OGH-Rechtspraxis, die diesem Tätertypus „ständig verwehrt"[2517] hätte, sich entlastend auf die eigene Überzeugung zu berufen. Das Tauziehen der widerstreitenden Meinungen endete damit, dass die Strafjustiz das Ruder übernahm und die Einzelfälle prüfte. Für Angeklagte und Verurteilte dürfte sich das nicht zum Nachteil ausgewirkt haben. Da in minderschweren Fällen Körperverletzung mit Todesfolge und Totschlag Mindeststrafen von drei bzw. sechs Monaten vorsahen, war „nicht auszuschließen, daß es [i. e. das Gesetz] sogar eine Anzahl von NS-Tätern begünstigte, an deren Händen Blut klebte"[2518]. Wie Frei betont, hatte die Amnestie eine politische Signalwirkung für das „Ringen um die Rückgewinnung historisch-politischer Identität und vergangenheitspolitische Selbstbestimmung"; sie war der „Einstieg in eine rasch fortschreitende Delegitimierung der Verfolgung von NS-Straftaten"[2519]. Eichmüllers Hinweis, die in der ‚Notzeit', also nach 1945, began-

---

2514 Vgl. *Eichmüller* 2012, S. 39–41.
2515 Vgl. *Frei*, S. 49. Hierzu auch *Eichmüller* 2012, S. 40.
2516 Vgl. *Frei*, S. 49f. Zu Seibert (1902–1977) vgl. *Kohlhaas*, Max: Claus Seibert †, in: Neue Juristische Wochenschrift 30 (1977), H. 18, S. 796f.
2517 Zit. n. *Frei*, S. 50.
2518 *Ebd.*, S. 52. Dies bestätigt auch *Eichmüller* 2012, S. 40.
2519 *Frei*, S. 53.

3 Die strafrechtliche Vergangenheitspolitik der Bundesrepublik

genen Straftaten wären Dreh- und Angelpunkt des Gesetzes gewesen[2520], relativiert das nicht. Jedenfalls war im juristischen Umgang mit NS-Verbrechen unverkennbar eine ‚vergangenheitspolitische Wende' eingetreten, an der das Bundesjustizministerium wesentlich beteiligt war, und durch die Entscheidungen hervorbracht wurden, welche die Bestrafung der Täter dem Primat ihrer Amnestie und Integration opferten.

3.2 Die Abwicklung des OGH und die Einrichtung des Bundesgerichtshofes

Aus der Perspektive strafrechtlicher Vergangenheitspolitik sollten sich die Abwicklung des OGH und Einrichtung des BGH im Herbst 1950 als wichtiger Einschnitt erweisen. Indes stand dieser Übergang für die justizpolitischen Entscheidungsträger im Zeichen der Wiederherstellung der Rechtseinheit – wie zuvor in der Britischen Zone, wo ZJA-Präsident Kiesselbach Anfang 1947 sein Konzept eines Zonenobergerichts vorgelegt hatte, das als Provisorium ‚Kristallisationspunkt' eines avisierten gesamtdeutschen Gerichtshofes sein sollte (vgl. *VII.1.1*). Ein Gedanke, der außerhalb der Zone kaum Anhänger fand und im Laufe der westdeutschen Staatswerdung keine Rolle spielte. So wirkt es folgerichtig, dass auch der Versuch von OGH-Präsident Wolff scheiterte, Köln statt Karlsruhe oder Kassel, das ebenfalls ins Spiel gebracht wurde, als BGH-Sitz zu etablieren[2521].

Nach zehn Monaten Vorlauf trat am 12. September 1950 das Rechtseinheitsgesetz in Kraft[2522], das der Rechtszersplitterung einen Riegel vorschieben sollte und die personelle Besetzung der Strafgerichte im Bundesgebiet vereinheitlichte[2523]. Mehrere den OGH betreffende Vorschriften enthielt Art. 8[2524]. Darunter war Punkt 65, der die Durchführungsverordnung des Zentral-Justizamtes vom 17. November 1947 in der Fassung vom 13. Januar 1948 aufhob, welche die in MRVO 98 vom 1. September 1947 verkündete Einrichtung des zonenweiten Kölner Revisionsgerichtes konkretisiert

---

2520 Vgl. *Eichmüller* 2012, S. 42f.
2521 Vgl. *Rüping* 2000: Hüter, S. 118. Bei der Standortwahl setzte sich Bundesjustizminister Dehler gegen Kanzler Adenauer durch, worauf *Godau-Schüttke* 2006, S. 141f., näher eingeht.
2522 Das ‚Gesetz zur Wiederherstellung der Rechtseinheit auf dem Gebiete der Gerichtsverfassung, der bürgerlichen Rechtspflege, des Strafverfahrens und des Kostenrechts' ist veröffentlicht in: BGBl. 1950, Nr. 40, S. 455–512 (= Gesetz zur Wiederherstellung der Rechtseinheit).
2523 Vgl. *Eichmüller* 2012, S. 47f.
2524 Vgl. *Storz*, S. 4.

3.2 Die Abwicklung des OGH und die Einrichtung des Bundesgerichtshofes

hatte (vgl. *VII.1.2.2*)[2525]. Nach Punkt 88 trat, „[s]oweit in gesetzlichen Vorschriften dem Reichsgericht oder dem Obersten Gerichtshof für die Britische Zone Aufgaben zugewiesen sind"[2526], der BGH an deren Stelle. Zuletzt besagt Punkt 110, die am 12. September 1950 am OGH anhängigen Verfahren gingen „in der Lage, in der sie sich befinden"[2527], auf Karlsruhe über. Am 20. September teilte Bundesjustizminister Dehler den betroffenen Länderjustizverwaltungen die bevorstehende Gerichtsschließung mit[2528]. Drei Tage danach lud der OGH-Präsident alle am Gericht Beschäftigten zur Verabschiedung ein. Jedoch handelte es sich im Gegensatz zur Eröffnung am 29. Mai 1948 weniger um einen Festakt als um einen formlosen Abschied[2529]. Die letzten Urteile sowie Beschlüsse zu KRG 10 ergingen am 25., 26. und 27. September[2530]. Zum Monatsende schloss das Revisionsgericht die Pforten. Dann hob der britische Hohe Kommissar mit MRVO Nr. 218 dessen Rechtsbasis auf: MRVO 47[2531]. Jetzt war der OGH Geschichte – sein Personal blieb jedoch verschiedenenorts, etwa am BGH (Geier und Jagusch) oder an den OLG Frankfurt (Staff) und Köln (Wimmer) in einflussreichen Positionen (vgl. *VII.2*). Als Akteur einer auf umfassende Strafverfolgung von NS-Unrecht und Wiederherstellung von Gerechtigkeit ausgerichteten Vergangenheitspolitik trat es aber kaum mehr in Erscheinung. Die ‚vergangenheitspolitische Wende' zugunsten der Politik von Amnestie und Integration der Mitläufer und NS-Belasteten war vollzogen; hierfür sollten sich die ersten Jahre der Arbeit des BGH im Übrigen als prägend erweisen.

Im Jahr 1950 wurden in Karlsruhe noch 94 Revisionen in Verfahren wegen NS-Verbrechen anhängig; davon entschied der BGH im selben Jahr nur zwei. Seine für NS-Täter – darunter wegen NS-Justizunrechts angeklagte Richter – häufig günstige Spruchpraxis (vgl. *X.5*) führt Eichmüller auf die personelle Besetzung sowie Rückbezüge auf das Reichsgericht zurück[2532]. In der Tat versinnbildlichte schon die Auswahl des Präsidenten

---

2525 Vgl. Gesetz zur Wiederherstellung der Rechtseinheit, S. 508.
2526 *Ebd.*, S. 509.
2527 *Ebd.*, S. 510.
2528 Vgl. *Rüping* 2000: Hüter, S. 118.
2529 Vgl. BArch, Z 38, Nr. 31, ohne Foliierung – Einladung des OGH-Präsidenten vom 23. September 1950; wie *Rüping* 2000: Hüter, S. 118.
2530 Vgl. *Justizministerium des Landes NRW* (Hrsg.) 2012, S. 237–241.
2531 MRVO Nr. 218 ist abgedruckt in: Amtsblatt der Hohen Alliierten Kommission in Deutschland, Nr. 36 (4. Oktober 1950), S. 618; hierzu auch *Rüping* 2000: Hüter, S. 118.
2532 Vgl. *Eichmüller* 2012, S. 48.

die Anknüpfung an die Tradition Leipzigs und die Ausschlagung des OGH-Erbes. So gab der Bundesjustizminister mit seinem guten Bekannten, Bambergs OLG-Präsidenten Weinkauff, einem Ex-Reichsgerichtsrat den Vorzug vor OGH-Präsident Wolff (vgl. *VII.2.1*). Zudem hegte Dehler eine tiefe Abneigung gegen OGH-Strafsenatspräsident Staff, dessen Berufung nach Karlsruhe er nicht nur ablehnte, sondern laut Arndt geradezu hintertrieb. Ihm zufolge bildete Staffs in der OGH-Rechtspraxis manifestierte Haltung zum ‚Menschlichkeitsverbrechen' das Hauptmotiv für den Einspruch der Rosenburg (vgl. *VII.2.2.4*). Generell lag das Augenmerk bei der Richterrekrutierung auf dem fachlichen Können, also auf der Erfahrung als Revisionsrichter. Im Gegensatz zum OGH spielten die Tätigkeit unter der NS-Herrschaft bzw. Einstellung zum demokratischen Staat, die Staff Ende 1949 den Senatsmitgliedern attestiert hatte (vgl. *VII.1.4*), eine untergeordnete Rolle[2533]. Mithin nimmt es nicht wunder, dass der Anteil der Richter, die bis 1945 dem NS-Staat loyal gedient hatten und nach 1950 am BGH tätig wurden, in den fünfziger Jahre bei ca. 80 Prozent lag[2534]. NS-Verfolgte und Benachteiligte wie Richard Neumann (vgl. *VII.2.6*) und Else Koffka[2535] waren die Ausnahme. Ersterer war 1935 wegen jüdischer Wurzeln als Reichsanwalt entlassen und noch Anfang 1945 nach Theresienstadt deportiert worden; letztere konnte ihre juristische Laufbahn im NS-Staat nicht fortsetzen, da sie (angeblich) einen jüdischen Großvater hatte und ihr als Frau die Zulassung zur Rechtsanwaltschaft versperrt wurde. Die Regel repräsentierte aber BGH-Präsident Weinkauff, der von 1937 bis 1945 Reichsgerichtsrat gewesen war. Die gewünschte Revisionserfahrung brachte er mit, während seine Haltung zum NS-Regime eher fragwürdig anmutet – aber hierauf kam es auch weniger an. Allerdings gab es unter den ersten BGH-Richtern auch Ausnahmefälle besonders starker politischer Belastung. Eine solche kann dem Reichskriegsgerichtsrat a. D. Ernst Mantel und dem Ex-Staatsanwalt am Sondergericht Bamberg Willi Geiger unterstellt werden[2536]. Beide waren im ‚Dritten Reich' an Todesurteilen beteiligt gewesen. So gehörte jener dem Spruchkörper an, der die

---

2533 Vgl. *ebd.*
2534 Vgl. *Feest*, Johannes: Die Bundesrichter. Herkunft, Karriere und Auswahl der juristischen Elite, in: Wolfgang Zapf (Hrsg. u. Bearb.): Beiträge zur Analyse der deutschen Oberschicht. 2., erw. Aufl., München 1965, S. 95–113, hier: S. 104.
2535 Zu Koffka (1901–1994) vgl. *Röwekamp*, S. 187–189.
2536 Zu Mantel (1897–1971) vgl. *Godau-Schüttke* 2006, S. 320–328; ferner *Klee* 2005, S. 390. Zu Geiger (1909–1994) vgl. *Godau-Schüttke* 2006, S. 334–381; ferner *Klee* 2005, S. 177; *Kramer*, Helmut: Dr. Willi Geiger – Ankläger am Sonderge-

3.2 Die Abwicklung des OGH und die Einrichtung des Bundesgerichtshofes

polnischen Verteidiger der Danziger Post verurteilte, und dieser erwirkte als Ankläger in Bagatell- und mittelschweren Strafsachen mehrfach die Verhängung der Höchststrafe.

Von den 15 planmäßigen Richtern an den jeweils zwei Zivil- und Strafsenaten des OGH wurden neun an den BGH berufen; davon blieben drei Beisitzer (Delbrück, von Werner und Werner), sechs bekleideten auch das Amt von Senatspräsidenten (Geier, Groß, Jagusch, Kuhn, Pritsch und Wilde)[2537]. Dabei hatte die Rechtslage für die OGH-Mitglieder keine Garantie für eine Übernahme in den Bundes- oder Landesdienst vorgesehen. Vielmehr bestand auch die Option der Versetzung in den Wartestand. Obwohl sich die Sorge, arbeitslos zu werden, als „letztlich unbegründet"[2538] erwies, ist der Befund bemerkenswert, dass gerade die prominentesten Vertreter des Kölner Obergerichts, nämlich Wolff und Staff, keine Bundesrichter wurden. Beide waren bereit, nach Karlsruhe zu gehen – sie passten aber nicht in das Kalkül des Bundesjustizministers, der den BGH in der Nachfolge des Reichsgerichts errichten und die KRG-10-Rechtsprechung des OGH vergessen machen wollte. Dessen beachtlicher Erfolg im Ringen um eine vereinheitlichte Rechtspraxis zu NS-Menschlichkeitsverbrechen gereichte ihm auf Bundesebene also gerade nicht zur Ehre. Seitens der Adenauer-Regierung herrschte vielmehr die Wahrnehmung vor, der fragliche Tatbestand sei dem deutschen Recht zutiefst fremd geblieben und stünde der Rechtseinheit im Wege.

Von Henne stammt die These: „[U]nter anderem um die engagierte strafrechtliche Ahndung von NS-Verbrechen durch den Obersten Gerichtshof der Britischen Zone zu beenden (...), nahm der BGH schon im Oktober 1950 seine Arbeit auf"[2539]. Der Frage, ob dem so war, soll hier nicht nachgegangen werden. Fest steht hingegen, dass Dehler kein Freund von KRG 10 war und es als lästige Hypothek aus der Besatzungszeit ansah. Dies erhellt aus seiner gereizten Reaktion auf die Tatsache, dass Köln dem BGH

---

richt Bamberg und „starker Mann am Bundesverfassungsgericht", in: Justizministerium des Landes NRW 2004, S. 132–134.

2537 Vgl. *Irmen/Pöpken*, S. 180–187. Auch wurden die OGH-Hilfsrichter Engels und Carlhans Scharpenseel (vgl. *ebd.*, S. 188–190) in Karlsruhe tätig, zuletzt als Senatspräsidenten. Vermutlich weil letzterer nur kurz in Köln wirkte, beziffern *Zimmermann*, Reinhard, S. 182, und *Godau-Schüttke* 2006, S. 183f., die Zahl der BGH-Richter mit OGH-Vergangenheit auf zehn statt elf.

2538 *Rüping* 2000: Hüter, S. 117.

2539 *Henne*, Thomas: „Von 0 auf 'Lüth' in 6 ½ Jahren". Zu den prägenden Faktoren der Grundsatzentscheidung, in: Ders./Riedlinger (Hrsg.), S. 197–222, hier: S. 205.

3 Die strafrechtliche Vergangenheitspolitik der Bundesrepublik

einen beträchtlichen Überhang an KRG-10-Sachen vermachte[2540]. Weil Karlsruhe seine Arbeit ‚unbelastet' aufnehmen sollte, erschienen derartige Rückstände als unerfreuliches Politikum[2541]. So hatte der Bundesminister bereits seit Monaten gegenüber dem OGH-Präsidenten die Erledigung aller wegen Menschlichkeitsverbrechen angestrengten Revisionsverfahren gefordert. Den Verzug führte er auch auf Nebentätigkeiten der Strafrichter zurück[2542]; Staffs Wirken als Hochschullehrer war ihm gewiss bekannt (vgl. *VII.2.2.3*). Nach Wolffs Bericht vom 13. Juni 1950 waren 80 Revisionsstrafsachen noch unerledigt (vgl. dazu *VII.3*). Als Dehler am 21. Juni mit dem Chefpräsidenten sprach, äußerte er sich abermals deutlich zur unbefriedigenden Lage[2543]. Immerhin meldete ihm dieser am 11. Juli, die Rückstände wären nun auf 69 Fälle abgeschmolzen worden[2544].

Anlässlich der feierlichen Eröffnung des Bundesgerichtshofes am 8. Oktober 1950 fehlte nicht die Bekundung, dass sich das neue Gericht an der Tradition des Reichsgerichts orientieren solle, um nach dem Zerfall einer Rechtsordnung den sicheren Boden des Rechts wiederzugewinnen. Gestalt nahm der Gedanke in Ex-Reichsgerichtsrat und BGH-Präsident Weinkauff an. Wie Sträter auf dem Konstanzer Juristentag (vgl. *VI.2.4*) bot Dehler dem Publikum ein idealisiertes Geschichtsbild der deutschen Richterschaft dar. „Über 40 Reichsgerichtsräte sind von den bolschewistischen Machthabern verschleppt worden. Ein einziger ist zurückgekehrt. Wir gedenken dieser Toten, die ihr Leben am Ende für das deutsche Recht geopfert haben"[2545]. Kritische Beobachter hätten eingewandt, dass viele der Männer ‚das deutsche Recht' lange zuvor dem totalitären NS-Staat geopfert hatten. Indes würdigte Weinkauff ein Gericht, dem er lange Zeit angehört hatte: „Die Gesamtleistung des Reichsgerichts war unbestritten bedeutend. Ihm danken wir die praktische Verwirklichung der deutschen Rechtseinheit"[2546]. Weniger freigebig fiel die Anerkennung für den OGH aus, der seine Tätigkeit in den schwierigsten Zeiten aufgenommen hatte. Lediglich als Interimslösung und am Rande fand er Erwähnung[2547].

2540 Vgl. *Rüping* 2000: Reichsgericht, S. 357.
2541 Vgl. *ders.* 2000: Hüter, S. 116.
2542 Vgl. BArch, B 141, Nr. 2011, Bl. 91f.; ferner *Rüping* 2000: Hüter, S. 116.
2543 Vgl. BArch, B 141, Nr. 2011, Bl. 93f.; hierzu auch *Rüping* 2000: Hüter, S. 116.
2544 Vgl. BArch, B 141, Nr. 2011, Bl. 107; weiter *Rüping* 2000: Hüter: S. 116.
2545 Zit. n. *Godau-Schüttke* 2006, S. 143.
2546 Zit. n. *ebd.*, S. 145.
2547 Vgl. *Zimmermann*, Reinhard, S. 182f.; zudem *Rüping* 2000: Hüter, S. 121f.; *Irmen*, S. 110f.

KRG 10 betreffend wurde der BGH zuerst nicht aktiv; vielmehr wartete er ab, bis die Hohen Kommissare die Ermächtigung deutscher Gerichte zur Aburteilung von Verbrechen gegen die Menschlichkeit widerrufen hatten, was im August 1951 geschah (vgl. 3.3)[2548]. Hier knüpft die kontrafaktische Frage an, ob die Ernennung Staffs zum BGH-Strafsenatspräsidenten etwas an dieser unbefriedigenden Untätigkeit geändert hätte. Sicher hätte der KRG-10-Spezialist auf die zügige Entscheidung jener Fälle auf Basis des alliierten Gesetzes gedrängt. Weitere Urteile zu NS-Menschlichkeitsverbrechen wären so rechtskräftig geworden. Die dazu nötige Auseinandersetzung mit Dehler wäre für Staff aber nicht zu gewinnen gewesen.

3.3 Die Einstellung der Verfolgung von Menschlichkeitsverbrechen

Der mit Inkrafttreten des Besatzungsstatuts am 21. September 1949[2549] besiegelte Rückzug der Besatzungsmächte aus dem politischen Tagesgeschäft Westdeutschlands brachte nicht nur die weitgehende Souveränität für die BRD mit sich, sondern bewirkte auch eine Beschleunigung des vergangenheitspolitischen Wandels. So verzichtete die mit Kontrollbefugnissen ausgestattete Alliierte Hohe Kommission in ihrem Gesetz Nr. 13 vom 1. Januar 1950 auf die meisten rechtspolitischen Vorbehalte, die sich der Kontrollrat im KRG 4 noch ausbedungen hatte (vgl. *III.1*). Damit verbunden war auch die Aufhebung der Beschränkung der deutschen Strafrechtspflege im Hinblick auf die Aburteilung von NS-Verbrechen. Neben an Deutschen oder Staatenlosen verübtem Unrecht konnten nun auch Taten gegen Angehörige der Vereinten Nationen verfolgt werden – aber nur unter Gebrauch des StGB[2550]. Daraus erwuchsen aber in der Britischen Zone und FBZ neue, mit KRG 10 verbundene Ungleichheiten. Denn ähnlich gelagerte Fälle – etwa von NS-Gewalt in Lagern und Haftanstalten – wurden unterschiedlich verfolgt: bei deutschen und staatenlosen Opfern nach deutschem sowie alliiertem Recht, bei alliierten Opfern aber nur nach deutschem Recht[2551]. Aufgrund der Tatsache, dass die deutsche Justiz in

---

2548 Vgl. *Rüping* 2000: Hüter, S. 121.
2549 Das Besatzungsstatut der drei westlichen Alliierten USA, Großbritannien und Frankreich ist veröffentlicht in: Amtsblatt der Hohen Alliierten Kommission in Deutschland, Nr. 1 (23. September 1949), S. 13–15; in Auszügen abgedruckt und kommentiert ist es in: *Niehuss/Lindner* (Hrsg.), S. 185–189.
2550 Vgl. *Eichmüller* 2012, S. 42; ferner *Brochhagen*, S. 166. In der Britischen Zone war dies freilich schon ab Juli 1949 möglich gewesen (vgl. *IV.2.2*).
2551 Vgl. *Eichmüller* 2012, S. 54.

3 Die strafrechtliche Vergangenheitspolitik der Bundesrepublik

der US-Zone das alliierte Gesetz überhaupt nicht anwandte und die Juristenmehrheit ihm ohnehin eher ablehnend begegnete, verwundert es nicht, wenn das beste Mittel gegen die Rechtszersplitterung weithin in seiner Beseitigung gesehen wurde.

Eine andere Episode wirft dagegen ein bezeichnendes Licht auf die Geringschätzung, welche die Bundesregierung der juristischen Aufarbeitung der NS-Vergangenheit zuteilwerden ließ. Im Kontext der gesetzlichen Abwicklung der Entnazifizierung legte der Bundestagsausschuss zum Schutze der Verfassung am 6. Oktober 1950 einen Antrag vor, der auf SPD-Drängen den Passus enthielt, die Bonner Exekutive solle gegenüber den Länderregierungen darauf dringen, dass deren Strafverfolgungsbehörden Verfahren wegen NS-Unrechts „unter Einsatz aller ihrer zur Verfügung stehenden Fahndungs- und Ermittlungsmöglichkeiten mit Entschlossenheit"[2552] zur Entscheidung bringen sollten. Der Bundestag nahm die Vorlage an, nachdem sie um das Ersuchen ergänzt worden war, die Regierung möge ihm über die Ergebnisse der Verfolgung von NS-Delikten vor deutschen, alliierten und ausländischen Gerichten Bericht erstatten. Es passt zur damaligen ‚Schlussstrichmentalität', dass der Appell zur intensivierten Ahndung bei Bund wie Ländern auf taube Ohren stieß, die Antragsempfehlungen zur Abwicklung der Entnazifizierung auf Landesebene jedoch großes Interesse erfuhren. Auch danach ergriff die Bundesregierung keine Maßnahmen, um die von Länderseite betriebene Strafverfolgung von NS-Verbrechen in Schwung zu bringen. Außerdem verschleppte sie die Berichterstattung über die bereits stattgefundenen Verfahren, um die das Parlament gebeten hatte[2553]. Dass zu Beginn der fünfziger Jahre vom Bundesjustizministerium weder Stellungnahmen noch Initiativen zur Bestrafung von NS-Unrecht ausgingen, war angesichts der dortigen vergangenheitspolitischen Projekte (Straffreiheitsgesetz) und Positionen (Ablehnung von KRG 10) erwartbar. In Bezug auf NS-Täter herrschte hier „eine recht nachsichtige Haltung"[2554] vor.

Im August 1950 hatte Bonn die Positionen der Landesregierungen zu dem Plan sondiert, die britische MRVO 47 bzw. die Ermächtigung deutscher Gerichte zur Anwendung von KRG 10 zu beseitigen. Neben der Wiederherstellung der Rechtseinheit ging es um die Aufhebung von Besatzungsrecht und die Entlastung des BGH[2555]. Einspruch gegen das Vorha-

---

2552 Zit. n. *ebd.*, S. 44f.
2553 Vgl. *ebd.*, S. 45f.
2554 *Ebd.*, S. 50.
2555 Vgl. *ebd.*, S. 60.

3.3 Die Einstellung der Verfolgung von Menschlichkeitsverbrechen

ben kam von Nordrhein-Westfalens Justizminister Rudolf Amelunxen[2556]. Einerseits, da der Wegfall der Norm eine willkürliche Zäsur und also eine ungleiche Behandlung gleich gelagerter Fälle aus der NS-Zeit bedeutet hätte; andererseits, da sich „seit 1933 eine Form des Massenverbrechens (...) entwickelt hat, der allein mit den Mitteln eines Strafgesetzbuches aus dem vorigen Jahrhundert wirksam nicht begegnet werden kann. Soweit hier aber echtes kriminelles Unrecht zum Ausdruck kommt, erwächst dem Gesetzgeber die Aufgabe, ihm mit den Mitteln des Strafrechts entgegen zu treten"[2557].

Auf dem Programm stand das Schicksal von KRG 10 am 16. September 1950 auch für den ‚Heidelberger Juristenkreis' (vgl. *V.2.2.2*), der sich für die Abschaffung der zugehörigen (deutschen) Gerichtsbarkeit aussprach. OLG-Präsident Hodenberg (Celle), ein Wortführer des informellen Zirkels, verabredete hier mit dem Braunschweiger Amtskollegen Heusinger, Niedersachsens Justizministerium gegenüber für diesen Schritt einzutreten[2558]. So wandte sich der nationalkonservative Jurist – nach wie vor Lobbyist der Anti-KRG-10-Partei – im Herbst nach Hannover, um Kernpunkte des einschlägigen Referats von Ministerialdirigent Rotberg in Heidelberg mitzuteilen. Danach hätte der Bonner Regierungsbeamte betont, die Ahndung von Menschlichkeitsverbrechen werde in den Ländern der einstigen Britischen Zone verschieden beurteilt, weshalb es zweckmäßig wäre, wenn etwa Niedersachsen auf eine rasche Aufhebung der deutschen Zuständigkeit drängte. Der Bundesjustizminister solle mit Zahlen zu laufenden und noch zu erwartenden KRG-10-Verfahren versorgt werden. Laut Rotberg biete, außer bei Denunziationen, das StGB eine ausreichende Basis für die Aburteilung von NS-Unrecht[2559].

Hodenberg lag ganz auf einer Linie mit Dehler, der laut Vermerk vom 14. November 1950 staats- und rechtspolitische Gründe für die Notwendigkeit anführte, das alliierte Gesetz zu entsorgen. Wichtig war dem Minister die Entlastung des BGH (vgl. *3.2*). Dessen Präsident Weinkauff stimmte zu und betonte, das neue Revisionsgericht könne sich nicht alle vom OGH geprägten Grundsätze zu eigen machen. Aus Niedersachsen kam die Rückmeldung, dass zwar die OLG-Präsidenten die Streichung von KRG 10 guthießen, mit Bauer (Braunschweig) und Meyer-Abich (Oldenburg) aber zwei von drei Generalstaatsanwälten sie ablehnten. Ebenso geteilter Mei-

---

2556 Zu Amelunxen (1888–1969) vgl. *Dästner/Wogersien*, S. 48–52.
2557 Zit. n. *Eichmüller* 2012, S. 56.
2558 Vgl. *ebd.*, S. 56f.
2559 Vgl. NLA, HA, Nds. 710 Acc. 124–87, Nr. 94, Bl. 178a.

nung waren die Landesjustizverwaltungen, als die Bundesregierung sie über ihre Pläne unterrichtete. Während die Länder der früheren US-Zone ihnen zuneigten, überwogen in den vormaligen Besatzungszonen der Franzosen sowie Briten die Zweifel; nur Schleswig-Holstein gab sein Placet. Hamburg mochte nicht auf die Ahndung von Verbrechen gegen die Menschlichkeit verzichten, denn immer noch gingen viele Anzeigen ein und liefen wichtige Verfahren – gerade wegen Denunziationen. Selbst der vormalige KRG-10-Gegner Moericke, Justizstaatssekretär in Hannover, pochte auf eine weitere Aussprache mit Bonn. Denn obwohl das Ende der Verfolgung von NS-Unrecht in seinem Land bevorstehe, berge der Wegfall der alliierten Norm Gefahren. Neben der Verzögerung des Rechtsgangs, die durch die Aufhebung vieler erstinstanzlicher Urteile eintreten werde, berief sich Moericke auf die aus Nordrhein-Westfalen geläufigen Argumente (willkürliche Zäsursetzung und Unzulänglichkeit des StGB bei der Bestrafung von Massenverbrechen). Nachdem Alfred Brown, nun Rechtsberater des britischen Hohen Kommissars, die Einwilligung der Briten zur Aufhebung von MRVO 47 unter der Bedingung angekündigt hatte, dass deutsche Gerichte die Aburteilung von NS-Taten auf StGB-Basis fortführten, und auch die Franzosen entsprechende Signale gegeben hatten, lud Dehler die Kollegen auf Landesebene, den BGH-Präsidenten und den Oberbundesanwalt zu einem Treffen am 2. Februar 1951. Seine Mitarbeiter und Mitstreiter legten beim Plädoyer gegen KRG 10 das ganze Gewicht in die Waagschale und brachten mannigfaltige Argumente vor: Staatssekretär Strauß forderte die Wiederherstellung der Rechtseinheit und kritisierte den Verstoß gegen das Rückwirkungsverbot, Strafrechtsabteilungsleiter Rotberg redete Skeptikern ins Gewissen, Opfer zu bringen, damit die historische Chance zur Beseitigung des Gesetzes nicht ungenutzt bleibe, und BGH-Chef Weinkauff holte zum Rundumschlag gegen die OGH-Rechtspraxis zu ‚Verbrechen gegen die Menschlichkeit' aus, die er als einen einzigen großen Bruch mit den Kernbegriffen des Strafrechts brandmarkte. Die Zauderer, darunter Nordrhein-Westfalen, Niedersachsen und Hamburg, ließen sich dennoch nicht umstimmen[2560]. Einigkeit erzielte man dagegen in einem anderen Punkt: Der umstrittene alliierte Tatbestand aus KRG 10 Art. II 1c sollte nicht Bestandteil des deutschen Strafrechts werden[2561].

Gemäß Aktenvermerk Hodenbergs vom 2. März 1951 über ein Telefonat mit Rotberg verfolgte die Rosenburg trotz der Länderbedenken weiter

---

2560 Vgl. *Eichmüller*, S. 57–61.
2561 Vgl. *Brochhagen*, S. 167f.

3.3 Die Einstellung der Verfolgung von Menschlichkeitsverbrechen

das Ziel, im Sinne der Rechtseinheit die Ermächtigung deutscher Gerichte zum KRG-10-Gebrauch streichen zu lassen. Er, Hodenberg, hätte auf Beschleunigung gedrängt, da „es unerwünscht sei, daß die Schwurgerichte weiterhin insbesondere in größeren Sachen nach dem Kontrollratsgesetz Nr. 10 entscheiden und diese Urteile dann infolge Veränderung der Rechtslage vom Bundesgerichtshof aufgehoben und zur nochmaligen Verhandlung zurückverwiesen werden müssen"[2562]. Nach Rotberg sei es richtig, wenn sich Justizjuristen der alliierten Norm vorübergehend nicht bedienten und Beschuldigte wie Angeklagte nur nach dem StGB verfolgten. Wo dies nicht möglich sei, könnten die Gerichte bei Idealkonkurrenz darauf achten, dass das Strafmaß möglichst auch den Maßstäben deutschen Rechts standhalte, so dass der BGH nur den Schuldspruch im Sinne der Streichung von ‚Menschlichkeitsverbrechen' ändern müsse. „Darüber hinaus", gibt Hodenberg Rotberg wieder, „sei zu prüfen, inwieweit es möglich sei, die Verhandlung in Sachen, die z. Zt. noch zu verhandeln sind, um eine kurze Zeit hinauszuschieben, um inzwischen die Entscheidung über das Schicksal des Kontrollratsgesetzes Nr. 10 abzuwarten". Verbindlichkeit brächte erst eine Stellungnahme des Kabinetts oder Hohen Kommissars. Unbedenklich sei aber, „von der Tendenz der Entwicklung, die das Bundesjustizministerium verfolge, in vertraulicher Weise, z. B. auch bei der von mir [i. e. Hodenberg] erwähnten bevorstehenden Besprechung mit den Landgerichtspräsidenten des Oberlandesgerichtsbezirks Celle Mitteilung zu machen"[2563]. Die Gesprächspartner zogen bezüglich der Aufhebung der deutschen Anwendung von KRG 10 an einem Strang. Wenn eine Verschleppungstaktik dem Ziel diente, war der Chefpräsident bereit, die ihm unterstellten Richter mit zweckmäßigen Hinweisen zu versehen.

Obwohl Dehlers Justizministerium bei der Stellung der Anträge auf Zurücknahme der KRG-10-Ermächtigungen die Federführung hatte, war es der Bundeskanzler, der sie im April 1951 bei der Hohen Kommission einreichte. Die Antwort ließ zwar bis zum 4. Juli auf sich warten. Allerdings bekundeten sowohl die Briten als auch Franzosen, zur Aufhebung der betreffenden Verordnungen bereit zu sein, sofern die deutsche Seite zusagte, Verfahren wegen Menschlichkeitsverbrechen nach deutschen Strafnormen abzuurteilen. Nachdem sich Adenauer dazu verpflichtet hatte, folgte am 31. August der von den KRG-10-Gegnern ersehnte Schritt: Der französische Hohe Kommissar erließ Verordnung Nr. 171 über die ‚Aufhebung gewisser Bestimmungen der Verordnung Nr. 154 vom 1. Juni 1950' und das

---

2562 Hier und im Folgenden NLA, HA, Nds. 710 Acc. 124–87, Nr. 94, Bl. 197.
2563 Ebd., Bl. 197f.

britische Pendant MRVO Nr. 234 über die ‚Aufhebung der Verordnung Nr. 47 der Militärregierung' mit Wirkung vom 1. September. Die deutschen Gerichte der beiden früheren Besatzungszonen waren jetzt nicht mehr befugt, NS-Verbrechen gegen die Menschlichkeit auf Grundlage von KRG 10 zu ahnden[2564].

Aus der Sicht der Bundesregierung fasste Staatssekretär Strauß die Entwicklungen in einem Brief an den Staatsminister für Justiz und Kultur in Rheinland-Pfalz vom 29. Oktober 1951 zusammen. Dabei betonte er, der französische wie der britische Hohe Kommissar hätten Adenauers Wunsch gemäß darauf verzichtet, sich angesichts der Aufhebung der KRG-10-Ermächtigung für deutsche Gerichte das Recht vorzubehalten, NS-Straftaten an Deutschen oder Staatenlosen vor eigenen Gerichten abzuurteilen. So käme „eine Abgabe von Sachen zuständigkeitshalber an Gerichte der Besatzungsmächte auch dann nicht mehr in Betracht (…), wenn das deutsche Gesetz eine Bestrafung in Fällen nicht ermöglicht, in denen ein Verbrechen nach Kontrollratsgesetz Nr. 10 gegeben erscheint"[2565]. Damit deutete Strauß an, dass die lange heiß diskutierte Frage nach der Ahndung von NS-Denunziationen an ihr Ende gelangte.

Die bis zur Publikation der alliierten Verordnungen vom 31. August 1951 wohl schlecht informierten Länder sahen sich nun vor vollendete Tatsachen gestellt. Protest erreichte Bonn jedoch nur aus Hamburg, wo sich der für die Justiz zuständige Senator am 7. September „sehr überrascht"[2566] über die jüngsten Ereignisse zeigte. Freudiger nahm Celles OLG-Präsident die Nachricht zur Kenntnis. Zugleich war Hodenberg gefasster, da er nach der Konferenz der Landesjustizminister mit Dehler am 2. Februar den Austausch mit Akteuren in Bonn gepflegt hatte, um sich und die unterstellten Richter auf dem Laufenden zu halten, wie sein Vermerk vom 2. März über das Rotberg-Telefonat beweist. Das Wissen um den Antrag der Regierung an die Hohe Kommission kommt auch in seinem Brief vom 16. Juli an Otto Kranzbühler[2567], Verteidiger in Kriegsverbrecherprozessen und Aktivposten im ‚Heidelberger Juristenkreis', zur

---

2564 Vgl. *Eichmüller* 2012, S. 61f. Diese Ereignisabfolge zeichnet auch *Brochhagen*, S. 168, nach. Verordnung Nr. 171 des Hohen Kommissars der Französischen Republik für Deutschland ist veröffentlicht in: Amtsblatt der Hohen Alliierten Kommission in Deutschland, Nr. 65 (19. September 1951), S. 1137. Verordnung Nr. 234 des Hohen Kommissars des Vereinigten Königreiches für Deutschland ist abgedruckt in: *ebd.*, S. 1138.
2565 NLA, HA, Nds. 710 Acc. 124–87, Nr. 94, Bl. 234.
2566 Zit. n. *Eichmüller* 2012, S. 62.
2567 Zu Kranzbühler (1907–2004) vgl. *Seliger*, S. 544.

3.3 Die Einstellung der Verfolgung von Menschlichkeitsverbrechen

Sprache. „Mit großem Interesse", so Hodenberg, „habe ich Ihren ausgezeichneten Aufsatz über ‚Nichtachtung deutschen Rechts' in der ‚Zeit' gelesen"[2568]. Der Flottenrichter a. D. und Adressat hatte erst kurz zuvor die Abschaffung von KRG 10 gefordert. Am 23. April setzte der OLG-Präsident unter Bezug auf ein Telefonat mit Schafheutle, damals als Senatspräsident dem Bundesjustizministerium zugeordnet, auch den Oldenburger Amtskollegen und Ex-ZJA-Vizepräsidenten Koch in Kenntnis, dass mit einer baldigen Entscheidung zu rechnen sei. Obgleich die Frage vertraulich zu behandeln sei, hätte seine Bonner Quelle ihn „ausdrücklich ermächtigt, Ihnen von diesem Sachverhalt Kenntnis zu geben"[2569]. Schließlich wandte sich am 21. Juli 1951 auch der Rechtsberater für völkerrechtliche Fragen im Bundeskanzleramt Erich Kaufmann[2570], der als Jude nach 1933 verfolgt worden und 1938 in die Niederlande emigriert war, nach Celle. Er berichtete Hodenberg von einem Treffen mit dem nordrheinwestfälischen Ministerialrat Erich Kordt[2571], der ihm die Bedenken des Justizministeriums in Düsseldorf dargelegt hätte. Dort gehe man davon aus,

> „wegen einiger extremer Fälle die Verbrechen gegen die Menschlichkeit nicht entbehren zu können. Z. B.: wenn A den B in der Sowjetzone durch irgendwelche Manipulationen den Sowjetbehörden in die Hand gespielt habe und dann in die Bundesrepublik käme, daß dann keine Möglichkeit der Bestrafung nach Fortfall des Kontrollratsgesetzes bestünde. Ich habe ihn [i. e. Kordt] darauf aufmerksam gemacht, daß man in der amerikanischen Zone auch ohne das Gesetz auskäme und daß m. E. in solchem extremen Falle Verurteilung wegen Beihilfe zum Menschenraub möglich sei"[2572].

Diese Begründung mutet kurios an, weil sie den bisher dominanten Diskurs um die Frage nach weitgehender Strafverfolgung von NS-Verbrechen und Wiederherstellung von Gerechtigkeit *mit* KRG 10 oder eingeschränkter Ahndung jener Straftaten und Festigung der Rechtssicherheit *ohne*

2568 NLA, HA, Nds. 710 Acc. 124–87, Nr. 94, Bl. 211. Zu Kranzbühlers Artikel auch *Eichmüller* 2012, S. 62.
2569 NLA, HA, Nds. 710 Acc. 124–87, Nr. 94, Bl. 202.
2570 Zu Kaufmann (1880–1972) vgl. *Göppinger*, S. 342f.
2571 Zu Kordt (1903–1969), der SS-Obersturmbannführer und 1938 Chef des Ministerbüros im Auswärtigen Amt war, sich aber auch konspirativ gegen Hitler und seine Kriegspläne betätigte, vgl. *Klee* 2005, S. 331; ferner *Conze/Frei/Hayes/Zimmermann*, passim; *Auerbach*, Helmuth: Auswärtiges Amt, in: Benz/Pehle (Hrsg.), S. 175f.
2572 NLA, HA, Nds. 710 Acc. 124–87, Nr. 94, Bl. 217.

3 Die strafrechtliche Vergangenheitspolitik der Bundesrepublik

KRG 10 hinter sich gelassen zu haben scheint und auf ein Phänomen abstellt, das mit der ursprünglichen Gesetzesausrichtung nichts mehr gemein hat. Indes wolle Kordt gegenüber dem Justizministerium weiter über die Beseitigung der britischen Ermächtigung zur deutschen Verfolgung von Menschlichkeitsverbrechen verhandeln[2573]. Nach einem Gespräch mit dem nordrhein-westfälischen Ministerialdirektor Otto Bleibtreu[2574] konnte Kaufmann Hodenberg gegenüber am 2. August 1951 mit Neuigkeiten aufwarten: Wegen des Legalitäts- und des Gleichbehandlungsgrundsatzes seien deutsche Gerichte bis auf weiteres zur Anwendung des alliierten Gesetzes verpflichtet. Der Unklarheit Abhilfe schaffen könnte wohl eine Entscheidung des BGH, die festlege, „daß die dort der Revision unterliegenden Urteile auch unabhängig von dem Tatbestand des Verbrechens gegen die Menschlichkeit jedenfalls unter den Gesichtspunkten des gemeinen deutschen Strafrechts aufrecht zu erhalten sind"[2575]. Vier Tage darauf stach Adenauers Rechtsberater weitere Informationen durch. Die britischen und französischen Hohen Kommissare hätten auf Bonns Bitte um Streichung der Ermächtigung zur KRG-10-Anwendung geantwortet, und das Auswärtige Amt wäre auf die Bedingung eingegangen, dass die Verfahren unter Anwendung deutschen Strafrechts fortgeführt werden sollten. Mit einer zufriedenstellenden Regelung sei zeitnah zu rechnen[2576]. Die hier skizzierte Informationspolitik weist OLG-Präsident Hodenberg als einflussreichen Netzwerker einer Vergangenheitspolitik durch Strafrecht aus.

Darüber hinaus zeigt dieses Geschehen im Jahr 1951, dass die Bundesregierung die Abwicklung der Ahndung von NS-Menschlichkeitsverbrechen zu einem Element ihrer Vergangenheitspolitik gemacht hatte, die ja auf die Amnestie und Integration NS-Belasteter zielte. In der Tat liegt ihr Engagement in dieser Frage auf einer Linie mit dem Eintreten für eine Bundesamnestie im Herbst 1949 (vgl. *3.1*). In beiden Fällen ging es darum, wiedergewonnene Handlungsfähigkeit zu beweisen und jenen Gesellschaftsschichten ein Partizipationsangebot in der aufzubauenden Demokratie zu machen, die vorher dem Nazismus zugeneigt hatten – auch jenen, die auf der Grundlage von KRG 10 bis zu einer Strafhöhe von sechs bzw. zwölf Monaten rechtskräftig verurteilt worden waren.

[2573] Vgl. *ebd.*
[2574] Zu Bleibtreu (1904–1959) vgl. *Otto Bleibtreu*, in: Munzinger-Online. Internationales Biographisches Archiv 26/1959 vom 15. Juni 1959.
[2575] NLA, HA, Nds. 710 Acc. 124–87, Nr. 94, Bl. 221.
[2576] Vgl. *ebd.*, Bl. 222.

3.3 Die Einstellung der Verfolgung von Menschlichkeitsverbrechen

Zum Schluss folgt ein Ausblick auf a) den weiteren Umgang des Bundesgerichtshofes mit Fällen, bei denen Verurteilungen wegen NS-Verbrechen gegen die Menschlichkeit ergangen waren, b) den KRG-10-Abgesang eines deutschen Richters und c) das Ende des Kontrollratsgesetzes.

a) Wie aufgezeigt wurde, legte Karlsruhe KRG 10 betreffende Revisionen so lange auf Eis, bis die alliierte Ermächtigung deutscher Gerichte zum Gebrauch des Gesetzes zurückgenommen war. Danach stellten die Bundesrichter Verfahren ein, wenn die Tat zwar ein Menschlichkeitsverbrechen, aber keinen Verstoß gegen das StGB dargestellt hatte[2577]. Friedrich weist auf zwei Fälle hin, in denen Angeklagte von einer solchen Einstellung profitierten, und zwar 2 StR 17/50 mit Urteil vom 22. Januar 1952 und 3 StR 32/50 mit Urteil vom 27. März 1952[2578]. Dass die Verhandlungsleitung jeweils bei NS-belasteten Juristen lag – im ersten Fall bei Carl Kirchner (vgl. VII.2.6), im zweiten bei Paulheinz Baldus[2579], einst NSDAP-Mitglied und Feldkriegsgerichtsrat im Zweiten Weltkrieg – überrascht nicht. Mit dem Brumshagen-Urteil vom 4. Dezember 1952 ging der BGH dazu über, Prozesse wegen NS-Verbrechen, bei denen eine Verurteilung allein auf Basis von KRG 10 möglich erschienen war, mit Freispruch abzuschließen (vgl. VIII.2.6). Wo ein Gericht auf ein Verbrechen gegen die Menschlichkeit in Tateinheit mit einer deutschrechtlichen Straftat erkannt hatte, wurde der Schuldspruch, falls das Urteil sonst keine Rechtsfehler aufwies, meist dahingehend abgeändert, dass das KRG-10-Vergehen entfiel. Dann erfolgte zur Neubestimmung des Strafmaßes eine Zurückverweisung an das Tatgericht. Laut den Auswertungen am IfZ führte die Neuverhandlung in zwei Drittel der Fälle zu einer Strafsenkung[2580].

b) OLG-Rat Seibert (vgl. 3.1) publizierte 1952 einen Abgesang auf KRG 10. Dabei stellte er fest, die OGH-Rechtspraxis zu Menschlichkeitsverbrechen sei nicht unumstritten geblieben. Zwar hätte dies nicht am Gericht gelegen, „sondern am schlecht gefaßten und für deutsches Rechtsdenken schwer faßbaren KRG mit seinen verschwommenen Tatbeständen und unklaren Schuldbegriffen"[2581]. Dennoch schwingt hier das Urteil mit, das Bestreben der Kölner Richter, das alliierte Gesetz handhabbar zu machen, sei gescheitert. Durchaus sachlich fasst Seibert die Geschichte der deutschen KRG-10-Anwendung zusammen:

2577 Vgl. *Eichmüller* 2012, S. 63.
2578 Vgl. *Friedrich* 1998, S. 172.
2579 Zu Baldus (1906–1971) vgl. *Klee* 2005, S. 25.
2580 Vgl. *Eichmüller* 2012, S. 63.
2581 *Seibert* 1952, S. 251.

"Während anfänglich die Strafkammern und Schwurgerichte recht scharf in der Anwendung des KRG 10 und im Strafmaß waren, regten sich doch allmählich im Volk und damit auch in den Schwurgerichten manche Zweifel. Zuletzt hatte der OGH alle Hände voll zu tun, freisprechende Urteile aufzuheben und die Sache zur Neuverhandlung an ein benachbartes Schwurgericht zurückzuverweisen. Besonders nach Inkrafttreten des GG [i. e. Grundgesetzes] war manches Instanzgericht der Auffassung, das KRG 10 sei durch Art. 103 II GG außer Kraft gesetzt, was der OGH jedoch ausdrücklich verneinte"[2582].

Durch die alliierten Verordnungen von 1951 sei KRG 10 kein Teil deutschen Strafrechts mehr. Daraus ergäben sich für die Justiz verschiedene Konsequenzen bezüglich schwebender und abgeschlossener Verfahren. So seien NS-Denunziationen, wo sie noch verfolgt würden, nur unter Zugrundelegung von StGB-Tatbeständen zu ahnden (z. B. Anstiftung zu Mord, Totschlag und Freiheitsberaubung). In der Revisionsinstanz werde der Schuldspruch wegen Menschlichkeitsverbrechens getilgt und das Tatgericht für die Neuverhandlung damit betraut, entweder nur über das Strafmaß oder auch über die Schuld gemäß deutschrechtlichen Paragrafen zu befinden. Bei rechtskräftigen Verurteilungen nach dem KRG könne mit dessen Wegfall keine Wiederaufnahme des Verfahrens begründet werden. Dem Verurteilten bliebe nichts übrig, als auf einen Gnadenerweis zu hoffen[2583]. Die Rückschau auf das rückwirkende Gesetz fällt zwar zwiespältig aus: „Das KRG 10, so notwendig es gewesen, war eben doch immer ein Fremdkörper, den viele mit einem Seufzer begrüßt haben und dem nur wenige eine Träne nachweinen werden. Durch die genannten [alliierten, C. P.] Verordnungen hat man die Verbindungsschnur zerschnitten und den gordischen Knoten durchhauen. Vielleicht wäre es besser gewesen, man hätte ihn gelöst"[2584]. Dennoch überwiegt offenkundig das Aufatmen.

c) Das deutscherseits nicht mehr anwendbare KRG 10 fristete nun ein Schattendasein. Als die BRD nach Aufhebung des Besatzungsstatuts 1955 volle Souveränität erlangte, war der Weg frei für das ‚Erste Gesetz zur Aufhebung des Besatzungsrechts' vom 30. Mai 1956. Darin wurde auch die Abschaffung von KRG 10 festgelegt[2585].

2582 Ebd.
2583 Vgl. ebd., S. 251f.
2584 Ebd., S. 252.
2585 Das ‚Erste Gesetz zur Aufhebung des Besatzungsrechts' vom 30. Mai 1956 ist veröffentlicht in: BGBl. 1956, Nr. 24, S. 437f. Zu den Hintergründen des Erlöschens von KRG 10 auch *Brochhagen*, S. 168.

X *Schlussbetrachtung*

1 Ein Rückblick aus dem Jahr 1975: ‚Vergangenheitspolitik durch Strafrecht'

In einem Zeitzeugengespräch mit dem Leiter des Instituts für Zeitgeschichte, Martin Broszat, erläuterte der ehemalige Staatssekretär im Bundesjustizministerium Walter Strauß am 30. April 1975 seine Haltung zu mehreren justizpolitischen Akteuren der frühen Nachkriegszeit. In Bezug auf den einstigen Strafsenatspräsidenten am Obersten Gerichtshof der Britischen Zone Curt Staff protokollierte Broszat:

„Strauß bezeichnete Staff als ‚konfus' und sagte dann, erstaunlich offen, man habe ihn nach 1945 wegen seiner aus der Rechtsprechung des OGH bekannten Einstellung nicht in den Justizdienst der Bundesrepublik bzw. den Bundesgerichtshof übernommen. Es kam in dieser Äußerung von Strauß scharf zum Ausdruck, was sich z. T. schon in den Akten spiegelt, daß diejenigen führenden Richter des OGH, die wie Staff eine entschiedene Rechtsprechung bei NS-Verbrechen gegen die Menschlichkeit befürworteten und durch ihre Spruchpraxis eine verbindliche Höchstrichterliche Entscheidung herbeizuführen bemüht waren, bei weiten Teilen der führenden Juristen und Justizbeamten in der Britischen Zone scheel angesehen und vermutlich auch gesellschaftlich und politisch isoliert wurden"[2586].

An der Äußerung des wegen seiner jüdischen Wurzeln NS-verfolgten Juristen Strauß, Staff wäre aufgrund seiner durch die Urteilspraxis des OGH bekannten Einstellung nicht in den BRD-Justizdienst bzw. BGH übernommen worden, sowie der ‚Schärfe' des Negativurteils über den Menschen wird zweierlei ersichtlich: die Tiefe der vergangenheitspolitischen Gräben, die beide voneinander trennten, und die Tatsache, dass das Schicksal, ein Opfer von Verfolgung geworden zu sein, noch keine Rückschlüsse auf die Haltung eines Juristen zur rückwirkenden Ahndung von NS-Menschlichkeitsverbrechen zulässt. Letzteres unterstreicht wiederum auch, dass Justizjuristen wie die OGH-Strafrichter Staff und Wimmer Ausnahmeerscheinungen waren; denn nur wenige stellten sich gegen den Strom und ver-

---

[2586] Institut für Zeitgeschichte, Zeugenschrifttum Online, ZS 3077, Strauß, Dr. Walter. Online-Ressource: https://www.ifz-muenchen.de/archiv/zs/zs-3077.pdf (letzter Zugriff: 8.9.2020), S. 3.

1 Ein Rückblick aus dem Jahr 1975: ‚Vergangenheitspolitik durch Strafrecht'

schafften einem (selbst-)kritischen NS-Geschichtsbild sowie KRG 10 Geltung. Beide gehören im Gegensatz zu eher trüben Gestalten wie den NS-belasteten späteren BGH-Richtern Ernst Mantel und Willi Geiger (vgl. IX.3.2) in eine Reihe mit mutigen Demokraten wie Fritz Bauer und Richard Schmid, Vertreter des sozialistischen Widerstands gegen das ‚Dritte Reich' und seit 1953 OLG-Präsident in Stuttgart[2587]. Strauß erinnerte sich auch an Wimmer. Für dessen Oppositionshaltung brachte er wohl mehr Verständnis auf als für jene Staffs. Ersterer hätte in der Polemik, die sich an der Ahndung von NS-Verbrechen „zwischen Rechtspositivisten (an der Spitze von Hodenberg) und Naturrechtlern (Staff u. a.) [entzündete][,] aufgrund seiner katholischen Herkunft auf seiten der Letzteren gestanden"[2588].

[2587] Zu Schmid (1899-1986) vgl. *Böttcher*, Hans-Ernst: Richard Schmid (1899-1986). Recht für die Menschen, nicht für den Staat, in: Kritische Justiz (Hrsg.), S. 487-495.
[2588] *Ebd.*, S. 4.

2 Der geschichtswissenschaftliche Blick auf ein Problem der ‚Juristischen Zeitgeschichte'

Die Beurteilung der dogmatischen Stringenz sowie Überzeugungskraft obliegt der Jurisprudenz. Dagegen darf sich die Geschichtswissenschaft davon abweichender Maßstäbe bedienen, wenn sie Gegenstände der ‚Juristischen Zeitgeschichte' behandelt. Wird wie hier das Problem einer zwischen formalem Recht und materieller Gerechtigkeit klaffenden Lücke betrachtet, neigt sie wohl dazu, die Perspektive derjenigen zu beziehen, die in der Vergangenheit in die Opferrolle gedrängt wurden und auch nach der Wiederherstellung des Rechtsstaates keine Genugtuung erfuhren. Häufig wurden sie sogar zum zweiten Mal erniedrigt, indem die Rechtspflege das ihnen widerfahrene Unrecht und die Täter rechtfertigte oder entschuldigte. So können mittels einer historischen Betrachtungsweise rechtspolitische Entscheidungen und Justizpraktiken an Grundsätzen gemessen werden, die individuell variieren, denen aber das Bemühen sowohl um Einfühlung als auch um Objektivität zu unterstellen ist. Bis zu einem gewissen Grad losgelöst von im engeren Sinne rechtswissenschaftlichen Diskursen problematisiert die vorliegende Arbeit mithin die vergangenheitspolitische Dimension der Frage nach der Ahndung von NS-Menschlichkeitsverbrechen – nicht zuletzt anhand von Vorgeschichte, Rahmenbedingungen, Personal und Rechtsprechung des OGH zu KRG 10. Im Mittelpunkt steht das politisch-juridische Spannungsfeld einer ‚Vergangenheitspolitik durch Strafrecht', worin Akteure und Institutionen mit ihren Zielen, Handlungsspielräumen sowie Wirkungen darum ringen, ob und inwieweit welches Unrecht wann von wem und auf welcher Rechtsgrundlage bestraft werden soll. Erinnert sei daran, dass die Gegner des alliierten Gesetzes die ‚Rechtssicherheit' aufboten, um seine Befürworter (mit dem sittlichen Bezugspunkt der ‚Gerechtigkeit') in die Defensive zu drängen (vgl. *V*). Wie dargelegt wurde, nimmt neben den politischen Weichenstellungen (KRG 10, MRVO 47 usw.) und juristischen Diskursen um die Anwendung der Strafnorm auch das Wirken der Strafverfolgungsbehörden sowie der Gerichte vergangenheitspolitische Züge an. Denn die Existenz grundverschiedener Rechtsauffassungen und Spruchpraxen an den Schwurgerichten und OLG der Britischen Zone lässt sich allein mit unterschiedlichen rechtsphilosophischen Prägungen sowie Standpunkten nicht erklären. Die Entscheidung für die ‚Rechtssicherheit' kam NS-Tätern zugute und die Entschei-

2 Der geschichtswissenschaftliche Blick auf ein Problem der ‚Juristischen Zeitgeschichte'

dung für die ‚Gerechtigkeit' den Opfern. Auch implizierte die KRG-10-Anwendung einen Angriff auf das Selbstverständnis solcher Richter, deren Amtsführung im ‚Dritten Reich' von Opportunismus und NS-Parteinahme geprägt gewesen war. Denn diese konnten das durch den rückwirkenden alliierten Tatbestand herausgeforderte ‚rechtliche' Fundament der Jahre 1933 bis 1945 nicht infrage stellen, ohne das eigene Handeln als Scheitern, Irrweg oder Unrecht zu diskreditieren. Allzu oft hatten sie sich dem NS-Leitsatz unterworfen, dass Recht sei, was dem Volke nütze, und als Strafrichter gemäß den Maßstäben der herrschenden Ideologie ‚Volksfeinde' – v. a. politische Gegner und Juden – zu hohen Zuchthausstrafen oder zum Tode verurteilt.

3 Zusammenfassung

Für die Briten bestand seit Anfang 1945 kein Zweifel mehr daran, dass sie die Ahndung von NS-Verbrechen mit deutschen oder staatenlosen Opfern sicherstellen mussten (vgl. *II.2.2*). Im Herbst 1945 kristallisierte sich heraus, dass deutsche Gerichte diese ebenso umfangreiche wie schwierige Aufgabe übernehmen sollten (vgl. *IV.1*). Die Militärregierung traf Vorkehrungen, damit sich ein Desaster wie die ‚Leipziger Prozesse' (vgl. *II.1.1*), eine Selbstamnestierung der Deutschen, nicht wiederhole. Daher leitete sie Ermittlungen in Fällen ein, die für bestimmte Tatkomplexe als Musterverfahren vorgesehen waren. An diesen sollte sich die deutsche Strafjustiz orientieren (vgl. *IV.2.1*). Nach dem Jahreswechsel 1945/46 war auch klar, auf welcher Rechtsbasis sowohl die ‚Parent Cases' als auch die deutschen Verfahren stattfinden sollten: KRG 10. So machte die Besatzungsmacht von der Option entsprechend Art. III 1d Gebrauch, deutsche Gerichte mit der Aburteilung von NS-Grausamkeiten zu betrauen, die Deutsche an Landsleuten verübt hatten. Nach der Statuierung mit MRVO 47 vom 30. August 1946 dauerte es zehn Monate, bis diese Gerichtsbarkeit gemäß einer Anordnung der Legal Division vom 5. Juli 1947 komplett an die deutsche Strafrechtspflege übertragen war. Innerhalb dieses Zeitraums wurde letztere auch über die Resultate dreier ‚Parent Cases' und eines deutschen Musterprozesses informiert (vgl. *IV.3*). In diesem Kontext unternahm diese Abhandlung den Versuch, mit der Rechtsprechung der britischen MGC und CCC zu Kriegsverbrechen und Verbrechen gegen die Menschlichkeit unter KRG 10 ein Desiderat abzustecken. Diesbezüglich ließ sich nach einer Durchsicht von Verfahrensakten herausarbeiten, dass außer wenigen frühen Verfahren, v. a. ‚Parent Cases', meist Taten im Mittelpunkt standen, deren Opfer keine Deutschen, sondern Ausländer, relativ häufig Zwangsarbeiter, waren. Mit der Ermächtigung deutscher Gerichte zur Aburteilung von NS-Unrecht unter KRG 10 gab die Militärregierung die Rolle als Hauptakteur strafrechtlicher Vergangenheitspolitik an deutsche Protagonisten in Justizverwaltung, Strafrechtswissenschaft und Rechtspflege ab. Die juristische Aufarbeitung des ‚Dritten Reiches' bzw. der Verbrechen an deutschen Kommunisten, Sozialdemokraten, Juden, Sinti und Roma, für ‚lebensunwert' erachteten Alten und Kranken, Christen, Homosexuellen usf. sollten die Deutschen nun in die eigene Hand nehmen. Die Briten waren sich aber wohl nicht bewusst, auf welche Wi-

3 Zusammenfassung

derstände ihr Ahndungsprogramm treffen würde. Denn neben Problemen der Logistik und Unklarheit der Rechtsgrundlagen mussten sie ein weiteres Hindernis zur Kenntnis nehmen: Seit Herbst 1945 fand unterhalb der Ebene der OLG-Präsidenten und Generalstaatsanwälte ein massiver Rückstrom alter NSDAP-Mitglieder und anderweitig belasteter Personen in den Justizdienst statt. Dies waren zumeist Männer, die in Wilhelminischer Zeit sozialisiert worden waren, dem NS-Staat loyal gedient hatten und KRG 10 als ‚Siegerjustiz' ablehnten. So kam die britische Militärregierung zu der ernüchternden Einsicht, dass die Sympathie der Richter im Regelfall bei den NS-Tätern lag, während die Opfer – überwiegend Juden und Vertreter der politischen Linken – ihnen suspekt blieben (vgl. VI.4). Nachdem sie mit MRVO 98 vom September 1947 den OGH eingerichtet hatte, in den sie auch die Hoffnung setzte, er könne der Verfolgung von Menschlichkeitsverbrechen zum Durchbruch verhelfen (vgl. VII.1.2.1), zog sie sich mehr und mehr auf beobachtende und regulierende Tätigkeiten zurück. Zwar blieb sie, sekundiert von deutschen KRG-10-Befürwortern, der Linie verbunden, dem im alliierten Gesetz formulierten Anspruch auf strikte Ahndung von NS-Unrecht Geltung zu verschaffen. Das zeigen zwei klärende Eingriffe von Oberst Rathbone: einerseits die Anweisung vom Januar 1948 an die Staatsanwaltschaften, nach § 73 StGB Idealkonkurrenz zwischen KRG 10 sowie den StGB-Tatbeständen anzunehmen und eine Anklage wegen Verbrechens gegen die Menschlichkeit – soweit sie möglich war – nicht unter den Tisch fallen zu lassen (vgl. VI.4), wie auch andererseits die Verneinung der Frage, ob sich der OGH mit seiner Tatbestandsauslegung in einen Gegensatz zu den CCC manövriert hätte (vgl. IX.2.1). Gleichwohl war unverkennbar, dass der Elan der Frühzeit verflogen und wachsender Distanz und Interesselosigkeit gewichen war. Im Zuge des Kalten Krieges büßte die Ahndung von NS-Straftaten für die Briten zusehends an Bedeutung ein.

Als der Oberste Gerichtshof gegründet und sein Fachpersonal rekrutiert wurde (1947/48), war das aber noch nicht der Fall. So ist die Besetzung zentraler Stellen als klare Stellungnahme der Besatzungsmacht und des Zentral-Justizamtes für einen demokratisch-rechtsstaatlichen Neubeginn in der deutschen Rechtspflege und eine konsequente Ahndung von NS-Unrecht mit Hilfe von KRG 10 zu deuten. Mit quellengestützten biographischen Studien der richtunggebenden Justizjuristen wurden deren teils sehr unterschiedliche Prägungen und Lebenswege aufgezeigt (vgl. VII.2), um sie mit der Tatbestandsauslegung wie Urteilspraxis dieser Männer in Beziehung setzen und die Frage nach ihrer Rolle als vergangenheitspolitische Akteure in einen größeren Kontext stellen zu können. Zentral hierfür ist das Erleben und Verarbeiten des Nationalsozialismus, die bei den NS-Verfolgten Staff und Wimmer zur intensiven Beschäftigung mit rechtlich-ethischen Aspekten der ‚Bewältigung' geführt hatte. Von den politisch ambivalenteren OGH-Richtern Geier sowie Jagusch ist das nicht bekannt; sie hatten sich 1933 und 1945 angepasst und waren auch wendig genug, in den fünfziger Jahren als Speerspitze der umstrittenen politischen Strafjustiz zu reüssieren.

Kraft der Doppelfunktion als das Rechtseinheit gewährleistende Obergericht der Britischen Zone sowie Revisionsgericht in Fällen schwerer Kriminalität, was NS-Menschlichkeitsverbrechen einschloss, legte Köln sein ganzes Gewicht in die Waagschale, als es den in KRG 10 Art. II 1c nur vage definierten Tatbestand für die Rechtsprechung auslegte. Am von Staff geleiteten Strafsenat konnte man sich sicher sein, dass die Militärregierung die eigene Linie unterstützte. Obwohl der OGH seine Urteile ‚im Namen des Rechts' verkündete, traf er schon am 4. Mai 1948 eine grundsätzlich vergangenheitspolitische Entscheidung, indem er in der Sache gegen den Wachmann Bl. der ‚Gerechtigkeit' für die Opfer gegenüber der ‚Rechtssicherheit' für die Täter Vorrang einräumte. Die Strafrichter vertraten die Meinung, Rechtsstaat und Sittengesetz (Naturrecht) forderten die Bestrafung schweren Unrechts auch dann, wenn die Tat nicht gegen eine positive Strafvorschrift verstieß. ‚Die nachträgliche Heilung solcher Pflichtversäumung durch rückwirkende Bestrafung entspricht der Gerechtigkeit. Das bedeutet auch keine Verletzung der Rechtssicherheit, sondern die Wiederherstellung ihrer Grundlage und Voraussetzung. Unrechtssicherung ist nicht Aufgabe der Rechtssicherheit' (vgl. *VIII.1*). In Übereinstimmung mit den Absichten der Briten verfolgte das Revisionsgericht das Ziel, die rückwirkende KRG-10-Anwendung durch deutsche Gerichte festzuklopfen und ihnen eine Tatbestandsauslegung an die Hand zu geben, die eine angemessene Aburteilung auch von Straftaten erlaubte, die auf deutschrechtlicher Basis allein nicht möglich schien. Dies traf insbesondere zu auf Denunziationen und NS-ideologisch aufgeladene und von inhumaner Härte zeugende Todesurteile, die keine Rechtsbeugung dargestellt hatten, denn solche Delikte waren nach der im ‚Dritten Reich' bestehenden Rechtslage nicht strafbar gewesen. Der weite Strafrahmen des alliierten Gesetzes schuf zudem die Möglichkeit, einem erhöhten Unrechtsgehalt von NS-motivierten Taten durch Sanktionen Rechnung zu tragen, die potenziell härter waren als die im StGB verankerten. Dass der OGH eine relativ weit gefasste Auslegung von ‚Verbrechen gegen die Menschlichkeit' verfocht, konnte jene nicht überraschen, die um seine personelle Besetzung wussten. Denn die maßgebenden Richter Staff und Wimmer – beide

3 Zusammenfassung

als NS-Gegner entlassen und verfolgt – hatten sich gerade durch ihre Befürwortung von KRG 10 beim ZJA und in der Legal Division für ihre Aufgabe empfohlen. Letzterer hatte sein ‚Programm' 1947 vorgestellt: ‚Es besteht eine unabweisbare ethische Verpflichtung des Staates, *alle* Humanitätsverbrecher zu bestrafen, und es gibt keinen anderen Weg zur Sühnung und Prävention; das deutsche Strafrecht reicht hierzu nicht in allen Fällen und in jeder Beziehung aus; insoweit hat der Grundsatz ‚n.c.s.l.' ausnahmsweise zurückzustehen hinter der ethischen Notwendigkeit, ein neues, rückwirkendes Ausnahmestrafgesetz zu schaffen' (vgl. *V.2.3.1*). Von Staffs intensiver Beschäftigung mit der Frage der Strafverfolgung zeugt seine Abrechnung mit dem NS-Staat ‚Die Herrschaft der Kriminellen' (1944/45; vgl. *VII.2.2.2*). Die später berufenen, jüngeren Richter Geier und Jagusch waren zwar ebenfalls eigenwillige Persönlichkeiten, die nachher sogar am BGH zu Strafsenatspräsidenten aufstiegen (vgl. *VII.2.4* und *VII.2.5*). Am OGH ordneten sie sich bei der Ahndung von NS-Unrecht jedoch meist der von Staff und Wimmer entwickelten Rechtsprechung unter. Eine erhellende Ausnahme bildet Geiers Sondervotum im Prozess gegen Brumshagen u. a., weil es die Verwerfung der Revision gegen den Freispruch eines ehemaligen Standgerichtsvorsitzenden befürwortete. Seine Begründung, dass die Mitte April 1945, kurz vor der Übergabe Düsseldorfs an die Alliierten, verhängten und vollzogenen Todesstrafen gegen Widerständler noch einen militärischen Zweck haben konnten, lehnten die Richter Staff und Werner einmütig ab (vgl. *VIII.2.6*). Bemerkenswert ist freilich auch, dass Generalstaatsanwalt Schneidewin – Symbol der Kontinuität gegenüber dem Reichsgericht – wichtige Impulse für die Tatbestandsauslegung setzte (vgl. *VIII.1*). Der jüdische Remigrant Wolff, dessen bewegtes Leben und holpriger Weg an die OGH-Spitze geschildert wurden (vgl. *VII.2.1*), trug die Linie des Strafsenats stets mit.

Zu den KRG-10-Gegnern, die unter Juristen in der Mehrheit waren, und deren Widerstand ein zentraler Faktor für den schleppenden Fortgang und oft frappierend milden Ausgang von NS-Prozessen war (vgl. *VI*), stand der Strafsenat des OGH in vergangenheitspolitischer Gegnerschaft. Diese Frontstellung bildete sich nach der Ermächtigung deutscher Gerichte zur Aburteilung von Menschlichkeitsverbrechen mit deutschen oder staatenlosen Opfern heraus. Während Staff als Generalstaatsanwalt in Braunschweig und ZJA-Strafrechtsabteilungsleiter und Wimmer als Strafsenatspräsident am OLG Köln bereits vor ihrer OGH-Ernennung für die KRG-10-Anwendung stritten – wobei sie sich positiv auf die ‚Radbruchsche Formel' beriefen (vgl. *V.1*) und von ZJA-Präsident Kiesselbach unterstützt wurden (vgl. *V.2.3.2*) –, besaß die Gegenseite mit dem einflussreichen nationalkonservativen OLG-Präsidenten von Hodenberg (Celle) eine Führungsgestalt mit großem Networking-Talent. Dessen auf die Beseitigung des alliierten Gesetzes gerichtetes Wirken durchzieht das Buch als wiederkehrendes Motiv: angefangen mit der Denkschrift vom November 1946 (vgl. *V.2.2.2*), über die Entsendung des Stellvertreters Erdsiek als Vortragenden über KRG 10 an Gerichte in Niedersachsen (vgl. *VI.4*) und die von den Briten kritisierte Publikation der Denkschrift in der SJZ im März 1947 (vgl. *V.2.3.1*) bis zum Engagement für die Aufhebung der deutschen Gerichtsbarkeit zu KRG 10 1950/51 unter Nutzung der Kontakte im ‚Heidelberger Juristenkreis' (vgl. *IX.3.3*). Einfluss übte Hodenberg aber besonders in seinem Gerichtssprengel aus, wo er sich gegenüber der Militärregierung für die Belange der wiedereingestellten Richter eingesetzt hatte, indem er sich ausbedang, dass nur falsche Angaben auf Fragebögen eine spätere Entlassung rechtfertigen könnten (vgl. *V.2.2.1*). Dass er es verstand, sich des Rückhalts der Untergebenen zu versichern, zeigt etwa der Befund einer im Vergleich mit anderen, teils deutlich kleineren Bezirken ausgesprochen niedrigen Anzahl abgeurteilter Denunziationsfälle (vgl. *VI.2.1*), deren Verhandlung der Chefpräsident ja entschieden ablehnte. Dazu passt die Kritik von Justizstaatssekretär Moericke von 1948 an der Verschleppung der KRG-10-Verfahren in Hodenbergs Zuständigkeitsbereich (vgl. *VI.4*). Die Rechtsprechung des OGH zu NS-Menschlichkeitsverbrechen kann in gewissem Maße als eine Antwort auf Hodenbergs ‚Vergangenheitspolitik durch Strafrecht' verstanden werden.

Bezüglich KRG 10 übernahm der OGH für die Strafjustiz der Britischen Zone die Aufgabe, Merkmale zur Unterscheidung von ‚Menschlichkeitsverbrechen' und ‚gewöhnlichen', nach StGB-Vorschriften abzuurteilenden Straftaten zu bestimmen. Als Rechtsgut legten die Richter gemäß Urteil im Verfahren gegen P. vom 20. Mai 1948 den ‚ideellen Menschenwert' bzw. die ‚Menschheit' fest, die durch ‚eine Für-Nichts-Achtung des ideellen Menschenwerts' berührt werde (vgl. *VIII.1*). Carl Schmitts Anerkennung mochten sie so nicht gewinnen, hatte dieser doch lange zuvor behauptet, dass betrügen wolle, wer ‚Menschheit' sagt[2589]. Dagegen bildete die Verankerung derselben als Schutzgut die Konsequenz aus dem, was Immanuel Kant 1795 in der Schrift ‚Zum ewigen Frieden' formuliert hatte:

2589 Vgl. *Schmitt*, Carl: Der Begriff des Politischen. Text von 1932 mit einem Vorwort u. drei Corollarien. 8. Aufl., Berlin 2009, S. 51.

3 Zusammenfassung

„Da es nun mit der unter den Völkern der Erde einmal durchgängig überhand genommenen (engeren oder weiteren) Gemeinschaft so weit gekommen ist, dass die Rechtsverletzung an *einem* Platz der Erde an *allen* gefühlt wird: so ist die Idee eines Weltbürgerrechts keine phantastische und überspannte Vorstellungsart des Rechts, sondern eine notwendige Ergänzung des ungeschriebenen Kodex sowohl des Staats- als Völkerrechts zum öffentlichen Menschenrechte überhaupt und so zum ewigen Frieden, zu dem man sich in der kontinuierlichen Annäherung zu befinden nur unter dieser Bedingung schmeicheln darf"[2590].

Denn die Erscheinung, dass ‚eine Rechtsverletzung an einem Platz der Erde an allen gefühlt wird' – mag sie häufig eher Behauptung als Wirklichkeit gewesen sein –, entsprach dem vom OGH ventilierten Gedanken, dass ‚Verbrechen gegen die Menschlichkeit' von einer so menschenverachtenden Natur waren, dass sie ‚Wirkung auf die Menschheit als solche' hatten (vgl. Sch.-Fall in *VIII.2.2*). Die Normierung von KRG 10 Art. II 1c durch den Kontrollrat und seine Auslegung durch Gerichte, darunter der OGH, kann daher als vorbereitender Beitrag zu einem ‚Weltbürgerrecht' interpretiert werden, das als Ganzes zwar (noch) nicht besteht, für das mit der ‚Allgemeinen Erklärung der Menschenrechte' vom 10. Dezember 1948 und dem Römischen Statut aber mögliche Ansatzpunkte geschaffen sind. Ein zweites Charakteristikum der KRG-10-Deutung des OGH liegt in der Annahme eines kontextuellen Elementes, das zur Verwirklichung der objektiven Tatseite eines die Menschenwürde verletzenden Verbrechens unverzichtbar sei. Dieses Element sah das Gericht in der NS-Gewalt- und Willkürherrschaft – das Statut des IStGH 50 Jahre danach allgemein in einem ausgedehnten oder systematischen Angriff gegen die Zivilbevölkerung (vgl. *I.1*).

In *Kapitel VIII* wurde anhand diverser Beispiele die Funktion von NS-Geschichtsbildern für die OGH-Spruchpraxis aufgezeigt. Einige zentrale Interpretamente seien in Erinnerung gerufen. Erstens bemühte sich das Kölner Revisionsgericht um eine Verdeutlichung der willkürlichen Strafverfolgung und des Staatsunrechts im ‚Dritten Reich'. Davon zeugt seine Entscheidung im Verfahren gegen B. vom 20. Mai 1948 (vgl. *VIII.1*). Im Hinblick auf NS-Denunziationen betonten die Richter hier, dass die Verbindung der Tat mit der Gewalt- und Willkürherrschaft darin bestehe,

---

2590 *Kant*, Immanuel: Zum ewigen Frieden. Ein philosophischer Entwurf, Stuttgart 2013, S. 32f. (Hervorhebungen im Original).

3 Zusammenfassung

‚daß der Angeklagte einer Verfolgungsmaschinerie ausgeliefert wurde, die ganz unterschiedlich eingriff: eine ihr oder ihren Trägern unangenehme Sache wurde überhaupt nicht verfolgt, oder die darüber erwachsenen Akten wurden der verfolgenden Behörde entzogen und ihr nicht wieder zurückgegeben. In Sachen, die nicht nach Wunsch des Systems erledigt wurden, wurde zum Nachteil des Verfolgten eingegriffen. Die richterliche Unabhängigkeit wurde verletzt, die Strafvollstreckung den Vollstreckungsbehörden aus der Hand genommen. Richter wurden von Staats- und Parteiführern wegen ihrer Urteile geschmäht und gemaßregelt. Ein Freispruch konnte das Ergebnis haben, daß der Betroffene aus dem Gerichtssaal weg von der Gestapo verhaftet und einer Behandlung zugeführt wurde, gegen die eine Bestrafung eine Gnade gewesen wäre. In vielen Sachen wurde der Angezeigte nicht einem Gerichtsverfahren unterworfen, oder ohne jede oder nennenswerte Rechtsgarantien abgeurteilt, oder ohne jedes Verfahren nach Gestapomethoden gestraft. Es wurde außerhalb der Gesetze und gegen das Gesetz verfolgt und das Recht mit dem Gesetz verfälscht'.

Wie in diesem Fall, dessen Anschaulichkeit auch darauf beruht, dass der maßgeblich mitwirkende OGH-Richter Wimmer die Beseitigung des Rechtsstaates bis Ende 1937 aus der Warte eines zunehmend bedrängten und verfolgten Richters erlebt hatte (vgl. *VII.2.3.1*), liefert der Strafsenat Geschichtsbilder der NS-Herrschaft, die für die damalige Zeit sehr kritisch und für ein Gericht untypisch waren.

Mit eindrücklichen Deutungen wurde zweitens die Strafrechtspflege unter dem Hakenkreuz bedacht (vgl. *VIII.2.6*). So führte Köln im Urteil vom 7. Dezember 1948 im Verfahren gegen Holzwig sowie Petersen wegen der Verurteilung und Hinrichtung von drei im Mai 1945 wegen Fahnenflucht angeklagten Marinesoldaten aus: ‚Dieser Gesamthergang zeigt die Merkmale der nazistisch gelenkten Terrorjustiz. Um höchstmögliche Abschreckung zu erreichen, wird im ersten beliebigen Falle des Ausbrechens aus der befohlenen Ordnung auch bei nur geringer Schuld, die höchste Strafe verfügt, obwohl dieses Missverhältnis zwischen Schuld und Strafe geradezu unerträglich ist. Solche Strafpraxis bedeutet für ihre Opfer einen Angriff gegen Menschenwert und Menschenwürde'. Für die mehr oder weniger NS-belasteten Berufskollegen, die sich nur zu gern hinter dem apologetischen Interpretament Artur Sträters vom ‚intakt' gebliebenen deutschen Richter versammelten (vgl. *VI.2.4*), stellte das Urteil eine Provokation dar. Anstatt darauf einzugehen, legte der OGH in der Strafsache gegen Kölns Ex-Landgerichtspräsidenten Müller 1949 nach, indem er dessen Versuche, untergebene Richter am Sondergericht im Sinne der Verhängung härterer

3 Zusammenfassung

Strafen für politisch und rassisch Missliebige zu beeinflussen, in den Kontext einer NS-Justizlenkung einordnete, die weite Teile der Rechtspflege erfasst hätte. Es bestehe eine klare Erfahrungstatsache darin, ‚daß zahlreiche Gerichte, vor allem der Volksgerichtshof und viele Sondergerichte, das Strafrecht in einer Weise handhabten, die dazu führte, daß das Recht, statt begangenes Unrecht zu sühnen, mehr und mehr zum Mittel der terroristischen Unterdrückung und Ausmerzung ganzer Bevölkerungsgruppen wurde'. Auch diese Analyse schlug einen ganz anderen Ton an als Landesjustizminister Sträter, der 1947 gemeint hatte, an Sondergerichten hätten ‚oft Männer gesessen (...), die unvorstellbares Leid verhindert haben'.

Zuletzt sei drittens auf das in einigen vorgestellten Urteilen zu findende OGH-Geschichtsbild der Judenverfolgung hingewiesen, das im Gegensatz zur Rolle der Justiz im ‚Dritten Reich' kaum zum Zankapfel wurde. In der Sache gegen Paasch und Schwester wegen Denunziation hielten die Revisionsrichter fest, dass ‚die Juden damals rechtlos dem staatlichen Terror und der Willkür preisgegeben waren und oft auch der geringste Anlass genügte, dass sich diese Kräfte des einzelnen Opfers bemächtigten' (vgl. *VIII.2.1*). Im wegen der Misshandlung mehrerer Juden angestrengten Verfahren gegen Weller nahm der OGH 1949 Anstoß an der Rechtsauffassung des Tatgerichts, das Geschehen sei ein lokal begrenzter Exzess gewesen. Vielmehr unterstrich Köln, die Tat hätte sich bewusst in die ‚verbrecherische Gesamtaktion' der Judenverfolgung eingefügt, wodurch die objektive Tatseite des in KRG 10 Art. II 1c normierten Tatbestandes als erfüllt anzusehen sei (vgl. *VIII.2.5.1*). Das letzte Beispiel ist die historische Argumentation des Gerichtshofes im Harlan-Fall wegen Herstellung eines antisemitischen Hetzfilms (vgl. *VIII.2.4*). Dabei betonten die Richter, was in der Einleitung zitiert wurde: ‚Die unzureichende Berücksichtigung geschichtlicher Tatsachen und der Erfahrung bei der rechtlichen Würdigung ist ein Rechtsverstoß'. Der Bezugspunkt dieser Aussage liegt in der zwischen Tatgericht und OGH umstrittenen Frage, ob ‚Jud Süß' zur Zeit seiner Entstehung sowie Uraufführung 1940 noch als wirksames Mittel zur Steigerung der Judenfeindschaft betrachtet werden konnte. Am Obergericht war man der Überzeugung, dass der Völkermord in der NS-Führung bereits vor Kriegsausbruch beschlossene Sache war. Aus diesem Grund sei es ihr darum zu tun gewesen, die ‚Volksgemeinschaft' propagandistisch auf jenen radikalen Schritt vorzubereiten.

> ‚Während man die Juden im Osten und in den Konzentrationslagern massenweise tötete oder unausbleiblichen Seuchen hilflos aussetzte, verhetzte und ‚beruhigte' man das deutsche Volk in dieser Beziehung durch eine wohlberechnete Massenpropaganda, deren Kern die Be-

hauptung war, daß man sich der ‚jüdischen Schädlinge' nur auf diese Weise wirksam entledigen könne und daß sie dieses Schicksal im Interesse der Erhaltung des deutschen Volkes auch verdienten. Ein nicht unwesentliches Werkzeug dieser zur Vernichtung der Juden gehörigen Hetze war der Film ‚Jud Süß'. Die tatbestandsmäßige Schädigung der Juden durch den Film steht hiernach fest. Damit ist der äußere Tatbestand des KRG 10 II 1 c erfüllt'.

Wie in anderen Fällen lässt sich auch hier erkennen, welche Bedeutung NS-Geschichtsbilder für die OGH-Rechtspraxis zu KRG 10 hatten. Sie sind wichtiges Glied einer Beweiskette, die die Verwirklichung der äußeren Tatseite eines Menschlichkeitsverbrechens aufzeigt. Denn sie erlaubten jeweils den Nachweis des Konnex' des untersuchten Unrechts mit der NS-Gewalt- und Willkürherrschaft. Darüber hinaus stellten sie einen frühen vergangenheitspolitischen Beitrag zur kritischen Auseinandersetzung mit der NS-Herrschaft dar (vgl. *VIII.1*). Diese Einladung wurde damals freilich ausgeschlagen.

Eine knappe Beschreibung der tatbestandlichen Auslegung von KRG 10 Art. II 1c hinsichtlich der inneren Tatseite leitet bereits zu allgemeinen Betrachtungen über die OGH-Spruchpraxis zu NS-Verbrechen über. Das auffälligste Merkmal liegt hier darin, dass die Anforderungen an das Wissen und Wollen des Täters eher niedrig waren. So behaupteten die Richter im Denunziationsverfahren gegen B. (s. o.), der subjektive Tatbestand des Menschlichkeitsverbrechens sei erfüllt, wenn klar wäre, dass der Täter das Opfer bewusst und gewollt staatlicher Willkür ausgeliefert hatte. Allerdings wurde die anfängliche Auffassung, es hätte dafür weder eines Unrechtsbewusstseins noch des Wissens bedurft, dass der Nationalsozialismus eine Gewalt- und Willkürherrschaft war, spätestens beim Paasch-Fall revidiert. Das Nicht-Erkennen-Können der Unrechtmäßigkeit des eigenen Handelns wurde schließlich als Entschuldigungsgrund anerkannt. Indes genügte für den Eintritt des tatbestandlichen Erfolgs der inhumanen Schädigung ein bedingter Vorsatz (dolus eventualis) bzw. die Inkaufnahme der Folgen. Wie die vorgenannten Punkte hatte auch die OGH-Rechtsmeinung, dass die Tatmotivation keine Anzeichen der Inhumanität aufweisen musste, den Effekt, dass der Kreis der Schuldigen relativ offengehalten wurde. Auf diese Weise sollten weder aus privaten Gründen (z. B. bei Denunziationen aus Eigennutz) noch aus NS-Überzeugung handelnden Angeklagten juristische Schlupflöcher belassen werden.

Die Auslegung von ‚Menschlichkeitsverbrechen' durch den Obersten Gerichtshof kann insofern als Ausdruck vergangenheitspolitischen Wirkens interpretiert werden, als sie den Gerichten der Britischen Zone (und

3 Zusammenfassung

durch die Veröffentlichung in Fachzeitschriften auch in anderen Besatzungszonen) Kriterien für eine konsequente Ahndung von NS-Straftaten zur Verfügung stellen sollte. Dass diese KRG-10-Lesart im Sinne der Erfassung eines großen Täter- und Schuldigenkreises als weitgehend und daher auch ‚politisch' rezipiert wurde, beweist der Umstand, dass sie teils heftige Reaktionen der Instanzgerichte und Strafrechtswissenschaft hervorrief (vgl. *IX.1* und *IX.2.3*). Indem die Revisionsrichter viele Fälle von ‚kleinen' und ‚mittleren' NS-Tätern, gerade bei ‚Anzeigeverbrechen', unter der auf besonderen Unrechtsgehalt hindeutenden Perspektive von ‚Menschlichkeitsverbrechen' aburteilten, offenbarten sie die gravierende Verstrickung großer Teile der deutschen Gesellschaft in NS-Unrecht. Neben der juristischen Aufarbeitung der Vergangenheit versuchten sie auch, dem alliierten Tatbestand als völkerrechtlicher Kategorie Genüge zu tun. Letzteres war geboten, weil Ungleichbehandlung von NS-Tätern vor alliierten und deutschen Gerichten harsche Kritik nach sich ziehen konnte. Insofern verlor man in Köln auch nicht aus dem Auge, wie die Amerikaner in Nürnberg und die Briten an den CCC KRG 10 handhabten. Notwendig war hier, dem Tatbestand Grenzen zu ziehen. So kehrte der OGH schon in der Entscheidung im Fall gegen P. (s. o.) hervor, dass nicht jede NS-motivierte Gewalttat tatbestandsmäßig war. Sie war es nur dann, wenn die eingetretene Schädigung das Rechtsgut der Menschheit berührte. Die völkerstrafrechtliche Durchschlagskraft der Urteile des Revisionsgerichts beweist die meist affirmative Rezeption, die ICTY und Internationales Strafrecht ihnen seit den neunziger Jahren angedeihen ließen (vgl. *I.3*).

Kursorisch seien weitere, der Darstellung in *Kapitel VIII* entnehmbare Kennzeichen der OGH-Rechtsprechung zu Verbrechen gegen die Menschlichkeit rekapituliert. Regelmäßig wurden Freisprüche in Strafsachen aufgehoben, bei denen das Tatgericht davon abgesehen hatte, KRG 10 anzuwenden. Wo der Vorderrichter keine Verbindung des Sachverhalts mit einer Gewalt- und Willkürherrschaft hatte erkennen können, griff das Höchstgericht als historisches Argument oft auf die erläuterten NS-Geschichtsbilder zurück. Nachdem die rückwirkende Anwendbarkeit des KRG bestimmt war, verdeutlichte es, dass und wie NS-Denunziationen, deren Verfolgung mit Hilfe von Normen des StGB kaum Anhänger gefunden hatte, auf Basis des alliierten Gesetzes abgeurteilt werden konnten. Im Prozess gegen Holzwig/Petersen (s. o.) postulierte es, Spruchrichter könnten sich einer Straftat gemäß KRG 10 Art. II 1c strafbar gemacht haben, obwohl ihnen Rechtsbeugung nach § 336 StGB a. F. nicht nachweisbar war. Hiermit wurde Radbruchs Befürwortung des ‚Richterprivilegs' verworfen. Anwendungsgebiet war v. a. die Verhängung von NS-Todesurteilen, bei denen zwischen Schuld und Strafe ein unerträglicher Widerspruch klaffte. Der vor einem US-Militärgericht durchgeführte Nürnberger Juristenprozess (1947) diente den Revisionsrichtern als Bezugspunkt. Der Widerstand der Tatgerichte gegen die Negierung des ‚Richterprivilegs' zeigte sich daran, dass in allen nach Köln gelangten Fällen zu NS-Justizunrecht erstinstanzlich Freisprüche ergangen waren. (Die Verurteilung Holzwigs macht insofern keine Ausnahme, als sie sich ‚nur' auf die nachgerichtliche Beeinflussung des Gerichtsherrn bezog.) Außer beim Hamburger Urteil nach der Neuverhandlung im Holzwig-Petersen-Verfahren weigerten sich die Richter an den Tatgerichten beständig, dem vom OGH auf KRG-10-Basis begründeten Strafanspruch gegen Berufskollegen Geltung zu verschaffen. Das eklatanteste Beispiel für Widerstand lieferte die Düsseldorfer Landgerichtsentscheidung im Fall Brumshagen vom März 1949 und der sprachlich-performative Akt der Verkündung (vgl. *VIII.2.6*). Neben der Aufhebung vieler Freisprüche in Verfahren wegen NS-Unrechts leisteten die OGH-Strafsenate weitere Beiträge zu einer Vergangenheitspolitik, die darauf zielte, NS-Opfern und -Tätern Gerechtigkeit in Form von Genugtuung bzw. Strafe widerfahren zu lassen: Einerseits scheuten sie nicht den Eingriff in die Strafzumessung, wenn man wie im Weller-Fall überzeugt war, die Erwägungen des Tatgerichts seien nicht nur rechtsirrig, sondern auch einseitig zugunsten des Angeklagten ausgefallen (vgl. *VIII.2.5.1*). Andererseits nutzten die Richter die Option, Strafsachen, deren erstinstanzliche Beurteilung ihrer Linie zuwiderlief, in Extremfällen zur Neuverhandlung an benachbarte Schwurgerichte weiterzuleiten – etwa in den Verfahren gegen Brumshagen oder gegen D. u. a. (vgl. *IX.1*). In beiden Fällen war in den Tatgerichtsurteilen scharfe Kritik am OGH geäußert worden, die auch wegen ihres Tonfalls in Köln befremdete. Ein ‚Interventionsmittel' war auch die ändernde Sachentscheidung, derer sich der OGH bereits in der ersten KRG-10-Entscheidung im Verfahren gegen Bl. vom 4. Mai 1948 bediente. Dabei wandelte der Strafsenat den erstinstanzlichen Schuldspruch dahingehend um, dass der Angeklagte nicht mehr nur auf StGB-Grundlage, sondern auch wegen eines Verstoßes gegen das alliierte Gesetz schuldig gesprochen war (vgl. *VIII.1*).

Angesichts des Kalten Krieges und der Verbreitung einer Schlussstrichmentalität begegnete die KRG-10-Urteilspraxis des Kölner Revisionsgerichts bald zunehmenden Widerständen aus Strafjustiz, Rechtswissenschaft und Politik. *Kapitel IX* charakterisierte diese Entwicklung als eine ‚vergangenheitspolitische Wende', in deren Zuge Ende der vierziger Jahre das Signal von konsequenter Strafverfolgung auf eine weitgehende Amnestie umgestellt wurde. Auf das britische Ahndungsprogramm, das die Aburteilung von an Deutschen oder Staatenlosen verübten NS-Verbrechen unter Verwendung von KRG 10 vorgesehen hatte und das von ZJA und OGH übernommen und in die Praxis umgesetzt worden war, folgte die bundespolitische „Bewältigung der frühen NS-Bewältigung"[2591], die von Frei dargestellte, auf Amnestie und Integration der NS-Belasteten ausgerichtete ‚Vergangenheitspolitik'. Strafrechtspolitische Meilensteine setzte sie durch das Straffreiheitsgesetz vom 31. Dezember 1949, die Errichtung und Ausrichtung des BGH an der Tradition des Reichsgerichts sowie die erfolgreiche Lobbyarbeit für die Aufhebung der alliierten Ermächtigungen deutscher Spruchkörper zur Anwendung von KRG 10 im Sommer 1951 (vgl. IX.3). Der Effekt war, dass in den fünfziger Jahren vor deutschen Gerichten immer weniger NS-Straftaten abgeurteilt wurden[2592]. Einer der Gründe dafür lag auch in der Schließung des OGH. Hierin besteht ein letztes Indiz dafür, dass das Gericht eine vergangenheitspolitische Wirkung entfaltete und mit den Richtern seiner Strafsenate Akteur einer in die Defensive geratenden ‚Vergangenheitspolitik durch Strafrecht' war.

2591 *Frei*, S. 398.
2592 Vgl. *Rückerl*, S. 127.

4 Richter als Historiographen der NS-Herrschaft

Unter dem Blickwinkel strafrechtlicher Vergangenheitspolitik erscheint es lohnend, die OGH-Rechtspraxis zu KRG 10 vor der Folie des wirkungsreichen Remer-Prozesses zu betrachten, der 1952 in Braunschweig verhandelt wurde. Auf der Anklagebank saß mit Otto Ernst Remer[2593] ein einstiger Wehrmachtoffizier, der führend an der Niederschlagung des Umsturzversuches vom 20. Juli 1944 beteiligt war, nun aber als Funktionär der rechtsextremen Sozialistischen Reichspartei von sich reden machte. Ihm wurde vorgeworfen, die Männer des ‚20. Juli' als Hoch- und Landesverräter verleumdet zu haben. Generalstaatsanwalt Fritz Bauer vertrat selbst die Anklage, wobei er sich auch von „dezidiert politischen Intentionen"[2594] leiten ließ: dem Ziel der Rehabilitierung der Vertreter des Widerstandes gegen die NS-Diktatur. Das Landgericht zog als Sachverständigen u. a. den Historiker Percy Ernst Schramm zu Rate, der Bauers Argumentation gemäß zu dem Ergebnis kam, dass angesichts der Kriegslage im Juli 1944 eine deutsche Niederlage unausweichlich war[2595]. In der Tat erbrachte das Urteil eine Rehabilitierung des ‚20. Juli', denn das Gericht sprach dessen Protagonisten landesverräterische Eigenschaften ab und bezeichnete den NS-Staat als ‚Unrechtsstaat'. Damit griff es Bauers Diktion direkt auf[2596].

Ein Staatsanwalt übt eine andere Funktion aus als ein Strafrichter. Im Gegensatz zu ihm kann er tatsächlich eine Agenda verfolgen, auch eine politische. Dagegen muss der Richter die Sachfragen entscheiden, die die Anklagebehörde ihm vorlegt. Trotzdem kann er mit der Macht der Worte und ‚symbolischem Kapital' auch vergangenheitspolitische Marken setzen. Das zeigt das Urteil im ‚Remer-Fall'; das zeigen aber auch OGH-Entscheidungen, die bemerkenswerte Geschichtsbilder der NS-Herrschaft zeichnen: einerseits als historisches Argument und Glied einer Beweiskette zur Urteilsbegründung, andererseits als Beitrag zum Diskurs um die ‚Bewältigung' der NS-Vergangenheit. Der Oberste Gerichtshof schrieb seine eigene

---

2593 Zu Remer (1912–1997) vgl. *Klee* 2005, S. 491.
2594 *Frei*, S. 348.
2595 Vgl. *Wojak*, S. 270. Zu Schramm (1894–1970) vgl. *Heimpel*, Hermann: Königtum, Wandel der Welt, Bürgertum. Nachruf auf Percy Ernst Schramm, in: Historische Zeitschrift 214 (1972), H. 1, S. 96–108.
2596 Vgl. *Frei*, S. 349f. Daher bescheinigt Frei dem Urteil ‚unschätzbaren vergangenheitspolitischen Wert'.

Geschichtserzählung. Jedoch nicht, indem er den Sachverhalt mit Hilfe von Gutachtern rekonstruierte (vgl. *I.4.3*). Vielmehr wandten die für die KRG-10-Judikatur zentralen OGH-Richter Staff und Wimmer (vgl. *VII.2*) ihre eigenen, subjektiven ‚Wahrheiten' auf den Sachverhalt an. Wie Bauer besaßen sie eine vergangenheitspolitische Triebkraft, und ihre Dispositionen und Wertmaßstäbe sowie die Erfahrung von Verfolgung unter der NS-Herrschaft spiegeln sich in der Deutlichkeit der Sprache der Urteile und den darin formulierten Geschichtsbildern. Letztere lieferten den Kontext für die Begründung der Strafbarkeit von NS-Tätern als Menschlichkeitsverbrecher. Typischerweise wurden sie herangezogen, wenn es um die umstrittene Frage der Ahndung von Denunziationen und Justizunrecht ging, denn diese Fälle berührten das Selbstbild von Richtern und Staatsanwälten und konfrontierten sie mit ihrer Verstrickung in das Gewalt- und Willkürsystem des ‚Dritten Reiches'. Auch war der Einsatz, um den die Akteure auf dem Feld der ‚Vergangenheitspolitik durch Strafrecht' rangen, bei jenen Tatkomplexen besonders hoch, da die sich durchsetzende ‚Wahrheit' Ansprüche in der Gegenwart begründete. So forderte, wer die Interessen der Opfer vertrat, die Herstellung von Gerechtigkeit durch die Bestrafung der Täter und Gewährung von Wiedergutmachung für Geschädigte. Es ging um den Bruch mit der NS-Vergangenheit. Wer indes die Interessen der Täter verfocht, berief sich auf die Rechtmäßigkeit der vor 1945 geltenden Gesetze, des Vorgehens der Strafjustiz und der gefällten Urteile. Damit ließ sich die Anwartschaft von NS-belasteten Juristen auf Wiedereinsetzung in Amt und Würden rechtfertigen. Hier ging es um Kontinuität. Zwar gilt, dass Juristen bezüglich Mentalität, Habitus und Milieu grundlegende Gemeinsamkeiten hatten und Richter „bis zu den Haarspitzen angefüllt [sind] mit dem jeweiligen ‚Geist der Zeit'"[2597]. Wegen widerstreitender Erfahrungen nach 1933 – vom Aufstieg der NS-Begeisterten bis zur Verfolgung rassisch Unerwünschter und politisch Renitenter – kristallisierten sich aber voneinander abweichende ‚Wahrheiten' heraus. Die NS- und justizkritische Lesart des OGH wurde anhand seiner Rechtsprechung durchdekliniert (vgl. *VIII*). In ihren Urteilen entwickelten die Strafrichter ihre eigene, subjektiv gefärbte ‚Geschichte' der Naziherrschaft. In nicht wissenschaftlichem Sinne wirkten sie als Historiographen, mindestens aber als Geschichtsbildproduzenten.

2597 *Stolleis* 2000, S. 181.

5 Ausblick

Der am 1. Oktober 1950 eröffnete BGH verließ die Gleise der OGH-Revisionsrechtsprechung nicht sofort, sondern knüpfte trotz Wegfalls von KRG 10 als Rechtsgrundlage zur Bestrafung von NS-Tätern zunächst daran an. Dies belegen zwei Urteile des Ersten Strafsenats, an denen mit Geier und Jagusch bezeichnenderweise zwei ehemalige OGH-Richter beteiligt waren. Im ersten Fall war die Deportation von 2.462 Juden aus Württemberg in den Osten Prozessgegenstand. Das Urteil von Anfang 1952 greift die vom OGH im Verfahren gegen SS-Standrichter Brumshagen entwickelte ‚Kernbereichstheorie' auf (vgl. *VIII.2.6*), insofern es dort heißt:

> „Im Bewußtsein aller zivilisierten Völker besteht bei allen Unterschieden, die die nationalen Rechtsordnungen im einzelnen aufweisen, ein gewisser Kernbereich des Rechts, der nach allgemeiner Rechtsüberzeugung, von keinem anderen Gesetz und keiner anderen obrigkeitlichen Massnahme verletzt werden darf. Er umfaßt bestimmte als unantastbar angesehene Grundsätze des menschlichen Verhaltens, die sich bei allen Kulturvölkern auf dem Boden übereinstimmender sittlicher Grundanschauungen im Laufe der Zeit herausgebildet haben und die als rechtlich verbindlich gelten, gleichgültig, ob einzelne Vorschriften nationaler Rechtsordnungen es zu gestatten scheinen, sie zu mißachten"[2598].

Etwa zeitgleich erging das erste BGH-Urteil im Verfahren gegen Huppenkothen (vgl. *VII.2.4*). Darin bezweifeln die Richter im Gegensatz zur ersten Instanz die Rechtmäßigkeit des vom SS-Ankläger betriebenen Standgerichtsverfahrens gegen sechs Vertreter des Widerstandes, indem sie die Frage aufwerfen, ob es sich hierbei um Strafrecht oder nur ‚in Urteilsform gekleidete willkürliche Machtansprüche' gehandelt hätte. In Anlehnung an die Radbruchsche Formel heißt es: ‚Obrigkeitliche Anordnungen, die die Gerechtigkeit nicht einmal erstreben, den Gedanken der Gleichheit bewusst verleugnen und allen Kulturvölkern gemeinsame Rechtsüberzeugungen von Wert und Würde der menschlichen Persönlichkeit gröblich missachten, schaffen (...) kein materielles Recht, und ein ihnen entspre-

---

[2598] Das BGH-Urteil im Fall 1 StR 563/51 vom 29. Januar 1952 ist abgedruckt in: BGH StS 2, S. 234–242. Die zitierte Textstelle findet sich auf S. 237.

5 Ausblick

chendes Verhalten bleibt Unrecht'. In derartigen Entscheidungen lebte der Geist der naturrechtlich begründeten OGH-Rechtsprechung zu NS-Menschlichkeitsverbrechen in der Tat noch eine Weile fort.

Seit Mitte der fünfziger Jahre nahm die Rechtspraxis des BGH aber zunehmend restaurative Züge an[2599]. So leistete Karlsruhe der Auffassung Vorschub, die meisten NS-Täter seien nur Gehilfen gewesen, was ihre Bestrafung erschwerte; etwa durch seine Entscheidungen in den Verfahren gegen K. (1956)[2600] und den früheren KGB-Auftragsmörder Staschinski (vgl. *VII.2.5*). Weiter bewirkten die Urteile der Strafsenate vielfach, „dass von rechtsstaatlichen Gerichten die Normen des Terrorregimes affirmierend übernommen und angewendet wurden"[2601]. Dies galt besonders für Verfahren wegen NS-Justizverbrechen, für deren Aburteilung ja nur noch das StGB zur Verfügung stand. Ein Richter war demnach nur noch wegen Tötung haftbar zu machen, wenn er sich zugleich einer Rechtsbeugung nach § 336 StGB schuldig gemacht hatte. Hinsichtlich dieses Tatkomplexes bedeutete die dritte, 1956 (bereits ohne Geier und Jagusch) gefällte Revisionsentscheidung im Huppenkothen-Fall insofern einen Einschnitt, als sie eine Abwendung von der Radbruchschen Formel beinhaltete und der Lehre von Gerichtspräsident Weinkauff gemäß dem NS-Staat ein legitimes Recht auf Selbsterhaltung zugestand sowie die Ausgrenzung des einfachen Soldaten und Bürgers vom Widerstandsrecht postulierte. Das war zweifellos ein Akt von strafrechtlicher Vergangenheitspolitik (vgl. demgegenüber *VII.2.4*)[2602]. Die im Frühjahr 1945 verhandelten SS-Standgerichtsverfahren gegen Bonhoeffer u. a. waren dieser Meinung zufolge kein ‚gesetzliches

---

2599   Vgl. hierzu *Ohe*, Axel von der: Das Gesellschaftsbild des Bundesgerichtshofs. Die Rechtsprechung des BGH und die frühe Bundesrepublik, Frankfurt a. M. 2010 (Europäische Hochschulschriften; Reihe III: Geschichte und ihre Hilfswissenschaften, Bd. 1071).

2600   Das BGH-Urteil im Verfahren gegen K. vom 10. Januar 1956 ist wiedergegeben in: BGH StS 8, S. 393–399.

2601   *Homann*, S. 214.

2602   Generalstaatsanwalt Bauer wiederum hatte 1952 im Remer-Prozess (vgl. *4*) betont: „Seit 1945 haben sämtliche Gerichte, das Schwurgericht in diesem Saal, der Oberste Gerichtshof in Köln und der Bundesgerichtshof ausgesprochen, daß das ‚Dritte Reich' ein Gewalt- und Willkürsystem gewesen ist. (…) Ich stelle deswegen den Satz auf: ein Unrechtsstaat wie das Dritte Reich ist überhaupt nicht hochverratsfähig" (zit. n. *Bauer*, Fritz: Eine Grenze hat Tyrannenmacht. Plädoyer im Remer-Prozeß [1952], in: Ders.: Die Humanität der Rechtsordnung. Ausgewählte Schriften, hrsg. v. Joachim Perels u. Irmtrud Wojak, Frankfurt a. M./New York 1998 [Wissenschaftliche Reihe des Fritz-Bauer-Instituts, Bd. 8], S. 169–179, hier: S. 177).

Unrecht', sondern legal. Im Übrigen setzte sich unter Federführung des BGH nun eine Auslegung des Rechtsbeugungstatbestandes durch, die der Gerichtshof erst 40 Jahre später als Fehler anerkennen und unter teils explizitem Rekurs auf die Haltung des OGH korrigieren sollte. So kam Karlsruhe nach dem Ende der DDR in Strafprozessen gegen einige ihrer Richter zu der Erkenntnis, dass Angeklagte sich bei offenkundig gesetzwidrigen, gegen die Grundsätze der Menschlichkeit verstoßenden Entscheidungen nicht (mehr) auf ihre (angebliche) Überzeugung berufen konnten, rechtmäßig geurteilt zu haben. 1995 etwa übten sich die Bundesrichter in Selbstkritik, indem sie einräumten, dass die frühere Rechtsprechung des BGH zur Exkulpierung zahlreicher NS-Richter geführt hätte:

> „Insgesamt neigt der Senat zu dem Befund, daß das Scheitern der Verfolgung von NS-Richtern vornehmlich durch eine zu weitgehende Einschränkung bei der Auslegung der subjektiven Voraussetzungen des Rechtsbeugungstatbestands bedingt war. (...) Hätte sich die Rechtsprechung schon damals bei der Prüfung richterlicher Verantwortung für Todesurteile an Kriterien orientiert, wie sie der Senat in der heutigen Entscheidung für Recht erkennt, hätte eine Vielzahl ehemaliger NS-Richter strafrechtlich wegen Rechtsbeugung in Tateinheit mit Kapitalverbrechen zur Verantwortung gezogen werden müssen. (...) Darin, dass dies nicht geschehen ist, liegt ein folgenschweres Versagen bundesdeutscher Strafjustiz"[2603].

Zugleich schwenkte der BGH auf die OGH-Deutung ein, die für den Nachweis des subjektiven Tatbestands beim NS-Justizverbrechen nach KRG 10 das Vorliegen des ‚dolus eventualis' für hinreichend erachtet hatte. Ebenso erlebte die Radbruchsche Formel einen zweiten Frühling[2604], und die zugrundeliegende Tendenz wirkte sich – Ergebnis eines Lernprozesses? – auch auf legislativem Gebiet aus. Nachdem der Tatbestand ‚Verbrechen gegen die Menschlichkeit' laut Beschluss des Bundesjustizministers und seiner Länderkollegen von 1951 keinen Eingang in das deutsche Strafrecht gefunden hatte (vgl. *IX.3.3*), wurde er in der vom Römischen Statut vorgegebenen Prägung im Zuge der Einführung des VStGB am 26. Juni 2002 doch noch im Bundesgesetzblatt bekanntgegeben (vgl. *I.1*). Zuletzt konnte auch bezüglich der Ahndung von NS-Massenverbrechen

---

2603 BGH StS 41, S. 339f. (‚Insgesamt neigt...') u. 342f. (‚Hätte sich...'). Das zugehörige BGH-Urteil vom 16. November 1995 wird *ebd.*, S. 317–347, wiedergegeben. Hierzu auch *Irmen*, S. 112.
2604 Vgl. *ebd.*, S. 113.

5 Ausblick

vor deutschen Gerichten eine bemerkenswerte, obwohl reichlich späte Kehrtwende festgestellt werden, die Anklänge an die OGH-Spruchpraxis zeigt (s. u.).

Sicher wies die rechtsdogmatische Auslegung des Tatbestandes aus KRG 10 Art. II 1c durch den OGH Schwachstellen sowie ‚Friktionen mit den allgemeinen Lehren des Strafrechts' (Rüping; vgl. *VII.3*) auf, und gewiss war den Strafsenaten nicht beschieden, eine eigene Rechtstradition zu begründen. Trotzdem hat das Bemühen des Revisionsgerichts um juristische Aufarbeitung des ‚Dritten Reiches' und das Aussprechen unbequemer Wahrheiten in der Rechtswissenschaft Anerkennung erfahren[2605] – und das, wie die vorliegende Arbeit zu zeigen versuchte, durchaus mit Recht. Insoweit Raim der deutschen Ahndung von NS-Unrecht in den ersten Jahren nach 1945 ein positives Gesamtzeugnis ausstellt[2606], dürfen der OGH und seine Strafrichter für sich in Anspruch nehmen, hierzu einen bedeutenden Beitrag geleistet zu haben.

So ist Broszat in der Bewertung zuzustimmen: „Dieses Gericht zumindest nahm die den Deutschen zuallererst obliegende Verantwortung für eine strafrechtliche Reinigung von der NS-Vergangenheit trotz des offenkundig nachlassenden Interesses der Besatzungsmacht weiterhin ernst"[2607]. Ähnlich würdigt Rüping das zeitgeschichtliche Verdienst des Revisionsgerichts, wenn er betont, es „bleibt eine Episode in der Nachkriegsgeschichte Deutschlands, jedoch mit dem Versuch, personell wie inhaltlich mit einem demokratischen Neuanfang Ernst zu machen, eine Episode von Rang"[2608]. Nach Storz bestand „[e]ine der wesentlichsten Aufgaben der deutschen Gerichte[,] und damit besonders des OGH, (...) darin, das in der NS-Zeit verlorengegangene Vertrauen der Deutschen und der Alliierten in das deutsche Rechtswesen zurückzugewinnen und so wesentlich zum Aufbau des Stattes [!] beizutragen. Dies tatsächlich erreicht zu haben, ist einer der wichtigsten Erfolge gerade auch des OGH, der nicht genug herausge-

---

2605 Vgl. *Vultejus*, S. 602: „Die Rechtsprechung dieses Gerichtshofes kann heute noch als beispielhaft gelten; wäre sie fortgesetzt worden, brauchten wir uns nicht der vielfach unterbliebenen Verfolgung von NS-Gewalttaten zu schämen". Ferner *Pauli* 1996, S. 119, und *Schubert*, S. IX.
2606 Vgl. *Raim*, S. 1177, die betont, mit welcher Anstrengung die Justizbehörden versucht hätten, sich „der Flut des Vergessens entgegenzustellen und die Suche nach Gerechtigkeit trotz der herrschenden Not der frühen Nachkriegsjahre aufzunehmen".
2607 *Broszat* 1981, S. 537.
2608 *Rüping* 2000: Hüter, S. 122.

stellt werden kann"[2609]. Ebenfalls bereits zur Zeit des Bestehens hätten seine Leistungen und Verdienste um die Vereinheitlichung sowie Fortbildung des Rechts und die Anknüpfung an die Tradition und Rechtsexpertise des Reichsgerichts große Anerkennung gefunden[2610]. Verbindungslinien zu Diskursen um Menschenrechte sowie Völkerstrafrecht, wie sie heute die Arbeit des Europäischen Gerichtshofes für Menschenrechte und des IStGH bestimmen, ziehen Homann und Ambos. Während ersterer dem Revisionsgericht attestiert, eine wegweisende menschenrechtsorientierte Rechtsprechung verfolgt zu haben[2611], leistete es letzterem zufolge „einen eigenständigen und weiterführenden Beitrag zur Auslegung des KRG 10"[2612]. Hierdurch hätte „erstmals deutsches strafrechtliches Gedankengut in die Debatte um das ‚Nürnberger Recht' Eingang gefunden". Die Rechtsanwendung des OGH bei Verbrechen gegen die Menschlichkeit sei „Ausdruck des Völkerstrafrechts der Nachkriegszeit".

Der Oberste Gerichtshof befasste sich mit der Rolle von Funktionseliten im ‚Dritten Reich' sowie dem Ausmaß ihrer Verstrickung in NS-Unrecht. Pauli betont dazu, in der Brandmarkung von NS-Massenverbrechen der Strafjustiz sei ein einzigartig klares und mutiges Bekenntnis zu sehen[2613]. Dass die Kölner Urteilspraxis darüber hinaus vielversprechende Ansätze für eine stringent-umfassende Strafverfolgung von staatlicherseits gelenkten Massenverbrechen lieferte – besonders hinsichtlich NS-Grausamkeiten in KZ und Vernichtungslagern –, wurde im Kontext des Verfahrens gegen V. wegen Denunziation mit Urteil vom Juni 1948 angedeutet (vgl. *VIII.1*). Die Richter Staff, Kuhn und Wimmer entwickelten dabei die Rechtsmeinung, dass jede Art der Mitwirkung an Menschlichkeitsverbrechen – ob als Täter, Mittäter, Anstifter oder Gehilfe – mit Blick auf die Tatbestandsvollendung gleichwertig sei. So fielen abweichende Tatanteile und Wollensinhalte nicht beim Schuldspruch, sondern erst bei der Strafzumessung ins Gewicht. Demnach erlaube es nur solch eine Deutung, ‚mit den verwickelten Mitwirkungsmodalitäten fertig [zu werden], die für die Begehung nazistischer Untaten oftmals charakteristisch waren'. Von hier war der Weg

---

2609 *Storz*, S. 5f.
2610 Vgl. *ebd.*, S. 7. *Broszat* 1981, S. 533f., betont, dem OGH sei es gelungen, bei den Landgerichten Ansehen zu gewinnen, eine größere Einheitlichkeit und Effektivität in KRG-10-Strafsachen zu erreichen und dem Konstrukt der Idealkonkurrenz zwischen ‚Menschlichkeitsverbrechen' und deutschrechtlichen Straftaten zum Durchbruch zu verhelfen, v. a. bei Denunziationen.
2611 Vgl. *Homann*, S. 213.
2612 Hier und im Folgenden *Ambos*, S. 163f.
2613 Vgl. *Pauli* 1996, S. 113.

5 Ausblick

nicht weit zu Fritz Bauers Position der Strafbarkeit von SS-Lagerpersonal, dem konkrete Schuld nicht beweisbar war: „Wer an dieser Mordmaschine hantierte, wurde der Mitwirkung am Morde schuldig, was immer er tat, selbstverständlich vorausgesetzt, daß er das Ziel der Maschinerie kannte, was freilich für die, die in den Vernichtungslagern waren oder um sie wussten, von der Wachmannschaft angefangen bis zur Spitze, außer jedem Zweifel steht"[2614]. Das heutige Strafrecht zu NS-Verbrechen knüpft gewissermaßen an die Haltung des früheren Generalstaatsanwalts von Hessen an, wenn es den in Vernichtungslagern tätig gewesenen SS-Leuten Demjanjuk, Gröning und Hanning (vgl. I.1) strafrechtliche Schuld zurechnet, obwohl sich die Begehung konkreter Straftaten nicht mehr feststellen lässt. Lange Zeit löste die deutsche Rechtspflege das „politische Versprechen, dass das Strafgesetzbuch in substantieller Hinsicht vollumfänglich in der Lage sei, die ‚Verbrechen gegen die Menschlichkeit', wie sie in den Nürnberger Verfahren und in anderen Verfahren von Kontrollratsgesetz Nr. 10, so wie auch vom Obersten Gerichtshof für die Britische Zone angewendet worden sind, nicht ein"[2615]. Heute wird es (besser spät als nie) mit Leben gefüllt. Der Befund zeigt auch, dass es in Bezug auf die juristische Aufarbeitung der NS-Herrschaft Alternativen gab. Eine striktere Ahndung von NS-Unrecht und klarere Ausrichtung an der Herstellung von Gerechtigkeit für die Opfer wären möglich gewesen – jedoch ist nicht zu beziffern, welchen gesellschaftspolitischen Preis diese Güter gefordert hätten. Diese Arbeit ging der Frage nach, inwiefern der OGH mit seiner Rechtsprechung zu Menschlichkeitsverbrechen als Akteur einer ‚Vergangenheitspolitik durch Strafrecht' bzw. (in Anlehnung an die These von Homann; vgl. I.1) als ein Element der oben beschriebenen Alternative begreifbar ist. Dabei kommt sie nach dem einleitend vorgestellten und in den Folgeabschnitten durchgeführten methodisch-analytischen Vorgehen zu dem Ergebnis, dass beides in besonderem Maße der Fall war.

2614 Zit. n. *Renz*, S. 167.
2615 *Safferling*, Christoph: Urteil gegen Oskar Gröning: Ende der kalten Amnestie, in: Legal Tribune Online vom 22. Juli 2015. Online-Ressource: https://www.lto.de/recht/hintergruende/h/ermittlungsverfahren-kz-helfer-vernischtungslager/ (letzter Zugriff: 8.9.2020).

Quellen- und Literaturverzeichnis

1 Archive und (Teil-)Bestände

Archiv der KZ-Gedenkstätte Dachau
A 4158: Teilnachlass Curt Staff

Archiv der sozialen Demokratie (AdsD), Bonn
1/LNAA: Nachlass Leonard Nelson
Bestand Kurt Schumacher
SPD-Parteivorstand – Korrespondenz: Braunschweig. A-Z

Bundesarchiv (BArch)
Standort Berlin (Bestände bis 1945)
Sammlung Berlin Document Center (BDC)

Standort Freiburg (Militärarchiv)
RW 59: Personalverwaltende Stellen der Wehrmacht

Standort Hoppegarten (Zwischenarchiv)
B 141: Bundesministerium der Justiz
NS-Archiv des MfS der DDR, ZB II: Juristen, Wissenschaftler, NSDAP und Gliederungen, Gestapo, SD, V-Männer, KZ, Gerichte, Reichsministerien, SA, OKH, Wirtschaftsbetriebe, Reichssippenamt

Standort Koblenz (Bestände ab 1945)
Pers 101: Personalakten
Z 21: Zentral-Justizamt der Britischen Zone
Z 38: Oberster Gerichtshof für die Britische Zone

Der Bundesbeauftragte für die Unterlagen des Staatssicherheitsdienstes der ehemaligen Deutschen Demokratischen Republik (BStU), Archiv der Zentralstelle
MfS HA IX/11: Aufklärung von Nazi- und Kriegsverbrechen

Hessisches Landesarchiv (HLA)
Hessisches Hauptstaatsarchiv Wiesbaden (HHStAW)
Abt. 505: Justizministerium
Abt. 518: Regierungspräsidien als Entschädigungsbehörde

Quellen- und Literaturverzeichnis

International Tracing Service (ITS) Digital Archive, Bad Arolsen
   Teilbestand 1.1.6.1: Listenmaterial Dachau
   Teilbestand 1.2.3.3: Kartei Gestapo Koblenz
   Teilbestand 2.1.1.2: Listen von Angehörigen der Vereinten Nationen, anderer Ausländer, deutscher Juden und Staatenloser, amerikanische Zone; Bayern, Hessen, Württemberg-Baden, Bremen (2)
   Teilbestand 6.3.3.2: T/D-Fallablage

Internationales Institut für Sozialgeschichte (IISG), Amsterdam
   Nachlass Wolfgang Abendroth

Landesarchiv Berlin (LA Berlin)
   C Rep. 375-01-10: Ministerium für Staatssicherheit der DDR, Abteilung IX/11, NS-Sondersammlung – Teil Berlin: NSDAP und Gliederungen

Landesarchiv NRW (LA NRW)
   Abteilung Rheinland, Duisburg (Abt. R, DU)
   BR Pe: Personalakten
   NW PE: Personalakten

Niedersächsisches Landesarchiv (NLA)
   Standort Hannover (HA)
   Nds. 173: Oberlandesgericht Celle (vor 1945)
   Nds. 710: Oberlandesgericht Celle
   Nds. 711: Generalstaatsanwaltschaft beim Oberlandesgericht Celle

   Standort Oldenburg (OL)
   Rep. 945: Generalstaatsanwaltschaft beim Oberlandesgericht Oldenburg

   Standort Wolfenbüttel (WO)
   57 Nds: Oberlandesgericht Braunschweig
   61 Nds: Generalstaatsanwaltschaft Braunschweig
   12 Neu: Staatsministerium Braunschweig
   12 Neu Wirtschaft: Staatsministerium – Wirtschaft
   2 Z: Zeitungsausschnittssammlung zur neueren Geschichte des Landes Braunschweig

Stadtarchiv Düsseldorf
   XXIII/192: Zeitgeschichtliche Sammlung – Berichte zur Nachkriegszeit

The National Archives (TNA), Public Record Office (PRO), Kew/London
   FO 371: Correspondence general – political
   FO 1012: Control Commission for Germany – Berlin
   FO 1060: Control Commission for Germany – Legal Division

Universitätsarchiv Frankfurt am Main
Abt. 114: Rechtswissenschaftliche Fakultät, Personalakten

Universitätsarchiv Göttingen (UA Göttingen)
Jur. Prom.: Juristische Fakultät – Promotionsakten
Sek.: Sekretariat

Universitätsbibliothek J. C. Senckenberg (Frankfurt am Main), Archivzentrum
Na 1: Nachlass Max Horkheimer / Max-Horkheimer-Archiv

Universitätsbibliothek (UB) Heidelberg
Heid. Hs. 3716: Teilnachlass Gustav Lambert Radbruch

2 Mündliche Befragung

Auskunft von Prof. Dr. Raimund Wimmer (Bonn) vom 10. Mai 2011

3 Literatur

Abendroth, Wolfgang: Ein Leben in der Arbeiterbewegung. Gespräche, aufgezeichnet und herausgegeben von Barbara Dietrich u. Joachim Perels. 3. Aufl., Frankfurt a. M. 1981

Adorno, Theodor W.: Was bedeutet: Aufarbeitung der Vergangenheit, in: Ders.: Kulturkritik und Gesellschaft II. Eingriffe. Stichworte. Anhang, Frankfurt a. M. 1977 (Gesammelte Schriften, Bd. 102), S. 555–572

Akten zur Vorgeschichte der Bundesrepublik Deutschland 1945–1949, hrsg. v. Bundesarchiv u. Institut für Zeitgeschichte. 5 Bde., München 1976-1983 (hier: Bd. 1: September 1945–Dezember 1946. Bearb. v. Walter Vogel und Christoph Weisz, München/Wien 1976)

Albrecht, Willy: Der Sozialistische Deutsche Studentenbund (SDS). Vom parteikonformen Studentenverband zum Repräsentanten der Neuen Linken, Bonn 1994

Aly, Götz: Hitlers Volksstaat. Raub, Rassenkrieg und nationaler Sozialismus, Bonn 2005

Ambos, Kai: Der Allgemeine Teil des Völkerstrafrechts. Ansätze einer Dogmatisierung. 2., unveränd. Aufl., Berlin 2004 (Strafrecht und Kriminologie, Bd. 16)

An den Bundespräsidenten Prof. Dr. Theodor Heuss, in: Blätter für deutsche und internationale Politik 4 (1959), H. 8, S. 692f.

Anger, Gunnar: Max Schneidewin, in: Biographisch-Bibliographisches Kirchenlexikon. XXV. Bd., Ergänzungen XII. Begründet und hrsg. v. Friedrich Wilhelm Bautz, fortgeführt v. Traugott Bautz, Nordhausen 2005, Sp. 1298–1309

Aroneanu, Eugene: Das Verbrechen gegen die Menschlichkeit, Baden-Baden 1947 (Auszug aus der „Nouvelle Revue de Droit International Privé" No. 2, 1946)

Quellen- und Literaturverzeichnis

Auerbach, Helmuth: Auswärtiges Amt, in: Wolfgang Benz u. Walter H. Pehle (Hrsg.): Lexikon des deutschen Widerstandes. 3. Aufl., Frankfurt a. M. 2008, S. 175f.

Bade, Claudia: „Als Hüter wahrer Disziplin...". Netzwerke ehemaliger Wehrmachtjuristen und ihre Geschichtspolitik, in: Joachim Perels u. Wolfram Wette (Hrsg.): Mit reinem Gewissen. Wehrmachtrichter in der Bundesrepublik und ihre Opfer, Berlin 2011, S. 124–139

Dies.: „Das Verfahren wird eingestellt". Die strafrechtliche Verfolgung von Denunziationen aus dem Nationalsozialismus nach 1945 in den Westzonen und in der frühen BRD, in: Historical Social Research 26 (2001), No. 2/3, S. 70–85

Bahlmann, Peter: Der Oberste Gerichtshof und die materielle Rechtsprechung im OLG-Bezirk Oldenburg, in: Justizministerium des Landes NRW (Hrsg.): Verbrechen gegen die Menschlichkeit – Der Oberste Gerichtshof der Britischen Zone, Düsseldorf 2012 (Juristische Zeitgeschichte NRW, Bd. 19), S. 137–179 (= Bahlmann 2012: OGH)

Ders.: Verbrechen gegen die Menschlichkeit? Wiederaufbau der Justiz und frühe NS-Prozesse im Oberlandesgerichtsbezirk Oldenburg. Teil 2, in: Emder Jahrbuch für historische Landeskunde Ostfrieslands 92 (2012), S. 185–200

Ders.: Verbrechen gegen die Menschlichkeit? Wiederaufbau der Justiz und frühe NS-Prozesse im Oberlandesgerichtsbezirk Oldenburg. Teil 1, in: Emder Jahrbuch für historische Landeskunde Ostfrieslands 91 (2011), S. 105–163

Ders.: Verbrechen gegen die Menschlichkeit? Wiederaufbau der Justiz und frühe NS-Prozesse im Nordwesten Deutschlands, 2008. Online-Ressource: http://oops.uni-oldenburg.de/1015/1/bahver08.pdf (letzter Zugriff: 8.9.2020)

Ders.: Meyer-Abich, Friedrich Karl Andreas, in: Martin Tielke (Hrsg.): Biographisches Lexikon für Ostfriesland. Bd. 4, Aurich 2007, S. 312–314

Baker, Leonard: Brahmin in revolt: A biography of Herbert C. Pell, Garden City/N. Y. 1972

Bauer, Fritz: Eine Grenze hat Tyrannenmacht. Plädoyer im Remer-Prozeß (1952), in: Ders.: Die Humanität der Rechtsordnung. Ausgewählte Schriften, hrsg. v. Joachim Perels u. Irmtrud Wojak, Frankfurt a. M./New York 1998 (Wissenschaftliche Reihe des Fritz-Bauer-Instituts, Bd. 8)

Baumann, Ulrich/Koch, Magnus – Stiftung für die ermordeten Juden Europas (Hrsg.): „Was damals Recht war...". Soldaten und Zivilisten vor Gerichten der Wehrmacht, Berlin 2008

Becker, Martin: Arbeitsvertrag und Arbeitsverhältnis während der Weimarer Republik und in der Zeit des Nationalsozialismus, Frankfurt a. M. 2005 (Juristische Abhandlungen, Bd. 44)

Bein, Reinhard: Widerstand im Nationalsozialismus. Braunschweig 1930 bis 1945, Braunschweig 1985

Beischl, Konrad: Dr. med. Eduard Wirths und seine Tätigkeit als SS-Standortarzt im KZ Auschwitz, Würzburg 2005

Benz, Wolfgang: Auftrag Demokratie. Die Gründungsgeschichte der Bundesrepublik und die Entstehung der DDR 1945-1949, Bonn 2010

Berger, Françoise/Joly, Hervé: Fall 13: Das Rastatter Röchling-Verfahren, in: Kim Christian Priemel u. Alexa Stiller (Hrsg.): NMT. Die Nürnberger Militärtribunale zwischen Geschichte, Gerechtigkeit und Rechtschöpfung, Hamburg 2013, S. 464–490

Bergmann, Werner: Geschichte des Antisemitismus. 3., durchges. Aufl., München 2006

Bergsmo, Morten u. a. (Hrsg.): Historical Origins of International Criminal Law. 5 Bde., Brüssel 2014–2017

Beßmann, Alyn/Möller, Reimer/Lölke, Janna/Rescher, Stefanie (Hrsg.): Die Hamburger Curiohaus-Prozesse. NS-Kriegsverbrechen vor britischen Militärgerichten. Texte, Fotos und Dokumente, Hamburg 2017

Birke, Adolf M./Mayring, Eva A. (Hrsg.): Britische Besatzung in Deutschland. Aktenerschließung und Forschungsfelder, London 1992

Blasius, Rainer A.: Fall 11: Der Wilhelmstraßen-Prozeß gegen das Auswärtige Amt und andere Ministerien, in: Gerd R. Ueberschär (Hrsg.): Der Nationalsozialismus vor Gericht. Die alliierten Prozesse gegen Kriegsverbrecher und Soldaten 1943-1952. 2. Aufl., Frankfurt a. M. 2000, S. 187–198

Blaurock, Uwe: Victor Ehrenberg (1851-1929). „Vater der Versicherungswissenschaft", in: Fritz Loos (Hrsg.): Rechtswissenschaft in Göttingen. Göttinger Juristen aus 250 Jahren, Göttingen 1987 (Göttinger Universitätsschriften. Serie A: Schriften, Bd. 6), S. 316–335

Bloße Flanken (Demonstrantenprozesse), in: Der Spiegel, 1969, H. 45, S. 89–107

Bloxham, Donald: British War Crimes Policy 1945-1957 between Realpolitik, Culture and National Identity, in: Kerstin von Lingen (Hrsg.): Kriegserfahrung und nationale Identität in Europa nach 1945. Erinnerung, Säuberungsprozesse und nationales Gedächtnis, Paderborn 2009 (Krieg in der Geschichte, Bd. 49), S. 111–130

Ders.: Großbritannien, in: Norbert Frei (Hrsg.): Transnationale Vergangenheitspolitik. Der Umgang mit deutschen Kriegsverbrechen in Europa nach dem Zweiten Weltkrieg, Göttingen 2006, S. 140–179

Boberach, Heinz: Kein „ganz normaler Mann" – der Polizeipräsident und SS-Brigadeführer Carl Zenner, in: Zeitschrift des Aachener Geschichtsvereins 102 (1999/2000), S. 473–490

Ders.: Die Verfolgung von Verbrechen gegen die Menschlichkeit durch deutsche Gerichte in Nordrhein-Westfalen 1946 bis 1949, in: Geschichte im Westen 12 (1997), S. 7–23

Bockelmann, Paul: Zur Schuldlehre des Obersten Gerichtshofs, in: Zeitschrift für die gesamte Strafrechtswissenschaft 63 (1951), H. 1, S. 13–46

Böttcher, Hans-Ernst: Richard Schmid (1899-1986). Recht für die Menschen, nicht für den Staat, in: Kritische Justiz (Hrsg.): Streitbare Juristen. Eine andere Tradition [Jürgen Seifert, Mithrsg. d. Krit. Justiz zum 60. Geburtstag], Baden-Baden 1988, S. 487-495

Boll, Monika: Max Horkheimers zweite Karriere, in: Dies. u. Raphael Gross (Hrsg.): „Ich staune, dass Sie in dieser Luft atmen können". Jüdische Intellektuelle in Deutschland nach 1945, Frankfurt a. M. 2013, S. 345–374

Bonnard, Daniel: Kriegsprofiteure vor Gericht: Der Fall Röchling, in: Kerstin von Lingen u. Klaus Gestwa (Hrsg.): Zwangsarbeit als Kriegsressource in Europa und Asien, Paderborn u. a. 2014 (Krieg in der Geschichte, Bd. 77), S. 391–408

Bosch, Friedrich Wilhelm: August Wimmer†, in: Neue Juristische Wochenschrift 42 (1989), H. 27, S. 1660

Bourdieu, Pierre: Das politische Feld, in: Ders.: Politik. Schriften zur Politischen Ökonomie 2, Berlin 2013 (Schriften, Bd. 7), S. 97–112

Brand, Hans Joachim: Vergangenes heute. Historisches und Persönliches aus der Rechtsanwaltskammer Celle, Celle 2000

Breuer, Jacques/Hund, Wulf D./Seegert, Christian: Konservatives Faschismusbild und Entnazifizierung 1945. Das Memorandum Wilhelm Kiesselbachs zur Entnazifizierung der Justiz, in: Demokratie und Recht 13 (1985), H. 2, S. 140–152

Brochhagen, Ulrich: Nach Nürnberg. Vergangenheitsbewältigung und Westintegration in der Ära Adenauer, Hamburg 1994

Brodhun, Rüdiger: Paul Ernst Wilhelm Oertmann (1865-1938). Leben, Werk, Rechtsverständnis sowie Gesetzeszwang und Richterfreiheit, Baden-Baden 1999 (Fundamenta juridica, Bd. 34)

Broszat, Martin: Siegerjustiz oder strafrechtliche „Selbstreinigung". Aspekte der Vergangenheitsbewältigung der deutschen Justiz während der Besatzungszeit 1945-1949, in: Vierteljahreshefte für Zeitgeschichte 29 (1981), Nr. 4, S. 477–544

Ders.: Die völkische Ideologie und der Nationalsozialismus, in: Deutsche Rundschau 84 (1958), S. 53–68

Brünneck, Alexander v.: Politische Justiz gegen Kommunisten in der Bundesrepublik Deutschland 1949–1968, Frankfurt a. M. 1978

Bryant, Michael S.: Ein Verbrechen oder viele? Die deutsche Konkurrenzlehre in der Rechtsprechung des Obersten Gerichtshofs für die Britische Zone am Beispiel der „Reichskristallnachts"-Prozesse in Nordrhein-Westfalen, in: Justizministerium des Landes NRW (Hrsg.): Verbrechen gegen die Menschlichkeit – Der Oberste Gerichtshof der Britischen Zone, Düsseldorf 2012 (Juristische Zeitgeschichte NRW, Bd. 19), S. 114–123

Buckley-Zistel, Susanne: Vergangenes Unrecht aufarbeiten. Eine globale Perspektive, in: Aus Politik und Zeitgeschichte 63/2013, S. 31–36

Buhl, Hendrik: I.B2 Eugen Kogon: Der SS-Staat, in: Torben Fischer u. Matthias N. Lorenz (Hrsg.): Lexikon der „Vergangenheitsbewältigung" in Deutschland. Debatten- und Diskursgeschichte des Nationalsozialismus nach 1945. 2., unveränderte Aufl., Bielefeld 2009, S. 31–33

Bundesministerium der Justiz (Hrsg.): Im Namen des deutschen Volkes. Justiz und Nationalsozialismus. Katalog zur Ausstellung des Bundesministers der Justiz. 5. Aufl., Köln 1998

Bundesrechtsanwaltskammer (Hrsg.): Anwalt ohne Recht. Schicksale jüdischer Anwälte in Deutschland nach 1933, Berlin-Brandenburg 2007

Burchard, Christoph: Göring and Others, in: Antonio Cassese (Hrsg.): The Oxford Companion of International Criminal Justice, Oxford 2009, S. 696–702

Burghardt, Boris: Harlan (*Jud Süß* case), in: Antonio Cassese (Hrsg.): The Oxford Companion of International Criminal Justice, Oxford 2009, S. 720f.

Burkhardt, Anika: Das NS-Euthanasie-Unrecht vor den Schranken der Justiz: eine strafrechtliche Analyse, Tübingen 2015 (Beiträge zur Rechtsgeschichte des 20. Jahrhundert, Bd. 85)

Burlon, Marc: Die „Euthansie" an Kindern während des Nationalsozialismus in den zwei Hamburger Kinderfachabteilungen, Hamburg 2010. Online-Ressource: https://ediss.sub.uni-hamburg.de//volltexte/2010/4578/pdf/Kindereuthanasie_Hamburg.pdf (letzter Zugriff: 8.9.2020)

Byron, Christine: Hinselmann and Others, in: Antonio Cassese (Hrsg.): The Oxford Companion of International Criminal Justice, Oxford 2009, S. 725f.

Cassese, Antonio: International Criminal Law. 3. Aufl., überarb. v. Antonio Cassese, Paola Gaeta, Laurel Baig, Mary Fan, Christopher Gosnell u. Alex Whiting, Oxford 2013

Ders. (Hrsg.): The Oxford Companion of International Criminal Justice, Oxford 2009

Ders.: Armenians (Massacres of), in: Ders. (Hrsg.): The Oxford Companion of International Criminal Justice, Oxford 2009, S. 248–250

Comes, Hermann: Verkehrs-Verlag Remagen. Weit über die Grenzen der Rheinstadt bekannt, in: Kreis Ahrweiler. Heimat-Jahrbuch 44 (1987), S. 102–104

Conze, Eckart: Frieden durch Recht, in: Christoph Safferling u. Stefan Kirsch (Hrsg.): Völkerstrafrechtspolitik. Praxis des Völkerstrafrechts, Berlin/Heidelberg 2014, S. 9–26

Ders.: „Verbrecherische Organisation". Genese, Anwendung und Reichweite einer Rechtsfigur, in: Johannes Hürter u. Michael Mayer (Hrsg.): Das Auswärtige Amt in der NS-Diktatur, Berlin/München/Boston 2014, S. 219–238

Ders.: Die Suche nach Sicherheit. Eine Geschichte der Bundesrepublik Deutschland von 1949 bis in die Gegenwart, München 2009

Ders./Frei, Norbert/Hayes, Peter/Zimmermann, Moshe: Das Amt und die Vergangenheit. Deutsche Diplomaten im Dritten Reich und in der Bundesrepublik. Unter Mitarbeit von Annette Weinke u. Andrea Wiegeshoff. 3. Aufl., München 2010

Cramer, John: Belsen Trial 1945. Der Lüneburger Prozess gegen Wachpersonal der Konzentrationslager Auschwitz und Bergen-Belsen, Göttingen 2011

Dästner, Christian/Wogersien, Maik: Die Justizministerinnen und Justizminister des Landes Nordrhein-Westfalen und die Grundzüge ihres politischen Wirkens, in: Justizministerium des Landes NRW (Hrsg.): 60 Jahre Justizministerium Nordrhein-Westfalen Martin-Luther-Platz 40, Düsseldorf 2010 (Juristische Zeitgeschichte NRW, Bd. 18), S. 28–110

Quellen- und Literaturverzeichnis

Daubach, Helia-Verena: „Kein bequemer Mentor und Vorgesetzter, aber ein eindrucksvoller und prägender, bei manchen Kanten gütiger Mensch…". Dr. iur. et phil. August Wimmer. Richter beim Obersten Gerichtshof für die Britische Zone – eine biographische Skizze, in: Der Präsident des Oberlandesgerichts Köln (Hrsg.): Das Wirken des Obersten Gerichtshofs für die Britische Zone. Betrachtungen aus Anlass des 65. Jahrestages nach Abschluss seiner Tätigkeit, Köln 2015, S. 9–35

Dehler, Thomas: „Schwere Vorwürfe gegen Bundesjustizminister Dehler". „Richterwahl nach parteipolitischen und rassischen Gesichtspunkten?", in: Frankfurter Rundschau, 7. Jg., Nr. 10 (12. Januar 1951), S. 1 u. 3

Derda, Hans-Jürgen: Mansfeld, Wilhelm [jun.], in: Horst Rüdiger Jarck u. Günter Scheel (Hrsg.): Braunschweigisches Biographisches Lexikon. 19. und 20. Jahrhundert, Hannover 1996, S. 402f.

Dietmeier, Frank: Außerordentlicher Einspruch und Nichtigkeitsbeschwerde, in: Wolfgang Form u. Theo Schiller (Hrsg.): Politische NS-Justiz in Hessen. Die Verfahren des Volksgerichtshofs, der Politischen Senate der Oberlandesgerichte Darmstadt und Kassel 1933-1945 sowie Sondergerichtsprozesse in Darmstadt und Kassel 1933-1945. Bd. 2, Marburg 2005 (Veröffentlichungen der Historischen Kommission für Hessen, Bd. 65), S. 1105–1163

Dönecke, Klaus-Friedrich: Die Ereignisse des 16. und 17. April 1945 in Düsseldorf „Aktion Rheinland". Online-Ressource: http://www.geschichtswerkstatt-duesseldorf.de/downloads/rheinland.pdf (letzter Zugriff: 8.9.2020)

Dokumente zum humanitären Völkerrecht. Eine gemeinsame Veröffentlichung des Auswärtigen Amts, des Deutschen Roten Kreuzes und des Bundesministeriums der Verteidigung, Sankt Augustin 2006

Donnison, Frank S. V.: Civil Affairs and Military Government North-West Europe 1944-1946, London 1961

Douglas, Lawrence: Was damals Recht war … *Nulla Poena* and the Prosecution of Crimes against Humanity in Occupied Germany, in: Larry May u. Elizabeth Edenberg (Hrsg.): Jus Post Bellum and Transitional Justice, Cambridge 2013, S. 44–73

Drecktrah, Volker Friedrich: Die Aufarbeitung der nationalsozialistischen Justiz in Niedersachsen, in: Eva Schumann (Hrsg.): Kontinuitäten und Zäsuren. Rechtswissenschaft und Justiz im „Dritten Reich" und in der Nachkriegszeit, Göttingen 2008, S. 271–299

Dreher, Eduard: August Wimmer zum 70. Geburtstag, in: Neue Juristische Wochenschrift 22 (1969), H. 15, S. 650

Dreier, Ralf/Paulson, Stanley L.: Einführung in die Rechtsphilosophie Radbruchs, in: Gustav Radbruch: Rechtsphilosophie. Studienausgabe. 2., überarb. Aufl., hrsg. v. Ralf Dreier u. Stanley L. Paulson, Heidelberg u. a. 2003, S. 237–253

Drobisch, Klaus: Fall 5: Der Prozeß gegen Industrielle (gegen Friedrich Flick und andere), in: Gerd R. Ueberschär (Hrsg.): Der Nationalsozialismus vor Gericht. Die alliierten Prozesse gegen Kriegsverbrecher und Soldaten 1943-1952. 2. Aufl., Frankfurt a. M. 2000, S. 121–132

Ders.: Bästlein-Gruppe, in: Wolfgang Benz u. Walter H. Pehle (Hrsg.): Lexikon des deutschen Widerstandes. 3. Aufl., Frankfurt a. M. 2008, S. 177f.

Eckart, Wolfgang Uwe: Medizin in der NS-Diktatur. Ideologie, Praxis, Folgen, Wien u. a. 2012

Ders.: Fall 1: Der Nürnberger Ärzteprozeß, in: Gerd R. Ueberschär (Hrsg.): Der Nationalsozialismus vor Gericht. Die alliierten Prozesse gegen Kriegsverbrecher und Soldaten 1943-1952. 2. Aufl., Frankfurt a. M. 2000, S. 73–85

Eckhardt, Albrecht/Hoffmann, Katharina (Bearb.): Gestapo Oldenburg meldet... Berichte der Geheimen Staatspolizei und des Innenministers aus dem Freistaat und Land Oldenburg 1933-1936, Hannover 2002 (Veröffentlichungen der Historischen Kommission für Niedersachsen und Bremen, Bd. 209)

Eiber, Ludwig: Nach Nürnberg. Alliierte Prozesse in den Besatzungszonen, in: Jürgen Finger, Sven Keller u. Andreas Wirsching (Hrsg.): Vom Recht zur Geschichte. Akten aus NS-Prozessen als Quellen der Zeitgeschichte, Göttingen 2009, S. 38–51

Ders./Sigel, Robert (Hrsg.): Dachauer Prozesse. NS-Verbrechen vor amerikanischen Militärgerichten in Dachau 1945-1948, Göttingen 2007 (Dachauer Symposien zur Zeitgeschichte, Bd. 7)

Eichmüller, Andreas: Keine Generalamnestie. Die strafrechtliche Verfolgung von NS-Verbrechen in der frühen Bundesrepublik, München 2012 (Quellen und Darstellungen zur Zeitgeschichte, Bd. 93)

Ders.: Die Strafverfolgung von NS-Verbrechen durch westdeutsche Justizbehörden seit 1945. Eine Zahlenbilanz, in: Vierteljahreshefte für Zeitgeschichte 56 (2008), H. 4, S. 621–640

Eisfeld, Rainer: Theodor Eschenburg: Übrigens vergaß er noch zu erwähnen... Eine Studie zum Kontinuitätsproblem in der Politikwissenschaft, in: Zeitschrift für Geschichtswissenschaft 59 (2011), H. 1, S. 27–44

Etzel, Matthias: Die Aufhebung von nationalsozialistischen Gesetzen durch den Alliierten Kontrollrat (1945–1948), Tübingen 1992 (Beiträge zur Rechtsgeschichte des 20. Jahrhunderts, Bd. 7)

Faller, Hans: Heinrich Jagusch†, in: Neue Juristische Wochenschrift 40 (1987), H. 51, S. 3242

Ders.: Heinrich Jagusch, in: Juristen im Portrait. Verlag und Autoren in 4 Jahrzehnten. Festschrift zum 225jährigen Jubiläum des Verlages C. H. Beck, München 1988, S. 431–437

Faulenbach, Bernd/Kaltofen, Andrea (Hrsg.): Hölle im Moor. Die Emslandlager 1933-1945, Göttingen 2017

Feest, Johannes: Die Bundesrichter. Herkunft, Karriere und Auswahl der juristischen Elite, in: Wolfgang Zapf (Hrsg. u. Bearb.): Beiträge zur Analyse der deutschen Oberschicht. 2., erw. Aufl., München 1965, S. 95–113

Felz, Sebastian: Im Geiste der Wahrheit? Die Münsterschen Rechtswissenschaftler von der Weimarer Republik bis in die frühe Bundesrepublik, in: Hans-Ulrich Thamer, Daniel Droste u. Sabine Happ (Hrsg.): Die Universität Münster im Nationalsozialismus. Kontinuitäten und Brüche zwischen 1920 und 1960. Bd. 1, Münster 2012 (Veröffentlichungen des Universitätsarchivs Münster, Bd. 5), S. 347–412

Fenrick, William: Hague Conventions on the Laws of Warfare, in: Antonio Cassese (Hrsg.): The Oxford Companion of International Criminal Justice, Oxford 2009, S. 340

Fichter, Tilman P./Lönnendonker, Siegward: Kleine Geschichte des SDS. Der Sozialistische Deutsche Studentenbund von Helmut Schmidt bis Rudi Dutschke, Bonn 2008

Fieberg, Gerhard: Hans Litten – „proletarischer Anwalt", in: Justizministerium des Landes NRW (Hrsg.): Zwischen Recht und Unrecht. Lebensläufe deutscher Juristen, Recklinghausen 2004, S. 37–40

Ders.: Wolfgang Fränkel – aus politischen Gründen in den Ruhestand versetzt, in: Justizministerium des Landes NRW (Hrsg.): Zwischen Recht und Unrecht. Lebensläufe deutscher Juristen, Recklinghausen 2004, S. 113–117

Finger, Jürgen/Keller, Sven: Täter und Opfer – Gedanken zu Quellenkritik und Aussagekontext, in: Dies. u. Andreas Wirsching (Hrsg.): Vom Recht zur Geschichte. Akten aus NS-Prozessen als Quellen der Zeitgeschichte, Göttingen 2009, S. 114–131

Fischer, Ilse: Einleitung, in: Der Bestand Leonard Nelson im Archiv der sozialen Demokratie der Friedrich-Ebert-Stiftung, hrsg. v. ders., Bonn 1999, S. III-XXXVII

Flotho, Manfred: Dr. Bruno Heusinger (1900–1987). Oberlandesgerichtspräsident von 1933 bis 1934 und 1948 bis 1955, in: Edgar Isermann u. Michael Schlüter (Hrsg.): Justiz und Anwaltschaft in Braunschweig 1879–2004. 125 Jahre Oberlandesgericht und Rechtsanwaltskammer Braunschweig, Braunschweig 2004, S. 139–141

Ders.: Bruno Heusinger – ein Präsident im Konflikt zwischen Solidarität und Gewissen, in: Rudolf Wassermann (Hrsg.): Justiz im Wandel der Zeit. Festschrift des Oberlandesgerichts Braunschweig, Braunschweig 1989, S. 349–369

Foljanty, Lena: Recht oder Gesetz. Juristische Identität und Autorität in den Naturrechtsdebatten der Nachkriegszeit, Tübingen 2013 (Beiträge zur Rechtsgeschichte des 20. Jahrhunderts, Bd. 73)

Form, Wolfgang: Eskalation der Gewalt. Endphaseverbrechen und ihre Ahndung nach dem Zweiten Weltkrieg, in: Informationen. Wissenschaftliche Zeitschrift des Studienkreises Deutscher Widerstand 1933–1945 39 (2014), Nr. 80, S. 28–31

Ders.: Der Oberste Gerichtshof für die Britische Zone: Gründung, Besetzung und Rechtsprechung in Strafsachen wegen Verbrechen gegen die Menschlichkeit, in: Justizministerium des Landes NRW (Hrsg.): Verbrechen gegen die Menschlichkeit – Der Oberste Gerichtshof der Britischen Zone, Düsseldorf 2012 (Juristische Zeitgeschichte NRW, Bd. 19), S. 8–63

Ders.: Quellen und deren Erschließung am Forschungs- und Dokumentationszentrum für Kriegsverbrecherprozesse (ICWC), in: Jürgen Finger, Sven Keller u. Andreas Wirsching (Hrsg.): Vom Recht zur Geschichte. Akten aus NS-Prozessen als Quellen der Zeitgeschichte, Göttingen 2009, S. 243–249

Ders.: Justizpolitische Aspekte west-alliierter Kriegsverbrecherprozesse 1942-1950, in: Ludwig Eiber u. Robert Sigel (Hrsg.): Dachauer Prozesse. NS-Verbrechen vor amerikanischen Militärgerichten in Dachau 1945-1948. Verfahren, Ergebnisse, Nachwirkungen, Göttingen 2007 (Dachauer Symposion zur Zeitgeschichte, Bd. 7), S. 41–66

Ders./Pöpken, Christian: Der Umgang mit den Tätern. Die strafrechtliche Aufarbeitung, in: Bernd Faulenbach u. Andrea Kaltofen (Hrsg.): Hölle im Moor. Die Emslandlager 1933-1945, Göttingen 2017, S. 263–275

Dies./Wogersien, Maik: Einleitung, in: Justizministerium des Landes NRW (Hrsg.): Verbrechen gegen die Menschlichkeit – Der Oberste Gerichtshof der Britischen Zone, Düsseldorf 2012 (Juristische Zeitgeschichte NRW, Bd. 19), S. 1–7

Forsbach, Ralf: Die Medizinische Fakultät der Universität Bonn im „Dritten Reich", München 2006

Foschepoth, Josef/Steininger, Rolf (Hrsg.): Die britische Deutschland- und Besatzungspolitik 1945-1949. Eine Veröffentlichung des Deutschen Historischen Instituts London, Paderborn 1985

Frei, Norbert: Vergangenheitspolitik. Die Anfänge der Bundesrepublik Deutschland und die NS-Vergangenheit. 2. Aufl., München 2003

Freimüller, Tobias: Mediziner. Operation Volkskörper, in: Norbert Frei (Hrsg.): Hitlers Eliten nach 1945. 3. Aufl., München 2007, S. 13–65

Freisler, Roland: Gedanken zum Kriegsstrafrecht und zur Gewaltverbrecherverordnung, in: Deutsche Justiz 101 (1939), Ausgabe A, Nr. 40, S. 1849–1856

Freudiger, Kerstin: Die juristische Aufarbeitung von NS-Verbrechen, Tübingen 2002 (Beiträge zur Rechtsgeschichte des 20. Jahrhunderts, Bd. 33)

Frevert, Ute: Neue Politikgeschichte. Konzepte und Herausforderungen, in: Dies. u. Heinz-Gerhard Haupt (Hrsg.): Neue Politikgeschichte, Perspektiven einer historischen Politikforschung, Frankfurt a. M./New York 2005 (Historische Politikforschung, Bd. 1), S. 7–26

Friedlaender, Ernst: Amnestie: Der Vorvertrag zum Frieden, in: Die Zeit, 27. Oktober 1949, Nr. 43, S. 1

Friedländer, Otto: Sozialistische Studentenschaft Deutschlands und Österreichs, in: Das Akademische Deutschland. Bd. 2: Die deutschen Hochschulen und ihre akademischen Bürger, Berlin 1931, S. 606

Friedrich, Jörg: Die kalte Amnestie. NS-Täter in der Bundesrepublik, Berlin 2007

Ders.: Freispruch für die Nazi-Justiz. Die Urteile gegen NS-Richter seit 1948. Eine Dokumentation. Überarb. und erg. Ausg., Berlin 1998

Friedrich-Wilhelm Geier †, in: Deutsche Richterzeitung 43 (1965), S. 171

Fröhlich, Claudia: Freispruch für Bonhoeffers Richter. Personelle Kontinuität als strukturelle Hypothek für die Rechtsprechung in der Bundesrepublik am Beispiel des NS-Juristen und Richters am BGH Ernst Mantel, in: Joachim Perels u. Wolfram Wette (Hrsg.): Mit reinem Gewissen. Wehrmachtrichter in der Bundesrepublik und ihre Opfer, Berlin 2011, S. 241–261

Fuchs, Ruth: Umkämpfte Geschichte. Vergangenheitspolitik in Argentinien und Uruguay, Berlin 2010 (Hamburger Lateinamerikastudien, Bd. 2)

Gallus, Alexander: Biographik und Zeitgeschichte, in: Aus Politik und Zeitgeschichte 1 – 2/2005, S. 40–46

Garbe, Detlef: Prof. Dr. Erich Schwinge. Der ehemalige Kommentator und Vollstrecker nationalsozialistischen Kriegsrechts als Apologet der Wehrmachtjustiz nach 1945, in: Joachim Perels u. Wolfram Wette (Hrsg.): Mit reinem Gewissen. Wehrmachtrichter in der Bundesrepublik und ihre Opfer, Berlin 2011, S. 140–155

Garzmann, Manfred: Hofmeister, Werner, Dr., in: Horst Rüdiger Jarck u. Günter Scheel (Hrsg.): Braunschweigisches Biographisches Lexikon. 19. und 20. Jahrhundert, Hannover 1996, S. 283f.

Gauger, Jörg-Dieter: Carl Schröter (1887–1952). Landtagsabgeordneter, Schleswig-Holstein, in: Günter Buchstab u. Hans-Otto Kleinmann (Hrsg.): In Verantwortung vor Gott und den Menschen. Christliche Demokraten im Parlamentarischen Rat 1948/49, hrsg. im Auftrag der Konrad-Adenauer-Stiftung e. V., Freiburg i. Br. u. a. 2008, S. 321–329

Gebhardt, Cord: Der Fall des Erzberger-Mörders Heinrich Tillessen. Ein Beitrag zur Justizgeschichte nach 1945, Tübingen 1995 (Beiträge zur Rechtsgeschichte des 20. Jahrhunderts, Bd. 14)

Geier, Friedrich-Wilhelm: Aus der Rechtsprechung des Obersten Gerichtshofes für die Britische Zone in Strafsachen, in: Süddeutsche Juristenzeitung 5 (1950), Nr. 9, Sp. 657–662

Ders.: Der Zwang zur Mitgliedschaft beim Organisationsverbrechen, in: Die Spruchgerichte 3 (1949), Nr. 2/3, S. 47–51

Ders.: Die gesetzesgleiche Wirkung des Nürnberger Urteils, in: Die Spruchgerichte 2 (1948), Nr. 12, S. 332–338

Ders.: Die Kenntnis vom Unrecht der Organisationen. Ein Beitrag zu den Erfordernissen des inneren Tatbestandes, in: Die Spruchgerichte 1 (1947), Nr. 6, S. 71–74

Ders. (Wilhelm Geier): Die Gesetzesauslegungsmethoden des Reichsgerichts, Breslau 1929

Gelhoit, Heinz: Das Korporationswesen in Breslau 1811-1938, Hilden 2009

Gerstle, Nathalie: III.A9 Krumey-Hunsche-Prozess, in: Torben Fischer u. Matthias N. Lorenz (Hrsg.): Lexikon der „Vergangenheitsbewältigung" in Deutschland. Debatten- und Diskursgeschichte des Nationalsozialismus nach 1945. 2., unveränderte Aufl., Bielefeld 2009, S. 142f.

Dies.: III.A11 Gehilfenjudikatur, in: Torben Fischer u. Matthias N. Lorenz (Hrsg.): Lexikon der „Vergangenheitsbewältigung" in Deutschland. Debatten- und Diskursgeschichte des Nationalsozialismus nach 1945. 2., unveränderte Aufl., Bielefeld 2009, S. 145–147

Gieseking, Erik: Der Fall Otto John. Entführung oder freiwilliger Übertritt in die DDR? Lauf an der Pegnitz 2005 (Subsidia Academica, Reihe A: Neuere und neueste Geschichte, Bd. 6)

Giordano, Ralph: Die zweite Schuld oder von der Last Deutscher zu sein, Hamburg u. a. 1987

Godau-Schüttke, Klaus-Detlev: Der Bundesgerichtshof. Justiz in Deutschland. 2. Aufl., Berlin 2006 (Justizkritische Buchreihe)

Ders.: Von der Entnazifizierung zur Renazifizierung der Justiz in Westdeutschland, in: forum historiae iuris vom 6. Juni 2001. Online-Ressource: https://forhistiur.de/2001-06-godau-schuttke/?l=de (letzter Zugriff: 8.9.2020)

Ders.: Ich habe nur dem Recht gedient. Die „Renazifizierung" der Schleswig-Holsteinischen Justiz nach 1945, Baden-Baden 1993

Göppinger, Horst: Juristen jüdischer Abstammung im „Dritten Reich". Entrechtung und Verfolgung. 2., völlig neubearb. Aufl., München 1990

Görtemaker, Manfred/Safferling, Christoph: Die Akte Rosenburg. Das Bundesministerium der Justiz und die NS-Zeit, München 2016

Goschler, Constantin/Wala, Michael: „Keine neue Gestapo". Das Bundesamt für Verfassungsschutz und die NS-Vergangenheit, Reinbek bei Hamburg 2015

Gosewinkel, Dieter: Adolf Arndt. Die Wiederbegründung des Rechtsstaats aus dem Geist der Sozialdemokratie (1946-1961), Bonn 1991 (Politik und Gesellschaftsgeschichte, Bd. 25)

Graveson, Ronald Harry: Der Grundsatz „nulla poena sine lege" und Kontrollratsgesetz Nr. 10, in: Monatsschrift für Deutsches Recht 1 (1947), H. 9, S. 278–281

Grebing, Helga: Geschichte der deutschen Arbeiterbewegung. Von der Revolution von 1848 bis ins 21. Jahrhundert, Berlin 2007

Grieß, Martin: Art. Oberster Gerichtshof für die Britische Zone, in: Albrecht Cordes u. a. (Hrsg.): Handwörterbuch zur deutschen Rechtsgeschichte. 2. Aufl. 2004ff. Bd. IV. 25. Lieferung, Sp. 67f., zitiert nach HRGdigital, Online-Ressource: https://www.hrgdigital.de/HRG.oberster_gerichtshof_fuer_die_britische_Zone (letzter Zugriff: 8.9.2020)

Ders.: Das provisorische Höchstgericht – Ein Porträt des Obersten Gerichtshofs für die Britische Zone als Höchstgericht in Zivilsachen anhand dreier Entscheidungen, in: Der Präsident des Oberlandesgerichts Köln (Hrsg.): Das Wirken des Obersten Gerichtshofs für die Britische Zone. Betrachtungen aus Anlass des 65. Jahrestages nach Abschluss seiner Tätigkeit, Köln 2015, S. 45–65 (= Grieß 2015: Provisorisches Höchstgericht)

Ders.: Im Namen des Rechts. Der Oberste Gerichtshof für die Britische Zone als Höchstgericht in Zivilsachen zwischen Tradition und Neuordnung, Tübingen 2015 (Beiträge zur Rechtsgeschichte des 20. Jahrhunderts, Bd. 86) (= Grieß 2015: Im Namen des Rechts)

Gross, Raphael: November 1938. Die Katastrophe vor der Katastrophe, München 2013

Grosser, Alfred/Seifert, Jürgen: Die Spiegel-Affäre. Bd. 1: Die Staatsmacht und ihre Kontrolle. Texte und Dokumente zur Zeitgeschichte, Olten u. Freiburg i. Br. 1966

Grubert, Martin: Anwalt der Demokratie. Heinrich Jasper (1875-1945). Ein politisches Leben in Braunschweig. Mit einem Beitrag von Horst-Rüdiger Jarck: Spurensuche, Braunschweig 2009 (Braunschweigische Biographien, Bd. 2)

Gruchmann, Lothar: Justiz im Dritten Reich 1933-1940. Anpassung und Unterwerfung in der Ära Gürtner, München 1988 (Quellen und Darstellungen zur Zeitgeschichte, Bd. 28)

Güde, Max: Die Anwendung des Kontrollratsgesetzes Nr. 10 durch die deutschen Gerichte, in: Deutsche Rechts-Zeitschrift 2 (1947), H. 4, S. 111–118

Ha: Reichsanwalt Schneidewins Normalchrist, in: Simplicissimus 34 (1930), H. 51, S. 619

Haar, Ingo: Historiker im Nationalsozialismus. Deutsche Geschichtswissenschaft und der „Volkstumskampf" im Osten, Göttingen 2000 (Kritische Studien zur Geschichtswissenschaft, Bd. 143)

Haas-Rietschel, Helga/Hering, Sabine: Nora Platiel: Sozialistin – Emigrantin – Politikerin. Eine Biographie, Köln 1990

Hankel, Gerd: Die Leipziger Prozesse. Deutsche Kriegsverbrechen und ihre strafrechtliche Verfolgung nach dem Ersten Weltkrieg, Hamburg 2003

Hannover, Heinrich: Die Republik vor Gericht 1954-1974. Erinnerungen eines unbequemen Rechtsanwalts, Berlin 1998

Ders./Hannover-Drück, Elisabeth: Politische Justiz 1918–1933. Mit einer Einleitung von Karl Dietrich Bracher, Frankfurt a. M. 1966

Hardenberg, Simone v.: Eberhard Schmidt (1891-1977). Ein Beitrag zur Geschichte unseres Rechtsstaats, Berlin 2009 (Schriften zur Rechtsgeschichte, H. 140)

Harder, Ernesto: Vordenker der "ethischen Revolution". Willi Eichler und das Godesberger Programm der SPD, Bonn 2013 (Politik- und Gesellschaftsgeschichte, Bd. 95)

Harms, Ingo: „Wat mööt wi hier smachten...". Hungertod und „Euthanasie" in der Heil- und Pflegeanstalt Wehnen 1936-1945. 3., vollständig überarb. und erw. Aufl., Oldenburg 2008

Hartmann, Christian: Wehrmacht im Ostkrieg. Front und militärisches Hinterland, München 2009 (Quellen und Darstellungen zur Zeitgeschichte, Bd. 75)

Haslam, Emily: Neddermeier, in: Antonio Cassese (Hrsg.): The Oxford Companion of International Criminal Justice, Oxford 2009, S. 840

Hassel, Katrin: Kriegsverbrechen vor Gericht. Die Kriegsverbrecherprozesse vor Militärgerichten in der britischen Besatzungszone unter dem Royal Warrant vom 18. Juni 1945 (1945-1949), Baden-Baden 2009

Haupt, Heinz-Gerhard: Historische Politikforschung: Praxis und Probleme, in: Ute Frevert u. Heinz-Gerhard Haupt (Hrsg.): Neue Politikgeschichte, Perspektiven einer historischen Politikforschung, Frankfurt a. M./New York 2005 (Historische Politikforschung, Bd. 1), S. 304–313

Heigl, Richard: Oppositionspolitik. Wolfgang Abendroth und die Entstehung der Neuen Linken (1950–1968), Hamburg 2008 (Berliner Beiträge zur kritischen Theorie, Bd. 6; Argument Sonderband Neue Folge AS 303)

Heim, G.: Richter, Lehrer und Prüfer des Rechts, in: Frankfurter Allgemeine Zeitung, 30. Oktober 1969, S. 24

Heimbüchel, Bernd: Die Neue Universität. Selbstverständnis – Idee und Verwirklichung, in: Ders. u. Klaus Pabst: Kölner Universitätsgeschichte (hrsg. v. d. Senatskommission für die Geschichte der Universität zu Köln). Bd. II: Das 19. und 20. Jahrhundert, Köln/Wien 1988, S. 101–656

Heimpel, Hermann: Königtum, Wandel der Welt, Bürgertum. Nachruf auf Percy Ernst Schramm, in: Historische Zeitschrift 214 (1972), H. 1, S. 96–108

Heinrich Jagusch, in: Munzinger-Online. Internationales Biographisches Archiv 45/1987 vom 26. Oktober 1987

Henke, Klaus-Dietmar (Hrsg.): Tödliche Medizin im Nationalsozialismus. Von der Rassenhygiene zum Massenmord, Köln 2008

Henne, Thomas: „Von 0 auf Lüth in 6 ½ Jahren". Zu den prägenden Faktoren der Grundsatzentscheidung, in: Ders. u. Arne Riedlinger (Hrsg.): Das Lüth-Urteil aus (rechts-)historischer Sicht. Konflikte um Veit Harlan und die Grundrechtsjudikatur des Bundesverfassungsgerichts, Berlin 2005, S. 197–222

Ders.: Curt Staff (1901–1976). Richter, in: Joachim Rückert u. Jürgen Vortmann (Hrsg.): Niedersächsische Juristen. Ein historisches Lexikon mit einer landesgeschichtlichen Einführung und Bibliographie, Göttingen 2003, S. 302f. (= Henne 2003: Staff)

Ders.: Gutkind, Walter Adolf, in: Joachim Rückert u. Jürgen Vortmann (Hrsg.): Niedersächsische Juristen. Ein historisches Lexikon mit einer landesgeschichtlichen Einführung und Bibliographie, Göttingen 2003, S. 352f.

Ders.: Hofmeister, Werner, in: Joachim Rückert u. Jürgen Vortmann (Hrsg.): Niedersächsische Juristen. Ein historisches Lexikon mit einer landesgeschichtlichen Einführung und Bibliographie, Göttingen 2003, S. 362

Ders.: Lerche, Walter, in: Joachim Rückert u. Jürgen Vortmann (Hrsg.): Niedersächsische Juristen. Ein historisches Lexikon mit einer landesgeschichtlichen Einführung und Bibliographie, Göttingen 2003, S. 377 (= Henne 2003: Lerche)

Ders.: Nebelung, Günther, in: Joachim Rückert u. Jürgen Vortmann (Hrsg.): Niedersächsische Juristen. Ein historisches Lexikon mit einer landesgeschichtlichen Einführung und Bibliographie, Göttingen 2003, S. 391f. (= Henne 2003: Nebelung)

Ders.: Spies, Wilhelm, in: Joachim Rückert u. Jürgen Vortmann (Hrsg.): Niedersächsische Juristen. Ein historisches Lexikon mit einer landesgeschichtlichen Einführung und Bibliographie, Göttingen 2003, S. 423f.

Ders.: Curt Staff zum 100. Geburtstag, in: Neue Juristische Wochenschrift 54 (2001), H. 41, S. 3030f.

Ders./Riedlinger, Arne (Hrsg.): Das Lüth-Urteil aus (rechts-)historischer Sicht. Die Konflikte um Veit Harlan und die Grundrechtsjudikatur des Bundesverfassungsgerichts, Berlin 2005

Dies.: Biographischer Anhang zu den beteiligten Juristen an den Strafverfahren gegen Veit Harlan und an den Zivilverfahren der Filmfirmen gegen Erich Lüth, in: Dies. (Hrsg.): Das Lüth-Urteil aus (rechts-)historischer Sicht. Konflikte um Veit Harlan und die Grundrechtsjudikatur des Bundesverfassungsgerichts, Berlin 2005, S. 569–578

Henning, Rosemarie: Franzen, Anton, Dr., in: Horst Rüdiger Jarck u. Günter Scheel (Hrsg.): Braunschweigisches Biographisches Lexikon. 19. und 20. Jahrhundert, Hannover 1996, S. 186f.

Dies.: Schlebusch, Hubert, in: Horst Rüdiger Jarck u. Günter Scheel (Hrsg.): Braunschweigisches Biographisches Lexikon. 19. und 20. Jahrhundert, Hannover 1996, S. 521f. (= Henning 1996: Schlebusch)

Dies.: Sievers, Hans Daniel Charles, in: Horst Rüdiger Jarck u. Günter Scheel (Hrsg.): Braunschweigisches Biographisches Lexikon. 19. und 20. Jahrhundert, Hannover 1996, S. 570

Herbe, Daniel: Hermann Weinkauff (1894-1981). Der erste Präsident des Bundesgerichtshofs, Tübingen 2008 (Beiträge zur Rechtsgeschichte des 20. Jahrhunderts, Bd. 55)

Herbert, Ulrich: Best. Biographische Studien über Radikalismus, Weltanschauung und Vernunft 1903–1989. 2. Aufl., Bonn 2001

Hessische Landesregierung (Hrsg.): Im Dienste der Demokratie. Die Trägerinnen und Träger der Wilhelm Leuschner-Medaille, Wiesbaden 2004

Hessisches Hauptstaatsarchiv (Hrsg.): „Unsere Aufgabe heißt Hessen". Georg August Zinn. Ministerpräsident 1950-1969. Katalog zur Ausstellung des Hessischen Hauptstaatsarchivs im Auftrag der Hessischen Landesregierung, Wiesbaden 2001

Heydeloff, Rudolf: Staranwalt der Rechtsextremisten. Walter Luetgebrune in der Weimarer Republik, in: Vierteljahreshefte für Zeitgeschichte 32 (1984), Nr. 4, S. 373–421

Hildebrand, Hans H./Henriot, Ernest: Deutschlands Admirale 1849–1945. Die militärischen Werdegänge der See-, Ingenieur-, Sanitäts-, Waffen- und Verwaltungsoffiziere im Admiralsrang. Bd. 3: P–Z, Osnabrück 1990 (Deutschlands Generale und Admirale, Bd. 1)

Himmelmann, Werner: Schicksale von Richtern und Rechtsanwälten in der Nazi-Zeit, in: Gerhard Pauli (Hrsg.): Nationalsozialismus und Justiz. Vortragsreihe im Amtsgericht Dortmund, Baden-Baden 2002 (Juristische Zeitgeschichte; Kleine Reihe, Bd. 5), S. 39–79

Hirsch, Hans Joachim: Zum 100. Geburtstag von Hans Welzel, in: Zeitschrift für die gesamte Strafrechtswissenschaft 116 (2004), H. 1, S. 1–14

Ders.: Paul Bockelmann †, in: Zeitschrift für die gesamte Strafrechtswissenschaft 100 (1988), H. 2, S. 281–289

Hirschfeld, Michael: Politischer Wandel und katholisches Milieu in einer Grenzregion des Deutschen Reiches: Die Grafschaft Glatz zwischen 1928 und 1933, in: Joachim Kuropka (Hrsg.): Grenzen des katholischen Milieus. Stabilität und Gefährdung katholischer Milieus in der Endphase der Weimarer Republik und in der NS-Zeit, Münster 2013, S. 153–174

History of the United Nations War Crimes Commission and the Development of the Laws of War, compiled by The United Nations War Crimes Commission, London 1948

Hm: Ein Gegner des Schuldprinzips. Oberlandesgerichtspräsident Dr. Curt Staff wird 65 Jahre alt, in: Frankfurter Allgemeine Zeitung, 3. Oktober 1966, Ressort: Rhein-Main-Zeitung, S. 22

Hodenberg, Hodo von: Zur Anwendung des Kontrollratsgesetzes Nr. 10 durch deutsche Gerichte, in: Süddeutsche Juristenzeitung 2 (1947), Sondernummer (März 1947), Sp. 113–124

Ders.: Zur Strafverfolgung von Verbrechen gegen die Menschlichkeit durch deutsche Gerichte, in: Hannoversche Rechtspflege 2 (1946), H. 12, Sp. 145f.

Höhn, Reinhard: Das subjektive öffentliche Recht und der neue Staat, in: Deutsche Rechtswissenschaft 1 (1936), S. 49–73

Hoeppel, Alexander: NS-Justiz und Rechtsbeugung. Die strafrechtliche Ahndung deutscher Justizverbrechen nach 1945, Tübingen 2019 (Beiträge zur Rechtsgeschichte des 20. Jahrhunderts, Bd. 109)

Hoffmann, Dierk: Nachkriegszeit. Deutschland 1945 – 1949, Darmstadt 2011

Hoffmeister, Kurt: 150 Jahre Kleiderseller vor, mit und nach Wilhelm Raabe. Überarb. u. erw. Neuaufl., Braunschweig 2009

Holzhauer, Heinz: Walter Erman (1904-1982), in: Bodo Pieroth (Hrsg.): Heinrich und Walter Erman. Dokumentation der Gedenkveranstaltung am 19. September 2004 an der Rechtswissenschaftlichen Fakultät Münster, Münster 2005 (Münsterische Juristische Vorträge, Bd. 16), S. 13–36

Homann, Ulrike: Gesetzliches Unrecht – der Oberste Gerichtshof für die Britische Zone, in: Sonja Begalke, Claudia Fröhlich u. Stephan Alexander Glienke (Hrsg.): Der halbierte Rechtsstaat. Demokratie und Recht in der frühen Bundesrepublik und die Integration von NS-Funktionseliten, Baden-Baden 2015, S. 43–58

Dies.: Die verleugnete Alternative – der Oberste Gerichtshof für die Britische Zone, in: Recht und Politik 37 (2001), H. 4, S. 210–218

Huismans, Alfred: Die mittelbare Täterschaft. Darstellung der Entwicklung des Begriffs seit 1870, Göttingen 1931

100 Jahre A. B. L. Glacia 1865 – 1965, Bonn 1965

Ihnor, Daniel: Herbert Ruscheweyh. Verantwortung in schwierigen Zeiten, Baden-Baden 2006

Quellen- und Literaturverzeichnis

Irmen, Helmut: Der Oberste Gerichtshof für die Britische Zone und der Umgang mit NS-Juristen, in: Justizministerium des Landes NRW (Hrsg.): Verbrechen gegen die Menschlichkeit – Der Oberste Gerichtshof der Britischen Zone, Düsseldorf 2012 (Juristische Zeitgeschichte NRW, Bd. 19), S. 80–113

Ders./Pöpken, Christian: Die Richter und Staatsanwälte am Obersten Gerichtshof für die Britische Zone – Kurzbiographien, in: Justizministerium des Landes NRW (Hrsg.): Verbrechen gegen die Menschlichkeit – Der Oberste Gerichtshof der Britischen Zone, Düsseldorf 2012 (Juristische Zeitgeschichte NRW, Bd. 19), S. 180–192

Jagusch, Heinrich („Judex"): Droht ein neuer Ossietzky-Fall? In: Der Spiegel, 1964, H. 45, S. 34 u. 37f.

Ders. (anonym): Handel mit Verrätern? Die Haftentlassung des Ostagenten Hofé, in: Der Spiegel, 1964, H. 37, S. 18

Ders.: Das Verbrechen gegen die Menschlichkeit in der Rechtsprechung des Obersten Gerichtshofes für die Britische Zone, in: Süddeutsche Juristenzeitung 4 (1949), Nr. 9, Sp. 620–624 (= Jagusch 1949: Verbrechen)

Ders.: Die Rechtsprechung des Obersten Gerichtshofs für die Britische Zone zur vorsätzlichen Tötung, in: Süddeutsche Juristenzeitung 4 (1949), Nr. 5, Sp. 324–330 (= Jagusch 1949: Rechtsprechung vorsätzliche Tötung)

Ders.: Aus der Rechtsprechung des OGH in Strafsachen, in: Monatsschrift für Deutsches Recht 3 (1949), H. 2, S. 83–85 (= Jagusch 1949: Rechtsprechung)

Ders.: Die Rechtsberatungsstellen der Deutschen Arbeitsfront, ihre Aufgaben, ihr Wesen und ihre Rechtsverhältnisse, Berlin u. a. 1940

Jannsen, Günther: Der Neuanfang. Wiederaufbau der Justiz, Entnazifizierung der Richterschaft und Strafverfahren gegen Richter wegen ihrer Tätigkeit im NS-Staat, in: 175 Jahre Oberlandesgericht Oldenburg. 1814 Oberappellationsgericht, Oberlandesgericht 1989. Festschrift, Köln u. a. 1989, S. 337–371

Jeismann, Karl-Ernst: Geschichtsbilder: Zeitdeutung und Zukunftsperspektive, in: Aus Politik und Zeitgeschichte, 51 – 52/2002, S. 13–22

JIA, Bing Bing: Control Council Law No. 10, in: Antonio Cassese (Hrsg.): The Oxford Companion of International Criminal Justice, Oxford 2009, S. 281f.

Jones, Priscilla Dale: British Policy towards German Crimes against German Jews, 1939-1945, in: Leo Baeck Institute Yearbook 36 (1991), S. 339–366

Joppich, Adalbert: Kann ein Richter Rechtsbeugung begehen, wenn er bestehende staatliche Gesetze anwendet? In: Die andere Seite. Informationsdienst, hrsg. v. d. Arbeitsgemeinschaft für Recht und Wirtschaft, Nr. III, Juli 1950, S. 4f.

Justizministerium des Landes NRW (Hrsg.): Transitional Justice. 25 Jahre Dokumentations- und Forschungsstelle „Justiz und Nationalsozialismus" NRW, Düsseldorf 2016 (Juristische Zeitgeschichte NRW, Bd. 21)

Dass. (Hrsg.): Verbrechen gegen die Menschlichkeit – Der Oberste Gerichtshof der Britischen Zone, Düsseldorf 2012 (Juristische Zeitgeschichte NRW, Bd. 19)

Dass. (Hrsg.): Justiz und Erbgesundheit. Zwangssterilisation, Stigmatisierung, Entrechtung: „Das Gesetz zur Verhütung erbkranken Nachwuchses" in der Rechtsprechung der Erbgesundheitsgerichte 1934-1945 und seine Folgen für die Betroffenen bis in die Gegenwart, Düsseldorf 2009 (Juristische Zeitgeschichte NRW, Bd. 17)

Dass. (Hrsg.): „...eifrigster Diener und Schützer des Rechts, des nationalsozialistischen Rechts...". Nationalsozialistische Sondergerichtsbarkeit. Ein Tagungsband, Düsseldorf 2007 (Juristische Zeitgeschichte NRW, Bd. 15)

Dass. (Hrsg.): Politische Strafjustiz 1951-1968. Betriebsunfall oder Symptom? Düsseldorf 1998 (Juristische Zeitgeschichte NRW, Bd. 7)

Dass. (Hrsg.): Kriminalbiologie, Düsseldorf 1997 (Juristische Zeitgeschichte NRW, Bd. 6)

Dass. (Hrsg.): Perspektiven und Projekte, [Düsseldorf] 1994 (Juristische Zeitgeschichte, Bd. 2)

Kant, Immanuel: Zum ewigen Frieden. Ein philosophischer Entwurf, Stuttgart 2013

Kastner, Klaus: Die Völker klagen an. Der Nürnberger Prozess 1945–1946, Darmstadt 2005

Kaufmann, Hilde: Hellmuth von Weber †, in: Monatsschrift für Kriminologie und Strafrechtsreform 53 (1970), H. 5/6, S. 273

Kaul, Friedrich Karl: Geschichte des Reichsgerichts. Bd. IV: 1933-1945, Berlin 1971

Kautsky, Benedikt: Teufel und Verdammte. Erfahrungen und Erkenntnisse aus sieben Jahren in deutschen Konzentrationslagern, Zürich 1946

Keller, Sven: Verbrechen in der Endphase des Zweiten Weltkrieges. Überlegungen zu Abgrenzung, Methodik und Quellenkritik, in: Cord Arendes, Edgar Wolfrum u. Jörg Zedler (Hrsg.): Terror nach Innen. Verbrechen am Ende des Zweiten Weltkrieges, Göttingen 2006 (Dachauer Symposien zur Zeitgeschichte, Bd. 6), S. 25–50

Kettenacker, Lothar: Die Behandlung der Kriegsverbrecher als anglo-amerikanisches Rechtsproblem, in: Gerd R. Ueberschär (Hrsg.): Der Nationalsozialismus vor Gericht. Die alliierten Prozesse gegen Kriegsverbrecher und Soldaten 1943–1952. 2. Aufl., Frankfurt a. M. 2000, S. 17–31

Ders.: Krieg zur Friedenssicherung. Die Deutschlandplanung der britischen Regierung während des Zweiten Weltkrieges, Göttingen/Zürich 1989 (Veröffentlichungen des Deutschen Historischen Instituts London, Bd. 22)

Kiefel, Ludwig: Zur Geschichte der Alten Breslauer Landsmannschaft Glacia. 1925 bis 1936, in: 100 Jahre A. B. L. Glacia 1865 - 1965, Bonn 1965, S. 65–78

Kiesselbach, Wilhelm: Zwei Probleme aus dem Gesetz Nr. 10 des Kontrollrats, in: Monatsschrift für Deutsches Recht 1 (1947), H. 1, S. 2–6

Kinast, Andreas: „Das Kind ist nicht abrichtfähig". „Euthanasie" in der Kinderfachabteilung Waldniel 1941-1943. Durchges. Neuaufl., Köln u. a. 2014

Kipp, Jürgen: Kammergerichtspräsident Dr. Georg Strucksberg, Berlin 2008 (Forum Recht und Kultur im Kammergericht e.V., Bd. 1)

Kirchner, Carl: Karl Schneidewin †, in: Juristenzeitung 19 (1964), Nr. 5/6, S. 191f.

Kißener, Michael: Das Dritte Reich, Darmstadt 2005 (Kontroversen um die Geschichte)

Klee, Ernst: „Euthanasie" im NS-Staat. Die „Vernichtung lebensunwerten Lebens". 12. Aufl., Frankfurt a. M. 2009

Ders.: Das Personenlexikon zum Dritten Reich. Wer war was vor und nach 1945? Aktualisierte Ausg., Frankfurt a. M. 2005

Klefisch, Theodor: Die nat.-soz. Euthanasie im Blickfeld der Rechtsprechung und Rechtslehre, in: Monatsschrift für Deutsches Recht 4 (1950), H. 5, S. 258–265

Ders.: Die NS. Denunziation in der Rechtsprechung des Obersten Gerichtshofes für die britische Zone, in: Monatsschrift für Deutsches Recht 3 (1949), H. 6, S. 324–329

Klein, Adolf: Die rheinische Justiz und der rechtsstaatliche Gedanke in Deutschland. Zur Geschichte des Oberlandesgerichts Köln und der Gerichtsbarkeit in seinem Bezirk, in: Josef Wolffram u. Adolf Klein (Hrsg. u. Bearb.): Recht und Rechtspflege in den Rheinlanden. Festschrift zum 150jährigen Bestehen des Oberlandesgerichts Köln, Köln 1969, S. 113–264

Klemenz, Hans: Zur Geschichte der Alten Breslauer Landsmannschaft Glacia. Von den Anfängen bis zum Jahre 1925, in: 100 Jahre A. B. L. Glacia 1865 - 1965, Bonn 1965, S. 54–64

Knäpple, Lena: VI.A1 Wehrmachtsausstellung, in: Torben Fischer u. Matthias N. Lorenz (Hrsg.): Lexikon der „Vergangenheitsbewältigung" in Deutschland. Debatten- und Diskursgeschichte des Nationalsozialismus nach 1945. 2., unveränderte Aufl., Bielefeld 2009, S. 288–290

Knauer, Wilfried: Günther Nebelung (1896–1970). Oberlandesgerichtspräsident von 1935 bis 1944, in: Edgar Isermann u. Michael Schlüter (Hrsg.): Justiz und Anwaltschaft in Braunschweig 1879–2004. 125 Jahre Oberlandesgericht und Rechtsanwaltskammer Braunschweig, Braunschweig 2004, S. 141–145

Koch, Arnd: Schmidt, Eberhard, in: Neue Deutsche Biographie. Bd. 23, Berlin 2007, S. 181f.

Koch, W. John: Schloss Fürstenstein. Erinnerungen an einen schlesischen Adelssitz. Eine Bilddokumentation, Würzburg 1989

Kochavi, Arieh J.: Prelude to Nuremberg. Allied War Crimes Policy and the Question of Punishment, Chapel Hill, N. C./London 1998

Ders.: The Response to Nazi Germany's Crimes Against Axis Nationals: The American and British Positions, in: Diplomacy & Statecraft 5 (1994), H. 2, S. 334–357

Kogon, Eugen: Der SS-Staat. Das System der deutschen Konzentrationslager. 42. Aufl., München 2004

Kohlhaas, Max: Claus Seibert †, in: Neue Juristische Wochenschrift 30 (1977), H. 18, S. 796f.

Kontrollratsgesetz Nr. 10, erl. v. Herbert Kraus, Hamburg 1948

Koppel, Wolfgang: Justiz im Zwielicht. Dokumentation. NS-Urteile, Personalakten, Katalog beschuldigter Juristen, Karlsruhe 1963

Koskenniemi, Martti: Hersch Lauterpacht and the Development of International Criminal Law, in: Journal of International Criminal Justice 2 (2004), H. 3, S. 810–825

Kosthorst, Erich/Walter, Bernd (Hrsg.): Konzentrations- und Strafgefangenenlager im Dritten Reich. Beispiel Emsland. Zusatzteil Kriegsgefangenenlager. Dokumentation und Analyse zum Verhältnis von NS-Regime und Justiz. Mit historisch-kritischen Einführungstexten sowie statistisch-quantitativen Erhebungen und Auswertungen zum Strafvollzug in Arbeitslagern. 3 Bde., Düsseldorf 1983

Krach, Tillmann: Jüdische Rechtsanwälte in Preußen. Über die Bedeutung der freien Advokatur und ihre Zerstörung durch den Nationalsozialismus, München 1991

Kramer, Helmut: Richter vor Gericht. Die juristische Aufarbeitung der Sondergerichtsbarkeit, in: Justizministerium des Landes NRW (Hrsg.): „...eifrigster Diener und Schützer des Rechts, des nationalsozialistischen Rechts...". Nationalsozialistische Sondergerichtsbarkeit. Ein Tagungsband, Düsseldorf 2007 (Juristische Zeitgeschichte NRW, Bd. 15), S. 121–172

Ders.: Karrieren und Selbstrechtfertigungen ehemaliger Wehrmachtsjuristen nach 1945, in: Wolfram Wette (Hrsg.): Filbinger – eine deutsche Karriere, Springe 2006, S. 99–121

Ders.: Dr. Josef Schafheutle – unpolitischer Rechtstechnokrat als Gestalter des politischen Strafrechts, in: Justizministerium des Landes NRW (Hrsg.): Zwischen Recht und Unrecht. Lebensläufe deutscher Juristen, Düsseldorf 2004, S. 107–109

Ders.: Ernst Wolff – erfolgreicher Anwalt und Oberster Richter, in: Justizministerium des Landes NRW (Hrsg.): Zwischen Recht und Unrecht. Lebensläufe deutscher Juristen, Düsseldorf 2004, S. 118–120 (= Kramer 2004: Wolff)

Ders.: Dr. Willi Geiger – Ankläger am Sondergericht Bamberg und „starker Mann am Bundesverfassungsgericht", in: Justizministerium des Landes NRW (Hrsg.): Zwischen Recht und Unrecht. Lebensläufe deutscher Juristen, Düsseldorf 2004, S. 132–134

Ders.: Die Aufarbeitung des Faschismus durch die Nachkriegsjustiz in der Bundesrepublik Deutschland, in: Hans-Ernst Böttcher (Hrsg.): Recht, Justiz, Kritik. Festschrift für Richard Schmid zum 85. Geburtstag. Mit einem Vorwort von Willy Brandt, Baden-Baden 1985, S. 107–126

Kreß, Claus: Der Oberste Gerichtshof für die Britische Zone im hundertjährigen Prozess der Reflexion über den Völkerstraftatbestand der Verbrechen gegen die Menschlichkeit, in: Juristenzeitung 71 (2016), H. 19, S. 948–952

Ders.: Erdemović, in: Antonio Cassese (Hrsg.): The Oxford Companion of International Criminal Justice, Oxford 2009, S. 660–663

Kröll, Friedhelm: Fall 10: Der Krupp-Prozeß („Krupp Case"), in: Gerd R. Ueberschär (Hrsg.): Der Nationalsozialismus vor Gericht. Die alliierten Prozesse gegen Kriegsverbrecher und Soldaten 1943-1952. 2. Aufl., Frankfurt a. M. 2000, S. 176–186

Kroll, Lothar: Geschichte Hessens. 2., durchges. u. erg. Aufl., München 2010

Krüger-Nieland, Gerda (Hrsg.): 25 Jahre Bundesgerichtshof am 1. Oktober 1975. Unter Mitwirkung von Mitgliedern des Bundesgerichtshofes, Beamten der Bundesanwaltschaft u. Rechtsanwälten des Bundesgerichtshofs, München 1975

Kuhlbrodt, Dietrich: Veit Harlan und sein Film „Jud Süß", in: Thomas Henne u. Arne Riedlinger (Hrsg.): Das Lüth-Urteil aus (rechts-)historischer Sicht. Die Konflikte um Veit Harlan und die Grundrechtsjudikatur des Bundesverfassungsgerichts, Berlin 2005, S. 65–78

Kurland, Hans-Joachim: Wilhelm Kiesselbach – der hanseatische Präsident, in dunklen Tagen der Justiz und Deutschlands zu Ehren, in: Jan Albers u. a. (Hrsg): Recht und Juristen in Hamburg. Bd. 2, Köln u. a. 1999, S. 435–449

L.: Oberster Gerichtshof für die Britische Zone, in: Zentral-Justizblatt 2 (1948), Nr. 7, S. 149–151

Laage, Clea: Gesetzliches Unrecht: Die Bedeutung des Begriffs für die Aufarbeitung von NS-Verbrechen. Die Rezeption der Radbruchschen Formel in Rechtsprechung und Rechtslehre nach 1945, Frankfurt a. M. u. a. 2014 (Beiträge zur Aufarbeitung der NS-Herrschaft, Bd. 2)

Lane, Ann: Kirkpatrick, Sir Ivone Augustine (1897-1964), in: Oxford Dictionary of National Biography, Oxford 2004, Online-Ausgabe Januar 2008: https://www.oxforddnb.com/view/10.1093/ref:odnb/9780198614128.001.0001/odnb-9780198614128-e-34339 (letzter Zugriff: 8.9.2020)

Lang, Hans-Joachim: Eschenburg, das Dritte Reich und die Juden, in: Schwäbisches Tagblatt, 69. Jg., Nr. 16 (19. Januar 2013), S. 30f.

Lange, Richard: Karl Schneidewin zum 75. Geburtstag, in: Zeitschrift für die gesamte Strafrechtswissenschaft 74 (1962), S. 199f.

Ders.: Die Rechtsprechung des Obersten Gerichtshofes für die Britische Zone zum Verbrechen gegen die Menschlichkeit, in: Süddeutsche Juristenzeitung 3 (1948), Nr. 11, Sp. 655–660 (= Lange 1948: Rechtsprechung des OGH)

Ders.: Das Kontrollratsgesetz Nr. 10 in Theorie und Praxis, in: Deutsche Rechts-Zeitschrift 3 (1948), H. 5, S. 155–161

Ders.: Das Kontrollratsgesetz Nr. 10 in Theorie und Praxis II, in: Deutsche Rechts-Zeitschrift 3 (1948), H. 6, S. 185–193 (= Lange 1948: KRG 10 II)

Lehmann, Lutz: Legal & Opportun. Politische Justiz in der Bundesrepublik, Berlin 1966

Leide, Henry: NS-Verbrecher und Staatssicherheit. Die geheime Vergangenheitspolitik der DDR. 3. Aufl., Göttingen 2007

Lein, Albrecht: Braunschweiger Justiz im Nationalsozialismus: Zwischen Anpassung und „Innerer Emigration", in: Helmut Kramer (Hrsg.): Braunschweig unterm Hakenkreuz. Bürgertum, Justiz und Kirche – Eine Vortragsreihe und ihr Echo, Braunschweig 1981, S. 61–78

Ders.: Antifaschistische Aktion 1945. Die „Stunde Null" in Braunschweig, Göttingen u. a. 1978 (Göttinger Politikwissenschaftliche Forschungen, Bd. 2)

Ders.: Die Antifaschistische Aktion Braunschweig, in: Lutz Niethammer, Ulrich Borsdorf u. Peter Brandt (Hrsg.): Arbeiterinitiative 1945. Antifaschistische Ausschüsse und Reorganisationen der Arbeiterbewegung in Deutschland, Wuppertal 1976, S. 334–363

Lemke-Müller, Sabine: Ethischer Sozialismus und soziale Demokratie. Der politische Weg Willi Eichlers vom ISK zur SPD, Bonn 1988 (Forschungsinstitut der Friedrich-Ebert-Stiftung; Reihe: Politik- und Gesellschaftsgeschichte, Bd. 19)

Leser, Norbert: Kautsky, Benedikt, in: Neue Deutsche Biographie. Bd. 11, Berlin 1977, S. 373

Liebert, Frank: Vom Karrierestreben zum „Nötigungsnotstand". „Jud Süß", Veit Harlan und die westdeutsche Nachkriegsgesellschaft (1945–50), in: Thomas Henne u. Arne Riedlinger (Hrsg.): Das Lüth-Urteil aus (rechts-)historischer Sicht. Die Konflikte um Veit Harlan und die Grundrechtsjudikatur des Bundesverfassungsgerichts, Berlin 2005, S. 111–146

Liedke, Karl: Vernichtung durch Arbeit: Juden aus Lodz bei der Büssing-NAG in Braunschweig 1944-1945, in: Gudrun Fiedler u. Hans-Ulrich Ludewig (Hrsg.): Zwangsarbeit und Kriegswirtschaft im Lande Braunschweig 1939 – 1945, Braunschweig 2003 (Quellen und Forschungen zur Braunschweigischen Landesgeschichte, Bd. 39), S. 217–236

Linden: Werner Meißner. Rhenaniae Freiburg EM, Rheno-Guestphaliae zum Gedächtnis, in: Deutsche Corpszeitung 63 (1962), Nr. 5, S. 238–240

Lingen, Kerstin von: „Crimes against Humanity". Eine Ideengeschichte der Zivilisierung von Kriegsgewalt 1864–1945, Paderborn 2018 (Krieg in der Geschichte, Bd. 102)

Dies.: Kesselrings letzte Schlacht. Kriegsverbrecherprozesse, Vergangenheitspolitik und Wiederbewaffnung: Der Fall Kesselring, Paderborn 2004 (Krieg in der Geschichte, Bd. 20)

Link, Werner: Die Geschichte des Internationalen Jugend-Bundes (IJB) und des Internationalen Sozialistischen Kampf-Bundes (ISK). Ein Beitrag zur Geschichte der Arbeiterbewegung in der Weimarer Republik und im Dritten Reich, Meisenheim/Glan 1964

Lissner, Cordula: Den Fluchtweg zurückgehen. Remigration nach Nordrhein und Westfalen 1945-1955, Essen 2006 (Düsseldorfer Schriften zur Neueren Landesgeschichte und zur Geschichte Nordrhein-Westfalens, Bd. 73)

Dies.: „In der Justiz lebe ich wie im Exil". Zur Rückkehr jüdischer Juristen und Juristinnen, in: Anne Klein u. Jürgen Wilhelm (Hrsg.): NS-Unrecht vor Kölner Gerichten nach 1945, Köln 2003, S. 75–88

Lösch, Anna Maria v.: Der nackte Geist. Die Juristische Fakultät der Berliner Universität im Umbruch von 1933, Tübingen 1999 (Beiträge zur Rechtsgeschichte des 20. Jahrhunderts, Bd. 26)

Luber, Martin: Strafverteidigung im Nürnberger Juristenprozess am Beispiel des Angeklagten Oswald Rothaug, Berlin 2018 (Beiträge zum Internationalen und Europäischen Strafrecht, Bd. 30)

Ludewig, Hans-Ulrich: Grotewohl, Otto, in: Horst Rüdiger Jarck u. Günter Scheel (Hrsg.): Braunschweigisches Biographisches Lexikon. 19. und 20. Jahrhundert, Hannover 1996, S. 229f.

Ders.: Klagges, Dietrich, in: Horst Rüdiger Jarck u. Günter Scheel (Hrsg.): Braunschweigisches Biographisches Lexikon. 19. und 20. Jahrhundert, Hannover 1996, S. 318f.

Ders.: Küchenthal, Werner, Dr., in: Horst Rüdiger Jarck u. Günter Scheel (Hrsg.): Braunschweigisches Biographisches Lexikon. 19. und 20. Jahrhundert, Hannover 1996, S. 354f.

Ders./Kuessner, Dietrich: „Es sei also jeder gewarnt". Das Sondergericht Braunschweig 1933–1945, Braunschweig 2000 (Quellen und Forschungen zur Braunschweigischen Landesgeschichte, Bd. 36)

Lübbe, Hermann: Der Nationalsozialismus im deutschen Nachkriegsbewußtsein, in: Historische Zeitschrift 236 (1983), S. 579–599

Lumans, Valdis O.: Himmler's Auxiliaries. The Volksdeutsche Mittelstelle and the German National Minorities of Europe, 1933 – 1945, Chapel Hill, N. C./London 1993

Luther, Rudolf: Blau oder Braun? Der Volksbund für das Deutschtum im Ausland (VDA) im NS-Staat 1933 – 1937, Neumünster 1999

Luther, Tammo: Volkstumspolitik des Deutschen Reiches 1933–1938. Die Auslanddeutschen im Spannungsfeld zwischen Traditionalisten und Nationalsozialisten, Stuttgart 2004 (Historische Mitteilungen im Auftrage der Ranke-Gesellschaft, Bd. 54)

M. Stengleins Kommentar zu den strafrechtlichen Nebengesetzen des Deutschen Reiches. 5. Aufl., völlig neu bearb. v. Ludwig Ebermayer, Ernst Conrad, Albert Feisenberger u. Karl Schneidewin. Bd. 1, Berlin 1928

Maier-Reimer, Georg: Ernst Wolff (1877-1959). Führender Anwalt und Oberster Richter, in: Helmut Heinrichs, Harald Franzki, Klaus Schmalz u. Michael Stolleis (Hrsg.): Deutsche Juristen jüdischer Herkunft, München 1993, S. 643–654

Marßolek, Inge: Die Denunziantin. Die Geschichte der Helene Schwärzel 1944-1947, Bremen o. J. [1993]

Marxen, Klaus/Schlüter, Holger: Terror und „Normalität". Urteile des nationalsozialistischen Volksgerichtshofs 1934 – 1945: Eine Dokumentation, Düsseldorf 2004 (Juristische Zeitgeschichte NRW, Bd. 13)

Mauz, Gerhard: Der Zustand der Justiz entspricht dem des Volkes, in: Der Spiegel, 1965, H. 48, S. 53f.

Mehring, Reinhard: Carl Schmitt. Aufstieg und Fall. Eine Biographie, München 2009

Meier, Christian: Das Gebot zu vergessen und die Unabweisbarkeit des Erinnerns. Vom öffentlichen Umgang mit schlimmer Vergangenheit, München 2010

Meinel, Florian: Der Jurist in der industriellen Gesellschaft. Ernst Forsthoff und seine Zeit, Berlin 2011

Meister, Hans-Georg: Die Widerspruchslosigkeit der Rechtsordnung, in: Monatsschrift für Deutsches Recht 1 (1947), H. 2, S. 47–49

Meurer, Dieter: Richard Lange †, in: Neue Juristische Wochenschrift 49 (1996), S. 369

Meusch, Matthias: Von der Diktatur zur Demokratie. Fritz Bauer und die Aufarbeitung der NS-Verbrechen in Hessen (1956-1968), Wiesbaden 2001 (Politische und parlamentarische Geschichte des Landes Hessen, Bd. 26 u. Veröffentlichungen der Historischen Kommission für Nassau, Bd. 70)

Meyer, Kristina: Sozialdemokratische NS-Verfolgte und die Vergangenheitspolitik, in: Fritz Bauer Institut (Hrsg.): Opfer als Akteure. Interventionen ehemaliger NS-Verfolgter in der Nachkriegszeit, Frankfurt a. M./New York 2008 (Jahrbuch 2008 zur Geschichte und Wirkung des Holocaust), S. 48–66

Meyer, Paul: „Die Gleichschaltung kann weitergehen!" Das Kriegsende in den nördlichen Emslandlagern und der falsche Hauptmann Willi Herold im Spiegel britischer und deutscher Gerichts- und Ermittlungsakten, in: KZ-Gedenkstätte Neuengamme (Hrsg.): Die frühen Nachkriegsprozesse, Bremen 1997 (Beiträge zur Geschichte der nationalsozialistischen Verfolgung in Norddeutschland, H. 3), S. 209–213

Meyer, Robert Johannes: Das Kontrollratsgesetz Nr. 10 in der Praxis des deutschen Strafgerichts, in: Monatsschrift für Deutsches Recht 1 (1947), H. 4, S. 110–112

Meyer, Thomas: Soziale Demokratie. Eine Einführung, Wiesbaden 2009

Ders.: Ethischer Sozialismus bei Leonard Nelson, in: Helmut Holzhey (Hrsg.): Ethischer Sozialismus. Zur politischen Philosophie des Neukantianismus, Frankfurt a. M. 1994, S. 301–315

Meyer, Winfried: Stalinistischer Schauprozess gegen NS-Verbrecher? Der Berliner Sachsenhausen-Prozeß vom Oktober 1947, in: Gericht und Gerechtigkeit. Dachauer Hefte. Studien und Dokumente zur Geschichte der nationalsozialistischen Konzentrationslager 13 (1997). H. 13, S. 153–180

Meyer-Goßner, Lutz: Hans Eberhard Rotberg †, in: Neue Juristische Wochenschrift 48 (1995), H. 20, S. 1337

Meyer-Seitz, Christian: Die Verfolgung von NS-Straftaten in der Sowjetischen Besatzungszone, Berlin 1998 (Schriftenreihe Justizforschung und Rechtssoziologie, Bd. 3)

Mildt, Dick de (Hrsg.): Tatkomplex: NS-Euthanasie. Die ost- und westdeutschen Strafurteile seit 1945. 2 Bde., Amsterdam 2009

Militärregierung des Französischen Besatzungsgebietes in Deutschland, Generaljustizdirektion (Hrsg.): Der Konstanzer Juristentag (2.–5. Juni 1947). Ansprachen, Vorträge, Diskussionsreden, Tübingen 1947

Miosge, Dieter: Prof. Dr. Curt Staff, in: Michael Schlüter u. Dieter Miosge: Zulassung ist zurückgenommen. Das Schicksal der Juristen im Bezirk Braunschweig von 1933 – 1945, Braunschweig 2006, S. 110–112

Ders.: Der vertriebene Richter Dr. Walter Gutkind (1880-1976), Braunschweig 2005

Ders.: Wilhelm Mansfeld d. J. (1875–1955). Oberlandesgerichtspräsident von 1945 bis 1948, in: Edgar Isermann u. Michael Schlüter (Hrsg.): Justiz und Anwaltschaft in Braunschweig 1879–2004. 125 Jahre Oberlandesgericht und Rechtsanwaltskammer Braunschweig, Braunschweig 2004, S. 145f.

Ders.: Dr. Friedrich Wilhelm Holland (1903-1979). Landgerichtspräsident von 1950 bis 1955. Oberlandesgerichtspräsident von 1955 bis 1968, in: Edgar Isermann u. Michael Schlüter (Hrsg.): Justiz und Anwaltschaft in Braunschweig 1879–2004. 125 Jahre Oberlandesgericht und Rechtsanwaltskammer Braunschweig, Braunschweig 2004, S. 146f. (= Miosge 2004: Holland)

Ders.: Die Braunschweiger Juristenfamilie Mansfeld, in: Rudolf Wassermann (Hrsg.): Justiz im Wandel der Zeit. Festschrift des Oberlandesgerichts Braunschweig, Braunschweig 1989, S. 328–348

Miquel, Marc von: Juristen: Richter in eigener Sache, in: Norbert Frei (Hrsg.): Hitlers Eliten nach 1945. 3. Aufl., München 2007, S. 165–214

Ders.: Ahnden oder Amnestieren? Westdeutsche Justiz und Vergangenheitspolitik in den sechziger Jahren, Göttingen 2004 (Beiträge zur Geschichte des 20. Jahrhunderts, Bd. 1)

Mohr, Antje: Walter Strauß (1900-1976), in: Bernd Heidenreich u. Walter Mühlhausen (Hrsg.): Einheit und Freiheit. Hessische Persönlichkeiten und der Weg zur Bundesrepublik Deutschland, Wiesbaden 2000, S. 161–186

Moisel, Claudia: Frankreich und die deutschen Kriegsverbrecher. Politik und Praxis der Strafverfolgung nach dem Zweiten Weltkrieg, Göttingen 2004 (Beiträge zur Geschichte des 20. Jahrhunderts, Bd. 2)

Mühlhausen, Walter: Eugen Kogon – Ein Leben für Humanismus, Freiheit und Demokratie, Blickpunkt Hessen Nr. 5, Wiesbaden 2006

Ders.: Karl Geiler und Christian Stock. Hessische Ministerpräsidenten im Wiederaufbau, Marburg 1999

Müller, Friedrich-Wilhelm: Lachmund, Franz Friedrich, in: Horst Rüdiger Jarck u. Günter Scheel (Hrsg.): Braunschweigisches Biographisches Lexikon. 19. und 20. Jahrhundert, Hannover 1996, S. 361

Ders.: Entnazifizierung der Richter in kirchlichen Ämtern der Braunschweigischen Landeskirche, in: Klaus Erich Pollmann (Hrsg.): Der schwierige Weg in die Nachkriegszeit. Die Evangelisch-lutherische Landeskirche in Braunschweig 1945–1950, hrsg. im Auftrag der Kommission der Evangelisch-lutherischen Landeskirche in Braunschweig für Braunschweiger kirchliche Zeitgeschichte, Göttingen 1995 (Studien zur Kirchengeschichte Niedersachsens, Bd. 34), S. 291–307

Müller, Georg: Zur Geschichte der Alten Breslauer Landsmannschaft Glacia. 1945 bis 1965, in: 100 Jahre A. B. L. Glacia 1865 - 1965, Bonn 1965, S. 83–89

Müller, Hans-Erhard/Henne, Thomas: Bruno Heusinger (1900-1987). Richter, in: Joachim Rückert u. Jürgen Vortmann (Hrsg.): Niedersächsische Juristen. Ein historisches Lexikon mit einer landesgeschichtlichen Einführung und Bibliographie, Göttingen 2003, S. 293–301

Müller, Ingo: Dr. Hermann Höpker-Aschoff – Architekt des Bundesverfassungsgerichts, in: Justizministerium des Landes NRW (Hrsg.): Zwischen Recht und Unrecht. Lebensläufe deutscher Juristen, Düsseldorf 2004, S. 124–127

Ders.: Dr. Roland Freisler – Hitlers Hinrichter, in: Justizministerium des Landes NRW (Hrsg.): Zwischen Recht und Unrecht. Lebensläufe deutscher Juristen, Recklinghausen 2004, S. 74–77

Ders.: Furchtbare Juristen. Die unbewältigte Vergangenheit unserer Justiz, München 1987

Müller-Doohm, Stefan: Adorno. Eine Biographie, Frankfurt a. M. 2003

Munzert, Maria: II.B8 Neue Antisemitismuswelle, in: Torben Fischer u. Matthias N. Lorenz (Hrsg.): Lexikon der „Vergangenheitsbewältigung" in Deutschland. Debatten- und Diskursgeschichte des Nationalsozialismus nach 1945. 2., unveränderte Aufl., Bielefeld 2009, S. 85–87

Naucke, Wolfgang: Die Missachtung des strafrechtlichen Rückwirkungsverbots 1933–1945. Zum Problem der Bewertung strafrechtlicher Entwicklungen als „unhaltbar", in: Europäisches Rechtsdenken in Geschichte und Gegenwart. Festschrift für Helmut Coing zum 70. Geburtstag. Bd. 1, hrsg. v. Norbert Horn in Verbindung mit Klaus Luig u. Alfred Söllner, München 1982, S. 225–247

Nelson, Leonard: Die Rechtswissenschaft ohne Recht. Kritische Betrachtungen über die Grundlagen des Staats- und Völkerrechts insbesondere über die Lehre der Souveränität. 2. Aufl. Mit einer Einleitung von Curt Staff, Göttingen/Hamburg 1949

Ders.: System der philosophischen Rechtslehre und Politik (= Vorlesungen über die Grundlagen der Ethik, Bd. 3), Leipzig 1924

Niehuss, Merith/Lindner, Ulrike (Hrsg.): Besatzungszeit, Bundesrepublik und DDR 1945–1969, Stuttgart 2009 (Deutsche Geschichte in Quellen und Darstellung, Bd. 10)

Niermann, Hans-Eckhard: Zwischen Amnestie und Anpassung. Die Entnazifizierung der Richter und Staatsanwälte des Oberlandesgerichtsbezirks Hamm 1945-1950, in: Justizministerium des Landes NRW (Hrsg.): 50 Jahre Justiz in NRW, Düsseldorf 1996 (Juristische Zeitgeschichte, Bd. 5), S. 61–94

Ders.: Die Durchsetzung politischer und politisierter Strafjustiz im Dritten Reich. Ihre Entwicklung aufgezeigt am Beispiel des OLG-Bezirks Hamm, hrsg. v. Justizministerium des Landes NRW, Düsseldorf 1995 (Juristische Zeitgeschichte, Bd. 3)

Niesen, Josef: Bonner Personenlexikon, Bonn 2006

Niethammer, Lutz: Die Mitläuferfabrik. Die Entnazifizierung am Beispiel Bayerns, Berlin/Bonn 1982

Nilsson, Jonas: Röchling and Others, in: Antonio Cassese (Hrsg.): The Oxford Companion of International Criminal Justice, Oxford 2009, S. 886f.

Oberlandesgerichtspräsident Dr. Staff im Ruhestand, in: Deutsche Richterzeitung 48 (1970), H. 1, S. 30f.

Ohe, Axel von der: Das Gesellschaftsbild des Bundesgerichtshofs. Die Rechtsprechung des BGH und die frühe Bundesrepublik, Frankfurt a. M. 2010 (Europäische Hochschulschriften; Reihe III: Geschichte und ihre Hilfswissenschaften, Bd. 1071)

Ohlenroth, Juliane: Der Oberste Gerichtshof für die Britische Zone und die Aufarbeitung von NS-Unrecht. Unter besonderer Berücksichtigung der Bedeutung für die Entwicklung der Strafrechtsdogmatik, Tübingen 2020 (Beiträge zur Rechtsgeschichte des 20. Jahrhunderts, Bd. 112)

Opfermann, Ulrich Friedrich: Siegerland und Wittgenstein: „Etwa 85 v. H. besitzen eigene Häuschen", in: Karola Fings u. Ulrich Opfermann (Hrsg.): Zigeunerverfolgung im Rheinland und in Westfalen 1933-1945. Geschichte, Aufarbeitung und Erinnerung, Paderborn 2012 (= Opfermann 2012: Siegerland), S. 233–255

Ders.: Genozid und Justiz. Schlussstrich als „staatspolitische Zielsetzung", in: Karola Fings u. Ulrich Friedrich Opfermann (Hrsg.): Zigeunerverfolgung im Rheinland und in Westfalen 1933-1945. Geschichte, Aufarbeitung und Erinnerung, Paderborn 2012, S. 315–326 (= Opfermann 2012: Genozid)

Ders.: Siegerland und Wittgenstein im Nationalsozialismus. Personen, Daten, Literatur. Ein Handbuch zur regionalen Zeitgeschichte, Siegen 2001 (Siegener Beiträge. Jahrbuch für regionale Geschichte, Sonderband)

Oppenhoff, Walter: Dr. jur. h. c. Günter Wilde. Honorarprofessor an der Universität Heidelberg, Senatspräsident beim Bundesgerichtshof a. D., in: Gewerblicher Rechtsschutz und Urheberrecht 1980, H. 11, S. 978

Orth, Karin: Gab es eine Lagergesellschaft? „Kriminelle" und politische Häftlinge im Konzentrationslager, in: Norbert Frei, Sybille Steinbacher u. Bernd C. Wagner (Hrsg.): Ausbeutung, Vernichtung, Öffentlichkeit. Neue Studien zur nationalsozialistischen Lagerpolitik, hrsg. im Auftrag des Instituts für Zeitgeschichte, München 2000, S. 109–133

Orth, Linda: Die Transportkinder aus Bonn. „Kindereuthanasie". Mit einem Beitrag von Paul-Günter Schulte, Köln 1989 (Archivberatungsstelle Rheinland. Rheinprovinz, Bd. 3)

Otto Bleibtreu, in: Munzinger-Online. Internationales Biographisches Archiv 26/1959 vom 15. Juni 1959

Pabsch, Ekkehard: Die Alte Breslauer Landsmannschaft Glacia. Studenten aus der Grafschaft Glatz in Breslau, in: AGG-Mitteilungen. Mitteilungsblatt der Arbeitsgemeinschaft Grafschaft Glatz – Kultur und Geschichte 11 (2012), S. 21–34

Pantcheff, T. X. H.: Der Henker vom Emsland. Dokumentation einer Barbarei am Ende des Krieges 1945. 2. Aufl., Leer 1995

Pardo, Herbert/Schiffner, Siegfried: Der Prozess Petersen vor dem Schwurgericht Hamburg. Verbrechen gegen die Menschlichkeit, Hamburg 1948

Pauli, Gerhard: Der Konflikt zwischen dem Obersten Gerichtshof für die Britische Zone und seinen Untergerichten bei der Anwendung des Kontrollratsgesetzes Nr. 10, in: Justizministerium des Landes NRW (Hrsg.): Verbrechen gegen die Menschlichkeit – Der Oberste Gerichtshof der Britischen Zone, Düsseldorf 2012 (Juristische Zeitgeschichte NRW, Bd. 19), S. 64–79

Ders.: Über die Rechtsprechung des Bundesgerichtshofes in Staatsschutzsachen gegen Kommunisten im System der politischen Justiz bis 1968, in: Justizministerium des Landes NRW (Hrsg.): Politische Strafjustiz 1951-1968, Betriebsunfall oder Symptom? Düsseldorf 1998 (Juristische Zeitgeschichte NRW, Bd. 7), S. 97–116

Ders.: Ein hohes Gericht – Der Oberste Gerichtshof für die Britische Zone und seine Rechtsprechung zu Straftaten im Dritten Reich, in: Justizministerium des Landes NRW (Hrsg.): 50 Jahre Justiz in NRW, Düsseldorf 1996 (Juristische Zeitgeschichte, Bd. 5), S. 95–120

Pendaries, Yveline: Les procès de Rastatt (1946-1954): Le jugement des crimes de guerre en zone française d'occupation en Allemagne, Bern u. a. 1995 (Contacts: Série II, Gallo-germanica, Bd. 16)

Pendas, Devin O.: Retroactive Law and Proactive Justice: Debating Crimes against Humanity in Germany, 1945–1950, in: Central European History 43 (2010), Nr. 3, S. 428–463

Ders.: Der Auschwitz-Prozess. Völkermord vor Gericht, München 2013

Peschel-Gutzeit, Lore Maria (Hrsg.): Das Nürnberger Juristen-Urteil von 1947. Historischer Zusammenhang und aktuelle Bezüge, Baden-Baden 1996

Peters, Karl: Zur Lehre von den persönlichen Strafausschließungsgründen, in: Juristische Rundschau 3 (1949), H. 16, S. 496–500

Peters, Leo: Der Lebensweg der Familie Grunewald und die Situation der Juden in Kaldenkirchen, in: Ders. (Hrsg.): Eine jüdische Kindheit am Niederrhein. Die Erinnerungen des Julius Grunewald (1860 bis 1929), Köln u. a. 2009, S. 149–169

Pfannenschwarz, Karl/Schneider, Theodor: Das System der strafrechtlichen Gesinnungsverfolgung in Westdeutschland. 2., überarb. Aufl., Berlin (Ost) 1965

Pfeiffer, Gerd: Eduard von Simson (1810-1899). Präsident der Deutschen Nationalversammlung von 1848/49, des Deutschen Reichstages nach 1871 und des Reichsgerichts, in: Helmut Heinrichs, Harald Franzki, Klaus Schmalz u. Michael Stolleis (Hrsg.): Deutsche Juristen jüdischer Herkunft, München 1993, S. 101–115

Pfeil, Ulrike: Vorwort, in: Hedwig Maier: Die Eroberung von Hirschau. Das Kriegsende in den Tagebuchbriefen von Hedwig Maier, Tübingen 1992, S. 7–12

Pferdmenges, Heinrich: Industrielle Beiträge zur abendländischen Lösung des Sozialproblems [Hilprechtshausen 1946]

Piront, Emil: Fritz Tillmann (1874-1953) und sein Beitrag zur Erneuerung der Moraltheologie im 20. Jahrhundert, Mainz 1996

Plener, Ulla: Kurt Schumacher und Kommunisten in den Konzentrationslagern (1933-1943), in: Utopie Kreativ 65 (1996), S. 31–40

Plett, Konstanze: Laudatio für Jutta Limbach aus Anlass der feierlichen Verleihung der Ehrendoktorwürde des Fachbereichs Rechtswissenschaft der Universität Bremen, in: KritV 92 (2009), S. 5–11

Quellen- und Literaturverzeichnis

Pöpken, Christian: Im Schatten der Royal Warrant Courts. Verfolgung von NS-Verbrechen gegen die Menschlichkeit vor Military Government Courts und Control Commission Courts der britischen Zone (1946-1949), in: KZ-Gedenkstätte Neuengamme (Hrsg.): Alliierte Prozesse und NS-Verbrechen, Bremen 2020 (Beiträge zur Geschichte der nationalsozialistischen Verfolgung in Norddeutschland, H. 19), S. 65–77

Ders: Towards the Domestic Prosecution of Nazi Crimes against Humanity. The British, Control Council Law No. 10 and the German Supreme Court for the British Zone of Occupation (1947-1950), in: Morten Bergsmo, CHEAH Wui Ling u. YI Ping (Hrsg.): Historical Origins of International Criminal Law. Bd. 2, Brüssel 2014 (FICHL Publication Series, No. 21), S. 427–470

Poestges, Dieter: Nebelung, Günther, in: Horst Rüdiger Jarck u. Günter Scheel (Hrsg.): Braunschweigisches Biographisches Lexikon. 19. und 20. Jahrhundert, Hannover 1996, S. 436

Pohl, Dieter: Die Herrschaft der Wehrmacht. Deutsche Militärbesetzung und einheimische Bevölkerung in der Sowjetunion 1941 – 1944, Frankfurt a. M. 2011

Pollmann, Klaus Erich: Lerche, Walter, Dr., in: Horst Rüdiger Jarck u. Günter Scheel (Hrsg.): Braunschweigisches Biographisches Lexikon. 19. und 20. Jahrhundert, Hannover 1996, S. 378

Posser, Diether: Justiz im Kalten Krieg – ein Zeitzeugenbericht, in: Justizministerium des Landes NRW (Hrsg.): Politische Strafjustiz 1951-1968. Betriebsunfall oder Symptom? Düsseldorf 1998 (Juristische Zeitgeschichte NRW, Bd. 7), S. 29–45

Ders.: Anwalt im Kalten Krieg. Ein Stück deutscher Geschichte in politischen Prozessen 1951–1968. 2. Aufl., München 1991

Der Präsident des Oberlandesgerichts Köln (Hrsg.): Das Wirken des Obersten Gerichtshofs für die Britische Zone. Betrachtungen aus Anlass des 65. Jahrestages nach Abschluss seiner Tätigkeit, Köln 2015

Prellberg, Henning: Marquordt, Gerhard August, in: Horst Rüdiger Jarck u. Günter Scheel (Hrsg.): Braunschweigisches Biographisches Lexikon. 19. und 20. Jahrhundert, Hannover 1996, S. 403

Priemel, Kim Christian/Stiller, Alexa (Hrsg.): NMT. Die Nürnberger Militärtribunale zwischen Geschichte, Gerechtigkeit und Rechtschöpfung, Hamburg 2013

Dies. (Hrsg.): Reassessing the Nuremberg Military Tribunals. Transitional Justice, Trial Narratives and Historiography, New York 2012

Dies.: Introduction: Nuremberg's Narratives – Revising the Legacy of the „Subsequent Trials", in: Dies. (Hrsg.): Reassessing the Nuremberg Military Tribunals. Transitional Justice, Trial Narratives and Historiography, New York 2012, S. 1–21

Raap, Maike: II.C3 Veit Harlan-Prozess, in: Torben Fischer u. Matthias N. Lorenz (Hrsg.): Lexikon der „Vergangenheitsbewältigung" in Deutschland. Debatten- und Diskursgeschichte des Nationalsozialismus nach 1945. 2., unveränderte Aufl., Bielefeld 2009, S. 96–98

Raberg, Frank: Niethammer, Emil, in: Neue Deutsche Biographie. Bd. 19, Berlin 1999, S. 246f.

Radbruch, Gustav: Fünf Minuten Rechtsphilosophie (1945), in: Ders.: Rechtsphilosophie. Studienausgabe. 2., überarb. Aufl., hrsg. v. Ralf Dreier und Stanley L. Paulson, Heidelberg u. a. 2003, S. 209f.

Ders.: Anmerkung [zum Urteil des Landgerichts Konstanz vom 28. Februar 1947], in: Süddeutsche Juristenzeitung 2 (1947), Nr. 6, Sp. 343–345

Ders.: Zur Diskussion über die Verbrechen gegen die Menschlichkeit, in: Süddeutsche Juristenzeitung 2 (1947), Sondernummer (März 1947), Sp. 131–136 (= Radbruch 1947: Verbrechen gegen die Menschlichkeit)

Ders.: Gesetzliches Unrecht und übergesetzliches Recht, in: Süddeutsche Juristenzeitung 1 (1946), Nr. 5, S. 105–108

Ders.: Rechtsphilosophie. 3., ganz neu bearb. und stark vermehrte Aufl., Leipzig 1932

Radtke, Henning: Befehlsnotstand, Handeln auf Befehl und übergesetzlicher Notstand in der Rechtsprechung des Obersten Gerichtshofs für die Britische Zone (OGH-BZ) und deren Bedeutung für das aktuelle Völkerstrafrecht, in: Justizministerium des Landes NRW (Hrsg.): Verbrechen gegen die Menschlichkeit – Der Oberste Gerichtshof der Britischen Zone, Düsseldorf 2012 (Juristische Zeitgeschichte NRW, Bd. 19), S. 124–136

Raim, Edith: Justiz zwischen Diktatur und Demokratie. Wiederaufbau und Ahndung von NS-Verbrechen in Westdeutschland 1945–1949, München 2013 (Quellen und Darstellungen zur Zeitgeschichte, Bd. 96)

Ramm, Thilo (Hrsg.): Eugen Schiffer. Ein nationalliberaler Jurist und Staatsmann 1860–1954, Baden-Baden 2006

Reinowski, Hans J.: Terror in Braunschweig. Aus dem ersten Quartal der Hitlerherrschaft. Bericht herausgegeben von der Kommission zur Untersuchung der Lage der politischen Gefangenen, Zürich 1933

Reiter, Raimond: Sinti und Roma im „Dritten Reich" und die Geschichte der Sinti in Braunschweig, Marburg 2002

Renz, Werner: Fritz Bauer und der Frankfurter Auschwitz-Prozess, in: Fritz Bauer. Der Staatsanwalt. Eine Ausstellung des Fritz Bauer Instituts und des Jüdischen Museums Frankfurt in Kooperation mit dem Thüringer Justizministerium, hrsg. v. Fritz Backhaus, Monika Boll u. Raphael Gross im Auftrag des Fritz Bauer Instituts und des Jüdischen Museums Frankfurt, Frankfurt a. M./New York 2014 (Schriftenreihe des Fritz Bauer Instituts, Frankfurt am Main, Studien- und Dokumentationszentrum zur Geschichte und Wirkung des Holocaust, Bd. 32), S. 149–169

Requate, Jörg: Der Kampf um die Demokratisierung der Justiz. Richter, Politiker und Öffentlichkeit in der Bundesrepublik, Frankfurt a. M. 2008 (Campus Historische Studien, Bd. 47)

Reusch, Ulrich: Der Verwaltungsaufbau der britischen Kontrollbehörden in London und der Militärregierung in der britischen Besatzungszone, in: Adolf M. Birke u. Eva A. Mayring (Hrsg.): Britische Besatzung in Deutschland. Aktenerschließung und Forschungsfelder, London 1992, S. 35–59

Ders.: Sir Brian Robertson (1896-1974), in: Geschichte im Westen 5 (1990), S. 69–80

Ders.: Deutsches Berufsbeamtentum und britische Besatzung. Planung und Politik 1943-1947, Stuttgart 1985 (Forschungen und Quellen zur Zeitgeschichte, Bd. 6)

Richter, Friedrich: Heinrich Pferdmenges: Hinrichssegen. Schicksal eines ostpreußischen Textilwerkes 1934-1945, in: Udo Arnold, Mario Glauert u. Jürgen Sarnowsky (Hrsg.): Preußische Landesgeschichte. Festschrift für Bernhart Jähnig zum 60. Geburtstag, Marburg 2001 (Einzelschriften der Historischen Kommission für ost- und westpreußische Landesforschung, Bd. 22), S. 391–404

Riedel, Dirk: Vom Terror gegen politische Gegner zur rassistischen Gesellschaft. Die Häftlinge des Konzentrationslagers Dachau 1933 bis 1936, in: Jörg Osterloh u. Kim Wünschmann (Hrsg.): „… der schrankenlosesten Willkür ausgeliefert". Häftlinge der frühen Konzentrationslager 1933-1936/37 (Wissenschaftliche Reihe des Fritz Bauer Instituts, Bd. 31), Frankfurt a. M./New York 2017, S. 73–95

Rigoll, Dominik: Staatsschutz in Westdeutschland. Von der Entnazifizierung zur Extremistenabwehr, Göttingen 2013 (Beiträge zur Geschichte des 20. Jahrhunderts, Bd. 13)

Rink, Thomas: Rassistische Politik und Judenverfolgung in Deutschland 1933 – 1939, in: Gedenk- und Bildungsstätte Haus der Wannsee-Konferenz (Hrsg.): Die Wannsee-Konferenz und der Völkermord an den europäischen Juden. Katalog der ständigen Ausstellung, Berlin 2006, S. 38–53

Römer, Sebastian: Mitglieder verbrecherischer Organisationen nach 1945. Die Ahndung des Organisationsverbrechens in der britischen Zone durch die Spruchgerichte, Frankfurt a. M. 2005

Röwekamp, Marion: Juristinnen. Lexikon zu Leben und Werk, Baden-Baden 2005

Roloff, Ernst-August: Braunschweig und der Staat von Weimar. Politik, Wirtschaft und Gesellschaft 1918–1933, Braunschweig 1964 (Braunschweiger Werkstücke, Veröffentlichungen aus Archiv, Bibliothek und Museum der Stadt, hrsg. v. Bert Bilzer u. Richard Moderhack, Bd. 31)

Ders.: Bürgertum und Nationalsozialismus 1930-1933. Braunschweigs Weg ins Dritte Reich, Hannover 1961

Romberg, Harold Percy: Die Richter Ihrer Majestät. Porträt der englischen Justiz, Stuttgart u. a. 1965

Ders.: The Central Legal Office for the British Zone of Germany, in: Journal of Comparative Legislation and International Law. Third Series 32 (1950), S. 6–9

Rosskopf, Annette: Friedrich Karl Kaul. Anwalt im geteilten Deutschland (1906-1981), Berlin 2002 (Berliner Juristische Universitätsschriften. Reihe: Grundlagen des Rechts, Bd. 19)

Rother, Bernd: Die Sozialdemokratie im Land Braunschweig 1918 bis 1933, Bonn 1990 (Veröffentlichungen des Instituts für Sozialgeschichte Braunschweig-Bonn)

Rothmaler, Christiane: „Prognose: Zweifelhaft". Die kriminalbiologische Untersuchungs- und Sammelstelle der Hamburgischen Gefangenenanstalten 1926-1945, in: Justizministerium des Landes NRW (Hrsg.): Kriminalbiologie, Düsseldorf 1997 (Juristische Zeitgeschichte NRW, Bd. 6), S. 107–150

Rottleuthner, Hubert: Karrieren und Kontinuitäten deutscher Justizjuristen vor und nach 1945. Mit allen Grund- und Karrieredaten auf beiliegender CD-ROM, Berlin 2010 (Schriftenreihe Justizforschung und Rechtssoziologie, Bd. 9)

Rückerl, Adalbert: NS-Verbrechen vor Gericht. Versuch einer Vergangenheitsbewältigung, Heidelberg 1982

Rüping, Hinrich: Justizpolitik in Celle unter britischer Besatzung, in: Peter Götz von Olenhusen (Hrsg.): 300 Jahre Oberlandesgericht Celle. Festschrift zum 300jährigen Jubiläum am 14. Oktober 2011, Göttingen 2011, S. 99–110

Ders.: Denunziationen im 20. Jahrhundert als Phänomen der Rechtsgeschichte, in: Historical Social Research 26 (2001), Nr. 2/3, S. 30–43

Ders.: „Hüter des Rechts und der Rechtseinheit" – Zur Bedeutung des Obersten Gerichtshofs in der Britischen Zone für die Rechtspflege, in: Jahrbuch der Juristischen Zeitgeschichte, Bd. 1 (1999/2000), Baden-Baden 2000, S. 88–122 (= Rüping 2000: Hüter)

Ders.: Das „kleine Reichsgericht". Der Oberste Gerichtshof für die Britische Zone als Symbol der Rechtseinheit, in: Neue Zeitschrift für Strafrecht 20 (2000), H. 7, S. 355–359 (= Rüping 2000: Reichsgericht)

Ders.: Staatsanwälte und Parteigenossen. Haltungen der Justiz zur nationalsozialistischen Vergangenheit zwischen 1945 und 1949 im Bezirk Celle, Baden-Baden 1994 (Fundamenta juridica, Bd. 27)

Rüter, Christiaan F. u. a. (Hrsg.): Justiz und NS-Verbrechen. Sammlung deutscher Strafurteile wegen nationalsozialistischer Tötungsverbrechen, 1945-1989. 47 Bde., Amsterdam/München 1968–2011

Rüthers, Bernd: Recht oder Gesetz? Gründe und Hintergründe der „Naturrechtsrenaissance" – zugleich eine Besprechung von Lena Foljanty, „Recht oder Gesetz", in: Juristenzeitung 68 (2013), H. 17, S. 822–829

Ders.: Entartetes Recht. Rechtslehren und Kronjuristen im Dritten Reich. 2., verb. Aufl., München 1989

Ruhm von Oppen, Beate (Hrsg.): Documents on Germany under Occupation 1945-1954, London u. a. 1955

Sacksofsky, Ute: Ilse Staff – die erste deutsche Staatsrechtslehrerin, in: Fachbereich Rechtswissenschaft der Goethe-Universität Frankfurt am Main (Hrsg.): 100 Jahre Rechtswissenschaft in Frankfurt. Erfahrungen, Herausforderungen, Erwartungen, Frankfurt a. M. 2014, S. 185–200

Safferling, Christoph: Urteil gegen Oskar Gröning: Ende der kalten Amnestie, in: Legal Tribune Online vom 22. Juli 2015. Online-Ressource: https://www.lto.de/recht/hintergruende/h/ermittlungsverfahren-kz-helfer-vernischtungslager (letzter Zugriff: 8.9.2020)

Satzger, Helmut: Internationales und Europäisches Strafrecht. 5. Aufl., Baden-Baden 2011

Schaefer, Klaus: Der Prozess gegen Otto John. Zugleich ein Beitrag zur Justizgeschichte der frühen Bundesrepublik Deutschland, Marburg 2009 (Wissenschaftliche Beiträge aus dem Tectum Verlag, Reihe Rechtswissenschaften, Bd. 32)

Scheffler, Detlev: Fall 8: Der Prozess gegen das SS-Rasse- und Siedlungshauptamt („RuSHA-Case"), in: Gerd R. Ueberschär (Hrsg.): Der Nationalsozialismus vor Gericht. Die alliierten Prozesse gegen Kriegsverbrecher und Soldaten 1943-1952. 2. Aufl., Frankfurt a. M. 2000, S. 155–163

Scheuren-Brandes, Christoph M.: Der Weg von nationalsozialistischen Rechtslehren zur Radbruchschen Formel. Untersuchungen zur Geschichte der Idee vom „Unrichtigen Recht", Paderborn u. a. 2006 (Rechts- und Staatswissenschaftliche Veröffentlichungen der Görres-Gesellschaft, Neue Folge, Bd. 113)

Schiffers, Reinhard: Zwischen Bürgerfreiheit und Staatsschutz. Wiederherstellung und Neufassung des politischen Strafrechts in der Bundesrepublik Deutschland 1949-1951, Düsseldorf 1989 (Beiträge zur Geschichte des Parlamentarismus und der politischen Parteien, Bd. 88)

Schindler, Karl: So war ihr Leben. Bedeutende Grafschafter aus vier Jahrhunderten, Leimen/Heidelberg 1975

Schlüter, Holger: „… für die Menschlichkeit im Strafmaß bekannt…". Das Sondergericht Litzmannstadt und sein Vorsitzender Richter, Düsseldorf 2006 (Juristische Zeitgeschichte NRW, Bd. 14)

Schmauder, Stephan: Antisemitische Propaganda in Veit Harlans Historien-Film-Melodram *Jud Süß* (1940), in: Thomas Henne u. Arne Riedlinger (Hrsg.): Das Lüth-Urteil aus (rechts-)historischer Sicht. Die Konflikte um Veit Harlan und die Grundrechtsjudikatur des Bundesverfassungsgerichts, Berlin 2005, S. 79–103

Schmerbach, Folker: Das „Gemeinschaftslager Hanns Kerrl" für Referendare in Jüterbog 1933-1939, Tübingen 2008 (Beiträge zur Rechtsgeschichte des 20. Jahrhunderts, Bd. 56)

Schmidt, Eberhard: Anmerkung [zum Urteil des OGH vom 5. März 1949], in: Süddeutsche Juristenzeitung 4 (1949), Nr. 8, Sp. 559–570

Schmitt, Carl: Glossarium. Aufzeichnungen der Jahre 1947 bis 1958. Erw., berichtigte u. kommentierte Neuausg., hrsg. v. Gerd Giesler u. Martin Tielke, Berlin 2015

Ders.: Tagebücher 1930–1934, hrsg. v. Wolfgang Schuller in Zusammenarbeit mit Gerd Giesler, Berlin 2010

Ders.: Der Begriff des Politischen. Text von 1932 mit einem Vorwort u. drei Corollarien. 8. Aufl., Berlin 2009

Ders.: Amnestie oder die Kraft des Vergessens, in: Ders.: Staat, Großraum, Nomos. Arbeiten aus den Jahren 1916-1969, hrsg., mit einem Vorwort u. mit Anmerkungen versehen v. Günter Maschke, Berlin 1995, S. 218-221

Ders.: Das internationalrechtliche Verbrechen des Angriffskrieges und der Grundsatz „Nullum crimen, nulla poena sine lege", hrsg., mit Anmerkungen u. einem Nachwort versehen v. Helmut Quaritsch, Berlin 1994

Schmuhl, Hans-Walter: Walter Creutz und die „Euthanasie" in der Rheinprovinz. Zwischen Resistenz und Kollaboration, in: Der Nervenarzt 84 (2013), H. 9, S. 1069-1074

Schneider, Gerhard: Geschichtsbild, in: Klaus Bergmann, Klaus Fröhlich u. Annette Kuhn (Hrsg.): Handbuch der Geschichtsdidaktik, Seelze-Verber 1997, S. 290-293

Schneider, Hans-Peter: Gustav Radbruch (1878-1949). Rechtsphilosoph zwischen Wissenschaft und Politik, in: Kritische Justiz (Hrsg.): Streitbare Juristen. Eine andere Tradition [Jürgen Seifert, Mithrsg. d. Krit. Justiz zum 60. Geburtstag], Baden-Baden 1988, S. 295-306

Schneider, Ullrich: Britische Besatzungspolitik 1945. Besatzungsmacht, deutsche Exekutive und die Probleme der unmittelbaren Nachkriegszeit, dargestellt am Beispiel des späteren Landes Niedersachsen von April bis Oktober 1945 [Hannover 1980]

Schneidewin, Karl: Inwieweit ist es möglich und empfehlenswert, die Art der Konkurrenz zwischen mehreren Straftatbeständen im Gesetz auszudrücken? In: Materialien zur Strafrechtsreform. 1. Band: Gutachten der Strafrechtslehrer, Bonn 1954, S. 221-229

Ders.: Die Systematik des Besonderen Teiles eines neuen Strafgesetzbuchs, in: Materialien zur Strafrechtsreform. 1. Band: Gutachten der Strafrechtslehrer, Bonn 1954, S. 173-219

Ders.: Die Rechtsprechung in Strafsachen, in: Adolf Lobe (Hrsg.): Fünfzig Jahre Reichsgericht am 1. Oktober 1929. Unter Mitarbeit von Mitgliedern und Beamten des Reichsgerichts, der Reichsanwaltschaft und der Rechtsanwaltschaft am Reichsgericht, Berlin u. Leipzig 1929, S. 270-336

Ders.: Die offene Handelsgesellschaft als Erbin, Göttingen 1910

Schorn, Hubert: Der Richter im Dritten Reich. Geschichte und Dokumente, Frankfurt a. M. 1959

Schröder, Jan: Karl Binding (1841-1920), in: Gerd Kleinheyer u. Jan Schröder (Hrsg.): Deutsche und europäische Juristen aus neun Jahrhunderten. Eine biographische Einführung in die Geschichte der Rechtswissenschaft. 5., neubearb. u. erw. Aufl., Heidelberg 2008, S. 62-66

Ders.: Paul Johann Anselm von Feuerbach (1775-1833), in: Gerd Kleinheyer u. Jan Schröder (Hrsg.): Deutsche und europäische Juristen aus neun Jahrhunderten. Eine biographische Einführung in die Geschichte der Rechtswissenschaft. 5., neubearb. u. erw. Aufl., Heidelberg 2008, S. 131-139

Ders.: Rudolf von Jhering (1818-1892), in: Gerd Kleinheyer u. Jan Schröder (Hrsg.): Deutsche und europäische Juristen aus neun Jahrhunderten. Eine biographische Einführung in die Geschichte der Rechtswissenschaft. 5., neubearb. u. erw. Aufl., Heidelberg 2008, S. 230–236

Ders.: Franz von Liszt (1851-1919), in: Gerd Kleinheyer u. Jan Schröder (Hrsg.): Deutsche und europäische Juristen aus neun Jahrhunderten. Eine biographische Einführung in die Geschichte der Rechtswissenschaft. 5., neubearb. u. erw. Aufl., Heidelberg 2008, S. 258–264

Ders.: Gustav Radbruch, in: Gerd Kleinheyer u. Jan Schröder (Hrsg.): Deutsche und europäische Juristen aus neun Jahrhunderten. Eine biographische Einführung in die Geschichte der Rechtswissenschaft. 5., neubearb. u. erw. Aufl., Heidelberg 2008, S. 354–360 (= Schröder: Radbruch)

Schubert, Werner (Hrsg.): Oberster Gerichtshof für die Britische Zone (1948-1950). Nachschlagewerk Strafsachen – Nachschlagewerk Zivilsachen – Präjudizienbuch der Zivilsenate, Frankfurt a. M. u. a. 2010 (Rechtshistorische Reihe, Bd. 402)

Schwab, Dieter: Naturrecht als Norm nach dem Zusammenbruch des „Dritten Reiches", in: Martin Löhnig (Hrsg.): Zwischenzeit. Rechtsgeschichte der Besatzungsjahre, Regenstauf 2011 (Rechtskultur Wissenschaft, Bd. 2), S. 227–239

Schwartz, Michael: Kriminalbiologie und Strafrechtsreform. Die „erbkranken Gewohnheitsverbrecher" im Visier der Weimarer Sozialdemokratie, in: Justizministerium des Landes NRW (Hrsg.): Kriminalbiologie, Düsseldorf 1997 (Juristische Zeitgeschichte NRW, Bd. 6), S. 13–68

Schwarz, Hans-Peter: Ein Leitfossil der frühen Bundesrepublik – Theodor Eschenburg (1904-1999), in: Bastian Hein, Manfred Kittel u. Horst Möller (Hrsg.): Gesichter der Demokratie. Porträts zur deutschen Zeitgeschichte, München 2012, S. 175–192

Schwarz, Jürgen: Studenten in der Weimarer Republik. Die deutsche Studentenschaft in der Zeit von 1918 bis 1923 und ihre Stellung zur Politik, Berlin 1971 (Ordo Politicus, Bd. 12)

Segesser, Daniel Marc: Recht statt Rache oder Rache durch Recht? Die Ahndung von Kriegsverbrechen in der internationalen wissenschaftlichen Debatte 1872-1945, Paderborn 2010 (Krieg in der Geschichte, Bd. 38)

Seibert, Claus: Abschied vom KRG 10, in: Neue Juristische Wochenschrift 5 (1952), H. 7, S. 251f.

Seliger, Hubert: Politische Anwälte? Die Verteidiger der Nürnberger Prozesse, Baden-Baden 2016 (Historische Grundlagen der Moderne, Bd. 13)

Seul, Jürgen: Das Skandal-Bild „Jesus am Kreuz mit Gasmaske", in: Legal Tribune Online, 26. Juli 2010. Online-Ressource: http://www.lto.de/recht/feuilleton/f/zum-geburtstag-von-george-grosz-das-skandalbild-christus-am-kreuz-mit-gasmaske/ (letzter Zugriff: 8.9.2020)

Sigel, Robert: Die Dachauer Prozesse 1945–1948 in der Öffentlichkeit: Prozesskritik, Kampagne, politischer Druck, in: Jörg Osterloh u. Clemens Vollnhals (Hrsg.): NS-Prozesse und deutsche Öffentlichkeit. Besatzungszeit, frühe Bundesrepublik und DDR, Göttingen 2011 (Schriften des Hannah-Arendt-Instituts für Totalitarismusforschung, Bd. 45), S. 131–147

Simon, Barbara: Abgeordnete in Niedersachsen 1946-1994. Biographisches Handbuch, hrsg. v. Präsidenten des Niedersächsischen Landtages, Hannover 1996

Skibicki, Klemens: Industrie im oberschlesischen Fürstentum Pless im 18. und 19. Jahrhundert. Zur ökonomischen Logik des Übergangs vom feudalen Magnatenwirtschaftsbetrieb zum modernen Industrieunternehmen, Stuttgart 2002 (Regionale Industrialisierung, Bd. 2)

Sohn, Werner: Im Spiegel der Nachkriegsprozesse: Die Errichtung der NS-Herrschaft im Freistaat Braunschweig, Braunschweig 2003

Solis, Gary D.: Jackson, Robert, in: Antonio Cassese (Hrsg.): The Oxford Companion of International Criminal Justice, Oxford 2009, S. 389f.

Spengemann, Walter: Die deutschen Antinazis sind auch Menschen! Zur ehrenvollen Pensionierung des Präsidenten Dr. Hermsen, in: Hannoversche Presse, 1. Jg., 28. Juli 1946, S. 3 (abgedruckt auch in: Justizakademie des Landes Nordrhein-Westfalen, Dokumentations- und Forschungsstelle „Justiz und Nationalsozialismus" [Hrsg.]: Zum Aufbau der Justiz in den Oberlandesgerichtsbezirken Düsseldorf, Hamm und Köln in der frühen Nachkriegszeit. Text und Redaktion: Christiane Hottes, Recklinghausen 1995, 13 b)

Staff, Curt: Das Geschichtliche im Recht, in: Die Neue Gesellschaft 7 (1960), S. 38–47

Ders.: Kriminalpsychologie und schöne Literatur, in: Vorträge gehalten anläßlich der Hessischen Hochschulwoche für staatswissenschaftliche Fortbildung. 27. Februar bis 6. März 1954 in Lindenfels (Odenwald), Bad Homburg vor der Höhe/Berlin 1954, S. 95–109

Ders.: Die Rückwirkung von Gesetzen. Ferdinand Lasalles Stellung zu dieser Frage, in: Geist und Tat 5 (1950), H. 9, S. 392–398

Ders.: Was bedeutet Leonard Nelson unserer Zeit? In: Leonard Nelson: Die Rechtswissenschaft ohne Recht. Kritische Betrachtungen über die Grundlagen des Staats- und Völkerrechts insbesondere über die Lehre der Souveränität. 2. Aufl. Mit einer Einleitung von Curt Staff, Göttingen/Hamburg 1949, S. V-X (= Staff 1949: Nelson)

Ders.: Zur gegenwärtigen Lage der Gesetzgebung, in: Geist und Tat 4 (1949), H. 4, S. 164–168 (= Staff 1949: Gesetzgebung)

Ders.: Die Herrschaft der Kriminellen, o. O. 1944/45 (unveröffentlichtes Manuskript)

Ders.: Familienforschung und Kriminologie, Leipzig [1929] (Flugschriften der Ostfälischen Familienkundlichen Kommission, H. 4)

Ders.: Der Naturallohn, Göttingen 1924 (Dissertation, maschinenschriftlich)

Steinke, Ronen: Fritz Bauer oder Auschwitz vor Gericht, München 2013

Steinle, Stephanie: Völkerrecht und Machtpolitik. Georg Schwarzenberger (1908-1991), Baden-Baden 2002 (Studien zur Geschichte des Völkerrechts, Bd. 3)

Stengel, Katharina: Hermann Langbein. Ein Auschwitz-Überlebender in den erinnerungspolitischen Konflikten der Nachkriegszeit, Frankfurt a. M./New York 2012 (Wissenschaftliche Reihe des Fritz Bauer Instituts, Bd. 21)

Stiepani, Ute: Die Dachauer Prozesse und ihre Bedeutung im Rahmen der alliierten Strafverfolgung von NS-Verbrechen, in: Gerd R. Ueberschär (Hrsg.): Der Nationalsozialismus vor Gericht. Die alliierten Prozesse gegen Kriegsverbrecher und Soldaten 1943-1952. 2. Aufl., Frankfurt a. M. 2000, S. 227-239

Stiller, Alexa: Review of Luther, Tammo, Volkstumspolitik des Deutschen Reiches 1933-1938: Die Auslandsdeutschen im Spannungsfeld zwischen Traditionalisten und Nationalsozialisten. H-German, H-Net Reviews. September, 2005. Online-Ressource: https://networks.h-net.org/node/35008/reviews/44348/stiller-luther-volkstumspolitik-des-deutschen-reiches-1933-1938-die (letzter Zugriff: 8.9.2020)

Stolleis, Michael: Geschichte des öffentlichen Rechts in Deutschland. 4 Bde., München 1988-2012. Bd. 4: Staats- und Verwaltungsrechtswissenschaft in West und Ost, 1945-1990, München 2012

Ders.: Der Historiker als Richter – der Richter als Historiker, in: Norbert Frei, Dirk van Laak u. Michael Stolleis (Hrsg.): Geschichte vor Gericht. Richter und die Suche nach Gerechtigkeit, München 2000, S. 173–182

Storz, Karl-Alfred: Die Rechtsprechung des Obersten Gerichtshofes für die Britische Zone in Strafsachen, Tübingen 1969

Strafgesetzbuch (Leipziger Kommentar). Begr. v. Ludwig Ebermayer u. a. 2 Bde. 8., neu bearb. Aufl., hrsg. v. Heinrich Jagusch u. Edmund Mezger, Berlin 1956–1958

Strafgesetzbuch nach dem neuesten Stand der Gesetzgebung (Leipziger Kommentar). Begr. v. Ludwig Ebermayer u. a. 7., neu bearb. Aufl., hrsg. v. Johannes Nagler †, Heinrich Jagusch u. Edmund Mezger, Berlin 1954

Strippoli, Alfredo: Retzlaff and Others (Case of Nazi Atrocities in Kharkov and the Kharkov Region), in: Antonio Cassese (Hrsg.): The Oxford Companion of International Criminal Justice, Oxford 2009, S. 885f.

Strucksberg, Georg: Zur Anwendung des Kontrollratsgesetzes Nr. 10, in: Deutsche Rechts-Zeitschrift 2 (1947), H. 9, S. 277–279

Studemund-Halévy, Michael: Pardo, Herbert Joseph, in: Institut für die Geschichte der deutschen Juden (Hrsg.): Das Jüdische Hamburg. Ein historisches Nachschlagewerk. Mit einem Vorwort von Ole von Beust, Göttingen 2006, S. 205f.

Szanajda, Andrew: Indirect Perpetrators. The Prosecution of Informers in Germany, 1945–1965, Lanham u. a. 2010

Tausch, Volker: Max Güde (1902-1984). Generalbundesanwalt und Rechtspolitiker, Baden-Baden 2002 (Juristische Zeitgeschichte. Abt. 4: Leben und Werk – Biographien und Werkanalysen, Bd. 5)

Thalhofer, Elisabeth: Dachau in Rastatt. Der Prozess gegen das Personal des Gestapo-Lagers Neue Bremm vor dem Tribunal Général de la Zone Française in Rastatt, in: Ludwig Eiber u. Robert Sigel (Hrsg.): Dachauer Prozesse. NS-Verbrechen vor amerikanischen Militärgerichten in Dachau 1945-1948. Verfahren, Ergebnisse, Nachwirkungen, Göttingen 2007 (Dachauer Symposion zur Zeitgeschichte, Bd. 7), S. 192–209

Thier, Andreas: Schmidt-Rimpler, Walter, in: Neue Deutsche Biographie. Bd. 23, Berlin 2007, S. 223f.

Tiedemann, Klaus: Karl Peters †, in: Neue Juristische Wochenschrift 51 (1998), H. 40, S. 2956

Töteberg, Michael: Jud Süß, in: Ders. (Hrsg.): Metzler Film Lexikon. 2., aktualisierte u. erw. Aufl. mit 103 Abbildungen, Stuttgart/Weimar 2005, S. 337–339

Tümmers, Henning: Wiederaufnahmeverfahren und der Umgang deutscher Juristen mit der nationalsozialistischen Erbgesundheitspolitik nach 1945, in: Justizministerium des Landes NRW (Hrsg.): Justiz und Erbgesundheit, Zwangssterilisation, Stigmatisierung, Entrechtung: „Das Gesetz zur Verhütung erbkranken Nachwuchses" in der Rechtsprechung der Erbgesundheitsgerichte 1934-1945 und seine Folgen für die Betroffenen bis in die Gegenwart, Düsseldorf 2009 (Juristische Zeitgeschichte NRW, Bd. 17), S. 173–193

Turner, Ian D. (Hrsg.): Reconstruction in Post-War Germany. British Occupation Policy and the Western Zones, 1945–1955, Oxford u. a. 1989

Ueberschär, Gerd R. (Hrsg.): Der Nationalsozialismus vor Gericht. Die alliierten Prozesse gegen Kriegsverbrecher und Soldaten 1943-1952. 2. Aufl., Frankfurt a. M. 2000

Ders.: Die sowjetischen Prozesse gegen deutsche Kriegsgefangene 1943-1952, in: Ders. (Hrsg.): Der Nationalsozialismus vor Gericht. Die alliierten Prozesse gegen Kriegsverbrecher und Soldaten 1943-1952. 2. Aufl., Frankfurt a. M. 2000, S. 240–261

Die unbewältigte Vergangenheit des Dr. Heinrich Jagusch. Der Bonner Großinquisitor gegen Frieden und Demokratie – Vertrauensmann der Arbeitsfront und Totengräber der freien Gewerkschaften. Pressekonferenz des Nationalrats der Nationalen Front des demokratischen Deutschland am 14. Dezember 1962 in Berlin (Broschüre)

Das Urteil von Nürnberg. Mit einem Vorwort v. Jörg Friedrich. 6. Aufl., München 2005

Vaupel, Dieter: Das Außenkommando Hessisch-Lichtenau des Konzentrationslagers Buchenwald 1944/1945. Eine Dokumentation, Kassel 1984 (Nationalsozialismus in Nordhessen. Schriften zur regionalen Zeitgeschichte, H. 3)

Veröffentlichung über die 10. Arbeitstagung und Gesamtaussprache des erweiterten Initiativ-Ausschusses für die Amnestie und der Verteidiger in politischen Strafsachen am 9. und 10. November 1963 in Frankfurt am Main, o. O. u. o. J.

Vest, Hans: Gerechtigkeit für Humanitätsverbrechen? Nationale Strafverfolgung von staatlichen Systemverbrechen mit Hilfe der Radbruchschen Formel, Tübingen 2006

Visscher, Charles de/Carpmael, Kenneth/Colombos, C. John: Sir Cecil Hurst: Two Tributes, in: International and Comparative Law Quarterly 13 (1964), H. 1, S. 1–5

Vögel, Bernhild: Gutkind, Walter Adolf, in: Horst Rüdiger Jarck u. Günter Scheel (Hrsg.): Braunschweigisches Biographisches Lexikon. 19. und 20. Jahrhundert, Hannover 1996, S. 235

Dies.: Steinbrecher, Gustav, in: Horst Rüdiger Jarck u. Günter Scheel (Hrsg.): Braunschweigisches Biographisches Lexikon. 19. und 20. Jahrhundert, Hannover 1996, S. 587f.

Vogel, Walter: Westdeutschland 1945–1950. Der Aufbau von Verfassungs- und Verwaltungseinrichtungen über den Ländern der drei westlichen Besatzungszonen. Teil III – Einzelne Verwaltungszweige: Finanzen; Post und Verkehr; Arbeit und Soziales; Flüchtlinge, Suchdienst und Kriegsgefangene; Justiz; Inneres, Boppard am Rhein 1983 (Schriften des Bundesarchivs, Bd. 32)

Vormbaum, Thomas: Die „strafrechtliche Aufarbeitung" der nationalsozialistischen Justizverbrechen in der Nachkriegszeit, in: Manfred Görtemaker u. Christoph Safferling (Hrsg.): Die Rosenburg. Das Bundesministerium der Justiz und die NS-Vergangenheit. Eine Bestandsaufnahme, Göttingen 2013, S. 142–168

Vorstand der Sozialdemokratischen Partei Deutschlands (Hrsg.): Der Freiheit verpflichtet. Gedenkbuch der deutschen Sozialdemokratie im 20. Jahrhundert. Mit einem Vorwort von Sigmar Gabriel. Mit einem Geleitwort von Hans-Jochen Vogel. 2. Aufl., Berlin 2013

Vultejus, Ulrich: Verbrechen gegen die Menschlichkeit, in: Strafverteidiger 12 (1992), H. 12, S. 602–607

Wadle, Elmar: Eduard von Simson – Erster Präsident des Reichsgerichts, in: Bernd-Rüdiger Kern u. Adrian Schmidt-Recla (Hrsg.): 125 Jahre Reichsgericht, Berlin 2006 (Schriften zur Rechtsgeschichte, H. 126), S. 77–85

Wagner, Walter/Willms, Günther: Der 6. Strafsenat – Legende und Wirklichkeit, in: Gerda Krüger-Nieland (Hrsg.): 25 Jahre Bundesgerichtshof am 1. Oktober 1975. Unter Mitwirkung von Mitgliedern des Bundesgerichtshofes, Beamten der Bundesanwaltschaft u. Rechtsanwälten des Bundesgerichtshofs, München 1975, S. 265–272

Waibel, Annette: Die Anfänge der Kinder- und Jugendpsychiatrie in Bonn. Otto Löwenstein und die Provinzial-Kinderanstalt 1926-1933, Köln 2000 (Dokumente und Darstellungen zur Geschichte der Rheinischen Provinzialverwaltung und des Landschaftsverbandes Rheinland)

Walle, Heinrich: Die Tragödie des Oberleutnants zur See Oskar Kusch, hrsg. im Auftrage der Ranke-Gesellschaft, Vereinigung für Geschichte im öffentlichen Leben e. V. u. dem Deutschen Marine Institut von Michael Salewski u. Christian Giermann mit Unterstützung des Militärgeschichtlichen Forschungsamtes, Potsdam, Stuttgart 1995

Walter, Franz: Sozialistische Akademiker- und Intellektuellenorganisationen in der Weimarer Republik, Bonn 1990

Walther, Manfred: Hat der juristische Positivismus die deutschen Juristen wehrlos gemacht? In: Redaktion Kritische Justiz (Hrsg.): Die juristische Aufarbeitung des Unrechts-Staats, Baden-Baden 1998, S. 299–322

Walton-Jordan, Ulrike: Safeguards against Tyranny: The Impact of German Émigré Lawyers on British Legal Policy towards Germany, 1942-1946, in: Anthony Grenville (Hrsg.): German-Speaking Exiles in Great Britain, Amsterdam/Atlanta 2000 (The Yearbook of the Research Centre for German and Austrian Exile Studies, Bd. 2), S. 1–23

Wassermann, Rudolf: Fall 3: Der Nürnberger Juristenprozeß, in: Gerd R. Ueberschär (Hrsg.): Der Nationalsozialismus vor Gericht. Die alliierten Prozesse gegen Kriegsverbrecher und Soldaten 1943-1952. 2. Aufl., Frankfurt a. M. 2000, S. 99–109

Ders.: Staff, Curt, Prof. Dr., in: Horst Rüdiger Jarck u. Günter Scheel (Hrsg.): Braunschweigisches Biographisches Lexikon. 19. und 20. Jahrhundert, Hannover 1996, S. 582

Ders.: Auch die Justiz kann aus der Geschichte nicht aussteigen. Studien zur Justizgeschichte, Baden-Baden 1990

Ders. (Hrsg.): Justiz im Wandel der Zeit. Festschrift des Oberlandesgerichts Braunschweig, Braunschweig 1989

Ders.: Zur Geschichte des Oberlandesgerichts Braunschweig, in: Ders. (Hrsg.): Justiz im Wandel der Zeit. Festschrift des Oberlandesgerichts Braunschweig, Braunschweig 1989, S. 11–110

Weber, Hellmuth v.: Zu Nr. 17. Anmerkung [zum Urteil des OGH vom 15. November 1949], in: Neue Juristische Wochenschrift 3 (1950), H. 7, S. 275

Ders.: Das Verbrechen gegen die Menschlichkeit in der Rechtsprechung, in: Monatsschrift für Deutsches Recht 3 (1949), H. 5, S. 261–266

Ders./Bader, Karl Siegfried: Der Schutz des Staates. Welche strafrechtlichen Normen empfehlen sich zum Schutz des Staates? In: Ständige Deputation des Deutschen Juristentages (Hrsg.): Verhandlungen des achtunddreissigsten Deutschen Juristentages, Tübingen 1951

Weber, Hermann/Herbst, Andreas: Deutsche Kommunisten. Biographisches Handbuch 1918 bis 1945, Berlin 2004

Weindling, Paul: Der Nürnberger Ärzte-Prozess: Entstehungsgeschichte, Verlauf, Nachwirkungen, in: Kim Christian Priemel u. Alexa Stiller (Hrsg.): NMT. Die Nürnberger Militärtribunale zwischen Geschichte, Gerechtigkeit und Rechtschöpfung, Hamburg 2013, S. 158–193

Weinke, Annette: Von „Gentlemen lawyers" und „barfüßigen Richtern". Zum Einfluss juridischer Felder auf Menschenrechtsdiskurse und -praktiken seit 1945, in: Geschichte in Wissenschaft und Unterricht 66 (2015), H. 1/2, S. 25–45

Dies.: Eine Gesellschaft ermittelt gegen sich selbst. Eine Geschichte der Zentralen Stelle Ludwigsburg 1958 – 2008. 2., um ein Vorwort erw. Aufl., Darmstadt 2009 (Veröffentlichungen der Forschungsstelle Ludwigsburg der Universität Stuttgart, Bd. 13)

Dies.: Die Nürnberger Prozesse, München 2006

Weis, Stefanie: Leben und Werk des Juristen Karl Hermann Friedrich Julius Geiler (1878–1953). Ein Rechtswissenschaftler in Zeiten des Umbruchs, Hamburg 2013

Welzel, Hans: Anmerkung [zum Urteil des OGH vom 5. März 1949], in: Monatsschrift für Deutsches Recht 3 (1949), H. 6, S. 373–376

Wember, Heiner: Umerziehung im Lager. Internierung und Bestrafung von Nationalsozialisten in der britischen Besatzungszone Deutschlands. 3. Aufl., Essen 2007

Wengst, Udo: Der „Fall Theodor Eschenburg". Zum Problem der historischen Urteilsbildung, in: Vierteljahreshefte für Zeitgeschichte 61 (2013), H. 3, S. 411–440

Ders.: Thomas Dehler, 1897 – 1967. Eine politische Biographie, München 1997 (Eine Veröffentlichung des Instituts für Zeitgeschichte und der Kommission für Geschichte des Parlamentarismus und der politischen Parteien)

Ders.: Staatsaufbau und Regierungspraxis 1948-1953. Zur Geschichte der Verfassungsorgane der Bundesrepublik Deutschland, Düsseldorf 1984 (Beiträge zur Geschichte des Parlamentarismus und der politischen Parteien, Bd. 74)

Wentker, Hermann: Die juristische Ahndung von NS-Verbrechen in der Sowjetischen Besatzungszone und in der DDR, in: Kritische Justiz 35 (2002), S. 60–78

Wenzlau, Joachim Reinhold: Der Wiederaufbau der Justiz in Nordwestdeutschland 1945 bis 1949, Königstein/Ts. 1979 (Justiz und Gesellschaft, Bd. 8)

Werkentin, Falco: Recht und Justiz im SED-Staat. 2. durchges. Aufl., Bonn 2000

Werle, Gerhard: Völkerstrafrecht. 3., überarb. u. aktualisierte Aufl. Unter Mitarbeit v. Boris Burghardt u. a., Tübingen 2012

Werner, Wolfhart: Die ersten Entscheidungen des OGH zum Kontrollratsgesetz 10, in: Neue Juristische Wochenschrift 2 (1949), H. 5, S. 170–174

Wesemann, Fried: Schwere Vorwürfe gegen Bundesjustizminister Dehler. Richterwahl nach parteipolitischen und rassischen Gesichtspunkten? In: Frankfurter Rundschau, 7. Jg., Nr. 2 (3. Januar 1951), S. 1

Wessels, Johannes/Beulke, Werner/Satzger, Helmut: Strafrecht Allgemeiner Teil. Die Straftat und ihr Aufbau, 49., neu bearb. Aufl., Heidelberg 2019

Wiegeshoff, Andrea: Wir müssen alle etwas umlernen. Zur Internationalisierung des Auswärtigen Dienstes der Bundesrepublik Deutschland (1945/51–1969), Göttingen 2013

Wiesen, Heinrich: Das Oberlandesgericht von 1945 bis zur Gegenwart, in: Ders. (Hrsg.): 75 Jahre Oberlandesgericht Düsseldorf. Festschrift, Köln u. a. 1981, S. 85–116

Wiggenhorn, Harald: Verliererjustiz – Die Leipziger Kriegsverbrecherprozesse nach dem Ersten Weltkrieg, Baden-Baden 2005 (Studien zur Geschichte des Völkerrechts, Bd. 10)

Wildt, Michael: Generation des Unbedingten. Das Führungskorps des Reichssicherheitshauptamtes, Hamburg 2003

Wilke, Christiane: Fall 3: Juristen vor Gericht, Recht auf dem Prüfstand und das Erbe der «Zivilisation», in: Kim Christian Priemel u. Alexa Stiller (Hrsg.): NMT. Die Nürnberger Militärtribunale zwischen Geschichte, Gerechtigkeit und Rechtschöpfung, Hamburg 2013, S. 288–319

Wimmer, August (Hrsg.): Die Menschenrechte in christlicher Sicht, Freiburg i. Brsg. 1953 (2. Beiheft zur Herder-Korrespondenz)

Ders.: Kann man heute noch Rechtspositivist sein? In: Archiv für Rechts- und Sozialphilosophie. Bd. XL (1952/53), S. 272–293

Ders. (Bearb.): Strafrecht Allgemeiner Teil, Stuttgart/Düsseldorf 1948/49 (Schaeffers Grundriß des Rechts und der Wirtschaft; Abt. II: Öffentliches Recht und Volkswirtschaft, 25. Bd. I. Teil)

Ders.: Die ändernde Sachentscheidung des Revisionsgerichts in Strafsachen, in: Monatsschrift für Deutsches Recht 2 (1948), H. 3, S. 69–75 (= Wimmer 1948: Ändernde Sachentscheidung)

Ders.: Unmenschlichkeitsverbrechen und deutschrechtliche Straftat in einer Handlung, in: Süddeutsche Juristenzeitung 3 (1948), Nr. 5, Sp. 253–258 (= Wimmer 1948: Unmenschlichkeitsverbrechen)

Ders.: Anmerkung: Zum objektiven Tatbestand des Unmenschlichkeitsverbrechens – Einwilligung – Schutzunwürdigkeit [zum Urteil des OLG Saarbrücken vom 16. Januar 1948], in: Deutsche Rechts-Zeitschrift 3 (1948), H. 6, S. 219–221

Ders.: Einführung in das englische Strafverfahren. Mit rechtsvergleichenden Bemerkungen, Bonn 1947

Ders.: Die Bestrafung von Humanitätsverbrechen und der Grundsatz „nullum crimen sine lege", in: Süddeutsche Juristenzeitung 2 (1947), Sondernummer (März 1947), Sp. 123–132 (= Wimmer 1947: Bestrafung)

Ders.: Die Strafzumessungstatsachen im Prozeß, in: Justizblatt für den OLG-Bezirk Köln 2 (1947), S. 137–143

Ders.: Richterliche Vollstreckungsschutz-Praxis, in: Deutsche Gerichtsvollzieher-Zeitung 58 (1938), Nr. 1, S. 1–4

Ders.: Ratenbewilligung durch den Gerichtsvollzieher? In: Deutsche Gerichtsvollzieher-Zeitung 57 (1937), Nr. 21, S. 322–324 (= Wimmer 1937: Ratenbewilligung)

Ders.: Verzicht des Schuldners auf den Charakter der Unpfändbarkeit, in: Deutsche Gerichtsvollzieher-Zeitung 57 (1937), Nr. 19, S. 289–291

Ders.: Gestehen und Leugnen im Strafprozeß. Seine Bedeutung für Strafzumessung und Anrechnung der Untersuchungshaft, in: Zeitschrift für die gesamte Strafrechtswissenschaft 50 (1930), S. 538–596

Ders.: Über das Fehlen des Bewußtseins von Tatbestandmerkmalen bei ungeordneten Triebhandlungen, in: Zeitschrift für die gesamte Strafrechtswissenschaft 49 (1929), S. 675–687

Ders.: Über die Bestrafung triebhaften Handelns. Ein Beitrag zur psychologischen Vertiefung strafrechtlicher Grundbegriffe, in: Zeitschrift für die gesamte Strafrechtswissenschaft 47 (1927), S. 101–136

Ders.: Über die psychogenen Reaktionen der geistig Gesunden, ihre psychologische Natur und ihre Bedeutung. Ein Beitrag zur experimentellen Erfassung der psychischen Konstitutionsartungen, Leipzig 1927 (= Wimmer 1927: Reaktionen)

Wimmer, Raimund: Mein Vater August Wimmer – Ein Richter des Obersten Gerichtshofs für die Britische Zone, in: Der Präsident des Oberlandesgerichts Köln (Hrsg.): Das Wirken des Obersten Gerichtshofs für die Britische Zone. Betrachtungen aus Anlass des 65. Jahrestages nach Abschluss seiner Tätigkeit, Köln 2015, S. 37–43

Windisch, Ernst: Zum 80. Geburtstag von Curt Staff, in: Juristenzeitung 36 (1981), S. 657–659

Wojak, Irmtrud: Fritz Bauer (1903-1968). Eine Biographie, München 2011

Wolf, Manfred: Das Ende des Dortmunder General-Anzeigers, in: Beiträge zur Geschichte Dortmunds und der Grafschaft Mark 70 (1976), S. 349–364

Wolff, Ernst: Eduard von Simson, Berlin 1929

Ders.: Die Haftung des Ratgebers, Berlin 1899

Wrobel, Hans: Verurteilt zur Demokratie. Justiz und Justizpolitik in Deutschland 1945-1949, Heidelberg 1989

Wunder, Eilika: Georg August Zinn (1901-1976), in: Bernd Heidenreich u. Walter Mühlhausen (Hrsg.): Einheit und Freiheit. Hessische Persönlichkeiten und der Weg zur Bundesrepublik Deutschland, Wiesbaden 2000, S. 95–108

Zámecnik, Stanislav: Das war Dachau. 3. Aufl., München 2006

Zentral-Justizamt für die Britische Zone (Hrsg.): Das Nürnberger Juristenurteil. Allgemeiner Teil, Hamburg 1948 (Sonderveröffentlichungen des Zentral-Justizblatts für die Britische Zone, Bd. 3)

Zimmer, Erhard: Die Geschichte des Oberlandesgerichts Frankfurt am Main, Frankfurt a. M. 1976 (Studien zur Frankfurter Geschichte, H. 12)

Zimmermann, Michael: Rassenutopie und Genozid. Die nationalsozialistische „Lösung der Zigeunerfrage", Hamburg 1996 (Hamburger Beiträge zur Sozial- und Zeitgeschichte, Bd. 33)

Zimmermann, Reinhard: Der oberste Gerichtshof für die Britische Zone (1948–1950) und die Fortbildung des Bürgerlichen Rechts, in: Zeitschrift für neuere Rechtsgeschichte 3 (1981), Nr. 3/4, S. 158–183

Zimmermann, Volker: NS-Täter vor Gericht. Düsseldorf und die Strafprozesse wegen nationalsozialistischer Gewaltverbrechen, Düsseldorf 2001 (Juristische Zeitgeschichte, Bd. 5)

211. – KRG 10, in: Monatsschrift für Deutsches Recht 5 (1951), H. 5, S. 312 (= Mitteilung des Urteils des Landgerichts Göttingen vom 12. Februar 1951 durch Landgerichtsrat Breithaupt)

4 Druckschriften

Amtsblatt der Alliierten Hohen Kommission in Deutschland

Amtsblatt der Militärregierung Deutschland. Britisches Kontrollgebiet
Amtsblatt der Militärregierung Deutschland. Kontrollgebiet der Zwölften Armeegruppe
Amtsblatt des Kontrollrats in Deutschland. Ergänzungsblatt Nr. 1
Bundesgesetzblatt (= BGBl.)
Control Commission of Germany, Control Commission Courts: Court of Appeal Reports – Criminal Cases, Herford 1947–1950
Deutsche Justiz
Freistaat Braunschweig (Hrsg.): Staatshandbuch für den Freistaat Braunschweig, Braunschweig 1929
Handbuch der Justiz 1953, Hamburg u. a. 1953
Handbuch der Justizverwaltung. Bearb. im Büro des Reichsjustizministeriums, Berlin 1942
Hannoversche Rechtspflege
Justizblatt für den OLG-Bezirk Köln
Justiz-Ministerial-Blatt für die preußische Gesetzgebung und Rechtspflege
Kalender für Reichsjustizbeamte für das Jahr 1940. 2. Teil, Berlin 1939
Mitglieder des Bundesgerichtshofes und der Bundesanwaltschaft (Hrsg.): Entscheidungen des Bundesgerichtshofes in Strafsachen, Berlin u. a. 1951ff. (= BGH StS)
Mitglieder des Gerichtshofes und der Staatsanwaltschaft beim Obersten Gerichtshof (Hrsg.): Entscheidungen des Obersten Gerichtshofes für die Britische Zone in Strafsachen. 3. Bde., Berlin/Hamburg 1949f. (= OGH StS)
Mitglieder des Gerichtshofes und der Staatsanwaltschaft beim Obersten Gerichtshof (Hrsg.): Entscheidungen des Obersten Gerichtshofes für die Britische Zone in Zivilsachen. 4 Bde., Berlin/Hamburg 1949f.
Niedersächsische Rechtspflege
Niederschriften über die Sitzungen der Großen Strafrechtskommission. 14 Bde., Bonn 1956–1960
Personalverzeichnis des höheren Justizdienstes, Berlin 1938
Reichsgesetzblatt (= RGBl.)
UNWCC, Minutes of Meetings
Verhandlungen des Landtags des Freistaates Braunschweig auf dem Landtage 1930/33, 4. Wahlperiode vom 14. September 1930 bis 3. April 1933. Tagung vom 30. September 1930 bis 14. März 1933. 5 Bde., Braunschweig o. O. u. o. J.
Verhandlungen des Landtags des Freistaates Braunschweig auf dem Landtage 1927/30, 3. Wahlperiode vom 27. November 1927 bis 13. September 1930. Tagung vom 13. Dezember 1927 bis 13. September 1930. 3 Bde., Braunschweig o. O. u. o. J.
Verordnungsblatt für die Britische Zone

Quellen- und Literaturverzeichnis

War Crimes News Digest

Zentral-Justizamt für die Britische Zone (Hrsg.): Rechtsprechung deutscher Gerichte. Bd. 1: Entscheidungen aus den Jahren 1945-1948. 2. Aufl., Hamburg 1949 (Sonderveröffentlichungen des Zentral-Justizblatts für die Britische Zone, Bd. 5)

Zentral-Justizblatt für die Britische Zone (= ZJBl.)

5 Internetquellen

https://ediss.sub.uni-hamburg.de
https://forhistiur.de
http://www.geschichtswerkstatt-duesseldorf.de
https://www.hrgdigital.de
https://www.ifz-muenchen.de
https://www.lagis-hessen.de
https://www.legal-tools.org
https://www.lto.de
https://www.munzinger.de
https://networks.h-net.org
https://www.oxforddnb.com

Personenregister

Bei kursiven Seitenzahlen finden sich die Erwähnungen nur in den Fußnoten. Im Übrigen verweisen die Seitenzahlen gelegentlich auch auf Komposita mit Bezug zu Strafprozessen (z. B. Harlan-Verfahren, Brumshagen-Urteil, Herold-Fall).

Abendroth, Wolfgang 364, 371f.
Adenauer, Konrad 56, 100, 277, 305, 317, 338, 643, 646, *647*, *650*, 659f., 662
Adorno, Theodor W. 37, 364
Alexander [o. V.] 234
Allen, Dennis 70
Alpers, Friedrich 328, *330*, 332
Aly, Götz 383
Ambos, Kai 35, 689
Amelunxen, Rudolf 657
Angerstein, Hermann 235, *236*, 237, 354
Arndt, Adolf 362f., 649, 652
Asbach, Hans-Adolf 363
Augustinus 374

Baader, Andreas 367
Bade, Claudia 220, 222, 504
Bahlmann, Peter 114, 212, 232f., 350, 627, 641
Baldus, Paulheinz 663
Bauer, Fritz *53*, 227, *336*, 355, 364–366, 369f., *495*, 657, 668, 683f., *686*, 690
Bayer, Wilhelm 244
Beccaria, Cesare 166
Beckerle, Adolf Heinz 366f.
Beer, Daniel de 232
Behrens, Adolf 613, 615, 620
Berger, Hans 297, 397, 453, 464

Bernays, Murray C. 67, 76
Best, Werner 54
Bevin, Ernest 119, 123, 623
Biermann, Rudolf 448
Binding, Karl 241
Bleibtreu, Otto 662
Bloxham, Donald 45
Boberach, Heinz 215, 223, 550
Bockelmann, Paul 639–641
Böhmer, Johann 232, *233*
Bokelmann, Adolf 546–548
Bonhoeffer, Dietrich 419, 686
Bourdieu, Pierre 43
Brandes [o. V.] 227, 235
Brandt, Willy *336*
Brauda, Klaus 259
Brettle, Emil 443f.
Broszat, Martin 78, 98, 187, 221, 263, 609f., 667, 688
Brown, Alfred 96, 193–195, 273, 658
Brückner, Heinz *407*
Brumshagen, Karl 418, 499, *571*, 592f., 595, *596*, 598–604, 629, 637f., 663, 674, 681, 685
Buckmiller, Michael 372
Bull, Hans Peter 373
Burkhardt, Hans 244

Carton, Jon 139
Cassese, Antonio 35, 76, *522*

Personenregister

Catel, Werner 244
Chandler, William C. 67
Churchill, Winston 62, 64f.
Cicero, Marcus Tullius 184
Clay, Lucius D. 274
Cohn-Bendit, Daniel 373, *435*
Conze, Eckart 48
Creutz, Walter 243, *245*, 557–562, *563*, 620

Daubach, Helia-Verena 34, *179*
Dehler, Thomas 316f., 362f., 397, 450, *619*, 647, *650*, 651–655, 657–660
Delbrück, Helmuth 288, 297, 453, 464, 653
Demjanjuk, John 25, 690
Denecke, Paul 511
Diederichs, Otto 337
Donnedieu de Vabres, Henri 240
Douglas, Lawrence 83
Dreyfus, Alfred 344

Eden, Anthony 63f., 71f.
Ehrenberg, Victor, 441
Eichler, Willi 320, *321*
Eichmann, Adolf 366
Eichmüller, Andreas 644, 648f., 651
Eisenhower, Dwight D. 67
Ellinghaus, Wilhelm 285
Engels, Joseph 299, 532, 547, 617, *653*
Ensslin, Gudrun 367
Erdemović, Dražen 522
Erdsiek, Gerhard 261, 675
Erman, Walter 288, 290, 397, 453, 464
Erzberger, Matthias 86, 174, 209
Eschenburg, Theodor 307, *308*

Faller, Hans Joachim 426, *427*, 440
Feuerbach, Paul Johann

Anselm von 164, 166, 333, 343
Fitzmaurice, Gerald Gray 70f.
Flick, Friedrich 82f.
Florian, Friedrich Karl 418, *593*, *596*, *598*
Foljanty, Lena 161, 201
Form, Wolfgang 33, *225*, *300*, 455, 462, *518*
Foucault, Michel 325
Fränkel, Wolfgang 437, 445, 449
Frank, Hans 380
Franzen, Anton 328
Frei, Norbert 39f., 43, 643, 648f., 682, *683*
Freisler, Roland 305, 380, *569*f.
Friedlaender, Ernst 644–646
Friedrich, Jörg 601, 604, 663
Fritzsche, Hans 531, *536*
Fröhlich, Claudia 420
Fuchs, R. 195
Furundžija, Anto 515

Geier, Friedrich-Wilhelm 53f., 298–300, 360, 376, 401–424, 431–433, 453, 463, 472, 502, 511, 513, 516, 521, 524, 526, 547, 553, 567, 582, 586, 596, 598–600, *602*, 615f., 651, 653, 673f., 685f.
Geiger, Willi 652, 668
Geiler, Karl *53*, 269, 274, 276–278, 294, 306, 312–314
Gereke, Günther 277
Gesell, Heinrich 593, *596*, 598
Giordano, Ralph 26
Godau-Schüttke, Klaus-Detlev *363*
Goebbels, Joseph 528, 530, 534, 540
Goerdeler, Carl 144, 209, 629
Goldschmidt, Moritz 630
Gosewisch, Hans 225
Graveson, Ronald Harry 195–197, *482*

738

Personenregister

Grieß, Martin 36, 464, 467
Gröning, Oskar 25, 690
Groh, Franz 327
Groß, Alfred 300, 356, 394, 454, 457, 617, 653
Grosz, George 442
Grotewohl, Otto 329
Grynszpan, Herschel 230
Güde, Max 53, 188–192, 202, 287, 473, 486f., 492, 587, 630f.
Gürtner, Franz 332f.
Gutkind, Walter 344f.

Hähn [o. V.] 338
Hagemann, Karl-Heinrich 588–591, 603
Haidinger, Oskar 286
Hallstein, Walter 305
Hannibal, Wilhelm 225f., 228, 257, 352, 355
Hanning, Reinhold 25, 690
Hans Heinrich XV.,
Fürst von Pleß 404
Harlan, Veit 47, 54, 209, 360, 432, 499, 519, 527–541, 544, 629f., 678
Harms, Ingo 241, 242
Hartger, Fritz 352
Hartmann, Helmut 227, 334, 350
Heine, Fritz 349
Heinemann, Gustav 278, 288, 418
Heller, Hermann 368
Helms, Henry 546–549
Henne, Thomas 653
Herbert, Ulrich 54
Hermsen, Ernst 287, 348f.
Herold, Willi 125, 127f., 130–133, 141
Hertz [o. V.] 581, 584, 587
Heusinger, Bruno 228, 439, 624f., 657
Heuss, Theodor 100, 363, 372
Heydrich, Reinhard 54

Himmler, Heinrich 248, 407, 564f.
Hinselmann, Hans 125, 127, 129f., 133, 149, 246
Hitler, Adolf 46, 155, 185, 239, 242, 305, 328, 348, 407, 415, 437, 490, 502, 516f., 528, 534, 536, 544, 570, 580, 661
Hoche, Alfred E. 241
Hodenberg, Hodo von 52, 100, 143, 146–148, 165–168, 170, 172, 175–181, 186–188, 192f., 195f., 198f., 206, 212, 220, 224, 229, 256f., 260f., 271f., 286–288, 289, 464, 476, 493, 616f., 620, 623, 630, 635, 657–662, 668, 675
Höhn, Reinhard 342
Höpker-Aschoff, Hermann 317
Hoffmann, Otto 511
Hofmeister, Werner 262, 278, 626
Holland, Friedrich Wilhelm 105, 347
Holland, Wilhelm 327
Hollmann, Georg 135
Holz, Herbert Karl 131
Holzwig, Adolf 135, 499, 530, 571f., 574, 578f., 592, 594, 601, 603f., 636, 677, 680f.
Homann, Ulrike 26, 33, 301, 578, 689f.
Homann, Wilhelm 511
Horkheimer, Max 369, 370
Horkheimer, Rose 369
Hülle, Werner 613, 620
Hunsche, Otto 436
Huppenkothen, Walter 419f., 433, 685f.
Hurst, Cecil B. 65, 71f., 308

Jhering, Rudolf von 347

Personenregister

Jackson, Robert H. 75
Jagusch, Heinrich 53f., 298–301, 360, 415, 418–420, 422–441, 449, 453, 463, 472, 497, 508, 511, 516, 521, 523f., 526, 532, 543, 547, 553, 559, 567, 574, 582, 586, 590, 615f., 651, 653, 673f., 685f.
Jasper, Heinrich 323, 327
Jenkins, Gilmour 195
John, Otto *412*, 421, 433f.
Joppich, Adalbert *597*, 637f., 641
Jürgens, Franz 592f., 598, 600–602
Junker [o. V.] *319*

Kant, Immanuel 675
Kanter, Ernst 422f.
Katzenberger, Leo 237f.
Kaufmann, Erich 661f.
Kaul, Friedrich Karl 433f.
Kautsky, Benedikt 341
Kerrl, Hanns *411*
Kiesselbach, Wilhelm 100, 102, 111–113, 115, 120, 148, 169, 181, 186–188, 198, 219, 231, 257, 259, 267, 269, 271, 274, 276–279, 289, 292f., 295–297, 301, *306*, 311–316, 346, 358f., 392f., 430, 476, 612, 614, 627, 630, 650, 674
Kirchner, Carl 442f., 445f., 449, 601, 663
Kirkpatrick, Ivone 626
Kißener, Michael 37
Klaas, Walter 102, 112, *139*, 142, 149, 151, 168–171, 349, 351, 353f.
Klagges, Dietrich 328, 336f.
Klefisch, Theodor 491f., *559*, 631, 641
Klein, Moritz 571
Koch, Ekhard 100, 110–112, 169, 274, 279, 292, 393f., 628, 661
Koch, Paul 382, 386f.
Koffka, Else 652

Kogon, Eugen 341
Koppel, Wolfgang *427*
Kordt, Erich 661f.
Korintenberg, Werner 400
Korreng, August 592
Kramer, Gerhard Friedrich 529f.
Kramer, Helmut 261
Kranzbühler, Otto 660, *661*
Kraus, Herbert 240f., 539f.
Kreß, Claus 35
Kritidis, Gregor *372*
Krumey, Hermann 366, 436
Krupp von Bohlen und Halbach, Gustav *491*, 559
Kubel, Alfred 334, *335*, 336, 341, 371
Küchenthal, Werner 330
Kühnast, Wilhelm 144
Kuessner, Dietrich 224
Kuhn, Georg 288, 290, 292, 360, 394, 448, 453, 464, 474, 491, 653, 689
Kuhnt, Gottfried 277f., 286
Kulp, Willibert 226
Kupreškić, Mirjan 543
Kursell, Otto von 407
Kusch, Oskar 588–592

Laage, Clea 253f.
Lachmund, Friedrich 234, 331, 354
Langbein, Hermann 366
Lange, Albert 300
Lange, Richard 202, 219, 257, 479, 632–634, 641
Lauterpacht, Hersch 75
Lautz, Ernst 237
Law, Richard 72f.
Lawson, Jack 123, 128, 623
Lehmann, Herbert 511
Lerche, Walter 235, 237, 354, *570*
Leverenz, Bernhard 589, 591

Personenregister

Liebert, Frank 529
Lingemann, Heinrich 349, 390
Lingen, Kerstin von *49*
Lissner, Cordula 311
Liszt, Franz von *324*, 369
Litten, Hans 306
Locke, John 164
Löwenstein, Klara 389
Löwenstein, Marta
 (siehe auch Wimmer, Marta) 375, 377, 379, 389f., 400
Löwenstein, Otto 376–379, 386, 390, 514
Lombroso, Cesare 324
Lorenz, Werner 407, *408*
Ludewig, Hans-Ulrich 224
Lübbe, Hermann 26, 482, 646
Lüders, Hans 234
Lumans, Valdis 408
Luther, Martin 536

Macaskie, Nicholas Lechmere Cunningham 96f., 274, 276
Maier, Georg 307
Maier, Hedwig 307
Malkin, Herbert William 73
Mandeville, Bernard 372
Mannzen, Karl 362f.
Mansfeld, Wilhelm 110, 167, *261*, 285, 346, 430
Mantel, Ernst 652, 668
Marloh, Otto 360, 432, 565f., 621, 629, 643
Marquordt, Gerhard 326
Martin, Ludwig 439
Marx, Karl 368
Matthies [o. V.] 222
Meier, Christian 59f., 645
Meier-Branecke, Hans 347f.

Meißner, Werner 235, 354
Meister, Hans-Georg 194f.
Mendel, Gregor 324
Mennecke, Friedrich 552
Merkatz, Hans-Joachim 305
Meusch, Matthias 365
Meyer, Robert Johannes 202–204
Meyer-Abich, Friedrich 101f., 118, 143, 149, 151, 168–171, 210f., 232f., 351, 416f., 500, 518, 647, 657
Miosge, Dieter 344f.
Miquel, Marc von 40, 426
Moericke, Dagobert 168, 177, 260f., 289, 447, 658, 675
Mollenhauer, Heinz 326
Montesquieu 164, 166
Montgelas, Graf Franz von 238
Montgomery, Bernard 94
Morgenthau, Henry 67
Müller, Ingo 463
Müller, Josef 647
Müller, Walter 360, 418, 432, *449*, 579–584, 586–588, 603f., 677
Müllereisert, Franz-Arthur 192

Nadler, Karl 132, *133*
Nebelung, Günther 332, *333*
Neddermeier, Ernst 125, 135
Nelson, Leonard 156, 319–321, 350f., 361, 368, 417
Neumann, Richard 448, 652
Niethammer, Emil 171, 173–175, 181
Niethammer, Lutz 341
Nissen, Rolf *530*, 541

Oertmann, Paul *321*, 322
Oeschey, Rudolf 237f.
Ohlenroth, Juliane 36
O'Neill, Con 310
Opfermann, Ulrich Friedrich 249

741

Personenregister

Oppenheimer, Joseph Süß 528, 531
Ossietzky, Carl von 439
Osterkamp, Thomas *159*

Paasch, Amalie 502f.
Paasch, Wilhelm *225*, 360, 484, 502, 504, 544, 678f.
Pannek, Alfons 546–550
Panse, Friedrich 557, 558, *559*
Pantcheff, T. X. H. *127*
Pardo, Herbert 530f., 573
Paul VI. (Papst) 399
Pauli, Gerhard 33, 47, 456, 458, 465, 477, 510, 538f., 545, 577f., 583, 585f., 604, 689
Pell, Herbert C. 71
Pendas, Devin O. 164, 178
Petermann, Heinrich 243, 360, 432, 551, *556*f., *559*–561
Peters, Karl 555, 631, 641
Petersen, Rudolf 135, 499, *530*, 571–579, 592, 594, 604, 636, 677, 680f.
Pferdmenges, Heinrich 338f., 344, 346
Pferdmenges, Heinrich, jun. *339*
Pferdmenges, Robert 338
Platiel, Nora 320, 364
Pöpken, Christian 35
Pohlisch, Kurt 557, *558*
Poppelreuter, Walter 379
Posser, Diether 422, 438
Priemel, Kim Christian 45
Pritsch, Ernst 290, 453, 464, 653
Puttfarken, Josef 160, 219

Radbruch, Gustav 52, *140*, 155–162, 169, 180, 184f., 188, 202, 209, 219, 236, 257, 315, *316*, 351, 392, 449, 463, *484*, 571, 603, 630, 633, 680
Raim, Edith 119, 131, *562*, 610, 688
Rath, Ernst vom 230, 307

Rathbone, John Francis Warre 96f., 106, 126, 147, 149, 152, 169f., 193–195, *198*, 258–260, 262, 274, 311, 313, 351, *352*, 355, 357f., 625, 672
Rathenau, Walther 174
Remer, Otto Ernst 683, *686*
Rilke, Rainer Maria 630
Robertson, Brian 94f., 120, 291
Röchling, Hermann 87
Rohde, Max 243, *558*
Romberg, Harold Percy 97, 112, 120, 143, 170, 274, 313
Roosevelt, Franklin Delano 62, 64f., 67, 73
Rosengarten, Leon 70
Rosenman, Samuel I. 73
Rotberg, Hans-Eberhard 423, 433, 657–659
Rothaug, Oswald 237, *238*, *570*, 574, 577
Rottleuthner, Hubert 604
Rückerl, Adalbert 252
Rüdlin [o. V.] *193*
Rüping, Hinrich 29f., 33, 280, 283, 293, 299–301, 453, 458, 460, 462, 477f., 497, 500, 509, 610f., *634*, 688
Rüter, Christiaan F. *249*
Rüthers, Bernd 151
Ruscheweyh, Herbert *53*, 110, 148, 167, 270–272, 278, 286, 294f., 314, 416

Sander, Otto 572
Sandrock, Konrad 444f.
Schacht, Hjalmar 240
Schäfer, Willy 132, *133*
Schafheutle, Josef 435, 661
Schalscha, Erich 308
Scharpenseel, Carlhans 653
Schetter, Rudolf 271
Schiffer, Eugen 116, 274
Schiffner, Siegfried 573

Personenregister

Schirach, Baldur von 77
Schlebusch, Hubert 333, 344f.
Schmeer, Eduard 129
Schmid, Richard 668
Schmidt, Eberhard 53, 171–175, 181, 554, 555, 559, 562, 631, 641
Schmidt, Guido 286
Schmidt, Walter 552
Schmidt-Rimpler, Walter 402
Schmitt, Carl 23, 24, 40, 42, 53, 257, 305, 342, 633, 639, 645f., 675
Schmuhl, Hans-Walter 562, 563
Schneider, Alfred 243, 551, 556
Schneider, Gerhard 44
Schneider [o. V.] 330
Schneidewin, Karl 54f., 238, 288–290, 291, 292, 294, 296, 300, 395, 441–451, 453, 473f., 476, 478–481, 483, 485, 490f., 552f., 574, 577, 617, 621, 674
Schneidewin, Max 441
Schraermeyer, Paul 248, 566
Schramm, Percy Ernst 683
Schröter, Carl 277f.
Schrübbers, Hubert 288, 300, 449
Schubert, Werner 36
Schumacher, Kurt 100, 227, 334–336
Schwärzel, Helene 144f., 146, 198, 209f., 220, 228, 354, 477, 629
Schwarzenberger, Georg 155
Schwieren [o. V.] 596
Schwinge, Erich 579
Seibert, Claus 649, 663
Sieber, Helmut 589
Sievers, Hans 321, 323f., 327, 329
Simon, Max 420
Simon, Viscount John 73
Simson, August von 303
Simson, Eduard von 295f., 303, 305, 314

Skirde, Fritz 615
Söderbaum, Kristina 630
Spies, Wilhelm 235, 236, 237, 348, 354
Staff, Curt 52–55, 101f, 110, 112, 143, 146, 147, 151, 168–171, 210f., 213, 217f., 226f., 234–237, 239, 257, 260, 285f., 289f., 292, 294, 298f., 315, 318–374, 392–395, 397, 399f., 415, 418, 423, 430–432, 448, 450, 453, 457, 459, 472, 474, 491, 496, 500, 502, 508, 511, 513f., 516, 521, 523f., 532, 543, 553, 559, 567, 574, 578, 582, 586, 590, 596, 599, 604, 610, 612, 614f., 621, 632, 651–655, 667f., 673f., 684, 689
Staff, Elisabeth 336
Staff, Ilse (geb. Hupe) 239, 339, 369f., 374
Stalin, Josef Wissarionowitsch 65
Staschinski, Bogdan Nikolajewitsch 435f., 686
Steinacher, Hans 407
Steinbrecher, Gustav 323f., 329
Stettinius, Jr., Edward Reilly 67
Stiller, Alexa 45, 406
Stimson, Henry 67, 91
Stockheck, Wilhelm 381
Stolleis, Michael 48
Stolze, Heinrich 551, 556f.
Storz, Karl-Alfred 34, 283, 460f., 478, 631, 640, 688
Sträter, Artur 46, 239, 259, 570, 644, 654, 677f.
Strauss, George R. 72
Strauß, Walter 305, 316f., 644, 658, 660, 667f.
Streicher, Julius 77
Strucksberg, Georg 194, 198f.

Theilengerdes, Friedrich Wilhelm 135
Thorbeck, Otto 419

Personenregister

Tillessen, Heinrich 86, 202, 209
Tillmann, Fritz 375, 377
Tocqueville, Alexis de 368
Treitschke, Heinrich von 528
Truman, Harry S. 73
Tyrolf, Walter 530f., 541

Ullrich, Christina *335*

Voltaire 344
Voß, Erich *135*
Vultejus, Ulrich 35

Wahl, Eduard 178
Walbrecht, Bruno Karl 131
Walter, Paul *135*
Wandtschneider, Erich 630
Weber, Hellmuth von 634–638, 641
Wehnert-Heinen [o. V.] *388*, 400
Weinkauff, Hermann 53, 301, 316f., 362, 420, 443, 652, 654, 657f., 686
Weinke, Annette 43
Weißenfeld, Felix 243, *558*
Weller 462, 541–545, 620, 678, 681
Welzel, Hans 554, *555*, 559, 562, 631, 641
Wentzler, Ernst 244
Wenzlau, Joachim Reinhold 119
Werner, Fritz von 304, 311, 464, 653
Werner, Wolfhart 299, 454, 463, 471, 475, 486, 511, 559, 590, 596, 599f., 617, 653, 674
Wesse, Hermann 557, 560f.
Wiefels, Josef 278
Wienhusen, Hans 220f.

Wilde, Günther 464, 653
Wildt, Michael *564*
Wilhelm II., Kaiser 60, 61
Wimmer, August 34, *52*–54, 179–183, 188, 197, 199, 201f., 204–206, 213, 229, 257, 270–272, 289f., 298f., 360, 375–402, 415, 418, 432, 448, 453, 456f., 461f., 472, 474, 476–478, 483, 491, 496, 502, 508, 513f., 523, 526, 543, 574, 578, 616, 630, 651, 667f., 673f., 677, 684, 689
Wimmer, Elisabeth 377, 390
Wimmer, Marta (geb. Löwenstein) 375, 377, 379, 389f., 400
Wimmer, Raimund *375*, 377, 390, 398
Wippermann, Otto Wilhelm 131
Wirths, Helmuth 129
Wirtzfeld, Adolf 387
Wirtzfeld, Alexander 387, *388*
Wolff, Bernhard 305, 307
Wolff, Ernst 53, 155, 166, *185*, 289f., 294–297, 299, 301, 303–317, 359–361, *362*, 393f., *395*, *418*, 432, 450, 453, 455f., *459*, 464f., 474, 609f., 612, 614, 616f., 650, 652–654, 674
Wolff, Martin *312*
Wolff, Walter 307
Wrobel, Hans 316

Zenner, Carl 127, 129, 133, 150, 231
Zimmermann, Reinhard 36, 465–467
Zimmermann, Volker *596*
Zinn, Georg August 273f., 279, 362–365

Dank

Die vorliegende Arbeit wurde im Sommersemester 2016 vom Fachbereich Geschichte und Kulturwissenschaften der Philipps-Universität Marburg als Dissertation angenommen. Für den Druck wurde sie leicht gekürzt und überarbeitet. Einige Personen und Institutionen, ohne deren Unterstützung sie nicht hätte entstehen können, sollen hier kurz gewürdigt werden.

Zu besonderem Dank verpflichtet bin ich meinem Doktorvater, Prof. Dr. Eckart Conze (Marburg), der das Projekt äußerst sachkundig, interessiert und ausdauernd betreute. Mit großem Einsatz hat er sich für die Arbeit und ihren Verfasser starkgemacht. Prof. Dr. Christoph Safferling (Erlangen-Nürnberg) unterzog sich der Mühe der Zweitbegutachtung, wofür ich ihm sehr verbunden bin. Beide begleiteten die Studie von Anfang an als Direktoren des Internationalen Forschungs- und Dokumentationszentrums für Kriegsverbrecherprozesse (ICWC) in Marburg. Von der dortigen konstruktiven Arbeitsatmosphäre profitierte ich mehrere Jahre. Für Anregungen und Kritik (sowie eine gute Zeit) sorgte der Austausch mit den anderen dort beschäftigten Nachwuchswissenschaftlern Daniel Bonnard, Axel Fischer und Dr. Susanne Raidt. Bereichernd waren stets die Gespräche mit Dr. Lars Büngener und Dr. Christina Ullrich. ICWC-Geschäftsführer Dr. Wolfgang Form hielt mit kenntnisreichen Anregungen nicht hinter den Berg und trug Wichtiges zur Entwicklung der Studie bei. Darüber hinaus lieferte der fachliche Austausch im Oberseminar des Doktorvaters, bei den Monatstreffen des ICWC und im Kolloquium des Hessischen Landesamtes für geschichtliche Landeskunde (Marburg) Impulse für die Entwicklung von Fragestellung und Konzept. Denkanstöße verdanke ich dabei etwa Dr. Wencke Meteling und Dr. Andrea Wiegeshoff sowie meinem früheren Chef, Prof. Dr. Henning Radtke – damals Juraprofessor in Hannover, heute Richter am Bundesverfassungsgericht.

Im Lauf der Zeit wurde die Auseinandersetzung mit dem Obersten Gerichtshof für die Britische Zone gefördert von Pro*Niedersachsen und der Friedrich-Ebert-Stiftung (Promotionsstipendium). Dem Nomos Verlag gilt mein Dank für die kompetente Betreuung der Drucklegung des vorliegenden Buches.

Wertvoll war der Rat und Zuspruch von Freunden wie Dr. Falk Becker, Simon Göllner, Lennart Hein, Marc Kalwellis, Felix Naglik und Dr. Dirk Strohmenger. Rückhalt fand mein Projekt stets auch in der Familie. Dafür

Dank

bin ich meinen Eltern dankbar. Das Gleiche gilt für meine Partnerin Lena Neumann, die als einzige alle Höhen und Tiefen der Entstehung von Dissertation und Buch mitgemacht hat. Ohne ihre Unterstützung hätte ich diese Abhandlung nicht schreiben und beenden können.